Psychologie und Pädagogik

Lehrbuch für berufliche Gymnasien

von
Dr. Rainer Jaszus
Dr. Andreas Ackermann
Dr. Klemens Gebhard
Dr. Marion Giselbrecht
Dipl.-Psych. Wolfgang Gutmann
Dipl.-Päd. Gritta-Anne Jaszus
Dr. Holger Küls

Handwerk und Technik
Holland + Josenhans

978-3-7782-**5843**-9

Verlag Holland + Josenhans GmbH & Co. KG, Postfach 10 23 52, 70019 Stuttgart – 2015
E-Mail: info@handwerk-technik.de – Internet: www.handwerk-technik.de

Umschlaggestaltung: nach einer Vorlage von Klemens Gebhard, realisiert vom Verlag
Satz und Layout: Roman Bold und Black, 50672 Köln
Druck: Firmengruppe Appl, aprinta druck, Wemding

Leitgedanken

In den Bundesländern finden wir heute berufliche Gymnasien vor, die mit ihren Profil gebenden Fächern, z. B. Psychologie, Pädagogik, Erziehungswissenschaft, zum Abitur führen. Die Bezeichnung dieser beruflichen Gymnasien ist in den Bundesländern nicht einheitlich. In Baden-Württemberg heißt diese Schulart „Sozialwissenschaftliches Gymnasium", in Nordrhein-Westfalen „Erziehungswissenschaftliches Gymnasium", um nur zwei Beispiele zu nennen. Die Lehrpläne weisen in den Kernbereichen der Pädagogik, Psychologie, Soziologie jedoch eine große Schnittmenge an Übereinstimmung aus, sodass unser Lernbegleiter bundesweit im Unterricht eingesetzt werden kann. Wir gehen grundsätzlich davon aus, dass Kolleginnen und Kollegen den Unterricht nach ihren Vorstellungen (auch mit eigenen Materialien, Medien, etc.) ergänzen und gestalten. Das Buch stellt dazu einen größtmöglichen inhaltlicheninformativen und fachdidaktischen Orientierungsrahmen bereit.

Unser Kernziel ist es, einen profunden Einstieg in sozialwissenschaftliches Denken und Handeln unter Berücksichtigung der Lebenswelt lernender Jugendlicher und junger Erwachsener zu gewährleisten.

Die fachwissenschaftlichen Inhalte sind so aufgearbeitet, dass Schülerinnen und Schüler sachbezogen, selbstständig, zielgerichtet und problemorientiert eigenaktiv lernen können, um sich effizient auf Klausuren und Prüfungen vorzubereiten.

Gemäß den Richtlinien der Lehrpläne, in denen weitgehend wissenschaftspropädeutisches Arbeiten präferiert wird, finden Sie hier auch einige handlungsorientierte Aufgabenstellungen, die den Unterricht nicht nur beleben – das wäre rein vordergründig – sondern die Kompetenzentwicklung, Eigenaktivität und Teamfähigkeit der Schülerinnen und Schüler nachhaltig fördern. Kompetenzen, die für ein späteres Studium oder eine Berufsausbildung heute unerlässlich sind.

Inhalte, Aufbau und Gestaltung des Buches sind so ausgelegt, dass es auch im Propädeutikum an Hochschulen gewinnbringend herangezogen werden kann.

Um unser Buch sowohl in den Bildungseinrichtungen als auch im Selbststudium nutzen zu können, enthält es neben dem Basiswissen Aufgaben und Anregungen, die das Lernen auch durch Handlungen unterstützen und auf das Alter und die Erfahrungen der Schülerinnen und Schüler bezogen sind, u. a. durch

- Originaltexte (Auszüge)
- Partner-, Gruppenarbeit
- Rollenspiele
- Experimente
- Recherchen (Bücher, Internet, ...)
- Diskussionen (Plenum, Podium, ...)
- Beobachtungen
- Projektorientierung
- Analysen, Fallanalysen, sowie
- Beispiele aus erlebtem Alltag

Die Kapitel sind so geschrieben, dass sie unabhängig voneinander zu lesen bzw. zu bearbeiten sind. Dadurch entstehen kleine Doppelungen, die zum Verständnis für die ganzheitliche Sichtweise eines Themas bewusst in Kauf genommen werden, jedoch die Anzahl der Verweise auf ein für Schüler erträgliches Maß herunterschrauben und sich somit das Herumblättern fast erübrigt.

Wir haben großen Wert darauf gelegt, dass Wahlfachthemen wie Resilienz und in besonderem Maße auch die Gerontologie ihren Platz finden. Die Entwicklung unserer Gesellschaft verlangt von jungen Menschen, die sich mit sozialwissenschaftlichen Themen auseinandersetzen, zwangsläufig, sich mit Themen der physischen und psychischen Gesundheit und psychologischen und sozialen Prozessen des Alterns zu befassen. Wir wissen, dass einige aktuelle Lehrpläne den Stand noch nicht vollständig spiegeln, gehen aber fest davon aus, dass dieser Bedarf in Zukunft erkannt wird.

Vor diesem Hintergrund werden wir in zukünftigen Auflagen auch besonderen Wert auf weitere wichtige Themen der Pädagogik und Psychologie legen.

Hierbei sind wir für Ihre konstruktive Kritik und Gestaltungswünsche dankbar.

Wir bedanken uns auch sehr herzlich bei unseren Schülerinnen und Schülern, Referendarinnen und Referendaren, die in den vergangenen vier Jahren an der Entwicklung des Buches im Unterricht sehr eifrig und zielführend mitgewirkt haben.

Für das Team

Dr. Rainer Jaszus

Dr. Andreas Ackermann

Inhalt

Bildquellenverzeichnis

©2014 Alzheimer's Association, www.alz.org.: S. 670/1

©PLAYMOBIL/geobra Brandstätter GmbH & Co. KG: S. 622/2

123RF GmbH, Nidderau: S. 318; 654/1 (jezper); 622/1 (Marcin Balcerzak)

action press gmbh & co. kg, Hamburg: S. 619

Adolf-Würth-Zentrum für Geschichte der Psychologie, Würzburg: S. 459

akg-images GmbH, Berlin: S. 28/1 (akg-images); 218; 219; 334 (akg-images / Maurice Babey); 353 (akg-images); 458 (akg-images)

Alzheimer Forschung Initiative e.V., Düsseldorf: S. 666

Arbeiterwohlfahrt Bundesverband e.V., Die Rechte an dem abgebildeten Zeichen bleiben dem Arbeiterwohlfahrt Bundesverband e.V. vorbehalten, Berlin: S. 233/3

Arends, S., GEW Gießen-Stadt: S. 468

Autoren: S. 252; 312/1; 474; 488; 516; 554; 624/2

Autorengruppe Bildungsberichterstattung (Hrg.): Bildung in Deutschland 2014, Ein indikatorengestützter Bericht mit einer Analyse zur Bildung von Menschen mit Behinderungen, Bielefeld 2014, ISBN: 978-3-7639-5417-9: S. 472/2

Axel Springer Syndication GmbH, ullstein bild, Berlin: S. 177/1; 425/1

Bandura, Albert, Department of Psychology Stanford University, Stanford, California, USA: S. 367; 373/2-4

Berlin-Brandenburgische Akademie der Wissenschaften, Berlin: S. 378/2,3

Beyer foto.grafik, Berlin: S. 651

BILD-Fotoservice, Axel Springer SE, Berlin: S. 317 (Piekarski, Rafal/BILD am Sonntag)

Bird Arts – Foto und Grafik Inh. Fabian Vogelbacher, Albbruck: S. 183; 195; 200

bpk - Bildagentur für Kunst, Kultur und Geschichte, Berlin: S. 245 (Ute Franz)

Caepsele Art Department Ortwein/Swierczyna GbR, Offenbach: S. 290

Catprint Media GmbH, Langenhagen: S. 305

Corbis GmbH, Düsseldorf: S. 92/2 (Francis G. Mayer); 354/1 (Bettmann); 377/1 (© PASIEKA/Science Photo Library/Corbis); 396 (Everett Colle); 479/2 (David Turnley/Corbis)

Cornelsen Schulverlage GmbH, Berlin: S. 216

DAK-Gesundheit Zentrale, Hamburg: S. 351

Das bin ich – ganzheitliche Sprachförderung im Kindergarten, Illustrationen: Marlit Peikert, Autoren: I. Bauer, S. Presch, Cl. M. Ueffing, B. Zimmermann, © Finken-Verlag GmbH, Oberursel – www.finken.de: S. 439

Deutscher Caritasverband e.V., Freiburg: S. 233/2

Deutsches Rotes Kreuz e.V., Berlin: S. 233/1

Diakonie Deutschland – Evangelischer Bundesverband Evangelisches Werk für Diakonie und Entwicklung e.V., Berlin: S. 233/5

Digital Image Museum Associates/LACMA/Art Resource NY/Scala, Florence: S. 493/1

Dorling Kindersley Verlag, München, Das Gehirn, Bild: Dorling Kindersley Limited: S. 291

dpa-Picture-Alliance GmbH, Frankfurt/Main.: S. 28/2 (AP-Photo/Peter Hillebrecht); 54 (IMAGNO); 60/2 (Federico Gambarini); 112 (picture alliance/akg images); 204 (picture alliance/ASSOCIATED PR); 217 (picture alliance/ZB); 223 (dpa-Zentralbild); 327; 346 (Arcaid); 355 (picture alliance/Arco Images G); 362 (AP Photo/Joerg Sarbachs); 365 (Frank Rumpenhorst); 388/1 (picture-alliance/dpa),2 (picture alliance/AP); 389 (picture-alliance/HIP); 435 (picture-alliance/dpa); 454 (picture alliance/E54); 466; 487 (DB Beck); 523 (Westend61); 535 (picture alliance/ASSOCIATED PRESS); 537/2 (picture alliance/AP Photo),3 (picture alliance/AP Images); 570/1 (picture alliance/dpa),2 (Maurizio Gambarini); 573 (picture-alliance/dpa); 585 (Maurizio Gambarini); 624/1 (Wolfgang Mouc); 627 (Uip)

Electronic Arts GmbH, Köln: S. 604

Engel, Dirk, Wissen, was Kunden wollen, Seminare und Marktforschung, Frankfurt/Main: S. 60/1

F1online digitale Bildagentur GmbH, Frankfurt/Main: S. 293 (RFJohner); 366 (Henglein Steets Cultura Images RF); 480/1 (PhotoAlto B),2 (Corbis RF Value); 550 (Stephan Goerlich RM imageBROKER)

Fotolia Deutschland, Berlin, © www.fotolia.de: S. 21/2 (miloje),3 (Les Cunliffe),4 (terranova_17); 29 (Lumarmar); 46/2 (Natalia Merzlyakova),3 (rdnzl); 75/1 (denboma); 119/3 (ninell),5 (nikkytok),6 (anyaberkut); 125/2 (Turi); 126/2 (smereka); 127 (markrhiggins); 142/1 (Mariusz Blach),2 (bajinda),3 (volkerr),4 (by-studio); 201/6 (Ana Blazic Pavlovic); 226 (Jan Engel); 331/1 (stockWERK); 387/1 (artfocus); 402 (grafikplusfoto); 405 (WavebreakMediaMicro); 447 (Rtimages); 456 (photowahn); 472/1 (matka_Wariatka); 522/1 (Robert Kneschke); 546/1 (mrkob),2 (Yvonne Weis),3 (smuki),4 (Filaphoto),5 (carlosvelayos),6 (stockWERK),7 (zinkevych); 547/1 (arpye),2 (Martin_P),3 (Albert Ziganshin),4 (Yvonne Weis); 548/1 (mrkob),2 (Yvonne Weis),3 (smuki),4 (Filaphoto),5 (carlosvelayos),6 (stockWERK),7 (zinkevych); 549/1 (guukaa),2 (Aleksey Stemmer),3 (Nitr); 553/1 (Nitr); 556 (allbylouise); 557/1 (arkpo),2 (HLPhoto); 563 (Taffi); 564 (zinkevych); 569 (Akila_Yan); 579 (Yvonne Weis); 630 (taiws); 636 (marog-pixcells); 652 (Diana_Drubig); 660 (cromary)

Fritzmann, Claus, Graphic Design, Stuttgart: S. 304

FVM Forschungsgruppe Verhaltensbiologie des Menschen, Dr. Joachim Bensel, Kandern: S. 108

Galas, Elisabeth, Bad Breisig: S. 70/1,2; 114; 115; 116; 118; 119; 121; 124; 129; 130; 132; 143; 144; 152/2; 155/3; 156; 158; 167; 176; 177/2; 179; 196; 310; 330; 331/3; 333/2; 336; 341/5; 344/4; 360; 387/2; 390; 391/2; 397; 419; 440/3; 499; 522/2; 532/1; 537/1; 540; 541; 599; 600; 640/2; 647; 664; 665; 670/2; 671

Gebhard, Klemens, Dr., Moos-Bankholzen: S. 20; 34; 56; 65; 68; 584; 586; 587; 588; 597; 612; 616; 626; 629; 631

Georg Thieme Verlag KG, Stuttgart, Wendlandt, Wolfgang, „Sprachstörungen im Kindesalter“, 3. Aufl.: S. 298

Getty Images Deutschland, München: S. 201/7 (Mats Persson),8 (Vladimir Godnik); 261 (Swintek, Stephen); 262 (Bill Anderson); 281 (Faure, Rana); 320; 359 (Nina Leen); 371 (Bambu Productions); 381 (John Freeman); 453 (Michael H); 521(Adrian Samson); 565/1 (Flickr RF)

Gieselbrecht, Marion, Dr.: S. 326/1,2,5,6-8; 331/2; 332; 333/1; 338; 339; 340; 341/2-4; 344/1-3

Gordon Training International, www.gordontraining.com, WestSolana Beach, California, USA: S. 504

Grafische Produktionen Neumann, Rimpar: S. 428

Gruner + Jahr AG & Co. KG, Hamburg: S. 477/1,2

Gutmann, Wolfgang, Ludwigshafen/Bodensee: S. 246; 247; 269; 283; 299; 301/1; 312/2; 314/1 378/1; 478/1; 481/1; 484

H.-D. Nauck: S. 224

Hamlin, Kiley J., PhD, Assistant Professor, Psychology, University of British Columbia, Vancouver, British Columbia, Canada: S. 288; 289

Hank, Maike, Berlin: S. 37

Harlow Primate Laboratory, Madison, Wisconsin, USA: S. 433

Hartenstein, Silke, Schliengen: S. 214

Heinrich Pott GmbH & Co. KG, potts park, Erlebnispark mit Science Center, Minden-West/Dützen: S. 84/1

Hörnschemeyer, Michael, Münster: S. 479/1

Hoffmann und Campe Verlag GmbH, Hamburg: S. 303

Hogrefe Verlag GmbH & Co. KG, Göttingen: S. 67

Institut für Psychogerontologie der Universität Erlangen-Nürnberg, Nürnberg: S. 136

iStockphoto, Berlin: S. 58 (micut); 119/2 (jtyler); 125/3 (byPaul); 201/2 (ArtisticCaptures),5 (jeannehatch); 326/4 (cherezoff),9 (FrankRam-spott); 418 (nameinfame); 440/1 (4x6),2 (jaroon); 470 (MaszaS); 653 (dondesigns)

Jaszus, Rainer, Dr., Efringen-Kirchen: S. 99/3; 205; 301/2; 316; 432; 434; 591

Julius Beltz GmbH & Co. KG, Weinheim: S. 74

Kindergarten St. Josef, Waldkirch-Kollnau: S. 236; 237; 239; 240; 241; 242; 243

Kinderhaus auf dem Bühl, Lörrach-Brombach: S. 219/3

Kramer, Angelika, Stuttgart: S. 85/1,3,4,5; 86/1,2; 87/3; 88; 90; 91; 97/2,3; 98; 133; 251; 253; 255; 257/2; 264; 265; 270; 273; 274/1; 276; 286; 307; 309; 431; 432; 483; 490; 491; 492; 494; 496/2,3; 497; 498

Krausen, Scott, Mönchengladbach: S. 654/2

Labbé GmbH, Köln: S. 373/1

laif Agentur für Photos und Reportagen GmbH, Köln: S. 282; 429/3

Mäder-Berg, Martina, Ettlingen: S. 463

Mary Evans Picture Library, London, UK: S. 425/2

Mauritius GmbH, Mittenwald: S. 256/1 (Photo Researchers),2 (Phototake); 257/1 (Photri); 266 (mauritius images/Fotosearch); 321; 429/1 (ALEXANDER NESBIT),2; 479/3 (Henryk Tomasz Kaiser)

Medienpädagogischer Forschungsverbund Südwest c/o Landesanstalt für Kommunikation (LFK), Stuttgart: S. 602

Müllerchen, Joachim / CC BY 2.0, (http://creativecommons.org/licenses/by/2.0/): S. 441

Panthermedia GmbH, München: S. 363 (Helma Spona); 465 (Ixi)

Pearson Deutschland GmbH, www. pearson.com: S. 153; 536

PETA Deutschland e.V, Gerlingen: S. 565/3

Photo Samy Molcho © Thomas Klinger, Ramsau: S. 481/2

Photo und Presseagentur GmbH FOCUS, Hamburg: S. 311/1

Photocase Addicts GmbH, www.photocase.de, Berlin: S. 469 (leicagirl)

Picture Press Bild- und Textagentur GmbH, Hamburg: S. 248; 249; 250; 302

Pour la science, Dossier 31 La mémoire, ©Pour la science 2001, Paris, Frankreich: S. 126/1

Russel, James, Boston, USA: S. 188

Schmidt, Hartmut W., Fotografie, Freiburg: S. 106; 215; 219/2,4; 221; 235; 275; 520; 526

Schulz von Thun, Friedemann, Hamburg: S. 496/1

Schwäbische Alb-Bahn e.V., Münsingen/Württ: S. 81; 82/1,3

Shutterstock Images LLC, New York, USA: S. 46/1 (shipfactory); 119/1 (Bo Valentino);4 (BlueSkyImage); 125/1 (by Paul); 201/3 (Timothy Boomer),4 (Ana Blazic Pavlovic); 292 (Helen E. Grose); 326/3 (draghicich); 341/1 (DigitalHand Studio); 368 (Ekaterina Pokrovsky); 380 (wavebre-akmedia); 569 (Akila_Yan)

Stadt Hattingen, Hattingen: S. 44

Stadtarchiv Filderstadt, F 04228, Filderstadt: S. 342

Statistisches Bundesamt, Wiesbaden: S. 640/1

StockFood GmbH, München: S. 24 (Feiler Fotodesign)

STUDIOCANAL GmbH, Berlin: S. 426

Superbild/BSIP/A1PIX Your Photo Today, Taufkirchen: S. 166/2; 267 (BSIP); 271 (Oredia)

Susan Landau, Dr., William Jagust, UC Berkeley, USA: S. 76

Szasz, Suzanne, "Körpersprache der Kinder", Gustav Lübbe Verlag, 1978: S. 478/2

The Greenwich Workshop, Inc.,Seymour, USA: S. 93

The M.C. Escher Company B.V., AC Baarn, NL: S. 80/1

The Paul Ekman Group, Paul Ekman PhD./www.paulekman.com, San Francisco, California, USA: S. 199

Thomson Reuters (Markets) Deutschland GmbH, Frankfurt/Main: S. 534

Thüringer Fußball Verband e.V., Erfurt: S. 621 (Andraes Schneider)

Timm, Gabriele, Kaarst: S. 85/2; 306; 308, 314/2; 354/2

University of Delaware, Newark, New Jersey, USA: S. 201/1

University of Illinois, Urbana, Illinois, USA: S. 157/1

Verein zur Förderung der städtischen Jugendeinrichtungen in Sankt Augustin e.V. Sankt Augustin: S. 471

Verlag Handwerk und Technik GmbH, Hamburg: 35; 138

Verlag Hans HuberHogrefe, Bern, Schweiz: S. 49

Verlag Holland + Josenhans GmbH & Co. KG, Stuttgart: S. 274/2

Walter Schels, Fotograf, www.walterschels.com: S. 408

Warner Brother Entertainment GmbH, Hamburg: S. 21/1

Wechsler, D. (2014). Wechsler Preschool and Primary Scale of Intelligence – Third Edition (WPPSI-III) – Deutsche Version. Hrsg. von F. Petermann, G. Ricken, A. Fritz, K. D. Schuck & U. Preuß. 3., überarbeitete und erweiterte Auflage. Frankfurt/Main: Pearson Assessment.; Abbildung des Gesamtsatzes der Wechsler Preschool and Primary Scale of Intelligence, Third Edition (WPPSI-III). Copyright (C) 2002 NCS Pearson, Inc. German Translation Version Copyright (C) 2011 NCS Pearson, Inc. Reproduced with permission. All rights reserved: S. 166/1

Weiner, Bernard, Prof. UCLA Department of Psychology, Los Angeles, USA: S. 191

Wirth, Arne, Stuttgart: S. 377/2; 379

www.dasGehirn.info – Ein Projekt der Gemeinnützigen Hertie-Stiftung und der Neurowissenschaftlichen Gesellschaft e.V. in Zusammenarbeit mit dem ZKM | Zentrum für Kunst und Medientechnologie Karlsruhe", Frankfurt/Main: S. 190

www.facebook.com: S. 608

www.google.com: S. 610

www.wikipedia.org: S. 22; 155/1; 186/1 (Hermann Rorschach); 576

Zentralwohlfahrtsstelle der Juden in Deutschland e.V., Frankfurt/ Main: S. 233/4

Gestaltung des Titelbildes unter Verwendung von Preiser Spielfiguren

1 Wissenschaftliches Denken und Handeln in Pädagogik und Psychologie

1.1 Was bedeutet der Begriff Wissenschaft?

1.1.1 Wozu brauchen wir die Wissenschaft?

Jeder von uns trägt Vorstellungen in sich, was unter dem Begriff Wissenschaft zu verstehen ist. Drehen wir den Spieß einmal um und stellen uns zu Beginn dieses Kapitels die Frage, was wir unter der Bezeichnung „nicht wissenschaftlich" verstehen.

AUFGABEN

1. Entwerfen Sie an dieser Stelle ein Fallbeispiel, wie Ihrer Meinung nach ein Mensch – nennen wir sie Eva, Schülerin, 19 Jahre – zu nicht wissenschaftlichen Erkenntnissen über das Trinkverhalten von Heranwachsenden gelangen könnte.
2. Notieren Sie das Fallbeispiel und diskutieren Sie im Anschluss daran mit Ihrem Tischnachbarn darüber, was an Evas Vorgehensweise Ihrer Meinung nach nicht wissenschaftlich ist.

Was Sie wahrscheinlich durch diese Eingangsübung erkannt haben, ist, dass nicht alles, was uns der Alltag an Erfahrungen und persönlichen Erkenntnissen beschert, wissenschaftlich bzw. gesichertes Wissen ist. Die Güte oder auch die Qualität des Wissens hängen davon ab, wie es zustande kommt.

Dies leistet die Wissenschaft, die uns, wie es bereits der Name aussagt, zuverlässiges und gesichertes „Wissen schafft", auf das wir uns verlassen können. Damit ist Wissenschaft in einem ersten Zugang als das zu verstehen, was gesichertes Wissen schafft.

Unter **Wissen** verstehen wir gesicherte, „wahre", Fakten und Erkenntnisse, die nicht auf Zufall beruhen, sondern so gewonnen wurden, dass sie Gültigkeit beanspruchen können.

AUFGABE

Bilden Sie sich eine Meinung zu folgendem Zeitungsbericht. Ist er wissenschaftlich zuverlässig oder nicht?

BEISPIEL

Münchhausener Tagblatt

Sensationelle Entdeckung – Forscher entschlüsseln die Sprache der Tiere.

Anhand von Experimenten und verlässlichen Studien an Katzen und Hunden entdeckte Prof. Dr. Kraschnitzer von der renommierten Schleiermacher Universität in Mahlberg, in Kooperation mit ausgewiesenen Experten seines interdisziplinären Forschungsteams, dass das Miauen und Bellen von Katzen und Hunden zu 84,5 % Deckungsgleichheit mit Lautmustern menschlicher Säuglinge im Entwicklungsstadium zwischen sechs bis acht Wochen aufweist. „Wir sind auf gutem Wege, bald mit Säugetieren wirklich kommunizieren zu können", so Kraschnitzer anlässlich einer Pressekonferenz in der Villa Grauberg am 08. März 2012 in Mahlberg.

Nicht alles, was uns im Alltag unter dem Deckmantel der Wissenschaft begegnet, ist auch wirklich wissenschaftlich. Vielmehr suggeriert uns die Bezeichnung „wissenschaftlich", dass wir uns auf etwas verlassen können. Zuschreibungen wie „wissenschaftlich gesichert", „wissenschaftlich überprüft", „wissenschaftlich begleitet" oder „wissenschaftlich gewonnen" sollen unser Vertrauen in eine Sache steigern, uns von etwas überzeugen oder auch unsere Kaufentscheidung positiv beeinflussen. Um überprüfen zu können, ob etwas tatsächlich das Gütesiegel „wissenschaftlich" verdient, brauchen wir allerdings zentrale Eckdaten und Fakten, auf die wir im Verlauf dieses Kapitels näher eingehen werden. Diese Eckdaten helfen uns dabei, die wissenschaftliche Güte und Aussagekraft, z. B. einer veröffentlichten Prozentzahl, beurteilen zu können. All zu oft werden allerdings, z. B. in Zeitungsberichten, solche Angaben nur verkürzt dargestellt oder gänzlich unterschlagen, sodass eine sachliche Beurteilung der

intersubjektiv
inter (lat.) = zwischen; intersubjektiv: Austausch zwischen mindestens zwei Subjekten (Menschen), die sich bzgl. der Gültigkeit einer Aussage einigen können

Methode
klar definierter Weg, bzw. die Art und Weise, wie wir zu einem Ziel gelangen

Didaktik
Lehre vom Lehren. Forschungsgebiet, das sich damit beschäftigt, wie fachbezogene Inhalte bestmöglich vermittelt, aufbereitet und dargeboten werden können, um auf Seiten der Lernenden einen tief greifenden Lernerfolg zu erzielen, z. B. Fremdsprachendidaktik, Mathematikdidaktik.

wissenschaftlichen Güte der dargebotenen Erkenntnis nicht möglich ist. Wir verlassen uns gerne auf Begrifflichkeiten und Schlagwörter aus dem wissenschaftlichen Umfeld wie „repräsentativ", „Experte", „Doktor", „Professor" oder „führendes Forschungsinstitut", ohne tiefere Nachforschungen über die tatsächliche Güte der zutage geförderten Forschungsergebnisse anzustellen.

AUFGABEN

1. Sammeln Sie zu Hause Zeitungsausschnitte, Werbeanzeigen etc., in denen das Prädikat „wissenschaftlich" verwendet wird.
2. Sortieren und kategorisieren Sie in einem nächsten Schritt Ihre mitgebrachten Zeitungs- oder Werbungsausschnitte an einer Stellwand. (In welchen Bereichen bzw. Zusammenhängen wird der Begriff „wissenschaftlich" verwendet?)
3. Analysieren und beurteilen Sie anschließend, welche der Ausschnitte Sie als tatsächlich wissenschaftlich bezeichnen würden und welche nicht. Begründen Sie Ihre Aussagen anhand geeigneter Argumente.

Die Begriffe „Wissenschaft" und „wissenschaftlich" können wie folgt definiert werden:

Als **Wissenschaft** bezeichnet man eine bestimmte Denk- und Vorgehensweise, deren Ziel es ist, „wahre" Erkenntnisse über die Welt zu liefern.

Wissenschaftlich meint eine spezifische Art der Erkenntniserzeugung. Dazu gehört, dass wissenschaftliches Denken und Handeln klaren Regeln folgt, logisch ist, nachvollziehbar ist, mit bisherigen Erkenntnissen vernetzt werden kann und als allgemeingültig anerkannt wird.

Mit dem Begriff der Wissenschaft ist gleichsam ein ganzes System der Wissenserzeugung verknüpft. Dazu zählen Forscher und Wissenschaftler, die Kommunikation und Diskussion dieser Personengruppen untereinander auf wissenschaftlichen Tagungen sowie die Orte, an denen dieses Wissen erzeugt wird, z. B. Universitäten, Hochschulen, Forschungsinstitute (vgl. DIMBATH, 2011, S. 23 ff.).

1.1.2 Was versteht man unter Wissenschaftstheorie?

Wir haben bereits die Begriffe „Wissen", „Wissenschaft" und „wissenschaftlich" definiert. Doch wie gelangen wir zu „wahrem" gesichertem Wissen, das wir als wissenschaftlich gewonnen bezeichnen würden?

AUGABEN

1. Stellen Sie sich vor, Sie seien ein Lehrer des Fachs Pädagogik/Psychologie. Sie wollen etwas darüber erfahren, wie Sie Ihren Schülerinnen und Schülern bereits gesichertes Wissen über Pädagogik und Psychologie so näherbringen können, dass sie zu eigenständigem Denken angeregt werden.

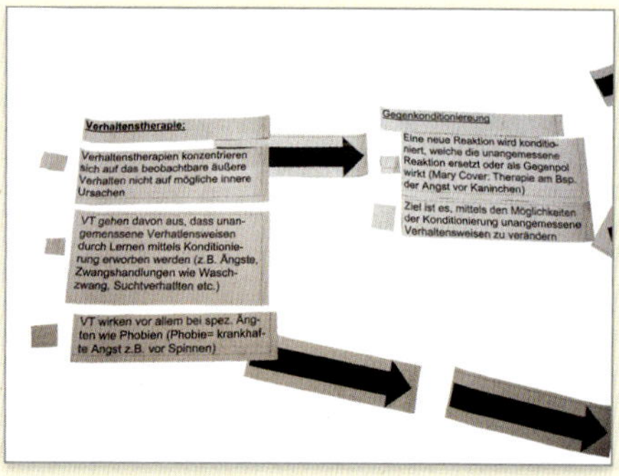

Beispiel: Gemeinschaftsaufgabe der gesamten Klasse: Erstellung eines Strukturmodells zu Verhaltenstherapien, die auf Konditionierung beruhen, mittels Legetechnik.

2. Erarbeiten Sie Strategien, wie Sie diesbezüglich zu wissenschaftlich gesicherten (didaktischen) Erkenntnissen gelangen können.

Sicherlich sind Sie durch Ihre vorangegangenen Überlegungen zu mehreren möglichen Zugängen gelangt. Mit der Frage, wie Aussagen getroffen werden müssen, damit sie als wissenschaftlich gelten können, beschäftigt sich ein Bereich, der überwiegend in der Philosophie beheimatet ist, die „Wissenschaftstheorie".

Die **Wissenschaftstheorie** als eigenständiges wissenschaftliches Themengebiet beschäftigt sich damit, wann wir etwas als wahres Wissen ansehen können und vor allem auf welchem Weg wir zu wahrem Wissen gelangen können.

Im Lauf der Wissenschaftsgeschichte existierten verschiedene Auffassungen darüber, wann etwas als Wahrheit angesehen werden kann und wie wir zu dieser Wahrheit gelangen können.

Die beiden grundlegenden Zugänge, um zu Erkenntnissen zu gelangen, sind einerseits

- das systematisch logische „Durchdenken", Interpretieren und Verstehen (geisteswissenschaftliche Herangehensweise) und andererseits
- die Erforschung der Realität in Form des regelgeleiteten Sammelns, Erhebens und Auswertens von Daten und Fakten (naturwissenschaftlich empirische Herangehensweise).

Ziel beider Zugänge ist, zu verallgemeinerbaren Aussagen bezüglich eines Untersuchungsgegenstandes zu gelangen.

geisteswissenschaftliche Herangehensweise
„durchdenken", verstehen und interpretieren

naturwissenschaftliche Herangehensweise
Erforschung der Wirklichkeit in Form des systematischen Sammelns, Erhebens und Auswertens von Daten und Fakten (Empirie)

TIPP

Daniel Kehlmanns Roman „Die Vermessung der Welt" oder dessen gleichnamige Verfilmung, der einmal aus der Sicht des Mathematikers Carl Friedrich Gauss schildert, wie er von zu Hause aus, ohne zu reisen, die Welt berechnet, und andererseits aus der Perspektive des Naturforschers Alexander von Humboldt, wie dieser rund um die Welt reist, vermisst, beschreibt, kartografiert und sammelt.

Weg Humboldt

Weg Gauss

Hypothese
Aussage über den angenommenen Zusammenhang zwischen zwei oder mehreren Elementen in Form von „wenn, dann" – oder „je, desto"-Sätzen, z. B.: „Wenn ich einen Stein fallen lasse, dann fällt er runter." Oder: „Je intensiver ich trainiere, desto besser wird mein Trainingserfolg."

prognostisch
vorausschauend

antizipieren
vordenken; im Geist vorwegnehmen. Beispielsweise antizipiert ein Torwart beim Elfmeter die Handlung seines Gegners, das heißt, er denkt vor bzw. nimmt im Geist vorweg, in welche Ecke der Gegner den Ball schießen wird und handelt dementsprechend (hoffentlich) vorausschauend.

Sir Karl Raimund Popper

1.1.2.1 Was ist eine Theorie?

Verallgemeinerungen im weitesten Sinne, die uns helfen Dinge zu verstehen und unseren Alltag zu bewältigen, können als „Theorien" bezeichnet werden. Doch nicht jede Verallgemeinerung im Alltag ist eine wissenschaftliche Theorie.

BEISPIEL

Beispielsweise saß ich gestern bei einem Freund auf einem braunen Stuhl mit vier Beinen. Am darauffolgenden Tag wurde ich in das Büro meines Chefs gebeten und saß auf einem weißen Stuhl mit vier Beinen. Noch am selben Tag saß ich später in einem Café auf einem schwarzen Plastikstuhl mit ebenfalls vier Beinen. Aufbauend auf meinen bisherigen persönlichen Erfahrungen könnte ich verallgemeinernd die Alltagstheorie aufstellen:

A) Stühle können unterschiedliche Farben haben.
B) Jedoch haben alle Stühle vier Beine.

Daraus leite ich im Sinne einer Gesetzmäßigkeit ab, dass ich mit hoher Wahrscheinlichkeit bei der Suche nach einer Sitzgelegenheit in Form eines Stuhls auf einen Stuhl mit flexibler Farbgestaltung treffen werde, der sich durch vier Beine auszeichnet.

Stellen Sie sich nun vor, Sie würden an einem Ort leben, an dem Sie es Ihr ganzes Leben nur mit Stühlen zu tun hätten, die sich durch vier Beine auszeichnen und Sie würden nie einen Klappstuhl, einen Klappsitz im Zug, einen Barhocker oder einen Stuhl mit drei Beinen zu Gesicht bekommen.

Obwohl sich Ihre Theorie in Ihrem Alltag bestätigen würde, wäre sie dennoch nicht allgemeingültig.

Alltagstheorien müssen nicht zwangsläufig falsch sein. Im Gegensatz zu Alltagstheorien werden in der Wissenschaft jedoch Theorien bewusst erzeugt, um die Welt in wahren Zusammenhängen mittels der Verknüpfung gesicherter Erkenntnisse darzustellen und vorausschauend zu erklären.

Wissenschaftliche Theorie „Eine Theorie ist eine Verknüpfung von verallgemeinernden wissenschaftlichen Aussagen im Sinne einer hypothetisch vermuteten Gesetzmäßigkeit." (Dimbath, 2011, S. 27)

Theorien sind damit geistige Konstrukte, die versuchen, die komplexen Zusammenhänge der Wirklichkeit – bzw. der zu betrachtenden Phänomene – zu erklären bzw. abzubilden. Dabei sollte eine Theorie die betreffenden Erscheinungen oder Phänomene nicht nur erklären, sondern sie sollte auch prognostisch (vorausschauend) nützlich sein, indem sie zukünftige Ereignisse und Entwicklungen hypothetisch antizipiert (vorwegnimmt) und Anregungen zur Erklärung neuer, bislang unerforschter Phänomene gibt.

Funktionen von Theorien
Theorien haben die Funktion, Sachverhalte zu beschreiben, zu erklären und vorherzusagen. Im Kern bestehen wissenschaftliche Theorien aus einer Vernetzung von gesicherten und überprüften Erkenntnissen bzgl. eines bestimmten Untersuchungsgegenstands.

Dabei sind Theorien Veränderungen unterworfen und erheben nicht den Anspruch, absolut wahr zu sein, da jede Theorie eine plausible und nachvollziehbare Verkürzung der komplexen Wirklichkeit auf die wesentlichen Zusammenhänge darstellt. Anstatt absolute Gültigkeit zu beanspruchen, versucht man für einen bestimmten Zeitraum und für ein begrenztes Untersuchungsfeld eine Theorie zu entwickeln, die den aktuellen Forschungsstand widerspiegelt. Eine solche Theorie hat nur so lange Gültigkeit, bis sie durch neuere wissenschaftliche Erkenntnisse revidiert (zurückgenommen) oder ergänzt werden muss (vgl. Bortz/Döring, 2006, S. 15).

Diesen Umstand erkannte bereits der Philosoph Sir Karl Raimund Popper (1902–1994), ein bedeutender Vertreter der Wissenschaftstheorie. Er vertrat die Ansicht, dass Theorien und wissenschaftliche Aussagen nur so lange Gültigkeit besitzen, bis sie entweder durch praktische Überprüfung, z. B. in Form eines Experiments, oder durch neuere wissenschaftliche Erkenntnisse revidiert, ergänzt oder verworfen werden müssen. Popper nennt diesen Prozess des Verwerfens von Theorien aufgrund von Widerlegung oder Änderung der Wissensbestände „Falsifikation".

BEISPIEL

Falsifikation und Katharsistheorie

Katharsistheorie besagt, dass wir uns durch das „Herauslassen" aggressiver Energie, z. B. nach einem Streit (durch Handlungen oder in der Fantasie), von unserer aggressiven Haltung befreien können. Doch stimmt diese Annahme tatsächlich? Neuere Untersuchungen legen die Vermutung nahe, dass solche Handlungen in Form des „Abreagierens" eher dazu führen können, dass sich die betreffende Person dadurch noch intensiver, z. B. beim Boxen, mit dem Vorfall bzw. Aggressionsauslöser beschäftigt. Dadurch wird die Wahrscheinlichkeit sogar erhöht, dass bei einem ähnlich gearteten Vorfall in der Zukunft Aggressionen offen zutage treten, weil eine Gewöhnung an Lösungen durch Aggression erfolgt ist.

Was ist nun also mit der Katharsistheorie, die lange Zeit, beispielsweise in der Arbeit mit „schwierigen" Jugendlichen, eingesetzt wurde?

Richtig – sie gilt gemäß dem Falsifikationsprinzip aufgrund neuerer Erkenntnisse als widerlegt und hat sich somit in der Praxis nicht bewährt. Das bedeutet, sie muss durch eine andere Theorie zum Umgang mit Aggression ersetzt werden.

Falsifikation
Prozess des Verwerfens bzw. Erweiterns von Theorien aufgrund kritischer Überprüfung oder Änderung der Wissensbestände.

Damit ergeben sich im Wesentlichen zwei Aufgaben der Wissenschaft:

„Die **Aufgabe der Wissenschaft** besteht darin, die Wirklichkeit zu erforschen, Neues zu entdecken, festzuhalten, zu deuten und daraus allgemeingültige Gesetzmäßigkeiten im Sinne von Theorien abzuleiten. Gleichzeitig ist es auch Aufgabe der Wissenschaft, bereits bestehende Theorien kritisch zu überprüfen, fortzuschreiben, zu ergänzen und ggf. zu widerlegen." (Dimbath, 2011, S. 28).

Bezogen auf unser „Stuhlbeispiel" bedeutet dies, dass die theoretische Aussage, dass alle Stühle vier Beine haben, nicht gänzlich revidiert, sondern aufgrund kritischer Sichtung aller verfügbaren Stühle ergänzt werden muss – spätestens dann, wenn der erste Stuhl auftaucht, der keine vier Beine hat. Daraufhin kann die Aussage getroffen werden, dass einige Stühle vier Beine besitzen, es dennoch Vertreter der Gattung Stuhl gibt, die weniger oder sogar gar kein Bein haben.

1.1.2.2 Was bedeutet Empirie?

Das Ziel jeglicher Forschung ist, Theorien im Sinne von allgemeingültigen Gesetzmäßigkeiten zu erzeugen. Wie wir bereits erfahren haben, können Theorien durch geisteswissenschaftliche Herangehensweise oder naturwissenschaftlich empirische Herangehensweise erstellt werden. Beide so zustande gekommenen Arten von Theorien müssen sich, um Allgemeingültigkeit beanspruchen zu können, der kritischen Überprüfung gemäß dem Falsifikationsprozess nach Popper stellen.

Die Anhänger der empirischen Forschung vertreten die Ansicht, dass nur greifbare, tatsächlich existierende Gegebenheiten, welche sich beobachten und messen lassen, zu einer wissenschaftlichen Erkenntnis führen. Empirie bezieht sich somit auf das, was der sinnlichen Erfahrung zugänglich gemacht werden kann. Demgemäß könnten also Gegenstände, die nicht der sinnlichen Wahrnehmung zugänglich gemacht werden können, z. B. die Seele oder das Jenseits, nicht zum Gegenstand der empirischen Forschung werden.

Empirie bedeutet der sinnlichen Wahrnehmung zugängliche Sachverhalte regelgeleitet messen bzw. beobachten und mittels gesicherter Verfahren darstellen, auswerten, deuten und interpretieren.

1.1.3 Was sind wissenschaftliche Disziplinen?

Die Welt bzw. die Realität um uns herum und damit die zu erforschenden Inhalte bis hin zu den Geheimnissen des Universums sind quasi unbegrenzt und vielschichtig wie eine Schwarzwälder Kirschtorte. Darum gibt es nicht „die" Wissenschaft, sondern unterschiedliche wissenschaftliche Disziplinen. Diese stellen unterschiedliche Blickwinkel bzw. Perspektiven auf das „Ganze" dar. Jede Disziplin, das heißt jede Wissenschaftsrich-

wissenschaftliche Disziplinen
verschiedene Blickwinkel und Ansätze der Forschung, die sich jeweils nur mit einem Teil des großen Ganzen beschäftigen

tung, beschäftigt sich sozusagen mit einem Stück des Kuchens bzw. des „großen Ganzen".

AUFGABE

Stellen Sie an dieser Stelle Überlegungen an, welche Chancen und gleichzeitig auch welche Gefahren es mit sich bringen könnte, wenn sich jede wissenschaftliche Disziplin „nur" mit einem Teilbereich, das heißt mit einem Stück des „großen Kuchens" beschäftigt?

Die Wissenschaften und damit die wissenschaftlichen Disziplinen können unterschiedlich unterteilt werden. Seit ARISTOTELES existierten verschiedene Gliederungsansätze und Gliederungszugänge, je nachdem, welcher Gliederungslogik Folge geleistet werden soll. Beispielsweise können die unterschiedlichen Disziplinen

- nach deren Zielsetzungen,
- nach den angewandten wissenschaftlichen Erkenntnismethoden,
- nach den Untersuchungsgegenständen oder
- nach der historisch gewachsenen Zugehörigkeit eingeteilt werden.

1.1.3.1 Gliederung nach Untersuchungsgegenstand

Gemäß einer wissenschaftstheoretischen Sichtweise führte die Betrachtung einzelner Gegenstände von Wissenschaft zur Herausbildung von Fächern bzw. Disziplinen. So entstand aus der Betrachtung der Vergangenheit die Geschichte, aus der Beschäftigung mit dem kranken Menschen die Medizin, aus der Frage nach Gott die Theologie oder aus der Beschäftigung mit Pflanzen und Tieren die Biologie. Diese Disziplinenbildung erfolgte somit entlang der gewählten Untersuchungsgegenstände.

1.1.3.2 Gliederung nach wissenschaftlicher Erkenntnismethodik

Im Gegensatz dazu werden Wissenschaften auch häufig nach deren methodischer Herangehensweise in zwei große Lager eingeteilt. Diese Zweiteilung unterscheidet zwischen den sogenannten Naturwissenschaften, deren Erkenntnisse im empirischen Sinn auf Beobachtung beruhend durch Beschreibung, Versuch und Beweis zustande kommen. Diesen gegenüber werden die Geisteswissenschaften gestellt, die mittels Beschreibung und Interpretation zu ihren Erkenntnissen gelangen. Gemäß dieser grobkörnigen Zweiteilung gilt die Naturwissenschaft als die empirisch erhebende[1] und erklärende Wissenschaft, während die Geisteswissenschaft als die „durchdenkende", das heißt verstehende und interpretierende, Wissenschaft definiert wird (vgl. KLEIN/RIETSCHEL, 2007).

Geisteswissenschaft – primäres Ziel: Verstehen: durch reine Geistestätigkeit in Auseinandersetzung mit einer Sache zu Erkenntnissen bezüglich der Sache gelangen

Naturwissenschaft – primäres Ziel: Beschreiben und Erklären: durch Erhebung von Daten (beobachten, messen, zählen, wiegen) in Auseinandersetzung mit einer Sache zu Erkenntnissen bezüglich der Sache gelangen

AUFGABE

Analysieren Sie anhand der Tabelle, welche Gliederungslogik die Bundesagentur für Arbeit (Quelle: www.abi.de) zur Einteilung der möglichen Studienfächer verwendet.

1 Empirisch wird häufig fälschlicherweise mit naturwissenschaftlich gleichgesetzt, obwohl empirisch lediglich bedeutet, dass etwas, das der sinnlichen Wahrnehmung zugänglich ist, mittels gewisser Verfahren untersucht wird. Deshalb vertreten auch einige Geisteswissenschaftler die Ansicht, dass sie empirisch Daten erhebend arbeiten; z. B. wenn ein Geisteswissenschaftler in der Fachdisziplin Geschichte Fakten zu einem römischen Kaiser wie CÄSAR sammelt und diese regelgeleitet deutet und interpretiert, damit wir CÄSAR und dessen Handeln besser verstehen können.

Beispiele wissenschaftlicher Disziplinen, aufgeteilt nach möglichen Studienfächern			
Ingenieurswissenschaften Architektur, Städtebau, Bauingenieurwesen, Bergbau, Geotechnik, Markscheidewesen, Biotechnologie/Bioingenieurwesen, Chemieingenieurwesen/Verfahrenstechnik, Druck- und Medientechnik, Elektro- und Informationstechnik, Fahrzeugtechnik, Verkehrstechnik, Feinwerk- und Mikrotechnik, Lebensmitteltechnologie, Luft- und Raumfahrttechnik, Maschinenbau, Mechatronik, optische Technologien, physikalische Technik, Produktionstechnik, Raumplanung, Regionalplanung, Schiffstechnik, Meerestechnik, Seefahrt: Nautik, Schiffsbetriebstechnik, Seeverkehr, technisches Gesundheitswesen, Medizintechnik, Textiltechnik, Bekleidungstechnik, Vermessungswesen/Geodäsie, Kartografie, Versorgungstechnik, technische Gebäudeausrüstung	**Mathematik und Naturwissenschaften** Biochemie, Biologie, Biotechnologie, Bioingenieurwesen, Chemie, Lebensmittelchemie, Geografie, Geowissenschaften, Haushalts- und Ernährungswissenschaften, Informatik, Mathematik, Nanowissenschaften, Nanotechnologie, Pharmazie, Pharmatechnik, Physik, Astronomie, Statistik	**Agrar- und Forstwissenschaften** Forstwissenschaft, Forstwirtschaft, Gartenbauwissenschaften, Holzwirtschaft, Holztechnik, Holzbau und Ausbau, Landschaftsarchitektur, Landwirtschaft bzw. Agrarwissenschaften, Landbau, Weinbau	**Medizin und Gesundheitswesen** Medizin; Pflege- und Gesundheitswissenschaften, Pädagogik und Management im Gesundheitswesen, Therapien, Tiermedizin, Zahnmedizin
Rechts- und Wirtschaftswissenschaften Ökonomie bzw. Wirtschaftswissenschaften, Rechtswissenschaft, Transportwesen und Logistik, Wirtschaftsinformatik, Wirtschaftsrecht	**Gesellschafts- und Sozialwissenschaften** Pädagogik bzw. Erziehungswissenschaften, Politikwissenschaft, Politologie, Psychologie, Religionspädagogik, Sozialarbeit, Sozialpädagogik, Sozialwesen, Sozialwissenschaften, Soziologie, Sport, Theologie (evangelisch), Theologie (katholisch), Theologie (islamisch)	**Sprach- und Kulturwissenschaften, Kunst und Gestaltung** Bibliotheks-, Archiv-, Informations- und Dokumentationswesen, Ethnologie, Germanistik, Geschichtswissenschaft, Gestaltung/Design, Innenarchitektur, jüdische Studien, Judaistik, Kulturwissenschaften, Kunst, bildende Kunstgeschichte, Kunstwissenschaft, Medien, Musik, darstellende Kunst, Musikwissenschaft, Philologie, klassische, Philologie, neuere Philosophie, Publizistik, Journalistik, Religionswissenschaft, Sprach- und Sprechwissenschaften einschließlich Phonetik, Linguistik, Rhetorik, Theaterwissenschaft, Übersetzen und Dolmetschen	**Lehrämter** (teilweise übergreifend)

Quelle: www.abi.de

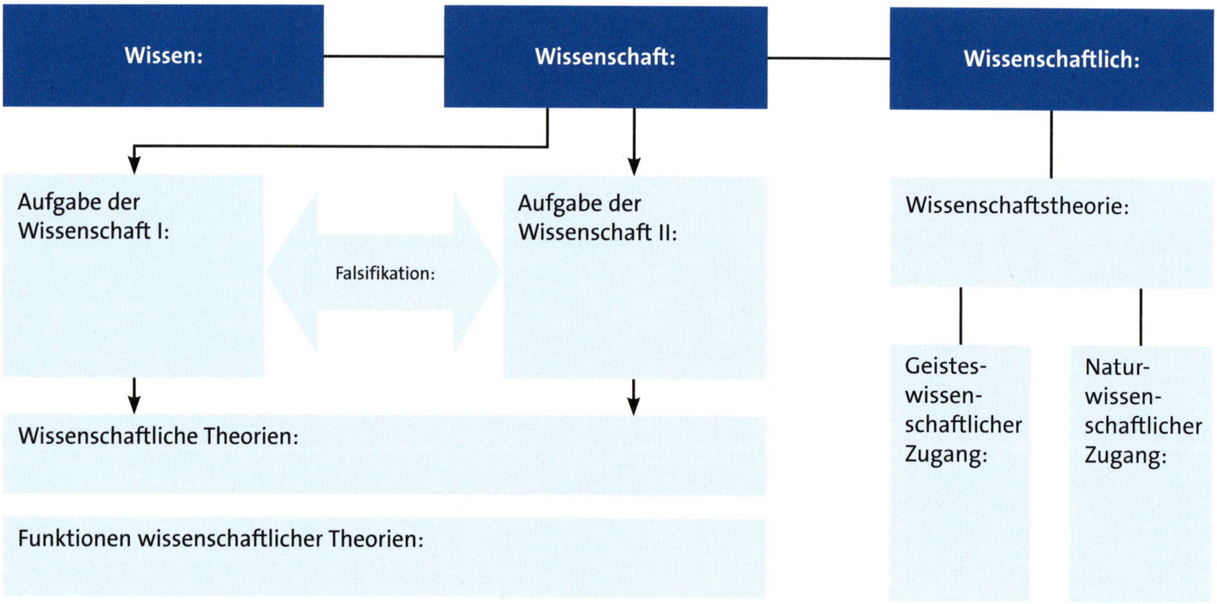

Wissenschaftsbegriffe im Überblick

AUFGABEN

1. Übertragen Sie das Strukturmodell in Ihr Heft. Lesen Sie den Text des Kapitels und füllen Sie das obige Strukturmodell aus. Erklären Sie anschließend das Modell Ihrem Nachbarn bzw. Ihrer Nachbarin.
2. Beschäftigen Sie sich anhand einer wissenschaftlichen Fachzeitschrift mit einer Theorie zu einem Thema Ihrer Wahl. Arbeiten Sie eine hypothetische (wenn ... dann; je ... desto) Kernaussage heraus und überprüfen Sie, ob diese Aussage wissenschaftlich ist.

1.2 Die Sozialwissenschaften – der Mensch beleuchtet aus drei Perspektiven

Wie wir anhand der vorangegangenen Einteilung erkennen können, zählen die Wissenschaftsdisziplinen Psychologie, Soziologie und Pädagogik bzw. Erziehungswissenschaften zu dem Bereich der Sozialwissenschaften.

> **Sozialwissenschaften** sind als empirisch erhebende Wissenschaften zu verstehen, deren Erkenntnisinteresse sich auf das Soziale richtet, das heißt, auf die zwischenmenschliche Interaktion.

Diesem Verständnis zufolge sind von unseren drei Wissenschaftsdisziplinen vor allem die Erziehungswissenschaft und die Soziologie den Sozialwissenschaften zuzuordnen. Alle drei Wissenschaftsdisziplinen haben jedoch im weitesten Sinne gemeinsam, dass sie sich nicht mit unbelebten Dingen, sondern mit dem Menschen beschäftigen. Alle drei Disziplinen nutzen als Methodik sowohl das naturwissenschaftlich empirische Erforschen und Erklären der Welt als auch den geisteswissenschaftlichen Zugang des Durchdenkens, das heißt, des verstehenden Interpretierens. Von ihrer Grundausrichtung her sind jedoch die Erziehungswissenschaften, die Psychologie sowie die Soziologie, im Gegensatz zur „klassischen" Pädagogik, primär in der empirisch naturwissenschaftlichen Erkenntnisgewinnung beheimatet.

Doch womit beschäftigen sich diese drei Wissenschaftsdisziplinen im Kern?

Pädagogik und Erziehungswissenschaft
„Im Zuge der Entwicklung haben sich zunächst zwei wissenschaftliche Grundauffassungen der Disziplin herausgebildet, aus denen die neuen Teildisziplinen erwachsen sind. Es handelt sich dabei um die klassische ‚Historisch-systematische Pädagogik' und die ‚empirische Erziehungswissenschaft'.

Beide gründen sich auf zentrale Erkenntnis- und Forschungsmethoden: die eine auf historisch-systematische Auslegung von Texten und von Erziehungs- und Unterrichtswirklichkeit mit den zentralen [geisteswissenschaftlichen] Methoden der Phänomenologie und Hermeneutik und die andere auf der empirisch begründeten quantitativen (mengenmäßigen) und qualitativen Erforschung von pädagogisch relevanter Wirklichkeit."
(Kron, 2009, S. 54)

„**Psychologie** ist eine Erfahrungswissenschaft, die in möglichst großer Realitätsnähe die Psyche bzw. ihre ‚Produkte' erforscht, nämlich das Verhalten, Erleben und Bewusstsein von Menschen."
(Maderthaner, 2008, S. 28)

Die **Soziologie** möchte gemäß Max Weber (1864–1920), einem bedeutenden Soziologen, Juristen und Ökonomen, soziales, also auf andere Menschen gerichtetes Handeln, deutend verstehen und dadurch in seinem Ablauf und seinen Wirkungen ursächlich erklären.

Trotz der Tatsache, dass es sich um drei wissenschaftliche Disziplinen handelt, ist zu berücksichtigen, dass mit Blick auf den Menschen die drei Zugänge Pädagogik/Erziehungswissenschaft, Psychologie und Soziologie eng ineinandergreifen.

Die drei Blickwinkel am Beispiel des Lehrens und Lernens (Didaktik)

Verdeutlichen wir uns die drei Zugänge, d.h. die drei Blickwinkel auf die Natur des Menschen, anhand eines Beispiels. Greifen wir diesbezüglich den Bereich des Lehrens und Lernens (Didaktik) auf.

Pädagogik/Erziehungswissenschaft: Bei der Vermittlung von Wissen und der Gestaltung von Lehrplänen und Konzepten für Schule, Kindergarten etc. kann die Pädagogik auf einen über die Jahrhunderte hinweg angereicherten Erfahrungsschatz zurückgreifen. Dieser reichhaltige Erfahrungsschatz, der in Form von Büchern und darin enthaltenen, teilweise auch praktisch erprobten, Theorien und Ansätzen zur Verfügung steht, wird im Hinblick auf die pädagogische Praxis gedeutet und ausgelegt.

Die empirische Erziehungswissenschaft stellt sich die Frage, wie die Praxis der Bildung und Wissensvermittlung, z. B. an Schulen, tatsächlich aussieht. Sie erforscht die Wirklichkeit in Erziehungs- und Bildungsinstitutionen und trägt dadurch zur Verbesserung u. a. von Lehrplänen sowie der Bildungs- und Erziehungspraxis bei. Gleichzeitig stellt sie theoretische Modelle der Pädagogik auf den Prüfstand, um diese gemäß dem Falsifikationsprinzip kritisch zu überprüfen und zu verbessern.

Psychologie: Die Psychologie liefert zentrales Wissen darüber, wie Lernen überhaupt funktioniert, was dabei in uns passiert und wie sich Lernen äußerlich niederschlägt. Sie stellt die wichtigsten Lerntheorien zur Verfügung und beschreibt, wie sich Lernprozesse in Form von Verhaltensmodifikationen äußern. Darüber hinaus untersucht sie, wie Lernen hirnphysiologisch funktioniert, welche Prozesse beim Lernen dabei in unserem Gehirn ablaufen und welche Bedingungen und Gegebenheiten zum Aufbau neuronaler Strukturen beitragen.

Neuronen
Nervenzellen des Gehirns

Soziologie: Die Soziologie widmet sich in Form der Wissenssoziologie der Frage, wie Wissen zwischenmenschlich erzeugt wird und welche Bedeutung Wissen für unser zwischenmenschliches Zusammenleben hat. Sie analysiert auf systemischer Ebene gesellschaftliche Netzwerke der Wissenserzeugung. Dies reicht von der Mikroperspektive in Form des einzelnen handelnden Subjekts, z. B. Lehrer-Schüler im Kontext Schule, bis hin zur Makroperspektive, auf der gesamtgesellschaftliche Wirkungszusammenhänge im Bildungssystem betrachtet werden (z. B. soziale Ungleichheit im Hinblick auf die Bildungschancen des Einzelnen).

1.3 Worum geht es in der Pädagogik?

Die Pädagogik ist ein weites Feld, das verschiedene Auffassungen und Ansätze beinhaltet. Häufig wird in wissenschaftlichen Veröffentlichungen – wie wir bereits erfahren haben – zwischen Pädagogik und der empirischen Erziehungswissenschaft unterschieden. Im weiteren Verlauf begreifen wir die Bezeichnung Pädagogik als übergeordnete Kategorie für beide Ausrichtungen.

Diese übergreifende Bezeichnung „Pädagogik" kann weiter untergliedert werden nach der Art der Erkenntnisgewinnung: in die eher geisteswissenschaftlich ausgerichtete Pädagogik und die naturwissenschaftlich ausgerichtete, empirische Erziehungswissenschaft. Wie wir sehen werden, ist diese Aufteilung durch die historische Entwicklung der Wissenschaftsdisziplin „Pädagogik" bedingt.

1.3.1 Richtungen der Pädagogik

Es gibt nicht „die" Pädagogik, sondern verschiedene pädagogische Strömungen, von denen im Folgenden die drei bedeutendsten dargestellt werden. Auf die Darstellung weiterer Strömungen, z.B. die phänomenologische Pädagogik oder die systemtheoretische Pädagogik, wird an dieser Stelle verzichtet.

1.3.1.1 Geisteswissenschaftliche Pädagogik

Wilhelm Dilthey

Bis in die 60er-Jahre des 20. Jahrhunderts hatte vor allem die geisteswissenschaftliche Pädagogik Hochkonjunktur. Sie bezog sich in ihrer Grundausrichtung auf die „durchdenkende" geisteswissenschaftliche Herangehensweise von Wilhelm Dilthey (1833–1911). Gemäß der Philosophie Diltheys geht es nicht darum, menschliches Handeln zu erklären, etwa wie der Mensch versucht, die Natur zu erklären, sondern es geht vielmehr darum, **den Menschen und sein Seelenleben zu verstehen**. Demgemäß geht es der geisteswissenschaftlichen Pädagogik darum, die Geschichte der Erziehung in verschiedenen Epochen zu analysieren und zu verstehen, um darauf aufbauend wertvolle Erkenntnisse für die heutige Erziehungswirklichkeit zu liefern. Sie geht davon aus, dass die pädagogische Praxis der Erziehung älter ist als die Theorien zur Erziehung und folglich ihre eigene Wertigkeit besitzt. Ihr Leitziel ist, durch das Verstehen der Erziehungspraxis Richtlinien zu erarbeiten, die dabei helfen, sich pädagogisch angemessen zu verhalten. Demgemäß gewichtet die geisteswissenschaftliche Pädagogik die Praxis höher als die Theorie. Dies wird als „Primat (Vormachtstellung) der Praxis vor der Theorie" bezeichnet.

1.3.1.2 Empirische Erziehungswissenschaft

Mitte der 60er Jahre des 20. Jahrhunderts verlor die geisteswissenschaftliche Pädagogik an Bedeutung, indem die Pädagogik sich mehr nach sozialwissenschaftlichen Methoden ausrichtete. **Damit sind empirische, datenerhebende Verfahren gemeint, die nun zur Erkenntnisgewinnung herangezogen wurden.** Damit lag der Schwerpunkt auf der Erzeugung erziehungsrelevanter Gesetzmäßigkeiten durch die Erforschung der Erziehungswirklichkeit. Die empirische Erziehungswissenschaft setzt diesbezüglich auf das Erforschen von Erziehungsphänomenen, um Ursache-Wirkungszusammenhänge aufzudecken und zu beschreiben.

Im Gegensatz zur geisteswissenschaftlichen Pädagogik stellt die empirische Erziehungswissenschaft allerdings keine „Vorschriften" für das Erziehen auf. Vielmehr stellt sie Gesetzmäßigkeiten bzw. Modelle zur Erklärung der Erziehungswirklichkeit zur Verfügung, die gemäß dem Falsifikationsprinzip nach Popper immer wieder kritisch auf den Prüfstand gestellt werden müssen.

1.3.1.3 Kritische Erziehungswissenschaft

Theodor W. Adorno

Als dritte wissenschaftstheoretische Richtung der Pädagogik kristallisierte sich Mitte der 1960er Jahre die kritische Erziehungswissenschaft heraus. Aufbauend auf den Gedanken der kritischen Theorie der sogenannten „Frankfurter Schule" und deren wichtigstem Vertreter Theodor W. Adorno (1903–1969) stellt sie keine Anleitungen zur Gestaltung der Erziehungspraxis zur Verfügung, sondern möchte ein Bewusstsein schaffen für die Interdependenz von Erziehung und Gesellschaft. Ein wichtiger Aspekt der kritischen Erziehungswissenschaft ist darum die Ideologiekritik.

Interdependenz
wechselseitige Abhängigkeit und Beeinflussung

Gesellschaftliche Bedingungen haben Fehlentwicklungen in der Erziehungspraxis verursacht, z. B. die Fehlentwicklungen in der Erziehung im Nationalsozialismus. Deshalb hat die kritische Erziehungswissenschaft auch die Veränderung und Verbesserung der gesellschaftlichen Bedingungen und damit auch der Erziehungspraxis im Sinn. Sie bezeichnet sich darum auch als „kritisch konstruktiv". Damit der Mensch die ihn umgebenden Verhältnisse zum besseren gestalten kann, **setzt die kritische Erziehungswissenschaft vor allem auf die Bildungsaspekte Kritikfähigkeit, Aufklärung, Selbstbestimmung, Emanzipation und Vernunft** (vgl. Gudjons, 2008, S. 30 ff.).

1.3.2 Zentrale Begriffe und Ziele der Pädagogik

Die **Pädagogik** beschäftigt sich mit der „Menschwerdung", das heißt mit der Frage, wie aus dem biologischen Wesen Mensch das gesellschaftliche Lebewesen Mensch wird. Das heißt, wie die „Menschwerdung" und die „Bewahrung des Menschseins" in geeigneter Weise positiv beeinflusst werden kann.

AUFGABE
Stellen Sie an dieser Stelle Vermutungen an, wodurch das „biologische" Wesen Mensch bei seiner gesellschaftlichen „Menschwerdung" richtungsweisend beeinflusst wird.

Die Antwort auf die vorangehende Fragestellung liefert die Auseinandersetzung mit den folgenden zentralen Begrifflichkeiten der Pädagogik.

1.3.2.1 Erziehung

Eine der Kernaufgaben der Pädagogik ist die Erziehung. Pädagogik leitet sich ab aus den griechischen Wörtern „pais", was so viel bedeutet wie „Kind", und aus „agein", was „führen" bedeutet. Daraus können wir in einem ersten Zugang ableiten, dass ein Pädagoge jemand ist, der Kinder in gewisser Weise richtungsweisend anleitet, begleitet und ihnen dabei behilflich ist, den „richtigen" Weg zu finden.

AUFGABE
Notieren Sie, wer und wie Sie heute wären, wenn Sie, wie so manches Küken, von Geburt an lediglich Nahrung und künstliche Scheinwerferwärme und keine erzieherische Zuwendung von ihren Eltern, Großeltern, Geschwistern, Kindergartenerzieherinnen oder Lehrern erhalten hätten.

Doch was verstehen wir eigentlich genau unter Erziehung? Eine Kurzdefinition von Erziehung könnte lauten:

Erziehung ist die bewusste und/oder geplante Beeinflussung von Personen, insbesondere von Heranwachsenden, im Hinblick auf deren Entwicklung.

Dabei gilt ferner, dass ...
- es sich bei Erziehung um einen sozialen Prozess zwischen mindestens zwei Personen über eine gewisse Zeit hinweg handelt, der in verschiedene räumliche und situative Kontexte eingebunden ist, z. B. Kindergarten,
- Erziehung eine intentionale Tätigkeit des Erziehers darstellt und
- Erziehung als ein System sozialer Interaktionen, das heißt, als ein wechselseitiges Zusammenwirken von Erzieher und „zu Erziehendem", und nicht als Einbahnstraße, zu betrachten ist.

intentional
zielgeleitet

1.3.2.2 Erziehung im Zusammenhang mit Enkulturation, Sozialisation, Personalisation und Bildung

Erziehung als Hilfe zur gesellschaftlichen „Menschwerdung" im Sinne eines eigenverantwortlichen und gemeinschaftsfähigen Menschen ist im Zusammenhang mit den Begrifflichkeiten Enkulturation, Sozialisation, Personalisation und Bildung zu betrachten.

Kulturtechniken
Rechnen, Lesen und Schreiben

Wenn wir uns die Frage stellen, was wir brauchen, um uns in unserer Gesellschaft zurechtzufinden, dann stoßen wir auf zahlreiche kulturelle Techniken, ohne die dies nicht möglich wäre. Zu nennen wäre hier das Rechnen, Lesen, Schreiben, Sprechen etc. oder mit anderen Worten: all das, was wir brauchen, um uns in der vom Menschen umgestalteten Natur (Kultur) zurechtzufinden. Diesen Prozess der kulturellen Aneignung nennen wir Enkulturation.

> Unter **Enkulturation** verstehen wir die Aneignung kultureller Inhalte bzw. der Kultur.

Sozialisation hingegen ist als ein Teil der Enkulturation zu verstehen, bei dem es um ein „Hineinwachsen" in die Gesellschaft in Form der Auseinandersetzung mit gesellschaftlichen Wert- und Verhaltensvorstellungen geht.

> **Sozialisation** ist der Prozess des „Hineinwachsens" in die Gesellschaft in Form der aktiven Auseinandersetzung mit gesellschaftlichen Wert- und Verhaltensvorstellungen.

Erziehung kann somit als der Teil der Sozialisation verstanden werden, bei dem es um die intentionale, d. h. zielgeleitete „Sozialmachung" des Individuums geht. In Verbindung hiermit ist der Begriff der Personalisation zu sehen. Hierbei geht es um die Hervorbringung der eigenen Persönlichkeit durch Bildungs- und Lernprozesse in Wechselwirkung mit gesellschaftlichen und kulturellen Gegebenheiten.

> **Personalisation** beschreibt die eigenaktive Gestaltung der individuellen Persönlichkeit (Identität) durch Bildungsprozesse in Wechselwirkung mit gesellschaftlichen und kulturellen Gegebenheiten.

Diesem Verständnis zufolge ermöglicht erst Bildung Personalisation. Der Bildungsbegriff beinhaltet diesbezüglich grundlegend den Erwerb von Kenntnissen und Fähigkeiten durch die Auseinandersetzung mit Inhalten und Gegebenheiten der ökonomischen, kulturellen und sozialen Lebenswelt.

Mit welchen Inhalten und zu welchem Ziel findet Bildung statt?, darüber besteht in der Debatte um den Bildungsbegriff Uneinigkeit. **Die Auffassungen reichen von Bildung als umfassender Allgemeinbildung über fachspezifischer Bildung hin zu Bildung übergreifender Kompetenzen, bis hin zu Bildung als Mittel zur Förderung von Eigenständigkeit und Selbstbestimmung.**

In jeder dieser Zuschreibungen sind letztlich Merkmale enthalten, die den Begriff Bildung im Kern ausmachen.

Letztendlich können wir bezüglich des **Bildungsbegriffs** festhalten:

- Bildung geschieht in der aktiven Auseinandersetzung mit Bildungsinhalten.
- Bildung befähigt zur Selbstbestimmung.
- Bildung ermöglicht sowohl die Teilhabe an der Kultur als auch deren Veränderung.
- Bildung ermöglicht die Herausbildung von Individualität und Gemeinschaftsfähigkeit.
- Bildung ist vielseitig, hat eine moralische, kognitive, ästhetische und praktische Dimension (in Anlehnung an RAITHEL/DOLLINGER/HÖRMANN, 2007, S. 59 ff.).

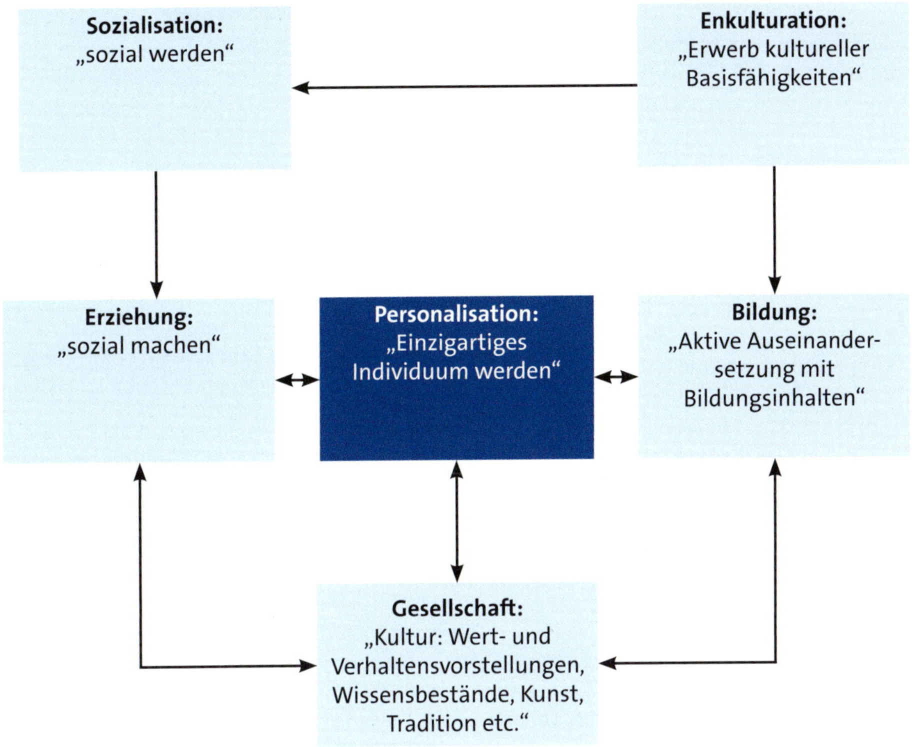

AUFGABE

1. Beschreiben Sie Erziehung als zentrale Aufgabe der Pädagogik anhand der vorangehenden Grafik.
2. Erklären Sie ferner in Gruppenarbeit anhand der Grafik, wie die Begriffe Enkulturation, Sozialisation, Erziehung, Personalisation, Bildung und Gesellschaft zusammenhängen.

1.3.3 Forschungs- und Aufgabenfelder der Pädagogik

Die Pädagogik lässt sich neben der Einteilung in geisteswissenschaftlicher und empirisch naturwissenschaftlicher Erkenntnismethodik auch in die pädagogische Praxis, das heißt, in die vor Ort handelnden Pädagogen und in die an Universitäten und Hochschulen angesiedelte Erziehungswissenschaft einteilen.

Um Kindern und Jugendlichen förderliche Erziehung angedeihen lassen zu können, braucht der handelnde Pädagoge gesichertes Wissen rund um die Fragen der Erziehung: Dieses Wissen stellt ihm die erziehungswissenschaftliche Forschung bereit. Sowohl die pädagogische Praxis als auch die erziehungswissenschaftliche Forschung können je nach Fachgebiet in mehrere **pädagogische Teildisziplinen** untergliedert werden. Dabei wird anhand der folgenden exemplarischen Aufzählung wesentlicher Teildisziplinen ersichtlich, dass es eine verkürzte Sichtweise der wissenschaftlichen Disziplin Pädagogik wäre, diese ausschließlich mit dem Erziehungsbegriff in Verbindung zu bringen.

1.3.3.1 Didaktik

Die Didaktik ist eine Teildisziplin der Pädagogik, die sich mit unterrichtlichen Lehr- und Lernprozessen beschäftigt. Sie stellt u. a. folgende Fragen:

- Welche Unterrichtsmethoden können Lernprozesse unterstützen?
- Wie muss ansprechender und erfolgreicher Unterricht aufgebaut sein?
- Welche Ziele und Inhalte sollten Gegenstand zeitgenössischen Unterrichts sein?
- Was soll in einem Lehrplan stehen?

1.3.3.2 Schulpädagogik

Die Schulpädagogik beschäftigt sich mit der gesamten Schulwirklichkeit und versucht, Schule zu reformieren und den gesellschaftlichen Erfordernissen anzupassen. Zu ihrem Interessengebiet gehören auch die Zusammenarbeit und Vernetzung mit außerschulischen Bereichen, z. B. die Lehrerausbildung, die Familie und die Jugendarbeit. Zunehmende Bedeutung gewinnen auch Konzepte und Strategien zur Schul- und Qualitätsentwicklung in Verbindung mit der Definition von Qualitätsmerkmalen und deren Evaluation.

Evaluation
Mittels verschiedener Untersuchungsverfahren kann geprüft werden, ob bzw. in welchem Ausmaß die angestrebten Ziele eines Vorhabens erreicht wurden.

1.3.3.3 Früh- bzw. Kleinkindpädagogik

Diese pädagogische Teildisziplin beschäftigt sich mit der Bildung, Erziehung und Betreuung von Kindern im Alter von null bis sechs Jahren.

1.3.3.4 Sonderpädagogik

Die Sonderpädagogik erforscht Fragen der gesellschaftlichen Integration im Zusammenhang mit der Verbesserung der Lebens-, Ausbildungs- und Arbeitssituation von behinderten, gefährdeten und beeinträchtigten Heranwachsenden. Teilbereiche stellen die Körperbehinderten-, Sprachbehinderten-, Geistigbehinderten-, Verhaltensbehinderten- sowie die Gehörlosen- und Blindenpädagogik dar.

1.3.3.5 Sozialpädagogik

Die Sozialpädagogik thematisiert Fragen der außerschulischen Erziehung und Sozialisation. Ihr geht es um die soziale und persönliche Entwicklung von Heranwachsenden mit zum Teil besonderen gesellschaftlichen Bedarfslagen und Erfordernissen.

1.3.3.6 Erwachsenenbildung

Die Erwachsenenbildung beschäftigt sich mit Fragen der Weiterbildung und der Gestaltung von Lehr- und Lernprozessen für Erwachsene.

1.3.3.7 Erlebnispädagogik

Bei dieser pädagogischen Teildisziplin geht es um ein ganzheitliches, alle Sinne ansprechendes und aktiv handelndes Erfahrungslernen. Dabei fungiert das Erlebnis als pädagogische Inszenierung, um intendierte pädagogische (Gruppen-)Prozesse hervorzurufen, zu erleben und anschließend zu reflektieren.

1.3.3.8 Gesundheitspädagogik

Die Gesundheitspädagogik ist ein vielschichtiges Praxis- und Forschungsgebiet. Diese pädagogische Teildisziplin beschäftigt sich mit

- Gesundheitsaufklärung durch die Bereitstellung gesundheitsrelevanter Informationen,
- Gesundheitserziehung durch die Herbeiführung von Verhaltensänderungen,
- Gesundheitsbildung zur Förderung gesundheitlicher Selbstbestimmung,
- Gesundheitsberatung und Gesundheitsförderung durch die Entwicklung ganzheitlicher Gesundheitsstrategien, die auch die Gestaltung des Lebensumfelds einbeziehen.

1.3.3.9 Medienpädagogik

Die Medienpädagogik (siehe Kapitel 14: Medienpädagogik) beschäftigt sich mit dem Einsatz von Medien, mit der Anwendung und dem Gebrauch von Medien und mit Fragen der Medienerziehung. Ihr primäres Ziel ist die Herstellung von Medienkompetenz.

Unter Medienkompetenz versteht man:
- die Funktion der verschiedenen Medien zu kennen und zu verstehen,
- sich kritisch und reflexiv mit Medien auseinandersetzen zu können,
- Medienangebote zielgerichtet und angemessen nutzen zu können sowie
- Medien gestalterisch zum Ausdruck der eigenen Persönlichkeit, das heißt innovativ, kreativ und ästhetisch, einzusetzen.

Neben den bereits erwähnten pädagogischen Teildisziplinen existieren ferner u. a. die Sexualpädagogik, die interkulturelle Pädagogik, die Berufspädagogik und die Umweltpädagogik.

AUFGABE

Ordnen Sie die folgenden Schlagzeilen und Überschriften den zuvor erwähnten Teildisziplinen der Pädagogik zu:

a) PIAGET hatte doch nicht recht: Forscher der Universität Paderborn entdecken, dass Vierjährige weiter in der Denkentwicklung fortgeschritten sind, als es PIAGET bisher angenommen hatte.

b) Die Klasse 4B der Gutenberg-Grundschule erlebt im Hochseilgarten für Kinder, unter Mitwirkung der dortigen Pädagogen, wie es sich anfühlt, als Gruppe einen Parcours zu meistern.

c) Drehbuchschreiber, Regisseure und Schauspieler in einem – Schülerinnen und Schüler der Johann-Peter-Hebel-Realschule drehen einen Schul-Tatort.

d) Siegt die Liebe doch? Die Ergebnisse einer bundesweiten Studie an Jugendlichen im Alter von 13 bis 18 Jahren bringen den Schluss nahe, dass Jugendliche ihr „erstes Mal" überwiegend in einer längeren Partnerschaft erleben.

e) Fit Kids: Kinder und Jugendliche lernen bei diesem Trainingsprogramm, den eigenen Körper wertzuschätzen und verantwortungsbewusst mit ihrem Körper umzugehen. Durch die Kombination aus Ernährung, Bewegung, psychologischer Betreuung und Einbeziehung der Eltern setzt dieses Programm an der Lebenswelt der Kinder und Jugendlichen an.

f) Streetwork zeigt erste Ergebnisse: Durch den Ausbau der Streetwork-Arbeit in Berlin finden einige obdachlose Kinder und Jugendliche wieder in das „normale" Leben zurück.

g) Die Intensivgruppe „Füchse" der Kinder- und Jugendeinrichtung Tannhof erlebt fröhliche und sonnige Tage am Gardasee. Kevin H. (8 Jahre): „Ich war noch nie weg in den Ferien. Das war echt toll!"

h) Mercedes-Benz setzt auf innerbetriebliche Fortbildung: Der Automobilhersteller stellt in Stuttgart sein betriebsinternes Fortbildungskonzept für ältere Mitarbeiter vor.

i) Smartphones für Oma und Opa: Die Volkshochschule Furtwangen bietet Handykurse für Senioren an.

j) Baden-Württemberg will flächendeckend die Gesamtschule einführen. Aufgrund neuerer wissenschaftlicher Erkenntnisse über die positiven Effekte des längeren gemeinsamen Lernens von schwächeren und stärkeren Schülern hat sich das Land Baden-Württemberg dazu entschlossen, die Gesamtschule als Erfolg versprechendes Schulkonzept flächendeckend einzuführen.

k) Unsere Lehrpläne müssen „ausgemistet" werden: Wissenschaftler sprechen sich für eine offenere Gestaltung von Lehrplänen aus, sodass die Interessen der Schülerinnen und Schüler mehr Berücksichtigung finden.

l) Jenseits der Stille: Kinder und Jugendliche der Stadt Kreuzlingen erleben und erlernen bei einem Workshop der Pestalozzi-Schule Grundmuster der Gebärdensprache und lernen gleichaltrige gehörlose Kinder und Jugendliche kennen.

m) Buddha, Gott, Allah oder gar nix? – Religiöse Heterogenität in deutschen Kindergärten und Grundschulen. Eine repräsentative Untersuchung der Universität Bamberg.

n) Warum trennen wir unseren Müll? Ein Projekt der Stadt Karlsruhe für Kinder der Klassen eins bis vier.

o) Wo kommt unser Wasser her? Unterkirnach errichtet in Zusammenarbeit mit dem Umweltdezernat Schwarzwald Baar einen Wasserlehrpfad für Kindergarten- und Grundschulkinder im angrenzenden Waldgebiet.

1.4 Womit beschäftigt sich die Psychologie?

1.4.1 Gegenstand der Psychologie

Elterninformationstag zu den Unterrichtsinhalten des Fachs Psychologie im sozialwissenschaftlichen Gymnasium

Psychologie leitet sich aus dem Griechischen ab und bedeutet übersetzt in etwa „Seelenkunde“ oder „Seelenlehre“. Jeder von uns gebraucht im Alltag den Begriff „Psyche“ (griech.: Hauch, Leben, Seele) in Kontexten wie z. B. „psychisch krank“, „psychische Verfassung“, „das geht an die Psyche“. Doch was wollen wir eigentlich damit aussagen? Und was ist der Gegenstand einer Wissenschaft, die sich mit der „Psyche“ beschäftigt und sich folgerichtig „Psychologie“ nennt?

In gewisser Weise beschäftigt sich die Psychologie mit Aspekten des Innenlebens. Sollten Sie Ihre Meinung äußern müssen, wo sich dieses Innenleben abspielt, würden wahrscheinlich die meisten von Ihnen sagen: „Ja, in meinem Kopf eben.“

Überprüfen wir zunächst, was es mit diesen vagen Vermutungen auf sich hat.

AUFGABE

Entwerfen Sie an dieser Stelle eine Mindmap dazu, mit welchen Phänomenen des „Innenlebens“ sich die Psychologie beschäftigen könnte.

Betrachten wir die Psychologie aus wissenschaftlicher Perspektive, so gibt es verschiedene Definitionen. Den meisten Definitionen gemeinsam sind die Begriffe „Erleben“ und „Verhalten“. Eine dieser Definitionen lautet wie folgt:

> „**Psychologie** ist eine Erfahrungswissenschaft, die in möglichst erschöpfender Breite und mit möglichst großer Realitätsnähe die Psyche bzw. ihre ‚Produkte‘ erforscht, nämlich das Verhalten, Erleben und Bewusstsein von Menschen.“ (MADERTHANER, 2008, S. 29)

Unter **Verhalten** versteht die Psychologie all diejenigen Lebensvorgänge eines Menschen, die wir exakt beobachten und registrieren können.

Darunter sind nicht etwa die Reaktionen jeder einzelnen Nervenzelle zu verstehen, sondern vielmehr Verhaltensweisen als Teile einer Handlung. Dabei interessiert uns weniger das Verhalten an sich in Form der Handlung, sondern vielmehr im Rückschluss das Erleben, das dem gezeigten Verhalten zugrunde liegt, z. B. hastige Atmung = Verhalten als Ausdruck des Erlebens = Angst. Somit zeigt sich das innerpsychische Erleben in Form des Verhaltens.

Unter **Erleben** verstehen wir innerpsychische Vorgänge wie Gedanken, Gefühle, Wahrnehmungen, Erinnerungen oder Antriebe, die sich in Form des Verhaltens äußern.

Das **Bewusstsein** wiederum umfasst das subjektive Bild, das wir von uns selbst und der Welt haben. Wir sind uns im Wachzustand unserer Handlungen und uns selbst bewusst. Das Gegenteil wäre z. B. die Ohnmacht.

Unser „Ich"-Bewusstsein, das heißt, das Bild, das wir von uns selbst und unseren Handlungen haben, beeinflusst unser Erleben und Verhalten.

Unser Bewusstsein kann sich auf Objekte richten, z. B. einen Gegenstand, aber auch auf nicht greifbare Dinge wie die Beschäftigung mit Gott. Das bedeutet, dass unser „Ich"-Bewusstsein steuert, was wir wahrnehmen und womit wir uns „bewusst" beschäftigen.

Gleichzeitig ist unser Bewusstsein permanent willkürlich auftretenden Reizen in Form von Reizen aus uns selbst heraus (z. B. Signale des Körpers, Körperempfindungen, plötzliche Erinnerungen) und in Form von Umweltreizen (Landschaftsbilder, Lärm, Stich einer Biene etc.) ausgesetzt. Das führt dazu, dass unser Bewusstsein nicht statisch ist, sondern sich über die Lebensspanne hinweg im Wandel befindet.

Damit beeinflussen Reize aus uns selbst heraus und Umweltreize unser Bewusstsein und damit indirekt unser Erleben und Verhalten, darüber hinaus wirken sich diese Reize aber auch direkt auf unser Erleben und Verhalten aus.

„All das kann zum **Gegenstand der Psychologie** werden, was erlebbar ist und sich im Verhalten äußert". (Schütz/Selg/Lautenbacher, 2005, S. 22)

Verdeutlichen wir uns diese Zusammenhänge anhand eines Beispiels. In Italien finden wir auf einigen Verpackungen folgendes Symbol.

Versuchen wir nun anhand des abgedruckten Symbols unter dem Stichwort „Moral" die psychologischen Begriffe Erleben, Verhalten und Bewusstsein in Form einer Geschichte zu erklären:

Stellen wir uns vor, das Männchen auf dem Bild fährt an einem sonnigen Tag (Reiz A) mit freudigem (Erleben A) Gesichtsausdruck (Verhalten A) übers Land und genießt das schöne Wetter (Bewusstsein A). Auf einmal knurrt sein Magen (Reiz B). Sein Bewusstsein richtet sich auf den Reiz (Bewusstsein B), das schöne Wetter verliert an Bedeutung und sein Körper (Reiz B) meldet „Hunger!" (Erleben B). Daraufhin stoppt es an einem Gasthaus (Verhalten B). Zufrieden (Erleben C) fährt es langsam und ruhig (Verhalten C) nach einem üppigen Mittagsmahl (Reiz C) weiter. Plötzlich stellt es fest, dass sich ein vergammeltes Butterbrot in seiner Jackentasche befindet. Die Aufmerksamkeit richtet sich auf das Butterbrot (Bewusstsein D). Es ist bereits verschimmelt (Reiz D). Das Männchen rümpft die Nase (Verhalten D), da es

Ekel empfindet (Erleben D). Es möchte das vergammelte Brot schleunigst in den Straßengraben werfen (Verhalten D). Während der Wurfbewegung fällt ihm ein (Reiz E), dass Vater und Mutter in seiner Kindheit immer wieder gesagt haben, dass man Dinge nicht achtlos auf die Straße wirft. In seinem Bewusstsein taucht die verankerte Moralvorstellung (Erleben E) auf, dass zum Wohle der Gemeinschaft Müll angemessen entsorgt werden muss. Deshalb fährt es weiter, bis es zu einer Tonne gelangt, in die es das vergammelte Butterbrot hineinwirft (Verhalten E).

AUFGABE

Schreiben Sie die Geschichte unter folgenden Bedingungen um:

1. Das Männchen fährt bei Regen durch ein Industriegebiet.
2. Es hält an einer Curry-Wurst-Bude, die leider geschlossen hat.
3. Dann entdeckt es das vergammelte Butterbrot.
4. Vater und Mutter haben in der Kindheit des Männchens während der Autofahrt Zigarettenkippen und Essensabfälle aus dem Fenster geworfen.
5. Unterstreichen Sie in Ihrer Geschichte diejenigen Wörter blau, die für das Erleben stehen, die für das Verhalten stehen grün, die für einen Reiz stehen gelb und die für das Bewusstsein stehenden Wörter rot.
6. Erörtern Sie in Partnerarbeit, wie sich die vorgenommenen Veränderungen auf das Erleben und Verhalten des Männchens auswirken.

1.4.2 Ziele der Psychologie

Nun geht es mit Bezug zu dem vorangehenden Beispiel in der Psychologie nicht nur darum, einzelne Fälle zu betrachten und diese zu verstehen, sondern aufgrund der Betrachtung und Erforschung einer Vielzahl ähnlich gelagerter Fälle allgemeingültige Aussagen in Form von Gesetzmäßigkeiten aufzustellen und diese in Form von Theorien zu bündeln. Theorien – in unserem Fallbeispiel eine Theorie zu moralischem Handeln – können und sollen wiederum zur Erklärung des Einzelfalls beitragen.

Demgemäß verfolgt die wissenschaftliche, empirische Psychologie im Wesentlichen vier Ziele:

- psychische Phänomene exakt beschreiben und dadurch definieren,
- beobachtete und gemessene Phänomene mittels Theorien erklären,
- aufgrund der erstellten Gesetzmäßigkeiten Vorhersagen treffen über die weitere Ausprägung bzw. Dynamik des jeweiligen Verhaltens und Erlebens und ggf. mögliche Ursachen bzw. Faktoren benennen,
- eine dauerhafte Veränderung bzw. Optimierung des jeweiligen Erlebens und Verhaltens herbeiführen.

Kommen wir noch einmal auf unser Müllentsorgungsbeispiel im Zusammenhang mit dem „Moralbegriff" zurück. Bezogen auf dieses Beispiel könnten die vier Ziele der Psychologie wie folgt veranschaulicht werden:

Beschreiben: Am Anfang steht immer die vorurteilsfreie Beschreibung des zu betrachtenden Phänomens. Im Hinblick auf das Beispiel Moral bedeutet dies die Beantwortung folgender Fragen: Was verstehen wir unter Moral? Worin bzw. in welchen Verhaltensweisen äußert sich Moral?

Erklären: Durch die Erforschung des zu betrachtenden Phänomens versuchen wir, moralisches Verhalten zu erklären. Das heißt, verlässliche Gründe dafür zu finden, wann und warum ein Mensch moralisch handelt. Diese Ursachen bündeln wir in Form einer Theorie. Dadurch verstehen wir auch, welchen Sinn moralisches Handeln hat. Dazu erstellen wir hypothetische Aussagen, in Form von Ursache-Wirkungs-Zusammenhängen, die durch den Forschungsprozess gemäß dem Falsifikationsprinzip auf Gültigkeit hin überprüft werden können, z. B.: „Ein Mensch wirft dann Müll in die Tonne, wenn er sich beobachtet fühlt."

Voraussagen: Anhand der so zustande gekommenen wissenschaftlichen Theorien möchten wir nicht nur Aussagen über die Gegenwart treffen, sondern hilfreiche Prognosen abgeben, z. B. welche Erziehungs- und/oder sonstigen Maßnahmen wirken sich günstig auf die Moralentwicklung aus? Wie wird sich die Ausprägung von Moral – im jeweiligen Fall – weiterentwickeln (Prognose)? Ferner: Welchen Einfluss üben Faktoren wie die Lebensumstände oder moralische Vorbilder auf die Moralentwicklung aus?

Verändern: Gleichzeitig möchten wir z. B. Erlebens- und Verhaltensweisen, die für das Individuum und/oder für seine Umgebung bzw. die Gesellschaft zur Belastung oder zur Bedrohung werden können, verändern. Hier stellen sich Fragen nach geeigneten Beratungs- und Hilfemaßnahmen, Therapiemöglichkeiten und/oder konzeptionellen Maßnahmen, die z. B. eine Umgestaltung des Lebensraums vorsehen können.

Somit bleibt die wissenschaftliche, psychologische Forschung nicht bei der Beschreibung und Erklärung psychischer Phänomene des Erlebens und Verhaltens stehen, sondern zielt besonders auch auf die Prognose und Veränderung der betrachteten Phänomene des Erlebens und Verhaltens.

BEISPIEL

Patrick schlägt Ben ohne Vorwarnung im Freibad mit der Faust ins Gesicht, als dieser sich neben seine Freundin setzt und sich mit ihr unterhält, während Patrick gerade vom Kiosk zurückkommt. Ben schreit Patrick daraufhin an, was die „Scheiße" soll und verlässt mit blutender Nase das Geschehen. Patrick bleibt äußerlich gelassen, sagt jedoch zu seiner Freundin Sandra mit ernster Stimme: „Ich will nicht, dass du mit dem Typ redest, klar?"

AUFGABEN

Die wissenschaftliche Psychologie hat sich ausgiebig mit dem Thema „Aggression" und „aggressives Verhalten" beschäftigt. Diesbezüglich existieren mehrere gesicherte Theorien.

1. Erläutern Sie in Partnerarbeit anhand des vorangehenden Beispiels zum Thema „aggressives Verhalten" die vier Ziele der wissenschaftlichen Psychologie.
2. Gehen Sie insbesondere darauf ein, wie eine gesicherte Theorie zum Thema „aggressives Verhalten" zur Aufarbeitung des vorliegenden Falls herangezogen werden kann.

1.4.3 Richtungen der Psychologie

Die Berufsfelder der Psychologie sind mannigfaltig. Psychologen arbeiten

- im psychologischen Dienst (Jugendamt, Justiz, Schulpsychologe etc.),
- in psychologischen Beratungsstellen (Ehe-, Lebens-, Familienberatung),
- in Krankenhäusern und Rehabilitationseinrichtungen,
- in Heimen für Sozial- und Sonderpädagogik,
- in Lehr- und Forschungseinrichtungen (Schulen, Erwachsenenbildungseinrichtungen, Kindergärten, Hochschulen, Universitäten),
- in Unternehmen (Moderation, Aus- und Weiterbildung, betriebspsychologischer Dienst etc.),
- bei der öffentlichen Hand (z. B. Bundesagentur für Arbeit),
- in Markt- und Meinungsforschungsinstituten, Werbeagenturen, Verlagen,
- als Verkehrspsychologen (z. B. Fahreignungsbegutachtung),
- bei der Bundeswehr oder Polizei,
- als Notfallpsychologen (z. B. Flugzeugabsturz, Geiselnahme),
- als Sport- und Freizeitpsychologen (z. B. als Motivationscoach bei einem Bundesligaverein),
- als Mediatoren bei Ehescheidungen, in der Schule, bei Wirtschaftsunternehmen oder
- mit entsprechender therapeutischer Zusatzausbildung in psychotherapeutischen Praxen und Kliniken (z. B. Kinder- und Jugendpsychotherapeut).

Psychologen sind allerdings nicht zu verwechseln mit Psychiatern, da es sich bei Psychiatern um Ärzte mit dem Fachgebiet Psychiatrie handelt. Das bedeutet u. a., dass Psychiater psychische Störungen bzw. deren Auswirkungen auch mit Medikamenten behandeln dürfen.

Analog zu dieser riesigen Bandbreite an beruflichen Einsatzfeldern haben sich, ähnlich wie in der Pädagogik, zahlreiche psychologische Teildisziplinen entwickelt, die sich mit spezifischen Fragestellungen auf wissenschaftlicher Ebene an Hochschulen, Universitäten und sonstigen Forschungseinrichtungen beschäftigen. Bezüglich dieser Teildisziplinen existiert keine einheitliche Gliederung.

1.4.3.1 Allgemeine Psychologie

Vorlesungsverzeichnis
eine Art Broschüre, in der an Hochschulen/ Universitäten alle Kurse, Vorlesungen und Seminare mit den entsprechenden Zeiten und Raumnummern aufgeführt sind

Wer einmal Psychologie studieren möchte, wird wahrscheinlich u. a. die psychologischen Themen Wahrnehmung, Gedächtnis, Lernen, Denken, Sprache, Motivation, Emotion, Handeln unter der Bezeichnung „allgemeine Psychologie" im Vorlesungsverzeichnis finden. Damit ist gemeint, dass die Auseinandersetzung mit diesen Inhalten die allgemeinen Grundlagen des Fachs Psychologie liefert. Dennoch lassen sich diese Bereiche noch feiner untergliedern in die wissenschaftlichen Teildisziplinen:

- *Kognitionspsychologie:* Die Kognitionspsychologie erforscht, wie wir wahrnehmen, uns erinnern, denken, sprechen und Probleme lösen. Ferner, wie diese sogenannten Kognitionen zusammenarbeiten.
- *Lernpsychologie:* Die Lernpsychologie beschäftigt sich mit verschiedenen Formen des Lernens, das heißt, was beim Lernen passiert und wie Lernen funktioniert.
- *Motivationspsychologie:* Die Motivationspsychologie fragt danach, wie Motivation entsteht, wie man Motivation fördern kann (z. B. Leistungsmotivation) bzw. generell, was den Menschen antreibt.

1.4.3.2 Disziplinen der Psychologie

- Die *Sozialpsychologie* beschäftigt sich mit der Frage, wie sich Menschen gegenseitig wahrnehmen und wie wir einander beeinflussen.
- Die *Entwicklungspsychologie* untersucht, wie und wodurch sich unsere Fähigkeiten im Laufe des Lebens verändern.
- Die *biologische Psychologie* beschäftigt sich mit den biologischen Grundlagen des menschlichen Verhaltens. Eine spezielle Form der biologischen Psychologie, die *Neuropsychologie,* grenzt an die medizinischen Nachbarfächer Neurologie und Psychiatrie an und beschäftigt sich mit dem Einfluss zerebraler Prozesse (Prozesse innerhalb des Großhirns) auf das menschliche Verhalten und Erleben.
- Die *Persönlichkeitspsychologie/differenzielle Psychologie* ergründet die Individualität des Menschen. Was unterscheidet mich von anderen? Was macht meine Persönlichkeit, meinen Charakter aus?
- Die *pädagogische Psychologie* beschäftigt sich mit der Vermittlung von Wissen, Fähigkeiten und Fertigkeiten. Sie stellt die Frage, wie dieser Lehr- und Lernprozess beschrieben, erklärt, diagnostiziert, beeinflusst, optimiert und anschließend evaluiert werden kann.
- Bei der *klinischen Psychologie* geht es um die Entwicklung und Anwendung von Theorien, Methoden und Techniken. Diese richten sich an Personen aller Altersstufen und Gruppen, die unter Störungen und Krankheiten leiden, die sich im psychischen (Verhalten und Erleben) und/oder somatischen (körperlichen) Bereich zeigen (vgl. Schütz/Selg/Lautenbacher, 2005).

Darüber hinaus existieren weitere Teildisziplinen wie die psychologische Diagnostik, empirische Forschungsmethoden in der Psychologie, die Organisationspsychologie, die Gesundheitspsychologie, die Medienpsychologie, die Rechtspsychologie, die Verkehrspsychologie, die Gerontopsychologie etc.

AUFGABE

Ordnen Sie folgende Wortketten einer psychologischen Teildisziplin zu:

1. me – myself – and I
2. Gruppe – Schenken – Sympathie
3. Blau – Versuch und Irrtum – mein erster Kuss
4. Belohnung – Modell – Verhaltensveränderung
5. Ziel – Antrieb – Leistung
6. Robben – Krabbeln – Gehen
7. Ritzen – Stopfen – Erbrechen
8. Spitzer – Vernetzung – Transmitter
9. Hören – Selbsttun – Behalten
10. Hormone – Blutfluss – Schlaf

Begründen Sie Ihre Zuordnung.

1.4.3.3 Schulen der Psychologie

Wie wir bereits bei der Pädagogik gesehen haben, gibt es auch bei der Psychologie verschiedene „Schulen" bzw. „Strömungen", welche durch ihre spezifische methodische Herangehensweise und ihre Sicht vom Menschen die Psychologie als Wissenschaft geprägt haben.

Tiefenpsychologie: Die Tiefenpsychologie stützt sich im Wesentlichen auf folgende Annahmen:

- Menschen besitzen Gefühle, Gedanken und Erinnerungen, die nicht in ihr Bewusstsein gelangen.
- Dabei greift das Unbewusste oft unerkannt in das bewusste Erleben und Verhalten ein.
- Tiefenpsychologisch ausgebildete Wissenschaftler sind in der Lage, unbewusste Gedanken, Einstellungen, Gefühle aufzudecken und sie den Betroffenen ins Bewusstsein zu bringen.
- Davon erhofft man sich eine Befreiung der Betroffenen von ihren Psychopathien (Persönlichkeitsstörungen).

Bedeutende tiefenpsychologische Richtungen sind die Psychoanalyse nach FREUD (1856–1939), die Individualpsychologie nach ADLER (1870–1937) und die analytische Psychologie nach C. G. JUNG (1875–1961).

Behaviorismus: Die Behavioristen (engl. behavior = Verhalten) waren im Gegensatz zur Tiefenpsychologie nicht an schwer zu fassenden Gegenständen wie dem „Unbewussten" interessiert. Vielmehr wollten sie psychologische Forschung betreiben, die vom beobachtbaren Verhalten ausgeht. Die ersten Ansätze der behavioristischen Psychologie zeigten sich zu Beginn des 20. Jahrhunderts. Aber vor allem in den 20er bis 60er Jahren des 20. Jahrhunderts prägten die amerikanischen Psychologen JOHN B. WATSON (1878–1958) und BURRHUS F. SKINNER (1904–1990) diese Denkrichtung innerhalb der Psychologie. Sie prägten die Psychologie methodisch als die wissenschaftliche Untersuchung des beobachtbaren Verhaltens im naturwissenschaftlichen Sinne: Nur das, was anhand des Verhaltens objektiv nach naturwissenschaftlichem Vorbild gemessen werden konnte, ließen sie als wissenschaftlich gesicherte Erkenntnis zu.

Neben der Beschäftigung mit angeborenen Verhaltensweisen rückte zunehmend das Erlernen neuer Gewohnheiten in den Mittelpunkt, insbesondere, wie Lernen durch Belohnung und Strafe beeinflusst werden kann. Man erhoffte sich dadurch weitreichende Erkenntnisse für die pädagogische Praxis. Mit diesen Lerntheorien ist untrennbar der Begriff des Reiz-Reaktions-Lernens verknüpft, das heißt, dass menschliches Verhalten mittels einfacher Reiz-Reaktions-Schemata erklärt wurde. Dies brachte den Behavioristen den Vorwurf eines „mechanistischen" Menschenbildes ein.

Kognitivismus: Die Kognitivisten lösten Mitte der 1960er Jahre die vorherrschende Lehre des Behaviorismus ab („kognitive Wende"). Der Forschungsgegenstand des Kognitivismus rekrutiert sich aus geistigen Leistungen, den sogenannten „Kognitionen". Der Kognitivismus begreift menschliches Verhalten im Gegensatz zu den Behavioristen nicht als Reiz-Reaktions-Mechanismus, sondern als einen komplexen Regulationsprozess eines kognitiven Systems, zu dem psychische Funktionen gehören, z. B. Interpretation, Klassifikation, Lernen, Denken, Erinnern. Aus derlei Forschungen resultierten u. a. die sogenannten „Gestaltgesetze" (siehe Kapitel 2: Wahrnehmung) zur kognitiven Ordnung unserer Umwelt. Darüber hinaus wurde beispielsweise untersucht, wie unser Gehirn Informationen verarbeitet, speichert oder wie wir uns erinnern.

Kognitionen
geistige Leistungen

Humanistische Psychologie: Ebenfalls in den 60er Jahren des 20. Jahrhunderts wurde die sogenannte humanistische Psychologie begründet. Die humanistische Psychologie lehnte wie der Kognitivismus das mechanistische Menschenbild der Behavioristen ab. Ihr ging es vielmehr darum, das Wachstumspotenzial des einzelnen gesunden Menschen zu betonen und demgemäß das Wachstum der Persönlichkeit zu fördern. Die Vertreter der humanistischen Psychologie erkannten in diesem Zusammenhang die Bedeutung der Befriedigung des Bedürfnisses nach Anerkennung, Liebe und Akzeptanz.

Dieser Glaube an das individuelle Potenzial des Menschen spiegelt sich u. a. in der Methode der klientenzentrierten Gesprächstherapie nach CARL ROGERS (1902–1987), einem der wichtigsten Vertreter der humanistischen Psychologie, wider. Er vertrat die Ansicht, dass jedes Individuum über die Möglichkeit verfügt, sich selbst zu begreifen, sich dadurch seiner selbst und seiner Problemlagen bewusst zu werden und in der Folge sein Verhalten sowie sein Selbstkonzept zu verändern. Dies geschieht nach ROGERS dadurch, dass der ratsuchende Mensch, im Laufe der Gesprächssitzungen, eingebettet in eine vertrauensvolle Atmosphäre, selbst auf Lösungsansätze für sich und seine Problemlagen stößt (nach MYERS, 2008, S. 327 ff.).

Der Schlüssel zur Erkenntnis ...	
Tiefenpsychologie	Bewusstwerdung des Unbewussten
Behaviorismus	Erforschung des objektiv beobachtbaren Verhaltens; Verhaltensmodifikation durch Reiz-Reaktions-Lernen
Kognitivismus	Verstehen des kognitiven Systems und seiner wechselseitigen Beziehungen
humanistische Psychologie	Glaube an das Potenzial des Individuums und an die Bedeutung von Liebe, Anerkennung und Akzeptanz

1.4.4 Alltagsdeutungen versus wissenschaftliche Erkenntnis

EXKURS

„Psychologie in der Imagekrise

Die breite Öffentlichkeit hält die Psychologie für unwissenschaftlich. Das liegt allerdings weniger an der psychologischen Forschung als vielmehr an der Öffentlichkeit selbst.

Wir alle sehen uns gerne als kleine Psychologen, schließlich haben wir unsere Psyche bereits bis ins Detail studiert, andere Partygäste analysiert oder über die Liebesprobleme unserer Freundin philosophiert. Die Psyche scheint wie ein offenes Buch oder zumindest eines, das mit gesundem Menschenverstand und einer Brise Intuition leicht zu entziffern ist. ‚In der Liebe, der Familie, auf der Arbeit, jeder hat immer irgendwie mit Psychologie zu tun, aber genau das ist das Problem', erklärt Scott Lilienfeld, Psychologe an der Emory University. ‚Menschen verwechseln Vertrautheit nämlich sehr gerne mit wirklichem Verständnis – aber unser Geist ist sehr viel komplexer.'

Doch wie weitreichend ist das Problem wirklich? Die American Psychological Assoziation führte eine groß angelegte Studie zum Image der Psychologie durch: Zwar waren 82 % der Befragten der Meinung, dass psychologische Forschung das Leben vieler Menschen verbessert, aber nur ein äußerst kleiner Teil glaubte, dass Psychologen wirklich wissenschaftlich arbeiten. Über ein Drittel war zudem überzeugt, dass ihre Lebenserfahrung sie bereits genug in Psychologie geschult habe, sodass ihnen ein Psychologe auch nicht weiterhelfen könne (...).

Dass die öffentliche Meinung – auch in Deutschland – so schlecht ist, liegt aber nicht nur an fehlendem Faktenwissen und einer verzerrten Darstellung in den Medien, glaubt Lilienfeld. Auch unser unbegründetes Selbstbewusstsein hinsichtlich psychologischer Fragen ist schuld an der Imagekrise: ‚Wenn wir die Ergebnisse von psychologischen Studien hören, dann haben wir oft das Gefühl, das habe ich doch eh schon gewusst. Tatsächlich handelt es sich dabei nur um das bekannte psychologische Phänomen des Rückschaufehlers (...).

Wir Menschen versuchen immer Sinn in unser Leben zu bringen, deshalb gelingt es uns meist auch, uns für jede psychologische Erkenntnis im Nachhinein eine plausible Erklärung zusammenzureimen.' Somit erscheinen uns selbst verblüffende psychologische Ergebnisse als einfach und offensichtlich (...).

Eine der größten Hürden der Psychologie ist allerdings, dass sie uns oft Ergebnisse präsentiert, die wir eigentlich lieber nicht hören wollen, da sie nicht zu unseren Überzeugungen passen. Die skeptische Stimmung in der Bevölkerung hat Folgen: Nicht nur zögern psychisch kranke Menschen länger, sich in Therapie zu begeben, auch die Fördergelder fließen im Vergleich zu anderen Wissenschaften eher zäh, mahnt Lilienfeld. Er sieht es deshalb auch als dringende Aufgabe der Psychologen, ihr Image in der Öffentlichkeit zurechtzurücken. Die Bevölkerung ist sich nicht bewusst, dass Psychologen Lösungen für weite Bereiche unseres Lebens bereithalten (...)." (Einzmann, in: Psychologie Heute, 02/2012, S. 8 f.)

AUFGABEN

1. Stellen Sie dar, warum sich die Psychologie, gemäß Scott Lilienfeld, in einer „Imagekrise" befindet.
2. Warum ist es problematisch, auf unsere „alltagspsychologischen" Deutungen und Erklärungen zu vertrauen? Begründen Sie.

Jeder von uns setzt sich im Laufe seines Lebens mit zahlreichen psychischen Phänomenen mehr oder minder beiläufig auseinander. Dieses Laienwissen bzw. diese Lebensweisheiten können in einigen wenigen Fällen mit wissenschaftlich gesicherten Erkenntnissen übereinstimmen. Trotzdem ist für diese seltenen Fälle festzuhalten, dass die Übereinstimmung auf Zufall beruht, da unsere Alltagserkenntnisse – im Gegensatz zur psychologischen Forschung – nicht systematisch gewonnen wurden. Dass unser alltagspsychologisches Denken nicht immer den richtigen Weg weist, zeigen folgende Beispiele:

BEISPIEL

Sagt einem das wirklich der „gesunde Menschenverstand"?

1. Erstgeborene neigen mehr/weniger dazu, die Gesellschaft anderer zu suchen als nachgeborene Geschwister.
2. Europäer kommunizieren Emotionen mit ähnlichen/anderen Gesichtsausdrücken wie/als die Eingeborenen Neuguineas.
3. Das Aussehen des Menschen hat einen/keinen Einfluss darauf, ob man ihn eines Verbrechens für schuldig befindet.
4. Wenn einem sehr kompetenten Menschen ein Fehler unterläuft, nimmt seine Attraktivität in den Augen anderer zu/ab.
5. Wenn ein Versuchsleiter von Probanden verlangen würde, einem anderen gefährliche Elektroschocks zu verabreichen, würde sich die Mehrheit weigern/nicht weigern.

(Lösung: 1: mehr, 2: ähnlichen, 3: einen, 4: zu, 5: nicht weigern)" (Forgas, 1999, S. 6 zit. in: Maderthaner, 2008, S. 11)

Selbst wenn einige von Ihnen die vorangehenden Fragen richtig beantwortet haben und über die Lösungen zum Teil erstaunt waren, werden manche von Ihnen sagen: „Klar, das ist doch nichts Besonderes. Das ist doch logisch. Das hätte ich Ihnen gleich sagen können!" Wenn Sie so reagieren, sind Sie einem weiteren Phänomen „auf den Leim" gegangen, dem von Scott Lilienfeld genannten „Rückschaufehler". Dieser resultiert aus unserem Bedürfnis, Recht zu behalten. So korrigieren wir unsere Prognosen, z. B. zum Ausgang einer Wahl, gerne im Nachhinein aus dem Blickwinkel der Gegenwart. Alles erscheint uns auf einmal im Nachhinein als plausibel.

Angenommen, wir würden einer Klasse ein rein erfundenes Experiment zeigen, bei dem es um den Einfluss des Bauchumfangs eines Kellners auf die Höhe des Trinkgelds geht. Anschließend würden wir der Klassenhälfte A als Lösung die Gesetzmäßigkeit präsentieren: „Je größer der Bauchumfang, desto höher das Trinkgeld." Der Klassenhälfte B würden wir die angebliche Gesetzmäßigkeit vorlegen: „Je geringer der Bauchumfang, desto höher das Trinkgeld." Was denken Sie, wie die beiden Klassenhälften reagieren würden?

Mit hoher Wahrscheinlichkeit würden mehrere Schülerinnen und Schüler beider Klassenhälften, gemäß ihrem „treffsicheren" alltagspsychologischen Urteil, nach einer kurzen Phase der Irritation jeweils die angebotene Lösung akzeptieren, einen plausibel klingenden Erklärungsansatz aufstellen und die Aussage treffen: „Das hätte ich Ihnen auch gleich sagen können. Das ist doch klar!"

- Mögliche Erklärungen der Schülerinnen und Schüler der Klassenhälfte A: „Großer Bauchmumfang steht für Gemütlichkeit. Der Gast hat sich wohlgefühlt und gibt deshalb mehr Trinkgeld."
- Mögliche Erklärungen der Schülerinnen und Schüler der Klassenhälfte B: „Geringer Bauchumfang des Kellners steht für Attraktivität. Attraktive Menschen erhalten mehr Trinkgeld."

Und wiederum wären die befragten Schülerinnen und Schüler ihrem Bedürfnis Recht zu behalten und ihrem inneren Antrieb, die Welt verstehen zu wollen, unterlegen.

Bereits anhand dieser wenigen Beispiele wird deutlich, dass **ein großer Unterschied besteht zwischen alltagspsychologischen Deutungen und wissenschaftlich gewonnenen psychologischen Erkenntnissen.**

AUFGABEN

1. Sammeln Sie an dieser Stelle drei Lebensweisheiten bzw. Alltagstheorien, die Sie im Laufe Ihres Lebens zu verschiedenen psychischen Phänomenen erworben haben, z. B.: Einstellungen, Haltungen, Deutungen wie: „Dunkelhaarige Frauen sind leidenschaftlicher." „Hübsche Menschen haben es im Leben leichter."
2. Recherchieren Sie anschließend, ob es zu Ihren „alltagspsychologischen" Sichtweisen bereits gesicherte psychologische Erkenntnisse gibt und vergleichen Sie Ihre Deutung mit den wissenschaftlichen Erkenntnissen.

Unbestritten weist unser zwischenmenschlicher Alltag einige Überschneidungen mit psychologischen Fragestellungen auf, weshalb wir meinen, über psychische Phänomene aufgrund unserer persönlichen Erfahrungen Bescheid zu wissen. Dabei begehen wir den Fehler, dass wir, im Gegensatz zur wissenschaftlichen Psychologie, von unserer subjektiven Einzelerfahrung, das heißt, von unseren persönlichen Erfahrungen, auf das „Ganze" schließen: „Ich war mit zwei kleinen Männern befreundet, beide sind jetzt in ihrem Job sehr erfolgreich und verdienen viel Geld." Daraus leiten wir die unzulässige Verallgemeinerung ab: „Kleine Männer sind karriereorientierter. Das ist so! Ich habe das erlebt!"

Die wissenschaftliche Psychologie würde hingegen niemals von einem Einzelfall auf das Ganze schließen. Vielmehr würde aufgrund einer repräsentativ zusammengesetzten Stichprobe von kleinen Männern, wobei „klein" exakt zu definieren wäre (z. B. bis 170 cm), statistisch berechnet, ob ein eindeutiger Zusammenhang besteht zwischen Karriereorientierung und Körpergröße. Dazu würde im Vorfeld die Hypothese aufgestellt: „Es besteht ein statistischer Zusammenhang (das heißt ein Zusammenhang, der nachweislich nicht auf Zufall beruht) zwischen der Körpergröße und der Karriereorientierung von Männern." Gleichzeitig könnte die gerichtete Hypothese formuliert werden: „Es besteht ein Unterschied in der Karriereorientierung von Männern bis zur Körpergröße von 170 cm und Männern mit einer normalen Körpergröße (171–190 cm)." Im zweiten Fall würden die Ergebnisse einer repräsentativen Stichprobe an kleinen Männern mit den Ergebnissen einer repräsentativen Stichprobe an „normalgroßen" Männern im Hinblick auf deren Karriereorientierung verglichen. Die Befragungsteilnehmer könnten zu ihren Karriereplänen sowie zu ihrem tatsächlichen Jahreseinkommen oder ihrer beruflichen Stellung befragt werden. Damit kann dann die innerpsychische Karriereorientierung (Erleben) anhand der faktischen beruflichen Stellung (Verhalten) in Zusammenhang mit der Höhe des Einkommens in Bezug auf das zu untersuchende Merkmal der Körpergröße gemessen werden.

Weitere Beispiele für „alltagspsychologische Aussagen" könnten sein:

- Lehrer X: „Schüler werden heutzutage immer dümmer, da sie nur noch vor dem Computer sitzen."
- Eltern XY: „Lehrer sind faul. Ich hatte da mal einen Mathelehrer in der Schule, der ..."

AUFGABE

Tauschen Sie sich zu zweit darüber aus, was Ihnen an diesen Aussagen auffällt.

Wiederum leiten wir aus zutiefst subjektiven Einzelerfahrungen binnen weniger Sekunden „Pseudogesetzmäßigkeiten" ab und behaupten: „Das ist so! Ich habe das erlebt!"

Denken wir z. B. an den „coolen Italiener", der immer gut angezogen ist oder an „den genießenden Franzosen", der sich für das Essen Zeit nimmt. Oder der Onkel, der jeden Tag eine Flasche Wein getrunken, drei Zigarren geraucht und niemals Sport getrieben hat und trotzdem 99 Jahre alt geworden ist.

Mag sein, dass diese Aussagen im Einzelfall zutreffen. Allgemeingültig sind sie trotzdem nicht, da sie nicht systematisch und überprüfbar gewonnen wurden. Beispielsweise um die Aussage bzw. Alltagstheorie aus dem vorigen Beispiel zu prüfen „Schüler werden heutzutage immer dümmer, da sie nur noch vor dem Computer sitzen", müsste man vom wissenschaftlichen Standpunkt aus Folgendes untersuchen:

1. Was ist überhaupt „Dummheit"? Wie kann man das objektiv messen? Was bedeutet „vor dem Computer sitzen?" Wie kann man das objektiv messen?
2. Sind Schüler im Gegensatz zu Vergleichszeitpunkten, z. B. 1990, 1980, 1970, wirklich dümmer?
3. Wie viel Zeit verbringt der durchschnittliche Schüler wirklich vor dem Computer?

4. Gibt es „den Schüler“ oder bestehen Unterschiede zwischen Jungen und Mädchen in Verbindung mit den Schularten wie Gymnasium, Realschule, Berufsschule etc.?

5. Besteht überhaupt ein Zusammenhang zwischen Dummheit und Computerspielen?

   a) Dazu müsste man zwei vergleichbare Gruppen von Schülern auswählen, die möglichst noch nie mit Computern in Berührung gekommen sind (z. B. kleine Kinder). Dann müsste eine Gruppe regelmäßig über einen definierten längeren Zeitpunkt hinweg mit dem Computer arbeiten, die andere Gruppe jedoch nicht. Dann könnte man über einen längeren Zeitpunkt hinweg unter der Bedingung, dass alle sonstigen Faktoren außer dem Computerspielen in beiden Gruppen gleich sind, ggf. durch einen Vergleich der beiden Gruppen anhand von Intelligenztests feststellen, ob „vor dem Computer sitzen“ einen Einfluss auf die Intelligenzentwicklung ausübt.

   b) Vor dem Versuch müsste allerdings die Intelligenz jedes einzelnen Schülers, z. B. anhand von Intelligenztests, gemessen und festgehalten werden.

   c) Falls ja, falls also der Computer tatsächlich einen Einfluss ausübt, müsste man überprüfen welche Formen des „vor dem Computer Sitzens“ einen Einfluss ausüben (z. B. Spielen, E-Mail-Schreiben, Surfen) und ab welcher Intensität (z. B. eine Stunde, vier Stunden) diese Formen des Computergebrauchs einen Einfluss ausüben.

Mag sein, dass nach all diesen Untersuchungen die „Eingangs-Alltagstheorie“ in manchen Punkten bestätigt werden kann, aber erst dann, wenn diese Daten statistisch sauber, objektiv und nachvollziehbar erhoben wurden, kann eine solche Theorie ggf. bekräftigt oder widerlegt werden.

Ansonsten handelt es sich um „Allerweltsweisheiten“ bzw. um eine unzulässige Verkettung von Gegenständen, z. B. „Dummheit“ und „vor dem Computer Sitzen“, die eventuell gar nichts miteinander zu tun haben.

Daraus können wir folgende Erkenntnisse bezüglich der wissenschaftlichen Psychologie ableiten:

Die wissenschaftliche Psychologie
- arbeitet im Gegensatz zur Alltagspsychologie mit klar definierten Begrifflichkeiten,
- richtet ihre Aufmerksamkeit nur auf den zu untersuchenden Sachverhalt,
- geht planmäßig vor, indem sie den zu untersuchenden Gegenstand mithilfe eines im Vorfeld definierten Untersuchungsplans (wann, wo, was, wer etc.) und unter einer im Vorfeld definierten Fragestellung untersucht,
- geht systematisch, das heißt, mithilfe erprobter Forschungsmethoden, vor,
- leitet aus der Untersuchung einer Vielzahl ähnlich gelagerter Fälle allgemeingültige Gesetzmäßigkeiten und Theorien ab,
- ist objektiv, das heißt, dass ihre Ergebnisse unabhängig von der persönlichen Meinung des Forschers sind,
- ist nachvollziehbar, indem der Weg, wie die Erkenntnis zustande kommt, aufgezeigt werden kann.

AUFGABE

Leiten Sie aus den sieben Merkmalen der wissenschaftlichen Psychologie sieben Merkmale der nicht wissenschaftlichen „Alltagspsychologie“ ab.

Obgleich unsere alltagspsychologischen Deutungen nicht einer wissenschaftlich gesicherten Wahrheit entsprechen, sind derlei Deutungen dennoch im Alltag von Bedeutung. Wir brauchen alltagspsychologisches Erfahrungswissen, da wir permanent Entscheidungen treffen und uns gegenüber anderen Menschen positionieren müssen. Die Alltagspsychologie verhindert somit Angst und Unsicherheit und gibt dem Menschen das Gefühl der Sicherheit und das Gefühl, die „Anforderungen des Lebens’ überschauen und regeln zu können. Sie liefert damit Standpunkte und Bauchgefühl-Erklärungen, um in der komplexen Wirklichkeit zurechtkommen und schnelle Entscheidungen fällen zu können.

Nutzen der Alltagspsychologie

Alltagspsychologische Theorien, die wir aufgrund persönlicher Erfahrungen gewonnen haben, helfen uns dabei, die Welt für uns begreiflicher und vorhersehbarer zu machen. Dadurch können wir schneller Entscheidungen treffen. Ferner geben uns solche Erklärungsansätze ein Gefühl der Sicherheit und Überschaubarkeit. Dieser Nutzenaspekt darf jedoch nicht darüber hinwegtäuschen, dass es sich bei unseren Alltagstheorien um zumeist unzulässige Verallgemeinerungen handelt, welche die Realität nicht angemessen widerspiegeln.

1.5 Wie gelangen wir zu gesicherten wissenschaftlichen Erkenntnissen?

1.5.1 Gütekriterien wissenschaftlichen Arbeitens

Stichprobengröße N
Die Zahlenwerte der zufälligen „Anzahl der Fälle", hier der Befragten, wird mit N angegeben

Ein Schulsozialarbeiter möchte untersuchen, ob sich die Einrichtung eines Aufenthaltsraums mit Sofas und Kaffeemaschine auf die Zufriedenheit der Schüler des Sozialwissenschaftlichen Sigmund-Freud-Gymnasiums in Bad Güterzell auswirkt. Dazu befragt er alle Schülerinnen und Schüler der Klassen 11 bis 13 (N = 146) mittels eines Fragebogens. Herr Rabenhorst ist sehr von dem Nutzen dieses Aufenthaltsraums für die Schüler und Schülerinnen überzeugt. Er führt die Befragung u.a. deshalb durch, um Argumente gegenüber der Schulleitung und gegenüber dem Schulträger zur Aufrechterhaltung dieses Rückzugsraums zu erhalten. Herr Rabenhorst macht sich umgehend ans Werk und definiert für seinen Fragebogen folgende Statements (Items), welche die Schülerinnen und Schüler auf einer Skala von 1 „trifft zu" bis 4 „trifft nicht zu" bewerten sollen (siehe Tabelle).

Der emsige Schulsozialarbeiter hat bei der Erhebung etwas Pech. An dem geplanten Umfragetag füllen zwar 137 Schülerinnen und Schüler den Fragebogen aus, allerdings hatte er versäumt, die Schulleitung vorab zu informieren. Nach anfänglichen Unstimmigkeiten willigt die Schulleitung schließlich ein, möchte aber, dass der Fragebogen um weitere Fragen ergänzt wird.

Seit es den Aufenthaltsraum in der Schule gibt …	**trifft zu (1)**	**trifft eher zu (2)**	**trifft eher nicht zu (3)**	**trifft nicht zu (4)**
1. habe ich weniger Kopfschmerzen				
2. kaufe ich gesünderes Essen				
3. achte ich mehr auf meine Mitschüler				
4. bin ich seltener krank				
5. fühle ich mich weniger gestresst				
6. erledige ich meine Hausaufgaben zuverlässiger				

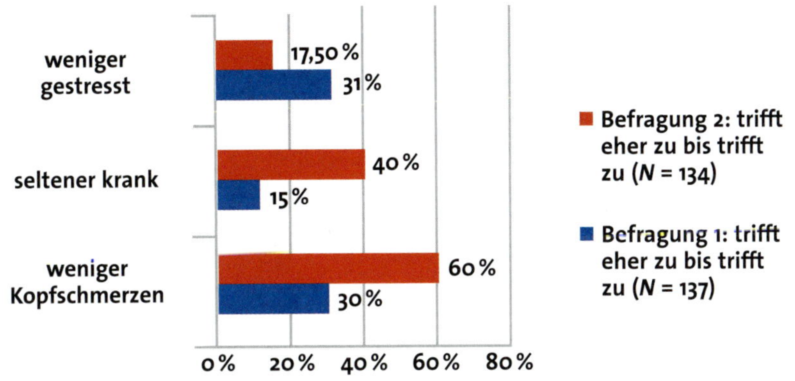

Der obige Fragenblock bleibt allerdings in gleicher Weise bestehen. Also führt er zwei Tage später eine zweite Befragung durch, die von 134 Schülerinnen und Schülern (N = 134) ausgefüllt wird. Mit Hilfe mehrerer, in der SMV (Schülermitverwaltung) engagierter Schülerinnen und Schüler gibt Herr Rabenhorst beide Datensätze in ein Statistikprogramm ein. Dabei zeigen sich u. a. folgende Ergebnisse.

Herr Rabenhorst misst den Unterschieden zwischen beiden Umfragen keine Bedeutung bei, sondern erklärt die zweite Umfrage für gültig. Von den erhobenen Daten veröffentlicht er nur die oben abgedruckten Ergebnisse, da die Antworten auf die Fragen 2, 3 und 6 (siehe Tabelle) seiner Meinung nach keine interessanten Ergebnisse erbracht hätten. Unter anderem stellt Herr Rabenhorst in einem Zeitungsartikel besonders heraus, dass sich der Aufenthaltsraum sehr positiv auf die Zufriedenheit der Schülerinnen und Schüler auswirke. Knapp 18 % der Schülerinnen und Schüler seien durch dieses Projekt weniger gestresst. Dies sei ein sehr erfreulicher Wert. Auch sei besonders hervorzuheben, dass durch den Aufenthaltsraum 40 % der Schülerinnen und Schüler seltener krank seien.

AUFGABE
Was halten Sie von Herrn Rabenhorsts Umfrage? Ist Sie in Ihren Augen wissenschaftlich? Nehmen Sie dazu Stellung und notieren Sie mögliche Kritikpunkte.

Nicht alles, was erforscht, gemessen und erhoben wird, genügt dem Qualitätssiegel „wissenschaftlich". Diesbezüglich hängt die Aussagekraft von Daten, Ergebnissen und Erkenntnissen davon ab, auf welchem Weg sie zustande kommen, das heißt, ob wissenschaftlich „sauber" gearbeitet wird. Die Qualität der Vorgehensweise und damit der erhaltenen Daten ist insbesondere von Bedeutung, wenn aufgrund der Daten wichtige Entscheidungen getroffen werden sollen, z. B. im Hinblick auf neue Ausbildungs- oder Studiengänge oder die Bewilligung von Fördergeldern für ein Sozialprojekt.

Darüber hinaus sollen wissenschaftliche Erkenntnisse auf dem Niveau von Forschungseinrichtungen wie Universitäten oder Forschungsinstituten dazu beitragen, allgemeingültige Gesetzmäßigkeiten zu erstellen. Diese finden wiederum in Theorien ihren Niederschlag und werden in wissenschaftlichen Fachbüchern oder Fachzeitschriften veröffentlicht. Sind jedoch die Grunddaten fehlerhaft zustande gekommen, können auch die in der Folge darauf aufbauenden Gesetzmäßigkeiten und Theorien keine Gültigkeit besitzen. Wenden wir nun solche fehlerhaften Theorien in der pädagogischen oder psychologischen Praxis an, kann dies zu unangenehmen Folgeerscheinungen führen, wie z. B. dass Therapien fehlschlagen oder sogar dem Klienten schaden.

Deshalb ist es unabdingbar, überall dort, wo Daten zur Erhellung eines Untersuchungsgegenstands erhoben werden, Qualitätsstandards einzuhalten. In der empirischen Forschung sind es folgende sogenannte Gütekriterien, die zur Qualitätssicherung der

fiktiv
angenommen; frei erfunden

Ergebnisse im Forschungsprozess berücksichtigt werden müssen.

Gütekriterien empirischer Forschung
- Validität,
- Reliabilität,
- Objektivität,
- Überprüfbarkeit und
- Allgemeingültigkeit bzw. Gültigkeit für die entsprechende Zielgruppe.

Im Folgenden werden diese fünf Gütekriterien anhand unseres Eingangsbeispiels – der Umfrage von Herrn Rabenhorst – erklärt.

Validität
Ein Test, eine Umfrage, ein Experiment etc., das Gültigkeit beanspruchen kann, misst das, was tatsächlich gemessen werden soll und nichts anderes.

- *Was wollen wir in unserem Beispiel messen?* Den Einfluss eines Aufenthaltsraums auf die Zufriedenheit der Schülerinnen und Schüler einer Schule.
- *Was müssen wir tun?* Zufriedenheit operationalisieren, das heißt, das Erleben (Zufriedenheit) anhand verschiedener erhebbarer Verhaltensweisen bzw. beobachtbarer Merkmale beschreiben und dadurch messbar machen. Dabei orientieren wir uns an geprüften Definitionen von Zufriedenheit, um sicherzugehen, dass wir auch wirklich Aspekte der Zufriedenheit erfragen und nicht aus Versehen bei der Übersetzung von Zufriedenheit in messbare Teilaspekte Zufriedenheit mit Freude verwechseln.
- *Was misst diesbezüglich Herrn Rabenhorsts Umfrage?* Seine Umfrage erfragt weniger Aspekte der Zufriedenheit als vielmehr Aspekte aus dem Bereich Schülergesundheit und Schulleben. Damit ist Herrn Rabenhorsts Umfrage nicht valide.

operationalisieren
messbar machen

Reliabilität
Reliabel (zuverlässig) ist eine wissenschaftliche Erhebungsmethode (Test, Experiment, Befragung, Beobachtung) dann, wenn zu verschiedenen Messzeitpunkten mit demselben Instrument unter denselben Bedingungen vergleichbare Ergebnisse erzielt werden.

Veranschaulichen wir uns den abstrakten Begriff der Reliabilität anhand eines fiktiven Experiments zum Thema „Einfluss von Kaffee auf die Aufmerksamkeit im Straßenverkehr".

BEISPIEL

Ein fiktives Experiment – Einfluss von Kaffee auf die Aufmerksamkeit im Straßenverkehr

Dabei lautet unsere Hypothese: „Kaffee wirkt sich auf die Aufmerksamkeit im Straßenverkehr aus."

Wir operationalisieren dieses Experiment – das heißt, wir machen es empirisch messbar – anhand von zwei gleichgroßen und ähnlich zusammengesetzten Gruppen von Versuchsteilnehmern.

Die Versuchsteilnehmer aus Gruppe A erhalten eine Tasse Kaffee. Anschließend werden sie in einen Fahrsimulator gesetzt und müssen eine Strecke mit verschiedenen, spontan auftauchenden Hindernissen, z. B. einem Hund, der plötzlich auf die Fahrbahn läuft, bewältigen. Hierbei messen wir die Aufmerksamkeit (Erleben) anhand der Reaktionsgeschwindigkeit der Probanden (Verhalten). Beispielsweise, indem das Lenkrad und das Bremspedal des Simulators mittels Sensoren die jeweilige Reaktionsgeschwindigkeit aufzeichnet.

Die Versuchsteilnehmer der Gruppe B absolvieren den Fahrsimulationstest exakt unter denselben Bedingungen, außer, dass sie keine Tasse Kaffee zuvor trinken.

Darüber hinaus können wir die Kaffeemenge (unabhängige Variable) der Gruppe A in Folgedurchläufen variieren, um zu schauen, wie sich eventuell die Kaffeedosis auf die Aufmerksamkeit in Form der

Reaktionsgeschwindigkeit (abhängige Variable) auswirkt. Aufgrund der Auswertung mehrerer Testdurchläufe könnten wir zu dem überraschenden Schluss kommen, dass sich kein statistisch erkennbarer und nicht durch Zufall zustande gekommener (signifikanter) Unterschied zwischen der Kaffee trinkenden Gruppe A und der nicht Kaffee trinkenden Gruppe B zeigt. Daraus leiten wir die allgemeingültige Gesetzmäßigkeit ab: „Kaffeekonsum hat keinen Einfluss auf die Aufmerksamkeit im Straßenverkehr."

Anhand der exakten Dokumentation dieses Experiments müsste es nun einem unbeteiligten Forschungsteam möglich sein, dasselbe Experiment an einem anderen Ort durchzuführen. Dabei müsste dieses Forschungsteam vergleichbare Bedingungen wie beim Ursprungsexperiment herstellen, z. B.:

- dieselben Fahrsimulatoren,
- dieselbe Teststrecke,
- ähnliche räumliche Verhältnisse,
- dieselben Testzeiten (z. B. nicht früh morgens oder spät abends, um sicherzustellen, dass die Ergebnisse nicht durch den Faktor Müdigkeit beeinflusst werden).

Käme dieses Forschungsteam nun zu denselben bzw. sehr ähnlichen Ergebnissen wie die Forscher des Ursprungsexperiments, sind sowohl der Versuchsaufbau als reliabel, das heißt als zuverlässig, als auch die daraus resultierenden Daten als valide, d. h. gültig, zu betrachten.

Kommt die Forschergruppe jedoch zum Ergebnis, dass Kaffee sehr wohl einen Einfluss ausübt, ist der Aufbau des Experiments als nicht reliabel einzustufen und die dadurch erhaltenen Daten sind unbrauchbar. Dies bezieht sich sowohl auf die Daten des Ursprungsexperiments als auch auf dessen Wiederholung. Das bedeutet, dass irgendwo der Fehler zu suchen ist und entweder der Versuchsaufbau oder die Versuchsdurchführung die gebührende Sorgfalt vermissen ließen. Beispielsweise könnten Einflussgrößen, die das Ergebnis verfälschen (Störvariablen), vernachlässigt bzw. nicht ausreichend kontrolliert worden sein, z. B. die Stärke des Kaffees, die Zubereitungsmethode, die physische Konstitution der Versuchsteilnehmer, die Größe der Tassen.

Ist die Umfrage von Herrn Rabenhorst – bzw. sein Fragebogen – reliabel? Liefert das Instrument zuverlässige Daten?

Die Reliabilität von Herrn Rabenhorsts Umfrage ist nicht einfach zu beurteilen, da Herr Rabenhorst eine Meinungsumfrage durchführt und keine allgemeingültigen Gesetzmäßigkeiten aufstellen möchte. Zudem ist die Meinung eines Menschen wandelbar.

AUFGABE

Stellen Sie sich vor, im Vorfeld einer Wahl würden zwei unabhängige Meinungsforschungsinstitute mit demselben Verfahren und zu derselben Zeit Umfragen und darauf aufbauende Prognosen erstellen. Dabei käme Meinungsforschungsinstitut A auf 34 % für die SPD und Meinungsforschungsinstitut B auf 43 %.

Wie würden Sie die Reliabilität dieses Erhebungsverfahrens einstufen?

Zurück zu der Umfrage von Herrn Rabenhorst: Abgesehen von der nicht vorhandenen Validität können wir davon ausgehen, dass der Fragebogen von Herrn Rabenhorst keine zuverlässigen Daten liefert. Dies ist daran ersichtlich, dass sich deutlich unterschiedliche Ergebnisse bei der Anwendung desselben Instruments bei denselben Personen innerhalb eines kurzen Zeitraums zeigen.

Objektivität ist die Unabhängigkeit von der Perspektive bzw. persönlichen Sichtweise des Forschers.

Ist die Umfrage von Herrn Rabenhorst objektiv? Sind die Ergebnisse also unabhängig von der Person des Forschers und nicht subjektiv gefärbt?

Ein Grundsatz der Forschung lautet, dass sich der Forschende keinem vorgefassten Urteil einer Sache widmen sollte, sondern sich frei von der eigenen Meinung dem Untersuchungsgegenstand zuwendet. Zweifel sind angebracht, wenn eine Forschergruppe äußert: „Wir möchten durch unsere Untersuchung beweisen, dass ..." Eine solche Aussage bedeutet, dass den Forschern bereits vorschwebt, welche Ergebnisse ihre Untersuchung bestenfalls zutage fördern sollte. Hier ist die Versuchung groß, widersprüchliche oder gegenläufige Ergebnisse einfach zu vernachlässigen und nur das zu veröffentlichen, was den eigenen Erwartungen oder den aufgestellten Erklärungsansätzen entspricht.

Dies gilt besonders, wenn damit beträchtliche Forschungsgelder, persönliche Anreize wie Forschungspreise und Auszeichnungen oder der Zuschlag bzw. die Ablehnung eines Projekts, das man selbst als gut erachtet, verbunden sind (Subjektivität und Selektivität der Wahrnehmung). Darüber hinaus ist die Objektivität in Gefahr, wenn der Forscher bzw. die Forschungseinrichtung nicht unabhängig ist.

BEISPIEL

Objektivität und Auftragsforschung – Wie stehen Sie dazu?

- Eine unabhängige Studie der deutschen Bierbrau-Innung kam zum Ergebnis, dass moderater Biergenuss förderlich für die Gesundheit ist.
- Einer von der deutschen Automobilindustrie in Auftrag gegebenen Untersuchung zufolge steht der CO_2-Ausstoß, verursacht durch Autoabgase, in keinem Zusammenhang mit dem Klimawandel.
- Eine Forschergruppe im Auftrag der deutschen Netzbetreiber kommt zum Schluss: Mit hoher Wahrscheinlichkeit können wir ausschließen, dass Handystrahlung das Krebsrisiko erhöht.

Stellen wir uns also die Frage bezüglich unseres Beispiels:

Würden andere Personen anhand Herrn Rabenhorsts Ergebnissen zu denselben Schlüssen gelangen?

Herr Rabenhorst geht mit einer vorgefertigten Meinung an die Umfrage heran. Das heißt, er will mit der Umfrage beweisen, dass der Aufenthaltsraum sinnvoll ist. Diese vorgefertigte Meinung birgt die Gefahr, dass die Umfrage in die Richtung von Herrn Rabenhorsts Meinung manipuliert wird – bereits bei der Operationalisierung der Fragen. Damit sind die Ergebnisse nicht objektiv, das heißt, ein unabhängiger Dritter würde die Daten eventuell anders beurteilen. Dies zeigt sich u. a. daran, dass Herr Rabenhorst nur diejenigen Ergebnisse auswählt, die seinem Interesse dienlich sind. Darüber hinaus wertet er die Angabe: „weniger Stress" bei 17,5 % der Schülerinnen und Schüler als einen Erfolg. Umgekehrt könnte man aber auch von den 82,5 % an Schülerinnen und Schülern ausgehen, bei denen der Aufenthaltsraum – laut subjektiver Einschätzung – zu nicht weniger Stress führt.

Überprüfbarkeit

Um überprüfen zu können, ob es im Forschungsprozess korrekt zuging und „sauber" gearbeitet wurde, ist es unabdingbar, den Forschungsprozess zu dokumentieren, um auf Nachfrage vertiefte Auskünfte geben zu können. Darüber hinaus müssen auch bei einer seriösen Kurzdarstellung „Kennwerte" angegeben werden, die darauf schließen lassen, welche Methode gewählt wurde, wer befragt wurde und wer die Befragung durchgeführt hat etc. Nur so erhalten wir Indizien über die Seriosität, die Aussagekraft und damit auch über die Gültigkeit der Ergebnisse.

Ist es für einen Außenstehenden nachvollziehbar, wie Herr Rabenhorst zu seinen Ergebnissen kommt?

Herr Rabenhorst hält bewusst Teile der Umfrageergebnisse zurück. Darüber hinaus ist es einem Außenstehenden nicht ersichtlich, dass Herr Rabenhorst zwei Umfragen mit einem fast identischen Fragebogen durchgeführt hat. Daher muss der Entstehungs- und Durchführungsprozess detailliert dokumentiert werden, u. a. Anzahl der Teilnehmer und das Erhebungsinstrument (z. B. Fragebogen im Anhang). Nur dann kann eine wissenschaftliche Erhebungsmethode (Test, Experiment, Befragung, Beobachtung) kritisch überprüft werden, so dass sich feststellen lässt, ob die Ergebnisse Gültigkeitscharakter beanspruchen können.

AUFGABEN

1. Auch wenn Sie zum jetzigen Zeitpunkt noch nicht alle Begriffe kennen, die in der folgenden wissenschaftlichen Kurzdarstellung bzw. Ergebniszusammenfassung einer Untersuchung vorkommen, würden Sie dennoch diese Untersuchung nach Ihrem Ermessen als „seriös" betrachten?
2. Sammeln Sie unter dem Blickwinkel des Gütekriteriums „Überprüfbarkeit" Indizien für und gegen die Seriosität der vorliegenden Untersuchung und begründen Sie anschließend Ihre Entscheidung.

Motorische, kognitive und sozial-emotionale Entwicklung von 11-Jährigen mit frühkindlichen Risikobelastungen: späte Folgen

Zeitschrift	Zeitschrift für Kinder- und Jugendpsychiatrie und Psychotherapie
Verlag	Verlag Hans Huber
ISSN	1422-4917 (Print)
	1664-2880 (Online)
ISSN-L	1422-4917
Themenpaket	PsyJOURNALS
Heft	Volume 30, Number 1 / 2002
Kategorie	Originalarbeiten
Seiten	5-19
DOI	10.1024//1422-4917.30.1.5

Autoren

M. Laucht[1], M.H. Schmidt[1], G. Esser[1]

[1]Klinik für Psychiatrie und Psychotherapie des Kindes- und Jugendalters

Zusammenfassung

Fragestellung: Untersuchung der Auswirkungen frühkindlicher Risiken auf das Entwicklungsniveau im Alter von 11 Jahren. *Methode*: In einer prospektiven Längsschnittstudie von der Geburt bis zur späten Kindheit an einer Stichprobe von 362 Kindern mit unterschiedlichen frühkindlichen Risikobelastungen wurde der Verlauf von Entwicklungs- und Verhaltensstörungen untersucht. Organische (prä- und perinatale Komplikationen) und psychosoziale Risiken (familiäre Belastungen) wurden in einem zwei-faktoriellen Design systematisch variiert. Im Alter von 11 Jahren wurden Kennwerte der motorischen, kognitiven und sozial-emotionalen Entwicklung von 341 Kindern (168 Jungen, 173 Mädchen, entsprechend 94,2% der Ausgangsstichprobe) erfasst. Die vorausgegangenen Erhebungen waren im Alter von 3 Monaten, 2, 4½ und 8 Jahren durchgeführt worden. *Ergebnisse*: Die Auswirkungen früher Entwicklungsrisiken bestanden bis in die späte Kindheit fort. Mit Risiken hoch belastete Kinder waren bis zu dreimal häufiger in ihrer Entwicklung beeinträchtigt als unbelastete Kinder. Sowohl organische als auch psychosoziale Risiken trugen zu einer ungünstigen Prognose bei. Während prä- und perinatale Komplikationen vor allem motorische und kognitive Funktionen beeinträchtigten, konzentrierten sich die Auswirkungen belasteter familiärer Lebensverhältnisse auf die sozial-emotionale Entwicklung. Spätschäden von Schwangerschafts- und Geburtskomplikationen manifestierten sich insbesondere im Bereich kognitiver Funktionen und schulischer Leistungen. Auch im Schulalter ließ sich der kumulative Einfluss beider Risikobereiche am besten durch eine Addition der Einzeleffekte erklären. *Schlussfolgerungen*: Frühkindliche Entwicklungsrisiken haben spezifische und langfristige Auswirkungen, die sich später in ungünstigen schulischen Entwicklungen niederschlagen.

Allgemeingültigkeit
Ziel wissenschaftlichen Arbeitens ist es, allgemeingültige Gesetzmäßigkeiten (Theorien) aufzustellen.

Liefert Herrn Rabenhorsts Umfrage Ergebnisse, die stellvertretend für die zu erhebende Zielgruppe gewertet werden können?

Ziel wissenschaftlichen Arbeitens ist, allgemeingültige Gesetzmäßigkeiten aufzustellen.

Mit Blick auf das Beispiel im Kasten bedeutet dies, dass eine Untersuchung zum Einfluss frühkindlicher Risikobelastungen auf die Entwicklung von Kindern eine generelle Aussage treffen möchte, die auf Kinder mit den untersuchten frühkindlichen Entwicklungsrisiken zutrifft. In diesem Fall: „Frühkindliche Entwicklungsrisiken haben spezifische und langfristige Auswirkungen, die sich später in ungünstigen schulischen Entwicklungen niederschlagen."

Population
Zielgruppe einer Untersuchung

Dieses „hohe" Ziel der Allgemeingültigkeit gilt jedoch nicht für jede Form der wissenschaftlichen Untersuchung und würde die wissenschaftliche Tätigkeit nur verkürzt darstellen. Beispielsweise stellen Meinungsumfragen und Interviews größtenteils persönlich gefärbte Momentaufnahmen dar. Nehmen wir einmal an, wir würden in einer Schule eine Befragung zum Thema „Zufriedenheit mit der Höflichkeit der Lehrer" durchführen. Selbstverständlich besitzt dann diese Umfrage nur Gültigkeit für die befragte Schule. Es wäre unzulässig, aus dieser Befragung allgemeingültige Aussagen abzuleiten, „59 % der Schüler an deutschen Schulen sind mit dem Ausmaß an Höflichkeit ihrer Lehrer zufrieden, 41 % nicht". Um solche Aussagen treffen zu können, müssten wir eine breit angelegte bundesdeutsche Studie durchführen. Dennoch muss jede Untersuchung den Anspruch erfüllen, zumindest für die gewählte Population gültige Aussagen treffen zu können. In unserem Beispiel für die Lehrer an der besagten Schule.

Im Fall von Herrn Rabenhorst zielt dessen Umfrage auf die Schülerinnen und Schüler des sozialwissenschaftlichen Sigmund-Freud-Gymnasiums in Bad Güterzell ab. Dazu befragt er alle Schülerinnen und Schüler. Der überwiegende Anteil (Umfrage 1: 137, Umfrage 2: 134) der insgesamt 146 Schülerinnen und Schüler beantwortet den Fragebogen. Damit decken die erhobenen Aussagen zwar die Meinungen der erhobenen Zielgruppe ab und sind repräsentativ, das heißt, sie bilden in einem ausreichenden Maß die gewählte Zielgruppe ab, jedoch mangelt es insgesamt an Validität, Reliabilität, Objektivität und Überprüfbarkeit, sodass die Ergebnisse nicht wissenschaftlich gewonnen wurden und damit **keine Aussagekraft** besitzen.

1.5.2 Wege und Vorgehensweisen in der Forschung

Es gibt viele Wege, um ans Ziel zu kommen. Dem Forschenden stehen dazu verschiedene Forschungsmethoden zur Verfügung. Welche davon gewählt wird, hängt davon ab, was der Forschende wissen möchte. Generell setzen die Sozialwissenschaften (Soziologie, empirische Erziehungswissenschaft als Teildisziplin der Pädagogik) ebenso wie die Psychologie von ihrer Denktradition und ihrer Entstehungsgeschichte her auf die naturwissenschaftlich orientierten empirischen Forschungsmethoden *Test, systematische Beobachtung, Befragung* und *Experiment.*

Die „klassische" Pädagogik verwendet eher „durchdenkende", das heißt interpretierende, verstehende Forschungsmethoden (Phänomenologie, Dialektik, Hermeneutik) nach geisteswissenschaftlicher Forschungstradition. Doch derlei Zuschreibungen verlieren spätestens dann an Bedeutung, wenn wir im weiteren Verlauf einen Forschungsprozess in seiner Ganzheit betrachten.

1.5.2.1 Vermeintlicher Gegensatz – empirische versus geisteswissenschaftliche Forschungsmethoden

In manchen fachlichen Darstellungen wird ein Gegensatz zwischen Geisteswissenschaft und empirischer Wissenschaft heraufbeschworen, der eigentlich gar nicht existiert. Vielmehr ergänzen sich beide Forschungszugänge in positiver Weise. Die Beschäftigung mit Fachliteratur im Vorfeld einer empirischen Untersuchung erfolgt mithilfe geisteswissenschaftlicher Verfahrensweisen. Oder auch die Beschreibung eines Phänomens, das bisher noch nicht wissenschaftlich untersucht wurde und zu dem es noch keine Fachliteratur gibt, kann nur nach geisteswissenschaftlicher Vorgehensweise erfolgen.

Beide geisteswissenschaftlichen Zugänge helfen bei empirischen Untersuchungen, sich im Vorfeld der Untersuchung ausgiebig mit dem Thema zu beschäftigen. Gleichzeitig sind sie eine unverzichtbare Voraussetzung dafür, dass Inhalte wie Angst, Freude oder Stress durch Operationalisierung messbar gemacht werden können.

Eine Operationalisierung, die auf eine systematische Vorbereitung verzichtet, quasi „aus dem Bauch raus" vorgenommen wird, wird mit hoher Wahrscheinlichkeit dazu führen, dass eine Untersuchung nicht das misst, was gemessen werden soll. Würden wir uns beispielsweise „einmal kurz überlegen", was Angst bedeutet und würden darauf aufbauend einen Fragebogen entwickeln, wäre dieses Vorgehen nicht wissenschaftlich.

Vielmehr müssten wir in gesicherten psychologischen Fachbüchern nachlesen, wie dort Angst definiert wird und aus welchen Bestandteilen sie besteht. Eventuell gibt es bereits geeignete Operationalisierungen von Angst (z. B. in Form von Fragebögen), die mehrfach getestet wurden und die wir für unsere Untersuchung heranziehen könnten. Blieben wir bei unserer alltagspsychologischen „Bauchgefühl-Operationalisierung", wären unsere Daten, die darauf aufbauend erhoben wurden, nutzlos und wissenschaftlich nicht verwertbar.

Daher spielen im Vorfeld jeder empirischen Untersuchung auch geisteswissenschaftliche Methoden,

- in Form der regelgeleiteten Darstellung, Diskussion und Interpretation von geeigneten Texten (Hermeneutik),
- der Gegenüberstellung von Positionen und einer darauf aufbauenden Schlussfolgerung (Dialektik) oder
- der regelgeleiteten Beschreibung von Phänomenen, zu denen es noch keine wissenschaftlichen Abhandlungen gibt, z. B. „Chillen" (Phänomenologie),

eine wichtige Rolle.

Geisteswissenschaftliche Untersuchungen sind jedoch nicht nur die „Zulieferer" von empirischen Untersuchungen, sondern haben auch ihre eigenständige Berechtigung, speziell dort, wo Sachverhalte nicht mittels empirischer Verfahren beobachtet und gemessen werden können.

1.5.2.2 Arten von empirischen Untersuchungen

Die Wahl der Forschungsmethode hängt mit der Fragestellung einer wissenschaftlichen Untersuchung zusammen. Es gibt verschiedene Arten von Fragestellungen. Darum ist es auch nicht weiter verwunderlich, dass es unterschiedliche empirische Untersuchungen gibt.

Explorative Untersuchung

Möchten wir wissen, welche Meinung die Deutschen zum Thema Liebe haben, wählen wir eine **explorative**, das heißt eine erforschende, beschreibende Untersuchung, bei der wir geeignete Daten erheben, statistisch auswerten und mittels Tabellen, Diagrammen und den Maßen der zentralen Tendenz beschreiben (s. S. 70).

Bei einer explorativen Studie stellen wir im Vorfeld keine Hypothesen auf, sondern sind lediglich daran interessiert, den aktuellen Stand – bezüglich der gewählten Zielgruppe – darzustellen. Ein typisches Beispiel hierfür wären sogenannte Meinungsumfragen. Für diese Untersuchungsart eignet sich die Methode der quantitativen (mengenmäßigen) schriftlichen oder mündlichen Befragung in Form von Fragebögen oder Interviews: „Wenn morgen Bundestagswahl wäre, welche Partei würden Sie wählen?"; „Welche Meinung haben Sie zum Thema Liebe? Kreuzen Sie auf der folgenden Skala von 1–6 (1 = stimme vollkommen zu; 6 = stimme gar nicht zu) an, welche Aussagen auf Sie zutreffen."

Korrelationsuntersuchung

Möchten wir hingegen wissen, ob es einen Zusammenhang gibt, z. B. zwischen Eifersucht und Selbstwertgefühl, führen wir eine **Korrelationsuntersuchung** (Korrelation = wechselseitiger Zusammenhang) durch. Dabei geht es darum, diesen vermuteten Zusammenhang zu überprüfen. Dazu stellen wir im Vorfeld eine geeignete Hypothese auf, welche gemäß dem Falsifikationsprinzip durch die Ergebnisse entweder bestätigt oder auch ggf. verworfen werden muss. Wenn, wie dies bei einer Korrelationsstudie der Fall ist, lediglich ein Zusammenhang, nicht jedoch die Richtung des Zusammenhangs im Vorfeld aufgestellt wird, spricht man von einer ungerichteten Hypothese („Es gibt einen Zusammenhang zwischen Eifersucht und Selbstwertgefühl.").

Nehmen wir einmal an, es gäbe einen Zusammenhang: Allerdings können wir durch eine solche Untersuchung nicht feststellen, ob nun die Eifersucht die Ausprägung des Selbstwertgefühls bestimmt oder das Selbstwertgefühl die Ausprägung von Eifersucht. Durch Korrelationsstudien können also keine Ursache-Wirkungszusammenhänge überprüft werden (Kausalzusammenhänge). Es kann lediglich festgestellt werden, ob es einen Zusammenhang zwischen mindestens zwei oder mehreren Merkmalen gibt, der nicht durch Zufall zustande kommt. Für Korrelationsuntersuchungen wird meist die Methode der schriftlichen Befragung (Fragebogen) eingesetzt.

Experimentelle Untersuchung

Wollen wir dagegen wissen, ob und wie z. B. Stress (unabhängige Variable) Kaufentscheidungen beeinflusst (abhängige Variable), so wählen wir eine **experimentelle Untersuchung**. Bei dieser Untersuchungsform können wir die Ausprägung der unabhängigen Variablen, in diesem Fall Stress, sowie die Rahmenbedingungen des Experiments kontrollieren, um zu schauen, wie sich die Ausprägung der unabhängigen Variablen auf die abhängige Variable (in unserem Beispiel Kaufentscheidungen) auswirkt.

Hypothese
Annahme

ungerichtete Hypothese
Hypothese, die lediglich aussagt, dass ein Zusammenhang zwischen zwei oder mehreren Merkmalen besteht: „Es gibt einen Zusammenhang zwischen der Zufriedenheit des Gasts und dem Erhalt von Trinkgeld."

gerichtete Hypothese
Es wird ein Ursache-Wirkungszusammenhang (Kausalzusammenhang) zwischen unabhängiger Variable und abhängiger Variable aufgestellt.

„Wenn einer Person das Essen geschmeckt hat (unabhängige Variable), erhöht dies die Wahrscheinlichkeit, dass der Kellner ein Trinkgeld erhält" (abhängige Variable) oder „Je besser einer Person das Essen geschmeckt hat (unabhängige Variable), desto höher ist das Trinkgeld, das der Kellner erhält " (abhängige Variable).

Mit Hilfe von experimentellen Untersuchungen geht es also darum, Ursache-Wirkungszusammenhänge zu überprüfen. Dazu benötigen wir im Vorfeld eine sogenannte gerichtete Hypothese, die einen klaren Zusammenhang zwischen unabhängiger und abhängiger Variable vorgibt. In unserem Beispiel möglicherweise: „Je gestresster ein Konsument ist, desto schneller trifft er Kaufentscheidungen." Oder: „Wenn man einen Konsumenten unter Stress setzt, dann kauft er/sie mehr Markenprodukte."

Genau wie bei der Korrelationsstudie ist das Ziel der experimentellen Untersuchung, die erstellte Eingangshypothese kritisch zu überprüfen, das heißt, wenn die Ergebnisse dafür sprechen, die Hypothese zu bestätigen (verifizieren) oder zu verwerfen.

Häufig werden bei experimentellen Untersuchungen zwei Gruppen gebildet. In unserem Beispiel eine Gruppe, die bei ihrer Kaufentscheidung unter Stress gesetzt wird und eine zweite Gruppe, die nicht unter Stress gesetzt wird. Dies wird gemacht, um festzustellen, ob es auch tatsächlich der Stress (unabhängige Variable) und nicht mögliche andere Merkmale der Untersuchung, z. B. die Auswahl der zu kaufenden Produkte oder die Anordnung der Produkte, sind, die die Ausprägung des Kaufverhaltens (abhängige Variable) bestimmen. Bei dieser Form der Untersuchung wird die wissenschaftliche Methode des Experiments eingesetzt, häufig kombiniert mit den empirischen Methoden des Tests oder der Befragung.

Arten von empirischen Untersuchungen

Untersuchungsart	Forschungsziel	Angewandte Forschungsmethoden	Besonderheiten
explorative (erforschende) Studien – Neues Wissen zu einer Frage wird generiert	quantitative (mengenmäßige) oder qualitative Beschreibung von Merkmalsausprägungen bzw. Fällen bzgl. einer Fragestellung	Einzelfallbeobachtungen • quantitative Beobachtungen • qualitative Befragungen • quantitative Befragungen	Ergebnisse können in deren Ausprägung nur beschrieben werden. Bei Einzelfällen in deren Besonderheiten (qualitativ), bei quantitativen (mengenmäßigen) Erhebungen in Form von beschreibenden statistischen Werten wie z.B. Prozentwerte; Mittelwerte etc. (deskriptive, d. h. beschreibende Statistik)
Korrelationsstudien – Hypothesen werden überprüft	Aufdeckung von Zusammenhängen zwischen zwei oder mehreren Merkmalen (ungerichtete Hypothesen bzw. Unterschiedshypothesen)	• quantitative Befragungen • Tests	Statistische Berechnung der Zusammenhänge (Korrelationen). Es können jedoch keine Aussagen über Ursache und Wirkung getroffen werden. Es kann lediglich ausgesagt werden, dass ein Zusammenhang zwischen Variable X und Variable Y besteht.
experimentelle Untersuchungen – Hypothesen werden überprüft	Erkundung von Ursache-Wirkungs-Zusammenhängen (gerichtete Hypothesen bzw. Unterschiedshypothesen)	• Laborexperimente • Felduntersuchungen (Befragung/Beobachtung/Test)	Statistische Berechnung des Unterschieds zwischen einer Untersuchungsgruppe, die z.B. Ausdauertraining betreibt (unabhängige Variable) und einer Kontrollgruppe, die kein Ausdauertraining betreibt im Hinblick auf die Gedächtnisleistung (abhängige Variable)

AUFGABEN

Um uns diese – auf den ersten Blick abstrakt erscheinenden – Untersuchungsarten anhand konkreter Beispiele zu verdeutlichen, greifen wir an dieser Stelle zurück auf unsere bisherigen Beispiele. Blättern Sie also in diesem Kapitel zurück und voraus und suchen nach folgenden Beispielen:

1. die Untersuchung mit dem Titel „Psychologie in der Imagekrise"
2. die sozialwissenschaftliche Untersuchung des Sozialarbeiters Herrn Rabenhorst
3. die fiktive Untersuchung zum Thema „Einfluss von Kaffee auf die Aufmerksamkeit im Straßenverkehr"
4. die Untersuchung „motorische, kognitive und sozial-emotionale Entwicklung von 11-Jährigen mit frühkindlichen Risikobelastungen"
5. die Untersuchung „Alzheimer Schutz – lebenslang geistig aktiv bleiben"

Ordnen Sie jede der fünf Untersuchungen einer der drei empirischen Untersuchungsarten zu. Begründen Sie Ihre Einteilung, indem Sie jeweils geeignete Argumente oder Indizien notieren, die für Ihre Einteilung sprechen.

1.5.2.3 Geisteswissenschaftliche Forschungsmethoden

Am Beispiel eines Unterrichtprojekts einer elften Klasse eines sozialwissenschaftlichen Gymnasiums werden **geisteswissenschaftliche Forschungsmethoden** illustriert. Zu Beginn des Projekts wurde ein alle interessierendes innerpsychisches Phänomen gewählt: das Phänomen der Zickigkeit (Erleben). Dieses Phänomen kann an gewissen Verhaltensweisen messbar gemacht werden. Vor der Formulierung einer konkreten Fragestellung zum Thema „Zickigkeit" und der Wahl einer dazu passenden Untersuchungsmethode, muss Klarheit verschafft werden, was genau unter „Zickigkeit" zu verstehen ist. Dazu stehen geistesgeschichtliche Methoden zur Verfügung.

Hermeneutik

Die Hermeneutik ist eine wichtige Methode der Geistes- und Sozialwissenschaften. **Hermeneutik leitet sich vom griechischen Wort „hermeneuin" ab und bedeutet, den Sinn einer Aussage zu erklären und damit zu verstehen.** Hermeneutik bedeutet also die Lehre bzw. die Kunst der Auslegung von Texten bzw. von von Menschen geschaffener Werke. Im Hinblick auf unser Beispiel hieße dies, geeignete Fachtexte zum Thema „Zickigkeit" zu finden und diese, gemäß dem gewählten hermeneutischen Ansatz, auszulegen, sodass diese einen Sinn für uns ergeben und wir sie verstehen. Dabei gibt es verschiedene Ansätze der Hermeneutik, um von Menschen geschaffene Werke zu verstehen.

FRIEDRICH SCHLEIERMACHER (1768–1834) geht davon aus, dass wir nicht nur die Zeichen entschlüsseln müssen, z. B. Buchstaben, dies nennt SCHLEIERMACHER das grammatikalische Verstehen, sondern dass wir auch versuchen müssen, uns in den Gemütszustand des Autors zu versetzen, um verstehen zu können, was dieser, z. B. mit einem Gedicht, sagen möchte.

WILHELM DILTHEY (1833–1911) denkt SCHLEIERMACHERS Ansatz fort. Er geht davon aus, dass nicht nur der Gemütszustand, sondern auch prägende Situationen und Lebenseinflüsse des Autors von Bedeutung sind. Wollen wir z. B. die Werke FRIEDRICH SCHILLERS verstehen, müssen wir uns in die damalige Epoche einarbeiten und Zusatzinformationen über das Leben von SCHILLER berücksichtigen.

HANS-GEORG GADAMER (1900–2002) geht noch einen Schritt weiter, indem seiner Ansicht nach nicht nur die Gemütslage sowie die persönlichen und gesellschaftlichen Lebensbedingungen des Autors, sondern auch die Gemütslage und die Lebensbedingungen des Deutenden in den Verstehensprozess einfließen. Seiner Ansicht nach können diese nicht ausgegliedert werden und beeinflussen uns. Es ist z. B. ein Unterschied, ob ein Mensch, der in seiner Kindheit das Dritte Reich und die nationalsozialistische Diktatur als Deutscher (Sichtweise 1) oder auch als Inhaftierter (Sichtweise 2) erlebt hat, eine aktuelle Hitlerbiografie liest und versucht, aufbauend auf die geschichtswissenschaftliche Deutung des Autors, Hitler und dessen Beweggründe zu verstehen. Oder ob wir als Menschen des 21. Jahrhunderts (Sichtweise 3), die lange nach diesen Vorfällen geboren wurden, diese Biografie lesen und vor dem Hintergrund zeitgenössischer Erfahrungen versuchen, die Beweggründe und Motive des Menschen und Verbrechers Hitler zu verstehen. Nach GADAMERS Sichtweise kann somit ein von Menschen geschaffenes Werk zu verschiedenen Zeiten unterschiedlich „verstanden" werden.

> **Hermeneutik** ist die regelgeleitete Deutung von menschlichen Geistesschöpfungen, z. B. Briefe, Texte, Tagebücher, Filme, mit dem Ziel, diese zu verstehen.

Dialektik

Die geisteswissenschaftliche Methode der Dialektik strebt nach Erkenntnis. Sie eignet sich zur Lösung von Problemen bzw. zur Abwägung der bestehenden Problematik. Sie stellt einer These (einer Behauptung) eine Antithese (Gegenthese) gegenüber, diskutiert beide Aussagen miteinander und kommt letztendlich zu einer Schlussfolgerung in Form der Synthese. Die Synthese kann wiederum Ausgangspunkt für eine weitere Antithese sein etc.

Dialektik kann Verwendung finden als Form der Gesprächsführung (Redekunst), als logisch begründete Erkenntnistätigkeit oder als methodisches Schema. Dabei muss einschränkend angeführt werden, dass sich nicht alle Widersprüche, Gegensätze oder dergleichen in Form einer Synthese auflösen lassen. Vielmehr kann es auch zu sogenannten Dilemma-Situationen kommen, bei denen beide Standpunkte vertretbar und in gewisser Weise unter den jeweiligen Gegebenheiten gerechtfertigt sind, sodass es zu keiner Synthese kommen kann. Bezogen auf unser Beispiel der „Zickigkeit" trägt diese Methode zu keiner tieferen Begriffsklärung bei.

> **Dialektik** ist die Gegenüberstellung von These und Gegenthese, mit dem Ziel der Zusammenführung in Form einer Synthese. Dialektik ist eine Form der Erkenntnisgewinnung durch das Vorbringen von Für- und Gegenrede. Wird auch in der Rhetorik (Redekunst) angewandt.

EDMUND HUSSERL

Phänomenologie

Die Phänomenologie beschäftigt sich mit komplexen Gegebenheiten symbolischer und gegenständlicher Art und versucht, diese nicht zu erklären oder zu verstehen, sondern sie vorurteilsfrei zu beschreiben. Als Begründer der Phänomenologie als Forschungsmethode gilt der Freiburger Wissenschaftler und Philosoph EDMUND HUSSERL (1859–1938). Phänomenologie beinhaltet das griechische Wort „phos", welches Licht bedeutet. Einer der Leitsprüche der Phänomenologie lautet: „Die Dinge von sich selbst her ins Licht stellen lassen." Damit ist gemeint, durch vorurteilsfreie Beschreibung zum „Wesen" einer Sache zu gelangen. Würden wir z. B. das Wesen eines Stuhls ergründen, alleine dadurch, dass wir sämtliche Stühle dieser Welt in allen Variationen sich „ins Lichte stellen lassen" würden, würden wir durch Beschreibung zur Einsicht gelangen, dass das Wesen des Stuhls darin besteht, dass man darauf sitzen kann. Auf mehr Kerninhalt, der für alle Stühle dieser Welt Gültigkeit besitzt, würden wir uns wahrscheinlich nicht einigen können. Deshalb besteht der Sinn und Nutzen der Phänomenologie darin, sich dem Wesen eines Phänomens durch reines Beschreiben anzunähern und dadurch mehr Klarheit über dieses Phänomen zu erlangen.

> **Phänomenologie** bezeichnet die objektive (das heißt frei von persönlichen Vorerfahrungen und Vorurteilen) Beschreibung von Phänomenen, um zu deren Kern, deren „Wesen" zu gelangen, dessen Inhalt auf jedwede Ausgestaltung des betreffenden Phänomens zutrifft.

Kommen wir zurück zu unserem Phänomen der „Zickigkeit", so können wir festhalten, dass es wahrscheinlich dazu keine geeigneten wissenschaftlichen Texte gibt, weshalb die Methode der Hermeneutik ausscheidet. Ebenso trägt das Verfahren der Dialektik, das auf Einsicht zielt im Sinne von These, Antithese, Synthese, wenig zur Begriffsklärung bei.

Hingegen eignet sich die Phänomenologie, sich eines Phänomens anzunähern, zu dem es noch keine wissenschaftlichen Abhandlungen gibt. Im Folgenden finden wir eine Phänomenologie der „Zickigkeit“, die nicht den Anspruch auf absolute Wahrheit erhebt. Diese Phänomenologie wurde ebenfalls von den Schülerinnen und Schülern der elften Klasse eines sozialwissenschaftlichen Gymnasiums erstellt und soll dazu einladen, selbst phänomenologisch tätig zu werden oder die vorliegende Phänomenologie kritisch zu durchdenken.

Phänomenologie der Zickigkeit:

Zickigkeit ...
- ist nichts Gegenständliches,
- zeigt sich im Verhalten,
- ist ein Phänomen der zwischenmenschlichen Interaktion,
- ist von der Gestimmtheit in der jeweiligen Situation abhängig,
- ist von den Persönlichkeitseigenschaften einer Person abhängig,
- zeigt sich in der Art und Weise der Verarbeitung und Erwiderung von Reizen,
- ist von der Bewertung/Wahrnehmung von einer anderen Person/von anderen Personen abhängig,
- richtet sich auf jemanden, der zum Zielobjekt der Zickigkeit werden kann,
- zeigt sich in der Art und Weise der Kommunikation,
- kann sich anhand der Mimik, Körperhaltung, Gestik und der Art und Weise des sprachlichen Ausdrucks bemerkbar machen,
- ist eine vom Betrachter oder Zielobjekt der Zickigkeit als unangemessen bewertete Verhaltensweise,
- hängt mit dem persönlichen Standpunkt bezüglich einer Sache zusammen,
- ist eine Art von temporär flexiblem Zustand.

Aus dieser ersten phänomenologisch beschreibenden Annäherung an das „Wesen“ der „Zickigkeit“ könnten wir die vorläufige Arbeitsdefinition ableiten:

Definition von Zickigkeit: Zickigkeit ist ein temporär flexibler Zustand im Bereich der zwischenmenschlichen Interaktion, bei dem eine Person als Auslöser und/oder als Zielobjekt der Zickigkeit fungieren kann.

Zickigkeit ist darüber hinaus eine als unangemessen betrachtete, offen ausgedrückte sprachliche, gestische, mimische Erwiderung bzw. Verarbeitung auftauchender Reize in Zusammenhang mit dem Beharren auf dem eigenen Standpunkt.

BEISPIEL

Eigenständige geisteswissenschaftliche Untersuchungen

Geisteswissenschaftliche Methoden sind jedoch nicht nur die „Zulieferer“ von naturwissenschaftlich empirischen Untersuchungen. Vielmehr können mittels dieser Methoden auch eigenständige Untersuchungen, ohne die Ergänzung bzw. Erweiterung durch naturwissenschaftlich empirische Zugänge, durchgeführt werden, um ein Phänomen des Erlebens und Verhaltens besser zu verstehen. In unserem Beispiel haben wir bereits das Wesen der „Zickigkeit“ phänomenologisch ergründet. Wir könnten jedoch u. a. auch folgende Fragestellungen untersuchen:

Methode der Hermeneutik: z. B. die rein fiktive Fragestellung ohne Tatsachenhintergrund: „Welche Bedeutung hat die Zickigkeit in den Briefen von SIGMUND FREUD an CARL GUSTAV JUNG?“ Um diese Fragestellung zu beantworten, würden wir die Briefe von SIGMUND FREUD an CARL GUSTAV JUNG im Hinblick auf das Phänomen der „Zickigkeit“ analysieren und deuten, um zu verstehen, welcher Sinn diesem Phänomen in der Korrespondenz beider Wissenschaftler zukommt. Auch in geschichtswissenschaftlichen Abhandlungen spielt die Hermeneutik eine bedeutende Rolle, wenn Informationen gesammelt, Lebenshintergründe ausgeleuchtet und Schriftstücke analysiert werden, um Fragen der Geschichte zu klären, z. B. die Deutung und Entschlüsselung des Sinns von menschlichen Hinterlassenschaften wie den Pyramiden in Ägypten.

Methode der Dialektik: „Ist Zickigkeit in der Alltagskommunikation vertretbar oder nicht? Eine dialektische Auseinandersetzung.“ Bei dieser Fragestellung ginge es darum, den Nutzen und den Grad der Angemessenheit zickigen Verhaltens im Sinne von These und Antithese gegenüberzustellen, um zu einer Einsicht bzw. Schlussfolgerung in Form der Synthese zu gelangen und dadurch den Sinn der Zickigkeit besser zu verstehen.

In wissenschaftlichen Untersuchungen wird die Methode der Dialektik häufig angewandt, um zwei gegensätzliche Theorien einander im Sinne von These und Antithese gegenüberzustellen. Durch die Diskussion beider Ansätze im Sinne einer Synthese kann man zu neuen Erkenntnissen bzw. einer neuen Theorie gelangen, z. B. Hypothese 1: „Die starke Nutzung des Internets macht uns dumm bzw. kognitiv weniger leistungsfähig, indem uns die Maschinen die Wissensspeicherung und weitere Denkprozesse abnehmen“, versus Hypothese 2: „Die starke Nutzung des Internets macht uns kognitiv leistungsfähiger, da wir mit vielfältigen Informationen umgehen und diese strukturieren müssen.“

Im Anschluss an die Beschreibung und Definition eines Phänomens (in unserem Fall „Zickigkeit“) oder eines anderen zu untersuchenden Gegenstandes sind wir nun in der Lage, dieses mess- und überprüfbar zu machen, das heißt zu operationalisieren. Wir müssten also „Zickigkeit“, je nach gewählter Methode, (z. B. in Form eines Beobachtungsbogens, eines Fragebogens, eines Interviewleitfadens oder in Form der Definition und Festlegung einer geeigneten Untersuchungssituation in Form eines Experiments) so übersetzen, dass wir es gemäß der Gütekriterien Objektivität, Validität und Reliabilität zuverlässig und frei von persönlichen Einflüssen messen können. Dabei könnten wir z. B. Folgendes untersuchen:

Empirische explorative/beschreibende Untersuchung

- Fragestellung: „Wie tritt zickiges Verhalten an der Kasse im Supermarkt auf?" (z. B. Häufigkeit; Intensität; Art und Weise). Dazu wählen wir die Methode der **systematischen Beobachtung**. Systematische Beobachtung unterscheidet sich von einer zufälligen Alltagsbeobachtung dadurch, dass wir im Vorfeld genau definieren, welche Aspekte wir beobachten wollen. Darüber hinaus machen wir uns Gedanken dazu, wie wir die beobachteten Aspekte festhalten wollen und in welchen Situationen und an welchen Orten wir die betreffenden Verhaltensweisen beobachten können. Darüber hinaus beobachten wir anhand von spezifischen Beobachtungsverfahren. Dazu zählt z. B. ein Beobachtungsbogen, auf dem die zu betrachtenden Merkmale aufgelistet sind, sodass wir entweder stichwortartige Notizen machen können oder z. B. die Intensität oder die Häufigkeit eines beobachteten Verhaltens durch Ankreuzen auf einer Skala festhalten können.

Systematische Beobachtung ist die regelgeleitete Beobachtung und Dokumentation von ausgewählten Untersuchungsgegenständen. Dabei wird die Aufmerksamkeit auf bestimmte, vordefinierte Aspekte des zu beobachtenden Gegenstands gerichtet, z. B. mittels eines Beobachtungsbogens.

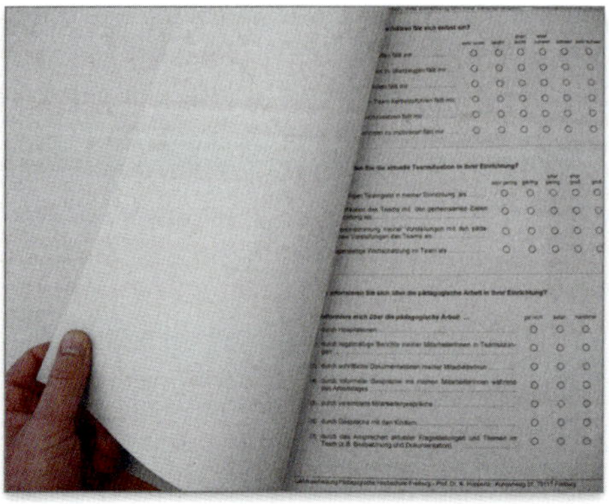

- Fragestellung: „Wie zickig sind die Deutschen? Eine repräsentative Studie für Deutschland." Hierzu wählen wir die empirische Methode *der* **mengenmäßigen (quantitativen) Befragung**, entweder durch eine breit angelegte telefonische Interviewbefragung oder durch eine breit angelegte schriftliche Fragebogenerhebung.
- Fragestellung: „Was bedeutet Zickigkeit im Filmgeschäft?" Für diese Fragestellung wählen wir die Methode der **qualitativen Befragung mittels Interview**. Hier geht es uns nicht darum, die Ergebnisse in Prozentwerten darzustellen, was auch keinen Sinn machen würde, wenn wir z. B. vier Schauspieler und drei Regisseure zu diesem Thema interviewen. Vielmehr geht es uns **um den Inhalt bzw. Gehalt der einzelnen Aussagen und deren regelgeleitete Interpretation**. Dies nennt man qualitativ, z. B. „Was denkt Til Schweiger über „Zickigkeit" im Filmgeschäft?", „Welche Erfahrungen hat er diesbezüglich mit sich selbst oder im Umgang mit anderen Kollegen gemacht?"

Mündliche (Interview) oder schriftliche (Fragebogen) **Befragung** zu einem bestimmten Untersuchungsgegenstand. Dabei kann die Befragung qualitativer Art sein, das heißt, dass es um die vertiefte Durchdringung von Einzelfällen geht, z. B. von Kindern mit AHDS, ohne daraus Rückschlüsse auf alle Kinder mit AHDS zu ziehen, z. B. mittels qualitativer Interviews deren Lebensbiografie zu beleuchten oder einzelne Fälle eindrücklich zu schildern.

Oder es handelt es um eine quantitative (mengenmäßige) Befragung: Hierbei wird eine repräsentative Stichprobe gezogen, z. B. von Kindern mit AHDS in Deutschland, mit dem Ziel, allgemeingültige Aussagen über die Gesamtpopulation (aller von AHDS betroffenen Kinder in Deutschland) treffen zu können.

Empirische Korrelationsstudie

- Fragestellung: „Gibt es einen Zusammenhang zwischen zickigem Verhalten und Geschlecht?" Um diese Frage zu beantworten und die damit zusammenhängende ungerichtete Hypothese zu prüfen, könnten wir die empirische Methode des **Tests** heranziehen. Das bedeutet, wir erstellen einen Bogen mit verschiedenen Fragestellungen und dazu passenden Antwortmöglichkeiten zum Thema „Zickigkeit". Zu jeder einzelnen

Frage haben wir im Vorfeld die dazugehörigen Antwortmöglichkeiten so konzipiert, dass jeweils eine Antwortmöglichkeit, z. B. für nicht zickiges Verhalten (0 Punkte), eine für leicht zickiges Verhalten (1 Punkt) und eine Antwortmöglichkeit für stark zickiges Verhalten (2 Punkte) steht. Dies wissen jedoch nur wir, die den Test konzipiert haben, nicht die Testteilnehmer. Am Ende addieren wir die Punkte je Testteilnehmer und bewerten den erzielten Punktbetrag anhand einer vordefinierten Punkteskala.

Auch eine Klassenarbeit ist eine Art von Test, indem die Schüler bei jeder Aufgabe eine bestimmte Punktzahl erzielen können. Die erzielten Punkte werden anschließend addiert und anhand einer Notenskala in die Noten 1–6 bzw. in 1–15 Punkte umgewandelt. Anhand dieser Noten zieht der Lehrer Rückschlüsse auf den Leistungsstand des einzelnen Schülers. In unserem Beispiel sagen die erzielten Punkte etwas über das individuelle Ausmaß an „Zickigkeit" jedes Testteilnehmers aus.

Bezüglich unserer Fragestellung könnten wir zwei Gruppen bilden. Eine repräsentative Gruppe von Frauen und eine repräsentative Gruppe von Männern. Beide Gruppen absolvieren den Test. Anschließend geben wir für jeden Versuchsteilnehmer/jede Versuchsteilnehmerin die erzielten Gesamtpunkte in ein Statistikprogramm ein und berechnen mittels eines sogenannten Signifikanztests, ob es einen signifikanten Zusammenhang (einen deutlichen Zusammenhang, der nicht auf Zufall beruht) zwischen dem zickigen Verhalten und dem Geschlecht gibt. Wir könnten auch den Durchschnitt (Mittelwert) der erzielten Gesamtpunkte der Männer mit dem Durchschnitt (Mittelwert) der erzielten Gesamtpunkte der Frauen vergleichen und feststellen, ob sich diese unterscheiden. Trifft dies zu, können wir die ungerichtete Hypothese, dass ein Zusammenhang besteht, bestätigen (verifizieren). Wir können allerdings durch eine solche Untersuchung nicht aussagen, dass das Geschlecht die Ursache für das zickige Verhalten ist, sondern lediglich, dass ein Zusammenhang besteht. Es könnte z. B. sein, dass Mädchen und Jungen unterschiedlich sozialisiert wurden. Das heißt, bestimmte Verhaltensweisen wurden bei den Jungen während ihres Entwicklungsprozesses gesellschaftlich akzeptiert, bei den Mädchen nicht – und umgekehrt. Das bedeutet, dass ein möglicher Zusammenhang zwar mit dem Geschlecht zusammenhinge, die eigentliche Ursache aber bei der unterschiedlichen Erziehung von Jungen und Mädchen zu suchen wäre.

Test bezeichnet die Konfrontation ausgewählter Personen mit bestimmten Aufgaben unter vorgegebenen und vergleichbaren Rahmenbedingungen, z. B. Bearbeitungszeit. Die Art und Weise der Erfüllung dieser Aufgaben sagt etwas darüber aus, inwieweit das zu messende Merkmal, z. B. Selbstwertgefühl, erfüllt ist. Die Auswertung der Ergebnisse erfolgt anhand eines im Vorfeld definierten Bewertungsmaßstabs. Auch eine Klassenarbeit ist somit eine Art von Test. Ein weiteres Beispiel sind sogenannte Intelligenztests.

Empirische experimentelle Untersuchung

- Fragestellung: „Beeinflusst die Ausübung von Druck (unabhängige Variable), die Ausprägung von „Zickigkeit" (abhängige Variable)?" Hypothese: Je mehr Druck ausgeübt wird, desto zickiger werden die Untersuchungsteilnehmer/-innen reagieren. Um diese gerichtete Hypothese zu überprüfen, wählen wir die empirische Methode des **Experiments**. Wir bilden zwei Gruppen an Versuchsteilnehmern. Beide Gruppen werden mit derselben Situation konfrontiert. Diese Situation bzw. Versuchsanordnung ist so aufgebaut, dass sie es uns ermöglicht, die unabhängige Variable (Druck) zu kontrollieren und zu verändern, um die Auswirkung auf die abhängige Variable (Zickigkeit) beobachten und mittels der Verfahren Fragebogen, Test oder systematische Beobachtung genau festhalten zu können. Dabei ist es wichtig, das Experiment so zu konzipieren, dass Einflüsse, die das Ergebnis beeinflussen oder verfälschen könnten, im Vorfeld bedacht und ausgeschaltet werden. Es muss klar sein, dass tatsächlich die unabhängige Variable, in unserem Beispiel Druck, die abhängige Variable, in unserem Beispiel Zickigkeit, beeinflusst und nicht ein weiterer Einfluss, z. B. die Attraktivität des Versuchsleiters.

Um sicherzugehen, dass tatsächlich die unabhängige Variable den Einfluss ausübt, werden in der Regel zwei Gruppen gebildet. Beispielsweise erhält in der Medikamentenforschung die eine Gruppe das eigentliche Medikament (unabhängige Variable). Anschließend wird genau beobachtet und dokumentiert, wie sich das Medikament auf das zu therapierende Leiden der Versuchspatienten, z. B. Migränepatienten (abhängige Variable), auswirkt. Die andere Gruppe an Migränepatienten erhält ein sogenanntes „Placebo", das heißt eine Tablette, die keinen Wirkstoff, sondern z. B. eine Salzlösung enthält. Beide Gruppen glauben allerdings, den Wirkstoff zu erhalten. Auch bei der zweiten Gruppe werden die Auswirkungen genau dokumentiert. Zeigen sich keine signifikanten Unterschiede (das heißt deutliche Unterschiede, die nicht auf Zufall beruhen) zwischen der Placebo- und der tatsächlichen Wirkstoffgruppe, kann davon ausgegangen werden, dass sich die unabhängige Variable (der Wirkstoff) nicht in geeigneter Weise auf das Leiden des Patienten (abhängige Variable) auswirkt. Selbstverständlich kann bei dieser Versuchsanordnung die unabhängige Variable variiert werden. So kann in unserem Beispiel die Dosierung des Medikaments im Laufe mehrerer Versuchsreihen verändert werden, um die Auswirkungen auf die abhängige Variable zu untersuchen.

Ein **Experiment** ist die gezielt herbeigeführte Situation bzw. ein vorgegebener Handlungsrahmen, dessen Bedingungen kontrolliert werden; dabei wird die Auswirkung einer Einflussgröße (unabhängige Variable, z. B. Verabreichung eines Medikaments) auf spezifische Verhaltensmerkmale der Versuchspersonen, die gemessen werden sollen (abhängige Variable, z. B. Reaktionsgeschwindigkeit) untersucht und festgehalten.

Diesbezüglich ist bei der Interpretation von Erkenntnissen aus Experimenten das Gütekriterium der Validität zu beachten. Dieses untergliedert sich bei einem Experiment in die **interne Validität** und in die **externe Validität**.

Interne Validität
Es muss gewährleistet sein, dass nur die unabhängige Variable und keine weiteren Faktoren die abhängige Variable beeinflusst. Dies wird durch die strikte Kontrolle der Versuchsbedingungen sowie durch eine Zufallsstichprobe der Teilnehmer für das Experiment und dessen Variationen (Variation der unabhängigen Variable) erreicht.

Mit **externer Validität** ist gemeint, inwieweit die gewonnenen Erkenntnisse einer experimentellen Studie auf die Gesamtpopulation übertragen, das heißt verallgemeinert werden können. Dies betrifft auch die Frage, inwieweit eine künstlich herbeigeführte Test- oder Experimentalsituation unter kontrollierten Laborbedingungen auf wirkliche Lebenssituationen angewendet werden kann (nach Aronson/Wilson/Akert, 2004, S. 48 f.)

Experimentelle Untersuchung: Medizin

	Gruppe 1: Versuchsgruppe	Gruppe 2: Kontrollgruppe
Probanden	Migränepatienten	Migränepatienten

Kontrolle der Bedingungen: z. B. gleiche Anzahl, ähnliche Zusammensetzung (Alter, Geschlecht), gleiche Versuchsbedingungen, z. B. Unterbringung, Betreuungspersonal etc.

unabhängige Variable: Versuchsgruppe erhält das zu testende **Medikament**, die Kontrollgruppe ein Placebo (z. B. Salztablette), ohne etwas davon zu wissen ← Kann variiert werden: z. B. Dosis

abhängige Variable	Beobachten und Festhalten der Wirkung auf Migräne	Beobachten und Festhalten der Wirkung auf Migräne

Es müssen sich bei der Wirkung deutliche und zuverlässige Unterschiede zur Kontrollgruppe zeigen, sonst ist das Medikament (unabhängige Variable) bei Migräne (abhängige Variable) nicht wirksam und der Effekt kommt durch einen Umwelteinfluss (z. B. Zuwendung Arzt) zustande

AUFGABE

Entwerfen Sie eine experimentelle Zwei-Gruppen-Untersuchung zu der Fragestellung: Beeinflusst die Ausübung von Druck (unabhängige Variable) die Ausprägung von Zickigkeit (abhängige Variable)?

Gerichtete Hypothese: „Je mehr Druck ausgeübt wird, desto zickiger werden die Untersuchungsteilnehmer/-innen reagieren."

Beachten Sie dabei die Gütekriterien Validität, Reliabilität, Objektivität, Überprüfbarkeit und Allgemeingültigkeit. Notieren Sie diesbezüglich Schwierigkeiten bzw. Kritikpunkte, die bei der experimentellen Messbarmachung von „Zickigkeit" auftauchen könnten.

Wissen

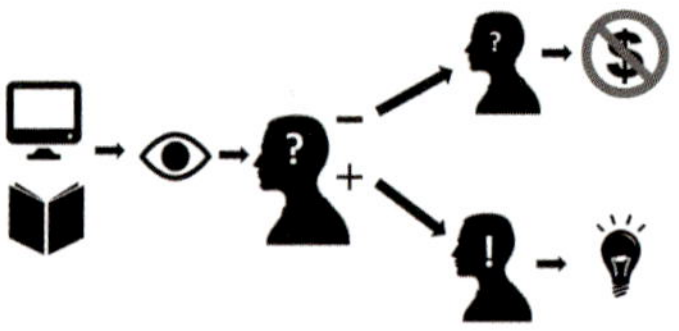

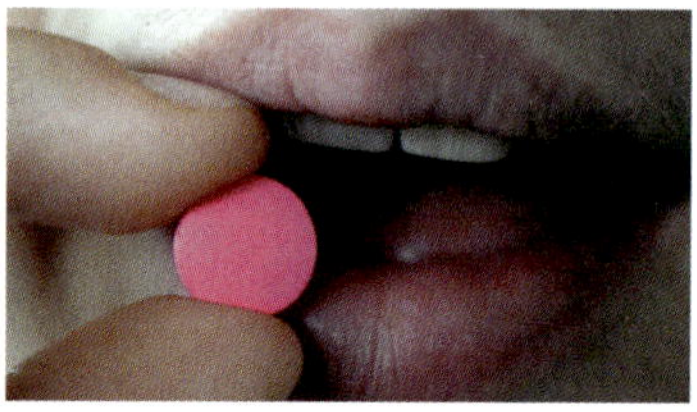

(primäre) Schaffung von ...

verstehendem Wissen	beschreibendem und erklärendem Wissen
Geisteswissenschaftliche Methoden	Naturwissenschaftliche Methoden
Erkenntnisgewinn als Leistung des Geistes bzw. des Verstandes zur Erfassung von Sinnzusammenhängen	Erkenntnisgewinn über Beobachtung und Beschreibung (zählen, wiegen, messen) der Wirklichkeit

- **Hermeneutik:** Regelgeleitete Deutung von menschlichen Geistesschöpfungen wie z. B. Briefe, Texte, Tagebücher, Filme etc.
- **Dialektik:** Gegenüberstellung von These (einer Art Behauptung) und Gegenthese, mit dem Ziel der Zusammenführung in Form einer Synthese. Dialektik ist eine Form der Erkenntnisgewinnung durch das vorbringen von Für- und Gegenrede. Wird auch in der Rhetorik (Redekunst) angewandt.
- **Phänomenologie:** Objektive Beschreibung von Phänomenen, um zu deren Kern, deren "Wesen" zu gelangen, dessen Inhalt auf jedwede Ausgestaltung des betreffenden Phänomens zutrifft.

- **Systematische Beobachtung:** Regelgeleitete Beobachtung und Dokumentation von ausgewählten Untersuchungsgegenständen.
- **Befragung:** mündliche (Interview) oder schriftliche (Fragebogen) Befragung zu einem bestimmten Untersuchungsgegenstand
- **Test:** Konfrontation ausgewählter Personen mit bestimmten Aufgaben. Die Art und Weise der Erfüllung dieser Aufgaben sagt etwas darüber aus, inwieweit das zu messende Merkmal (z. B. Selbstwertgefühl) erfüllt ist. Die Auswertung der Ergebnisse erfolgt anhand eines im Vorfeld definierten Bewerungsmaßstabes.
- **Experiment:** Gezielte herbeigeführte Situation/ bzw. ein vorgegebener Handlungsrahmen dessen Bedingungen kontrolliert werden. Dabei wird die Auswirkung einer Einflussgröße (unabhängige Variable z. B. Verabreichung eines Medikaments) auf spezifische Verhaltensmerkmale der Versuchspersonen, die gemessen werden sollen (abhängige Variable z. B. Reaktionsgeschwindigkeit) untersucht und festgehalten.

AUFGABE

Projektidee:

Führen Sie in Teilgruppen (vier bis fünf Mitglieder) ein kleines Forschungsprojekt zu einem interessanten Phänomen Ihrer Wahl durch.

Gehen Sie dabei Schritt für Schritt entlang des Untersuchungsplans vor.

Nützliche Erkenntnisse zur Auswahl der Untersuchungsteilnehmer sowie zur Darstellung, Beschreibung und Deutung der Daten erhalten Sie in den folgenden Abschnitten.

Forschung im Detail: chronologischer Ablauf eines empirischen sozialwissenschaftlichen Forschungsprozesses – Ziel: „neues Wissen schaffen"

Allgemeiner Untersuchungsplan	Unser Untersuchungsplan
1. **Wahl eines Phänomens des Erlebens und Verhaltens**, das von Interesse ist und bisher nicht genügend erforscht wurde	
2. **Begriffsklärung** und **präzise Definition des zu betrachtenden Phänomens** sowie **Darstellung des bisherigen Forschungsstands** bezüglich des zu erforschenden Phänomens; (Was haben andere Forscher bereits über das zu betrachtende Phänomen herausgefunden? Gibt es bereits ähnliche Untersuchungen?) Dies geschieht mittels geisteswissenschaftlicher Methoden unter Einbeziehung geeigneter Fachliteratur (z. B. Diskussion gegensätzlicher Theorien und Ansätze mittels der Methode der Dialektik; Auslegung und Deutung von Texten mittels der Methode der Hermeneutik; Annäherung an das Wesen eines bisher unerforschten Phänomens mittels der Methode der Phänomenologie).	
3. **Entwicklung einer Fragestellung:** Jede Untersuchung ist keine Aneinanderreihung von Informationen, sondern die gezielte Antwort auf eine Fragestellung, die zu Beginn der Untersuchung definiert und aufgezeigt wird. Falls es sich um keine offene, also explorative Untersuchung handelt, Aufstellung einer gerichteten oder ungerichteten Hypothese	
4. **Wahl der Untersuchungsart**, die in direktem Zusammenhang mit der Fragestellung steht	
5. **Wahl der Forschungsmethoden**, die im Rahmen der gewählten Untersuchungsart zur Beantwortung der Fragestellung dienlich sind	
6. **Operationalisierung** (Messbarmachung) der zu betrachtenden Inhalte je nach ausgewählter Forschungsmethode, z. B.: • durch die Erstellung und Verwendung eines Fragebogens in Form geeigneter Fragen, die das zu betrachtende Phänomen angemessen in seiner Komplexität erfassen, • durch das Entwerfen und die Verwendung eines Tests, der das zu betrachtende Phänomen zuverlässig erfassen und anhand einer Bewertungsskala in dessen Ausprägung messen kann oder • durch die Konzeption und Verwendung einer Versuchsanordnung in Form eines Experiments, das zuverlässig den Einfluss der unabhängigen Variable auf die zu betrachtende abhängige Variable misst	
7. **Durchführung von Testläufen**, um mögliche Messfehler ausfindig zu machen und diese im Vorfeld der Untersuchung möglichst vollständig auszuräumen	
8. **Durchführung der Untersuchung**	
9. **Darstellung, Beschreibung und Deutung** der erhaltenen Daten; ggf. falls eine Hypothese formuliert wurde: Annahme bzw. Bestätigung (Verifikation) oder Verwerfung (Falsifikation) der Hypothese	
10. **Diskussion der Ergebnisse** vor dem Hintergrund des bisherigen Forschungsstands (was bietet die Untersuchung an neuen Erkenntnissen?) und den Gütekriterien wissenschaftlichen Arbeitens (Qualität der Daten – Stärken und Schwächen der Untersuchung)	
11. **Resümee und Ausblick:** Was wäre sinnvoll im Hinblick auf die weiterführende bzw. künftige Erforschung des betrachtenden Phänomens? Was konnte die vorliegende Untersuchung nicht leisten?	

1.5.2.4 Die Stichprobe

AUFGABE

Stellen Sie sich vor, Sie möchten genaue Aussagen über den Stand der Bildung in Deutschland treffen.
Entwickeln Sie in Partnerarbeit einen Ansatz, wie Sie dabei vorgehen und wen Sie befragen würden.

Der Bericht „Bildung in Deutschland 2010" des Bundesministeriums für Bildung und Forschung möchte etwas über die Situation der Bildung in Deutschland aussagen und gleichzeitig Erklärungsansätze bieten, warum ein erzieltes Ergebnis so ist, wie es ist.

Dazu muss zuerst einmal definiert werden, was Bildung überhaupt ist, wie die einzelnen Bestandteile messbar gemacht werden können (Operationalisierung) und wo Bildung überall stattfindet (siehe Übersicht S. 63). Dazu zählen u.a. Lernorte wie das Gymnasium, die Realschule, die Grundschule, aber auch die Abendschule, die Universität, der Kindergarten etc.

repräsentativ
Angemessene Abbildung, Vertretung einer Sache, z.B. ist ein Repräsentant jemand, der versucht, die Interessen einer Gruppe angemessen zu vertreten bzw. abzubilden.

proportional
Verteilung der Merkmale gemäß den Verhältnissen in der Wirklichkeit: z.B. überproportional, das heißt, gemessen an der Zusammensetzung der Gesamtbevölkerung werden viele Selbstmorde im Jugendalter begangen.

Korrelationen
wechselseitige Wirkungszusammenhänge

Nun muss für jeden dieser Bereiche eine repräsentative Stichprobe, also eine Auswahl an Befragungsteilnehmern, die stellvertretend z.B. für den Bereich der Grundschule in ganz Deutschland stehen, gezogen werden. Dazu ist es wichtig, dass diese Teilnehmer so zusammengesetzt sind, dass sie wichtige Merkmale, die das Resultat – also die jeweilige Ausprägung von Bildung – beeinflussen können (z.B. Bildungshintergrund und Einkommen der Eltern, Geschlecht, regionale Besonderheiten) proportional so widerspiegeln, wie sie tatsächlich in der jeweiligen Gesamtpopulation (z.B. alle deutschen Grundschüler, alle deutschen Gymnasiasten) ausgeprägt sind. So könnten beispielsweise überproportional viele Kinder aus gut situiertem Elternhaus mit gutem Bildungshintergrund die durchschnittliche bzw. prozentual dargestellte Ausprägung des Bildungsstands genauso verzerren wie überproportional viele Kinder aus bildungsfernen Elternhäusern, etwa beim Bildungsstand von Grundschulkindern.

Wichtig ist darüber hinaus, dass Gymnasium nicht gleich Gymnasium ist, sondern dass zwischen den verschiedenen Klassenstufen differenziert wird, das heißt, für jede Klassenstufe differenzierte Stichproben gezogen werden. Damit die Ergebnisse nicht nur mittels Mittelwerten und Standardabweichung, dem Median, dem Modalwert, der Spannweite und den erhaltenen Prozentwerten in deren Ausprägung und Verteilung beschrieben werden (siehe folgende Ausführungen zu Statistik, S. 69) und damit Rückschlüsse auf die generelle Bildungslage gezogen werden können, brauchen wir sogenannte Erklärvariablen.

Erklärvariablen sind Variablen, die mit dem erzielten Ergebnis in Zusammenhang stehen. Also handelt es sich um Korrelationen (wechselseitige Wirkungszusammenhänge).

Allerdings haben wir bisher bereits erfahren, dass wir durch Korrelationsstudien keinen Ursache-Wirkungszusammenhang feststellen können. Jedoch können wir sagen, wie stark der Zusammenhang ist und ob der Zusammenhang durch Zufall zustande gekommen ist. Derlei Erklärvariablen für die Ausprägung des Bildungsgrads sind z.B. sozioökonomischer Status der Eltern, regionale Lage, Geschlecht, Migrationshintergrund. Dabei kann festgestellt werden, ob es Zusammenhänge gibt.

Im Hinblick auf den individuellen Nutzen von Bildung wurden Zusammenhänge geprüft und bestätigt zwischen:

- Häufigkeit der Arbeitslosigkeit und beruflicher Qualifikation (Höhe des erreichten Berufsabschlusses)
- Höhe des Einkommens und beruflicher Qualifikation
- Höhe des Einkommens und Geschlecht
- Höhe des Einkommens und Migrationshintergrund
- Ausmaß der Teilnahme am politischen, sozialen und kulturellen Leben und der Höhe des schulischen Bildungsabschlusses
- Ausmaß der Teilnahme am politischen, sozialen und kulturellen Leben und Migrationshintergrund
- Bildungsstand und physischer und psychischer Gesundheit
- Bildungsstand und Selbstwirksamkeitsüberzeugung und Selbstwertgefühl
- Bildungsstand und subjektiver Bewertung des Gesundheitszustandes

AUFGABEN

1. Fertigen Sie Notizen dazu an, was wir bei der Interpretation dieser „eindeutigen Zusammenhänge" stets berücksichtigen müssen.

2. Machen Sie sich in Partnerarbeit Gedanken dazu, wie wir anhand dieser Zusammenhänge die erhaltenen Ergebnisse erklären können.

In Zusammenhang mit der Fragestellung einer Untersuchung wählen wir im Rückblick auf unser Eingangsbeispiel also aus, wen wir mit unserer gewählten Untersuchungsart und Untersuchungsmethode untersuchen möchten, das heißt, wie die Zielgruppe unserer Untersuchung. Dies ist insofern entscheidend, da unsere Untersuchungsergebnisse auch nur für diese Zielgruppe aussagekräftig sind. Es ist z. B. ein Unterschied, ob wir Zufriedenheit im Kindergarten, im Grundschulalter, in der Oberstufe, im Studium, im Arbeitsleben oder im Ruhestand untersuchen. Untersuchen wir z. B. nur die Schülerinnen und Schüler der Klasse SG 11 des sozialwissen-

<table>
<tr><th>Alter</th><th>Bereich</th><th>Klasse</th><th colspan="7">Bildungseinrichtungen</th></tr>
<tr><td colspan="3"></td><td colspan="7">Weiterbildung</td></tr>
<tr><td>24</td><td rowspan="6">Tertiärer Bereich</td><td rowspan="6"></td><td rowspan="6">Universität</td><td rowspan="6">Fachhochschule, Berufsakademie, duale Hochschule</td><td rowspan="6">Fachschule, Fachakademie, Schulen des Gesundheitswesens</td><td rowspan="6">Berufsoberschule, Fachoberschule</td><td rowspan="6">Abendschule/Kolleg</td><td colspan="2" rowspan="6"></td></tr>
<tr><td>23</td></tr>
<tr><td>22</td></tr>
<tr><td>21</td></tr>
<tr><td>20</td></tr>
<tr><td>19</td></tr>
<tr><td>18</td><td rowspan="3">Sekundarbereich II</td><td>13</td><td rowspan="3">Gymnasiale Oberstufe, Fachgymnasium</td><td rowspan="3">Schulberufssystem (BFS, SdG)</td><td rowspan="3">Duales System der Berufsausbildung</td><td colspan="2" rowspan="3">Übergangssystem (z. B. BVJ, BGJ)</td><td rowspan="13">Förderschule</td><td rowspan="7"></td></tr>
<tr><td>17</td><td>12</td></tr>
<tr><td>16</td><td>11</td></tr>
<tr><td>15</td><td rowspan="6">Sekundarbereich I</td><td>10</td><td rowspan="4">Gymnasium</td><td rowspan="4">Gesamtschule</td><td rowspan="4">Realschule</td><td rowspan="4">Schulart mit mehreren Bildungsgängen</td><td rowspan="4">Hauptschule</td></tr>
<tr><td>14</td><td>9</td></tr>
<tr><td>13</td><td>8</td></tr>
<tr><td>12</td><td>7</td></tr>
<tr><td>11</td><td>6</td><td colspan="5" rowspan="2">(6-jährige Grundschule, Förderstufe, Orientierungsphase)</td><td rowspan="6">Hort</td></tr>
<tr><td>10</td><td>5</td></tr>
<tr><td>9</td><td rowspan="4">Primarbereich</td><td>4</td><td colspan="5" rowspan="4">Grundschule</td></tr>
<tr><td>8</td><td>3</td></tr>
<tr><td>7</td><td>2</td></tr>
<tr><td>6</td><td>1</td></tr>
<tr><td>5</td><td rowspan="5">Elementarbereich</td><td rowspan="5"></td><td colspan="5">Vorklasse/Schulkindergarten</td><td colspan="2" rowspan="5"></td></tr>
<tr><td>4</td><td colspan="5" rowspan="2">Kindergarten</td></tr>
<tr><td>3</td></tr>
<tr><td>2</td><td colspan="5" rowspan="2">Kinderkrippe</td></tr>
<tr><td>1</td></tr>
</table>

So sieht Bildung in Deutschland aus: Operationalisierung des Bildungsbegriffs nach Lernorten. Darstellung angelehnt an: Bundesministerium für Bildung und Forschung: „Bildung in Deutschland 2010 – ein indikatorengestützter Bericht mit einer Analyse des Bildungswesens im demografischen Wandel".[1]

1 Aufgrund der Bildungshoheit der Länder können Bezeichnungen von Schularten länderspezifisch von dieser Darstellung abweichen.

schaftlichen Gymnasiums an der Pestalozzi-Schule in Bad Rübenzell, so haben die Ergebnisse auch nur für die Schülerinnen und Schüler dieser Klasse eine Aussagekraft.

Population
Unter Population verstehen wir diejenige Zielgruppe, über die wir eine zuverlässige Aussage treffen möchten und die oder von der ein Teil untersucht wird.seitigen Verzerrungen entstehen.

Die Population in unserem Beispiel wäre damit die Gesamtheit der Schülerinnen und Schüler der Klasse SG 11 der Pestalozzi-Schule in Bad Rübenzell. Wollen wir jedoch etwas aussagen über die Eingangsstufe des sozialwissenschaftlichen Gymnasiums an sich, z. B. im Hinblick auf das Interesse der Schülerinnen und Schüler am Fach Pädagogik/Psychologie, so müssten wir alle Schülerinnen und Schüler aller sozialwissenschaftlichen Gymnasien, die sich aktuell in der elften Klasse befinden, befragen. Dies wäre eventuell noch möglich. Bei manchen Fragestellungen sprengt eine solche „Vollerhebung" jedoch den Rahmen des Machbaren (auch finanziell), weshalb eine sogenannte Stichprobe gezogen wird, die die Grundgesamtheit (Population) – in unserem Beispiel alle Schülerinnen und Schüler der Klasse SG 11 – angemessen abbildet.

repräsentativ
Repräsentativ ist eine Stichprobe dann, wenn es gelingt, die betreffende Population durch eine Auswahl an Untersuchungsteilnehmern angemessen, das heißt realitätsgetreu, abzubilden, sodass keine einseitigen Verzerrungen entstehen.

Man spricht dann von einer **repräsentativen Stichprobe**, wenn es gelingt, die Gesamtpopulation durch eine Auswahl an Untersuchungsteilnehmern angemessen abzubilden, sodass keine einseitigen Verzerrungen entstehen. Dabei muss sichergestellt werden, dass sich die Stichprobe in allen Merkmalen, die für das zu untersuchende Verhalten bedeutsam sein könnten, proportional genau so zusammensetzt, wie die Population als Ganzes, z. B. bei unserem Beispiel im Hinblick auf Berufstätigkeit der Eltern, Vorbildung/Vorgängerschulart, Eingangsnotendurchschnitt.

Grenzen wir die Schüleranzahl etwas ein und gehen wir, bezogen auf das Interesse baden-württembergischer SG-11-Schülerinnen und -Schüler am Fach Pädagogik/Psychologie von ca. 40 Schulen in Baden-Württemberg aus, von denen ca. die Hälfte das sozialwissenschaftliche Gymnasium zweizügig anbietet, so haben wir mit 60 Klassen mit durchschnittlich ca. 25 Schülerinnen und Schülern zu rechnen. Das ergibt ca. 1.500 Schülerinnen und Schüler der Klassenstufe SG 11. Wollen wir auf eine Vollerhebung, das heißt auf eine Befragung all dieser Schülerinnen und Schüler, verzichten, ziehen wir eine Stichprobe. Bei einer genügend großen Stichprobe kann die Repräsentativität durch eine Zufallsauswahl gewährleistet werden.

Zum Beispiel werden die Namen aller SG-11-Schülerinnen und -Schüler aller Schulen in Baden-Württemberg, die über ein SG verfügen, in eine Datenbank übernommen und durch Zufallsgenerator jeder Fünfte ausgewählt. Das ergäbe in unserem Beispiel eine Stichprobe von 300 Schülerinnen und Schülern. Wie bereits dargestellt, wäre es bei 1.500 potenziellen Untersuchungsteilnehmern auch möglich, alle, z. B. per Online-Fragebogen, zu befragen. Man stelle sich aber einmal vor, wir möchten die Leistungsmotivation deutscher Abiturienten untersuchen und darauf aufbauend allgemeingültige Aussagen treffen. Hier wäre es schlichtweg nicht möglich, alle Abiturienten in Deutschland zu befragen.

Neben der reinen Zufallsstichprobe gibt es noch weitere Verfahren, um zu garantieren, dass eine Stichprobe alle Merkmale, die für die Untersuchung von Bedeutung sind, annähernd genauso mengenmäßig widerspiegelt, wie dies in der Gesamtpopulation der Fall ist. Ist eine Stichprobe nicht repräsentativ, das heißt, wir würden z. B. überproportional viele Schülerinnen und Schüler, deren Schule sich in einer wohlhabenden Gemeinde befindet oder überproportional viele männliche Schüler befragen, wäre nicht gewährleistet, dass die dadurch erhaltenen Daten die Population der baden-württembergischen Schülerinnen und Schüler des SG 11 angemessen prozentual abbilden. Vielmehr könnte es zu unerwünschten Verzerreffekten kommen, sodass die erhaltenen Daten die Meinung der Population nicht angemessen widerspiegeln.

BEISPIEL

Repräsentative Stichprobe in der Praxis

Widmen Sie sich (in einer Vierergruppe) einer Tüte Gummibärchen. Greifen Sie mit geschlossenen Augen in die Tüte und holen auf diese Weise 20 Gummibärchen heraus. Legen Sie diese nach Farben geordnet auf ein Blatt Papier und notieren Sie die Zusammensetzung Ihrer Stichprobe.

In unserem Beispiel besteht unsere reine Zufallsstichprobe aus drei gelben Gummibärchen, fünf grünen, drei orangefarbenen, vier weißen und fünf roten Gummibärchen. Rechnen Sie anschließend die Verhältnisse in Prozent um. In unserem Beispiel ergibt sich daraus ein Anteil aus 15 % gelben, 25 % grünen, 15 % orangefarbenen, 20 % weißen und 25 % roten Gummibärchen.

Entleeren Sie anschließend den gesamten Inhalt der Tüte auf ein Blatt Papier und sortieren Sie alle Gummibärchen (inklusive der Gummibärchen aus der Stichprobe) nach den entsprechenden Farben. Rechnen Sie anschließend die Verhältnisse in Prozent um und vergleichen Sie die Verhältnisse in der Stichprobe mit den Verhältnissen der Gesamtpopulation der Tüte. Stellen Sie anschließend fest, ob Ihre Stichprobe repräsentativ ist, das heißt, ob sie die Gesamtpopulation der Gummibärchentüte gut abbildet.

Daraus ergibt sich in unserem Beispiel eine Gesamtpopulation aus N = 86 Gummibärchen. Diese untergliedern sich in 13 gelbe, 16 grüne, 13 orangefarbene, 18 weiße und 26 rote Gummibärchen. Dies ergibt einen Anteil an 15,1 % gelben, 18,6 % grünen, 15,1 % orangefarbenen, 20,1 % weißen, 30,2 % roten Gummibärchen.

Daran zeigt sich, dass unsere Stichprobe die Anteile der gelben, weißen und orangefarbenen Gummibärchen gut „repräsentiert" (abbildet). Die roten Gummibärchen sind jedoch um 5 % unterrepräsentiert und die Grünen um 6 % überrepräsentiert. Damit ist die Stichprobe nicht vollkommen repräsentativ für die Gesamtpopulation der Gummibärchen in der Tüte.

Würde es sich in unserem Beispiel nicht um Gummibärchen, sondern um Menschen handeln, die wir zu einem Thema befragen möchten (z. B. „Wenn kommenden Sonntag Wahl wäre, wen würden Sie wählen?"), könnte eine nicht repräsentative Stichprobe zu Verzerrungen führen, wenn unsere Stichprobe z. B. überproportional viele Geringverdiener und unterproportional viele gut verdienende Arbeitnehmer enthalten würde. Ferner ist der „Bildungshintergrund" der Gummibärchen im Gegensatz zu Menschen exakt derselbe (Glucosesirup, Zucker, Gelatine, Dextrose, Fruchtsaft etc.). Auch das Alter ist gleich, da die Gummibärchen zum selben Zeitpunkt hergestellt wurden. Auch die „Lebensbedingungen" in der Tüte der Gummibärchen sind nahezu dieselben.

Bei einer wirklichen Stichprobe mit Menschen einer Kleinstadt (Gesamtpopulation), die wir z. B. zum persönlichen „Wohlempfinden" bezüglich der Lebens- und Wohnsituation in dieser Stadt befragen möchten, würden wir natürlich – im Gegensatz zu der homogenen Gummibärchengruppe, die sich lediglich im Hinblick auf deren Farbe unterscheidet – darauf achten, dass u. a. verschiedene Altersklassen, Bildungshintergründe, Wohnverhältnisse und Einkommensklassen proportional zur Gesamtpopulation vertreten sind. Wir tun dies deshalb, da wir davon ausgehen, dass diese Faktoren einen Einfluss auf das Antwortverhalten haben und deren Nichtberücksichtigung zu einer Verzerrung der Ergebnisse führen könnte.

1.5.2.5 Längsschnitt- versus Querschnittuntersuchungen

Um Informationen über eine Zielgruppe in Zusammenhang mit einer Fragestellung zu erhalten, gibt es prinzipiell zwei Möglichkeiten: eine Querschnittuntersuchung und eine Längsschnittuntersuchung.

Möchten wir z. B. wissen, ob es einen Zusammenhang zwischen Adipositas (Fettleibigkeit) und der Persönlichkeitsentwicklung von Kindern gibt, so könnten wir beispielsweise Kindergartenkinder im Alter von fünf Jahren, Grundschulkinder im Alter von sieben und neun Jahren, Kinder der Sekundarstufe im Alter von 11, 13, 15 und 17 Jahren zu demselben Zeitpunkt anhand eines altersspezifischen Persönlichkeitstests testen oder zu spezifischen Aspekten der Persönlichkeit befragen. Dazu würden wir für jede Altersklasse eine repräsentative Stichprobe an adipösen Kindern ziehen, die u. a. für die Untersuchung wichtige Merkmale wie Geschlecht, sozioökonomischen Status der Eltern, Bildungshintergrund der Eltern proportional zur Gesamtpopulation widerspiegelt. Wir befragen, untersuchen und beobachten somit unterschiedliche Altersklassen zu einem Zeitpunkt zu einer bestimmten Fragestellung, das heißt, wir beobachten Kinder, die zum jetzigen Zeitpunkt 5, 7, 9, 11, 13, 15 und 17 Jahre alt sind. Eine Querschnittuntersuchung ist also nichts anderes als eine einmalige Untersuchung zu demselben Zeitpunkt anhand einer repräsentativen Umfrage. Sie spiegelt somit den aktuellen Stand wider.

> **Querschnittuntersuchung**
> Eine Zielgruppe (Population) wird einmalig zu demselben Zeitpunkt anhand einer repräsentativen Stichprobe zu einer vordefinierten Fragestellung befragt, um Aussagen über den derzeitigen Stand bzw. die derzeitige Ausprägung des zu messenden/untersuchenden Merkmals für diese Zielgruppe treffen zu können.

Diese sogenannte Querschnittuntersuchung ist relativ einfach durchzuführen. Allerdings ist sie ungeeignet, wenn wir Entwicklungen oder Unterschiede zwischen mehreren Messzeitpunkten betrachten wollen, da die Querschnittuntersuchung nur eine Momentaufnahme darstellt. Bezogen auf unser Beispiel vernachlässigt sie den Aspekt, dass die mittels Querschnittuntersuchung untersuchten adipösen Kinder bzw. Untersuchungsteilnehmer zu unterschiedlichen Zeitpunkten und damit möglicherweise unter unterschiedlichen gesellschaftlichen Begleitbedingungen geboren wurden und aufgewachsen sind. Dies könnte in unserem Beispiel neben der Adipositas einen Einfluss auf deren Persönlichkeitsentwicklung ausüben. Stellen Sie sich vor, wir würden diese Adipositas-Untersuchung auf die gesamte Lebensspanne ausdehnen und heute 90-jährige, 80-jährige, 70-jährige, 60-jährige, 50-jährige, 40-jährige, 30-jährige, 20-jährige und 10-jährige Menschen, jeweils anhand von repräsentativen Stichproben, untersuchen. Sie werden dabei feststellen, dass bei einem heute 90-jährigen adipösen Menschen völlig andere Lebensumstände im Alter von zehn Jahren vorlagen als bei einem Zehnjährigen des 21. Jahrhunderts, der unter Adipositas leidet. Beispielsweise fällt heute Adipositas weniger in der Öffentlichkeit auf, da mehr Menschen adipös sind, als dies noch vor 80 Jahren der Fall war. Dementsprechend hat sich auch der öffentliche Umgang mit Adipositas geändert. Demgemäß könnte sich Adipositas vor 80 Jahren weit mehr auf die Persönlichkeitsentwicklung ausgewirkt haben, da es zu diesem Zeitpunkt weitaus weniger adipöse Kinder gab und somit ein adipöses Kind viel stärker aufgefallen sein dürfte.

Besonders in der Entwicklungspsychologie ist es deshalb sinnvoll, wenn wir Entwicklungen oder Unterschiede zwischen zwei Messzeitpunkten feststellen wollen, eine repräsentative Stichprobe an Untersuchungsteilnehmern über einen längeren Zeitraum zu festgesetzten Messzeitpunkten zu untersuchen.

> **Längsschnittuntersuchung**
> Eine repräsentative Stichprobe an Untersuchungsteilnehmern wird bezüglich einer Fragestellung, z. B. zur sprachlichen Ausdrucksfähigkeit, zu festgesetzten Messzeitpunkten über einen längeren Zeitraum hinweg untersucht, um Unterschiede/Entwicklungen feststellen zu können.

In unserem Beispiel würden wir also eine repräsentative Stichprobe an adipösen Kindern ziehen und diese im Idealfall über deren gesamte Lebensspanne hinweg zu festgesetzten Messzeitpunkten im Hinblick auf die Konstitution von deren Persönlichkeit untersuchen. Dabei könnten wir die ungerichtete Hypothese prüfen: Anhaltende Adipositas vom

Kindes- bis zum Erwachsenenalter geht einher mit einer geringen Ausprägung des Selbstwertgefühls im Erwachsenenalter. Eine ähnliche Untersuchung finden wir im folgenden Kasten. Bei dieser Längsschnittuntersuchung wurde erforscht, ob es einen Zusammenhang zwischen motorischer Leistungsfähigkeit, z. B. bei sportlichen Aktivitäten, sowie der persönlichen Selbsteinschätzung des motorischen Leistungsvermögens (motorisches Selbstkonzept) und der Entwicklung des Selbstwertgefühls und der sozial-emotionalen Befindlichkeit gibt.

Motorische Entwicklung vom frühen Kindes- bis zum frühen Erwachsenenalter im Kontext der Persönlichkeitsentwicklung

Zeitschrift	Zeitschrift für Sportpsychologie
Verlag	Hogrefe Verlag
ISSN	1612-5010 (Print)
	2190-6300 (Online)
ISSN-L	1612-5010
Themenpaket	PsyJOURNALS
Heft	Volume 16, Number 1 / Januar 2009
Kategorie	Originalia
Seiten	2-16
DOI	10.1026/1612-5010.16.1.2

Autoren

Jens B. Asendorpf[1], Thomas Teubel[2]

[1]Institut für Psychologie, Humboldt-Universität zu Berlin

[2]Institut für Sportwissenschaft, Humboldt-Universität zu Berlin

Zusammenfassung

Die Entwicklung von motorischen Leistungen und des motorischen Selbstkonzepts wurde in einer Längsschnittstichprobe (N = 146) vom Kindergartenalter bis ins frühe Erwachsenenalter im breiteren Kontext der Persönlichkeitsentwicklung untersucht. Im Kindergartenalter fanden sich positive Beziehungen der getesteten motorischen Leistungen nicht nur zu Intelligenz, sondern unabhängig davon auch zu sozialer Ungehemmtheit und (nur bei Jungen) zu niedriger Aggressivität. Das motorische Selbstkonzept zeigte eine geringere Stabilität als die motorischen Leistungen, vor allem bei Mädchen. Signifikante Einflüsse des motorischen Selbstkonzepts auf die motorischen Leistungen konnten nicht gefunden werden, was den *Skill*-Development Ansatz unterstützt. Außer den motorischen Leistungen beeinflusste auch das allgemeine Selbstwertgefühl in der Kindheit das motorische Selbstkonzept, insbesondere bei Mädchen. Einflüsse der sozial-emotionalen Persönlichkeit auf die motorischen Testleistungen waren bis zum jungen Erwachsenenalter nachweisbar. Wir können die motorische Entwicklung besser verstehen, wenn wir sie im Kontext der gesamten Persönlichkeitsentwicklung betrachten.

Eine Längsschnittuntersuchung hat den Vorteil, dass die Versuchsteilnehmer in den verschiedenen Altersabschnitten denselben Bedingungen ausgesetzt sind und somit Entwicklungen und Unterschiede besser festgestellt werden können, da die Umwelteinflüsse bzw. gesellschaftlichen Begleitumstände nahezu identisch sind. Neben diesen Vorteilen verursacht eine solche Untersuchung einen hohen Kostenaufwand. Gleichzeitig wird es schwierig, wenn Versuchsteilnehmer nicht mehr aufzufinden sind oder durch Krankheit oder Tod ausfallen. Dadurch wird die Zusammensetzung der Stichprobe und somit auch deren Repräsentativität und Aussagegehalt gefährdet. Dies ist besonders dann der Fall, wenn Untersuchungen auf einen sehr langen Beobachtungszeitraum, z. B. vierzig Jahre, angelegt sind. Im Kapitel Resilienz (S. 616 ff.) finden wir solche Untersuchungen, bei denen Kinder mit entwicklungsgefährdenden Risiken, die von Geburt an vorlagen, über einen langen Zeitraum hinweg untersucht wurden. Dies wurde getan, um zu erforschen, welche Faktoren und Persönlichkeitsmerkmale es manchen Menschen ermöglichen, selbst unter widrigen Lebensumständen später ein relativ normales Leben führen zu können und welche Menschen an solchen Umständen zerbrechen.

1.6 Darstellung und Interpretation von Untersuchungsergebnissen

1.6.1 Datenniveaus

Daten sind nicht gleich Daten. Vielmehr unterscheidet man zwischen drei Datentypen.

1.6.1.1 Nominaldaten

Hans; Erwin

Nominaldaten sind Daten, die wir in keine Beziehung miteinander setzen können, sondern die einfach so sind, wie sie sind, z. B. Namen, Farben. So können wir – rein fiktiv – nach einer Erhebung in bundesdeutschen Kindergärten, bei der alle aktuellen Neuanmeldungen registriert wurden, aussagen, dass der Name Kevin 5 % und der Name Justin 3 % der Gesamtpopulation aller Jungen im Alter von drei Jahren in bundesdeutschen Kindergärten ausmacht. Wir könnten die Namen jedoch nicht inhaltlich miteinander in Beziehung setzen, z. B. indem wir sagen, der Name Paul ist besser oder schlechter als Justin oder umgekehrt.

1.6.1.2 Ordinaldaten

viel, eher viel, weniger, nichts

Ordinaldaten können wir in eine Rangfolge bringen. Zum Beispiel bei einem Bundesligaverein die hierarchische Rangordnung Platzwart, Masseur, Spieler, Trainer, Manager. Allerdings können wir die Unterschiede zwischen den einzelnen Positionen nicht exakt in Zahlen bestimmen. Wir können nicht sagen, ein Trainer hat doppelt so viel zu sagen wie ein Spieler oder viermal so viel wie ein Platzwart. Wir können sie lediglich der Rangfolge nach bestimmen.

1.6.1.3 Metrische (intervallskalierte) Daten

Metrische Daten können wir ebenfalls in einer Rangfolge darstellen: Mario Gomez schoss in den letzten beiden Wochen zehn Tore, Lukas Podolski acht, Mario Götze sechs und Bastian Schweinsteiger eines. Im Gegensatz zu den Ordinaldaten können wir jedoch hier die Verhältnisse zueinander exakt in Zahlen wiedergeben. Mario Gomez schoss zehnmal so viel Tore wie Bastian Schweinsteiger. Lukas Podolski schoss zwei Tore mehr als Mario Götze. Gleiches gilt für Maßeinheiten wie Meter, Zentimeter etc. oder Temperatur in Celsius.

1.6.2 Statistik

Empirisch wissenschaftliches Arbeiten ist ohne Statistik nicht möglich. Dabei kann zwischen zwei Arten von Statistik unterschieden werden:

- deskriptive Statistik und
- Inferenzstatistik.

1.6.2.1 Deskriptive Statistik

Die deskriptive Statistik beschäftigt sich mit der Darstellung und Zusammenfassung von Daten mittels Tabellen, Grafiken, Kreis- und Balkendiagrammen, Prozentwerten, Mittelwerten etc. Deskriptive Statistik dient dazu, die Verteilung der Werte einer Stichprobe/Untersuchung darzustellen. Beispielsweise könnten Sie die Zufriedenheit Ihrer Klasse mit dem Schulbäcker, dem Schülerbistro etc. folgendermaßen erheben:

deskriptive Statistik
Die deskriptive Statistik beschäftigt sich mit der Darstellung und Beschreibung von Daten.

Ich bin mit dem Nahrungsangebot des Schulbäckers (Brötchen, Brezeln etc.) im Hinblick auf ...	(1) sehr zufrieden	(2) zufrieden	(3) eher zufrieden	(4) eher unzufrieden	(5) unzufrieden	(6) sehr unzufrieden
a) Öffnungszeiten des Bäckers	○	○	○	○	○	○
b) Auswahl an Backwaren/belegten Brötchen etc.	○	○	○	○	○	○
c) optische Gestaltung der Produkte (1 = sehr ansprechend; 6 = lieblos)	○	○	○	○	○	○
d) Geschmack der Produkte	○	○	○	○	○	○
e) Frische der Produkte	○	○	○	○	○	○
f) Verfügbarkeit der Produkte bis nach der sechsten Stunde	○	○	○	○	○	○
g) Preis der Produkte	○	○	○	○	○	○
h) Freundlichkeit des Personals	○	○	○	○	○	○

Nach der Eingabe in ein Statistikprogramm zeigten sich bei der elften Klasse eines sozialwissenschaftlichen Gymnasiums folgende Werte:

f) Verfügbarkeit der Produkte bis nach der sechsten Stunde

Label	Wert	Häufigkeit	Prozent	gültige Prozent	kumulierte Prozent
sehr zufrieden	1	-	-	-	-
zufrieden	2	2	7,14	9,09	9,09
eher zufrieden	3	6	21,43	27,27	36,36
eher unzufrieden	4	6	21,43	27,27	63,63
unzufrieden	5	4	14,29	18,18	81,82
sehr unzufrieden	6	4	14,29	18,19	100 %
	fehlender Wert	6	21,42	fehlender Wert	
insgesamt		N = 28	100 %	100 %	

Was sagen nun diese Werte aus?

- *N* = 28 bedeutet, dass die Klasse aus 28 Schülerinnen und Schülern besteht.
- Fehlender Wert: Diese Angabe gibt darüber Auskunft, wie viele Schülerinnen und Schüler diese Frage nicht beantwortet haben. In unserem Fall waren es sechs Schülerinnen und Schüler.
- Die Häufigkeit sagt aus, wie viele Schülerinnen und Schüler jeweils die einzelnen Ankreuzoptionen, z. B. „eher zufrieden", „zufrieden", angekreuzt haben.
- Prozent bedeutet, dass die Häufigkeiten in Prozent angegeben werden. Bei dieser Angabe ist zu beachten, dass auch die fehlenden Werte eingerechnet werden.
- Gültige Prozent bedeutet, dass die Häufigkeiten ohne die fehlenden Werte in Prozent umgewandelt werden.
- Die kumulierten Prozentwerte stellen die addierten Prozentwerte der einzelnen Ankreuzoptionen dar. So lesen wir auf Höhe des Labels „eher zufrieden" bei „kumulierte Prozent": 36,36 %. Das bedeutet, dass insgesamt 36,36 % der Schülerinnen und Schüler die Werte „zufrieden" und „eher zufrieden" angekreuzt haben.

Die deskriptive Statistik dient somit dazu, mittels dieser und weiterer Werte die Verteilung der Antworten einer Population (in diesem Fall der befragten Klasse) darzustellen.

In diesem Fall können wir anhand der Daten feststellen, dass 63,63 % der abgegebenen Antworten bezüglich der „Zufriedenheit mit der Verfügbarkeit der Produkte des Bäckers bis nach der sechsten Stunde" auf die Antwortoptionen „eher unzufrieden", „unzufrieden" und „sehr unzufrieden" entfallen. 36,36 % der abgegeben Stimmen entfallen dagegen auf die Ankreuzoptionen „eher zufrieden" und „zufrieden". Der Wert „sehr zufrieden" wurde nicht angekreuzt.

AUFGABEN

1. Wie interpretieren Sie diese Ergebnisse?
2. Sind die Ergebnisse trotz sechs fehlender Antworten gültig?

Anstatt einer Tabelle könnten wir die erhaltenen Werte auch durch Säulen, Balken- oder Kreisdiagramme darstellen. Säulen- und Balkendiagramme eignen sich allerdings eher dann, wenn wir die Ergebnisse von zwei Gruppen oder zwei Messzeitpunkten einander gegenüberstellen wollen (Gruppe 1 = blaue Säule; Gruppe 2 = rote Säule).

Ich bin mit dem Nahrungsangebot des Schulbäckers im Hinblick auf die Verfügbarkeit der Produkte bis nach der sechsten Stunde ...

(*N* = 28; k. A.: 6)

Kreisdiagramm

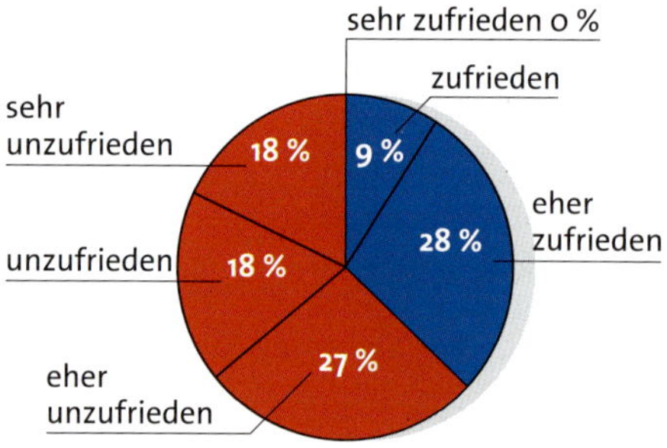

Säulendiagramm

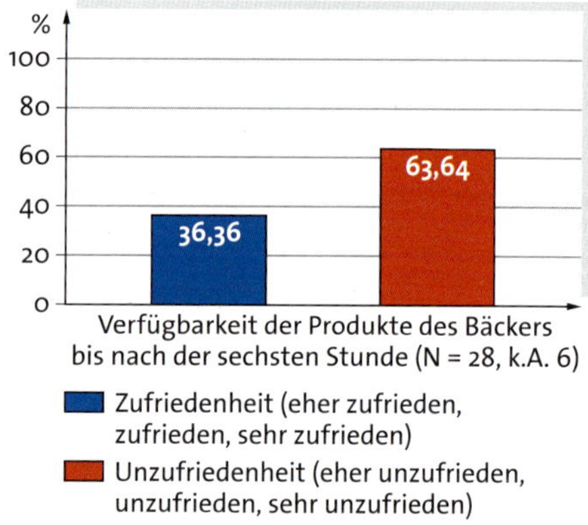

Maße der zentralen Tendenz als Inventar der deskriptiven Statistik

Neben der prozentualen und grafischen Darstellung in Form von Diagrammen, Tabellen und Grafiken werden in der deskriptiven Statistik die sogenannten Maße der zentralen Tendenz verwendet, um die Verteilung der Daten einer Stichprobe zu beschreiben.

Der Modus oder **Modalwert** ist derjenige Wert einer Verteilung, der am häufigsten auftaucht.

Der Modalwert kann anhand der Auszählung der Häufigkeiten ermittelt werden.

AUFGABE

Bestimmen Sie den Modalwert folgender Zahlenreihe:

3321596742139524339654217653435363789

Der Modalwert bei unserem Bäckerbeispiel ist ohne Aussagekraft, da die häufigste Nennungsanzahl bei sechs Schülerinnen und Schülern lag. Jedoch kreuzten jeweils sechs Schülerinnen und Schüler den Wert 3 (eher zufrieden), sechs den Wert 4 (eher unzufrieden) und weitere sechs gar nichts an. Darum konnte keine Aussage getroffen werden, welche Ankreuzoption am häufigsten von den Schülerinnen und Schülern angekreuzt wurde. Somit macht der Modalwert als Verteilungsmaß keinen Sinn, wenn dieselbe häufigste Nennungszahl mehrfach vergeben ist.

Der **Median** kennzeichnet die exakte Mitte einer Verteilung. Er halbiert die Stichprobenverteilung, das heißt, er teilt die Anzahl der gültigen Werte in zwei gleich große Teile.

Nehmen wir zum Beispiel 1 2 3 4 **5** 6 7 8 9 bei einer ungeraden Reihe von Werten. In Zahlen ausgedrückt bedeutet dies, dass 50% aller Werte kleiner oder gleich und 50% der Werte größer oder gleich dem Medianwert sind. Bei einer geraden Anzahl bzw. Zahlenreihe ist der Medianwert gleichzusetzen mit dem Durchschnittswert (Mittelwert) der beiden mittleren Zahlen, unter und über denen sich gleich viele Werte befinden.

In unserem Bäckerbeispiel betrug der Medianwert 4 (eher unzufrieden). Das bedeutet, dass 50% der angekreuzten Werte kleiner oder gleich dem Medianwert 4 (eher unzufrieden) waren (1 = sehr zufrieden, 2 = zufrieden, 3 = eher zufrieden) und 50% der angekreuzten Werte größer oder gleich dem Wert 4 (eher unzufrieden) waren (5 = unzufrieden, 6 = sehr unzufrieden).

Arithmetisches Mittel (Mittelwert)
Jedem von uns ist dieser Wert als der sogenannte „Durchschnitt" bekannt, definiert als die Summe aller erzielten Resultate, dividiert wird durch die Anzahl der Teilnehmer.

Schüler	Einschätzung	Wert
1. Schüler	zufrieden	2
2. Schüler	zufrieden	2
3. Schüler	eher zufrieden	3
4. Schüler	eher zufrieden	3
5. Schüler	eher zufrieden	3
6. Schüler	eher zufrieden	3
7. Schüler	eher zufrieden	3
8. Schüler	eher zufrieden	3
9. Schüler	eher unzufrieden	4
10. Schüler	eher unzufrieden	4
11. Schüler	eher unzufrieden	4
		Medianwert 4
12. Schüler	eher unzufrieden	4
13. Schüler	eher unzufrieden	4
14. Schüler	eher unzufrieden	4
15. Schüler	unzufrieden	5
16. Schüler	unzufrieden	5
17. Schüler	unzufrieden	5
18. Schüler	unzufrieden	5
19. Schüler	sehr unzufrieden	6
20. Schüler	sehr unzufrieden	6
21. Schüler	sehr unzufrieden	6
22. Schüler	sehr unzufrieden	6
N = 28; 6 Schüler keine Angabe		

Häufig orientieren wir uns am Durchschnitt, stets in dem Glauben, dass dieser Wert die Gesamtgruppe am besten abbildet. Stellen Sie sich jedoch einmal den Fall vor, dass zufällig eine Testgruppe antritt, die aus zehn Teilnehmern besteht, die nach Aussage des Intelligenztests sehr wenig Intelligenz aufweisen und zehn Teilnehmern, die, laut Testleistung, eine sehr hohe Intelligenz aufweisen, also 10 x 75 + 10 x 150 IQ-Punkte. Daraus resultiert der Mittelwert von 112,50 IQ-Punkten. Ein Außenstehender könnte beim Betrachten dieses Werts annehmen, dass sich die Versuchsgruppe insgesamt durch mittlere Intelligenz auszeichnet. Wir jedoch wissen, dass dieser Wert in keiner Weise die Gruppe widerspiegelt.

Oder stellen Sie sich einmal vor, wir ermitteln die Durchschnittsgröße in Ihrer Klasse und kommen zum Ergebnis, dass diese bei ca. 170 cm liegt. Nun kommen sieben schwedische Austauschschüler hinzu, die alle um die 190 cm groß sind. Auf einmal bewegt sich der Mittelwert erheblich nach oben. Somit können wir feststellen, dass der Mittelwert anfällig ist für sogenannte „Ausreißerwerte" (Extremwerte). Ein weiteres Beispiel könnte wie folgt lauten: 26 der 28 Schülerinnen und Schüler erhalten ca. um die 50 Euro Taschengeld im Monat. Zwei Schüler jedoch 5.000, da ihre Eltern sehr wohlhabend sind. Daraus ergibt sich, dass durchschnittlich jeder Schüler der Klasse rund 403 Euro im Monat Taschengeld erhält. Sie werden feststellen, dass dieser Wert keine Aussagekraft über die tatsächliche Verteilung des Taschengelds in der Klasse besitzt und zu nichts zu gebrauchen ist.

Bei unserem Bäckerbeispiel lag der Mittelwert auf einer Skala von 1 = sehr zufrieden bis 6 = sehr unzufrieden bei 4 = eher unzufrieden.

Streuungsmaße

Um die Güte, d. h. die Aussagekraft, des Mittelwerts bzw. generell die Verteilung der Werte einer Stichprobe beurteilen zu können, brauchen wir sogenannte Streuungsmaße. „Sind die Werte breit gestreut oder liegen sie alle nah beieinander?" Solche Fragen können mittels der Streuungsmaße beantwortet werden.

Das am einfachsten zu errechnende Streuungsmaß ist die sogenannte Spannweite.

> Die **Spannweite** ist die Differenz zwischen dem höchsten und den niedrigsten Wert in einer Verteilung.

Nehmen an einer Untersuchung 80 Teilnehmer im Alter von 22 bis 65 Jahren teil, so beträgt die Spannweite bezüglich des Alters 43 Jahre.

Ein weiteres Streuungsmaß, das speziell für die Beurteilung des Mittelwerts von Bedeutung ist, ist die Standardabweichung (SD = standard deviation).

> Die **Standardabweichung (SD)** gibt an, wie weit die einzelnen Werte im Durchschnitt vom Mittelwert abweichen.

Ziehen wir diesbezüglich noch einmal die durchschnittliche Körpergröße in einer Schulklasse heran. Gehen wir davon aus, diese läge bei 170 cm und die Standardabweichung betrüge 10 cm. Tritt nun ein Mitschüler in die Klasse, gehen wir davon aus, dass dieser gemäß dem Mittelwert mit hoher Wahrscheinlichkeit ca. 170 cm groß sein wird. Es kann jedoch sein, dass kein einziger der Mitschüler genau 170 cm groß ist, sondern 171, 168, 175, 179, 174 cm. Die Standardabweichung von 10 cm gibt bezüglich des Mittelwertes an, dass wir uns durchschnittlich bei einer solchen Prognose um 10 cm verschätzen werden.

Vorsichtig formuliert deutet eine geringe Standardabweichung darauf hin, dass das arithmetische Mittel ein guter repräsentativer Wert für die gesamte Verteilung ist. Ist die Standardabweichung jedoch hoch, ist dies ein Indiz dafür, dass das arithmetische Mittel wahrscheinlich weniger typisch für die gesamte Gruppe ist und zahlreiche Werte stark vom Mittelwert abweichen (vgl. Wirtz/Nachtigall, 2006, 71 ff.).

AUFGABEN

Bei unserer Bäckerbefragung wurden die Schülerinnen und Schüler unter anderem gebeten, eines der folgenden Items anzukreuzen:

Ich bin mit dem Nahrungsangebot des Schulbäckers (Brötchen, Brezeln etc.) im Hinblick auf die Freundlichkeit des Personals ...

Dabei zeigten sich folgende Ergebnisse:

(N = 28, keine Angabe: 5)

1 (sehr zufrieden) = 8;	34,78 %
2 (zufrieden) = 12;	52,17 %
3 (eher zufrieden) = 3;	13,04 %
4 (eher unzufrieden) = 0	
5 (unzufrieden) = 0	
6 (sehr unzufrieden) = 0	

MW (Mittelwert) = 1,78
SD (Standardabweichung) = 0,67
Modus (Modalwert) = 2
Spannweite = 2
Median = 2

1. Zu welchen Erkenntnissen gelangen Sie aufgrund dieser Werte?
2. Erklären und interpretieren Sie die einzelnen Werte.

1.6.2.2 Inferenzstatistik

Die Inferenzstatistik setzt sich mit Wahrscheinlichkeitsrechnungen auseinander. Sie stellt mittels entsprechender Verfahren fest, inwieweit Ergebnisse zufällig sein können bzw. wie hoch die Zufallswahrscheinlichkeit eines Ergebnisses ist.

Signifikanz

Die **statistische Signifikanz** drückt die Wahrscheinlichkeit aus, mit der ein Ergebnis auf Zufall zurückzuführen ist.

Sie sagt allerdings nichts aus z. B. über die Stärke eines Zusammenhangs von zwei Merkmalen. Dabei haben sich in der Forschung zwei Signifikanzniveaus durchgesetzt.

Signifikanzniveau A sagt aus, dass ein Ergebnis mit 95%iger Wahrscheinlichkeit nicht auf Zufall beruht. Es besteht jedoch ein Restrisiko von 5 %, dass das Ergebnis eventuell doch durch Zufall zustande kommt. Dies wird folgendermaßen ausgedrückt:

- $p > 0{,}05$ = keine Signifikanz: Der Zusammenhang bzw. der Unterschied kann auch zufällig zustande gekommen sein.
- $p < 0{,}05$ = signifikant. Der Zusammenhang zwischen zwei oder mehreren Merkmalen beruht mit 95%iger Wahrscheinlichkeit nicht auf Zufall.

Signifikanzniveau B verfolgt einen noch höheren Anspruch. Es definiert, dass ein Zusammenhang mit 99%iger Wahrscheinlichkeit nicht auf Zufall beruht. Hier besteht ein Restrisiko von 1 %, dass der Zusammenhang zwischen zwei oder mehreren Merkmalen durch Zufall zustande kommt. Dies wird folgendermaßen ausgedrückt:

- $p > 0{,}01$ = keine Signifikanz: Der Zusammenhang bzw. der Unterschied kann auch zufällig zustande gekommen sein.
- $p < 0{,}01$ = signifikant. Der Zusammenhang zwischen zwei oder mehreren Merkmalen beruht mit 99%iger Wahrscheinlichkeit nicht auf Zufall.

Stärke des Zusammenhangs

Wie wir bereits erfahren haben, geht es in Korrelationsuntersuchungen darum, festzustellen, ob es Zusammenhänge zwischen zwei oder mehreren Variablen gibt. Dabei gibt die Signifikanz an, ob ein Zusammenhang durch Zufall zustande kommt oder sich statistisch als nicht zufällig belegen lässt. Die Signifikanz sagt jedoch nichts über die Stärke eines Zusammenhangs aus. Die Stärke des Zusammenhangs wird durch den Korrelationskoeffizienten „r" ausgedrückt. Je nachdem, ob eine ungerichtete Hypothese in Form einer Korrelationsstudie oder eine gerichtete Hypothese in Form einer experimentellen Untersuchung überprüft werden soll, kann der Korrelationskoeffizient mehr als nur die reine Stärke des Zusammenhangs aussagen. Doch vergegenwärtigen wir uns erst mal, was eine Korrelation an sich bedeutet und wie man diese grafisch darstellen kann.

AUFGABEN

1 Fertigen Sie folgende Tabelle an:

Name	Schuhgröße	Entfernung zur Schule in km	Körpergröße in cm
1.			
2.			
3.			
4.			
5. usw.			

2. Befragen Sie anschließend jede(n) Ihrer Mitschülerinnen/Mitschüler und halten Sie die Ergebnisse in Ihrer Tabelle fest.

3. Fertigen Sie anschließend zwei Schaubilder an:

Schaubild A: Notieren Sie auf der y-Achse Ziffern für die Schuhgröße (z. B. 35–45) im 1-cm-Abstand. Notieren Sie anschließend auf der x-Achse geeignete Referenzpunkte für die Körpergröße (z. B. 150–195). Dabei entsprechen 5 cm Körpergröße 1 cm auf der x-Achse.

4. Tragen Sie anschließend die Werte aller Mitschülerinnen und Mitschüler als gut sichtbare Punkte im Koordinatenkreuz ein.

Schaubild B: Fertigen Sie ein zweites Schaubild nach demselben Muster an, indem Sie auf der y-Achse die Entfernung zur Schule und auf der x-Achse die Körpergröße abtragen. Wiederum werden die Werte als Punkte im Koordinatenkreuz eingetragen.

5. Blättern Sie auf die folgende Seite um und vergleihen Ihre Schaubilder mit den Abb. Korrelation 1 und 2. Welches der Schaubilder entspricht Ihrem Schaubild A, welches Ihrem Schaubild B?

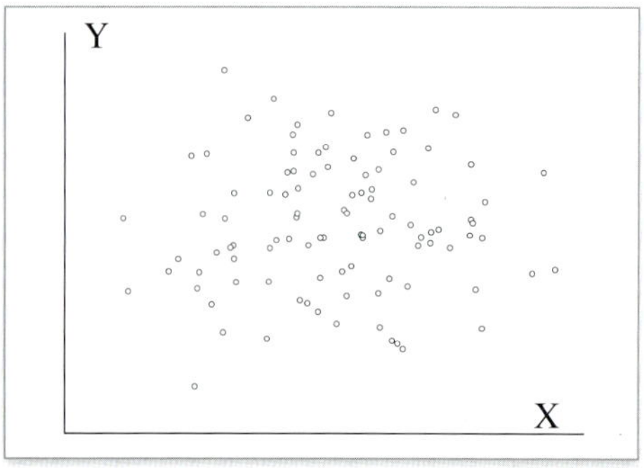

Korrelation 1

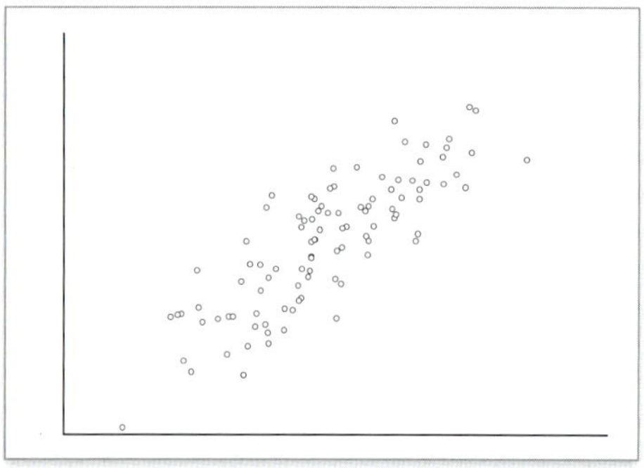

Korrelation 2

Sie sollten zum Schluss gekommen sein, dass das obere Schaubild Ihrem Schaubild B und das untere Schaubild Ihrem Schaubild A ähnelt. Warum ist das so?

Das obere Schaubild zeigt die Gruppierung zweier Merkmale, zwischen denen kein korrelativer Zusammenhang besteht. Es wäre auch merkwürdig, wenn ein statistischer Zusammenhang zwischen der Entfernung zur Schule und der Körpergröße eines Schülers bestehen würde.

Im unteren Schaubild hingegen sehen wir eine positive lineare Korrelation. Diese erkennt man daran, dass die Punkte nicht kreisförmig, sondern in Form einer Ellipse angeordnet sind.

„Eine **positive Korrelation** bedeutet, dass zwei Merkmale (z. B. positive Korrelation Schuhgröße und Körpergröße) jeweils gemeinsam größer oder kleiner werden." (WIRTZ/NACHTIGALL, 2006, S. 101)

Eine negative Korrelation zwischen der Länge einer Liste an auswendig zu lernenden Wörtern (X) und der Prozentzahl der zu behaltenden Wörter (Y) würde wie folgt aussehen:

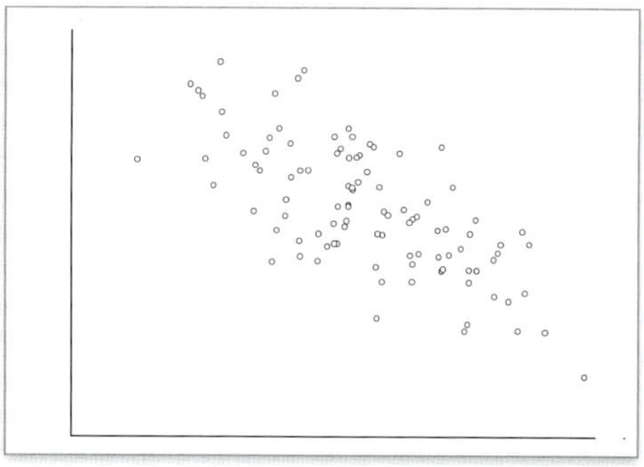

Korrelation 3

„Eine **negative Korrelation** bedeutet, dass ein umgekehrter Zusammenhang vorliegt: Die Punktzahl der einen Variablen steigt, während die Punktzahl der anderen Variablen sinkt." (WIRTZ/NACHTIGALL, 2006, S.101)

Die Stärke der Korrelation wird mit den Maßzahlen +1 bis -1 angegeben. Die perfekte positive Korrelation beträgt $r = +1$, die perfekte negative Korrelation beträgt $r = -1$. Ob ein Zusammenhang, z. B. $r = 0{,}4$ oder $r = -0{,}8$ als stark zu bezeichnen ist, hängt davon ab, was wir untersuchen, z. B. die Wirkung eines Medikaments, eine sozialwissenschaftliche Fragestellung wie den Zusammenhang zwischen Erziehungsstil und Selbstwertgefühl. Zuschreibungen wie „stark" oder „schwach" sind deshalb relative Begriffe.

Ferner ist zu berücksichtigen, dass Korrelationen anhand der Untersuchung großer Gruppen ermittelt werden. Das bedeutet, dass bei einem gewissen Prozentsatz dieser Gruppe die Zusammenhänge nachgewiesen werden und wir feststellen können, ob der Zusammenhang durch Zufall zustande kommt oder aufgrund einer statistisch belegbaren Regelmäßigkeit bzw. Gesetzmäßigkeit auftritt. Eine Korrelation bedeutet jedoch nicht, dass sie auf jeden Teilnehmer der Untersuchung zutreffen muss.

AUFGABE

Notieren Sie an dieser Stelle weitere mögliche Zusammenhänge, die Sie mithilfe der Ermittlung von Daten Ihrer Mitschüler in Form eines Koordinatenkreuzes darstellen und überprüfen können.

BEISPIEL

Folgende Zusammenhänge wurden mittels selbst erstellter Fragebögen von den Schülerinnen und Schülern einer elften Klasse eines sozialwissenschaftlichen Gymnasiums (N = 28) innerhalb der Klasse erhoben, in ein Statistikprogramm (PSPP Freeware) eingegeben und ausgewertet:

a) Zusammenhang zwischen Schuhgröße und Körpergröße: $r = +1$; $p < 0{,}01$

b) Zusammenhang zwischen der Häufigkeit des Frühstücks zu Hause und der Häufigkeit der Inanspruchnahme des schulischen Kaffeeautomaten: $r = +0{,}40$; $p < 0{,}05$

c) Menge der Flüssigkeitsaufnahme und Häufigkeit des Toilettengangs während der Unterrichtszeit: $r = +0{,}6$; $p < 0{,}01$

Bei all der Freude **bei der Ermittlung von Korrelationen können wir jedoch lediglich feststellen, dass ein Zusammenhang besteht, der nicht durch Zufall zustande kommt und dadurch eine gewisse Gesetzmäßigkeit aufzeigt**. Wir dürfen jedoch, außer bei experimentellen Untersuchungen, bei denen wir die unabhängige Variable und deren Auswirkung auf die abhängige Variable genau beobachten und kontrollieren können, Korrelationen nicht heranziehen, um Ursache-Wirkungserklärungen aufzustellen. Eventuell könnte das Ergebnis durch weitere Merkmale beeinflusst worden sein, die uns noch nicht zugänglich sind. Diesbezüglich ist es immer auch möglich, dass andere Erklärungen (Störfaktoren) für den Zusammenhang übersehen wurden. Man spricht in diesem Zusammenhang von „Scheinkorrelationen".

Eine **Scheinkorrelation** ist ein statistisch gemessener Zusammenhang zwischen zwei Variablen, welcher nur deshalb auftritt, weil beide Variablen systematisch von einer dritten Variablen beeinflusst werden. Der Zusammenhang kann also auf Störfaktoren zurückgehen.

AUFGABEN

1. Betrachten Sie die aufgezeigten Zusammenhänge im Text zum Bildungsbericht 2010 des Bundesministeriums für Bildung und Forschung (S. 62 ff.).
2. Erstellen Sie alternative Erklärungsansätze, wodurch die einzelnen Zusammenhänge, z. B. Höhe des Einkommens und Migrationshintergrund, zustande kommen könnten.

Bringen Störche Kinder?

„So zeigt sich in Untersuchungen verschiedener Länder ein hoher Zusammenhang zwischen der Storchenpopulation und der Geburtenrate (teilweise bis $r = 0{,}7$) im Laufe der Jahrzehnte. Die Erklärung dieses verblüffenden Zusammenhangs ist einfach: Durch bessere Bildungs- und Berufschancen der Frauen ging die Geburtenrate zurück, durch zunehmende Umweltbelastung die Storchenpopulation. Daher ist der Zusammenhang von Storchenpopulation und Geburtenrate rein zufällig. Er ergibt sich statistisch einfach dadurch, dass sowohl Storchenpopulation wie auch Geburtenrate hoch mit der Wirtschaftsentwicklung korrelieren. Diese führte zu besseren Jobchancen für Frauen und dadurch auch zu geringeren Kinderzahlen wie auch zu einer zunehmenden Umweltbelastung und damit zu sinkenden Storchenpopulationen". (EBERMANN, 2010)

BEISPIEL

Exkurs: Neuropsychologie und bildgebende Verfahren

Darüber hinaus beschreitet vor allem die Neuropsychologie interessante methodische Zugänge. Um Erkenntnisse über die Hirnfunktionen, z. B. beim Lösen einer Aufgabe oder der Konfrontation mit einem Ekel erzeugenden Bild, zu erlangen, wird die sogenannte PET (Positronen-Emissions-Tomografie) eingesetzt. Dabei handelt es sich um ein bildgebendes Verfahren. Im Vorfeld wird dem Versuchsteilnehmer ein leicht radioaktiver (gesundheitlich unbedenklicher) Marker in die Blutbahn injiziert. Durch einen Scanner kann gezeigt werden, welche Hirnregionen bei welchen Handlungen beteiligt bzw. besonders beteiligt sind, indem die Stärke der Durchblutung gescannt wird. Der Scanner erfasst dabei die Konzentration des radioaktiven Markers. Daraus können Rückschlüsse über die Beteiligung und Funktion der verschiedenen Hirnregionen, das heißt in direkter Weise über das innerpsychische Erleben, gezogen werden, ohne das Erleben extern anhand des Verhaltens beobachten zu müssen. In ähnlicher Weise funktioniert auch die funktionale Magnet-Resonanz-Tomografie (FMRT). Anstatt eines radioaktiven Markers wird hier allerdings die Konzentration eisenstoffhaltiger Proteine (Hämoglobine) im Blut vom Scanner erfasst, wenn der Proband die zu untersuchenden Handlungen ausführt.

„Alzheimer-Schutz – lebenslang geistig aktiv bleiben

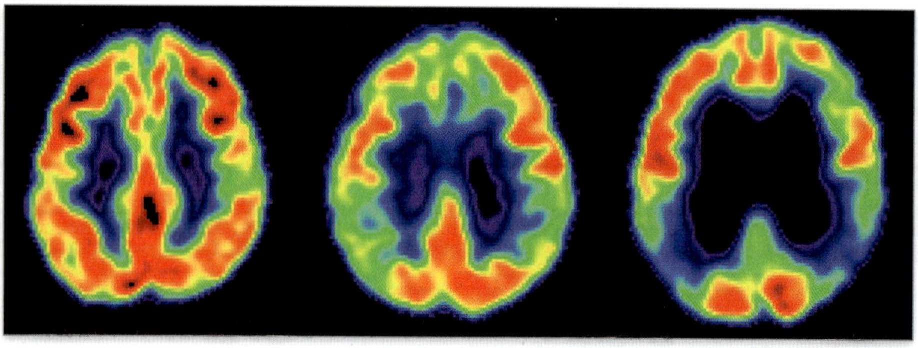

Normal | Mild cognitive impairment | Alzheimers's disease

Hirn-Scans belegen: Kontinuierliches und langfristiges Fordern hält den Kopf relativ frei von den typischen Ablagerungen

PET-Scans zeigen die typischen Amyloid-Ablagerungen im Gehirn
© Susan Landau & William Jagust, UC Berkeley

Berkeley (USA) – Dem Kopf Zeit seines Lebens spielerisch Futter zu geben, macht nicht nur einfach Spaß. Ein jahrzehntelanges Lesen, Schreiben und Spielen zahlt sich auch gesundheitlich aus: Das Gehirn so in Schwung zu halten, baut offenbar einen Schutz vor Alzheimer auf. Wer sich kontinuierlich solchen geistig fordernden Aktivitäten widmet, in dessen Hirn finden sich deutlich weniger der charakteristischen Ablagerungen aus Beta-Amyloid, die als eines der zentralen Anzeichen der Demenzerkrankung gelten. Das zeigt eine Studie, über die US-Mediziner im Fachblatt „Archives of Neurology" berichten. Ihren Erkenntnissen zufolge ist es weit ausschlaggebender, die Leistungsfähigkeit des Hirns langfristig und auch bereits in jüngeren Jahren zu fordern und zu fördern, als erst im Alter mit kognitivem Training zu beginnen.

„Erstmals wurde die geistige Aktivität in Bezug zum Aufbau von Amyloid-Ablagerungen im Gehirn gesetzt", erklärt Erstautorin Susan Landau von der University of California in Berkeley.

„Die Ansammlung von Amyloid beginnt möglicherweise schon viele Jahre, bevor Symptome auftreten. Daher ist es möglich, dass man zu dem Zeitpunkt, an dem man Alzheimer-Symptome wie Gedächtnisprobleme hat, kaum noch etwas tun kann, um den Krankheitsverlauf zu stoppen. Der Zeitpunkt einzugreifen könnte viel früher sein, weshalb wir versuchen herauszufinden, ob Lebensstilfaktoren mit den frühesten möglichen Veränderungen in Zusammenhang stehen könnten." LANDAU und ihre Kollegen hatten 65 gesunde Senioren im Alter von durchschnittlich 76 Jahren um eine Einschätzung gebeten, wie oft sie sich in diversen Lebensabschnitten von der Kindheit bis in die Gegenwart geistig beanspruchenden Tätigkeiten gewidmet hatten – etwa Büchereibesuchen, dem Lesen von Büchern oder Zeitungen, dem Schreiben von Briefen oder E-Mails oder aber auch dem Spielen. Außerdem testeten die Forscher ausführlich die Gedächtnis- und Denkleistungen der Teilnehmer und untersuchten mit Hilfe von Positronen-Emissions-Tomografie (PET), ob und in welchem Ausmaß sich Ablagerungen aus Beta-Amyloid im Hirn gebildet hatten. Als Vergleich dienten ihnen zehn Alzheimerpatienten sowie elf junge Kontrollprobanden Mitte zwanzig.

Die Ergebnisse waren eindeutig: Bei den Personen, die sich über ihr gesamtes Leben hinweg häufiger mit geistig fordernden Beschäftigungen gewidmet hatten, zeigten die PET-Scans weniger der typischen Ablagerungen im Gehirn. Diejenigen mit der intensivsten kognitiven Aktivität zeigten sogar mit den jungen Kontrollprobanden vergleichbare Ergebnisse. Dagegen ähnelten die Hirne derjenigen mit der geringsten kognitiven Aktivität eher denen der Alzheimerpatienten. Dieser Zusammenhang bestand unabhängig von anderen Faktoren wie zum Beispiel Gedächtnisleistungen, körperliche Aktivität, Geschlecht oder Bildungsstand. Eine starke Verbindung zwischen dem Ausmaß der Ablagerungen und der aktuellen geistigen Leistungsfähigkeit fand sich übrigens nicht.

„Diese Ergebnisse zeigen eine neue Denkweise darüber auf, wie sich geistiges Engagement während des Lebens auf das Hirn auswirkt", sagt LANDAUS Kollege und Seniorautor WILLIAM JAGUST. Solche, das Gehirn fordernden Aktivitäten könnten sich auf einen primären Krankheitsprozess auswirken. Dies lege wiederum nahe, dass kognitive Therapien günstig für die Behandlung sein könnten, wenn sie nur früh genug angewandt würden. Und nicht zuletzt gibt es keinerlei Risiken und Nebenwirkungen: „Geistige Aktivität hat keine Schattenseite – sie kann nur vorteilhaft sein." (DICK-PFAFF, 2012, S. 64)

1.7 Zusammenfassung

Wir haben uns in diesem Kapitel mit den Grundlagen wissenschaftlichen Denkens, Forschens und Handelns beschäftigt sowie die Ziele, Aufgaben und Ausrichtungen der sozialwissenschaftlichen Disziplinen Psychologie und Pädagogik kennengelernt.

1. Die Beschäftigung mit dem Wissenschaftsbegriff führte uns zur Erkenntnis, dass es die Aufgabe der Wissenschaft ist, allgemeingültige Gesetzmäßigkeiten in Form von Theorien zu erstellen und bestehende Theorien gemäß dem Falsifikationsprinzip kritisch zu überprüfen.
2. Die Wissenschaftstheorie beschäftigt sich damit, wie wir überhaupt zu „wahren" Aussagen gelangen können und welches Wissen als „wahr" zu betrachten ist.
3. Im Laufe der Wissenschaftsgeschichte haben sich zwei Hauptströmungen der wissenschaftlichen Erkenntnisgewinnung herausgebildet: die naturwissenschaftlich empirische Erforschung der Wirklichkeit, z. B. durch systematische Beobachtung, und die geisteswissenschaftlich „durchdenkende", verstehende und interpretierende Forschungsposition.
4. Wir haben die Pädagogik als eine wissenschaftliche Disziplin kennengelernt, die sich in die Hauptströmungen der geisteswissenschaftlichen Pädagogik, der empirischen Erziehungswissenschaft und der kritischen Pädagogik untergliedern lässt.
5. Dabei beschäftigt sich die Pädagogik vorwiegend mit den Begriffen Erziehung,

Enkulturation, Sozialisation, Bildung und Personalisation – immer mit Blick auf die Entwicklung des Menschen zu einer eigenverantwortlichen und gemeinschaftsfähigen Persönlichkeit.

6. Ferner konnten wir konstatieren, dass das Interesse der Pädagogik über Fragen der Erziehung hinausreicht. Dies ist daran ersichtlich, dass sich zahlreiche Teildisziplinen wie die Erwachsenenbildung, die Sozialpädagogik oder die Erlebnispädagogik entwickelt haben, die sich auf spezifische Weise mit der Bildung, Unterstützung und Förderung verschiedener Menschengruppen beschäftigen.

7. Wir haben die Psychologie als naturwissenschaftlich orientierte Wissenschaft kennengelernt, die sich deutlich durch ihre geplante, systematische Vorgehensweise von unserer subjektiven Alltagsdeutung psychischer Phänomene unterscheidet.

8. Die Psychologie erforscht unser Erleben, Verhalten und Bewusstsein. Sie trifft überwiegend Rückschlüsse über das innerpsychische Geschehen, indem Psychologen durch die Anwendung verschiedener empirischer Verfahren beobachten, messen und festhalten, wie sich innerpsychische Vorgänge, z. B. Denkprozesse, in beobachtbarem Verhalten äußern.

9. Ebenso wie bei der Pädagogik, zeichnet sich die Psychologie als Wissenschaft durch verschiedene Strömungen bzw. Schulen aus:
   - die Tiefenpsychologie, die das Unterbewusste bewusst machen möchte,
   - der Behaviorismus, der nur das gelten lässt, was wir anhand des Verhaltens beobachten können,
   - der Kognitivismus, der unsere kognitive Struktur zu entschlüsseln versucht oder
   - die humanistische Psychologie, die an das Potenzial und an die Selbstheilungskräfte des Individuums glaubt.

10. Neben diesen Strömungen entwickelten sich zahlreiche Teildisziplinen, z. B. die Neuropsychologie, die Sozialpsychologie, die sich mit spezifischen Fragen des Erlebens, Verhaltens und Bewusstseins beschäftigen.

11. Bezogen auf das wissenschaftliche Arbeiten haben wir erfahren, dass Forschung nicht ohne die Gütekriterien der Validität (Gültigkeit), Reliabilität (Zuverlässigkeit), Objektivität, Überprüfbarkeit und Allgemeingültigkeit bzw. Gültigkeit für die spezifische Zielgruppe auskommt.

12. Mit Blick auf den Forschungsprozess zeigte sich, dass die Wahl der Forschungsmethode von der Art der Fragestellung abhängt. So bestehen deutliche Unterschiede, ob wir eine explorative Untersuchung, eine Korrelationsstudie mittels einer ungerichteten Hypothese oder eine experimentelle Untersuchung mittels einer gerichteten Hypothese durchführen. Erstere wählt einen offenen Zugang, die Korrelationsuntersuchung prüft vermutete Zusammenhänge, während die experimentelle Untersuchung mittels eines Zwei-Gruppen-Versuchsaufbaus die Auswirkung einer unabhängigen Variablen auf die abhängige Variable untersucht.

13. Ferner wurde uns bewusst, dass die geisteswissenschaftlichen Methoden Hermeneutik, Dialektik und Phänomenologie in keinem Widerspruch zu den empirischen Methoden der systematischen Beobachtung, des Tests, der schriftlichen und mündlichen Befragung sowie des Experiments stehen, sondern dass sich geisteswissenschaftliche und empirische Methoden im Forschungsprozess wechselseitig ergänzen können.

14. Darüber hinaus sind wir darauf gestoßen, dass es wichtig ist, immer genau einzugrenzen, über wen wir durch unsere Untersuchung eine Aussage treffen wollen. Handelt es sich um eine quantitative (mengenmäßige), empirische Untersuchung oder um die Auswahl einer Gruppe an Untersuchungsteilnehmern, muss eine repräsentative Stichprobe gezogen werden. Das bedeutet, dass durch diese Auswahl an Teilnehmern die relevanten Merkmale (z. B. Geschlecht, Alter, Bildungshintergrund) proportional so zusammengesetzt sein müssen, wie in der Gesamtpopulation. Dabei verstehen wir unter Population die Zielgruppe, über die wir eine Aussage treffen möchten.

15. Um die Ergebnisse einer quantitativen, empirischen Untersuchung darzustellen, brauchen wir die deskriptive Statistik. Hier geht es darum, die Verteilung der Merkmale mittels Tabellen, Diagrammen und Verteilungsmaßen darzustellen und zu beschreiben. Wichtige Beschreibungsmaße stellen die Prozentwerte, der Medianwert, der Modalwert, das arithmetische Mittel, die Spannweite sowie die Standardabweichung dar.

16. Wollen wir etwas über die Zufälligkeit bzw. über das Zustandekommen von Zusammenhängen (Korrelationen) aussagen, brauchen wir die Inferenzstatistik. Der Wert, der angibt, ob ein Zusammenhang zufällig oder statistisch nachweislich besteht, nennt sich Signifikanz und wird in verschiedene Signifikanzniveaus ($p < 0{,}05$; $p < 0{,}01$) unterteilt. Das Maß, das etwas über die Stärke eines Zusammenhangs aussagt, bezeichnet man als den Korrelationskoeffizienten „*r*". Dieser kann zwischen +1 und -1 liegen. Wir unterscheiden zwischen einer positiven und einer negativen Korrelation.

17. Korrelationen sagen lediglich etwas darüber aus, dass ein Zusammenhang besteht und wie stark dieser ist. Sie geben jedoch keinen Aufschluss über Ursache und Wirkung. Dies wird uns besonders anhand sogenannter „Scheinkorrelationen" bewusst. Dabei handelt es sich um statistisch belegbare eindeutige Zusammenhänge zwischen zwei Merkmalen, die jedoch durch externe Drittvariablen (Störvariablen) zustande kommen, z. B. der Zusammenhang zwischen der Storchenpopulation und der Geburtenrate.

2 Wahrnehmen und beobachten

2.1 Der Prozess der Wahrnehmung

Ein Wasserfall, der nach oben fließt. Das kann doch gar nicht möglich sein. Aber wir sehen es doch eindeutig.

Um uns die Welt, mit uns die Sinne.

Sehen, hören, riechen, schmecken, fühlen, tasten. Über diese Wege verbinden wir innen und außen. Ohne diese Sinne könnten wir uns nicht orientieren, nicht kommunizieren und wären wir uns auch nicht einmal unserer selbst bewusst.

Die Wahrnehmung ist unser Tor zur Welt und zu uns selbst.

Wenn wir Menschen uns unbefangen umschauen, so scheint es, als ob unsere Augen eine Art Fenster zur Welt seien. Öffnen wir die Vorhänge, die Lider, so ist da draußen die Welt der Dinge und der anderen Wesen. Nichts könnte den Verdacht erwecken, dass irgendeine der darin erkennbaren Eigenschaften ihren Ursprung im Betrachter hat oder von seiner Natur mitbestimmt sein könnte. Oder vielleicht doch?

Wenn Sie bisher davon überzeugt waren, dass Sie Ihren Augen trauen können, so muss spätestens jetzt mit der Betrachtung des Bildes des genialen niederländischen Malers M. C. ESCHER, der von 1898 bis 1972 gelebt hat, Zweifel aufkommen. Kein Künstler hat überzeugender und schöner gezeigt, dass Wahrnehmung und Denken komplizierte und störanfällige Informationsverarbeitungsprozesse im Menschen sind und keinesfalls ein einfaches Abbild der Wirklichkeit darstellen.

Was sehen Sie? Junge Braut oder Schwiegermutter?

Sehen oder allgemeines Wahrnehmen verstehen wir im täglichen Leben als einen Vorgang oder Zustand, durch den wir mit der uns umgebenden Wirklichkeit in unmittelbaren Kontakt treten oder stehen. Nach dieser allgemein immer noch weitverbreiteten Überzeugung sind die Inhalte unserer Wahrnehmung mit den Bestandteilen der Umgebung identisch. Viele Menschen glauben, die Dinge so zu sehen, wie sie sind.

Auch ist das Sehen nach dieser Ansicht keineswegs eine aktive Tätigkeit des Beobachters, sondern ein passives Hinnehmen des jeweiligen Ausschnitts der Wirklichkeit.

Mittlerweile hat sich aber herumgesprochen, dass dieses Verständnis der Wahrnehmung unzulänglich ist.

Der Betrachter des eben gesehenen weltberühmten Bildes kann einen ganz unterschiedlichen Eindruck der abgebildeten Frau gewinnen. Er kann entweder eine nach links hinten blickende junge Frau oder eine nach links vorne blickende alte Frau wahrnehmen. Dabei wird z. B. die „Halskette" der jungen Frau zum Mund der alten Frau. Die Entscheidung für eine Sichtweise fällt meist auf den ersten Blick.

Aber wie kommt sie zustande? Hängt unsere Wahrnehmung davon ab, auf welchen Bildausschnitt wir zuerst sehen? Haben wir vielleicht draußen eine junge Frau vorbeilaufen sehen? Oder arbeitet der Betrachter als Altenpfleger mit alten Menschen? Und so weiter...

Dieses Beispiel weist darauf hin, dass *Erfahrungen*, die wir im Gehirn in unserem Gedächtnis gespeichert haben oder unsere *augenblickliche Befindlichkeit* auf den Prozess der Wahrnehmung Einfluss nehmen.

> Wahrnehmung geschieht nicht einfach, sondern sie ist ein aktiver Prozess und das Ergebnis einer Informationsverarbeitung von Sinneseindrücken.

Diese Informationen können aus unserer Umwelt stammen, indem wir Menschen, Tiere und Gegenstände wahrnehmen. Hierbei sprechen wir von **äußeren Reizen oder Umweltreizen**.

Informationen aus unserem Körperinneren, wie z. B. die Wahrnehmung eines Gefühls oder eines Schmerzes, bezeichnen wir als **innere Reize oder Körperreize**.

> Die Psychologie definiert den Begriff der **Wahrnehmung** als Prozess und Ergebnis der Informationsgewinnung und -verarbeitung von Sinneseindrücken.

2.1.1 Schauen wir uns einen Wahrnehmungsvorgang einmal genauer an

Sie machen einen Spaziergang entlang einer Landstraße. Sie genießen die leicht verschneite Winterlandschaft, als ein Zugpfiff die Idylle durchbricht. Da erblicken Sie eine restaurierte Dampflokomotive, die sich rasch nähert. Sie spüren, wie der Boden bebt, bemerken das Rattern der Räder, sehen die vorbeihuschenden Fenster und hören den Lärm einer Pfeife. Der Zug entfernt sich, das Rattern der Räder wird schwächer, bis Ihnen nur noch die Erinnerung an den Zug, ein paar Dampfschwaden und ein leicht vernehmbarer Rußgeruch in der Luft bleiben.

Welche Prozesse bewirken diese starken Sinneseindrücke? Es sind physikalische und chemische *Reizsignale*, aufgenommen und verarbeitet in unseren verschiedenen spezialisierten Wahrnehmungssystemen:

Unsere **visuellen Empfindungen** sind Antworten auf Licht (elektromagnetische Strahlung). Wir sehen Form, Farbe und Bewegung des Zuges, weil dieser Licht in unsere Augen reflektiert und dort von Fotorezeptoren aufgenommen wird.

Unsere **auditiven Empfindungen** sind Antworten auf Schall (Druckschwankungen in der Luft), sie werden von Mechanorezeptoren aufgenommen. Wir hören das Pfeifen und das Rattern der Räder, weil Schall vom Zug zu unseren Ohren gelangte.

Die **Bewegungsempfindungen** sind auch gefühlte Vibrationen, weil mechanische Schwingungen durch den Boden zu unseren Füßen gelangen.

Unsere **Geruchsempfindungen** sind Antworten auf chemische Substanzen in der Luft. Wir riechen den Rauch, weil chemische Bestandteile des Rauchs unsere Nase erreichen und von Chemorezeptoren aufgenommen werden.

Empfindungen entstehen also durch die Reizung der Sinnesorgane, werden zur Wahrnehmung organisiert und hängen in ihrer Intensität von der Reizstärke und in ihrer Qualität von der Art des Sinnesorgans ab.

Der Wahrnehmungsprozess im obigen Beispiel kann uns eine etwaige Vorstellung davon geben, wie verschiedene Reize zu einer Wahrnehmung führen:

1. „Auf den Zug fällt Licht und wird in Ihre Augen reflektiert. Dieses Licht überträgt die optischen Eigenschaften des Zuges zu Ihren Augen, weil die Form des Zuges und seine Oberflächenbeschaffenheit ein strukturiertes Lichtwellenmuster erzeugen.
2. Auf Ihrer Netzhaut oder Retina, einem Netz aus Zellen, das die Rückseite Ihres Auges auskleidet, wird durch das einfallende Licht ein Abbild des Zuges und seiner Umgebung projiziert, wobei sich dieses Abbild infolge Ihrer Augen- und Kopfbewegung oder infolge von Bewegung in der Umwelt ständig ändert.
3. Zellen in der Netzhaut, sogenannte Rezeptoren, wandeln das Licht fotoelektrisch um und erzeugen bioelektrische Signale.
4. Diese bioelektrischen Signale werden von den Rezeptoren der Retina über ein Netzwerk aus Zellen weitergeleitet, die man als Neuronen bezeichnet.
5. Neuronen des visuellen Systems leiten die bioelektrischen Signale vom Auge heraus über verschiedene Zwischenstufen zu den Seharealen des Gehirns weiter.
6. Die in den verschiedenen Stufen bereits vorverarbeiteten bioelektrischen Signale erreichen schließlich Neuronen in der Sehrinde und in anderen Gehirnregionen, in denen sie weiter „verarbeitet" oder „analysiert" werden.
7. Sie nehmen den Zug wahr." (GOLDSTEIN, E., 1997)

Diese Darstellung ist eine Vereinfachung des gesamten Vorgangs auf der physiologischen Seite. Der wirklichen Komplexität des Wahrnehmungsprozesses nähern wir uns dadurch nur an, denn psychologische Einflüsse wie Denken, Fühlen, Bewerten und Erinnern beeinflussen das Wahrnehmungsgeschehen ebenfalls.

Der Wahrnehmungsvorgang ist leichter zu verstehen, wenn er in drei Stufen gegliedert wird:

1. in sensorische Empfindung,
2. in die Organisation der Wahrnehmung im engeren Sinne
3. und in Identifizieren und Einordnen.

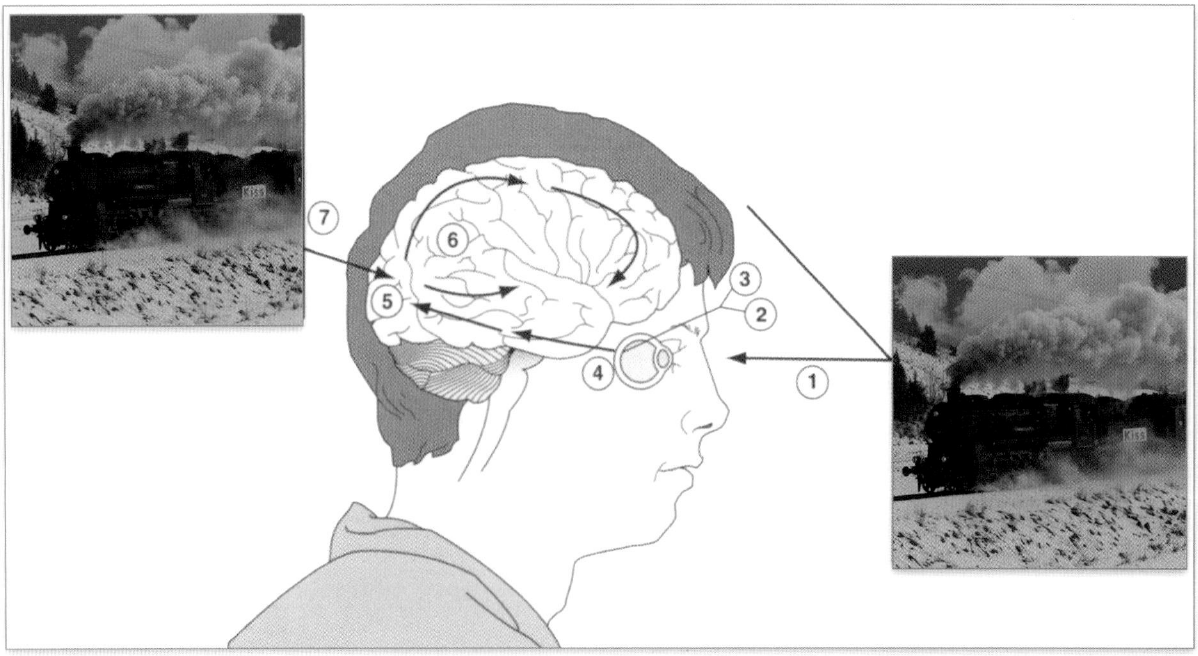

Eine sehr schematische Darstellung einiger Schritte des Wahrnehmungsprozesses. Licht fällt auf den Zug (1) und wird in die Augen des Beobachters reflektiert, wo es ein Abbild auf die Netzhaut projiziert (2) und elektrische Signale in den Rezeptoren erzeugt (3). Die Nervenimpulse werden vorverarbeitet und durchlaufen die Nervenfasern (4) im Gehirn bis zur Großhirnrinde (5), wo sie „weiterverarbeitet" werden (6). Schließlich „sieht" der Beobachter den Zug (7).

1. **Sensorische Empfindung:** In der ersten Stufe wird die physikalische Energie, wie Licht- und Schallwellen, in Information für die Neuronen umgewandelt, die vom Gehirn weiterverarbeitet wird.
2. **Organisation der Wahrnehmung:** Hierbei wird eine innere Repräsentation eines Gegenstands aufgebaut und ein Abbild des äußeren Reizes hergestellt. Diese Organisation verarbeitet abgespeichertes Wissen und verrechnet es mit neu eingehenden Informationen zu einem Ganzen. Hierbei kommt es zu Schätzungen der Größe, der Form, der Bewegung, der Entfernung und Ortung von Dingen. Auch wenn wir etwas wiedererkennen, liegt der Organisationsvorgang zugrunde.
3. Beim **Identifizieren und Einordnen (Klassifikation),** dem dritten Schritt der Wahrnehmungssequenz, wird dem erlebten Ergebnis des Vorgangs eine Bedeutung zugewiesen. Runde Dinge werden zu Fußbällen, Münzen, Orangen oder Monden. Personen werden als männlich oder weiblich, Vater oder Mutter, Freund oder Feind, Filmstar oder Schlagersänger identifiziert. Hierbei sind Denkprozesse von höherem Niveau erforderlich, sodass Wertvorstellungen, Überzeugungen, Interessen, Bedürfnisse und Einstellungen eine Rolle spielen.

2.1.2 Leistungsfähigkeit der Sinne

Zur weiteren Annäherung an die Komplexität der Wahrnehmung gehört auch die *Erkenntnis der beschränkten Leistungsfähigkeit unserer Sinne*. Diese begrenzte Leistungsfähigkeit stellt neben der vorhin festgestellten Bedeutung der Erfahrung eine weitere Bedingung der Wahrnehmung dar. Reize müssen eine bestimmte „Stärke" haben, damit wir sie empfinden können. Nur diejenigen Reize, die die Wahrnehmungsschwelle überschreiten, werden bewusst wahrgenommen:

Werner Herkner (1992) gibt dafür Beispiele:

- **Sehen:** Kerzenlicht in klarer dunkler Nacht in ca. 45 km Entfernung.
- **Hören:** Ticken einer Armbanduhr in ca. 6 m Entfernung.
- **Schmecken:** ein Teelöffel Zucker in ca. sieben Liter Wasser.
- **Riechen:** ein Parfümtropfen in einer 6-Zimmer-Wohnung verteilt.
- **Berührung:** Ein Sandkorn aus 1 cm Höhe auf die Wange fallend. (Herkner, 1992)

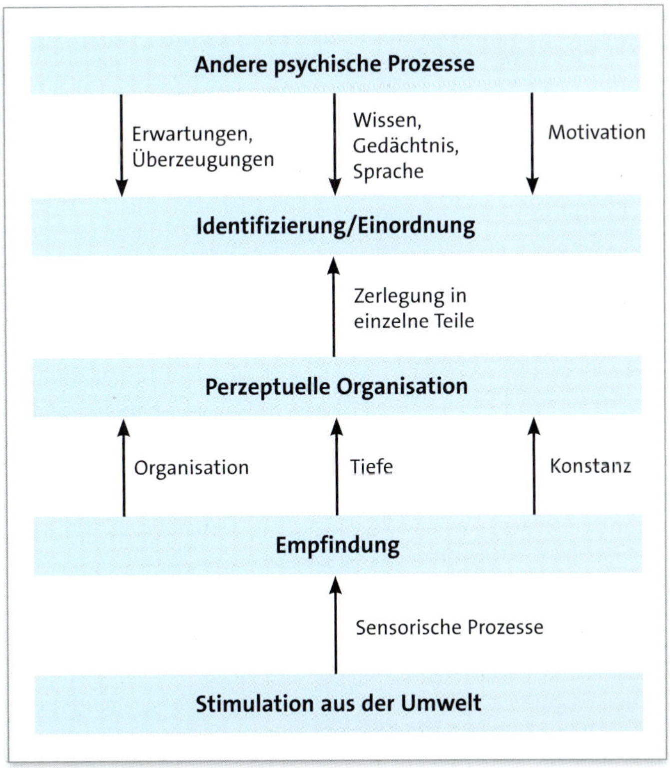

Skizze der Stufen des Wahrnehmungsvorgangs

Weil unsere Sinne begrenzt leistungsfähig sind, nehmen wir nur einen Teil der Wirklichkeit, die uns umgibt, bewusst auf. Dieser Teil ist allerdings nicht zufällig. Es werden die Reize ausgewählt, welche interessant und uns persönlich wichtig sind, jene Reize also, die unsere Aufmerksamkeit erregen, für uns eine bestimmte Bedeutung haben. Andere Reizinformationen, die uns umgeben, nehmen wir gleich gar nicht auf, dies würde uns hoffnungslos überfordern.

Der Verdacht, dass das, was wir sehen, hören, riechen oder schmecken und spüren, keine einfachen Abbildungen der Wirklichkeit sind, erhärtet sich immer mehr.

Gehen wir dazu noch einmal zum Prozess zwischen Empfindung und wahrnehmender Organisation zurück.

2.1.2.1 Größenkonstanz

Wenn man einen anderen Menschen betrachtet, dann entsteht von diesem ein umso kleineres Abbild auf der Netzhaut, je größer der Abstand von ihm ist. Dem Wahrnehmenden erscheint der beobachtete Mensch jedoch keineswegs als klein. Unabhängig von seinem Standort gewinnt man den Eindruck, dass er stets gleich groß ist. **Diese Größenkonstanz ist das Ergebnis von Organisationsprozessen in der Wahrnehmung.** Das Gehirn, das über die Durchschnittsgröße eines Menschen informiert ist, schließt zunächst aus der Größe des Abbildes auf die Entfernung, um anschließend eine Korrektur vorzunehmen. Unter extremen Bedingungen bricht die Konstanzwahrnehmung jedoch zusammen. Zum Beispiel sehen Menschen, wenn man sie vom obersten Stockwerk eines Wolkenkratzers aus betrachtet, winzig klein wie Ameisen aus. Kleine Kinder, die das zum ersten Mal erfahren, sind äußerst beeindruckt. Pobieren Sie es doch einmal aus.

„Die Wahrnehmung von Konstanz in der Umwelt ist eine unserer wichtigsten Fähigkeiten. Ohne Konstanz würden unsere Augen uns nicht viel nützen, denn die Welt ‚da draußen' könnten wir dann gar nicht sehen, sondern lediglich die wechselnden Bilder auf den Netzhäuten im Augenhintergrund. Anders gesagt liegt die Aufgabe der Wahrnehmung darin, trotz der Veränderungen auf den Netzhautbildern die invarianten Eigenschaften in der Umwelt zu entdecken." (ZIMBARDO/GERRIG, 1999)

Dass dieser Vorgang der Konstanzwahrnehmung aber auch störanfällig ist, zeigt nachfolgendes Bild:

Was ist denn hier passiert? Eine durchschnittlich große Frau sieht in der linken hinteren Ecke des Raumes wie ein Zwerg, ein durchschnittlich großer Mann in der rechten hingegen wie ein Riese aus.

AUFGABE
Diskutieren Sie Ihre Überlegungen, bevor Sie weiterlesen.

Haben Sie dafür eine Erklärung? Der Grund dieser Täuschung liegt darin, dass man den Raum wie gewohnt als rechteckig wahrnimmt, mit zwei hinteren Ecken, die gleich weit vom Betrachter entfernt liegen. Die Größe der Person in dem Raum wird somit in beiden Fällen als gleichbleibend mit der Größe der Netzhautbilder beider Augen wahrgenommen. Das größere Bild, so nimmt man an, entspricht einer größeren Person. Tatsächlich jedoch befindet sich die Person nicht in beiden Fällen in der gleichen Entfernung, denn der sogenannte Amessche Raum (benannt nach dem Wahrnehmungsforscher AMES) schafft eine raffinierte Täuschung. Er sieht aus wie ein rechteckiger Raum, in Wirklichkeit aber besteht er aus nicht rechtwinkligen Flächen, die in schiefen Winkeln in Tiefe und Höhe zusammengefügt sind (s. Abb.). Jede Person auf der rechten Seite wird ein größeres Bild auf die Netzhaut projizieren, denn sie steht näher beim Betrachter. Dieses größere Netzhautbild aber wird als größer

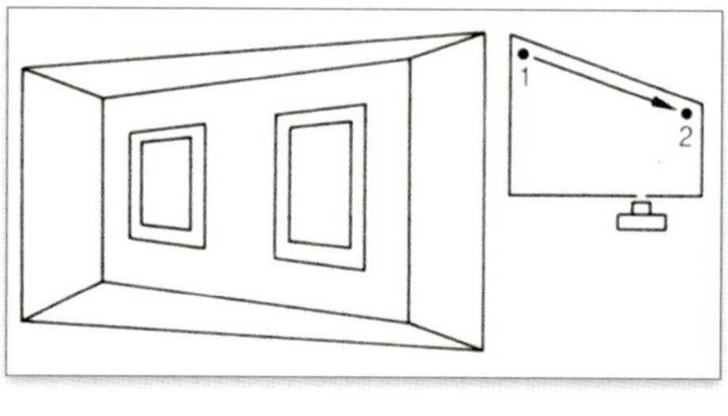

„wahrgenommen", weil der Raum – also der Bezugsrahmen – als „normal" gesehen wird, und die Dinge, die er enthält, in Beziehung zu diesem Raum gesehen werden.

Also eigentlich so etwas wie ein Rechenfehler des Gehirns, auf das wir uns sonst recht gut verlassen können, wenn wir an die normalen Bedingungen des Alltags denken.

2.1.2.2 Formenkonstanz und Farbkonstanz

Zu den normalen Dingen des Alltags zählt zum Beispiel der Umgang mit Geld: Wenn wir eine Euro-Münze von verschiedenen Blickwinkeln aus betrachten, sehen wir, dass man sich auf die „Rechenleistung" unseres Gehirns bei der Formenkonstanz normalerweise verlassen kann. Man kann sich diese Formenkonstanz selbst vorführen, indem man eine Münze senkrecht zwischen Daumen und Zeigefinger hält.

Das Geldstück entwirft auf der Netzhaut ein rundes Bild. Durch Drehung der Münze wird aus der runden Form eine Ellipse, die sich zunehmend abflacht, bis sie, wie in der Bildmitte gezeigt, als schmales Rechteck erscheint. Trotz dieser Formveränderung, die von der Netzhaut registriert wird, erscheint die Münze dem Wahrnehmenden stets als rund.

Eine ähnliche Konstanz gibt es auch in der Farbwahrnehmung: Die Farbe eines roten Gegenstands scheint stets die gleiche zu sein, wenn man sie bei Sonnenlicht, in der Dämmerung oder bei künstlichem Licht betrachtet. Somit offenbart sich auch in der Farbenkonstanz, dass der Wahrnehmungseindruck das Ergebnis aktiver Prozesse darstellt.

Durch die vom Gehirn vorgenommenen Korrekturprozesse werden die Merkmale eines Gegenstands (also Größe, Form und Farbe) unter verschiedenen Bedingungen also „relativiert" und daher erscheinen dem Wahrnehmenden Größe, Farbe oder Form von bekannten Gegenständen konstant. Das Zurechtfinden in unserer Welt wird durch diese Organisationsleistung erleichtert.

Es gibt aber auch Situationen, in denen ein genaues Bild der Wirklichkeit erschwert ist, nämlich dann, wenn der Reiz mehrdeutig ist, wie wir dies im Falle der jungen Frau/alten Frau schon gesehen haben. Die nachfolgenden Figuren zeigen den Sachverhalt der Mehrdeutigkeit sehr deutlich.

Der berühmte Rubin-Kelch: Sehen Sie hier eine Vase oder zwei einander anblickende Gesichter? Beides ist möglich.

Bei diesem sogenannten **Figur-Hintergrund-Bild** handelt es sich um eine flächige Zeichnung, bei der der Betrachter die verschiedenen Flächen sowohl als Vordergrund als auch als Hintergrund erkennen kann. Dadurch gerät unser Wahrnehmungssystem in einen unlösbaren Konflikt: Die verschiedenen Sehmöglichkeiten schließen sich im Normalfall aus. Entweder sehen wir eine Vase oder die zwei Gesichter. Nachdem wir die Mehrdeutigkeit erkannt haben, ist es uns möglich, hin und her zu wechseln.

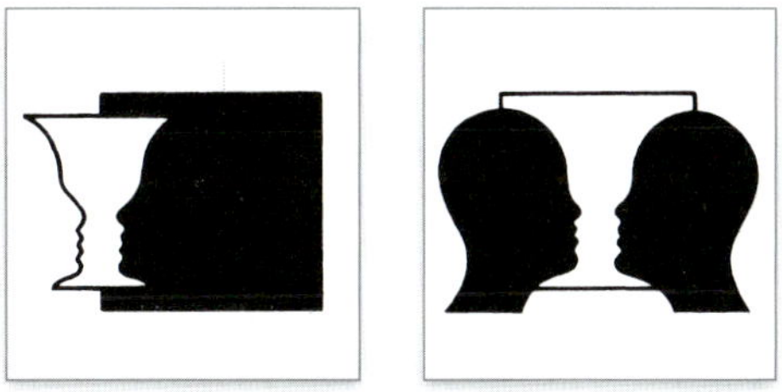

Das folgende Bild ist die Gitterzeichnung eines dreidimensionalen Würfels nach dem Mathematiker L. A. Necker. Wahrscheinlich vermuten Sie hinter dieser Zeichnung nichts Besonderes: ein dreidimensionaler Würfel mit Vorderfront und Hinterfront. Na und?

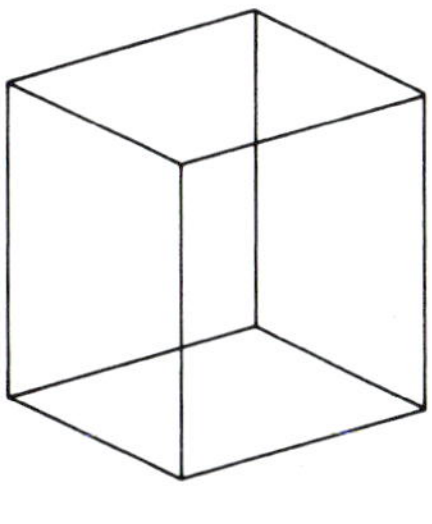

Der Necker-Würfel: Oben oder unten?

Nehmen Sie sich die Zeit, den Necker-Würfel etwas länger zu betrachten – es lohnt sich! Ziemlich schnell kommt Ihnen dann wahrscheinlich eine räumliche Wahrnehmungsalternative ins Bewusstsein. Nun blicken Sie einfach weiter auf den Würfel!

Das Umspringen des Würfels kommt dann wie von selbst und völlig unerwartet! Lassen Sie sich von diesem Trick verzaubern, bei dem Sie selbst gleichzeitig Zauberer und Publikum sind. Wieder einmal hat unser Gehirn ein unlösbar scheinendes Problem auf eine zunächst völlig überraschende Art und Weise gelöst. Ein einfaches, ruhendes Bild wie der Necker-Würfel versetzt unseren Wahrnehmungsapparat in Bewegung!

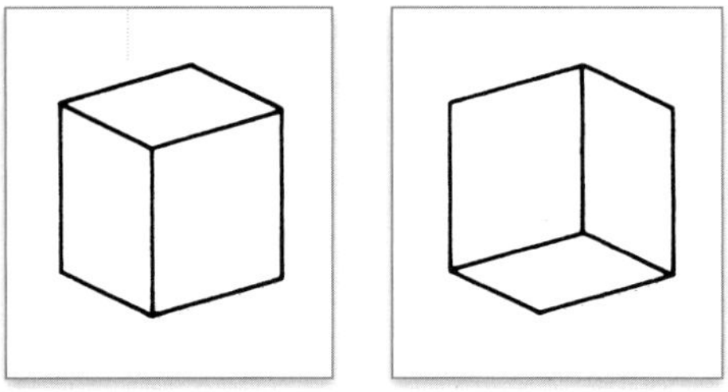

Manche Menschen erschrecken beim ersten Betrachten dieses Phänomens und werden durch den Wechsel der Wahrnehmung verunsichert. Dafür besteht aber kein Grund, denn wir erleben einen weiteren Trick der Natur, mit scheinbar ausweglosen Situationen umzugehen und einen Kompromiss zu schließen. Dieser Vorgang kommt in unserer normalen Welt beinahe ununterbrochen vor. Alles ist in Bewegung, dauernd strömen neue Umweltreize auf uns ein. Wir stehen also vor der Aufgabe, zwischen diesen verschiedenen Reizen zu vermitteln, das Interessante herauszufiltern und zwischen Alternativen zu wechseln und zu entscheiden. Schauen Sie genau:

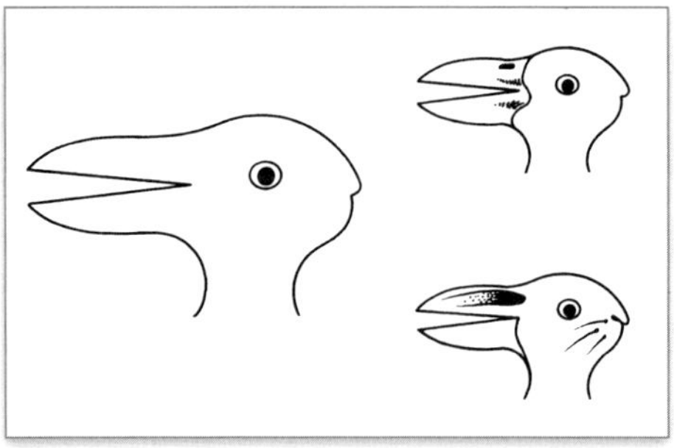

Ente oder Kaninchen. Ob sich hier ein Meinungsstreit zwischen Schülern entwickeln könnte? Und wer hat recht?

Diese Mehrdeutigkeiten verstecken sich übrigens nicht nur im Visuellen und bieten uns reichlich Anlass, uns zu streiten, sondern auch im Sprachlichen:

Stellen Sie sich vor, Sie machen eine Klassenfahrt nach Winterthur in der Schweiz. Dort machen Sie am ersten Tag eine Stadtbesichtigung, und gehen am zweiten Tag ins „Technorama", ein faszinierendes Technikmuseum mit einer Vielzahl an Experimentiermöglichkeiten auch im Bereich Wahrnehmung und Sinnestäuschung. Am Eingangstor klebt ein Zettel mit der Frage:

„Wie haben Sie Winterthur gefunden?"

„Mit der Landkarte natürlich", wird einer von den Schülern sagen.

„Es hat mir sehr gut gefallen", sagt zur gleichen Zeit ein anderer.

Zwei vollkommen verschiedene Antworten auf ein und dieselbe Frage! Beide Antworten sind durchaus logisch und lediglich davon abhängig, wie man die Frage deutet.

Oder ein anderes Beispiel: Ihre Freundin erzählt nach einem Landschulheimaufenthalt in Freiburg: „Ich habe mich in Freiburg verliebt."

Ja, wie darf ich denn das verstehen?

Eine inhaltliche Deutung ist ohne irgendeine Vorabinformation durchaus ziemlich schnell möglich. Bis man jedoch mögliche weitere inhaltliche **Deutungsmöglichkeiten** erkennt, sofern man sie überhaupt bemerkt, kann es bisweilen eine ganze Zeit dauern. Je länger es dauert, umso schöner ist danach das Aha-Erlebnis.

Auf einem derartigen überraschenden Aha-Erlebnis beim Begreifen zweier Deutungsmöglichkeiten bauen viele Scherzfragen oder Witze auf:

Kommt ein ostdeutscher Trabifahrer in eine westdeutsche Autowerkstatt: „Ich möchte gerne ein Radio für mein Auto." Darauf der Mechaniker: „Da machen Sie aber einen guten Tausch." Hahaha ...

2.2 Irrtümer der Sinne oder geometrisch-optische Täuschungen

Von der Mehrdeutigkeit können wir uns noch zur richtigen Täuschung steigern.

Von einer **Wahrnehmungstäuschung** sprechen wir dann, wenn uns unsere Sinne auf nachweislich fehlerhafte Art die Erfahrung eines Reizmusters vortäuschen. Wenn diese Täuschungen auftreten, sind in der Regel alle Menschen gleichermaßen betroffen, weil sie sich aus der besonderen Wechselwirkung unseres Wahrnehmungsapparats mit ganz bestimmten Reizmerkmalen ergeben.

Diese Wahrnehmungstäuschungen gibt es für alle Sinnesmodalitäten, wir können in einem Buch aber natürlich nur die visuellen Täuschungen verdeutlichen.

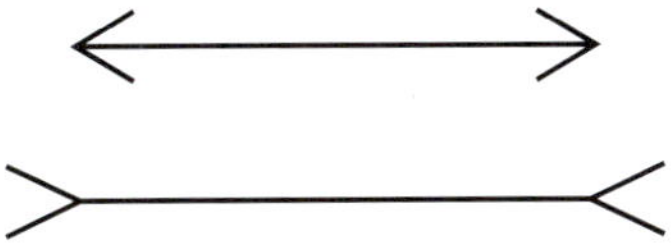

Betrachten Sie bitte aufmerksam die berühmte Müller-Lyer'sche Täuschung. Was sehen Sie?

Ist die obere Linie kürzer als die untere Linie? Es sieht so aus. Aber die beiden Linien sind absolut gleich lang! Der Auslöser für die Täuschung ist offenbar der Abschluss der Linien an ihren Enden. Die obere Linie wird durch Striche in spitzen Winkeln beendet, während die untere Linie durch stumpfe Winkel beendet wird.

2.2.1 Wie ist eine solche Täuschung zu erklären?

Es sind nach Lage der Forschung unterschiedliche Erklärungen möglich. Die vielleicht einfachste Erklärung ist, dass unsere Wahrnehmung von Natur aus darauf eingerichtet ist, allen Sinneseindrücken eine dreidimensionale Deutung zu geben. Durch die unterschiedlichen Abschlüsse wird den beiden Kanten eine unterschiedliche räumliche Tiefe zugeordnet. Dabei wird die obere Kante näher zum Betrachter liegend wahrgenommen als die untere Kante. Die nachfolgende Abbildung zeigt die Dreidimensionalität und wir gewinnen den entsprechenden Eindruck. Unser Gehirn erzeugt also diesen Wahrnehmungsfehler.

Wie unsere Sinne genarrt werden können, wollen wir in den nachfolgenden bekannten geometrisch-optischen Täuschungen abrundend betrachten.

Sie sehen die sogenannte Hering'sche Täuschung (1861). Die beiden quer liegenden Linien sehen so aus, als ob sie vom Strahlenzentrum weggebogen wären. In Wirklichkeit sind sie parallel und gerade. Wenn Sie das nicht glauben wollen, dann legen Sie das Buch flach und schauen Sie von rechts entlang der Geraden!

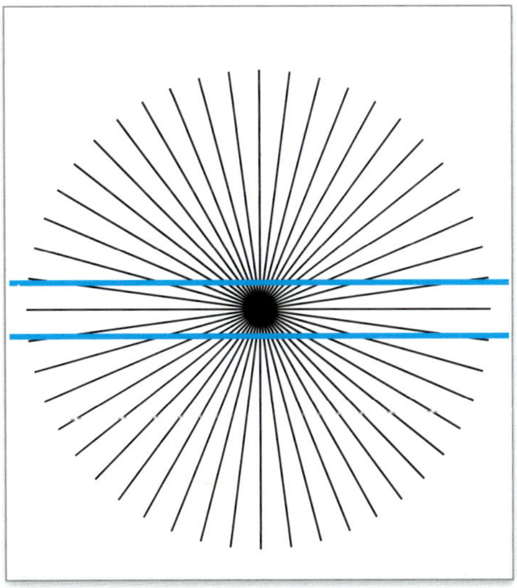

Bei der sogenannten Ehrenstein'schen Täuschung ist es ähnlich. Das Quadrat (nächste Seite) scheint durch die Linien zum Trapez verzerrt. Legen Sie auch hierbei das Buch wieder flach und schauen Sie von rechts auf die Abbildung, jetzt verschwindet die Täuschung.

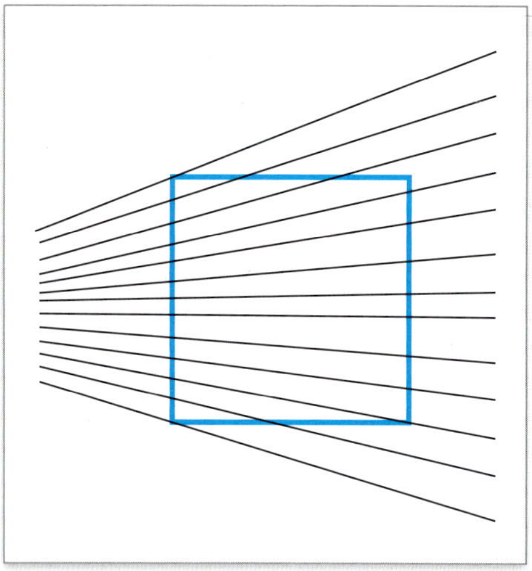

Hering hat auch endeckt, was wir sehen, wenn ein Quadrat über einer Ansammlung konzentrischer Kreise liegt: Die Kanten des Quadrats werden vom Mittelpunkt scheinbar nach innen gekrümmt.

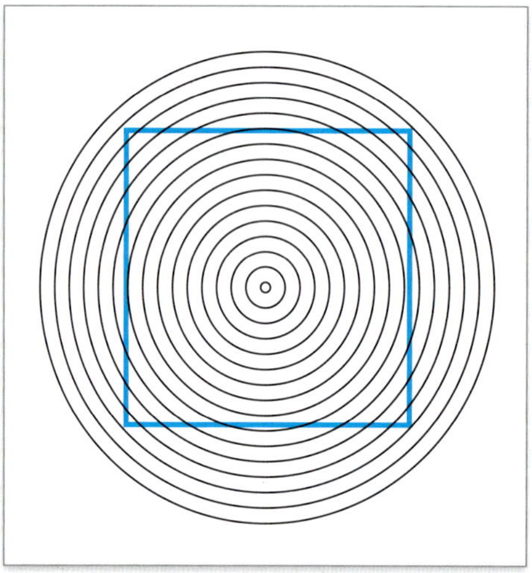

Friedrich Sander (1889–1971) war Professor für Psychologie in der ehemaligen DDR. Nach ihm ist das folgende Sander'sche Parallelogramm benannt. Die Diagonale C zu B im größeren Parallelogramm erscheint länger als die Diagonale A zu C im kleineren. In Wirklichkeit sind die Diagonalen aber genau gleich lang. Eine mögliche Erklärung ergibt sich wiederum aus der Eigenschaft der beteiligten Winkel, die Linienlängen scheinbar zu verändern (wie bei der Müller-Lyer'schen Täuschung). Die Diagonale des großen Parallelogramms bildet in beiden Schnittpunkten eindeutig einen stumpferen Winkel als die Diagonale des kleinen Parallelogramms.

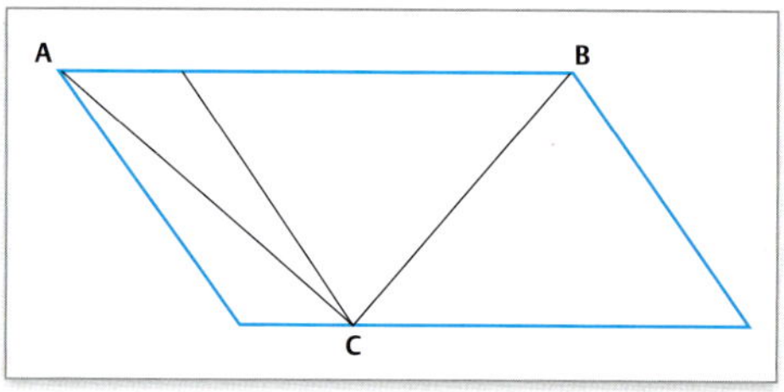

Diese optische Täuschung kann man sich in einer sehr praktischen Hinsicht zunutze machen. Stellen Sie sich vor, Sie haben einen Kindergeburtstag auszurichten. Sie wissen um einen kleinen Gast, der immer die größten Stücke aussucht, und wollen für ausgleichende Gerechtigkeit sorgen. Deshalb bieten Sie im Rahmen eines kleinen Spiels die Kuchenstücke wie folgt an: „Suche dir das größte Kuchenstück aus, wähle aber nur unter den beiden mittleren Stücken."

Vermutlich entscheidet sich das Kind für das linke mittlere Stück. Das hat unsere Mutter sich auch so gewünscht, denn damit hat sich das Kind für das kleinere entschieden.

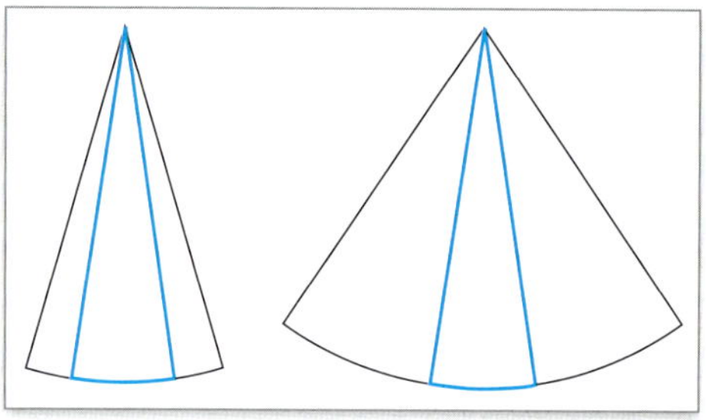

Bei diesen beiden Kuchenblechen handelt es sich um ein Beispiel der **Größenkontrastverstärkung**, die Ebbinghaus'sche Täuschung genannt wird. Das mittlere Kuchenstück auf dem linken Tablett erscheint zwischen zwei schmalen Kuchenstücken erheblich größer als das in Wirklichkeit größere Kuchenmittelstück auf dem rechten Blech.

Das Ganze funktioniert natürlich auch mit runden Schokoladenplätzchen, wie Ebbinghaus nachweisen konnte. Die Kreise in der Mitte sind gleich groß, obwohl es nicht so aussieht.

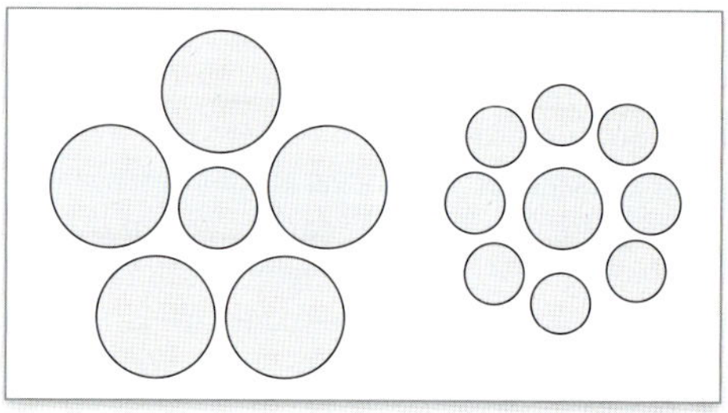

Die Umgebung eines optischen Reizes bestimmt also das Wahrnehmungsergebnis erheblich mit. Das lässt sich sogar in der Natur beobachten bei der sogenannten Mondtäuschung:

Vielleicht ist Ihnen schon einmal aufgefallen, dass der Mond deutlich größer aussieht, wenn er am Horizont steht (siehe Bild rechts), als wenn er direkt über Ihnen am Himmel steht (siehe Bild oben rechts außen). Der Eindruck des Größenunterschieds ergibt sich aus dem Vergleich mit dem Horizont.

Der im Zenit stehende Mond besitzt keinerlei Vergleichspunkte zur Entfernungsabschätzung. Der leere Raum um ihn sorgt dafür, dass seine Größe stark unterschätzt wird. Dagegen sorgt ein weit entfernter Horizont dafür, dass der Mond weiter entfernt erscheint.

Das ist also ein Phänomen der Missdeutung der Größenkonstanz. Gibt es denn nicht eine übergreifende Erklärung für all diese absonderlichen Dinge? Oder anders gefragt, drängt sich uns nicht der Eindruck auf, dass ganz bestimmte Gesetzmäßigkeiten am Werke sind, wenn wir die Welt um uns herum wahrnehmen? Irgendwelche Organisationsprinzipien in unserem Gehirn vielleicht? Der Verdacht ist berechtigt. Schauen wir etwas genauer hin:

Mond am Horizont

Mond am Himmelszenit

2.3 Organisation unserer Wahrnehmung

Bei der Betrachtung der meisten optischen Reize, die zu Täuschungen wurden, haben wir die Dinge organisiert zu Gegenständen, die für uns eine Bedeutung haben. Einfaches Grundprinzip dieser Organisation durch unser Gehirn ist ein gewisses Ordnungsstreben. Wir versuchen, mithilfe der Wahrnehmung Sinn und Ordnung in die Vielfalt der uns umgebenden Reize aus der Umwelt zu bringen.

Das lässt sich am neben stehenden Bildbeispiel sehr gut demonstrieren:

Die meisten Menschen sehen zuerst einmal eine Ansammlung schwarzer und weißer Flecken. Wenn Sie allerdings die Hunderasse Dalmatiner kennen, gelingt es Ihnen aus dieser Ansammlung von Flecken eben einen Dalmatiner zu „organisieren“! Warum?

Wir versuchen, für uns vollkommene, bedeutungsvolle Gestalten herzustellen, deshalb gibt es auch die Erkenntnis im Volksmund, dass das Ganze mehr ist als die Summe seiner Teile.

Was sehen Sie?

Ein weiteres schönes Anschauungsbeispiel aus dem Bereich der Sprache:

BEISPIEL

Die gute Nachricht

Alels vesdaretn?

Nachfolgende Meldung über eine Studie zum Thema Lesen kursiert zurzeit im Internet. Ob es die Untersuchung wirklich gibt oder ob sie nur gut erfunden ist, lässt sich nicht sagen. Wir fanden den Text aber so überzeugend, dass wir ihn abdrucken:

„Afugrnud enier Sduite an enier elingshcen Unvirestiät ist es eagl, in wlehcer Rienhnelfoge die Bcuhtsbaen in eniem Wrot sethen, das enizg wcihitge dbaei ist, dsas der estre und lzete Bcuhtsbae am rcihgiten Paltz snid. Der Rset knan ttolaer Bölsdinn sien, und du knasnt es torztedm onhe Porbelme lseen. Das ghet dseahlb, wiel wir nchit Bcuhtsbae für Bcuhtsbae enizlen lseen, snodren Wröetr als Gnaezs."

Um diesen Prozess der ganzheitlichen Wahrnehmung zu verstehen, müssen wir uns mit den sogenannten Gestaltgesetzen beschäftigen.

2.3.1 Die Gestaltgesetze der Wahrnehmung

Als meine Töchter noch im Kindergartenalter waren, so etwa fünf bis sechs Jahre alt, lieferten sie regelmäßig Beispiele für den Vorgang der Wahrnehmungsorganisation. Sie teilten uns mit, dass sie jetzt gerade ein Krokodil oder einen Hund, oder gar ein kleines Haus essen würden, das in ihrem Schokoladenpudding erschienen sei.

Dass unsere Kinder derlei Gestalten in ihrem Essen fanden, bedeutet, dass sie die Bestandteile auf ihren Tellern so organisierten, dass Krokodil oder Hund oder Haus herauskamen. Zugegeben, manchmal sahen die Essensreste auch für uns Erwachsene wirklich krokodilähnlich oder hundeähnlich aus.

Diese Bedeutungsverleihung hat schon in den Zwanzigerjahren des vorigen Jahrhunderts eine Gruppe von Psychologen um Prof. MAX WERTHEIMER, ERNST KOFFKA, WOLFGANG KÖHLER und WOLFGANG METZGER untersucht und eine Richtung gegründet, die man als Gestaltpsychologie bezeichnet. Gefunden haben diese Psychologen die sogenannten **Gestaltgesetze**.

Unter Gestaltgesetzen versteht man einen Satz von Regeln, die beschreiben, welche Wahrnehmungen entstehen, wenn bestimmte Reizbedingungen gegeben sind. Die sechs wichtigsten Regeln stellen wir im Folgenden kurz vor.

1. Das Prägnanzgesetz
2. Das Gesetz der Ähnlichkeit
3. Das Gesetz der Nähe
4. Das Gesetz der guten Fortsetzung
5. Das Gesetz der Geschlossenheit
6. Das Gesetz der Erfahrung bzw. Vertrautheit oder Bedeutung

2.3.1.1 Das Prägnanzgesetz

Das Prägnanzgesetz oder auch das Gesetz der guten Gestalt oder das Gesetz der Einfachheit ist das zentrale Gesetz der Gestaltpsychologie. Jedes Reizmuster wird so gesehen, dass das Ergebnis so einfach wie möglich ist.

Deshalb erkennen wir in der ersten Anordnung deutlich das Quadrat und die Ellipse. Diese beiden Muster zeichnen sich durch ihre Einfachheit gegenüber anderen möglichen Mustern aus, wie Sie sie zum Beispiel in der folgenden Abbildung sehen.

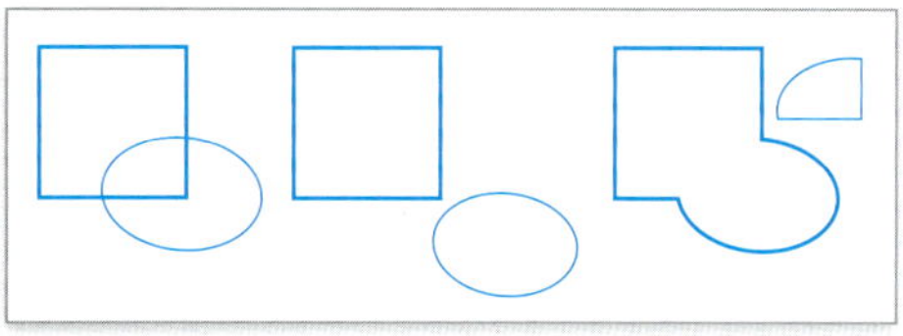

Ebenso ergeht es uns bei der Betrachtung der nächsten Figur.

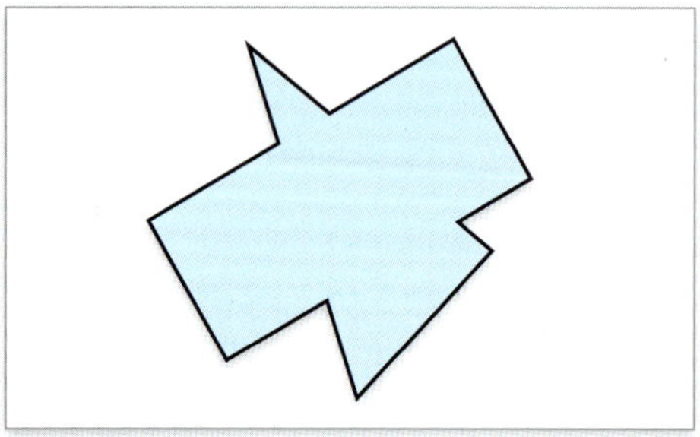

Sicher sehen Sie anstelle eines komplexen elfeckigen Gebildes hierin einfach im Sinne der Prägnanz ein Rechteck und ein Dreieck übereinandergelegt.

Sehr gute Formen im Sinne der Prägnanz sind erfahrungsgemäß Kreise, rechte Winkel und Geraden.

Auch in der Erinnerung spielt das Prägnanzgesetz eine große Rolle: Wir merken uns auf Dauer nur solche Inhalte, die sich besonders von den anderen abheben. Prägnantes prägt sich eben besonders gut ein. Denken Sie zum Beispiel an Werbeslogans: Welche fallen Ihnen ein?

2.3.1.2 Das Gesetz der Ähnlichkeit

Betrachten Sie die Kreise im folgenden Bild a). Sie haben senkrecht wie waagerecht den gleichen Abstand zueinander. Diese Anordnung lässt uns die Wahl: Wir sehen die Kreise entweder senkrecht oder waagerecht oder auch beides zugleich.

Diese Wahlmöglichkeit verschwindet alsbald, wenn wir wie in Bild b) jede Kreisspalte mit einer Quadratspalte wechseln lassen. Wir nehmen eindeutig sofort eine senkrechte Anordnung von Kreisen und Quadraten wahr.

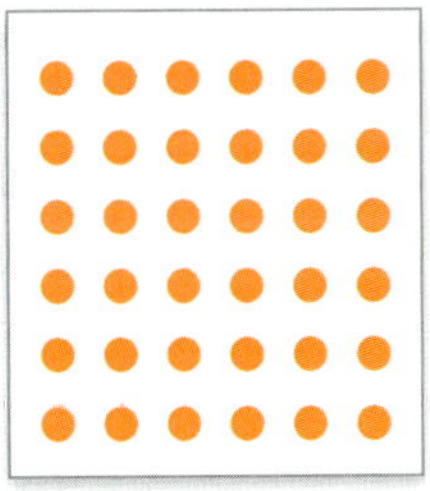

a)

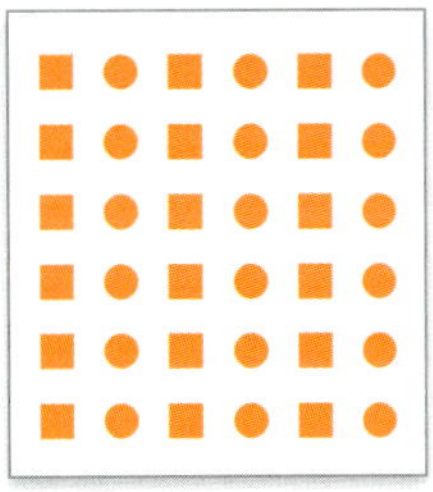

b

Das Gesetz der Ähnlichkeit besagt, dass die einzelnen Elemente eines Bildes bevorzugt als Gruppe wahrgenommen werden, wenn sie sich ähnlich sind. Diese Ähnlichkeit kann sich auf Farbe, Helligkeit, Größe, Orientierung oder Form beziehen. Achten Sie einmal bei der Eröffnung großer Sportveranstaltungen wie den Olympischen Spielen auf die Eröffnungszeremonien, wenn bunte Tücher oder gleiche Trikots sich zu großen Bildern formieren.

Dieses Gesetz funktioniert übrigens auch bei der Wahrnehmung von Personen. Angehörigen bestimmter Gruppen werden allzu gerne übereinstimmende Eigenschaften zugeschrieben. Kennen Sie den Satz: „Sage mir, mit wem du gehst, und ich sage dir, wer du bist!"?

2.3.1.3 Das Gesetz der Nähe

Reize oder Bildelemente, die nahe beieinander liegen, werden leicht als zusammengehörig wahrgenommen.

Die Nähe kann Dinge einander ähnlicher machen. Die gleiche Figur ist unter „Antilopen" eine Antilope und in der Gesellschaft von „Vögeln" ein Vogel.

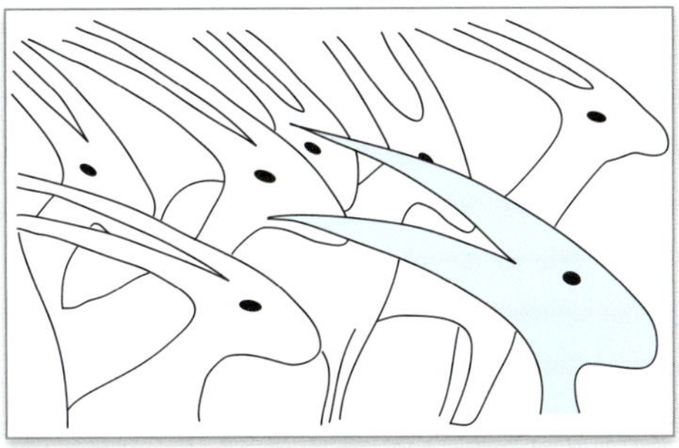

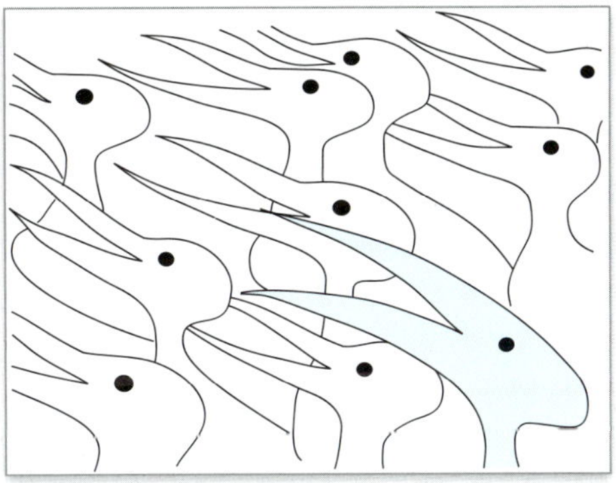

2.3.1.4 Das Gesetz der guten Fortsetzung oder Kontinuitätsgesetz

Reize, die eine Fortsetzung vorausgehender Reize zu sein scheinen, werden als zusammengehörig wahrgenommen. Je nachdem, ob Sie im folgenden Bild Zahlen von rechts nach links lesen oder Buchstaben von oben nach unten, verändert sich die Wahrnehmung des in der Mitte befindlichen Zeichens: Im ersten Fall lesen Sie eine Dreizehn, im zweiten Fall den Buchstaben B: Stimmt's? So setzt sich der begonnene Verstehensprozess fort.

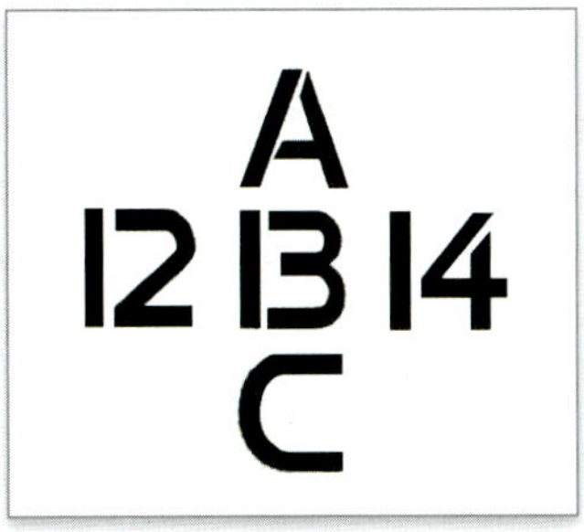

Im Gemälde von Camille Pissarro: „Morgen, bewölkter Tag, Rouen" kann man das Prinzip der gestaltgerechten Fortsetzung gut beobachten: Obwohl der Rauch sowohl Brücke als auch Schornstein in Stücke teilt, nehmen wir sie als fortlaufend wahr, und sie stürzen auch nicht ein.

Morgen, bewölkter Tag, Rouen

2.3.1.5 Das Gesetz der Geschlossenheit

Unvollendete Reize werden als vollendet wahrgenommen. Wir dichten gewissermaßen die Zwischenräume ab. Sehen Sie verschiedene Punkte oder nehmen Sie einen Kreis wahr?

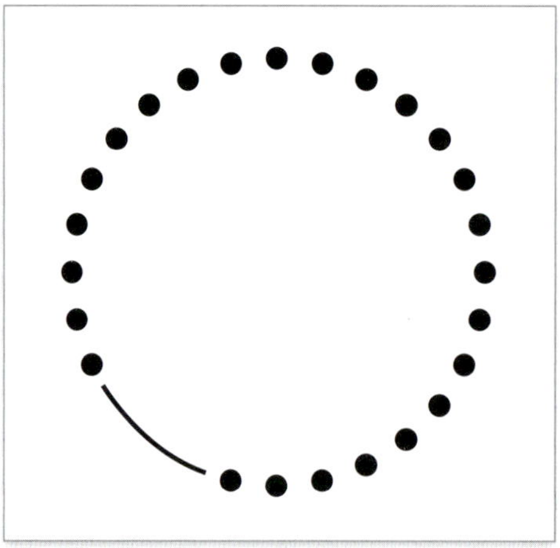

Oder was machen Sie bei der Betrachtung der vielen schwarzen Papierschnitzel im nächsten Bild? Irgendwie sehen Sie darin einen Hund, oder?

In diesem Bild wird uns auch sehr schön gezeigt, was der bekannte Satz der Gestaltpsychologie bedeutet:

„Das Ganze ist mehr als die Summe seiner Teile." Wir sind immer auf der Suche nach einer „guten Gestalt."

2.3.1.6 Das Gesetz der Erfahrung

Vorwissen, Erfahrung und Vertrautheit spielen bei der Anordnung von Bildelementen eine bedeutende Rolle. Dieses Gesetz lässt sich illustrieren an dem „Felsen und Gesichter"-Bild der Künstlerin Bev Doolittle (1985): „Der Wald hat Augen" (siehe S. 93).

Wenn Sie statt Felsen in einem Bach oder Bäumen in einem Wald die Bestandteile von Gesichtern wahrnehmen, dann verändert sich auch die Wahrnehmungsorganisation der Felsen und der Bäume. Zwei Felsen, die ursprünglich als zwei einzelne Steine im Bach wahrgenommen wurden, gehören plötzlich zusammen, wenn man sie als das linke und das rechte Auge eines Gesichts sieht. Wenn Sie eine bestimmte Gruppe von Felsen als Gesicht wahrgenommen haben, fällt es sogar schwer, sie nicht mehr so wahrzunehmen. Die Felsen wurden dauerhaft durch Vertrautheit zu einem Gesicht organisiert.

Diese Wahrnehmungsorganisation läuft automatisch ab, weil sie eine der grundlegenden Verfahren ist, der Welt Bedeutung zu verleihen.

So langsam müssen wir den Bereich der Objektwahrnehmung verlassen und zu dem noch spannenderen Bereich der persönlichen und sozialen Besonderheiten der Wahrnehmung kommen.

Bev Doolittle (1985): „Der Wald hat Augen“

Können Sie im Bild 13 Gesichter finden? Kleiner Tipp: Es hilft, wenn man den Abstand zum Bild etwas vergrößert.

2.4 Wahrnehmung – individuelle Einflüsse

Machen wir dazu doch einmal eine kleine Wahrnehmungsübung

Welche Umweltreize ein Mensch wahrnimmt, das dürfte nach dieser Übung deutlich werden, ist offenbar von persönlichen Bedingungen abhängig: Je nachdem, in welcher Rolle sich der Betrachter befindet, kommt er zu unterschiedlichen Wahrnehmungsergebnissen.

Die „Putzfrauen“ nehmen den achtlos liegen gelassenen Unrat sehr deutlich wahr, übersehen aber beispielsweise die Veranstaltungsplakate an der Pinnwand, die von den „Austauschschülern“ sehr genau bemerkt wurden.

Die „neuen Schüler“ erkennen die Schwierigkeit, die verschiedenen Räumlichkeiten zu finden, wohingegen die „Innenarchitekten“ die Lichtverhältnisse in den Klassenzimmern problematisieren usw.

Was werden wohl die „potenziellen Diebe“ so alles wahrnehmen?

Es wird also deutlich, dass unsere Wahrnehmung von individuellen Faktoren mitbestimmt wird. Je nach meiner persönlichen Rolle habe ich bestimmte *Motive, Bedürfnisse und Interessen*, die mich auf meinem Wahrnehmungsrundgang beeinflussen.

Auch die *Erfahrung* eines Menschen ist beteiligt, wenn er die Welt sieht.

AUFGABE

Wahrnehmungsrundgang

Wir bilden innerhalb der Klasse Vierergruppen. Jede Gruppe schlüpft dann in eine Rolle als

- neue Schüler der Schule
- Austauschschüler
- Eltern
- neue Lehrer
- Putzfrauen
- potenzielle Diebe
- Innenarchitekten
- ...

Dann gehen die Schüler in diesen verschiedenen Rollen durch das Schulhaus mit Fragen wie diesen:

1. Wie sieht die Schule aus?
2. Was haben wir gesehen?
3. Was ist uns besonders aufgefallen?

Die Ergebnisse werden anschließend in der Klasse ausgetauscht. Was kommt heraus?

Wenn Sie einen Kindergarten sehen, dann nehmen Sie nicht nur ein Haus und Kinder wahr, sondern verbinden damit zugleich die Erfahrung, die Sie in Kindergärten gemacht haben. Sie nehmen es als einen Ort der Freude und Selbstbestätigung, einen Ort voll Stress oder einen Ort der Geborgenheit oder gar als Ausbildungsstätte wahr.

Die *körperliche und seelische Verfassung, die Gefühle und Stimmungen* wirken sich sehr stark darauf aus, wie wir die Welt um uns herum wahrnehmen. So ist uns allen geläufig, wie unterschiedlich wir Nahrungsmittel wahrnehmen, je nachdem, ob wir hungrig sind oder nicht.

Wer glücklich und zufrieden ist, nimmt seine Umwelt anders wahr als der Enttäuschte und Unglückliche.

Berühmt ist mittlerweile auch die Wirkung der *Erwartungen* eines Individuums auf die Sicht der Dinge. Schon 1968 fand der deutschstämmige, in die USA ausgewanderte Sozialpsychologe Robert Rosenthal den sogenannten **Rosenthal-Effekt** der Wahrnehmung. In einer Aufsehen erregenden Studie konnte er nachweisen, dass Lehrererwartungen Einfluss auf Schüler haben können.

Zusammen mit einer Mitarbeiterin besuchte Rosenthal eine Grundschule, um in mehreren Klassenstufen einen Test durchzuführen (Rosenthal und Jacobson, 1968). Den Lehrern gegenüber wurde erklärt, dass die Ergebnisse Auskunft über das zukünftige Leistungsverhalten der Schüler geben würden. Kurz darauf kehrten die Forscher zurück, um den jeweiligen Lehrern mitzuteilen, dass einzelne *(tatsächlich nach dem Zufall ausgewählte)* Schüler aufgrund der Testergebnisse gute Lernfortschritte für die nächste Zeit erwarten ließen.

Am Ende des Schuljahrs wiederholte Rosenthal seine Testprüfung. Dabei fand er, dass die ursprünglich zufällig ausgewählten Schüler – vor allem in den untersten Klassenstufen – im Vergleich zu den übrigen Klassenkameraden verhältnismäßig große Lernfortschritte erzielt hatten.

Es darf heute als gesichert gelten, dass Lehrer und natürlich auch Erzieher und Erzieherinnen bereits zu Beginn eines Jahres Erwartungen über die Leistungen und Verhaltensweisen ihrer Kinder entwickeln und dass viele Kinder diese Erwartungen erfüllen:

> Lernende, die von ihren Lehrern für fähig gehalten werden, zeigen bessere Leistungen als andere, denen die Lehrer weniger zutrauen.

Wie ist es zu erklären, dass die meisten Schüler mit ihren Leistungen die **Erwartungen** ihrer Lehrer im Verlauf des Schuljahrs erfüllen? Menschen neigen dazu, andere so wahrzunehmen, wie sie nach ihren Erwartungen sein müssten. Wenn sie darüber hinaus – eventuell ohne sich dessen bewusst zu sein – auf soziale Ereignisse oder Persönlichkeitsmerkmale ihrer Adressaten so einwirken, dass diese sich an die Erwartungen anpassen, liegt eine **sich selbst erfüllende Prophezeiung** vor. Die Wahrscheinlichkeit, dass es so kommt, wie ich denke, dass es kommen wird, ist sehr hoch.

Den Einfluss, den **Einstellungen und Vorurteile** auf die Wahrnehmung haben, bezeichnet man auch gerne als Voreingenommenheit. Für die Voreingenommenheit als Überzeugung, wie etwas ist oder wie jemand ist, z. B. für Menschen mit Migrationshintergrund, gilt das Gleiche, wie wir bei dem Rosenthal-Effekt festgestellt haben. Wenn wir von etwas überzeugt sind, entsteht eine Erwartung. Diese Erwartung hat dann die fatale Tendenz, sich zu bestätigen. Dies wollen wir mit einem einfachen Interaktionsspiel einmal deutlich machen.

Die Auswertung dieser Übung ist wichtig, denn die Bedeutung der Verfälschung der Wahrnehmung durch Vorurteile kann verhängnisvolle Auswirkungen haben.

AUFGABE

„Die rosarote Brille

Zeit
Sie benötigen ca. 45 Minuten

Material
Man braucht acht Brillengestelle ohne Gläser (notfalls Pappbrillen)

Anleitung
„Wir wollen heute ein Spiel ausprobieren, das „Rosarote Brille" heißt. Dazu habe ich eine ganze Reihe von Spezialbrillen mitgebracht. Sie können uns helfen, besser zu verstehen, dass wir dieselben Dinge manchmal ganz unterschiedlich sehen und erleben.

Sie wissen, wenn Sie manchmal ganz glücklich sind, dann sagt der eine oder andere vielleicht zu Ihnen: „Du siehst alles durch eine rosarote Brille". Alles scheint dann schön und wunderbar zu sein.

Ich möchte Ihnen mit den verschiedenen Brillen einmal zeigen, wie unterschiedlich wir das Leben betrachten können.

1. Die „VERTRAUENSBRILLE"
   Hier habe ich eine Brille, die ich einmal die VERTRAUENSBRILLE nennen möchte. Wenn ich diese Brille trage, bin ich sehr vertrauensvoll. Hat jemand von Ihnen Lust, die VERTRAUENSBRILLE aufzusetzen und uns zu sagen, was er dann hier sieht? Wie er über uns und über die Welt denkt?
   Einige Schüler sollten die Gelegenheit wahrnehmen.
   Kennen Sie Menschen, die meistens eine VERTRAUENSBRILLE tragen?
   Wann tragen Sie eine?
   Wie fühlen Sie sich, wenn Sie eine VERTRAUENSBRILLE tragen?
   Lassen Sie uns fünf Minuten miteinander über diese Frage sprechen.
   Jetzt geben die Schüler die Brille bitte wieder zurück, damit der Lehrer eine andere Brille ausprobieren kann.
2. Die „MISSTRAUENSBRILLE"
   Möchten wieder einige von den Schülern mit der Brille experimentieren?
   Was sehen Sie nun? Was denken Sie, wenn Sie diese Brille tragen?
   Geben Sie wieder einigen Schülern Gelegenheit, mit der MISSTRAUENSBRILLE ihre Umgebung zu betrachten, um festzustellen, wie die Welt damit aussieht.
   Kennen die Schüler Menschen, die meistens eine MISSTRAUENSBRILLE tragen?
   Wann tragen die Schüler eine?
   Wie fühlen die Schüler sich, wenn sie eine MISSTRAUENSBRILLE tragen?
   Lassen Sie uns wieder fünf Minuten über diese Fragen sprechen.
   Geben Sie dem Lehrer jetzt die MISSTRAUENSBRILLE zurück, sodass er Ihnen eine neue Brille geben kann.
3. Die „RECHTHABERBRILLE" ist jetzt dran. Verfahren Sie nun in gleicher Weise, wie mit der vorherigen Brille ...
4. Danach kommt die „ICH-MACHE-ALLES-FALSCH-BRILLE".
   (Wenn Sie diese Brille tragen, gehen Sie davon aus, dass Sie niemals etwas richtig machen, sondern immer die Schuld haben und immer alles falsch machen.)
5. Die „ICH-BIN-BELIEBT-BRILLE"
   (Wenn Sie diese Brille tragen, gehen Sie davon aus, dass die anderen Sie mögen und gerne mit Ihnen zusammen sind.)
6. Die „ICH-BIN-ÜBERHAUPT-NICHT-BELIEBT-BRILLE"
   (Wenn Sie diese Brille tragen, gehen Sie davon aus, dass niemand Sie mag und Sie keinem etwas bedeuten.)
7. Die „SCHWÄCHE-BRILLE"
   (Wenn Sie diese tragen, fühlen Sie sich schwach und unfähig ... Es wäre sinnvoll, wenn jeder von den Schülern diese Brille einmal aufsetzt und mitteilt, was er dann denkt, fühlt und sieht ...)
8. Die „STÄRKE BRILLE"
   (Wenn Sie diese Brille tragen, sind Sie sich bewusst, dass Sie eine ganze Menge können, dass Sie wichtig sind, dass Sie zählen, dass Sie sich auf sich selbst verlassen können ... Der Lehrer sollte auffordern, dass jeder von den Schülern auch diese Brille einmal aufsetzt und mitteilt, was er dann denkt, fühlt und sieht)." (Vopel, 1996)

2.5 Wahrnehmung – soziale Einflüsse

Stellen Sie sich vor, Sie sind eine freiwillige Versuchsperson zusammen mit sieben anderen in einem Experiment. Sie kommen dazu in einen Raum mit acht Stühlen, die in einer Reihe vor einer Leinwand stehen. Alle setzen sich, Sie ganz außen links.

Der Versuchsleiter erklärt, er sei daran interessiert, herauszufinden, wie gut Sie die Länge verschiedener Linien einschätzen können. Er zeigt Ihnen eine gerade Linie X. Dies ist die Standardlinie. Dann zeigt er drei Vergleichslinien (A, B und C) und bittet Sie, diejenige auszuwählen, die der Standardlinie am nächsten kommt.

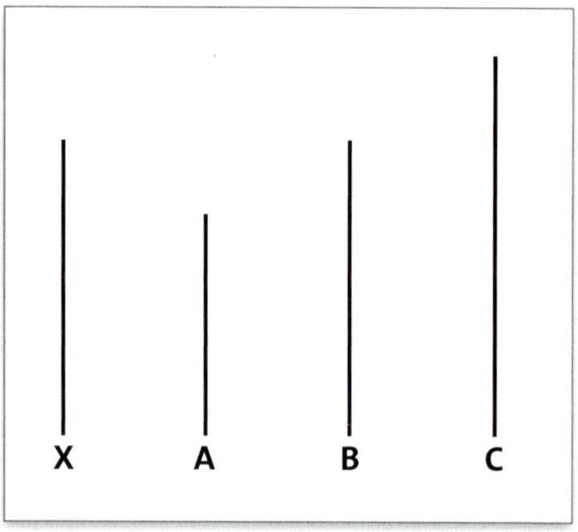

Die Aufgabe ist eigentlich recht einfach. Es ist offensichtlich, dass die ähnlichste Vergleichslinie die Linie B ist. Bei der rechts sitzenden Versuchsperson geht es los. Aber seltsam, sie antwortet mit A, offensichtlich falsch. Nun ja, wahrscheinlich hat sie sich einfach nur geirrt. Doch dann gibt auch die neben ihr sitzende Versuchsperson dieselbe falsche Antwort. Sie denken mittlerweile, dass die wohl einen Knick in der Optik zu haben scheinen, doch nachdem die dritte, vierte, fünfte, sechste und siebte Versuchsperson genau dieselbe falsche Antwort gegeben hat, sind Sie an der Reihe.

Und was passiert nun? Verlassen Sie sich auf Ihr Augenmaß oder richten Sie sich nach der Gruppe? Ihre Handflächen beginnen zu schwitzen und Sie bekommen Herzklopfen, während Sie nachdenken. Zu guter Letzt werden Sie unsicher und geben auf. Sie sagen dasselbe wie die anderen aus der Gruppe.

Dies war die Nachstellung eines berühmten Experiments des amerikanischen Sozialpsychologen Solomon E. Asch zum Einfluss *anderer Personen oder einer Gruppe* auf die Wahrnehmungs- und Urteilsfähigkeit des Einzelnen.

In diesem Experiment führte Asch einen Konflikt herbei zwischen dem Wissen seiner Versuchspersonen um die physikalische Realität und der „sozialen Realität", wie sie durch die Gruppe repräsentiert wird. Diese Konfliktsituation erreichte er durch eine recht einfache Manipulation. Die Person, die ganz links in der Reihe sitzt (so wie Sie), ist zwar immer eine echte Versuchsperson, doch alle anderen Teilnehmer sind in Wirklichkeit Verbündete des Versuchsleiters. Diese wissen zwar, dass die von ihnen abgegebenen Urteile falsch sind, sie richten sich aber ausschließlich nach den Vorgaben des Versuchsleiters, der damit erreichen möchte, dass die Gruppe einen sanften Druck auf die einzelne „echte" Versuchsperson ausübt. Und das gelingt auch. Insgesamt richteten sich 35 % der echten Versuchspersonen nach den falschen Beurteilungen der Gruppe – das ist zwar nicht die Mehrheit, doch eine beträchtliche Minderheit. Wenn die Versuchspersonen keinen objektiven physikalischen Reiz haben, nimmt die Prozentzahl der Anpassungen noch deutlich zu. In einer Befragung der echten Versuchspersonen nach dem Experiment stellte sich heraus, dass manche sich der Gruppe angepasst haben, manche aber auch wirklich ihrer Wahrnehmung misstrauten.

> Die Gruppe hat Einfluss auf die Wahrnehmung des Einzelnen.

Darüber hinaus werden so natürlich auch *Einstellungen* erzeugt. Wie diese dann wirken können, dazu gibt es eine interessante, immer wieder zu machende Beobachtung:

Wenn Lehrerinnen und Lehrer gerade an einer Fortbildungsveranstaltung über Verhaltensstörungen von Kindern teilgenommen haben, steigt für sie die Zahl verhaltensgestörter Kinder in ihrer Klasse mit großer Wahrscheinlichkeit. Das bedeutet, sie nehmen bei ihren Kindern mehr Verhaltensweisen wahr, die von der Norm abweichen, als vorher.

Untersuchungen haben sogar ergeben, dass sie auch Verhaltensweisen als von der Norm abweichend wahrnehmen, obwohl dies gar nicht zutrifft. Es zeigt sich hierin der Einfluss der sozial bedingten Einstellungen auf die Wahrnehmung, und der kann so weit gehen, dass man Dinge wahrnimmt, die es ohne diese Einstellung gar nicht gegeben hätte! So konstruiert man Wirklichkeit.

Wert- und Normvorstellungen einer Gemeinschaft können sich auch auf die Gestaltung der Wahrnehmung erheblich auswirken.

Legen Sie zu Demonstrationszwecken eine 1-Euro-Münze und eine 2-Euro-Münze auf den Overhead-Projektor. Lassen Sie dann die Größe schätzen.

Eigentlich müssten Sie dabei herausbekommen, dass die Größe überschätzt wird. Warum? Denken Sie bitte erst einmal darüber nach:

Die Psychologen Jerome Bruner und C. Goodman teilten in einem Experiment in Amerika zehnjährige Kinder entsprechend ihrer Herkunft in zwei Gruppen ein, in eine „arme" und in eine „reiche" Gruppe. Auch ihnen wurden verschiedene Geldmünzen zur Größenschätzung vorgelegt. Alle Kinder überschätzten die Größe der Geldmünzen, die Kinder aus „armen" Verhältnissen allerdings deutlich stärker als die Kinder aus „reichen" Elternhäusern. Die *Wertigkeit* des Geldes hat sich offenbar auf die Größenschätzung ausgewirkt.

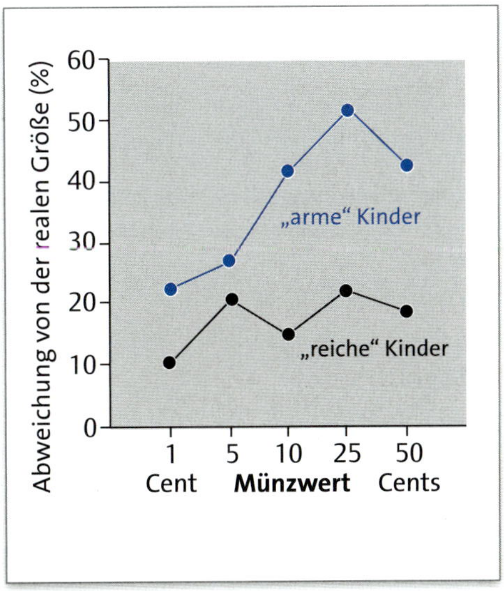

Wir überschätzen, was wir begehren. Begünstigt wird dieser Einfluss vor allem aber auch durch die Orientierung unserer Gesellschaft an Geld und Konsum.

Unsere bisherigen Ausführungen zur Psychologie der Wahrnehmung kommen jetzt zu ihrem eigentlich wichtigsten Anliegen. Wir suchen nach einem besseren Verständnis des Verhaltens der Menschen in sozialen Situationen. Wir wollen wissen, wie Menschen einander wahrnehmen und was dabei „schiefgehen" kann. Die Fähigkeit zum Beobachten und Beurteilen gehört somit zu den unverzichtbaren Grundkompetenzen pädagogischer Berufsgruppen, z. B. Sozialpädagogen, Lehrer. Wie schwierig diese Aufgabe ist, lässt sich durch eine Zusammenfassung aller Faktoren, die die Wahrnehmung beeinflussen, noch einmal unterstreichen.

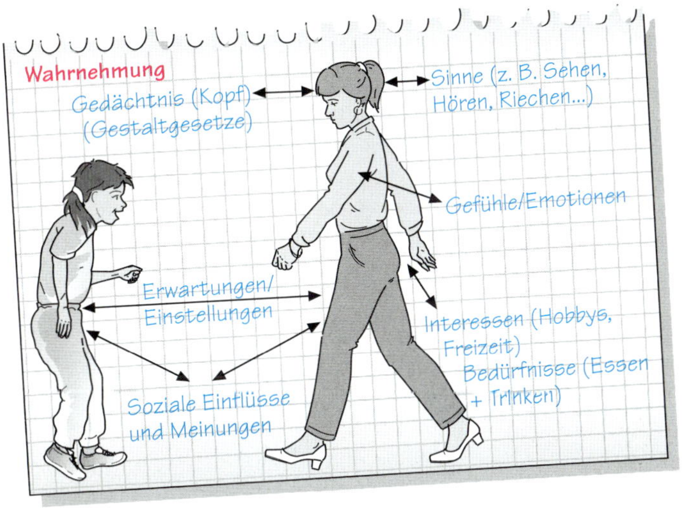

Es wirken ein:

- die Sinnesphysiologie, d.h. die Funktionsweise, die Beschaffenheit und Leistungsfähigkeit unserer Sinne
- die Aufmerksamkeit, das Gedächtnis, die Erfahrungen, die Lerngeschichte und das Wissen
- Organisationsprinzipien im Gehirn: Konstanzphänomene, die Gestaltgesetze
- zahlreiche individuelle Einflüsse: Motive, Bedürfnisse, Interessen
- die körperliche und seelische Verfassung, Gefühle und Stimmungen
- Erwartungen und Einstellungen
- soziale Einflüsse wie andere Personen, Wert- und Normvorstellungen, Meinungen, Anschauungen.

2.6 Die Beobachtungseffekte in der Personenwahrnehmung

2.6.1 Personenwahrnehmung

Wir wissen jetzt: Was wir sehen, hören, riechen und fühlen, gestalten wir zu einem Eindruck. Wir registrieren etwas nicht einfach nur als Abbild in unserem Gehirn, sondern wir konstruieren Bilder von uns und von der Welt. Insbesondere, wenn wir Personen wahrnehmen und beurteilen, machen wir uns ein Bild. Die Personenwahrnehmung wird noch stärker von subjektiven Prozessen beeinflusst als die Objektwahrnehmung und ist deshalb mit Fehlern behaftet.

Auch Lehrer verschaffen sich in der Begegnung mit Schülern einen Eindruck. Ebenso bilden wir uns im Alltagsleben, wo wir fremden Menschen begegnen, einen Eindruck und oft steht wenig Zeit zur Verfügung.

Worauf achtet man vor allem bei solchen ersten Eindrücken? Kann man sich überhaupt darauf verlassen? Ist man bereit, sein Bild von einem anderen Menschen zu verändern, wenn sich bei weiteren Begegnungen Einblicke eröffnen, die anfänglich verborgen blieben?

2.6.1.1 Erster Eindruck

Es ist für Menschen offenbar sehr bedeutsam, sich in der Begegnung mit einem anderen möglichst rasch ein Bild zu machen, damit man sein Verhalten vorhersagen kann und weiß, wie auf ihn am besten zu reagieren ist. Dieser Prozess der Eindrucksbildung beginnt bereits in den ersten Augenblicken einer Begegnung. Worauf achten wir beim ersten Eindruck am meisten?

Unsere Aufmerksamkeit richtet sich zuerst auf das äußere Erscheinungsbild:

- Körperliche Merkmale: Geschlecht, großer oder kleiner Körperwuchs, dick oder dünn, Hautfarbe ...
- Körperhaltung und Bewegung
- Grad an Gepflegtheit: Kleidung, Haare ...
- Gesicht: Gesichtsausdruck freundlich oder unfreundlich, ernst oder lächelnd ...
- Augen und Blick: Augenabstand, offener oder geschlossener Blick, ...
- Mund: herabgezogene Mundwinkel

AUFGABE

Um sich einmal selbst zu testen, schauen Sie sich bitte folgende Gesichter an und entscheiden, welches Ihnen sympathisch ist.

Bringen Sie die Gesichter in eine „Sympathiereihenfolge", beginnend mit dem sympathischsten.

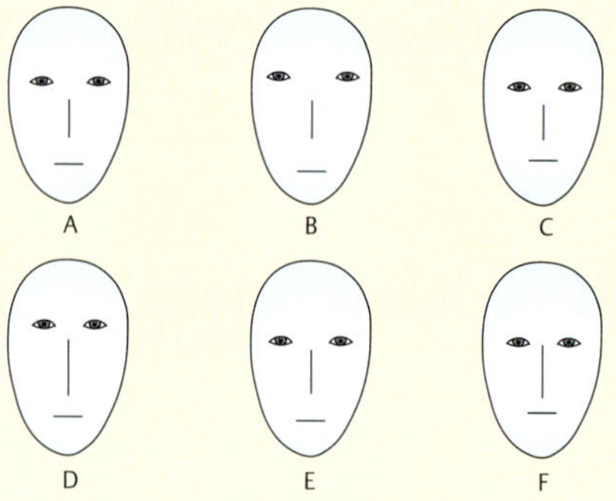

Wenn Sie die Bilder in eine Rangfolge der Beliebtheit gebracht haben, überlegen Sie, was Sie geleitet hat.

Denken Sie in Ruhe nach, bevor Sie weiterlesen.

Wenn man diesen Test mit vielen Versuchspersonen durchführt, kommt nach einer statistischen Auswertung folgendes Ergebnis heraus: C – A – F – E – B – D.

Mit großer Wahrscheinlichkeit ist Ihr persönlicher Eindruck ähnlich ausgefallen.

Warum?

Beim ersten Eindruck wirken ganz bestimmte, sogenannte „Schlüsselreize" auf den Betrachter:

- Augenabstand
- Stirnhöhe
- Nasenlänge
- Abstand der Augen von der Haarwurzel
- Höhe der Augen über der Nasenwurzel
- Abstand des Mundes zur Nasenspitze
- Länge des Kinns

Äußerlichkeiten sind also beim Urteil über andere Menschen relativ wichtig, und unsere Biologie spielt stark mit.

Da wir aber gar nicht in der Lage sind, auf alle Merkmale, die einen Menschen kennzeichnen, zu achten, treffen wir eine Auswahl, die uns durch den sozialen Rahmen vorgegeben wird. Dieser soziale Rahmen wird durch sogenannte **Stereotype** bzw. **Vorurteile** gebildet. Stereotype und Vorurteile stellen ein Vorwissen bereit, das über das Beobachtete hinausgeht. Man schreibt einem anderen Menschen Merkmale zu, die dieser keineswegs besitzen muss, die aber in Einklang mit dem jeweiligen Stereotyp des Wahrnehmenden stehen und stark von Äußerlichkeiten bestimmt sind.

2.6.1.2 Der Stereotyp-Effekt bzw. soziale Wahrnehmung der Rolle

Bei der tatsächlichen Durchführung eines solchen Experiments gab es bezüglich der körperlichen Merkmale und des Verhaltens keine Unterschiede. Aber bei der Persönlichkeitseinschätzung, die man nicht beobachten, sondern nur erschließen kann. Das war ein Bereich, in dem sich sogenannte **Geschlechtsstereotype** zu erkennen gaben. *Stereotype sind eingewurzelte Vorurteile, meist Eigenschaften, die bestimmten Gruppen und Menschen in bestimmten Rollen zugesprochen werden.* So haben wir offenbar auch bestimmte festgefügte Vorstellungen von typisch männlichen und typisch weiblichen Persönlichkeitseigenschaften. Hieß das Baby „Jan“ so wurde es als sportlicher, lauter, aktiver und rauer eingeschätzt als „Eva“.

AUFGABE

Stellen Sie sich vor, Ihnen wird ein Baby vorgestellt mit dem Namen „Jan“. Sie werden dann aufgefordert, Ihre Eindrücke von diesem Baby zu schildern und dabei körperliche Merkmale, Verhaltenseigenschaften und Persönlichkeitseigenschaften zu berücksichtigen. So sieht das Baby aus:

Andere, die auch mit Ihnen im Raum anwesend sind, bekommen die gleiche Aufgabe, nur mit dem kleinen Unterschied, dass das Baby „Eva“ heißt.

Wenn man dann die Einschätzungen der Beurteiler vergleicht, fällt etwas auf. Haben Sie eine Idee, was es sein könnte?

Wie gerne hätten Sie diesen Mann zum Lehrer? Oder ist Ihnen der nächste Kandidat lieber?

Haben Sie diesen beiden Herren unterschiedliche Eigenschaften zugeschrieben? Wenn ja, welche?

Natürlich haben Sie jetzt aber festgestellt, dass es sich um ein und denselben Typen handelt, nicht wahr?

Durch Prozesse der sozialen Wahrnehmung geht man also über das Beobachtbare hinaus und erschließt sich Merkmale der Persönlichkeit.

AUFGABEN

Konkrete Lernübung

1. Finden Sie im Rollenspiel heraus, wie sich Ihr Verhalten verändert, wenn alle anderen Sozialpartner eine Persönlichkeitstheorie vertreten, der zufolge Sie dumm und hinterlistig sind.
2. Welche Eigenschaften schreiben Sie automatisch einem Mädchen oder einer Krankenschwester, einer Erzieherin, einem Politiker oder einem Lehrer zu?
3. Überlegen Sie sich, wie sich Ihre Wahrnehmung eines Klassenkollegen verändern würde, wenn Sie erführen,
   - dass er Mitglied einer radikalen, gewalttätigen Partei ist oder
   - dass er homosexuell ist oder
   - dass er im Vorstand eines Wohltätigkeitsvereins tätig ist.

Dies führt uns zum nächsten Beobachtungsfehler.

2.6.1.3 Implizite Persönlichkeitstheorie

Machen wir dazu ein Experiment:

Stellen Sie sich vor, Sie erfahren, dass Sie einen neuen Lehrer bekommen sollen. Eine Mitschülerin kennt diesen Lehrer und beschreibt ihn als warmherzig und beliebt. Sind Sie jetzt in der Lage, sich ein Bild von diesem Lehrer zu machen?

Würden Sie ihm weitere Eigenschaften zusprechen? Welche?

Notieren Sie diese doch bitte einmal, bevor Sie weiterlesen.

Versuchspersonen, die dieses Experiment gemacht haben, folgerten, dass der Lehrer dann auch großzügig, klug, glücklich und gut aussehend sein müsse. Wenn man vielleicht einigermaßen überrascht nachfragt, erhält man ungefähr folgende Antwort: „Warmherzigkeit" geht mit anderen Qualitäten einher. Eine Person, die warmherzig ist, ist zugleich freundlich und folglich auch fröhlich. Wie gelingt es einem Menschen, nach Kenntnis eines Persönlichkeitsmerkmals weitere zu erschließen?

Wir nehmen dabei Vorwissen in Anspruch, das aus einer sogenannten impliziten Persönlichkeitstheorie abgeleitet wird. Jeder Mensch betrachtet bestimmte Eigenschaften seiner Mitmenschen als besonders charakteristisch. Diese Vorannahmen sind aus vielen Erfahrungen entstanden und führen zu unterschiedlichen Urteilen. Unsere Vermutungen über Zusammenhänge von Eigenschaften und Verhaltensweisen beeinflussen uns meist unbewusst in der Wahrnehmung der Person, deshalb nennt man sie implizit.

In Sprichwörtern kommt es deutlicher zum Ausdruck: „Wer einmal lügt, dem glaubt man nicht ...", „Wer lügt, der stiehlt auch.", „Dicke sind gemütlich."

Anfangseffekte in der Personenwahrnehmung

Dem psychologischen Alltagswissen entstammt die Aussage, dass die ersten Eindrücke die wichtigsten sind. Wovon sie abhängen, haben wir bereits gesehen. Dass sie sich hartnäckig halten und dass man nur widerwillig bereit ist, seinen ersten Eindruck zu korrigieren, wenn spätere Beobachtungen ihm widersprechen, wird immer wieder behauptet. SOLOMON ASCH (1946) untersuchte diese Frage, indem er zwei verschiedenen Gruppen von Versuchspersonen zwei Eigenschaftslisten darbot und die Versuchspersonen anschließend bat, Personen, die Träger dieser Eigenschaften waren, näher zu kennzeichnen:

- Liste A Intelligent, fleißig, impulsiv, kritisch, halsstarrig, neidisch
- Liste B Neidisch, halsstarrig, kritisch, impulsiv, fleißig, intelligent

Beide Listen enthalten offenkundig die gleichen Begriffe; es wurde lediglich die Reihenfolge umgedreht. Dennoch entstanden bei den Mitgliedern der beiden Gruppen unterschiedliche Eindrücke.

Hörer der Liste A dachten an eine befähigte Person, die einige Schwächen besaß.

Die Begriffe der Liste B ließen dagegen an einen Menschen denken, der erhebliche menschliche Schwächen aufwies. Wenn man sich von einem anderen Menschen einen Eindruck verschafft und dabei anfänglichen

Informationen mehr Gewicht als nachfolgenden gibt, spricht man von einem **Anfangseffekt** *(engl.: primacy effect)*.

Asch erklärte Anfangseffekte damit, dass die zuerst gewonnenen Eindrücke einen Verständnisrahmen schaffen, in den nachfolgende Informationen eingeordnet werden. Sicherlich ist dieser Effekt auch auf die Aufmerksamkeitszuwendung zurückzuführen. Was zuerst kommt, ist wohl auch wichtiger, das Nachfolgende wird dann nicht mehr so beachtet.

2.6.1.4 Der Halo-Effekt

Die Beurteilung einer Person orientiert sich häufig an einer hervorstechenden Einzeleigenschaft, die immer wieder gesehen und für besonders charakteristisch gehalten wird. Sie strahlt gewissermaßen auf andere Eigenschaften aus, die wir für passend halten. Daher kommt auch der Name: Halo-Effekt (oder Hofeffekt) (gr. hàlos = Lichthof) ist ein *Beurteilungs- bzw. Wahrnehmungsfehler.* Der Ausdruck Halo (engl. Heiligenschein) stammt aus der Himmelsbeobachtung. Wenn Sie beispiels-

AUFGABE

Konkrete Lernübung

Petra und Natalie

1. Ziel
Demonstration des Halo-Effekts

2. Durchführung
Die Gesamtklasse wird in zwei Untergruppen aufgeteilt.

Gruppe A erhält den Bogen „Petra“, Gruppe B den Bogen „Natalie“ (s. u.).

Auf beiden Bögen steht die Charakterisierung einer Jugendlichen, außerdem finden sich einige Fragen zur Einschätzung dieser Jugendlichen. Die Teilnehmer beider Gruppen erhalten den Hinweis, dass dort zwei Personen charakterisiert sind, und sie werden gebeten, die Fragen auf den Bögen schriftlich zu beantworten (ca. 3–5 Minuten).

Anschließend wird auf einer Wandzeitung oder Tafel jeweils zu Frage 1. bis 4. das Ergebnis jeder Gruppe aufgeschrieben. (Dazu werden einfach die Ja- und Nein-Stimmen ausgezählt, bei Frage 4 wird für jede Kategorie einfach die Zahl der Meldungen notiert).

1. Bogen: Petra

Eine Jugendliche, nennen wir sie Petra, ist neidisch – hartnäckig – kritisch – impulsiv – fleißig – intelligent.

1. Würden Sie sie gern zur Freundin haben?
2. Würden Sie sie gern zur Mitschülerin haben?
3. Handelt es sich um eine eher „angenehme“ oder „unangenehme“ Zeitgenossin?
4. Stufen Sie sie auf Ihrer Beliebtheitsskala ein:

1 = sehr beliebt, 2 = ziemlich beliebt, 3 = weder beliebt noch unbeliebt, 4 = ziemlich unbeliebt, 5 = sehr unbeliebt.

2. Bogen: Natalie

Eine Jugendliche, nennen wir sie Natalie ist intelligent – fleißig – impulsiv – kritisch hartnäckig – neidisch.

1. Würden Sie sie gerne zur Freundin haben?
2. Würden Sie sie gerne zur Mitschülerin haben?
3. Handelt es sich um eine mehr „angenehme“ oder „unangenehme“ Zeitgenossin?
4. Stufen Sie sie auf ihrer Beliebtheitsskala ein:

1 = sehr beliebt, 2 = ziemlich beliebt, 3 = weder beliebt noch unbeliebt, 4 = ziemlich unbeliebt, 5 = sehr unbeliebt.

3. Auswertungshilfen
Siehe oben.

Wie wirkte sich der Halo-Effekt in der Dimension der emotionalen Einstellung aus (Freundschaft), wie auf die Dimension der Sacharbeit (Mitschülerin)?

Welches war die heimliche Bewertung jeder Eigenschaft bei den verschiedenen Lesarten?

Welche Eingangsinformationen über Menschen bewertet jeder Teilnehmer persönlich ziemlich hoch?

4. Materialien
Arbeitsbögen (s.o.)

5. Hinweise
Die Teilnehmer wissen allerdings nicht, dass beide Bögen die gleichen Eigenschaftswörter enthalten, nur in verschiedener Reihenfolge.

Das Ergebnis ist in der Regel eine schlechtere Beurteilung von „Petra“, obwohl sie die gleichen Bezeichnungen hat wie Natalie, beginnend nur mit einer sozial negativ bewerteten Eigenschaft. Im anschließenden Gespräch werden die Eigenschaften jetzt einmal von vorn nach hinten und einmal von hinten nach vorne gelesen, und es kann herausgearbeitet werden, wie jede Eigenschaft eine andere Nuance gewinnt, je nachdem, ob mit **„intelligent“** oder mit **„neidisch“** begonnen wird.

Mit dieser Übung ist es also möglich zu erfahren, wie die Art einer Charakterisierung eines Menschen durch Hervorheben einer Eigenschaft zu entsprechenden sozialen Wertungen führt, die man Halo-Effekt nennt.

weise den Vollmond beobachten, können Sie an manchen Tagen sehen, wie er einen milchigen Rand, einen sogenannten Hof besitzt. Auch hier strahlt eine Kerneigenschaft auf die Umgebung ab, sodass andere Merkmale in den Hintergrund gedrängt werden. Der Effekt der körperlichen Attraktivität ist besonders häufig belegt worden. Personen, die gut aussehen, werden demzufolge meist auch als intelligent, gesellig oder dominant beurteilt.

2.6.1.5 Der Pygmalion-Effekt, auch Rosenthal-Effekt

Bei den individuellen Einflüssen auf die Wahrnehmung sind wir der Wirkung von Erwartungen im Klassenzimmer bereits begegnet und konnten feststellen, dass eine Reihe von Verhaltensweisen den Lehrern gestattete, ihre eigenen Erwartungen zu bestätigen.

> Die Erwartungen gegenüber einer anderen Person oder Situation kann diese so stark beeinflussen, dass die ursprünglichen Annahmen bestätigt werden.

Nehmen wir zum Beispiel an, Sie gingen auf eine Party und erwarteten, dass Sie sich dort prächtig amüsieren würden. Nehmen wir weiterhin an, dass Sie von einer Freundin begleitet würden, die die Erwartung hätte, dass es total langweilig werden würde. Können Sie sich vorstellen, wie unterschiedlich Sie sich möglicherweise verhalten werden? Wer von Ihnen beiden wird wahrscheinlich auf der Party mehr Spaß haben?

Lesen Sie evtl. noch einmal das Rosenthal-Experiment im Kapitel „Wahrnehmung – individuelle Einflüsse“ (S. 94).

2.6.1.6 Der logische Fehler

Der logische Fehler unterläuft uns, wenn wir als Beobachter und Beurteiler annehmen, dass bestimmte Eigenschaften immer zusammen auftreten. Ein „lauter“ Junge ist gleichzeitig auch „aggressiv.“ Oder ein „stilles“ Mädchen ist gleichzeitig „schüchtern“. „Wer lügt, der stiehlt auch“. Sie sehen, hier kommt auch die implizite Persönlichkeitstheorie zum Tragen, die wir weiter oben schon kennengelernt haben.

2.6.1.7 Der Kontrastfehler und der Ähnlichkeitsfehler

Ein Kontrastfehler liegt vor, wenn man an anderen Verhaltensweisen wahrnimmt, die man von sich selber nicht kennt. Bevorzugt nimmt man an anderen Menschen auch Merkmale wahr, die einem sehr vertraut sind, dann spricht man von einem *Ähnlichkeitsfehler*.

2.6.1.8 Der Projektionsfehler

Die *Projektion* ist ursprünglich ein sogenannter Abwehrmechanismus und kommt aus der Tiefenpsychologie. Ein Abwehrmechanismus ist so etwas wie ein seelisches Ausweichmanöver, um Ängste zu vermeiden oder Gefahren aus dem Weg zu gehen. Die Projektion bewirkt, dass der betreffende Mensch einen eigenen Wunsch oder Verhaltensimpuls, der ihm Angst macht, einer anderen Person oder auch einem nicht persönlichen Objekt der Außenwelt zuschreibt. Der Mensch projiziert also wie ein Dia-Projektor das eigene innere Bild nach außen. Die Bilder bestehen z. B. aus Problemen, Bedürfnissen, Erwartungen und Enttäuschungen. Gerade in der ersten Lebenszeit spielt dieser Mechanismus seine größte Rolle. Das ganz kleine Kind schreibt anderen Personen, Tieren oder unbelebten Objekten die Gefühle und Reaktionen zu, die es selbst erlebt.

Es kommt oft vor, dass ein Kind, wenn es wegen eines Vergehens geschimpft oder dafür verantwortlich gemacht wird, dies einem anderen Kind „in die Schuhe schiebt.“ Als Erwachsene neigen wir dazu, eine solche Entschuldigung als bewusste Täuschung des Kindes anzusehen, aber die Psychologie lehrt uns, dass kleine Kinder das durchaus als Wahrheit ansehen.

Oder denken Sie daran, wie Kinder Gegenstände vermenschlichen, indem der Stuhl als böse bezeichnet wird, weil sich das Kind an ihm wehgetan hat. Auch Märchengestalten eignen sich als Projektionsfläche unterschiedlichster kindlicher Fantasien. Oft hilft auch ein starker, mächtiger Kuscheltierlöwe, um Ängste vor der Dunkelheit zu bewältigen.

AUFGABE
Suchen Sie Beispiele aus Ihrem Alltag, in denen Projektionen erkennbar werden.

Das Fazit, das wir aus diesen Erkenntnissen der Wahrnehmungspsychologie ziehen können, ist recht eindeutig:

- Niemand kann in seiner Personenwahrnehmung und Personenbeurteilung sicher sein.
- Die vermeintliche Fähigkeit, andere Menschen treffend zu erkennen und zu beurteilen, ist trügerisch!
- Den „diagnostischen Blick" gibt es nicht.

Dennoch kann man seine Beobachtungsfähigkeit schulen und seine Menschenkenntnis und die Beurteilung anderer auch verbessern. Ein Weg dorthin besteht in der ständigen Überprüfung und Reflexion der beschriebenen Beurteilungsfehler. Ein anderer Weg besteht darin, auf wissenschaftliche Methoden der Verhaltensbeobachtung zurückzugreifen.

Nicht nur für Angehörige sozialer Berufe sind Kenntnisse darüber, wie wir zu einer Einschätzung und Beurteilung anderer Menschen kommen und welche Rolle das Selbstbild dabei spielt, besonders wichtig. Nur wenn Sie Ihre eigenen Verhaltensweisen besser verstehen und auch kontrollieren lernen, werden Sie sich in die Ihnen anvertrauten Menschen einfühlen und auf deren Bedürfnisse einstellen können.

2.7 Selbstbild und Fremdbild

Der unmittelbarste Weg zu einer Verhaltensbeobachtung ist die Selbstbeobachtung, denn Wahrnehmung richtet sich zuallererst auf unsere eigene Person. Wir meinen uns recht gut zu kennen, wir haben somit ein bestimmtes Bild von uns selbst. Ein Bild, das sich nicht so gut von außen beobachten lässt und das auch der Selbsttäuschung unterliegen kann.

Jeder hat ein mehr oder weniger klares Bild von sich selbst – von den eigenen Bedürfnissen, Gefühlen, Einstellungen und Fähigkeiten. Dieses **Selbstbild** hat sich im Laufe unseres Lebens weitgehend durch den Einfluss wichtiger Bezugspersonen wie Eltern, Geschwister, Erzieher, Lehrer, Kollegen, Freunde u. a. m. gebildet, und es stellt die Summe aller Wahrnehmungen über uns selbst dar. Auch die Meinung, die wir über uns selbst haben. Ist meine Meinung über mich weitgehend positiv, ist es mit großer Wahrscheinlichkeit auch mein Selbstwertgefühl. Hat es sich im Laufe der jungen Jahre herausgebildet, kann das Selbstbild nur noch schwer verändert werden. Es entwickelt sich durch Erfahrungen mit unserem sozialen Umfeld, und wir sind insofern auch aktiv daran beteiligt, als wir sehr häufig die Erfahrungen auswählen, die uns unsere Auffassung von uns selbst bestätigen. Machen wir Erfahrungen, die unserem Selbstbild widersprechen, so neigen wir dazu, sie zu verzerren, sie umzudeuten oder auch abzuwehren.

Selten haben wir die Gelegenheit, uns dieses Selbstbild richtig bewusst zu machen und vor allem es an der Beurteilung von Menschen, die uns auch kennen, zu überprüfen.

Selbstwahrnehmung
Bild, das wir von uns selbst machen

Auch wenn die Selbstbeobachtung als wissenschaftliche Methode kritisch betrachtet wird, weil ihre Ergebnisse schwer zu überprüfen sind, leistet sie doch unschätzbare Dienste auf vielen Gebieten der Psychologie und der sozialpädagogischen Praxis. Besonders wichtig erscheint die Selbstbeobachtung, wenn es darum geht, das eigene pädagogische Handeln zu reflektieren.

Fremdwahrnehmung
Bild, das andere von uns haben

Erst wenn wir durch die Fremdbeobachtung auf bestimmte Verhaltensweisen, vielleicht auch Wesenszüge und Einstellungen aufmerksam gemacht wurden, können wir in Zukunft selbst genauer darauf achten oder auch gegebenenfalls daran arbeiten.

Die Wirkung des eigenen Verhaltens auf andere ist erst recht von besonderer Bedeutung, wenn es um den Umgang mit Kindern geht. Sie erinnern sich sicher noch an den *Rosenthal-Effekt* (S. 94). Nicht selten sind Verhaltensweisen von Kindern die Folge unseres erzieherischen Verhaltens. Deshalb müssen z. B. Erzieher und Erzieherinnen ihre Wirkung auf andere beobachten.

2.7.1 Polaritätsprofil

Darüber wollen wir uns jetzt auch erst einmal etwas bewusster werden, indem wir einen Test durchführen. Für diesen Test benötigen wir ein sogenanntes **Polaritätsprofil**. Dieses Polaritätsprofil enthält gegensätzliche Adjektive, die zur Beschreibung einer Person geeignet sind.

Um den Test durchführen zu können, müssen sich die Schüler in Zweiergruppen aufteilen und beide Partner müssen ihn unabhängig voneinander nach drei verschiedenen Anweisungen ausfüllen.

1. Beurteilen Sie sich selbst auf der Liste, indem Sie bei jedem Gegensatzpaar ankreuzen, welches Adjektiv mehr auf Sie zutrifft **(Selbstbild)**.
2. Beurteilen Sie ebenso Ihren Partner **(Fremdbild)**.
3. Versuchen Sie dann noch zu beurteilen, wie Sie glauben, dass Sie Ihr Partner sieht **(Metabild)**.

Interessant wird dann die Auswertung. Die vergleichbaren Bewertungen sollten gesichtet und besprochen werden.

Vergleichbar sind *Selbstbild und Fremdbild* sowie *Fremdbild und Metabild*. Unterschiede in der Beurteilung sollten nicht in den Wind geschlagen werden, sondern es lohnt sich, gerade über diese Einschätzungen miteinander zu sprechen.

Interessant ist auch die Frage, welche Beobachtungs- bzw. Beurteilungsfehler Ihnen in dem Selbstbild-Fremdbildtest unterlaufen sind.

Bevor wir uns mit den anspruchsvollen Beobachtungsaufgaben pädagogischer Berufsgruppen beschäftigen, können Sie sich mit einer Wahrnehmungs-Konzentrationsübung einstimmen.

Polaritätsprofil		
freundlich	3 2 1 0 1 2 3	unfreundlich
humorvoll	3 2 1 0 1 2 3	humorlos
ehrlich	3 2 1 0 1 2 3	unehrlich
passiv	3 2 1 0 1 2 3	aktiv
langsam	3 2 1 0 1 2 3	schnell
verschwommen	3 2 1 0 1 2 3	klar
stark	3 2 1 0 1 2 3	schwach
großzügig	3 2 1 0 1 2 3	sparsam
verspielt	3 2 1 0 1 2 3	ernst
kontaktfreudig	3 2 1 0 1 2 3	distanziert
offen	3 2 1 0 1 2 3	verschlossen
geduldig	3 2 1 0 1 2 3	ungeduldig
dominant	3 2 1 0 1 2 3	unterwürfig
einfühlend	3 2 1 0 1 2 3	kühl
leise	3 2 1 0 1 2 3	laut
angespannt	3 2 1 0 1 2 3	gelöst
zurückgezogen	3 2 1 0 1 2 3	gesellig
zerfahren	3 2 1 0 1 2 3	geordnet
redselig	3 2 1 0 1 2 3	verschwiegen
schüchtern	3 2 1 0 1 2 3	forsch
ordentlich	3 2 1 0 1 2 3	unordentlich
fleißig	3 2 1 0 1 2 3	faul
ängstlich	3 2 1 0 1 2 3	mutig
sympathisch	3 2 1 0 1 2 3	unsympathisch
zuverlässig	3 2 1 0 1 2 3	unzuverlässig

AUFGABE

Lernübung in der Gruppe

Ich nehme wahr ...

1. Ziel

Konzentration der Wahrnehmung auf das Hier und Jetzt. Sich *selbst* bewusst werden über den Vorgang der Wahrnehmung. Training in der Steuerung der Wahrnehmung. Unterscheiden lernen zwischen Wahrnehmung äußerer und innerer Realität.

2. Durchführung

a) Jeder Gruppenteilnehmer sucht sich einen beliebigen Platz im Raum. Der Lehrer bittet jeden, sich jetzt für eine Weile ganz auf sich selbst zu konzentrieren.
Nach etwa einer Minute gibt er folgende Anweisungen: „Lass jetzt deine Aufmerksamkeit durch den Raum schweifen. Beobachte dich selbst dabei, was du wahrnimmst: Gegenstände, Menschen, Geräusche, dich selbst.
Sprich bitte für dich selbst in Gedanken mehrmals den Satz: „Jetzt nehme ich wahr ..." und beobachte, wohin dich deine Wahrnehmung führt. Ist es etwas Äußeres, etwas in dir selbst, eine Fantasie?" (Etwa drei Minuten Zeit geben.) Die Wahrnehmungen sollen dabei den Teilnehmern in Ruhe bewusst werden.

b) Der Lehrer bittet jetzt die Teilnehmer, sich vorzustellen, ihre Wahrnehmung wäre ein Scheinwerfer. Sie soll sich jetzt auf bestimmte Dinge richten, auch auf innere Vorgänge. Die Teilnehmer machen sich dabei bewusst, wie gleichzeitig andere Dinge in der Wahrnehmung verblassen. Die Aufmerksamkeit soll bewusst gesteuert werden und kann mehrfach wechseln zwischen Dingen der Außenwelt oder der Innenwelt. Wichtig ist aber, die Wahrnehmung auf einen Aspekt jeweils scharf einzustellen. (Etwa drei Minuten Zeit geben.)

c) Die Teilnehmer werden jetzt gebeten, sich bewusst zu machen, welche Art von Gegenständen und Vorgängen sie wahrnehmen. Die Moderationsanweisung des Lehrers kann etwa so lauten: „Bitte beachtet jetzt, welche Art von Dingen und Vorgängen in das Wahrnehmungsfeld treten. Aus der Unzahl möglicher Eindrücke wählt jeder aus. Was sind das für Wahlen?" (Etwa drei Minuten Zeit geben.) Eine Hilfe kann sein, für sich mehrmals den Satz zu sprechen: „Meine (selektive) Wahrnehmung wählt jetzt aus ..."
Abschließend werden die Teilnehmer gebeten, sich klarzumachen, welche Vorgänge und Dinge nicht in ihr Wahrnehmungsfeld gelangt sind. (Etwa zwei Minuten Zeit geben.)

d) Der Lehrer bittet jetzt die Teilnehmer, sich Wahrnehmung, Auswahl (Selektion) und Übergangenes zugleich bewusst zu machen. Dazu gibt er etwa folgende Anweisung: „Bitte sprecht jetzt für euch selbst mehrfach hintereinander den Satz:
„Ich nehme jetzt wahr ...
Und übergangen habe ich ..."
Verweilt bitte einen Augenblick bei dem, was ihr übergangen habt. Wiederholt diesen Vorgang jetzt mehrmals!" (Etwa drei Minuten Zeit geben.) „Nun sagt ganz bewusst den Satz: „In diesem Moment vermeide ich ..." und nehmt bewusst wahr, was ihr vorher ausgeklammert habt. Bleibt eine Weile dabei stehen und achtet darauf, ob ihr etwas darüber erfahrt, was ihr vermieden habt." (Etwa drei Minuten Zeit geben.)

e) Abschließend bittet der Lehrer die Teilnehmer, die Wahrnehmung noch einmal schweifen zu lassen und dabei im eigenen Körper zu spüren, ob die Wahrnehmung eher Behagen oder Unbehagen, angenehme oder unangenehme Empfindungen verursacht. Er bittet die Teilnehmer auch, eine Weile bei den unangenehmen Reaktionen zu bleiben.
Was löst das unangenehme Empfinden aus? Was soll mit dem schnellen „Weitergehen" vermieden werden? (Etwa drei bis vier Minuten Zeit geben.)

f) Die Teilnehmer tauschen ihre Erfahrungen mit einem Partner aus.

Gesamtzeit: ca. 30–50 Minuten.
Gruppengröße beliebig.

3. Auswertungshilfen

Siehe oben.

Wie genau konnten die Teilnehmer unterscheiden zwischen Wahrnehmung (was sehe, höre, fühle ich) und Fantasien (was hoffe, befürchte, erwarte, wünsche ich)?

4. Hinweise

Variante: Zwei Partner betrachten einander ohne zu sprechen, wobei jeder wiederum unterscheiden soll, was er sieht, hört etc. und was er dazu „fantasiert", vermutet, befürchtet, hofft etc.

Anschließend tauschen sich beide aus, wobei die sich laufend verändernde Wahrnehmung während des Gesprächs zusätzlich mit eingebracht werden soll. Wichtig ist dabei auch das Achten auf die eigenen Körperempfindungen.

Diese Übungen erfordern eine gewisse Konzentrationsfähigkeit, die evtl. durch Vorübungen wie Bilderbetrachten, Geräuscheraten etc. angebahnt werden kann.

Erst wenn diese Übungen mehrfach wiederholt werden, kann man ihren sensibilisierenden Effekt spüren.

2.8 Von der Beobachtung zur Beurteilung und Dokumentation

Die Beobachtung ist mehr als die bisher beschriebene Wahrnehmung.

> Die **Beobachtung** ist die aufmerksame und planvolle Wahrnehmung und Registrierung von Vorgängen und Gegenständen, Ereignissen oder Mitmenschen in Abhängigkeit von bestimmten Situationen.

Die Beobachtung gehört somit zu den elementarsten Alltagsaufgaben der erzieherischen Berufe. Die Ergebnisse unserer Beobachtungen in Hort, Kindergarten, Heim, Schule usw. sind die Grundlage für erzieherisches Handeln und Beurteilungen.

In der aktuellen Bildungsdiskussion wird die Unverzichtbarkeit regelmäßiger Beobachtung allerorts betont.

BEISPIEL

Der Tenor: Beobachtung und Dokumentation der Entwicklung, also des Lernens und Verhaltens des Kindes, bilden eine wesentliche Grundlage für die Arbeit von pädagogischen Fachkräften in Kindertageseinrichtungen. Beobachtung und Dokumentation geben Einblick in Lern- und Entwicklungsprozesse und sind hilfreich, um die Qualität der pädagogischen Arbeit festzustellen und weiterzuentwickeln.

Beobachtbare Verhaltensweisen sind Handlungen, die wir von außen her sinnlich über Sehen, Hören und körperliche Gefühle wahrnehmen können. Unsere Beobachtung soll nun eine möglichst objektive Datenerhebung sein, auf deren Grundlage sich sinnvolles pädagogisches Handeln aufbauen lässt. Nicht um Macht auszuüben beobachten wir, sondern um an Kindern und ihrer Entwicklung fördernd teilnehmen zu können. Diese Grundhaltung ist wichtig. Wir stellen damit den Wunsch dar, teilhaben zu können am Leben, Denken und Fühlen der Kinder.

Beobachtung als Grundlage pädagogischen Handelns wird im Folgenden an Beispielen in Kindertagesstätten beschrieben.

Bei der Beobachtung sind folgende Fragen wichtig:

Was ist das Ziel der Beobachtung? Erzieherinnen beobachten in der Regel mit dem Ziel, festzustellen, welche Unterschiede zwischen dem tatsächlichen Verhalten eines Kindes einerseits und den eigenen Erwartungen (oder den Erwartungen anderer, z. B. denen der Eltern, oder anderer Erzieherinnen) an dieses Verhalten andererseits bestehen. Dahinter steht das Anliegen, Kinder besser zu verstehen und kennenzulernen, um mit ihnen eine *förderliche Beziehung* eingehen zu können.

Wir beobachten u. a., um:
- die Ressourcen eines Kindes zu dokumentieren,
- Interessen und Bedürfnisse zu verstehen,
- individuelle Entwicklungsverläufe zu beschreiben,
- Lernfortschritte zu erkennen,
- das Interaktions- und Kommunikationsverhalten zu Erzieherinnen und Kindern der Gruppe zu beschreiben,
- evtl. den Förderbedarf eines Kindes festzustellen,
- Fehlentwicklungen vorzubeugen und Vorurteile abzubauen.

Beobachtung ist ein lebendiger Prozess

Was wird beobachtet? Sobald die Gründe für eine systematische Beobachtung geklärt und umrissen sind, ist daraus abzuleiten, *was* im Einzelnen beobachtet werden soll. Bei der Vielzahl von Eindrücken, die in einer Gruppe von zwanzig und mehr Kindern auf die Erzieherin einwirken, kann sie immer nur ein Kind in einem bestimmten Ausschnitt seines Tagesablaufs beobachten und auch hierbei meist nur einen Teil seines Verhaltens. Dabei müssen sich die Erzieherinnen bewusst sein, dass sie nur das äußerlich sichtbare Verhalten eines Menschen und nicht das dahinter liegende Erleben beobachten.

Beobachtungsbereiche können z. B. sein:
- äußeres Erscheinungsbild
- Denkverhalten
- motorisches Verhalten
- psychisches Verhalten
- Sozialverhalten
- Sprachverhalten
- Spielverhalten
- Lernverhalten
- auffälliges Verhalten etc.

AUFGABEN

Reflexion und Aufgabe

1. Manche Schülerinnen überkommt beim Stichwort „Beobachtung" ein etwas mulmiges Gefühl. Falls es Ihnen auch so geht, berichten Sie in ein paar Sätzen darüber. Falls es Ihnen nicht so geht, vermuten Sie die Scheu anderer.
2. Die angeführten Beobachtungsbereiche sind inhaltlich nicht näher spezifiziert. Welche Kriterien bzw. Stichwörter würden Sie den einzelnen Bereichen zuordnen und warum?

Bilden Sie dazu – je nach Klassenstärke – Tandems oder Tridems.

Durch die Planung wird die Beobachtung aus der Alltagserfahrung auf eine wissenschaftlichere Ebene gehoben. Aber viel häufiger nimmt die Erzieherin Vorgänge wahr, ohne systematisch zu beobachten. Bei den „zufälligen" Beobachtungen des Erzieheralltags muss oft spontan entschieden werden: Können zwei Streithähne ihren Konflikt alleine regeln oder muss die Erzieherin eingreifen?

In dieser Entscheidungssituation spielt nicht nur die *Fremdbeobachtung* eine Rolle, sondern auch die *Selbstbeobachtung* ist wichtig. Die *Selbstreflexion* beantwortet die Frage, denn die Entscheidung der Erzieherin, ob sie in den Streit eingreift oder nicht, kann von verschiedenen Motiven bestimmt sein.

Wen will die Erzieherin beobachten? Beispielsweise ein konkretes Kind oder zwei bestimmte Kinder, die ganze Gruppe, die Praktikantin beim Spiel mit den Kindern, sich selbst bei der Anleitung einer Praktikantin ...

Wie will die Erzieherin beobachten? Mit einem Beobachtungsbogen, einer Strichliste oder gar mit der Videokamera? Über kürzere oder längere Zeit, also Langzeitbeobachtung, oder systematische Kurzzeitbeobachtung?

2.8.1 Beobachtungsmethoden

2.8.1.1 Systematische Beobachtung oder Gelegenheitsbeobachtung?

Die **systematische Beobachtung** ist die aufmerksame und planmäßige Wahrnehmung bestimmter Ereignisse oder Verhaltensweisen, die mit dem Ziel verbunden ist, das Beobachtete möglichst genau zu erfassen.

Sie wird durch eine gezielte Aufmerksamkeit gesteuert und verfolgt ein ganz klar bestimmtes Ziel. Sie wird systematisch unter variierenden Bedingungen durchgeführt, und das beobachtete Verhalten wird beschrieben und registriert.

Bei der gezielten Verhaltensbeobachtung im Kindergarten geht es meist um die Gewinnung detailreicher Informationen über das Spiel-, Lern- und Sozialverhalten, die körperliche, seelische und kognitive Entwicklung des Kindes sowie um „auffällige" Verhaltensweisen, die es zu erkennen und abzuklären gilt, um entsprechend helfen zu können.

Die ungeplanten, manchmal unerwarteten Inhalte alltäglicher Beobachtungen sind oft zufälliger Art und nicht von Dauer. Deshalb fasst man sie in der Sozialpädagogik auch als **Gelegenheitsbeobachtung** zusammen.

Gelegenheits- bzw. Zufallsbeobachtungen werden immer in die Arbeit der Erzieherin einfließen. Sie „drängen" sich auf und finden automatisch statt. Sie regen aber auch zu weitergehenden Fragestellungen an, denen dann eingehender nachgegangen werden kann. So beobachten Erzieherinnen im Kindergarten beispielsweise täglich, und wahrscheinlich eher beiläufig, wie ein Kind sich bei der Ankunft im Kindergarten verhält, ob es ihm leicht oder schwer fällt, sich von Vater oder Mutter zu trennen. Oder: Wie verhält sich ein Kind in der Gruppe, im Freispiel, bei einem gezielten Angebot?

So kann die Gelegenheitsbeobachtung der Beginn einer Auseinandersetzung mit einem Thema sein, nicht selten ist sie somit Anlass für eine weitergehende sogenannte **systematische Beobachtung**.

2.8.1.2 Unstrukturierte oder strukturierte Beobachtung?

Die unstrukturierte Beobachtung folgt allgemeinen Regeln und groben Kategorien, innerhalb derer der Beobachtungstätigkeit ein breiter, freier Spielraum bleibt. Das geringe Maß an konkreten Fragestellungen bzw. vorstrukturierten Beobachtungsschemata macht den Unterschied zur strukturierten Beobachtung.

Die strukturierte Beobachtung folgt einem sehr genauen, detaillierten Beobachtungsplan, der für den Beobachter verbindlich ist. Festgelegt sind vor allem:

- Beobachtungseinheiten (wer und/oder was wird beobachtet?),
- Zeitintervalle (wann, wie oft und wie lange wird beobachtet?),
- Hilfsmittel zur Dokumentation einer Beobachtung (Notizen, Video, Kassettenrekorder, strukturierter Beobachtungsbogen etc.).

Vorgefertigte strukturierte Beobachtungsbögen sind sinnvoll, wenn Sie nur an einem bestimmten Ausschnitt eines kindlichen Verhaltens interessiert sind, wie z. B. dem Spielverhalten. Sie erleichtern das Protokollieren und machen es möglich, diese Beobachtung und andere Beobachtungen zu vergleichen. Häufigkeit oder die Komplexität der Sprachproduktion lässt sich mit vorstrukturierten Bögen gut erfassen und auswerten.

2.8.1.3 Nicht teilnehmende oder teilnehmende Beobachtung?

Teilnehmend bedeutet, dass die Erzieherin im Geschehen mit den Kindern aktiv dabei ist und gleichzeitig ein bestimmtes Kind beobachtet. Diese Doppelrolle, die manchmal schwer zu erfüllen ist, macht eigentlich nur Sinn, wenn es sich um eine bestimmte „Testsituation“ handelt, um konkrete Informationen zu erhalten. Das Protokoll muss dann anschließend aus dem Gedächtnis erstellt werden. Dabei führen Erinnerungslücken allerdings zu Fehlerquellen.

Bei einer **nicht teilnehmenden Beobachtung** ist die Beobachterin eine Außenstehende, die für eine begrenzte Zeit nicht in das Geschehen eingreift und auch nicht mehr für erzieherische Belange zuständig ist. So kann sie sich besser auf das Geschehen konzentrieren.

2.8.1.4 Offene oder verdeckte Beobachtung?

Eine nicht teilnehmende Beobachtung kann offen oder „unsichtbar“ hinter einer kaum noch vorhandenen Einwegscheibe oder über eine Kamera erfolgen. Aber wie zu Anfang betont, wollen wir keine unnötigen Geheimnisse schaffen, sondern die offene Beobachtung als Beachtung schenken begreifen. Das dadurch möglicherweise veränderte Verhalten der Kinder, die merken, dass sie beobachtet werden, verliert sich meist schnell im Grundrauschen des Alltags.

Wenn eine Erzieherin beispielsweise die Stärken eines Kindes herausfinden oder wissen will, ob es sich bereits in den Kindergarten eingewöhnt hat, ist eine Beobachtung auf breiter Basis notwenig. Dazu eignet sich ein sogenanntes **Verlaufsprotokoll**, das erst einmal alles umfasst, was die Beobachterin wahrnimmt und zu Papier bringen kann.

Am Beispiel von Anna, die in einem Kindergarten mit offenem Konzept beobachtet wurde, wird deutlich, wie ein Verlaufsprotokoll aussehen kann (siehe S. 109).

2.8.2 Verarbeitungsstufen der Beobachtung

Grundlage	2. Verarbeitungsstufe
Beobachtung	**Deutung**
1. Verarbeitungsstufe	3. Verarbeitungsstufe
Beschreibung	**Bewertung**

Name des Kindes (oder Kennzeichen): **Anna**	Beobachtungsdatum: **2.10.2007**
Alter und Geschlecht: **3 Jahre, weiblich**	Name der Beobachterin: **Gisela Kühnel**
Ort der Beobachtung (drinnen/draußen, Raum): **Flurbereich, Küche**	Beobachtungszeit (von–bis): **9:35–10:06**
Besonderheiten (Kind erst kurz in der Einrichtung, Lieblingserz. fehlt heute, Freund/Freundin heute nicht da ...): **seit ca. 5 Wochen in der Einrichtung**	Gruppengröße (ca.): **3–12**
	Beobachtungssituation (Frühstück, Freispiel, Stuhlkreis ...): **Freispielzeit**

Uhrzeit	Sachliche Verhaltensbeschreibung	Deutung
9:35	Ein blondes Mädchen schaukelt auf einem Schaukelpferd im Flur zwischen der Küche, verschiedenen Gruppenräumen und der Treppe zum ersten Stock. Anna schaukelt zuerst normal auf dem Pferd, wechselt dann die Bewegung und wippt mit beiden Beinen auf einem Tritt des Schaukelpferds. Sie lächelt immer wieder. Sie steigt ab und bringt einen über ihr befindlichen Sandsack ins Pendeln und freut sich an dem Effekt, den sie erzeugt hat. Ein Junge kommt vorbei, mit dem sie keinen Blickkontakt aufnimmt. Sie lächelt die Beobachterin immer wieder an. Eine Erzieherin kommt zu Anna, redet mit ihr, Anna lächelt. Die Unterhaltung ist nicht genau zu verstehen, offensichtlich wird Anna aufgefordert, mit in die Küche zum Malen zu kommen. Anna geht in die Küche, wo schon andere Kinder malen, und malt mit. Sie setzt sich an den Tisch und malt sehr heftig mit allen Farben, d. h., sie wechselt ständig die Stifte. Nach etwa einer halben Minute ist sie fertig, schaut sich ihr Bild an und lächelt. Sie sucht mit dem Blick nach der Erzieherin, die sie zum Malen eingeladen hat, und nimmt die Finger in den Mund. Sie steht auf und sucht offensichtlich weiter nach der Erzieherin. Sie findet sie in der Küche nicht und verlässt daraufhin die Küche. Auch außerhalb der Küche ist ihre Suche erfolglos, daraufhin legt sie ihr Bild in ihr Fach.	Anna scheint sich wohlzufühlen, sie lächelt und spielt variantenreich. Anna scheint die Beachtung durch das Beobachtetwerden zu genießen. Anna scheint sich über ihr Bild zu freuen. auf Kontaktsuche nach der Erzieherin (Fingerlutschen zur Selbstberuhigung?)
9:40	Anna geht wieder zum Schaukelpferd und schaukelt kräftig. Sie beobachtet dabei die Kinder, die vorbeilaufen, z. B. einen Jungen, der stolpert.	Anna zeigt Interesse an anderen Kindern.
9:41	Sie steigt ab und beobachtet zwei Kinder, die an der Stirn zusammengestoßen sind und von einer Erzieherin mit kalten Kompressen versorgt werden.	
9:42	Sie klettert die Treppe hoch, schaut von oben auf den Flur und lächelt dabei die Erzieherin an. Anna bekommt einen Hinweis, dass sie sich abmelden soll, wenn sie woanders hin will. Sie geht zu der Stelle, wo der Sandsack oben an der Treppe befestigt ist, und beginnt, ihn zu erkunden. Sie zieht an der Kette, er bewegt sich.	
9:44	Anna ist wieder auf dem Schaukelpferd im Flur und lächelt dabei zu mir hin. Sie hat wieder die Finger im Mund.	
9:45	Sie klettert wieder die Treppen hoch und fährt mit den Händen das Geländer en lang. Diesmal klettert sie nur ein Stück hoch, klettert dann wieder runter und wieder hoch.	Anna erkundet die Umgebung und orientiert sich.
9:46	Anna wird von einem Mädchen angesprochen, ob sie in den Ruheraum oder den Computerraum möchte. Sie reagiert auf die Ansprache nicht, das andere Mädchen winkt ab.	Anna kann noch nicht auf das Kontaktangebot des Kindes eingehen.

Verhaltensprotokoll – Beispiel aus der Praxis (Bensel/Haug-Schnabel, 2006, S. 24)

2.8.2.1 Beschreibung

Die Nachbearbeitung einer Beobachtung, z. B. das Verlaufsprotokoll von Anna, ist für die Beobachterin oder das Team anschließend ein ganz wichtiger Anteil des ganzen Verfahrens. Fehler lassen sich eingrenzen, wenn die Aufzeichnungen möglichst wertneutral sind, deshalb:

- sachlich bleiben, und
- die kleinste beobachtbare Verhaltensweise erfassen.

2.8.2.2 Die Deutung oder Interpretation des beobachteten Verhaltens

Die Deutung von Verhalten ist das Bindeglied zwischen Beobachtung, Beschreibung und Beurteilung. Erzieherinnen deuten das Verhalten von Kindern, um angemessen zu reagieren, im Kontext des Geschehens. Dazu zählen Rahmenbedingungen, wie z. B. Anzahl der anwesenden Kinder, Tageszeit, körperliche Verfassung und vieles mehr.

Wir deuten ständig das Verhalten anderer, um angemessen reagieren zu können. Im Rahmen der professionellen Beobachtung, Beschreibung und Deutung liegt hier die Chance, diesen psychischen Vorgang bewusst zu machen, zu benennen und mit anderen zusammen zu kontrollieren. Vor schnellen Etiketten wie „sozial“, „nicht sozial“, „kreativ“ und „einfallslos“, „geschickt“ und „tollpatschig“, „sprachbegabt“ und „sprachgestört“, „verhaltensauffällig“ und „normal“ sollten wir uns hüten. Wir sollten hingegen versuchen, unsere Eindrücke in Worte zu fassen. Die Gefahren der Deutungsfehler sollten uns bewusst sein.

2.8.2.3 Beurteilung oder Bewertung

Die abschließende Verarbeitungsstufe ist die *Bewertungsphase*. Sie sollte möglichst auf eine hoffentlich geglückte Interpretation folgen.

Um einem Kind gerecht zu werden, fragt sich eine Erzieherin, welches Bild vom Kind sie favorisiert und mit welchen eigenen Normen und Werten sie an die Beurteilung eines Kindes herangeht.

In jeder Gesellschaft herrschen Verhaltensnormen und Werte, die von der erwachsenen Generation an die Nachkommen weitergegeben werden.

Diese Normen, wie auch die Erziehungsvorstellungen und Erziehungspraktiken, sind von vielen gesellschaftlichen Bedingungen abhängig und verändern sich immer wieder. Normen, an denen wir die anderen messen, sind immer relativ. Auch relativ zu den persönlichen Überzeugungen und *Werthaltungen der Erziehenden*. Was für die eine Erzieherin in den Bereich der Verhaltensauffälligkeit gehört, ist für die andere Erzieherin noch tolerabel. Auch hierin zeigt sich wieder die Notwendigkeit einer ständigen *Selbstbetrachtung*. Gerade die Sinnhaftigkeit der Beurteilung als Bestandteil einer Methode hängt immer von der Person ab, die sie anwendet, und von der Haltung, aus der heraus sie handelt.

Die Qualität einer Beurteilung hängt aber nicht nur von der Selbstreflexion ab, sondern auch von ihrer nachweislichen Genauigkeit. Da sie für die beurteilten Kinder unter Umständen weitreichende Konsequenzen hat, kann man die Ansprüche an größtmögliche Objektivität und Zuverlässigkeit der Beurteilung nicht hoch genug ansetzen.

AUFGABE

Anregung

Wir wissen nicht, welche Beobachtungsinstrumente Ihre Lehrerin im Unterricht präferiert oder ihr als Klassensatz zur Verfügung steht. Wir denken, dass Sie einen Beobachtungsbogen (Einschätzskalen ...) im Unterricht erarbeiten sollten.

2.9 Zusammenfassung

- Unter Wahrnehmung versteht man die Aufnahme und Verarbeitung physikalischer und physiologischer Reize. Sie stammen aus der Außenwelt und zum Teil auch aus dem Körperinneren. Wahrnehmung geschieht nicht einfach, sondern ist ein aktiver Prozess und das Ergebnis einer Informationsverarbeitung von Sinneseindrücken unter dem Einfluss psychischer Prozesse.
- Die Wahrnehmung der Welt als subjektive Repräsentanz der Außen- und Innen-Reize zeigt sich besonders deutlich an geometrisch-optischen Täuschungen. Psychische und physiologische Organisationsprozesse in der Hirnrinde entscheiden, was wahrgenommen und wie etwas wahrgenommen wird. Es entstehen dabei charakteristische Wirklichkeitstäuschungen.
- Die Wahrnehmungsorganisation funktioniert nach bestimmten Prinzipien, den Gestaltgesetzen:
  - Das Prägnanzgesetz
  - Das Gesetz der Ähnlichkeit
  - Das Gesetz der Nähe
  - Das Gesetz der guten Fortsetzung
  - Das Gesetz der Geschlossenheit
  - Das Gesetz der Erfahrung bzw. Vertrautheit
- Unsere Wahrnehmung wird von individuellen Faktoren mitbestimmt. Motive, Bedürfnisse, Interessen und Erfahrungen bestimmen unsere Weltsicht. Die körperliche und seelische Verfassung, die Gefühle und Stimmungen, auch Erwartungen wirken sich sehr stark darauf aus, wie wir die Welt um uns herum wahrnehmen.
- Soziale Einflüsse wie andere Personen, Wert und Normvorstellungen, Meinungen und Anschauungen haben Einfluss auf unsere Wahrnehmung.
- Wir registrieren etwas nicht einfach nur als Abbild in unserem Gehirn, sondern wir konstruieren Bilder von uns und von der Welt, auch und gerade, wenn wir Personen wahrnehmen und beurteilen.
- Die Personenwahrnehmung wird noch stärker von subjektiven Prozessen beeinflusst als die Objektwahrnehmung und ist deshalb mit Fehlern behaftet. Bei der Beurteilung und Beobachtung von Personen gibt es einige mögliche Fehlerquellen:
  - Erster Eindruck
  - Der Stereotype-Effekt, bzw.
  - Soziale Wahrnehmung der Rolle
  - Implizite Persönlichkeitstheorie
  - Halo-Effekt
  - Pygmalion- oder Rosenthal-Effekt
  - Logischer Fehler
  - Kontrast- und Ähnlichkeitsfehler
  - Projektionsfehler
- Im Laufe unseres Lebens hat sich ein Selbstbild entwickelt. Ein Bild von den eigenen Bedürfnissen, Gefühlen, Einstellungen und Fähigkeiten. Dieses Selbstbild hat sich im Laufe unseres Lebens auch durch den Einfluss wichtiger Bezugspersonen gebildet, dem sogenannten Fremdbild. Selbst- und Fremdbild stehen in einem wechselseitigen Verhältnis.
- Die Beobachtung ist die aufmerksame und planvolle Wahrnehmung und Registrierung von Vorgängen und Gegenständen, Ereignissen oder Mitmenschen in Abhängigkeit von bestimmten Situationen. Dazu gibt es verschiedene Beobachtungsmethoden.

3 Gedächtnis, Denken und Intelligenz

René Descartes

„Je pense, donc je suis" – „Ich denke, also bin ich", so schrieb René Descartes in seinem Buch „Discours de la methode" bereits 1637. Obgleich er diesen Satz eher in einem philosophischen Zusammenhang prägte, beweist die moderne Hirnforschung, dass Descartes zumindest in einem Bereich letztlich recht behalten sollte: Ohne die Fähigkeit zu denken, sind wir nichts! Nur unsere kognitiven Prozesse, unser Gedächtnis und schließlich unsere Bewusstseinsfähigkeit machen uns zu dem, was wir sind – Individuen!

Stellen Sie sich vor, Sie wären nicht in der Lage, sich an Ihre Vergangenheit zu erinnern, was Sie erlebt haben, wer Sie sind und was und wen Sie mögen. Sie könnten sich nicht daran erinnern, wie man geht, Fahrrad fährt, ein Brot schmiert. Alles wäre in jedem Moment neu für Sie. Sie wären wahrscheinlich kaum überlebensfähig, geschweige denn hätten Sie das, was man „Identität" nennt, ein Wissen über sich selbst.

> Bedeutung der Gedächtnisfähigkeit
>
> Der Neurobiologe James McGaugh drückt es wie folgt aus:
>
> „Wenn Sie die Fähigkeit verlieren, sich Ihre alten Erinnerungen wachzurufen, dann haben Sie kein Leben mehr. Sie könnten dann genauso gut eine Kohlrübe oder ein Kohlkopf sein! (...) Gedächtnis – da gibt es keinen Zweifel – ist unsere bedeutsamste Fähigkeit." (Minkel/McGaugh, 2003, S. 3)

3.1 Grundlagen der Gedächtnisfunktionen

3.1.1 Grundlagen

Rund um die Uhr leisten wir kognitive Arbeit, bewusst und noch viel mehr unbewusst: Wir *sehen* und *erkennen* unsere Umgebung, Personen, Situationen, *hören* und *verstehen* unsere Umwelt, wir *bewegen* uns zielgerichtet, weichen beim Gehen Hindernissen aus oder führen gezielt den Schlüssel ins Schlüsselloch und drehen ihn um, wenn wir eine Tür aufschließen *wollen*. Wir *erinnern* uns an Erlebnisse aus dem letzten Urlaub und überlegen, ob wir in diesem Jahr wieder dorthin fahren sollen. Wir *entschließen* uns dazu, woanders hinzufahren und *planen* die Reise. Gleichzeitig *nehmen wir uns vor,* am nächsten Tag mit dem *Auto* zum Reisebüro zu *fahren* und zusätzliches Informationsmaterial zu besorgen.

All diese Beispiele sind kognitive Leistungen. Interessant ist hierbei jedoch, dass wir über die einen gar nicht nachdenken müssen, wie z. B. sehen, erkennen, hören, verstehen, bewegen oder auch Auto fahren. Wenn wir es doch bewusst tun, dann bedeutet es dennoch keine Anstrengung für uns. Anders verhält es sich mit Tätigkeiten wie sich erinnern, überlegen, sich entschließen, planen oder sich etwas für die Zukunft vorzunehmen („Prospektion"). Diese Tätigkeiten kosten „Kraft". Wir müssen uns anstrengen, um hier zu einem zufriedenstellenden Ergebnis zu kommen.

> **Kognition** (lat. cognitio „die Untersuchung" auch „die Erkenntnis") bezeichnet zum einen alle mentalen Prozesse und Strukturen eines Individuums wie Gedanken, Meinungen, Einstellungen, Wünsche, Absichten. Zum anderen sind Kognitionen auch Informationsverarbeitungsprozesse, in denen Neues gelernt und Wissen verarbeitet wird, z. B. in Bezug auf Denken und Problemlösung.
>
> Kognitionen beinhalten, was Individuen über sich selbst, ihre (soziale) Umwelt, ihre Vergangenheit, Gegenwart und Zukunft denken. Kognitionen können Emotionen (Gefühle) beeinflussen und/oder durch sie beeinflusst werden.
>
> Wir können demzufolge festhalten, dass Kognitionen all die internen Vorstellungen sind, die sich ein Individuum von der Welt (subjektive Realität) und sich selbst konstruieren kann.

Hier zeigt sich bereits, wie unterschiedlich sich kognitive Leistungen und Funktionen darstellen. Wenn Sie weiter darüber *nachdenken*, werden Sie noch unzählige andere Beispiele finden.

Zu den Kernbereichen der kognitiven Funktionen rechnet die Psychologie **Wahrnehmung**, **Aufmerksamkeit**, **Gedächtnis** und **Denken** (Prinz et al., 1996, S. 3–35). Hinzu kommen aber auch Bereiche wie Wille, Handlungssteuerung, Motivation und Emotion. Wir werden uns in diesem Kapitel vorwiegend mit den erstgenannten Kernbereichen der Funktionen beschäftigen.

Das Gedächtnis bietet uns die Gewähr, dass wir uns möglichst ideal an die Umwelt, in der wir leben, anpassen und uns in ihr bewähren können. Der erste Schritt zu einem tieferen Verständnis der inneren, oft unbewussten Abläufe besteht also darin, uns vor Augen zu führen, wie unser Gedächtnis und damit natürlich auch, wie unser Gehirn funktioniert und wie es sich im Laufe des Lebens verändert. Hierzu werden wir im Folgenden auf die Einzelbereiche unseres Gedächtnisses näher eingehen und auf der Basis eines sogenannten „Mehrspeichermodells" seine Funktionsweise kennenlernen.

3.1.2 Fluide und kristalline Funktionen

Wie oben erwähnt, gibt es kognitive Leistungen, die wir weitgehend ohne „Kraftaufwand" leicht ausführen können. Andere kosten Kraft, sie „tun weh"! Im Folgenden wollen wir dieses Phänomen für den Bereich der willkürlichen Gedächtnisleistungen, also Denken, Erinnern, Planen etc., näher beleuchten:

Sicherlich haben Sie schon einmal ein Kreuzworträtsel gelöst. Ihnen wird aufgefallen sein, dass dies nicht allzu anstrengend war. Entweder wussten Sie die Antwort oder eben nicht. Bestenfalls konnten Sie anhand der bereits bekannten Buchstaben das korrekte Wort herleiten. (Dass Sie dies konnten, weil Ihnen verschiedene „Assoziationen" in den Sinn kamen, ist übrigens auch eine herausragende Leistung Ihres Gedächtnisses! Darauf kommen wir später zurück.)

Wenn Sie aber eine Kopfrechenaufgabe oder ein Sudoku-Rätsel lösen, bemerken Sie, dass dies anstrengend ist und Sie diese Art von Aufgaben nicht unbegrenzt ausführen können, ohne zu ermüden und in der Konzentration nachzulassen.

Hieraus können wir folgern: Es scheint Leistungsbereiche in unseren kognitiven Funktionen zu geben, die „Kraft" erfordern und es scheint andere zu geben, die leicht sind. Diese beiden Bereiche wurden bereits 1963 von Raymond Cattell beschrieben. Er nannte sie „fluid and cristallized intelligence", also flüssige und kristallisierte Intelligenzbereiche.

Fluide Funktionen sind hiernach stark tempoabhängige Leistungen unseres Gedächtnisses. Sie setzen sich vor allem aus den Bereichen Aufmerksamkeit, Konzentration und Informationsverarbeitungsgeschwindigkeit zusammen; kurz gesagt, denjenigen Leistungen, die beschreiben, wie gut und wie schnell wir denken können. Lernen z. B. ist eine wesentliche fluide Leistung. „Wie gut kann ich mich auf einen Lernstoff konzentrieren, wie schnell kann ich ihn in meinem Gedächtnis umsetzen und wie gut kann ich mir die Inhalte langfristig einprägen", sind die fluiden Leistungsbereiche im Lernvorgang.

Kristalline Funktionen sind dagegen eher als Inhalte des Langzeitgedächtnisses zu sehen: Sprache, Wissen, das kleine Einmaleins, Problemlösestrategien, die wir uns im Laufe unseres Lebens angeeignet haben und bei ähnlichen Problemsituationen wieder anwenden.

Aus nachfolgender Abbildung geht nun hervor, dass sich beide Funktionsbereiche bis etwa zum 30. Lebensjahr weitgehend gleichmäßig entwickeln, die fluiden Leistungen danach aber nachlassen. Experimentell ist dies tatsächlich ab dem 30. Lebensjahr messbar. Auswirkungen auf unseren Alltag hat dieser Rückgang jedoch erst 20–30 Jahre später. Erst dann spüren wir in unseren alltäglichen Aufgaben, dass wir vergesslicher werden, uns Dinge nicht mehr so leicht einprägen können und insgesamt etwas langsamer denken.

Kristalline Funktionen hingegen können über das ganze Leben hinweg aufgebaut und ausgeweitet werden. Sie können bis ins höchste Lebensalter Gedichte, neue Sprachen oder ein Instrument lernen. Aber Sie werden feststellen, dass das Erlernen langsamer geht als in jüngeren Jahren – denn „Lernen" ist ein fluider Prozess!

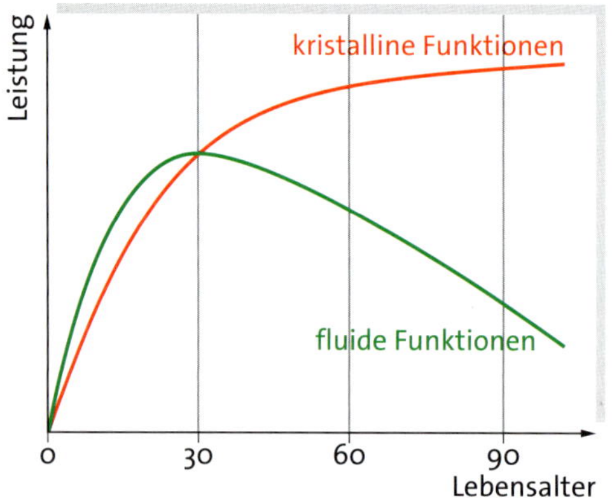

Veränderung fluider und kristalliner Gedächtnisfunktionen im Altersverlauf (nach Cattell, 1963)

Die Entwicklung des Gehirns ist erst mit ca. 25 Jahren abgeschlossen. (Gogtay et al., 2004)

Bildgebende Verfahren *hier die die bildhafte Darstellung der Gehirnfunktionen durch z. B. funktionelle Magnetresonanztomografie (fMRT)*

Über Veränderungen der kognitiven Leistungen im Alter finden Sie weitere Informationen im Kapitel 16.6.4 „Gerontologie – kognitive Veränderungen“

Kognitive Plastizität
Je nach Anforderung ist unser Gehirn dazu fähig, dass in bestimmten Hirnregionen Schaltkreise deutlich ausgeprägter wachsen als in anderen. Dabei entscheidet das Ausmaß der Anregung von außen, d. h. die umweltbedingte Stimulation darüber, ob und wie die Verbindungen zwischen den **Neuronen** geknüpft werden.

Die Flexibilität und Veränderbarkeit unseres Gehirns entwickelt sich im Laufe der Kindheit und Jugend und wird mit zunehmendem Alter geringer.

Erfahrungen, die nicht gemacht wurden, z. B. wenn wir nie auf Bäume klettern (und auch mal herunterfallen) durften, können damit auch nicht auf unsere Persönlichkeitsentwicklung Einfluss nehmen. Informationen, die wir nicht in unserem Gedächtnis verankert haben, stehen uns später auch nicht als Erinnerung zur Verfügung, in keiner Prüfungssituation, in keinem Gespräch und in keiner Quizshow.

Unser Lebensweg vom Kindergarten über die Grundschule zur weiterführenden Schule, vielleicht über ein Studium bis hin zu unserem Arbeitsplatz, erfordert täglich neue Anpassung und Einspeicherung von Informationen. Dabei reagiert unser Gehirn sehr empfindlich und flexibel darauf, was um uns herum geschieht, prüft, welche Verknüpfungen von welchen Neuronengruppen sich als besonders vorteilhaft erweisen und verarbeitet die Informationen in bestimmten Regionen auf der Großhirnrinde.

Wie gelingt es nun, neue Erfahrungen und Erinnerungen einzuspeichern?

3.1.3 Gedächtnismodelle

Schon immer haben Wissenschaftler versucht, Modelle unseres Gedächtnisses zu entwerfen.

Bei **Modellen** handelt es sich jedoch nicht zwingend um eine naturgetreue Beschreibung der Realität, sondern vielmehr um den Versuch, komplexe und abstrakte Vorgänge oder nicht beobachtbare Phänomene besser verstehbar zu machen. Das heißt, wir verwenden Modelle, um die Welt um uns herum besser begreifen zu können.

Bis zum Ende des 19. Jahrhunderts ging man vom Gedächtnis als komplexes Gesamtsystem aus. Bereits 1890 postulierte William James jedoch ein primäres (Kurzzeitgedächtnis) und ein sekundäres Gedächtnis (Langzeitgedächtnis). In der Blütezeit der kognitiven Psychologie ab 1950 wurden die Annahmen über unterschiedliche Gedächtnissysteme immer differenzierter.

Mehrspeichermodell

Durch die immer besser werdenden technischen Möglichkeiten, wie zum Beispiel die Entwicklung von **bildgebenden Verfahren** und anderen experimentellen Methoden, konnten die unterschiedlichen Gedächtnisfunktionen zunehmend differenzierter voneinander getrennt werden. Diese Modelle werden als Mehrspeichermodelle bezeichnet. Das bekannteste stammt von den US-Amerikanern Richard Atkinson und Richard M. Shiffrin (1968), auf welches wir im Folgenden eingehen werden. Es geht von einer Dreiteilung des Gedächtnisses in **sensorische Speicher**, **Kurzzeitspeicher** und **Langzeitspeicher** aus.

Einspeichermodell

In die umgekehrte Richtung gingen Mitte der 70er-Jahre des 20. Jahrhunderts Craig und Lockhart (1972), die die alte Idee von einem einheitlichen Gedächtnissystem reaktivierten und sogenannte „Einspeichermodelle“ formulierten. Statt drei getrennte Speicher anzunehmen, geht man beim Einspeichermodell davon aus, dass die Information über eine theoretisch unendliche Anzahl von Verarbeitungsebenen (levels of processing) ohne anatomisch festzulegende Grenzen abgespeichert werden. Die Tiefe der Informationsverarbeitung entscheidet demnach darüber, ob eine Information langfristig behalten werden kann.

Die Idee dieses Ansatzes liegt auf der „Verarbeitung“ als dem Schlüssel zur Speicherung. Je tiefer die Verarbeitung, desto besser die Abspeicherung und damit auch die Erinnerungsleistung. Das bedeutet, je besser wir eine Information mit Gefühlen, Bildern, bereits bekannten Gedächtnisinhalten verknüpfen können, desto besser wird etwas gemerkt.

Konnektionistisches Modell

Ein weiteres Modell, welches in Verbindung mit dem 3-Speicher-Modell auch heute noch diskutiert wird, ist das sogenannte „Konnektionistische Modell“ nach McClelland und Rumelhart (1985). Die Autoren gehen davon aus, dass das Gedächtnis ein parallel verschaltetes Netzwerk darstellt. Nach diesem Modell liegt das Wissen z. B. nicht in den Neuronen, sondern vielmehr in den *Verbindungen* zwischen den verschiedenen Einheiten. Diese Verknüpfungen stellen gleichsam Knoten dar, deren Aktivierung wiederum die Aktivierung anderer Knoten verursacht (sog. „spreading activation“). Ein solcher aktivierender Knoten wird „Prime“, die daraus resultierende Aktivierung **„Priming-Effekt“** genannt. Vereinfacht könnten diese Effekte auch als „Assoziationen“ verstanden werden. Wir werden bei der Bearbeitung des Langzeitgedächtnisses auf dieses Phänomen noch zu sprechen kommen.

> Trotz vielfältiger Befunde, die auf unterschiedliche Teilsysteme hinweisen, gibt es nach wie vor keine empirischen Beweise, die einem bestimmten Modell den Vorrang erlauben.

Um jedoch ein greifbareres Bild unserer Gedächtnisfunktionen vermitteln zu können, soll im Weiteren das Mehrspeichermodell näher beschrieben werden, wenn uns auch klar sein muss, dass es eine starke Vereinfachung tatsächlicher Hirnprozesse darstellt und auch nicht alle Phänomene durch das Modell erklärt werden können.

Die Abbildung zeigt in modifizierter Form das **Mehrspeichermodell** nach Atkinson und Shiffrin (1968). Es werden die Einzelfunktionen und ihre Verbindung untereinander dargestellt.

Im Modell wird bereits deutlich, dass die Einzelfunktionen unseres Gedächtnisses zum einen nicht, wie von Atkinson und Shiffrin postuliert, dezidiert hintereinander stehen, sondern in bestimmten Bereichen eng miteinander verbunden sind. Des Weiteren gibt es neben den einzelnen Gedächtnissen weitere Systeme, wie den Hippocampus, das limbische System und den assoziativen Cortex, die eine wesentliche Rolle für unser Gedächtnis leisten.

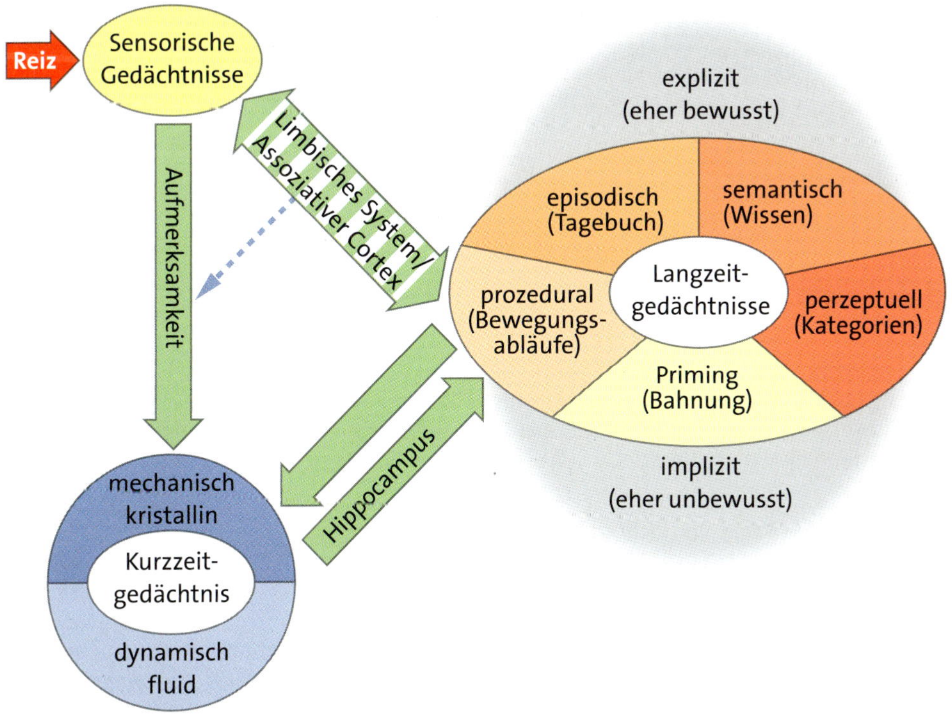

Mehrspeichermodell (mod. nach Oswald, 2008)

Auch erkennt man in der Abbildung, dass die einzelnen Bereiche wiederum in ihrer Funktion unterteilt sind. Im Folgenden werden wir auf diese Einzelfunktionen näher eingehen.

Die Erkenntnisse aus den **Neurowissenschaften** haben dazu geführt, dass eine **Lokalisierung der einzelnen Gedächtnisbereiche im Gehirn** möglich wurde. Obgleich nicht erschöpfend untersucht, können wir zumindest in einem groben Rahmen behaupten, dass bestimmte Hirnareale mit bestimmten Gedächtnisfunktionen zusammenhängen. In der Abbildung wurde versucht, diese Areale deutlich zu machen:

Durch Versuche mit bildgebenden Verfahren konnte nachgewiesen werden, dass bei entsprechenden Testaufgaben wie Denken, Erinnern, Lernen etc. im Wesentlichen die in der Abbildung gezeigten Areale aktiv waren. Wir dürfen hierbei jedoch nicht vergessen, dass unser Gehirn ein hochkomplexes System ist und immer auch andere Hirnareale mitbeteiligt sind. So ist das limbische System, zu dem auch der Mandelkern (Amygdala) und Hippocampus gehören, bei nahezu jeder Gedächtnisleistung mit aktiv.

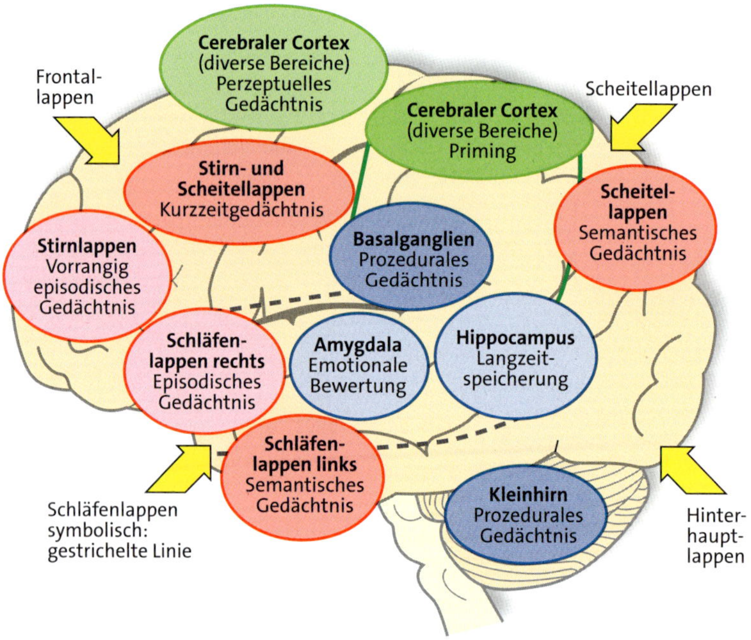

Lokalisation von Gedächtnisfunktionen (mod. nach Brand/Markowitsch, 2004)

3.2 Wahrnehmung, Aufmerksamkeit und Kurzzeitspeicher

Wir nehmen, wie andere Lebewesen auch, ständig über unsere Sinne Informationen aus der Umwelt auf. Im Gegensatz zu niedrigeren Lebewesen nehmen wir unsere Umwelt „bewusst" wahr. Das heißt, wir bewerten unsere Reaktionen auf Umweltreize, kontrollieren sie und gleichen sie mit uns bereits bekannten Situationen ab.

Die Psychologen sind sich nicht ganz einig, wie man „Bewusstsein" allgemeingültig definieren könnte. Wie in der Wissenschaft üblich, brauchen wir in dieser Situation eine Arbeitsdefinition, die uns ein gemeinsames Verständnis des Begriffs vermittelt, mit dem wir gut „arbeiten" können – wohl wissend, dass wir es mit einer Vereinfachung zu tun haben: Wenn wir über Bewusstsein sprechen, dann verstehen wir darunter die subjektive Vergegenwärtigung von Erlebnissen durch Wahrnehmen aller unmittelbar zur Verfügung stehender Reize (von außen und innen), Vorstellungen sowie Fühlen und Denken.

Damit uns bestimmte Informationen aus der Umwelt bewusst werden können, muss zunächst unsere **Aufmerksamkeit auf den jeweiligen Reiz** gelenkt werden. Da wir aber nicht alle Reize aus unserer Umwelt bewusst aufnehmen können, muss es ein System geben, welches quasi vorbewusst auswählt, welche Information wichtig genug ist, um unsere Aufmerksamkeit darauf zu lenken, und welche nicht.

3.2.1 Die sensorischen Speicher

Über die Sinne nimmt der Mensch zu jeder Sekunde seines Lebens Unmengen von Informationen auf. Entsprechend unseren Sinnesarten kann ein Reiz auf **visuelle** (sichtbare), **auditive** (hörbare), **haptische** (den Tastsinn ansprechende), **olfaktorische** (geruchliche) oder **gustatorische** (geschmackliche) Art aufgenommen werden. Zusammen bilden sie die **sensorischen Speicher** oder Register (Atkinson und Shiffrin, 1968).

Alleine das visuelle System verarbeitet in jeder Sekunde Millionen von Daten wie Bewegung, Farben, Helligkeit und das für Tausende von einzelnen Bildpunkten. Informationstheoretiker sprechen bei Einzelinformationen von Bit („Binary digit") als kleinste mögliche Informationseinheit. Dementsprechend kann unser visuelles System ca. 10 Millionen Bits pro Sekunde verarbeiten.

Wenn die anderen Sinne auch ungleich weniger Informationen aufnehmen können als das visuelle System, geht man dennoch von einem nahezu unbegrenzten Informationszufluss in den sensorischen Speichern aus. Das heißt, alle Informationen, die aus der Umwelt auf uns einfließen, werden durch unsere Sinne zunächst ungefiltert und voneinander unabhängig aufgenommen. Jedoch können die sensorischen Speicher diese Informationen nicht lange aufrechterhalten. So kann ein Reiz vom visuellen System in der Regel nur für Sekundenbruchteile gespeichert werden, ein hörbarer Reiz vom akustischen Speicher etwa 2 Sekunden (Bredenkamp/Wippich, 1977). Aus diesem Grund wurden die sensorischen Speicher früher auch als Ultra-Kurzzeit-Gedächtnis bezeichnet.

Die jeweiligen Speicher sind den einzelnen Sinnen zugeordnet und in den Hirnbereichen beheimatet, in denen auch die Signale verarbeitet werden. So liegen zum Beispiel die visuellen Speicher im Bereich der Sehrinde in unserem Hinterhaupt (Okzipitalbereich), die akustischen Speicher im Scheitel- und Schläfenlappen (Parietal- und Temporallappen) usw. (Prinz et al., 1996).

Wenn nun die sensorischen Speicher die gesamten Umweltreize ungefiltert aufnehmen, stellt sich die Frage, **wie geht unser Gehirn mit dieser Unmenge an Informationen um?** Es hätte fatale Folgen, würde die gesamte Menge an Daten ungefiltert in unser Bewusstsein treten (unser Bewusstsein kann, vereinfacht ausgedrückt, mit dem gleichgesetzt werden, was sich gerade in unserem Kurzzeitgedächtnis befindet), mit einer solchen Informationsflut wäre unser Gehirn völlig überfordert. Entsprechend muss es ein System geben, welches bereits vorbewusst entscheidet, welche Informationen in unser Bewusstsein dringen sollen und welche nicht, d. h. worauf wir unsere Aufmerksamkeit richten sollen und worauf nicht.

Hierfür ist ein komplexes Kontrollsystem verantwortlich, zu dem die Formatio reticularis, Bereiche des Thalamus, aber auch das limbische System in Verbindung mit dem assoziativen Cortex in unserer Großhirnrinde gehören (Trepel, 2006). Sobald wir über unsere Sinne Informationen aufnehmen, wird über diese Bereiche abgeglichen, ob etwas wichtig, unwichtig, neu oder bereits bekannt ist, und ob es uns in der aktuellen Situation wichtig erscheint oder nicht.

*Bei der **Enkodierung** handelt sich um einen mehrstufigen Prozess, in dem ein physikalischer Reiz in hirneigene Sprache (den neuronalen Code) übersetzt wird, die vom Gehirn entschlüsselt und weiterverarbeitet werden kann. Der Ansatz der Verarbeitungstiefe (level of processing) besagt, dass wahrgenommene Reize unterschiedlich verarbeitet werden. Die Verarbeitungstiefe wird von den Intentionen und dem Vorwissen des Individuums, der Art des Reizes und der verfügbaren Verarbeitungszeit bestimmt. Das Erinnern verbessert sich mit zunehmender Verarbeitungstiefe (vgl. Kapitel 3.5).*

Wenn von diesem „Kontrollzentrum" etwas als bedeutsam erkannt wurde, wird durch Aktivierung entsprechender thalamo-corticaler Verbindungen unsere Aufmerksamkeit darauf gerichtet. Damit gelangt die Information in unser Bewusstsein, unser Kurzzeitgedächtnis. Aber nicht nur die Information oder der Reiz gelangt in unser Bewusstsein, sondern alles, was in diesem Kontrollprozess in unserem Langzeitgedächtnis an Assoziationen dazu gefunden wurde. Untersuchungen aus der Hirnforschung konnten zeigen, dass die Aktivierung der entsprechenden Areale bis zur „Bewusstwerdung" des Reizes etwa 300 bis 500 Millisekunden dauert (Roth, 2001).

BEISPIEL

Um diesen Prozess deutlicher zu machen, sei ein kurzes Beispiel genannt: Wenn wir den Begriff „Apfel" hören, dann werden automatisch weitere Informationen aus dem Langzeitgedächtnis zu diesem Begriff aktiviert. Wir haben sofort eine bestimmte Form, vielleicht eine Farbe oder sogar einen bestimmten Geschmack oder Geruch zu diesem Begriff in unserem Bewusstsein. Alle Assoziationen werden also aktiviert und als „Handlungs- und Entscheidungshilfe" zur Verfügung gestellt.

Nachlassende Sinnesfunktionen, die mit der normalen Alterung des Menschen einhergehen, erschweren bzw. verlangsamen die Aufnahme ankommender Informationen. Zusätzlich lässt mit zunehmender Ermüdung die Leistung unseres „Kontrollzentrums" nach. Die Geschwindigkeit und die Präzision, mit der entschieden wird, ob etwas in unser Bewusstsein tritt, verringern sich dann und es treten Fehler auf. Vor diesem Hintergrund erklärt sich, dass ältere Menschen leichter durch Störreize abgelenkt werden oder sich im Straßenverkehr falsch verhalten oder dass Schulkinder sich nicht konzentrieren können, wenn die Klasse zu groß ist und ständig jemand redet oder etwas Ablenkendes tut.

Daher hat diese Tatsache auch wesentliche Bedeutung für das Lernen in der Schule und im Kindergarten: Wir müssen zum einen sicherstellen, dass möglichst wenige **Störreize** auftreten und eine ruhige, reizarme (Lern-)Umgebung geschaffen wird. Zum anderen müssen wir der Tatsache ins Auge schauen, dass wir nur eine begrenzte Zeitspanne aufmerksam sein können, bevor wir ermüden und uns nicht mehr konzentrieren können. Dann ist ein sinnvolles und erfolgreiches Lernen nicht mehr möglich. Diese Erkenntnis führt zu Konsequenzen in der Lernforschung (vgl. Kap. 3.5: Bedingungen des Lernens und Lerntechniken).

Echoisches Gedächtnis
auditive (hörbare) Informationen sind einige Sekunden im Gedächtnis verhaftet

3.2.2 Kurzzeitgedächtnis

Wie oben beschrieben, gelangen nur Informationen, auf die sich die Aufmerksamkeit richtet, ins Kurzzeit- oder Arbeitsgedächtnis, also in unser Bewusstsein. Dort werden sie für einige Sekunden bis Minuten behalten und bearbeitet. Treten Störungen ein, wird die vorhandene Information durch die neue nachfolgende „ersetzt".

Das, was Sie in diesem Moment bewusst sehen, lesen, denken, fühlen, das befindet sich gerade in Ihrem Kurzzeitgedächtnis!

Demnach können wir sagen: Das Kurzzeitgedächtnis stellt den bewussten Teil unseres Gedächtnisses dar.

Als vereinfachtes Bild kann man sich das Kurzzeitgedächtnis (KZG) vorstellen wie eine Küchenrolle, in die nacheinander Tischtennisbälle geschoben werden (siehe Abbildung). Die Tischtennisbälle stellen dabei die einzelnen Informationen dar. Ist die Küchenrolle voll, fallen die Bälle auf der anderen Seite wieder heraus. Gemäß diesem Bild hat also das Kurzzeitgedächtnis einerseits ein bestimmtes Fassungsvermögen und da ständig neue Informationen in das KZG einfließen, andererseits auch eine begrenzte Dauer.

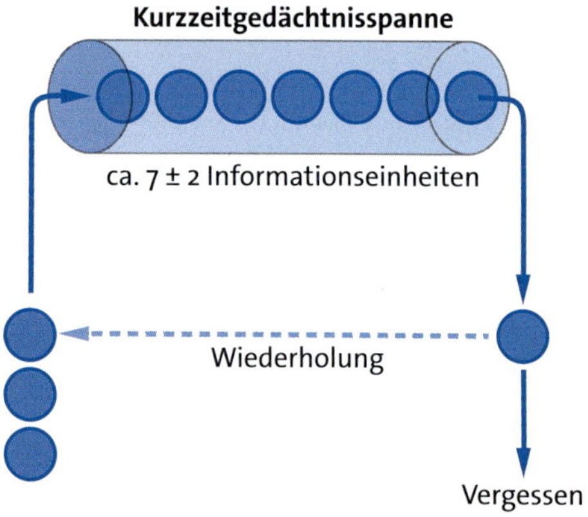

Modell Gedächtnisspanne

Der amerikanische Psychologe George A. Miller (1956) hat in einer Untersuchung herausgefunden, dass die Gedächtnisspanne und damit das bewusste Erleben durchschnittlich 7 ± 2 „Chunks" (Elemente, Inhalte) umfasst. Zudem hat das Kurzzeitgedächtnis eine Dauerhaftigkeit von etwa 10 Sekunden. In unser Küchenrollenbild übersetzt bedeutet dies, dass ca. 7 Bälle in die Rolle hineinpassen und diese Bälle bewegen sich in etwa 10 Sekunden durch die Rolle, bevor sie durch andere Bälle ersetzt werden.

Dabei werden jedoch automatisch „Hilfsmittel" benutzt (echoisches Gedächtnis etc.). Könnte man diese eliminieren, wäre vermutlich die reine Kapazität des KZG sogar auf etwa 2–4 Einheiten beschränkt (Crowder, 1976).

BEISPIEL

Hierzu ein kurzes Beispiel: Stellen Sie sich vor, Sie möchten sich eine Telefonnummer merken. Sie schieben eine Zahl nach der anderen in Ihr Kurzzeitgedächtnis. Plötzlich werden Sie gestört, andere Informationen schieben sich in Ihr Gedächtnis und verdrängen die Zahlen. So, als würden weitere Tischtennisbälle in die Küchenrolle geschoben. Die Bälle mit den Zahlen fallen hinten wieder heraus und sind verloren. Verhindern können wir dies nur, indem wir, bildhaft gesprochen, die herausfallende Zahl vorne wieder in die Rolle hineingeben, sie also praktisch fortwährend wiederholen.

Verhindert werden kann das „Vergessen" also nur durch aktive dynamische Prozesse, wie z. B. Memorieren (Wiederholen) der Zahl oder durch eine Verringerung der Informationsmenge, z. B. durch Gliederung der Zahl in Zweierbündel, oder auch durch die Zuhilfenahme von Merkversen, Eselsbrücken oder bildhaften Verknüpfungen. Da bei der ersteren Möglichkeit die Datenmenge verringert wird, spricht man hier von einer reduktiven Verarbeitung (Kodierung).

Wenn man sich hingegen einen Merksatz zu Hilfe nimmt, führt dies im Grunde zu einer weiteren Erhöhung der Datenmenge. Man spricht deshalb von einer weiteren Verarbeitung der eigentlichen Information (elaborative Kodierung). Es hat sich jedoch gezeigt, dass je mehr Informationen man assoziativ mit einer neuen Information verbinden kann (multiple Kodierung), desto besser kann diese ins Langzeitgedächtnis transferiert und von dort später auch wieder abgerufen werden.

Fleischmann (1989) teilt das Kurzzeitgedächtnis zusätzlich in mechanische und dynamische Prozesse (vgl. Abbildung unten). Während die mechanischen Prozesse, wie z. B. beim Nummernmerken oder Auswendiglernen, nur vom Umfang der Gedächtnisspanne abhängig sind und keiner besonderen Denkleistung bedürfen, zeichnet sich der dynamische Speicher des Kurzzeitgedächtnisses durch aktives Arbeiten in und mit dem Kurzzeitgedächtnis unter Zuhilfenahme von Informationen aus dem Langzeitgedächtnis aus (vgl. hierzu Kap. 3.2 Arbeitsgedächtnis).

BEISPIEL

Ein typisches Beispiel für eine dynamische Leistung wäre das Kopfrechnen:

Wenn wir 12 x 23 im Kopf ausrechnen wollen, müssen wir aus dem Langzeitgedächtnis die Rechenregeln hervorholen, müssen sodann die Aufgabe in unterschiedliche Teilaufgaben aufsplitten, diese und deren Ergebnisse im Gedächtnis behalten und zuletzt die Teilaufgaben addieren.

Die mechanischen Prozesse sind allein abhängig von der Größe der Gedächtnisspanne. Diese ist stark genetisch veranlagt und einem physiologischen Altersabbau unterworfen, der nur in geringem Maße aufzuhalten ist. So verringert sich unsere Gedächtnisspanne bis zum 75. Lebensjahr um etwa 25–50 %. In unserem Bild gesprochen heißt dies: Unsere Küchenrolle wird im Alter zur Toilettenpapierrolle!

Stärker noch ist die dynamische Kurzzeitgedächtnisleistung vom Alternsprozess betroffen. Da dynamische Funktionen stark von der Arbeitsgeschwindigkeit sowie der Konzentrationsfähigkeit abhängen, lassen diese bereits früh nach.

Tiefe der Verarbeitung
Je „tiefer" eine Information verarbeitet wird, desto besser wird sie behalten und kann auch besser wieder abgerufen werden. (Craik und Lockhart, 1972)

Mit „Tiefe" ist hier gemeint, dass neue Informationen mit möglichst vielen, bereits bekannten Gedächtnisinhalten verknüpft werden. Man kann sich dies so vorstellen, als würde man den neuen Inhalt mit Schnüren an alte Gedächtnisinhalte festbinden. Gibt es viele festgeschnürte Verbindungen, macht es nichts, wenn „ein Knoten nicht hält und aufgeht". Der neue Inhalt wird dennoch von den übrigen Schnüren gehalten und geht so nicht verloren. Übersetzt bedeutet dies, die neue Information bleibt besser im Gedächtnis erhalten und kann auch besser wieder abgerufen werden.

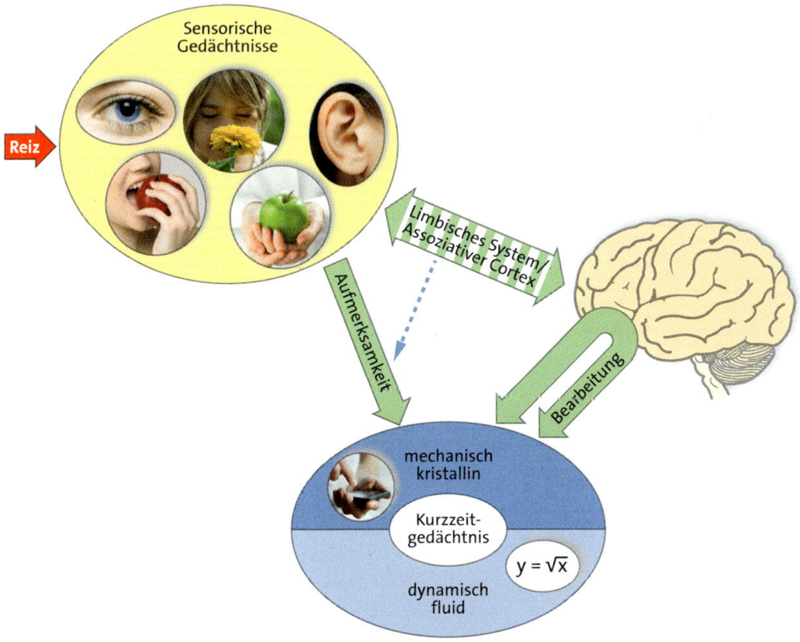

Kurzzeitgedächtnismodell (eig. Darstellung nach Fleischmann, 1989)

Als ***Demenz*** *bezeichnet man ein neurologisches Krankheitsbild, das durch den fortschreitenden Verlust kognitiver Fähigkeiten, insbesondere der Merkfähigkeit, gekennzeichnet ist. In späteren Krankheitsstadien kommt es in der Folge zu einem Verlust der Alltagskompetenz und zu einem Persönlichkeitszerfall (vgl. hierzu das Kapitel 16 Gerontologie)*

Für die Praxis heißt das, dass mit zunehmendem Alter sowohl die Aufnahmekapazität unseres Kurzzeitgedächtnisses als auch die Fähigkeit zur Verarbeitung von Informationen geringer wird.

Die altersabhängig zunehmende Verlangsamung der Informationsverarbeitung führt dann auch zwangsläufig zu schlechteren Gedächtnisleistungen: Informationen, die gespeichert werden sollen und deshalb im Arbeitsspeicher nicht schnell genug verarbeitet werden können, werden leichter von nachfolgenden Informationen überschrieben. Überschreitet die Verlangsamung der Informationsverarbeitung allerdings eine kritische Schwelle, so führt dies unweigerlich zu Gedächtnisstörungen bis hin zu einer **Demenz** (Oswald, 2008).

Trotz der Verwirrung, die durch die Vielzahl unterschiedlicher **Gedächtnismodelle** entsteht, können einige Erkenntnisse als gesichert gelten: Informationen werden über sensorische Register in unsere Sinne aufgenommen. Diese können Informationen sehr kurzfristig speichern. In dieser Zeit werden sie vorbewusst mithilfe eines Kontrollzentrums mit den Inhalten aus dem Langzeitgedächtnis abgeglichen. Hierbei wird entschieden, ob eine Information in unser Bewusstsein gelangt oder nicht. Dies ist abhängig von der Stärke der Aktivierung entsprechender Cortexbereiche. Da die Aktivierung immer von den Inhalten des Langzeitgedächtnisses abhängig ist – und damit von unseren Kenntnissen, Erfahrungen und Vorlieben – nimmt jedes Individuum „anders" wahr.

Im Kurzzeitgedächtnis werden Informationen bewusst verarbeitet. Die Gedächtnisspanne ist hierbei auf etwa 7±2 Informationseinheiten begrenzt. Es scheinen neben dem Kurzzeitgedächtnis jedoch noch zusätzliche Systeme zu existieren, die davon unabhängig operieren können.

3.2.3 Arbeitsgedächtnis

Obwohl das gezeigte Mehrspeichermodell gut eingängig und plausibel erscheint, erklärt es nicht alle im Gedächtnis vorgehende Prozesse. Baddeley (1986) führte z. B. Experimente durch, bei denen Versuchspersonen Zahlen im Kurzzeitgedächtnis behalten sollten und zudem noch logische Denkaufgaben lösen mussten. Letztlich kam es bei den Probanden lediglich zu einer Erhöhung der Problemlösezeit der Logikaufgaben, aber nicht, wie zu vermuten war, zu einem Vergessen der Nummern. Goschke (2002) berichtet über weitere Studien, die zeigen konnten, dass es von der jeweiligen Aufgabenstellung (z. B. räumlich oder sprachlich) abhängt, wie stark eine Beeinträchtigung auftritt.

Außerdem kommt es im Alltag immer wieder dazu, dass bestimmte Informationen ohne den Umweg über das sensorische und das Kurzzeitgedächtnis direkt im Langzeitgedächtnis abgespeichert werden, also ohne dass wir uns der Informationen bewusst sind.

AUFGABE

Überlegen Sie, bei welchen Gelegenheiten es Ihnen passiert, dass Sie, ohne dass Sie sich darauf konzentriert haben, sich Geschehnisse, Eindrücke, Lieder etc. gemerkt haben!

Vor diesem Hintergrund beschrieb Baddeley (1986) das Modell des „Arbeitsgedächtnisses", welches aus mehreren weitgehend voneinander unabhängigen Subsystemen besteht. Zwar überschneiden sich die Systeme in bestimmten Bereichen, sind jedoch nicht komplett dem begrenzten „Kurzzeitspeichersystem" mit den besagten 7 ± 2 Informationseinheiten zuzuordnen.

Baddeley unterscheidet hierbei die „phonologische Schleife" (auch „artikulatorische Schleife"), den „räumlich-visuellen Notizblock" und die „zentrale Exekutive" (Baddeley, 1986), also einen Speicher für sprachliches Material, ein System für räumliche Positionen („Notizblock") und ein System, welches als Leitzentrale die Untersysteme koordiniert. Im Jahr 2000 erweiterte Baddeley das Modell um ein weiteres Subsystem, den „episodischen Puffer", in dem kurzfristig alle eingehenden Daten zwischengespeichert werden können (Baddeley, 2002). D. h., er speichert kurzfristig Informationen *aller* Sinne.

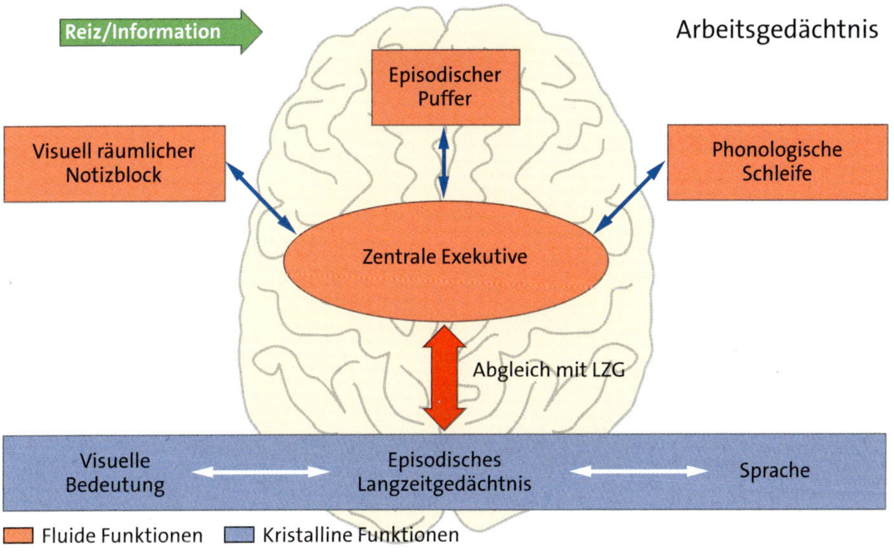

Erweitertes Arbeitsspeichermodell (Baddeley, 2000)

Phonologische Schleife

Aus Versuchen weiß man, dass Informationen in der phonologischen Schleife ca. 2 Sekunden aufrechterhalten werden können. Werden sie in dieser Zeit nicht durch innere Wiederholung (Artikulation des Gehörten) aufgefrischt, gehen sie verloren. Die „Gedächtnisspur" zerfällt.

Visuell-räumlicher Notizblock

Hier werden, ähnlich wie bei der phonologischen Schleife, visuelle Informationen kurzzeitig gespeichert und verarbeitet. Auch diese Informationen gehen verloren, wenn das Gesehene nicht „vorm inneren Auge" gehalten werden kann.

Episodischer Puffer

Der episodische Puffer ist im Grunde aus der Not heraus entstanden, da Baddeley in Untersuchungen aufgefallen war, dass sich Personen z. B. bei sinnhaften Sätzen nicht nur 5 Wörter (gemäß der Zweisekundenspanne), sondern 14–18 Wörter merken konnten. Vor diesem Hintergrund stellte er diesen weiteren Subspeicher des Arbeitsgedächtnisses dar, welcher in der Lage ist, Informationen aller Sinne kurzfristig zu speichern und sinnhaft zu verknüpfen („Episoden" zu bilden).

Zentrale Exekutive

Die drei genannten Teilbereiche arbeiten so lange weitgehend unabhängig voneinander, wie Prozesse nach festgelegten Schemata ablaufen können. Wird zum Beispiel verlangt, dass ein Wort nicht vorwärts, sondern rückwärts aufgesagt wird, funktionieren die gewohnten Schemata nicht mehr. Die zentrale Exekutive muss eingreifen und neue Möglichkeiten der Problemlösung finden. Sie ist immer dann gefragt, wenn eine Anforderung eine Abweichung vom Bekannten – und damit Kreativität – verlangt.

Neben der Übernahme komplexer kognitiver Tätigkeiten ist es auch Aufgabe der zentralen Exekutive, die vorhandene Rechenkapazität unseres Gehirns optimal den untergeordneten Systemen zuzuweisen.

Wo ist das Arbeitsgedächtnis lokalisiert?

Man geht aufgrund von Studien mit Schlaganfallpatienten davon aus, dass die Steuerungsprozesse vor allem über den präfrontalen Cortex ablaufen, da diese Patienten bei Beeinträchtigung des Frontalhirns Störungen bei der Planung und Ausführung willentlicher Handlungssequenzen zeigen (Baddeley, 2003). Gestützt wird diese Annahme durch

Exekutive Funktionen
Die Steuerung des bewussten Handelns beruht auf dem Zusammenspiel dreier Funktionen:
Um sich selbst erfolgreich steuern zu können, muss man automatisch ablaufende Reaktionen hemmen (Inhibition), wesentliche Informationen im Arbeitsgedächtnis schnell und zielgerichtet verarbeiten und geistig flexibel auf Umweltanforderungen reagieren können.

neuere Studien mit bildgebenden Verfahren, aus denen ersichtlich wird, dass bei komplexen Denkvorgängen vor allem die Frontallappen aktiv sind.

Ähnlich wie im Kurzzeitgedächtnis des Dreispeichermodells gehen auch die Inhalte des Arbeitsgedächtnisses schnell wieder verloren, wenn sie nicht bearbeitet oder wiederholt werden, daher geht man davon aus, dass es sich beim Arbeitsgedächtnis um einen erweiterten Teil des Kurzzeitgedächtnisses handelt, der in stetigem Austausch mit Inhalten des Langzeitgedächtnisses steht.

3.2.4 Exekutive Funktionen

In den letzten Jahren haben die Neurowissenschaften und insbesondere die neurowissenschaftliche Lernpsychologie die sogenannten „exekutiven Funktionen" als bedeutsames Forschungsthema entdeckt.

Im Grunde hat Baddeley mit der Beschreibung des Arbeitsgedächtnisses bereits die wesentlichen Aspekte exekutiver Funktionen beschrieben.

Exekutive Funktionen sind Fähigkeiten unseres Gehirns, die es uns ermöglichen, unser bewusstes Denken und Handeln optimal zu steuern und zu kontrollieren, damit wir Ziele und Vorhaben bestmöglich verwirklichen können. Diese Fähigkeiten werden vereinfacht oft auch als „Selbstregulation" bezeichnet.

Bei Kindern ist diese Selbstregulation zunächst noch wenig ausgeprägt und entwickelt sich erst vollständig im jungen Erwachsenenalter. Einige Forscher gehen davon aus, dass unsere Fähigkeiten zum langfristigen Planen – dazu gehört z. B. auch Verantwortung zu übernehmen, langfristige Konsequenzen unseres Handelns abzuschätzen usw. – erst mit ca. 25 Jahren voll entwickelt sind (Gogtay et al., 2004).

Bei jüngeren Kindern äußern sich exekutive Funktionen eher darin, dass sie in der Lage sind, eine Weile still zu sitzen, ihre Gefühle und Impulse unter Kontrolle zu haben oder auch sich in der Schule konzentrieren zu können.

Die exekutiven Funktionen verbessern sich über die Kindheit und Jugend bis ins Erwachsenalter hinein (Best/Miller, 2010). Sie beeinflussen bereits im frühen Kindesalter die sozial-emotionale Entwicklung erheblich und sind eine wichtige Voraussetzung für den Erfolg in der Schule, im Beruf sowie im gesamten Leben. Daher ist es wichtig, diese Gehirnfunktionen frühzeitig zu fördern.

Zu den exekutiven Funktionen zählen nach Förstl (2005):

- Zielsetzung und Prioritätenbildung
- Planung
- Impulskontrolle
- Emotionsregulation
- Aufmerksamkeitssteuerung
- Initiierung von Handlungen und deren Schrittabfolge
- Steuerung der Motorik
- Beobachtung der Handlungsergebnisse und anschließende Selbstkorrektur

Die Bedeutung der exekutiven Funktionen für das menschliche Handeln wird auch dadurch deutlich, dass das Frontalhirn, in dem diese Funktionen vorwiegend gesteuert werden, beim Menschen ein Drittel der gesamten Großhirnrinde einnimmt. Bei Hunden z. B. sind es nur 7–10 %, bei Affen schon bis ca. 20 %. Vom Frontallappen aus führen Nervenbahnen in vielzählige Großhirnbereiche, aus denen Informationen für die exekutiven Funktionen herangezogen werden.

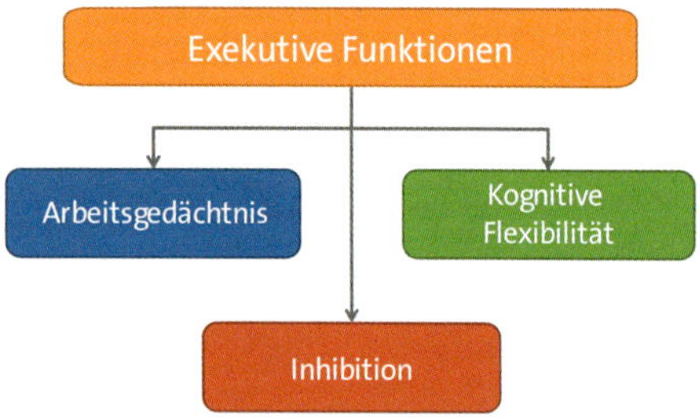

Wie wir bei Baddeley bereits erfahren haben, dient das **Arbeitsgedächtnis** sowohl der kurzzeitigen Speicherung von Informationen als auch der kognitiven Be- und Weiterverarbeitung. Somit ist das Arbeitsgedächtnis einer der wichtigsten Bereiche der bewussten Informationsverarbeitung. Wir benötigen die

Funktionen des Arbeitsgedächtnisses bei jeder Entscheidung, bei der Lösung jedes Problems und zum Abschätzen von möglichen Folgen unseres Handelns („Was passiert, wenn ich dies oder jenes tue?").

Inhibition ist die Fähigkeit zur Impulskontrolle. **Hierbei werden Störreize unterdrückt**, sodass man seine Aufmerksamkeit auf eine bestimmte Sache fokussieren, d. h. sich „konzentrieren" kann. Inhibition wird auch benötigt, um automatisierte Handlungsabfolgen zu unterdrücken, wenn diese in einer bestimmten Situation *nicht* angemessen sind.

BEISPIEL

Hierzu ein kurzes Beispiel, welches im Straßenverkehr häufig beobachtet werden kann: Eine ältere Dame steht an der Fußgängerampel, sie wird grün und die Dame beginnt die Straße zu überqueren, etwa in der Mitte springt die Ampel auf Rot. Der automatisierte Handlungsimpuls ist es, umzudrehen und wieder zurückzugehen. Sinnvoller wäre es aber, schnell auf die andere Seite weiterzugehen. Gerade bei alten Menschen ist die Fähigkeit zur Inhibition oft reduziert und so kommt es dazu, dass ältere Personen in dieser Situation falsch reagieren und beim Zurückgehen in das anfahrende Auto hineinlaufen.

Schließlich benötigen wir die Inhibitionsfähigkeit auch zur Kontrolle unserer Emotionen. Überlegen Sie, was passieren würde, wenn wir immer unsere Gefühle ausleben würden, wenn sie auftreten!

Kognitive Flexibilität bezeichnet die Fähigkeit einer Person, sich angemessen und zielgerichtet auf neue Situationen oder Anforderungen einstellen zu können.

Z. B. funktionieren unsere vorhandenen Problemlösestrategien nicht in allen Situationen. Dann benötigen wir die entsprechende Flexibilität, unser Verhalten anzupassen, um die situativen Anforderungen meistern zu können.

Kognitive Flexibilität äußert sich jedoch nicht nur in Problemlösesituationen, sondern gleichsam auch im sozialen Kontext, wenn wir uns in das Denken anderer Menschen hineinversetzen, empathisch sein wollen, ihre Sichtweisen und Bedürfnisse nachvollziehen wollen.

Als „soziale Wesen" benötigen wir eine gute kognitive Flexibilität, insbesondere auch im Umgang mit anderen Menschen!

EXKURS

Dysexekutive Störungen

Defizite in den exekutiven Funktionen werden „dysexekutives Syndrom" genannt. Patienten mit Schädigungen des Frontalhirns (z. B. bei Demenz oder traumatischer Schädigung) können sich nur schwer von festen, bekannten Routinen lösen, obwohl sie wahrnehmen, dass der eingeschlagene Weg nicht zur Lösung führt. D. h., sie bleiben an dem Lösungsweg kleben, obwohl sie merken, dass er falsch ist. Sie sind auch nicht in der Lage, Sichtweisen zu ändern oder sich anzupassen.

So können neue Probleme, für die noch keine Schemata vorhanden sind, kaum erfolgreich gelöst werden. Dies schränkt die Alltagsfähigkeiten dieser Patienten oft drastisch ein, da sie nicht mehr weiterkommen, wenn sie vor einem Problem stehen.

Verfahren zur Diagnostik solch einer Störung bedienen sich alltagsnahen Aufgaben, wie z. B. der sogenannte O-P-A-Test („Organisation und Planung eines Ausflugs", Menzel-Bergmann, 2011).

Dieser erfasst alltagsorientierte Planungsfähigkeiten, indem der Patient einen Ausflug nach Berlin organisieren soll. Dazu muss er aus einer großen Anzahl an Materialien (wie z. B. Zugfahrzeiten, Stadtplan sowie 14 Sehenswürdigkeiten) eine Auswahl nach verschiedenen Vorgaben treffen. Er muss zum Beispiel die Öffnungszeiten von Museen berücksichtigen oder auch die benötigten Geldmittel planen, Termine mit Freunden in die Planung integrieren usw. Es handelt sich bei dem Verfahren also um eine relativ komplexe Testung, bei der räumliche, zeitliche und finanzielle Aspekte zu integrieren sind.

An diesem Testbeispiel zeigt sich die Bedeutung der exekutiven Funktionen, ohne die eine derart komplexe Leistung aus logischem Denken, Problemlösen und Entscheiden nicht möglich ist!

Ähnliche Probleme treten bei Demenzpatienten, aber auch bei Kindern mit ADS bzw. ADHS auf.

ADS
Aufmerksamkeitsdefizitsyndrom

ADHS
Aufmerksamkeitsdefizitsyndrom mit Hyperaktivität

3.3 Langzeitspeicher, Hippocampus und limbisches System

Oben wurde beschrieben, dass bereits bevor ein Reiz in unser Bewusstsein gelangt, diverse Bewertungsprozesse durchgeführt und bestimmte Gehirnareale aktiviert werden. Mit der Aktivierung dieser Areale kommt es zu einer Bereitstellung zum Reiz zugehöriger Gedächtnisinhalte.

BEISPIEL

Wenn wir das Wort „Krankenhaus" hören, werden automatisch alle Gedächtnisareale, in denen Informationen zum Begriff Krankenhaus abgelegt sind, aktiviert. Einmal aktiviert, stehen sie uns sofort im Kurz- oder Arbeitsgedächtnis zur Verfügung.

Wir haben gelesen, dass diese Aktivierung vorbewusst stattfindet und unser bewusstes Verhalten und Handeln nicht nur beschleunigt, sondern gleichermaßen auch beeinflusst. Denn wir können nur auf der Basis dessen entscheiden, was uns „gerade im Kopf ist". Und was im Kopf ist, gibt uns unser Kontrollzentrum vor.

Dies können wir zumindest zum Teil umgehen, indem wir Entscheidungen aktiv überdenken, uns Zeit lassen, bevor wir handeln. Dennoch: Wir entscheiden meist nach den Erfahrungen, die wir in der Vergangenheit gemacht haben, und wählen Strategien aus, von denen wir glauben, dass sie auch in der aktuellen Situation funktionieren könnten. PIAGET nannte diese automatisierten und zum Teil unbewussten Prozesse „Schemata" (vgl. Kapitel 8 Lernen).

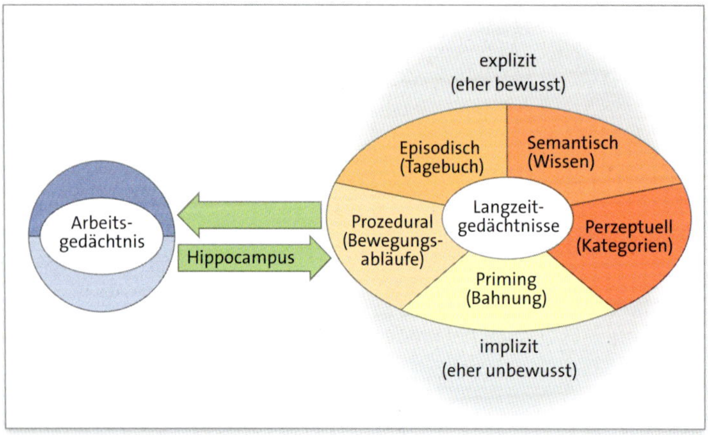

Langzeitspeicher

Was geschieht aber nun mit dem Reiz, der Information, die uns bewusst geworden ist, wie kann sie langfristig abgespeichert werden? Und warum fällt es uns manchmal so schwer, Gelesenes oder Gehörtes langfristig zu behalten?

3.3.1 Langzeitgedächtnisse

Bewusst aufgenommene Informationen können, wenn sie ausreichend gut im Kurzzeitgedächtnis bearbeitet wurden, ins Langzeitgedächtnis transferiert und dort langfristig abgespeichert werden. Je nach Art und Bedeutung werden die Informationen in verschiedenen Gedächtnissen abgespeichert.

Nach CALABRESE UND MARKOWITSCH (2003) unterscheidet man modellhaft fünf Langzeitgedächtnisse (vgl. untere Abbildung):

1. **Episodisches Gedächtnis:** Hier sind Ereignisse, Erfahrungen, Erlebnisse oder bestimmte Begebenheiten der individuellen Lebensgeschichte gespeichert (das persönliche „Tagebuch"). Unser episodisches Gedächtnis ist somit gleichsam der Ort unserer Identität und unseres Selbst, denn dort ist auch abgespeichert, was wir mögen, wer wir sind, letztlich unser Charakter. Lokalisiert ist dieser Bereich vor allem im Frontalhirn (temporo-frontaler Cortex).
2. **Semantisches Gedächtnis:** In diesem Bereich ist unser „Weltwissen" abgespeichert. Alles, was wir in der Schule oder im Leben an Fakten erlernt haben, ist dort abgelegt. Hier sind Kulturwissen und Wortschatz einer Person gespeichert, ebenso in Worte fassbare Beschreibungen (Theorien) von Wahrnehmungsinhalten. Für diesen Speicher ist es im Gegensatz zum episodischen Gedächtnis unerheblich und ohne Bedeutung, wo und wann wir etwas erfahren haben. So wissen wir alle, dass ein Wal ein Säugetier ist, jedoch nicht, wann wir dies von wem gehört haben. Das semantische Gedächtnis findet sich im gesamten Schläfen- und Scheitellappen.

3. **Perzeptuelles Gedächtnis:** Dieser Leistungsbereich ermöglicht uns das Erkennen von Gegenständen oder Teilen unserer Umwelt durch Ähnlichkeitsurteile (z. B. unterschiedliche Typen werden als Auto erkannt; eine Landschaft trotz unterschiedlicher Jahreszeiten). Hierunter fällt z. B. auch die Gesichtererkennung. Diese Erkennensleistungen geschehen zu einem großen Teil unbewusst, deshalb bildet das perzeptuelle Gedächtnis den Übergangsbereich zu den unbewussten oder nichtsprachlichen Gedächtnisfunktionen.
4. **Prozedurales Gedächtnis:** Hier sind Programme für gelernte Bewegungs- und Handlungsabläufe gespeichert (z. B. aufrecht Gehen, Fahrradfahren, Kippe am Reck). Wenn wir Handlungen zum ersten Mal ausführen, findet die Steuerung vorwiegend im motorischen Cortex der Großhirnrinde statt, je automatisierter eine Handlung ist (z. B. Gehen, Autofahren), desto stärker wird sie vom Kleinhirn übernommen.
5. **Priming-Gedächtnis:** Dieses lässt frühere Wahrnehmungen leichter wiedererkennen, welche in die gleiche Bedeutungskategorie fallen wie der auslösende Reiz oder Hinweis, ohne dass es zu einer bewussten Erinnerung an diese Reize kommt. Priming lässt sich auch mit „Bahnung“ umschreiben.

AUFGABE

Priming am Beispiel

Als Beispiel kann folgender Test genannt werden: Schauen Sie sich eine Weile die Bilder an. An welches Tier denken Sie gerade?

Zur Lösung blättern Sie bitte um.

EXKURS

Speicherung von Informationen in Nervennetzen

Nervenzellen bilden Netzwerke. Nicht in den Nervenzellen selbst, sondern in den Netzwerken sind die Gedächtnisinhalte gespeichert.

Wie funktioniert das? Die Axone der Nervenzellen (siehe Abbildung) spalten sich in zahlreiche einzelne Äste auf. Die Enden dieser Äste werden Synapsen genannt. Jede Nervenzelle kann bis zu 100.000 Synapsen besitzen. Die Synapsen können Verbindungen mit den Dendriten anderer Nervenzellen eingehen, sodass eine Nervenzelle über ihr Axon mit mehreren anderen Nervenzellen verbunden sein kann.

Nun kann sich eine Nervenzelle nicht nur über Synapsen mit anderen Nervenzellen verbinden, sondern die Synapsen können unterschiedliche „Spannungen" annehmen. Unterschiedliche Spannungen wiederum beinhalten unterschiedliche Informationen. Man nennt dies „Bahnungszustand". Dies erhöht die Speicherfähigkeit des Gehirns ganz beträchtlich.

Man nimmt an, dass die Großhirnrinde über 10^{10}–10^{14} Nervenzellen verfügt, von denen jede über mindestens 10^{4} Synapsen auf andere Nervenzellen einwirkt (Heinecke, 2012, S. 49). Den Bahnungszustand jeder Synapse kann man als eine Variable mit 4 Bit (d. h. 16 mögliche Spannungszustände) darstellen.

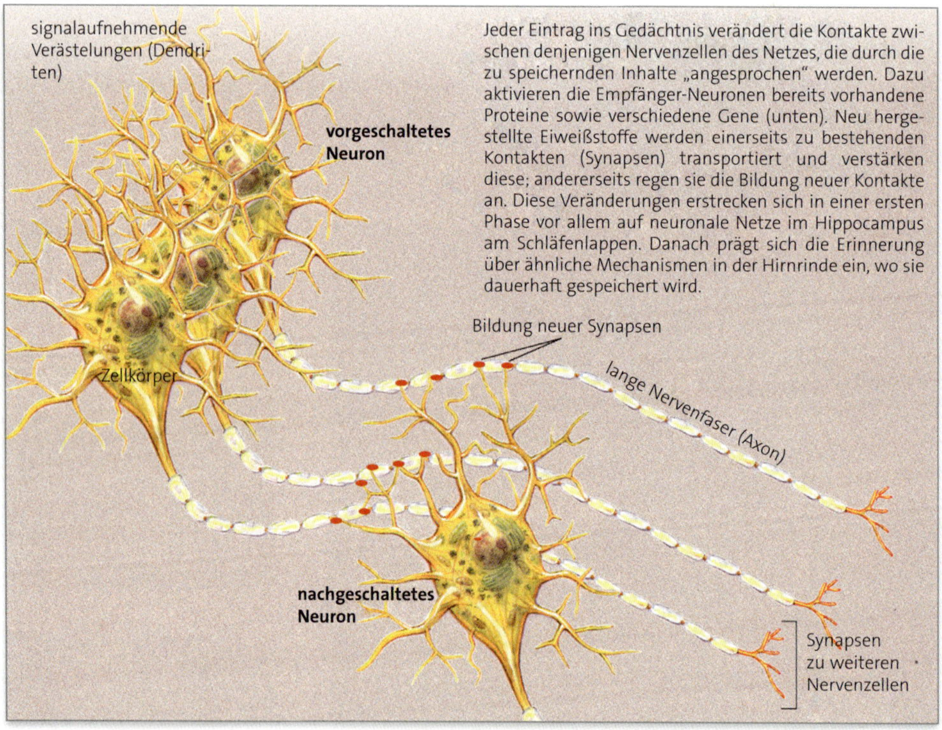

Möchte man nun die Speicherkapazität unserer Großhirnrinde berechnen, so erhält man nach den vorliegenden Zahlen folgenden Wert: 4 x 1014 Bit = 50 Terabyte. Wir können aber davon ausgehen, dass dies eher einen Minimumwert darstellt und die tatsächliche Kapazität sogar noch wesentlich größer ist!

Offensichtlich nutzen wir die Fähigkeiten unseres Gehirns nur in geringem Maße. Aber dennoch, was glauben Sie: Wie viele Speicherinhalte haben Sie in Ihrem Gedächtnis gespeichert? Wahrscheinlich mehr als Sie denken, denn psychologisch orientierte Schätzungen kommen immerhin auf ca. eine Milliarde (10^{8}) gespeicherte Objekte (Heinecke, 2012).

3.3.2 Hippocampus und limbisches System

Wenn Sie an eine „Kuh" gedacht haben, hat die Bahnung funktioniert.

In der Abbildung auf S. 124 sehen wir zwischen Kurzzeitgedächtnis und Langzeitgedächtnis zwei entgegengesetzt verlaufende Pfeile. Während der Pfeil vom Langzeitgedächtnis direkt zum Kurzzeitgedächtnis weist, also Informationen *aus* dem LZG direkt im KZG nach dem Abruf verfügbar sind, muss beim Abspeichern ins LZG der Weg über ein weiteres Untersystem unseres Gedächtnisses genommen werden: den Hippocampus. Dieser ist im limbischen System, im inneren Teil unseres Temporallappens, beheimatet.

Der Hippocampus wird auch „Das Portal zu unserem Gedächtnis" (Menzel/Roth, 1996) genannt. Alle neuen, bewusst wahrgenommenen Informationen und Lerninhalte müssen auf ihrem Weg ins Langzeitgedächtnis zunächst den Hippocampus durchlaufen. Dort finden Bewertungs- und Kontrollprozesse statt. D. h., es wird dort entschieden, ob und wie etwas gemerkt wird, mit welchen bereits bekannten Inhalten neue Inhalte verknüpft werden und auch in welchen Hirnregionen die neue Information abgespeichert werden soll.

BEISPIEL

„Ein Mann mittleren Alters sitzt entspannt in seinem Sessel und studiert sichtlich mit Interesse ein Heft von Reader's Digest. Er erzählt seinen Besuchern, welch faszinierende Geschichte er soeben gelesen hat und berichtet verschiedene Einzelheiten des Artikels. Am nächsten Tag liest derselbe Mann dieselbe Geschichte mit großem Interesse und erzählt denselben Besuchern, welch faszinierende Geschichte er soeben zum ersten Mal gelesen hat, und das wiederholt sich Tag für Tag...

Diesem Patienten, H.M., war wegen einer lebensbedrohenden Epilepsie zum ersten Mal in der Medizingeschichte der Hippocampus in beiden Gehirnhälften neurochirurgisch entfernt worden.

Offensichtlich war das lang dauernde Abspeichern neuer Informationen durch die Zerstörung des Hippocampus unmöglich geworden. Im Gegensatz dazu erinnerte sich H.M. aber gut an Ereignisse, die vor der Operation lagen. Somit war der Zugang zu bereits gespeicherter Information intakt geblieben."
(Scoville/Milner, 1957)

Der Hirnchirurg William Scoville und die Neuropsychologin Brenda Milner beschrieben im Jahr 1957 folgendes berühmtes Beispiel: Der 28-jährige H.M. litt an massiven epileptischen Anfällen, deren Ursprung nach dem Befund von Scoville im Bereich des Hippocampus lokalisiert war. Man entschied sich, H.M. in beiden Hirnhälften die hippocampalen Bereiche zu entfernen. Die Operation verlief erfolgreich und H.M. konnte nach längerer Rehabilitation entlassen werden. Obgleich die epileptischen Anfälle nach der Operation und entsprechender Medikation kaum noch auftraten, trat ein anderes Phänomen auf: H.M. war seit der Operation nicht mehr in der Lage, neue Informationen langfristig abzuspeichern. D.h., seine Leistungen im Kurzzeitgedächtnis waren unauffällig, er konnte sich z.B. ganz normal mit jemandem unterhalten. Wendete er jedoch seine Aufmerksamkeit jemand anderem zu, konnte er sich nach einer Minute bereits nicht mehr an den Gesprächspartner und auch nicht an das geführte Gespräch erinnern. Jeden Morgen beim Aufwachen war es ihm, als sei er gerade aus der Narkose aufgewacht. All das, was er vor seiner Operation erlernt hatte, konnte er auch nach der OP weiter aus dem Gedächtnis heraus ausführen. Jedoch konnte er nichts Neues mehr auswendig lernen. Er berichtete aber seinen Ärzten, wenn er eine Übung (z.B. die „Turm von Hanoi"-Übung, wie sie in der neuropsychologischen Therapie gemacht wurde) häufig machte, dass es ihm so vorkam, als könnten sich seine Finger erinnern, er selbst jedoch nicht. Ein ähnliches Phänomen nahm er bei Menschen wahr, die er nach der Operation kennengelernt und häufigen Kontakt mit ihnen hatte. Obwohl er sich nicht an sie erinnern konnte, hatte er Gefühle von Vertrautheit und Verbundenheit zu ihnen. Da er keine neuen Erlebnisse und Daten in seinem episodischen Gedächtnis mehr speichern konnte, musste er tatsächlich ein „Tagebuch" führen, in dem er alle für ihn wichtigen Erlebnisse direkt festhielt, damit er sie später nachlesen konnte (Scoville/Milner, 1957).

__Unendliche Speicherkapazität?__ Wir besitzen etwa 100 Milliarden (10^{10}) Neuronen. Jede dieser Zellen ist bis zu 100.000-mal (10^4) mit anderen Zellen verknüpft. Insgesamt gibt dies eine unvorstellbar große Zahl an möglichen Verknüpfungen. Wie wir wissen, steckt die Information nicht in den Zellen, sondern in deren Verknüpfungen. So gesehen müssten wir uns also theoretisch den Namen eines jeden Sandkorns am Strand von Hawaii merken können.

Ohne den Hippocampus sind wir also nicht in der Lage, neue Informationen und Lerninhalte bewusst langfristig abzuspeichern! Dies bedeutet: Wenn der Hippocampus beeinträchtigt ist, ist auch die Lernfähigkeit und damit natürlich auch unsere Erinnerungsfähigkeit an neue Erlebnisse oder Situationen gestört.

Was wir aus dem Beispiel noch lernen können ist, dass für unser Handlungsgedächtnis sowie für unser emotionales Gedächtnis der Hippocampus nicht notwendig ist. Dies wiederum bedeutet, dass auch im Bereich des Hippocampus geschädigte Patienten oder auch Menschen mit Demenz noch neue Handlungen erlernen können und offen für neue Gefühle und emotionale Inhalte sind.

AUFGABE

Turm von Hanoi

Der Legende nach wurde indischen Mönchen vom Gott Brahma auferlegt, einen aus 64 Ringen bestehenden Tempel an einem anderen Ort wieder aufzubauen, jedoch müsse jeder Ring einzeln umgebaut werden und es darf kein größerer auf einem kleineren liegen. Es gibt aus Platzgründen nur ein Zwischenlager. An dem Tag, an dem die Mönche den Turm wieder aufgebaut haben, solle die Welt untergehen.

In der Abbildung befinden sich 7 Ringe, bei optimaler Zugfolge werden $2^n - 1$, also hier 127, Züge zur Lösung benötigt. Bräuchte man zum Versetzen jeweils 5 Sekunden, könnte man es in etwa 6 Minuten schaffen!

Überlegen Sie einmal, wie lange es dauern würde, einen Turm mit 64 Ringen umzubauen!

Turm von Hanoi

Lösung:
Turm von Hanoi
Man benötigt
18.446.744.073.709.551.615
Züge und damit
ca. 2,9 Billionen Jahre!

Wie kommen nun Gefühle in unser Gedächtnis? Hierfür ist vor allem der Mandelkern (lat. Amygdala) verantwortlich. Dieser hängt an jede neue Erfahrung, die wir machen, ein entsprechendes Gefühl, welches wir in der aktuellen Situation haben, an. Jede Information und **jeder Reiz, der den Hippocampus durchläuft, wird also emotional bewertet und mit bestimmten Gefühlen verknüpft**. Damit ist der Mandelkern quasi die „Kontrollinstanz unserer Gefühle" (Menzel/Roth, 1996). Gefühle repräsentieren sozusagen in „Kurzform" die Bedeutung der beim Lernen aufgerufenen Vorerfahrungen (Freude, Erregung, Ruhe, Angst ...). Art und Stärke des begleitenden Gefühls entsprechen der Schnelligkeit und Tiefe der Verankerung, also wie gut ich mir die Information oder das Erlebnis merken und gleichsam wie gut ich es bei Abruf „wiederfinden" kann. Hierbei ist es zunächst einmal unerheblich, ob das Gefühl positiv oder negativ ist.

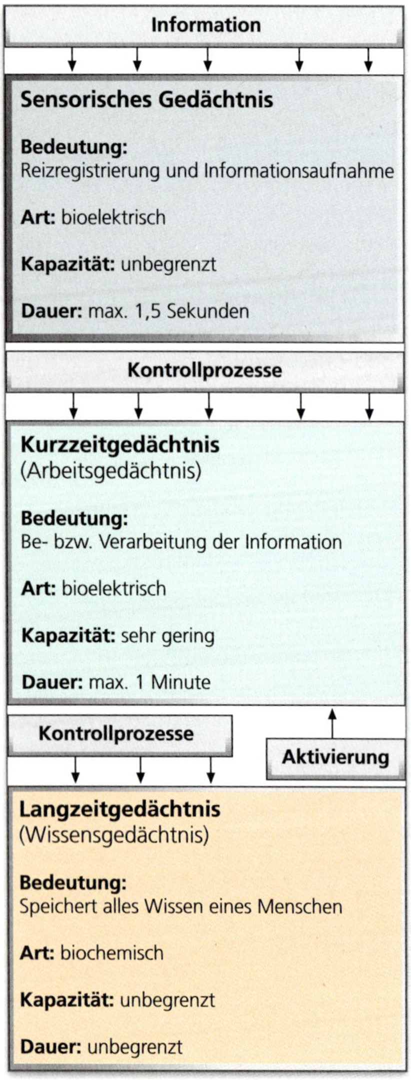

Das limbische System besitzt weiterhin direkte und indirekte Afferenzen (Zuführungen) zu Hippocampus und Neocortex und ist verantwortlich für die „Bewertung" von Hirnprozessen. Hat z. B. ein Verhalten positive oder negative Folgen? Lässt sich ein intendiertes Ziel durch geplantes Verhalten erreichen? Lassen sich vorbewusste Wahrnehmungen zu einem sinnvollen Ganzen zusammenfügen?

Die Ergebnisse dieser Bewertungen werden in den entsprechenden Hirnarealen niedergelegt und wenn ähnliche Situationen auftreten wieder abgerufen. **Somit ist das limbische System für die Bildung von Problemlösungen und Problemlösestrategien verantwortlich.** Die Bewertungsvorgänge laufen zum größten Teil unbewusst ab. Jede Handlungs- oder Verhaltenssteuerung findet also im Zusammenhang und im Abgleich mit der im Gedächtnis niedergelegten Vorerfahrung statt!

3.3.3 Wie viel Informationen verträgt unser Gehirn und wie werden diese gespeichert?

Wir haben bereits gehört, dass das Langzeitgedächtnis ein theoretisch unbegrenztes Fassungsvermögen besitzt. Aber wie viele Informationen fließen nun über unsere Sinne, unser Bewusstsein (also unser Kurzzeitgedächtnis und zentrale Exekutive) über den Hippocampus ins Langzeitgedächtnis?

Wie aus der Abbildung unten zu entnehmen, können wir uns unseren Gedächtniszufluss wie einen Trichter vorstellen, der mit Löchern übersät ist, sodass zu jedem Zeitpunkt vielzählige Informationen unbemerkt herausfallen und verloren gehen.

So treffen theoretischen Untersuchungen zufolge in jeder einzelnen Sekunde Informationen in der Menge von 10^{9-11} Bits auf unsere Sinne, also die sensorischen Speicher (SS), eine unvorstellbar hohe Zahl!

> Unser limbisches System entscheidet unter Rückgriff auf unser Langzeitgedächtnis, welche Informationen in das Kurzzeitgedächtnis weiterwandern dürfen und welche als unwichtig oder bereits bekannt verworfen werden.

Nur ein verschwindend geringer Teil wird über Aufmerksamkeitsprozesse in unser Kurzzeitgedächtnis und damit in unser Bewusstsein gelassen – lediglich noch 10–16 Bits pro Sekunde für insgesamt ca. 10 Sekunden. Dies entspricht etwa einem gesprochenen Satz.

Nur wiederum ein geringer Anteil dieser maximal 160 Bit (10s x 16 Bits) aus dem Kurzzeitspeicher gelangt über den Hippocampus ins Langzeitgedächtnis. Bei unbekanntem, schwer verknüpfbarem Material nur 0,03 Bits, bei bereits bekannten Zusammenhängen werden 0,7 Bits an neuen Informationen pro Sekunde abgespeichert.

Diese Zahlen klingen dramatisch, es klingt fast so, als wäre ein Lernen von neuen Informationen fast unmöglich! Aber es handelt sich hierbei tatsächlich nur um wirklich neue und für unser Gehirn unbekannte Informationen, die mit bereits bekannten verknüpft werden. Das heißt, ein Großteil der im Kurzzeitgedächtnis vorhandenen Informationen ist unserem Langzeitgedächtnis längst bekannt und muss nicht mehr neu gespeichert werden.

Wenn der Speicherprozess abgeschlossen ist, bleibt die Information auf unbegrenzte Zeit erhalten.

Nur wirklich „neue" Informationen werden über den Hippocampus im Langzeitgedächtnis abgespeichert und mit den entsprechenden bereits bekannten Inhalten verknüpft!

Deshalb ist das, was wir später wieder reproduzieren, niemals das, was wir wirklich über unsere Sinne aufgenommen haben, also keine „Kopie", sondern ein von unserem Gehirn aktiv bearbeitetes und aus unterschiedlichen Inhalten zusammengesetztes Konstrukt!

Je öfter ein Inhalt in verschiedenen Situationen erinnert und reproduziert wird, umso mehr neue oder auch andere, ähnliche Erfahrungen werden mit dem ursprünglichen Inhalt verbunden und so kann es allmählich zu einer Veränderung der Erinnerung kommen.

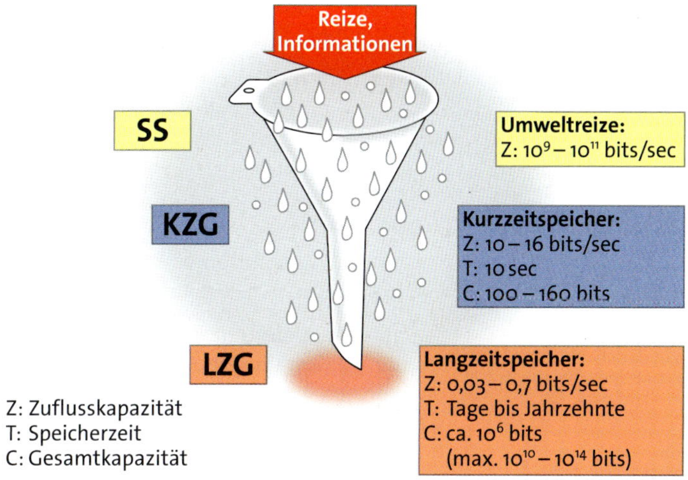

Trichtermodell der Langzeitspeicherung (Ackermann, 2008, mod. nach Frank, 1969)

Einige Einzelheiten werden vergessen, andere hinzugefügt, ähnlich dem Phänomen, welches beim Spiel „Stille Post" beobachtbar ist (siehe Bartlett-Versuch im folgenden Abschnitt „Vergessen").

3.4 Vergessen

Aktuelle Gedächtnistheorien und -modelle gehen davon aus, dass Informationen in irgendeiner Art „Spur", wie auf einer Schallplatte oder Trampelpfaden im Schnee, gespeichert sein müssen. Aus den Neurowissenschaften wissen wir, dass die Prozesse in den sensorischen Speichern und Kurzzeitspeichern auf der Ebene elektrischer Potenziale verlaufen. D. h., durch Neuronen und Nervenbahnen fließen elektrische Impulse, die die Informationen zum einen von A nach B tragen und mithilfe von bestimmten Spannungen auch die Information aufrechterhalten. Würde man diese Spannung (zum Beispiel durch einen Stromschlag) zerstören, wäre auch die Information verloren.

Erst im Übergang zur Langzeitspeicherung kommt es über chemische Veränderungen zur Bildung von Proteinen, die dann zu einem langfristigen Behalten von Informationen führen. Wo jedoch letztlich die Information innerhalb der chemischen Verbindungen liegt, ist noch nicht durchgängig geklärt.

Erklärungsversuche, wie es nun zu einem Vergessen von Informationen kommt, gibt es zahlreiche. Keiner dieser Ansätze erklärt jedoch alle vorliegenden Fakten zum Prozess des Vergessens zufriedenstellend. Im Folgenden sollen einige Hypothesen kurz angerissen werden:

1. **Die „Spurenzerfalls-Hypothese"** geht davon aus, dass Gedächtnisspuren wie Rillen in einer Schallplatte im Laufe der Zeit verblassen, d. h. immer schwächer werden. Schon im alten Griechenland ging man davon aus, dass sich die Spuren im Gehirn, wie die in eine Wachstafel eingravierten Buchstaben durch äußere Einflüsse langsam löschen. Wenn die Gedächtnisspuren jedoch tatsächlich langsam verblassen würden, dann müsste umso mehr vergessen werden, je länger das Ereignis und damit der Eintrag zurückliegt. Neuere Forschungen zeigen jedoch, dass sich auch Hochaltrige und sogar Demenzpatienten durchaus an lange zurückliegende, scheinbar längst vergessene Ereignisse zurückerinnern können.

2. Nach der **„Abrufhypothese"** scheint Vergessen mehr ein Phänomen des Nicht-Wiederfindens als das Verblassen einer Information zu sein und somit ein Phänomen des episodischen Gedächtnisses und der Abrufprozesse. Für diese Hypothese spricht die Tatsache, dass gerade das episodische Gedächtnis deutlichen Alterungsprozessen ab dem 50.–60. Lebensjahr unterliegt, was vor allem mit der Alterung der Hippocampusfunktion zusammenhängt.

3. **„Spurenveränderungshypothese":** Schon durch die Gestaltpsychologie (METZGER, 1936) wurde beschrieben, dass sich Informationen im Laufe der Zeit im Sinne einer „guten Gestalt" verändern. Damit ist gemeint, dass sich unvollständige Informationen durch mehr oder weniger bewusste Bearbeitung vervollständigen, belastende Emotionen und Erlebnisse abgeschwächt werden. So klingen z. B. vielerorts Kriegserlebnisse alter Männer nach 50 Jahren manchmal wie ein Pfadfinderausflug, da die schrecklichen Details der Erinnerungen abgeschwächt und die „guten" in den Vordergrund gerückt werden. Nach der „Spurenveränderungshypothese" werden Informationen bei jedem Abruf aktiv bearbeitet und dann in einer modifizierten Form wieder abgelegt. Vergessen in diesem Sinne heißt somit Bearbeitung. Diese Hypothese steht auch im Einklang mit Erkenntnissen der kognitiven Psychologie (BARTLETT, 1932). Dort wird davon ausgegangen, dass Informationen nicht wie Bilder, sondern als Ergebnis eines aktiven Prozesses abgelegt werden. Diese Theorie kann bildhaft mit dem Spiel „Stille Post" verglichen werden. Je öfter eine Information reproduziert wird, desto stärker verändert sie sich. Nachdem im Spiel 5 Mitspieler einen Satz gehört und wiedergegeben haben, schleichen sich immer mehr Veränderungen des ursprünglichen Satzes ein, sodass unter Umständen etwas völlig anderes am Ende herauskommt. Inhalte werden weggelassen oder andere Inhalte zur Ausschmückung hinzugefügt usw.

BEISPIEL

Der englische Psychologe SIR FREDERIC CHARLES BARTLETT führte in den 30er-Jahren ein weithin bekanntes Experiment durch, was dem Kinderspiel „Stille Post" sehr ähnelt. BARTLETT legte einem Probanden ein Bild vor, welches er aus dem Gedächtnis abzeichnen sollte. Dieses Bild wiederum wurde dem nächsten Probanden vorgelegt und so weiter. In einer Versuchsreihe gab er eine stilisierte Eule vor. Wie auf dem unten anhängenden Bild zu sehen, verändert sich die Eule von Proband zu Proband immer weiter, bis irgendwann eine Katze entsteht.

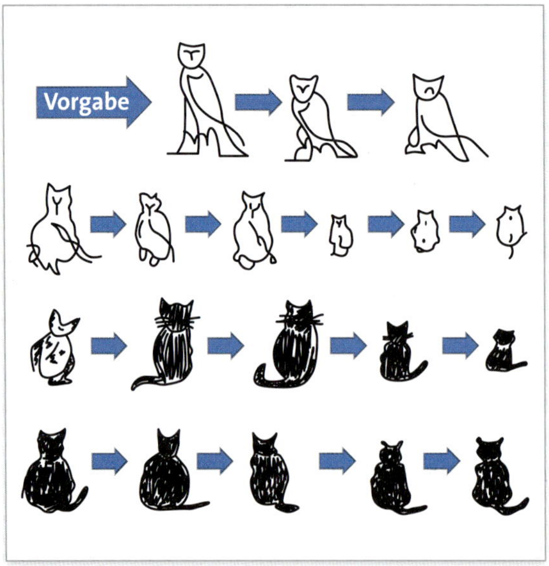

BARTLETT ging davon aus, dass jeder Proband seine eigenen individuellen Erfahrungen, Erwartungen und Ideen in das von ihm gezeichnete Bild mit hineinlegte. Also nicht einfach nur das Gesehene kopierte, sondern neu gestaltete.

Unser Gehirn verbindet also neue Informationen mit bereits bekannten Bildern und Erinnerungen aus unserem Gedächtnis. Abgespeichert wird also nicht lediglich das neue, sondern eine Mischung aus alten Erinnerungen und dem tatsächlich Neuen. Je öfter ein Gedächtnisinhalt durch neue Situationen wieder aktiviert wird, umso mehr neue Informationen kommen dazu.

So kann es also mit der Zeit passieren, dass aus einer ursprünglichen Erinnerung eine andere wird. Das Faszinierende daran ist, dass wir nicht merken, wie sich unsere Erinnerung verändert. Wir glauben fest daran, dass es so und nicht anders war, denn wir können uns ja ganz klar daran erinnern!

4. Aus der Lernpsychologie kennen wir die **„Interferenzhypothese"**. Hiernach werden Informationen dann vergessen, wenn sie durch neue Informationen überlagert oder gestört werden. Vergessen wäre in diesem Sinne eine „Überlagerung" alter Inhalte durch ähnliche neuere Informationen. So können nachfolgende Lernprozesse unmittelbar vorangegangenes Lernen völlig überschreiben Dies wird *„retroaktive oder rückwirkende Hemmung"* genannt. Besonders wirksam wird dieser Prozess bei großer Ähnlichkeit der Lerninhalte („Ranschburg'sche Hemmung") oder wenn zwei Inhalte sehr stark miteinander assoziiert sind: Diese lassen sich schwer wieder voneinander lösen (assoziative Hemmung). So ist es zum Beispiel ungünstig, nach Mathematik Physik zu lernen, da hier die Lerninhalte zu ähnlich sind und die Gefahr einer Überlagerung der Inhalte groß ist. Besser wäre es hier etwas völlig anderes zu tun, z. B. Vokabeln zu lernen oder noch besser zu schlafen, da im Schlaf eine Interferenz komplett vermieden werden kann.
5. **Vergessen** lässt sich aber auch als Folge bestimmter Motive oder Verdrängung im Sinne der Tiefenpsychologie beschreiben. Man vergisst, „weil man vergessen will" (Motivationshypothese). Aktuelle Studien zeigen jedoch, dass das Phänomen „Verdrängung" weitaus seltener vorkommt, als vor einigen Jahren noch angenommen (Myers, 2008).

Über diese Ansätze hinaus kann Vergessen natürlich auch durch Drogenkonsum oder übermäßigen Alkoholgenuss ebenso bedingt sein wie durch schwere, bestimmte Hirnareale schädigende oder zerstörende Unfälle (retrograde Amnesie).

3.5 Bedingungen des Lernens und Lerntechniken

Wie Lernen vonstatten geht, wird ausführlich im entsprechenden Kapitel (Kapitel 8: Lernpsychologische Ansätze) dargestellt. Im Folgenden sollen jedoch die Konsequenzen aus der aktuellen Hirnforschung und unseren dargestellten Modellen genauer beleuchtet werden.

Die Frage, die wir uns hier stellen müssen, ist: „Wie werden von unseren Sinnen aufgenommene Informationen verarbeitet und in unser Langzeitgedächtnis überführt, und zwar so, dass wir später auch wieder darauf zugreifen können?"

Enkodierung
Wenn wir eine Information aus der Umwelt so verarbeiten, dass sie für unser Gedächtnis greifbar und abspeicherbar wird, sprechen wir von „Enkodierung".

Grundsätzlich unterscheiden wir **zwei Arten der Informationsverarbeitung**:

1. die automatische und
2. die bewusste.

3.5.1 Arten des Lernens

Automatische Verarbeitung (automatic processing)

Während Sie in der Schule sitzen und dem Unterrichtsgeschehen mehr oder weniger aufmerksam zuhören, nehmen Sie automatisch Ihre Umwelt wahr.

Sie verarbeiten die räumlichen Gegebenheiten um Sie herum, das Klassenzimmer, vielleicht die Seite des Buches, welches Sie vor sich haben, und den Weg, den Sie gegangen sind, um in das Klassenzimmer zu kommen.

Gleichzeitig haben Sie sich gemerkt, wann Sie heute oder auch in den letzten Tagen zuvor (ungefähr) welche Tätigkeiten ausgeführt haben. Sie merken sich ganz automatisch zeitliche Abfolgen!

Stellen Sie sich vor, Sie sind heute etwas ungeschickt und dauernd fällt Ihnen etwas herunter. Irgendwann sagen Sie zu Ihrem Mitschüler, „Das ist jetzt schon das fünfte Mal heute, dass ich etwas fallen lasse", aber haben Sie dies bewusst mitgezählt? Wahrscheinlich nicht.

Vieles verarbeiten wir ganz automatisch, ohne dass wir uns dafür anstrengen müssen, mehr noch, manches können wir gar nicht „nicht verarbeiten"! Haben Sie einmal auf ein geschriebenes Wort in Ihrer Muttersprache geschaut und versucht, es dabei bewusst nicht zu lesen?

Wir verarbeiten Informationen zum Raum, zur Zeit und zur Häufigkeit ganz automatisch. Generell kann gelten: Alles, was wir erlernt und oft geübt haben (Laufen, Fahrrad fahren, Lesen, etc.) wird automatisch und ohne Anstrengung verarbeitet.

Bewusste Verarbeitung (effortful processing)
Wie bei der Beschreibung des Kurzzeitgedächtnisses bereits gehört, können wir Informationen durch Wiederholung aktiv halten. Dies gilt aber nicht nur für das kurzfristige Aufrechterhalten von Inhalten, sondern auch für die bessere Festigung im Langzeitgedächtnis:

Hermann Ebbinghaus kann heute als Begründer der modernen Lernpsychologie gelten. Er führte nämlich 1885 über 1.000 Lernversuche durch, bei denen der Proband Listen mit unsinnigen, aber aussprechbaren Silben wie „xir, vum, wav, tuv" usw. auswendig lernen musste. Er wollte sichergehen, dass die Silben nicht sinnhaft verknüpft werden konnten und nicht damit eine Lernhilfe ergaben. Danach verglich er die „Vergessensrate".

Nach dem einmaligen Lernen einer Liste bis zur fehlerfreien Wiedergabe stellte er fest, dass der Proband am nächsten Tag nahezu 80 % des Gelernten wieder vergessen hatte. Beim wiederholten Lernen machte er wiederum eine weitere Erfahrung: Er benötigte beim zweiten Lerndurchgang wesentlich weniger Zeit, um die gesamte Liste erneut fehlerfrei zu lernen, und er vergaß bis zum dritten Tag auch weniger Silben.

Das Interessante an diesen Studien war: Er arbeitete ausschließlich mit einem Probanden – sich selbst!

Bei diesen Untersuchungen zu sogenannten „seriellen Lernvorgängen" machte er eine Reihe wichtiger Entdeckungen, die später von anderen Wissenschaftlern wiederholt wurden und zu folgenden Ergebnissen führten:

Je sinnhafter das Material und je bekannter das Thema des Lernstoffes, desto leichter ist es, Informationen mit bereits bekannten Gedächtnisinhalten zu verknüpfen!

- Wir lernen am Anfang sehr viel, dann immer weniger.
- Wir vergessen am Anfang das meiste wieder, dann weniger.
- Effekt der verteilten Übung (Baddeley, 1986): Bei einem vorgegebenen Lernstoff ist es besser, die Lerndurchgänge über einen gewissen Zeitraum zu verteilen als sie in einem einzigen Lernblock zusammenzufassen" (Wer schnell lernt, vergisst auch schnell!).
- „Intervall-Lernen" nach Landauer und Bjork (1978): Einzelne Testpunkte werden bereits nach kurzer Zeit wieder überprüft, je besser ein Punkt gemerkt werden kann, desto länger wird die Zeit der erneuten Überprüfung – bei Nichterkennen wird der Darbietungsabstand wieder verkürzt.

So ergibt sich nach diesen Aspekten folgende Verteilung von Lernzuwachs bei verteiltem Lernen (von sinnlosem Material):

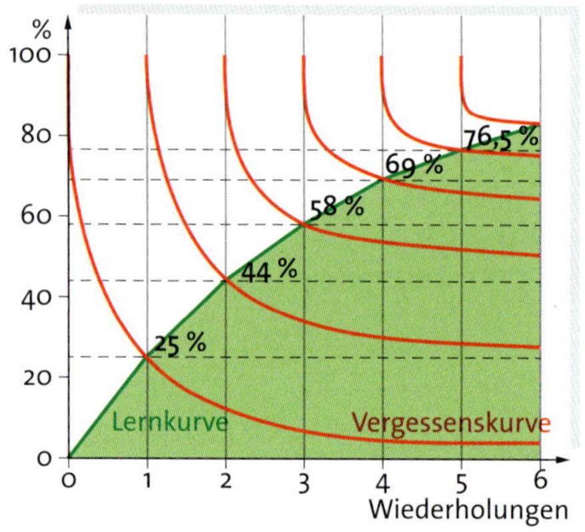

Lernzuwachs durch Wiederholungslernen nach den Ergebnissen von Hermann Ebbinghaus

3.5.2 Tiefe der Verarbeitung von Informationen

Während Ebbinghaus absichtlich mit sinnfreien Inhalten gearbeitet hat, treffen wir im Alltag eher auf Themen und Inhalte, die uns zum Teil bereits bekannt sind oder die wir zumindest mit bereits bekannten Inhalten verknüpfen können (dies macht unser Gehirn ganz automatisch, vgl. kognitive Entwicklung, Piaget).

Diese Erkenntnis machten sich Fergus Craik und Robert S. Lockhart in ihrem im Jahre 1972 beschriebenen „Levels-of-processing-Ansatz" zu eigen.

Sie gehen davon aus, dass bei der Speicherung neuer Informationen und damit auch beim späteren Erinnern, die Art und das Ausmaß ihrer Elaboration ausschlaggebend sind. Je besser die zu lernende Information verarbeitet wird, desto wahrscheinlicher kann die Information auch behalten und wieder abgerufen werden.

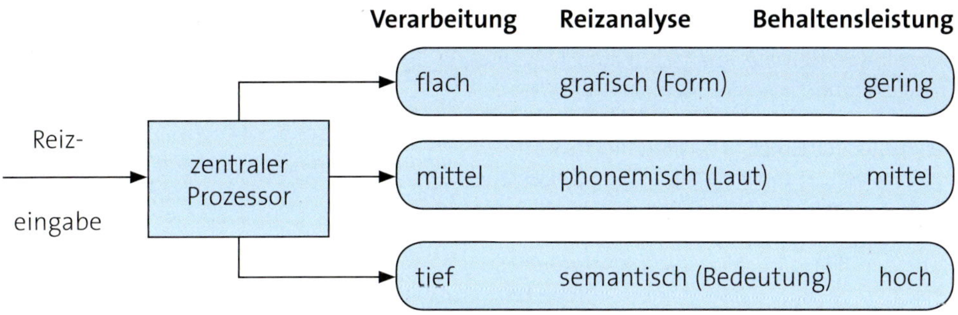

Verarbeitung von Informationen nach CRAIK und LOCKHART (1972)

Wie die Abbildung zeigt, entspricht die Behaltensleistung der Stufe der Verarbeitungsebene, so werden semantisch verarbeitete Informationen besser behalten (tiefe Verarbeitung) als nur grafisch wahrgenommene (flache Verarbeitung).

Warum ist tiefere Enkodierung „besser"?

CRAIK UND LOCKHART (1972) unterscheiden zwei Arten des Wiederholens, („Rehearsal")

1. **Erhaltendes Wiederholen** (maintenance rehearsal): Die Information wird auf demselben Grad der Verarbeitungstiefe wiederholt (z. B. Merken einer Telefonnummer, Auswendiglernen eines Textes usw.).
2. **Bearbeitendes, vertieftes Wiederholen** (*elaborative rehearsal*): Die neuen Informationen werden nicht einfach nur mehrfach wiederholt, sondern vielmehr aktiv mit anderem, inhaltlich zusammenhängendem Material verbunden, sodass der neue Inhalt sowohl innerhalb als auch außerhalb des aktuell zu lernenden Materials verknüpft wird (z. B. sinnvolles Verknüpfen des „Levels of processing"-Ansatzes mit der Idee von PESTALOZZI „Lernen mit Kopf, Herz und Hand" oder der Aussage von KONFUZIUS.

Nur die **Elaboration eines Lerninhaltes führt zu einer tieferen Verarbeitung und so zu längerfristigem Behalten**. Gleichzeitig führt ein sinnhaftes Verknüpfen mit anderen Gedächtnisinhalten zu einem verbesserten Abruf.

„Sage es mir, und ich vergesse es; zeige es mir, und ich erinnere mich; lass es mich tun, und ich behalte es." (Konfuzius)

AUFGABE

Schließen Sie die Augen und denken an das Wort „Zitrone"!

Welche Verknüpfungen, Zusammenhänge und Assoziationen kommen Ihnen ganz automatisch in den Sinn?

Wenn Sie Farbe, Geschmack, Geruch und vielleicht auch das geschriebene Wort sehen, Ihnen vielleicht sogar die Spucke im Mund zusammenläuft, dann haben Sie die Information „Zitrone" mehrfach verknüpft! Man spricht hierbei auch von „multipler Elaboration"

Folgende Abbildung unterstützt die Aussagen von CRAIK und LOCKHART. Versuchen Sie in eigene Worte zu fassen, welche Informationen in der Abbildung stecken:

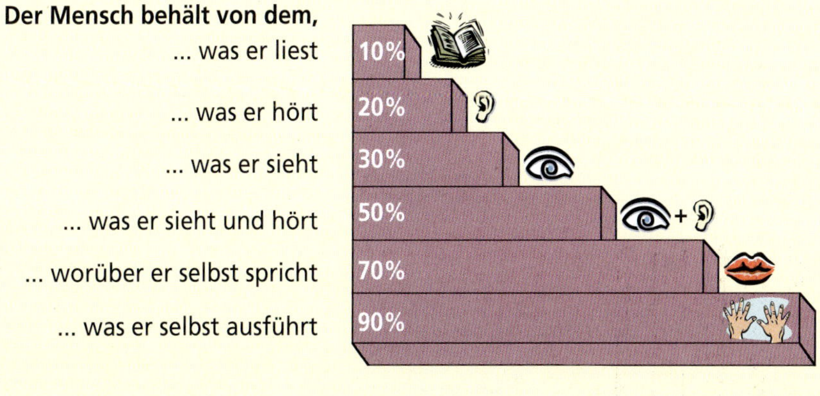

3.5.3 Gibt es bestimmte Lerntypen?

Wir alle wenden automatisch Lerntechniken an, manchmal bewusst, oft auch unbewusst. Vieles hat sich durch unsere Erfahrung einfach ergeben. Kinder, die bereits früh viel gelesen haben, sind wahrscheinlich später eher visuelle Lerner, Kindern, denen von ihren Eltern abends häufig Geschichten erzählt wurden oder die Hörbücher bevorzugten, könnte man unterstellen, dass sie eher auditive Lerner sind. Wenn Sie alles anfassen, um es besser „verstehen" zu können, dann wären Sie ein „haptischer Lerntyp".

So haben verschiedene Forscher versucht, Menschen mithilfe bestimmter Testverfahren in Lerntypen einzuteilen. Der Hirnforscher Frederic Vester gilt als Vorreiter der Lerntypenanalyse (1975). Er hat im Rahmen seiner Forschungstätigkeit erkannt, dass Menschen Informationen über unterschiedliche Kanäle verschieden gut aufnehmen. So entwickelte er vier Lerntypen (Vester, 1998, S. 51 f.):

Den visuellen, den auditiven, den haptischen und den intellektuellen.

1. Der **visuelle Lerntyp** nimmt Lerninhalte vor allem über das Sinnesorgan Auge auf. Dabei fasst er Informationen gerne in Bildern und Skizzen zusammen, um sie abzuspeichern. Der Lerntyp bevorzugt z. B. Mindmaps und Grafiken, um die Sachverhalte besser zu verstehen.
2. Der **auditive Lerntyp** nimmt Lerninhalte vorwiegend über das Sinnesorgan Ohr auf. Gesprochene, mündlich vorgetragene Lerninhalte kann er gut aufnehmen. Ebenfalls lernt er gut, wenn er Texte selbst laut vorliest.
3. Der **haptische Lerntyp**, oder auch motorischer Lerntyp, erzielt die besten Lernerfolge, wenn er die zu lernenden Informationen mit Hand und Körper erfahren kann. Er lernt durch das Ausprobieren des Lernstoffs und möchte in den Lernprozess aktiv eingebunden werden. *„Learning by Doing"* fasst die optimale Lerntechnik für diesen Lerntypen zusammen.
4. Der **intellektuelle Lerntyp**, auch abstrakt-verbaler Lerntyp genannt, versteht und speichert Informationen ab, indem er über die Informationen nachdenkt und sich kritisch mit diesen auseinandersetzt.

Später wurde aufgrund der Kritik, dass der intellektuelle Lerntyp kein eigener Typus sei, sondern lediglich die Folge aus den ersten drei Typen, der **kommunikative Lerntyp** hinzugenommen, der am besten durch Diskussionen und Gespräche mit anderen lernt. Für ihn sind sprachliche Auseinandersetzung mit dem Lernstoff und Verstehen im *Dialog* von großer Bedeutung.

Inzwischen existieren in der Literatur bereits vielzählige Ansätze zur Lerntypenbeschreibung mit ca. 40–50 unterschiedlichen Typen. Dazu zählen z. B. Begriffe wie olfaktorischer, personenorientierter, sinnanstrebender, medienorientierter Lerntyp.

Kritik an den Lerntypen

In der Wissenschaft wird die Einteilung in Lerntypen heutzutage höchst kritisch gesehen. **Metaanalysen** zu diesem Thema konnten weder eine Verbesserung der Lernleistung bei lerntypgerechter Vermittlung von Lerninhalten nachweisen, noch konnten für einen Unterricht, welcher unterschiedliche Lerntypen berücksichtigt, positive Effekte gemessen werden (Wisniewski, 2013).

Vielmehr wird Lernerfolg dadurch bedingt, wie „spannend" Lerninhalte vermittelt werden und wie gut sie in die Lebens- und Verstehenswelt der Adressaten hineinpassen (Looss, 1997). Vor allem aus Sicht der Kognitions- und Neurowissenschaften werden Lerntypen inzwischen als Mythos gesehen, dennoch sind sie in vielen Bereichen der Pädagogik auch heute noch populär.

> Oft werden Untersuchungen mit spezifischen Fragestellungen und kleinen Stichproben durchgeführt. Dies lässt dann allgemeinere Aussagen nicht zu.
> In einer **Metaanalyse** werden nun mehrere Primärstudien aus einem Forschungsgebiet zusammengefasst, die Daten hinsichtlich ihrer Effekte überprüft. Dies macht eine wesentlich genauere und sicherere Aussage zu einem Untersuchungsgegenstand möglich.

3.5.4 Lerntechniken – welche Methode ist die richtige für mich?

Die Antwort auf die gestellte Frage ist im Grunde ganz einfach: **Diejenige, mit der Sie gut zurechtkommen und die auch funktioniert!** Außerdem ist auch nicht jede Methode gleich gut für alle Lerninhalte geeignet.

So hat Ebbinghaus gute Erfahrungen beim Wiederholungslernen von einfachen Begriffen, Vokabeln und semantischen Inhalten (geschichtliche Daten etc.) gemacht. Aber Sie werden vielleicht bereits festgestellt haben, dass es in Psychologie und Pädagogik nicht ausreicht, Dinge nur auswendig zu können. Sie müssen sie „verstehen"! Da helfen bloße „mechanische" Lernmethoden wenig.

Auch wenn vor einer Prüfung Ihr komplettes Buch bunt gemarkert ist – wenn Sie die Zusammenhänge und die Bedeutung der Lerninhalte nicht verstanden haben, ist Ihnen nur wenig geholfen.

AUFGABE

Sie haben in Ihrer schulischen Laufbahn bereits viel lernen müssen! Überlegen Sie einmal genau, was Sie tun, während Sie beispielsweise ein Kapitel aus diesem Buch lesen, über das Sie eine Arbeit schreiben. Wie gehen Sie vor?

Fassen Sie Ihre Ergebnisse zusammen, bevor Sie weiterlesen!

3.5.4.1 Klassische Lern- und Mnemostrategien

Dass eine multiple Verknüpfung die Behaltensleistung enorm steigern kann, wissen auch die Gedächtniskünstler. Bekannte Methoden der **Mnemotechnik** sind die Methode der Orte sowie visuelle als auch verbale Techniken.

Die Techniken beruhen auf der Tatsache, dass neue Gedächtnisinhalte durch eine Verknüpfung an bereits bekannte Inhalte, sogar wenn diese nichts mit dem neuen Gedächtnisinhalt zu tun haben, wesentlich besser gemerkt und wieder abgerufen werden können.

Da unsere Gehirne aufgrund unserer Erfahrungen und Gewohnheiten alle etwas unterschiedlich arbeiten, funktionieren einzelne Techniken nicht bei jedem gleich gut. So können einige besser Bilder vor ihrem inneren Auge produzieren und verknüpfen, andere sind eher sprachlich orientiert und arbeiten lieber mit Sätzen, Versen oder Geschichten.

Die Loci-Methode

Bereits Politiker und Redner bei den alten Römern und Griechen nutzten die Methode der Orte (locus, lat. „der Ort"), um ihren roten Faden nicht zu verlieren und vor ihrem inneren Auge die Abfolge der wesentlichen Stichpunkte abzuarbeiten. Auch heute arbeiten viele Gedächtniskünstler nach diesem Prinzip:

Man stellt sich eine vertraute Umgebung vor, zum Beispiel die eigene Wohnung, einen vertrauten Weg oder den eigenen Körper. Wichtig dabei ist, dass immer der gleiche Weg z. B. durch die Wohnung eingehalten wird und entsprechende Möbel oder Wohnungs-Accessoires als Anker für zu lernende Informationen genommen werden. Will man sich beispielsweise eine Einkaufsliste merken, so geht man imaginär durch die Wohnung und legt auf den Möbeln der Reihe nach die zu kaufenden Artikel ab.

Analog dazu funktioniert es mit dem eigenen Körper. So stellen sich Gedächtniskünstler vor, sie hängen eine Packung Eier an den großen Zeh, einen Ring Fleischwurst um den Fußknöchel, kleben eine Tafel Schokolade an die Wade und eine Flasche Wein ans Knie usw. Im Supermarkt müssen sie dann lediglich imaginär von unten nach oben ihren Körper abgehen und erinnern so die verbundenen Artikel.

Bildertafeln

Eine andere Art der Elaboration ist die visuelle. Hier wird, wie unten aufgezeigt, eine Bildertafel mit beliebigen Zeichnungen oder Bildern dargebracht, die vom Lerner zunächst klassisch durch Wiederholungslernen auswendig zu lernen ist. Ist dies einmal geschehen, können weitere Informationen an die jeweiligen gelernten Bilder angehängt werden.

Mnemosyne war die griechische Göttin der Erinnerung

Denken wir wieder an unser Beispiel der Einkaufsliste, so könnte man die Eier an den Fuß des Leuchtturms legen, den Ring Fleischwurst dem Schwan um den Hals binden und die Schokolade unter dem Dreispitz verstecken usw. Später können dann die Bilder zusammen mit den Informationen wieder abgerufen werden.

Bildertafel nach Fiedler und Thorn (1928).

Der Vorteil der hier vorliegenden Bildertafel nach Fiedler und Thorn ist, dass die Bilder mit etwas Fantasie den jeweils dazugehörigen Zahlen zugeordnet werden können (Beispiel: Elefant – 4 Beine, 1 Rüssel = 41). Das ermöglicht es, die Reihenfolge der gemerkten Inhalte ohne große Anstrengung zu behalten („Die Schuhcreme hatte der Elefant am Rüssel, also muss es die Position 41 gewesen sein …“).

Merkverse

Viele Menschen bilden sich automatisch Eselsbrücken oder Merkverse, um sich z. B. Begriffe oder Zahlenreihen besser merken zu können.

Hier wird der Effekt genutzt, dass sinnhafte, oder witzig erscheinende (und damit Emotionen ansprechende) Sätze generell besser gemerkt werden können. Diese geben dann Hinweisreize auf die eigentlich gesuchten Inhalte.

Jeder kennt die Eselsbrücke „333 bei Issos Keilerei“, aber kennen Sie auch noch die Zusammenhänge, die dahinterstecken? Das heißt, auch hier bedarf es einer weiteren Elaboration des Gesamtzusammenhangs, jedoch fällt durch diesen „Anker“ der Zugriff auf das Gespeicherte leichter!

BEISPIEL

Einigen Menschen fällt es sehr leicht, zu merkende Begriffe in Geschichten einzubauen, wie wir im Beispiel zu den Bundesländern sehen können. Mit ein wenig Übung und der entsprechenden Fantasie schaffen Sie es sicherlich, langsam gesprochene oder von anderen zugerufene Wörter in eine spontan erdachte Geschichte einzubauen – versuchen Sie es einmal!

So könnten Sie sich die 16 Bundesländer merken: Mit geografischer Zuordnung (alte BL von Nord nach Süd, neue von Süd nach Nord => im Kreis gegen den Uhrzeigersinn):

Schnelle Hasen nagen besonders nasses Heu, runde Säue brutzeln bayrische Thüringer, sexy Anhalter brunchen bei McPommes.

Der Vorteil bei dieser Auflistung ist sogar noch, dass die alten Bundesländer von Norden nach Süden, die neuen von Süden nach Norden aufgelistet sind!
(Verfasser unbekannt)

Schleswig-Holstein	Schnelle
Hamburg	Hasen
Niedersachsen	nagen
Bremen	besonders
NRW	nasses
Hessen	Heu,
Rheinland-Pfalz	runde
Saarland	Säue
BaWü	brutzeln
Bayern	Bayrische
Thüringen	Thüringer
Sachsen	sexy
Sachsen-Anhalt	Anhalter
Brandenburg	brunchen
Berlin	bei
Mecklenburg-Vorpommern	McPommes

AUFGABE

Elaborative Kodierung

Nie, o Gott, o Guter,
verliehst Du meinem Hirne
die Kraft, mächtige Zahlreih'n dauernd
verkettet bis in die späteste Zeit
getreu zu merken!
Aber ich Tor verstehe,
was zu Sprache umgeprägt wurde.
(OSWALD, 1998)

Was wurde hier „kodiert"?
Kommen Sie darauf?

Allen Mnemostrategien gemeinsam ist die Tatsache, dass an die eigentliche Information weitere Informationen angehängt werden. Dies erscheint zunächst einmal für unser Gehirn Mehrarbeit zu bedeuten, da es sich im Grunde wesentlich mehr merken muss als eigentlich notwendig wäre. Jedoch können wir uns sinnhafte Zusammenhänge besser merken, sie gleichzeitig bildhaft vor unserem inneren Auge wahrnehmen und schließlich sind uns die meisten Bilder bereits bekannt, sodass wir sie ohne größere Anstrengung in unserem Gehirn verknüpfen können.

3.5.4.2 Lerntechniken und -methoden für den Alltag

Sie kennen eine Vielzahl von Lernmethoden: Unterstreichen, Schlüsselworte an den Rand schreiben, Karteikärtchen etc., aber wie effektiv sind sie? Hierzu hat eine Gruppe amerikanischer Psychologen und Pädagogen um JOHN DUNLOWSKY (2013) im Rahmen einer Metaanalyse eine Vielzahl von Studien zu häufig verwendeten Lerntechniken untersucht und hinsichtlich ihrer Tauglichkeit für Schüler und Studenten ausgewertet.

Ein Ergebnis war, dass unterschiedliche Personen unterschiedlich gut von einzelnen Techniken profitieren konnten. Dies hing aber weniger vom „Lerntyp" ab, sondern vielmehr vom Alter des Lernenden und vor allem davon, welchen Wissenshintergrund der Betreffende in dem jeweiligen Lernbereich hatte.

Im Folgenden sollen die bekanntesten Techniken vorgestellt und auch ihre Effektivität kritisch betrachtet werden.

In jedem Fall aber gilt: Probieren Sie unterschiedliche Lerntechniken selbst aus und entscheiden Sie, welche für Sie persönlich die beste ist!

Fragen zum Text stellen („elaboratives Fragen") und beantworten

Lernen ist ein aktiver gedanklicher Prozess! Oft wird das Lesen eines (Lehr-)Buchs als passiver Prozess verstanden. Man liest Seite für Seite und glaubt – oder besser „hofft" –, dass der Inhalt schon irgendwie behalten wird.

Doch wer nur liest und den Text aufnimmt, der wird den Inhalt weder verstehen noch behalten und schon gar nicht mit eigenen Worten wiedergeben können.

Elaboration hat immer etwas damit zu tun, bereits im Gedächtnis vorhandene Inhalte zu aktivieren und damit das neu zu Erlernende besser behalten zu können. Dies wird dadurch möglich, dass der neue Inhalt mit dem bereits Bekannten verknüpft wird und somit besser „festgehalten" werden kann. D. h., vorhandene Schemata werden aktiviert und mit neuen Informationen erweitert. Gelernt wird also tatsächlich nur das wirklich Neue.

Wenn wir uns zu einer Textaussage eine Frage stellen und diese versuchen, mit unserem Wissen zu beantworten, zwingen wir unser Gehirn, Bereiche mit ähnlichen Inhalten zu aktivieren. Dabei reicht es oft schon, sich lediglich die Frage zu stellen, besser wäre es aber noch, die Frage auch mithilfe des eigenen (Vor-)Wissens zu beantworten.

Mögliche Fragen könnten sein: *„Warum ist das so?", „Stimmt das überhaupt?", „Was sagen andere zu diesem Thema?", „Welche Bedeutung hat diese Aussage für mich?"* oder auch *„Warum ist es so, dass man durch einen Bruch teilt, indem man mit dem Kehrbruch malnimmt?"*

Die Art der Fragen zeigt aber auch bereits die Schwierigkeit dieser Technik. Wenn ich keinerlei Vorwissen zu einem Thema besitze, fällt es mir schwer, Anknüpfpunkte in meinem Gedächtnis zu finden bzw. überhaupt sinnvolle Fragen stellen zu können.

Zudem bietet sich diese Technik vor allem für Lerninhalte an, die nicht lediglich auswendig gelernt, sondern „verstanden" werden sollen. Wenn Sie z. B. Inhalte dieses Buches lernen, dann kommen Sie sicherlich nicht auf die Idee, komplette Seiten auswendig zu lernen, sondern Sie müssen versuchen, die wesentlichen Punkte zu erkennen und diese in einen Gesamtzusammenhang zu bringen.

BEISPIEL

Dieses Buch ist übrigens so gestaltet, dass Sie möglichst viele Hinweise und Beispiele zu einem bestimmten Thema erhalten. Die Beispiele sollten für Sie gut verstehbar und mit bekannten Inhalten aus Ihrer Erfahrung verknüpfbar sein. Wenn Sie nun die Beispiele lesen und dabei sagen können: „Stimmt, so oder so ähnlich habe ich das auch schon erlebt!" oder „Ach, deshalb ist das so und so…", dann haben Sie ganz automatisch darüber nachgedacht und der Inhalt ist mit hoher Wahrscheinlichkeit mit dem Ihnen Bekannten verknüpft worden.

Das Gleiche gilt auch für den Unterricht: Hören Sie aktiv zu, stellen Sie Fragen, die Ihnen zum Thema einfallen. Gerade im Fach Psychologie bieten sich immer wieder Gelegenheiten, zu theoretischen Inhalten Beispiele aus Ihrer eigenen Erfahrung zu bringen.

Die wichtigsten Punkte eines Abschnitts zusammenfassen (Summarization)

Bei der Summarization geht es darum, die wichtigsten Inhalte eines Abschnittes in wenigen Sätzen zusammenzufassen. Zu dieser Technik gibt es bereits eine Reihe von Studien, die die Effektivität belegen (Bretzing/Kulhavy, 1979). Das ist nicht verwunderlich, denn um aus einem längeren Text die wichtigsten Punkte so herauszuschreiben, dass das Wesentliche in wenigen Sätzen zusammengefasst ist, sind eine Reihe von Denkvorgängen erforderlich: Zunächst muss der Text verstanden worden sein, ich muss mir Gedanken gemacht haben, wie ich die Punkte in Sätzen zusammenfasse, und ich muss sie schließlich auf Papier bringen. Sind diese Denkvorgänge erfolgreich, ist die Wahrscheinlichkeit, dass der Inhalt bereits so gut verarbeitet wurde, dass er nicht mehr vergessen wird, recht hoch.

Umgekehrt bringt es wenig, nahezu den ganzen Text mehr oder weniger gedankenlos nochmals aufzuschreiben. Hier ist der Effekt gleich null! Dieses Vorgehen bringt ähnlich viel, als würden Sie Ihr Buch unter den Kopierer legen, die Seite kopieren und dann hoffen, Sie hätten es nun verstanden!

Diese Technik bringt also nur etwas, wenn derjenige, der sie nutzt, bereits Übung im Zusammenfassen von Texten hat. Wird dieses Vorgehen bereits früh geübt, funktioniert es gut. So könnten bereits Kindergartenkinder mit Fragen zu Inhalten aus Geschichten, deren Bedeutung („die Moral von der Geschicht'…") an diese Lernkultur herangeführt werden.

Herausheben und unterstreichen

Möglicherweise kennen Sie diese Situation: Ihr Lehrer teilt Ihnen einen Text aus und fordert Sie auf, die wichtigsten Inhalte zu unterstreichen. Sie folgen beflissentlich der Aufforderung und kurze Zeit später sieht Ihr Text so ähnlich wie der in der Abbildung aus!

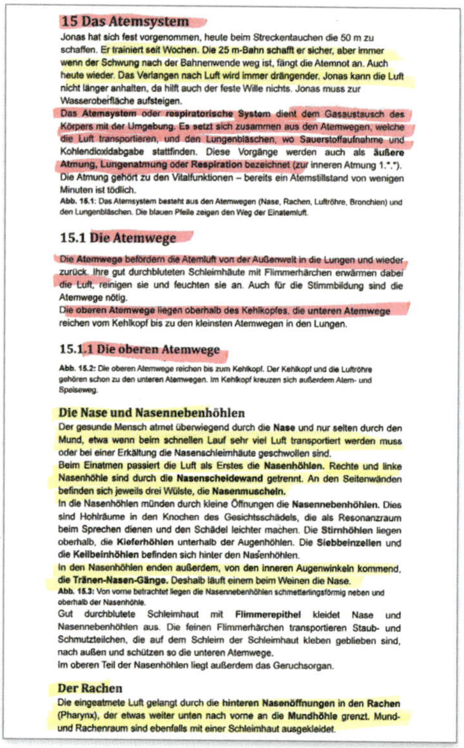

15 Das Atemsystem

Jonas hat sich fest vorgenommen, heute beim Streckentauchen die 50 m zu schaffen. Er trainiert seit Wochen. Die 25 m-Bahn schafft er sicher, aber immer wenn der Schwung nach der Bahnenwende weg ist, fängt die Atemnot an. Auch heute wieder. Das Verlangen nach Luft wird immer drängender. Jonas kann die Luft nicht länger anhalten, da hilft auch der feste Wille nichts. Jonas muss zur Wasseroberfläche aufsteigen.

Das **Atemsystem** oder **respiratorische System** dient dem Gasaustausch des Körpers mit der Umgebung. Es setzt sich zusammen aus den Atemwegen, welche die Luft transportieren, und den Lungenbläschen, wo Sauerstoffaufnahme und Kohlendioxidabgabe stattfinden. Diese Vorgänge werden auch als **äußere Atmung, Lungenatmung oder Respiration** bezeichnet (zur inneren Atmung 1.*.*). Die Atmung gehört zu den Vitalfunktionen – bereits ein Atemstillstand von wenigen Minuten ist tödlich.

Abb. 15.1: Das Atemsystem besteht aus den Atemwegen (Nase, Rachen, Luftröhre, Bronchien) und den Lungenbläschen. Die blauen Pfeile zeigen den Weg der Einatemluft.

15.1 Die Atemwege

Die **Atemwege** befördern die Atemluft von der Außenwelt in die Lungen und wieder zurück. Ihre gut durchbluteten Schleimhäute mit Flimmerhärchen erwärmen dabei die Luft, reinigen sie und feuchten sie an. Auch für die Stimmbildung sind die Atemwege nötig.

Die **oberen Atemwege** liegen oberhalb des Kehlkopfes, die **unteren Atemwege** reichen vom Kehlkopf bis zu den kleinsten Atemwegen in den Lungen.

15.1.1 Die oberen Atemwege

Abb. 15.2: Die oberen Atemwege reichen bis zum Kehlkopf. Der Kehlkopf und die Luftröhre gehören schon zu den unteren Atemwegen. Im Kehlkopf kreuzen sich außerdem Atem- und Speiseweg.

Die Nase und Nasennebenhöhlen

Der gesunde Mensch atmet überwiegend durch die **Nase** und nur selten durch den Mund, etwa wenn beim schnellen Lauf sehr viel Luft transportiert werden muss oder bei einer Erkältung die Nasenschleimhäute geschwollen sind.

Beim Einatmen passiert die Luft als Erstes die **Nasenhöhlen.** Rechte und linke Nasenhöhle sind durch die **Nasenscheidewand** getrennt. An den Seitenwänden befinden sich jeweils drei Wülste, die **Nasenmuscheln.**

In die Nasenhöhlen münden durch kleine Öffnungen die **Nasennebenhöhlen.** Dies sind Hohlräume in den Knochen des Gesichtsschädels, die als Resonanzraum beim Sprechen dienen und den Schädel leichter machen. Die **Stirnhöhlen** liegen oberhalb, die **Kieferhöhlen** unterhalb der Augenhöhlen. Die **Siebbeinzellen** und die **Keilbeinhöhlen** befinden sich hinter den Nasenhöhlen.

In den Nasenhöhlen enden außerdem, von den inneren Augenwinkeln kommend, die **Tränen-Nasen-Gänge.** Deshalb läuft einem beim Weinen die Nase.

Abb. 15.3: Von vorne betrachtet liegen die Nasennebenhöhlen schmetterlingsförmig neben und oberhalb der Nasenhöhle.

Gut durchblutete Schleimhaut mit **Flimmerepithel** kleidet Nase und Nasennebenhöhlen aus. Die feinen Flimmerhärchen transportieren Staub- und Schmutzteilchen, die auf dem Schleim der Schleimhaut kleben geblieben sind, nach außen und schützen so die unteren Atemwege.

Im oberen Teil der Nasenhöhlen liegt außerdem das Geruchsorgan.

Der Rachen

Die eingeatmete Luft gelangt durch die **hinteren Nasenöffnungen in den Rachen** (Pharynx), der etwas weiter unten nach vorne an die **Mundhöhle** grenzt. Mund- und Rachenraum sind ebenfalls mit einer Schleimhaut ausgekleidet.

Schlüsselwörter herausheben SO NICHT!

Die Idee, die hinter dem Herausheben von Schlüsselwörtern und Unterstreichen der wichtigsten (!) Textpassagen steht, ist die, dass Sie, wenn Sie den Text wieder vor Augen haben, nur noch **das Schlüsselwort sehen müssen und damit die Zusammenhänge automatisch aus Ihrem Gedächtnis ins Bewusstsein zurückkehren.** (Die Frage, ob Sie in der Abbildung auf den ersten Blick die drei Schlüsselwörter erkennen können, stellt sich wohl eher nicht…)

Soll diese Technik funktionieren, müssen wie bei der Zusammenfassung ebenfalls wieder wichtige Prozesse im Vorfeld ablaufen: Textverständnis, Erkennen von Schlüsselwörtern etc.

Dunlowsky und Kollegen (2013) schätzen in ihrer Studie die Effektivität des Unterstreichens insgesamt als eher gering ein, da sie nur dann funktioniert, wenn der Inhalt des Textes bereits verstanden und zumindest zum Teil auch gelernt wurde. Wenn nicht, erschließt sich durch das Lesen eines einzigen Schlüsselworts oder auch eines Satzteils der Zusammenhang des Textes meist nicht und muss dann dennoch erneut gelesen werden.

Randnotizen und Markierungszeichen

Besser als das Anstreichen eines Schlüsselworts können kurze Randnotizen und Markierungszeichen, wenn sinnvoll verwendet, den Lernprozess vorantreiben. Auch zum Behalten sind sie wertvoll, da nach der Lektüre mittels der Randnotizen im Sinne eines zusammenfassenden Satzes die neuen Informationen noch einmal nachvollzogen werden können.

Es kann sinnvoll sein, sich ein eigenes System von Markierungszeichen anzulegen, welche für alle Bereiche immer wieder genutzt werden können.

AUFGABE

Suchen Sie sich aus der folgenden Liste zwölf Begriffe heraus, die für Ihre Texte wichtig sein könnten, oder notieren Sie eigene Anmerkungen. Entwerfen Sie dann passende Markierungszeichen dazu!

Begriffe, für die Markierungszeichen sinnvoll sein können:

1. wichtig!
2. Definition
3. Grund / Ursache
4. unklar / nochmals nachschlagen
5. unverständlich / fraglich / evtl. falsch
6. Folge / Konsequenz
7. Ergebnis / Fazit
8. These
9. Erläuterung, Erklärung
10. Beispiel
11. Gegenargument / Gegenüberstellung
12. Bewertung / Kritik
13. Verweis auf anderen Text / Wissenschaftler
14. Eigene Assoziationen / Ideen dazu
15. ______________________

Übertragen Sie die Tabelle in ein Arbeitsheft und überlegen Sie sich zu den Ziffern Ihre eigenen Markierungszeichen

1	2	3
4	5	6
7	8	9
10	11	12
13	14	15

Wenn Sie nun diesen Textabschnitt zum besseren Lernen bearbeiten wollen, wenden Sie Ihre Markierungszeichen an, machen Sie sich Randnotizen und versuchen Sie, ausschließlich mithilfe der Zeichen und Randnotizen, das Wesentliche des Textes nachzuvollziehen (Grotehusmann, 2013).

Bildliche Vorstellung von Lerninhalten (Schlüsselwort-Methode)

AUFGABE

Stellen Sie sich ein leicht abgedunkeltes Zimmer vor. Darin eine gemütliche Couch mit Decken darauf und ein Sessel daneben. Eine Frau liegt auf der Couch und ein Mann sitzt leicht abgewandt auf dem Sessel und macht sich Notizen.

Wenn Sie diese Szene vor Ihrem inneren Auge bildhaft sehen können, dann nutzen Sie eine der ältesten bekannten Lernstrategien: Bereits die Redner im alten Griechenland nutzten die bildliche Vorstellung, um sich ihre Reden vor ihrem geistigen Auge vergegenwärtigen zu können.

Eine besondere Form der bildlichen Vorstellung als Lerntechnik, vor allem für Vokabeln, ist die Schlüsselwortmethode. Dabei wird ein Wort aus der Muttersprache, das ähnlich klingt wie die zu lernende Vokabel, als Schlüsselwort verwendet. Aus dem Schlüsselwort und der Bedeutung der Vokabel wird im Geist ein Bild erstellt.

In Frankreich werden die Vorlesungen vor allem im Grundstudium im Diktatstil tatsächlich „vorgelesen". Die Studenten schreiben nahezu wörtlich mit und lernen die Inhalte später auswendig. Daher hat dort fast jeder Student ein eigenes ausgeklügeltes Kürzelsystem! Über den Sinn derartiger für uns fast altmodisch anmutender Vorlesungen mag sich nun streiten lassen. Nichtsdestotrotz scheint die Lerntechnik aber zu funktionieren! Falls Sie französische Studenten kennen, können Sie diese ja einmal nach ihrem System fragen.

BEISPIEL

Wie funktioniert das Ganze nun wirklich?

Stellen Sie sich vor, Sie wollen auf Thailändisch zählen lernen. Das Ganze wollen wir nun lautsprachlich tun. Um uns die Lautsprache der Zahlen 1–3 nun mit der Schlüsselwort-Methode zu merken, müssen wir ein Wort finden, das uns bekannt ist und so klingt wie die Lautsprache.

1 – ๑ – njöng	Einmal Pjöngjang und zurück
2 – ๒ – song	Zwei Lieblingssongs haben wir auf unserem Handy gespeichert.
3 – ๓ – sa:m	Drei Samen haben wir in der Hand

AUFGABE

Jetzt sind Sie an der Reihe – Übertragen Sie die Aufstellung in ein Arbeitsheft und überlegen Sie sich für die folgenden Zahlen kurze einprägsame Merksätze:

4 – ๔ – si: __________

5 – ๕ – ha: __________

6 – ๖ – hok __________

7 – ๗ – dschjet __________

8 – ๘ – pä:d __________

9 – ๙ – ka:o __________

10 – ๑๐ – si:p __________

„Bücher sind die stillsten und beständigsten Freunde; sie sind die zugänglichsten und weisesten Ratgeber und die geduldigsten Lehrer."

(Charles W. Eliot)

Also lesen Sie durchaus Texte auch mehrmals, schlagen Sie interessante Stellen nach oder suchen Sie verwandte Inhalte aus ähnlichen Fragestellungen!

Ein Problem ist, dass Lehrbücher und Unterrichtsmaterialen oft nicht so aufgebaut sind, dass sie zum wiederholten Lesen animieren, vielleicht gelingt es ja mit diesem Buch.

Hier zeigt sich möglicherweise auch bei Ihnen das Problem dieser Technik: Nicht für alle Begriffe fallen einem passende, einprägsame Bilder ein. So dauert die Bearbeitung relativ lange und ist nicht sehr effizient, wenn auch effektiv. Aufgrund dessen konnte es sich auch in Studien zur Steigerung der Lerngeschwindigkeit von Vokabeln nicht durchsetzen. Als günstig hat es sich bei solchen Vokabeln erwiesen, die schwer zu merken sind.

Über das Vokabel- oder Begriffslernen hinaus kommt diese Technik schnell an ihre Grenzen, da sie sich für das Lernen von Zusammenhängen oder komplexen Inhalten nicht eignet.

Wiederholtes Lesen und Lernen von Inhalten (Rereading)

Wiederholtes Lesen stellt eine der am häufigsten genutzten Lerntechniken unter Studenten und Schülern dar. Im Rahmen zweier Studien geben 18 % der Studenten an, dass sie komplette Kapitel wiederholt lesen, 62 % berichten, dass sie Abschnitte oder Teile des Materials wiederholt lesen (Dunlowsky et al., 2013).

In Studien haben sich als besonders effektiv Wiederholungen nach moderaten Pausen gezeigt. Bereits ein zweites Lesen verbesserte die Reproduktionsleistungen erheblich. Diese Studien wurden jedoch vor allem mit Studenten durchgeführt. Bei jüngeren Probanden fanden sich diese Effekte weitaus seltener. Es ist also davon auszugehen, dass neben der Wiederholung (gemäß den Ergebnissen nach Ebbinghaus) Prozesse wie Neues mit bekannten Gedächtnisinhalten verknüpfen oder eigene Überlegungen zum Text anstellen eine weitaus größere Rolle spielen.

Vor diesem Hintergrund macht gerade bei komplexen Lerninhalten ein stupides Wiederholen nur wenig Sinn, vielmehr geht es um das *wiederholte „aktive Lesen"!*

Die SQ3R-Methode

Eine Methode, die Sie in die Lage versetzen soll, schnell die wesentlichen Inhalte eines (Fach-)Textes zu verstehen und damit leichter abspeichern zu können, ist die SQ3R-Methode. Sie setzt sich zusammen aus den Begriffen:

SURVEY	Überblick gewinnen, durchsehen
QUESTION	Fragen
READ	Lesen
RECITE	Aufsagen, in Erinnerung rufen, sich vergegenwärtigen
REVIEW	Repetieren, nochmals aufsagen

Ablauf:

1. Die SQ3R-Methode dient dazu, sich einen Überblick zu verschaffen (Survey), indem Sie zunächst einmal die Zusammenfassung lesen, sich das Inhaltsverzeichnis oder auch die einzelnen Überschriften eines Kapitels anschauen.
2. Im zweiten Schritt sollen Sie sich eigene Fragen zu dem bisher Erfahrenen stellen. Dabei ist es nicht notwendig, schon viel über die Inhalte des Textes zu wissen, vielmehr geht es darum, dass eigene Ideen, eigenes Wissen aktiviert werden. Ob die Fragen später tatsächlich mit dem Text beantwortet werden können, ist zweitrangig.
3. Nachdem Sie sich einige Fragen aufgeschrieben haben, lesen Sie den Text, versuchen dabei bereits, Ihre gestellten Fragen zu beantworten und machen sich Notizen zu Schlüsselwörtern an dem Text oder unterstreichen die wichtigsten Begriffe. (Wie wir oben gesehen haben, ist es nicht sinnvoll, komplette Sätze oder gar Absätze anzustreichen!)
4. Wenn Sie den Text gelesen haben, versuchen Sie das Wesentliche mithilfe Ihrer Stichpunkte und Notizen nochmals in eigene Worte zu fassen. Gelingt Ihnen dies in einigen Fällen nicht, lesen Sie diesen Textabschnitt nochmals.
5. Machen Sie Pause! Danach schauen Sie nochmals Ihre Aufzeichnungen an und versuchen Sie dann ohne Hilfe, die wesentlichen Aussagen des Textes nochmals aus dem Gedächtnis zu wiederholen.

Es geht also keineswegs darum, Textstellen auswendig zu lernen, sondern die Aussagen des Textes zu verstehen und die wesentlichen Inhalte in eigene Worte fassen zu können.

Wenn Sie in der Lage sind, etwas in eigenen Worten treffend wiederzugeben, dann können Sie davon ausgehen, dass Sie den Text verstanden haben!

Kritik: Vor dem Lesen Fragen an den Text zu stellen und diese während des Lesens zu beantworten, ist für die Meisten eher frustrierend, wenn einem keine Fragen einfallen, weil man noch kein Hintergrundwissen hat oder zu den Fragen, die man gestellt hat, im Text keine Antworten gegeben werden. Die Methode ist erst dann geeignet, wenn man sich in einem Thema bereits etwas auskennt und dieses Wissen vertiefen möchte.

Daher ist der Ansatz nicht grundsätzlich abzulehnen: **Das Gehirn soll durch die Fragen auf die Aufnahme neuer Informationen vorbereitet werden.** Da unser Gehirn in der Regel Neues erst einmal ablehnt, besteht der Trick darin, bereits vorhandenes Wissen zu diesem Thema zu aktivieren. Daran können die neuen Informationen dann leicht angeknüpft werden.

Wiederholung ist der Schlüssel!

Etwas noch einmal lernen. Die Psychologie sagt uns, dass man etwas besser behält, wenn man es noch einmal lernt. Je häufiger Studierende ein Kapitel lesen und je weniger Veranstaltungen sie verpassen, desto besser sind ihre Prüfungsnoten (Woehr/Cavell, 1993). Schüler und Studierende schrecken häufig davor zurück, etwas noch einmal zu lernen, und überschätzen, wie viel sie wissen. Echtes Lernen erfordert mehr, als etwas momentan zu verstehen. Sie verstehen ein Kapitel vielleicht in dem Augenblick, in dem Sie es lesen, aber wenn Sie zusätzliche Zeit für die nochmalige Lektüre, für die Überprüfung Ihres Wissen und für die Überprüfung dessen, was Sie zu wissen glauben, einplanen, werden Sie die Inhalte tatsächlich lernen und Ihr neues Wissen länger behalten.

Übungstests

Gewiss sind Tests etwas, was jeder von uns so weit wie möglich vermeiden möchte. Sie sind unangenehm und zeigen uns auf, was wir alles nicht wissen. Aber letztendlich ist es bewiesen, dass **Tests unser Lernen verbessern.** So konnten eine Vielzahl von Studien nachweisen, dass Probanden, die nach der Vermittlung von Inhalten einem Probetest unterzogen wurden, eine bis drei Wochen später noch mehr als doppelt so viel erinnern konnten, als jene, die lediglich gelernt hatten (Runquist, 1983; Zaromb/Roediger, 2010).

Vor diesem Hintergrund bietet es sich an, sich bereits beim Lernen Materialien zu erstellen, mit denen man sich selbst testen kann. Eine weithin bekannte Methode sind **Flashcards oder Karteikärtchen**, auf die auf der einen Seite die Frage und auf der anderen Seite die Antwort geschrieben wird.

Gerade im Sprachunterricht setzen Lehrer vielfach auf Vokabeltests, weil gerade die abgefragten Wörter nachweislich besser im Gedächtnis haften bleiben.

Auch DUNLOWSKY und Kollegen (2013) erachten Übungstests als Lernmethode als hocheffektiv. Vor allem, da sie sich für alle Bereiche und Lernmaterialien eignen. So können Vokabeln bis hin zu Praxisfragen geprüft werden. Das Testen funktioniert sowohl bei jüngeren Schülern als auch bei Studenten.

Zudem können Testmaterialien ohne großen Zeitaufwand selbst hergestellt werden.

BEISPIEL

Im Internet sowie in den App-Stores von Apple und Android finden sich eine Vielzahl von kostenlosen Flashcard-Programmen zum Selbstgestalten oder mit bereits vorgefertigten Themen!

apple	banana	fruit	grapes
píng guǒ	xiāng jiāo	shuǐ guǒ	pú táo

Verteiltes Üben

Es ist Ihnen vielleicht gar nicht bewusst, aber ein Stoff, den Sie irgendwann gelernt haben und immer noch gut erinnern können, wurde Ihnen nicht nur einmal, sondern mit hoher Wahrscheinlichkeit viele Male dargeboten. Z.B. wurde ein Thema im Unterricht mehrfach, vielleicht in Abwandlungen wiederholt, Ihr Lehrer hat Ihnen etwas vorgestellt und Sie haben es zu Hause nochmal in Ihren Unterlagen nachgelesen oder sich sogar Lernkarten erstellt, die Sie mehrfach durchgegangen sind.

Wie wir oben bereits erfahren haben, **ist unser Gehirn auf Wiederholung angewiesen.** Erst dann, wenn unser Gehirn der Überzeugung ist, dass eine Information wichtig genug ist, gespeichert zu werden, dann wird es auch einen Platz im Langzeitgedächtnis finden, um die Information dort abzulegen. Und wichtig sind für unser Gehirn nur Dinge, die immer wieder auftreten!

BEISPIEL

Möglicherweise gehören Sie auch zu den Schülern oder Studenten, die am Morgen vor der Klausur um fünf Uhr aufstehen, um in den kommenden drei Stunden möglichst den gesamten Stoff zu lernen – was immer noch besser ist, als gar nicht zu lernen – und vielleicht sogar glauben, dass diese Strategie effektiv ist. Die Einschätzung hängt von Ihren Zielen ab. Wenn Sie lediglich beabsichtigen, eine einigermaßen passable Note in Ihrer Arbeit zu schreiben, mag dies durchaus eine Strategie sein. Wenn Sie aber den Lerninhalt langfristig speichern und auch abrufbar halten wollen, dann werden Sie zugeben müssen, dass diese Art des Lernens weniger geeignet ist.

Was würden Sie sagen, wenn es möglich wäre, tatsächlich in drei Stunden den gesamten Lernstoff einer Arbeit zu lernen und sogar langfristig behalten zu können?

In einer Vielzahl von Studien konnte nachgewiesen werden, dass **verteiltes Üben** („distributed practice“) von Teilen des Lernstoffs über mehrere Zeitpunkte hinweg die Langzeitspeicherung weitaus stärker aktiviert als ein einmaliges Lernen einer großen Stoffmenge.

Um diesen Effekt zu verdeutlichen, soll im Folgenden ein klassisches Experiment zu diesem Phänomen vorgestellt werden. BAHRICK (1979) ließ drei Gruppen von Studenten spanische Wörter lernen. Jede Gruppe lernte in sechs Einheiten von je 30 Minuten. Das heißt, die Gesamtlernzeit aller drei Gruppen betrug 3 Stunden. Jedoch lernte die erste Gruppe an sechs Zeitpunkten an einem einzigen Tag, die zweite Gruppe 6 Tage lang je 30 Minuten und die dritte Gruppe alle 30 Tage einmal 30 Minuten.

Was kam dabei heraus? Wenn wir uns die folgende Abbildung anschauen, kann man sehen, dass die dritte Gruppe nach dem ersten Lerndurchgang nach 30 Tagen kaum noch etwas wusste. Die zweite Gruppe war mittelmäßig, die erste Gruppe hatte die besten Ergebnisse – was nicht verwunderlich ist, da der Lernvorgang ja erst wenige Stunden zurücklag (so wie bei Ihnen, wenn Sie für Klassenarbeiten lernen).

Dann aber wurde es interessant: Die erste Gruppe konnte ihr Ergebnis in den kommenden Lerneinheiten kaum noch verbessern. Die zweite Gruppe wurde jeden Tag ein wenig besser und die dritte Gruppe ebenfalls.

Der Abschlusstest erfolgte für jede Gruppe 30 Tage nach der letzten Lerneinheit. Für die dritte Gruppe also 7 Monate nach Beginn des Experiments!

Die Ergebnisse waren eindeutig: Nach eintägigem verteiltem Lernen schnitt die erste Gruppe mit 60 % korrekter Antworten am schlechtesten ab, die zweite Gruppe wusste immerhin noch 80 % der Worte, die dritte Gruppe jedoch konnte ihre Leistung auf 90 % aufrechterhalten.

Wohlgemerkt: Alle Teilnehmer hatten insgesamt drei Stunden Lernzeit investiert!

> Lernen Sie in kleinen Häppchen. **Einer der ältesten Befunde der Psychologie besteht darin, dass über die Zeit verteiltes Üben zu besserem Behalten führt als geballtes Üben.** Sie werden Inhalte besser erinnern, wenn Sie Ihre Lektüre auf mehrere Zeitabschnitte aufteilen (z. B. 30 Minuten pro Tag an 6 Tagen pro Woche), anstatt den gesamten Lernstoff in drei Stunden zu „pauken“. Diese Vorgehensweise erfordert jedoch ein diszipliniertes Zeitmanagement. Lassen Sie sich aber nicht abschrecken – alles lässt sich üben!

Funktionieren die Lerntechniken nun? – Ein Resümee zum Schluss

Obgleich die Effekte der vorgestellten Lerntechniken von der Forschergruppe um Dunlowsky (2013) zum Teil als gering eingestuft wurden, konnten jedoch einige Teilnehmer auch sehr gut von diesen profitieren.

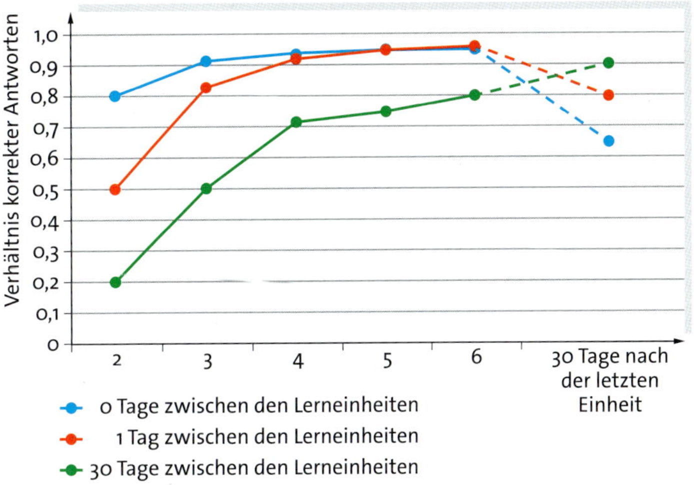

Ergebnisse des Experiments nach Bahrick (1979) „Verteiltes Lernen“

Ein Lernerfolg hängt eng mit der individuell gewohnten und als praktikabel angesehenen Lerntechnik zusammen! Unsere Empfehlung ist es also: Probieren Sie unterschiedliche Techniken aus und entscheiden Sie dann, welche für Sie die richtige ist!

3.5.5 Lernzeiten und Lernumgebung

3.5.5.1 Biorhythmische Phasen im Tagesablauf

Die besten Lerntechniken bringen nichts, wenn wir uns nicht konzentrieren können! Und ob wir dies können, hängt mit einer Vielzahl von Faktoren zusammen. Emotionen, Motivation, innere Anspannung, Ablenkungen und vieles mehr kommen beim Lernen zusammen und beeinflussen unsere aktuelle Lernfähigkeit. In den Kapiteln zu Emotion und Motivation werden wir hierzu noch einiges erfahren.

Einen wesentlichen Aspekt des Lernens stellt unser sogenannter „Biorhythmus“ dar, der durch ein besonderes Areal in unserem Gehirn gesteuert wird, dem „circadianen System“.

Das circadiane System ist eine Art sehr komplexe innere Uhr unseres Gehirns, welches sich sowohl bei Säugetieren als auch bei Pflanzen findet. Es steuert die Wach- und Schlafzeiten bzw. bei Pflanzen z. B. die Zeit der Blütenöffnung und Blattbewegung. Neben den Zeiten der Aktivität und Wachheit steuert das circadiane System auch z. B. unseren Puls, unsere Körpertemperatur.

BEISPIEL

Wenn wir z. B. gemäß unserer inneren Uhr schlafen, dann regelt das circadiane System bereits ca. eine Stunde vor dem Aufwachen unseren Puls nach oben, sodass wir uns beim Aufstehen „fit" fühlen. Da aber unser Wecker meistens früher klingelt als wir wollen, ist unser Kreislaufsystem noch im Tiefschlaf und wir brauchen eine Weile, bis wir in die Gänge kommen.

Wir verbringen zu wenig Zeit im Tageslicht!

Unser circadianes System muss jeden Tag „nachjustiert werden". Dies geschieht durch die Wahrnehmung von Tageslicht. Insbesondere im Winter, wo die Helligkeit in Innenräumen, Schule oder Büro selten höher als 500 Lux (Neonröhren in Büros) liegt. Im Vergleich: Ein bedeckter Himmel im Freien hat 8.000 Lux, direkte Sonneneinstrahlung sogar etwa 300.000 Lux.

In der Nähe des Polarkreises, wo es in den Wintermonaten auch am Tag nicht hell wird, ist die sogenannte Winterdepression ein häufiges Phänomen. Hiergegen ist eine regelmäßige „Lichttherapie" oftmals äußerst hilfreich.

Die Phasen laufen in einem ungefähr 24-stündigen Rhythmus ab, dem sogenannten „circadianen Rhythmus". Hierbei spielt der Einfluss der Sonne, bzw. deren Licht eine übergeordnete Rolle. D. h., unser Körper registriert über die Lichtwahrnehmung, ob es Nacht oder Tag wird. Aufgrund unserer vielen Lichter in der Nacht, unserer Lebensverhältnisse und vor allem, wie selten wir tatsächlich Tageslicht ausgesetzt sind, kommt unser „Lichtzeitgeber" schnell aus dem Tritt. Dies kann unter Umständen Folgen haben: Schlaf- und Essstörungen, Energielosigkeit bis hin zur Depression.

Das endogene circadiane System

Die Annahme einer inneren Uhr im Menschen entwickelte sich erst in der 2. Hälfte des 20. Jahrhunderts. Die Physiologen ASCHOFF und WEVER isolierten 1962 mehrere Versuchspersonen für 8 bis 19 Tage in einem extra vom Max Planck Institut mit Unterstützung der NATO gebauten Bunker in Andechs. Völlig von Umwelteinflüssen abgeschirmt, entwickelten die Probanden mit der Zeit einen eigenständigen Aktivitäts-Ruhe-Zyklus von 25 Stunden, der, so ASCHOFF „auf einer endogenen, genetisch fixierten Periodizität" beruht (ASCHOFF, 1963, S. 1930).

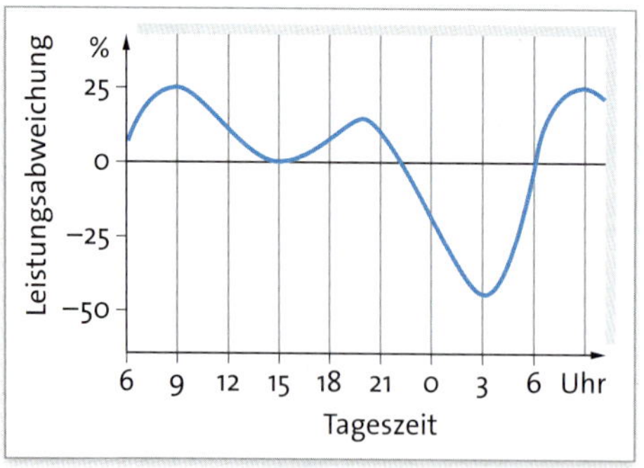

Tageskurve der kognitiven Leistungsfähigkeit im Bevölkerungsdurchschnitt (HILDEBRANDT et al. 1998)

Natürlich spielen neben unserer inneren Uhr und dem Licht auch andere Faktoren eine Rolle: Nahrungsaufnahme kann unsere Lernfähigkeit kurzfristig verbessern (z. B. Traubenzucker), aber auch verringern (z. B. ein Hamburger-Menü mit doppelt Pommes und Milchshake). Denn dann ist das Blut, welches im Gehirn benötigt wird, vorwiegend im Magen-Darm-Bereich mit der Verdauung beschäftigt. Der Genuss von anregenden Stoffen wie Koffein oder Teein (was chemisch gesehen auch Koffein ist) kann die Aufmerksamkeitsleistung ebenfalls etwas verbessern.

Da die genauen Abläufe, die Zeiten der Hochs und Tiefs beim Einzelnen sehr unterschiedlich sein können, ist es sinnvoll, wenn Sie sich einige Tage oder Wochen selbst beobachten und sich z. B. anhand eines Diagramms (s. Abbildung) notieren, wann Sie sich gut auf Aufgaben konzentrieren können, Sie aufmerksam sind und gut lernen können.

In der Chronobiologie haben sich zwei Typen besonders häufig gezeigt: die Eule und die Lerche. Während die Eule bereits morgens um 6 Uhr Bäume ausreißen könnte, dafür jedoch bereits um 21 Uhr wieder schlafen muss, ist es bei der Lerche um etwa zwei bis drei Stunden nach hinten verschoben: Sie wird erst gegen 8–9 Uhr wach, und läuft erst gegen Mittag zur Höchstform auf und hat spätabends nochmals ein Leistungshoch, während die Eule schon friedlich im Bett schlummert.

Haben Sie Ihren Tagesrhythmus gefunden, können Sie Ihren Tagesplan und Ihre Lernphasen nach Ihren persönlichen Leistungshochs einteilen.

BEISPIEL

Ein typischer Lerntag könnte wie folgt aussehen:

- Zu Beginn des Tages könnten Sie sich einen Überblick über die zu erledigenden Dinge machen. Für heute geplante Inhalte, Termine, die Sie nicht vergessen dürfen, etc. – Dabei müssen Sie noch nicht zu viel denken!
- Die Konzentrationsfähigkeit ist vormittags am größten. Es ist sinnvoll, geistig anspruchsvolle Aufgaben auf diesen Zeitpunkt zu legen. Versuchen Sie 90–120 Minuten konzentriert und ohne Unterbrechungen an einem Thema zu arbeiten. Innerhalb dieser Zeit sollten Sie 10–15 Minuten Pause für „echte" Erholung einplanen.
- Ab zwölf Uhr lässt die Leistungsfähigkeit nach, das Mittagstief beginnt. Diese Zeit kann bevorzugt für Internetrecherche, Mails oder Telefonate mit Mitlernern genutzt werden.
- Nach dem Mittagessen muss das Essen verdaut werden, entsprechend kostet das Energie, die dann im Gehirn fehlt. Machen Sie deshalb nach dem Essen eine ca. 20-minütige Ruhepause.
- Wenn Sie Termine beim Friseur, Arzt oder Ähnliches haben, legen Sie diese auf den frühen Nachmittag. Ansonsten führen Sie Tätigkeiten aus, bei denen eine nicht allzu hohe Konzentration notwendig ist.
- Ab etwa 15–16 Uhr beginnt das zweite Aktivitätshoch des Tages. Das Langzeitgedächtnis funktioniert besonders gut, die manuelle Geschicklichkeit ist hoch. Versuchen Sie hier, das am Morgen Gelernte zu wiederholen, in eigene Worte zu fassen, Fragen zu beantworten etc. Müssen Sie eine Hausarbeit schreiben, ist diese Zeit ebenfalls sehr produktiv.
- Mit entsprechenden Pausen (mind. alle 90 Minuten bzw. wenn Sie merken, dass Sie erschöpft sind) können Sie bis ca. 20 Uhr weiterarbeiten.
- Spätestens dann sollten Sie etwas für Ihre Entspannung und Erholung tun, Freunde treffen oder Ähnliches, um den arbeitsreichen Tag ausklingen zu lassen.
- Um erholt wieder starten zu können, sollten Sie gemäß Ihrem Rhythmus, ob Eule oder Lerche, nicht zu spät ins Bett gehen. Übermäßiger Alkohol- und Nikotingenuss sowie fettiges Essen am Abend verhindern einen tiefen und damit erholsamen Schlaf!

Allgemein:

- Nutzen Sie Phasen der Müdigkeit zur echten Entspannung – gehen Sie an der frischen Luft unter freiem Himmel (Lichteinwirkung!) spazieren oder ruhen Sie mit geschlossenen Augen, denn diese sind durch Computerarbeit besonders belastet.
- Das Wochenende soll der Entspannung dienen, Freizeitunternehmungen und Hobbys sollten dabei nicht in Stress ausarten!

3.5.5.2 Lernumgebung

Zuvor haben wir zunächst die Frage nach dem „Wie" und nach dem „Wann" des Lernens behandelt, nun wollen wir uns auch dem „Wo" des Lernens widmen.

Da wir in unseren Gewohnheiten und Vorlieben sehr unterschiedlich sind, gibt es auch hier keine Patentlösung, aber einige Tipps, die Sie ausprobieren können. Wenn Sie hilfreich sind, behalten Sie sie bei, ansonsten probieren Sie etwas anderes.

Grundsätzlich gilt: Die Lernumgebung sollte möglichst wenig Ablenkung verursachen und gleichzeitig ein angenehmes Arbeitsgefühl vermitteln. Die Lernstätte sollte zum Verweilen einladen!

Licht

Zu wenig Licht ermüdet die Augen und strengt unnötig an. Stellen Sie daher am besten Ihren Schreibtisch in die Nähe eines Fensters. Tageslicht ist die beste Lichtquelle zum Lernen und Arbeiten. Alternativ können Sie sogenannte Tageslichtlampen oder Vollspektrumlampen einsetzen. Wenn Sie Lampen aufstellen, achten Sie darauf, dass keine Schatten auf Ihre Arbeitsunterlagen geworfen werden.

Körperhaltung

Die richtige Körperhaltung ist sehr wichtig für einen guten Lernerfolg. Durch falsches Sitzen können Rückenschmerzen, Blockaden und sogar Kopfschmerzen verursacht werden. Dies wirkt sich natürlich auch auf die Konzentrationsfähigkeit aus.

Um eine aufrechte Körperhaltung zu unterstützen, sollte der Schreibtisch eine Höhe von 73–81 cm haben. Die Sitzoberfläche ist ungefähr 20–30 cm tiefer, am besten sollte der Stuhl individuell einstellbar sein. Ein Schreibtisch mit einer neigbaren Oberfläche hat den Vorteil, dass die Unterlagen auf dem Tisch in einem gleichmäßigen Winkel zum Auge liegen und dadurch ähnlich weit vom Auge entfernt liegen. Die Augen werden weniger durch zu häufiges Umfokussieren beansprucht.

Frische Luft

Das Gehirn benötigt beim Lernen und Denken viel Sauerstoff. Gerade in Räumen mit vielen Personen ist die Versorgung mit Sauerstoff schnell sehr schlecht. Müdigkeit und Konzentrationsverlust sind die Folgen (Schläfrigkeit im Unterricht muss also nicht zwingend an Lehrer oder Lehrerin liegen!). Deshalb sollten geschlossene Räume oft gelüftet werden.

Ruhe

Es ist inzwischen klar geworden, dass es unser Gehirn Kraft kostet, Störgeräusche auszublenden und nach Ablenkungen die Konzentration wieder auf das Wesentliche zu richten. Sorgen Sie also für Ruhe in Ihrer Lernumgebung. Schalten Sie möglichst Ihr Handy und die Klingel ab, sagen Sie Ihrer Familie oder Ihren Mitbewohnern, dass Sie lernen und absolut nicht gestört werden wollen. Sollte der Lärm nicht zu unterbinden sein, können Sie auch auf Ohrstöpsel zurückgreifen.

Ordnung und Übersichtlichkeit

Unser Gehirn denkt in Kategorien und Schubladen, es liebt Übersicht und Klarheit. In Chaos und Unordnung wird die Aufmerksamkeit ständig auf andere Dinge gezogen. Sortieren Sie deshalb alle Unterlagen nach Aufgabengebiet. Legen Sie alle notwendigen Utensilien in Griffnähe, dadurch müssen Sie nicht aufstehen und werden auch nicht von anderen Dingen abgelenkt. Durch Ordnung sehen Sie, was noch erledigt werden muss und wie viel Sie schon geschafft haben. **Ihr Gehirn freut sich zum einen über klare Strukturen und zum anderen über sichtbare Erfolge** (z. B., dass der Aufgabenstapel immer kleiner wird!).

Musik

Den ein oder anderen kann auch Musik beim Lernen unterstützen. Dazu ist aber nicht jede Art von Musik geeignet (siehe Kasten). Sie sollten auf alle Fälle kein Radio einschalten, da Sie dort durch Werbung und Nachrichten abgelenkt werden. Auch melancholische oder sehr basshaltige Musik sollten Sie vermeiden (zumindest beim Lernen).

Geeignet ist Musik mit ca. einem Taktschlag pro Sekunde. Dies entspricht in etwa dem Herzschlag des Menschen bei Ruhe (z. B. beim Lernen) und wirkt deshalb entspannend. Aber grundsätzlich sollten Sie selbst entscheiden, ob und mit welcher Musik Sie am besten lernen.

Früher wurde oft klassische Musik im 4/4-Takt empfohlen, heute aber kann dieser Musikstil von Jugendlichen eher als störend empfunden werden, da er den Hörgewohnheiten überhaupt nicht entspricht.

Musik stört nicht beim Lernen?

Bis vor wenigen Jahren ging man noch davon aus, dass jegliche Geräuschkulisse den Lernprozess stört. Dies scheint aber nicht so zu sein. In einer Studie der Univerisität Dortmund (2010) wurden insgesamt 88 Schülerinnen und Schüler des zehnten Jahrgangs – durchschnittlich circa 15–17 Jahre alt – abwechselnd zum einen mit einem Ausschnitt aus einem Intelligenztest (CFT-Test) und zum anderen mit einem Konzentrationstest konfrontiert.

Eine Gruppe hörte ihre gewohnte Musik auf Kopfhörern, die anderen machten die Tests in Stille.

Ergebnis: Es ergaben sich keinerlei Leistungsunterschiede.

Die Forscher erklärten das Ergebnis wie folgt: Grundsätzlich führen Störgeräusche zu einer Abnahme der Konzentrationsfähigkeit, jedoch empfindet das Gehirn heutiger Jugendlicher die gewohnte (!) Musik nicht als Störung, sondern als allgegenwärtiges Umgebungsgeräusch. Es wird einfach vom Gehirn ausgeblendet. Dies nennt sich „Habituierung". Dies funktioniert jedoch nur bei gewohnter Musik, würde man den Schülern ein Hörspiel oder klassische Musik vorspielen, könnte das Ergebnis völlig anders aussehen. So könnte sogar „Stille" ein Störfaktor sein! (Rötter, 2010)

Düfte und Gerüche

Unsere Geruchsempfindungen sind über die Nase direkt mit der Amygdala im limbischen System gekoppelt. Diese ist für unsere Gefühle und emotionalen Gedächtnisinhalte zuständig. Lerninhalte werden immer auch gemeinsam mit emotionalen Informationen abgespeichert. Erreichen wir, dass wir z. B. über Düfte angenehme Gefühle erleben, erleichtert dies gleichermaßen auch das Lernen! Ferner ist Ihr Gehirn auch konditionierbar: Wenn Sie wiederholt beim Lernen einen bestimmten Duft riechen, wird Ihr Gehirn sich dies merken und stellt sich später allein durch das Vorhandensein des Duftes auf das Lernen ein.

Frische Düfte wie Grapefruit, Zitrone, Orange, Limette oder Mandarine sollen stimulierend auf das Gehirn wirken. In einer bundesweiten Studie von 2006 in 14 Grundschulen fiel es den Schülern bei diesen Düften leichter, sich wach und aktiv mit den Unterrichtsinhalten auseinanderzusetzen. Die Kommunikationsfähigkeit wuchs, die Schülerinnen und Schüler wurden aktiver und aufgeschlossener, der gesamte Unterricht wurde lebendiger. Ferner sollen bestimmte Geruchsnoten die Aggressivität senken. Aus der selben Studie ging hervor, dass Mischungen aus frischen Düften mit Lavendel und Zedernholz anregend und gleichzeitig beruhigend auf aggressive Kinder wirkten (Meyer, 2010). Untersuchungen aus Amerika zeigen, dass Zitronenduft die Fehlerquote in der Rechtschreibung senkt, in Japan werden Zitronenaromen in Bürogebäuden durch die Klimaanlage verteilt, um die Arbeitsleistung der Mitarbeiter zu fördern.

Raumtemperatur

Ist ein Zimmer zu warm, wird schnell auch die Luft stickig. Wenn Sie lernen und geistig arbeiten wollen, sollte das Zimmer nicht zu warm sein. Während es im Wohnzimmer durchaus gemütliche 21–22 °C sein dürfen, sind für Arbeitszimmer Raumtemperaturen um die 20 °C ideal. Natürlich sollten Sie beim Arbeiten nicht frieren, sondern sich wohlfühlen.

3.5.6 Zusammenfassung: Sieben Tipps zur Verbesserung der Merkfähigkeit

Die Merkfähigkeit zu verbessern muss nicht schwierig sein. Es geht in erster Linie darum, individuell herauszufinden wie unser Gehirn am besten arbeiten kann. Im Folgenden sollen sieben einfache, aber hilfreiche Tipps aufgeführt werden, wie die theoretischen Aspekte des Gedächtnisses nun tatsächlich zur Verbesserung der Lernleistung umgesetzt werden können. Schreiben Sie sich diesen Satz ruhig auf ein Blatt und hängen es an Ihren Lernort gut sichtbar auf!

1. Konzentriere dich auf das, was du dir merken willst!

Egal, ob wir etwas sehen, riechen, fühlen oder berühren – wenn es langfristig gespeichert werden soll, geht das nur mit Konzentration und Aufmerksamkeit. Der häufigste Grund, warum sich Menschen nicht an den Namen von anderen erinnern können, ist der, dass sie bei der Vorstellung nicht aufmerksam zugehört haben. Wer hat nicht schon einaml vergessen, wo er seinen Haustürschlüssel abgelegt hat? Nein, wir haben es nicht vergessen – wir haben es uns erst gar nicht gemerkt, weil wir abgelenkt waren, als wir ihn irgendwo hingelegt haben. Die Information ist erst gar nicht im Langzeitgedächtnis angekommen, sondern bereits nach 10 Sekunden aus unserem Kurzzeitgedächtnis (unserer „Küchenrolle") wieder herausgefallen.

2. Vermeide „Multitasking", wann immer es möglich ist!

Die Idee des Multitasking ist eine Unsitte unserer Zeit. Wir rühmen uns damit, „multitaskingfähig" zu sein. Wir können gleichzeitig telefonieren, dabei ein Brot schmieren, nebenbei noch fernsehen und bereits Pläne für den kommenden Abend machen. Nein, genau das können wir eben nicht! Unser Gehirn ist im Grunde nicht für Multitasking ausgelegt. Studien konnten nachweisen, dass 98 % der Menschen sich nur auf eine Aktivität gleichzeitig konzentrieren können. Tatsächlich ist es so, dass sich beim Multitasking unsere Konzentration in kurzer Zeit mal dieser und mal jener Aktivität zuwendet, so dass wir währenddessen die andere vernachlässigen. So geht unweigerlich eine Menge „Information" verloren. Im Grunde ist es ganz einfach: Wenn Ihr Gehirn 100 % seiner Gesamtleistung auf eine Aktivität legt, dann kann es diese Aktivität schnell und erfolgreich bewältigen. Wie verhält es sich dann, wenn diese 100 % auf fünf Aktivitäten gleichzeitig aufgeteilt werden? Wenn für jede Aktivität nur noch 20 % „Prozessorkapazität" vorhanden sind, dann können diese entweder nicht besonders schnell erledigt werden oder, und das ist die Regel, es gehen viele Informationen verloren und es entstehen Fehler!

3. Rege deinen Blutkreislauf an, verbessere deinen Stoffwechsel und sorge für genügend Sauerstoff im Gehirn!

Wann immer unsere Vorfahren wichtige Entscheidungen getroffen haben, waren sie in Bewegung. Sei es bei der Suche nach Nahrung – oder auch bei den Bemühungen, nicht selbst zur Nahrung zu werden, alles fand in Bewegung statt. Unser Gehirn entwickelt sich langsam und ein paar Tausend Jahre reichen nicht aus, um Veränderungen in den Funktionen unseres Gehirns umzusetzen. D.h., unser Gehirn funktioniert am besten, wenn wir in Bewegung sind! Durch Bewegung sorgen wir dafür, dass sich unsere Durchblutung im Gehirn und damit auch der Nährstoff- und Sauerstoffgehalt in unseren Hirnzellen verbessert. So können wir besser denken und bessere Entscheidungen treffen und natürlich auch besser lernen.

4. Schlafe ausreichend!

Unser Gehirn lernt am Tag und verarbeitet das Erlernte in der Nacht. Im Schlaf bilden sich neue Verbindungen zwischen den Hirnzellen, die den Lerninhalt repräsentieren und damit langfristig abrufbar machen. Es ist tatsächlich so, dass derjenige, der nach dem Lernen eine Nacht gut schläft, mehr Lernzuwachs hat, als jemand, der nicht oder nur kurz schläft. Hinzu kommt, dass im wachen Zustand unser Gehirn oft gar keine Zeit hat, Gedächtnisinhalte zu festigen („konsolidieren"), da es ständig mit neuen Reizen und Informationen konfrontiert wird. Auch das verhindert einen guten Lernerfolg! Man spricht hierbei von Interferenz.

5. Sorge für Entspannung, achte auf dich selbst!

Moderater Stress kann unser Lernvermögen manchmal sogar verbessern. Ein bisschen Angst vor einer Prüfung bringt uns zu Höchstleistungen. Hält der Stress aber zu lange an oder ist die Angst zu groß, dann ist Lernen so gut wie gar nicht mehr möglich und der Abruf von bereits bekannten Gedächtnisinhalten ist blockiert. Viele kennen dieses Phänomen aus Prüfungen! Der einfachste Ausweg ist auch hier Bewegung! Bewegung entspannt und beruhigt.

Manchmal überfordert uns auch die Menge an Dingen, die getan werden müssen. Sind zu viele Aufgaben auf einmal zu erledigen, kann dies ebenfalls lähmen. Hier ist es notwendig, auch einmal Nein sagen zu können. **Selbstachtsam** zu sein heißt, einschätzen zu können, was tut mir gut und was nicht. Was kann ich mir zumuten und was ist zu viel.

6. Wende für dich taugliche Lerntechniken an!

In Kapitel 3.5.4 haben wir eine ganze Reihe an Lerntechniken kennengelernt. Probieren Sie diejenigen aus, die für Sie gut funktionieren und wenden Sie sie regelmäßig an. Lassen Sie sich nicht entmutigen, wenn es am Anfang vielleicht sogar etwas länger dauert, einen Stoff mithilfe der Technik zu lernen. Je öfter die Techniken geübt werden, desto einfacher sind sie anzuwenden und gehen in Fleisch und Blut über.

7. Benutze externe Hilfen

In unserer heutigen Zeit voller Aufgaben, Verpflichtungen und Terminen ist es fast nicht mehr möglich, ohne Hilfen wie Kalender, Notizzetteln oder Ähnlichem auszukommen. Wir müssen uns merken, was wir wann, wie, wo und mit wem tun wollten.

Ein gut geführter Kalender, egal ob elektronisch oder in Papierform, hilft uns, unsere Termine im Blick zu behalten und unsere vorhandene Zeit besser zu planen. Dies schützt uns vor Terminstress und Überlastung.

3.6 Denken und Problemlösen

Wenn wir über Gedächtnis sprechen, dann, das haben Sie bereits gemerkt, geht es gleichermaßen auch um die Fähigkeit zu denken, denn ohne Gedächtnis wäre Denken kaum oder zumindest nur unter größten Mühen vorstellbar.

Wenn wir über etwas nachdenken oder ein Problem lösen müssen, dann tun wir dies immer unter Zuhilfenahme unserer Erfahrungen aus dem Langzeitgedächtnis. Gibt es dort bereits eine Lösungsstrategie, greifen wir – oft ohne lange nochmals darüber nachzudenken – darauf zu.

Dieses Vorgehen hat eine Menge Vorteile, denn dadurch sind wir imstande, in bekannten Problemsituationen schnell zu handeln. Umgekehrt führt es aber auch dazu, dass wir neue Gedanken oder vielleicht bessere Lösungen für Probleme gar nicht zulassen können.

Der Begriff Denken umfasst demnach alle mentalen Prozesse von der Verarbeitung von Umweltreizen über das Verstehen, Erinnern und Handeln. Zum Handeln wiederum gehört auch die Kommunikation, im engeren Sinne die Sprache.

3.6.1 Wir denken in Kategorien und Theorien

Im Kapitel zur kognitiven Entwicklung (s. Kapitel 6.2) haben wir gelernt, dass Kinder sich die Welt aneignen und verstehbar machen, indem sie äußere Bedingungen und Situationen an ihre inneren Denkstrukturen anpassen. Piaget nannte dies „Assimilation". Im Grunde macht unser Gehirn dies ständig: Es passt neue Situationen und Erfahrungen an die an, die es bereits kennt.

So wissen wir beispielsweise, dass ein Stuhl üblicherweise genutzt wird, um darauf zu sitzen. Sehen wir nun einen Sessel, der ebenfalls eine Sitzfläche sowie Rücken- und Armlehnen hat, dann passt dies in unsere innere Kategorie, in der sich auch der Stuhl befindet, und vielleicht nennen wir diese Kategorie „Sitzgelegenheiten". Mit der Zeit kommen immer weitere Gegenstände dazu, die aufgrund ihrer Ähnlichkeit von unserem Gehirn automatisch in diese Kategorie eingeteilt werden.

Wie macht unser Gehirn das? Nun, wenn wir das erste Mal einen Gegenstand sehen, machen wir ihn uns „zu eigen" (assimilieren ihn), wir machen ihn für uns verstehbar. So haben wir auch dem Stuhl gewisse Eigenschaften zugemessen. Alles, was nun in diese uns eigene Theorie „Stuhl" hineinpasst, wird automatisch zugefügt.

Im vorangegangenen Gedächtniskapitel haben wir über das perzeptuelle Gedächtnis und Priming gesprochen. Alle diese Kategorien und Theorien, die unser Gehirn bildet, werden im Langzeitgedächtnis abgelegt, um schnell wieder hervorgeholt werden zu können und so zu einer schnellen Entscheidung und Handlungseinleitung beizutragen. Nur so kommen wir in unserem Alltag, der zu 90 % aus sich wiederholenden (ähnlichen) Situationen besteht, zurecht.

Viele klagen über ihr schwaches Gedächtnis, aber nur wenige über ihren schwachen Verstand

(Anonymus)

BEISPIEL

Denken Sie an das Beispiel Piagets zur kognitiven Entwicklung:

Wenn wir einem 3-jährigen Kind einen großen und einen kleinen Stein zeigen und das Kind fragen, was es glaube, welcher Stein älter sei, wird es ganz selbstverständlich antworten: „Der Größere!"

Sie wissen bereits, was im Kopf des Kindes vorgegangen ist: Es ging von den Theorien aus seiner eigenen Erfahrungswelt – Piaget nannte diese „Schemata" – aus. In diesem Fall griff es auf die Theorie „je älter man wird, desto größer wird man" zurück. Natürlich hatte das Kind bereits Erfahrungen dazu aus erster Hand gemacht: „Die Eltern sind groß, ich bin klein. Meine Eltern sind alt und ich bin jung", also muss das Gleiche auch für die Steine gelten. Das Kind hat eine neue Situation an die bereits bekannten inneren Strukturen und Theorien angepasst (Assimilation).

Erst einige Jahre später wird das Kind lernen, dass die Größe von Steinen nichts mit ihrem Alter zu tun hat. Es hört in Geografie von Erosion und vielem mehr. Mit diesem Wissen funktioniert die alte Theorie nicht mehr und das Kind muss sich nun an die physikalischen Gesetze seiner Umwelt anpassen. Das heißt, es ändert seine inneren Strukturen, sodass sie mit den neuen Informationen und Erfahrungen in Einklang gebracht werden können (Akkomodation).

AUFGABE

Gedankenspiel:
Stellen Sie sich vor, Sie hätten kein Langzeitgedächtnis und damit keine automatisierten Lösungsstrategien! Überlegen Sie, welche Prozesse und Entscheidungen Sie in jeder Minute treffen müssten, um durch den Tag zu kommen, vom Aufstehen bis zum Ins-Bett-gehen!

3.6.2 Problemlösen

Eine besondere Form des Denkens ist das Problemlösen. **Das Problemlösen besteht oft darin, eine uns bereits bekannte Problemlösestrategie, die auf die aktuelle Situation anwendbar ist, auszusuchen und anzuwenden.** Dies geschieht meist unbewusst. Manchmal treffen wir jedoch auf eine Situation, die es uns nicht erlaubt, auf bekannte Problemlösestrategien zurückzugreifen, weil diese Situation so ungewöhnlich oder so neu erscheint, dass wir sie nicht automatisch mit Bekanntem verknüpfen können.

Treffen wir also auf ein neuartiges Problem, gibt es mehrere Möglichkeiten, zu einer Lösung zu kommen, die wichtigsten seien im Folgenden vorgestellt:

AUFGABE

Sie sollen ein deutsches Wort mit sechs Buchstaben finden und haben folgende Informationen:

M _ _ _ _ r

Ein Computer würde nun einen einfachen Algorithmus aller Buchstabenkombinationen durchgehen und jedes sich ergebende Wort auf Richtigkeit prüfen. Für einen Computer ein Klacks! Praktisch gesehen würde das jedoch bedeuten, dass wir 456.976 mögliche Buchstabenkombinationen durchprobieren müssten. Sie können sich vorstellen, dass bereits diese kleine Aufgabe eine Ewigkeit dauern würde.

Jedoch arbeitet unser Gehirn nicht wie ein Computer, sondern mit Heuristiken, d. h., es sucht nach allgemeinen Strategien, die auf das aktuelle Problem anwendbar sein könnten. Über Versuch und Irrtum werden unterschiedliche Ansätze ausprobiert und nach und nach werden die Prozesse immer gezielter.

In diesem Fall können wir zum Beispiel als zweiten Buchstaben bereits alle Konsonanten ausschließen, denn deutsche Wörter sind in der Regel aussprechbar. Es gibt noch eine ganze Reihe weiterer Möglichkeiten, die Ihnen bei der Suche helfen könnten.

Überlegen Sie und zählen Sie die Schritte, bis Sie zu einigen Ergebnissen kommen. Schreiben Sie die möglichen Lösungen auf – auf einer der nächsten Seiten finden Sie das gesuchte Wort. Vielleicht war es sogar das erste, auf das Sie gekommen sind!

3.6.2.1 Algorithmen und Heuristiken

Lernen durch Versuch und Irrtum erfolgt immer dann, wenn unser Gehirn keinen Zugriff auf bekannte Lösungsstrategien finden kann. Genau genommen nutzt unser Gehirn dann sehr allgemeine Strategien (Heuristiken).

Mit solchen allgemeinen Strategien und durch Versuch und Irrtum lösen wir viele alltägliche Probleme, ohne dass wir uns dessen bewusst sind.

AUFGABE

Sie stellen Ihr Fahrrad am Stuttgarter Hauptbahnhof am Fahrradparkplatz ab – zusammen mit 1.000 anderen Fahrrädern. Nach einiger Zeit kommen Sie zurück und können sich nicht mehr erinnern, wo genau Sie Ihr Fahrrad abgestellt haben.

Wie könnten Sie nun vorgehen?

a) Sie gehen immer wieder wahllos durch die Reihen und hoffen, Ihr Fahrrad zu finden.

b) Sie fangen in der letzten Reihe an und gehen Reihe für Reihe durch.

c) Sie schauen nur nach den Fahrrädern, die die gleiche Farbe wie das Ihrige haben.

Finden Sie selbst weitere Möglichkeiten!

3.6.2.2 Deduktives und induktives Denken

Deduktion und Induktion werden auch als logisches Schließen bzw. verallgemeinerndes Denken bezeichnet und gehören in den Bereich der Wissenschaftstheorie und der Logik. Beide Formen können als „schlussfolgerndes Denken“ bezeichnet werden.

Bei der **Deduktion** (lat. Ableitung, Herleitung) geht es darum, durch das Erkennen einer logischen Regel bei einer gegebenen Bedingung eine Schlussfolgerung auf die logische Konsequenz abzuleiten.

BEISPIEL

Zur Verdeutlichung der Deduktionsproblematik das klassische Beispiel der nassen Straße:

Deduktiver Schluss 1:
a) Wenn es regnet, ist die Straße nass.
b) Es regnet.
c) Also ist die Straße nass.

Es sollte aber doch auch genau umgekehrt funktionieren?

Deduktiver Schluss 2:
a) Wenn es regnet, ist die Straße nass.
b) Die Straße ist nass.
c) Also regnet es.

Wie Sie sehen, geht das **deduktive Denken vom Allgemeinen hin zum Einzelfall**. Aus (a) und (b) (Prämissen) folgt (c) (Konklusion) zwingend. Diese Form des Schließens finden wir häufig in der Mathematik und in der klassischen Logik. Wie das Beispiel aber zeigt, ist auch das deduktive Schließen nicht immer fehlerfrei.

Wichtiger aber ist, dass bei dieser Form des Denkens keine neuen Erkenntnisse gewonnen werden können, da wir lediglich aus bekannten allgemeinen Fakten auf einen Einzelfall schließen.

Anders verhält es sich mit der **Induktion**: Unter ihr versteht man die Ableitung einer allgemeinen Regel durch eine oder mehrere Bedingungen, d. h. das genau umgekehrte Vorgehen wie bei der Deduktion. Zunächst werden eine Reihe von Einzelbeobachtungen gemacht, diese sinnhaft verknüpft und dann eine allgemeine Gesetzmäßigkeit daraus gefolgert. Da aus Einzelfällen abgeleitet wird, ist die Schlussfolgerung möglicherweise nicht wahr, allerdings können neue Erkenntnisse gewonnen werden.

BEISPIEL

Beispiel für induktives Denken:

JOHANNES KEPLER (1571–1630) versuchte die Bewegung des Planeten Mars zu berechnen und stellte fest, dass sie entgegen bisheriger Annahmen von einer Kreisbahn abwich. Durch vielzählige Beobachtungen stellte er fest, dass die Bahn einer Ellipsenform am nächsten kam. Später versuchte er zu erklären, was der Grund für die Planetenbewegungen sein könnte. Durch die Beobachtung der Bewegung anderer Planeten kam er zu der Theorie, dass eine unsichtbare Kraft selbst von den Planeten ausgehen müsse. Diese Kraft ist heute als „Gravitationskraft“ bekannt!

Erinnern wir uns an das oben genannte Beispiel, bei dem wir einem etwa 3-jährigen Kind einen kleinen und einen großen Stein vorgelegt haben. Mit hoher Wahrscheinlichkeit würde es auf seine vielzähligen Beobachtungen von kleinen und großen Menschen, Tieren oder Pflanzen zurückgreifen und die beiden Steine mit diesen Erkenntnissen in Verbindung bringen (vgl. PIAGET: animistische Deutung). Es würde also induktiv vorgehen und sagen: „Der kleine Stein ist noch jung und muss noch ein bisschen wachsen, der große Stein ist schon älter!“

Das Kind hat also aus seinen Alltagserfahrungen durch induktives Vorgehen eine „Theorie“ gebildet. Diese „Theorien“ bilden wir alle, oft richtig, oft auch falsch. In jedem Fall helfen sie, uns die Welt verstehbar zu machen.

3.6.2.3 Einsicht

Wenn wir z. B. einige Muttern ähnlicher Größe haben und eine bestimmte für ein Gewinde suchen, ist uns völlig bewusst, dass wir gerade nach dem Prinzip „Versuch und Irrtum“ einfach ausprobieren. Vielleicht schließen wir einige Muttern direkt aus, weil sie uns gleich viel zu groß oder zu klein erscheinen.

Manchmal aber kommen wir quasi „blitzartig“ auf eine Lösung. Wir haben ein Problem und schlagartig, ohne dass uns genau bewusst ist, warum und woher, kennen wir die Lösung. Dieses Phänomen bezeichnet man in der Psychologie als **„Einsicht“**.

Dieses psychologische Verständnis ist vom alltagssprachlichen Gebrauch des Begriffes abzugrenzen: Einsicht bedeutet dort, dass Eigenschaften und Beziehungen eines Gegenstands oder einer Situation hinreichend genau erkannt, geistig erfasst und sachlich richtig begriffen worden sind. Umgekehrt werden „blitzartig“ erlebte Einsichten in der Alltagspsychologie eher der „Intuition“ zugeschrieben.

Der Begriff der Einsicht entstammt der Gestaltpsychologie und wurde von deren Vertretern wie zum Beispiel MAX WERTHEIMER, WOLFGANG KÖHLER und KURT KOFFKA geprägt. Grundannahme ist dabei, dass jegliche menschliche Wahrnehmung als Ganzes angesehen werden müsse und der Wahrnehmungsprozess nicht vollständig verstanden werden kann, wenn man ihn nur in immer kleinere Teilprozesse zerlegt. Daraus folgt die Maxime der Gestaltpsychologie: „Eine Gestalt ist mehr als die Summe der Einzelteile“.

Aha-Erlebnis
Ein oft erhebendes, Gefühl, welches mit dem Moment der Einsicht in eine Problemstellung einhergeht. In der englischsprachigen Literatur auch häufig „lightbulb moment" genannt, also der Moment, in dem einem ein Licht aufgeht!

Lösung von Seite 150:
Das gesuchte Wort ist „MUTTER"

BEISPIEL

Zur Verdeutlichung hier ein Beispiel, welches von MAX WERTHEIMER (1964, S. 55 f.) selbst beschrieben wurde: Einer Klasse von Schülern und Schülerinnen zwischen 5 und 7 Jahren wurde die Aufgabe gegeben, den Flächeninhalt eines Parallelogramms zu berechnen. Wie man die Fläche eines Rechteckes berechnet (a x b) war ihnen bereits bekannt. Wertheimer beschreibt das Vorgehen einer Schülerin: „Als ihr das Parallelogramm-Problem gegeben wurde, nachdem ihr kurz gezeigt worden war, wie man die Fläche des Rechtecks findet, sagte sie: „Das ist nicht gut hier", indem sie auf die Gegend am linken Ende zeigte, „und nicht gut hier", indem sie auf die Gegend rechts zeigte. „Es ist ungeschickt, da und da". Zögernd sagte sie: „Ich könnte es hier richtig machen, aber ...". Plötzlich rief sie: „Kann ich eine Schere haben? Was hier schlecht ist, ist genau, was dort gebraucht wird. Es passt." Sie nahm die Schere, schnitt senkrecht durch und setzte das linke Stück rechts an. Ein anderes Kind ging ähnlich vor, indem es das Dreieck abschnitt.

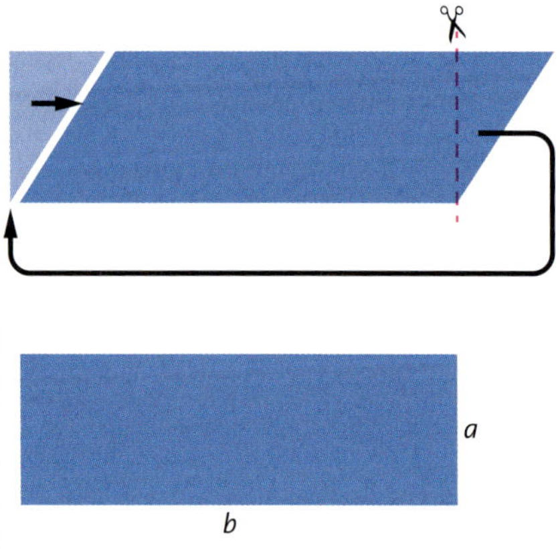

Sie entdeckte also, dass das Parallelogramm „eigentlich" ein Rechteck ist: Indem man die eine Ecke abschneidet und diese an die andere Seite anhängt, entsteht ein Rechteck, mit welchem die Schüler bereits umgehen konnten!

Aus diesem Beispiel sehen wir das Typische für das Lernen mit Einsicht: Das **„Aha-Erlebnis"**! Vor einigen Jahren konnten Forscher diesen Moment sogar mithilfe der funktionellen Kernspintomografie sichtbar machen: In den Gehirnen von Probanden, die Logikaufgaben lösen mussten, stellten sie bei einer sich plötzlich einstellenden Einsicht eine erhöhte Aktivität im rechten Temporallappen direkt über dem rechten Ohr fest. Dieser Aktivitätsanstieg geht gleichzeitig auch mit einem Hochgefühl und innerer Befriedigung einher.

Forscher gehen davon aus, dass auch Witze von dieser plötzlichen Einsicht leben. Wir lachen über plötzliche Wendungen oder über sich auflösende Missverständnisse, weil die Aussage vorher doppelsinnig war.

BEISPIEL

Hier der bestbewertete Witz aus der Studie von Wiseman und Kollegen (zit. nach MYERS, 2008, S. 434):

Zwei Jäger in New Jersey sind auf der Jagd. Plötzlich fällt einer von ihnen um. Er scheint nicht mehr zu atmen und verdreht die Augen. Der andere reißt sein Handy aus der Tasche und ruft den Notdienst an. Er keucht: „Mein Freund ist tot, was soll ich tun?" Der Mann vom Notdienst sagt beruhigend: „Bewahren Sie Ruhe, ich helfe Ihnen! Erst mal müssen wir sicher sein, dass er wirklich tot ist."

Stille, dann ein Schuss.

Dann wieder die Stimme des Mannes am Handy: „In Ordnung. Und was jetzt?"

(Platz 1 aus 40.000 Einsendungen und 2 Mio. Bewertungen)

AUFGABEN

Einige beliebige Denkaufgaben – zum Selberlösen …

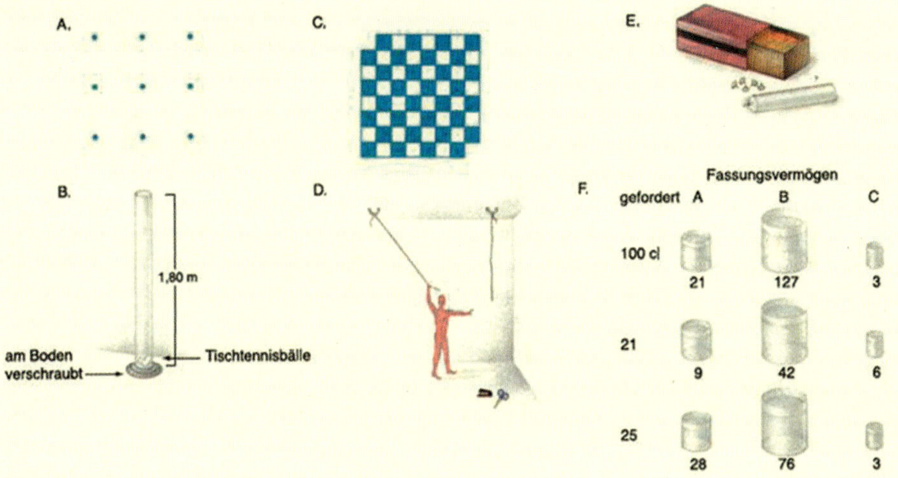

Beispiel aus: GERRIG/ZIMBARDO, 2008, S. 303

a) Verbinden Sie die neun Punkte des Musters mit vier geraden, zusammenhängenden Linien, ohne den Stift dabei abzusetzen!

b) Ein Witzbold hat in den 1,80 Meter hohen Standzylinder, der in der Ecke des Physiksaals fest am Boden befestigt ist, drei Tischtennisbälle geworfen. Wie bekommen Sie die Tischtennisbälle da wieder raus?

c) Diesem Schachbrett fehlen zwei gegenüberliegende Eckfelder, sodass 62 Felder übrig bleiben. Sie haben 31 Dominosteine, die jeweils genau zwei Felder überdecken. Lässt sich damit das gesamte Schachbrett abdecken?

d) Sie befinden sich in der abgebildeten Situation und sollen die beiden Seile zusammenknoten. Wenn Sie das eine Seil festhalten, ist das andere außer Reichweite. Gelingt es Ihnen?

e) Sie haben die dargestellten Gegenstände zur Verfügung (eine Kerze, Reißnägel, eine Schachtel Streichhölzer). Die Aufgabe besteht darin, eine brennende Kerze an einer Tür festzumachen. Gelingt es Ihnen?

f) Hier sind drei Umfüllaufgaben. Sie dürfen nur die drei Behältnisse verwenden (die Wassermenge ist unbegrenzt). Können Sie die exakte Menge herstellen, die in jeder Aufgabe gefordert ist?

3.7 Intelligenz

3.7.1 Vom Denken zur Intelligenz

Die Unmenge an Eindrücken, die täglich von außen auf uns einströmen, und die Wahrnehmungen aus unserem Körper, die unser Gehirn verarbeitet, machen also im weitesten Sinne das Denken und Lernen aus. Wir wissen nun, dass die Impulse, die uns erreichen, in viele kleine Einzelteile zerlegt und in spezialisierten Teilregionen des Gehirns verarbeitet werden. Die von dort ausgehenden „Botschaften" werden in größeren Bereichen des Gehirns interpretiert und miteinander verknüpft und im Gedächtnis verarbeitet, wobei unvollständige Eindrücke auch ergänzt oder konstruiert werden.

Schließlich müssen Körper und Geist reagieren, Veränderungen vornehmen, Handlungen planen und durchführen. Insbesondere an hochkomplexen Abläufen sind somit viele Bereiche des Gehirns beteiligt und dies ist individuell unterschiedlich.

Die vorangegangenen Abschnitte haben deutlich gemacht, wie stark die Gehirnentwicklung durch das Lernen geprägt wird – die Gehirnentwicklung ist ein Prozess, der von Erbanlagen und Umwelt gleichermaßen bestimmt wird und gerne mit dem Konzept der Intelligenz in Verbindung gebracht wird.

- *„Mein Sohn ist eigentlich sehr intelligent, die schlechten Noten hat er nur, weil er so faul ist."*
- *„Wir brauchen uns bei diesem Kind nicht zu wundern wenn es nicht vorankommt, es ist nicht intelligent genug…"*

Solche oder so ähnliche Sätze kann man im pädagogischen Alltag immer wieder hören. Aber wissen die Beteiligten eigentlich so genau, was sich dahinter verbirgt: Intelligenz?

Wie kommen wir zu solchen Einschätzungen? Intelligenz, ist sie eine unveränderliche Größe? Oder lässt sie sich beeinflussen? Kann man sie messen? Welche Rolle spielen Anlage und Umwelt?

Der Begriff „Intelligenz" ist aus dem täglichen Sprachgebrauch nicht mehr wegzudenken. Es ist sehr schwierig, eine exakte Definition von Intelligenz zu geben, aber jeder versteht sofort, was man meint, wenn man sagt, „Sie ist intelligent" oder „Er ist nicht besonders intelligent".

Umgangssprachlich hätte man gesagt, „Er oder sie kann gut lernen", „Sie begreift schnell" oder „Sie hat einen wachen Verstand". Ebenso geläufig sind so Formulierungen wie „Er ist ein dummer Kerl" und „Er blickt überhaupt nichts". Im allgemeinen Sprachgebrauch bedeutet Intelligenz also fast dasselbe wie Verstand.

Je intelligenter ein Mensch ist, desto müheloser findet er für ein Problem eine Lösung.

So selbstverständlich die Bedeutung der Begriffe Intelligenz und Verstand im täglichen Sprachgebrauch ist, so schwierig ist es, sie für die Psychologie präzise zu definieren.

Das liegt daran, dass Intelligenz ein theoretisches Konstrukt und kein greifbares Objekt ist. Es ist von der Gesellschaft geschaffen und von Kultur zu Kultur unterschiedlich.

Im Regenwald am Amazonas kann es sehr intelligent sein unterscheiden zu können, welche heimischen Kräuter zur Heilung verschiedener Krankheiten wirksam sind. Im ewigen Eis, im Land der Eskimos, sind Kenntnisse über verschiedenste Schneearten unter Umständen überlebenswichtig.

Was ist Intelligenz?
Einige Definitionsversuche:
„Intelligenz ist das, was ein Intelligenztest misst." (Boring, 1923, S. 35 ff. zit. nach Funke/Vaterrodt-Plünnecke, 1998)

„Intelligenz ist die zusammengesetzte oder globale Fähigkeit des Individuums, zweckvoll zu handeln, vernünftig zu denken und sich mit seiner Umgebung wirkungsvoll auseinanderzusetzen." (Wechsler, 1964, S. 13).

„Intelligenz ist die Fähigkeit eines Individuums, anschaulich oder abstrakt in sprachlichen, numerischen oder raumzeitlichen Beziehungen zu denken…" (Groffmann, 1964, S. 148)

„… Fähigkeit, sich in neuen Situationen aufgrund von Einsichten zurechtzufinden oder Aufgaben mithilfe des Denkens zu lösen, ohne dass hierfür die Erfahrung, sondern vielmehr das Erkennen von Beziehungen das Wesentliche ist." (BMBF, 2001, S. 15).

In den westlichen Kulturen, in denen schulische Bildung einen hohen Stellenwert innehat, gelten kognitive Fähigkeiten als besonders intelligent.

Eine in Amerika und Europa weitverbreitete und für den vorschulischen und vor allem schulischen Bereich besonders wichtige Definition von Intelligenz stammt von DAVID WECHSLER, dem Autor des gebräuchlichsten Intelligenztests im deutschsprachigen Raum:

> „**Intelligenz** ist die globale oder zusammengesetzte Fähigkeit des Individuums,
> 1. zweckvoll zu handeln,
> 2. vernünftig zu denken und
> 3. sich mit seiner Umwelt wirkungsvoll auseinanderzusetzen."
>
> (WECHSLER, 1956, S. 13)

In dieser Definition ist wichtig zu beachten, dass es eine Unterscheidung in Handlungs-, Verbal- und soziale Intelligenz gibt, die weitreichende Folgen für die Messung von Intelligenz besitzt.

Auf den WECHSLER-Intelligenztest für Kinder kommen wir noch zurück, wenn wir uns die verschiedenen Modelle angesehen haben, die hinter dem Begriff der Intelligenz stehen.

3.7.2 Klassische Modellvorstellungen der Intelligenz

In der mehr als hundertjährigen Intelligenzforschung sind verschiedenste Modelle entstanden, die den Begriff Intelligenz und sein Entstehen sowie auch seine Messbarkeit erklären sollen. Von diesen vielzähligen Modellen sind einige mehr, andere weniger gut erforscht. Einige sind weithin bekannt geworden, andere sind aufgrund massiver Kritik an der Wissenschaftlichkeit der Modelle schnell wieder verschwunden.

> Eine Gruppe von 52 Forschern hat sich auf eine Definition der menschlichen Geisteskraft geeinigt: „Intelligenz ist eine sehr allgemeine geistige Fähigkeit, die unter anderem die Fähigkeit zum schlussfolgernden Denken, zum Planen, zum Problemlösen, zum abstrakten Denken, zum Verstehen komplexer Ideen, zum raschen Auffassen und zum Lernen aus Erfahrung einschließt." (ZIMBARDO/GERRIG, 2008, S. 331)

Im Folgenden sollen drei weltweit anerkannte und nach wie vor gültige klassische Modelle sowie zwei sogenannte moderne oder alternative Intelligenzmodelle vorgestellt werden. Interessant ist für uns, dass sich die Modelle alle sinnvoll miteinander verbinden lassen und so eine neue und interessante Perspektive für das praktische Verständnis von Intelligenz bieten.

3.7.2.1 Theorie der allgemeinen Intelligenz nach CHARLES SPEARMAN

CHARLES SPEARMAN (1863–1945)

DAVID WECHSLER (1896–1981)

SPEARMAN kann als einer der Väter der Intelligenzforschung angesehen werden. Er studiert zu Beginn des 20. Jahrhunderts bei WILHELM WUNDT (der seinerseits als Begründer der wissenschaftlichen Psychologie gilt) in Leipzig. Dort entwickelte er die Theorie der allgemeinen Intelligenz (g). Ihm war zuvor aufgefallen, dass Schüler in unterschiedlichen Fächern wie Mathematik und Deutsch, die nur wenig miteinander zu tun haben, ähnlich gute oder schlechte Noten schrieben. Die Annahme, dass ein schlechter Deutschschüler in Mathematik glänzende Leistungen erbrachte, kam zwar in Ausnahmen vor, war jedoch nicht die Regel!

Aus dieser Beobachtung heraus kam er zu der Hypothese, dass alle Aufgaben, zu deren Bewältigung intellektuelle Fähigkeiten erforderlich sind, fast immer positiv korrelieren (zusammenhängen). Dass Schüler, die in einem Fach sehr gut sind, mit hoher Wahrscheinlichkeit auch in anderen Fächern überdurchschnittliche Leistungen erbringen, nannte er „positive Mannigfaltigkeit".

Um die Hypothese zu bestätigen, formulierte SPEARMAN die Generalfaktortheorie der Intelligenz (1904). Er ging davon aus, dass alle Leistungen durch einen einzigen Faktor, nämlich „g" bestimmt werden. 1927 bezeichnete er den Faktor „g" als „geistige Energie", die alle kognitiven Leistungen beeinflusst.

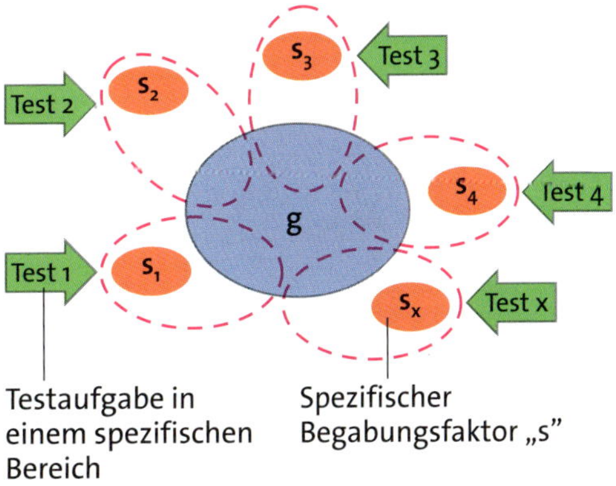

Gleichzeitig stellte er jedoch fest, dass es neben „g“ noch andere Faktoren geben muss, die mit keiner anderen Leistung geteilt werden. Diese nannte er „spezifische Faktoren“ (s). Diese stehen jedoch nicht für sich alleine, sondern werden über den Generalfaktor mitbestimmt.

> Alltagssprachlich könnte man die spezifischen Faktoren als „Begabung“ oder „besonderes Geschick“ bezeichnen. Wie stark sich jedoch diese Begabung auswirkt, hängt von der allgemeinen geistigen Energie ab!

Die Hypothese der „positiven Mannigfaltigkeit“, und damit des Generalfaktors „g“, ist heute keine Hypothese mehr, sondern das „am besten gesicherte Ergebnis der Intelligenzforschung“ (Rost, 2009, S. 25).

Um nun einschätzen zu können, wie gut eine Person in einer bestimmten Aufgabe abschneidet, gibt Spearman folgende Gleichung vor: Die Leistung x ergibt sich aus der Summe des spezifischen Anteils s und dem Generalfaktor g ($x = g + s$). Weil Spearman von diesen zwei Faktoren (s und g) ausgeht, hat sich die Bezeichnung „2-Faktoren-Theorie der Intelligenz“ durchgesetzt.

Doch was zeichnet „g“ nun aus? Eine theoretische Auseinandersetzung mit diesem Thema findet sich in Spearmans Veröffentlichungen nicht, jedoch beschreibt er drei mentale Operationen, die er als Basis des kognitiven Funktionierens ansieht:

1. Sinnhafte Verarbeitung von Erfahrungswerten
2. Ableiten von Zusammenhängen
3. Erkennen von Übereinstimmungen und Verhältnissen

Diese drei Aspekte zielen insgesamt stark auf die Fähigkeit des schlussfolgernden Denkens ab!

In vielfältigen Untersuchungen, sogar durch die stärksten Kritiker wie z. B. Thurstone, wurde das Vorhandensein des „g-Faktors“ immer wieder bewiesen. Auch heute ist die Theorie der generellen Intelligenz aktueller denn je. Obgleich die Theorie nicht mehr für sich alleine als allgemeingültig bestehen bleiben kann, so greifen dennoch alle modernen, wissenschaftlich-empirisch fundierten Intelligenzkonzepte auf die Erkenntnisse Spearmans zurück. Alle aktuellen wissenschaftlichen Testverfahren zur Intelligenzmessung (IQ-Tests) legen einen g-Faktor zugrunde.

AUFGABE
Überlegen Sie, welche Konsequenzen für die Pädagogik dieses Verständnis von Intelligenz haben könnte.

3.7.2.2 Fluide und kristalline Intelligenz nach Cattell

Cattell, zunächst Student und später Mitarbeiter Spearmans, hat seine Auffassung aufgegriffen und schlug vor, zwei wesentliche Aspekte der Allgemeinintelligenz zu unterscheiden: die fluide und kristalline Intelligenz (vgl. S. 114).

Grundfunktionen des Generalfaktors g nach Spearman (1927)

Verarbeitung von Erfahrungswerten	Ableiten von Zusammenhängen	Erkennen von Übereinstimmungen und Verhältnissen
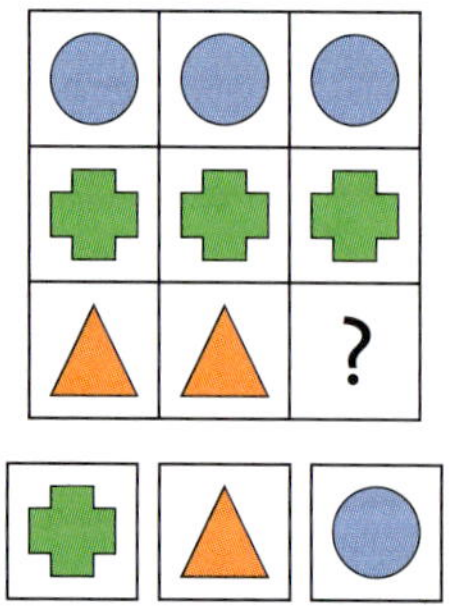	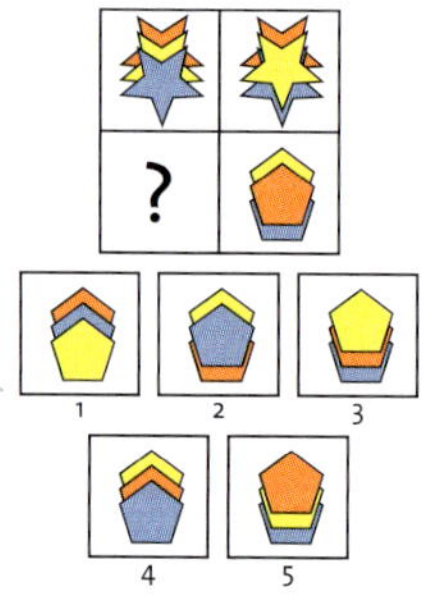	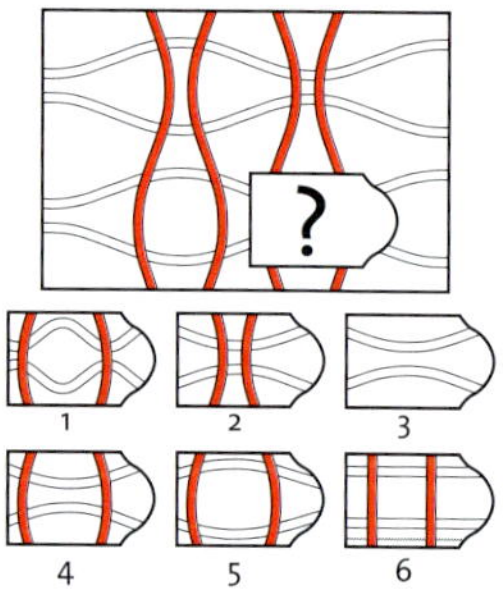
Es geht hierbei nicht nur um logische Denkprozesse, sondern auch um den Transfer von bereits bekannten Problemlösestrategien auf neue Anforderungen	Hier sollen logische Abläufe und Zusammenhänge erkannt werden. Festgefahrene Lösungsstrategien führen hier meist nicht zum Ziel. Neue Lösungswege müssen erkannt werden, dies hat viel mit Kreativität zu tun.	Hier werden neben Ähnlichkeiten und dem Erkennen sinnhafter Abläufe auch visuokonstruktive und spatiale (gedächtnisbezogene) Fähigkeiten benötigt.

Die fluide Intelligenz hat den Charakter einer generellen Fähigkeit, zwischen Neuem und Bekanntem, Wichtigem und Unwichtigem zu unterscheiden und Beziehungen zwischen den Dingen herzustellen. Sie ist gekennzeichnet durch die Geschwindigkeit und Zielgerichtetheit der Informationsverarbeitung und zeigt sich in der Konzentration, der Merkfähigkeit, der Lernfähigkeit und der Fähigkeit, logische Zusammenhänge herstellen zu können.

Die kristalline Intelligenz entsteht durch individuelle Erfahrung. Das Individuum lernt im Laufe seines Lebens, mit Problemen vielfältiger Art umzugehen, und erarbeitet so Problemlösestrategien, auf die es dann immer wieder zugreifen kann. Es eignet sich Wissen an, lernt Sprachen, Instrumente oder auch Lieder und Gedichte. Um sich dies alles aneignen zu können, wird fluide Intelligenz benötigt.

Im Kapitel „Gedächtnis" haben wir bereits gelernt, dass die fluide Intelligenz in der Entwicklung des Kindes und Jugendlichen stark zunimmt, jedoch ab Mitte des dritten Lebensjahrzehnts allmählich wieder abnimmt.

Das Modell CATTELLS kann also als Weiterentwicklung des Generalfaktorenmodells SPEARMANS angesehen werden. CATTELL geht davon aus, dass sowohl fluide (gf) als auch kristalline Intelligenz (gc) gemeinsam den Generalfaktor (g) bilden.

Es ist nach Aussage CATTELLS auch nicht möglich, nur fluide oder nur kristalline Leistungen zu messen. Beide Faktoren arbeiten stets gemeinsam, sodass nur eine Kombination beider messbar ist. Jedoch kann davon ausgegangen werden, dass in Testsituationen bei Kindern eher fluide Leistungen, bei Erwachsenen eher kristalline Leistungen gemessen werden. Dies hat zwei Gründe: Kinder können noch nicht auf vielfältige, durch Erfahrung gewonnene Problemlösestrategien zurückgreifen, zum anderen spielt bei Erwachsenen die Abnahme der fluiden Leistungsfähigkeit auch eine Rolle.

Der Zusammenhang von gf und gc als Generalfaktoren soll noch etwas weiter ausgeführt werden:

GF kann als angeborene intellektuelle Grundfähigkeit angesehen werden, welche in starkem Maße das Leistungs- bzw. Lernvermögen des Kindes beeinflusst. Daher sind es in der Kindheit die fluiden Faktoren, die die grundlegende Voraussetzung zum Wissenserwerb und zur Anwendung des Gelernten schaffen. D. h., ohne fluide Intelligenz kann sich keine kristalline Intelligenz herausbilden!

Theorie des „Investments" nach CATTELL (1971)

CATTELL erkannte, dass nicht nur rein kognitive fluide Leistungen die Entwicklung der kristallinen Intelligenz bestimmen, sondern auch Persönlichkeitsstrukturen eine Rolle spielen. So wird ein Individuum mit der Neigung zu zwischenmenschlichen Beziehungen die Kapazitäten des gf eher in die Auseinandersetzung mit psychologischen oder pädagogischen Inhalten investieren und seine gc in diese Richtung entwickeln, während ein handwerklich interessiertes Individuum sich weniger darum kümmern würde, sondern sich vielmehr um den Erwerb von naturwissenschaftlichem und praktischem Wissen bemühen würde.

„Dieses unterschiedliche ‚Investment' von gf führt, so die Annahme, also zu den beobachteten interindividuellen Differenzen in gc." (ROST, 2009, S. 54)

RAYMOND B. CATTELL (1905–1998)

3.7.2.3 Sieben primäre Gruppenfaktoren nach LOUIS LEON THURSTONE

In Kritik zu SPEARMAN und CATTELL fand THURSTONE in einer groß angelegten Studie mehrere, relativ unabhängige Gruppenfaktoren der Intelligenz.

Er ließ über 250 Studenten 56 unterschiedliche Leistungstests bearbeiten, die von ihren Bereichen her sehr unterschiedlich waren. In der Auswertung der Daten konnte er sieben Faktoren isolieren, die sich jeweils auf bestimmte Testbereiche beziehen ließen. THURSTONE nannte sie die „principle landmarks in mental ability" (1938, S. 4): Gedächtnis, Rechengewandtheit, Auffassungsgeschwindigkeit, logisches Denken, Raumvorstellung, Sprachliche Gewandtheit und Wortflüssigkeit (siehe Abbildung nächste Seite).

LOUIS LEON THURSTONE (1887–1955)

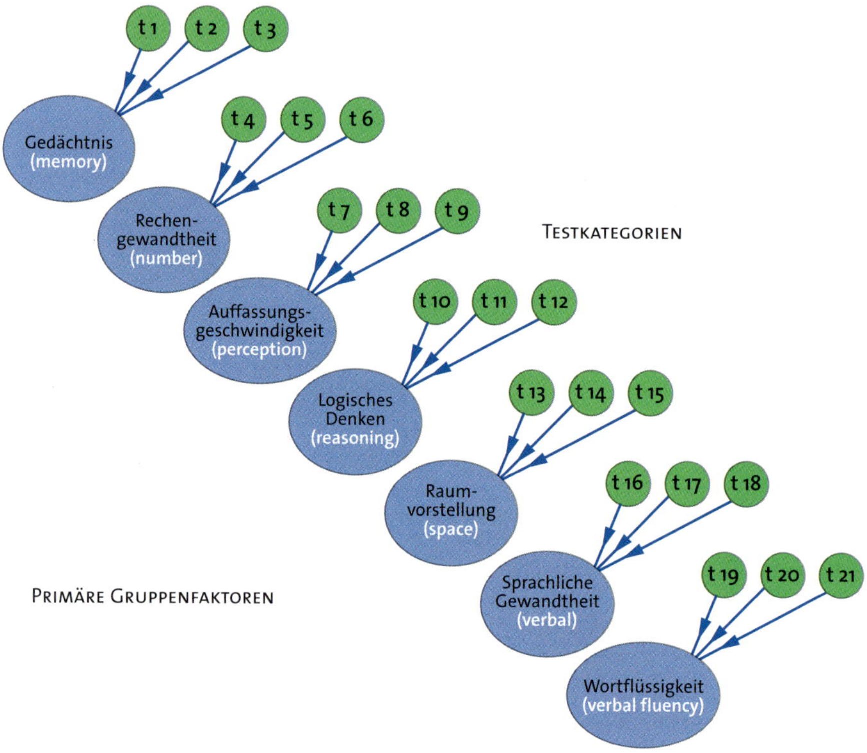

THURSTONE geht davon aus, dass sich alle beliebigen kognitiven Leistungen auf einen dieser weitgehend voneinander unabhängigen Bereiche beziehen lassen. In der nebenstehenden Tabelle sollen die Faktoren sowie mögliche Testbereiche näher dargestellt werden.

Auch in Studien anderer Wissenschaftler ließen sich diese oder ähnlich gelagerte Faktoren finden. Jedoch hat sich erwiesen, dass die Faktoren nicht, wie von THURSTONE ursprünglich behauptet, unabhängig voneinander sind. Es scheint auch hier wiederum ein übergeordneter Generalfaktor (wie von SPEARMAN beschrieben) eine Rolle zu spielen.

Das Vorhandensein eines übergeordneten Generalfaktors g mit untergeordneten Gruppenfaktoren kann als weltweit dominierendes Verständnis von Intelligenz angesehen werden.

Neben verschiedenen unabhängig voneinander durchgeführten Studien fand schließlich auch THURSTONES Frau (THURSTONE/THURSTONE, 1941) einen weiteren Faktor, den sie als SPEARMANS g interpretierte. Später erkannte auch THURSTONE selbst das Vorhandensein von g in seinem Konzept an.

Heute existiert eine Reihe von Untersuchungen, die SPEARMANS Generalfaktor und THURSTONES Primärfaktoren-Theorie gut vereinen. Somit wird auch hier die klassische Sichtweise der Intelligenz bestätigt, nämlich mit einem übergeordneten Generalfaktor und untergeordneten Gruppenfaktoren.

3.7.3 Alternative Intelligenztheorien

Alternative oder auch „moderne" Theorien zur Intelligenz haben sich vor allem in den Bereichen der Pädagogik und der Betriebswirtschaft durchgesetzt. Sie entstanden aus der Kritik der klassischen Intelligenztheorien heraus, da diese auf einem veralteten Konzept beruhen würden und zu stark auf die Testdiagnostik zur Bestimmung des Intelligenzquotienten ausgerichtet seien.

So entstand eine Vielzahl alternativer Sichtweisen von Intelligenz, von denen an dieser Stelle zwei besonders bekannte näher beleuchtet werden sollen:

3.7.3.1 Sternbergs Modell der triarchischen Intelligenz

Robert Sternberg (1949*) und seine Arbeitsgruppe haben 1985 ein neues Modell der menschlichen Intelligenz entwickelt, in dem sowohl die praktische Bedeutung der Intelligenz als auch neuere neuropsychologische Befunde integriert sind. Er geht davon aus, dass die menschliche Intelligenz in drei Fähigkeitsbereichen wurzelt:

1. Analytische Intelligenz
Die analytische Intelligenz umfasst die in den herkömmlichen Intelligenztests gemessenen akademischen geistigen Fähigkeiten. Sie bezieht sich auf Fähigkeiten wie Analysieren, Urteilen, Evaluieren, Vergleichen und Entscheiden (Prozesse der Informationsverarbeitung).

2. Kreativ-kognitive Intelligenz
Kreativ-kognitive Intelligenz drückt sich in schöpferischem Tun, Erkunden, Entdecken, Erfinden, Vorstellen und Vermuten aus. Hier wird die Frage gestellt: Wie geht jemand mit neuen Problemsituationen um, welche neuen Ansätze und Ideen kann jemand entwickeln? Es geht um Experimentieren, um Ausbrechen aus automatisierten Denkstrukturen.

3. Praktisch-kognitive Intelligenz
Praktisch-kognitive Intelligenz benötigt man für das Lösen alltäglicher beruflicher Probleme, sozialer Konflikte, gleichsam aber auch zum Auffinden der günstigsten Fahrtrouten für eine Reise oder das Lösen praktischer mathematischer Probleme. Hierbei spielt die Umwelt, in der sich ein Individuum befindet und aufgewachsen ist, eine große Rolle. Zum Beispiel ist der Alltag eines südamerikanischen Buschvolks ein völlig anderer als der der Europäer! Ein Kind, das auf der Straße aufwächst, entwickelt andere Fähigkeiten, seinen Alltag zu bewältigen, als ein wohlbehütetes Kind auf dem Land.

Faktor	Beschreibung	Verfahren
Gedächtnis (memory)	Assoziatives Gedächtnis, mechanisches kurz- bis mittelfristiges Behalten (z. B. Telefonnummern)	Gedächtnisaufgaben wie Zahlen- oder Begriffslisten merken
Rechengewandtheit (number, numerical)	Einfache Rechenaufgaben wie Grundrechenarten, keine abstrakt-logischen Leistungen	Aufgaben wie Summen bilden, Fehler in Aufgaben finden etc.
Auffassungsgeschwindigkeit (perception, perceptual)	Rasches Erkennen von Einzelheiten (unter Zeitdruck), es geht nicht um tiefes Durchdringen von Materialien	z. B. „Richtig-falsch"-Bilder, Ähnlichkeiten erkennen
Logisches Denken (reasoning, logical thinking)	Umfasst unterschiedliche Facetten der Auseinandersetzung mit kognitiv anspruchsvollen Problemen (induktives und deduktives Denken)	Fortsetzen von Zahlen- oder Symbolreihen, Analogieaufgaben (x verhält sich zu y wie ...)
Raumvorstellung (space, spatial perception)	Fähigkeit, gedanklich mit zwei- oder dreidimensionalen Objekten zu operieren, sich im Raum orientieren zu können.	z. B. zweidimensional aufgefaltete dreidimensionale Formen erkennen, gedrehte oder gespiegelte Formen vergleichen
Sprachliche Gewandtheit (verbal, verbal relations)	Fähigkeit, verbale Beziehungen und Bedeutungen zu erfassen, Begriffe korrekt zu verwenden	Aufgaben zur Analogiebildung, Wortschatztests, Synonyme finden, auch Aufsätze schreiben
Wortflüssigkeit (word or verbal fluency)	Umfang des Gesamtwortschatzes, rein quantitativ, es kommt nicht auf die Bedeutung an	Worte aufschreiben (z. B. „die mit F anfangen") Anagramme bilden etc.

Die sieben primären Gruppenfaktoren der Intelligenz nach Thurstone

STERNBERG ging davon aus, dass diese drei Intelligenzen nicht miteinander korrelieren. Eine Reihe unterschiedlicher Studien zeigte aber, dass dieses Postulat nicht aufrechtzuerhalten war. Im Gegenteil: Die drei Faktoren hingen sogar eng miteinander zusammen!

Eine besondere Art von Intelligenz mag die soziale Kompetenz sein, welche die Fähigkeit zur sozialen Verantwortung, zur Zusammenarbeit und zur Einordnung in die Gruppe umfasst.

3.7.3.2 Die multiplen Intelligenzen nach HOWARD GARDNER

In einem viel beachteten (und gleichzeitig auch kritisierten) Buch mit dem Titel „Frames of Mind – The Theory of Multiple Intelligences" hat HOWARD GARDNER, Psychologe an der Harvard Universität in Boston, USA (1983), die neuere kognitive Forschung im Bereich der menschlichen Intelligenz auf das Lernen bezogen. Er fand heraus, dass Menschen verschiedene „Typen" von Intelligenzen besitzen und deshalb auf unterschiedliche Arten lernen, sich erinnern, Dinge ausführen und verstehen.

Er spricht hierbei von „multiplen Intelligenzen", über die jeder Mensch in unterschiedlicher Weise verfüge. Zunächst hatte GARDNER sieben „Intelligenzen" identifizieren können. Später sind noch eine achte und neunte hinzugekommen (vgl. Tabelle S. 161). Er unterstützt damit THURSTONES Annahme, dass die Intelligenz eines Menschen die Summe verschiedener Einzelintelligenzen darstellt.

Auf der Basis seiner vielzähligen Beobachtungen von Vorschul- und Schulkindern sowie neurologisch erkrankten Patienten und geistig oder körperlich behinderten Menschen argumentiert GARDNER wie folgt:

„Es liegen ausreichende Belege dafür vor, dass einige Menschen einen vorwiegend sprachlichen Lernansatz wählen, während andere einen räumlichen oder quantitativen Weg bevorzugen. Aus demselben Grund erbringen einige Schüler die besten Leistungen, wenn sie mit Symbolen gleich welcher Art umgehen, während sich das Verständnis anderer eher anhand einer praktischen Demonstration oder im Umgang mit anderen Menschen zeigt. Ich habe behauptet, dass alle Menschen auf mindestens sieben verschiedene Arten fähig sind, die Welt zu erfahren – Arten, die ich an anderer Stelle die sieben menschlichen Intelligenzen genannt habe. Dieser Analyse zufolge können wir alle die Welt mithilfe der Sprache, des logisch-mathematischen Denkens, der räumlichen Vorstellung, des musikalischen Denkens, der Verwendung des Körpers bei der Lösung von Problemen oder der Herstellung von Gegenständen, mithilfe des Verstehens anderer Menschen oder des Verständnisses für uns selbst begreifen. Die Unterschiede zwischen den Menschen bestehen in der relativen Ausprägung dieser Intelligenzen – dem sogenannten Profil der Intelligenzen – und der Art, in der diese Intelligenzen herangezogen und kombiniert werden, um unterschiedliche Aufgaben auszuführen, Probleme zu lösen und Wissensbereiche zu erschließen." (GARDNER, 2004, S. 25 f.)

Wenn ein Bildungssystem stark auf sprachliche und logisch-mathematische Lehr- und Beurteilungsmethoden (wie sie auch in den Standard-Testverfahren zur Intelligenz erfasst werden) ausgerichtet ist, so scheint seine pädagogische Wirksamkeit begrenzt.

Mögliche Folgerungen aus den multiplen Intelligenzen für den schulischen Unterricht zeigen wir in der folgenden Tabelle auf, wobei die 1998 hinzugekommene achte Intelligenz, die sogenannte *„naturalistische"*, sowie die im Jahr 2000 beschriebene „existentielle Intelligenz" mitberücksichtigt sind.

Die letztgenannte Intelligenzform ist nach GARDNERS eigener Aussage noch nicht definitiv und wird von ihm als potenzielle Intelligenz bezeichnet. Er versteht darunter: „Das Erfassen und Durchdenken von grundlegenden Fragen der Existenz. Es bedarf jedoch weiterer Belege, um zu bestimmen, ob es sich dabei um eine eigene Intelligenz handelt" (GARDNER, 2000, S. 23).

GARDNERS Konzept hat, wie alle anderen modernen Intelligenztheorien auch, eine Vielzahl von Kritikern. Zunächst wurde kritisiert, dass viele seiner multiplen Intelligenzen bereits im Rahmen der klassischen Intelligenztheorien untersucht wurden, z. B. in den „Primary Mental Abilities" nach THURSTONE (1938) oder auch dem Intelligenzkonzept nach CATTELL.

In der wissenschaftlichen Gesellschaft (scientific community) hat sich Gardner mit jüngsten Aussagen in Misskredit gebracht, indem er verlautbarte, er habe weitere sieben Intelligenzen gefunden, die er „geistige Suchscheinwerferintelligenz" und „Laserintelligenz sowie disziplinierte, synthetisierte, kreative, respektvolle und ethische Intelligenzen" (GARDNER 2007, zit. nach ROST, 2009, S. 92) nannte.

Intelligenz-schwerpunkt	Vorwiegendes Denken und Herangehen an Probleme	Vorlieben	Fähigkeiten	Voraussetzungen für eine optimale Entwicklung	Mögliche Berufswahl
Sprachlich (linguistisch)	In Worten und Begriffen	Lesen, Schreiben, Wortspiele	Gespür für Laute, Rhythmen und Bedeutung von Sprache	Literatur, Gespräche, Dialoge, Diskussionen	Dichter, Schriftsteller, Journalist
Logisch-mathematisch	In Prinzipien, Vernunftkategorien und Bewertungen	Experimente, logische Probleme, Rechnen	Gespür für logische und numerische Muster und Schlussfolgerungen	Möglichkeit, (abstrakte) Materialen zu erforschen und zu Lösungen zu gelangen	Wissenschaftler, Mathematiker
Musikalisch	In Rhythmen und Melodien	Singen, Musik, Musizieren	Wertschätzung musikalischer Ausdrucksweisen, Fähigkeit zum Erkennen und zur Produktion von Rhythmen und Melodien	Instrumente, Möglichkeiten zum aktiven und passiven Musizieren (Unterricht, Konzerte etc.)	Komponist, Musiker
Räumlich	In bildhaften Vorstellungen und Wahrnehmungen	Bilder, Skizzieren und Zeichnen	Fähigkeit zur akkuraten Wahrnehmung und Umsetzung der visuell-räumlichen Umwelt	Möglichkeiten zum künstlerischen Gestalten, visuelle Angebote (Filme, Bilder etc.)	Architekt, Bauingenieur, Bildhauer
Körperlich-kinästhetisch	Durch körperliche Empfindungen und Ausdrucksweisen wie Mimik, Gestik und (Psycho-)Motorik	Bewegung, Tanz, körperliche Aktivität	Fähigkeit zur Kontrolle von Bewegungen des eigenen Körpers und Objekten	Körperbetonte Angebote (Theater, Rollenspiele, Sport etc.)	Schauspieler, Tänzer, Sportler, Physiotherapeut
Interpersonal	Durch Einfühlen in andere, Sensibilität und Ideenreichtum	Umgang mit anderen Menschen, Organisieren, Führen, Vermitteln	Fähigkeit, Stimmungen, Eigenschaften, Motive und Bedürfnisse anderer Menschen zu erkennen und angemessen zu reagieren	Soziale Aktivitäten, Gruppen, Freunde, soziales Engagement	Verkäufer, Berater, Psychotherapeut
Intrapersonal	Durch Zugang zu den eigenen Gefühlen und Wissen über sich selbst	Stille, Besinnung, Planen, Ziele setzen	Zugang zu und Wissen über eigene Gefühle und Fähigkeit, dies zur Verhaltenssteuerung einzusetzen	Zeit für sich, zum Denken, Träumen, zur Selbstbestimmung, zum Ausprobierenlassen	Philosoph, Psychoanalytiker
Naturalistisch	In Kategorien, Theorien und Konzepten, wie sie in der Natur beobachtbar sind	Ordnungssysteme	Gespür für Gesetzmäßigkeiten in der Natur und Fähigkeit im Umgang mit Lebewesen	Natur erleben, selbst gesteuertes Forschen und Experimentieren	Naturwissenschaftler, Biologe, Tierpfleger
Existenziell	In übergeordneten, philosophisch-spirituellen Ansätzen	Nachdenken über Bedeutung von Leben und Tod, Liebe, tiefes Eintauchen in die Gedankenwelt	Fähigkeit zum Erfassen und Durchdenken von grundlegenden Fragen der Existenz		Philosoph, geistiger Führer

(Modifiziert und erweitert nach Gardner, 2005, Jaszus et al. 2013 und Zimbardo, 2008)

„Dumm ist der, der Dummes tut.“ (Forrest Gump)

Hauptkritikpunkt vonseiten der empirisch arbeitenden Psychologen ist jedoch nach wie vor, dass GARDNERS Ergebnisse nicht auf der Basis von psychometrischen Testverfahren und Experimenten, sondern vor dem Hintergrund der „Lektüre vorliegender Studien und Biografien sowie des Nachdenkens“ (ROST 2009, S. 92) entstanden sind.

In jedem Menschen sind diese acht bzw. neun Intelligenzen – oder auch Denkstile genannt – höchstwahrscheinlich unterschiedlich stark ausgeprägt. Trotz aller berechtigter Kritik ist es eine wichtige und fruchtbare Erkenntnis, dass Menschen auf viele unterschiedliche Arten Wissen erwerben, in ihrem Kopf repräsentieren und anwenden. Vor allem stellen diese Unterschiede zwischen den Menschen ein einheitliches Vorgehen im pädagogischen Alltag infrage. Die Erkenntnisse kritisieren ebenfalls ein Schulsystem, welches davon ausgeht, dass alle Menschen Unterrichtsstoff auf eine bestimmte einheitliche Art und Weise lernen müssen.

BEISPIEL

Wir verfügen nicht nur über eine Intelligenz, sondern über multiple Intelligenzfaktoren, die relativ unabhängig voneinander sind (GARDNER, 2005).

Deutlich wird diese Annahme bei der Beobachtung von Menschen mit Hirnverletzungen. Z. B. kann es sein, dass nach einem Schlaganfall das Sprechen oder auch das Sprachverständnis bei einem Patienten stark gestört sind, jedoch andere Fähigkeiten wie Gehen, Gefühle anderer wahrnehmen können oder auch Zeichnen und Rechnen durchaus funktionieren können. Menschen mit Autismus können in ihren Alltagsfähigkeiten schwer gestört sein, jedoch in Einzelfähigkeiten überragende Leistungen zeigen. Man spricht hier auch vom sogenannten Savant-Syndrom.

__Autismus__ ist eine angeborene, unheilbare Wahrnehmungs- und Informationsverarbeitungsstörung des Gehirns, die sich meist schon im frühen Kindesalter bemerkbar macht. Typisch für Autisten ist die veränderte Art der Informationsverarbeitung, woraus maßgebliche Defizite in der sozialen Interaktion und Kommunikation entstehen. Vereinzelt können gleichzeitig besondere Stärken in Einzelleistungen bei Wahrnehmung, Aufmerksamkeit, Gedächtnis und Intelligenz auftreten. Diese Menschen mit derartigen Inselbegabungen werden in der Wissenschaft „Savants“, die Wissenden, genannt.

AUFGABE

Trotz der vielfältigen Kritik an der theoretischen Fundierung der alternativen Theorien der Intelligenz sind einige von ihnen – hier ist vor allem die Theorie GARDNERS zu nennen – weltweit bekannt geworden und werden auch heute noch vielen praktischen Konzepten der Pädagogik zugrunde gelegt.

Was macht die alternativen Ansätze für die Praxis so interessant? Überlegen Sie sich einige Argumente.

Suchen Sie Schnittstellen zwischen den klassischen und den alternativen Theorien. Wie könnte man z. B. SPEARMANS und GARDNERS Theorie vereinen?

3.7.4 Die Messung der Intelligenz

3.7.4.1 Entstehung der Intelligenzmessung

ALFRED BINET mit Schüler

Der entscheidende Durchbruch zur Messung der Intelligenz gelang dem französischen Forscher ALFRED BINET (1857–1911). Er hatte den Auftrag vom französischen Erziehungsministerium, einen Test zu erstellen, der es ermöglicht, minderbegabte Kinder für die Sonderschule frühzeitig zu finden. Sie sollten speziell gefördert werden, da sie für die Normalschule zu langsam lernten. So machten sich BINET und sein Mitarbeiter SIMON daran, das zu messen, was später als **Intelligenzalter (IA)** eingeführt wurde.

Das Konzept des Intelligenzalters erklärt sich wie folgt: Ein durchschnittlich begabtes 9 Jahre altes Kind hat ein Intelligenzalter von 9. Wenn ein 9-jähriges Kind über Wissen und Fähigkeiten eines typischen 11-jährigen Kindes verfügt, so lernt es offenbar schneller, es ist überdurchschnittlich intelligent. Kinder mit einem unterdurchschnittlichen Intelligenzalter, beispielsweise 9-Jährige, die der typischen Leistungsebene eines 7-Jährigen entsprechen, hätten wahrscheinlich Schwierigkeiten mit den schulischen Anforderungen, die an diese Altersgruppe normalerweise gestellt werden. Sie sind unterdurchschnittlich intelligent. Der BINET-SIMON-Test wurde erstmals 1905 veröffentlicht.

BEISPIEL

Beispiele für altersspezifische Aufgaben nach BINET:

- Richtige Definition von 11 Wörtern aus 45.
- Versteckte Würfel in einem geometrischen Gebilde zählen.
- Abstrakte Adverbien richtig definieren.
- Begründungen für Gesetze angeben.
- Eine Anzahl Wörter nennen, die mit einem vorgegebenen Buchstaben anfangen.
- Sechs Ziffern in der richtigen Reihenfolge nachsprechen.

BINETS Prinzipien zur Testauswertung:

1. Punktzahl bildet nicht Intelligenz ab – Sie definiert nichts Angeborenes und Unveränderliches!
2. Test als praktisches Hilfsmittel zur Auffindung lernbehinderter Kinder und kein Mittel zur Bildung einer Rangfolge!
3. Werte bieten lediglich Hinweise für spezifische Fördermaßnahmen und sind nicht Mittel zur Stigmatisierung von Problemfällen!

Später leitete der deutsche Psychologe WILLIAM STERN den berühmten **Intelligenzquotienten** oder IQ ab. Der IQ war einfach das Intelligenzalter eines Menschen, geteilt durch sein Lebensalter und multipliziert mit 100, damit kein Bruchwert entsteht.

Somit hat ein durchschnittliches Kind, dessen Intelligenzalter und Lebensalter gleich sind, einen IQ von 100. Aber ein 8-jähriges Kind, welches Fragen so beantwortet, wie sie ein 10-Jähriger beantworten würde, hat einen IQ von 125.

Der Intelligenzquotient (IQ)
wurde ursprünglich definiert als das Verhältnis von Intelligenzalter (IA) zum Lebensalter, multipliziert mit 100.

Die Berechnunggrundlage TERMANS (1916):

$$IQ = \frac{\text{Intelligenzalter}}{\text{Lebensalter}} \times 100$$

In neueren Intelligenztests wird die durchschnittliche Leistungsfähigkeit einer bestimmten Altersgruppe mit einem Wert von 100 gleichgesetzt.

1932 beschrieb DAVID WECHSLER als Kritik am Konzept des IQ „Abweichungsquotienten". Dabei wird der erreichte Testwert mit der Verteilung von Testwerten einer adäquaten Vergleichsstichprobe gleichen Alters verglichen.

Wie beim IQ ist auch bei WECHSLER der Standardwert 100. Dies entspricht dem Mittelwert aller gemessenen Testergebnisse (einer Altersgruppe). Darüber hinaus geht WECHSLER von einer Standardabweichung von 15 Punkten aus. Das heißt, wenn die Intelligenz in der Bevölkerung entsprechend einer GAUSS'schen Glockenkurve normal verteilt ist – und davon geht man aus –, dann finden sich in der ersten Standardabweichung vom Mittelwert (100 ± 15) 68,3 %, in der zweiten SD (100 ± 30) 95,4 % und der dritten SD (100 ± 45) 99,7 % aller Menschen. In der Abbildung „Intelligenzverteilung" auf S. 167 wird dieser Aufbau nochmals deutlich gemacht.

Wesentlich beim Abweichungsquotienten ist es, dass vermieden werden kann, dass verschiedene Altersstufen miteinander verglichen werden.

Obwohl es sich nicht mehr im eigentlichen Sinne um einen Intelligenzquotienten handelt, wird der Begriff „IQ" in der Alltagssprache weiterhin häufig als Kurzform für „Intelligenztestwert" verwendet.

*Die **Standardabweichung** gibt an, wie weit die Beobachtungswerte von seinem Mittelwert (dem Durchschnitt der betrachteten Werte) abweichen. Eine niedrige Standardabweichung bedeutet z. B. für die Intelligenz, dass alle gemessenen Werte in der Nähe des Mittelwerts liegen und es wenige Ausreißer nach oben oder unten gibt (vgl. Kapitel 1 Wissenschaftliches Arbeiten).*

Abweichungsquotient nach WECHSLER (1932):

Heutige Intelligenztests ermitteln ihre Werte also nicht mehr durch Division des Intelligenzalters durch das Lebensalter, sondern viel mehr werden die Punkte, die bei einem Intelligenztest erzielt wurden, zusammengezählt und mit der durchschnittlichen Gesamtpunktzahl anderer Testpersonen in der jeweiligen Altersgruppe verglichen (Mittelwertvergleich).

$$\text{Abweichungs-IQ} = 100 + 15 \cdot \frac{(\chi+\mu)}{\sigma}$$

Wie beim ursprünglichen STANFORD-BINET-Test gilt, dass ein IQ-Wert von 100 „normal" und Werte über 120 als „überdurchschnittlich" angesehen werden. IQ-Werte unter 70 können auf eine Intelligenzminderung oder eine geistige Behinderung hinweisen.

3.7.4.2 Aktuelle Verfahren zur Intelligenzmessung

Die heute nahezu weltweit gebräuchlichsten Intelligenztests sind die *Wechsler Adult Intelligence Scale* (WAIS-IV, WECHSLER, 2008, dt. Fassung: PETERMANN, 2012) für Erwachsene zwischen 16 und 89 Jahren sowie die

Wechsler-Intelligence Scale for children (WISC-IV, WECHSLER/PETERMANN/PETERMANN, 2011) für Schulkinder zwischen 6 und 16 Jahren. Beide Verfahren sind seit 2011 auch in deutscher Sprache erhältlich und wurden von WECHSLER im Jahre 1955 zum ersten Mal veröffentlicht.

Inhalte der WAIS IV

Das Verfahren enthält 10 Kern-Testverfahren und 5 zusätzliche Subtests. Sie lassen Aussagen über die komplette IQ-Skala zu, sodass auch Menschen mit Hochbegabung oder geistiger Behinderung getestet werden können.

Die WAIS IV setzt sich aus vier Index-Scores zusammen, die die übergeordneten Komponenten der Intelligenz abbilden: *Sprachverständnis* (Verbal-Comprehension-Index, VCI), *wahrnehmungsgebundenes logisches Denken* (Perceptual Reasoning Index, PRI), *Arbeitsgedächtnis* (Working Memory Index, WMI), *kognitive Verarbeitungsgeschwindigkeit* (Processing Speed Index, PSI).

Diese Aufteilung ermöglicht eine differenzierte Einschätzung des Intelligenzniveaus (Gesamt-IQ) und gleichsam gezielte Aussagen über Stärken und Schwächen einer Person. Zusätzlich können Verlaufsanalysen wertvolle Hinweise für fundierte Interventionen geben.

Eine Neuerung des Instruments stellt der allgemeine Fähigkeits-Index (General Ability Index) dar, welcher lediglich aus den Untertests des VCI und PRI gewonnen wird. Man geht davon aus, dass diese Leistungen vor allem im klinisch-therapeutischen Bereich genutzt werden können, da diese weniger anfällig gegenüber Schädigungen des Arbeitsgedächtnisses und des Wahrnehmungsapparats erscheinen.

Im Folgenden sollen die Subtests des WAIS IV kurz aufgezeigt werden:

Index-Bereiche	Subtests	Leistungsbereiche
Sprachverständnis	Ähnlichkeiten finden	Abstract verbal reasoning
	Sprachschatz	Sprachverständnis und -ausdruck
	Allgemeinwissen	Erworbenes Kulturwissen
	(Auffassungsgabe)	Fähigkeit, mit abstrakten sozialen Konventionen, Regeln und Ausdrücken umzugehen
Logisches Denken	Mosaik-Test	Räumliche Wahrnehmung, visuelles Abstraktionsvermögen und Problemlösefähigkeit
	Bildhaftes Ergänzen	Nonverbales, logisch abstraktes, schlussfolgerndes Denken und Problemlösen
	Visuelle Puzzles	Räumliches logisches Denken
	(Bilder vervollständigen)	Fähigkeit, schnell visuelle Details wahrnehmen zu können
	(Figuren wiegen)	Mengenmäßiges und analoges Schlussfolgern
Arbeitsgedächtnis	Gedächtnisspanne	Aufmerksamkeit, Konzentration, mentale Kontrolle (z. B. Zahlen nachsprechen, Bilder erinnern, eher mechanisch)
	Arithmetik	Konzentrationsfähigkeit (bei der Durchführung von Rechenaufgaben)
	(Buchstaben / Zahlen ordnen)	Aufmerksamkeit, Konzentration, mentale Kontrolle (z. B. Buchstaben-Zahlen-Folgen, Buchstaben und Zahlen müssen in aufsteigender Reihenfolge sortiert und wiedergegeben werden, eher dynamisch)
Verarbeitungsgeschwindigkeit	Symbole finden	Visuelle Wahrnehmung und Analyse, kognitives Tempo (Suchgeschwindigkeit)
	Codieren	Visuo-motorische Koordination, psychomotorische Geschwindigkeit, visuelles Arbeitsgedächtnis (z. B. Zahlen in Symbole übertragen)
	(Durchstreichen)	Visuelle Wahrnehmungsgeschwindigkeit (z. B. Buchstaben oder Zahlen ausstreichen)

Subtests des WAIS IV

Inhalte des WISC IV

Die neuste Version des WISC in der Revision IV bietet nicht nur die Möglichkeit zur Feststellung eines allgemeinen Intelligenzwerts, wie z. B. der Stanford-Binet-Test, sondern er liefert auch noch getrennte Werte für

- Sprachverständnis,
- logisches Denken,
- Arbeitsgedächtnis und
- Verarbeitungsgeschwindigkeit.

Große Unterschiede zwischen diesen Werten deuten auf mögliche Lernschwierigkeiten, Hirnschädigungen oder auf ein besonders förderliches Umfeld hin. Z. B. kann ein Wert für verbales Verständnis, der weit unter den anderen Werten derselben Person liegt, auf eine Lese-Rechtschreib-Schwäche hindeuten. Außerdem liefert er natürlich auch Hinweise auf kognitive Stärken bis hin zum Hinweis auf Hochbegabung.

Zusammenfassung WAIS und WISC

Beide Verfahren beinhalten Tests zur Leistungsdiagnostik, daher sind die Einsatzbereiche sehr vielfältig. Eigentlich kann der Test bei allen Fragestellungen eingesetzt werden, bei denen es darum geht, kognitive Fähigkeiten zu ermitteln. Das kann auch bedeuten, dass Personen ihre eigenen kognitiven Ressourcen erfahren möchten.

Selbstverständlich lässt sich das Verfahren aufgrund seiner breiten Aussagemöglichkeiten auch gut im Rahmen von Rehabilitation oder Therapie- oder Förderplanung oder auch im Rahmen von beruflichen Entscheidungen einsetzen. Daher finden Abwandlungen des WAIS auch regelmäßig in Assessmentcentern Verwendung.

WAIS und WISC sollen Praktiker darin unterstützen, den allgemeinen geistigen Entwicklungsstand einer Person zu ermitteln und Leistungsbeeinträchtigungen sichtbar zu machen. Die Messmethode, die Wechsler dem Instrument zugrunde gelegt hat, orientiert sich deutlich am faktorenanalytischen Modell Spearmans, dem g-Faktor der Intelligenz, der als „allgemeine Intelligenz" nach Wechsler die Leistungsfähigkeit des Individuums als Ganzes bestimmt. Die Ergebnisse werden mit alters- sowie schulbezogenen Wertpunkt-Normen ermittelt und in IQ-Werte umgerechnet. Darüber hinaus gibt es eine Reihe klinischer Stichproben für Kinder und Erwachsene mit geistiger Behinderung, Autismus sowie weiteren Störungsbildern.

Assessmentcenter
Personalauswahlverfahren in einem eher aufwändigen Bewerbungsprozess

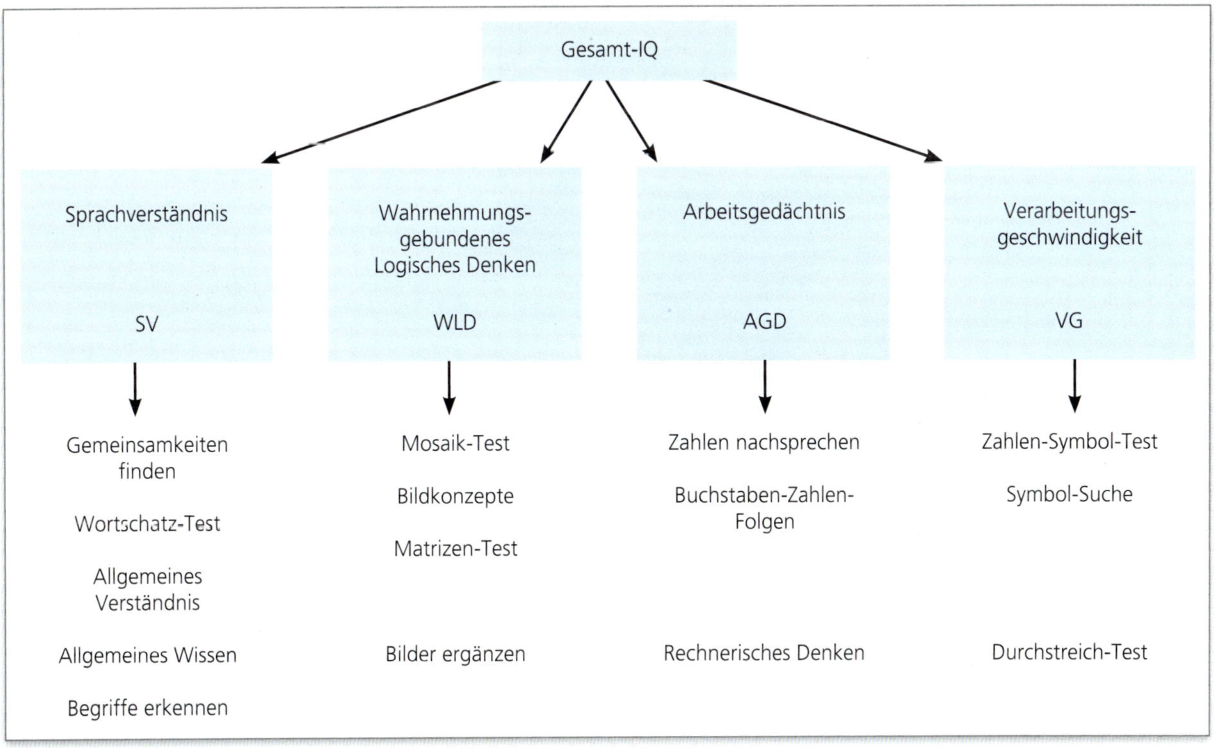

Struktur des WISC IV (Daseking, 2007, S. 253)

EXKURS

Intelligenztests bei Kindern unter 6 Jahren

Oft hört man, dass IQ-Tests mit wirklich genauen und dauerhaft messbaren Ergebnissen erst ab dem 6. Lebensjahr möglich sind. Es trifft zu, dass jüngere Kinder durch äußere Faktoren beeinflussbar sind, welche die Aussagekraft beeinträchtigen können. Trotzdem kann ein erfahrener verantwortungsbewusster Psychologe mittels geeigneter Testverfahren auch bereits bei jüngeren Kindern eine besondere Begabung oder Hochbegabung oder eben auch Entwicklungsverzögerungen nachweisen.

Bei kleineren Kindern ist der „Kaufmann-ABC" der am häufigsten eingesetzte Test. Er kommt ab einem Alter von 2½ Jahren zum Einsatz und beinhaltet z. B. Zahlen nachsprechen, räumliches Gedächtnis und Handbewegungen, Segmentieren von Reimen und Silben, Zahlenabstraktion und Zählen sich überlagernder Objekte (Melchers/Preuss, 1993).

Eine Psychologin führt mit einem Kind einen Intelligenztest durch

Der Einsatz eines Testverfahrens zur Erfassung der kognitiven Leistungsfähigkeit vor dem dritten Lebensjahr gilt allerdings zu Recht als wenig praktikabel.

Ein weiterer Test ist der Hannover-Wechsler-Intelligenztest für das Vorschulalter (kurz HAWIVA-III). Seit 2009 neu normiert als WPPSI-III (Wechsler Preschool and Primary Scale of Intelligence, dritte deutsche Version) im Gebrauch. Dies ist ein kindgerecht gestalteter Test, der die allgemeinen und spezifischen intellektuellen Fähigkeiten von Kindergarten-, Vorschul- und Schulkindern spielerisch erfasst. Der Altersbereich ist auf Kinder im Alter von 3 bis 7 Jahren ausgelegt

Die Aufgaben sind kindgerecht und farbig gestaltet.

Die Testbatterie (ein Set aus einer Reihe von zusammengehörigen Tests) besteht aus 14 Untertests, die sich in drei Gruppen aufteilen lassen: Kerntests, optimale und zusätzliche Untertests. Mit diesen Untertests lassen sich zusätzlich u. a. Werte für sprachliche Fähigkeiten (allgemeine Sprachskala), fluides Denken (Verbal- und Handlungsteil) und die Verarbeitungsgeschwindigkeit ermitteln.

Mit der WPPSI-III wird ein Gesamt-IQ als Maß für den kognitiven Entwicklungsstand eines Kindes im Vorschulalter bestimmt.

AUFGABEN

Setzen Sie sich in der Klasse kritisch mit dem Einsatz von Intelligenztests im Vorschulalter, Schulalter und zur Berufswahl auseinander!

Welche Bedenken können vorgebracht werden?

Welche Vorteile sehen Sie?

Es gibt berechtigte Vorbehalte gegen Intelligenztests bei jüngeren Kindern.

Dabei geht es bei Intelligenztests nicht nur darum, Hochbegabung zu erkennen, sondern auch, um Hinweise für die gezielte Förderung von Kindern mit Entwicklungsstörungen oder Unterforderung zu erhalten. Für die Bewertung eines IQ-Tests bei Kindern im Vorschulalter spielen neben dem aktuellen Entwicklungsstand noch Faktoren aus der Lebenswelt der Kinder eine Rolle, z. B. die Frage, ob ein Kind aus eigenem Interesse lernt, also intrinsisch motiviert ist, oder von den Eltern dazu angehalten wird.

Ein Intelligenztest, der im Vorschulalter zum Einsatz kommt, kann für die Eltern eine entlastende Funktion einnehmen. Wenn er eine Hochbegabung bestätigt oder einen Förderbedarf erkennen lässt, versteht man die besonderen Bedürfnisse des Kindes viel besser, seine Neugier oder Apathie, seine Ungeduld oder seine Langsamkeit, seine ständige Aktivität oder seine Zurückgezogenheit. Und er nimmt Eltern die Angst, dass man sein Kind vielleicht überfordern könnte. Auf der anderen Seite werden auch Grundlagen für die Unterstützung einer begabungsgerechten Förderung geschaffen.

Ein Intelligenztest kann, wenn er von Fachleuten durchgeführt und richtig interpretiert wird, als echte Erziehungshilfe und als Grundlage für ein Förderkonzept im Kindergarten dienen. Er hilft bei Fragen wie:

- Worauf sollte in der Erziehung geachtet werden?
- Wo liegen Stärken, wo Schwächen vor?
- Welche Besonderheiten sind zu sehen?
- In welchen Bereichen sollte gefördert werden? usw.

Je älter das zu testende Kind ist, desto genauer werden die Aussagen des Intelligenztests für seine weitere geistige Entwicklung. Es gibt allerdings immer wieder Kinder, deren IQ-Werte im Laufe der Jahre ganz extrem schwankende Kurven ergeben.

Dieses Phänomen ist noch nicht hinreichend geklärt. Veränderungen der Lebensverhältnisse können mit Sicherheit die Ergebnisse bei Intelligenztests beeinflussen

3.7.4.3 Zur Auswertung von Intelligenztests

Bei einer ***Normierung*** *bilden fast alle natürlich zustande gekommenen Werte, gleich ob man die Körper- oder die Schuhgröße, das Gewicht, oder die geistigen Fähigkeiten einer großen (!) Anzahl von Menschen misst, in der Regel eine sog. GAUSS´sche Normalverteilung, die sich glockenförmig um den Mittelwert anordnet.*

Um die Leistung einer Person einschätzen zu können, brauchen wir als Vergleichsbasis die Leistungen anderer Personen. **Um die Ergebnisse vergleichbar zu machen, müssen sie normiert bzw. standardisiert werden**. Das heißt, man berechnet, wie groß eine Stichprobe sein muss, um ein repräsentatives Bild für die zu testende Gruppe zu erhalten. Die Stichprobe kann dann getestet und die gewonnenen Daten auf die Gesamtgruppe bezogen werden. So könnte man z. B. eine repräsentative Stichprobe bilden, die die Intelligenzverteilung aller Europäer beschreiben soll. Der Mittelwert der Testleistungen dieser „Normstichprobe" wäre dann per Definition wieder 100.

Je weiter wir uns vom Mittelwert entfernen (in beide Richtungen), desto geringer wird die Zahl an Personen, die diese Werte erreicht haben. Je weiter also ein Wert über oder unter 100 liegt, desto besser bzw. schlechter hat die Person im Vergleich zum Rest der Gruppe abgeschnitten. In einer Normalverteilung liegen 68 % der Getesteten um den Mittelwert mit einer Standardabweichung von 15 Punkten.

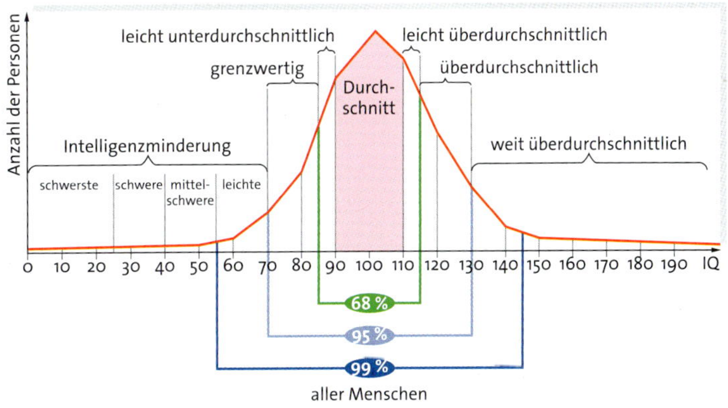

Verteilung von Intelligenzwerten

Die Abbildung zeigt u. a., dass nur etwa 2 % aller Probanden einen Intelligenzquotienten von über 130 erreichen. Umgekehrt fallen aber auch nur ca. 2 % der Teilnehmer unter die 70-Punkte-Grenze.

Da die in der Abbildung gezeigten Werte auch für die gesamte Bevölkerung als repräsentativ angesehen werden können, ist es nun möglich, Grenzen von Intelligenzbereichen festzulegen. Hierbei muss jedoch immer auch berücksichtigt werden, dass ein Wert niemals alleine für sich eine Diagnose festlegen kann (vgl. Prinzipien von BINET, oben).

In der folgenden Tabelle sind Anhaltswerte zur Abgrenzung von Leistungsbereichen dargestellt:

Zusammenfassung

- IQ wird als Gesamtwert aller Leistungen einer Person in allen Leistungsbereichen bestimmt.
- Der IQ ist immer vom verwendeten Verfahren abhängig.
- IQ ist kein absoluter Messwert der Intelligenz, sondern ein statistisch ermittelter Normwert, der immer auf eine Alters- oder Jahrgangsgruppe bezogen ist.
- Der IQ gibt darüber Auskunft, wie weit eine individuelle Gesamtleistung in einem Intelligenztest von einer Vergleichsgruppe abweicht.
- Der IQ bezieht sich immer auf eine soziale Norm.

Intelligenztestbereiche	Bezeichnung	Wichtige Merkmale der betroffenen Personen
> 130	Hochbegabt	Lernen besonders gut, in der Regel keine Schulprobleme. Auch schwierige Studiengänge werden bewältigt.
120–130	Besonders talentiert	Lernen leicht, in der Regel keine Schulprobleme; Studium ohne Probleme möglich.
110–120	Überdurchschnittlich intelligent	Lernen leicht, müssen aber in manchen Fächern erhöhten Aufwand betreiben, Studium möglich.
90–110	Durchschnittlich intelligent	Lernen mit kontinuierlichem Aufwand; anspruchsvolle Berufsausbildung möglich.
80–90	Unterdurchschnittlich intelligent	Haben Lernprobleme, die aber durch spezielle Förderung ausgleichbar sind. Berufsausbildung möglich.
70–80	Lernbehindert	Haben gravierende Lernprobleme; Berufsausbildung mit spezieller Förderung möglich; selbstständige Lebensführung möglich.
70–50	Leichte geistige Behinderung	Können schulische Fähigkeiten bis ca. zum Niveau der 6. Klasse erlernen. Erwachsene können mit Unterstützung soziale und berufliche Fertigkeiten entwickeln, mit denen sie zu ihrem Lebensunterhalt beitragen oder ihn selbst bestreiten können.
50–35	Mittelschwere geistige Behinderung	Können schulische Fähigkeiten bis ca. zum Niveau der 2. Klasse erlernen. Erwachsene können durch Arbeit in geschützten Werkstätten zum eigenen Lebensunterhalt beitragen.
20–35	Schwere geistige Behinderung	Können sprechen lernen und einfache Arbeitsabläufe unter aufmerksamer Aufsicht ausführen, sind jedoch nicht in der Lage, komplexere Aufgaben im beruflichen Umfeld zu übernehmen.
< 20	Schwerste geistige Behinderung	Brauchen ständig Hilfe und Aufsicht, Sprachentwicklung gestört bis nicht vorhanden.

Einstufung von Intelligenzbereichen nach der American Psychiatric Association (mod. nach TÜCKE, 2003; MYERS, 2008)

3.8 Zusammenfassung

Im ersten Teil dieses Kapitels ging es um den Begriff „Gedächtnis".

- Um über Gedächtnis sprechen zu können, wurden zunächst die Begriffe Kognition, Denken und Intelligenz kurz erläutert: Kognition bezeichnet zum einen alle mentalen Prozesse und Strukturen eines Individuums wie Gedanken, Meinungen, Einstellungen, Wünsche, Absichten. Zum anderen sind Kognitionen auch Informationsverarbeitungsprozesse in denen Neues gelernt und Wissen verarbeitet wird, z.B. in Bezug auf Denken und Problemlösung. Der Begriff Denken umfasst demnach alle mentalen Prozesse von der Verarbeitung von Umweltreizen über das Verstehen, Erinnern und Handeln. Zum Handeln wiederum gehört auch die Kommunikation, im engeren Sinne: die Sprache. Eine besondere Form des Denkens ist das Problemlösen. Wie bereits gesagt, besteht das Problemlösen oft darin, eine uns bereits bekannte Problemlösestrategie, die auf die aktuelle Situation anwendbar ist, auszusuchen und anzuwenden. Dies geschieht meist ganz unbewusst. Manchmal treffen wir jedoch auf eine Situation, die es uns nicht erlaubt, auf bekannte Problemlösestrategien zurückzugreifen, weil sie so ungewöhnlich oder so neu erscheint, dass wir sie nicht automatisch mit Bekanntem verknüpfen können. Als Intelligenz wird schließlich die globale oder zusammengesetzte Fähigkeit des Individuums bezeichnet, zweckvoll zu handeln, vernünftig zu denken und sich mit seiner Umwelt wirkungsvoll auseinanderzusetzen.
- Mithilfe des Mehr-Speicher-Modells nach Atkinson und Shiffrin wurden einzelne Gedächtnisbereiche und deren Aufgaben näher erläutert: „sensorische Speicher", „Kurzzeitspeicher" und „Langzeitspeicher". Erstere speichern Informationen sehr kurzfristig – deshalb sprach man hier früher auch vom „Ultrakurzzeitgedächtnis". Über Kontrollprozesse wird in Sekundenbruchteilen entschieden, welche Informationen weitergeleitet und welche direkt wieder gelöscht werden. Nur ein Bruchteil der von den sensorischen Speichern aufgenommenen Informationen wird an das „Kurzzeitgedächtnis" – was man mit unserem „Bewusstsein" vergleichen kann – weitergeleitet und dort verarbeitet. Wiederum nur Bruchteile dessen, was uns „bewusst" ist, wird dann über den Hippocampus an unser „Langzeitgedächtnis" weitergeleitet und dort verarbeitet und abgespeichert.
- Diese gesamte Verarbeitung von Informationen geschieht zunächst in sensorischen Speichern und Kurzzeitgedächtnis in Form von elektrischen Reizen (Spannungen). Um eine langfristige Speicherung („Langzeitkonsolidierung") zu erreichen, müssen im Langzeitgedächtnis jedoch strukturelle Veränderungen in Gang gesetzt werden. Dies läuft über chemische Prozesse an deren Ende die Neubildung von spezifischen Proteinen steht. Erst wenn diese gebildet sind, ist eine Information langfristig (eventuell für immer) gespeichert.
- In Erweiterung des Mehrspeichermodells beschrieb Baddeley (1986) das Modell des „Arbeitsgedächtnisses", welches aus mehreren weitgehend voneinander unabhängigen Subsystemen besteht. Zwar überschneiden sich die Systeme in bestimmten Bereichen, sie sind jedoch nicht komplett dem begrenzten „Kurzzeitspeichersystem" mit den besagten 7±2 Informationseinheiten zuzuordnen. Baddeley unterscheidet hierbei die „phonologische Schleife", den „räumlich-visuellen Notizblock" und die „zentrale Exekutive". Später erweiterte Baddeley das Modell um ein weiteres Subsystem den „episodischen Puffer", in dem kurzfristig modalitätsübergreifend Daten zwischengespeichert werden können.
- Die Steuerung des bewussten Handelns beruht auf dem Zusammenspiel dreier Funktionen: Um sich selbst erfolgreich steuern zu können, muss man automatisch ablaufende Reaktionen hemmen (Inhibition), wesentliche Informationen im Arbeitsgedächtnis schnell und zielgerichtet verarbeiten können sowie geistig flexibel und angemessen auf Umweltanforderungen reagieren können (kognitive Flexibilität).
- Schließlich landen alle Erfahrungen und Informationen, die unser Gehirn für wichtig genug hält um sie langfristig abzuspeichern, in unserem Langzeitgedächtnis. Nach Calabrese und Markowitsch (2003) unterscheidet man modellhaft fünf Lang-

zeitgedächtnisse: 1. Das episodische Gedächtnis, in dem Ereignisse, Erfahrungen, Erlebnisse oder bestimmte Begebenheiten der individuellen Lebensgeschichte gespeichert werden (das persönliche „Tagebuch"). 2. Das semantische Gedächtnis: In diesem Bereich ist unser „Weltwissen", also alles was wir in der Schule oder im Leben an Fakten erlernt haben, abgespeichert. 3. Das perzeptuelle Gedächtnis, welches uns z.B. das Erkennen von Gegenständen oder Teilen unserer Umwelt durch Ähnlichkeitsurteile ermöglicht. 4. Das prozedurale Gedächtnis: Hier sind Programme für gelernte und automatisierte Bewegungs- und Handlungsabläufe gespeichert (z.B. aufrecht gehen, Fahrrad fahren, Kippe am Reck, etc.). Und schließlich 5. Das Priming-Gedächtnis: Dieses lässt uns Reize und Wahrnehmungen leichter wiedererkennen, indem es bereits bekannte, ähnliche zum Reiz passende Gedächtnisinhalte ganz automatisch und ohne unser bewusstes Zutun aktiviert. Mithilfe dieser „Bahnung" können wir schneller auf Reize reagieren, gleichzeitig werden wir aber auch in unserem Denken unbewusst gelenkt, was manchmal auch ungünstig sein kann (z. B. wenn Kreativität gefragt ist).

Im zweiten Teil des Kapitels haben wir uns mit dem Thema Intelligenz beschäftigt:

- Eine der ersten bekannten und fundierten Intelligenztheorien war die der allgemeinen Intelligenz nach CHARLES SPEARMAN, dem Generalfaktor g. SPEARMAN beschreibt drei mentale Operationen, die er als Basis des kognitiven Funktionierens ansieht: Sinnhafte Verarbeitung von Erfahrungswerten, Ableiten von Zusammenhängen und Erkennen von Übereinstimmungen und Verhältnissen.
- Die Theorie der fluiden und kristallinen Intelligenz stammt von RAYMOND CATELL, einem Schüler SPEARMANS. Er geht davon aus, dass die Intelligenz des Menschen aus zwei unterscheidbaren aber gleichzeitig nicht voneinander trennbaren Einzelfunktionen besteht: Die fluide Intelligenz als generelle Fähigkeit zwischen Neuem und Bekanntem, Wichtigem und Unwichtigem zu unterscheiden und Beziehungen zwischen den Dingen herzustellen. Die kristalline Intelligenz entsteht durch individuelle Erfahrung. Das Individuum lernt im Laufe seines Lebens mit Problemen vielfältiger Art umzugehen und erarbeitet so Problemlösestrategien, auf die er dann immer wieder zugreifen kann. CATELL geht davon aus, dass sowohl fluide (gf) als auch kristalline Intelligenz (gc) gemeinsam den Generalfaktor (g) bilden.
- Kurze Zeit darauf formulierte LOUIS LEON THURSTONE die Theorie der „Sieben primären Gruppenfaktoren". THURSTONE konnte in Untersuchungen sieben Faktoren isolieren, die sich jeweils auf bestimmte Test- bzw. Leistungsbereiche beziehen ließen. THURSTONE nannte sie die „principle landmarks in mental abiltity" (1938, S. 4): Gedächtnis, Rechengewandtheit, Auffassungsgeschwindigkeit, logisches Denken, Raumvorstellung, sprachliche Gewandtheit und Wortflüssigkeit.
- Einen neueren, anderen Ansatz der Intelligenz beschrieb HOWARD GARDNER: Auf der Basis vielzähliger Beobachtungen von Vorschul- und Schulkindern sowie neurologisch erkrankten Patienten und geistig oder körperlich behinderten Menschen formulierte er das Konzept der „multiplen Intelligenzen". So ging er davon aus, dass unterschiedliche Menschen sehr unterschiedliche Formen von Intelligenz besitzen konnten, die relativ unabhängig voneinander seien. Er beschrieb in seinem Hauptwerk folgende Intelligenzen: Sprachlich-linguistische, logisch-mathematische, musikalische, räumliche, körperlich-kinästhetische, interpersonale, intrapersonale, naturalistische und existenzielle Intelligenz.
- Der Intelligenzquotient (IQ) wurde ursprünglich von TERMANS (1916) definiert als das Verhältnis von Intelligenzalter (IA) zum Lebensalter multipliziert mit 100. In neueren Intelligenztests wird die durchschnittliche Leistungsfähigkeit einer bestimmten Altersgruppe mit einem Wert von 100 gleichgesetzt.
- 1932 beschrieb DAVID WECHSLER als Kritik am Konzept des IQ „Abweichungsquotienten". Wie beim IQ auch ist auch bei WECHSLER der Standardwert 100. Dies entspricht dem Mittelwert aller gemessenen Testergebnisse (einer Altersgruppe). Darüber hinaus geht WECHSLER von einer Standardabweichung von 15 Punkten aus. Das heißt, wenn die Intelligenz in der Bevölkerung entsprechend einer GAUSS'schen Glockenkurve normalverteilt ist – und davon geht man aus –, dann finden sich in der ersten Stan-

dardabweichung vom Mittelwert (100 ± 15) 68,3 %, in der zweiten SD (100 ± 30) 95,4 % und der dritten SD (100 ± 45) 99,7 % aller Menschen. Dies ist auch heute noch die gängige Form der Intelligenzbezeichnung. Obwohl WECHSLER vom Abweichungsquotienten gesprochen hat, benutzen wir heute im allgemeinen Sprachgebrauch für diesen immer noch den Begriff IQ.

- Die WECHSLER Adult Intelligence Scale (WAIS-IV) für Erwachsene zwischen 16 und 89 Jahren sowie die WECHSLER Intelligence Scale for children (WISC-IV) für Schulkinder zwischen 6 und 16 Jahren sind die weltweit am häufigsten eingesetzten Verfahren zur Intelligenzmessung. Sie sollen Praktiker darin unterstützen, den allgemeinen geistigen Entwicklungsstand einer Person zu ermitteln und Leistungsbeeinträchtigungen sichtbar zu machen.

4 Motivation und Emotion

4.1 Motivation

Ein bekanntes, höchst erstaunliches Beispiel für Motivation beschrieb David Myers in seinem Buch Psychologie (Myers, 2008). Der Bergsteiger Aron Ralston kletterte in einem Canyon in Utah, als ein großer Felsbrocken sich bewegte und seinen rechten Unterarm in Höhe des Handgelenks einklemmte. Er erkannte schnell, dass er ganz allein war, in weiter Ferne niemand, der ihm helfen konnte oder der wusste, wo er zu finden war. Um sich selbst zu befreien, kam er auf vielzählige Ideen, z. B. versuchte er, mit dem Taschenmesser Stücke aus dem Felsen herauszumeißeln, dann band er Seile um den Felsbrocken, um ihn so zu bewegen. Er versuchte Tag um Tag, sich zu befreien. Nach drei Tagen und Nächten war ihm die Verpflegung ausgegangen, ihn quälten Hunger und vor allem Durst. Am 4. Tag, so schilderte er später, trank er seinen eigenen Urin und verabschiedete sich mithilfe einer Kameraaufnahme von seiner Familie. Am 5. Tag war er zu seiner eigenen Überraschung noch immer am Leben. Und zu diesem Zeitpunkt, so berichtet er, habe er eine Vision gehabt: Er sah einen kleinen Jungen, der von einem einarmigen Mann in die Luft gehoben wurde.

Motivation
Zustand des Motiviertseins; Motive sind angeborene Dispositionen, die Verhalten auslösen, ihm Intensität und Richtung verleihen.

Dieser Eindruck gab ihm die übermenschliche Kraft und den Willen, am Leben zu bleiben und das für uns Unvorstellbare zu tun. Innerhalb mehrerer Stunden zerbrach er durch Verbiegen seines Unterarms Elle und Speiche und zertrennte daraufhin mit dem inzwischen stumpfen Taschenmesser das Gewebe seines Arms. Er band den blutenden Unterarmstumpf ab und seilte sich so 20 m einen Abhang ab und lief weitere 8 km, bis er auf Zivilisation stieß und gerettet wurde. Später beschrieb er in seinem Buch „Im Canyon" (2004), dass der Moment seiner Rettung zweifellos der schönste Augenblick gewesen sei, den er je erlebt habe und je erleben werde.

Das Beispiel zeigt eindrücklich, wie zum einen *physiologische Bedürfnisse* (nach Flüssigkeit und Nahrung), aber auch *psychologische Bedürfnisse* (nach sozialen Kontakten und Familie) eine unglaubliche Motivation hervorbringen können.

Im Folgenden beschäftigen wir uns mit dem Thema Motivation, seiner Beschreibung und verschiedenen Ansätzen, wie Wissenschaftler Motivation erklären.

4.1.1 Motiv, Anreiz und Motivation

Aus dem oben beschriebenen Beispiel können wir drei wichtige Begriffe herleiten: Motiv, Anreiz und Motivation.

Ein **Motiv** ist eine situationsüberdauernde, persönlichkeitsspezifische Wertungsdisposition. Das heißt, dass die von einer Person angestrebten Handlungsziele individuell und fest in der Persönlichkeit verankert sind.

Wir unterscheiden hierbei primäre und sekundäre Motive. Zu den **primären Motiven** gehören die biologisch-physiologischen Bedürfnisse, die zwingend zur Aufrechterhaltung der Körperfunktionen benötigt werden, also Nahrung, Flüssigkeit, Schlafen etc.

Zu den **sekundären Motiven** zählt man Bedürfnisse, die in der Regel nicht angeboren, sondern im Rahmen von Sozialisations- und Enkulturationsprozessen erlernt wurden. Hierzu zählen z. B. prosoziales Verhalten, Leistung, Anerkennung, Selbstverwirklichung.

AUFGABE

Stellen Sie sich vor, es ist Ende des Schuljahrs. Die Notenkonferenzen sind vorbei und Ihre Noten stehen fest. In der letzten Schulwoche setzt Ihr Lehrer noch eine Klassenarbeit an.

Wie groß wird Ihre Motivation sein, für diese Klassenarbeit zu lernen, obgleich Sie doch grundsätzlich ein hohes „Leistungsmotiv" besitzen?

Ein Motiv kommt dann zum Tragen, wenn ein **Anreiz** hinzukommt. Ein Anreiz ist ein situativer Faktor, der einen Aufforderungscharakter besitzt. Dieser kann positiv sein, also zu einer Handlung hinführen, oder auch negativ sein und von einer Handlung wegführen.

Ob eine Situation als Anreiz angesehen wird, hängt davon ab, ob ein entsprechendes Motiv dahinter liegt.

Habe ich z. B. Angst vor Ärzten, Blut und ähnlichen Dingen, kann die Erwartung einer Impfung oder Blutabnahme ein guter Anreiz sein, nicht zum Arzt zu gehen und damit die Situation zu vermeiden. Habe ich Hunger, ist der Duft von frischen Brötchen ein starker Anreiz, auch tatsächlich jetzt etwas zu essen. Und schließlich – wenn ich gelernt habe, dass man alten Menschen hilft – ist eine an der Straße stehende alte Frau mit Stock und schwerer Tasche ein Anreiz, sie zu fragen, ob sie Hilfe benötigt.

Die genannten Beispiele führen letztlich zur **Motivation**. Motivation bezeichnet nämlich die Aktualisierung eines vorhandenen Motivs durch situationale Faktoren (Anreize). Sie wird sichtbar durch die entsprechenden Prozesse und Effekte, die sich aus der Motivanregung ergeben. Als Beispiele für Motivation können folgende Begriffe genannt werden: Antrieb, Drang, Wille, Interesse, Wunsch, Gefühl, Sehnsucht, Streben, Wollen, Begehren usw.

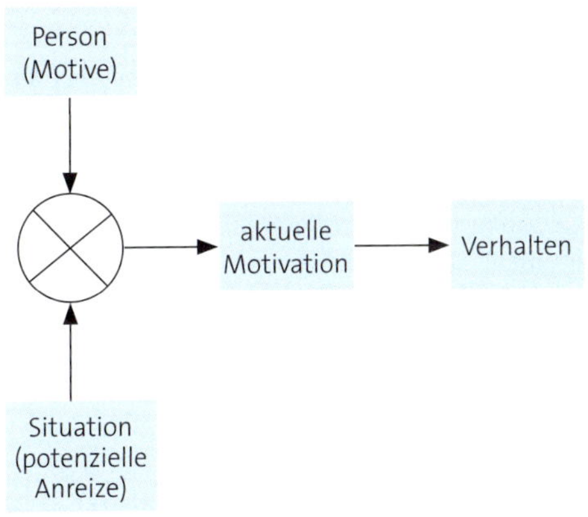

Zusammenwirken von Person- und Situationsfaktoren bei der Entstehung von Motivation.

Motivation heißt also nicht, etwas tatsächlich getan zu haben, vielmehr ist Motivation eine Handlungsintention, die je nach Bedingungen zu einer Handlung führen kann oder auch nicht.

Beeinflusst wird die Motivation zusätzlich durch weitere Komponenten wie eigene Erwartungen, Erwartungen anderer, Emotionen, Werten und vielem mehr. Dies zeigt, wie komplex Motivationen sind. Daher gibt es auch sehr viele unterschiedliche Annahmen über die Entstehung von Motivation. Die wichtigsten sollen im Folgenden aufgezeigt werden.

4.1.2 Erklärungsansätze der Motivation

Psychologen haben unterschiedliche Zugänge zur Beschäftigung mit dem Thema Motivation. Einige wesentliche Ansätze sollen im Folgenden kurz beleuchtet werden: Dazu gehören **evolutionspsychologische Ansätze, triebtheoretische Ansätze** (die die Interaktion von inneren Trieben und äußeren Zwängen betonen), **inhaltliche Theorien**, z. B. die Bedürfnishierarchie von MASLOW, sowie die **Attributionstheorie**. Zudem soll abschließend das Konzept der **Leistungsmotivation** aufgezeigt werden.

4.1.2.1 Evolutionspsychologischer Ansatz

Anfang des 20. Jahrhunderts und unter dem wachsenden Einfluss von DARWINS Evolutionstheorie wurde es modern, alle möglichen Verhaltensweisen als Instinkte zu klassifizieren. Übte jemand Kritik an sich selbst, dann tat er das wegen seines „Selbsterniedrigungsinstinkts". Wenn jemand prahlte, war dies ein Ergebnis seines „Selbstbehauptungsinstinkts". Der Soziologe BERNARD (1924) sichtete 500 Bücher und stellte dann eine Liste von 5759 menschlichen Instinkten zusammen! (MYERS, 2008, S. 508)

Jedoch ist Instinkt in der Biologie sehr viel enger gefasst. So kann ein Verhalten nur dann als Instinkt bezeichnet werden, wenn es ungelernt bei allen Mitgliedern einer Spezies auftritt. Davon kann jedoch bei einem menschlichen Verhalten wohl kaum die Rede sein!

Instinkt
Instinkt bezeichnet ein (komplexes) sinnhaftes Verhalten oder eine Verhaltensdisposition, die nicht erlernt werden muss und von jedem Mitglied einer Gattung gleichermaßen als Muster festgelegt ist. Die Zielgerichtetheit des Verhaltens muss dem betreffenden Individuum dabei nicht zwingend bewusst sein.

Um ein (komplexes) Verhalten als Instinkt bezeichnen zu können, muss es als festes Muster bei allen Mitgliedern einer Spezies vorkommen und darf nicht gelernt sein (TINBERGEN, 1951). Hier kann z. B. das spezifische Sexualverhalten von Hirschen oder Pfauen in der Brunftzeit genannt werden.

Evolutionspsychologisch gesehen benötigen wir spezifische soziale Verhaltensmuster und Motivationssysteme zum sozialen Austausch und um letztlich unser Überleben zu sichern, z. B. Sexualpartner finden und gewinnen, Nachkommen aufziehen, soziale Beziehungen aufrechterhalten, bei der Jagd kooperieren, Futter teilen und vieles mehr.

Dabei müssen sich Lebewesen der motivationalen und kognitiven Mechanismen nicht zwingend bewusst sein. Oder können Sie sich erklären, warum Sie gern Süßigkeiten mögen,

Selektionsdruck
Nach Charles Darwin unterliegen alle Lebewesen einer Selektion. Ist ein Individuum gut an seine Umweltbedingungen angepasst, hat es statistisch gesehen eine bessere Überlebenschance und somit einen höheren Fortpflanzungserfolg als schlechter angepasste.

symmetrische Gesichter attraktiver finden, sich über eigene Leistungen freuen? Oder warum halten bestimmte Männer Blondinen für attraktiver oder bevorzugen manche Frauen eher korpulente Männer? Woher rührt die Angst vieler Menschen vor Spinnen?

Motivation beruht gemäß dieser Sichtweise auf aus der Evolution entstandenen physiologischen und psychischen Mechanismen, die uns bestimmte Dinge erstrebenswert erscheinen lassen. Um zu verstehen, warum uns Dinge erstrebenswert erscheinen, muss man die adaptiven Anforderungen (Anpassung im Sinne eines „Selektionsdrucks") analysieren, die zur Evolution spezifischer Motivationssysteme geführt haben.

Die meisten Psychologen glauben heute jedoch, dass das menschliche Verhalten eher von physiologischen und psychologischen Bedürfnissen gesteuert wird und weniger von Instinkten. Obwohl der evolutionstheoretische Ansatz die Motive menschlichen Handelns nicht erklären konnte, bleibt jedoch die dahinterstehende Annahme bestehen, dass arttypisches Verhalten genetisch angelegt ist.

4.1.2.2 Triebtheoretischer Ansatz

Da sich zum einen durch die Evolutionspsychologie nicht alle komplexen Verhaltensmotive erklären lassen und auch die Kritik am rein „instinktiven" Verhalten zunahm, kam es parallel zur Entwicklung weiterer Ansätze, die eher „trieborientiert" ausgerichtet waren. Die Grundannahme dabei war, dass ein physiologisches Bedürfnis einen Erregungszustand im Organismus bewirkt und diese Erregung den Menschen wiederum dazu antreibt, das Bedürfnis zu stillen oder zumindest zu reduzieren, z. B. durch Essen oder Trinken. Wenn physiologische Triebe stärker werden, entsteht durch Aktivierung bestimmter Hirnareale gleichsam auch ein psychischer Trieb, nämlich ein erregter, motivierter Zustand.

Triebzustände können zum einen von innen heraus, also aus dem Organismus selbst kommen, im Sinne eines inneren Drucks („push"), der zu dem Bedürfnis führt, diesen inneren Druck abzubauen. Wir werden aber nicht nur durch unser Bedürfnis nach Triebreduktion zu einem bestimmten Verhalten „gepusht", sondern auch von äußeren Anreizen angezogen. Dies können positive wie auch negative Reize sein, die uns dann locken oder abstoßen können. So können also auch Kräfte aus der Umwelt auf den Organismus wirken und ihn so in eine bestimmte Richtung „ziehen" („pull").

Der Organismus kann seinen Trieben nicht entgehen. Triebe können höchstens für eine gewisse Zeit unterdrückt oder kontrolliert werden. Einen Trieb abzustellen oder ihn zu vermeiden, ist jedoch nicht möglich! Triebe, ob von innen oder außen induziert, führen also zu motiviertem Verhalten. Sie sind die Quelle unseres Antriebs.

Ein weiterer Aspekt von Triebzuständen ist ihre aversive Qualität: Hunger oder Durst werden als unangenehm erlebt und führen so zu einer Verhaltensmotivation, nämlich Nahrung und Flüssigkeit zu finden. Haben wir etwas gegessen, fühlen wir uns wohl und befriedigt (sofern wir nicht zu viel in uns hineingestopft haben – dann herrscht eher der Gedanke vor – „Oh Gott, ich esse nie wieder etwas!"). Triebe motivieren (oder „energisieren") uns zu einem Verhalten, welches dazu führt, aufgestaute und als unangenehm empfundene Spannung abzubauen.

> „Die Vermeidung unangenehmer und das Anstreben angenehmer Gefühlszustände ist der zentrale Mechanismus, durch den Triebzustände das Verhalten motivieren" (Rothermund / Eder, 2011, S. 23).

Die Triebtheoretiker legen für unser Verhalten folgenden Ablauf zugrunde:

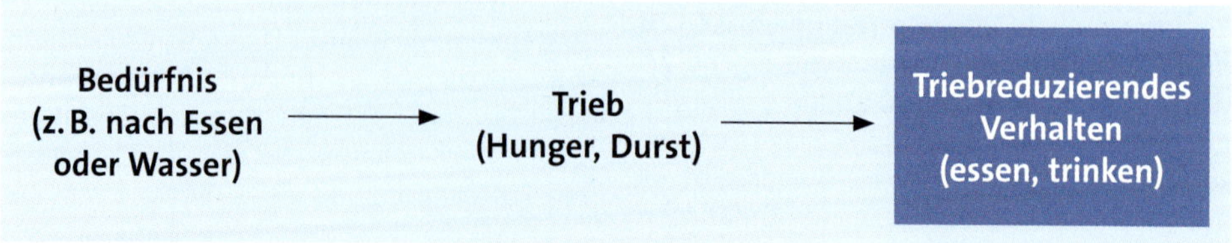

Triebreduktionstheorie (Myers, 2008, S. 514)

Das Ziel der Triebreduktion stellt die Homöostase dar, einen aus psychischer Sicht ausgeglichenen, zufriedenen Zustand.

BEISPIEL

Als gut zu merkendes Beispiel für das „Erleben“ von Homöostase ist das Gefühl, das Sie haben, wenn Sie dringend zur Toilette mussten, diesen „Trieb“ lange unterdrücken und kontrollieren mussten und sich dann endlich erleichtern können.

Tatsächlich wurde der Begriff Homöostase früher eher für vegetative Regulationssysteme unseres Körpers genutzt: Wenn wir bei oben genanntem Beispiel bleiben wollen, dann entsteht das Bedürfnis nach Wasserlassen letztendlich aus der Tätigkeit unserer Nieren. Diese filtern Schad- und Abfallstoffe aus dem Blut, um so das Gleichgewicht in unserem Organismus aufrechtzuerhalten. Die in Wasser gelösten Endprodukte werden in der Blase zwischengelagert. So trägt der „innere Trieb zum Wasserlassen“ zur Aufrechterhaltung der physiologischen Homöostase bei!

Das Motivationsmodell nach FREUD

Eine erste psychologische Triebtheorie beschrieb SIGMUND FREUD (FREUD, 1915, 2000). Sie baut auf seiner Theorie der Persönlichkeit auf (siehe Kapitel 7: Tiefenpsychologische Ansätze). Er unterscheidet dort drei Persönlichkeitsbereiche: das Es, das Ich und das Über-Ich. Dabei stellt das „Es“ die Triebe und Bedürfnisse dar, die dem Organismus innewohnen und befriedigt werden wollen. Wie oben schon erwähnt, können wir diesen „Trieben“ nicht entgehen und so wirken sie wie Dampf in einem „Dampfkessel“, der, wenn der Dampf zunimmt, das heißt die Triebe nicht befriedigt werden, einen immer höheren Druck erzeugt. Dieser Druck kommt als innere Anspannung in unser Bewusstsein und kann letztlich nur durch „Triebbefriedigung“ wieder abgebaut werden.

FREUD ging davon aus, dass diese aus dem Es stammenden Triebe in der Regel unbewusst arbeiten, die Konsequenzen aus diesen Trieben sich jedoch in unseren Gefühlen und Gedanken niederschlagen und so Handlungen zur Triebbefriedigung auslösen.

4.1.2.3 Optimale Aktivation und Neugier

Bisher sind wir ausschließlich davon ausgegangen, dass bedürfnisbezogene Defizitzustände, die als unangenehme, innere Spannung (= **Aktivation**) erlebt werden, zu Verhaltensweisen führen, die die Neutralisierung der Aktivation zum Ziel haben.

Homöostase
Tendenz des Organismus zur Erhaltung eines stabilen inneren Zustands

Die Frage, die sich Wissenschaftler aber stellen, ist: Warum verlassen Tiere, die ausreichend gefressen haben und keinen Sexualtrieb verspüren, ihren bekannten Lebensraum, um die Umgebung zu erkunden? Warum beginnen Ratten ein Labyrinth weiter zu erkunden, obwohl sie den Weg zum Futter bereits gefunden haben? Nachvollziehbar wird dieses Verhalten, wenn man sogenanntes Neugier- oder Explorationsverhalten betrachtet.

Neugier ist der Grund, warum Kinder laufen lernen. Aus Neugier ziehen sie sich an Regalen hoch und lernen dabei zu stehen. Aus Neugier, die Welt noch weiter zu erforschen, kriechen und laufen sie später in die entferntesten Winkel der Wohnung.

Angeborene Neugier spielt also für alle Lebewesen eine wichtige Rolle für die Entwicklung und das Überleben. Gerade der zweite Aspekt, der auch bei niederen Tieren beobachtet werden kann, zeigt, dass das „Neugiermotiv“ angeboren ist. Dabei stellt dieses Motiv im Grunde ein System an unterschiedlichen Untermotiven dar, die letztlich dann unter dem Begriff „Neugier“ subsumiert werden können.

Grundsätzlich lassen sich zwei Arten von Neugier unterscheiden:

1. *Spezifisches Neugierverhalten* wird durch Reize in der materiellen und sozialen Umwelt ausgelöst, z. B. ein unbekanntes Geräusch, eine attraktive Frau oder ein gut aussehender Mann.
2. *Diversives Neugierverhalten* entsteht in monotonen Situationen, z. B. im Wartezimmer beim Arzt, beim Warten auf den Bus oder auch bei sich immer wiederholenden Arbeitstätigkeiten. Von allein tritt dann ein Verlangen nach Abwechslung, Stimulation und Information zutage. Dies trifft sowohl auf Menschen als auch auf Tiere zu. Im Wartezimmer werden dann plötzlich Plakate über Infektionskrankheiten oder an sich uninteressante Zeitschriften interessant.

BEISPIEL

Einen eindrücklichen Beleg für diese Form des Neugier- oder Explorationsverhaltens liefern auch Reizdeprivationsstudien, in denen Versuchspersonen einer extrem reizarmen Umgebung ausgesetzt wurden, in der sämtliche sensorische Anregungen unterbunden wurden, z.B. Aufenthalt in einem dunklen, schallisolierten Wassertank mit körperwarmem Wasser. Trotz attraktiver Bezahlung brachen die Teilnehmer dieser Stimulationsdeprivationsstudien meist nach sehr kurzer Zeit den Versuch ab oder waren bereit, sich Telefonbucheinträge oder Aktienkurse vorlesen zu lassen, um wenigstens eine minimale Stimulation zu erhalten (ROTHERMUND/EDER, 2011).

Die Motivation, zu welcher auch Neugier zählt, zielt beim Menschen also nicht nur darauf ab, Erregung oder Spannung zu beseitigen, sondern vielmehr ein optimales Erregungsniveau anzustreben (ROTHERMUND/EDER, 2011). Der

BEISPIEL

Die Suche nach der optimalen Anspannung haben bereits 1908 ROBERT YERKES und JOHN D. DODSON in Tierversuchen nachvollziehen können. So ergab sich in Versuchen mit Ratten und Mäusen, dass je nach Stimulationsgrad sich auch die Leistungen der Versuchstiere veränderten. Die höchsten Leistungen erbrachten die Tiere bei einem mittleren Stimulations- oder Aktivierungsniveau. Später wurde dieses Aktivationsmodell auch auf den Menschen übertragen und zudem auf das emotionale Befinden bezogen (SCHMALT/LANGE, 2009).

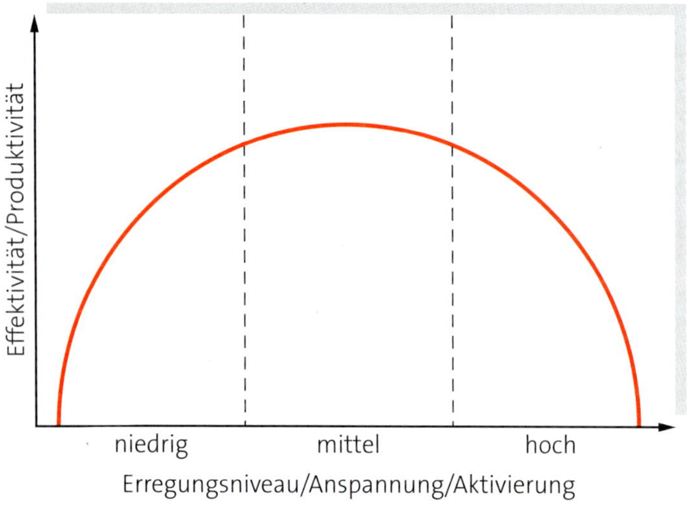

YERKES-DODSON-Gesetz

Mensch benötigt Stimulation. Ohne Stimulation fühlen wir uns gelangweilt und suchen nach einer Möglichkeit, wie unsere Erregung auf ein optimales Niveau erhöht werden kann. Wenn die Stimulation jedoch zu stark ist, kommt Stress auf und wir suchen nach einer Möglichkeit, die Erregung wieder abzubauen.

Aus der Abbildung kann man lesen, dass sowohl Unteraktivierung (Langeweile) als auch Überaktivierung (Stress) zu geringer Motivation bzw. geringem Leistungsverhalten führen. Individuen werden am ehesten stimuliert und motiviert, wenn ein mittlerer Aktivierungsgrad erreicht werden kann, dies können z.B. Aufgaben im Beruf oder in der Schule sein, die zwar fordernd, aber dennoch gut zu bewältigen sind.

Einzelne Leistungen eines Individuums können also je nach (emotionaler) Aktivierung sehr unterschiedlich sein. Fühlt sich ein Mensch unterfordert, wird er seine mögliche Leistungsfähigkeit nicht ausleben können oder wollen. Steigt der Druck jedoch über ein mittleres Maß hinaus, dann sinkt ebenfalls die Leistung wieder – bis hin zur Stresssituation, in der die Leistung auf null sinken kann, z.B. bei einem Blackout in einer Prüfungssituation.

4.1.3 Motivation am Beispiel der Bedürfnishierarchie nach ABRAHAM MASLOW

Während in den bisherigen Ausführungen eher die Frage nach dem „Wie“, also „Wie entsteht Motivation?“, gestellt wurde, wollen wir in diesem Abschnitt die Frage nach dem „Was“ stellen. Nämlich: „Was sind die fundamentalen Antriebskräfte unseres Handelns und wie lassen sich diese psychogenen Motive thematisch gruppieren?“ Oben haben wir von einer unüberschaubaren Anzahl von „Instinkten“ gehört, – aber gibt es nicht doch eine Möglichkeit der Kategorisierung einiger wesentlicher Motivgruppen?

Gerade haben wir gelesen, dass Kinder von unbekannten Dingen fasziniert sind. Der Reiz, unbekannte Dinge zu erkunden, ist eines der Motive, die nichts mit unmittelbaren physiologischen Bedürfnissen zu tun haben.

Aber manche Bedürfnisse erscheinen uns in bestimmten Situationen wichtiger als andere. Jetzt, wo Sie diesen Text lesen, ist (anscheinend) Ihr Bedürfnis nach Information und Lernen ausgeprägt. Wenn Sie jetzt aber noch eine Weile lesen und Durst bekommen, dann gewinnt schnell das Bedürfnis nach Flüssigkeit überhand und das Interesse am Buch erlischt. Erst wenn Ihr Durst wieder gestillt ist, können Sie das „Wissensbedürfnis“ wieder spüren.

Diese Erkenntnis hatte bereits 1943 ABRAHAM HAROLD MASLOW. Er unterscheidet zwischen fünf Klassen von Bedürfnissen, die hierarchisch angeordnet sind. (MASLOW, 1943)

Die Bedürfnishierarchie MASLOWS (auch hierarchy of need, Bedürfnispyramide) beginnt mit den physiologischen Bedürfnissen, die erfüllt sein müssen, bevor auf einer höheren Stufe das Bedürfnis nach Sicherheit und danach die psychischen Bedürfnisse (Zugehörigkeit und Selbstwert) aktuell werden. Während diese ersten vier Stufen von MASLOW als „Defizitstufen“ bezeichnet werden, bezeichnet er die 5. Stufe als „unstillbare Bedürfnisse des Seins“, da sie nie vollständig befriedigt werden kann.

1. Physiologische Bedürfnisse *(physiological needs)*, z. B. Nahrung, Atmung, Schlaf, Wärme, Unversehrtheit. Wenn diese körperlichen Existenzbedürfnisse konstant befriedigt werden, verlieren sie an Bedeutung. Diese Bedürfnisse entsprechen physiologischen Defizitzuständen.
2. Sicherheitsbedürfnisse *(safety needs)*, z. B. Bedürfnis nach Sicherheit, Stabilität, Ordnung, Schutz, Vorhersagbarkeit des Lebens. Menschen wünschen sich eine vorhersagbare Welt, Unsicherheit und Ungerechtigkeit verursachen Stress. Diese Bedürfnisse sind unter normalen gesellschaftlichen Verhältnissen erfüllt, allerdings können Kriege und Krisen zu einer Bedrohung dieser Sicherheitsbedürfnisse führen.
3. Zugehörigkeits- und Liebesbedürfnisse *(love needs)*, z. B. das Bedürfnis nach Geborgenheit und Zuneigung in der Partnerschaft, Familie oder im Freundeskreis. Ergebnisse soziologischer Studien bestätigen die negativen Auswirkungen von Einsamkeit durch Entwurzelung aus Bezugsgruppen. Dies könnte geschehen durch Auflösung der Familie nach einer Scheidung oder z. B. auch durch Aufnahme eines Studiums in einer fremden Stadt, ohne Anschluss zu finden. Die dritte Stufe entspricht Anschluss- bzw. Bindungsmotiven.
4. Wertschätzungs- und Geltungsbedürfnis *(esteem needs)*, z. B. Bedürfnis nach Status, Wertschätzung, sozialer Anerkennung, Geld, Einfluss und Respekt. Das Bedürfnis umfasst auf der einen Seite ganz individuell Wünsche nach Stärke, Leistung und Kompetenz, auf der anderen die Bedürfnisse nach Pre enschen. Diese Bedürfnisse sind weitestgehend deckungsgleich mit dem „Machtmotiv“.

A. H. MASLOW

Transzendenz
Nach JEAN PAUL SARTRE ist Transzendenz ein grundlegendes Merkmal des Menschen und bereits von Beginn an in jedem Menschen vorhanden. Dabei ist das Überschreiten des Egos gemeint, in dem das Individuum über seine (sich selbst gesetzten) Grenzen hinauswächst und diese überwindet. SARTRE verwendet den Begriff des „menschlichen Alls“. In Analogie zum Höhlengleichnis des griechischen Philosophen PLATON und seiner Ideenlehre entwickelt sich der Mensch in seiner Moral und Ethik vom Schattendasein hin ins „wahre Licht“, hin zum „Guten an sich“.

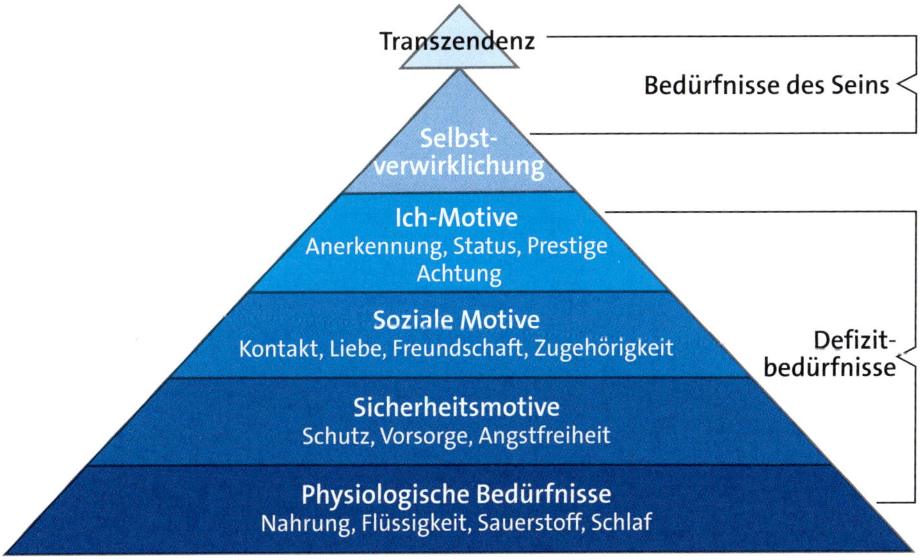

Bedürfnishierarchie nach A. H. MASLOW

5. Bedürfnis nach Selbstverwirklichung, auch Wachstumsbedürfnis oder Selbstaktualisierung genannt *(need for self-actualization)*. Hierunter versteht MASLOW die Tendenz, die eigenen Anlagen und Fähigkeiten zur Entfaltung zu bringen. Die Ausformung des Strebens nach Selbstaktualisierung erfolgt in individueller Weise. Die Effekte dieses Strebens sind von Person zu Person sehr unterschiedlich. Grundsätzlich zeigt sich darin die in der humanistischen Psychologie als Grundsatz angenommene Tendenz im menschlichen Wesen, sich weiterzuentwickeln. Manche Personen sehnen sich dabei nach künstlerischer Betätigung, andere nach Einsicht und Erkenntnis. Die Selbstaktualisierung besitzt Ähnlichkeit mit dem „Leistungsmotiv", also Dinge möglichst gut zu machen (ROTHERMUND/EDER, 2011, S. 97).
6. Ebene der Transzendenz als oberste Stufe, die Suche nach dem Wahren, einer das individuelle Selbst überschreitenden Dimension. Mit dieser Ebene hat MASLOW sein Modell 1970, kurz vor seinem Tod, erweitert. Aufgrund ihrer nur bedingten Beobachtbarkeit und Nachvollziehbarkeit wurde sie in wissenschaftlichen Kreisen stark kritisiert. Dies zeigt sich auch darin, dass die Stufe der Transzendenz bis heute in vielen Lehrbüchern keinen Eingang findet und nach wie vor die ursprüngliche Hierarchie verwendet wird.

MASLOW bezeichnet die unteren drei Motivebenen und partiell auch die vierte Ebene als **Defizitmotive**, da ungünstige Folgen bei Nichtbefriedigung zu erwarten sind, z. B. körperliche und psychische Krankheiten, sie vor allem aber ein Gefühl der Entbehrung hervorrufen. Durch Befriedigung mit entsprechenden Gütern oder Handlungen können diese Bedürfnisse zumindest bis auf Weiteres vollständig befriedigt werden. Bei sicherer und regelmäßiger Erfüllung verlieren sie auch ihre motivationale Wirkung.

Die Motive der obersten Stufe(n) werden als **„Seinsmotive"** verstanden und auch als *unstillbare Bedürfnisse* bezeichnet (HECKHAUSEN/GOLLWITZER, 1987). Diese Motive sind nämlich nicht reaktiv auf die Beseitigung von Defiziten gerichtet, sondern sie verlangen nach ständiger Betätigung und Verbesserung. Während die Motivation der Bedürfnisbefriedigung unterer Stufen nach deren Erreichen abnimmt, nimmt hier die Stärke der Motivation mit jeder erfolgreichen Betätigung eher zu als ab. Eine Bedürfniserfüllung oder „Erledigung" wie bei den Defizitmotiven ist für die Selbstaktualisierung nicht möglich.

Prinzip der relativen Vorrangigkeit

Der Grundgedanke von MASLOWS Klassifikation ist die Annahme, dass, solange niedere Bedürfnisse nicht befriedigt sind, nicht auf die anderen Bedürfnisse eingegangen werden kann. Wird z. B. ein Hungergefühl nicht erfüllt, wird sich ein Schüler kaum auf die Inhalte der Unterrichtsstunde konzentrieren können.

Schülern sollte daher die Befriedigung verschiedener Grundbedürfnisse wie Flüssigkeitsaufnahme und Toilettenbesuch gewährt werden. Demnach haben auch regelmäßige Pausen für die Bedürfnisse nach Nahrung, Flüssigkeit und Erholung eine wichtige Bedeutung!

Ein zentrales Postulat des Modells nach MASLOW besteht darin, dass die unteren Bedürfnisebenen einen Vorrang vor den übergeordneten besitzen. Demnach wird die Motivation stets durch die niedrigste Bedürfnisebene bestimmt, wenn bei deren Befriedigung Defizite auftreten. Die Wahrnehmung von Motiven einer höheren Ebene kommt erst dann in Betracht, wenn die Befriedigung aller niedrigeren Bedürfnisebenen dauerhaft sichergestellt ist.

Natürlich darf dieses Hierarchiepostulat nicht in dem Sinne missverstanden werden, dass kurzfristige Defizite auf untergeordneten Ebenen jede höhere Motivation unterbinden würden. Erst die dauerhafte Gefährdung oder Frustration niederer Bedürfnisse führt zu einer Fokussierung auf diese Stufe (ROTHERMUND/EDER, 2011).

Es gibt darüber hinaus auch Ausnahmen: So gelingt es manchen Personen trotz einer permanenten Beeinträchtigung basaler Bedürfnisse (Entbehrungen, Folter, Ablehnung, Widerstand, Zurückweisung, Ächtung), dennoch eine starke Motivation für Identitätsziele und persönliche Werte aufrechtzuerhalten, z. B. Märtyrer, Querdenker.

AUFGABE

Überlegen Sie in Partnerarbeit, ob es auch Ausnahmen des Prinzips der relativen Vorrangigkeit gibt. Denken Sie an besondere Situationen oder Persönlichkeiten, die trotz starker Beeinträchtigung basaler Bedürfnisse dennoch eine starke Motivation zur Verfolgung von Persönlichkeitszielen (Identität und Werte) aufrechterhalten konnten.

BEISPIEL

Auch wenn die Bedürfnishierarchie meist pyramidenförmig abgebildet ist, dürfen wir nicht dem Irrtum verfallen, dass die oberen Stufen weniger wichtig wären. MASLOW selbst hat deshalb niemals das Bild der Pyramide genutzt!

Eine gute Darstellung der tatsächlichen Bedeutsamkeiten der einzelnen Stufen hat ROSEMARIE VON SCHWEITZER (1991) geschaffen:

Aus dieser Abbildung zeigt sich sehr gut, dass erst wenn die fundamentalen Bedürfnisse befriedigt sind, die nächsthöhere Hierarchiestufe in das Blickfeld des Menschen gerät.

Aber gleichzeitig sieht man auch, dass das physiologische Bedürfnis nach Nahrung nicht komplett in den Hintergrund gerät, sondern auch auf den weiteren Hierarchiestufen eine Rolle spielt. Das Sicherheitsbedürfnis wird ebenfalls durch das ausreichende Vorhandensein von Nahrung zumindest mitbefriedigt und auch die Zugehörigkeits- und Liebesbedürfnisse werden im Rahmen von Einladungen zum Essen, gemeinsamen Besuchen von Restaurants oder Bars etc. tangiert. Schließlich könnte es auch sein, dass Wertschätzungs- und Geltungsbedürfnisse dazu führen, ein bestimmtes Ernährungsverhalten (z. B. vegane Ernährung) an den Tag zu legen. Um das Beispiel abzuschließen könnte nun die betreffende Person sich selbst verwirklichen, indem sie Koch wird.

AUFGABE

Finden Sie eigene Beispiele, wie niedriger angelegte Bedürfnisse noch in höheren Stufen Bedeutung erhalten.

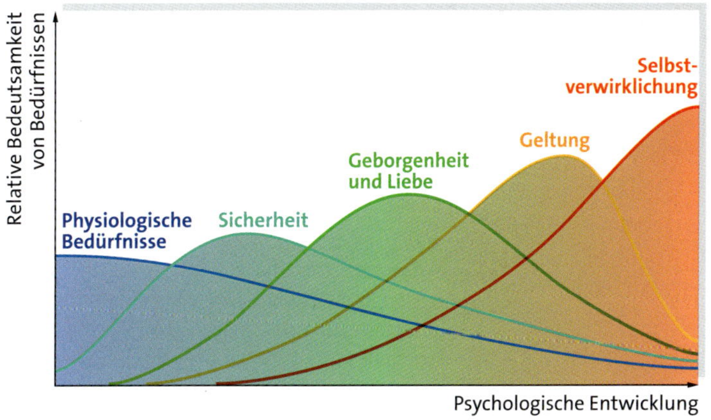

Bedürfnishierarchie nach Maslow als Kurvendiagram (nach VON SCHWEITZER, 1991)

Bedeutung für die Psychologie

Die „Defizitbedürfnisse" stehen untereinander in folgender Beziehung: Wenn ein Bedürfnis erfüllt ist, tritt das nächsthöhere an seine Stelle. Je höher das Bedürfnis, desto später entsteht es in der Entwicklung einer Person, sodass man bei Erwachsenen in der Regel komplexere Bedürfnisstrukturen feststellen kann. Je höher das Bedürfnis, desto weniger wichtig ist es für das reine Überleben, denn es kann leichter aufgeschoben werden, es wird als weniger drängend erlebt und kann auch ganz verschwinden.

Untersuchungen haben gezeigt, dass ein Individuum, dessen Verhalten durch höhere Bedürfnisse bestimmt ist, bei dem also alle grundlegenderen Bedürfnisse befriedigt sind, seltener krank ist, besser schläft und länger lebt. Die Befriedigung höherer Bedürfnisse schützt vor psychischen Krankheiten und ist damit ein wichtiger Schutzfaktor für die allgemeine Gesundheit.

Höhere Bedürfnisse werden sozial höher bewertet und haben auch positive soziale Konsequenzen (Loyalität, Freundlichkeit, Hilfsbereitschaft).

Umfragen zum Thema Lebenszufriedenheit in 39 Ländern stützen das Modell MASLOWS (OISHI et al. 1999). In ärmeren Ländern und auch bei niedrigeren sozioökonomischen Schichten in Deutschland, in denen Geldmangel den Zugang zu Nahrung, aber auch zur gesellschaftlichen und sozialen Teilhabe erschwert, wird die subjektive Lebenszufriedenheit stärker über die Zufriedenheit mit der finanziellen Situation definiert. In reichen Nationen und generell höheren sozioökonomischen Schichten, wo sich die meisten ihre Grundbedürfnisse erfüllen können, ist der Wert, den Familie und Freunde einnehmen, ein besserer Prädiktor.

4.1.4 Motivation als rationale Entscheidung

Bisher haben wir Motivation als einfache Folge von Triebzuständen, Bedürfnissen und situativen Anreizen kennengelernt. Genau genommen würden wir uns hier kaum von der Tierwelt unterscheiden. Wenn man Sie fragen würde, warum Sie heute Morgen zur Schule gekommen sind, dann würden Sie mit hoher Wahrscheinlichkeit nicht entgegnen, dass Sie dies aufgrund Ihres Leistungsmotivs tun. Vielmehr würden Sie einen plausiblen Grund finden, was Sie dazu bewogen hat, das warme Bett zu verlassen, viel zu früh aufzustehen und den Weg in die Schule anzutreten. Sicherlich fallen Ihnen ein paar gute Gründe ein – manches Mal vielleicht aber auch nicht!

Menschliches Verhalten wird von uns in der Regel als ein Ergebnis aus der Abschätzung des Für und Wider einer bestimmten Handlungsmöglichkeit angesehen. Wir begründen unser Verhalten, unsere Handlungen, etwas zu tun oder zu lassen, mit Argumenten.

- Ich bin heute in die Schule gekommen, weil ich glaube, dass mir der Lernstoff für mein späteres Studium hilfreich ist. (Oder: Weil ich sonst Ärger mit Lehrern und Eltern bekomme!)
- Ich kaufe mir ein neues Handy, weil meines nicht mehr richtig funktioniert und nicht mehr leistungsfähig genug ist, außerdem könnte ich es meiner Schwester geben, die braucht dringend eines... (Viele würden sich selbst nicht einmal eingestehen, dass sie sich das Handy deshalb kaufen, weil die anderen auch so eines haben, es einfach moderner ist und schlicht cooler aussieht! Diese Begründung würde nämlich den eigenen Wertvorstellungen und Kosten-Nutzen-Überlegungen nicht standhalten!)
- Ich helfe meinem Nachbarn, weil er mir auch geholfen hat. (Oder: Weil ich zukünftig dann auch Hilfe von ihm erwarten kann.)

Wir sehen also hier eine neue Sichtweise, nämlich: *Motivation als Resultat vernünftiger Überlegungen und Entscheidungen.*

4.1.4.1 Prospect Theory

Diese 1979 von Daniel Kahneman und Amos Tversky mithilfe von experimentellen Studien gesicherte Theorie basiert auf einem ökonomischen Modell der **Nutzenmaximierung** (Kahneman, 2012). Bei der Nutzenmaximierung geht es darum, dass bei unterschiedlichen Handlungsmöglichkeiten immer diejenige ausgewählt wird, deren Konsequenzen oder Handlungsergebnisse den individuellen Vorlieben am besten entsprechen.

Kosten und Nutzen werden gegenübergestellt und mit den eigenen Präferenzen abgeglichen. Die Betonung dieser Sichtweise liegt auf dem „subjektiven" Nutzen. Das heißt, je nach Individuum kann eine Entscheidung völlig unterschiedlich ausfallen. Immer jedoch wird von einem durchweg rational denkenden und handelnden Menschen ausgegangen, dem sogenannten „Homo oeconomicus".

Kahneman und Tversky hielten dagegen, dass der Mensch eben gerade nicht immer rational und sinnvoll handelt und durch die Psyche immer Unsicherheiten und Fehlverhalten unterworfen ist. Vor allem dann, wenn Verhalten unter Unsicherheit gefordert ist, kann es nach der Prospect Theory (ursprünglich auch *lottery theory* genannt) zu **kognitiven Verzerrungen** (cognitive biases) kommen.

BEISPIEL

Kahnemans „Linda-Problem"

Linda, 31 Jahre alt, studiert Philosophie, engagiert sich für soziale Gerechtigkeit und nimmt an Anti-Atomkraft-Demonstrationen teil.

Kahnemann stellte Versuchspersonen nun eine Frage: Was ist wohl wahrscheinlicher?

a) Linda arbeitet in einer Bank.

b) Linda arbeitet in einer Bank und ist zugleich aktive Feministin.

90 % der Befragten tippten auf die zweite Variante. Dabei ist die Wahrscheinlichkeit für eine feministische Bankangestellte natürlich wesentlich geringer als für eine einfache Bankangestellte.

Doch instinktiv bevorzugen die meisten Menschen die unwahrscheinliche, aber plausibel klingende Geschichte. Die durchschnittliche Bankangestellte, so Kahneman, sei keine feministische Aktivistin – doch für unser Gehirn macht dieses Detail die Geschichte stimmiger!

Sie kennen solche kognitiven Verzerrungen wie den Rosenthal- oder den Halo-Effekt aus dem Kapitel 2: „Wahrnehmen und Beobachten" (S. 101). Diese Fehler entstehen durch die Aktivität bestimmter Hirnstrukturen, die KAHNEMAN schlicht „System 1" nennt. Dieses System interpretiert Sinneseindrücke blitzartig – ob falsch oder richtig, spielt zunächst keine Rolle, schnell muss es gehen. Diese schnellen Abläufe sind wichtig, damit wir im Notfall schnell zu Entscheidungen kommen können. Das „System 2" hingegen steht für das logische, das vernünftige Nachdenken, das bessere Ergebnisse liefert, jedoch weitaus langsamer ist. Das logische Denken im System 2 ist unbequem und anstrengend – wir müssen nachdenken. System 1 dagegen funktioniert automatisch, braucht keine „Denkkraft" und schafft ständig Zusammenhänge und Lösungen, die aber leider oft auch falsch sein können.

Einige kognitive Verzerrungen stellt die Tabelle vor. Ihnen wird sicher für jede Art der Verzerrung ein eigenes Beispiel einfallen, denn Sie werden merken, dass wir von diesen Phänomenen ständig betroffen sind.

Diese und weitere von KAHNEMAN und TVERSKY genannten Verzerrungen spielen in die Entscheidungsfindung hinein, sodass bei Menschen letztlich nur bedingt von tatsächlich rationalen Entscheidungen ausgegangen werden kann.

Heuristiken (Verfügbarkeit und Repräsentativität)	Ein Ereignis wird umso wahrscheinlicher eingeschätzt, je leichter man in der Lage ist, sich das Ereignis vorzustellen oder in Erinnerung zu rufen. Je repräsentativer ein Ereignis ist, desto größer die subjektive Wahrscheinlichkeit. In beiden Fällen kommt es leicht zur Überschätzung der Wahrscheinlichkeit.
Selbstüberschätzung (overconfidence bias)	Menschen überschätzen leicht die Genauigkeit ihres Urteils, vor allem bei Expertise auf einem bestimmten Gebiet; regelmäßiges Feedback schützt vor übermäßiger overconfidence!
Rigidität (Sturheit)	Eine einmal eingenommene Position wird nicht oder nur unter großem Widerstand aufgegeben. „Das haben wir schon immer so gemacht!"
Nähe-Verzerrung (proximity bias)	Erfahrungen im Bereich einer bestimmten Problematik verzerren die Wahrnehmung in Richtung des Bekannten; anderweitige Lösungsmöglichkeiten werden überhaupt nicht wahrgenommen.
Status-quo-Verzerrung (status quo bias)	Menschen gehen größere Risiken ein, um den Status quo zu erhalten, als um die Situation zu ändern.
Prioritäten-Verzerrung (priority bias)	Menschen wenden unverhältnismäßig viel Zeit für kleine und unverhältnismäßig wenig für große Entscheidungen auf.
(Selbst-)Täuschung	Falsche Entscheidungen werden gern schöngeredet, im Sinne von innerer Dissonanzauflösung.
Manipulation	Eine Entscheidung für eine Sache fällt – bei gleichem Ergebnis – leichter, wenn sie mit Verlustangst präsentiert wird, und fällt schwerer bei Hoffnung auf Gewinn. (Gewinn- und Verlustszenarien)
Priming	Entscheidungen werden durch vergangene, gespeicherte und meist unbewusste Erfahrungen und Erwartungen beeinflusst.
Vorahnungen	Entscheidungen werden durch die Überzeugung, die Zukunft zu erahnen, beeinflusst.

Prospect Theory – Kognitive Verzerrungen (mod. nach KAHNEMAN, 2012, S. 521)

AUFGABE

Partnerübung:
Wie würden Sie entscheiden?

„Durch das Verteilen eines Flyers vor der Mensa wird möglicherweise auf die grausamen Bedingungen der industriellen Tierhaltung aufmerksam gemacht, wodurch der Gesichtspunkt der fleischhaltigen versus vegetarischen Kost besonders zugänglich gemacht und in der Entscheidungsbildung vermutlich betont wird. Neben einer solchen Verschiebung von Gewichtungen einzelner Merkmale kann aber auch die bloße Wahrnehmung von Ausprägungsunterschieden bez. eines Merkmals durch den Kontext beeinflusst werden. Vielleicht schwanke ich noch zwischen Eintopf und Schnitzel. Eintopf hat wegen des etwas niedrigeren Preises (2,– € gegenüber 2,50 €) einen leichten Vorteil, das Schnitzel sieht allerdings sehr appetitlich aus. Die bloße Tatsache, dass heute auch Forelle (die ich sowieso nicht mag) für den exorbitanten Preis von 7,50 € angeboten wird, lässt den preislichen Unterschied zwischen Eintopf und Schnitzel jedoch als vernachlässigbar erscheinen, sodass ich mich für das Schnitzel entscheide. Wird als drittes Essen dagegen das von mir ebenfalls verschmähte vegetarische Gericht für 2,20 € angeboten, so vergrößert sich der wahrgenommene Preisunterschied zwischen Eintopf und Schnitzel, sodass die Wahl möglicherweise auf den Eintopf fällt.“
(Beispiel aus Rothermund/Eder, 2011, S. 60)

Welche Verzerrungen werden hier deutlich?

Finden Sie eigene Beispiele für subjektive Nutzenmaximierung und Einschätzungsverzerrungen!

4.1.4.2 Konzept der Selbstwirksamkeit nach Albert Bandura

Albert Bandura beschrieb Anfang der 1970er-Jahre die soziale Lerntheorie (s. Kap. 8.4.1), in der er auf die Bedeutung der Ergebniserwartung für den Lernprozess und damit auch auf die Lernmotivation hinwies.

Anhand eines Modells soll die Selbstwirksamkeitserwartung in Bezug auf die Handlungsmotivation kurz erläutert werden.

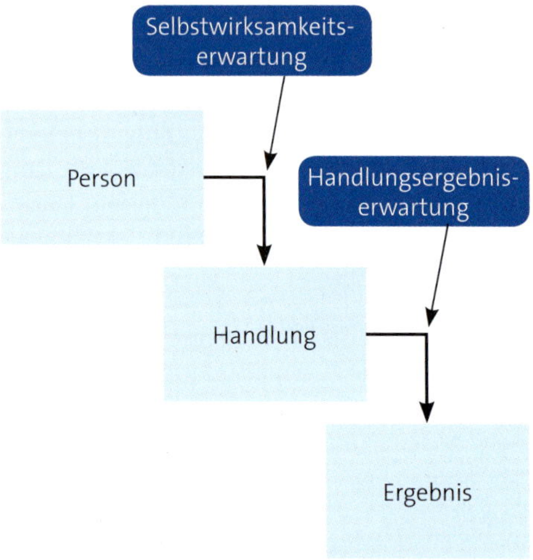

Selbstwirksamkeits- und Ergebniserwartung (mod. nach Bandura, 1977)

Wie auch im Konzept der Nutzenmaximierung kommt es im Modell nach Bandura zur Einschätzung des erwarteten Ergebnisses einer Handlung. Hier kommt jedoch zusätzlich eine Einschätzung der Wirksamkeit des Individuums hinzu. Das heißt, die Person schätzt im Vorfeld der Handlung ein, ob ein geplantes Verhalten zum gewünschten Ergebnis kommen kann.

Im Vorfeld der Handlung kommt es nach Bandura aber bereits zu einer ersten „Erwartungshaltung“. Bevor die eigentliche Handlung und das entsprechende Ergebnis eingeschätzt werden, kommt es zur Überlegung, ob das geplante Verhalten überhaupt vom Individuum geleistet werden kann, also ob der Mensch überhaupt in der Lage dazu ist, die als notwendig erachtete Handlung auszuführen.

BEISPIEL

Selbstwirksamkeit und Ergebniserwartung

Sie schreiben morgen eine wichtige Klausur. Ihre Handlungsergebniserwartung ist klar: „Ich muss konzentriert lernen, dann werde ich den Prüfungsstoff gut können und eine gute Note schreiben.“

Bevor Sie sich aber hinsetzen und tatsächlich mit dem Lernen beginnen, führen Sie eine Einschätzung Ihrer Selbstwirksamkeit durch. Diese kann sehr unterschiedlich ausfallen. Je nachdem, wie gut Sie den Stoff bereits beherrschen oder wie sehr Sie dieses Thema interessiert, können Sie zum Beispiel zu folgenden gegensätzlichen Einschätzungen kommen: „Ich bin gut in diesem Fach, im

Grunde brauche ich gar nicht mehr so viel zu lernen, um die Prüfung hinzukriegen, das ist leicht zu schaffen."

Oder aber: „Oh Gott, ich war noch nie gut in Mathe und verstanden hab ich das Thema auch nicht und jetzt ist nur noch ein Tag Zeit, das schaffe ich eh nicht. Im Grunde brauche ich also gar nicht mehr anzufangen zu lernen!"

Die Einschätzung darüber, was getan werden müsste, um ein bestimmtes Ergebnis zu erreichen, ist meist, wenn auch nicht immer, offensichtlich. Viel wichtiger aber ist die zweite Art der Einschätzung, denn sie entscheidet darüber, ob das als wesentlich erachtete Verhalten überhaupt begonnen und aufrechterhalten wird.

Im gezeigten Beispiel kommt es trotz klarer Handlungsergebniserwartung („wenn ich lerne, schreibe ich eine gute Note") in der zweiten Antwort zu massiven Motivationsdefiziten, da die erwartete Selbstwirksamkeit gering ist („ich kann das gar nicht schaffen"). Wie hier im Beispiel auch zu sehen, kommt eine geringe Selbstwirksamkeitserwartung zum einen durch mangelndes Wissen, Fertigkeiten und Erfahrungen mit der Problemstellung zustande. Zum anderen spielt aber auch die emotionale Einschätzung der Situation eine tragende Rolle. Versagensängste, Selbstzweifel, aber auch z.B. Sympathie oder Antipathie einer Person gegenüber spielen bei der Einschätzung der Handlungsfähigkeit eine übergeordnete Rolle!

Hohe Selbstwirksamkeit resultiert in hohen Ansprüchen an die eigene Person und erhöht damit auch die Leistungsmotivation. Diese Menschen suchen dann eher anspruchsvolle, fordernde Aufgaben. Eine gute Leistung bei diesen Herausforderungen führt dann wieder zur Bestätigung bzw. Erhöhung der eigenen Selbstwirksamkeit.

Bedeutung für die Psychologie

An einer Reihe von Studien lässt sich zeigen, dass Menschen mit einer starken Überzeugung, kompetent und handlungsfähig zu sein, mit höherer Wahrscheinlichkeit Aufgaben trotz Problemen und Schwierigkeiten zu Ende bringen und damit auch eine höhere Arbeitsleistung aufweisen, was wiederum das eigene Selbstwirksamkeitserleben verstärkt. Insgesamt sind sie auch im Berufsleben erfolgreicher.

Weiterhin haben Menschen mit hoher Selbstwirksamkeitserwartung eine geringere Vulnerabilität (Verletzlichkeit) für Belastungsstörungen, Angsterkrankungen und Depressionen.

self-efficacy-beliefs
Selbstwirksamkeitserwartungen, von Bandura (1977) beschrieben; Überzeugungen und Einschätzungen der Person selbst, durch eigene Fähigkeiten Handlungen ausführen zu können, die zu den gewünschten Zielen führen

4.1.4.3 Theorie der Attribution – Locus of Control nach Julian Rotter

Ein weiterer Ansatzpunkt ist die vom Subjekt wahrgenommene Selbstkontrolle. Hierbei beschäftigt man sich mit der Frage, inwieweit wir unser Verhalten selbst bestimmen können bzw. zumindest das Gefühl haben, wir könnten unser Verhalten kontrollieren.

Dabei unterscheidet man zwei mögliche Bereiche:

1. Schätzen Personen sich eher so ein, dass Ereignisse durch eigene Fähigkeiten und Eigenschaften kontrolliert werden, spricht man von „internaler Kontrolle" (Erleben Autonomie).
2. Haben Menschen eher das Gefühl, durch äußere Einflüsse kontrolliert zu werden, nennt man dies „externale Kontrolle" (Gefühl von Heteronomie).

Das Ausmaß, in dem Personen Ereignisse eher als internal oder als external wahrnehmen, kennzeichnet den **„locus of control"**.

(gefunden an der WC-Tür eines psychologischen Instituts der Universität Erlangen)

Rotter (1966) und in Weiterentwicklung auch Bernard Weiner gehen davon aus, dass Menschen das Bedürfnis haben, Phänomene wie Erfolg und Misserfolg nicht nur objektiv zu verarbeiten, sondern diese erklärbar zu machen, also auf bestimmte Bedingungen bzw. Ursachen zurückzuführen, sie zu **attribuieren**. Eine Person kann demnach für Erfolg und Misserfolg innere (in der Person liegende) und äußere (in der Situation liegende) Gründe annehmen.

Die Gründe können über die internale und externale Einschätzung hinaus zusätzlich noch zeitlich stabil oder variabel sein. Aus dieser Zusammenstellung ergibt sich die folgende Vierfeldertafel.

	internal	external
variabel	Anstrengung, Leistung	Zufall, Glück
stabil	Fähigkeit, Begabung	Schwierigkeit, Anspruch

BEISPIEL

Internale und externale Attribuierung

Oben hatten wir das Beispiel, in dem Sie am kommenden Tag eine Prüfung absolvieren mussten. Stellen Sie sich vor, die Prüfung ist vorbei. Nun können Sie nach Weiner Ihre, wie auch immer geartete, Leistung zunächst auf vier Arten attribuieren:

1. Ich habe die ganze Nacht gelernt und war gut vorbereitet (internal-variabel: Anstrengung)
2. Wow, die Arbeit war echt leicht, Glück gehabt! (external-variabel: Zufall)
3. Dieses Thema hab ich einfach drauf, da musste ich nicht viel lernen, das liegt mir! (internal-stabil: Talent)
4. Dieser Lehrer stellt immer so leichte Aufgaben, war klar, dass dies kein Problem wird! (external-stabil: Schwierigkeit)

Ähnliche Begründungen hätten Sie auch für ein schlechtes Abschneiden finden können!

Darüber hinaus hat Weiner später noch ein drittes Variablenpaar in sein Modell eingefügt, nämlich die **Kontrollierbarkeit.** Diese hat sich jedoch in der angewandten Motivationspsychologie wegen ihrer schlechten Handhabbarkeit nicht durchgesetzt.

Ein Beispiel: Internal-variabel wäre es, für die Prüfung viel zu lernen und sich anzustrengen. Das wäre ein kontrollierbares Verhalten. Unkontrollierbar wäre es jedoch nach Weiner, wenn kurz vor der Prüfung eine Krankheit eintreten würde, die ein schlechtes Abschneiden verursachen würde.

Bedeutung für die Psychologie

Menschen mit einem eher internalen locus of control weisen im Vergleich zu Menschen mit eher externaler Kontrollwahrnehmung ein höheres Einkommen, eine stärkere Selbstkontrolle und einen höheren Schulerfolg auf als Menschen mit einem externalen locus of control.

Ein höherer internaler locus of control führt nachweislich beim Lernen zu einer gesteigerten Motivation. Der Transfer des Gelernten wird jedoch von externalem locus of control positiv beeinflusst (Colquitt/LePine/Noe, 2000).

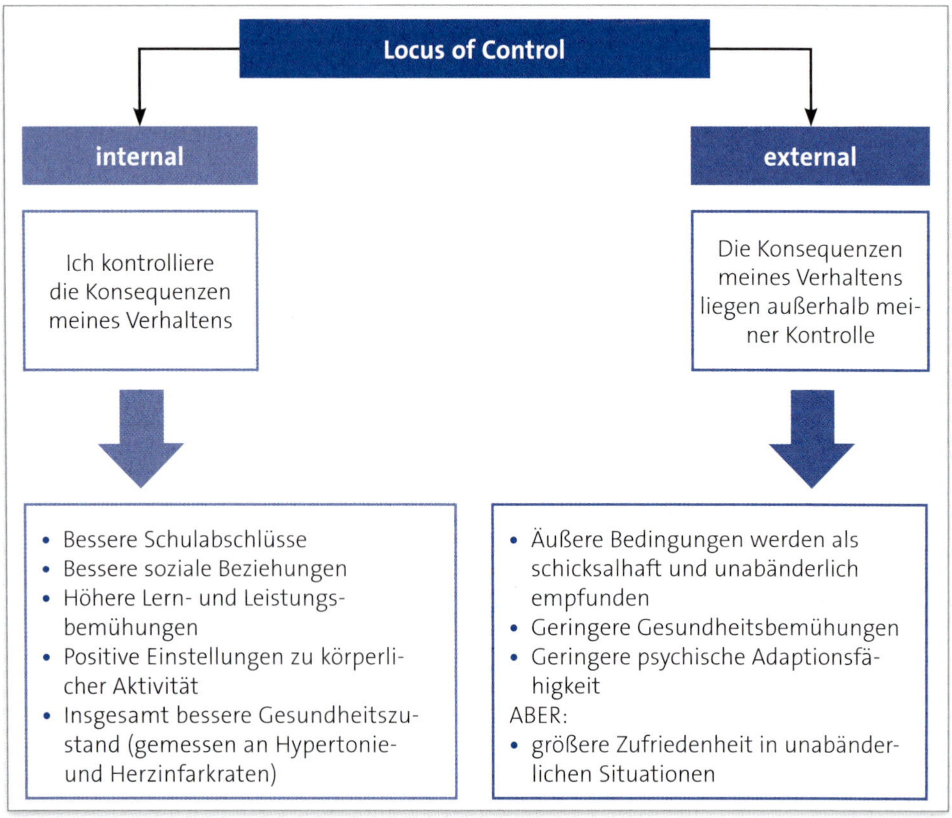

Konsequenzen der wahrgenommenen Selbstkontrolle – Studienergebnisse

Untersuchungen zeigen die Tendenz von Individuen, Erfolge eher der eigenen Person und Misserfolge eher äußeren Umständen zuzuschreiben. Tiefenpsychologisch gesehen ist dies durchaus gesund, da so eine Gefährdung des Selbstwertgefühls vermieden werden kann (Weiner, 2009).

4.1.5 Leistungs-, Bindungs- und Machtmotivation

Immer schon war es Forschungsinteresse, einzelne Motive messen zu können, die den Menschen lenken. Ein Motiv zeigt sich in der Tendenz eines Individuums, Situationen und Ereignisse in einer bestimmten Perspektive zu betrachten, zu deuten und bestimmte Elemente der Situation als Chance, Gefahr oder Handlungsaufforderung zu erleben (Rothermund/Eder, 2011).

Aus den Bemühungen, Motive direkt zu messen, haben sich in vielen Studien drei übergeordnete Motivmuster herauskristallisiert, die eng mit der jeweiligen Persönlichkeit des Individuums zusammenhängen: die Leistungs-, Bindungs- und Machtmotivation. Interessanterweise schließen sich viele Aspekte dieser drei Motivbereiche gegenseitig aus, sodass man tatsächlich von eher leistungs-, bindungs- oder machtmotivierten Menschen sprechen kann!

Wie stellen sich die drei Motivbereiche dar? Scheffer (2001) hat die wesentlichen Verhaltensaspekte wie folgt zusammengefasst:

- *Machtmotivierte Menschen* zeigen in ihrem Verhalten ein zeitlich überdauerndes Bestreben, Einfluss auf andere auszuüben und in sozialen Hierarchien aufzusteigen. Sie suchen Positionen und Beziehungen, in denen sie die dominante Persönlichkeit sein können.
- *Bindungsmotivierte Menschen* verhalten sich eher dahingehend, dass Beziehungen zwischen Menschen und Gruppen aufgebaut, erhalten oder wiederhergestellt werden. Das heißt, sie wirken ausgleichend in Konflikten und streben nach Nähe, persönlicher Begegnung und freundschaftlichen Beziehungen zu anderen Menschen.
- *Leistungsmotivierte Menschen* verfolgen zeitlich überdauernd das Ziel, die eigene Leistung zu erhöhen und nach deren Auszeichnung zu streben.

Das heißt, diese Menschen definieren sich und andere über Anstrengungen, ein Ziel zu erreichen sowie für die Zielerreichung „gelobt“ zu werden (im Sinne von Zensuren, Gratifikationen oder Beförderungen).

4.1.5.1 Wie können Motive gemessen werden?

Die einfachste Art, Motive zu messen ist, den Probanden einfach danach zu fragen. So gibt es eine Reihe von Fragebögen, die sich auf die drei oben genannten Motivbereiche beziehen. Aussagen wie die folgenden sind z. B. im Personality Research Form (PRF, Jackson, 1974 in Rothermund/Eder, 2011) zu finden und sollen auf Zutreffen geprüft werden: „Ich strebe nach Positionen, in denen ich Autorität habe“, „Ich versuche, so oft wie möglich in der Gesellschaft meiner Freunde zu sein“ oder „Ich arbeite oft an Problemen weiter, bei denen andere schon aufgegeben haben“. Es ist hier nicht schwer herauszufinden, auf was die Fragen abzielen. Das ist zum einen ein Vorteil, zum anderen aber auch ein Nachteil, da die Probanden sich ihrer Aussagen oft nicht sicher sind und damit der Test nicht das Motiv, sondern nur das misst, was der Proband von sich selbst zu wissen glaubt!

Das zweite Problem ist die sogenannte „Tendenz zur sozialen Erwünschtheit“, das heißt, Probanden antworten so, wie sie glauben, dass es der Testleiter wünscht oder wie sie gerne vor anderen dastehen würden!

BEISPIEL

Eigene Einschätzung unserer Motive

Sie sind Mitglied einer Lerngruppe. Sie merken, dass Ihnen die Gruppe viel bedeutet und Sie kein Treffen verpassen möchten. Was ist nun aber Ihr Motiv?

Vielleicht glauben Sie, dass Sie in der Gruppe viel lernen können und dann eine bessere Note schreiben. Vielleicht ist es aber auch so, dass Ihnen die anderen (oder auch nur ein bestimmter ...) Teilnehmer wichtig sind oder gehen Sie möglicherweise gern in die Gruppe, weil Sie dort der unangefochtene Boss sind, der den anderen Teilnehmern sagt, was, wie, wann gelernt wird?

Auch wenn wir ehrlich zu uns selbst sind, das echte Motiv muss uns gar nicht bewusst sein!

Eine zweite Möglichkeit sind indirekte Verfahren zur Messung von Persönlichkeitsmotiven. Einer der bekanntesten ist z. B. der Rohrschach-Test nach Hermann Rohrschach (1921), in dem Probanden Tintenkleckse gezeigt werden, die sie dann frei deuten sollen.

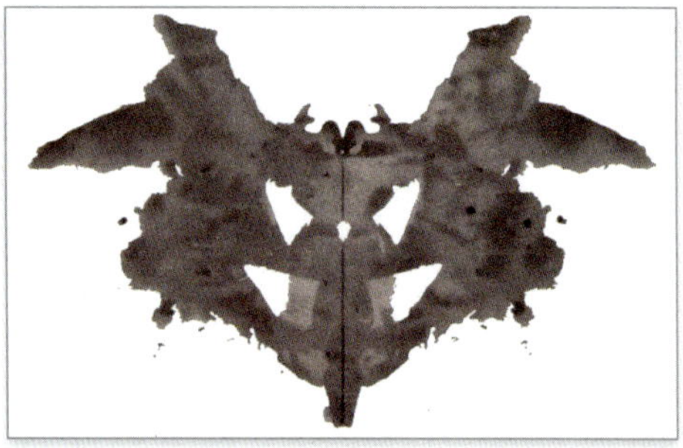

Rohrschach-Bild

Ein ähnlich bekannter Test zur Messung von Motiven stammt von Henry A. Murray (1943): der Thematische Apperzeptionstest (TAT, lat. Auffassung). Hierzu zeichnete Murray 41 unterschiedliche Situationsbilder, die absichtlich so gehalten waren, dass sie recht offen zu deuten waren. Der Proband erhält im Testverlauf insgesamt 10 Bilder, die vom Durchführenden je nach Fragestellung vorher ausgewählt werden. Für jedes Bild soll der Proband 10 Minuten lang eine Geschichte aufschreiben, die ihm zu dem jeweiligen Bild einfällt. Aus den Aufzeichnungen des Probanden können in der Auswertung Schlüsse über seine Motive gezogen werden.

Forensische Psychologie (Rechtspsychologie)
Rechtspsychologen befassen sich mit den psychologischen Aspekten juristischer Fragestellungen. Das heißt, speziell ausgebildete Psychologen werden als Sachverständige bei straf-, zivil-, sozial- und verwaltungsrechtlichen Fragestellungen hinzugezogen. Ihre Aufgaben bei Gericht sind z. B., die Glaubhaftigkeit und Zuverlässigkeit von Zeugenaussagen zu beurteilen, die Verantwortungsreife strafrechtlich auffällig gewordener Jugendlicher und Heranwachsender einzuschätzen oder auch die Schuldfähigkeit von Straftätern zu begutachten u. v. m.

BEISPIEL

Beispiel für ein Motiv aus dem TAT

Da es sich beim TAT um ein Verfahren handelt, welches auch in der **forensischen Psychologie** verwendet wird, werden die Originalbilder unter Verschluss gehalten und sind nur Therapeuten und Ärzten offiziell zugänglich. Daher sollen sie auch hier nicht gezeigt werden. Ein häufig verwendetes Beispielbild für eine typische Situation aus dem TAT ist folgendes Bild.

Ein Proband, der eher leistungsmotiviert antwortet, könnte z. B. schreiben, dass die beiden Frauen bereits seit vielen Stunden an einer Lösung für ein wichtiges Problem arbeiten (daher auch die müden Augen). Sie stehen kurz vor dem Durchbruch, ein Medikament zu entdecken, das vielen Menschen helfen wird und ihnen Ruhm und Reichtum verschafft.

Jemand mit einem starken Bindungsmotiv wird möglicherweise sehen, dass die hintere Frau neidisch oder auch vorwurfsvoll auf die vordere schaut, während die vordere die hintere ignoriert und so tut, als wäre sie gar nicht da. Möglicherweise gibt es einen Konflikt zwischen den beiden Frauen, der schnell gelöst werden sollte, da die beiden Freundinnen sind und die Freundschaft nicht zerbrechen soll.

Ein machtmotivierter Mensch wird vielleicht auch den Konflikt zwischen beiden Frauen sehen, jedoch anders deuten. Möglich wäre es, dass beide in einem Konkurrenzverhältnis stehen und die hintere nun feststellt, dass die vordere schon weiter in ihrer Arbeit ist als sie selbst. Die hintere Frau befürchtet nun, dass sie nicht befördert werden könnte, und überlegt, wie sie ihre Konkurrentin diskreditieren könnte (Rothermund/Eder, 2011).

Im deutschen Sprachraum hat sich der **Operante Motivtest** (OMT) nach JULIUS KUHL und DAVID SCHEFFER (1999) durchgesetzt. Ähnlich wie der Thematische Apperzeptionstest erforscht er die Motive von Menschen, indem er sie zu Bildern assoziieren lässt. Anders als beim TAT muss man aber keine ganzen Geschichten, sondern nur Stichpunkte aufschreiben. Die Testautoren fassten über 1.000 Schlüsselwörter zusammen, die sic den drei Hauptmotiven (Macht, Leistung, Bindung) zuordneten.

Zu den Bildern werden jeweils folgende Fragen gestellt:

- Was ist für diese Person in dieser Situation wichtig und was tut sie?
- Wie fühlt sich diese Person?
- Warum fühlt die Person sich so?
- Wie geht die Geschichte aus?

Nach dem Test werden die Stichpunkte den Schlüsselwörtern zugeordnet und so das vorherrschende Hauptmotiv berechnet.

AUFGABE

Auch ohne Test können Sie mithilfe der Schlüsselwörter für sich abschätzen, welche Motive für Sie selbst bedeutsam sind. Gehen Sie bewusst durch Ihren Tag und überlegen Sie, wie oft Ihnen in alltäglichen Situationen entsprechende Begriffszusammenhänge in den Sinn kommen. Denken Sie viel an Ihren Status, an möglichst gute Noten, um später ein Numerus-clausus Studium aufnehmen zu können oder denken Sie an Ihre Familie, Freunde und den Umgang mit ihnen?

4.1.5.2 Zusammenfassung Motive

Motive sind affektbezogen, sie stellen Vorlieben bzw. Empfänglichkeiten für bestimmte Klassen von thematisch ähnlichen Anreizen dar. Diesen affektiven Präferenzen entsprechen analoge Wahrnehmungs- und Bewertungsdispositionen.

Motive entsprechen also einer erhöhten Bereitschaft, motivthematisch passende Erklärungen von Situationen zu schaffen und auf diese in entsprechender Form zu reagieren. Diese Tendenz äußert sich aber nur in Verbindung mit einer Situation, die Anreize für die Motivaktivierung liefert.

HENRY MURRAY bezeichnet die situative Motivanregung als notwendigen Druck („press"),

Beispiele für Schlüsselwörter sind z. B.	
Macht	motivieren, nicht einwilligen, einhämmern, unmissverständlich, Machtanspruch, Meinungsverschiedenheit, zuteilen, stellt klar, wirken, vermitteln, Eindruck machen, Widerstände, Ehre, Respekt, Anerkennung... (ca. 350 Worte)
Leistung	beraten, technisch, Gerät, verstehen, anwenden, lösen, berufliche Probleme, Arbeit, ordentlich, Qualität, Präzision, schnell, Zeit, Wissen... (ca. 500 Worte)
Bindung	Atmosphäre, Besuch, zugeknöpft, fremdgegangen, nahe, Partner, Mutter, Unterhaltung, Kantine, Gegenüber, nette, Kaffee, zuhören, Verständnis, Nähe... (ca. 300 Worte)

(GOSSEL, 2010)

durch den thematisch passende, psychogene Motive stimuliert werden. In ihrem reaktiven, situationsbezogenen Charakter unterscheiden sich Motive somit von den oben behandelten akuten Triebzuständen oder Bedürfnissen, die vor allem durch körperliche oder psychische Defizitzustände hervorgebracht werden und zur Beseitigung dieser Defizite auch ohne äußere situative Anregung aus sich heraus ein Verhalten aktivieren (ROTHERMUND/EDER, 2011).

AUFGABE

Unsere individuelle Lerngeschichte hat einen großen Einfluss auf unsere Motive. Je nach individueller Lerngeschichte kann der Duft von gutem Essen unser Verhalten motivieren, seien es nun frisch geröstete Erdnüsse (oder auch geröstete Ameisen, je nachdem, aus welchem Kulturkreis wir stammen). Und das kann auch auf das Aussehen eines Menschen zutreffen, den wir attraktiv finden oder der die Angst vor Missbilligung durch die Familie oder Freunde auslöst.

Die drei übergeordneten Motive Leistung, Bindung und Macht sind zwar zum Teil genetisch angelegt, jedoch prägen sie sich insbesondere durch unsere Sozialisation und Erziehung aus.

Bilden Sie Gruppen und überlegen Sie gemeinsam, wie die genannten Motive durch Elternverhalten oder Verhalten von Bezugspersonen sowie durch soziale und gesellschaftliche Gegebenheiten gefördert werden.

Schlagwörter für die Recherche:

- Leistungsmotivation: Gesellschaft, Erziehung zur Selbstständigkeit, Leistungserwartung, Anforderungsniveau, Leistungsangst etc.
- Machtmotivation: Funktion von Macht, Gruppendynamik, psychosexuelle Entwicklung
- Bindungsmotivation: Bindungstheorie, psychosexuelle Entwicklung, Biologie (Evolution)

4.2 Emotion

Jeder von uns hat doch irgendwann einmal diese oder eine ähnliche Erfahrung in seiner Kindheit gemacht: Mit etwa vier oder fünf Jahren sind Sie mit Ihren Eltern in einen großen Supermarkt gefahren. Natürlich konnten Sie nicht schnell genug in die Spielwarenabteilung kommen und waren dort von der Fülle der unterschiedlichsten Spielzeuge völlig in den Bann gezogen. Tausend Dinge waren interessant. Riesige Regale mit unzähligen interessanten Dingen. Irgendwann hatten Sie etwas gefunden und wollten es Ihren Eltern zeigen. Aber dort, wo Sie sie vermuteten, fanden Sie sie nicht! Ihr Herz begann zu rasen! Sie liefen immer schneller und verzweifelter durch die engen Gänge, umzingelt von deckenhohen Regalen, suchten überall, aber Ihre Eltern waren weg.

Können Sie sich noch an das Gefühl von Verlassenheit erinnern, an die Angst und Unsicherheit? Und auch an das Gefühl, das Sie empfanden, als plötzlich Ihr Vater oder Ihre Mutter um die Ecke kam, Sie in die Arme schloss und Sie spürten, dass Ihre Eltern genauso viel Angst verspürten wie Sie auch?

Woher kommen Gefühle? Wozu dienen sie? Und eine ebenso spannende Frage: Wieso haben Menschen, die niemals so etwas erlebt haben und sich trotzdem emotional auf diese Geschichte eingelassen haben, eine sehr gute Vorstellung davon, wie es dem Kind im Beispiel ergangen sein musste? Damit zusammenhängend: Wieso weinen wir im Kino bei traurigen Szenen?

Gefühle sind die Anpassungsreaktionen unseres Körpers auf äußere Reize. Es gibt sie nicht deshalb, damit wir uns gut oder schlecht fühlen, sondern um unsere Überlebenschancen zu verbessern. Wenn wir uns Herausforderungen gegenübergestellt sehen, bringen uns unsere Gefühle dazu, unsere Aufmerksamkeit zu bündeln, und spornen uns zum Handeln an. Haben wir Angst, beginnt unser Herz zu rasen. Unsere Muskeln sind angespannt und alle Sinne sind geschärft. Wenn wir uns unerwartet über etwas freuen, über ein besonderes Geschenk oder eine gute Note, können uns Tränen in die Augen treten. Wir fühlen uns gestärkt und selbstsicher.

Was sind also Gefühle – gibt es einen Unterschied zu Emotionen? Wie kommen sie zustande und welche Emotionen gibt es?

4.2.1 Traditionelle Emotionstheorien

JAMES RUSSEL

Wissenschaftler kämpfen bei der Beschreibung des Begriffs Emotion selbst mit den grundlegenden Begrifflichkeiten. Der Bostoner Professor JAMES RUSSELL bringt die Problematik auf den Punkt: „Jeder weiß, was eine Emotion ist, bis er gebeten wird, eine Definition dafür zu geben." Gestritten wird, ob es, wie etwa bei Geschmacksrichtungen, eine gewisse Anzahl Grundemotionen gibt, aus denen sich alle anderen zusammensetzen lassen.

Doch fangen wir vorn an: Aus der Einführungsgeschichte konnten wir folgende drei Aspekte mitnehmen:

Emotionen sind eine Mischung aus

- physiologischer Erregung (Herzrasen),
- Ausdrucksverhalten (Umherlaufen, Suchen)
- bewusster Erfahrung, zusammengesetzt aus kognitiver Interpretation („Ich finde meine Eltern nie wieder!") und Gefühlen (Angst, Verzweiflung).

Dass alle drei Aspekte – physiologische Erregung, Ausdrucksverhalten, bewusste Erfahrung – existieren, bedarf keines weiteren Beweises, aber die nicht ganz so triviale Frage, über die sich die Wissenschaft streitet, ist die der Abfolge dieser drei Anteile. Hierzu müssen zwei Fragen gestellt werden:

1. Kommt die physiologische Erregung zuerst oder folgt sie dem bewussten „Gefühl"? – Haben Sie zuerst bemerkt, wie Ihr Herz rast und Sie immer schneller durch die Regale laufen und dann erst gemerkt, dass Sie Angst haben, Ihre Eltern nicht mehr zu finden? Oder kam zuerst das Gefühl der Angst auf, das zum Herzrasen und Umherlaufen führte?

2. Kommt die Kognition immer vor der Emotion (Wechselwirkung zwischen Denken und Fühlen)? Haben Sie zuerst *gedacht*, Sie würden Ihre Eltern nicht mehr finden und dann *gefühlsmäßig* mit Angst reagiert? Oder war die Angst schon vor dem Gedanken da?

In der Literatur existieren zwei klassische kontroverse Theorien über das Zusammenspiel zwischen der Physiologie, dem Ausdruck und der Erfahrung von Emotionen sowie einer dritten und vierten, die eine Art Mittelweg zwischen den ersten beiden Theorien darstellen sollen. Es handelt sich um

- die JAMES-LANGE-Theorie,
- die CANON-BARD-Theorie,
- die Zwei-Faktoren-Theorie nach SINGER und SCHACHTER sowie
- die Theorie der Emotionen nach WEINER.

4.2.1.1 JAMES-LANGE-Theorie

Haben Sie in Ihrer Erinnerung ein Beispiel, in dem Sie weinen mussten, einfach weil Sie traurig oder besonders glücklich waren? Sicherlich! Und die meisten werden zustimmen, dass zunächst eine bewusste Wahrnehmung erfolgt, dann erst die körperlichen Folgen.

Der amerikanische Psychologe und Philosoph WILLIAM JAMES war jedoch der Meinung, dass der emotionale Prozess genau anders herum abläuft. Damit schloss er sich der Meinung vieler großer philosophischer Vordenker wie ARISTOTELES, DESCARTES oder auch SPINOZA an. Mit JAMES wurde die Theorie jedoch in der wissenschaftlichen Psychologie bekannt.

Oft genug kommt es doch vor, so JAMES, dass Emotionen unabhängig von einer gedanklichen Bewertung auftreten. Wir sehen einen bewegenden Film und schon schießen uns die Tränen in die Augen, obwohl wir uns nicht einmal bewusst Gedanken über den Film gemacht haben. Oder warum haben so viele Menschen Angst vor Spinnen, wohl wissend, dass es in Deutschland noch niemals auch nur ein einziges Todesopfer durch eine kleine Hausspinne oder einen Weberknecht gegeben hat!

Nach der Ansicht von JAMES fühlen wir uns „traurig, weil wir weinen, wütend, weil wir zuschlagen, ängstlich, weil wir zittern" (JAMES, 1884 zit. in MYERS, 2008). Zur gleichen Zeit als JAMES diese Theorie beschrieb, verfasste der dänische Physiologe CARL LANGE einen Artikel, der nahezu die gleiche These vertrat. Aus diesem Grund wurde die folgende Theorie als „JAMES-LANGE-Theorie der Emotionen" bekannt: Der Theorie der beiden zufolge löst ein Reiz nicht direkt die Emotion aus, sondern verursacht körperliche Vorgänge, eine physiologische Aktivierung (wie im Beispiel das Herzrasen). Erst durch die Wahrnehmung der körperlichen Reaktionen entsteht die Emotion.

BEISPIEL

JAMES persönlicher Trick zu seiner Theorie

Da JAMES selbst immer wieder gegen Depressionen kämpfte, machte er ein Rezept aus seiner Theorie: „Um gut gelaunt zu sein (...), schaue gut gelaunt um dich und verhalte dich so, als ob die gute Laune schon da wäre!" (JAMES, 1889)

Neuere Versuche konnten zeigen, dass dieses Vorgehen tatsächlich funktionieren kann. So konnte ROBERT SOUSIGNAN in einer Studie nachweisen, dass ein Lächeln (das heißt die Gesichtsmuskeln so zu steuern, dass ein Lächeln entsteht) tatsächlich zu besserer Laune führt. (SOUSSIGNAN, 2002)

4.2.1.2 CANNON-BARD-Theorie

Die JAMES-LANGE-Theorie erschien vielen Wissenschaftlern wie auch Laien nicht besonders intuitiv eingängig (wie Ihnen wahrscheinlich auch). Der amerikanische Physiologe WALTER CANNON vertrat die Ansicht, dass die Reaktionen des Körpers nicht spezifisch genug seien, um so viele unterschiedliche Gefühle auslösen zu können. Tatsächlich kann man rein physiologisch nicht unterscheiden, ob das Herz aus Angst, Wut oder Liebe „rast"! Vor diesem Hintergrund veröffentlichte CANNON 1927 einen Artikel, der die Theorie von JAMES widerlegen sollte. CANNON unternahm Versuche an Tieren, unter anderem durchtrennte er deren Rückenmark. Und obwohl die Tiere ihr Körpergefühl weitestgehend verloren hatten, zeigten sie offensichtlich emotionale Reaktionen. Dies dürfte der JAMES-LANGE-Theorie zufolge nicht sein. BERMONDS und Kollegen (1991) führten eine Studie mit Patienten mit einer hohen Querschnittlähmung durch, auch diese berichteten über gleichbleibend starke emotionale Erregbarkeit.

CANNON schloss daraus, gestützt von ähnlichen Ergebnissen seines Landsmanns und ebenfalls Physiologen PHILIP BARD, dass weder das bewusste Gefühl von der körperlichen Reaktion abhängig sein könne noch umgekehrt, sondern vielmehr, dass die physiologische Aktivierung und die Erfahrung von Emotionen gleichzeitig entstehen.

Das heißt, der Reiz, der die entsprechende Emotion auslöst, wird in entsprechende Regionen des Großhirns geleitet, wo er die Empfindung der Emotion auslöst, zur gleichen Zeit aber wird er auch zum Sympathikus geleitet, einer Steuereinheit des vegetativen Nervensystems, der daraufhin die vegetativen Reaktionen des Körpers aktiviert.

Die Cannon-Bard-Theorie sagt also aus, dass Ihr Herz genau in dem Moment zu schlagen beginnt, wenn Sie Angst empfinden – gleichzeitig –, das eine bedingt nicht das andere.

Eine weitere Hypothese der beiden Wissenschaftler besagte, dass der Organismus gar nicht in der Lage sei, solch eine große Anzahl differenzierter Körperreaktionen zu produzieren, dass das Individuum daraus jeweils die entsprechende Emotion erleben könnte. Studien zeigten dann auch, dass Probanden, rein von der körperlichen Reaktion her gesehen, kaum zwischen Wut und Angst unterscheiden konnten.

4.2.1.3 2-Faktoren-Theorie der Emotion

Anscheinend haben beide genannten Theorien etwas für sich. Keine von beiden lässt sich ganz ablehnen. Vor diesem Hintergrund schlugen die beiden Sozialpsychologen Stanley Schachter und Jerome Singer (1962) eine Alternative vor: Die 2-Faktoren-Theorie besagt, dass Emotionen neben einer körperlichen Reaktion auch Kognitionen voraussetzen. Die Situation muss als emotionsauslösend interpretiert werden.

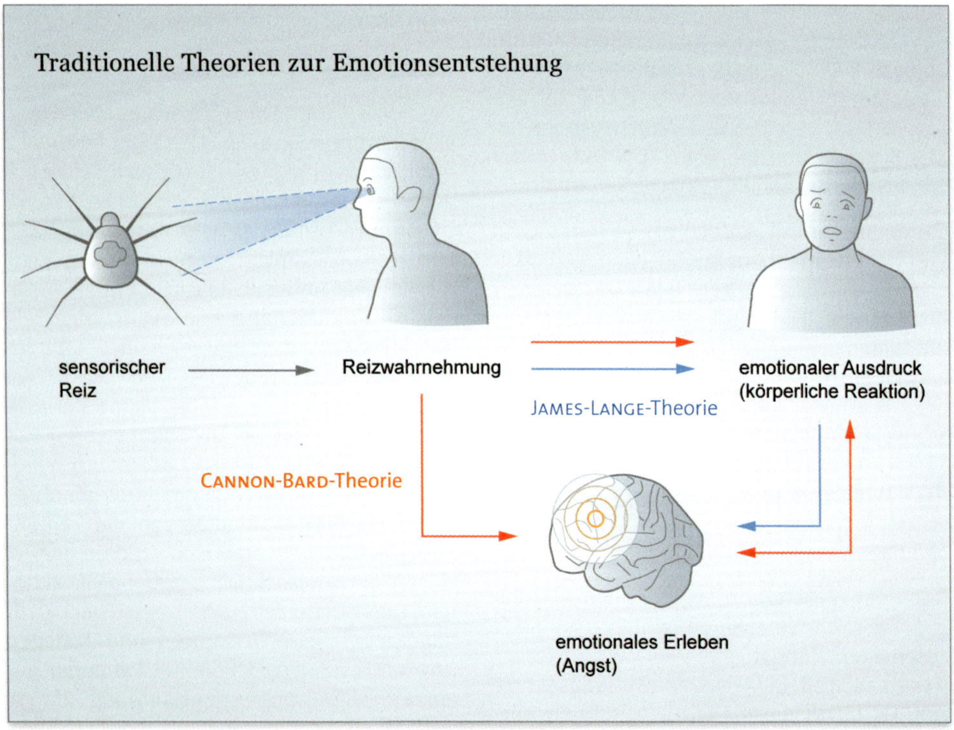

Vergleich James-Lange-Theorie und Cannon-Bard-Theorie

Ein Versuch zur 2-Faktoren-Theorie

In dem Versuch wurde Männern die Anweisung gegeben, eine lange, schmale, schwankende Hängebrücke zu überqueren. Auf der anderen Seite angekommen und noch voller Adrenalin, wurden sie von einer attraktiven, jungen Frau angesprochen, die ihnen ihre Telefonnummer für Rückfragen zu einem Test, den die Männer anschließend bei ihr ausfüllten, gab. Das Gleiche wurde mit einer zweiten Gruppe Männer durchgeführt, dieses Mal aber auf einer sicheren Brücke.

Die Männer der ersten Gruppe riefen die junge, attraktive Frau signifikant häufiger an und schrieben im durchgeführten Test häufiger über sexuelle Themen als die zweite Gruppe.

Was ist passiert?

Die Männer der ersten Gruppe, voller Adrenalin nach der „gefährlichen" Überquerung der Hängebrücke, waren in einem erregten Zustand, als sie auf die junge Frau trafen. Sie interpretierten ihre Erregung als Wirkung der Frau auf sie. Diese Interpretation wurde emotional festgeschrieben und möglicherweise als „Verliebtheit" wahrgenommen.

Solche Fehlattributionen des körperlichen Zustands wurden in zahlreichen Studien repliziert. Demnach sollten Sie nach anstrengendem Sport oder nach einer Achterbahnfahrt skeptisch sein, wenn Sie jemanden attraktiv finden!

Hierzu noch ein kurzes Beispiel:
Eine Frau läuft nachts durch den Park. Sie hört Schritte hinter sich. Sie spürt, dass ihr Herz schneller schlägt und sich ihr Magengefühl verändert. Welche Emotionen werden bei der Frau womöglich auftreten? Sie könnten nun mit Recht sagen, sie wird sicherlich Angst bekommen. Das könnte sein, – aber nach Schachter und Singer nur dann, wenn sie die Situation und die physiologische Reaktion dementsprechend bewertet.

Es wäre auch denkbar, dass sie die Situation ganz anders wertet. Sie weiß nämlich, dass die Schritte ihrem „Date" gehören, der nur noch das Auto abgeschlossen hat und sie nun schnell einholen möchte. Sie spürt ihr Herz schlagen und ein angenehmes Kribbeln im Bauch ...
Vielleicht ist das Ganze auch völlig unspektakulär und sie bezieht das Herzklopfen auf ihr schnelles Gehen und das Magengefühl darauf, dass sie den ganzen Tag noch nichts gegessen hat. Die Situation als solches löst also gar keine Emotion bei ihr aus!
(Dutton/Aron, 1974)

Wie das Beispiel zeigt, waren auch Schachter und Singer wie Cannon und Bard der Auffassung, dass Emotionen physiologisch gesehen einander so ähnlich sind, dass eine klare Unterscheidung ohne Bezug auf die dazugehörige Situation nicht möglich ist. Ihrer Meinung nach setzt eine emotionale Erfahrung eine bewusste Interpretation der physiologischen Erregung voraus. Diese Interpretation erfolgt gemäß vorher gemachter Erfahrungen.

Somit schließen sich Schachter und Singer diesbezüglich der Ansicht von James und Lange an, dass Emotionen aus unserem Bewusstsein und unserer Erinnerung an die Erregung unseres Körpers entstehen. Je nachdem, welche situativen Erfahrungen wir bereits gemacht haben und welche entsprechenden körperlichen Reaktionen dabei aufgetreten sind, neigen wir dazu, die „erinnerten" Emotionen wieder aufzugreifen und wieder zu erleben. Dieses Konzept erinnert stark an behavioristische Lerntheorien.

4.2.1.4 Theorie der Emotionen nach Weiner

Wir haben schon von Bernard Weiner im Zusammenhang mit der Attribution von Situationen gehört. Im Grunde ist die genannte Motivationstheorie aus seiner über einen Zeitraum von 20 Jahren ausgearbeiteten Emotionstheorie entstanden (1978, erweitert bis 1995).

Bernard „Bernie" Weiner

Weiner definiert Emotion als ein komplexes System oder einen Verbund von sich wechselseitig beeinflussenden Faktoren. Emotionen haben entweder positive oder negative Qualität, mit jeweils bestimmter Intensitat. Wie wir bereits bei der Motivationsentstehung gelernt haben, gehen nach Weiner Emotionen zumeist, wenn auch nicht immer, kognitive Einschätzungen voraus *(Ursachen)* und veranlassen uns dann zu Handlungen *(Auswirkungen)*.

Ein wesentlicher Aspekt in Weiners Theorie ist, dass er ganz bewusst nicht zwischen

Emotion und Gefühl unterscheidet, da Weiner Emotionen als Erlebenszustände definiert, ohne eine Position zu physiologischer Erregung und Ausdrucksverhalten einzunehmen.

Emotionen beruhen nach Weiner typischerweise auf Kognitionen, einige Emotionen jedoch werden ohne zwischengeschalteten kognitiven Prozess ausgelöst (vgl. Abb. unten).

Weiner konzentriert sich in seiner Theorie auf Emotionen, die Kausalattributionen voraussetzen, z. B. Stolz, Schuld, Ärger und Mitleid. Dabei bezieht er auch Zuschreibungen von Verantwortlichkeit ein, das heißt Kontrolle der Situation, im Sinne von „bin ich schuld oder andere?“.

Typische Kognitionen zu Emotionen sind nach Weiner:

- *Tatsachenüberzeugungen*: Glaube, dass ein bestimmtes Ereignis eingetreten ist oder ein bestimmter Sachverhalt vorliegt; Überzeugung über die Ursache des Ereignisses,
- *Bewertungen:* Bewertung als positiv / negativ, relativ zu persönlichen (nicht normativen) Wünschen oder Zielen,
- Bewertung der Handlungen der verantwortlichen Personen als gut oder schlecht, relativ zu internalisierten sozialen oder moralischen Normen.

Prozess der Emotionsentstehung

Weiner unterscheidet zwischen einem automatischen, das heißt „unbewussten“, und einem nicht automatischen, also bewussten Prozess. Im Folgenden sollen beide Abläufe skizziert dargestellt werden.

Weiner fühlte sich durch die Tatsache in seiner Theorie bestätigt, dass Personen, die auf diese impliziten Annahmen angesprochen wurden, ihre „Schemata“ auf Nachfrage auch benennen konnten – aber eben erst auf Nachfrage! Weiterhin reagieren Individuen in der Regel mit Überraschung, wenn ihre Schemata widerlegt werden (vgl. hierzu Schemabildung nach Piaget, Kap. 3.6: Denken und Probleme lösen, S. 149).

Vor allem bei Erwachsenen findet Gefühlsentstehung häufig automatisch statt, da sie im Laufe ihres Lebens eine Vielzahl von Schemata erworben haben!

Wie wir von Piaget gelernt haben, geben wir feste und bisher erfolgreiche Schemata nicht gern auf. Umso mehr sollten wir uns unsere „unbewusst“ entstehenden Emotionen immer wieder selbst verdeutlichen, um so die „Macht des ersten Eindrucks“ (vor allem im negativen Sinne) zu mildern. Aber ganz vermeiden können wir ihn wohl trotzdem nicht!

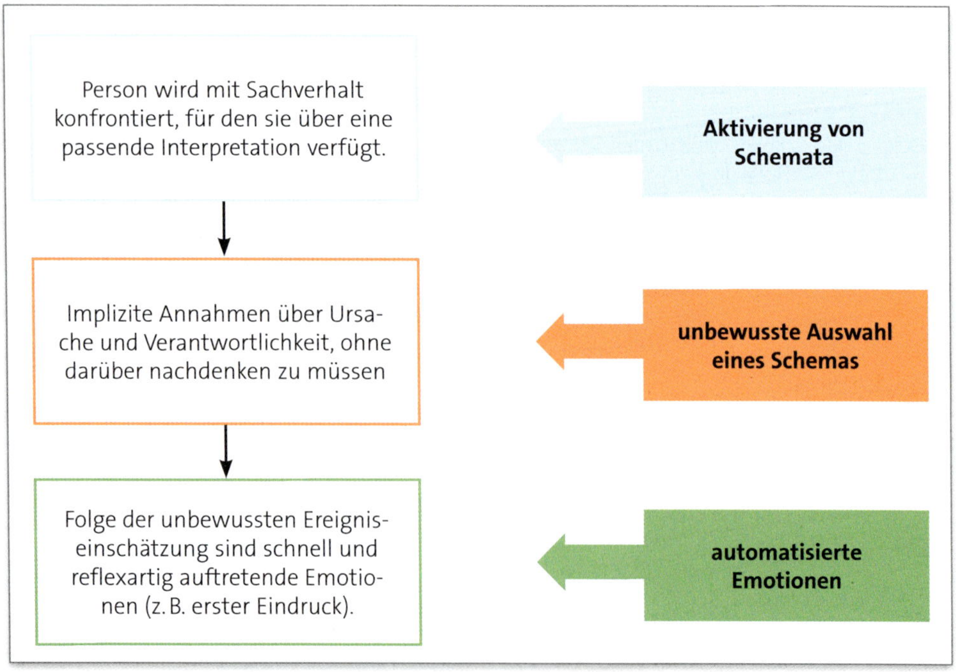

Automatischer (unbewusster) Prozessablauf der Emotionsentstehung

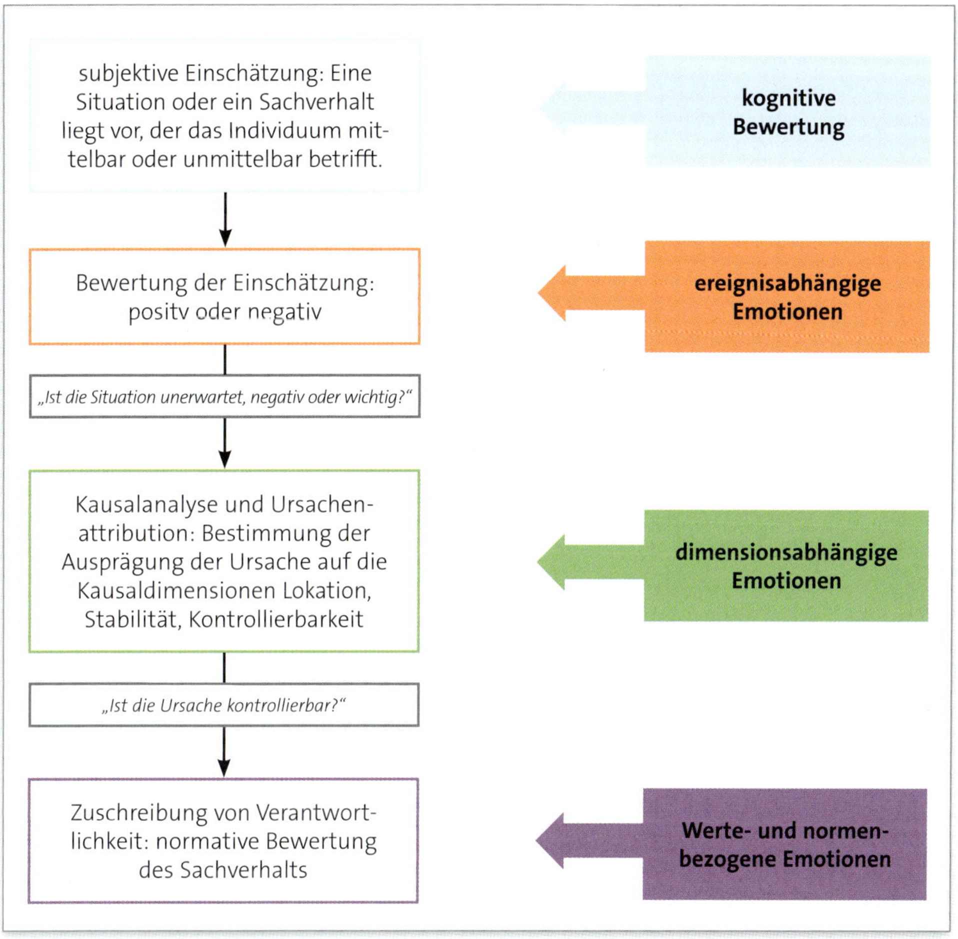

Nicht automatischer (bewusster) Prozessablauf der Emotionsentstehung

Zur Erläuterung des nicht automatischen, bewussten Prozessablaufs kommen wir auf unser Eingangsbeispiel zurück:

1. Nach WEINER schätzt das „verlorene Kind“ seine Situation ein, es nimmt eine „kognitive Bewertung“ vor.
2. Es überrascht nicht, dass diese als negativ eingeschätzt wird. Hier kommt es zu einer ersten „ereignisabhängigen Emotion“. Unter Umständen ist hier die Emotionsbildung abgeschlossen und das Kind reagiert einfach mit Angst und Verzweiflung.
3. Gehen wir aber in der Theorie weiter: Im nächsten Schritt nimmt das Kind, in dem Maße, wie es entwicklungsgemäß dazu in der Lage ist, eine „Analyse“ vor. Wie läuft diese „Analyse“ ab? Wohlgemerkt, wir sprechen von einem Kleinkind! Es könnte sich fragen, wie ist das Ganze passiert, bin ich schuld? Oder sind meine Eltern einfach weggelaufen? (Lokationsdimension) Weiterhin könnte es (in so einer Situation jedoch eher unwahrscheinlich) darüber nachdenken, ob es immer, wenn es gedankenverloren in einem riesigen Supermarkt Spielwaren anschaut, Gefahr läuft, die Eltern aus den Augen zu verlieren, oder war es einfach nur ein dummer Zufall? (Stabilitätsdimension) Schließlich könnte es sich auch noch die Frage stellen, was es dafür hätte tun können, dass die Situation nicht eintritt (z. B. nicht einfach in die Spielwarenabteilung laufen, ohne den Eltern Bescheid zu geben, Kontrollierbarkeitsdimension). Je nachdem, wie die Einschätzung ausfällt, könnte es sich nun Vorwürfe machen oder sich schämen.
4. Schließlich könnte zuletzt das Kind, so es darauf gekommen ist, dass es die Situation hätte kontrollieren können, sich daran erinnern, dass ihm seine Eltern schon oft gesagt hatten, immer in ihrer Nähe zu bleiben (werte- und normenbezogene Einschätzung). Eine mögliche Emotion aus dieser Bewertung wäre z. B. Scham.

Drei Dimensionen der Kausalanalyse

Lokationsdimension (mit den Polen „internale und externale Kausalattribuierung"), hier wird quasi die Frage nach der Verursachung gestellt: Bin ich verantwortlich oder andere? (Erfolg in einer Arbeit schreibe ich mir zu, am Misserfolg waren andere Schuld!)

Stabilitätsdimension (mit den Polen „stabil" und „variabel"), nimmt man an, dass eine Ursache „stabil" ist, so geht man davon aus, dass sie auch in Zukunft wieder das gleiche Ereignis ergibt. Bei einer „variablen" Ursache, z. B. „Zufall", kann man nicht sicher davon ausgehen, ob die Ursache in der Zukunft wieder vorhanden sein wird und das entsprechende Ereignis bedingt.

Kontrollierbarkeitsdimension (mit den Polen „kontrollierbar" und „nicht kontrollierbar"), hier wird die Frage gestellt, ob ich eine Situation oder einen Sachverhalt willentlich kontrollieren kann oder nicht. (Vgl. hierzu Kap. 4.1.4.3 „Locus of Control")

Bei unerwarteten Ereignissen finden vorwiegend bewusste Prozesse statt, weil entweder keine Schemata vorhanden sind oder sich implizite Annahmen als falsch erwiesen haben. In diesem Fall dienen bewusste Prozesse der Ursachen- und Verantwortlichkeitszuschreibung der Revision vorhandener Schemata.

Bedeutung für die Psychologie

Wir haben bereits im Kapitel Motivation gelernt, dass Emotionen spezifische Handlungstendenzen hervorrufen können. Es ist also auch für die Lernpsychologie hochinteressant, welche Emotionen lernförderlich oder -hemmend sind. Gleichzeitig informieren Emotionen auch über sozialkommunikative Aspekte.

Hierzu führte WEINER 1982 eine Studie durch (die 1984 von RUSTEMEYER mit ganz ähnlichen Ergebnissen repliziert wurde). Schüler wurden zu folgender Situation befragt: Nach einer misslungenen Klassenarbeit reagiert der Lehrer einmal ärgerlich, einmal mit Mitleid, einmal mit Schuld. Die Schüler sollten ihre Meinung äußern, worauf der Lehrer den Misserfolg wahrscheinlich zurückführt.

Gemäß WEINERS Hypothese wurden sinngemäß folgende Antworten gegeben:

1. Reagiert ein Lehrer auf eine Leistung mit *Ärger,* bewertet er sie negativ und führt sie auf mangelnde Anstrengung zurück. Denn Ärger macht nur dann Sinn, wenn die betreffende Person Kontrolle über ihr Handeln hatte und Kontrolle hat man nur über seine Anstrengung, nicht aber über seine Fähigkeit. Ein Schüler mit „begrenzten Fähigkeiten" wird irgendwann seine Bemühungen aufgeben, da er nie den Anforderungen gerecht werden kann!
2. Reagiert ein Lehrer auf eine Leistung mit *Mitleid,* bewertet er sie negativ und führt sie auf mangelnde Fähigkeit (oder auf Zufall) zurück. Denn Fähigkeit (und Zufall) ist nicht kontrollierbar und für Unkontrollierbares ist man nicht verantwortlich, also ist Mitleid die „richtige" Emotion. Diese Reaktion würde ein Schüler als Hinweis auf geringe Begabung oder gar geringe Intelligenz aufnehmen und ebenfalls demotiviert sein.
3. Reagiert ein Lehrer auf eine Leistung mit *Schuld,* bewertet er sie negativ und führt sie auf eigenes Fehlverhalten (z. B. auf zu schwere Aufgaben) zurück.
(FUNKE, 2013)

Schüler können also sehr gut von den Emotionen des Lehrers auf seine Bewertung ihrer Leistungen rückschließen!

Teilen Sie diese Erkenntnis Ihren Lehrkräften mit. Mit etwas Glück entwickeln sie ein Bewusstsein dafür, was sie mit ihrem (unbewussten) Verhalten bei Ihnen anrichten!

Zusammenfassend können wir also aus WEINERS Untersuchungen schließen:

- Emotionen informieren andere Personen, wie das Individuum eine Situation oder einen Sachverhalt einschätzt bzw. wie sie darüber denkt (Emotionen als Ursachen von Handlungswünschen und Handlungen).
- Emotionen in Situationen, die kognitiv als kontrollierbar und selbstverantwortlich bewertet wurden, haben einen starken Einfluss auf das Handeln des Individuums, z. B. Freude bei einer sehr guten sportlichen Leistung nach hartem Training.

4.2.1.5 Zusammenfassung und Definitionsversuch

Es ist kaum möglich, die aufgeführten Emotionstheorien in einer einheitlichen Emotionsdefinition zusammenzuführen. Tatsächlich existiert derzeit keine allgemeingültige Definition der Emotion. Daher wird häufig eine vorläufige Definition vorgenommen, eine sogenannte **Arbeitsdefinition**, die für möglichst viele Forscher akzeptabel sein soll.

Eine weithin anerkannte und oft verwendete Arbeitsdefinition der **Emotion** stammt von Meyer, Schützwohl und Reisenzein (1993, S. 23):

„Emotionen sind Vorkommnisse von zum Beispiel Freude, Traurigkeit, Ärger, Angst, Mitleid, Enttäuschung, Erleichterung, Stolz, Scham, Schuld, Neid sowie von weiteren Arten von Zuständen, die den genannten genügend ähnlich sind."

Wesentliche Merkmale von Emotionen sind weiterhin:

a) Emotionen sind aktuelle Zustände von Personen, z.B. Angst, Wut, in Abgrenzung zu bestimmten Dispositionen eines Individuums, z.B. Neigung zu Ängstlichkeit oder Aggressivität.

b) Emotionen haben eine bestimmte Qualität, Intensität und Dauer.

c) Emotionen sind in der Regel objektgerichtet („Ich habe Angst vor...", „Ich bin stolz auf..."), dabei muss das jeweilige Objekt nicht in der Realität existieren, sondern kann auch gedanklich sein (z.B. bevorstehende Prüfung).

d) Personen in einem emotional erregten Zustand haben ein charakteristisches Erleben und zeigen in der Regel (aber eben nicht immer) bestimmte physiologische Veränderungen und Verhaltensweisen.

In der Literatur werden Emotionen häufig von Stimmungen abgegrenzt, dabei sind Stimmungen gekennzeichnet durch eine geringere Intensität, längere Dauer und oftmals Fehlen von Objektgerichtetheit.

Viele soziale Situationen erschließen sich uns sofort aufgrund der gezeigten Emotionen der Akteure

4.2.2 Physiologie der Emotion

4.2.2.1 Neurophysiologische Entstehung von Emotionen

Aus neurowissenschaftlicher Sicht sind Emotionen neurobiologische Aktivitäten, die vom Organismus als Gefühl empfunden werden. Emotionen, so der Neurowissenschaftler Bjorn Merker (2007), werden sogar von Säuglingen mit Anenzephalie (gr.: *enkephalos*, „Gehirn" → „ohne Gehirn") empfunden und ausgedrückt! Da bei diesen Kindern wesentliche Teile des Gehirns und in der Regel nahezu der gesamte Neokortex fehlen, müssen Emotionen demnach in tiefen und damit alten Teilen unseres Gehirns entstehen. Demnach müssen emotionale Zustände auch nicht unbedingt benannt werden können oder im Bewusstsein präsent sein.

4.2.2.2 Emotion und vegetatives Nervensystem

Nach einem relativ schwer verdaulichen neurologischen Abschnitt wollen wir mit einem Beispiel in die Rolle des vegetativen Nervensystems bei der Emotionsentwicklung einsteigen. Was eignet sich besser als das Thema „Angst"? Jeder Einzelne von uns kennt das Gefühl, das uns packt, wenn wir etwas Schlimmes erleben oder auch schon, wenn wir es nur befürchten! Gerade haben wir gehört, dass ein Reiz, der von unserem Gehirn als „gefährlich" eingestuft wird, dazu führt, dass ganz automatisch Hirnbereiche aktiviert werden, die sowohl körperlich als auch psychisch Prozesse in Gang setzen, die wir dann als „Angst" erleben.

BEISPIEL

Aus welchen Hirnbereichen stammen Emotionen?

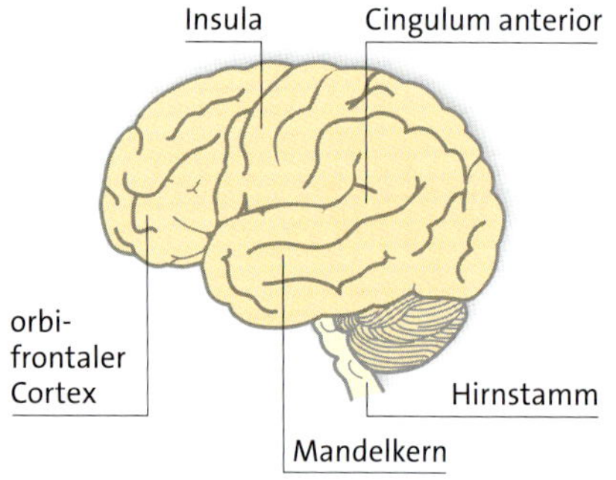

Mithilfe von bildgebenden Verfahren konnten Neurowissenschaftler den neurophysiologischen Ursprung von Emotionen ziemlich genau festlegen: Emotionen oder Gefühle entspringen aus dem Zusammenspiel gleichzeitig ablaufender Prozesse in unterschiedlichen Hirnstrukturen und deren synaptischen Verbindungen. Hier zu nennen sind vor allem der Hirnstamm, die Amygdala („Mandelkern" im limbischen System), die Insula, das anteriore Cingulum und Teile des orbifrontalen Kortex (DAMASIO, *2003*). Natürlich sind auch noch weitere, das vegetative Nervensystem betreffende Hirnbereiche mit im Spiel! Das anteriore Cingulum, das gleichzeitig auch ein Teil unseres „Belohnungsapparates" darstellt und daher für unsere Motivation eine besondere Rolle spielt, wird von einigen Wissenschaftlern auch als „Gehirn im Gehirn" bezeichnet und übernimmt eine Reihe von Aufgaben in der Antizipation und Bewertung von Aufgaben (im Sinne „welche Konsequenzen hat diese oder jene Handlung für mich") und ist damit auch maßgeblich an der Emotionssteuerung beteiligt.

Viele Geisteswissenschaftler vertreten den Standpunkt, dass die neurowissenschaftliche Erklärung der Emotion als Ausdruck eines reinen neurobiologischen Prozesses zu kurz greift. Wie wir aus der Theorie nach CANNON und BARD schon gehört haben, können wir die physiologisch entstehenden Gefühle ohne Interpretationen nicht spezifizieren. Umgekehrt, sagen nun die Neurowissenschaftler, ist auch die Interpretation nichts anderes als die Aktivität unterschiedlicher Hirnbereiche. Z. B. spielt der orbitofrontale Kortex (der untere Bereich hinter unserer Stirn) eine große Rolle, da er für das Erkennen von Zusammenhängen unter Rückgriff auf Erfahrungen zuständig ist. Weiterhin ist das Zusammenspiel zwischen Thalamus und Kortex (Thalamo-kortikale Aktivität) wichtig, da der Thalamus („Das Tor zum Bewusstsein") bereits im Vorfeld entscheidet, welche Reize überhaupt in den Neokortex und damit ins Bewusstsein gelangen.

„Wenn sich Ihr autonomes Nervensystem auf eine Aktivierung vorbereitet, reagiert auch Ihr Körper auf die Aktivität; das ist aber nicht so deutlich zu spüren. Um Energie zur Verfügung zu stellen, schüttet Ihre Leber zusätzlich Zucker ins Blut aus. Die Atmung nimmt zu, damit ausreichend Sauerstoff vorhanden ist. Die Verdauung verlangsamt sich, da das Blut von den inneren Organen zu den Muskeln geleitet wird. In dem Maße, in dem mehr Blutzucker in den großen Muskeln der Beine ist, kann man leichter laufen. Die Pupillen weiten sich und lassen mehr Licht ein. Um Ihren aufgeheizten Körper zu kühlen, schwitzen Sie. Wenn Sie verwundet würden, würde Ihr Blut schneller gerinnen." (MYERS, 2008, S. 551)

Unser Organismus bereitet sich also auf „Überleben" vor. Kommt es zu einem Kampf, wären Sie stärker, würden weniger Schmerzen spüren und weniger bluten. Müssen Sie jedoch fliehen, können Sie schneller und länger laufen. Dies hat Ihren Vorfahren sicherlich schon oftmals das Leben gerettet!

Umgekehrt ist unser Organismus aber nicht clever genug, zu unterscheiden, ob wir nun in Lebensgefahr sind oder nicht. Passiert irgendetwas Unvorhergesehenes, Unbekanntes, fährt unser Körper „die Maschinen hoch". Erst in einem zweiten Schritt kann unser Verstand (also unsere neokortikalen Bereiche) einschreiten und die Situation klären.

BEISPIEL

Kennen Sie das: Sie wachen morgens auf, schauen auf die Uhr und stellen fest, um Gottes Willen, es ist schon nach acht! Ich hätte um acht Uhr in der Schule sein müssen.

Jetzt passiert im gleichen Moment Folgendes: Der Sympathikus, ein Teil Ihres vegetativen Nervensystems, aktiviert in Sekundenbruchteilen die Nebennierenrinde. Diese schüttet die Hormone Adrenalin und Noradrenalin aus, wodurch sich Ihr Herzschlag beschleunigt und sich der Blutdruck erhöht. Ihr Atem wird schneller und die Pupillen weiten sich, Sie beginnen zu schwitzen, werden bleich im Gesicht, weil Ihr Blut in die Muskulatur geleitet wird. Speichelfluss und Verdauungsprozesse werden gehemmt. Gleichzeitig – aber das merken Sie derzeit noch nicht – erhöht sich auch Ihr Blutzuckerspiegel.

Dies ist alles binnen einer Sekunde passiert! Vielleicht sind Sie schon aufgesprungen und haben panisch Ihre Kleider zusammengesucht. Während Sie versuchen, in Ihre Hosen zu schlüpfen, kommt Ihnen langsam eine Erkenntnis: Heute ist Samstag – ich habe überhaupt keine Schule!

Mit dieser Erkenntnis (bedanken Sie sich bei Ihrem Frontalhirn!) fährt Ihr Gehirn die neurobiologische emotionale Erregung wieder herunter und der Parasympathikus wird aktiviert. Er sorgt dafür, dass die Adrenalinausschüttung gestoppt wird und sich die Aktivierung Ihres Körpers wieder normalisiert. Da sich aber noch eine ganze Weile Adrenalin im Blutkreislauf befindet, dauert die Entspannung des Körpers wesentlich länger als dessen Alarmierung und so kann es sein, dass Sie schon wieder in Ihrem warmen Bett liegen, aber immer noch völlig wach und aufgedreht sind.

Das vegatative Nervensystem kontrolliert die physiologische Erregung		
Sympathikus (erregend)		**Parasympathikus (hemmend)**
Pupillen weiten sich	Augen	Pupillen verengen sich
verringert sich	Speichelfluss	vermehrt sich
schweißnass	Haut	trocken
beschleunigt sich	Atmung	verlangsamt sich
wird beschleunigt	Herzschlag	wird verlangsamt
wird gehemmt	Verdauung	wird aktiviert
schüttet Stresshorman aus	Nebenniere	verringert die Ausschüttung von Stresshormonen

Physiologische Reaktionen bei Emotionen (nach Myers, 2008)

4.2.3 Ausdruck von Emotionen

Während Wissenschaftler wie Schachter, Singer und Vertreter der Neurowissenschaften versuchen, Emotionen anhand von physiologischen und kognitiven Strukturen zu erklären, gehen Psychologen wie Paul Ekman, Robert Plutchik oder auch Caroll Izard andere Wege. Sie haben versucht, die Reaktionen des Körpers, den Klang der Stimme oder die Mimik eines Menschen so zu deuten, dass sie von diesen auf die emotionale Lage schließen konnten. Die Hauptfrage dabei ist aber: Sind diese nonverbalen Signale kulturspezifisch oder universell? Und beeinflusst umgekehrt unser Ausdruck, also auch unsere Mimik, die Emotionen, die wir erleben?

4.2.3.1 Nonverbale Kommunikation

Wie wir von Paul Watzlawik wissen, können wir „nicht nicht kommunizieren“. Ob wir also wollen oder nicht, wir alle kommunizieren sowohl nonverbal als auch verbal.

Aber diese Arten der Kommunikation sind kulturell sehr unterschiedlich. Während dies in der sprachlichen Kommunikation keiner näheren Erläuterung bedarf, so ist dies doch bei der nonverbalen Kommunikation nicht so leicht nachvollziehbar und kann deshalb zu Peinlichkeiten und Missverständnissen führen.

BEISPIEL

So hat beispielsweise der erhobene Daumen, der bei uns und auch in den anderen westlichen Nationen soviel wie „O.K." bedeutet, in asiatischen und südamerikanischen Regionen eine ganz andere Bedeutung. Dies musste der damalige amerikanische Präsident NIXON feststellen, als er 1968 bei einem Besuch in Brasilien dieses Zeichen machte und damit die Zuschauer zum Geschlechtsverkehr aufforderte (MYERS, 2008).

NIXON war es auch, der zu Zeiten des Vietnamkriegs das Victoryzeichen, den ausgestreckten Zeige- und Mittelfinger, prägte. Später wurde dieses Zeichen von der Friedensbewegung zum Peace-Zeichen erkoren. Seitdem ist dieses Zeichen weithin für „Frieden" bekannt. Dies gilt auch in Irland und Australien, aber nur so lange, wie die Fingerinnenseiten nach außen gekehrt sind. Umgekehrt nämlich, mit den Fingeraußenseiten nach vorn gerichtet, wird dies als „doppelter Mittelfinger" und damit als Verstärkung des auch in Deutschland in bestimmten Situationen verwendeten Zeichens angesehen. Diese Erfahrung musste 1992 GEORGE W. BUSH machen, als er auf diese Weise die Australier bei einem Besuch begrüßte und dafür massive Medienschelte einstecken musste.

AUFGABE

Finden Sie weitere kulturelle Unterschiede in Mimik und Gestik!

Allgemein weiß man heute, dass Menschen kulturübergreifend bestimmte nonverbale Signale gut erkennen können. Besonders gut können wir nonverbale Bedrohungen erkennen. Auch wenn wir die dazugehörige Sprache nicht verstehen, können wir die Emotion Wut am leichtesten heraushören. Aus einer Studienübersicht nach MYERS (2008) geht hervor, dass aus einer Menge von Gesichtern ein einzelnes, wütendes Gesicht schneller hervorsticht als ein einzelnes fröhliches, wir Angst und Wut vor allem aus der Augenpartie, Freude aus der Mundpartie herauslesen (vgl. Abb. unten).

Aber warum gerade Wut? Evolutionsbedingt ist es wichtig für uns, gefährliche Situationen und Bedrohungen schnell und sicher einschätzen zu können.

Auch merken wir häufig, wenn sich ein flüchtiges Gefühl im Gesichtsausdruck unseres Gegenübers zeigt. Introvertierte Menschen scheinen begabter darin zu sein, anderen Emotionen aus dem Gesicht abzulesen. Von Gesichtern extravertierter Menschen lassen sich wiederum leichter Emotionen ablesen.

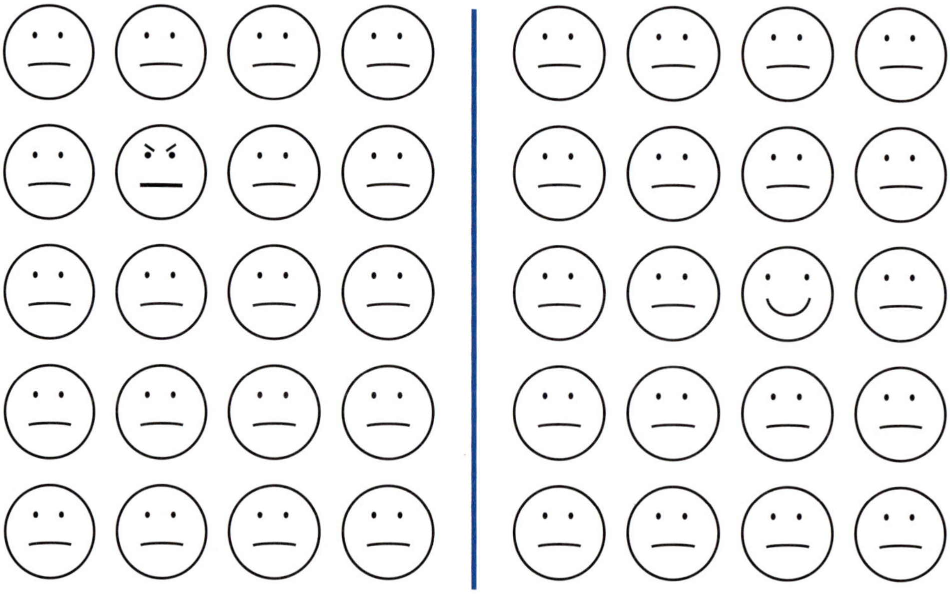

Was erkennt man schneller, den lachenden oder den wütenden Smiley?

„Introversion" und Extraversion

Introvertierte Menschen richten ihre Aufmerksamkeit und Energie stärker auf ihr Innenleben. Sie beobachten stärker sich selbst und andere und neigen dazu Verhalten zu interpretieren. Eigenschaften der Introversion sind: Verschlossenheit, Scheu, Zurückhaltung, aber auch Sorgfalt, Bedacht, Einfühlungsvermögen. Introversion ist jedoch nicht mit Schüchternheit gleichzusetzen.

Extravertierte Menschen zeichnen sich durch eine nach außen gerichtete, anderen Menschen zugewandte Haltung aus. Extravertierte Eigenschaften sind z. B.: Aktivität, Dominanz, Kontakt- und Kommunikationsfreudigkeit. Extraversion und Introversion sind Extrempole auf einer Geraden und per se keine guten oder schlechten Eigenschaften. Jeder Mensch hat introvertierte und extravertierte Wesensanteile. Je nachdem, was überwiegt, macht ihn zu einem eher extra- oder introvertierten Menschen.

4.2.3.2 Universelle Emotionen

Einer der bedeutsamsten Forscher in Bezug auf den Ausdruck von Emotionen ist PAUL EKMAN. Zusammen mit seiner Forschergruppe bereiste er viele Teile der Welt, um herauszufinden, ob sich Emotionen in der Mimik wie Gesten kulturell unterscheiden. Dazu nutzte er eine Vielzahl von Bildern mit Gesichtern, die die unterschiedlichsten Emotionen darstellten. Die Betrachter wurden gebeten, die auf den Bildern gezeigten Emotionen zu erraten.

Aus Beobachtungen und Befragungen zog bereits EKMAN das Fazit, dass bestimmte Emotionen mit bestimmten mimischen Ausdrücken gekoppelt seien, wobei diese Kopplung angeboren sei.

Die Gruppe um EKMAN – und viele nach ihm – kamen weiterhin zu dem Ergebnis, dass es eine eng umrissene Zahl von Emotionen gibt, die in allen Kulturen den gleichen Ausdruck haben. Welche Emotionen dies genau sind, wollen wir uns im Folgenden anschauen.

Die sieben Basisemotionen nach PAUL EKMAN

Aufgrund seiner Forschungen kam EKMAN 1971 auf sieben Basisemotionen. Nach EKMAN setzen sich die sieben Basisemotionen zusammen aus Freude, Angst, Wut, Trauer, Verachtung, Ekel und Überraschung. Anhand der Abbildung auf S. 200 können Sie die typischen Merkmale einer „echten" Basisemotion herauslesen.

EKMAN stellte auch die Frage, ob die Gesichtsausdrücke durch Sozialisation (oder auch Film, Fernsehen etc.) hätten erlernt werden können. Zur Beantwortung dieser Frage führten er selbst und auch andere Forscher vielzählige Untersuchungen durch. So reiste er durch die Welt und legte Studenten aus Japan, USA, Brasilien, Chile und Argentinien Fotos emotionaler Gesichter vor. Er bat die Probanden, den Bildern die passenden Emotionsbegriffe zuzuordnen. Überall konnten die Befragten nahezu problemlos die Aufgabe lösen.

Waren die Emotionen also wirklich angeboren? Zur Überprüfung dieser Fragen suchten EKMAN und seine Gruppe nach Menschen, die keinen Kontakt zur Zivilisation gehabt hatten. Er fand sie 1966 in Form eines Eingeborenenstamms, den „Fore", in den nasskalten Urwäldern von Papua-Neuguinea. Er zeigte den Eingeborenen verschiedene Bilder von Gesichtsausdrücken und bat sie, jenes zu benennen, welches jemanden zeigt, der gerade sein Kind verloren hatte. Die Eingeborenen hatten keinerlei Schwierigkeiten, das Richtige herauszufinden. Auch erzählte er den Eingeborenen verschiedene Geschichten, die in ihre Lebenswelt passten, z. B. von einem waffenlosen Mann, den ein Wildschwein anzugreifen droht. Der Mann ist allein und fürchtet sich. Nahezu alle Fore, ob Erwachsene oder Kinder, deuteten auf das Angstgesicht.

Zuletzt forderte er die Fore auf, selbst zu den Geschichten passende Gesichtsausdrücke zu machen und filmte sie dabei. Als EKMAN amerikanischen Studierenden die Aufnahmen mit den Gesichtern der Fore zeigte, konnten diese die dargestellten Emotionen ebenfalls problemlos erkennen.

PAUL EKMAN bewies damit, was CHARLES DARWIN bereits 1872 in seinem Buch „Der Ausdruck der Gemütsbewegungen bei den Menschen und den Tieren" gemutmaßt

PAUL EKMAN
(*15. FEBRUAR 1934)

Die sieben Basisemotionen nach PAUL EKMAN (1971)

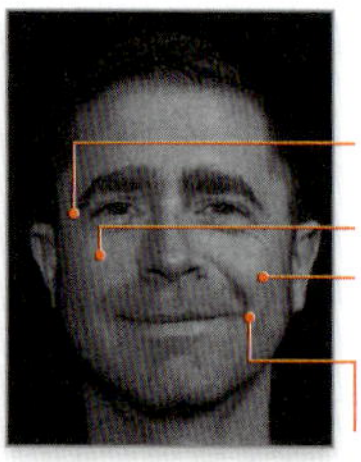

Freude

Ein echtes Lächeln beinhaltet immer:

1. So genannte Krähenfüße um die Augen
2. Angehobene Wangen
3. Anspannung der die Augen umgebenden Muskeln bei gleichzeitigem
4. Anheben der Mundwinkel

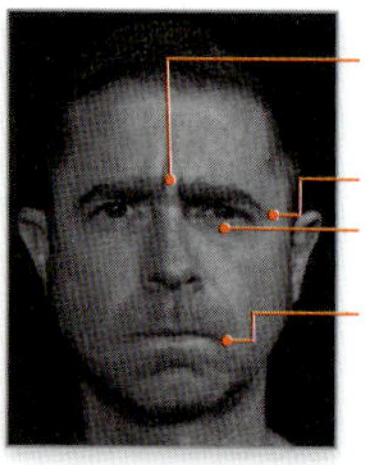

Wut / Zorn

1. Die Augenbrauen sind herunter- und zusammengezogen
2. Stechender Blick
3. Die unteren Augenlider sind gespannt
4. Die Lippen sind schmal und leicht zusammengepresst

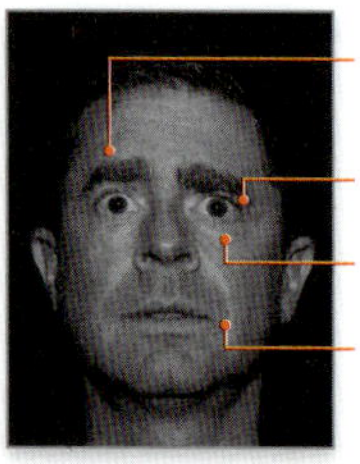

Angst

1. Die Augenbrauen sind hoch- und leicht zusammengezogen
2. Die oberen Augenlider sind angehoben
3. Die unteren Augenlider sind gespannt
4. Die Lippen sind leicht zu den Ohren hin gestreckt

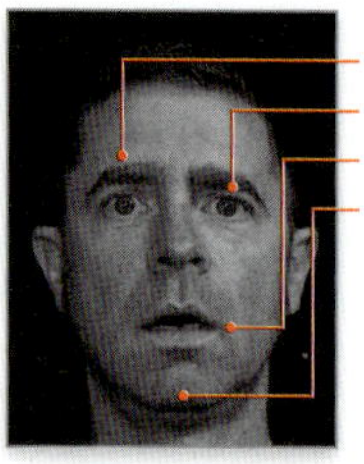

Überraschung

1. Augenbrauen angehoben
2. Augen erweitert
3. Mund leicht offen
4. Unterkiefer klappt leicht nach unten
5. Gesichtsmuskulatur entspannt

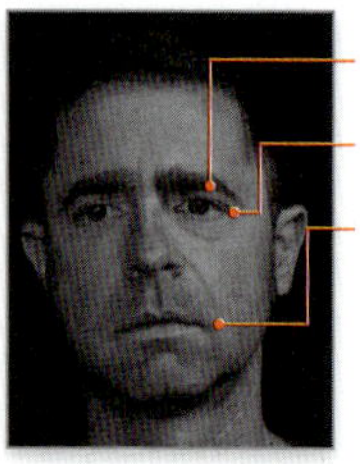

Traurigkeit

1. Die oberen Augenlider hängen herab
2. Die Augen verlieren den Focus, schweifen ab
3. Die Mundwinkel sind leicht herabgezogen

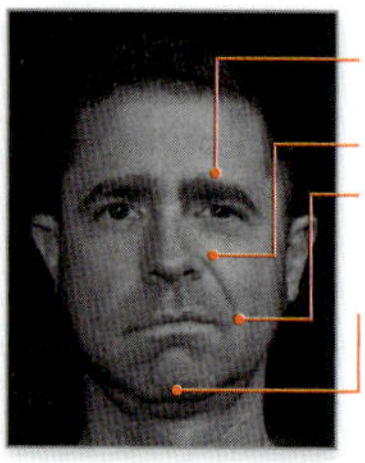

Verachtung

1. Obere Augenlider leicht gesenkt (Blick von oben)
2. Einseitig gerümpfte Nase
3. Mundwinkel ist einseitig leicht angespannt und angehoben
4. Kinn leicht angehoben

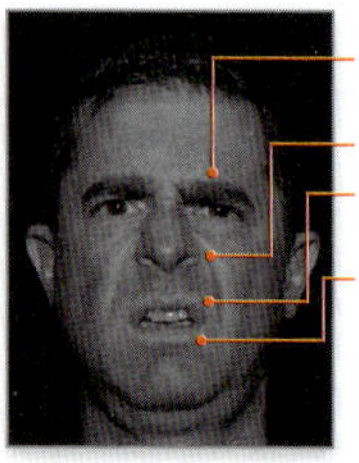

Ekel

1. Augenbrauen gesenkt und leicht zusammengezogen
2. Stark gerümpfte Nase
3. Oberlippe stark angehoben
4. Unterlippe leicht nach vorne geschoben

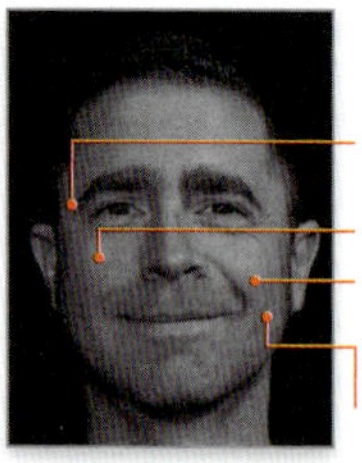

Freude

Ein echtes Lächeln beinhaltet immer:

1. So genannte „Krähenfüße" um die Augen
2. Angehobene Wangen
3. Anspannung der die Augen umgebenden Muskeln bei gleichzeitigem
4. Anheben der Mundwinkel

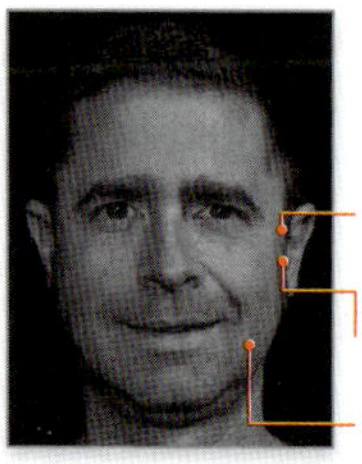

Falsches, aufgesetztes Lächeln

Beim unechten Lächeln „lachen die Augen nicht mit":

1. Ringmuskel um die Augen entspannt (keine Krähenfüße)
2. Nur leicht angehobene Wangen
3. Anheben der Mundwinkel

Zum Vergleich: Echtes und falsches Lächeln

hatte: Grundemotionen sind universell! Er nahm an, dass in prähistorischen Zeiten, bevor unsere Vorfahren mit Worten kommunizierten, ihre Fähigkeit, Bedrohungen, Grüße und Unterordnung mit ihrer Mimik zu übermitteln, zu ihrem Überleben beitrug. Dank dieses gemeinsamen Erbes drücken alle Menschen die Grundemotionen mit einer ähnlichen Mimik aus.

Der österreichische Verhaltensforscher und Schüler von KONRAD LORENZ, IRENÄUS EIBL-EIBESFELDT, erforschte die Mimik von Kindern bei Emotionen und fand heraus, dass sogar bei blinden Kindern, die nachweislich nie durch visuelle Nachahmung von ihren Eltern lernen konnten, die Mimik weltweit sehr ähnlich ist (EIBL-EIBESFELDT, 1971).

Die zehn Basisemotionen nach Caroll E. Izard

Der amerikanische Psychologe Caroll Ellis Izard (1977) arbeitete zehn Grundemotionen heraus: Freude, Interesse / Begeisterung, Überraschung, Trauer, Wut, Ekel, Angst / Furcht, Verachtung, Scham und Schuld. Izard forschte vor allem über das Thema kindliche Emotionen und konnte zeigen, dass bis auf die letzten drei genannten Emotionen, die eine gewisse kognitive Entwicklung und Reife voraussetzen, alle übrigen schon im Kindesalter zu beobachten sind. Darüber hinaus ging er davon aus, dass alle anderen Emotionen Kombinationen aus den genannten Grundemotionen seien. So sei Liebe z. B. eine Kombination aus Freude und Interesse.

Der Begriff Basisemotionen wurde sowohl bei Ekman als auch bei Izard von anderen Wissenschaftlern kritisiert. Deshalb präzisierte Izard 2007 den Begriff, indem er Basisemotionen als Ausdruck spezifischer affektiver Prozesse definierte, die ausgehend von einem evolutionär alten Hirnbereich durch spezifische Umweltreize aktiviert werden (Izard, 2007). Izard erläutert seine Definition anhand der bereits bei Babys vorhandenen Emotionen der Freude und des Interesses, welche beim Wahrnehmen des Gesichts der Mutter oder eines bekannten Gesichts hervorgerufen werden. Diese grundlegenden Emotionen seien für das Kind wesentlich für das Überleben und seine Entwicklung.

Die Basisemotion „Interesse" z. B. motiviert das Kind, sich im Spiel die Umwelt zu eigen zu machen und sich so langfristig entwickeln zu können. Gleiches gilt natürlich auch für die negativen Emotionen: Angst, Trauer, Ekel und Wut laufen typischerweise automatisch und stereotyp innerhalb einer kurzen Zeitspanne nach Reizwahrnehmung und ohne Einfluss des bewussten Denkens ab. Vor allem Angst, die bei Säugetieren über die Amygdala (Mandelkern) ausgelöst und über andere subkortikale Bereiche weitergeleitet wird, läuft direkt und zunächst ohne Einbezug der Großhirnrinde ab. So sieht dies auch der amerikanische Neurowissenschaftler Joseph LeDoux (1989), der davon ausgeht, dass diese unbewusste Emotionsauslösung evolutionsbedingt automatisch ablaufen muss, um einen Anpassungsvorteil, nämlich erhöhte Wahrscheinlichkeit des Überlebens des Organismus, erzielen zu können.

Das „Konzept der unbewussten Emotion" nach LeDoux (1989) schließlich besagt, dass Emotionen über zwei getrennte Wege entstehen: Wir haben Angst, weil in einem ersten Schritt unbewusst durch die Amygdala und erst im zweiten Schritt über den Kortex das entsprechende Signal an Gehirn und Körper gesendet wird. Somit entsteht die Basisemotion „Angst" letztlich immer, wir können sie nicht verhindern, jedoch kann die Angstreaktion des Körpers durch Einsatz bewusster Kognitionen schnell wieder zurückgedrängt werden. Z. B. erschrecken wir bei fast

Caroll Ellis Izard
(* 08. Oktober 1923)

Freude
(Mund zum Lächeln geformt, Wangen hochgezogen, Zwinkern in den Augen)

Wut
(Brauen zusammen- und heruntergezogen, starrer Blick, zusammengekniffener Mund)

Interesse
(Augenbrauen hochgezogen oder gerunzelt, Mund leicht gerundet, Lippen eventuell geschürzt)

Ekel
(Nase gerümpft, Unterlippe hochgezogen, Zunge nach vorn gedrückt)

Überraschung
(Augenbrauen angehoben, Augen weit auf, Mund zu einer ovalen Form gerundet)

Traurigkeit
(innerer Teil der Augenbrauen angehoben, Mundwinkel hängen herab)

Angst
(Augenbrauen eben, nach innen und oben gezogen, Augenlider geöffnet, Mundwinkel nach hinten gezogen)

Natürlich auftretende Emotionen bei Säuglingen
Um die von Geburt an vorhandenen Emotionen auszumachen, hat Caroll Izard den Gesichtsausdruck bei kleinen Säuglingen analysiert

jedem unvorhergesehenen Geräusch, erst eine Sekunde später kann unser Gehirn erklären, was dies für ein Geräusch war und die Angstreaktion ebbt ab.

4.2.3.3 Von den Basisemotionen zu Emotionsschemata

Die eigenständigen Emotionen Scham, Schuld und Verachtung, die von IZARD auch „soziale Emotionen" (auch Selbstbewusstseins- oder Selbstkonzept-Emotionen) genannt wurden, sowie die Kombinationen von Emotionen wie Liebe und Bindung können im Grunde auch zu den Basisemotionen gezählt werden, da sie wesentlich für die menschliche Evolution, die gesunde Entwicklung, das menschliche Wesen und schließlich auch eine effektive Anpassungsfähigkeit im sozialen Gefüge sind (IZARD, 2009).

Theory of Mind *bezeichnet die Fähigkeit, eine Annahme über Bewusstseinsvorgänge wie Gefühle, Bedürfnisse, Ideen, Absichten, Erwartungen und Meinungen in anderen Personen vorzunehmen. Diese Fähigkeit entwickelt sich erst im Laufe der kognitiven Entwicklung des Kindes ab ca. dem 3. Lebensjahr.*

Nach Erlernen der Sprache und der Entwicklung der sogenannten „Theory of Mind" entwickeln sich diese Emotionen mithilfe höherer kognitiver Funktionen (Einschätzungen des Selbst und der anderen, erlernten Werten und Normen etc.) zu Emotionsschemata.

Emotionsschemata

Basisemotionen sind nach IZARD bei allen Menschen gleichermaßen vorhanden. Mit der Zunahme kognitiver und emotionaler Fähigkeiten entwickelt das Kind nach und nach emotionale Schemata, indem es Verknüpfungen zwischen Gefühlen und Gedanken, Erinnerungen und Erwartungen in Bezug auf andere Menschen, Ereignisse und Situationen bildet.

Durch Lernen und Erfahrung werden aus Reizen, die ursprünglich einfache Basisemotionen beim Kind hervorgerufen haben, Reize für komplexere Emotionsschemata, die ebenso komplexe Gedanken und Erwartungen sowie Motivationen hervorrufen können. Diese Übergänge von Basisemotionen zu Emotionsschemata können selbstverständlich ein Leben lang vollzogen werden. Auch werden Emotionsschemata durch weitergehende (Lebens-) Erfahrungen und Wissen weiter differenziert.

AUFGABE

Ein Mann aus Magdeburg, der vor Kurzem nach Florida gezogen war, bemerkte in seinem Garten etwas Längliches, Rundliches, das sich schlängelnd fortbewegte. Sofort reagierte seine Amygdala auf die „Lebensgefahr" und er rannte ins Haus. Noch Minuten später raste sein Herz ...

Ein Jahr später fiel ihm in seinem Garten wiederum eine gleiche sich schlängelnde Form auf. Nach einer kurzen Schrecksekunde (die tatsächlich nur etwa 50 ms dauert!), war er mithilfe von Erfahrung, Erinnerung und der Herstellung von Zusammenhängen (Leistungen des Neokortex) in der Lage, das Objekt zu erkennen und als harmlose Gartenschlange zu benennen. Entsprechend konnte mithilfe der Kognition die Angstreaktion bereits im Entstehen gehemmt und damit quasi unterbunden werden. Der Mann konnte die Schlange in die Hände nehmen und sie sanft aus seinem Garten entfernen.

Überlegen Sie sich ein Beispiel, wie Sie auf ein bestimmtes Ereignis als Kind reagiert hätten, und wie Sie, mit Ihrem heutigen Wissen und Ihrer Erfahrung, jetzt reagieren würden.

Während, wie EKMAN bereits beweisen konnte, die Basisemotionen universell sind, unterscheiden sich die Emotionsschemata kulturell bisweilen sehr stark. Beim Ansehen eines Films, der zeigt, wie jemandem die Hand amputiert wird, machen Amerikaner eine Grimasse (ob allein oder mit anderen zusammen). Japaner dagegen verstecken ihre Gefühle, wenn andere Menschen dabei sind. Erklärt werden kann dies durch die unterschiedlichen kulturellen und gesellschaftlichen Normen und Werte, die bei der Entwicklung von Emotionsschemata eine große Rolle spielen.

Auch ist es kein Vorurteil, dass südländische Kulturen für gewöhnlich lauter und ausdrucksvoller kommunizieren als z. B. Skandinavier.

BEISPIEL

Wir interpretieren Emotionen situationsbezogen! So kommt uns z. B. ein ängstliches Gesicht in einer schmerzhaften Situation eher als schmerzverzerrt vor. Filmregisseure machen sich dieses Phänomen zunutze, wenn sie Kontexte und Filmmusik so inszenieren, dass die Wahrnehmung bestimmter Emotionen verstärkt wird. (Stellen Sie sich vor, der Tatort-Vorspann wäre mit dem Volkslied „Das Wandern ist des Müllers Lust" unterlegt oder mit der Titelmusik des Films „Forrest Gump"!)

4.2.3.4 Emotionsausdruck

Wir haben nun viel über Emotionen und deren Ausdrucksformen gelernt. Wie kommt also nun eine nach außen sichtbare Emotion zustande?

Wir haben Emotionen im Verlauf des Kapitels auf der biologischen, der psychologischen und der soziokulturellen Ebene betrachtet.

Biologisch gesehen spielt bei der Emotionsentstehung die auf einen Reiz hin aktivierte physiologische Erregung die Hauptrolle. Wie wir gehört haben, wird das Entstehen dieser physiologischen Erregung evolutionsbiologisch erklärt. Wir haben Angst, weil sie unser Überleben sichert. Die Reaktionen laufen über feste Verbindungen (Reaktionsbahnen) im Gehirn ab, damit sichergestellt ist, dass möglichst schnell ein Verhalten (Kampf oder Flucht) eingeleitet werden kann.

Eine weitere Rolle spielen natürlich auch psychologische Faktoren: Wir interpretieren Reize mithilfe unserer Erfahrung und Gedanken. Nur durch entsprechende Interpretationen kommt es zum Erleben der Emotion. Die psychische Grundverfassung oder Stimmung spielt hierbei ebenfalls eine Rolle; sind wir positiv gestimmt, werden uns positive Erlebnisse positiver und negative Erlebnisse weniger negativ vorkommen. Das Gleiche funktioniert aber auch umgekehrt!

Von Ekman und Izard haben wir gelernt, dass auch soziokulturelle Einflüsse sowohl das Erleben als auch den Ausdruck von Emotionen steuern. Soziokulturelle Einflüsse spiegeln sich also darin wider, inwieweit wir durch Mimik, Gestik und Körpersprache unsere Emotionen einsetzen und inwieweit wir unsere Emotionen zeigen, ohne kulturelle Werte und Normen zu verletzen.

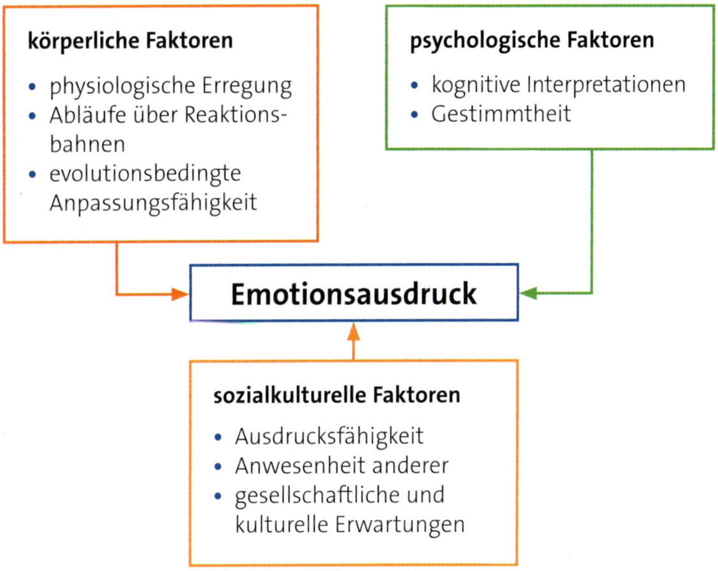

Einflussfaktoren des Emotionsausdrucks

4.2.4 Angst

Bei den vegetativen Emotionsprozessen haben wir bereits das Beispiel Angst verwendet. Das liegt unter anderem daran, dass Angst von den Emotionen her gesehen zum einen das anschaulichste, aber auch gleichzeitig das tiefste und älteste aller Gefühle darstellt. Wenn wir in der Evolution zurückblicken, dann ist die Angst das erste Gefühl, das bereits bei Reptilien und möglicherweise sogar schon vorher, z. B. als Reflexbahn bei Fischen, beobachtbar war. Sie hat dafür gesorgt, dass Organismen sich weiterentwickeln und fortpflanzen konnten – was nicht möglich ist, wenn man vorher von einem größeren Tier gefressen wird!

Schaut man in die Psychotherapieforschung, so können wir heute sagen, dass eine große Anzahl psychischer Störungen aus dem Grundgefühl „Angst" resultieren. Daher ist es wichtig, dass wir uns diese Emotion genauer anschauen.

Angst kann uns quälen, uns den Schlaf rauben und unser Denken beherrschen. Menschen können buchstäblich vor Angst sterben. Angst kann auch ansteckend wirken.

BEISPIEL

Als eindrückliches Beispiel kann die Tragödie bei der Loveparade in Duisburg im Jahr 2010 gelten: Auf einem Festivalgelände, das für 250.000 Menschen zugelassen war, drängten sich am späten Nachmittag nahezu doppelt so viele Besucher und weitere drängten in die Eingänge. Viele haben sogar versucht, über die Zäune auf das Festivalgelände zu gelangen. Zu dieser Zeit haben viele Menschen im Gelände versucht, dem Gedränge zu entgehen und wieder hinauszukommen. Da es jedoch nur einen Ausgang gab und die Menschenmassen nicht zu kontrollieren waren, hat man den Notausgang geöffnet, mit dem Effekt, dass alle gleichzeitig hinauswollten. Es kam zu rücksichtslosem Gedränge, was wiederum rein physikalisch bei so vielen Menschen am engsten Punkt der Masse zu ungeheuren Druckkräften führte. Es kam zur Panik, viele der Eingezwängten konnten nicht mehr atmen, wurden buchstäblich erdrückt oder zu Tode getrampelt. Dies geschah, ohne dass wirklich ein lebensgefährlicher Grund bestand, möglichst schnell aus dem Gelände herauszukommen.

Tragödie bei der Loveparade 2010 in Duisburg

Meistens aber ist die Angst der Situation angemessen. Wir haben gelernt, dass Angst unser Überleben sichern kann, sie soll ein Alarmsystem darstellen, welches unseren Körper auf gefährliche Situationen vorbereitet.

Während bei niedrigen Säugetieren Angst auf äußere Reize reduziert ist, gibt uns unser Großhirn die Möglichkeit, auch mögliche Gefahren, die auf uns zukommen könnten, einzuschätzen.

Durch Beobachtungen und Berichte wissen wir, was gefährlich ist, ohne es selbst erlebt haben zu müssen. So lernten z. B. Affen durch das Anschauen von Videofilmen, in denen Artgenossen bestraft wurden, wenn sie eine Banane aus einem bestimmten Behältnis nahmen, ebenfalls keine Nahrung aus einem ähnlichen Behältnis zu nehmen. Daraus kann man schließen, dass unsere Ängste nicht nur von unseren eigenen Traumata zeugen, sondern auch von den Ängsten, die wir von unseren Eltern und Freunden erlernt haben. Therapeuten gehen z. B. auch davon aus, dass eine Spinnenphobie (die vor allem Mädchen und Frauen betrifft) meist ebenfalls von der Mutter der Betroffenen erlernt worden ist.

Aber grundsätzlich ist es natürlich sehr sinnvoll, Gefahren nicht erst dann einschätzen zu können, wenn wir sie selbst schmerzhaft erleben mussten. So schützt uns die Angst vor Verletzungen vor Unfällen und unnötigen Risiken. Die Angst vor Bestrafung kann uns daran hindern, gegen Normen zu verstoßen oder uns gegenseitig zu schaden. Und schließlich: Wenn etwas in uns Angst verursacht, dann ist dies ein „unangenehmes Gefühl", welches wir abstellen wollen. Also suchen wir nach Lösungen, um der Angst zu entgehen und das Problem zu lösen. Angst kann uns also auch weiterbringen!

Während die Menschen in früheren Zeiten wirklich um ihr Überleben fürchten mussten, kam es mit der Entstehung von Kultur und Werten immer mehr auch zu einer Verschiebung der Angst. Psychoanalytiker sehen Angst als Furcht vor „Vernichtung" an. Damit meinen Sie aber nicht nur die Vernichtung oder Verletzung des Körpers, sondern vielmehr die Verletzung der Psyche, des Selbst.

Wenn wir heute Angst haben, dann hat dies in vielen Fällen nichts mit unserer körperlichen Unversehrtheit zu tun, sondern mit der Angst davor, blamiert zu werden, zu versagen, nicht geliebt zu werden und vieles mehr. Dies alles sind Angriffe auf unser „Selbst", die Angst davor, dass unser Selbst Schaden nehmen könnte, wiegt genauso schwer wie die Angst, körperlich verletzt zu werden!

4.2.4.1 Biologie der Angst

Der Ursprung der Angst liegt tief im Gehirn verborgen in der Amygdala (dt. „Mandelkern"). Sie spielt eine Schlüsselrolle bei der Entstehung verschiedenster Emotionen, vor allem aber der Angst. Eindrücklich wird das am Beispiel des kleinen Albert (siehe Kap. 8: Lernpsychologische Ansätze, S. 356), der gelernt hat, vor Kaninchen Angst zu haben. Nach mehrmaliger Darbietung des Kaninchens zusammen mit dem erschreckenden Laut hat Alberts Amygdala gelernt, dass Kaninchen eine Gefahr bedeuten. Bei Wahrnehmung des Reizes „Kaninchen" wird sie in Zukunft entsprechend die Angstreaktion einleiten.

In einem Versuch hat man bei Ratten mithilfe eines Medikaments die Funktion der Amygdala abgeschaltet. Ergebnis war, dass die Ratten keinerlei Angstreaktionen mehr zeigten – umgekehrt konnten die Ratten aber auch keine gefährlichen Situationen mehr abschätzen und verletzten sich bei gestellten Aufgaben häufig (Schachter, 1996). Wie wir weiter oben schon gehört haben, steht die Amygdala mit einer Reihe anderer für die Verarbeitung von Emotionen notwendigen Hirnbereiche in Verbindung. Sie sendet Signale zu allen Teilen des Gehirns, die sowohl körperliche als auch psychische Reaktionen auf Angst steuern.

4.2.4.2 Phobien und andere pathologische Ängste

Es gibt nichts, vor dem Menschen keine Angst haben können! Unsere Gedanken und Vorstellungen allein können bereits unser Angstsystem so aktivieren, dass unser Körper darauf reagiert. Biologische Angstreaktionen sollen uns vor möglichen Gefahren schützen; pathologisch wird die Angst aber dann, wenn die Angstreaktion der Situation nicht angemessen ist, wenn die Betroffenen ihre Angst nicht mehr kontrollieren können und dadurch in der Bewältigung ihres Lebens beeinträchtigt sind.

Man unterscheidet in der Medizin drei grundlegende Arten von Angststörungen:

- die phobische Störung,
- die Panikstörung und
- die generalisierte Angststörung.

Beispiele für **phobische Störungen** sind die *Agoraphobie* (die Angst vor großen Plätzen oder Menschenmengen), die *Klaustrophobie* (die Angst vor engen Räumen), die *Sozialphobie* (die Angst im Umgang mit anderen Menschen) sowie die *spezifische Phobie,* also die Angst vor einer bestimmten Situation, Objekten oder Lebewesen.

Gemeinsam ist all diesen Störungen, dass sie durch bestimmte Situationen ausgelöst werden. Eine besondere Form der Phobie, die für die Betroffenen mit hohem Leidensdruck verbunden ist, ist die *Sozialphobie.* Hierbei sind die Betroffenen vor allem in der Bewältigung von zwischenmenschlichen Kontakten beeinträchtigt. Dies könnten z. B. sein: Reden oder Referate halten, in der Öffentlichkeit essen, an öffentlichen Veranstaltungen teilnehmen oder sogar das Leisten von Unterschriften.

Bei der **Coulrophobie** handelt es sich um die Angst vor Clowns bzw. vor verkleideten, grell geschminkten Figuren. In Studien gaben viele Kinder an, Puppen und Bilder von Clowns nicht witzig oder schön zu finden. Viele hatten sogar Angst vor ihnen. Erklärungsversuche für diese Phobie gibt es einige: So lässt sich bei einem geschminkten Clown nur selten die eigentliche Mimik hinter der Fassade erkennen, was vielen Menschen Unbehagen bereitet.

Obgleich es diese Angst vor verkleideten oder vermummten Personen sicherlich schon lange gibt, hat man eine Art Boom seit den 1990er-Jahren erlebt. Dies rührt unter anderem daher, dass zu dieser Zeit Filme wie „Es" veröffentlicht wurden (in Amerika als Zweiteiler im TV), wodurch nicht nur bei Kindern die Clownsangst entstand oder verstärkt wurde!

Eine **Panikstörung** ist gekennzeichnet durch plötzliche, ohne äußeren Anlass entstehende Angstanfälle – im Gegensatz zur Phobie. Die Attacken treten spontan auf und sind daher auch nicht vorhersehbar. Sie beginnen abrupt, erreichen meist innerhalb von zehn Minuten ihr Maximum und dauern durchschnittlich 30 Minuten. Die Betroffenen haben dann oft die Befürchtung zu sterben, die Kontrolle zu verlieren oder einen Herzanfall zu erleiden. Patienten mit Panikstörungen haben sehr oft auch eine hohe Erwartungsangst, das heißt, sie leben mit der ständigen Befürchtung, dass eine Panikattacke auftreten könnte. Sie haben „Angst vor der Angst".

Die **generalisierte Angststörung** ist definiert als ein mindestens sechs Monate anhaltendes Erleben von Angst und Sorgen, die nicht an situative Auslöser gebunden sind. Die Betroffenen erleben andauernde Gefühle von Sorgen und Befürchtungen, motorischer Anspannung und innerer Unruhe. Dies wird häufig durch somatische Symptome wie vegetative Übererregtheit und Schlafstörungen begleitet. Vom Erleben der Betroffenen her erscheint die Welt um sie herum bedrohlich, unsicher und voller Risiken. Die Gedanken der Betroffenen kreisen um mögliche Unglücksfälle, Krankheiten sowie Schicksalsschläge für die eigene Person und die Familie. Das Denken wird von Was-wäre-wenn-Überlegungen beherrscht. Diese Form der Störung, wenn auch in leichter Form, nimmt in unserer (unsicheren) Gesellschaft zu und geht häufig auch mit depressiven Verstimmungen einher.

4.2.5 Glück und Glücklichsein

4.2.5.1 Was ist Glück?

„Glücklich zu werden, glücklich zu bleiben und Glück wiederzugewinnen, ist tatsächlich für fast jeden Menschen das geheime Motiv für alles, was er tut", stellte William James (James, 1902, S. 76) fest.

Aber was ist Glück überhaupt? Glück ist natürlich ein sehr vielschichtiger Begriff, der wie so vieles in der Psychologie nur schwer definiert werden kann. Deshalb auch hier wieder eine Arbeitsdefinition: Glück ist ein Hochgefühl, das vom Wunsch nach Beständigkeit bzw. Wiederholung dessen gekennzeichnet ist. Glück kann im weitesten Sinne als Ausmaß der empfundenen Lebensqualität bezeichnet werden. Im Sinne von Maslow

Eine kurze Definition von Glück des Kabarettisten Eckart von Hirschhausen aus seinem Bühnenprogramm:

„Glück ist nicht die Hauptsache, sondern das Nebenprodukt eines sinnvollen Lebens. Zu tun, was einem entspricht, sich auch auf andere Menschen beziehen, nicht nur auf sich selbst, und ständig dazulernen – das sind die Grundbedingungen für ein glückliches Leben."

können die Fragen gestellt werden: Wie sehr kann der Mensch das Leben, das er führt, als positiv erachten? Inwieweit kann er sich selbst verwirklichen?

Glück im Sinne von Lebenszufriedenheit ist eine Einstellung zum Leben. Diese Bewertung hat kognitive und affektive Anteile. Der kognitive Anteil ist Zufriedenheit im engeren Sinn: die wahrgenommene Realisierung eigener Ansprüche. Der affektive Anteil ist die positive Grundstimmung (Bellebaum / Barheier, 1997).

Eine weithin akzeptierte Aussage zur Messung von Glück und Zufriedenheit haben Diener und Seligman geprägt: „Finally, life satisfaction is a global judgment of well-being based on information the person believes is relevant" (Diener / Seligman, 2004, S. 4). Sinngemäß übersetzt bedeutet dies, dass Lebenszufriedenheit aus einer globalen Einschätzung dessen resultiert, was das Individuum für relevant hält. Also eine sehr subjektive Einschätzung.

Deshalb interessieren sich Forscher zunehmend für das subjektive Wohlbefinden, das einerseits als Glücksgefühl (manchmal definiert als höherer Anteil der guten im Verhältnis zu den schlechten Gefühlen), andererseits als ein Gefühl der Zufriedenheit mit dem Leben erfasst wird. Die Forschungsrichtung nennt sich selbst „positive Psychologie".

Ausgangspunkt für die Glücksforschung ist die Erkenntnis, dass Menschen nach Glück streben und dass das oberste Ziel des Menschen Glück oder eben im weiteren Sinne Zufriedenheit mit dem eigenen Leben ist. In der US-amerikanischen Verfassung ist „das menschliche Streben nach Glück" als unveräußerliches Recht verankert!

Glücklich – oder zumindest zufrieden – zu sein, ist wichtig, denn es beeinflusst das ganze Leben: Menschen, die glücklich sind, fühlen sich sicherer in der Welt, treffen leichter Entscheidungen, sind kooperativer und leben ihr Leben gesünder, energischer und zufriedener.

> Positive Emotionen wirken als Motor für eine Aufwärtsspirale.

Menschen haben die Tendenz, Gutes zu tun, wenn sie in guter Stimmung sind. Glück gibt einem nicht nur ein gutes Gefühl, sondern es bewirkt auch etwas Gutes.

> Etwas Gutes zu tun, gibt einem auch ein gutes Gefühl! Psychologen nennen es das Phänomen „Fühl dich gut, und du tust etwas Gutes".)

4.2.5.2 Anpassung oder „Wie lange dauert Glück?"

In der Zusammenfassung der Emotionstheorien haben wir eine Arbeitsdefinition der Emotion kennengelernt – Sie erinnern sich? Dort war die Rede davon, dass Emotionen wie Glück, aber zum Glück auch Trauer, nur sehr kurzlebig sind.

Das **Phänomen des Anpassungsniveaus** beschreibt unsere Tendenz, verschiedene Reize in ein Verhältnis zu denen zu setzen und zu bewerten, die wir bereits kennen. Jeder Mensch legt seinen „subjektiven Nullpunkt", also den Punkt, an dem Ereignisse weder positiv noch negativ sind, anhand seiner Erfahrungen fest. Er ist also sehr individuell. Von diesem Niveau aus nehmen wir positive und negative Abweichungen wahr und reagieren darauf. Wenn sich unser momentaner Zustand, z. B. unser Einkommen, unsere Psychologienote oder unser Besitzstand, verbessert, fühlen wir uns für einen Augenblick glücklicher – Hormone werden ausgeschüttet und unser Belohnungssystem springt an. Dann aber passen wir uns an die neue Situation an, wir gewöhnen uns daran und glauben kurze Zeit danach, noch etwas Besseres finden zu müssen.

BEISPIEL

Es gibt wenige Studien zur Wirkung von Antidepressiva, die länger dauern als sechs Monate. Der Grund hierfür sind nicht die Kosten, sondern dass man sich aufgrund des Phänomens der Anpassung und Gewöhnung die Ergebnisse zunichtemachen würde. Gehen wir davon aus, dass ein Medikament wirklich hilft. So würde es nach einigen Wochen bereits die Stimmung der Patienten signifikant verbessern. Dies ließe sich durch Fragebögen und standardisierte Interviews gut abbilden. Nach wenigen weiteren Wochen gewöhnen sich die Patienten jedoch an den besseren Zustand. Und obwohl es ihnen gleichbleibend gut geht, nehmen die positiven Werte in den Folgetestungen wieder ab. Schuld ist die Anpassung an die Situation, nicht das schlechte Medikament.

Ist es also überhaupt möglich, ständig glücklich zu sein? Überlegen Sie selbst: Sie wachen morgen früh auf in einer Welt ohne Kriege, Steuern, Krankheiten, mit perfekten Noten, viel Geld und einem Menschen, der Sie bedingungslos liebt. Sie wären sicherlich verdammt glücklich! Aber mit der Zeit würden Sie Ihren subjektiven Nullpunkt neu justieren und kämen sich schlagartig wieder neutral vor. Sie kämen auf neue Ideen und neue Ziele, die Sie erreichen wollen. Erst wenn Sie diese wiederum erreicht haben, wären Sie wieder glücklich (Kahnemann et al., 2006).

Das erklärt, warum materielle Bedürfnisse nicht zu stillen sind, warum Kinder immer wieder neue Spielzeuge brauchen. Oder eine Gehaltserhöhung Arbeitnehmer nur kurzfristig motiviert. Der Psychologe Heiko Ernst (2007, 23) spricht hierbei von einer „hedonistischen Tretmühle", die dazu führt, dass die eigenen Ansprüche und Zielsetzungen mit der tatsächlichen individuellen Entwicklung gleichermaßen ansteigen, sei es auf finanzieller, beruflicher oder sozialer Ebene. Damit verhindern wir erfolgreich, dass wir auf Dauer zufriedener sind!

Doch etwas zum Trost: Genau wie Glück und Zufriedenheit, sind auch schlechte Gefühle wie Trauer oder Verzweiflung in der Regel nur kurzlebig. Zwar hilft es niemandem, der von einem geliebten Menschen verlassen wurde, wenn man ihm sagt, „Das wird schon wieder!", aber letztlich ist das richtig! Studien zeigen, dass die Dauer negativer Emotionen häufig überschätzt wird („Nie wieder werde ich mich verlieben!"). Es ist sogar so, dass sich Menschen, die zuvor einen schlechten Tag gehabt haben, am nächsten Tag subjektiv besser fühlen als normal!

Natürlich wäre es verfehlt zu sagen, dass Menschen mit schweren Schicksalsschlägen nach einiger Zeit wieder genauso glücklich sind wie andere. So wurde bei Müttern mit behinderten Kindern durchaus eine statistisch schlechtere Einschätzung ihrer Lebenszufriedenheit gemessen. Auch Menschen, die an schweren chronischen Erkrankungen leiden oder nach einem Unfall schwer behindert sind, schneiden im Vergleich zur gesunden Bevölkerung etwas schlechter ab. Aber dennoch erholen sich Menschen, die erblinden oder gelähmt sind, häufig wieder und unterliegen dann, was das Glücksniveau angeht, den normalen täglichen Schwankungen (Myers, 1993). Der Psychologe und Wirtschaftsnobelpreisträger Daniel Kahnemann drückte seine Forschungsergebnisse sinngemäß einmal wie folgt aus: „Wenn man querschnittsgelähmt ist, wird man allmählich beginnen, an andere Dinge zu denken; und je länger man an andere Dinge denkt, desto weniger erbärmlich geht es einem." (Kahnemann, 2005 zit. in Myers, 2008, S. 577)

Das gilt auch für das Ende von Liebesbeziehungen, das zu einem niederschmetternden Gefühl führt. Die überraschende Wahrheit: Wir überschätzen die Dauerhaftigkeit von Emotionen und unterschätzen unsere Fähigkeit, uns anzupassen.

BEISPIEL

Vergleiche mit anderen

Schüler vergleichen die eigene Leistung mit der Leistung anderer. Dies erklärt auch, warum Schüler mit einem bestimmten Grad an schulischen Fähigkeiten ein ausgeprägteres Selbstkonzept haben, wenn sie eine Schule besuchen, die vor allem von Schülern mit geringeren Fähigkeiten besucht wird (Myers, 2008). Wenn Sie im Gymnasium zu den besten Schülern Ihres Jahrgangs gehörten, wäre es möglich, dass Sie sich plötzlich nicht mehr so gut fühlen, wenn Sie auf der Universität ausschließlich mit Kommilitonen zusammen sind, die auch die Besten in der Schule waren.

4.2.5.3 Vergleiche oder „Wenn du unglücklich sein willst, vergleiche dich mit anderen"

Ob wir uns glücklich fühlen oder nicht, hängt nicht allein von unseren Vorerfahrungen ab, sondern auch von unseren Vergleichen mit anderen Menschen (Kahnemann et al., 2006). Wir vergleichen uns ständig mit anderen, sowohl mit jenen, denen es besser geht als uns (Aufwärtsvergleich) als auch mit jenen, denen es schlechter geht (Abwärtsvergleich). Und ob wir uns gut oder schlecht fühlen, hängt davon ab, mit welcher dieser Gruppen wir uns vergleichen. Unser Besitz erscheint uns vor allem dann als ungenügend, wenn unsere Nachbarn und Freunde mehr besitzen als wir. Wir fühlen uns dann als dumm, wenn die Mitschüler, mit denen wir uns vergleichen, bessere Noten haben als wir. Wenn die Erwartungen größer sind als die wirklichen Erfolge, dann kommt es zwangsläufig zu Enttäuschungen.

Vergleichen wir uns also nur mit denen, denen es besser geht, werden wir neidisch. Doch unsere Zufriedenheit wird zunehmen, wenn wir das berücksichtigen, womit wir gesegnet sind, und uns mit denen vergleichen, die weniger haben. Eine Pflegeheimbewohnerin sagte einmal: „Wissen Sie, mir geht es ja nicht gut, aber wenn ich die anderen hier sehe, da kann ich mich nicht beklagen!" (Ackermann, 2005).

Ein Patient, der nach einem Schlaganfall gelähmt war, berichtete in einem Interview: „Ich hatte ein erfülltes Leben, jetzt bin ich alt und krank, aber ich bin zufrieden." (ebd.)

Es ist also durchaus so, dass Menschen nicht nur ihre aktuelle Situation beurteilen, sondern auch auf Erreichtes zurückblicken und dies in ihre Einschätzung einbeziehen. Wir profitieren also auch von unseren Erinnerungen!

> „Ich weinte, weil ich keine Schuhe hatte, bis ich auf einen Mann stieß, der keine Füße hatte." (Persisches Sprichwort)

4.2.5.4 Genetik des Glücks

Wenn unsere Emotionen, wie beim Phänomen des Anpassungsniveaus angenommen, immer um einen subjektiven Nullpunkt schwanken, warum scheinen dann manche Menschen so voller Freude zu sein, während andere Tag für Tag schlecht gelaunt sind?

Obwohl Aufgaben und Beziehungen einen Einfluss darauf haben, ob wir glücklich sind, haben auch unsere genetischen Anlagen eine wichtige Bedeutung: Aus einer Studie mit 254 ein- und zweieiigen Zwillingen von Lykken und Tellegen (1996) lässt sich schließen, dass die Hälfte der interindividuellen Unterschiede im Glücklichsein durch genetische Einflüsse erklärt werden kann.

Sogar getrennt aufgewachsene eineiige Zwillinge sind oft in ähnlichem Maß glücklich.

Je nach unseren Erwartungen und Erfahrungen, die wir in letzter Zeit gemacht haben, scheint sich unser Glücksgefühl um einen individuellen „Glück-Sollwert" zu bewegen; er disponiert manche Menschen dazu, immer etwas glücklicher zu sein, und andere, etwas trauriger und negativer eingestellt zu sein.

Aber als Forscher Tausende von lebenden Personen über zwei Jahrzehnte hinweg wissenschaftlich begleiteten, beobachteten sie, dass die Lebenszufriedenheit der Menschen nichts Feststehendes ist. Die Zufriedenheit kann größer oder kleiner werden und Glück kann durch Faktoren beeinflusst werden, durch die wir selbst es in der Hand haben, ob wir glücklich sind oder nicht.

Alle Studien über Glücklichsein erinnern uns daran, dass bei Emotionen physiologische Aktivierung (vor allem in der linken Hirnhälfte), Ausdrucksverhalten (breites Lächeln) und bewusste Erfahrung – und dazu gehören auch Gedanken („Ich hatte mich so gut auf den Test vorbereitet") und Gefühle (Stolz, Zufriedenheit) zusammenkommen.

> Angst, Wut, Glücklichsein und so vieles andere haben eines gemeinsam: Es handelt sich um biopsychosoziale Phänomene. Unsere genetischen Prädispositionen, unsere Hirnaktivität, unsere Einstellungen, Erfahrungen, Beziehungen und Kulturen – all dies zusammen formt uns.

4.2.5.5 Faktoren des Glücks oder „Was uns wirklich glücklich macht"

Wir haben nun schon einiges über Glück und Zufriedenheit gehört, aber die Frage, die Sie sich sicherlich schon gestellt haben, ist doch: „Was muss ich tun, um glücklich zu sein?"

Zum einen haben wir erfahren, dass wir nicht ständig nach materiellen Gütern streben sollten, wichtiger noch, dass wir uns mit dem zufriedengeben, was wir haben und uns nicht mit anderen vergleichen, die mehr haben als wir (wenn Sie sich unbedingt vergleichen wollen, dann mit denen, die weniger haben!).

Die Glückforschung hat sieben Glücksfaktoren identifiziert:

- persönliche Faktoren
- Einkommen
- familiäre und soziale Beziehungen
- befriedigende Arbeit
- Lebensphilosophie
- Gesundheit
- soziale und gesellschaftliche Faktoren

Glück ist ...
... ein gutes Selbstwertgefühl zu haben, optimistisch zu sein, auf andere zugehen zu können und liebenswürdig zu sein (persönliche Faktoren).
... eine stabile finanzielle Situation zu haben, seinen Lebensunterhalt finanzieren zu können (Einkommen).
... enge Freundschaften zu haben oder glücklich verheiratet zu sein (familiäre und soziale Beziehungen).
... eine Arbeitsstelle und Hobbys zu haben, bei denen Sie Ihre Fähigkeiten einsetzen können (befriedigende Arbeit).
... einen sinnstiftenden religiösen Glauben zu haben (Lebensphilosophie).
... gut schlafen zu können und Sport zu treiben, Zugang zum Gesundheitssystem zu haben (Gesundheit).
... ein sicheres und qualitativ gutes Lebensumfeld zu haben (soziale und gesellschaftliche Faktoren).

(mod. nach Ruckriegel, 2007; Myers, 2008)

Umgekehrt, so haben Diener und Kollegen (2003) herausgefunden, hat Glücklichsein aber nur wenig damit zu tun, wie alt man ist, welchen Bildungsgrad man erreicht hat, ob man Kinder hat oder welchem Geschlecht man angehört. Laut der Studie Dieners sind zwar Frauen häufiger niedergeschlagen und traurig, empfinden aber dafür auch häufiger und intensivere Gefühle des Glücks und der Fröhlichkeit.

Was uns glücklich macht

„Das Zusammensein mit der Familie, mit Freunden, Sex, ja sogar die Qualität und Sicherheit unserer Arbeit stellen Erfahrungen dar, an deren positive Auswirkungen wir uns nicht gewöhnen. Glück rührt also von unseren Erfahrungen her, vor allem von unseren Erfahrungen mit anderen Menschen." (Spitzer, 2007, S. 105)

AUFGABE

Überlegen Sie für sich ganz persönlich, wann Sie glücklich sind und welche Aspekte für Sie dazugehören. Seien Sie ehrlich zu sich selbst und vergleichen Sie Ihre Überlegungen mit denen der Glücksforscher!

Ein weiterer Aspekt von Glück wird gern mit dem von Mihaly Csikszentmihalyi geprägten Begriff „Flow" erklärt.

Beim Flow-Erleben handelt es sich um ein Gefühl, welches bei Tätigkeiten eines Individuums auftritt, bei denen

- eine Herausforderung besteht,
- besondere Geschicklichkeit verlangt ist,
- die Ziele deutlich umrissen sind und eine unmittelbare Rückmeldung erfolgt,
- man alle unangenehmen Aspekte des Lebens vergessen kann,
- die Aufmerksamkeit vollständig gefesselt wird,
- man voll in dieser Tätigkeit aufgeht und
- man die Zeit vergisst.

(Csikszentmihalyi, 2010)

Flow-Erleben

Flow („fließen, strömen") bezeichnet das Gefühl der völligen Vertiefung und des Aufgehens in einer Tätigkeit. Das Gefühl ist vergleichbar mit dem Zustand, in dem man ist, wenn man völlig in ein Buch vertieft ist und nichts mehr um sich herum wahrnimmt, wenn man etwas tut und dabei die Zeit und seine Umgebung gar nicht mehr wahrnimmt.

Flow-Erleben ist gleichzusetzen mit dem Zustand, den Maria Montessori bereits 1908 als „Polarisation der Aufmerksamkeit" bezeichnete.

Ursprünglich hatte Csikszentmihalyi sein Konzept auf Untersuchungen mit Spitzensportlern bezogen, die in ihrem Bereich außerordentliche Leistungen vollbringen konnten. Dafür, dass sie sich so in ihre Tätigkeit vertiefen konnten, machte er das Flow-Erleben verantwortlich.

Aufgrund dieser Ergebnisse kam Csikszentmihalyi jedoch zur Erkenntnis, dass Flow-Erleben in einem Bereich allein nicht glücklich machen kann – Spitzensportler sind nicht glücklicher als andere –; wichtig ist, dass in verschiedenen Lebensbereichen Flow erlebt werden kann. So sind nicht nur Hobby und Arbeit, sondern vielmehr auch Tätigkeiten in der Familie, mit Freunden und im sozialen Umfeld wichtige Orte, in denen Flow erlebt werden kann (Csikszentmihalyi, 2010).

Was macht uns also glücklich?

Wir sind am Ende des Kapitels wieder am Anfang angelangt, nämlich bei Abraham Maslow, der an die Spitze seiner Bedürfnishierarchie den Begriff „Selbstverwirklichung“ gestellt hat. Letztlich werden wir dann glücklich, wenn wir stets danach streben, das Beste aus unserem Leben zu machen! Was das Beste ist – darüber entscheiden Sie selbst! (Lesen Sie hierzu auch Kap. 9: Humanistische Psychologie)

4.3 Zusammenfassung

Im ersten Teil dieses Kapitels ging es um den Begriff **Motivation**.

1. Zunächst haben wir uns mit den Begriffen Motiv, Anreiz und Motivation befasst. Hierbei wurden die Unterschiede zwischen Motiv und Motivation deutlich: Ein **Motiv** ist eine situationsüberdauernde, persönlichkeitsspezifische Wertungsdisposition. Das heißt, von einer Person angestrebte Handlungsziele sind sehr individuell und liegen fest in der Persönlichkeit verankert. Ein Motiv kommt dann zum Tragen, wenn ein **Anreiz** als situativer Faktor hinzukommt, der einen Aufforderungscharakter besitzt. **Motivation** schließlich entsteht durch die Aktualisierung eines vorhandenen Motivs durch bestimmte Anreize. Meist führt Motivation zu einem bestimmten Verhalten oder einer Handlung.
2. Es gibt verschiedene Annahmen, woraus Motivation entsteht. Zunächst wurde der **evolutionsbiologische Ansatz** beleuchtet, der davon ausging, dass der Mensch bestimmten „Instinkten“ folgt, diese Annahme konnte jedoch nicht aufrechterhalten werden. Es folgte der **triebtheoretische Ansatz**, der davon ausgeht, dass Motivation aus dem Organismus heraus entsteht, um bestimmte Triebe zu befriedigen. Ein wesentlicher Vertreter dieser Theorie war Sigmund Freud. Eine aktuelle Theorie der Motivation ist die der **„optimalen Aktivation und Neugier“**. Hierbei geht man davon aus, dass der Mensch ohne Stimulation Langeweile verspürt und diese durch motiviertes Verhalten abzustellen versucht. Umgekehrt kommt bei zu starker Stimulation Stress auf und der Mensch versucht, die Erregung zu verringern. Die Suche nach Stimulation führt auch zu Neugierverhalten.
3. Ein bedeutsames **inhaltliches Konzept** der Motivation beschreibt Abraham Maslow anhand der Hierarchie der Bedürfnisse. Hierzu zählt er sechs Bedürfnisgruppen auf: physiologische Bedürfnisse, Sicherheitsbedürfnisse, Zugehörigkeits- und Liebesbedürfnisse, Wertschätzungs- und Geltungsbedürfnis, Bedürfnis nach Selbstverwirklichung und schließlich die Ebene der Transzendenz als oberste Stufe. Der Grundgedanke von Maslows Klassifikation ist die Annahme, dass solange niedere Bedürfnisse nicht befriedigt sind, nicht auf die anderen Bedürfnisse eingegangen werden kann.
4. Andere Konzepte gehen davon aus, dass Motivation aus einer rationalen Entscheidung heraus entsteht. In der **Prospect Theory** werden einem geplanten Verhalten zum einen eine Kosten-Nutzen-Abwägung, also eine rationale Entscheidung, zum anderen aber auch ein mögliches Fehlverhalten aufgrund psychischer Verzerrungen der Situation, z. B. Selbstüberschätzung, gegenübergestellt. Im Selbstwirksamkeitskonzept wird davon ausgegangen, dass einem möglichen Verhalten immer eine Einschätzung der Bewältigbarkeit der Situation (Selbstwirksamkeit) und eine bestimmte Erwartung bezüglich des Ergebnisses des Verhaltens (oder der Handlung) vorgestellt werden. In einem engen Zusammenhang damit steht auch die **Attributionstheorie**, die bestimmten Situationen eine gewisse Bedeutung zumisst, die dazu führt, dass der betreffende Mensch glaubt, dass er diese Situation meistern (kontrollieren)

kann oder dass er eher das Gefühl hat, die Situation kontrolliere ihn (z.B. in einer mündlichen Prüfung zu sitzen und zu spüren, dass der Prüfer die Oberhand hat und man selbst ihm komplett ausgeliefert ist). Im ersten Fall spricht man von „internaler“ und im zweiten Fall von „externaler“ Kontrolle.

Im zweiten Teil des Kapitels ging es um **Emotionen**. Auch hier wurden zunächst theoretische Annahmen zur Entstehung von Emotionen besprochen:

1. Die **James-Lange-Theorie** der Emotionen geht davon aus, dass ein Reiz nicht direkt die Emotion auslöst, sondern zunächst körperliche Vorgänge verursacht, z.B. Herzrasen. Erst durch die Wahrnehmung der körperlichen Reaktionen entsteht die Emotion.

   Im Gegensatz dazu sagt die **Cannon-Bard-Theorie**, dass weder das bewusste Gefühl von der körperlichen Reaktion abhängig sein könne noch umgekehrt, sondern dass vielmehr die physiologische Aktivierung und die Erfahrung von Emotionen gleichzeitig entstehen.
2. Die **2-Faktoren-Theorie** der Emotion versucht, beide Ansätze zu vereinen und sagt, dass Emotionen physiologisch gesehen einander so ähnlich sind, dass eine klare Unterscheidung ohne Bezug auf die dazugehörige Situation nicht möglich ist. Das bedeutet: Eine emotionale Erfahrung setzt eine bewusste Interpretation der physiologischen Erregung voraus. Diese Interpretation kann nur auf der Basis vorher gemachter Erfahrungen erfolgen.
3. Bernhard Weiner schließlich geht zusätzlich davon aus, dass Emotionen zum einen unbewusst, aufgrund feststehender „Schemata“ ablaufen, zum anderen aber auch durchaus bewusst entstehen können, wenn vorher eine kognitive Bewertung einer Situation vorliegt.
4. Physiologisch gesehen entstehen Emotionen nach Erkenntnissen der Hirnforschung aus dem Zusammenspiel gleichzeitig ablaufender Prozesse in unterschiedlichen Hirnstrukturen und deren synaptischen Verbindungen. Hier zu nennen sind vor allem der Hirnstamm, die Amygdala („Mandelkern“ im limbischen System), die Insula, das anteriore Cingulum und Teile des orbifrontalen Kortex. Diese Aktivierung führt sowohl zu physiologisch-vegetativen als auch zu psychischen Prozessen, die sich, den entsprechenden Theorien nach, als Emotionen äußern.
5. Wie sich Emotionen beim Menschen ausdrücken und beobachten lassen, darüber hat Paul Ekman uns wichtige Informationen gegeben. So kann man nach Ekman sieben Basisemotionen unterscheiden: Freude, Angst, Wut, Trauer, Verachtung, Ekel und Überraschung. Mit einiger Übung lassen sich diese leicht aus dem Gesicht eines Menschen ablesen – egal welcher kulturellen Herkunft er ist!

Zum Abschluss des Kapitels haben wir zwei Emotionen beleuchtet, wie sie unterschiedlicher nicht sein können: **Angst** und **Glück**!

1. Während Angst die stärkste und älteste Emotion darstellt, die unser Gehirn kennt, und die von der Wissenschaft ausführlich beschrieben werden kann, ist Glück weniger greifbar und die Frage „Wann fühlen wir uns glücklich?“ relativ neu in der wissenschaftlichen Forschungslandschaft. Diese Frage hat Mihaly Csikszentmihalyi mit dem Begriff „Flow“ zu erklären versucht. Es handelt sich dabei um ein Gefühl, welches bei Tätigkeiten eines Individuums auftritt, bei denen z.B. eine Herausforderung besteht, die Aufmerksamkeit vollständig gefesselt wird, man voll in dieser Tätigkeit aufgeht und die Zeit vergisst.
2. Wenn wir dies mit der Motivationstheorie der optimalen Erregung und Neugier vergleichen, dann verstehen wir auch, warum wir bei Hobbys, die wir gern ausüben, so motiviert sind: Weil wir dann glücklich sind!

5 Handlungsfelder der sozialen Arbeit

Bevor im Folgenden auf die Handlungs- und Arbeitsfelder der sozialen Arbeit eingegangen wird, wird zunächst der Frage nachgegangen, was „soziale Arbeit" überhaupt ist.

Was ist soziale Arbeit?

Der Begriff „soziale Arbeit" ist ein Sammelbegriff für das große Feld der Sozialpädagogik und der Sozialarbeit. Er fand in den letzten Jahren verstärkt Einzug in die Fachdiskussion und -literatur, da eine klare Abgrenzung zwischen den Disziplinen „Sozialpädagogik" und „Sozialarbeit" immer schwieriger wurde; denn mittlerweile arbeiten sowohl Sozialpädagogen, Sozialarbeiterinnen und Diplompädagogen in den gleichen Arbeitsfeldern und gehen dort den gleichen bzw. ähnlichen Aufgaben nach.

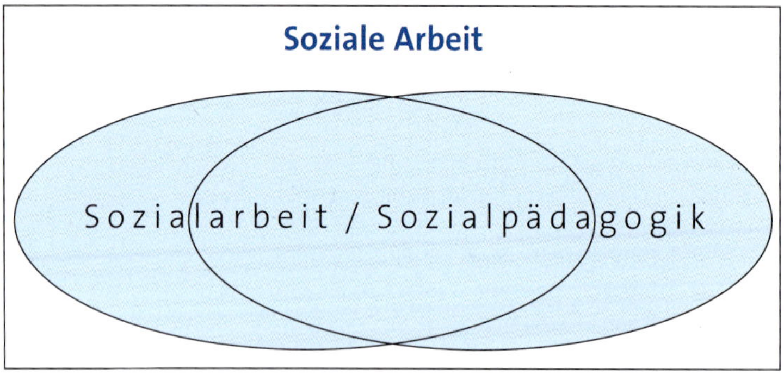

Lange Zeit war eine Trennung jedoch sinnvoll, da sich die beiden Disziplinen mit unterschiedlichen Arbeitsschwerpunkten beschäftigten. Die **Sozialarbeit** hat ihren Ursprung in der Armenfürsorge. Sie unterstützte Menschen aller Altersgruppen in unterschiedlichen Notsituationen und half ihnen, diese zu bewältigen bzw. zu mindern.

Die **Sozialpädagogik** richtete sich lange Zeit hauptsächlich an Kinder und Jugendliche und war bemüht, Kindern und Jugendlichen, die im weitesten Sinne als gefährdet galten, eine die familiale, berufliche und schulische Sozialisation ergänzende Erziehung zu ermöglichen (vgl. Bommes/Scherr 2000, S. 16).

Als Sammelbegriff für Sozialarbeit und Sozialpädagogik kann soziale Arbeit wie folgt definiert werden:

> **Soziale Arbeit** bietet Personen in Problem- und Mangellagen konkrete Hilfe und wirkt zusätzlich präventiv. Soziale Arbeit fragt nach den Bedingungen, unter denen Notlagen entstehen, und überlegt, wie diese zu überwinden sind.

Vorrangige Ziele und Aufgaben der sozialen Arbeit sind:

- Menschen in ihrer Entwicklung zu eigenständigen und gemeinschaftsfähigen Persönlichkeiten zu unterstützen,
- Personen Hilfestellungen und Unterstützungsmöglichkeiten bei der Bewältigung von Problem- und Konfliktsituationen zu bieten,
- die soziale Gerechtigkeit zu erhöhen, indem soziale Probleme und deren Ursachen bearbeitet werden,
- die Chancengerechtigkeit im Allgemeinen zu erhöhen.

5.1 Handlungsfelder sozialer Arbeit – eine Begriffsbestimmung

Auf den ersten Blick erscheint es relativ schwierig, „die" Handlungs- und Arbeitsfelder der sozialen Arbeit zu identifizieren, denn einheitliche Bestimmungsmerkmale, welche Berufsfelder der sozialen Arbeit zuzuordnen sind, gibt es nicht. Sind Arbeitsfelder vielleicht dann der sozialen Arbeit zuzuordnen, wenn in ihnen typische Berufsgruppen wie Sozialpädagoginnen, Diplompädagoginnen oder Erzieherinnen arbeiten? Oder sollten wir von Arbeitsfeldern der sozialen Arbeit sprechen, wenn typische pädagogische bzw. psychologische Arbeitsmethoden stattfinden, z. B. Beratungsgespräche?

In den 1920er-Jahren schlug Gertrud Bäumer vor, „alles, was Erziehung, aber nicht Schule und nicht Familie ist" (Thole, 2010, S. 26), als Berufsfelder der sozialen Arbeit zu bezeichnen. Darunter fielen beispielsweise die Jugendarbeit oder Kindergärten. Beachtet man aber, dass in Schulen in den letzten Jahren zahlreiche Schulsozialarbeiter eingesetzt wurden und auch Familien vielseitige soziale Unterstützung, z.B. in Form von Familienberatungsstellen, erfahren, ist diese Begriffsbestimmung zu eng. Folglich ist eine weitere Definition nötig.

Rauschenbach / Bönisch schlagen daher vor, dann von Handlungsfeldern sozialer Arbeit zu sprechen, wenn dort „öffentlich organisierte, soziale, unterstützende bzw. pädagogische Hilfen und Dienste zur Lebensbewältigung oder Bildung angeboten und organisiert werden“ (Thole, 2010, S. 26). In den Arbeitsfeldern sozialer Arbeit werden demzufolge zum einen Unterstützungsangebote für bestimmte Personengruppen initiiert, die je nach Situation materiell (z.B. durch bestimmte Geldleistungen) und/oder immateriell (z.B. durch Gespräche) erfolgen können. Zum anderen finden in den Handlungsfeldern Bildungsprozesse statt. Die Durchführung der Hilfen, Dienstleistungen und Bildungsangebote erfolgt durch qualifiziertes Personal – z.B. Sozialpädagogen, Sozialarbeiter oder Psychologen.

So gilt beispielsweise die Obdachlosenhilfe als ein Handlungsfeld der sozialen Arbeit. In Not geratene, wohnungslose Menschen erhalten dort professionelle Unterstützung. Sie haben beispielsweise die Möglichkeit, einen Schlafplatz zu bekommen, eine warme Mahlzeit einzunehmen oder aber in Beratungsgesprächen mit Fachleuten über aktuelle Problemlagen, wie beispielsweise Alkoholsucht, zu sprechen und gegebenfalls an weitere Einrichtungen verwiesen zu werden.

Doch der Reihe nach! Versuchen wir die Arbeitsfelder sozialer Arbeit zu ordnen.

5.2 Klassifikation der Handlungsfelder nach Adressaten

Zunächst können die Handlungsfelder der sozialen Arbeit danach sortiert bzw. klassifiziert werden, mit wem dort gearbeitet wird. Man spricht dabei auch von den Adressaten eines Arbeitsfelds. Wird dort mit Kindern gearbeitet? Mit Kranken? Oder mit älteren Menschen? Erhalten Erwachsene Unterstützung und Hilfe?

Nach Thole (2010, S. 27) können die Handlungsfelder sozialer Arbeit in vier große Praxisfelder unterteilt werden:

1. die Kinder- und Jugendhilfe
2. die erwachsenenbezogenen sozialen Hilfen
3. die Altenarbeit
4. Soziale Arbeit im Gesundheitssystem

In jedem dieser Praxisfelder gibt es wiederum vielseitige Handlungs- und Arbeitsfelder. Betrachten wir die einzelnen Praxisfelder genauer!

5.2.1 Die Kinder- und Jugendhilfe

Ein weitverzweigtes und das wohl bekannteste Handlungsfeld sozialer Arbeit ist die Kinder- und Jugendhilfe, die sich, wie der Begriff bereits verdeutlicht, mit ihren Angeboten an Kinder, Jugendliche und deren Eltern richtet.

Die Angebote und Leistungen der Kinder- und Jugendhilfe ergeben sich größtenteils aus den Vorgaben des Kinder- und Jugendhilfegesetzes (KJHG), welches im VIII. **Sozialgesetzbuch** verankert ist. Dort heißt es zunächst:

Sozialgesetzbuch (SGB) *fasst die Regelungen des Sozialrechts zusammen und gliedert sich in insgesamt zwölf Bücher, die von I bis XII reichen.*

§ 1 Recht auf Erziehung, Elternverantwortung, Jugendhilfe

(1) Jeder junge Mensch hat ein Recht auf Förderung seiner Entwicklung und auf Erziehung zu einer eigenverantwortlichen und gemeinschaftsfähigen Persönlichkeit.

(2) Pflege und Erziehung der Kinder sind das natürliche Recht der Eltern und die zuvörderst ihnen obliegende Pflicht. Über ihre Betätigung wacht die staatliche Gemeinschaft.

(3) Jugendhilfe soll zur Verwirklichung des Rechts nach Absatz 1 insbesondere

1. junge Menschen in ihrer individuellen und sozialen Entwicklung fördern und dazu beitragen, Benachteiligungen zu vermeiden oder abzubauen,
2. Eltern und andere Erziehungsberechtigte bei der Erziehung beraten und unterstützen,
3. Kinder und Jugendliche vor Gefahren für ihr Wohl schützen,
4. dazu beitragen, positive Lebensbedingungen für junge Menschen und ihre Familien sowie eine kinder- und familienfreundliche Umwelt zu erhalten oder zu schaffen.

Demnach hat **die Kinder- und Jugendhilfe die Aufgabe, Kinder und Jugendliche in ihrer Entwicklung zu fördern und sie auf ihrem Weg hin zu eigenverantwortlichen und gemeinschaftsfähigen Persönlichkeiten zu unterstützen.** Weiterhin soll sie den Abbau von Benachteiligungen und die Schaffung positiver Lebensbedingungen junger Menschen und ihrer Familien unterstützen. Die Kinder- und Jugendhilfe hat folglich den Auftrag, konkrete Angebote und Maßnahmen anzubieten, die Kinder, Jugendliche und ihre Eltern bei diesen Prozessen unterstützen.

Die Angebote und Dienstleistungen, die hierzu angeboten werden, sind ebenfalls im Kinder- und Jugendhilfegesetz zusammengefasst. Sie lassen sich nochmals in vier Bereiche untergliedern und entsprechen den Handlungsfeldern sozialer Arbeit in der Kinder- und Jugendhilfe:

Aufgaben und Leistungen der Kinder- und Jugendhilfe

Bereich I	Bereich II	Bereich III	Bereich IV
Jugendarbeit, Jugendsozialarbeit, erzieherischer Kinder- und Jugendschutz	Förderung der Erziehung in der Famile	Förderung von Kindern in Tageseinrichtungen	Hilfe zur Erziehung

Bereich I: Jugendarbeit, Jugendsozialarbeit

Die Jugendarbeit richtet sich an junge Menschen im Alter bis zu 18 Jahren und bietet für Kinder und Jugendliche verschiedene Angebote, die freiwillig wahrgenommen und mitgestaltet werden können. Sie findet größtenteils in Jugendtreffs, Jugendzentren oder bei Jugendfreizeiten statt und steht grundsätzlich jedem offen. Die angebotenen Aktivitäten richten sich immer an mehrere Jugendliche und sind an deren Interessen, Bedürfnissen und der Lebenswelt orientiert. Es geht darum, Jugendlichen Angebote anzubieten bzw. gemeinsam mit ihnen zu entwickeln, die sie interessieren, begeistern und in ihrer Entwicklung zu einer gemeinschaftsfähigen Person voranbringen.

Partizipation,
Teilhabe, Beteiligung, Mitwirkung

Jugendarbeit möchte Kindern und Jugendlichen die Möglichkeit eröffnen, sich zu bilden, Partizipation und Demokratie zu erleben (z. B. dadurch, dass die Jugendlichen stets Möglichkeiten zur Mitbestimmung erhalten) und sie in ihren personalen und sozialen Kompetenzen fördern. Dazu zählen beispielsweise die Förderung des Selbstbewusstseins und des Selbstwertgefühls, die Förderung des Verantwortungsbewusstseins, der Kommunikations- und Konfliktfähigkeit. Darüber hinaus verfolgt die Jugendarbeit das Ziel, Kinder und Jugendliche bei der Bewältigung altersspezifischer Entwicklungsaufgaben, wie der Identitätsbildung, zu unterstützen.

BEISPIEL

Im Jugendzentrum „Letz Fetz" in Haagen gibt es ein breites Angebot für Kinder und Jugendliche im Alter von 10 bis 18 Jahren. In der Woche und an Samstagen hat das Jugendzentrum jeweils vier Stunden täglich geöffnet und macht verschiedene Angebote. Diese reichen von offenen Treffs, die den Jugendlichen den Austausch unter Gleichaltrigen ermöglichen sollen, über regelmäßige Angebote (wie z. B. wöchentliches Schwimmen im städtischen Hallenbad) bis hin zu Workshops. Die Workshops sind teilweise geschlechtsspezifisch, d. h., sie richten sich ausschließlich an Jungen bzw. Mädchen.

Die Sozialarbeiterin Antje Hilper bietet derzeit einen Hip-Hop-Workshop für Mädchen an, der insgesamt 12 Wochen dauert. Mit ihrem Angebot verfolgt sie das Ziel, den teilnehmenden Mädchen eine sinnvolle Freizeitbeschäftigung aufzuzeigen, ihnen aufgrund der Körpererfahrungen zu einem erhöhten Selbstwert und Gesundheitsbewusstsein zu verhelfen und ihnen positive Gruppenerlebnisse zu ermöglichen. Am Ende des Workshops möchte die Sozialarbeiterin einen kleinen Auftritt auf dem Stadtfest organisieren. Sie hofft, den teilnehmenden Mädchen dadurch ein Erfolgserlebnis zu verschaffen, das sie in ihrem Selbstbewusstsein bestärkt und ihnen die Möglichkeit verschafft, zu zeigen, was sie gemeinsam umgesetzt, geplant und gestaltet haben.

Während es in der Jugendarbeit um eine allgemeine Förderung junger Menschen geht, ist es das Ziel der **Jugendsozialarbeit**, bestimmten jungen Menschen Hilfe anzubieten. Sie richtet sich folglich nicht an alle jungen Menschen, sondern an Jugendliche, die sozial benachteiligt oder individuell beeinträchtigt sind. **Als sozial benachteiligt gelten Jugendliche, die aufgrund ihres familiären und sozialen Umfelds und/oder ihrer ethnischen Herkunft Benachteiligungen erfahren haben, die ihnen die Integration in die Gesellschaft und den Übergang von der Schule in den Beruf erschweren.** Individuell beeinträchtigt sind Jugendliche, die beispielsweise an Lernstörungen oder Lernbeeinträchtigungen leiden, die drogenabhängig geworden sind oder bereits eine kriminelle Karriere hinter sich haben.

Zu den Adressaten der Jugendsozialarbeit zählen beispielsweise Schul- und Ausbildungsabbrecher, Jugendliche mit Drogenproblemen oder (lern)behinderte Jugendliche. Die Jugendsozialarbeit hilft diesen Jugendlichen, durch spezielle Angebote, wie beispielsweise die Jugendberufshilfe, ihre Zukunftschancen zu erhöhen und aufrechtzuerhalten. In der Jugendberufshilfe werden die Jugendlichen durch zielgerichtete Beratung und Hilfe darin unterstützt, schulische Abschlüsse nachzuholen oder sich auf eine Berufsausbildung vorzubereiten.

Bereich II:
Förderung der Erziehung in der Familie

Die Kinder- und Jugendhilfe richtet sich nicht nur an Kinder- und Jugendliche, sondern auch an deren Eltern und Erziehungsberechtigte. Denn für die gelingende Entwicklung von Kindern und Jugendlichen ist die Familie von hoher Bedeutung. Um Eltern dabei zu unterstützen, ihrer Erziehungsverantwortung gerecht zu werden und sie in ihrer Erziehungskompetenz zu stärken, gibt es vielfältige Unterstützungs- und Hilfeangebote, die von Eltern in Anspruch genommen werden können.

Dazu zählt beispielsweise die Familienberatung. Dabei handelt es sich um eine Beratungsstelle, in der sich Eltern von ausgebildetem Fachpersonal zu verschiedenen Themen, Fragestellungen und Problemlagen Rat und Hilfestellungen einholen können. Mögliche Gründe, eine **Familienberatungsstelle** aufzusuchen, sind beispielsweise: persönliche Belastungen und Krisen, Fragen rund um die Erziehung und Entwicklung von Kindern und Jugendlichen, Konflikte und Krisen in der Familie oder Fragen zu Trennung und Scheidung. Ziel einer derartigen Beratung ist es, die Eltern in ihrem erzieherischen Handeln zu unterstützen, sie zu beraten und gemeinsam Lösungsmodelle für das jeweilige Problem zu entwickeln.

Neben Familienberatungsstellen gehören auch Angebote zur Familienbildung, beispielsweise in Form von sogenannten Elternkursen, zu den Leistungen, die für Familien angeboten werden. Ein konkretes Beispiel hierfür ist das Elterntraining **EFFEKT**, das von eigens dafür ausgebildetem Personal durchgeführt wird. Interessierte Eltern treffen sich hierfür in Kleingruppen und erwerben erweiterte Kenntnisse zur gelingenden Erziehung ihrer Kinder. Ziel dieses Trainings ist es, Eltern in ihrer Erziehungskompetenz zu stärken, indem sie beispielsweise wichtige Grundregeln positiver Erziehung vermittelt bekommen. Darüber hinaus erfahren sie, wie mit schwierigen Erziehungssituationen umgegangen werden kann, und lernen, wie Konfliktsituationen innerhalb der Familie verbal und ohne Gewalt ausgehandelt werden können.

EFFEKT
*steht für **E**ntwicklungs-**F**örderung in **F**amilien: **E**ltern- und **K**inder-**T**raining*

Bereich III: Förderung von Kindern in Tageseinrichtungen

Neben der Jugendarbeit, der Jugendsozialarbeit, der Familienberatung und -bildung ist die Förderung von Kindern in Tageseinrichtungen ein weiteres – und das wohl bekannteste – Arbeitsfeld sozialer Arbeit. Häufig ohne zu wissen, dass dieses Feld der Kinder- und Jugendhilfe zuzuordnen ist, haben es die meisten durch ihren Besuch im Kindergarten in Anspruch genommen.

Tageseinrichtungen für Kinder gibt es in Deutschland schon seit mehr als 150 Jahren. Historische Namen wie „Verwahranstalten", „Kleinkinderschulen" oder „Kindergärten" weisen darauf hin, dass die Aufgaben der Einrichtungen lange Zeit unterschiedlich interpretiert und umgesetzt wurden. **Heute bezeichnet man als Tageseinrichtungen für Kinder Institutionen, in denen sich Kinder für einen Teil des Tages oder ganztägig aufhalten und in Gruppen erzogen, gebildet und betreut werden.** Dazu zählen Kinderkrippen, Kindergärten, Schülerhorte und Kinderhäuser.

Kinderkrippen sind Einrichtungen für Kinder von 0–3 Jahren. In Kindergärten werden Kinder im Alter von 3 bis 6 Jahren betreut, wobei mittlerweile viele Kindergärten auch schon 2-jährige Kinder aufnehmen. Ein Schülerhort kann von Kindern ab dem Eintritt in die Grundschule besucht werden und endet in der Regel auch mit dem Ende der Grundschulzeit. Die Kinder besuchen den Hort im Anschluss an die Schule, essen dort zu Mittag, machen ihre Hausaufgaben, spielen gemeinsam, nehmen an Aktivitäten der Erzieherinnen teil und gestalten Projekte mit. In einem Kinderhaus werden mindestens zwei Formen von Tageseinrichtungen (z. B. Krippe und Kindergarten) in räumlicher und organisatorischer Einheit betrieben. Teilweise werden auch alle drei Formen – Krippe, Kindergarten und Hort – unter einem Dach zusammengefasst, man spricht dann von einem Kinderhaus für Kinder von 0–10 Jahren.

Durch die Betreuung in Tageseinrichtungen soll die Entwicklung der Kinder zu eigenverantwortlichen und gemeinschaftsfähigen Persönlichkeiten gefördert, die Erziehung und Bildung in der Familie unterstützt und ergänzt und den Eltern dabei geholfen werden, Erwerbstätigkeit und Kindererziehung besser miteinander vereinbaren zu können (vgl. § 22a SGB VIII). In den letzten Jahren rückte neben dem erzieherischen Auftrag von Tageseinrichtungen verstärkt der Bildungsauftrag von Kindertageseinrichtungen in den Fokus. Die Auffassungen, dass Bildung bereits mit der Geburt beginnt und insbesondere die frühe Kindheit eine lernintensive Zeit darstellt, konnten sich etablieren. Als Folge entwickelten die Bundesländer Bildungspläne für ihre Kindertageseinrichtungen, in denen unter anderem „Impulse zur pädagogischen Begleitung kindlicher Entwicklung" (MINISTERIUM FÜR KULTUS, JUGEND UND SPORT 2006, S. 8) sowie Anregungen für Bildungsangebote zu finden sind.

Im Alltagsgeschehen von Tageseinrichtungen für Kinder ist (früh)kindliche Bildung immer und überall zu finden. Beim Spielen, beim Essen, beim Streiten, beim Aufräumen – bei all diesen Anlässen sammeln die Kinder Erfahrungen, probieren aus, lernen dazu und entdecken Neues oder vernetzen Bekanntes mit Neuem. Bildung ist folglich als integrativer Prozess zu verstehen, der sich fortlaufend vollzieht. Gleichzeitig brauchen Kinder jedoch auch Anreize und Impulse, um die Freude am Lernen, Ausprobieren, Entdecken und Erforschen, am Sammeln neuer Erfahrungen aufrechtzuerhalten und zu neuen Sichtweisen und Inhalten zu gelangen. Aus diesem Grund gehört es zu den Aufgaben des pädagogischen Fachpersonals in Tageseinrichtungen, altersgerechte und entwicklungsangemessene Bildungsangebote für die Kinder zu initiieren und zu begleiten. Dabei achten die Fachkräfte, in der Regel Erzieherinnen und Kinderpflegerinnen, darauf, soziale, emotionale, körperliche, geistige und sprachliche Bildungs- und Entwicklungsprozesse der Kinder gleichermaßen anzusprechen und zu fördern. Die Aktivitäten und Projekte sind am Alter und Entwicklungsstand, den sprachlichen und sonstigen Fähigkeiten, der Lebenssituation sowie den Interessen und Bedürfnissen der Kinder orientiert und berücksichtigen ihre ethnische Herkunft.

BEISPIEL

Naturwissenschaftliches Bildungsangebot in der Kindertageseinrichtung

Einige Kinder in der Mondgruppe der Kindertageseinrichtung „Sternenfänger" haben großes Interesse an Wasser. Sehr gerne schöpfen sie am kleinen Brunnen im Garten, schütten Wasser von einem Gefäß ins andere um und vermengen es mit Erde, Gras oder kleinen Steinen. Um den Kindern nun weitere Erfahrungen mit dem Element Wasser zu ermöglichen, hat Katharina Wagner, eine Erzieherin in der Gruppe, beschlossen, ein entsprechendes kleines Projekt zum Thema anzubieten. Sie möchte mit den Kindern einige Versuche zum Schwimmen und Sinken verschiedener Gegenstände machen und darüber sprechen, warum einige Gegenstände sinken und andere oben schwimmen. Im Morgenkreis fragt sie daher, wer Interesse und Lust hat, im Laufe dieser Woche mit ihr einige Experimente zu machen. Sieben Kinder sind sofort begeistert und folgen Katharina nach dem Morgenkreis an den von ihr gerichteten Tisch. Auf dem Tisch hat Katharina mehrere Schüsseln mit Wasser gerichtet. Daneben liegen verschiedene Gegenstände und Materialien: Korken, Schrauben, Münzen, Steine, Holz, Styropor, Murmeln und einige Stücke Papier. Die Kinder dürfen nun ausprobieren, was schwimmt und was sinkt. Jeweils zu zweit stehen sie an einer großen Schüssel und beobachten, was bei welchem Gegenstand passiert.

Wenn alle Kinder genügend Zeit zum Ausprobieren hatten, werden die Dinge wieder aus den Gefäßen gefischt und danach kategorisiert, ob sie sinken oder schwimmen. Auf diese Weise entstehen zwei kleine „Häufchen". Katharina Wagner kennzeichnet sie mit zwei Pfeilen. Ein Pfeil zeigt nach oben, einer nach unten – der nach oben zeigende Pfeil zeigt an, dass hier die Dinge liegen, die schwimmen. Der nach unten zeigende Pfeil kennzeichnet die Gruppe der Gegenstände, die untergehen. Dann fragt Katharina die Kinder, wie es sein kann, dass einige Gegenstände untergehen, andere aber nicht. Die Kinder tauschen sich aus und überlegen. Paul ruft: „Na, weil leichte Sachen schwimmen und schwere gehen unter." „Aha", sagt Katharina nach einer Pause, „aber was ist denn dann mit diesem großen, schweren Dampfer?" Sie zeigt den Kindern ein Bild mit einem großen Dampfer, der auf einem Fluss schippert. „Der ist doch ganz schwer. Aber der schwimmt!", sagt Katharina. Die Kinder sind erstaunt und überlegen wieder. Sie tauschen sich aus und berichten von Erfahrungen. Jonas war auch schon einmal auf einem großen Schiff und tatsächlich, es ist nicht untergegangen. Katharina Wagner zeigt den Kindern weitere Gegenstände, die sie mitgebracht hat: einen Ball, einen Schwimmflügel und ein kleines Schiffsmodell. „Schauen wir mal, was mit diesen Dingen passiert, wenn wir sie aufs Wasser setzen". Nach und nach setzen die Kinder die Gegenstände in eine der Schüsseln: Alle schwimmen! Aber warum? Wieder unterhalten sich die Kinder. „Da ist Luft drin!", sagt Lina. „Das stimmt", sagt die Erzieherin, „dann schwimmt also nicht nur das, was leicht ist, sondern auch alles, was schwer ist und Luft drin hat!?". Um zu zeigen, dass auch die Luft nicht die alleinige Ursache für das Schwimmen und Sinken ist, zeigt Katharina das Bild eines dicken Baumstamms, der auf dem Meer treibt. „Ui, der hat keine Luft und ist schwer!", sagt Helena erstaunt. „Mhm, das stimmt. Warum er aber trotzdem schwimmt, das schauen wir uns morgen an!", sagt Katharina. Eine abschließende Zusammenfassung rundet diesen ersten Teil des Projekts ab. An der Pinnwand in der Gruppe fassen die Kinder ihre bisher gewonnenen Erkenntnisse zusammen. Katharina hat dafür Bildkarten vorbereitet. Den Kindern wird dabei nochmals verdeutlicht, dass ihre bisherigen Erklärungsversuche „schwer und leicht" und „Luft" nicht ganz richtig sein können, um das Phänomen des Schwimmens und Sinkens vollständig zu erklären. Dann beendet Katharina die Projektarbeit für heute – sie entlässt die Kinder mit einer kleinen Vorschau auf die morgige Weiterarbeit.

Neben Tageseinrichtungen für Kinder, die sich keiner bestimmten pädagogischen Strömung verschrieben haben, gibt es zahlreiche Einrichtungen, die nach bestimmten Bildungskonzepten arbeiten. Dazu zählen beispielsweise die Handlungskonzepte von Maria Montessori und Rudolph Steiner. Ein **pädagogisches Handlungskonzept beschreibt und begründet die „Eckpunkte" des pädagogischen Handelns in einem sozialpädagogischen Arbeitsfeld, z. B. dem Kindergarten. Es macht grundsätzliche Aussagen, u. a. zum Menschenbild, zu Zielen und speziellen Methoden der pädagogischen** Arbeit. Die ersten pädagogischen Handlungskonzepte wurden von bedeutenden Personen wie Fröbel, Steiner oder Montessori entwickelt und dienen bis heute als wichtige Impulsgeber für die pädagogische Praxis.

EXKURS

Montessori- und Waldorf-Pädagogik

Maria Montessori

Maria Montessori (1870–1952), italienische Ärztin und Reformpädagogin, ist eine der bekanntesten Pädagoginnen unserer Zeit. Zu Beginn des 20. Jahrhunderts gründete und leitete sie vier Kinderhäuser in San Lorenzo, einem Stadtteil von Rom. Bekannt wurde sie vor allem durch die Entwicklung ihres didaktischen Materials, aber auch durch die von ihr verfassten Bücher, ihre Vorträge und ihre Beratertätigkeit bei Bildungsreformen, z. B. in Spanien und Indien.

Wie erfolgreich die Montessori-Pädagogik bis heute ist, zeigt sich an den 66.400 Einrichtungen weltweit, die nach diesem Handlungskonzept arbeiten. Allein in Deutschland zählt der Montessori-Dachverband 600 Montessori-Kindergärten, 350 Grund- und 80 weiterführende Schulen.

Montessoris Vorstellungen von Erziehung und Bildung lassen sich den Ideen der Reformpädagogik zuordnen. Unter diesem Begriff werden Bestrebungen unterschiedlicher Art und in verschiedenen Ländern subsumiert, die z. B. den Schulbetrieb, übergroße Klassen, Lebensfremdheit im Unterricht, das „Pauken" von Stoff und vor allem die Erziehung zu Gehorsam verurteilten. Nach Vorstellung der Reformpädagogik sollte Unterricht an den Erfahrungen der Kinder ansetzen, handlungsorientiert sein und Raum für Selbsttätigkeit geben. Hier schloss Montessori an. Sie vertrat die Auffassung, ein Kind sei ausgestattet mit allen Anlagen zur Entwicklung und vitalem Antrieb und strebe von sich aus zur Vervollkommnung und Unabhängigkeit vom Erwachsenen. Sie meinte, bei guten Lernbedingungen und einer Begegnung des Kindes mit Respekt könne alles aus ihm werden, statt „Opfer seiner Herkunft" zu sein – mit Blick auf die Debatte der Chancengerechtigkeit ein höchst aktueller Gedanke! Erzieher und Lehrerinnen haben daher die Aufgabe, die Potenziale des einzelnen Kindes zu kennen, zu fördern und das Zusammenleben in der Gruppe zu gestalten.

Die Entwicklung des Kindes unterteilt Maria Montessori in Phasen. In den ersten drei Lebensjahren sieht Montessori das Kind als „psychischen" Embryo, der – analog zur Organbildung in den ersten Monaten der Schwangerschaft – nach der Geburt seine psychischen Funktionen entfaltet: Bewegung und Wollen, Sprache und Denken, Gefühle und Sozialverhalten. Das Kind lernt in dieser Phase unbewusst, es saugt Eindrücke auf, was Montessori den „absorbierenden Geist" nennt. Jedoch erfasst und bildet es Strukturen, sonst könnte es z. B. nie das Regelsystem einer Sprache verinnerlichen. Es ist eine ausgeprägte Phase spontanen, eigenaktiven Lernens, weshalb Montessori auch vom „Kind als Schöpfer seiner selbst" spricht.

Zwischen drei und sechs Jahren beginnt das Kind bewusst zu lernen. Es will alles selbst machen, um unabhängig vom Erwachsenen zu werden. Es wiederholt gern Handlungen, bis es sie beherrscht. Als Werkzeuge setzt es seine Sinne ein, will möglichst intensiv fühlen, riechen, hören, sehen und sich selbst spüren. Als hätte die Natur es so eingerichtet, neigen Kinder in dieser Lebensphase zum Sammeln und Hantieren. Dabei vergleichen sie und ordnen sie die Dinge nach Farbe, Form, Größe. Hierdurch entwickeln sie – wie Montessori es nennt – mathematischen Geist.

Kinder von sechs bis zwölf Jahren wollen in der materiellen und immateriellen Welt Erscheinungen verstehen und Ursachen ergründen. Sie sind offen für Erfahrungen und erkennen, dass es über das eigene Gefühl und die eignen Wünsche hinausgehend sittliche Normen und Werte und verschiedene Standpunkte gibt.

Vervollständigt wird MONTESSORIS Phasenmodell durch ihre Festlegung, dass das Kind während seiner Entwicklung über verschiedene „sensible Perioden" verfügt, in denen es nach Auffassung der Pädagogin in der Lage ist, „all seine psychische Energie auf einen bestimmten Entwicklungsbereich hin zu zentrieren" (HEBENSTREIT, 1999, S. 133) und dementsprechend spezielle Kompetenzen, wie beispielsweise das Sprechen, unbewusst und leicht zu erwerben.

Das Ziel der MONTESSORI-Pädagogik ist der in sich ruhende, selbstständige, kreative, freie und verantwortungsbewusste Mensch, der Herr seiner selbst ist. Diese Freiheit und Selbstbestimmung gewinnt das Kind, indem es sich zunehmend selbst versorgt, indem es mithilfe der Erzieher vordringt in die Welt der Dinge, der Sprache, in die Gesetzmäßigkeiten der Mathematik, der Naturphänomene und der sozialen Beziehungen. Hierzu bietet MONTESSORI Material an, wie z. B. die Übungen des täglichen Lebens, die Sinnesmaterialien oder aber Übungen zur Sprache, zum Lesen und Schreiben.

Das von MONTESSORI entwickelte Material gehört zu den bekanntesten Aspekten ihrer Pädagogik und ist mittlerweile zum festen Bestandteil in zahlreichen Einrichtungen der Elementar- und Primarbildung geworden. Im Verständnis MARIA MONTESSORIS ist das Material ein Begleiter des Kindes in dessen Selbst- und Persönlichkeitsbildung. Ihre didaktischen Materialien sind in ihrem Aufbau passgenau an den sensiblen Phasen der Kinder orientiert. Sie führen vom Leichten zum Schweren, vom Konkreten zum Abstrakten. Durch die ihnen innewohnende Möglichkeit zur manuellen Tätigkeit, zur Wiederholung und zur Sinneserfahrung fördern die Materialien geistige wie motorische Fähigkeiten der Kinder. Die Materialien dienen damit als geistige Nahrung für die Kinder – als Selbstbildungsmittel – sowie als Gegenstände zur Selbsterziehung des Kindes.

RUDOLPH STEINER (1861–1925) ist der Vater der Waldorf-Pädagogik. Nach natur- und geisteswissenschaftlichen Studien arbeitete er unter anderem als Lehrer in einer

RUDOLPH STEINER

Arbeiterbildungsstätte und gründete die anthroposophische Bewegung. 1919 eröffnete er die erste Waldorfschule in Stuttgart für die Kinder der Belegschaft der Zigarettenfabrik Waldorf-Astoria, daher die Namensgebung.

Anthroposophie
aus griech. anthropos = Mensch und sophia = Weisheit wurde von Steiner begründet. Für ihn ist Anthroposophie „Welterkenntnis" in dreierlei Hinsicht: 1. als Methode zur Erforschung der übersinnlichen Welt, 2. Ergebnisse dieser Forschung ergänzen die Naturwissenschaften als „Geisteswissenschaft", 3. auf der Anwendungsebene geben diese Forschungen wichtige Impulse, z. B. Waldorf-Pädagogik, anthroposophische Medizin, biologisch-dynamische Landwirtschaft u. a.

Die Anzahl der Kindergärten, Schulen und sonderpädagogischen Einrichtungen, die nach seinen Grundsätzen arbeiten, ist seitdem stetig gewachsen, auch weit über die Grenzen Deutschlands hinaus. Hinzu kam in den letzten Jahren eine Öffnung der Waldorfeinrichtungen für Kinder unter drei Jahren. Doch was zeichnet die Waldorf-Pädagogik aus, dass es in Deutschland 450 Waldorfkindergärten (weltweit 1.500) und weltweit 900 Waldorfschulen gibt?

STEINERS Hauptschaffensphase begann etwas vor der MONTESSORIS. Auch ihm lag an einer Verbesserung der Lebenssituation der Menschen, aber weniger in sozialer Hinsicht als in geistiger. Die zunehmende Industrialisierung, fremdbestimmte, monotone Arbeit, das rationale Denken dieser Zeit sah er als Gefahr für den Menschen, der nun einmal aus Körper, Geist und Seele bestehe. Als Konsequenz entwickelte STEINER vielseitige Theorien und Konzepte: für die Erziehung von Kindern und Jugendlichen, für eine biologisch-dynamische Landwirtschaft, für eine Medizin und eine Architektur, die jeweils den Menschen in den Mittelpunkt stellen. STEINER war der Auffassung, die Seele müsse generell mehr „Raum“ erhalten. Sie sei Sitz des Vorstellens, Fühlens und Wollens. Als spezifisch menschlich sah er auch die schöpferischen Kräfte an, die es zu fördern gelte. Erziehung vom Kind aus, Wertschätzung der Individualität, unmittelbares und selbstständiges Lernen, Gestaltung des Schullebens sind Maximen der Waldorf-Pädagogik und lassen STEINER als Reformpädagogen erkennen.

Die Waldorf-Pädagogik sieht das Kind als ein Wesen, welches bestimmte Fähigkeiten und Anlagen mitbringt und über einen eigenen Geist verfügt. Sie geht von einer kindlichen bzw. menschlichen Entwicklung im Siebenjahresrhythmus aus, an welcher sich pädagogische Handlungen orientieren sollen:

Im ersten Jahrsiebt entfaltet das Kind seinen physischen Leib, seine Organe werden geformt, es lernt Laufen und Sprechen. Über die Sinne verleibt es sich Eindrücke ein, ahmt Bewegungen und Handlungen nach. Im dritten Lebensjahr werden seine Entwicklungskräfte frei für die Bildung von Fantasie. Mit Fantasie gestaltet es Spiele, benennt Dinge um und beginnt Spielhandlungen zu planen. Malen und Spiel sind Ausdrucksformen inneren Erlebens. Mit den ersten bleibenden Zähnen sind die leibbildenden Aufgaben erfüllt und die Kräfte des Kindes stehen der Vorstellung, dem Gedächtnis, dem schulischen Lernen zur Verfügung.

Im zweiten Jahrsiebt rücken die Seelenkräfte in den Vordergrund. Das Kind lernt zwischen „gut und schlecht“ zu unterscheiden. Zur Orientierung und Unterstützung braucht es die natürliche Autorität des Lehrers, und zwar konstant, nicht alle zwei Jahre wechselnd. Märchen, Fabeln, Sagen, Heldenepen und die Bibel bieten ihm Vorbilder. Das Kind bildet seine Vorstellungskräfte weiter und interessiert sich zunehmend für die reale Umgebung, z. B. für die Natur, für Herstellungsprozesse und Berufe des Menschen.

Das dritte Jahrsiebt steht im Zeichen der Geschlechtsreife und der Ausbildung geistiger Kräfte. Der Jugendliche ist jetzt zu abstrakten Leistungen fähig. Er soll Respekt aufbauen vor dem Denken anderer, u. a. durch Studium der Werke der Weltliteratur. Er lernt, sich ein Urteil zu bilden.

Wesentliches Ziel der Waldorf-Pädagogik ist das „Erringen“ von Freiheit. „Freiheit ist unmöglich, wenn etwas außer mir meine moralischen Vorstellungen bestimmt. Ich bin nur dann frei, wenn ich selbst diese Vorstellungen produziere; nicht, wenn ich die Beweggründe, die ein anderes Wesen in mich gesetzt hat, ausführen kann. Ein freies Wesen ist dasjenige, welches wollen kann, was es selbst für richtig hält“, so STEINER (STEINER zit. in BERGER, 1988, o. S.). Diese Freiheit muss im dritten Lebensjahrsiebt mühsam errungen werden. Auf keinen Fall soll zu früh das Urteil eines Kindes gefordert werden. Die Vorbereitung auf die Freiheit geschieht vielmehr durch die Orientierung an Vorbildern, durch das Befassen mit Handwerk, Kunst, Wissenschaft und Religion.

Die Waldorf-Kindergartenpädagogik ist nicht von STEINER selbst, sondern von STEINER-Schülern in dessen Sinn entwickelt und formuliert worden. Entsprechend anthroposophischen Vorstellungen folgt auch die Kindergartenpädagogik dem Grundsatz der Ganzheitlichkeit. Schwerpunkte der pädagogischen Arbeit im Kindergarten liegen auf dem Spiel und den Verrichtungen des täglichen Lebens. Diese bieten alles, was das Kind für seine Entwicklung braucht. „Je voller und selbstredender das Leben im Kindergarten, desto anregender als Lernfeld ist die Umgebung für das Kind. Wesentlich ist die Tatsache, dass das Leben echt ist und dass es dadurch Heiterkeit, Freude und Leichtigkeit verbreitet [...] Gleichzeitig bedeutet dies, dass alles, was einem isolierten Lernprozess der Kinder dient, der kindlichen Lernhaltung nicht entspricht. Jegliche vom Leben abstrahierte ‚Absicht der Unterweisung‘ oder Belehrung widerspricht im Sinne der hier entwickelten Darstellung den Bedürfnissen des Kindes.“ (SASSMANNSHAUSEN, o.J.)

Die Erzieherinnen nehmen dementsprechend stärker die Rolle des Vorbilds statt des Anleiters ein. Durch das Verrichten hauswirtschaftlicher Tätigkeiten, von Gartenarbeit und Reparaturen sind sie Modelle und ruhender Pol zugleich. Sie bieten dem Kind Rhythmus und Wiederholung. Der Rhythmus zeigt sich im Wechseln von aktiven und entspannenden Phasen, von selbstbestimmtem gegenüber angeleitetem Tun. Feste Zeiten für Essen und Aufenthalt im Freien sind ebenso selbstverständlich wie eine deutliche Wochenstruktur,

z. B. am Montag: Aquarellmalen, am Dienstag: Arbeit mit Ton und Bienenwachs, am Mittwoch: Malen mit Wachskreide, am Donnerstag: Eurythmie, am Freitag: Wochenputz und Arbeit im Garten. Wiederholungen erleben die Kinder durch Rituale im Tages- und Wochenverlauf, durch das Märchen des Monats, das täglich erzählt und ergänzt wird, und durch die Wiederkehr der Jahreszeiten. Wiederholungen geben Kindern, die täglich Neues erleben, die Gewissheit, dass auch morgen alles in vertrauten Bahnen verläuft.

Der bedeutsamen Rolle der Umgebung wird Rechnung getragen, indem Wände, Möbel und Textilien wie auch das Spielmaterial in Bau- und Puppenecke vorzugsweise aus natürlichen Materialien sind. Bevorzugt werden Vielzweckgegenstände, z. B. Tücher zum Verkleiden, für Puppen, zur Landschaftsgestaltung, zum Hüttenbau. Natürliche und wertvolle Materialien in hellen, sanften Farben wirken positiv auf das Gemüt. Darüber hinaus dienen als Spielmaterialien natürliche Materialien wie Äste, Baumrinde, Kastanien, Steine und Utensilien des täglichen Lebens wie Töpfe, Schüsseln, Löffel usw. Der Kindergarten wird so zu einem anregenden, ästhetischen Lernfeld.

Gemeinsames, mit der Erzieherin vorbereitetes Frühstück

Sinnesschulung, Kinder beim rhythmischen Spiel

AUFGABEN

Besuchen Sie eine MONTESSORI- und/oder Waldorfeinrichtung.

1. Fertigen Sie eine Skizze der Räumlichkeiten an.
2. Halten Sie fest, welche Materialien den Kindern zur Verfügung stehen, und achten Sie dabei auch auf die Materialanordnung.
3. Wie erleben Sie die Erzieherinnen in den Einrichtungen? Nehmen Sie Stellung zur Rolle der Erzieherin.
4. Notieren Sie, welche Besonderheiten Ihnen außerdem aufgefallen sind.

Bereich IV: Hilfen zur Erziehung

Die sogenannten Hilfen zur Erziehung sind ein weiteres klassisches Arbeitsfeld der sozialen Arbeit. **Unter Hilfen zur Erziehung versteht man Angebote und Leistungen der Kinder- und Jugendhilfe, die ein Personensorgeberechtigter in Anspruch nehmen kann, „wenn eine dem Wohl des Kindes oder des Jugendlichen entsprechende Erziehung nicht gewährleistet ist und die Hilfe für seine Entwicklung geeignet und notwendig ist“** § 27(1) SGB VIII. Die dazu angebotenen Leistungen basieren auf dem Prinzip der Freiwilligkeit, „gegen den Willen der Eltern oder eines Elternteils ist ohne die Entziehung von Teilen der elterlichen Sorge keine Hilfe zur Erziehung möglich“ (RITZMANN / WACHTLER 2008, S. 24). Häufig fußt die Inanspruchnahme jedoch auf Anraten bzw. Druck von Institutionen wie Kindertageseinrichtungen, Schulen oder Familiengerichten.

Die Hilfen zur Erziehung lassen sich in unterschiedliche Hilfearten unterscheiden, die rechtlich in den §§ 28–35 SGB VIII verankert sind. Jede der Hilfearten stellt ein Arbeitsfeld sozialer Arbeit dar und bringt vielseitige

Anforderungen und Arbeitsbereiche mit sich. Gemeinsames Ziel der Hilfen zur Erziehung ist die (Wieder-)Herstellung einer Lebenssituation, in welcher das Wohl des Kindes oder des Jugendlichen gewährleistet ist. Im Folgenden werden einige der im SGB VIII explizit vorgesehenen Hilfearten kurz vorgestellt:

- Die **Erziehungsberatung** ist eine Hilfeform, die für die Ratsuchenden leicht zugänglich ist. Sie erfolgt in der Regel in Erziehungs- und Familienberatungsstellen und bietet Eltern und anderen Sorgeberechtigten die Möglichkeit, Hilfestellungen und Unterstützung zu unterschiedlichsten Themen und Anlässen (z. B. bei Schulproblemen, Kommunikationsproblemen in der Familie) zu bekommen.
- **Soziale Gruppenarbeit** richtet sich an ältere Kinder und Jugendliche und soll diesen helfen, Entwicklungsschwierigkeiten und Verhaltensprobleme zu überwinden. Sie kommt zum Einsatz, wenn Familien ihrer Sozialisationsfunktion nicht hinreichend gerecht werden bzw. gerecht werden können. Durch gemeinschaftliches soziales Lernen mit Gleichaltrigen sollen die Jugendlichen alternatives Sozialverhalten erproben und soziale Kompetenzen erwerben. Angeboten wird diese Hilfeform entweder als zeitlich begrenzter Kurs mit thematischem Schwerpunkt (z. B. ein Anti-Aggressivitäts-Training) oder als kontinuierliche pädagogische Betreuung (vgl. RITZMANN/WACHTLER 2008, S. 29).
- Die **sozialpädagogische Familienhilfe** ist ein Angebot, das die gesamte Familie in den Blick nimmt. Die dort tätigen Fachkräfte sind bemüht, die betreuten Familien durch pädagogische und alltagspraktische Hilfen in ihrer Selbsthilfekompetenz zu stärken und den Eltern durch konkrete Handlungsanleitungen zu helfen, für ihre Kinder zu sorgen. Dazu führen die Fachkräfte beratende Gespräche mit den Eltern, handeln modellhaft, indem sie beispielsweise etwas mit den Eltern und Kindern unternehmen und geben praktische Hilfen, wie z. B. Anleitungen bei der Haushaltsführung.
- Die **Erziehung in einer Tagesgruppe** ist eine Hilfeform, bei der es darum geht, Kindern und Jugendlichen den Verbleib in ihrer Familie zu gewähren, indem diese von der Betreuung und Versorgung tagsüber entlastet wird. Die Kinder werden tagsüber von Fachkräften betreut und gezielt in ihrer Entwicklung gefördert. Abends gehen die Kinder zu ihren Eltern nach Hause. Neben der Förderung der Kinder werden auch die Eltern unterstützt und beraten; denn das Ziel dieser Hilfe besteht darin, erzieherische Kompetenzen aufzubauen, um dadurch die Hilfe zur Erziehung „überflüssig" zu machen.
- Bei der **Heimerziehung** handelt es sich um eine Hilfe zur Erziehung, bei der Kinder und Jugendliche Tag und Nacht in einer Einrichtung oder in einer sonstigen betreuten Wohnform untergebracht sind und durch eine Verbindung von Alltagserleben mit pädagogischen und therapeutischen Angeboten in ihrer Entwicklung gefördert werden (vgl. § 34 SGB VIII). Mit dieser Form der Hilfe ist in erster Linie die Zielsetzung verbunden, eine Rückkehr in die Familie zu erreichen oder zumindest auf die Erziehung in einer anderen Familie vorzubereiten. Die Heimerziehung erfolgt heute in vielfältigen Betreuungsarrangements. Dazu zählen beispielsweise Wohngruppen, in denen sechs bis neun Kinder leben und rund um die Uhr von Fachkräften betreut werden, oder aber Kleinstheime, die lediglich aus einer Gruppe von circa zehn Kindern bestehen. Das Bild eines großen Kinderheims gehört weitgehend der Vergangenheit an.

5.2.2 Die erwachsenenbezogenen sozialen Hilfen

Soziale Hilfen, die sich hauptsächlich an Erwachsene richten, sind äußerst vielfältig und kaum zu systematisieren. Denn genauso breit gefächert wie die Problemlagen, Krisen und Situationen sind, mit denen ein Mensch konfrontiert sein kann, sind die Unterstützungsmöglichkeiten, Hilfsangebote und Präventionsprogramme, die ihm und seinen Angehörigen zu deren Vorbeugung bzw. Bewältigung angeboten werden. **Allen Unterstützungsangeboten ist jedoch gemeinsam, dass sie Menschen die Teilnahme am Leben in der Gemeinschaft ermöglichen und die Führung eines menschenwürdigen Lebens sichern wollen und sollen.**

Um diese Zielsetzung zu erreichen, sind sowohl materielle als auch immaterielle Unterstützungsleistungen vorgesehen. Materielle Hilfen sind z. B. die Auszahlung von Wohngeld, die Bereitstellung einer Erstausstattung für Säuglinge oder die Versorgung mit einer warmen Mahlzeit. Als immaterielle Unterstützungsleistungen gelten beispielsweise

Beratungsgespräche, die Begleitung bei Behördengängen oder aber die Vermittlung an weitere Fachdienste. Häufig werden materielle und immaterielle Unterstützungsangebote in gegenseitiger Ergänzung geleistet. Das endgültige Ziel aller Angebote, die sich an Erwachsene richten, ist die Befähigung der jeweiligen Klienten, ein von externer und staatlicher Hilfe unabhängiges Leben führen zu können.

Die drei nachfolgenden Beispiele beschreiben Arbeitsfelder im Bereich der erwachsenenbezogenen sozialen Hilfen und verdeutlichen neben der Vielgestaltigkeit der Handlungsfelder, welche unterschiedlichen Anforderungen ein und dasselbe Handlungsfeld mit sich bringt.

Die **Wohnungslosenhilfe** unterstützt Menschen, die keine Wohnung mehr haben und auf der Straße leben oder die akut bedroht sind, wohnungslos zu werden. Ihre Angebote gehen jedoch weit darüber hinaus, Wohnungslosen oder von Wohnungslosigkeit Bedrohten eine neue Bleibe zu verschaffen. Sie erstrecken sich – um nur Einiges zu nennen – von Tagesstätten, Wohnheimen und Kleiderkammern über die Vermittlung medizinischer Hilfe und Beratungsstellen bis hin zu Beschäftigungsprojekten, die auf eine eventuelle Rückkehr auf den Arbeitsmarkt vorbereiten.

In den Tagesstätten der Wohnungslosenhilfe finden obdachlose Menschen einen warmen Aufenthaltsort, in dem sie duschen, eine Mahlzeit erhalten und bei Bedarf professionelle Ansprechpartner finden können. Im Unterschied dazu bieten die Wohnheime zusätzlich noch eine bestimmte Anzahl von Schlafmöglichkeiten; die Bewohner können folglich auch die Nächte dort verbringen. Häufig sind in den Wohnheimen auch sogenannte Kleiderkammern integriert, in denen gut erhaltene, gespendete Kleidung, Handtücher und Decken für die Obdachlosen gesammelt und ausgegeben werden. In den Beratungsstellen für Wohnungslose oder von Wohnungslosigkeit Bedrohte erhalten die Klienten entweder Hilfe, die bevorstehende Wohnungslosigkeit abzuwenden, oder aber Unterstützung beim Weg in ein eigenständiges Leben mit einer Wohnung. Dabei kann es hilfreich sein, zunächst an Beschäftigungsprogammen teilzunehmen, um so Stück für Stück den Weg zurück in ein geregeltes Leben zu finden. Doch auch bei allgemeinen Anliegen und Problemen stehen die Mitarbeiterinnen den Obdachlosen in den Beratungsstellen zur Seite.

Klient
lat. cliens, Anhänger, Schützling, bezeichnet den Empfänger einer Dienstleistung

Angebote und **Hilfen für Haftentlassene** richten sich an Inhaftierte, Haftentlassene und deren Angehörige. Im Vordergrund steht dabei, Häftlingen bei den Entlassungsvorbereitungen zu helfen und ihnen nach der Haft so lange zur Seite zu stehen, bis die soziale Wiedereingliederung erfolgreich abgeschlossen ist. Hierzu erhalten die Häftlinge und Haftentlassenen Beratung, Begleitung und praktische Hilfen von sozialpädagogischem Fachpersonal. Die Sozialarbeiter unterstützen sie beispielsweise bei anstehenden Behördengängen und bei der Wohnungssuche. Sollte diese erfolglos sein, vermitteln sie diejenigen Haftentlassenen, die weder bei ihrer Familie noch bei Freunden unterkommen können, in Übergangswohnungen. Darüber hinaus werden die Haftentlassenen nach der Verbüßung ihrer Strafe bei der Eingliederung in den Arbeitsmarkt bzw. in ein Ausbildungsverhältnis unterstützt. Sie erhalten beispielsweise Hilfe bei den Bewerbungsunterlagen und werden zu Vorstellungsterminen begleitet. Neben einem durch Arbeit strukturiertem Tagesablauf ist auch ein Halt gebendes soziales Netz für die Wiedereingliederung in die Gesellschaft maßgeblich. Daher wird den Haftentlassenen auch in diesem Bereich, z.B. durch die Integration in einen intakten Verein, geholfen.

Die **Flüchtlingssozialarbeit** richtet sich an Personen, die immigriert sind und ursprünglich aus anderen Ländern kommen. Sie ist – ähnlich wie die Wohnungslosenhilfe – verzweigt und bietet Migranten unterschiedliche Hilfs- und Unterstützungsangebote. So bietet sie zum Beispiel Beratungen zu speziellen Themen wie Asyl und Aufenthalt, zu Familienzusammenführung sowie zu Arbeitsmöglichkeiten und sozialen Leistungen an. Darüber hinaus bietet sie konkrete Hilfe bei der Alltagsbewältigung (z.B. bei der Organisation der Kinderbetreuung oder der Beschaffung von Haushaltsgeräten) und beim Umgang mit Ämtern und Behörden. Die Sozialarbeiter helfen unter anderem beim Ausfüllen und Stellen von Anträgen. Des Weiteren liegen ihre Aufgaben darin, Bildungsangebote zu vermitteln oder ggf. selbst zu initiieren. So ist es denkbar, dass Deutschkurse angeboten oder Ausflüge in die nähere Umgebung veranstaltet werden. Neben der Gewährleistung von Teilhabe und konkreten Angeboten zur Eingliederung kann es auch um die Unterstützung bei der Planung einer Rückkehr ins Heimatland oder Weiterwanderungsmöglichkeiten gehen.

AUFGABE

Recherchieren Sie weitere soziale Hilfen, die sich an Erwachsene richten. Fertigen Sie eine Kurzbeschreibung zu einer der von Ihnen gefundenen Hilfs- und Unterstützungsmaßnahmen an.

5.2.3 Die Altenarbeit

Als Folge des demografischen Wandels hat die Zahl älterer Menschen in den letzten Jahrzehnten kontinuierlich zugenommen. **Gesamtgesellschaftliche Veränderungen wie Individualisierungsprozesse und die Pluralisierung der Lebensstile haben zudem zu einer zunehmenden Differenzierung der Lebenslagen und -formen im Alter geführt.** Eine Auflösung der klassischen Altersrisiken ist jedoch nicht festzustellen. Denn obwohl ein Großteil der älteren Menschen in der Lage ist, ohne öffentlich organisierte, unterstützende Hilfen und Dienste sein Leben selbst zu bewältigen, ist ein Teil der Senioren von altersabhängigen Risiken wie Krankheit, Isolation, Armut, psychischen und geistigen Einschränkungen betroffen. Dieser Gruppe gilt auch das Hauptaugenmerk der sozialen Altenarbeit, ohne sich aber auf sie zu beschränken. Die soziale Altenarbeit richtet sich nämlich auch an ältere Menschen, die von keinen Einschränkungen betroffen sind, und wirkt damit präventiv.

Die zahlenmäßige Zunahme und Vielfältigkeit der Altenpopulation haben in den letzten Jahrzehnten zu einem enormen Wachstum dieses Arbeitsfeldes geführt. Herausgekommen ist ein breites Spektrum von unterschiedlichen und uneinheitlichen Konzepten, Diensten, Angeboten, Veranstaltungen, Einrichtungen und Maßnahmen (vgl. SCHWEPPE, 2010, S. 506). Nach einer häufig benutzten Einteilung lassen sich die nachstehenden Arbeitsfelder in der sozialen Altenarbeit unterscheiden.

Offene Altenarbeit

Die offene Altenarbeit ist ein vielseitiges Arbeitsfeld und bezeichnet nach Otto (2001, S. 12) „Angebote [...], die sich auf die Förderung sozialer Kontakte und altersorientierter Freizeitgestaltung richten". Darunter fallen z. B. Unterhaltungsangebote wie Ausflüge, Tanzveranstaltungen oder Erzählcafés. Des Weiteren gehören gleichermaßen Bildungsangebote wie Vorträge, Theateraufführungen oder Literaturkreise zu den Angeboten der offenen Altenarbeit. Kurzum: Beim Arbeitsfeld „offene Altenarbeit" handelt es sich um Bildungs- und Kulturarbeit mit älteren Menschen.

Ambulante Altenarbeit

Die ambulante Altenarbeit möchte die Selbstständigkeit älterer Menschen erhalten und ihnen den Verbleib in der eigenen Wohnung ermöglichen. Je nach Art der notwendigen Unterstützung stehen dafür verschiedene Dienstleistungen zur Verfügung. Dazu zählen z. B.: Hilfen zur Erhaltung und zum Ausbau von Kontakten, Unterstützung bei Besuchen von Veranstaltungen oder Einrichtungen, Hilfe bei der Beschaffung und dem Erhalt einer altengerechten Wohnung oder aber die Unterstützung pflegender Angehöriger in Form von Beratung.

Teilstationäre Angebote

„Der teilstationäre Bereich zielt auf Menschen, die noch in ihrer Häuslichkeit leben, aber temporär, d. h. für einige Stunden täglich oder auch nur an einigen Tagen in der Woche bzw. für einen begrenzten Zeitraum, die Hilfe von Diensten und Einrichtungen außerhalb ihrer Häuslichkeit benötigen" (SCHWEPPE 2010, S. 513). Dort bekommen die Senioren Mahlzeiten, können an aktivierenden Aktivitäten und Freizeitangeboten teilnehmen, erhalten – wo nötig – therapeutische Maßnahmen und haben die Möglichkeit, mit anderen älteren Menschen zu kommunizieren, aber auch Beratungs- und Bildungsangebote in Anspruch zu nehmen. Derartige Angebotsstrukturen sind häufig Altenwohnheimen angegliedert und werden dort sowohl von Fach- als auch ehrenamtlichem Personal geleistet.

Stationäre Angebote

Auch in stationären Einrichtungen sind Fachkräfte für soziale Arbeit tätig. „Die stationäre Altenhilfe umfasst jene Einrichtungen, die alten Menschen, die aufgrund geistiger, seelischer oder körperlicher Einschränkungen nicht mehr im eigenen Haushalt leben können, Wohnraum zur Verfügung stellen, sie versorgen, betreuen und ggf. pflegen. Sie umfasst Altenheime, Altenpflegeheime, Altenwohnheime und Altersstifte" (SCHWEPPE 2010, S. 513). Nach SCHWEPPE (vgl. 2010, S. 515) konkretisieren sich die Arbeitsschwerpunkte sozialer Arbeit im stationären Bereich auf die direkte Arbeit mit den Älteren, die Angehörigenarbeit, die Organisationsentwicklung und mitarbeiterorientierte Aufgaben, wie z. B. Maßnahmen zur Teambildung.

Weitergehende Ausführungen zur Altenarbeit finden Sie im Kapitel 16: „Psychologie des älteren Menschen".

5.2.4 Soziale Arbeit im Gesundheitssystem

Soziale Arbeit im Gesundheitssystem hat eine lange Tradition. Denn neben der Jugend- und Armenfürsorge ist die Gesundheitsfürsorge eine der drei Wurzeln moderner sozialer Arbeit.

Unter gesundheitsbezogener sozialer Arbeit versteht man die präventive, die beratende und/oder die vermittelnde Arbeit, die sich an (chronisch) Kranke, psychisch oder suchtkranke Menschen aller Altersstufen richtet, um den Betroffenen wie auch deren Angehörigen Hilfe und Unterstützung zu bieten. Denn Krankheit oder Sucht führen häufig dazu, dass sowohl Betroffene als auch Angehörige aus ihrer Lebenswelt herausgerissen werden und mit einer Vielzahl von Begleiterscheinungen, wie z. B. finanziellen Einbußen, der Abkehr von Freunden, dem Verlust des Arbeitsplatzes etc., zurechtkommen müssen. Sozialarbeit im Gesundheitswesen zielt nun darauf, die im Zusammenhang mit den Erkrankungen stehenden Problemlagen der Klienten, die Auswirkungen auf deren Leben und das ihrer Angehörigen abzumildern und durch spezifische Unterstützungs- und Hilfsangebote zur Bewältigung entstandener Problemlagen beizutragen. Ziel sozialer Arbeit im Gesundheitssystem ist es folglich, Menschen bei der Krankheitsbewältigung und der **Rehabilitation** zu unterstützen, um Krankheit und Krankheitsfolgen anzunehmen, zu verarbeiten und sich wieder in die Gesellschaft einzugliedern. Zudem ist sie bestrebt, durch Prävention und gezielte Gesundheitsförderung dazu beizutragen, Menschen vor möglichen Erkrankungen zu schützen.

Rehabilitation, *Wiederherstellung. Auch in der Bedeutung von Wiedereingliederung, z. B. nach Arbeitsunfähigkeit.*

Schon damit wird deutlich, dass es sich auch bei der sozialen Arbeit im Gesundheitswesen um ein breit gefächertes Handlungsfeld handelt. Sie kann nicht nur in unterschiedlicher Form (beispielsweise beratend oder vermittelnd) und an zahlreichen Orten wie z. B. in Krankenhäusern, in Pflegeeinrichtungen, in Beratungsstellen und Rehabilitationszentren erfolgen, sondern richtet sich darüber hinaus an ein äußerst heterogenes Klientel wie Suchtkranke, von Demenz Betroffene und ihre Angehörigen, an Krebspatienten oder aber an Menschen mit Behinderung.

BEISPIEL

Im Weiteren wird nun exemplarisch die Aidsberatungsstelle als ein Arbeitsfeld sozialer Arbeit im Gesundheitswesen vorgestellt:

Aidsberatungsstellen richten sich, anders als der Name vermuten lässt, nicht ausschließlich an Erkrankte oder HIV-Infizierte, sondern gleichermaßen an die gesamte Bevölkerung mit dem Ziel, zu informieren und aufzuklären. Ihr Angebot reicht infolgedessen von allgemeinen Beratungen für Interessierte und Betroffene über professionelle Hilfe für HIV-Positive und deren Angehörige (z. B. in Form von Gesprächsgruppen oder die Vermittlung medizinischer und psychologischer Betreuung), anonymen und kostenlosen HIV-Schnelltests, Informationsveranstaltungen für Schulklassen, Jugend- und Erwachsenengruppen bis hin zu Fortbildungen für pädagogisches und medizinisches Fachpersonal.

Mit ihren Angeboten verfolgen die Aidsberatungsstellen folgende Zielsetzungen (vgl. Homepage der Aidsberatung Oberpfalz):

- die Reduzierung von Neuinfektionen,

- einen realistischen, eigenverantwortlichen und reflektierten Umgang mit der HIV-Infektion und den HIV-Infizierten,
- den Abbau von Ausgrenzung und Diskriminierung und die Förderung von Solidarität mit HIV-infizierten Menschen,
- einen respektvollen Umgang mit HIV-Positiven und die Sicherstellung würdiger Lebensbedingungen (psychosoziale und medizinische Versorgung, Wohnen, finanzielle Grundsicherung, Teilhabe am sozialen Leben).

5.3 Klassifikation der Handlungsfelder nach Lebensweltorientierung

Die Handlungsfelder sozialer Arbeit können nicht nur hinsichtlich ihrer Adressaten unterschieden werden, sondern darüber hinaus auch bezüglich ihres Einmischungsgrades in die jeweilige Lebenswelt (THOLE, 2010, S. 27). Unter dem Begriff „Lebenswelt" wird dabei „die [...] gegebene räumliche Umwelt, in der sich eine Person bewegt, sowie gegebenenfalls die sozialen Kontakte, die sie innerhalb dieser Räume pflegt, gefasst. Es geht also in der Regel um die Lebens- und Aufenthaltsorte eines Menschen, eben sein räumliches und soziales Umfeld, seinen persönlichen Ausschnitt der Welt, in der er sich alltäglich bewegt" (STECKELBERG, 2010, S. 33).

Je nach Einmischungsintensität in die Lebenswelt können die Handlungsfelder unterschieden werden in: lebensweltergänzend, lebensweltunterstützend und lebensweltersetzend. Als **lebensweltergänzende** Handlungsfelder werden alle Arbeitsfelder bezeichnet, die den Alltag der jeweiligen Zielgruppe sinnvoll erweitern und ein zusätzliches Angebot innerhalb der Lebenswelt darstellen. Als **lebensweltunterstützend** gelten Arbeitsfelder, die bereits einen höheren Grad der Einmischung aufweisen und die Adressaten in ihrer Lebenswelt gezielt unterstützen. Bei **lebensweltersetzenden** Arbeitsfeldern handelt es sich um Tätigkeitsbereiche, in denen die Klienten nicht mehr in ihrer ursprünglichen Lebenswelt leben, sondern aufgrund des Unterstützungs- und Hilfsangebots in spezifischen Wohnformen, die außerhalb ihres Umfelds liegen, leben.

Die nachstehende Tabelle gibt die vorgenommene Klassifikation nochmals wieder:

Arbeitsfeldtyp / Intensität d. Intervention	Kinder- und Jugendhilfe	Erwachsenenbezogene soziale Hilfen	Altenhilfe	Gesundheitshilfe
Lebensweltergänzend	• Kindertageseinrichtungen • Kinder- und Jugendarbeit • Erziehungs- und Familienberatung • Familienbildung	• Schuldnerberatung • Unterstützung von alleinstehenden Nichtsesshaften und Obdachlosen • Betreuung von Flüchtlingen, Aussiedlern und Asylbewerbern	• Ambulante Pflegedienste • Altenclubs	• Selbsthilfegruppen • Beratungsstellen • Gesundheitszentren • Drogenhilfe
Lebensweltunterstützend	• Jugendsozialarbeit • Sozialpädagogische Familienhilfe • Soziale Gruppenarbeit • Erziehung in einer Tagesgruppe	• Unterkünfte für obdachlose Männer und Frauen • Haftentlassenenhilfe	• Tageseinrichtungen für ältere Menschen	• Teilstationäre Rehabilitationsmaßnahmen, • Arbeitsprojekte für psychisch Kranke und Drogenabhängige
Lebensweltersetzend	• Heimerziehung • Betreute Wohnformen • Pflegefamilienwesen • Mädchenzentren	• Frauenhäuser • Soziale Arbeit im Strafvollzug	• Altenzentren • Altenheime • Altenpflegeheime, • Hospize	• Therapeutische und rehabilitative Einrichtungen, • Kurhäuser

(Tab. nach THOLE, 2010, S. 28)

AUFGABEN

Untersuchen Sie in Kleingruppen das Angebot sozialer Einrichtungen in Ihrem sozialen Umfeld!

1. Finden Sie arbeitsteilig heraus, welche Angebote der Kinder- und Jugendhilfe, der Altenhilfe, der Gesundheitshilfe und der erwachsenenbezogenen Hilfe vor Ort bestehen.
2. Überprüfen Sie anhand statistischer Daten zu den Einwohnerstrukturen Ihrer Stadt / Ihrer Gemeinde / Ihres Kreises, inwiefern das Angebot der Situation vor Ort gerecht wird.

5.4 Methoden der sozialen Arbeit

Innerhalb der sozialen Arbeit gibt es drei klassische (Arbeits-)Methoden: die **soziale Einzel(fall)hilfe,** die **soziale Gruppenarbeit** und die **soziale Gemeinwesenarbeit**. In der Fachliteratur werden diese häufig unter dem Begriff „Methodentrias" zusammengefasst.

Der grundsätzliche Unterschied zwischen den einzelnen Methoden liegt in der jeweils angewandten Sozialform sowie in den mit den Methoden verbundenen Zielsetzungen. Doch der Reihe nach. Werfen wir zunächst einmal einen Blick auf den Begriff „Methode":

Methodendefinitionen in der sozialpädagogischen Fachdiskussion
(vgl. Galuske, 2011, S. 37)

„Methode ist der theoretisch geklärte Handlungsplan, der in der Rückschau erkannte und berechtigte Weg der Praxis, der sich in gewisser Gesichertheit planend in die Zukunft richtet, wenn auch immer in Bereitschaft, sich von erneuter Besinnung weiterhin korrigieren und berichtigen zu lassen" (Hoffmann, 1963, S. 81).

„Eine Methode ist, allgemein gesehen, eine planmäßige, personen- und sachgerechte Verfahrensweise, um ein Ziel sicher und ohne vermeidbaren Verschleiß von Kräften und Mitteln zu erreichen" (Lattke, 1961, S. 316).

„Methodisches Handeln ist – definitionsgemäß – zielgerichtetes Handeln. Es folgt bestimmten Prinzipien und vollzieht sich in bestimmten Arbeitsschritten, bei denen Verfahren und Techniken berücksichtigt werden, die nach Ansicht von Experten am besten geeignet sind, das erstrebte Ziel zu erreichen" (Heiner, 1995, S. 35).

Als Methode der Sozialen Arbeit bezeichnet man folglich Verfahrensweisen, die den Hilfe- und Unterstützungsprozess planvoll strukturieren und seine Gestaltung dadurch nachvollziehbar und überprüfbar machen.

5.4.1 Soziale Einzel(fall)hilfe

Die Wurzeln der sozialen Einzelfallhilfe, auch als Einzelhilfe bezeichnet, liegen in den USA. Als Begründerin gilt Mary Richmond, die mit ihrem 1917 veröffentlichten Buch „Social Diagnosis" erstmals versuchte, das methodische Handeln von **Fürsorgerinnen** empirisch fundiert lehr- und lernbar zu machen. In Deutschland wurde die Methode der sozialen Einzelhilfe durch Alice Salomon bekannt.

Fürsorgerin
frühere Bezeichnung für Sozialarbeiterin

Eine einheitliche Definition dessen, was soziale Einzelhilfe ist, liegt nicht vor. Vielmehr gibt es eine Vielzahl von Definitionen, die bei genauer Betrachtung einige Gemeinsamkeiten aufweisen. Diese können als Merkmale der sozialen Einzelfallhilfe bezeichnet werden:

- Soziale Einzelhilfe richtet sich immer an einzelne Individuen und lokalisiert die zu bearbeitenden Probleme in den Individuen selbst.
- Soziale Einzelfallhilfe wird als Intervention verstanden, die mittels Einstellungs- und Verhaltensänderung zu einer Verbesserung der problematischen Lebenslage beiträgt.
- Das Medium der Methode ist die „helfende Beziehung" zwischen Klient und Sozialarbeiter. Nur eine intakte Beziehung ermöglicht, dass der Klient den Sozialarbeiter als vertrauensvollen Gesprächspartner akzeptiert und damit auch die Hilfe des Sozialarbeiters annimmt.

Intervention, lat. intervenire = dazwischentreten, bezeichnet in der Psychologie und Pädagogik ein Eingreifen, mit welchem bestimmte Ziele erreicht werden sollen.

- Die Ziele der sozialen Einzelhilfe sind die Förderung der Selbsthilfekräfte des Klienten, die Befähigung, mit dem Problem fertigzuwerden, der Erwerb sozialer und kommunikativer Kompetenzen, die Entwicklung der Persönlichkeit zur Selbstständigkeit, die Förderung von Veränderungsbereitschaft sowie die Steigerung des allgemeinen Wohlbefindens des Klienten (vgl. GALUSKE, 2011, S. 76 f.)

Kennzeichnend für die Soziale Einzelhilfe ist außerdem, dass sie sich an spezifischen ethischen Prinzipien orientiert. MAAS (1966, S. 73 f., zit. in GALUSKE, 2011, S. 85) formulierte sechs Prinzipien für die Einzelfallhilfe:

1. „Das Prinzip der Akzeptanz, welches betont, dass es zu den Grundlagen des Hilfeprozesses gehört, dass der Sozialarbeiter seinen Klienten als Person akzeptiert;
2. der Grundsatz der Kommunikation, der betont, dass der (sprachliche) Austausch von Klient und Sozialarbeiter die Grundlage des Hilfeprozesses darstellt;
3. der Grundsatz der Individualisierung, der den Sozialarbeiter auffordert, sich auf jeden Klienten als Individuum einzustellen und ihm als einem solchen zu helfen [...];
4. der Grundsatz der aktiven Beteiligung, der den Sozialarbeiter verpflichtet, dem Klienten die Lösung seiner Probleme nicht aus der Hand zu nehmen, sondern ihn als Partner im Hilfeprozess zu akzeptieren;
5. der Grundsatz der Vertraulichkeit, der besagt, dass alles, was der Klient sagt, nur innerhalb der berufsbedingten Beziehung genutzt werden darf;
6. der Grundsatz der Selbstkontrolle des Sozialarbeiters, der besagt, dass der Sozialarbeiter aufgefordert ist, sich bewusst zu machen, welche Vorgänge in dieser beruflichen Beziehung beruflich motiviert sind und welche persönlich motiviert sind."

Nicht zuletzt folgt die Einzelfallhilfe einer bestimmten Phasierung, die den Hilfeprozess in überschaubare Handlungsschritte – einen Dreischritt – zerlegt. In der ersten Phase, der **Anamnese**, erfolgt zum einen das Herstellen einer positiven emotionalen Beziehung, ohne die eine Hilfe nicht möglich ist. Zum anderen geht es darum, dass der Klient sein Problem, seine Belastungssituation und seine Erwartungen an den Hilfeprozess formuliert. Kurzum: Es geht um die Sammlung von Informationen und Fakten, die Aufschluss darüber geben können, wie es zu dem Problem gekommen ist.

Die zweite Phase, die **soziale Diagnose**, kann man als eine Art zusammenfassende Deutung der gesammelten Befunde bezeichnen. Der Sozialarbeiter muss erhaltene Informationen vergleichen, bewerten und Schlüsse ziehen, um sich ein Gesamtbild von den Problemlagen eines Menschen zu machen.

Zur dritten Phase, der **Behandlung**, gehört neben der Ausarbeitung eines Behandlungsplans auch die Durchführung der Behandlung. Je nach Problem kann es sich bei der Behandlung um eine Betreuung, Beratung oder Therapie handeln. Gegen Ende der Behandlung ist eine schrittweise Auflösung der Beziehung zwischen dem Klienten und dem Helfer notwendig, damit der Klient wieder mit sich alleine zurechtkommt.

BEISPIEL

Tim, 19 Jahre, konsumiert häufig Marihuana. An den Wochenenden nimmt er gelegentlich auch härtere Drogen wie Crystal Meth. In letzter Zeit wird ihm immer stärker bewusst, dass sein Drogenkonsum ihn in seiner Lebensführung stark beeinträchtigt. Er kann morgens kaum aufstehen, seine Schulleistungen haben nachgelassen und langjährig gepflegten Freizeitbeschäftigungen geht er nicht mehr nach. Doch von den Drogen kommt er nicht los. Aus diesem Grund sucht er die Drogenberatungsstelle in der nächsten Stadt auf. In der Beratungsstelle begrüßt ihn die Sozialarbeiterin Frau Zentis freundlich und erkundigt sich nach Tims Belangen. Tim schildert Frau Zentis seine Motivation, zu ihr gekommen zu sein, und legt damit seine derzeitigen Lebensumstände offen. Immer wieder stellt Frau Zentis Nachfragen oder setzt gezielt Impulse, die das Gespräch weiterführen. Nachdem sich Frau Zentis und Tim mehrmals getroffen haben, entwickeln die beiden die Idee, dass Tim aus seiner derzeitigen Wohngemeinschaft, in der die anderen Mitbewohner ebenfalls Drogen konsumieren, ausziehen sollte. Frau Zentis unterstützt Tim bei der Wohnungssuche. Sie bietet ihm außerdem an, an einem Projekt der Beratungsstelle teilzunehmen, das Jugendlichen durch gezielte freizeitpädagogische Aktivitäten neue Lebenswelten eröffnen möchte. Der Austausch mit anderen Betroffenen tut Tim gut. Tim findet durch die Unterstützung von Frau Zentis Strukturen und Hilfestellungen, um (wieder) zu lernen, das Leben selbst- und eigenverantwortlich strukturieren zu können. Da ihm der Umgang mit den Drogen weiterhin schwerfällt, entscheidet sich Tim für eine Therapie. Auch dabei unterstützt ihn Frau Zentis, indem sie ihn zu den ersten Terminen begleitet. Tim fühlt sich von Mal zu Mal sicherer und es gelingt ihm nach einiger Zeit, die Wege zum Therapeuten selbst zu bewerkstelligen. Mit Frau Zentis trifft er sich dennoch weiter. Gemeinsam überlegen die beiden derzeit, wie es beruflich für Tim weitergehen könnte.

5.4.2 Soziale Gruppenarbeit

Was ist eine Gruppe? Eine Gruppe ist zuerst einmal eine Ansammlung von Personen, die in sozialer Interaktion miteinander stehen. Die einzelnen Personen sind ein Teil dieser Gruppe, da jedes Gruppenmitglied sowie die Gruppe als Ganzes Ziele verfolgen, die entweder durch den organisatorischen Rahmen vorgegeben sind oder von den Mitgliedern einer Gruppe selbst kommen können. Bereits aus diesen Eingangsüberlegungen wird ersichtlich, dass es nicht einfach ist, soziale Gruppenarbeit näher zu bestimmen, da es verschiedene Arten von Gruppen gibt. Begriffe wie z. B. Gruppenunterricht, Gruppenarbeit, Gruppentherapie, Gruppenpädagogik und Gruppenpflege zeigen die Vielfalt von gruppenbezogenen Arbeitsformen auf. Grundsätzlich kann jedoch eine Abgrenzung zwischen eher gruppenpädagogischen Verfahren und Ansätzen der sozialen Gruppenarbeit getroffen werden.

Gruppenpädagogik
Um gruppenpädagogisch ausgerichtete Angebote handelt es sich dann, wenn neben dem gemeinsamen Ziel der Gruppe die Entwicklung des Gruppengefüges in Zusammenhang mit der Entwicklung des einzelnen Gruppenmitglieds im Vordergrund steht. Somit werden primär pädagogische Ziele verfolgt.

So wächst eine Gruppe anhand einer gemeinsamen Aufgabe zusammen und entwickelt ein „Wir-Gefühl“. Es entwickeln sich Gruppenstrukturen und Rollenverteilungen. Darüber hinaus entwickelt sich unter den wichtigen Begleitfaktoren der zunehmenden wechselseitigen Akzeptanz und Wertschätzung jedes einzelne Mitglied und macht einen Schritt nach vorne.

Beispielsweise ist jeder Trainer einer Mannschaft auch ein Gruppenpädagoge. Ein Trainer schwört seine Mannschaft auf ein gemeinsames Ziel ein. Er sorgt für eine gute Atmosphäre und einen wertschätzenden Umgang der Gruppenmitglieder untereinander. Ferner ist es sein Anliegen, dass die Mannschaft als Ganzes funktioniert. Dies gelingt allerdings nur, wenn sich jeder Spieler weiterentwickelt und individuelle Erfolge in Zusammenhang mit positiven Rückmeldungen vonseiten des Trainers und der Teamkollegen erhält (vgl. Kap. 12: Der Mensch in der Gruppe).

AUFGABE
Versetzen Sie sich in die Lage des Bundestrainers der deutschen Fußballnationalmannschaft. Welche gruppenpädagogischen Ziele verfolgt er im Hinblick auf die Fußballweltmeisterschaft (z. B. 2018 in Russland oder 2022 in Katar)?

Angebote der sozialen Gruppenarbeit verfolgen ähnliche Ziele wie die Gruppenpädagogik, richten sich jedoch an eine spezifische Zielgruppe:

Von **sozialer Gruppenarbeit** sprechen wir dann, wenn die Gruppenangebote auf Menschen mit physischen, psychischen oder sozialen Problemlagen ausgerichtet sind.

Beispiele hierfür sind Gruppenarbeit mit körperlich beeinträchtigten Menschen, mit Suchtkranken, mit jugendlichen Straftätern, mit stationären Heimgruppen etc. Dabei verfolgt die soziale Gruppenarbeit das Ziel, die Kompetenzen des Einzelnen im Gruppenverbund zu stärken, um besser mit den jeweiligen Problemlagen klarzukommen (vgl. Galuske, 2013, S. 95).

Im Gesetzbuch ist soziale Gruppenarbeit zusätzlich als Maßnahme definiert, die bewilligt werden kann, wenn bei Kindern und Jugendlichen besondere Voraussetzungen vorliegen:

„Soziale Gruppenarbeit (§ 29 SGB VIII) ist eine Leistung der Jugendhilfe im Rahmen der Hilfen zur Erziehung (§ 27 SGB VIII) für ältere Kinder und Jugendliche, die Hilfe bei der Überwindung von Entwicklungsschwierigkeiten und Verhaltensproblemen benötigen. Auf der Grundlage eines gruppenpädagogischen Konzepts soll unter Nutzung eines gruppendynamischen Prozesses ihre Entwicklung zu einer eigenverantwortlichen und zugleich gemeinschaftsfähigen Persönlichkeit (vgl. § 1 Abs. 1 SGB VIII) gefördert werden. Dies geschieht insbesondere durch die Stärkung der Beziehungs- und Verantwortungsfähigkeit, durch Einübung und Reflektion der Regeln des Zusammenlebens und durch den Abbau von Ängsten und Vorurteilen." (Friske, o. J., o. S.)

Der wesentliche Unterschied zwischen Gruppenpädagogik und sozialer Gruppenarbeit liegt darin, dass soziale Gruppenarbeit sich zwar mitunter gruppenpädagogischer Elemente bedient, jedoch der Fokus auf der Bewältigung von schwierigen Lebenslagen und/oder Lebensbedingungen liegt.

„**Soziale Gruppenarbeit** ist eine Methode, der Sozialarbeit, die den Einzelnen durch sinnvolle Gruppenprozesse hilft, ihre soziale Funktionsfähigkeit zu steigern und ihren persönlichen Problemen, ihren Gruppenproblemen oder den Problemen des öffentlichen Lebens besser gewachsen zu sein" (Konopka, zit. in Galuske, 2013, S. 96)

Allerdings ist soziale Gruppenarbeit nicht mit einer Selbsthilfegruppe gleichzusetzen. Vielmehr bedarf es eines fachlich versierten und geschulten Gruppenleiters, der für diese Form der Gruppenarbeit ausgebildet bzw. qualifiziert ist. Dieser wendet Verfahrensweisen der Gruppenmoderation und Gruppenbegleitung an. Dazu zählen geeignete Interaktions- und/oder Rollenspiele und deren Auswertung, Verfahren zur Feststellung der Beziehungen innerhalb einer Gruppe, Verfahren zur Förderung von Selbstreflexion, z. B. in Form eines Entwicklungstagebuchs, Techniken zum Abgleich von Selbst- und Fremdwahrnehmung zum Anstoß von Selbstentwicklungsprozessen etc.

Neben diesen Techniken sind bei der sozialen Gruppenarbeit folgende Leitsätze zu beachten.

Der Gruppenleiter...
- geht auf jedes Gruppenmitglied individuell ein und berücksichtigt dessen Stärken und Schwächen,
- setzt beim jeweiligen Stand der Gruppe an,
- macht die Gruppe nicht von sich abhängig, sondern versucht, die wesentlichen Prozesse Stück für Stück an die Gruppe abzugeben,
- gestaltet einen sinnvollen Rahmen / ein zielführendes Programm, innerhalb dessen sinnstiftende Gruppenprozesse ermöglicht werden, und
- setzt pädagogisch sensibel Grenzen und achtet auf deren Einhaltung.

AUFGABEN

Stellen Sie sich vor, eine Gruppe von Langzeitarbeitslosen trifft sich durch Vermittlung der Bundesagentur für Arbeit einmal wöchentlich mit einem ausgebildeten Gruppenleiter.

1. Formulieren Sie in Partnerarbeit Ziele, die der Gruppenleiter durch diese Treffen erreichen möchte.
2. Entwickeln Sie in Gruppenarbeit (fünf Personen) ein kurzes Rollenspiel. Formulieren Sie dazu Rollenkärtchen für vier Teilnehmer, indem Sie die einzelnen Teilnehmer charakterisieren und deren Lebens- und Leidensgeschichte notieren. Formulieren Sie eine fünfte Karte mit Hinweisen für den Gruppenleiter: Wie soll er mit den einzelnen Personen und der Gruppe als Ganzes umgehen? Welchen Rahmen / welches Tagesprogramm wählt er? Welche Grenzen setzt er und worauf soll er achten? Spielen Sie anschließend in verteilten Rollen einen Ausschnitt einer solchen Gruppensitzung vor. Der Rest der Klasse geht dem Beobachtungauftrag nach, Punkte für ein anschließendes Feedback zum Handeln und Vorgehen des Gruppenleiters zu sammeln.

5.4.3 Gemeinwesenarbeit

Der Begriff der Gemeinwesenarbeit begründet sich u a. auf Konzepte der Community Organization, deren Wurzeln in den USA liegen. Das jeweilige Gemeinwesen bezieht sich auf ein räumlich begrenztes Gebiet. Die Bewohner dieses Gebiets sollen mithilfe professioneller Unterstützung dazu gelangen, Problemlagen zu erkennen, sich untereinander zu solidarisieren, Zustände von Ohnmacht zu überwinden und eigene Kräfte zu entwickeln, um mit den jeweiligen Problemlagen konstruktiv umzugehen. Beispielsweise könnten von den betroffenen Bürgern eines Stadtteils Initiativen gegründet werden, wie den misslichen sozialen Umständen in ihrem Stadtteil zu begegnen ist. Gemeinwesenarbeit bedarf dafür ausgebildeter Sozialarbeiter sowie der aktiven Mitarbeit der betroffenen Bevölkerung, z. B. eines Stadtteils. Der Schwerpunkt liegt nicht beim Einzelnen, sondern bei der Gestaltung sozialer Netzwerke wie z. B. Nachbarschaften, Stadtteile, Gemeinden oder Wohnblöcke.

Gemeinwesenarbeit
Methode der sozialen Arbeit, bei der ein Gemeinwesen, d. h. eine territorial begrenzte Einheit und deren Bewohner (wie z. B. ein Stadtteil), unter professioneller Begleitung dazu aktiviert und befähigt wird, ihre Probleme und Interessen zu artikulieren und dementsprechend eigeninitiativ, gemeinschaftlich und vernetzt zu handeln, um das Zusammenleben und die Lebensbedingungen innerhalb des betreffenden Gemeinwesens zu verbessern.

Den Ausgangspunkt der Gemeinwesenarbeit bilden soziale Konflikte. Hinsichtlich dieser Konflikte wird nicht der einzelne „Problemfall“ betrachtet. Vielmehr stehen gesellschaftliche Bezüge im Mittelpunkt, beispielsweise die sozialen Konflikte einer Wohnsiedlung. Hier wird nicht die einzelne Familie beleuchtet, sondern das Augenmerk darauf gerichtet, wodurch es in dieser Wohnsiedlung vermehrt zu sozialen Spannungen kommt. Ziel ist es, die Bevölkerung zu aktivieren, die Gemeinschaft zu stärken und die Gemeinschaft zur Bewältigung von anliegenden Problemlagen zu nutzen. Auch die Koordination verschiedener sozialer Dienstleistungen seitens unterschiedlicher Anbieter fällt in das Arbeitsspektrum der Gemeinwesenarbeit. Allerdings ist anzumerken, dass es nicht „die“ Gemeinwesenarbeit gibt. Vielmehr gibt es mehrere Ansätze, die sich von ihrer Ausrichtung und ihrem Ansatz her beträchtlich unterscheiden. Der Profi bzw. der Sozialarbeiter nimmt im Rahmen der Gemeinwesenarbeit verschiedene Aufgaben wahr. Der professionelle Gemeinwesenarbeiter ...

- ist der Leiter, der eine gewisse Verantwortung für den Entwicklungsprozess innerhalb des Gemeinwesens übernimmt,
- ist der Ermöglicher, der die beteiligte Bevölkerung dazu befähigt, für ihre Anliegen einzustehen bzw. selbst zu handeln und ihren Interessen Gehör zu verschaffen,
- ist der Experte, der Fachwissen einbringt, z. B., welche Hilfeleistungen in Anspruch genommen werden können und welche Anbieter dafür zuständig sind, und
- ist therapeutisch tätig, indem er das betreffende Gemeinwesen im Blick hat und Spannungen, Vorurteile usw. identifiziert und professionell angeht.

Um diese anspruchsvolle Aufgabe bewältigen zu können, muss ein Gemeinwesenarbeiter über breites Fachwissen verfügen. Dazu zählen Verfahren zur Kontaktaufnahme und Kontaktpflege, geeignete Herangehensweisen zur Bürgerbeteiligung in Verbindung mit Kompetenzen in der Diskussionsleitung und der Moderation von Interessengruppen. Darüber hinaus muss er Verfahren zur Identifikation und Artikulation von Interessen, Problemlagen und Konflikten kennen. Auch das Einbringen von Interessen und Missständen auf politischer Ebene in Form von Öffentlichkeitsarbeit, Demonstrationen, Petitionen etc. zählen zu diesem Spektrum an Fähigkeiten und Kompetenzen, über die ein Gemeinwesenarbeiter verfügen sollte (vgl. Galuske, 2013, S. 104 f.).

BEISPIEL

Gemeinwesenarbeit der Stadt Stuttgart

Aufgabenspektrum

Die Gemeinwesenarbeit „GWA – Aktiv im Stadtteil“ leistet Aufbau- und Entwicklungsarbeit in Wohngebieten und Stadtteilen. Sie ist Ansprechpartnerin für alle Bewohner/-innen sowie für die Einrichtungen vor Ort. Als Anlaufstelle unterstützt sie außerdem engagierte Menschen, die ihren Stadtteil mitgestalten wollen.
Die Gemeinwesenarbeit (GWA) ist organisatorisch und fachlich der Jugendhilfeplanung zugeordnet. Die einzelnen Projekte werden von den jeweiligen Jugendhilfeplanern/-planerinnen entspre-

chend den regionalen Zuständigkeiten begleitet. Die Jugendhilfeplanung entscheidet mit der GWA, in welchen Bereichen ein Projekt durchgeführt wird.

Gemeinwesenarbeit verfolgt folgende Ziele:
- Begegnung im Stadtteil und Identifikation der Bewohner/-innen mit dem Stadtteil ermöglichen,
- Aktivierung von Bewohner/-innen für ihre Interessen und die Belange des Stadtteils,
- Einbindung aller Bevölkerungsgruppen im Stadtteil,
- Aufbau und Unterstützung von Netzwerken aller Akteure im Stadtteil über die soziale Arbeit hinaus,
- Öffnung von Einrichtungen für Bewohner/-innen,
- stadtteilorientierte Öffentlichkeitsarbeit.

Gremien / Vernetzung / Kooperation
- Regionale Trägerkoordination: Die GWA ist Mitglied in den stadtteil- bzw. stadtbezirksbezogenen Gremien der regionalen Trägerkoordination.
- Arbeitsgruppen und Runde Tische im Stadtteil: Im Rahmen der Projekte initiiert, begleitet und koordiniert die GWA Arbeitsgruppen und runde Tische zu Themen des Stadtteils.
- Fachtag Gemeinwesenarbeit in Stuttgart: Einmal jährlich findet ein von der Jugendhilfeplanung organisierter trägerübergreifender Fachtag zur Gemeinwesenarbeit in Stuttgart statt. Der Fachtag dient dem Fachaustausch von Akteuren in Stuttgart, die GWA-Projekte durchführen, Stadtteil- und Familienzentren betreiben und als Stadtteilmanagement in Soziale-Stadt-Gebieten tätig sind."

(http://www.stuttgart.de/gemeinwesenarbeit)

AUFGABEN

1. Erkundigen Sie sich (in Kleingruppen) vor Ort, bzw. in der nächstgelegenen größeren Stadt und/oder recherchieren Sie im Internet, ob und ggf. wie in Ihrer Stadt Gemeinwesenarbeit praktiziert wird. Fertigen Sie dazu ein Plakat oder eine PowerPoint-Präsentation an.
2. Informieren Sie sich sachkundig über ein Gemeinwesenprojekt, das Sie interessiert. Stellen Sie das Projekt der Klasse vor.

Tag	Datum	Zeit	Veranstaltung	Ort
Donnerstag	20. Februar	17 Uhr	Vorbereitung Stöckachfest	Metzstr. 26
Sonntag	23. Februar	11 Uhr	Brunch mit südamerikanischen Spazialitäten	Metzstr. 26
Dienstag	11. März	19 Uhr	Stöckachtreff	Metzstr. 26
Sonntag	30. März	11 Uhr	Brunch für die ganze Familie	Metzstr. 26
Dienstag	08. April	19 Uhr	Stöckachtreff	Metzstr. 26
Mittwoch	30. April	17 Uhr	Walpurgisnacht	Nachbarschaftsgarten Treppe Landhausstr.
Samstag	10. Mai	10 Uhr	Flohmarkt	Stöckachplatz
Dienstag	13. Mai	19 Uhr	Stöckachtreff	Metzstr. 26
Sonntag	25. Mai	11 Uhr	Brunch für die ganze Familie	Metzstr. 26
Samstag	28. Juni	16 Uhr	Kunst, Kultur und Palaver	Kulturspaziergang am Stöckach
Dienstag	08. Juli	19 Uhr	Stöckachtreff	Metzstr. 26
Samstag	27. September	14 Uhr	Stöckachfest	Stöckachplatz
Dienstag	14. Oktober	19 Uhr	Stöckachtreff	Metzstr. 26
Dienstag	11. November	19 Uhr	Stöckachtreff	Metzstr. 26
Sonntag	23. November	11 Uhr	Brunch mit Kränzebinden, Nachbarschaftsgarten	Metzstr. 26
Freitag	28. November	17 Uhr	Stockbrot backen	Stöckachplatz
Dienstag	09. Dezember	19 Uhr	Stöckachtreff	Metzstr. 26

Jahresprogramm 2014 der Gemeinwesenarbeit am Stöckach, Stadtteil- und Familienzentrum Stöckach, Metztsr. 26

5.5 Strukturelle Organisation sozialer Arbeit

Soziale Arbeit wird in sozialen Einrichtungen oder, in ihrer aufsuchenden Form, von sozialen Institutionen aus geleistet. Strukturell sind die Einrichtungen durch bestimmte Rahmenbedingungen gekennzeichnet. So haben z. B. alle sozialen Einrichtungen einen Träger und die allermeisten verfügen über eine Konzeption, nach der sie arbeiten. Betrachten wir diese beiden Aspekte also etwas genauer.

5.5.1 Träger der sozialen Arbeit

Entsprechend der vielfältigen Handlungsfelder sozialer Arbeit wird soziale Arbeit auch von sehr unterschiedlichen Anbietern, den sogenannten Trägern, geleistet. Sie betreiben, unterhalten und richten die Einrichtungen ein, die sozialarbeitend tätig werden und die oben beispielhaft aufgeführten Hilfs- und Unterstützungsangebote sowie präventive Leistungen erbringen.

> „**Träger der sozialen Arbeit** ist der Oberbegriff für Organisationen (seltener für natürliche Personen), die sich mit sozialer Arbeit ideell fördernd, konzeptionell-entwickelnd, planend und vor allem ausführend und finanzierend befassen. Je nach Träger können einzelne, mehrere oder sämtliche dieser Funktionen prägend sein" (Bieker, 2011, S. 13).

Grundsätzlich kann zwischen öffentlichen und freien Trägern unterschieden werden. Beide – sowohl freie als auch öffentliche Träger – können wiederum in zahlreiche Untergruppen untergliedert werden, was zu einer äußerst differenzierten Trägerlandschaft in Deutschland führt.

Zum Typus **öffentliche Träger** gehören die Städte, Gemeinden und (Land-)Kreise als kommunale Träger sowie der Bund und die Länder als staatliche Träger (vgl. Bieker, 2011, S. 19). Zu den nichtöffentlichen Anbietern, den **freien Trägern**, die für ihre Leistungen und Angebote finanzielle Mittel aus öffentlicher Hand erhalten, gehören die Kirchen und Religionsgemeinschaften des öffentlichen Rechts sowie die auf Bundesebene zusammengeschlossenen Verbände der freien Wohlfahrtspflege. „Die Formulierung ‚Kirchen und Religionsgemeinschaften des öffentlichen Rechts' greift zurück auf Art. 140 GG […]. Kirchen sind danach in erster Linie die katholische Kirche und die evangelischen Landeskirchen. Den Status Religionsgemeinschaft des öffentlichen Rechts verleihen die Länder" (Jung, 2008, S. 584).

Zu den auf Bundesebene zusammengeschlossenen Verbänden der freien Wohlfahrtspflege zählen: die Arbeiterwohlfahrt, Deutscher Caritasverband e. V., der Deutsche Paritätische Wohlfahrtsverband, das Deutsche Rote Kreuz, die Diakonie Deutschland und die Zentralwohlfahrtsstelle der Juden in Deutschland.

Neben den Kirchen und Spitzenverbänden können auch als geeignet erachtete Personen oder Personengruppen als freie Träger anerkannt und infolgedessen tätig werden. Beispiele hierfür sind Elternvereine, die Kindertageseinrichtungen betreiben, oder Vereinigungen, wie z. B. die „Vereinigung Freiburger Sozialarbeit", die als Träger der freien Jugendhilfe im Stadtgebiet Freiburg tätig ist.

AUFGABE

Fassen Sie die Trägerstrukturen der sozialen Arbeit in einem Schaubild zusammen!

5.5.2 Die Konzeption

Unter einer Konzeption bzw. einem Konzept versteht man das **„Leitprogramm" einer Institution**, das klar umrissene Grundvorstellungen zu verschiedenen Bereichen beinhaltet. Eine Konzeption gibt folglich einen Überblick über eine Einrichtung und beschreibt unter anderem die wesentlichen Grundzüge der dort stattfindenden Arbeit sowie deren Schwerpunkte. Die schriftlichen Ausführungen geben beispielsweise eine Übersicht über die angestrebten Ziele, die dazu eingesetzten Methoden oder ermöglichen einen Einblick in die konkrete pädagogische Arbeit der jeweiligen Institution.

Mit der Vielzahl sozialer Einrichtungen geht eine Vielzahl individueller Konzeptionen einher, die sich inhaltlich und formal deutlich unterscheiden. So gibt es Konzeptionen, die umfassend und ausführlich sind und die dort stattfindende Arbeit genau erläutern, andere wiederum sind mit wesentlichen Stichpunkten kurz gehalten. Es lassen sich jedoch Strukturelemente benennen, die in nahezu jeder erstellten Konzeption in ähnlicher Form zu finden sind und somit einen groben „roten Faden“ für Einrichtungskonzepte darstellen:

Eckpunkte eines Einrichtungskonzepts

Wer sind wir?
Vorstellung des Teams, des Trägers, Beschreibung der Lage sowie der Räumlichkeiten etc.

Welche Adressaten haben wir im Blick?
Beschreibung der Zielgruppen

Warum engagieren wir uns?
Erläuterung des Handlungsbedarfs, z. B. durch die Darstellung gesellschaftlicher Rahmenbedingungen und Strukturen

Welchem Leitbild folgen wir?
Darstellung der zugrunde liegenden Haltungen, Werte etc.

Welche Ziele verfolgen wir?
Darlegung der angestrebten Zielsetzungen / des Ziels der Intervention

Wie arbeiten wir?
Beschreibung der eingesetzten Arbeitsformen und -methoden

Was genau tun wir?
Erläuterung des Angebotsspektrums mit genauer Beschreibung und Begründung

Welche Erfahrungen haben wir auf dem Gebiet?
Darstellung der bisherigen Praxis und ggf. ihrer Erfolge

Wie soll es weitergehen
Ausblick und Perspektiven

AUFGABE

Analysieren Sie eine Konzeption einer Einrichtung Ihrer Wahl hinsichtlich ihres Inhalts. Welche der oben aufgeführten Aspekte sind enthalten? Hat die ausgewählte Institution weitere inhaltliche Ausführungen in ihrer Konzeption?

Eine Konzeption dient jedoch nicht nur außenstehenden Personen, indem sie diese informiert, sie gibt auch den Mitarbeiterinnen und Mitarbeitern Rückhalt und Sicherheit. Als Leitfaden und Orientierungshilfe für die gemeinsame Arbeit trägt eine Konzeption dazu bei, den Alltag einheitlich zu gestalten. Sie schafft für alle am Prozess Beteiligten Transparenz und Verbindlichkeit, klärt Prioritäten und die Aufgabenverteilung. Gleichzeitig liefert sie wichtige Begründungszusammenhänge für die stattfindenden Unterstützungs-, Hilfs- und Bildungsangebote und eröffnet – im Rahmen der Konzepterstellung oder -entwicklung – Partizipationschancen.

Erstellt wird eine Konzeption in der Regel vom Team einer Einrichtung. Einmal festgelegte Grundsätze und Grundvorstellungen haben jedoch nicht jahrelang uneingeschränkte Gültigkeit, da die Arbeit – und damit die Konzeption – realistisch an der Zielgruppe und den anderen Bedingungen (wie Räumlichkeiten, Mitarbeiterstrukturen etc.) ausgerichtet sein muss. Es kann aber auch der Fall sein, dass ein Träger, wie beispielsweise die Kirchen, für seine Einrichtungen Konzeptionen entwickelt und damit wichtige Grundzüge der Arbeit festlegt. Diese sind somit für mehrere Einrichtungen verbindlich, können jedoch nur Rahmenbedingungen liefern, da sie eher allgemein gehalten sind. Den Teams der einzelnen Einrichtungen obliegt es, die Rahmenbedingungen vor Ort zu konkretisieren.

Die völlige Neuentwicklung einer Konzeption ist eher selten. Dies kommt in der Regel nur vor, wenn eine neue Institution gebaut oder eingerichtet wird, ansonsten bedeutet Konzeptionsentwicklung meistens Veränderung und Fortentwicklung bereits bestehender Konzepte, um den ständig verändernden Verhältnissen gerecht zu werden. Ohne kontinuierliche Arbeit an der Konzeption besteht die Gefahr, dass darin enthaltende Grundsätze nicht mehr den Adressaten entsprechen, in Vergessenheit geraten oder die Konzeption zwar auf dem Papier besteht, sich jedoch niemand dafür interessiert bzw. die Arbeit nicht danach ausgerichtet wird.

Die fortlaufende Konzeptionsentwicklung verhilft den Teammitgliedern zu einer verstärkten Kommunikation, ihre Arbeit miteinander abzusprechen und Neuerungen abzustimmen. Sie veranlasst dazu, über die Arbeit, die Ziele und Methoden nachzudenken. In diesem Zusammenhang kommen die eigenen pädagogischen Vorstellungen zur Sprache, auch findet ein Reflektieren der gesellschaftlichen Bedingungen, der Lebenswelt der Adressaten sowie der eigenen Arbeit statt. Konzeptionsentwicklung ist somit Produkt- und Prozessentwicklung in einem: es entsteht ein – neu überarbeitetes – Konzept (als Produkt) und gleichzeitig werden durch den Austausch von Vorstellungen und Zielen, dem Aufdecken von Unterschieden und die Diskussion über mögliche Ursachen dieser Ungleichheit wichtige Prozesse angestoßen, die das Team möglicherweise näher zusammenbringt (als Prozess).

Mögliche Phasen und Schritte der Konzeptionsentwicklung (vgl. Hopf, 2001, o. S.):

Phase 1: Klärung der Rahmenvorgaben

Phase 2: Die acht Erarbeitungsschritte

Schritt 1: Sammlung von Vorschlägen, was im Konzept enthalten sein soll
Schritt 2: Visualisierung der Vorschläge
Schritt 3: Sortieren der Themenvorschläge nach Themenbereichen
Schritt 4: Diskussion über die einzelnen Themenbereiche und Zuordnung von Überschriften
Schritt 5: Sortieren der Überschriften
Schritt 6: Votieren für die persönliche Wichtigkeit der einzelnen Punkte / Erstellen einer Prioritätenliste
Schritt 7: Abarbeiten der Prioritätenliste
Schritt 8: Diskussion und Bearbeitung der einzelnen Themen

Phase 3: Verschriftlichungsphase

Phase 4: Erstellung und Veröffentlichung des Konzepts

Phase 5: Endphase, Fortschreibung eines bereits vorhandenen Konzepts

BEISPIEL

Konzeptionsentwicklung in einem Kindergarten

Auf den folgenden Seiten stellen wir Ihnen die Konzeption des Kindergartens St. Josef in Kollnau vor. Dieses pädagogische Handlungsfeld ist in der aktuellen Bildungsdiskussion hoch angesiedelt (und der Erfahrungswelt jedes Einzelnen nahe, so dass man sich in dieses Handlungsfeld gut eindenken kann).

Beispiel: Auszüge aus der Konzeption des Kindergartens St. Josef in Kollnau

Unser Auftrag

Der Kindergarten St. Josef hat einen Erziehungsauftrag, der durch § 22 des Tagesbetreuungsausbaugesetzes festgelegt ist und beinhaltet unter anderem:

(2) Tageseinrichtungen für Kinder und Kindertagespflege sollen
1. die Entwicklung des Kindes zu einer eigenverantwortlichen und gemeinschaftsfähigen Persönlichkeit fördern,
2. die Erziehung und Bildung in der Familie unterstützen und ergänzen,
3. den Eltern dabei helfen, Erwerbstätigkeit und Kindererziehung besser miteinander vereinbaren zu können.

(3) Der Förderauftrag umfasst Erziehung, Bildung und Betreuung des Kindes und bezieht sich auf die soziale, emotionale, körperliche und geistige Entwicklung des Kindes. Er schließt die Vermittlung orientierender Werte und Regeln ein. Die Förderung soll sich am Alter und Entwicklungsstand, den sprachlichen und sonstigen Fähigkeiten, an der Lebenssituation sowie den Interessen und Bedürfnissen des einzelnen Kindes orientieren und seine ethnische Herkunft berücksichtigen.

Betreuung

Durch ein bedarfsgerechtes Betreuungsangebot bieten wir unseren Familien einen verlässlichen Rahmen auf der Grundlage pädagogischer Qualität. Diese schließt die Fürsorge, den Schutz und die Pflege der Kinder mit ein.

Erziehung

Damit Erziehung gelingen kann, braucht es eine vertrauensvolle Beziehung zwischen dem Kind und dem Erwachsenen.
Das Kind benötigt die Unterstützung, Orientierung und die Nähe des Erziehenden. In einer Atmosphäre der Geborgenheit und des Vertrauens kann das Kind seine Persönlichkeit entwickeln.
In unserer Einrichtung praktizieren wir einen partnerschaftlichen Erziehungsstil auf der Grundlage von gegenseitiger Achtung und Wertschätzung.

Bildung

Wir verstehen den Kindergarten als einen Ort des Lernens in Geborgenheit, Freiheit und Verantwortung. Die Eigenmotivation zum Lernen ist in den ersten Lebensjahren so ausgeprägt wie später nie mehr. Die Kinder streben danach, sich ihre Welt anzueignen und Sinnzusammenhänge zu erfassen.

Bildung im Kindergarten muss individuelle Lernwege ermöglichen und an den Interessen der Kinder anknüpfen. Deshalb bieten wir Bildungsbereiche, Themen und Materialien an, mit denen Kinder verschiedener Altersstufen möglichst viele Lernerfahrungen machen können.

Zum Beispiel findet das Kind im naturwissenschaftlichen Bereich sowohl Bücher und Spiele über Pflanzen und Tiere, als auch Lupen Mikroskope und anderes zum Forschen und Entdecken.
Die Spielbereiche sind veränderbar und können den Bedürfnissen der Kinder angepasst werden.

Unsere Ziele - im Hinblick auf die Arbeit mit den Kindern

Die Kinder entwickeln Selbstständigkeit und eine eigene Persönlichkeit

- schriftliche Beobachtungen
- Entwicklungsgespräche
- gezielte Angebote

Die Kinder entwickeln vielfältige kreative Ausdrucksmöglichkeiten

- Rollen- und Puppenspiel
- Musik
- Aufführungen
- Malen und Werken

Werte und Inhalte christlichen Glaubens geben den Kindern in ihrem Leben Geborgenheit, Sicherheit und Orientierung

- gegenseitige Wertschätzung
- Offenheit gegenüber anderen Kulturen und Religionen
- Offenheit für aktuelle Glaubens- und Lebensfragen

Die Kinder haben Raum für Erfahrungslernen und bekommen Bildungsanreize

- Forscherecke
- Werkstätten
- Angebote und Projekte

Die Kinder erweitern ihre sprachlichen Kompetenzen

- Förderung in Kleingruppen
- sprachanregende Räume

Die Kinder entwickeln im Umgang miteinander Solidarität

- Kinderkonferenz
- Stuhlkreis
- gruppenübergreifendes Spiel
- Feste und Feiern

Die Kinder stärken durch vielfältige Bewegungsangebote ihre Gesamtpersönlichkeit

- Bewegungsbaustelle
- Hopsecke
- Turnen, Rhythmik und Tanz
- Außengelände/Wald

Die Kinder erforschen die Umwelt und machen vielfältige Naturerfahrungen

- Waldtage
- Forscherecke
- Umgang mit Tieren (Hasen)

Die Kinder bestimmen und gestalten den Kindergartenalltag mit

- Kinderkonferenz
- An- und Abmeldeverfahren
- Aufgaben und Ämter
- Wahlmöglichkeiten

Das Freispiel

Das Spiel des Kindes wird bestimmt durch eigene Bedürfnisse, durch Freude am eigenen Tun und durch eigene Motivation.
Im freien Spiel hat es die Möglichkeit, Erlebtes zu verarbeiten und vielfältige Lernerfahrungen zu sammeln.
Das Freispiel hat bei uns einen hohen Stellenwert, Zeit und Raum im täglichen Ablauf.

Unsere Kinder können zu bestimmten Zeiten der Freispielphase auch andere Gruppen besuchen. Ebenso ist es ihnen möglich, weitere Bereiche der Einrichtung, wie Hopsecke, Bällebad, Kinderbistro oder das Außengelände, zu nutzen.

Diese Freiräume sind nur durch verbindliche Regeln und Strukturen möglich.

Zur ganzheitlichen Förderung der kindlichen Entwicklung trägt die Bewegung entscheidend bei.

Um dem Bedürfnis der Kinder nach Bewegung Rechnung zu tragen, haben wir den Innen- und Außenbereich bewegungsanregend gestaltet.

Konstruktionsbereich
Außengelände
Rollenspielbereich
Malangebote
Leseecke
Puppenecke
Turnen
Malbereich
Waldtag
Bauecke
Hopsecke
Stuhlkreis
Bällebad
Rhythmik
offene Turnhalle
freies Frühstück
Werkangebote
Medienerfahrung

Das Angebot

...in den Gruppen

Unsere Angebote orientieren sich an den Lebenssituationen der Kinder, an ihren Interessen, aktuellen Themen und dem Jahresrhythmus.
Gezielte Beobachtungen ermöglichen uns die aktuellen Themen der Kinder zu erkennen und aufzugreifen.
Die beiden Mitarbeiterinnen der Gruppe planen auf dieser Grundlage die Angebote für die Gruppe und reflektieren kontinuierlich ihre Arbeit.

Die Angebote finden meist in Kleingruppen statt, die sich je nach Thema und Ziel aus Kindern gleichen Alters, gleichen Geschlechts oder einer informellen Interessensgruppe zusammmensetzen.
Ein Aushang vor der Gruppe informiert die Eltern über die aktuellen Themen und Angebote.

Ein besonderer Schwerpunkt unserer Arbeit ist die ganzheitliche Sprachförderung.

Gruppen übergreifende

...Aktivitäten

Um den Kindern ein vielfältiges Erfahrungsfeld zu ermöglichen, haben sich die Erzieherinnen zusätzlich in bestimmten Bildungsbereichen spezialisiert. Jeder Gruppe ist ein bestimmter Bereich zugeordnet:

- naturwissenschaftlicher Bereich (Pflanzen und Tiere, Forschen und Experimentieren)
- techn.-mathematischer Bereich (Bauen und Konstruieren, Messen, Wiegen, Zahlen)
- Sinnesraum (Körper- und Sinneserfahrungen, Musik)
- Mal- und Werkatelier (Umgang mit Farben, Holz, Gips Ton, Metall...)
- Rollenspielbereich (Verkleiden, Geschichten, Märchen, Theater)

Hinzu kommen weitere Angebote und Projekte, die sich an den Interessen der Kinder und aktuellen Anlässen orientieren.

Unter dieser Vielfalt der Aktivitäten kann sich jedes Kind individuell entscheiden. Wir achten darauf, dass das Kind im Laufe seiner Kindergartenzeit in allen Bereichen Erfahrungen sammelt.

Schulanfängerangebote

Tanz und Theater

Gottesdienst

Nikolaus

Abschlusskreis

Fasnacht

Malatelier

Erntedank

Technik

Ostern

Singkreis

Experimente

Weihnachten

St. Martin

Geburtstag

Feste und

...Feiern...

...sind ein wichtiger Bestandteil des Kindergartenjahres.
Sie fördern in hohem Maße das Gemeinschaftsgefühl und pflegen Traditionen.
Unser Jahresrhythmus wird mitgeprägt durch die christlichen Feste im Kirchenjahr.
Dabei werden in einer intensiven Vorbereitungsphase den Kindern Sinn und Bedeutung kindgerecht näher gebracht.

Aber auch Geburtstage, Verabschiedung der Schulanfänger oder themenbezogene Feste sind für uns Grund zum gemeinsamen Feiern.

Exemplarischer Tagesablauf

- 7:30 Uhr Die ersten Kinder werden von zwei Erzieherinnen betreut
- 8:00 Uhr Beginn des Freispiels in den Gruppen
- 9:00 Uhr Offener Singkreis 2x wöchentlich
- 9:30 Uhr Stuhlkreis
- 10:00 Uhr Freispiel / Angebote in den Gruppen oder gruppenübergreifend
- 12:00 Uhr Beginn der Abholzeit
- 12:30 Uhr Ende des Vormittags der Regelgruppen
Mittagessen für die verlängerte Gruppe
- 14:00 Uhr Beginn der Nachmittagsgruppen (Mo.,Di.,Do.)
- 14:30 Uhr Ende der verlängerten Gruppe
- 16:30 Uhr Ende des Kiga-Tages

Unsere Besonderheiten

gruppenübergreifende Angebote

angegliederte Spielgruppe

Kinderkonferenz

tiergestützte Pädagogik

offener Singkreis

verlängerte Gruppen mit warmem Mittagessen

regelmäßige Beteiligung an Familiengottesdiensten

Freundes- und Förderverein

kulturelle Angebote

Elternbibliothek

gemeinsamer Wochenabschlusskreis

Zusammenarbeit

...mit den Eltern

Wir arbeiten mit den Eltern offen
und vertrauensvoll zusammen

Das erreichen wir durch:

- jährliche Entwicklungsgespräche anhand von Beobachtungen
- eine individuell gestaltete Eingewöhnungsphase unter Einbezug der Eltern
- Möglichkeit der Hospitation in der Gruppe
- regelmäßige Elternbriefe, Infotafeln und Fragebögen zur Bedarfsanalyse
- verschiedene Elternabende
  - Infoabende
  - thematische Elternabende
  - gruppeninterne Elternabende
- Feste mit Kindern und Eltern
- eine Elternecke mit Fachliteratur
- konstruktive Zusammenarbeit mit dem Elternbeirat
- ideelle und finanzielle Hilfe und Mitarbeit des Freundes- und Fördervereins
- Mithilfe der Eltern (z.B. Gartenaktionen)

...im Team

Unter Teamarbeit verstehen wir Austausch, Auseinandersetzung und Reflexion über Inhalte und Ziele unserer Arbeit in einer Atmosphäre, die von Offenheit und Toleranz geprägt ist.

Dazu gehören:

- wöchentliche Teamsitzungen, die aufgegliedert sind in einen allgemeinen und einen gruppeninternen Teil
- kurze protokollierte Morgenbesprechungen
- kollegiale Beratung und Unterstützung
- regelmäßige, fachbezogene Fortbildungen
- feste Treffen mit dem Träger

...mit der Schule

Unser Ziel ist es, dass Kinder den Übergang Kiga-Grundschule positiv erleben.

- regelmäßige Lehrerbesuche in der Einrichtung
- Besuche der Kinder in der Schule
- Austausch mit den Kooperationslehrerinnen
- gemeinsame Elternabende

...mit anderen Institutionen

Durch die Zusammenarbeit schaffen wir ein soziales, tragfähiges Netzwerk, das den Familien Halt gibt.

- Ärzte und Therapeuten
- Gesundheitsamt
- Sprachförderverein
- Frühförderstelle
- Netzwerk in der Gemeinde (z.B.Vereine)
- Kindergärten der Seelsorgeeinheit und der Gemeinde
- Fachberatung des Caritasverbandes

5.6 Zusammenfassung

„Soziale Arbeit" ist ein Sammelbegriff für das große Feld der Sozialpädagogik und Sozialarbeit.

Soziale Arbeit bietet Personen in Problem- und Mangellagen konkrete Hilfs- und Unterstützungsangebote und wirkt außerdem präventiv. Soziale Arbeit fragt nach den Bedingungen, unter denen Notlagen entstehen, und überlegt, wie diese zu überwinden sind.

Ziele und Aufgaben der sozialen Arbeit sind: Menschen in ihrer Entwicklung zu eigenständigen und gemeinschaftsfähigen Persönlichkeiten zu unterstützen, Personen Hilfestellungen und Unterstützungsmöglichkeiten bei der Bewältigung von Problem- und Konfliktsituationen zu bieten, die soziale Gerechtigkeit zu erhöhen, indem soziale Probleme und deren Ursachen bearbeitet werden und die Chancengerechtigkeit im Allgemeinen zu erhöhen.

Obwohl es relativ schwierig ist, „die" Handlungs- und Arbeitsfelder der sozialen Arbeit zu identifizieren, erscheint es sinnvoll, dann von Handlungsfeldern sozialer Arbeit zu sprechen, wenn dort „öffentlich organisierte, soziale, unterstützende bzw. pädagogische Hilfen und Dienste zur Lebensbewältigung oder Bildung angeboten und organisiert werden" (Rauschenbach/Bönisch, zit. in Thole, 2010, S. 26).

Eine einheitliche Klassifikation der Handlungsfelder gibt es jedoch nicht. Sinnvoll ist ihre Klassifikation nach den Adressaten. Danach können vier Adressatengruppen unterschieden werden, woraus sich wiederum vier große Praxisfelder ergeben: die Kinder- und Jugendhilfe, die erwachsenenbezogenen sozialen Hilfen, die Altenarbeit und die soziale Arbeit im Gesundheitssystem.

In jedem dieser Praxisfelder gibt es wiederum vielseitige Handlungs- und Arbeitsfelder. Die Angebote und Dienstleistungen der Kinder- und Jugendhilfe lassen sich z. B. nochmals in vier Bereiche untergliedern: (1) Jugendarbeit, Jugendsozialarbeit, erzieherischer Kinder- und Jugendschutz, (2) Förderung der Erziehung in der Familie, (3) Förderung von Kindern in Tageseinrichtungen, (4) Hilfe zur Erziehung. Die Leistungen der Altenhilfen lassen sich untergliedern in offene und ambulante Altenarbeit, teilstationäre und stationäre Angebote.

Neben der Klassifikation nach Adressaten können die Handlungsfelder hinsichtlich ihrer Lebensweltorientierung unterschieden werden. Man unterscheidet dabei lebensweltergänzende, lebensweltunterstützende und lebensweltersetzende Handlungsfelder.

Innerhalb der sozialen Arbeit gibt es drei klassische (Arbeits-)Methoden: die soziale Einzelfallhilfe, die soziale Gruppenarbeit und die soziale Gemeinwesenarbeit. In der Fachliteratur werden diese häufig unter dem Begriff „Methodentrias" zusammengefasst.

Soziale Einzelfallhilfe richtet sich immer an Individuen und verfolgt das Ziel, durch die Förderung der Selbsthilfekräfte des Klienten, durch den Erwerb sozialer und kommunikativer Kompetenzen und durch Hilfe bei der Entwicklung der Persönlichkeit zur Verbesserung der problematischen Lebenslage beizutragen. Soziale Gruppenarbeit richtet sich an mehrere Menschen gleichzeitig und verfolgt das Ziel, Menschen dabei zu unterstützen, mit etwaigen physischen, psychischen oder sozialen Problemlagen besser klarzukommen. Von sozialer Gemeinwesenarbeit spricht man, wenn eine territorial begrenzte Einheit und deren Bewohner (wie z. B. ein Stadtteil) unter professioneller Begleitung dazu aktiviert und befähigt wird, ihre Probleme und Interessen zu artikulieren und dementsprechend eigeninitiativ, gemeinschaftlich und vernetzt zu handeln, um das Zusammenleben und die Lebensbedingungen innerhalb des betreffenden Gemeinwesens zu verbessern.

Geleistet wird soziale Arbeit in sozialen Einrichtungen und/oder von sozialen Institutionen aus. Alle diese Einrichtungen verfügen über einen Träger. Träger sind Organisationen oder Personen, die die Einrichtungen betreiben, unterhalten und einrichten. Grundsätzlich kann zwischen öffentlichen und freien Trägern unterschieden werden.

Das „Leitprogramm" einer Institution bezeichnet man als Konzeption bzw. Konzept. Es stellt wesentliche Grundvorstellungen, Organisationsstrukturen und Abläufe der jeweiligen Einrichtung dar und dient somit als Orientierungshilfe, die Transparenz und Verbindlichkeit sowohl für Adressaten als auch Mitarbeiter schafft. Mit der Vielzahl sozialer Einrichtungen geht eine Vielzahl individueller Konzeptionen einher, die sich inhaltlich und formal sehr deutlich unterscheiden.

6 Entwicklung über die Lebensspanne

6.1 Grundlagen der Entwicklung

In diesem Kapitel befassen wir uns mit sehr unterschiedlichen Veränderungen im Laufe des menschlichen Lebens.

Stellen Sie sich vor, Sie hielten ein Neugeborenes in den Armen. Können Sie voraussagen, zu welcher Person sich dieses Kind mit einem Jahr entwickelt haben wird? Mit 5 Jahren? Oder mit 10, 20, vielleicht sogar mit 50 oder 70 Jahren?

Ihre möglichen Vorhersagen werden sowohl allgemeine als auch besondere Merkmale betreffen. Aller Wahrscheinlichkeit nach wird das Kind sprechen lernen; aber ob es einmal ein begabter Musiker, Schriftsteller, Arzt, Lehrer oder Handwerker wird, ist ungewiss. Bei Ihren Voraussagen werden Sie sich Gedanken über Erbanlagen und Umwelt machen – sind die Eltern begabte Musiker, Schriftsteller, Ärzte, Lehrer oder Handwerker, werden Sie eher vermuten, dass auch das Kind über ein entsprechendes Talent verfügt. Wächst das Kind in einer anregenden Umgebung auf, sagen Sie ihm möglicherweise voraus, dass es in seinen Leistungen sogar den Eltern überlegen sein wird. Wächst es in einem eher armen Milieu auf, entfaltet es seine Talente möglicherweise nur unvollständig.

Das Wiedersehen

Ein Mann, der Herrn K. lange nicht gesehen hatte, begrüßte ihn mit den Worten: „Sie haben sich gar nicht verändert." „Oh!", sagte Herr K., und erbleichte. BERTOLT BRECHT: Geschichten vom Herrn Keuner.

Stellen Sie sich Folgendes vor: Sie verlassen Ihr Elternhaus für einige Monate, vielleicht, um auf eine entlegenere Schule zu gehen, und als Sie wieder zurückkommen, sagen die Leute: „Du hast dich aber verändert!" Diese Behauptung wird fast über Ihr gesamtes Leben hinweg zutreffen.

Entwicklungspsychologie ist ein Teilgebiet der Psychologie, das sich mit körperlichen, psychischen und geistigen Veränderungen befasst, die sich von der Empfängnis über die gesamte Lebensspanne hinweg bis zum Tod ereignen.

„Altersstufen", eine Chromo-Lithografie der Fa. May (Dresden) um 1900, illustriert den menschlichen Lebenslauf von der Geburt bis zum Tod.

Entwicklungspsychologen wollen und sollen herausfinden, wie und warum sich Organismen im Laufe der Zeit verändern, Entwicklung erfassen und erklären. Die Forscher untersuchen die Zeitperioden, in denen unterschiedliche Fähigkeiten und Funktionen erstmalig auftauchen, und beobachten, wie sich diese Fähigkeiten verändern. Die Grundannahme ist hierbei, dass sich geistige Fähigkeiten, soziale Beziehungen und andere biologisch lebenswichtige Aspekte der menschlichen Natur im Laufe des gesamten Lebens entwickeln und verändern.

Im Unterschied zu der Darstellung des Künstlers, der den Lebenslauf mit der Wiege, also nachgeburtlich beginnen ließ, wie es der damaligen Auffassung entsprach, wissen wir es inzwischen besser. Ein heutiger Entwicklungspsychologe weist darauf hin, dass bereits im vorgeburtlichen Zeitraum Ereignisse auftreten, die für das weitere Leben eines Menschen von erheblicher Bedeutung sein können; entsprechend beginnt für ihn die Entwicklung unmittelbar mit der Verschmelzung männlicher und weiblicher Geschlechtszellen, also mit der Empfängnis, und endet mit dem Tod des Individuums.

Die Tabelle gibt einen Überblick über die heute unterschiedenen **Entwicklungsphasen**. Hierbei zeigt sich, dass die frühen Entwicklungszeiträume viel differenzierter erfasst werden als die späteren. Darin drückt sich aus, was allgemeine Übereinkunft in der Entwicklungspsychologie ist:

Phasen der Entwicklung über die Lebensspanne	
Phase	**Lebensabschnitt**
Pränatal	Empfängnis bis Geburt
Neugeborene	Von der Geburt bis etwa zum 10. Lebenstag
Säuglingsalter	Das 1. Lebensjahr
Kleinkindalter	Das 2. Lebensjahr
Vorschulalter	3. bis 6. Lebensjahr
Späte Kindheit oder Schulkindalter	Von etwa 6 bis etwa 13 Jahre
Adoleszenz	Von etwa 13 bis etwa 20 Jahre
Frühes Erwachsenenalter	Von etwa 20 bis etwa 30 Jahre
Mittleres Erwachsenenalter	Von etwa 30 bis etwa 50 Jahre
Spätes Erwachsenenalter	Etwa 65 Jahre und älter

In den ersten Lebensjahren ergeben sich die einschneidenden, weitreichenden Veränderungen des Lebens, für die wir in besonderer Weise pädagogische Verantwortung tragen.

6.1.1 Entwicklung ganz persönlich

Wie sich Kinder entwickeln, wie ihre Persönlichkeit Form annimmt, sich einerseits verändert und doch „irgendwie" erhalten bleibt, lässt sich eindrucksvoll in Kinder- oder Familienalben beobachten. Auf dem ersten Bild sehen Sie einen Winzling, der sich auf den folgenden Bildern bis hin zum Teenager streckt. „Na und?", werden Sie vielleicht sagen, „größer werden wir alle, ist doch nichts Besonderes."

Wenn Sie die Bilder emphatisch „lesen", bemerken Sie, dass Entwicklung mehr ist als nur Körperwachstum. Die Bilder drücken durch Körperhaltungen, wie Gestik, Mimik, Pantomimik, unverwechselbare Persönlichkeitszüge aus. Sie „erzählen" von Freude, Erstaunen, Ich-will-groß-sein, Fürsorge, Ich-setze-mich-durch, Grübel-Grübel, bis hin zu Ich-gehe-meinen-Weg. Schauen Sie bitte genau hin. Erinnerungen an Ihre Kindheit sollen dabei wach werden und sind von uns beabsichtigt.

Sechzehn Jahre Entwicklung. 9 Monate im Mutterleib, zuerst als *Embryo* (dritte bis achte Schwangerschaftswoche), dann als *Fötus* (neunte Schwangerschaftswoche bis zur Geburt). Von der Geburt als Säugling bis zur jungen Frau. In diesen 16 Jahren hat sich viel verändert, der Körper ist gewachsen, eine Muttersprache wurde erworben, vielen verschiedenen Menschen ist man begegnet, die dingliche Welt wurde erfahrbar, ein individuelles Wesen gewann Konturen, doch trotz eines erkennbaren Wandels bleibt sich der Mensch in gewisser Weise auch treu, bildet sich etwas Charakteristisches heraus.

ca. 7. Monat Ultraschallaufnahme – *Die Ankunft* – *3 Monate alt* – *6 Monate* – *10 Monate* – *18 Monate* – *2 Jahre* – *3 Jahre* – *4 Jahre* – *5 Jahre* – *6 Jahre*

7 Jahre

8 Jahre

10 Jahre

11 Jahre

13 Jahre

15 Jahre

16 Jahre

REFLEXION

1. Bringen Sie ein frühes Kinderfoto von sich mit und legen Sie ein aktuelles daneben. Beschreiben Sie jetzt, wie Sie sich heute sehen, indem Sie z. B. Ihr Aussehen, bestimmte Fähigkeiten, Wesenszüge, Verhaltensweisen, Vorlieben, Einstellungen und Wertvorstellungen formulieren.
2. Denken Sie einen Augenblick darüber nach, wie Sie zu dem Menschen geworden sind, der Sie heute sind.
3. Sie befinden sich wahrscheinlich gerade in der Phase der Adoleszenz. Überlegen Sie doch einmal kurz, welche Entwicklung Sie im letzten Jahr durchgemacht haben.
   - Haben Sie ein neues Hobby entwickelt?
   - Haben Sie vielleicht das Rauchen aufgegeben?
   - Haben Sie beschlossen, sich auf ein neues Aufgabenfeld zu konzentrieren?
   - Haben Sie einen neuen Freundeskreis gewonnen?
   - Haben Sie eine enge Beziehung zu einer einzelnen Person entwickelt?
   - Haben Sie eine Krankheit ausgeheilt?
   - Haben Sie begonnen, mehr Sport für Ihre körperliche Fitness zu betreiben?

6.1.2 Wegmarken der Entwicklung

Bei allen individuellen Entwicklungsverläufen gibt es *allgemeingültige* Orientierungsmarken der kindlichen Entwicklung im körperlich-biologischen, geistigen, sprachlichen und sozialen Bereich. Auf den folgenden Seiten finden Sie die typischen Entwicklungsverläufe in den einzelnen Bereichen.

AUFGABE

Haben Sie Erklärungen für die Gemeinsamkeiten, aber auch die Unterschiede in der Entwicklung des Menschen? Diskutieren Sie innerhalb der Klasse.

Die (auf den folgenden Seiten) enthaltenen *Altersangaben sind Medianwerte*. Sie geben das Alter an, bis zu dem die Hälfte aller Kinder eine bestimmte Fähigkeit, Fertigkeit oder Erkenntnis erworben hat. Wenn z. B. im Bereich der Sprachentwicklung um den 11. Monat herum die Aussage gemacht wird, dass Kinder vorgesprochene Wörter nachzuahmen beginnen, so erreicht der Anteil von Babys, die dies tun, zu diesem Zeitpunkt die 50-Prozent-Marke. Oder etwa um den 12. Lebensmonat herum erwirbt das Kind im Schnitt die Fähigkeit, selbstständig zu laufen, Mädchen ein wenig früher als die Jungen.

Wann allerdings einzelne Kinder eine Fähigkeit erwerben, variiert mehr oder weniger stark: „Schnellentwickler" sagen vielleicht schon mit sieben Monaten „Mama", während „Nachzügler" damit bis nach dem ersten Geburtstag warten, ohne dass sich die Eltern Sorgen machen müssten.

Vom vierten Lebensjahr an wird die Streuung größer, sodass eine genaue Einordnung noch schwieriger wird.

Stufen der Entwicklung

Die hier gezeigten Stufen der körperlichen, geistigen und sozialen Reifung des Menschen dienen als Orientierungshilfe. Fachleute erstellen damit ein Profil des aktuellen Könnens und Wissens eines Kindes und können auch Hinweise finden, ob dieses Kind in irgendeinem Bereich besondere Unterstützung braucht. Laien müssen dazu wissen: Es ist völlig normal, dass ein Kind mal mehr oder auch weniger kann, als die Tabelle vorgibt. Und je älter es wird, desto vielfältiger sind seine Entwicklungsvarianten. Sie spiegeln die Individualität des Kindes wider, seine Lebensgeschichte und seine Kultur

Von **Martin Paetsch** (TEXT) und **Siegmar Münk** (ILLUSTRATION)

KÖRPER

Etwa im Alter von **zwölf Monaten** verfügt das Kind über die nötige Gelenkigkeit, Muskelkraft und Balance für einen wichtigen Entwicklungsschritt: Es **erlernt das selbstständige Laufen**.

Dreijährige sind motorisch bereits so geschickt, dass sie Dreirad fahren können, springen, **auf einem Bein hüpfen** und Treppen steigen.

Mit **sechs Jahren**, zur Zeit des Schuleintritts, meistert das Kind bereits schwierige Bewegungsabläufe. Es **fährt Fahrrad ohne Stützräder**, läuft Rollschuh und spielt Fußball.

	bis 11 Monate	bis 12 Monate	bis 18 Monate	bis 2 Jahre	bis 3 Jahre	bis 4 Jahre	bis 5 Jahre	bis 6 Jahre	bis 7 Jahre
GEIST	Schaut Bilder an und weist mit dem Finger auf Gegenstände	**Sehqualität** entspricht der eines Erwachsenen Kann einen **Gegenstand identifizieren,** wenn dessen Name genannt wird	Entwickelt **Symbolspiel:** deutet Gegenstände und Personen zu Spielfiguren um	**Ich-Bewusstsein** ist entwickelt: erkennt sich selbst im Spiegel	Kann **Puzzlespiele** mit drei oder vier Teilen lösen Interessiert sich für **mechanisches Spielzeug,** Lichtschalter und Geräte	Entwickelt Zeitverständnis und **autobiografisches Gedächtnis** Begreift, dass verschiedene Menschen ein Objekt aus **verschiedenen Perspektiven** sehen	Versteht, dass sich **eigene Gedanken und Gefühle** von denen anderer Personen unterscheiden Kann bewusst **lügen**	Kann zunehmend **Schein und Wirklichkeit** besser trennen: versteht etwa Verkleidung **Merkfähigkeit** wächst nun langsamer	Hohe **Kreativität** Entwickelt **Metagedächtnis:** ist sich bewusst, dass Erlerntes auch wieder vergessen werden kann
SPRACHE	Beginnt, vorgesprochene **Wörter nachzuahmen**	Beginnt, erste **klare Wörter** zu sprechen	Vokabular: **bis zu 20 Wörter**	**Benennungsexplosion:** Erreicht 50-Wörter-Marke, danach rapide Aneignung neuen Vokabulars **Bildet Sätze aus zwei Wörtern**	Erfreut sich zunehmend an **Reimen und Liedern** Formuliert einfache, grammatikalisch **korrekte Aussagesätze** Vokabular: etwa **300 Wörter**	Kann grammatikalisch **korrekte Fragen stellen** und Sätze aus fünf bis sechs Wörtern bilden Entwickelt **Kritzelschrift**	Erzählt **komplexere Geschichten** Vokabular: **bis zu 8000 Wörter**	**Gebraucht Sprache** weitgehend korrekt **Kommuniziert erfolgreich,** ohne über Sprache zu reflektieren	**Korrigiert** Fehler spontan während des Sprechens Setzt Buchstaben und Laute in Beziehung: **schreibt, wie man spricht**
SOZIALVERHALTEN	Reagiert mit lebhaftem **Protest,** wenn ihm ein Lieblingsspielzeug weggenommen wird	Lernt durch Nachahmung **neue Verhaltensweisen** wie Klatschen und Winken	**Begrüßt** und umarmt vertraute Personen Erste **Anteilnahme,** aber auch Verstellung Beginn des **Trotzverhaltens**	**Spielt** mit anderen Kindern Zunehmende **Unabhängigkeit** von den Eltern	Entwickelt Schuldgefühle, **zeigt Zuneigung** zu vertrauten Spielpartnern Eigensinnigkeit lässt nach: kann **beim Spielen kooperieren**	Spielt gern **Rollenspiele** Kann **kooperieren, teilen** und schenken Spiel wird **zum Wettbewerb** **Erste Freundschaften**	Möchte **Freunden gefallen,** lernt andere Ansichten kennen Konzept von **»Gut« und »Böse«** ausgebildet	Organisiert **Gruppenspiele,** versucht, Konflikte zu lösen **Identifizierung mit dem eigenen Geschlecht:** zeigt zunehmend typisches Verhalten	Lehrer und Mitschüler **werden neue Bezugspersonen**

KÖRPER

Die befruchtete Eizelle, anfangs nur ein Zellklumpen, nistet sich innerhalb von zehn Tagen vollständig in der Gebärmutterschleimhaut ein. Nach drei Wochen **schlägt das Herz des zwei Millimeter kleinen Embryos**.

Am **zwei Monate alten Embryo** beginnen sich die Geschlechtsmerkmale zu differenzieren. Er **zeigt erste Bewegungen**. Einen Monat später gähnt, räkelt und streckt sich der Fötus bereits.

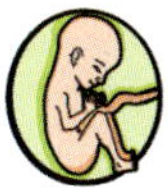

Der **sechs Monate alte Fötus** hat tägliche Wach- und Ruhephasen. Sein Gehirn verschaltet sich mit den Sinnesorganen. Er **erkennt erste Geräusche** wie Herzschlag und Stimme seiner Mutter.

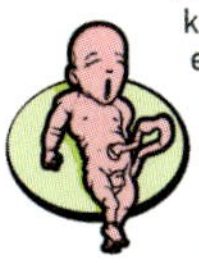

GEBURT Das **Neugeborene** ist mit vielen Aufgaben konfrontiert: Es muss **eigenständig atmen**, Kreislauf und Verdauung regulieren sowie die Körperwärme stabilisieren. Trotz schwacher Muskeln zeigt es reflexartige Bewegungen.

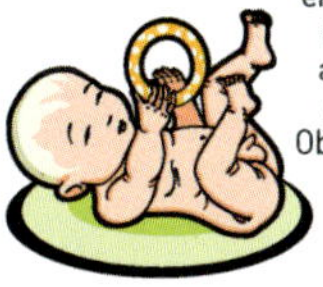

Im Alter von **drei Monaten** entwickelt der **Säugling** wichtige Funktionen im Zentralnervensystem und bildet einen eigenen Tag- und Nachtrhythmus aus. Dank wachsender Kraft im Oberkörper beginnt er den **Kopf aufrecht zu halten**.

Mit **sechs Monaten** lernt das **Baby**, ohne fremde Hilfe zu sitzen. Die beginnende Kooperation der beiden Gehirnhälften ermöglicht ihm unter anderem das **beidhändige** Greifen.

Um den **neunten Lebensmonat** erprobt das **Kind** erste Formen der Fortbewegung, um sich einem Gegenstand zu nähern. Es rutscht im Sitzen, rollt sich über den Boden und **krabbelt**.

	bis 1 Monat	bis 2 Monate	bis 3 Monate	bis 4 Monate	bis 5 Monate	bis 6 Monate	bis 7 Monate	bis 8 Monate	bis 9 Monate	bis 10 Monate
GEIST	Erkennt bereits nach wenigen Stunden **Stimme und Geruch** der Mutter **»Intuitive Mathematik«**: kann zwischen zwei und drei gleichen Objekten unterscheiden	**Unterscheidet** das Gesicht der Mutter von anderen Gewinnt Vorstellungen **durch Tastsinn**: erkennt seinen im Mund gefühlten Schnuller optisch wieder	Verfolgt zunehmend **Details und Bewegungen** Versteht **Objektpermanenz**: weiß, dass Objekte nicht verschwinden, wenn sie verdeckt werden	Merkt sich Gelerntes eine Woche **Erkundet die** Umgebung mit den Augen Nutzt verstärkt **die Hand zur Wahrnehmung**	Zeigt vermehrt Interesse an seinem **Spiegelbild** Hat dasselbe **Farbspektrum** wie ein Erwachsener	Untersucht gezielt Gegenstände **mit beiden Händen** Versteht einfache **Rechenaufgaben** mit wenigen Objekten: reagiert erstaunt auf falsche Ergebnisse	Beginnt, der **Blickrichtung** eines Erwachsenen zu folgen	Erste Anzeichen für **Nachdenken** über Ursache und Wirkung	**Sucht jetzt aktiv** nach verstecktem Spielzeug **Beginnt Funktionen** von Gegenständen zu begreifen: versucht, sie »richtig« zu nutzen	Kann noch nach 24 Stunden einfache, bei Erwachsenen beobachtete **Handlungen nachahmen**
SPRACHE	Kommuniziert **durch Schreien** Zieht Laute der **Muttersprache** denen anderer Sprachen vor	Beginnt zu **gurren** **Erster Austausch**: reagiert mit Lauten auf Ansprache	**Artikuliert Bedürfnisse** durch verschiedenartige Schreie Beginn des **Lippenlesens**: bringt Lippenbewegung mit Vokalen in Zusammenhang	**Reagiert unterschiedlich** auf freundliche und ärgerliche Stimmen Kann **lächeln**, ahmt lallend vorgesprochene Vokale nach	Laute nehmen **muttersprachliche Färbung** an	**Experimentiert** mit verschiedenen **Betonungen und Tonhöhen** **Unterscheidet** Laute fremder Sprachen besser als Erwachsene	Beginnt zu lallen, verdoppelt Silben zu **»dada« oder »baba«** Reagiert auf seinen **Namen**	Begreift einfache **grammatikalische Regeln**: zieht Sätze mit sinnvollen Pausen vor	Brabbeln beginnt **sprachliche Züge** anzunehmen, Laute ähneln denen der Muttersprache Versteht **»Nein«**	Reagiert auf **einfache Aufforderungen** Kann **»Mama«** und **»Papa«** sagen
SOZIALVERHALTEN	Zeigt Interesse an Gesichtern Imitiert Augenblinzeln und **Zungeherausstrecken** Beruhigt sich, wenn es **auf den Arm** genommen wird	Entwickelt **soziales Lächeln**: reagiert auf menschliche Stimmen und Gesichter	Sucht oder meidet den **Blick des Gegenübers** **Erwartet Interaktion**: kommuniziert über Mimik, Gestik und Laute	Kann durch **Mimik** Entzücken, Traurigkeit und Überraschung zeigen	**Begrüßt** Betreuer durch Strampeln und Zappeln Drückt Freude durch lautes **Lachen und Quietschen** aus	Beginnt, fröhliche oder ärgerliche **Stimmen** dem entsprechenden **Gesichtsausdruck** zuzuordnen	**Emotionale Bindungen** zu einer Person oder mehreren beginnen sich zu verstärken	**Fremdelt**: verhält sich unterschiedlich gegenüber vertrauten und unbekannten Menschen	**»Affektverstärkung«**: blickt in ungewohnten Situationen zur Vertrauensperson, um in deren Mimik zu lesen, wie es reagieren soll	Liebt **Versteckspiele** Erkennt, worauf eine Person **emotional reagiert** Zeigt **Zuneigung**

Quellen und weitere Literaturhinweise unter www.geo.de/lernen

bis 8 Jahre	bis 9 Jahre	bis 10 Jahre	bis 11 Jahre	bis 12 Jahre	bis 13 Jahre	bis 14 Jahre	bis 15 Jahre	bis 16 Jahre	bis 17 Jahre	bis 18 Jahre	danach
Komplexes Denken: erwägt mehrere Herangehensweisen an ein Problem; kann eine Handlung im Geist umkehren	**Metakognition** ist weit entwickelt: Nachdenken über die eigenen Gedanken	Zeichnet perspektivisch und **dreidimensional**	Kann Aufmerksamkeit **besser fokussieren** und irrelevante Informationen ausblenden Beginnt, **Lernstrategien** zu entwickeln und anzuwenden	Anfänge des **formalen Denkens**: kann systematisch Hypothesen aufstellen und überprüfen, versteht abstrakte Konzepte, bewertet und erläutert eigene Denkprozesse Mit der Pubertät beginnt die **Identitätssuche**: entwickelt differenziertes Selbstbild, entdeckt persönliche Vorlieben und Hobbys, zeigt vermehrt Selbstzweifel (vor allem Mädchen) und destruktives Verhalten (vor allem Jungen)				Zunehmende **geistige Flexibilität** und Fortschritte im abstrakten Denken, betrachtet Probleme aus vielen Perspektiven, beschäftigt sich intensiv mit politischen, sozialen und religiösen Themen Ausgeprägte Identitätssuche: hinterfragt Meinungen und Konventionen, entwickelt **eigene Vorstellungen und Werte**			**Identität** beginnt sich zu festigen Plant und trifft Entscheidungen für die **Zukunft**
Wendet **erste Rechtschreibregeln** an	Beherrscht grundlegende Rechtschreibregeln wie **Großschreibung** am Satzanfang Kann grammatikalische **Fehler erklären**	Entwickelt Verständnis für **Metaphern**, Doppeldeutigkeiten und Sprachwitz	Beherrscht, **Geschichten** auf einen Höhepunkt hin zu erzählen	Lernt, sein **Sprachverhalten** verschiedenen Situationen besser anzupassen Eignet sich **Jugendsprache** an				**Verfeinertes Sprachverhalten:** Schilderung abstrakter Sachverhalte, gegliedertes **Argumentieren**, um eigene Standpunkte darzulegen Deutscher Wortschatz von etwa **80 000 Wörtern**			
Vergleicht seine Leistungen mit denen anderer **Zunehmende Gruppenaktivität:** verstärktes Interesse an organisierten Spielen und Ausflügen **Entwickelt tiefere Freundschaften**, hat aber wenig Kontakt zu Gleichaltrigen anderen Geschlechts				**Konflikte mit den Eltern** nehmen zu, Entfremdung gegenüber Zärtlichkeiten in der Familie Wachsendes **Interesse am anderen Geschlecht** **Cliquenbildung:** bemüht sich um Anerkennung in der Gruppe				**Ausgeprägtes Sozialleben:** besucht mit Freunden Partys, Clubs und Konzerte Zunehmend **eigenständige Tagesplanung** und verantwortliches Handeln Hat im Durchschnitt ab 15 Jahren **zum ersten Mal Sex** Beginnende **Loslösung vom Elternhaus**			

GEO-Grafik

AUFGABE

Schauen Sie sich die Darstellung der Stufen der Entwicklung an und vergleichen Sie die Beschreibungen mit Ihren eigenen Erfahrungen.

Entwicklungstabellen gehen in der Regel von durchschnittlichen Entwicklungsverläufen aus. Natürlich gibt es das idealtypische „Durchschnittskind", dessen Entwicklung dieser Darstellung genau entspricht, in der Regel so nicht. Jedes Kind entwickelt sich individuell auf seine ganz persönliche Weise und meist auch unterschiedlich schnell im einen oder anderen Bereich.

Diese individuellen Unterschiede sind in der Tabelle mitgedacht und die Beschreibungen jeweils als Durchschnittswerte zu verstehen. Es soll also nicht als Katalog von Einzelleistungen verstanden werden, die Kinder zu einem bestimmten Alter erbringen müssen, sondern als locker umrissene Entwicklungsabfolgen, die persönliche Abweichungen in Grenzen tolerieren.

6.1.3 Was macht Entwicklung aus? Die Anlage-Umwelt-Diskussion

Warum werden Kinder größer, nehmen an Umfang und Gewicht zu, können zunächst nicht sprechen, erwerben die Sprache aber dann sehr bald, wechseln vom Liegen und Getragenwerden übers Rutschen zum Krabbeln zum Laufen?

Da ist auch die Beobachtung, dass sich die Kinder offenbar, je älter sie werden, desto unterschiedlicher „entwickeln". So zeigen manche im Kindergarten ein stark aggressives Verhalten, während andere eher friedlich sind oder in Konfliktsituationen den Rückzug wählen. Es gibt „lebhafte" Kinder, „besonders neugierige" Kinder oder „stille, zurückgezogene", groß gewachsene und zarte, kleinwüchsige ..., eine große Vielfalt, die es ermöglicht, trotz gemeinsamer Entwicklungslinien ein jedes Kind vom anderen zu unterscheiden, also eine eindeutige Unverwechselbarkeit. Entwicklung scheint also keiner Automatik zu folgen, sondern ist auch von besonderen Umweltbedingungen und Umweltreizen abhängig, so entsteht Vielfalt.

Wir wollen diejenigen Bedingungen kennenlernen und auch praktizieren, die eine möglichst umfassende, positive Entwicklung des Kindes möglich machen, und diejenigen vermeiden, die dies nicht tun.

Die unterschiedlichsten Sichtweisen prägten jahrzehntelang die Vorstellungen über menschliche Entwicklung. Vor allem war es die Frage, ob die Entwicklung eher durch genetische Anlagen oder durch die unter bestimmten Umweltbedingungen gemachten Erfahrungen beeinflusst wird.

Nach unserem heutigen Wissensstand ist die Frage nach dem Einfluss von Erbe und Umwelt auf die Entwicklung des Menschen recht gut zu beantworten. Auf dem Weg zu dieser Antwort werfen wir zuerst einen Blick in die Pflanzenwelt.

Amerikanische Forscher konnten in einem sehr anschaulichen Experiment bei einer kalifornischen Hügelpflanze die Zusammenhänge sehr deutlich darstellen. Sie nahmen Ableger mit der gleichen Gen-Ausstattung. Der in der Abbildung zu sehende erste Ableger wurde an einem sonnigen, trockenen Platz eingepflanzt. Der zweite Ableger befindet sich an einer trockenen und schattigen Stelle. Der dritte Ableger bekommt an einem feuchten Standort viel Sonne und der vierte Ableger kann sich bei hoher Feuchtigkeit und viel Schatten entwickeln. Sie sehen, was dabei herauskommt: Trotz gleicher Ausstattung entwickeln die vier Pflanzen unter verschiedenen Umweltbedingungen jeweils ein anderes Aussehen.

Wir haben im Klassenzimmer das Experiment mit den Schülerinnen nachgestellt.
Urteilen Sie selbst:

Zum gleichen Zeitpunkt von genetisch identischen Ablegern eingepflanzte Setzlinge. Der eine stand schattig und kühl und der andere sonnig und warm.

Auch bei Pflanzen legen die Gene also nicht starr fest, welche Merkmale wie Größe, Form, Blätterausstattung, Farbe usw. entstehen. Es entwickeln sich bei jeweils identischen Genen und unter ungleichen Umweltbedingungen die Merkmale Pflanzengröße und Blätterausstattung unterschiedlich. Offenbar legen Gene Reaktionsweiten, also Bereiche fest, innerhalb derer sich der Ausprägungsgrad eines Merkmals in Reaktion auf verschiedene Umwelten ändern kann. Beim Menschen liegen aus der Zwillingsforschung vergleichbare Beobachtungen vor.

6.1.3.1 Unterschiedliche Ansätze zur Entwicklungstheorie

Reifungstheorie oder endogenetische Theorie

Die Reifungstheorie geht davon aus, dass Veränderungen fast ausschließlich auf Reifungsprozesse zurückgeführt werden können. Der frühe Hauptvertreter dieser Auffassung ist J. J. Rousseau (1712–1778). Seine Forderung, Kinder sollen ihren Wachstums- und Reifungskräften überlassen werden, damit sie sich gut entwickeln, ist in dem berühmten Erziehungsroman „Emile" dargelegt.

Aber auch modernere, meist verhaltensbiologisch orientierte Wissenschaftler betonen, dass Reifungsprozesse für die verschiedenen Lebensabschnitte der kleinen Kinder mit ihren wichtigsten Merkmalen gleich seien, unabhängig von historischem Wandel und kulturellen Lebensbedingungen, weil sie einer anlagebedingten Programmatik folgen. Die Umwelt kann den programmierten Entwicklungsstufen höchstens unterstützend oder hemmend zur Seite stehen. Solche Theorien warnen deshalb vor „Verfrühung", wenn ein Kind bestimmte Reifungsstufen noch nicht erreicht hat, oder sie warnen vor Versäumnissen, wenn eine altersgemäße Unterstützung für ein Kind ausbleibt. Mittlerweile kann als gesichert gelten, dass diese Theorien nur von eingeschränkter Brauchbarkeit sind. Ein Beispiel dafür liefert Baacke:

> „In unserer Kultur gehen wir von der Meinung aus, eine bestimmte Leistung, wie das Lesenkönnen, sei nicht vor dem sechsten Lebensjahr möglich; ein „normal" entwickeltes Kind wird demnach vom sechsten Lebensjahr an lesefähig sein, und entsprechend erfolgt dann ja auch die Einschulung. Inzwischen wissen wir, dass bereits Drei- und Vierjährige bei geeigneter Unterstützung durchaus in der Lage sind, das Lesen zu erlernen. Offenbar ist es also nichts als eine kulturelle Übereinkunft, die uns davon ausgehen lässt, Kinder sollten vom sechsten Lebensjahr ab Lesen lernen. Wenn wir freilich das Aufwachsen der Kinder so organisieren und die Lernangebote so auswählen, dass sie tatsächlich erst mit sechs Jahren lesen und schreiben können, dann werden sie dies auch in diesem Alter tun. Zwar gibt es ganz offensichtliche Prozesse, die sich nur mäßig oder gar nicht beschleunigen lassen (etwa motorische Reflexe wie das Umgreifen eines Daumens mit der Hand, aber auch das Krabbeln und Sichaufrichten), aber im Ganzen scheinen gerade für kleine Menschenkinder die Umweltbedingungen so entscheidend zu sein, dass bestimmte Reifungsprozesse nur die Voraussetzung für Entwicklung sind, diese aber keineswegs selbst darstellen."
> (Baacke, 1999, S. 95–96)

Milieutheorien oder exogenetische Theorien

Milieutheorien gehen nicht von inneren Prozessen (endogen), sondern von äußeren Bedingungen (exogen) aus, die eine aktive Umwelt auf ein eher passives Individuum ausübt. Der Mensch entwickelt sich also durch Erfahrungen, die durch Lernprozesse zustande kommen. Auch hier gibt es einen sehr frühen Vertreter, J. Locke (1632–1704), nach dessen Ansicht ist das Kind oder der Organismus eine „Tabula rasa", ein unbeschriebenes Blatt, auf das die Außenwelt ihre Inhalte schreibt.

Dieses Grundmodell findet sich heute in den Lerntheorien von Pawlow bis Skinner, den sogenannten *Konditionierungstheorien*. Danach lernt der Mensch, dass auf ein Signal hin ein bestimmtes Ereignis folgt (PAWLOWS klassisches Konditionieren). So lernt ein Kind, Angst vor dem Keller zu haben, wenn es darin einmal erschreckt wurde.

Im Sinne des *operanten Konditionierens* lernt es, dass in einer bestimmten Situation ein konkretes Verhalten ein positives oder negatives Ereignis nach sich zieht (Lernen am Erfolg bzw. Misserfolg), in einer etwas anderen Situation aber nicht (Unterscheidungslernen).

Diese Lerntheorien sind zweifellos sehr wichtig, dennoch kann auch dieser theoretische Zugang das Phänomen der Entwicklung nicht hinreichend erklären. Zum einen geben diese Theorien nicht an, welche Kinder in verschiedenen Entwicklungsstufen Konditionierung benötigen, zum anderen reagieren Kinder teilweise unterschiedlich auf gleiche Umweltbedingungen. Es ist unbestreitbar, dass die Umwelt Entwicklung beeinflusst, aber nicht im Sinne der Beschriftung eines leeren Blattes. Die Gründe für bestimmte Verhaltensweisen von Kindern sind vielfältiger.

Konstruktivistische Stadientheorien
Die konstruktivistischen Stadientheorien heben sich deutlich von der rein umweltbestimmten Sicht ab. „Diese Theorien sehen den Menschen in einem **aktiven Austausch mit seiner Umwelt**, auf die er handelnd einwirkt, die er erkennt und interpretiert. Die Umwelt bietet ihm Anregungen und Herausforderungen, die seine Entwicklung beeinflussen, aber nicht mechanisch, sondern immer vermittelt durch die Sicht der Umwelt, die der Mensch auf sie hat. Es ist der Mensch, der durch eigenes Erkennen und eigene Interpretationsleistungen der Umweltverhältnisse seine Lebenswirklichkeit ‚konstruiert'. Der Mensch braucht eine Umwelt, aber die Umwelt determiniert seine Entwicklung nicht, sie wird vielmehr durch den wahrnehmenden Organismus als inneres Modell konstruiert." (BAACKE, 1999, S. 99 f.)

J. PIAGET (1896–1980) ist der Hauptvertreter dieser Theorie. Er **betrachtet das Kind als sich entwickelndes Individuum, welches aktiv und selbstgesteuert die Umwelt sich denkend einverleibt.** Das Kind verarbeitet, je nach Entwicklungsstadium, die Angebote der Umgebung. Es sind also die persönlichen Erkenntnis- und Handlungsmöglichkeiten, die festlegen, wie die Umwelt begriffen wird. Auf PIAGETS Theorie der Entwicklung des Denkens werden wir noch zurückkommen.

Interaktionistische Entwicklungstheorien
Diese Theorieansätze sind in der Pädagogischen Psychologie sehr bedeutsam und für Sozialpädagogen wichtig, weil *pädagogisches Handeln ja gerade in der Zuwendung zu Kindern besteht und sich über Kommunikation verwirklicht.*

Kommunikation und Interaktion stehen im Mittelpunkt dieser Theorien. **Mensch und Umwelt bilden ein Gesamtsystem und stehen in ständiger Wechselbeziehung. Durch diesen Interaktionsprozess werden die sich entwickelnden Menschen angeregt, in ihm beeinflussen sie sich gegenseitig.** Auch auf die materielle Umwelt gibt es Einwirkungen. Dadurch werden wieder neue Prozesse der Veränderung in Gang gesetzt.

Kindliche Entwicklung und menschliches Wachstum erfolgen also dadurch, dass Eltern sich schon sehr früh, am besten schon vor der Geburt, „interaktionistisch" auf ihre Kinder einstellen.

6.1.3.2 Zusammenschau der Anlage-Umwelt Diskussion

Entwicklungstheoretische Annahmen können in ihrer reinen Form sehr unterschiedlich sein, wie sich gezeigt hat. **Heute werden sie aber aufeinander bezogen gesehen, in einem Ergänzungsverhältnis.** Wir sehen Entwicklung jetzt multiperspektivisch. Dies bringt die folgende Abbildung zum Ausdruck.

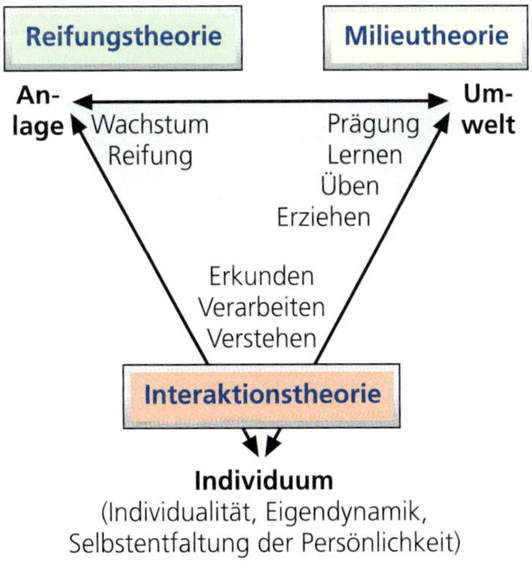

Es ist unbestreitbar, dass es bestimmte Reifungsprozesse gibt, die dazu beitragen, den Säugling vom Kleinkind in bestimmten, mehr oder weniger entwickelten Fähigkeiten zu unterscheiden, wie zum Beispiel in der motorischen Entwicklung. Ohne Zweifel gibt es Um-

Das Kind selbst, wie auch seine Umwelt, bestimmen den Entwicklungsverlauf aktiv mit.

weltfaktoren, die das Aufwachsen von Kindern beeinflussen und die überwiegend über das Lernen ihren Einfluss ausüben. Es besteht auch kein Zweifel daran, dass Kinder sich in allmählicher Abfolge ihre eigene Welt und die objektive Welt durch Konstruktionen über sie erschließen und in der Wechselbeziehung von Anpassung und Veränderung ein funktionierendes Weltbild konstruieren. Wir wissen heute, dass die Interaktionen zwischen Erziehenden und Kindern, aber auch Kindern untereinander und Erwachsenen untereinander eine entscheidende Grundlage dafür sind, wie Kinder in die soziale Welt eingelassen werden und sich auch aktiv einlassen.

Die wissenschaftlichen Erklärungsversuche und Theorien und die daraus ableitbaren Modelle erleichtern es uns, die komplexen Wirkungszusammenhänge des Entwicklungsgeschehens immer besser zu verstehen.

Wie die komplexen, für die Erziehung von Kindern wichtigen Entwicklungszusammenhänge aussehen, wollen wir hier aufzeigen:

„Ein Beispiel hierfür sind die aktuellen Untersuchungen über interaktive Erziehungsstile gegenüber Jungen und Mädchen. Jungen und Mädchen provozieren ihre Eltern durch ihr unterschiedliches Verhaltensangebot zu unterschiedlichem Verhalten und reagieren auch wiederum unterschiedlich auf das elterliche Verhaltensangebot. Malatesta und Haviland konnten bereits 1985 durch die Auswertung vieler Untersuchungen eine Anzahl unterschiedlicher Dispositionen auflisten, in denen sich die Geschlechter von Geburt an unterscheiden. Bereits im nonverbalen Kontaktverhalten von Säuglingen gibt es geschlechtstypische Prädispositionen. Diese ‚Vorgaben' stoßen einen interaktiven Prozess bei den Bezugspersonen an und lenken ihn in eine bestimmte Richtung. Elterliches Verhalten ist intuitiv und sicherlich auch bewusst durch den Wunsch gesteuert, die Interaktion mit dem Kind zu optimieren. Und da eben alles dafür spricht, dass Jungen und Mädchen von vornherein unterschiedliche Verhaltensangebote machen und in je eigener Weise auf soziale Einflüsse reagieren, ist die nach Geschlechtern differenzierende Sozialisation von Anfang an nicht nur Ausdruck elterlichen Gestaltungswillens, sondern auch Reaktion auf den Eigencharakter des zu gestaltenden Materials. Eine optimale Interaktion erfordert bei Jungen offensichtlich einen erhöhten Aufwand, aber sicher ein qualitativ anderes Verhalten als bei Mädchen.

Eltern behandeln ihre weiblichen und männlichen Babys nicht allein deshalb unterschiedlich, weil sie aus ihnen – bewusst oder unbewusst – eine typische Frau oder einen richtigen Mann machen wollen. Die Entwicklungsverläufe beider Geschlechter im ersten Lebenshalbjahr machen unterschiedliche Elternantworten auf Mädchen und Jungen auch aus dem jeweiligen Kindverhalten heraus erklärbar und differierende Entwicklungsanregungen vor diesem Hintergrund verständlich.

Jungen sind in den ersten Wochen unausgeglichener und schwieriger zu beruhigen als Mädchen, sie schlafen auch weniger. Dadurch fordern sie generell mehr Aufmerksamkeit, ohne den Müttern aber immer zurückzumelden, dass sich ihre Anstrengungen gelohnt und ihre Interventionen das Richtige getroffen haben. Die Belohnung bleibt aus, was eine Verhaltensänderung der Mütter von Jungen für die nächste Zeit voraussagen lässt. Die emotionale Labilität der männlichen Babys ruft zwar mehr Startaufmerksamkeit hervor, aber Interaktionen mit ihnen verlaufen nicht selten kritisch und stellen damit wahrscheinlich höhere Anforderungen an die Bezugspersonen.

Mädchen verhalten sich dagegen ‚belohnender', schlafen mehr, lassen sich schneller beruhigen, sind ‚lieb' und lächeln die Mütter öfter an. Mädchen geben öfter ein positives Feedback und bekräftigen die Bemühungen der Mütter." (Haug-Schnabel/Bensel, 2005, S. 10)

Was können wir daraus ableiten?

- Ein Kind ist aktiv und entwickelt sich aus sich heraus.
- Ein Kind ist auch selektiv, es sucht nach bestimmten Erfahrungen gemäß seinen Interessen und Neigungen, immer abhängig von seinem Entwicklungsstand.
- Die Umwelt stellt das Angebot an Erfahrungen bereit, die das Kind machen kann.
- Das Kind seinerseits bestimmt, was es annimmt.
- Ein Kind kann quantitativ und qualitativ nur so viel an Umweltangeboten annehmen, wie es ihm von seinem Entwicklungsstand her möglich ist.

6.1.4 Wie alles anfängt: Die pränatale Entwicklung

Das komplizierte Zusammenspiel zwischen Anlage, Umwelt und Selbststeuerung, das die Entwicklung eines Menschen bestimmt, beginnt nicht erst mit der Geburt. Lange Zeit haben Psychologen und Mediziner die Bedeutung der ersten neun Monate des Lebens unterschätzt. Neuere Forschungen bestätigen nun, was schwangere Frauen schon lange zu wissen glaubten: Schon der ungeborene Mensch nimmt am Leben seiner Umwelt teil. Der vorgeburtliche Zeitraum ist in vielfacher Hinsicht grundlegend und wichtig, weil bestimmte Ereignisse und Bedingungen über den mütterlichen Organismus Einfluss auf das werdende Kind nehmen. Dies beeinflusst nicht nur den intrauterinen Verlauf der Entwicklung, sondern kann auch das nachgeburtliche Leben des Menschen beeinträchtigen.

Wenn ein Kind auf die Welt kommt, hat es bereits rund vierzig Wochen im Mutterleib zugebracht und in dieser Zeit vor der Geburt wesentliche und sichtbare Entwicklungsfortschritte in seiner anatomischen, physiologischen und Verhaltensentwicklung durchlaufen.

pränatal
vorgeburtlich

Die nachfolgende Abbildung soll einen Überblick über diese Entwicklung geben und betont zugleich die kritischen Phasen in der vorgeburtlichen Entwicklung, in denen die Verwundbarkeit der Organe besonders hoch ist.

Offensichtlich beeinträchtigen ungünstige Einflüsse das sich entwickelnde Leben im Mutterleib nicht in allen Abschnitten der Schwangerschaft in gleicher Weise.

Die blauen Balken zeigen diejenigen Zeitabschnitte, in denen schädliche Einflüsse die biologische Entwicklung bestimmter Organe besonders beeinträchtigen (überwiegend in der Embryonalzeit: Es sind zugleich die Hauptentwicklungszeiten der Organe). Mit zunehmendem Alter des Fötus werden bei ungünstigen Umwelteinwirkungen eher physiologische Funktionen und die spätere psychische Entwicklung betroffen.

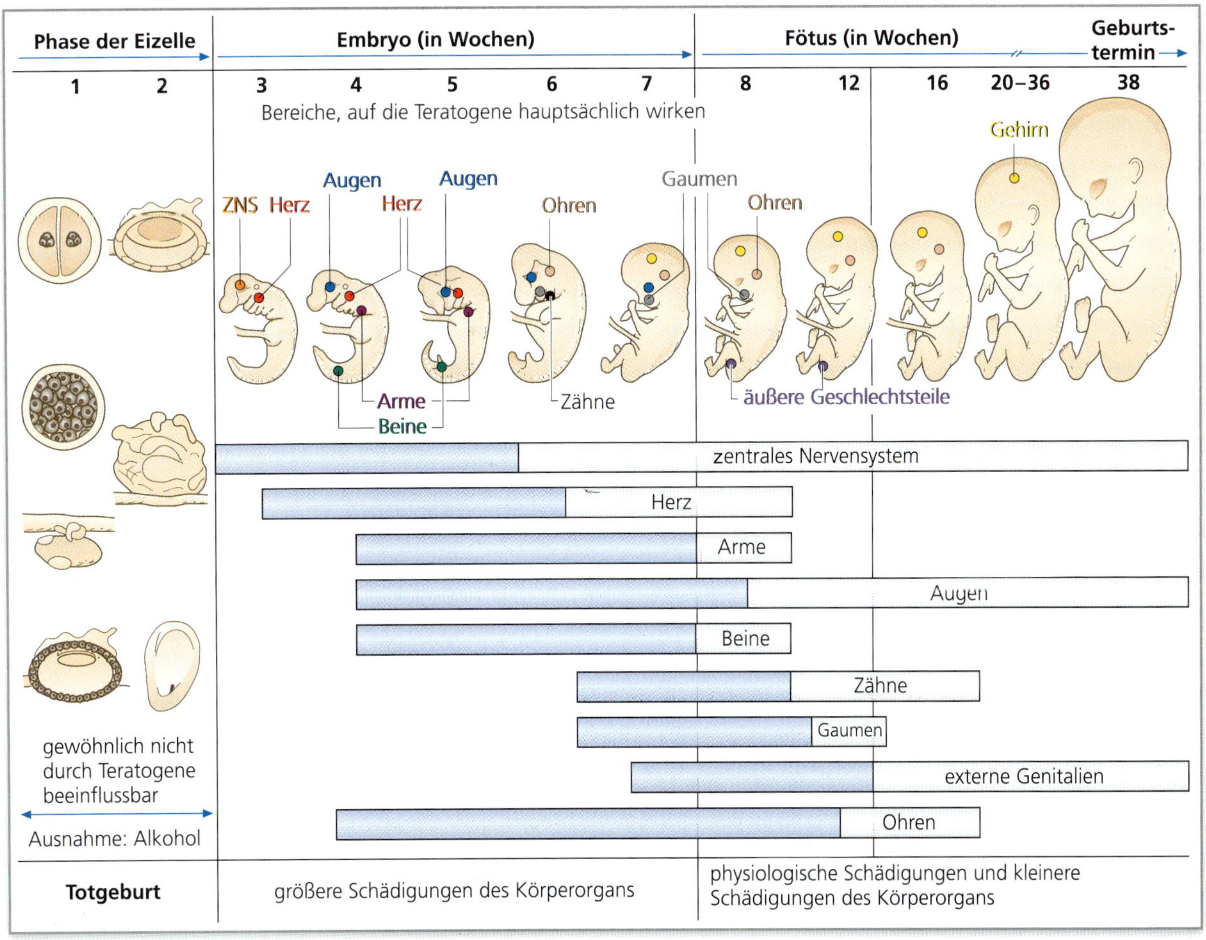

6.1.4.1 Probleme der pränatalen Entwicklung

Es gibt eine Vielzahl unterschiedlicher Faktoren, die das Ungeborene in seiner Entwicklung gefährden können. Insgesamt kommt ungefähr ein Viertel aller befruchteten Eizellen bis zur Geburt. Die meisten sterben bereits vor der Einnistung in den Uterus ab. Die Ursache für die meisten spontanen Fehlgeburten sind Entwicklungsfehler mit Todesfolgen.

In Deutschland kommen etwa drei Prozent der Kinder mit Missbildungen zur Welt und die Teratologie (Lehre von den Missbildungen der Lebewesen) versucht, die Ursachen für Fehlentwicklungen und Missbildungen zu finden. Viele Probleme könnten durch verantwortliches Handeln der Umgebung nämlich vermieden werden.

Ein paar Zahlen zu den **Ursachen pränataler Fehlentwicklungen**:
- 28 Prozent sind eindeutig genetischen Ursprungs
- 6 Prozent sind unzweifelhaft dem Umwelteinfluss zuzuschreiben
- etwa 23 Prozent entstehen aufgrund von Wechselwirkungen zwischen genetischen Einflüssen und Umwelteinflüssen
- bei rund 43 Prozent der Anomalien bleibt die Ursache unbekannt

Zu den häufigsten Ursachen, die die Teratologie gefunden hat und die je nach Zeitpunkt, Dauer und Intensität die Entwicklung des Ungeborenen beeinflussen und schwere Spätfolgen haben können, gehören:
- Unter- und/oder Fehlernährung der Mutter
- Stoffwechselstörung der Mutter
- hohes Alter der Eltern
- Infektionskrankheiten
- Strahlung
- Umweltbelastungen
- Alkohol
- Drogen, Schmerz- und Rauschmittel
- Rauchen und Passivrauchen
- Stress
- ablehnende Einstellung zum Kind

6.1.4.2 Die rasante vorgeburtliche Entwicklung

Die Entwicklung des so wichtigen Zentralnervensystems beginnt bereits in den ersten Wochen nach der Empfängnis. So unglaublich es uns scheint: Wenn der *Embryo* noch nicht einmal zwei Millimeter groß ist, funktioniert bereits sein Gehirn – es steuert seine weitere Entwicklung. Und wenn er dreieinhalb Millimeter groß ist, das heißt etwa 25 Tage alt, dann sind schon alle seine Organe angelegt: Sein Herz, die Haut, das Zentralnervensystem, die Leber, die Lunge, der Darm und die Geschlechtsorgane.

Der Embryo in der Abbildung ist sechs Wochen alt. Man sieht deutlich das sogenannte Neuralrohr (später die Wirbelsäule mit dem Rückenmark) und das Gehirn mit einer Einkerbung am Nacken.

Herz und Hirn „arbeiten" zuerst: Der Ablauf der Entwicklung vom Embryo zum *Fötus* zeigt in den ersten Wochen den Vorrang des Zentralnervensystems.

In der achten bis neunten Woche füllen Herz und Leber den ganzen Brustraum aus. Das Herz sorgt für die gute Durchblutung des Gehirns, das von einem besonders dichten Adernetz versorgt wird. In diesem Stadium beginnt der Embryo (Fötus), der im Schutz seiner Fruchtblase schwebt, schon für Berührungsreize empfindsam zu werden.

Mit ca. elf bis zwölf Wochen sieht der Fötus dann schon wie ein Baby aus, und sein Geschlecht ist deutlich zu erkennen.

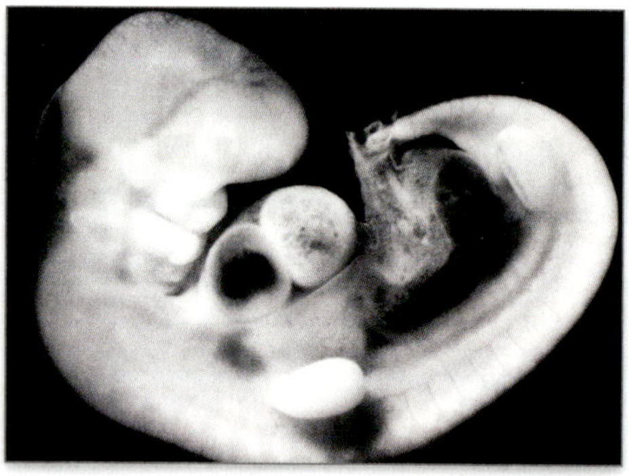

Embryo, 6 Wochen alt

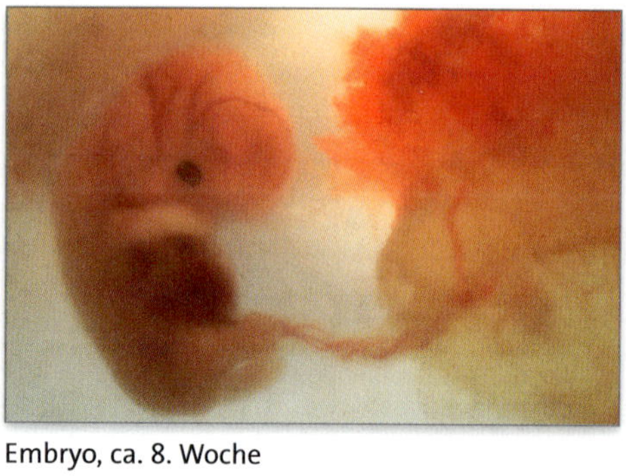

Embryo, ca. 8. Woche

Die starke Versorgung des Gehirns mit Blut ist notwendig, damit die Zellen sich dort besonders schnell vermehren können. Das kleine

Herz hilft ab dem 21. Tag durch eigene Pumpleistung bereits mit. Relativ neue Untersuchungen haben eine ganz erstaunliche Erkenntnis hervorgebracht: Das Gehirn, so zeigen Beobachtungen mit dem Elektronenmikroskop, bildet schon in der siebten Woche unseres vorgeburtlichen Lebens Kontaktstellen, sogenannte Synapsen, die Nachrichten zwischen feinen Nervenfasern übermitteln. Man glaubte lange, sie bildeten sich erst nach der Geburt aus.

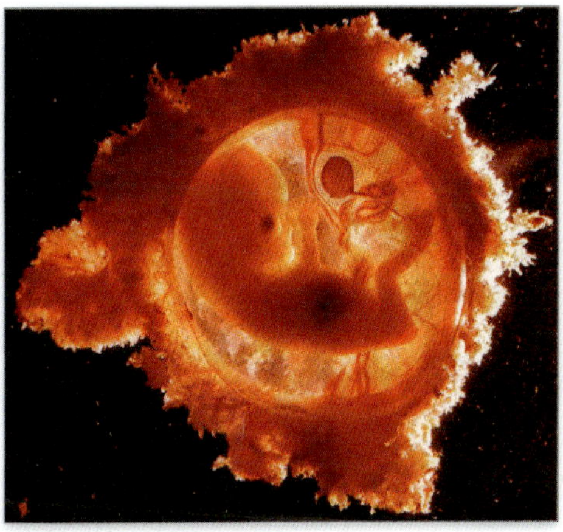

Embryo, ca. 11. Woche

Gleichzeitig mit diesen Kontaktstellen entstehen vielfältige netzartige Verbindungen im Gehirn. So werden bereits sehr früh Informationen übermittelt, die der Embryo aus seiner kleinen Umwelt erhält: über seine Lage im Mutterleib, über einen Druck auf seinen Körper, über Temperaturunterschiede. Mit der gleichzeitigen Entwicklung der Sinnesorgane ist damit die Vorraussetzung für Wahrnehmung und Erfahrung geschaffen.

Nach ca. acht Wochen beginnt sich der Geruchs- und Geschmackssinn zu bilden. Das vorgeburtliche Kind kann das Fruchtwasser probieren und trinkt davon ab der zwölften Woche, denn es kann schon schlucken. Sein Gleichgewichtssinn beginnt schon zu „funktionieren“, und auch sein Gehör entwickelt sich, sodass er bald die Stimme seiner Eltern hören kann.

Der Körper kann dann auch überall Berührung empfinden, die häufig stattfindet, weil das Ungeborene schon ein Meister der Bewegung ist. Der Gebärmutterraum ist in dieser Zeit groß genug, dass es im Fruchtwasser Drehungen, Purzelbäume, Streckungen und Beugungen machen kann. Es kann seine Lage verändern, es wird berührt, wenn die werdende Mutter sich bewegt. Es kann zu einer Hand, die über den Bauch streicht, sich hinbewegen und diese Berührung schon fühlen.

Auf diese Weise bekommt seine Haut immer wieder von neuem Signale, die ans Gehirn weitergeleitet werden. Diese Stimulation braucht wiederum das Gehirn, um sich gut weiterzuentwickeln, auch für die Zeit nach der Geburt.

> Kinder brauchen viel Körperkontakt. Werden sie gestreichelt, sanft berührt und können sie durchs Getragenwerden Kontakt über ihre Haut erleben, entwickeln sie leichter ein harmonisches Nervensystem als Kinder, die diese Möglichkeit nicht haben. In Kursen für Babymassage, die viele Mütter heutzutage besuchen, macht man sich dieses Wissen zunutze. Babys und ihre Mütter genießen dies oft in vollen Zügen.

In der vorgeburtlichen Lebenszeit arbeiten schon viele unserer Sinne. Die körperlichen Anlagen sind nach acht Wochen bei einer Größe von etwa drei Zentimetern alle ausgebildet.

Bei Ultraschalluntersuchungen kann man beobachten, wie der Kopf gedreht wird bei einer Berührung. Die Stirn kann sich bei Missempfinden schon in Falten legen und die Augenbrau-

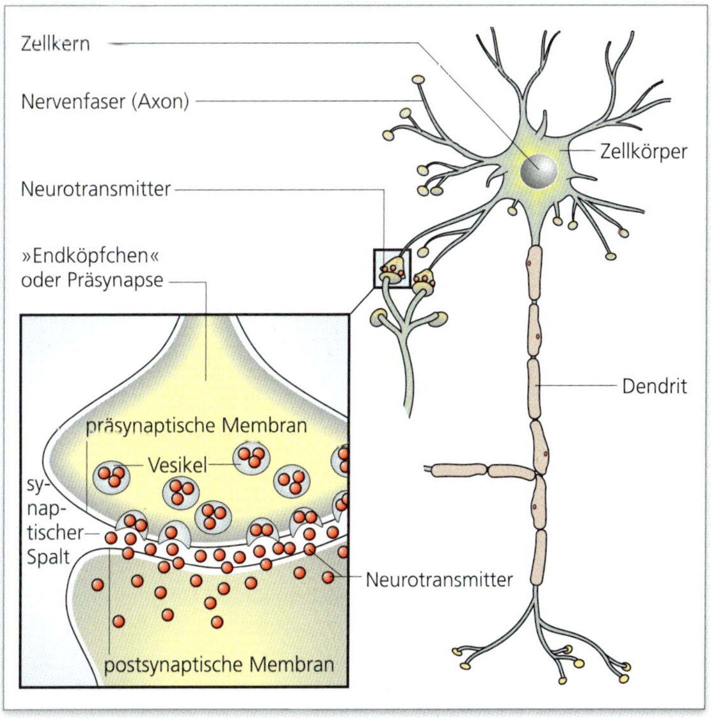

Grundaufbau einer Nervenzelle und Struktur einer Synapse

en können sich heben. Ab der zwölften Woche kann das vorgeburtliche Kind bei Berührung die Oberlippe kräuseln, was wie ein Lächeln wirkt. Dies ist der Beginn des Saugreflexes. Relativ bald beginnt es dann, zunächst unwillkürlich, dann auch gesteuert, am Daumen zu lutschen.

Von Bedeutung für eine eventuell belastete vorgeburtliche Lebenszeit ist folgende Fähigkeit: Ab dem vierten Monat verfügt das Ungeborene über ein geschlossenes eigenes Kreislaufsystem. Das Herz pumpt etwa 30 Liter Blut pro Tag durch den Körper. Es ist zwar vom mütterlichen Organismus abhängig, aber sein Kreislauf funktioniert eigenständig. Es kann auftretende Probleme schon ein wenig selbst regulieren: durch Veränderung der Blutzufuhr in bestimmte Körperregionen und innerhalb gewisser Grenzen Stoffwechselprobleme mit ausgleichen, zum Beispiel wenn die Mutter krank ist. Eine beeindruckende Leistung dieses winzigen Organismus. Der wichtigsten Gefahr für die Entwicklung, dem Sauerstoffmangel, kann es wenig entgegensetzen. Wenn die Versorgung durch die Plazenta (Mutterkuchen) nicht ausreicht, kann es sich allerdings anpassen. Das Blut wird dann vor allem in das lebenswichtige Gehirn gepumpt, andere Organe werden eher vernachlässigt. Hierin liegt jetzt auch die körperliche Voraussetzung für die empfindsame Seele des Ungeborenen, wie es Bettina Albertini einfühlsam beschreibt:

„Das vorgeburtliche Kind kann also schon reagieren. Es nimmt vegetative und damit auch gefühlsmäßige Zustände der Mutter wahr. Anspannung und Entspannung, Stress und Wohlbehagen können ihm vermittelt werden. Die Reaktionen des eigenen und des Körpers der Mutter schaffen Signale, die das sich entwickelnde Gehirn verarbeitet. Dies geschieht zum Beispiel durch Hormonausschüttungen und durch die Schnelligkeit des Herzschlags.

All dies wird erlebt, aufgenommen und gespeichert. Das vorgeburtliche Kind hat ein körperliches, ein zelluläres Gedächtnis. Unsere bisherige Vorstellung des Erinnerns ändert sich an dieser Stelle. Erinnerung ist nicht mehr abhängig von einem ausgereiften Gedächtnis, sondern von Nervenzellen, die über den ganzen Körper verteilt sind.“ (Alberti, 2005, S. 21)

Die Sinnesleistungen des Ungeborenen

Wenn ein Kind beispielsweise in der 27. Schwangerschaftswoche zur Welt kommt, kann es alle Sinne bereits einsetzen. Das Kind spürt Berührungen, empfindet Wärme, Kälte und auch Schmerz, es kann seine Lage verändern, es schmeckt, riecht, hört und kann zwischen hellem und dunklem Licht unterscheiden.

Motorik: Ab der 12. Schwangerschaftswoche bewegt sich der Fötus lebhaft. Selbst Räkeln, Strecken und Gähnen gehören dazu. Diese Aktivitäten des Fötus nehmen bis kurz vor dem Geburtstermin zu. Pränatalpsychologen erkennen darin ein Kommunikationsverhalten des Ungeborenen. Ab der 20. Woche werden die Bewegungen auch von der Mutter wahrgenommen. Der schon existierende Rhythmus des Ungeborenen, also der Wechsel von Aktivität und Ruhephasen, wird aber auch durch eine Vielzahl von Außenreizen mitbeeinflusst. So wirkt sich beispielsweise der Tagesablauf der Mutter auch auf den Rhythmus des Kindes aus. Das Kind nimmt den Herzschlag der Mutter, das Ein- und Ausatmen, ihren Gang oder andere Bewegungen wahr.

Hören und Erinnern: Die Gebärmutter ist keineswegs ein stiller Ort. Ein Ungeborenes ist dort allen möglichen Geräuschen ausgesetzt, die durch die Stimme, die Organe und den Kreislauf seiner Mutter entstehen. Ab der 16. Schwangerschaftswoche kann der Fötus akustische Veränderungen hören und reagiert mit der Veränderung seines Herzschlags darauf. In den letzten drei Monaten vor der Geburt ist die Hörfähigkeit dann voll ausgebildet und es reagiert deutlich mit Bewegung auf Geräusche von außen wie von innen. Immer wieder gibt es Berichte von Müttern, die Rockkonzerte vorzeitig verlassen müssen, weil sie den Protest ihres Kindes durch heftige Tritte spüren. Besser geeignet sind wohl Klassikkonzerte von Vivaldi und Mozart, weil sie den Fötus nachweislich beruhigen.

Nach der Geburt erkennen Neugeborene die Stimme von Mutter und Vater wieder und reagieren stark auf Melodien, die sie in der vorgeburtlichen Zeit immer wieder gehört haben. Frühgeborene lassen sich leichter beruhigen, wenn man ihnen den Herzschlag oder die Stimme der Mutter von einem Tonträger vorspielt. Dies ist zugleich noch ein Beleg für frühestes Lernen und für die Existenz eines Erinnerungsvermögens und die Anfänge eines Gedächtnisses. Übrigens auch die beruhigende Wirkung des Schaukelns und Wiegens kann als Erinnerung an die Bewegung des mütterlichen Körpers verstanden werden. *Manche Pränatalpsychologen vermuten, dass wir in der späteren Faszination für rhythmische Musik diese Urerfahrung des empfundenen Herzschlages der pränatalen Lebenszeit wiederfinden.*

BEISPIEL

Dank der Reaktionsbereitschaft des Fötus konnte das klassische Konditionieren bestätigt werden. Ein Pränatalpsychologe konditionierte eine Gruppe von Föten auf das Fagottthema aus Prokofieffs „Peter und der Wolf". Nach der Geburt hörten die Babys auf zu schreien und wurden ruhiger, wenn sie diese Musik hörten.

Bei einem neuen Experiment zum intrauterinen Lernen wurde ein Kinderreim benutzt, der zwischen der 33. und 37. Woche täglich wiederholt wurde. Die Ungeborenen reagierten mit verlangsamtem Herzschlag, wenn sie vom Tonband den entsprechenden Reim hörten.

Sehen: Im Mutterleib gibt es nicht viel zu sehen, deswegen bleibt der Gesichtssinn vorerst wenig entwickelt. Dennoch können Lichtreize vom Ungeborenen wahrgenommen werden, was man daran ablesen kann, dass sich die Herztätigkeit verändert, wenn in einem späten Stadium der Schwangerschaft ein Blinklicht auf die Bauchdecke gerichtet wird.

Schmecken: Das Ungeborene ist auch schon ein Feinschmecker. Wird dem Fruchtwasser Saccharin (Süßstoff) zugeführt, schluckt der Fötus mehr und schneller. Setzt man schlecht schmeckende Stoffe zu, verzieht er das Gesicht und macht keine Schluckbewegungen.

Das Seelenleben des Ungeborenen

Was wir bisher über die verschiedenen Sinnesleistungen des Ungeborenen erfahren haben, weist bereits auf ein frühes Seelenleben hin. Wir wissen nun, dass der Uterus kein abgeschirmter Raum ist, sondern ein Lebensraum voller Impulse und vitaler Geschehnisse. Beständige Eindrücke aus dem eigenen Körper und der körperlichen und seelischen Welt der Mutter, bedingt durch Eindrücke aus der Außenwelt, erreichen das Ungeborene und fordern es zum Reagieren auf.

Vielleicht erlebt es dabei vor allem Freude und Geborgenheit, vielleicht fühlt es zeitweise aber auch Angst und Ablehnung.

Immer mehr Wissenschaftler schließen sich der Auffassung von VERNY und KELLY an, die davon ausgehen, dass es außer der Kommunikation mit der Mutter über Nabelschnur und Plazenta und über die Einwirkung von chemischen Wirkstoffen und Hormonen auch eine „empathische Kommunikation" gibt: Das Ungeborene spürt die Liebe oder die Abneigung der Mutter. Sicher ist, dass der Fötus schon Träume hat. Sie sind zwar anders beschaffen als unsere, denn sein Leben ist es auch. Seine Erfahrungen sind noch ohne Zusammenhang, der ihnen einen Sinn in einem größeren Erfahrungshorizont geben könnte.

„Darum müssen wir uns auch seine Träume sehr bruchstückhaft und sicher noch viel ungeordneter als die eines älteren Kindes vorstellen. Muskelzuckungen, ein Schluckauf (den der Fötus bereits haben kann!), eine Berührung der Nabelschnur mit den Händen, die Stimme der Mutter, ein Geräusch, laut oder leise, angenehm oder unangenehm, ein Stoß an den mütterlichen Bauch, alle diese Wahrnehmungen werden, sofern sie ihn nicht wecken, seine Träume mit kleinen Erlebnissen bevölkern. Wahrscheinlich träumt er auch – vor allem im Gleichklang mit den Erlebnissen der Mutter – so etwas wie ‚ganz geborgen sein' oder ‚Angst haben'. Man muss Gefühle nicht benennen können, um sie zu erleben.

In dieser Entwicklungsphase lebhafter Gehirntätigkeit beginnt das Kind seine Aktivitäten in gewisser Weise auch schon zu überprüfen und zu ordnen. Bestimmte Handlungen und Erfahrungen werden schon willkürlich wiederholt, bestimmte Reize wie Daumenlutschen sucht das Kind geradezu, sie bekommen etwas Lustvolles, andere werden vermieden." (KERNEY/KELLY, 1989, S. 2)

Viele Menschen berichten, dass sie im Schlaf vorgeburtliche Situationen wiedererleben. „Ich habe das Gefühl, mit rundem Rücken und eingezogenen Armen im braunroten Halbdunkel des Mutterleibs zu sein. Merkwürdigerweise herrscht dort ein ziemlicher Lärm." Der Traum eines erwachsenen Menschen. Gibt er nur wieder, wie sich jemand die Situation vor der Geburt vorstellt, oder schildert er eine Art Erinnerung an eine reale Erfahrung?

Die Gefühle spielen aber nicht nur zwischen Ungeborenem und seiner Mutter eine wichtige Rolle, einige Beobachtungen weisen auch auf Gefühle zwischen Ungeborenen untereinander hin: Die wohl überzeugendste Dokumentation interaktiven Verhaltens in utero stammt aus der systematischen Ultraschallbeobachtung von Zwillingen (nach ALBERTI, 2005, S. 16–17).

Alessandra Piontelli (1992) hat stundenlang die Begegnung von Luca und Alicia beobachtet, die sich durch die Eihülle hindurch sanft berührten. In der 20. Schwangerschaftswoche war der Junge sehr aktiv und wach, das Mädchen still und verschlafen. In regelmäßigen Abständen bewegte er sich zu der trennenden Eihülle und weckte die Schwester, die jedes Mal reagierte. Die beiden rieben Köpfe und Wangen aneinander, küssten sich, streichelten ihre Gesichter und berührten sich mit den Füßen, bevor sie sich wieder ihren jeweiligen Aktivitäten zuwandten. Piontelli und die ebenfalls zuschauenden Eltern nannten sie die „freundlichen Zwillinge".

Die Qualität ihrer Beziehung aus der 20. Woche hielt auch nach der Geburt an. Mit einem Jahr konnten sie laufen, begannen zu sprechen und spielten sehr gern zusammen. Am liebsten versteckten sie sich hinter einem Vorhang, den sie dann genauso benutzten wie früher die trennende Eihülle. Luca schob den Vorhang mit der Hand vor, Alicia, die dahinter stand, streckte ihren Kopf danach aus, und es begann unter Krähen und Lachen wieder das gegenseitige Streicheln.

Solche Aufzeichnungen fötaler Interaktion sind selten, aber nicht einzigartig. Timothy Johnson (1993) hat ein Video von Zwillingen aufgenommen, die sich, wie er sagt, „eine Schlägerei liefern". Ein Kinderarzt an einem Zentrum für Zwillingsforschung hat beobachtet, wie ein Zwilling den anderen in utero „boxte".

Birgit Arabin (1994), international bekannt durch ihre Ultraschallforschungen, besitzt ein Video, auf dem sich Zwillinge küssen; das Kind, das den Kuss empfing, soll einen glückseligen Gesichtsausdruck gehabt haben.

Diese Ultraschallaufnahmen von Zwillingen dokumentieren sowohl Emotionen als auch soziale Interaktion. Niemand hat je angenommen, dass so etwas schon in der 20. Schwangerschaftswoche möglich wäre.

Es gibt zahlreiche Untersuchungen, die darauf hinweisen, dass Mütter, die ihr Baby freudig erwarteten, überwiegend störungsfreie Geburten erlebten und die Kinder sich später häufiger als seelisch ausgeglichen erwiesen, wohingegen zwiespältige oder gar ablehnende Schwangere öfter komplizierte oder zu frühe Geburten hatten und ihre Kinder später nervös und überaktiv waren. Aber Vorsicht, das ist nicht zwangsläufig so! Es zeigt nur, wie wichtig bereits die Beziehung der Eltern zum Ungeborenen ist. Insbesondere die Beziehung der Mutter zu ihrem Kind spielt eine wichtige Rolle.

> Darin sind sich alle Entwicklungspsychologen einig: Ohne das Gefühl geliebt zu werden, kann ein Baby nicht gedeihen. Es leidet an seelischer Vereinsamung, Deprivation, und wird in seiner Entwicklung gehemmt – im Mutterleib ebenso wie später nach der Geburt.

Aber auch die Rolle des Vaters ist nicht zu unterschätzen. Er hat ja auch Einfluss auf das psychische Wohlbefinden der Schwangeren und damit natürlich auch auf den Verlauf des vorgeburtlichen Lebens, die Geburt und auf die Zeit danach. Eine verlässliche, fürsorgliche Beziehung zum Partner ist die wichtigste Stütze der Schwangeren, sie bietet Sicherheit, Geborgenheit und Selbstvertrauen. Dies ist eine wichtige Grundlage für die Umsetzung der hier dargestellten Erkenntnisse, nämlich den Fötus und auch schon den Embryo als fühlenden, Erfahrung sammelnden und liebesbedürftigen Menschen ernst zu nehmen.

6.1.5 Zusammenfassende Schlussfolgerungen

1. Die Beobachtung des Verhaltens in den gesamten 266 Tagen der vorgeburtlichen Entwicklung ist heute auf verschiedenen Ebenen möglich: mikroskopisch, fotografisch und dreidimensional sonografisch. Dadurch wissen wir, dass der Fötus in der Lage ist zu hören, zu schmecken, zu sehen und sich zu bewegen. Frühgeborene Babys auf Intensivstationen geben darüber hinaus Aufschluss über das Verhalten in den letzten Schwangerschaftsmonaten.
2. Bewegungen und Aktivitäten des Fötus, die während der ersten drei Monate ausdrucksvoll werden, sind eine klare Kommunikationsform weit vor der Entwicklung formaler Sprache, eine allgemein menschliche Form der Kommunikation, die in der gesamten Lebenszeit erhalten bleibt.
3. Die moderne pränatale Forschung zeigt, dass es schon vor der Geburt Schmerz, Vorlieben, Interessen, Lernen, Erinnerung, aggressives Verhalten, Furcht, Weinen, Lächeln und Zuneigung gibt.

4. Bewegungen sprechen für sich selbst. Selbst initiierte Bewegungen zeugen von individuellen Bedürfnissen, Interessen und Temperamenten.

5. Reaktionsbewegungen des Ungeborenen zeigen Bewusstheit, Sensibilität, Emotionen und defensive Bewältigung von Umweltbelastungen.

6. Wechselseitige Bewegungen zeigen die Fähigkeit zu intimen und sozialen Beziehungen wie auch zu Gedächtnis und Lernen.

7. Beobachtungen von der Empfängnis bis zur Geburt zeigen ein Kontinuum pränatalen und postnatalen Verhaltens, in dem sensorische, motorische, emotionale und kognitive Merkmale stets miteinander verbunden sind.

8. Und schließlich zeigen die gegenwärtigen Forschungsergebnisse, dass das Ungeborene ein ganzheitliches Wesen ist, das in seinem pränatalen „Schulzimmer" ein ganzes Spektrum von Erfahrungen macht.

6.2 Die Entwicklung des Denkens und der Wahrnehmung

6.2.1 Das Denkvermögen des Menschen

Der Mensch ist mit der Fähigkeit zur Vernunft ausgestattet. Dies ermöglicht ihm, sich auf eine ganz bestimmte Art und Weise mit der Wirklichkeit zu beschäftigen. Er kann sich gedanklich mit etwas auseinandersetzen. Er kann das, ohne etwas zu berühren oder es praktisch auszuprobieren, ja selbst ohne die anschauliche Gegenwart eines Gegenstands.

Es genügen ihm dazu Vorstellungen der Wirklichkeit in Form von Worten oder Bildern.

Die Worte oder Bilder vertreten in seinem Geist symbolisch die Wirklichkeit in all ihrer Vielfalt. Dazu kommen Begriffe und Regeln, mit denen wir die Zusammenhänge der Wirklichkeit in unserem Gehirn speichern. In Gedanken beschäftigt man sich niemals isoliert mit einem Element der Wirklichkeit, sondern jedes Element steht immer im Zusammenhang mit anderen Elementen. Bilder, Worte und Begriffe stellen das Wissen des Menschen von der Wirklichkeit dar. Zum Teil ist diese Kenntnis durch konkrete Erfahrungen entstanden. Diese haben in der Form von Bildern, Worten und Ideen Spuren im Gehirn hinterlassen. Um uns mit der Wirklichkeit zu beschäftigen, ist es nicht notwendig, diese konkreten Erfahrungen erneut zu machen. Wir können sie gedanklich wiederholen. Ein Teil der Kenntnisse, über die ein Mensch verfügt, ist in Gedanken gewonnen, ohne dass die konkrete Wirklichkeit gegenwärtig war. Mit Vernunft begabt sein, bedeutet auch, dass man Schlüsse darüber ziehen kann, wie etwas in der Wirklichkeit aussieht oder wie sich etwas in der Wirklichkeit abspielt, indem man das, was man schon darüber weiß, neu verbindet und ordnet. Außerdem ist die Vernunft damit auch die Grundlage für planendes Handeln und für den Blick in die Zukunft.

Der Gewinn von Einsicht aufgrund gedanklicher Auseinandersetzung mit Gedächtnisinhalten wird als die höchste Form des Lernens betrachtet. Es handelt sich dabei um das problemlösende Lernen, das denkende Lernen. Dies muss sich allerdings erst entwickeln.

6.2.2 Die Entwicklung des Denkens

Die Untersuchung des Kindergartenkinds in Bezug auf die Entwicklung des Denkens lohnt sich nicht nur vom wissenschaftlichen, sondern auch vom persönlichen Standpunkt aus. Es ist eine Freude – Erzieherinnen können dies wahrscheinlich bestätigen –, mit Kindern dieses Alters zu arbeiten und sie kennenzulernen. Der Charme dieses Alters wird sogar den geplagten Eltern auffallen. Wer beruflich mit ihm zu tun hat, sieht das gesunde, normale Vorschulkind als einen Menschen, der noch nicht Doppelzüngigkeit und Arglist, Masken, Verkleidungen und Ausflüchte späterer Jahre kennt und seine Persönlichkeit offen zur Schau trägt. Seine Gefühle, Gedanken und Leidenschaften werden sofort in Worte und Taten umgesetzt. Sein Verhalten und Erleben ist oft bunt gefärbt, manchmal gewalttätig, manchmal sehr zärtlich und aufgrund seiner Durchsichtigkeit leicht zu beobachten.

Seine wachsende Beherrschung der Sprache und der Dinge macht die Kommunikation mit ihm weniger anstrengend als bei einem Kleinkind. Aber gerade hierbei treten seine Grenzen, Lücken, unvollständigen Wahrnehmungen, Missverständnisse und falschen Annahmen klar zutage, und die Verfolgung seiner Gedankengänge ist daher faszinierend, wenn auch manchmal etwas verwirrend. Da seine Gedanken aber noch nicht durch die logischen Überlegungen des Erwachsenen eingeschliffen sind, können seine Äußerungen von lebhafter Fantasie, ergreifender Einfalt oder erfrischend scharfer Einsicht getragen sein.

Ein Mann, der das denkende Lernen und mithin die kindliche Gedankenwelt wie kein Zweiter in einer umfassenden und differenzierten Art und Weise untersucht und erforscht hat, war der Schweizer Entwicklungspsychologe JEAN PIAGET.

PIAGET, 1896 in Neuchâtel geboren, 1980 in Genf gestorben, gehört neben SIGMUND FREUD nach wie vor zu den zwei herausragenden, am meisten zitierten Psychologen des 20. Jahrhunderts.

Er ging der zentralen Frage nach, wie wir Menschen zu Wissen über die Welt gelangen. Hauptgegenstand seiner jahrzehntelangen Forschung war die Frage nach der Entwicklung und dem Verlauf der kindlichen Intelligenz.

JEAN PIAGET

PIAGET hat bis zu seinem Tode mit 84 Jahren geforscht, hat mit seinen Mitarbeiterinnen und Mitarbeitern als Professor für Psychologie in unzähligen Studien und Tausenden von Gesprächen mit Kindern Beobachtungen gesammelt und in vielen Büchern veröffentlicht.

Interessant ist, dass er schon als Kind von der Biologie fasziniert war: Er sammelte Vögel, Fossilien und Muscheln. Mit zehn Jahren veröffentlichte der „frühreife" Junge einen kurzen wissenschaftlichen Text über einen Albino-Spatzen, den er in einem Park beobachtete. Als Jugendlicher arbeitete er ehrenamtlich als Laborassistent im örtlichen naturwissenschaftlichen Museum. Er spezialisierte sich auf Weichtiere und veröffentlichte schon vor seinem 22. Lebensjahr einige Aufsätze. Dieses früh erwachte Interesse an der Biologie bleibt in seiner späteren Theorie der kognitiven Entwicklung des Kindes noch deutlich erkennbar. Eine Schlussfolgerung PIAGETS aus seinen zahlreichen Gesprächen und Untersuchungen mit Kindern lässt sich vereinfacht so zusammenfassen: Kinder denken anders als Erwachsene.

AUFGABE

Kinder denken anders

„Einmal ereignete sich Folgendes: Eine Mutter von zwei Kindern war wegen des ständigen Quengelns ihres Sohnes am Ende ihrer Geduld angelangt. Diesmal ging es um die Verteilung des Nachtischs. Die Mutter hatte ihrem Zehnjährigen zwei Stückchen Kuchen gegeben, ihrem Vierjährigen nur eines. Dem betrübten jüngeren Sohn hatte sie erklärt, er bekäme nur eins, weil er kleiner sei; wenn er größer sei, würde er auch zwei bekommen. Wie man sich vorstellen kann, war der Kleine mit dieser Logik nicht einverstanden und fuhr fort, sein Schicksal zu beklagen. Die Mutter verlor die Geduld. In einem Anflug von Sarkasmus griff sie seinen Teller und sagte: „Du willst zwei Stücke? Gut, du sollst zwei Stücke haben. Hier!" – wobei sie seinen Kuchen in der Mitte durchschnitt. Sofort war Ruhe; der kleine Junge dankte seiner Mutter ernsthaft und machte sich zufrieden an seinen Nachtisch. Die Mutter und der ältere Bruder waren beide überrascht. Sie schauten den Kleinen an, als hätten sie einen Geist vor sich. Dann schauten sie sich gegenseitig an; in diesem Augenblick teilten sie eine eben gewonnene Einsicht in die Realität des Sohnes und Bruders, eine Realität, die von der ihren recht verschieden war." (KOHNSTAMM, 1990, S. 194)

Was fällt Ihnen an diesem Beispiel auf? Diskutieren Sie in der Klasse.

PIAGET erkannte, dass die seltsame Art, wie Kinder die Dinge sehen, nicht das Ergebnis zufälliger Fantasien oder einer unvollständigen oder undeutlichen Wahrnehmung der Wirklichkeit ist, wie *wir* sie sehen. **Vielmehr offenbart sich im Denken der Kinder eine ganz bestimmte andere Wirklichkeit, die eine eigene Logik, eine eigene Beständigkeit und Ordnung besitzt.** ALBERT EINSTEIN nannte diese Entdeckung PIAGETS „so einfach, dass nur ein Genie darauf kommen konnte" (KEGAN, 1991, S. 50).

Auch wenn in Teilen die Theorie PIAGETS heute im Lichte neuer Erkenntnisse erweitert und korrigiert werden muss – was wir am Ende dieses Kapitels auch tun werden –, stellen wir sie vollständig dar, denn in ihrer Geschlossenheit ist sie einmalig. Schließlich hat sie weitere Forschung angeregt und PIAGET hat seine Erkenntnisse immer wieder weiterentwickelt.

6.2.3 Die Theorie der kognitiven Entwicklung

Die Lehre von PIAGET, der **Konstruktivismus, betrachtet das Kind als sich entwickelndes Individuum**, welches aktiv und selbstgesteuert die Umwelt sich denkend einverleibt. Das Kind verarbeitet, je nach Entwicklungsstadium, die Angebote der Umgebung. Es sind also die persönlichen Erkenntnis- und Handlungsmöglichkeiten, die festlegen, wie die Umwelt begriffen wird. Und was besonders wichtig ist: **Das Kind ist dabei aktiv, neugierig und erfindungsreich.** Es konstruiert sich seine Welt, sein Denken und Wissen selbst. Für PIAGET war es sehr wichtig, dass das Kind aktiv sein und sich der Umwelt anpassen muss. Gesunde Kinder suchen spontan Kontakt und Interaktion mit der Umwelt und suchen aktiv nach Herausforderungen. Kinder, die man sich selbst überlässt, denen etwas zugetraut wird, forschen, lernen und entdecken weitgehend autonom.

6.2.3.1 Organisation, Adaptation und kognitive Strukturen

Die beiden Grundprinzipien der menschlichen Entwicklung sind laut PIAGET die **Organisation und die Anpassung (Adaptation).** Jeder lebende Organismus hat die angeborene Tendenz zur Organisation, das heißt, die Erfahrungen im Umgang mit der Umwelt zu strukturieren, sie zu ordnen und zu systematisieren, um so aus einzelnen Teilen Ganzheiten zu bilden. Dies geschieht in einem ständigen **Anpassungsprozess (Adaptation) des Organismus durch die Bildung von sogenannten kognitiven Schemata.** Das sind psychische Strukturen, die die Verarbeitung von Umwelteindrücken speichern und einordnen.

Bereits zum Zeitpunkt der Geburt ist der Mensch mit einem Grundwissen ausgestattet, ohne das ein Überleben kaum vorstellbar wäre. PIAGET nahm an, dass das Neugeborene mit ein paar angeborenen Schemata auf die Welt kommt, zum Beispiel Reflexen. Wenn eine leichte Reizung der kindlichen Wangen erfolgt, „weiß" das Kind, dass es seinen Kopf zu drehen hat, um die mütterliche Brust zu finden. Bei der Berührung der Lippen „weiß" das Kind, dass es Saugbewegungen ausführen muss. Dieses „Wissen", aus dem folgt, welche Aktivitäten bei welchen Reizen auszulösen sind, wird nach den Vorstellungen PIAGETS in kognitiven Einheiten geordnet und gespeichert, die er als **„Schemata"** bezeichnet. So berichtet MIETZEL: „PIAGET beobachtete beispielsweise seinen zwei Tage alten Sohn Laurent dabei, wie er auch ohne erkennbare natürliche Reizung Saugbewegungen zeigte. PIAGET gewann nach solchen Beobachtungen die Überzeugung, dass ein Schema eine aktive Komponente besitzt; diese rege das Kind dazu an, das damit verbundene Wissen anzuwenden. Infolge der von PIAGET behaupteten natürlichen Tendenz, vorhandene Schemata zu

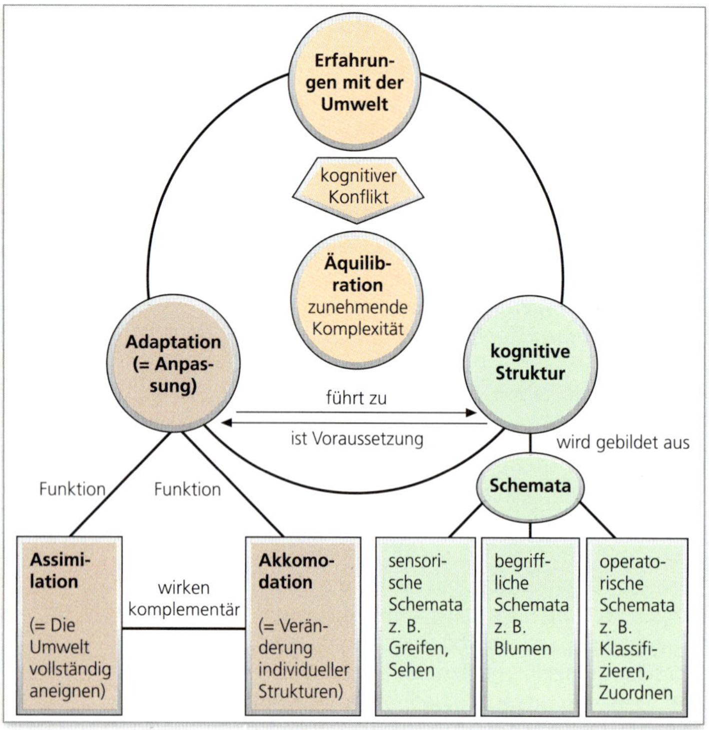

Quelle: Psychologie Onlinekurs der PH Freiburg

praktizieren, sammelt das Kind Erfahrungen, die zu einer Veränderung des bereits verfügbaren Wissens bzw. dem diesem jeweils entsprechenden Schema führen können." (Mietzel, 2002, o. S.)

Schon innerhalb der ersten Monate wissen Babys, was man mit Gegenständen machen kann, und haben so ihre *kognitiven Schemata* erweitert und miteinander zu kognitiven Strukturen verbunden. Handlungen, die zu interessanten Ergebnissen geführt haben, werden wiederholt. Erste Gewohnheiten bilden sich aus und festigen die kognitiven Schemata. Der Schnuller oder der Beißring lassen sich greifen, festhalten und fallen. In der Regel gibt es Erwachsene, die sie wieder aufheben. Die Rassel macht interessante Geräusche. Spielsachen werden auf vielfältige Art und Weise betrachtet, in den Mund genommen und gegen die Gitterstäbe des Bettchens geschlagen. Diese Operationen werden bis zur Erschöpfung erprobt und geprüft. Experimente in Sachen Welterfahrung. Durch diese Aktivitäten sammeln Kinder Erfahrungen, d. h. bilden kognitive Schemata, die entweder mehr oder weniger im Einklang mit dem bereits verfügbaren Wissen stehen oder auch in Widerspruch zu ihm treten können.

6.2.3.2 Adaptation durch Assimilation und Akkommodation

Die Interaktion mit der Umgebung führt zur Formung, Erweiterung und Veränderung der kognitiven Struktur und **dieser ständige Anpassungsprozess geschieht über Assimilation und Akkommodation**, dem Herzstück der kognitiven Entwicklung. Während der Assimilation benutzen wir unsere gegenwärtigen Schemata, um die äußere Welt zu interpretieren. So werden Informationen vom Kind verarbeitet oder abgeändert, um sie mit dem in Einklang zu bringen, was es schon von der Welt weiß. Zum Beispiel „kennt" ein Säugling Gegenstände wohl hauptsächlich daher, dass er an ihnen saugt, und nimmt daher an, alle Gegenstände seien „zum Saugen". Wenn ihm ein neuer Gegenstand begegnet, assimiliert der Säugling diesen Gegenstand in sein Saugschema (oder seine kognitive Struktur), indem er den Gegenstand in den Mund steckt.

Der komplementäre Vorgang der *Akkommodation* verändert die innere Struktur, bis sie mit den Anforderungen der Realität in Einklang steht. Wenn das neue Objekt, dem der Säugling begegnet, ein spitzer und bitter schmeckender Bleistift ist, entdeckt er somit, dass er nicht an allen Dingen saugen kann. Das Saugschema wird dann der Wirklichkeit angepasst, indem es um den Begriff „Gegenstände, die nicht zum Saugen da sind", erweitert wird.

Durch **Assimilation** ist das Kind imstande, neue Informationen mithilfe alter Vorstellungen zu begreifen, durch **Akkomodation** kann es seine Vorstellungen, wenn nötig, ändern.

Die Akkomodation verschafft dem Kind vorübergehend einen Zustand des Gleichgewichts oder der kognitiven Balance, bei dem Schema und Erfahrung einigermaßen in Einklang sind. Piaget hat angenommen, dass jeder Organismus ein Gleichgewicht anstrebt. Wird das kognitive Gleichgewicht gestört, zum Beispiel durch die Begegnung mit etwas Neuem, stellen die Prozesse von *Assimilation und Akkommodation* es wieder her. Dieses *erneute Herstellen des Gleichgewichts wird* **Äquilibration** genannt. Assimilation und Akkommodation kommen fast immer gemeinsam vor. Kinder versuchen, eine neue Erfahrung zunächst mithilfe vorhandener Gedanken und Lösungen zu begreifen (Assimilation). Wenn das nicht funktioniert, müssen sie ihre Struktur oder ihr Verständnis ändern (Akkommodation). Jedes adaptive Verhalten enthält Elemente von Assimilation und Akkommodation, wobei deren jeweiliger Anteil entsprechend der Aktivität variiert.

Nehmen wir als Beispiel die dreijährige Maria. Durch zahlreiche Erfahrungen mit Hunden (in der Nachbarschaft gibt es einen gutmütigen „Wauwau“, in verschiedenen Bilderbüchern waren wir auf liebe „Wauwaus“ gestoßen, im letzten Urlaub am Strand konnte man einen zutraulichen Hund streicheln) hat sie ein kognitives Schema „Wauwau“ entwickelt. Dieses kognitive Schema „Wauwau“ beinhaltet beispielweise wahrnehmbare und erschlossene Eigenschaften des Hundes (in der Abbildung rechts) und Marias Handlungsmöglichkeiten dem Hund gegenüber (in der Abbildung rechts oben). Wenn Maria jetzt im Urlaub auf dem Campingplatz einen neuen gutmütigen Hund kennenlernt, wird sie ihre bisherigen Erfahrungen auf diesen Hund übertragen, kann sie an ihr bisheriges kognitives Schema Hund also assimilieren. Wenn jetzt nach einigen Tagen ein neuer Hund auftaucht, wird Maria ihn behandeln wie sie bisher Hunde behandelt hat. Sie assimiliert wieder. Dieser Hund ist aber leider nicht so gutmütig und kneift in die Hand, was weh tut. Die kluge Maria wird nun ihr kognitives Schema „Wauwau“ durch Akkommodation so verändern, dass sich ihr Verhalten gegenüber Hunden differenziert. Manche Hunde streichelt man besser nicht oder geht ihnen vielleicht aus dem Weg. Auch das neue kognitive Schema verändert sich wieder, wenn entsprechende Erfahrungen dazukommen.

Das Hundebeispiel zeigt ein einfaches, wenn auch mühsames „entdeckendes Lernen“ durch eigene Erfahrungen. Effektiver kann die Anpassung kognitiver Schemata verlaufen, wenn ein kundiger Erwachsener notwendige Informationen geben kann, oder als Modell zur Nachahmung anregt. **Nachahmung ist eine besonders wirksame Art der Akkommodation.** Im Kindergarten und in der Grundschule ergeben sich täglich zahlreiche Gelegenheiten zur Erweiterung der kindlichen kognitiven Schemata im Spiel, beim Lesen, beim Experimentieren, besonders wichtig in der Spracherziehung.

Die Prozesse der Äquilibration und Anpassung sind aber nicht auf das Vor- und Grundschulalter beschränkt, sondern das ganze Leben hindurch wirksam, sobald man sein Verhalten an sich verändernde Umstände anpasst. Schüler zum Beispiel, die Spanisch lernen, assimilieren im Allgemeinen die Wörter und Regeln des Spanischen in die Wörter und Regeln der Muttersprache. Anders ausgedrückt, sie übersetzen. Im Spanischen gibt es aber zwei Wörter für „sein“: *ser* und *estar*, die auf unterschiedliche Weise benutzt werden. Die Regeln für diese Wörter werden durch Akkommodation erlernt, weil man sie bisher so nicht kannte.

Die Adaptation ist nun besonders für die Elementarpädagogik wichtig, denn sie bedeutet, dass das Streben nach Wiederherstellung des Gleichgewichts zwischen der Denkstruktur eines Kindes und den Anforderungen der Außenwelt das Kind ansporn, sich weiterzuentwickeln. Hier begründet sich der pädagogische

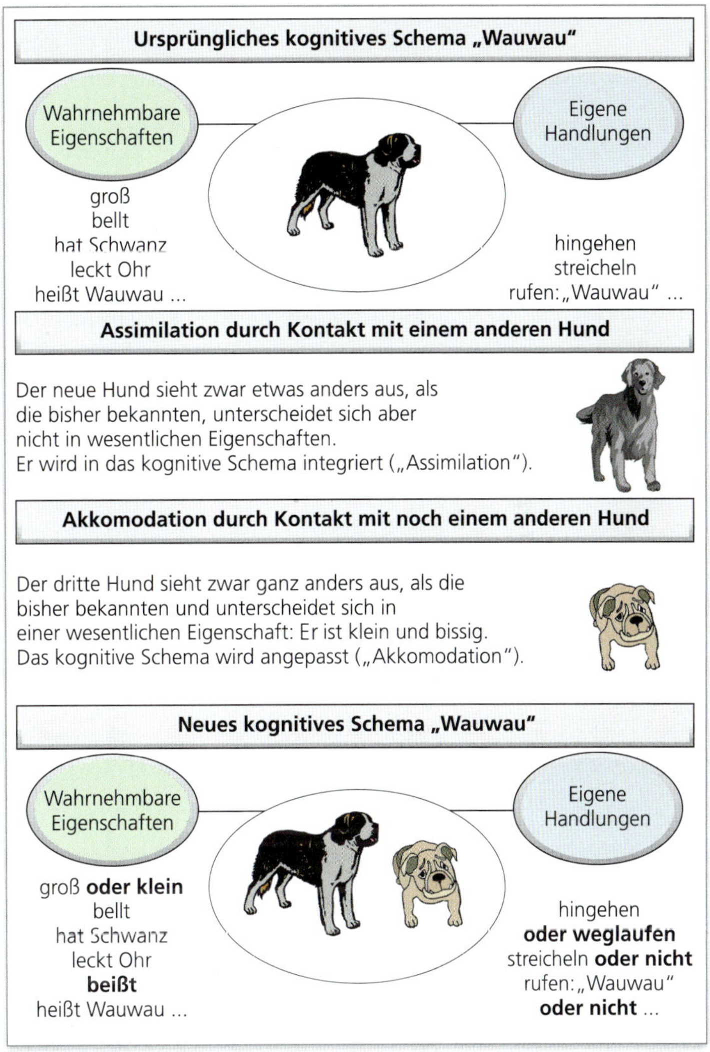

(nach Tücke, 1999, S. 163)

Wir teilen Piagets Meinung, wenn er eindringlich sagt: „Sinn der Erziehung ist nicht, so viel wie möglich zu lernen, die Lernziele immer höher zu stecken, sondern vor allem, Lernen zu lernen; zu lernen, sich zu entfalten und sich auch nach der Schulzeit weiterzuentwickeln.“
(Piaget, 1972, o. S.)

Auftrag der Eltern und Erzieher, durch Impulse, Angebote, Lernarrangements Akzente zu setzen.

6.2.4 Die Stadien der kognitiven Entwicklung

Die Abfolge der Perioden ist unveränderlich, das heißt, alle gesunden Kinder durchlaufen sie in derselben Reihenfolge. Kein Kind springt von der Periode des voroperationalen Denkens in die Periode der formalen Operationen, ohne die konkret-operatorische Stufe durchlaufen zu haben, weil jede Stufe auf den Leistungen der vorangegangenen aufbaut und sich daraus ableitet. In jeder Periode kommen neue, adaptivere kognitive Fähigkeiten zu den bisher erworbenen hinzu. Die Reihenfolge der Perioden ist also immer dieselbe, aber bei der Geschwindigkeit, in der sie durchlaufen werden, gibt es recht große individuelle Unterschiede. Von daher sind die an Genfer Kindern ermittelten Altersangaben für die unterschiedlichen Stufen nur Annäherungs- oder Durchschnittswerte.

Übersicht zu den Stadien der kognitiven Entwicklung nach Piaget:

1. **Periode der sensumotorischen Intelligenz:** ca. 0–2 Jahre
2. **Periode des voroperationalen Denkens:** ca. 2–7 Jahre, mit den beiden Unterperioden
   - Entwicklung der Symbolfunktion, der Sprache des vorbegrifflichen Denkens (ca. 2–4 Jahre)
   - anschauliches, noch stark der Wahrnehmung verhaftetes, irreversibles Denken (ca. 4–7 Jahre)
3. **Periode der konkreten Operationen:** Operationen können in der Vorstellung durchgeführt werden, Reversibilität, Gruppierung und Klassenbildung, aber noch stark konkret-anschaulich (ca. 7–11 Jahre)
4. **Periode der formalen Operationen:** formales, abstraktes Denken

Manche Kinder erreichen eine bestimmte Periode sehr früh, andere sehr spät. Das hängt von verschiedenen Faktoren ab, z. B. von der Intelligenz, den Erfahrungen mit Erkenntnisgegenständen und auch von den Sozialisationsbedingungen. Beim Übergang von einer Periode zur anderen kommt es zur grundlegenden Neuorganisation der bisherigen Konstruktion und Interpretation der Welt. Die Kinder erwerben also beim Übergang von einer Periode zur anderen qualitativ neue Möglichkeiten, die Welt zu begreifen.

6.2.4.1 Periode der sensumotorischen Intelligenz

Der Unterschied zwischen einem Neugeborenen und einem zweijährigen Kind ist so groß, dass die sensumotorische Stufe in sechs Stadien aufgeteilt ist.

Im ersten Stadium, zu Beginn des Lebens, ist ein Säugling mit *Reflexen* wie Schreien, Saugen und Orientierung auf Geräusche ausgestattet.

Im zweiten Stadium entwickelt er bald *primäre Kreisreaktionen*, das heißt, ursprünglich zufällige Handlungen, die zu einem angenehmen Ergebnis geführt haben, werden wiederholt. Wenn ein hungriger Säugling zum Beispiel zufällig mit seinen Fingern über die Lippen streicht und diese Aktion dann wiederholt, ist ein Muster entstanden, das kein angeborener Reflex mehr ist.

Im dritten Stadium, mit ungefähr sechs Monaten, entwickeln Säuglinge sekundäre Kreisreaktionen, bei denen sie Handlungen wiederholen, die zu interessanten Bildern oder Geräuschen führen, und setzen zum Beispiel ein Glöckchen am Kinderbett in Bewegung. Jetzt interessieren sie sich mehr für die Auswirkungen ihrer Handlungen auf ihre Umwelt, nicht mehr ausschließlich für die eigenen Körperreaktionen.

Während Piagets zweitem Stadium sind die Adaptionen der Säuglinge auf ihren eigenen Körper gerichtet. Dieses Baby beobachtet sorgfältig die Bewegungen seiner Hände, eine primäre Zirkulärreaktion, die ihm hilft, spontane Kontrolle über sein Verhalten zu gewinnen. (Berk, 2005, S. 198)

Im vierten Stadium, gegen Ende des ersten Lebensjahrs, zeigt sich die wachsende Fähigkeit, *sensumotorische Schemata zu koordinieren*, um ein Ziel zu erreichen. Um zum Beispiel einen bestimmten Gegenstand zu erreichen, räumen Kinder jetzt Hindernisse beiseite und greifen nicht mehr einfach nur nach dem, was ihnen als Erstes in den Weg kommt. Kinder von acht bis zwölf Monaten können sich auf intentionales oder zielgerichtetes Verhalten einlassen und Schemata überlegt koordinieren, um einfache Probleme zu lösen. Das deutlichste Beispiel wird durch PIAGETS berühmte Aufgabe des Versteckens eines Gegenstands erbracht. Hierbei zeigt er dem Baby ein attraktives Spielzeug und versteckt es unter einer Decke. Kinder dieses Stadiums können den Gegenstand finden. Damit koordinieren sie zwei Schemata: das Spielzeug unter dem Hindernis zu suchen und es zu ergreifen. Diese Handlungsfolge sieht PIAGET als die Grundlage jeglichen Problemlösens an.

Zugleich ist es ein Markstein der Entwicklung: Etwa zwischen dem sechsten und dem achten Monat begreifen Kinder also, dass ein Gegenstand auch dann noch weiter existiert, wenn man ihn nicht mehr sieht. Zeigt man dem jüngeren Kind einen interessanten Gegenstand, so schaut es ihn an und greift danach. Versteckt man ihn dann unter einem Kissen, so scheint er seine Existenz zu verlieren. „Aus den Augen, aus dem Sinn". Meist erst zwischen dem sechsten und siebten Lebensmonat beginnen Kinder, danach zu suchen. Das zeigt nach PIAGET an, dass die Kinder eine innere Repräsentation dieses Gegenstands haben und sie „wissen", dass er weiter existiert. Das nennen wir **Objektpermanenz**.

L. E. Berk weist allerdings auf das noch unvollständige Konzept auf dieser Entwicklungsstufe hin: „Versteckte Gegenstände wieder hervorzuholen zeigt, dass die Kinder begonnen haben, Objektkonstanz zu meistern, d. h. das Verständnis dafür, dass Gegenstände weiter existieren, auch wenn sie außerhalb der Sichtweite liegen. Aber das Bewusstsein für die Objektkonstanz ist noch nicht vollständig. Wenn das Baby mehrfach nach einem Gegenstand in einem ersten Versteck greift (A) und sieht, wie er zu einem zweiten Versteck bewegt wird (B), wird es ihn dennoch im ersten Versteck suchen (A). Weil Babys diesen *A-nicht-B Suchfehler* machen, so schloss PIAGET, können sie noch keine deutliche Vorstellung von der andauernden Existenz des Gegenstands haben, wenn er versteckt ist." (BERK, 2005, S. 198)

Die Fähigkeit, nach versteckten Gegenständen zu suchen und sie zu finden, im Alter zwischen acht und zwölf Monaten, bedeutet einen wichtigen Fortschritt in der kognitiven Entwicklung. Dieses Kleinkind zeigt intentionales oder zielgerichtetes Verhalten und koordiniert Schemata beim Finden eines Spielzeugs – Fähigkeiten, welche die Grundlage für jegliches Problemlösen sind. (BERK, 2005, S. 197)

Im fünften Stadium, etwa vom ersten Lebensjahr an, entwickeln sich *tertiäre Kreisreaktionen*: Die Kinder wiederholen nicht mehr einfach bestimmte Handlungen, sondern wandeln sie ab und beobachten die Wirkungen auf die Umwelt, fast so, als ob sie systematisch die Eigenschaften von Objekten erkunden wollten. 15 Monate alte Kinder, die mit einem Ball spielen, werfen ihn, drücken darauf, schlagen ihn gegen eine Oberfläche und achten dabei immer darauf, welche Geräusche dabei entstehen, wie weich er ist, usw. Zuweilen entstehen so originelle Mittel, um Ziele zu erreichen. Vielleicht zieht das Kind an einer Decke, um an ein Spielzeug heranzukommen, welches außerhalb seiner Reichweite liegt.

Im sechsten Stadium der mentalen Repräsentationen erfinden die Kinder neue sensumotorische Schemata durch eine Art geistiger Erkundung, bei der sie sich bestimmte Ereignisse und Ergebnisse bildlich vorstellen. Anderthalbjährige Kinder, die einen zu hoch angebrachten Lichtschalter erreichen möchten, blicken zwischen dem Schalter und dem

Stuhl hin und her, ziehen dann plötzlich den Stuhl zum Lichtschalter, klettern darauf und schalten das Licht an. Dieses Verhalten gegen Ende des zweiten Lebensjahrs bildet die letzte Stufe der sensumotorischen Entwicklung. Für PIAGET ist das wichtigste Merkmal dieser Entwicklungsstufe die Entwicklung einer *Vorstellungsfähigkeit*, mit deren Hilfe Probleme gelöst oder Ziele erreicht werden können, für das ein Kind kein habituelles Verhaltensrepertoire besitzt. In diesem Stadium werden Probleme nicht durch Versuch und Irrtum, sondern durch „inneres Experimentieren, eine innere Erkundung der Mittel und Wege" gelöst. PIAGET hat ein eindrückliches Beispiel dafür gegeben:

BEISPIEL

„Mit einem Jahr und sechs Monaten spielt Lucienne zum ersten Mal mit einem Puppenwagen, dessen Griffe sich für sie in Kopfhöhe befinden. Sie schiebt ihn über den Teppich. Als sie an die Wand stößt, zieht sie ihn. Dazu muss sie aber rückwärts gehen. Das ist unbequem, und deshalb hält sie an und geht dann ohne Zögern auf die andere Seite, um den Wagen wieder schieben zu können. Sie hat also beim ersten Versuch die richtige Methode gefunden, offensichtlich analog zu anderen Situationen, aber ohne Anleitung oder Übung und auch nicht durch Zufall".
(PIAGET, 1989, S. 342)

Fassen wir diese ersten zwei Jahre des Kindes mit P.H. MUSSEN, einem der berühmtesten Entwicklungspsychologen, zusammen: „PIAGETS Konzept der sensumotorischen Stufe der intellektuellen Entwicklung enthält vier wichtige Annahmen:

Erstens die (relativ unumstrittene) Annahme, dass Interaktion mit der Umwelt die Entwicklung wesentlich fördert, auch wenn reifebedingte Veränderungen einen Einfluss darauf haben, wie das Kind diese Erfahrung zur Konstruktion neuen Wissens nutzt. PIAGET sieht hier den zentralen Entwicklungsfaktor in der Aktion der Kinder mit und an Objekten. Werfen, Schieben, Ziehen und Saugen an Bällen, Fingern und Tassen verändern die sensumotorischen Schemata und schaffen neue, komplexere Möglichkeiten, damit umzugehen.

Die zweite Annahme besagt, dass die psychische Entwicklung in der Säuglingszeit kontinuierlich verläuft und nicht diskontinuierlich. Die Fähigkeit des Kindes zur Objektpermanenz z. B. nimmt von den ersten Lebenstagen an allmählich zu. In den späteren wichtigen Lebensphasen gibt es nach PIAGET eher qualitative oder diskontinuierliche Veränderungen. Diese These ist umstritten, weil viele Wissenschaftler auch in der Säuglingszeit qualitative Veränderungen feststellen, zum Beispiel bei der Entwicklung des Kurzzeitgedächtnisses.

Die dritte Annahme nimmt eine Verbindung zwischen einzelnen Entwicklungsstufen an. Verbindung bedeutet, dass jeder Fortschritt in den

Zusammenfassung der sensumotorischen Stadien	
Sensumotorische Stadien	**Adaptive Verhaltensweisen**
1. Angeborene Reflexe (Geburt–1 Monat)	Reflexe des Neugeborenen, Übung angeborener Mechanismen.
2. Primäre Kreisreaktionen (1–4 Monate)	Einfache motorische Gewohnheiten, die sich um den Körper des Säuglings drehen; begrenztes Vorwegnehmen von Ereignissen. „Einverleibung" von Objekten.
3. Sekundäre Kreisreaktionen (4–8 Monate)	Differenzierung von Mittel und Zweck. Handlungen, die interessante Effekte in der Umgebung erzeugen, werden wiederholt. Nachahmung vertrauter Verhaltensweisen.
4. Koordination sekundärer Kreisreaktionen (8–12 Monate)	Zielgerichtetes Verhalten, Objektpermanenz. Verbessertes Antizipieren von Ereignissen. Anwendung mehrerer Handlungsschemata auf den gleichen Gegenstand. Probierverhalten. Nachahmung von Verhaltensweisen, die komplexer sind.
5. Tertiäre Kreisreaktionen (12–18 Monate)	Entdecken neuer Handlungsschemata durch aktives Experimentieren. Untersuchung der Eigenschaften von Gegenständen. Fähigkeit nach einem Gegenstand an verschiedenen Orten zu suchen.
6. Entwicklung der Vorstellungsfähigkeit (18–24 Monate)	Kind kann die Ergebnisse einer Handlung antizipieren. Innere Beschreibung von Gegenständen und Ereignissen, hinausgeschobene Nachahmung und „Als-ob-Spiele".

kognitiven Funktionen auf der vorangegangenen Stufe aufbaut und einige der früheren Fähigkeiten mit einschließt. Das Klavierspiel ist ein gutes Beispiel, weil sich hier die Fähigkeiten graduell und kumulativ verbessern und jede Verbesserung auf der früheren Leistung aufbaut. Die meisten Entwicklungspsychologen sehen die Entwicklung der psychischen Strukturen in den ersten Lebensjahren analog dazu, und diese Analogie trifft wohl auch für viele, wenn auch nicht zwangsläufig für alle Aspekte zu.

PIAGETS **vierte Annahme** besagt, dass wachsende Intentionalität eine der wichtigsten Fähigkeiten ist, die in den ersten beiden Lebensjahren entwickelt werden muss. Zweijährige Kinder können einen Plan machen, die dazu notwendigen Objekte auswählen und ihren Plan so unbehelligt von Ablenkungen durchführen, wie es in den ersten Lebenswochen unmöglich gewesen wäre. Intentionalität entsteht für PIAGET schrittweise aus der Wiederholung von Handlungen, welche die Welt des Säuglings verändern. Diese Auffassung ist nicht unumstritten, weil manche Wissenschaftler der Meinung sind, die Reifung von Teilen des Gehirns gegen Ende des ersten Lebensjahrs sei zumindest zum Teil die Ursache dafür, dass Intentionalität im Verhaltensrepertoire auftaucht.“ (MUSSEN et. al., 1998, S. 140–141)

6.2.4.2 Periode des voroperationalen Denkens

Das Denken, welches für das Vorschulalter, also etwa für den Zeitraum zwischen zwei und sechs Jahren, kennzeichnend ist, nennt PIAGET **voroperational**. Damit wollte er sagen, dass dem Kind noch keine logischen Operationen möglich sind. Dennoch, das Vorschulkind hat jetzt die Fähigkeit, über Dinge nachzudenken, indem es sie in Bildern, Klängen, Vorstellungen, Wörtern usw. geistig repräsentiert, es kann auch zeitverzögert nachahmen.

Ein weiteres Kennzeichen der voroperationalen Phase ist die beginnende Fähigkeit, Symbole zu benutzen und zu verändern. Die Kinder begreifen jetzt, dass ein geistiges Bild oder ein Gedanke Symbol für ein Objekt oder eine Erfahrung sein kann. Diese Fähigkeit zeigt sich im Spielalltag der Kinder besonders deutlich. Ein Duplostein kann als Bett, Stuhl, Schrank, Auto, Hubschrauber, Kinderwagen oder auch als Fingerschmuck benutzt werden. Letzteres kann dann auch zu Heiterkeit beitragen, was eine gewisse kognitive Leistung darstellt.

Spielzeuge können auch vertraute Personen symbolisieren und Rollen in Rollenspielen übernehmen. Der folgende Spieldialog meiner vierjährigen Tochter mit ihrer Freundin zeigt den symbolischen Gebrauch von Wörtern und Gegenständen: Leonie (stellt einen Hartschalenkoffer mitten in ihr Zimmer): „So das ist jetzt unser Pferd.“ Freundin: „Darf ich auch mitreiten?“ Leonie: „Ja, aber du musst dich gut festhalten, damit du nicht herunterfällst. Setz dich hier nach hinten (zeigt auf das hintere Ende des Koffers). Ich setze mich nach vorne und nehme die Zügel (legt ein Springseil an den Koffergriff). Hü.“ Freundin: „Gut, jetzt reiten wir los zum Einkaufen.“

Obwohl Wörter, also Sprache, eine wichtige Form symbolischer Repräsentation darstellen, hat PIAGET die Auffassung vertreten, dass Kinder das Verständnis eines Begriffs oder eines Gedankens häufig auf nichtsprachlicher Ebene, also durch Operationen, erwerben und dann erst eine Verbindung zur Sprache herstellen. Genau dies hat sich aber durch neuere Forschung nicht halten lassen. Kinder können sehr wohl auch sprachlich, wenn es kindgerecht erklärt wird, zu neuen Erkenntnissen gelangen. Denken vollzieht sich in Sprache. Je klarer die Sprache ist, die einem Kind zur Verfügung steht, desto klarer ist sein Denken. Bei PIAGET lautet die Reihenfolge: Denken führt zu Sprache. Bedingt durch neue Forschungsresultate muss ergänzt werden. Neue Sprache kann ihrerseits zu neuem Denken führen. Hierbei ist auch eindringlich die Bedeutung der Spracherziehung im Kindergarten betont. Zu Beginn der voroperationalen Periode zeigt sich gerade im Spracherwerb ein bemerkenswerter Fortschritt. Das Kind bildet „Zweiwortsätze“, die es vermutlich nie in seiner Umwelt gehört hat. Die Fortschritte bis zum Schuleintritt sind eindrucksvoll. Erinnern wir uns: Bereits mit fünf Jahren beherrscht das Kind praktisch seine Muttersprache.

Die geistige Welt des Vorschulkinds lässt sich am besten anhand einiger Beispiele darstellen.

6.2.4.3 Die geistige Welt des Vorschulkinds

Der Egozentrismus

Eine zentrale Tendenz dieser Zeit ist der **Egozentrismus**. In seiner Beziehung zur Umwelt hat das Kind nur sich selbst, seine Wünsche, Gefühle und Bedürfnisse als Bezugspunkt. **Deshalb ist der kindliche Egozentrismus ein Blickwinkel, eine Denkperspektive, die davon ausgeht, dass die Welt so ist, wie man sie selbst sieht.** Das zwei- und dreijährige Kind hebt sich zwar als Person von der Umwelt ab, kann aber noch nicht aus sich heraustreten, die Dinge „objektiv" sehen. Vorerst bezieht das Vorschulkind alles auf sich, schließt von sich auf seine Umgebung. Die Welt ist nur seinetwegen geschaffen. *Aufgrund seines Egozentrismus ist das Kind nicht fähig, sich in andere Menschen hineinzudenken.* Alle teilen vermeintlich seinen Standpunkt. Es kennt nur seine Perspektive. Das Kind glaubt, dass alles, was es für real hält (Worte, Namen, Bilder, Träume, Gefühle), auch wirklich existiert. Das ist der sogenannte *kindliche Realismus*. Auch auf der sprachlichen Ebene zeigt sich diese Egozentrizität, da es nicht in der Lage ist, eine Geschichte so zu erzählen, dass sie für einen Zuhörer, der die Geschichte nicht kennt, verständlich wird.

Das egozentrische Kind schreibt seiner Umwelt seine Fähigkeiten zu und kann auch noch nicht zwischen Lebendigem und Leblosem unterscheiden. Daraus ergibt sich auch die Tendenz, die Dinge der Umgebung mit den gleichen Fähigkeiten auszustatten, wie man sie selbst besitzt. Sie also zu „verlebendigen". Dies nennt Piaget den **Anthropomorphismus, die Tendenz zur Vermenschlichung:** Der Stuhl, an dem das Kind sich gestoßen hat, ist böse, weil er mit Absicht wehgetan hat. Der Teddybär will heute nicht spielen, weil er Bauchweh hat. Der Tautropfen auf dem Gänseblümchen ist eine Träne, weil man sie gepflückt hat.

AUFGABE

Eine sehr bekannte Demonstration egozentrischer Wahrnehmung ist der „Drei-Berge-Versuch" von Piaget. Hier nach Oerter/Montada dargestellt.

Der Drei-Berge-Versuch

Legen Sie vierjährigen Kindern ein dreidimensionales Modell mit drei Bergen vor, die sich deutlich unterscheiden. Setzen Sie jedes Kind vor das Modell in Position 1 und lassen Sie es die Ansicht bestimmen, die es von den drei Bergen hat. Es wird vermutlich aus mehreren Zeichnungen oder Fotografien diejenige auswählen, die seiner Sicht entspricht. Nun fragen Sie die Kinder, wie die Berge aus der Sicht eines Betrachters aussehen, der in Position 2 oder in Position 3 sitzt. Die Mehrzahl der Kinder wird die eigene Ansicht der drei Berge auswählen. Daraufhin führen Sie die Kinder in die Position 2 bzw. Position 3 und lassen Sie sie von hier aus die Berge betrachten und die jeweilige Ansicht auswählen; eine Aufgabe, die wiederum geleistet wird. Schließlich führen Sie die Kinder wieder in Position 1 und lassen Sie sie erneut diejenige Ansicht auswählen, die ein Betrachter aus der Position 2 oder 3 hat, die sie gerade vorher selbst auch bestimmt haben. Die meisten werden als Lösung wiederum die aktuelle eigene Ansicht aus Position 1 anbieten.
(Oerter/Montada, 2002)

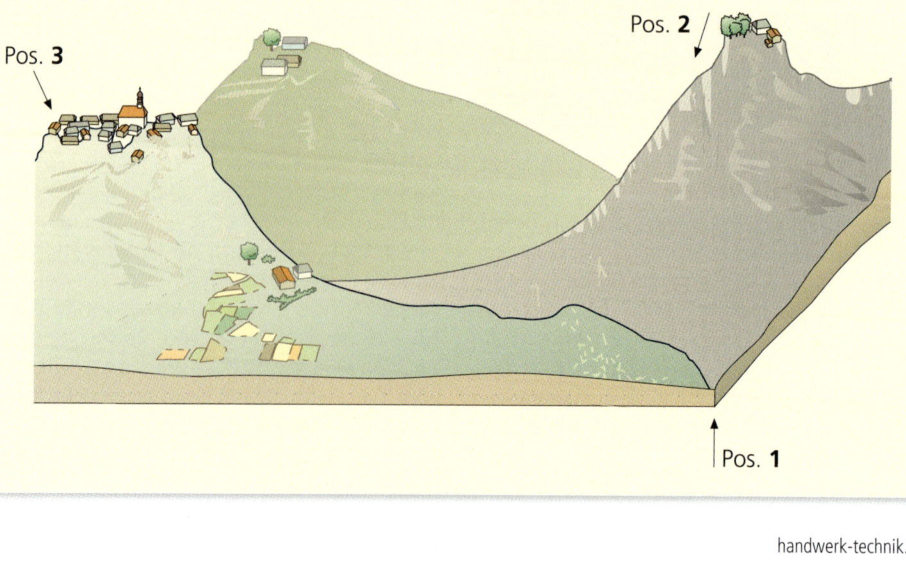

Animismus und Artifizialismus oder das Magische im Denken des Vorschulkinds

Piaget macht auch den Egozentrismus für das **animistische Denken** der Kinder verantwortlich. **Das animistische Denken ist eine Form des Anthropomorphismus und beinhaltet die Annahme, dass unbelebte Dinge beseelt sind mit Gedanken, Wünschen, Gefühlen und Absichten.** Ein Beispiel dafür ist der fünfjährige Alexander, der gefragt wird: „Was macht die Sonne, wenn es Wolken hat und wenn es regnet?" Alexander antwortet: „Sie geht weg, weil das Wetter schlecht ist." Warum? „Weil sie nicht in den Regen kommen will."

Von Piaget selbst stammen folgende Beispiele: „Ken hat offensichtlich die Tendenz, den Bewusstseinsgrad an der Mühe zu messen, welche die Dinge bereiten: Ein Schiff spürt seine Passagiere, aber ein leichter Tisch spürt nicht, dass man ihn trägt; ein Kraut spürt, wenn man an ihm reißt usw.

Juill (7,6):
Ein Stein spürt weder die Wärme noch die Kälte.
„Wenn er zu Boden fällt, spürt er das?"
„Ja."
„Warum?"
„Weil er zerbrochen ist."
„Kann ein Tisch etwas spüren?"
„Nein."
„Spürt er es, wenn man ihn zertrümmert?"
„Oh ja!"
„Spürt der Wind etwas, wenn er gegen ein Haus bläst?"
„Ja."
„Spürt er es, oder spürt er es nicht?"
„Er spürt es."
„Warum?"
„Weil es ihn behindert. Er kommt nicht hindurch. Er kann nicht weitergehen."
„Nenne mir Dinge, die nichts spüren können. - ... Können die Mauern etwas spüren?"
„Nein."
„Warum nicht?"
„Weil sie nicht gehen können." (dieses Antwort kündigt das zweite Stadium an)
„Spüren sie es, wenn man sie umstürzt?"
„Ja."
„Weiß die Mauer, dass sie in einem Haus ist?"
„Nein."
„Weiß sie, dass sie hoch ist?"
„Ja."
„Warum?"
„Weil sie ganz oben ist, sie weiß, dass sie oben ist!"

Reyb (8,7):
„Spürt das Wasser etwas?"
„Nein."
„Warum nicht?"
„Weil das Wasser auseinandergeht." (= weil es flüssig ist)
„Wenn man es auf den Ofen stellt, spürt es dann die Wärme?"
„Ja."
„Warum?"
„Weil das Wasser kalt ist, und das Feuer ist wärmer."
„Spürt das Holz etwas?"
„Nein."
„Wenn es brennt, spürt es dann etwas oder spürt es nichts?"
„Ja, denn das Holz kann sich nicht verteidigen." (!)
„Spürt es also etwas oder nichts?"
„Es spürt etwas." (Piaget, 1978, S. 149)

Trinkt der Bär die Milch oder nicht? Was haben Sie damals geglaubt?

Das Kind schreibt zwar allem Bewusstsein zu, aber es schreibt nicht allem das Bewusstsein von allem und jedem zu. Es ist zum Beispiel nicht bereit zu akzeptieren, dass ein Stein einen Stich spürt, dass die Sonne weiß, wie viele Menschen in einem Zimmer sind, dass Knöpfe oder Brillen wissen, wo sie sind usw. Sobald hingegen irgendeine Aktivität und insbesondere ein Widerstand festzustellen ist, gibt es Bewusstsein: Für Ken weiß ein Schiff, dass es eine Ladung trägt; aber ein Tisch weiß nicht, dass man ihn trägt, für Juill spürt der Wind ein Hindernis, aber ein Tisch weiß nichts, außer wenn man ihn zertrümmert; für Reyb spürt das Holz, dass man es verbrennt, „weil es sich nicht verteidigen kann" usw. (PIAGET, 1978, S. 149)

*Beim **Artifizialismus** deutet das Kind die Natur, als wäre sie von Menschen oder anderen Wesen geschaffen.*

Mit dem *Animismus* eng verbunden ist der kindliche *Artifizialismus*, der zum magischen Denken verschmilzt. Gleichsam *magische Kräfte* stecken hinter den Dingen. Gerade das *magische Denken* dominiert die Fantasiewelt der Vorschulkinder. Die meisten Drei- und Vierjährigen glauben an übernatürliche Kräfte von Feen, Zwergen und Zauberwesen. Die Erwachsenen nähren diesen Glauben allerdings auch mit Osterhasen, Nikoläusen und Christkindern, die „wahre Wunder" vollbringen.

Beispiele für den kindlichen Artifizialismus wieder von PIAGET selbst:

Mit 3,6 fragt J. ihre Großmutter, indem sie ihre Augen, ihre Nase usw. berührt:

„Wie wird das gemacht, die Großmutter? Hast du dich selbst gemacht?"

Danach: „Hat sie sich selbst gemacht? Wer hat sie gemacht?"

Einige Tage später: „Wie haben sich die Babys gemacht?"

Später: „Wie werden die Kinder gemacht?"

Mit 4,3: „Das sind kleine Steine, die Berge, die sehr groß geworden sind. Sie sind lange klein geblieben, dann sind sie sehr groß geworden, immer größer. Da war vielleicht einer, der einen kleinen Stein hier hingeworfen hat, und der ist dann zum Saleve geworden." (Der Saleve ist ein Berg in der Nähe von Genf.) (PIAGET, 1969, S. 311, S. 313 f.)

Zum Beispiel könnten Menschen Sterne, Berge und Flüsse erschaffen. Das Denken des Kindes in dieser Zeit beruht nicht auf Logik. Objekte und Vorgänge, die in einem raumzeitlichen Zusammenhang auftreten, werden in kausaler Beziehung gesehen, beispielsweise der Donner macht den Regen. Meine eigene Tochter fragte mich während eines Gewitters als etwa Dreijährige: „Wer hat denn jetzt den Donner eingeschaltet?"

Der Finalismus

Die ersten Sinnzusammenhänge, die ein Kind erlebt, sind die Zweckhandlungen des Erwachsenen in Bezug auf seine eigene Person. Daher ist alles in der Welt zweckbestimmt und *Naturgegebenheiten werden aus ihrem Zweck wie menschliche Handlungen erklärt. Das nennt PIAGET finalistische Erklärungen:* Steine sind da, damit Häuser gebaut werden können. Bäume sind dazu da, damit sie uns Schatten spenden. Der Vollmond macht hell, damit wir auch in der Nacht sehen können.

Grenzen des Voroperationalen

Es gibt noch einige Eigentümlichkeiten des voroperatorischen Denkens, die PIAGET mit erstaunlichem Ideenreichtum herausfand. Seine Experimente zur Invarianz von Mengen gehören dazu.

> **Invarianz** bedeutet, dass bestimmte physikalische Merkmale von Gegenständen die gleichen bleiben, auch wenn sich ihre äußere Erscheinung verändert.

Beim Eingangsbeispiel musste die genervte Mutter den Nachtischkuchen zur Vermehrung nur in zwei Teile schneiden und das voroperatorische Kind war zufrieden. Einen der berühmtesten Versuche PIAGETS zur Invarianz von Mengen können Sie mit Vorschulkindern am besten selbst ausprobieren (s. folgende Seite).

Diese Unfähigkeit der Vorschulkinder, die veränderten Dimensionen Höhe und Umfang gleichzeitig ins Auge zu fassen, zeigt einige aufeinander bezogene Aspekte ihres Denkens:

Erstens eine *Zentrierung auf einen Aspekt*. Vorschulkinder konzentrieren sich auf *einen* Aspekt einer Situation und vernachlässigen andere wichtige Merkmale. Die meisten konzentrieren sich auf die Höhe des Wassers und lassen die Breite unberücksichtigt.

Zweitens konzentrieren sich die Vorschulkinder auf die *wahrnehmungsmäßige Erscheinung* der Gegenstände. Es sieht so aus, als sei weniger Wasser in dem breiteren Glas.

Drittens erkennt man eine *fehlende Beweglichkeit* des kindlichen Denkens. Wenn ein Kind beim Umschütten nur auf die Höhe des Glases B achtet und auf den geringeren Umfang von Glas B aufmerksam gemacht wird, verliert es die größere Höhe aus dem Sinn. Das Gedächtnis scheint noch eine zu kleine Kapazität im Arbeitsspeicher zu haben, um beweglicheres Denken zu ermöglichen.

Viertens eine *Zentrierung auf den Zustand*: Das Vorschulkind beurteilt nur den jeweiligen Zustand. Das Umschütten einer Flüssigkeit von einem Glas in ein anderes scheint keine Bedeutung für das Mengenurteil zu haben. Sie ignorieren die dynamische Veränderung. Nur der aktuelle Zustand bildet die Basis des Urteils.

AUFGABE

Versuch zur Mengeninvarianz

Kleines Experiment mit Vorschulkindern: Nehmen Sie zwei gleich große Trinkgläser A und B und gießen sie die gleiche Menge farbigen Wassers hinein, am besten vor den Augen der Kinder. Dann lassen Sie vier- bis fünfjährige Kinder feststellen, dass in A und B gleich viel „Saft“ ist. Jetzt gießen Sie den Inhalt von B in ein schmaleres Gefäß B' und fragen das Kind, ob B' mehr, weniger oder gleich viel „Saft“ enthalte wie A.

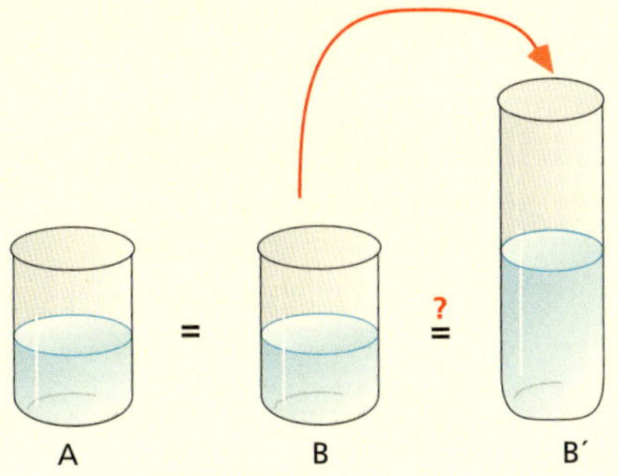

Die meisten Kinder werden sagen, es sei nicht gleich viel. Viele werden sagen, es sei mehr „Saft“ in B', weil der Flüssigkeitspegel hier höher ist. Manche werden sagen, es sei weniger, weil das Gefäß schmaler ist. Die Flüssigkeitsmenge wird also nicht als unverändert bei Formveränderung gesehen.

Dies lässt sich auch gut am Verständnis der Zeitdauer beobachten. Hierzu wieder ein mögliches Experiment:

BEISPIEL

Versuch zum Konzept der Zeitdauer

Nehmen Sie zwei Spielzeugautos A und B, markieren Sie eine Startlinie und vereinbaren Sie mit vierjährigen Kindern, sie mögen sowohl das Startzeichen („Los“) als auch das Signal zum Halten („Stopp“) geben. Auf „Los“ starten Sie beide Autos gleichzeitig, auf „Stopp“ halten Sie diese gleichzeitig an. Sie lassen A aber schneller, also in der gleichen Zeit weiter fahren. Sie fragen nun die Kinder, ob beide Autos eine gleich lange Zeit unterwegs gewesen sind oder nicht.

Viele werden antworten, dass A länger unterwegs gewesen sei, weil A weiter gefahren sei. (PIAGET, 1946, zit. in: OERTER/MONTADA, 2002, o. S.)

Ein weiteres wichtiges unlogisches Merkmal dieser Zeit ist die **Irreversibilität. Darunter versteht man die Unfähigkeit, geistig in einem Problem eine Reihe von Schritten zu vollziehen und dann die Richtung umzudrehen, um zum Ausgangspunkt zurückzukehren.** Dieser Mangel an logischen Operationen wird bei der hierarchischen Klassifikation, der Organisation von Gegenständen in Klassen und Unterklassen deutlich.

6.2.4.4 Das konkret-operationale Denken

Im Alter zwischen sechs und sieben Jahren beobachtete PIAGET den Beginn der Periode der konkreten Operationen. Schon meist im fünften Lebensjahr beginnen bei einigen Kindern, die Märchenfiguren ihren Wirklichkeitscharakter einzubüßen. Zweifel treten auf an den magischen Figuren wie Osterhase, Nikolaus und Christkind.

- Egozentrismus,
- kindlicher Realismus,
- Anthropomorphismus,
- Animismus,
- Artifizialismus,
- magisches Denken
- und Finalismus

verschwinden am Ende der voroperatorischen Periode, bei manchen schneller, bei anderen langsamer, es bleibt individuell.

Kausal-logische Erklärungen für die Phänomene des Alltags fallen jetzt auf fruchtbaren Boden. Das Denken des Siebenjährigen ist zwar immer noch sehr stark an die dingliche Gegenstandswelt gebunden, aber das Kind ist nun zu mehreren Operationen fähig. Diese lassen sich erschließen, wenn man die Kinder auffordert, ihre Urteile zu erklären. MIETZEL gibt Beispiele für die Begründung der Antwort der Achtjährigen, die Flüssigkeitsmenge habe sich durch das Umschütten nicht verändert:

„Wenn man das Wasser wieder in den ursprünglichen Behälter zurückgießt, dann wird dieser wieder genauso voll wie vorher.“ (Reversibilität des Vorgangs)

„Das Wasser ist hier zwar höher, aber das Glas ist dafür nicht so breit“ (Kompensation). „Es wurde beim Umgießen nichts weggenommen und es ist nichts hinzugekommen“ (Identität). (MIETZEL, 2002, S. 254)

Als Richtschnur gilt: Bis zur Einschulung haben fast alle Kinder die voroperationale Periode überwunden.

BEISPIEL

Einige Aufgaben von PIAGET zur Invarianz im Überblick: Kinder in der voroperationalen Periode können noch keine Erhaltung von Mengen erkennen. (In Anlehnung an BERK, 2005, S. 197)

Konservierungsaufgaben	Originaldarbietung	Transformation
Nummer	Sind in jeder Reihe gleich viele Cent? 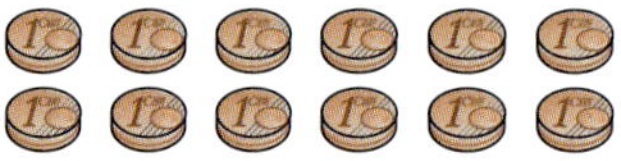	Sind in jeder Reihe gleich viele Cent oder sind in einer Reihe mehr? 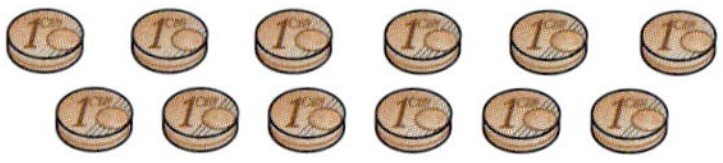
Länge	Sind beide Stöcke gleich lang? 	Sind die Stöcke jetzt gleich lang oder ist einer länger? 
Masse	Besteht jeder Ball aus der gleichen Menge Ton? 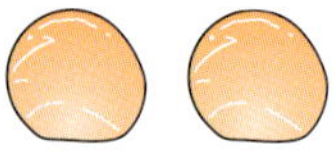	Enthält jedes Teil die gleiche Menge Ton oder hat eines mehr? 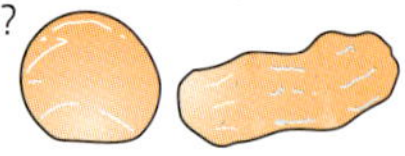
Flüssigkeit	Ist in beiden Gläsern gleich viel Wasser? 	Ist jetzt in jedem Glas die gleiche Menge Wasser oder ist in einem Glas mehr? 
Gewicht	Wiegen beide Tonbälle gleich viel? 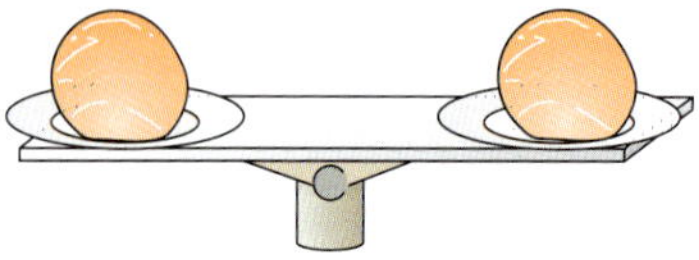	Wiegen jetzt die beiden Tonstücke gleich viel oder wiegt eines mehr (ohne sie wieder auf die Waage zu legen, um zu bestätigen, was richtig ist)? 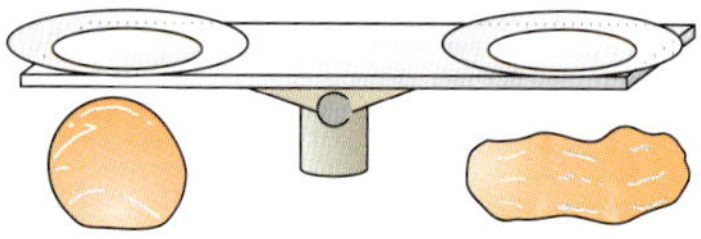

Bei der Nummernaufgabe sagen die meisten Kinder, in der oberen Reihe seien mehr Cent.
Bei der Stöckchenaufgabe sagen die meisten Kinder, der untere sei länger.
Bei der Aufgabe mit Ton glauben die meisten Kinder, das längliche sei mehr.
Bei der Frage nach den Flüssigkeiten denken die meisten Kinder, das höhere Glas enthalte mehr Flüssigkeit.
Bei der Wiegeaufgabe sagen die meisten Kinder, das längliche Stück Ton wiege mehr.

BEISPIEL

PIAGETS Problem der Klasseninklusion.

Kindern werden 16 Blumen gezeigt, von denen 4 blau und 12 gelb sind. Befragt „Sind dort mehr gelbe Blumen als Blumen überhaupt?", antwortet das voroperationale Kind „Mehr gelbe Blumen" und geht fehl in der Realisierung, dass sowohl gelbe wie blaue Blumen der Kategorie „Blumen" zugeordnet sind.
(nach BERK, 2005)

Insgesamt kann man in dieser Periode feststellen, dass die kognitiven Unzulänglichkeiten der präoperationalen Periode langsam unter dem Einfluss der konkreten Erfahrungen verschwinden und einer realistischen, zur Logik fähigen Betrachtungsweise der Welt Platz machen. Mietzel gibt für die Veränderungen des Invarianzbegriffs auch hier die passenden Beispiele im Überblick:

„Klassifikation
Im Alter zwischen sieben und zehn Jahren lösen die Kinder Aufgaben der Einordnung in Klassen. Jetzt sind sie also in der Lage, die „Blumenaufgabe" zu lösen, da sie sich auf die Beziehung zwischen einer allgemeinen Kategorie und zwei spezifischen Kategorien gleichzeitig konzentrieren können. Klassifikation bedeutet also die Fähigkeit, eine Gruppe von Objekten entsprechend ihrem Aussehen, ihrer Größe oder einem anderen Merkmal zu benennen oder zu identifizieren. Dies schließt die Idee ein, dass eine Klasse eine andere Klasse beinhalten kann. Kinder fangen jetzt auch gerne an zu sammeln. Zum Beispiel gruppieren Kinder ihre Briefmarken nach Länderzugehörigkeit, Wert oder Gebrauchsspuren.

Reihenbildung
Die Fähigkeit, Gegenstände nach Größe oder Zugehörigkeit zu ordnen, wird jetzt sichtbar. Wenn Piaget *Vorschulkinder* aufforderte, Stöcke verschiedener Länge vom kürzesten zum längsten anzuordnen, so taten sie dies planlos. Sie legten die Stöcke in eine Reihe, machten aber viele Fehler. Sechs- bis Siebenjährige hingegen gehen nach einem Plan vor. Sie stellen die Serie systematisch her, indem sie beim kleinsten beginnen, dann zum nächstgrößeren gehen usw.

Räumliches Urteil
Zwischen sieben und acht Jahren sind die Kinder nach Piaget in der Lage, *geistige Rotationen* zu machen. Rechts und links aus der Perspektive des Gegenübers richtig zu bezeichnen, wird jetzt möglich. Mit etwa acht bis zehn Jahren können Kinder deutliche, gut organisierte Anweisungen geben, wie man von einem Ort zum anderen gelangt. Die kognitiven Landkarten der Kinder werden immer organisierter. Nun lesen und zeichnen sie Landkarten und können sich darin orientieren.

Das Denken des Kindes in der Stufe der konkreten Operationen findet schon auf sehr hohem Niveau statt, denn es bleibt nicht an irgendwelchen hervorstechenden, wahrnehmbaren Merkmalen haften, sondern kann einige Probleme unabhängig von ihren Wahrnehmungsdimensionen durchdenken. Eine Einschränkung des Denkvermögens liegt lediglich darin, dass es noch konkrete Darstellungen braucht." (Mietzel, 2002, S. 254)

6.2.4.5 Periode des formal-operationalen Denkens

Besonders eindrucksvoll zeigt sich die körperliche Veränderung des Pubertierenden ab ca. dem zwölften Lebensjahr. Aber auch geistig zeigt sich nun eine neue Qualität. Der junge Mensch im Alter von etwa 12 Jahren kann nun „mit Operationen operieren", das heißt, er kann nicht nur über konkrete Dinge, sondern auch über Gedanken nachdenken. Die Periode ist charakterisiert durch abstraktes Denken und das Ziehen von logischen Schlussfolgerungen aus vorhandenen Informationen.

Hypothetisch-deduktives Denken
In der Adoleszenz werden junge Menschen erstmals fähig zum *hypothetisch-deduktiven Denken*. Wenn sie sich einem Problem gegenübersehen, beginnen sie mit einer allgemeinen Theorie aller möglichen Faktoren, die das Ergebnis beeinflussen könnten, und leiten davon spezifische Hypothesen (Vorhersagen) darüber ab, was geschehen könnte. Dann testen sie diese Annahmen systematisch, um zu sehen, ob es für die Annahme stützende

Befunde gibt. Diese Art des formal-logischen Problemlösens beginnt mit einer Möglichkeit und schreitet dann zur Wirklichkeit fort. Es ist somit systematisch. Im Gegensatz dazu beginnen konkret-operationale Kinder mit der Wirklichkeit, nämlich mit der augenfälligsten Vorhersage über eine Situation. Wenn diese nicht bestätigt wird, fallen ihnen keine Alternativen ein und sie scheitern an der Lösung des Problems.

AUFGABE

Sie können sich selber testen, indem Sie versuchen, das Pendel-Problem von PIAGET zu lösen.

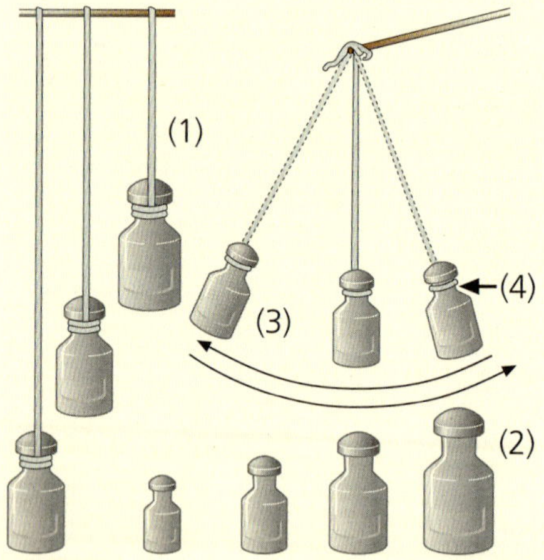

PIAGETS Pendel-Problem: Wovon hängt die Geschwindigkeit ab, mit der ein Pendel von einer Seite zur anderen schwingt?

MIETZEL (2002) analysiert das Pendel-Problem: „Ein Mensch, der sich mit dem Pendel-Problem auseinandersetzen soll, hat grundsätzlich vier Möglichkeiten beim Experimentieren:
Er kann

1. den Faden verkürzen oder verlängern, an dem das Pendel hängt,
2. das Gewicht am Pendel verändern,
3. das Pendel aus unterschiedlichen Höhen starten und
4. das Pendel beim Start mehr oder weniger stark anstoßen. (nach INHELDER/PIAGET, 1980)

Wer sich mit der Pendel-Aufgabe auseinandersetzt, steht vor der Schwierigkeit, dass keine Einflussgröße losgelöst von den anderen betrachtet werden kann. Wird eine Einflussgröße näher untersucht, so haben die anderen drei Größen ebenfalls einen bestimmten Wert, der mitberücksichtigt werden muss. Das konkret-operational denkende Kind ist jedoch nicht in der Lage, alle vier Einflussgrößen gleichzeitig zu bedenken. Wenn eine Versuchsperson eine Einflussgröße verändert, die verbleibenden drei jedoch nicht konstant hält, kommt es zu falschen Antworten, weil der Lösungsweg nicht von einem hypothesengeleiteten Untersuchungsplan bestimmt wurde. Von welchem Alter an findet ein junger Mensch nun durch planmäßiges Experimentieren die richtige Lösung? Wann kann er frühestens entdecken, dass nur die Länge des Fadens die Geschwindigkeit der Pendelschwingungen bestimmt, während Gewicht, Starthöhe und Startschwung ohne Wirkung bleiben?“ (MIETZEL, 2002)

Haben Sie dies auch herausgebracht?

Größere Beweglichkeit des Denkens

Weiterhin erhält das Denken des Jugendlichen eine immer größere Beweglichkeit und es werden komplexere Strukturen aufgebaut. Beispielsweise verstehen sie nun abstrakte Formeln in Mathematik aus Algebra und Geometrie oder Physik (Beziehungen zwischen Raum/Zeit und Materie) und können sie auf konkrete Probleme anwenden. Die Beurteilung von menschlichen Verhaltensweisen profitiert auch von der größeren Beweglichkeit des Denkens. So erschließen sich dem formal-operational Denkenden mögliche Bedingungen und Hintergründe von menschlichem Handeln viel differenzierter.

Verständnis von Proportionen

Ein letztes zentrales Kennzeichen des formal-operatorischen Niveaus ist für PIAGET das Verständnis von Proportionen. Dazu ein Beispiel:

BEISPIEL

Versuch zum Verständnis von Proportionen

„Einem Kind werden drei Holzfische A, B, C von 5, 10 und 15 cm Länge vorgelegt, die es füttern soll. Als „Futter“ dienen Perlen. Man erklärt ihm, dass der 10 cm lange Fisch doppelt so viel frisst wie der 5 cm lange und dass der 15 cm lange Fisch dreimal so viel frisst wie der 5 cm lange. Man stellt dem Kind dann folgende Fragen:

- Wie viel Futter sollen wir den Fischen A und C geben, wenn wir wissen, dass Fisch B vier Perlen frisst?
- Wie viele Perlen sollen wir den Fischen A und B geben, wenn wir dem Fisch C neun Perlen geben?“

(OERTER/MONTADA, 2002, S. 435)

Etappen der Quantifikation
An diesem Beispiel lassen sich die drei Etappen der Quantifikation erkennen. Zuerst wird nur eine Ordnungsrelation (Seriation) erkannt, ohne Quantifizierung der Abstände: Fisch B muss nur mehr erhalten als A und C mehr als B. Später gelingt dem Kind eine Quantifikation im Sinne gleicher Differenzen: Lösungen sind hier z.B. 3 für A, 4 für B, 5 für C. Erst ab dem neunten Lebensjahr gelingt eine proportionale Qualifikation.

Es wird deutlich, dass die Sequenz der Strategien eine Logik hat, dass jede Strategie eine leistungsfähigere Version der vorhergehenden darstellt. Jede neue Strategie schließt die Elemente der vorhergehenden ein, ist aber differenzierter als diese. Das entspricht PIAGETS genetischer Erklärungsweise.

Das **Denkvermögen des Jugendlichen** ist regelrecht wissenschaftlich, seine Sprache gedanklich und verbal differenziert. „Wenn-dann"-Formulierungen werden benutzt. Diese Art wissenschaftlichen Denkens kann nach PIAGET von Grundschulkindern nicht durchgeführt werden. Erfahrung und Reifung sind nötig, damit sich diese Art des Denkens entwickelt.

Zu guter Letzt sind die Jugendlichen nun auch in der Lage, über das Denken selbst nachzudenken. Aber auch wenn Heranwachsende wissenschaftliche Prinzipien besser begreifen als jüngere Schulkinder, ist es immer wieder zu beobachten, dass auch Hochschüler und Erwachsene nur in den Situationen abstrakt denken, in denen sie ausgedehnte Erfahrungen besitzen. Formales Denken erscheint in manchen Kulturen nur bedingt, was darauf hinweist, dass PIAGETS letzte Stufe von kulturspezifischen, meist schulischen Lernmöglichkeiten beeinflusst ist.

AUFGABEN

1. Wenn Sie sich PIAGETS Stufen noch einmal vergegenwärtigen, wodurch können die Übergänge von einer Stufe zur nächsten ausgelöst werden?
2. Welche Beobachtungen zu den einzelnen Stufen können Sie selbst beisteuern?
3. Fragen Sie Ihre Eltern und/oder Geschwister nach entsprechenden Ereignissen ihrer eigenen Biografie.
4. Nehmen Sie zu folgender Aussage Stellung: „Die seltsame Art, wie Kinder die Dinge sehen, ist auf mangelnde Intelligenz zurückzuführen. Erwachsene sind einfach klüger als Kinder!"

6.2.5 Kritik an PIAGET

Zuerst ist natürlich zu betonen, wie verdienstvoll die Arbeit PIAGETS für die gesamte Entwicklungspsychologie ist. Seine Theorie zur kognitiven Entwicklung des Kindes ist die systematischste und in ihrer Differenziertheit weitestreichende Theorie, die existiert. Gleichzeitig war er es, der nimmermüde Unruhegeist, der zur Weiterentwicklung und Veränderung von Theoriegebäuden aufgefordert hat. Wir nehmen ihn beim Wort und ergänzen die in den letzten Jahren laut gewordene, durch neue Forschungsergebnisse bedingte Kritik.

1. Es fällt auf, dass bei PIAGET der Prozess der kindlichen Wissensaneignung und die Art, in der diese Kenntnisse schrittweise verwertet werden, eigentlich zusammenfallen: Ein Kind sieht und lernt also nur das, was in sein Denkschema passt, und handelt entsprechend. Das bedeutet, dass ihm zahllose Dinge entgehen. *Neuere entwicklungspsychologische Forschung kommt zu der Einschätzung, dass man einem Kind in jedem Alter dann alles einigermaßen begreifbar und zugänglich machen kann, wenn man die Problemstellung und die Erklärung seinem Verstandesniveau anpasst.* Die kindliche Art zu denken, bestimmt in einer bestimmten Phase nicht automatisch, wie bei PIAGET, welche Kenntnisse erworben werden können. Stellt man vierjährigen Kindern Aufgaben, die mit wenig inhaltlichen Vorkenntnissen lösbar sind, so zeigt sich, dass sie keine Schwierigkeiten haben, Ursache – Wirkungszusammenhänge zu erkennen.

Vlg. Persönlichkeitsentwicklung im Jugendalter, S. 314

2. PIAGET *verdanken wir die Erkenntnis, dass die geistige Entwicklung nicht in der passiven Übernahme von Wissen besteht, sondern in der aktiven Konstruktion von Bedeutung.* Dieser Gesichtspunkt ist nach wie vor aktuell, aber die Vorstellung der stufenförmigen Entwicklung der Abstraktionsfähigkeit muss wohl als überholt gelten (nach STERN, 2004). Wie im Kapitel Sprachentwicklung (S. 294 ff.) bereits verdeutlicht, vernachlässigt PIAGET die Rolle der Sprache. Sobald ein Kind sprechen kann, kann man ihm das feine Netzwerk der Wortbedeutungen näherbringen. Hat ein Kind die Zusammenhänge zwischen der Realität und dem sie bezeichnenden Begriff als Symbol erfasst, kann man Kindern durch Erklärungen mit Wörtern neue Denkschemata vermitteln.

Einer ähnlichen Auffassung begegnet man in der sowjetischen Psychologie, zum Beispiel bei LURIA: „Denken vollzieht sich in Sprache. Je klarer die Sprache ist, die einem Kind zur Verfügung steht, desto klarer ist sein Denken. Bei PIAGET lautet die Reihenfolge: Denken führt zur Sprache. BRUNER und LURIA fügen dem die Umkehrung hinzu: Neue Sprache kann ihrerseits zu neuem Denken führen." (KOHNSTAMM, 1990, S. 190)

3. Ein dritter Punkt der Kritik an PIAGET ist grundsätzlicher Art. Sie bezieht sich darauf, dass er der Umwelt einen so geringen Einfluss beimisst. Wie wir gesehen haben, macht das kindliche Denken nach PIAGET eine gesetzmäßige Entwicklung durch. Die Umwelt liefert das Material, mit dessen Hilfe die Entwicklung stattfinden kann. Die Reifung der Denkprozesse bestimmt, was aus den Umweltangeboten genutzt werden kann. Die Umwelt selbst kann ein Kind nicht auf andere neue Gedanken bringen, wenn die kognitive Struktur dies nicht zulässt. Moderne Untersuchungen hingegen zeigen, dass ein Kind ein erreichtes Niveau der geistigen Entwicklung mithilfe eines Erwachsenen überschreiten kann (siehe weiter unten). „Was ein Kind heute mithilfe eines Erwachsenen kann, wird es morgen selbstständig können." Und bei dieser Hilfe der Erwachsenen ist die Sprache natürlich ein unentbehrliches Instrument.

4. Bei der Denkentwicklung des Kindes spielen laut PIAGET die Erwachsenen kaum eine Rolle. Diese Vernachlässigung des Zwischenmenschlichen ist als vierter Kritikpunkt zu nennen. Heute wissen wir um die überragende Bedeutung der emotionalen und sozialen Bindung des Kindes zu seinen unmittelbaren Bezugspersonen. Deshalb ist auch die Auffassung von PIAGET, es bestände kein Unterschied in der Art, in der ein Kind Kenntnisse über Menschen und über Dinge erwirbt, nicht zu halten. Für Kinder haben Menschen von Anfang an eine andere Bedeutung als Dinge. Vor allem der frühere PIAGET-Schüler FLAVELLI hat sich mit dieser Frage auseinandergesetzt. „Er sagt zum einen, dass zwar derselbe Kopf, der über die soziale Welt nachdenkt, auch über die nichtsoziale Welt nachdenkt und es also überraschend wäre, wenn keine der Entwicklungscharakteristika des Denkens über die nichtsoziale Welt im sozialen Denken wiederzufinden wären. Zum anderen sind für die meisten Menschen andere Menschen und ihr Tun die interessantesten Objekte, die das tägliche Leben dem Denken bietet, und deswegen wird ihre umfassendste und reichste Kenntnis auch das soziale Wissen sein." (KOHNSTAMM, 1990, S. 191)

5. Aus dem berühmten Drei-Berge-Experiment schloss PIAGET, dass Kindern im Stadium des prälogischen oder präoperativen Denkens der Begriff der Perspektive fehle. Ebenso war dies ein weiterer Beleg für die Allgegenwart der eigenen Weltsicht, des Egozentrismus. Nun zeigen aber neuere Studien, wie schon Kleinkinder im Alter von zwei bis drei Jahren unterschiedliche Perspektiven verstehen. Kinder sind mit vier Jahren auch in der Lage, sich in andere hineinzuversetzen. Sie besitzen in diesem Alter auch ein Grundwissen über Gefühle, dies erkennt man daran, dass sie Emotionen vom Gesichtsausdruck richtig ablesen können.

6. Es gibt auch Kritik an seiner Vorstellung von den stark auf die physische Umwelt gerichteten Denkoperationen. Die soziale Wahrnehmung wird nicht direkt, sondern vom Körperlichen her untersucht. Es werden Schlussfolgerungen über den Umgang mit Menschen aus Tests mit leblosen Dingen gezogen (Perspektivwechsel im Drei-Berge-Experiment). Möglicherweise ist die geistige Einsicht in einen anderen Menschen aber beim Einfühlungsvermögen in Gefühle anderer gar nicht nötig, weil das dem Verstand vorausgeht. Wir wissen, wie stark ein Kind auf seine Mitmenschen ausgerichtet ist, sodass es mehr mit Gefühlen zu tun hat, zu verstehen, wie es um das Gegenüber bestellt ist, als um das Sich-hineindenken-können. In dem eindrucksvollen Buch der praktischen Kinderpsychologie berichtet R. KOHNSTAMM von einer Untersuchung, in der 24 Kinder bis zum Alter von drei Jahren über neun Monate mithilfe täglicher Berichte ihrer Eltern beobachtet wurden und wo es Anzeichen von Mitgefühl gab: „Ein 15 Monate altes Kleinkind, dessen Mutter sich erschöpft auf einen Stuhl fallen ließ, kam mit seinem Fläschchen herbei und steckte es ihr streichelnd in den Mund. Ein Junge tröstete ein weinendes Kind auf einem Bild mit den Worten: ‚Ach, Papa kommt doch gleich nach Hause.' Ein eineinhalbjähriges Mädchen unternahm alles Mögliche, um ein weinendes Mädchen zu beruhigen, auf das seine Mutter aufpassen sollte." (KOHNSTAMM, 1990, S. 206)

7. PIAGET hat auch den Einfluss der Anregung von außen unterschätzt. Das hat Folgen für die Auffassung über die Motivation zu denken: Warum will ein Kind denken? Nach PIAGET braucht es dazu keine Ermunterung von außen, denn ein Kind ist „intrinsisch motiviert", also von innen gesteuert, ohne dass Ermunterungen und Belohnungen von außen wirklich nötig wären. Die eigene Neugierde des Kindes und die Veranlagung zum denkenden Umgang mit der Umwelt reichen aus. Wir können allerdings heute nachweisen, dass viele Kinder mit auf ihr Denken abgestimmter Hilfe, Ermunterung und Belohnung viel weiter als ohne diese soziale Unterstützung kommen.
8. Die neuere entwicklungspsychologische Forschung betont die Ausbildung von Wissensdomänen. ELSBETH STERN (nach STERN, 2004) betont, dass sich Erwachsene Lernstoff besser einprägen, wenn sie bestimmtes Vorwissen haben, als wenn der Bereich neu ist. Das gilt auch für Kinder. Mehr noch: Kinder, die „Experten" in einem Wissensgebiet sind, sei es Schach oder Dinosaurier, schneiden in Gedächtnistests aus ihrem Wissensbereich besser ab als Erwachsene, die Laien auf diesem Gebiet sind. Durch hohes bereichsspezifisches Vorwissen können schon Grundschüler Defizite in allgemeinen Lernfähigkeiten bis zu einem gewissen Grad kompensieren. Entwicklungsveränderungen sind also nicht immer globale, bereichsübergreifende Veränderungen, wie sie etwa in PIAGETS Stadientheorie angenommen wurden, sondern vollziehen sich häufig auf der *Ebene spezifischer Wissensdomänen* in Abhängigkeit von schulischen und außerschulischen Bildungsangeboten.
9. Hinsichtlich einer Frühförderung von Kindern sieht PIAGET keine bedeutsamen Fördermöglichkeiten im Unterschied zur Hirnforschung, die gerade für die frühe Entwicklungszeit große Lernmöglichkeiten sieht, wie wir noch sehen werden.

6.2.6 Die ersten beiden Jahre aus der Sicht anderer Forscher

Andere Entwicklungsforscher, wie zum Beispiel BRUNER (BRUNER, 1973) teilen die Auffassung von PIAGET, dass die ersten inneren Bilder durch Handlungen entstehen. Er unterscheidet folgende Phasen:

- **Die enaktive Phase:** Das ist das reine Denken in Handlungen der ersten eineinhalb Jahre.
- **Die ikonische Phase:** Das ist das Denken in Bildern, in denen Menschen und Dinge von den Handlungen losgelöst betrachtet werden.
- **Die symbolische Phase:** Sie beginnt mit etwa zwei Jahren und meint das Denken in Worten.

Alle drei Denkweisen bleiben weiter bestehen, aber die symbolische Phase überwiegt.

Im Unterschied zu PIAGET können laut BRUNER neue Erkenntnisse nach der enaktiven Phase auch ohne verinnerlichte Handlungen entstehen, zum Beispiel nur durch Worte, sodass die Sprachentwicklung und die Sprachverwendung für fortschreitendes Denkvermögen besonders wichtig werden. Bei PIAGET spielt sich Denken letztlich immer parallel zu nach innen gerichteten Handlungen ab.

Ein schönes Beispiel hierfür von R. KOHNSTAMM: „Ein Kleinkind spricht kaum. Aber sollten nicht doch diese wenigen Worte Denkhandlungen möglich machen, die ansonsten außerhalb des kindlichen Bereichs gelegen hätten? Nehmen wir einmal die Denkhandlung (das Schema) ‚Was gleicht wem?', die ohne Worte nicht ausgeführt werden kann. VAN GEERT führt ein eindrucksvolles Beispiel anhand seines 22 Monate alten Sohnes an: Ein flaches, vierkantiges Holzstück mit einer Einkerbung auf einer Seite wurde von ihm ‚Kaninchen' genannt. Wenn der Junge das Wort nicht gekannt hätte, hätte er den Vergleich nicht anstellen können. Viel interessanter und wichtiger ist aber, dass ihm wahrscheinlich ohne das Wort die Übereinstimmung entgangen wäre! Man kann die Benennung ‚Kaninchen' natürlich als Übergeneralisierung und somit als Fehler betrachten. Man kann sie aber auch als Zeichen für die Beweglichkeit des Geistes auffassen. Ein anderer zweieinhalbjähriger Junge bekam ein Fantasiespieltier und nannte es sogleich ‚Hasenhündchen'. Durch dieses Wort wurde vielfältige Kommunikation über das Tierchen möglich, die gewiss das Denken und Entdecken um das Hasenhündchen vergrößerte, wie zum Beispiel die Frage: Was ist an ihm hasenhaft und was hündisch?" (KOHNSTAMM, 1990, S. 194)

Ein weiterer Unterschied besteht darin, dass ein Baby laut BRUNER nur zu neuen Erfahrungen kommt und somit neue Dinge lernt, wenn es sich in einer liebevollen Umgebung geborgen fühlt. Dies finden wir auch bei zahlreichen modernen Entwicklungspsychologen: *Nur ein Kind, das sich geborgen fühlt, traut sich, die Welt zu erkunden.* Nun würde PIAGET darauf vielleicht antworten, das Kind erkunde die Welt nicht so sehr, die Reifung sei entscheidend und ein Minimum an Erfahrung reiche aus. Aber niemand, der für die Unterschiede in der kognitiven Entwicklung zwischen Kindern aus lieblosen oder liebevollen Milieus Augen hat, wird hier mit ihm einer Meinung sein können.

Auch FLAVELL hält menschliche Wesen für soziale Wesen, deren geistige Entwicklung soziale Bindungen voraussetzt. **WYGOTZKI, ein bedeutender russischer Psychologe, hält die soziale Umgebung für die wichtigste Einflussgröße bei der kognitiven Entwicklung des Kindes.** Er stellt fest, dass Kinder als Erstes von den sie umgebenden Menschen lernen. Die soziale Umwelt eines Kindes vermittelt ihm alle seine Konzepte, Ideen, Tatsachen, Fertigkeiten und Einstellungen. Alle persönlichen psychologischen Entwicklungen beginnen als soziale zwischenmenschliche Prozesse, an denen Erwachsene und Kinder gleichermaßen teilhaben.

Ob deshalb in diesem frühen Stadium der geistigen Entwicklung tatsächlich Menschen und leblose Gegenstände im kindlichen Denken denselben Rang einnehmen, muss auch kritisch hinterfragt werden. In diesem Zusammenhang muss sicher erwähnt werden, dass Menschen weniger berechenbar sind als Dinge. Mit Dingen kann ein Baby im Rhythmus der zirkulären Wiederholung umgehen; denn eine bestimmte Wiederholung führt zu einer bestimmten Wirkung. Aber bei Menschen gelingt das nicht. Menschen haben ihr eigenes Leben mit eigenen Stimmungen und reagieren wechselhaft. Deshalb kann die Beschaffenheit der menschlichen Umwelt für die Entwicklung des Denkens erleichternd oder erschwerend wirken, was laut PIAGET eigentlich nicht wichtig ist.

6.3 Entwicklung des moralischen Urteils oder die Gewissensbildung

Menschen entwickeln sich in sozialen Zusammenhängen: In Familien, Kindergärten, Peergruppen, Betrieben, Vereinen, Nachbarschaften, Kirchen, Gemeinden ... In jeder Gesellschaft gibt es Werte und Normen, ohne die der Bestand der Gemeinschaft nicht möglich wäre: Gebote und Verbote, Pflichten und Rechte, Freiheiten und Einschränkungen, Verbindlichkeiten und Verantwortlichkeiten. Allesamt Regeln, die das menschliche Zusammenleben erst möglich machen. Kinder die in die Gemeinschaft hineinwachsen, durchlaufen einen schwierigen Lernprozess über viele Jahre hinweg, indem sie zwischen „gut" und „böse" zu unterscheiden lernen, um zu einem selbstständigen Menschen zu werden. Der selbstständige Mensch zeichnet sich nicht nur dadurch aus, dass er aus eigener Kraft etwas tun kann, sondern besonders dadurch, dass er in bestimmten Situationen beurteilen kann, was in moralischer Hinsicht richtig und was falsch ist. Dieses innere Bewusstsein nennt man das Gewissen.

> Das **Gewissen** ist diejenige persönliche Instanz eines Menschen, die aus den verinnerlichten Normen und Werten einer Gesellschaft entsteht. Es reguliert als „innere Stimme" das Verhalten des Menschen.

Das Gewissen wird auch als „innere Richtschnur" oder als „Kompass" beschrieben. Es ist ein System von verinnerlichten Normen und Werten, an das man glaubt und auf das man sein Verhalten abzustimmen sucht.

> Unter **Moral** begreifen wir ein System von verbindlichen Sitten und Regeln, die auf Werten und Normen der in einer Gesellschaft zusammenlebenden Menschen begründet sind.

Wie entsteht in einem Kind diese Stimme des Gewissens, die es anstelle der Eltern darauf hinweist, was richtig und falsch, gut und böse ist?

In der Psychologie lassen sich auch hier wieder mindestens vier verschiedene Blickwinkel aufzeigen, die die Frage nach der Entstehung des Gewissens beantworten.

6.3.1 Gewissensbildung als Lernprozess

In der Perspektive der Lerntheorien, genauer des Verstärkungslernens, entsteht die Auffassung über Moral durch Belohnung und Bestrafung. Kinder entwickeln ihr Gewissen, indem sie die gesellschaftlichen Regeln zuerst in der Familie, später in Kindergarten, Nachbarschaft, Schule usw. durch Belohnung und Bestrafung verinnerlichen. Wenn Kinder sich im Sinne der Gemeinschaft richtig verhalten, bekommen sie lobenden Zuspruch, der stärkt; verhalten sie sich nicht wunschgemäß, gibt es Unannehmlichkeiten, die dazu führen, dass sie es lassen.

Nicht nur Lob und Strafe sind wirksame Lernprinzipien, die die Gewissensbildung begleiten, sondern natürlich auch das Lernen am Verhaltensvorbild. Kinder nehmen zuerst noch ohne Vorbehalt das Verhalten von Menschen an, mit denen sie zusammenleben. Entscheidend ist also am Anfang des Lebens die Familie, wobei zu betonen ist, dass die Kinder das übernehmen, was die Eltern tun, nicht, was sie sagen!

Predigen hilft nicht, entscheidend ist, was vorgelebt wird. Kinder übernehmen im Laufe der Zeit die Werte und Normen, die sie bei den Erwachsenen sehen und erleben.

Zahlreiche Beobachtungen aus der modernen Entwicklungspsychologie bestätigen die Bedeutung von Lernprozessen für die Gewissensbildung. Eine der möglichen Schlussfolgerungen aus dem Verstärkungslernen und dem Lernen am Modell hingegen ist Anlass für Kritik. Nach den Lerntheorien ist es völlig willkürlich, was ein Kind als gut oder schlecht zu empfinden lernt. Es hängt nur von der jeweiligen Kultur ab, in der das Kind aufwächst. Damit wäre Moral nur soziale Anpassung und die Frage, ob es so etwas wie das Gute und das Böse gibt, nicht beantwortet.

6.3.1.1 Die tiefenpsychologische Perspektive der Gewissensbildung

Für FREUD war das Kind ebenfalls neutral in Fragen von Gut und Böse. Kinder übernehmen die Werte von ihren Eltern, egal wie sie

„Nichts verraten": Die Feinabstimmung der Moral erfolgt bei Kindern auch unter ihresgleichen.

beschaffen sind, weil sie von den Eltern kommen, die sie lieben. Die Übernahme der Normen der Eltern ist in der Tiefenpsychologie der Ausweg aus einem emotionalen Konflikt. Das triebgesteuerte Kind wird bei seinem Wunsch, Gefühle hemmungslos auszuleben, durch die Eltern „gezügelt" und muss aus Angst vor dem gleichgeschlechtlichen Elternteil in der ödipalen Phase seine Bedürfnisse zurückstellen. Die Angst vor den Eltern wird dadurch gedämpft, dass das Kind ihnen gleich sein will, sich mit ihnen identifiziert. Indem man sich mit den Eltern identifiziert, sich ihre Normen und Werte durch Verinnerlichung zu eigen macht, entsteht das Gewissen. Das Gewissen, die verinnerlichten Werte und Normen der Eltern werden in der Tiefenpsychologie *Über-Ich* genannt. Es ist stärker oder schwächer ausgeprägt in Abhängigkeit von der Erziehung der Eltern.

„Sie können ihre Kinder erziehen wie Sie wollen, sie machen Ihnen doch alles nach."

Eine strenge autoritäre Erziehung bringt demzufolge ein strenges Gewissen zum Vorschein; ein Erzieherverhalten, welches mit Überzeugung und Erklärungen Regeln liebevoll begründet, führt zu einem Gewissen der persönlichen Verantwortung.

6.3.1.2 Die Perspektive des Sozialen – Interaktionismus

Unter diesem Blickwinkel kommt das Kind nicht voraussetzungslos mit der Umgebung in Berührung. Das Kind ist hier von seiner biologischen Veranlagung her sozial eingestellt und neigt dazu, sich seiner Umgebung entsprechend zu verhalten. Kein Kind beginnt seine Moralentwicklung aus dem Nichts, denn jedes verfügt als Voraussetzung für ethisches Verhalten über eine Reihe angeborener Reaktionen. Dazu gehört beispielsweise Empathie: die Fähigkeit, sich in die Freude oder den Schmerz eines anderen Menschen hineinzuversetzen, sich einzufühlen. Neugeborene weinen ebenfalls, wenn sie jemanden weinen hören, und sie freuen sich sichtlich mit, falls fröhliche Laute und Lachen ertönen. Schon im zweiten Lebensjahr trösten Kinder traurige Spielkameraden oder ihre Eltern. Die Aneignung der Werte und Normen geschieht nicht aus Angst vor Strafe oder Freude an einer Belohnung (lerntheoretisch), auch nicht aus Angst vor eigenen Wünschen (tiefenpsychologisch), sondern *weil man dazugehören will* (sozialpsychologisch).

Auch in diesem Prozess, in dem gelernt wird, spielen die Eltern die Hauptrolle. Das Kind bekommt das Gefühl, etwas wert zu sein, weil die Eltern es lieben. Die Liebe der Eltern führt zu Selbstliebe und Selbstachtung und Selbstwertgefühl. Die Selbstachtung wird zur Motivation für das richtige Handeln, was in der Regel dem Handeln der Eltern oder später auch der Bezugsgruppe entspricht. Passt dies nicht, kommt es zum „schlechten Gewissen".

6.3.2 Gewissensbildung als geistiger Reifungsprozess

Dieser Ansatz hebt die intellektuell-kognitive Entwicklung hervor. Die Pioniere der kognitiven Sichtweise, Jean Piaget und Lawrence Kohlberg, haben die Forschung über die Moralentwicklung am deutlichsten bestimmt und führten zu einer heute weithin akzeptierten Auffassung über das moralische Urteil beim Kinde.

6.3.2.1 Die Entwicklung des moralischen Urteils nach Jean Piaget

Nach Piaget ist die Entwicklung des Gewissens an die geistige Entwicklung des Kindes gebunden. Für das Verständnis von Gut und Böse muss demzufolge eine bestimmte geistige Reife erreicht sein. Die Gesetzmäßigkeiten der Entwicklung, die wir bei der Denkentwicklung kennengelernt haben, gelten auch für die Entwicklung des Gewissens. Die Umwelt, vor allem die Eltern, treten in ihrer Rolle in den Hintergrund. Sie bilden nur den Erfahrungsrahmen, den sich die Kinder für ihren Weg, der bestimmten Gesetzen gehorcht, suchen. Die Einsicht in die Welt der Werte und Normen reift entsprechend der geistigen Entwicklung. Diese Entwicklung vollzieht sich nach Piaget als Trennung von einem egozentrischen Weltbild des Kindes. Diese Trennung vollzieht sich in Phasen, in denen das Kind immer höhere geistige Ordnungsprinzipien verwendet, um seine Erlebnisse zu verstehen.

Wenn Piaget in seiner Heimatstadt Spaziergänge unternahm, weckten immer wieder spielende Kinder sein Interesse. Indem er sie beobachtete und befragte, erhoffte er sich Aufschlüsse über Spielregeln und den kindlichen Sinn für soziale Gerechtigkeit.

„Bei Kindern im Alter von fünf Jahren und darunter ließ sich kein Interesse an Regeln feststellen. Sie spielten mit den Murmeln so, wie es ihnen Spaß machte. Das änderte sich allmählich nach Schulbeginn. ‚Woher kommen die Spielregeln?', fragte Piaget die Kinder, und er erfuhr von ihnen, dass sie von Gott oder vom Vater stammten. ‚Darf man diese Regeln einfach ändern?' Wenn Piaget sich das Spielverhalten der Kinder genau ansah, dann hielten sie sich nämlich keineswegs immer exakt an die Regeln. Auf die ausdrückliche Frage Piagets beharrten die Befragten aber darauf, dass man eine Spielregel nicht ändern dürfe. Wenn man es dennoch versucht, hat man mit Bestrafung zu rechnen; Spielerfolge, die durch Regelverstoß zustande kommen, seien im Übrigen auch gar nicht gültig.

Gemeinsames Spielen fördert die Einsicht, dass Regeln für alle gelten

Solche Auffassungen, die noch stark vom Gehorsam des Kindes geprägt sind, schienen für PIAGET eine ‚äußere' (‚heteronome') Moral zum Ausdruck zu bringen, d.h. die Überzeugung, dass es Regeln gibt, die von Autoritäten ‚verordnet', von außen bestimmt worden sind. Wer sich in Einklang mit diesen Regeln verhält, ist ‚lieb', wer sie missachtet, ist ‚böse'. Erst im Alter von zehn oder elf Jahren stimmten Kinder zu, dass Regeln geändert werden können, sofern sämtliche Spielteilnehmer dem zustimmen. Damit setzt sich allmählich die autonome Überzeugung durch, dass Regeln das Ergebnis sozialer Vereinbarungen darstellen. Damit beginnt das Stadium ‚innerer' (‚autonomer') Moral. Nunmehr erkennen Kinder, dass Moral in Beziehung zur Situation gesehen werden muss. Um festzustellen, ob ein Verhalten richtig oder falsch ist, werden von ihnen Absichten und Folgen beachtet." (MIETZEL, 2002, S. 279)

PIAGET konnte schnell feststellen, dass mit zunehmendem Fortschritt der kognitiven Entwicklung auch die angewandten Regeln komplizierter wurden und die Kinder sie auch immer besser befolgten.

BEISPIEL

Zur Erforschung des moralischen Urteils konfrontierte PIAGET Kinder mit verzwickten Geschichten und ethischen Dilemmata, um herauszufinden, wie weit das moralische Denken in verschiedenen Altersstufen gediehen ist.

Der kleine Robert war zu Hause in seinem Zimmer. Seine Eltern riefen ihn zum Mittagessen. Hinter der Zimmertür stand ein Stuhl. Auf diesem Stuhl war ein Tablett mit fünfzehn Tassen. Robert konnte nicht wissen, dass all diese Sachen hinter der Tür standen. Als er hereinkam stieß die Tür an das Tablett und die Tassen polterten auf den Boden und gingen zu Bruch.

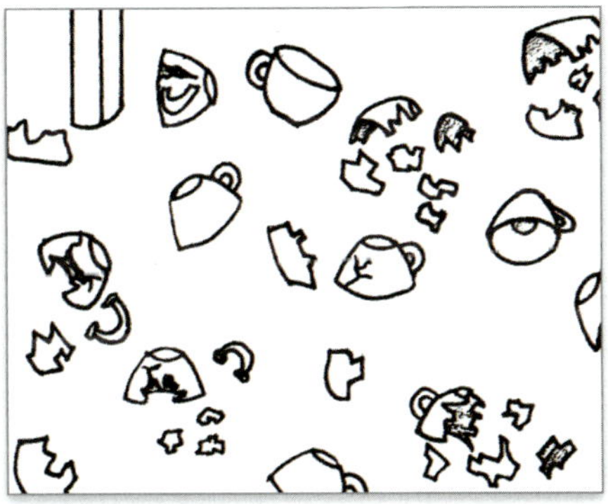

Der kleine Felix war zu Hause in seinem Zimmer. Eines Tages wollte er Marmelade naschen, ohne die Eltern zu fragen. Dazu musste er in die Küche auf einen Stuhl steigen und die Marmelade vom Küchenregal herunterholen. Dabei stieß er an eine Tasse, die herunterfiel und zerbrach.

Zwei hauptsächliche Stufen der Moralentwicklung beim Kind definierte PIAGET:

1. **Die Stufe der heteronomen Moral:** Heteronom bedeutet „von fremden Gesetzen abhängig". Meist glauben die Kinder im schulfähigen Alter, dass Regeln in verschiedenen Bereichen von bestimmten höheren Autoritäten (Gott, Eltern, Lehrer) aufgestellt sind. Was diese Personen für richtig oder falsch halten, das ist auch richtig oder falsch und darf nicht angezweifelt werden. Es ist unveränderlich und erfordert strikten Gehorsam. In ihrem Urteil, ob etwas richtig oder falsch ist, richten sich Kinder auf das Ergebnis einer Handlung, ohne die Absicht zu berücksichtigen.
2. **Die Stufe der autonomen Moral:** Mit zehn, elf Jahren, also am Ende des Stadiums der konkreten Operationen, ändert sich das Moralverständnis der Kinder grundlegend: Sie betrachten Regeln nicht mehr als etwas Festgelegtes, sondern als Prinzipien, als wechselseitige Übereinkunft, die im sozialen Umgang miteinander festgelegt und bei Bedarf auch geändert werden können. Die Bedeutung der Autorität nimmt ab, und je nach Übereinkunft sind auch Regelverletzungen unterschiedlich zu bewerten. Die *Absicht* spielt eine größere Rolle als der angerichtete Schaden. PIAGET war der Auffassung, dass Fortschritte im Einnehmen der Perspektive eines anderen Menschen, die aus der kognitiven Entwicklung resultieren, und das Interagieren mit Gleichaltrigen dafür verantwortlich seien.

Kinder mit etwa sechs Jahren, also in der heteronomen Moral, konzentrieren sich bei der Frage, ob eine Handlung falsch ist, auf das Ergebnis und nicht darauf, ob der Handelnde etwas Unrechtes tun wollte oder nicht. Im Fallbeispiel Robert und Felix hat Robert bei Sechs- bis Siebenjährigen mehr Unrecht getan.

Im Stadium der autonomen Moral wandelt sich auch die Auffassung von der *Lüge*. Erwachsene wundern sich manchmal, wie stark Kinder übertreiben, wenn sie etwas erzählen, oder wie sehr sie sich die Wirklichkeit zu ihren Gunsten zurechtbiegen.

Die Sorge während der Phase der heteronomen Moral ist aber unbegründet. Lügen in dieser Zeit verdeutlichen eher die Wünsche und Fantasien der Kinder. Erst in der autonomen Moral werden Lügen problematisch, weil sie dann einer wissentlichen Täuschung gleichkommen.

Beim Thema *Strafe* bevorzugen jüngere Kinder in der heteronomen Moral strenge Strafen, die in keinem Zusammenhang zur Tat stehen. Oft sind sie dabei auch sehr streng. Die älteren Kinder der autonomen Moral halten nur solche Strafen für gerecht, die in einem Zusammenhang mit der Tat stehen. Hier plädieren die kognitiv reiferen Kinder für Strafen als natürliche Folgen der Handlung oder für die Wiedergutmachung eines angerichteten Schadens.

Neuere psychologische Studien zeigen ein etwas differenzierteres Bild. So dürfen wir heute davon ausgehen, dass

- die Aussagen zum Altersverlauf nicht mehr zutreffen;
- Regelverständnis und Regelbeurteilung auch stark von der Situation abhängen. So machten Kinder Unterschiede in der Beurteilung von Fairness, je nachdem, ob es um Leseübungen, Buchstabierwettbewerb oder um eine Klassenarbeit ging;
- die Bedeutung der Autorität sich verändert hat und Kinder stärker zum Hinterfragen von Autoritäten ermuntert werden;
- moralisches Urteil und moralisches Verhalten auseinandergehen. Oft verhalten sich Kinder moralischer als in ihrem Urteil;
- moralische Konflikte oft differenzierter sind bis hin zur Doppelmoral: So legte eine Forscherin jungen Kindern eine Bildergeschichte vor, in der ein Kind einem anderen heimlich die gebrannten Mandeln wegnimmt. Kinder, die noch nicht vier Jahre alt waren, beurteilten die Tat als falsch: „Stehlen darf man nicht!" Aber: bei der Frage, wie sich der Übeltäter jetzt fühle, meinten die meisten, er müsse guter Dinge sein, schließlich schmecken die Süßigkeiten prima.

6.3.2.2 Die Entwicklung des moralischen Urteils nach LAWRENCE KOHLBERG

In der Folge von PIAGET entwickelte KOHLBERG die bis heute einflussreichste und differenzierteste Theorie der Entwicklung des moralischen Urteils. KOHLBERG veränderte die moralischen Geschichten von PIAGET und entwickelte eine Reihe von „moralischen Dilemmata", in denen eine Konfliktsituation geschildert wird und eine Entscheidung zwischen zwei Alternativen getroffen werden muss. Die bekannteste Dilemma-Geschichte ist das „Heinz-Dilemma": Eine Wahlmöglichkeit zwischen Gehorsam gegenüber dem Gesetz (du sollst nicht stehlen) und des Wertes des menschlichen Lebens (eine sterbende Person retten).

BEISPIEL

Die Geschichte von Heinz

„Eine Frau war unheilbar an Krebs erkrankt. Es gab nur ein einziges Medikament, von dem die Ärzte vermuteten, dass es sie retten könnte. Das Medikament war schon in der Herstellung sehr teuer, aber der Apotheker verlangte trotzdem das Zehnfache dessen, was ihn die Herstellung selbst kostete. Er zahlte Euro 1.000 für das Radium und verlangte Euro 10.000 für das Medikament. Heinz, der Mann der kranken Frau, versuchte, sich das Geld zusammenzuborgen, bekam aber nur die Hälfte des Preises zusammen. Er machte dem Apotheker klar, dass seine Frau im Sterben liege, und bat ihn, das Medikament billiger abzugeben oder ihn den Rest später bezahlen zu lassen. Der Apotheker sagte jedoch: Nein! Ich habe das Medikament entdeckt. Ich will damit Geld verdienen! In seiner Verzweiflung brach Heinz in die Apotheke ein. Und stahl das Medikament für seine Frau." (Nach ECKENSBERGER/REINSHAGEN, 1980 zit. in MIETZEL, 2002, S. 283)

AUFGABEN

KOHLBERG schließt an diese Geschichte einige Fragen an, die Sie in der Klasse diskutieren können. Sie selbst sind also die Versuchsperson:

1. Hätte Heinz das Medikament stehlen sollen? Warum?
2. Was ist schlimmer: jemanden sterben lassen oder stehlen? Warum?
3. Hätte ein Ehemann einen triftigen Grund zu stehlen, auch wenn er seine Frau nicht liebt?
4. Wäre es genauso gerechtfertigt, für einen Freund wie für die eigene Frau zu stehlen? Warum?

Wie haben Sie sich als Versuchsperson entschieden? Für KOHLBERG war es nicht so wichtig, ob Sie sich für oder gegen das Stehlen entschieden haben. Interessant war vielmehr, wie eine jeweils getroffene Entscheidung gerechtfertigt wurde. Dies hat er bei zahlreichen Versuchspersonen verschiedenen Alters in unterschiedlichen Kulturen untersucht und dabei insgesamt sechs verschiedene Stufen des moralischen Urteils gefunden.

6.3.3 Die sechs Stufen moralischen Urteilens

Die sechs Stufen nach KOHLBERG:

Niveau I: Präkonventionelle Moral

Diese Stufe ist weitgehend mit dem „heteronomen Stadium" bei PIAGET identisch: Die Kinder akzeptieren von Autoritäten gesetzte Regeln, die Schwere eines Verstoßes hängt von dessen Folgen ab. Verhalten, das bestraft wird, ist schlecht, belohntes Verhalten ist gut.

- **Stufe 1: Orientierung an Strafe und Gehorsam.** Kinder in dieser Stufe haben Schwierigkeiten, die beiden Entscheidungsalternativen in den Dilemma-Geschichten zu unterscheiden. Sie unterwerfen sich Autoritäten („Mama hat gesagt ..."), um so Strafen zu vermeiden. Sie können die Absichten der Akteure noch nicht berücksichtigen.
  Pro Stehlen: „Wenn man seine Frau sterben lässt, ist das schlimm, und man wird dafür bestraft."
  Kontra Stehlen: „Man darf nicht stehlen, denn dann wird man bestraft und kommt ins Gefängnis."
- **Stufe 2: Instrumentell relativistische Orientierung.** Streben nach Lob. Die eigenen Interessen sind das Maß für Gut und Böse: Was den eigenen Bedürfnissen entgegenkommt, ist gut, was ihnen widerspricht, ist schlecht. Hierbei wird anerkannt, dass auch andere Menschen bestimmte Interessen haben. Gegenseitigkeit besteht: „Du tust das für mich und dafür tue ich das für dich" oder: Auge um Auge, Zahn um Zahn.
  Pro Stehlen: „Heinz kann tun, was er für richtig hält, und der Apotheker kann tun, was er für richtig hält."
  Kontra Stehlen: „Dass Heinz sein Leben riskiert, ist seine Frau nicht wert."

Niveau II: Koventionelle Moral

In dieser Stufe sehen Kinder ein, dass Regeln notwendige Konventionen sind. Ihr Ziel ist die Aufrechterhaltung der sozialen Rollen und Normen.

- **Stufe 3: Orientierung am „guten Jungen" bzw. „guten Mädchen". Streben nach sozialer Anerkennung.** Jetzt sind die Kinder daran interessiert, gute Beziehungen zu Freunden und Verwandten aufrechtzuerhalten. Sie möchten als „guter Junge" oder „nettes Mädchen" angesehen werden und sich die Zuneigung und Wertschätzung ihrer Freunde und Verwandten erhalten.

Kinder auf dieser Stufe können den Blickwinkel anderer Menschen schon berücksichtigen.
Pro Stehlen: „Niemand hält es für schlecht, wenn man das Medikament stiehlt. Aber man bekommt Ärger mit den Freunden und der Familie, wenn man seine Frau sterben lässt."
Kontra Stehlen: „Wenn man das Medikament stiehlt, wird man von allen als Dieb angesehen und kann niemandem mehr ins Gesicht schauen und fühlt sich deshalb schlecht."

- **Stufe 4: Orientierung an der Aufrechterhaltung der sozialen Ordnung.** Gültigkeit von Gesetzen wird anerkannt. Die Perspektive wird breiter. Regeln müssen befolgt werden, damit die soziale Ordnung erhalten bleibt, und Nichtbefolgung darf unter keinen Umständen geduldet werden.
Pro Stehlen: „Er sollte es stehlen. Heinz hat die Pflicht, das Leben seiner Frau zu schützen. Er müsste es später bezahlen und die Strafe für den Gesetzesbruch hinnehmen."
Kontra Stehlen: „Stehlen ist verboten, und es liegt nicht in der Gewalt von Heinz, die Gesetze zu ändern. Es ist seine Pflicht, die Gesetze zu achten. Wenn jeder Gesetze brechen würde, gäbe es nur noch Verbrechen und Gewalt."

Die sechs Stufen moralischen Urteilens

„Der Psychologe LAWRENCE KOHLBERG folgerte in den späten Fünfzigerjahren unter anderem aus einer Studie an 58 Jungen – beziehungsweise dann jungen Männern –, die über 20 Jahre lief, dass sich unser moralisches Urteilsvermögen in sechs Stufen und über drei Ebenen entwickelt: Die Begründungen für eine Entscheidung in einem moralischen Konflikt verändern sich, allerdings bei jedem verschieden rasch –, und die höchste Stufe eignen Menschen sich selten an. Nach diesem Modell wird die Orientierung auf Autoritäten von einer auf absolut gültige Normen abgelöst. Neuere Befunde zeigen, dass hiermit zwar das Verständnis von Moral, jedoch nicht unbedingt die Motivation für eigenes Verhalten erfasst ist." (DAMON, 2003, S. 50)

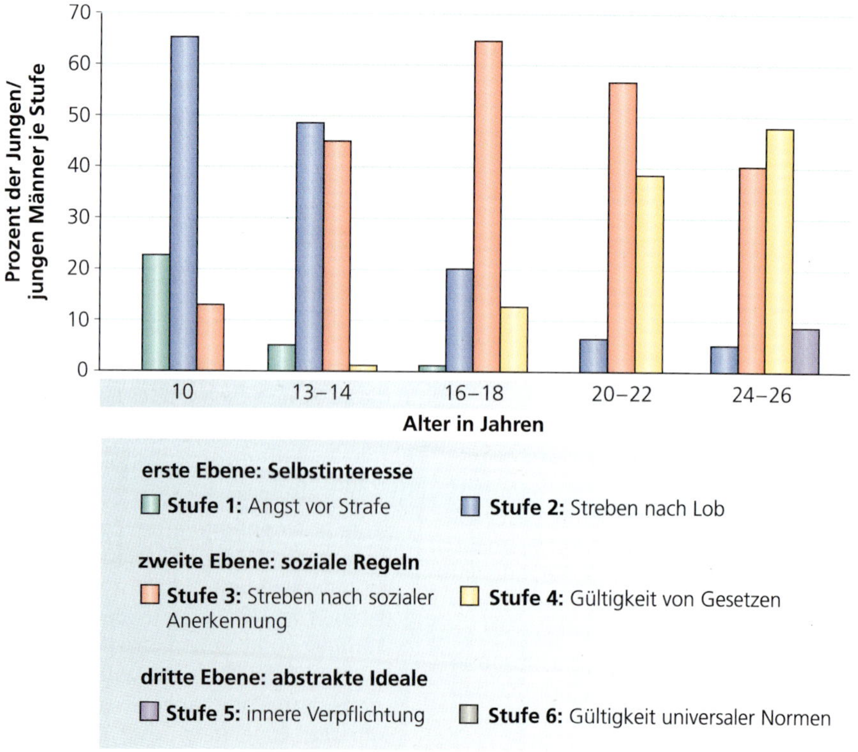

Niveau III: Postkonventionelle Moral

In dieser Stufe erkennen Kinder, dass Regeln Übereinkünfte sind, die man je nach Situation und Notwendigkeit auch ändern kann.

- **Stufe 5: Orientierung an sozialen Verträgen und Menschenrechten.** Auf Stufe 5 werden Gesellschaftsformen und die zugrunde liegenden Regeln als Übereinkunft erkannt. Alternative Regelungen sind möglich, wenn eine Mehrheit das will. Wenn Gesetze in Übereinkunft mit den Interessen der Menschen sind, werden sie befolgt. Grundlegende Werte, wie Menschenwürde und Menschenrechte, werden als unveränderbar anerkannt.
  Pro Stehlen: „Gesetze gegen das Stehlen wurden nicht erlassen, um Menschenleben zu gefährden. Stehlen ist zwar gesetzeswidrig, aber ein solches Gesetz müsste geändert werden, wenn durch seine Vorschriften Menschenleben bedroht werden."
  Kontra Stehlen: Auf dieser Stufe ist keine Argumentation gegen das Stehlen möglich.
- **Stufe 6: Orientierung an den Grundsätzen des eigenen Gewissens und allgemeingültiger ethischer Prinzipien.** Diese Stufe wird nach KOHLBERG selten erreicht. Steuerungsinstanz für das eigene Verhalten ist das Gewissen, das ethischen Prinzipien folgt, die für alle Menschen verbindlich sind.
  Pro Stehlen: „Achtung vor dem menschlichen Leben und Schutz der Person ist bedingungslos. Respekt vor Eigentum kann man nicht höher bewerten als Respekt vor dem Leben. Respekt vor dem Leben ist ein absoluter Wert."
  Kontra Stehlen: Auf dieser Stufe ist keine Argumentation gegen das Stehlen möglich.

Es gibt, durch zahlreiche Studien gestützt, überzeugende Beweise für das von KOHLBERG gefundene Stufenmodell. Auffällig dabei ist, dass die Moralentwicklung ein relativ langsamer Prozess über viele Jahre hinweg ist.

Das Urteilen auf den Stufen 1 und 2 dominiert in den ersten zehn Lebensjahren, wie der vorherigen Grafik zu entnehmen ist. Es nimmt in der frühen Adoleszenz ab und wird durch das rationale Urteilen auf Stufe 3, die auch in der mittleren und späten Adoleszenz vorherrscht, abgelöst. Die Stufe 3 und 4 dominieren dann auch im jungen Erwachsenenalter. Die postkonventionelle Moralität der Stufen 5 und 6 ist eher selten anzutreffen.

6.3.3.1 PIAGET und KOHLBERG: Moral als moralische Vernunft

Bei PIAGET wird die kindliche Moral als egozentrisch und subjektiv gekennzeichnet. Sie gründet in der Macht der Eltern, Normen und Werte vorzugeben. Die moralische Autonomie wird erst in den kooperativen Beziehungen zu den Gleichaltrigen erworben. In diesen Beziehungen beruht der Respekt vor Regeln auf gemeinsam getroffenen Übereinkünften, und die Regeln werden als verhandelbar gesehen. Erst durch die Erfahrung von Kooperation innerhalb der Gruppe der Gleichaltrigen wird die Geltung von Regeln unabhängig von ihrer Setzung durch Autoritäten erfahren. Die autonome Moral beruht mithin auf der Fähigkeit zur wechselseitigen Perspektivenübernahme und ist das Produkt gemeinsamer Handlungen. Dadurch wird der kindliche Egozentrismus überwunden und durch die Norm der Gegenseitigkeit ersetzt.

Wie wir feststellen konnten, sieht KOHLBERG in Übereinstimmung mit PIAGET Moralentwicklung als die Entwicklung moralischer Vernunft. Moralentwicklung besteht für ihn in der Veränderung des Denkens über Gerechtigkeit, also darüber, wie moralische Ansprüche gerecht verhandelt werden können. Die Entwicklung des moralischen Denkens vollzieht sich in einer Abfolge logisch aufeinander aufbauender Stufen, die qualitativ unterschiedliche Formen des moralischen Denkens bilden.

Die konkreten Inhalte des moralischen Urteils und die Höhe der erreichten Entwicklungsstufe können innerhalb verschiedener Milieus einer Gesellschaft unterschiedlich sein. Auch in verschiedenen Kulturen können sie variieren. **Es hängt nach KOHLBERG also von den gesellschaftlichen Bedingungen ab, in denen sich moralische Entwicklung vollzieht. Für ihn ist moralische Entwicklung nicht nur ein kognitiver Entwicklungsprozess, sondern die moralische Entwicklung wird durch Gelegenheiten zur Übernahme der Sichtweise des Gegenübers in sozialen Interaktionen gefördert.** Neben den Erfahrungen zur Perspektivenübernahme in der Familie sieht KOHLBERG in Übereinstimmung mit PIAGET insbesondere die Erfahrungen in der Gruppe der Gleichaltrigen als zentral an. Der Schule als sozialem Erfahrungsraum kommt dabei eine besondere Rolle zu. Hierin kann eine „moralische Atmosphäre" die moralische Entwicklung fördern, wie wir weiter unten bei den moralischen Dilemmata noch sehen werden.

Wie lässt sich Ihrer Meinung nach das moralische Urteilsvermögen beeinflussen?

Sind Kleinkinder schon moralisch? Kritik an Kohlberg

Die Periode der frühen Kindheit ist in der Tradition der Kohlberg-Forschung weitgehend vernachlässigt worden. Seine Beispiele von moralischen Dilemmata sind zu anspruchsvoll und thematisieren meistens Probleme, die der kindlichen Lebenswelt nicht entsprechen. Daher wurden Kinder üblicherweise erst ab einem Alter von zehn Jahren untersucht.

Da Kohlbergs Theorie jedoch als eine umfassende Theorie der Lebensspanne formuliert ist, stellt sich die Frage, inwieweit die ersten beiden Stufen die moralischen Vorstellungen jüngerer Kinder richtig abbilden.

Kleinkinder nehmen nicht nur das Verhalten anderer wahr, sondern auch deren Absichten. Das haben Forscher aus Leipzig gezeigt. Wer selbst hilfsbereit ist, kann auf die Hilfe von Kindern zählen – und das sogar, wenn er unbeabsichtigt anderen geschadet hat. Dagegen müssen Menschen mit unlauteren Motiven auf die Unterstützung der Kleinen verzichten: Die Hilfsbereitschaft von Kindern sinkt, wenn sie beobachten, dass jemand anderen mutwillig schadet. Schon wenn derjenige nur böswillige Absichten hegt, zeigen sich Kleinkinder weniger entgegenkommend. Die Beobachtungen werfen ein neues Licht auf die Entstehung von Moralvorstellungen und deren Bewertungen bei Kindern.

„Die Wissenschaftler konfrontierten in zwei Studien 100 Dreijährige mit unterschiedlichen Szenarien. So beobachteten die Kleinen beispielsweise, wie hilfsbereite Erwachsene eine Zeichnung zusammenklebten, die ein Dritter zuvor mutwillig zerfetzt hatte. In einem anderen Test mussten die Kinder mit ansehen, wie jemand absichtlich die Arbeit eines anderen zerfledderte. Außerdem beobachteten die Kleinen Erwachsene, die offensichtlich ein bemaltes Blatt Papier zerreißen wollten, das aber nicht schafften. Und schließlich sahen sie Personen zu, die aus Versehen die Zeichnung eines anderen zerstörten. Im Anschluss spielten die Erwachsenen ein Spiel, bei dem die Kinder den Großen unter die Arme greifen sollten. Die Forscher beobachteten, dass sich die Kinder kollegial gegenüber Erwachsenen verhielten, die zuvor selbst anderen geholfen oder aber lediglich versehentlich jemandem Schaden zugefügt hatten.

Dagegen mussten diejenigen, die jemandem bewusst und absichtlich geschadet hatten, auf die Hilfe der Kleinen verzichten. Ebenso ging es denen, die zwar geplant hatten, andere zu ärgern, dies aber nicht umsetzten. Das Verhalten der Kleinen lässt vermuten, dass Kinder bereits im Alter von drei Jahren nicht nur ein Verständnis für das moralische Verhalten anderer entwickeln, sondern auch die Absichten erfassen können, die dem Verhalten eines anderen zugrunde liegen“. (Dapd, 2011)

AUFGABE

Diskutieren Sie dieses Forschungsergebnis in der Klasse vor dem Hintergrund der Theorien von Piaget und Kohlberg.

Inzwischen weisen neue Experimente darauf hin, dass sogar Babys, bevor sie sprechen können, ein Gespür für Gut und Böse haben.

Wissenschaftler der Yale University in Amerika luden Kinder im Alter zwischen sechs und zehn Monaten ins Puppentheater ein. Die Babys sitzen bei dem Versuch auf dem Schoß ihrer Mütter und sehen drei farbige Holzklotzfiguren mit aufgemalten Augen in Aktion. Die drei Figuren bewegen sich an einem steilen Berg. Die erste Figur, eine rote Holzscheibe mit Gesicht, versucht den Berg hinaufzuklettern, aber sie schafft es nicht. Dann kommt eine zweite Figur hinzu – der „Helfer“ in Form eines gelben Dreiecks – und schiebt den „Kletterer“ den Berg hinauf. Dann aber erscheint eine dritte Figur, der „Blockierer“, ein blaues Viereck von oben und hindert den „Kletterer“ an seinem Aufstieg.

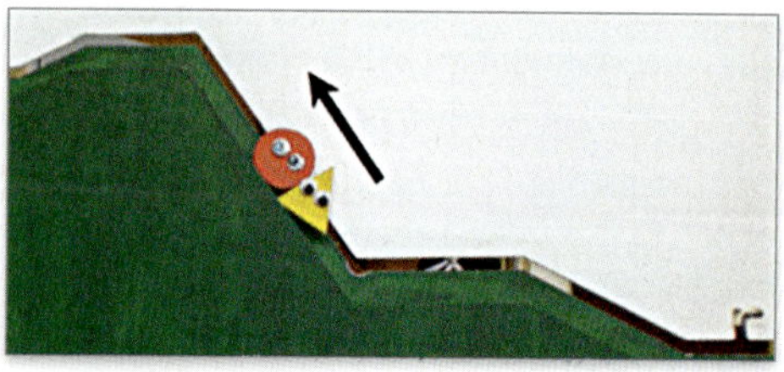

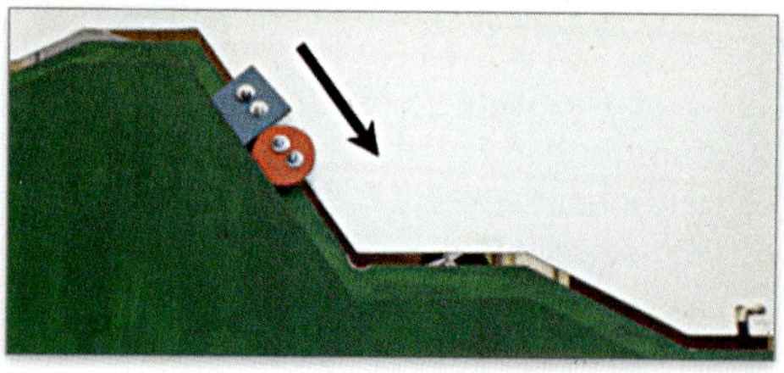

Autorin dieser kleinen Inszenierung war die Psychologin KILEY HAMLIN. Sie interessierte sich insbesondere für die Wirkung der beiden Figuren „Helfer" und „Blockierer" auf das junge Publikum.

Die eine Puppe verhält sich sozial, die andere unsozial. Die Forscherin wollte nun herausfinden, ob die Babys dies erkennen und ob sie eine Vorliebe für eine der Figuren entwickeln. Nach der Aufführung reichte sie den Babys deshalb die beiden Figuren auf einem Tablett und beobachtete, welcher Figur sich die Kinder zuerst zuwandten. Das Ergebnis war eindeutig: Alle zwölf Babys wollten den „Helfer" als Spielzeug haben – und nicht den „Blockierer".

Es scheint also nachgewiesen, dass wir zwischen Gut und Böse schon viel früher als bislang angenommen unterscheiden; wir besitzen somit offenbar schon sehr früh ein „moralisches Empfinden".

Bisher war die Ausgangslage für die moralische Erziehung klar als Aufgabe der Gesellschaft, vor allem der Eltern definiert, die nicht empathischen, egozentrischen, amoralischen Kleinkinder zu zivilisierten Wesen zu erziehen. Zu Menschen, die Empathie empfinden können, Schuld und Scham kennen, Ungerechtigkeiten bekämpfen und fähig sind, ihre egoistischen Impulse im Namen höherer Werte zu überwinden. Denn von SIGMUND FREUD bis hin zu JEAN PIAGET waren die Entwicklungspsychologen des letzten Jahrhunderts überzeugt: Der Mensch beginnt sein Leben als amoralisches Wesen.

Noch überraschender wurden die Resultate, wenn man das Experiment erweiterte. Man arbeitete mit einer Puppe, die den Belohnenden spielte, und einer Puppe, welche bestrafte. Nun wählten die Babys die Belohner-Puppe nur dann, wenn sie den Helfer belohnte. Wenn sie sich zwischen der Puppe entscheiden mussten, welche die Verhinderer-Puppe belohnte, und der, welcher diese bestrafte, wählten sie den Bestrafenden.

PAUL BLOOM, Professor der renommierten Yale-Universität, und seine Kolleginnen schließen daraus, dass Babys nicht nur eine klare Präferenz für Figuren haben, die Gutes tun, sondern auch entscheiden können, ob eine Handlung gerecht ist oder nicht. Wenn auch nicht auf einer kognitiven, dann auf einer emotionalen, instinktiven Ebene.

> „Eine wachsende Zahl von Beweisen legt nahe, dass Menschen von Beginn an einen rudimentären moralischen Sinn haben. Mithilfe von gut konzipierten Experimenten können sie schon im ersten Jahr des Lebens Schimmer von moralischem Denken, moralischen Urteilen und moralischen Gefühlen sehen. Ein gewisser Sinn von Gut und Böse scheint uns in den Knochen zu stecken." (BLOOM, 2010)

Gemäß KOHLBERGS Modell erfolgt die Zuordnung zum jeweiligen „Moralniveau" nach Einordnung sprachlicher Begründungen wie im Heinz-Dilemma (S. 283) dargestellt. Emotionale Einflüsse bleiben hier unbedacht, weshalb KOHLBERGS Ansatz heute als einseitig verbal-rational gilt.

Somit merken mehrere Kritiker an, dass kognitive Einsicht und Vernunft für die Einnahme eines moralischen Standpunkts nicht ausreichen. Sie beinhalten lediglich die Wahrnehmung und das Verständnis einer Situation. Erst aber die emotionale Komponente von Betroffenheit und Empathie ermöglicht eine moralische Handlungsbereitschaft. Diese affektive Komponente ist die Voraussetzung dafür, dass überhaupt Situationen im Hinblick auf das Wohlergehen anderer Personen bedeutsam werden. Die Entwicklung der kognitiven Fähigkeit allein, die Sichtweisen zu koordinieren, garantiert nicht die Entwicklung einer moralischen Einstellung.

Der Vorwurf der Kritiker, die Bedeutung von Emotionen für ein moralisches Urteil vernachlässigt zu haben, wiegt schwer.

6.3.3.2 Kritik an KOHLBERG aus Sicht der Neurobiologie

Kritik an KOHLBERGS Modell kommt in jüngster Zeit auch noch aus der Neurobiologie. JONATHAN HAIDT von der Universität von Virginia ist der Auffassung, dass es gerade nicht wohl durchdachte Gründe sind, die unser moralisches Urteil bestimmen. Seine „sozial-intuitionistische" Theorie basiert auf dem Gedanken, dass es intuitiv quasi automatisch, also unbewusst zu einer Bewertung kommt. Dieser unbewusste Prozess lasse sich kaum durch Argumente beeinflussen – die Rechtfertigung für unsere spontanen Urteile legten wir uns in der Regel erst nachträglich zurecht.

Im Licht neuerer Erkenntnisse aus der neurowissenschaftlichen und biologischen Forschung wird heute vor allem die Frage bearbeitet, ob wir bereits mit moralischen Prinzipien zur Welt kommen, und somit moralisches Empfinden und Urteilen bereits in unseren Genen angelegt ist. Dazu im Kasten ein tückischer Versuch:

DER MANN AUF DER BRÜCKE

1. Versetzen Sie sich bitte in folgende Lage: Ein Waggon rast völlig außer Kontrolle über ein Gleis direkt auf fünf Gleisarbeiter zu. Sie stehen an der Weiche und sehen den führerlosen Wagen heransausen. Wenn Sie die Weiche nach rechts umstellen, können Sie das Leben der fünf Gleisarbeiter in letzter Sekunde retten. Das Problem dabei ist aber: Wenn der Waggon nach rechts abbiegt, überfährt er ebenfalls einen Menschen – allerdings nur einen einzigen. Was würden Sie tun?

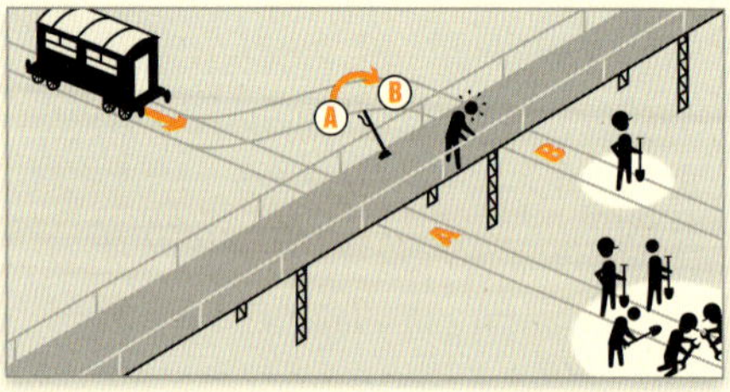

2. In einer zweiten Situation haben wir es wieder mit einem führerlosen Bahnwaggon zu tun, und wieder rast er auf die fünf Gleisarbeiter zu. Diesmal aber stehen Sie nicht an einer Weiche, sondern auf einer Brücke über dem Gleis. Sie suchen nach etwas, was Sie von oben auf die Bahngleise runterwerfen können. Das Einzige, was Sie tun könnten, um den Waggon aufzuhalten, ist, einen großen dicken Mann, der neben Ihnen steht, hinabzustoßen. Sein schwerer Körper würde den heranrasenden Eisenbahnwagen aufhalten, die fünf Gleisarbeiter wären gerettet. Würden Sie es tun?

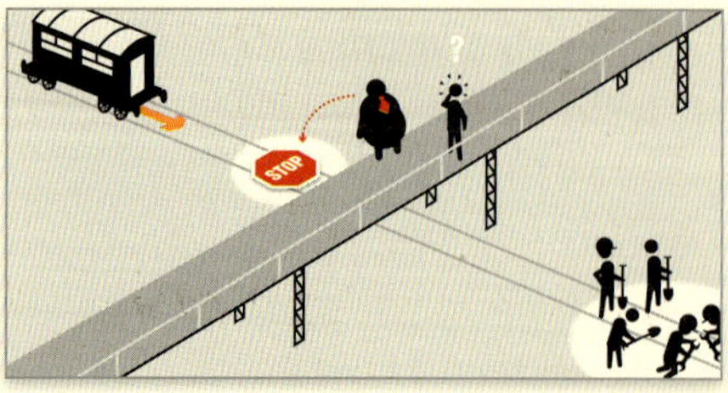

Stimmen Sie in der Klasse ab und diskutieren Sie anschließend die Entscheidung.
(http://moral.wjh. harvard.edu/index2.html)

Mehr als 300 000 Menschen wurden diese Fragen gestellt.

Befragt hat Sie der Psychologe Marc Hauser von der Harvard University in Boston. Er fragte Menschen in den USA und in China, selbst Nomadenvölker waren dabei. Er fragte Kinder und Erwachsene, Atheisten und Gläubige, Frauen und Männer, Arbeiter und Akademiker.

Das überraschende Ergebnis der Befragung war: Die Antworten waren fast immer gleich – unabhängig von Religion, Alter, Geschlecht, Ausbildung und Herkunftsland.

Zu Frage 1: Fast jeder der Befragten würde die Weiche umstellen. Er würde den Tod von einem einzigen Mann in Kauf nehmen, um das Leben von fünf Männern zu retten.

Zu Frage 2: Nur jeder Sechste (ca. 17 %) würde den dicken Mann von der Brücke stoßen, um das Leben der fünf Männer zu retten.

Die große Mehrheit würde also nicht aktiv. Dabei sind die Folgen beider Handlungen rein rechnerisch gleich: Ein Mensch stirbt, fünf werden gerettet. Dennoch scheinen sie psychologisch betrachtet nicht denselben Stellenwert zu besitzen.

Der Moralphilosoph und Neuropsychologe Joshua Greene untersuchte die Gehirne der Menschen, die mit solchen und ähnlichen moralischen Problemen konfrontiert waren, und fand heraus, dass im ersten Fall zwar auch Menschen Schaden nehmen. Dieser ergibt sich allerdings gleichsam als ungewollte Nebenwirkung. Wer die Weiche umlegt, greift zwar in den Lauf der Dinge ein, verursacht aber nicht unmittelbar den Tod des anderen. Es handelt sich um eine Art „Begleitschaden".

Beim Brückensturz ist dies anders. Hier bewirkt der Stoß direkt, dass ein Unschuldiger ums Leben kommt. Dabei müssen wir eine persönliche emotionale Hürde überwinden – anders als etwa das unpersönliche Betätigen der Weiche. Ob ich den Tod eines Menschen in Kauf nehme oder ob ich ihn selbst herbeiführe, ist offensichtlich nicht dasselbe.

Psychologisch macht es einen erheblichen Unterschied, ob ich aktiv oder passiv für den Tod von Menschen verantwortlich bin. Zwischen aktivem Tun und passivem Unterlassen liegen gefühlte Welten.

Marc Hauser von der Harvard University in Boston ist überzeugt davon, dass wenn die meisten Menschen in derselben Situation die Lage moralisch sehr ähnlich einschätzen und sich gleich verhalten, dies ein Beweis dafür sei, dass es einen kulturübergreifenden allgemeinen moralischen Schutz in jedem von uns gibt. Die Menschen orientieren sich nach seiner Überzeugung alle irgendwie an den gleichen Grundsätzen wie: Fairness, Verantwortung oder Dankbarkeit. Jemanden mit Absicht zu verletzen etwa gilt in allen Kulturen als viel schlimmer, als wenn dies ohne Absicht geschieht. Einige Forscher sind überzeugt, dass es moralische Regeln in jedem von uns gibt (siehe Abb. unten). Für sie ist demnach menschliche Moral kein ausschließliches Produkt von Erziehung, Religion oder Kultur, sondern weitgehend angeboren und nicht allein Eltern, Lehrer und Erzieherinnen bringen einem Menschen Sitte und Anstand bei – er kommt schon mit einem Gespür dafür auf die Welt. Dass er vollends zu einem guten Menschen werden kann, bedingen dann unsere zwischenmenschlichen Bemühungen.

Das moralische Gehirn

Moral

Unser Empfinden für Recht und Unrecht durchdringt all unsere sozialen Wahrnehmungen und Interaktionen. Teilweise wird es erlernt, aber es hängt auch von den Emotionen ab, die Handlungen und Erlebnissen »Wert« verleihen. Beim Fällen moralischer Urteile kommen zwei unterschiedliche Hirnschaltkreise ins Spiel: Der »rationale« Schaltkreis wägt objektiv das Für und Wider einer Handlung ab. Der »emotionale« Schaltkreis generiert ein schnelles und instinktives Gespür für Recht und Unrecht. Nicht immer kommen beide Schaltkreise zum selben Schluss, denn Emotionen sind meist auf das eigene Überleben und/oder den Schutz geliebter Personen ausgerichtet. An der emotionalen Einflussnahme auf moralische Urteile scheinen der ventromediale und der orbifrontale präfrontale Cortex involviert zu sein. Testpersonen, bei denen diese Bereiche beschädigt sind, fällen wesentlich rationalere Urteile als andere. Daraus folgt, dass »Moral« offenbar im Hirn verankert und mehr auf Selbstschutz als auf »Wohltätigkeit« ausgerichtet ist.

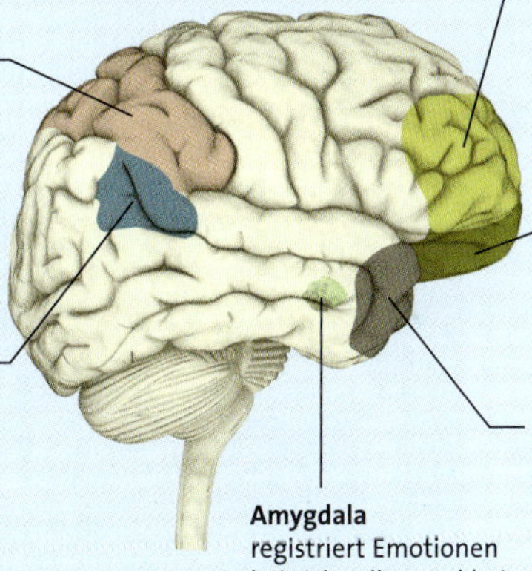

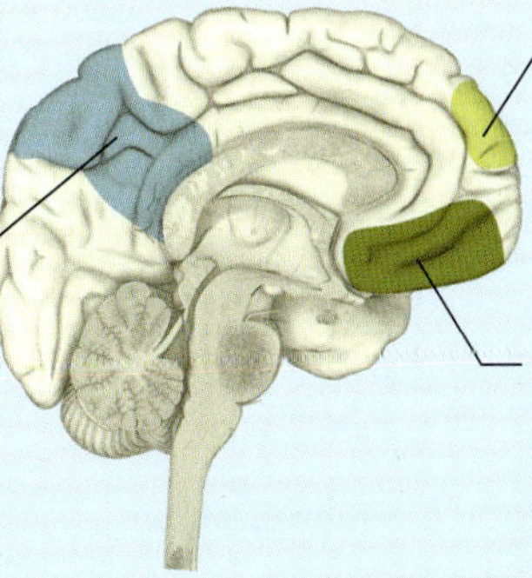

Moralische Entscheidungen fällen

Emotionen spiele eine große Rolle beim Fällen moralischer Entscheidungen. Denn dazu müssen Hirnareale für emotionales Erleben mit den Bereichen kooperieren, die für Fakten, mögliche Handlungen und deren Konsequenzen zuständig sind.

EXKURS

Haben auch andere Primaten eine angeborene Ahnung davon, was gut und was böse ist?

„Affen lassen sich nicht auf unfaire Tauschgeschäfte ein. Amerikanische Wissenschaftler fanden in Versuchen mit Kapuzineraffen heraus, dass auch sie einen Sinn für Gerechtigkeit haben. Werden sie im Vergleich zu ihren Artgenossen ungleich behandelt, reagieren sie so ähnlich wie wir Menschen: trotzig! Nach Meinung der Forscher deute das darauf hin, dass nicht nur Menschen, sondern auch Primaten Ungerechtigkeiten ablehnen. Dies berichten sie im britischen Fachblatt ‚Nature'.

Für ihre Versuche trainierten SARAH BROSNAN und FRANS DE WAAL von der Emory Universität in Atlanta (US-Bundesstatt Georgia) zunächst Kapuzineraffen darauf, Spielsteine gegen ein Stückchen Gurke einzutauschen. Um den Gerechtigkeitssinn der Affen auf die Probe zu stellen, erhielt einer von zwei Affen dann für einen Spielstein statt der Gurke eine viel begehrtere Weintraube.

Trotzreaktion

Beobachtete der andere Affe diese ungerechte Behandlung, weigerte er sich danach, seinen eigenen Spielstein einzutauschen oder verschmähte nach dem Tausch trotzig die kulinarische Belohnung. Diese „Verweigerungshaltung" wurde noch ausgeprägter, wenn der Versuchsleiter dem einen Affen eine Weintraube gab, ohne dass dieser irgendetwas dafür tun musste. Die Empörung der benachteiligten Affen ging so weit, dass sie gelegentlich sogar den Spielstein oder die Belohnung aus der Versuchskammer schmissen.

Besonders erstaunlich sei, dass die Tiere freiwillig auf eine Leckerei verzichteten, die sie sonst unter fast allen denkbaren Umständen ohne Zögern akzeptierten, schreiben die Wissenschaftler. So verlief der Tauschhandel meist ohne Probleme, wenn die Forscher einem Affen ein Stück Gurke statt einer ebenfalls sichtbaren Weintraube anboten, während kein weiterer Affe in der Versuchskammer anwesend war. Dies zeige, dass die Tiere ihre eigene Belohnung mit der anderer verglichen." (nach Nature, Bd. 425, S. 247)

6.3.4 Wodurch lässt sich das moralische Denken beeinflussen?

Veränderungen in der moralischen Entwicklung sind von vielen Umweltfaktoren abhängig. Von Erziehungsformen, vom schulischen Umfeld, von dem Umgang mit Gleichaltrigen und natürlich dem kulturellen Umfeld.

6.3.4.1 Erziehungsformen

Rezepte für eine gelingende Moralerziehung gibt es nicht. Aber es lässt sich wissenschaftlich begründen, dass Eltern und Erzieher mit einem verständnisvollen, erklärenden, werteorientierten Erziehungsstil gute Voraussetzungen für eine gelingende Moralentwicklung der Kleinen legen.

Wer bei seinen Kindern die Empathie fördert, das Mitempfinden mit anderen, der schafft auch eine wichtige Grundlage für die Moralentwicklung. Die Fähigkeit zum Mitempfinden ist dem menschlichen Gehirn eingeschrieben, doch unterschiedlich ausgeprägt. Neben den Erbanlagen sind die Erlebnisse und Erfahrungen der frühen Kinderjahre bedeutsam, also auch die Kindergartenzeit. Ob sich ein Kind zu einem mitfühlenden Menschen entwickelt, hängt stark von der Zuneigung, der Wertschätzung und der Aufmerksamkeit ab, die es durch die Erwachsenen erfährt. Eine verständnisvolle und warmherzige Erziehung, in der auch Gespräche über moralische Fragen geführt werden, ist hilfreich und steigert das so wichtige Selbstvertrauen.

Dazu gehört es auch, Grenzen zu setzen, diese aber auch kindgerecht zu begründen, auf ihre Einhaltung zu achten, aber auch, wo es sinnvoll und möglich ist, zu verhandeln.

Wie löst sich der Streit um die Ausstecher? Einfühlsame Erzieher helfen, diese Streitfälle auf dem Verhandlungswege zu klären.

6.3.4.2 Das schulische Umfeld und die Interaktionen mit Gleichaltrigen

Die Länge der abgeschlossenen Schulbildung hilft bei der Weiterentwicklung des moralischen Verständnisses. Eine höhere Schulbildung ist dann besonders von Vorteil, wenn in der Schule eine Plattform für die Unterstützung der moralischen Entwicklung geboten wird. Nicht durch die Vermittlung der Werte und Normen wird dies erreicht, sondern durch die eigene Erfahrung, die verarbeitet wird, durch die Auseinandersetzung mit Werten und Wertkonflikten. Drei wichtige Elemente der Förderung der moralischen Entwicklung lassen sich feststellen:

- Einmal ist die Sicherung des Wohlbefindens der Schüler wichtig, also die sozial-emotionale Atmosphäre,
- zum anderen die Möglichkeit der Schüler zur Teilhabe und Verantwortungsübernahme in der schulischen Gemeinschaft mit ihresgleichen,
- zum Dritten ist die Problematisierung moralischer Dilemmata förderlich.

Das pädagogische Prinzip beim Angebot moralischer Dilemmata folgt dem Beispiel des Heinz-Dilemmas und lässt sich in viele Alltagssituationen übersetzen.

Gerade die Diskussion unter Gleichaltrigen kann den Aufbau von Kompetenz zur Lösung moralischer Probleme stärken.

6.3.4.3 Das kulturelle Umfeld

Kohlberg hat in einer klassischen Untersuchung an 10-, 13- und 16-jährigen Kindern in den USA, Taiwan und Mexiko das Heinz-Dilemma untersucht und herausgefunden, dass die Abfolge der Entwicklungsstufen des moralischen Urteils dort gleich verlief. Sein Modell ist universell, allerdings gibt es kulturelle Unterschiede im zeitlichen Verlauf und teilweise in den Begründungen für eine moralische Entscheidung.

Andere Untersuchungen weisen darauf hin, dass es in unserer westlichen Kultur eine starke Betonung individueller Werte gibt, wohingegen in fernöstlichen Kulturen die Verantwortung und Sorge für andere stärker betont werden.

ANREGUNGEN FÜR PARTNERARBEIT ODER KLEINGRUPPEN:

- Wie stehen Sie zu Tierversuchen in der Medizin?
- Was erscheint Ihnen wichtiger: Freundschaft oder Gesetzestreue?
- Ist eine kriegerische Intervention bei Menschenrechtsverletzungen in einem Staat gerechtfertigt?
- Sie beobachten ein ca. neunjähriges Kind beim Diebstahl im Kaufhaus. Wie verhalten Sie sich, und warum verhalten Sie sich so?
- Wir würden gerne folgende Fragestellung bearbeiten ...

6.3.5 Fazit

Wir können davon ausgehen, dass das vorherrschende Wertesystem einer Gesellschaft einen starken Einfluss auf das moralische Urteil des Menschen hat.

Abschließend bleibt die Erkenntnis: Moralische Identität wird gefestigt, wenn die sozialen Einflüsse trotz ihrer Vielfalt insgesamt in eine einheitliche Richtung weisen. Kinder müssen für die Entstehung einer moralischen Identität eine Botschaft oft genug hören und erleben, damit sie haften bleibt. Deshalb brauchen wir eine breite Basis von Wertevorstellungen, die wir an die jungen Menschen in Form von allgemein akzeptierten Normen vermitteln und leben.

6.4 Sprachentwicklung

Der Spracherwerb des Kindes ist eines der größten Wunder der menschlichen Entwicklung. Besonders die Mühelosigkeit, mit der der Sprachzuwachs verläuft, stellt uns immer wieder vor Rätsel. Insbesondere im Ausland stoßen wir auf die Frage: „Wie können die Kleinen mühelos eine Sprache sprechen, mit der wir uns in der Schule jahrelang abgemüht haben?"

In kurzer Zeit und spielerisch gelingt es Kindern in den ersten sechs Jahren, eine hoch komplizierte Sprache wie die deutsche in ihren Grundzügen zu beherrschen. Deshalb haben auch gerade Psychologen immer wieder ein starkes Interesse an der Sprachentwicklung gezeigt. Viele haben über den Spracherwerb ihrer eigenen Kinder täglich Buch geführt. Ihre Aufzeichnungen waren das erste Material, das man einer Theorie der Sprachentwicklung zugrunde legte.

6.4.1 Komponenten der Sprache: Was muss das Kind erwerben?

Bei der menschlichen Sprache unterscheidet man sechs Komponenten, denen ein Kind bei seiner Sprachentwicklung Rechnung tragen muss.

Die Komponenten:

- Die **prosodische Strukturierung**, also die Sprachmelodie und der Sprachrhythmus.
- Die **phonetische** Entwicklung bezieht sich auf die Laute, die ein Kind bilden kann.
- Die **semantische** Entwicklung betrifft die Bedeutung dessen, was es sagt.
- Die **syntaktische** Entwicklung bezeichnet die Entwicklung des kindlichen Satzbaus.
- Die **morphologische** Entwicklung, die unter anderem das Konjugieren der Verben und Deklinieren der Substantive betrifft.
- Die **pragmatische Kompetenz**: Kinder lernen, was man unter welchen Umständen wie sagt: die *pragmatische Kompetenz* – womit die Situationsangemessenheit der sprachlichen Aussage gemeint ist.

Eltern interessiert vor allem, welche Worte ihr Kind zuerst äußert, in welchem Umfang der Wortschatz zunimmt und wann die ersten Worte in einer sinnvollen Verbindung auftreten. Entwicklungspsychologen und Sprachwissenschaftler haben jedoch darauf hingewiesen, dass zum Spracherwerb noch viel mehr gehört.

6.4.1.1 Die prosodische Strukturierung

Kinder erwerben die kulturtypische Sprachmelodie und den Sprachrhythmus ihrer Sprache. Hierin gibt es typische Betonungs- und Dehnungsmuster sowie Höhenkonturen sprachlicher Einheiten. Achten Sie einmal auf Ihre eigene Rede, was machen Sie zum Beispiel mit dem letzten Vokal vor einer Satzgrenze? Sie dehnen ihn! (In der Regel geschieht dies unbewusst). Eine Frage kennzeichnen Sie durch eine ansteigende Sprachmelodie! Oder etwa nicht? Lesen Sie diesen letzten Satz bitte laut.

6.4.1.2 Die phonetische Entwicklung

Phonologie

Mit der phonologischen Komponente ist die Lautstruktur einer Sprache gemeint. Jede Sprache ist zunächst einmal durch ein bestimmtes Lautsystem gekennzeichnet. Die kleinste sinnvolle Lauteinheit, die in der gesprochenen Sprache vorkommt, bezeichnet man als Phonem. Mit der Veränderung dieser Einheiten erhält das Wort eine neue Bedeutung. Bei den folgenden Wörtern stellen jeweils die ersten Buchstaben Phoneme dar. Durch Austausch der Konsonanten lässt sich die Bedeutung wie folgt ändern: Fang, Gang, Hang, lang, Rang, Tang etc. Gleiches lässt sich durch Änderung von Vokalen erreichen: Gras, Grieß, groß, Gruß etc. Ein Kind hat also zu lernen, zwischen verschiedenen Phonemen zu unterscheiden. So muss in der deutschen Sprache herausgehört werden, ob ein stimmhaftes s (wie in Seile) oder ein z (wie in Zeile) gesprochen wird, wenn Missdeutungen vermieden werden sollen (nach Mietzel, 2002, S. 159).

Die schwierigsten Mitlaute sind:

R, s, sch, ch,
ng, h, w, l.

Die meisten Kinder sprechen anfangs nur wenige Wörter richtig aus. Einsilbige Wörter werden auf einen Selbstlaut und einen Mitlaut reduziert: Stuhl wird Uhl und Tür wird Tü. Manche Wörter werden zu Anfang durch Wiederholung eines Bruchstücks vereinfacht: Milch wird Mimi, Apfel wird Apap. Die Kombination zweier Mitlaute ist ein schwieriges

Problem: Pferd wird Fed. Oft werden Worte auch gedehnt: Helm wird Hemel. Drei Mitlaute hintereinander gestalten sich für ein Kind überaus schwierig: Ein zweieinhalbjähriges Mädchen machte aus Luftmatratze Ruseras. Erst mit sechs Jahren werden Verbindungen von drei Mitlauten mühelos bewältigt. Manchmal entstehen Fehler in der Aussprache auch deshalb, weil ein Kind Bedeutungszusammenhänge sieht, die einem Erwachsenen entgehen.

Morphologie

„Jede Sprache legt durch Regeln fest, wie Phoneme zu sinnvollen Einheiten, Morpheme genannt, kombiniert werden dürfen. Das Wort „Kind" stellt ein Morphem dar, denn es würde seine Bedeutung verlieren, wenn man es weiter zerlegte. Die Mehrzahlform besteht aus zwei Morphemen, denn dem Wort „Kind" wird noch die Einheit „er" angehängt" (nach MIETZEL, 2002, S. 159).

Konjugieren und Deklinieren tritt erst bei Drei- und Mehrwortsätzen auf. Ein Wort ändert seine Form nach dem Verhältnis, in dem es zu den anderen Wörtern eines Satzes steht, zum Beispiel bei der Mehrzahlbildung. Anfänglich wird die Mehrzahlform meist nach „zwei", „viele" oder „alle" verwendet. Ein Junge von 2½ Jahren sagt vielleicht:

> „alle viele Schuhe."

Auch die Verkleinerungsformen (Substantive, an die -chen oder -lein angehängt wird) sind schon früh festzustellen. Der Gebrauch der Verkleinerungsform tritt plötzlich auf und wird dann überall ausprobiert, als wolle das Kind die neue Entdeckung möglichst oft anwenden. Dabei geht es nicht um gedankenloses Nachplappern dessen, was Erwachsene sagen. Das Kind beschäftigt sich schöpferisch mit der Sprache. Als die dreijährige Alena ihre Mutter sagen hörte: „Ich bin ein Mädchen", antwortete sie:

> „Du ist doch nicht klein, du ist doch ein große Mäd."

Bei den Verben wird offenbar eher die Vergangenheitsform konjugiert als die Form der Zukunft. Wenn die Zukunft gebildet werden soll, geschieht das anfangs eher mit „wollen" als mit „werden".

Dank des Unterschiedes zwischen schwachen und starken Verben kann man sehr gut beobachten, wie Kinder die Regeln der Sprache entdecken und anwenden. Nachdem sie zunächst (wahrscheinlich aufgrund von Imitation) richtig konjugiert haben, wenden sie die neu entdeckten Regeln überall an und machen dadurch Fehler:

> „Ich rufte, ich fällte, ich habe geschlaft, gelauft ..."

Das alles sind Wörter, die das Kind niemals gehört hat, die es aber nach eigener Einsicht in die Sprache bildet.

6.4.1.3 Semantische Entwicklung

Bevor ein Kind sich mit anderen unterhalten und sie verstehen kann, muss es die Bedeutung (*Semantik*) der verwendeten Wörter gelernt haben. Wörter stehen für Gegenstände, Handlungen und Beziehungen.

Die symbolische Funktion der Sprache ist ihr wichtigstes Kennzeichen: Man kann über etwas sprechen, das nicht anwesend ist. Sprache ist also eine abstraktere Form der Kommunikation, als beispielsweise Zeichen und Gebärden es sind.

Die ersten Wörter des Kindes bleiben noch ganz im Konkreten: Es benennt irgendetwas, das es gerade wahrnimmt. Es kann nicht über etwas sprechen, das nicht da ist. Die ersten richtigen Wörter sind Hauptwörter wie z. B.: Katze, Ball, Auto. Das Kind verbindet mit dem Wort Katze, dass sie miaut, dass sie gestreichelt werden kann. Das sind substantivische Wörter, sie bezeichnen wahrnehmbare Gegenstände und Ereignisse. Es ist für ein Kind eine eindrucksvolle Erkenntnis, wenn es merkt, dass man auch über etwas, das nicht da ist, sprechen kann. Es beginnt, den Symbolcharakter der Sprache zu begreifen. Wenn es eine Jacke angezogen bekommt, ruft es

„aus“ oder „Auto“. Es stellt eine Verbindung zu etwas her, das noch geschehen soll. Das Kind spricht über Abwesendes. Dass die Wirklichkeit noch eine wichtige Stütze beim Verstehen und Anwenden der Sprache bleibt, wird aus der Tatsache deutlich, dass es ziemlich schwierig ist, Kleinkindern eine Geschichte zu erzählen, ohne ihnen die dazugehörenden Bilder zu zeigen. Ein normal entwickeltes Kind kann seine ersten, nicht an die Situation gebundenen Sätze mit drei Jahren bilden.

6.4.1.4 Syntax

Mit einem einzigen Wort ist das Mitteilen von Nachrichten nur in einem sehr eingeschränkten Umfang möglich. In allen Sprachen dieser Welt ist deshalb die Möglichkeit vorgesehen, Wörter zu kombinieren. Dabei sind allerdings stets *bestimmte* Regeln zu beachten: Die **Syntax** einer Sprache benennt die Regeln, nach denen Wörter zu verändern und aneinanderzureihen sind, damit ein bestimmter Sinn zum Ausdruck gebracht wird. Wie sich an dem folgenden Beispiel ablesen lässt, erfüllt jedes Wort in einem Satz eine bestimmte Funktion.

„Till fragt Sebastian.“
„Sebastian fragt Till.“

Beide Sätze enthalten die gleichen Wörter; durch die Reihenfolge wird zum Ausdruck gebracht, wer wen gefragt hat. Die Regeln der Syntax in der deutschen Sprache besagen z. B., dass die Abfolge „Till (den) Sebastian fragt“ nicht möglich ist. In den Sätzen „Ich esse“ und „Ich habe gegessen“ wird mit einer kleinen Änderung auch die Bedeutung verändert.

Die Sprachforscher beobachten, dass Kinder beim Sprechen die Atempausen so zwischen die Elemente eines Satzes legen, dass eine grammatische Einheit gebildet wird:

> „Ich möchte … meinen roten Anorak … anziehen.“
> *Es sagt nicht:* „Ich möchte meinen … roten … Anorak anziehen.“

Die Punkte geben hier die Atempausen an. Dies kann man als intuitives Fühlen des Verhältnisses zwischen den Teilen eines Satzes betrachten. Weiterhin ist geregelt, wie Fragen im Unterschied zu Aufforderungen oder einfachen Feststellungen zu formulieren sind.

6.4.1.5 Pragmatische Kompetenz

Hierbei geht es um die Verständigungsfähigkeit, also um das Wissen darüber, in welchem sozialen Zusammenhang und in welcher Weise ich wem etwas zu sagen oder zu verschweigen habe. Inwieweit ist meine sprachliche Aussage der Situation angemessen? Ein Mensch, der die Regeln der Phonologie, der Semantik und der Syntax gelernt hat, kann zwar einwandfreie Sätze bilden. Dennoch besteht die Gefahr, dass er mit der Sprache nicht seine beabsichtigten Ziele erreicht. „Ein Kind, das sich vielleicht an seine Mutter mit der Aufforderung wendet, es wolle sofort etwas zu essen haben, könnte eine schroffe Ablehnung erhalten, weil es gegen Regeln der Höflichkeit verstoßen hat. Auch wenn eine Mutter vom Satzaufbau her folgende Frage formuliert: „Räumst du bitte dein Zimmer auf(?)“, würde sie sich ärgern, wenn das Kind mit „Nein“ antworten sollte, denn die vermeintliche Frage ist natürlich als Aufforderung zu verstehen. Vielfach lässt sich der Sinn einer Äußerung nämlich nur dann angemessen erschließen, wenn man die gesamte Situation, in die sie eingebettet ist, mitberücksichtigt. Während des dritten und vierten Lebensjahres beginnen Kinder zu lernen, was man unter welchen Umständen wie sagt, das heißt, sie lernen die Regeln der Situationsangemessenheit einer sprachlichen Aussage.“ (Mietzel, 2002, S. 160)

6.4.2 Genereller Sprachverlauf

Der Erwerb der Sprache beginnt lange vor den ersten produktiven Wortäußerungen der Kinder, nach neuesten Befunden sogar vor der Geburt. Gleichzeitig darf festgestellt werden, dass die Entwicklung in allen Sprachen der Welt in der Regel gleich verläuft.

- **Es beginnt mit der vorsprachlichen Kommunikation ab der 30. Woche der Schwangerschaft.**

Das Abenteuer des Hörens, Zuhörens und Hinhörens beginnt. Hier zeigen sich die genetischen Grundlagen in der Architektur des Gehirns. *Im Gehirn haben die Babys ein verankertes Vorwissen von Sprache und Welt.* Sie sind, wie wir aus dem Abschnitt über die vorgeburtliche Entwicklung wissen, keine leeren Wachstafeln, in die sich die Welt erst einschreibt. Sie interagieren bereits im Mutterleib mit der Außenwelt über Bewegungen. Das dürfen wir als die *Grundlage der Körper-*

sprache interpretieren. Sie sind auch mit besonderen Lernfähigkeiten und zugleich mit der Lust zum Lernen ausgestattet. Außerdem kommen Babys als passionierte Problemlöser auf die Welt, und somit ist auch der Spracherwerb genetisch abgesichert.

- **Kaum in der Welt angekommen, gibt es den ersten Schrei.**

Der Säugling nutzt das Schreien um den Personen, die sich um ihn kümmern oder kümmern sollten, seine Bedürfnisse und Wünsche mitzuteilen. Mütter, Hebammen und Kinderkrankenschwestern können in der Regel zwischen Geburtsschrei, dem Schmerzschrei und dem Hungerschrei unterscheiden. Außerdem lässt sich beobachten, dass ein Säugling mit Bewegungen darauf reagiert, dass man ihn anspricht. Es sind Bewegungen, die er nicht ausführt, wenn er Ticken oder Klopfen hört, selbst wenn es eine vergleichbare Lautstärke und den gleichen Rhythmus wie das Sprechen hat. Wenn man ein zwei Tage altes Neugeborenes menschlicher Sprache aussetzt und dabei seine Bewegungen filmt, macht man diese Entdeckung: Die Bewegung des Kopfes, der Hände, Arme und Beine weisen eine systematische Beziehung zur gesprochenen Sprache auf.

- **Einige Wochen nach der Geburt treten die ersten Ehe- und Uhu-Laute auf.**

Sie werden Vokalisationen genannt. Dabei braucht das Kind seine Stimme mit entspanntem und geöffnetem Mund: die Vokale a, e, i, o, u entstehen dann wie von selbst.

- **Im Alter von zwei bis drei Monaten beginnen alle Säuglinge zu schnalzen und Gurrlaute zu entwickeln.**

Dabei produzieren sie alle Laute, die ein Mensch mit dem Mund erzeugen kann, auch solche, die in ihrer eigenen Muttersprache nicht vorkommen. Mit einer Dauer von etwa 10 bis 15 Sekunden kommen „uuuuuuu"- oder „aaaaaaa"-Folgen zum Vorschein, die wahrscheinlich Ausdruck einer gewissen Zufriedenheit sind.

- **In der Zeit des sechsten Lebensmonats ändern sich die Lautäußerungen in auffallender Weise, es kommt zum Lallen.**

Das Kind beginnt mit dem Lallen, dem vermutlich kein echtes Mitteilungsbedürfnis zugrunde liegt. Es kombiniert dabei jeweils einen Konsonanten mit einem Vokal. Ein

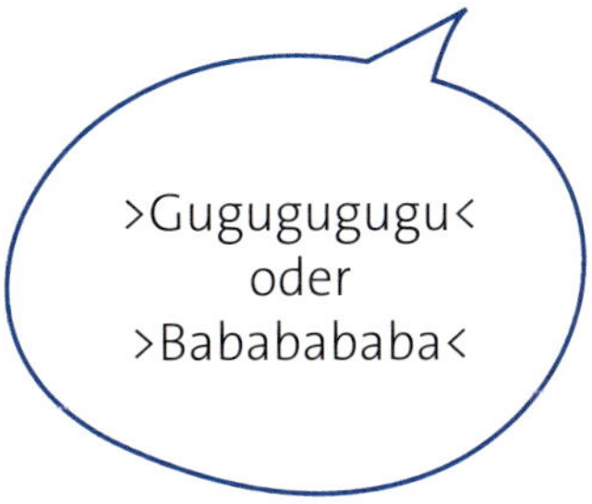

hört man bei Babys in aller Welt. Auch gehörlose Babys tun dies, allerdings später als gesunde. Sie produzieren dabei auch Laute, die in der Sprache der jeweiligen Umgebung gar nicht vorkommen. Wahrscheinlich stellen die Lallmonologe eine Übergangsstufe zur aktiven Sprachäußerung dar. Das Kind hört sich selbst und ahmt sich selbst nach. Dieser Vorgang wird *Echolalie* genannt. Das Kind hört sein eigenes Lallen und wiederholt das Gehörte.

- **Zwischen dem siebten und dem zehnten Monat verlieren sich allmählich die Laute, die ein Kind in der Muttersprache niemals hört.**

Es brabbelt nun mit den Lauten, die zu ihr gehören. Hier ist die Rolle der Nachahmung nicht zu verkennen. Es werden aber nicht nur Laute imitiert, sondern es werden auch Intonation und Melodie der Muttersprache nachgeahmt.

- **Um den ersten Geburtstag erzählt dann ein Kind „Geschichten" mit unverständlichen Worten, aber im Tonfall der Muttersprache. So etwas wie soziales Lallen.**

Das erste Wort, das wohl in allen Sprachen gelernt wird, heißt „Mama". Das liegt nicht daran, dass die Mutter überall Mama heißt, sondern eher daran, dass die erste deutliche Lautkombination, die ein Baby hervorbringt, zum Symbol für Mutter geworden ist. Es ist der nasale Laut, den Babys während des Stillens, aber auch davor und danach produzieren. Er wird darum zum Symbol von etwas Angenehmem, wohl auch zur Bitte um etwas Angenehmes. Da die Mutter bei der Befriedigung dieses Bedürfnisses im Mittelpunkt steht, überträgt sich das Wort auf sie. Die Periode von den ersten Vokalisationen bis zur Bildung des ersten Wortes nennt man *vorsprachliche Phase.*

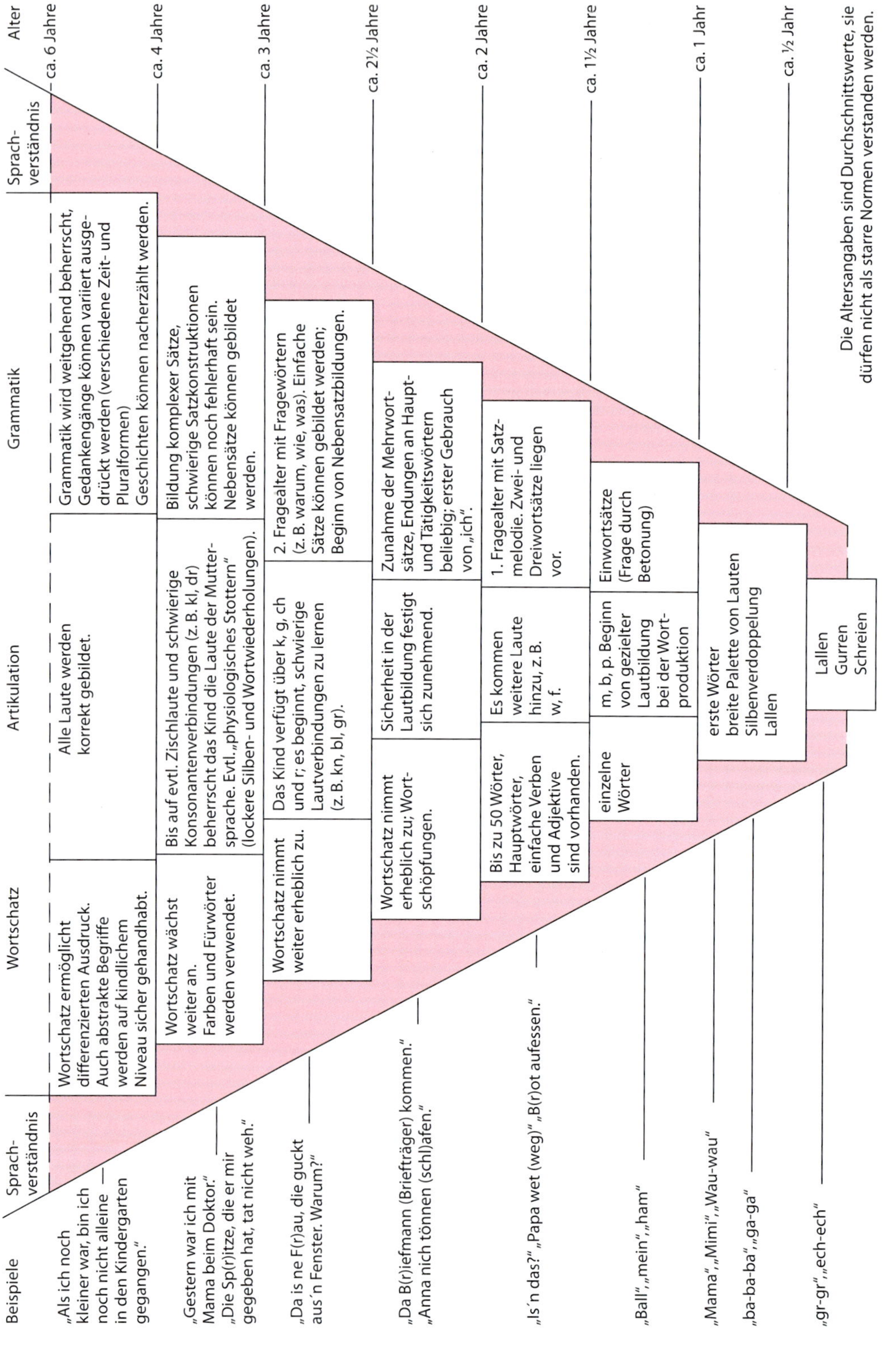

Die Abbildung gibt einen Überblick über den zeitlichen Ablauf der sprachlichen Fähigkeiten eines Kindes. (Wendlandt, 1998)

- **Die Einwortsätze**

Etwa zur Zeit des ersten Geburtstags erscheint neben „Mama" ein anderes Wort. Es handelt sich dabei um eine erkennbare und konsequente Lautgruppe, die phonetisch nicht exakt zu sein braucht. Etwas aus der Umgebung wird von dem Kind mit dieser Lautgruppe deutlich in Verbindung gebracht. *Das ist der erste Schritt zur Entdeckung der Sprache als Symbol.* Da wir annehmen dürfen, dass ein Kind mit einem Wort nicht lediglich ein Ding benennen, sondern in bestimmtem Sinne eine Geschichte erzählen will, nennt man diese Phase auch die *Einwortsätze*.

Das Wort „nane" steht beispielsweise für sämtliche Früchte, die das Kind erkennt. Kann aber je nach Zusammenhang „bitte gib mir die Banane!", „wo ist der Apfel?" oder „da liegt die Birne" bedeuten.

Die ersten Worte eines Kindes konfrontieren die Sprachpsychologie sogleich mit einer wichtigen Frage: Wie merkt ein Kind eigentlich, welche Bedeutung ein bestimmtes Wort, das es hört, hat? Es sieht ein Fahrzeug vorbeifahren und hört das Wort ‚Auto'. Wie erkennt das Kind aber, dass dieses Wort sich nicht auf die Farbe, die Räder, die Lampen usw. bezieht? Es wird vermutet, dass ein Kind über angeborene grundlegende Strukturierungsprinzipien verfügt, durch die die ersten Worte an ein bestimmtes Ganzes gekoppelt werden. Aber wie dies vor sich geht, ist noch nicht klar. Die einzelnen Worte gewinnen ihre Bedeutung also häufig allein durch den Kontext.

- **Mit ungefähr 18 Monaten treten Zweiwortsätze auf, die eine ganze Skala von Ausdrucksmöglichkeiten beinhalten.**

Jetzt kommt es zu einem rasanten Zuwachs an Wörtern. Manche Kinder verfügen schon über etwa 50 Wörter aktiv, verstehen aber bereits 200 bis 300 Wörter. Der große Umkreis des Verstehens um das Sprechen herum ist ein wichtiges Entwicklungsprinzip. Gleichlaufend in dieser Zeit beobachten wir die Entwicklung des kindlichen Fragens. Es fragt ständig nach den Namen der Dinge. Diese Zeit nennen wir das „Benennungsalter" mit den sogenannten *„Was-Fragen."*

- **Mit ungefähr zwei Jahren beobachten wir den Beginn des Grammatikerwerbs.**

Dies ist auch die Periode der fruchtbaren Fehler. Das Kind übernimmt nicht nur, sondern riskiert etwas. Es produziert zum Beispiel Mehrzahlformen wie „Eimers", „Räubers", „Telefóne"; Adjektive wie „noch raufer" = noch weiter rauf", „noch reiner" = noch tiefer rein"; Verbformen wie „gebringt", „gegeht", „klavieren"; Satzformen wie „Stupsi, wo ist?" usw. Auch Neogolismen (Wortneuschöpfungen) tragen zur Belustigung der Zuhörer bei: „Zugziehtive" für Lokomotive oder „beschoßen" für auf dem Schoß sitzen.

Auf diese Art und Weise kommt das Kind grammatikalischen Bildungsprinzipien auf die Spur. Die richtigen Formen werden über solche Zwischenformen angepeilt, die das Kind von selbst wieder aufgibt. Eltern brauchen keinen grammatikalischen Lehrplan, – darüber sind die meisten froh –, weil die Kinder ihren Lehrplan schon mitbringen.

- **Im dritten Lebensjahr werden die Sätze länger. Das Kind gebraucht nun auch immer mehr Wortarten.**

Dreijährige sprechen gut tausend Wörter und verstehen bereits bis zu 3 000 Begriffe. Gleichsam mühelos meistern nun die Kleinkinder das Sprechen, diese ungeheuer komplexe Verknüpfung von Leib und Seele, dieses riesige Zusammenspiel von Milliarden von Nervenzellen mit einigen Muskeln im Kehlkopf sowie rund zweihundert in Hals und Brustkorb. Einmalig in der Natur.

Verblüffend ist ebenso, wie die kindliche Sprache in dieser Zeit geradezu explodiert. Innerhalb weniger Wochen kann sich aus dem Gestammel eine komplexe Sprache herausbilden. Jetzt benutzen ungefähr 50 Prozent der Kleinen bereits Subjekt, Prädikat und Objekt.

Die Altersangaben sind wie immer Durchschnittswerte und dürfen nicht als Norm verstanden werden.

Unterhaltungen mit anderen Kindern werden deutlich sinnvoller in dieser Zeit. Bevor sie vier werden, verfügen Kinder schon über 10 bis 15 Baupläne, nach denen sie die Stellung der Satzbestandteile einsetzen können. Ganz nebenbei lernen sie grammatikalische Strukturen wie Prädispositionen, Plural, unregelmäßige Verbformen und und und..., scheinbar spielerisch! In dieser Zeit überwiegen die *„Wo-Fragen“*.

- **Im 4. und 5. Lebensjahr zeigt sich das sogenannte Fragealter mit den berühmten „Warum-Fragen“.**

Die Kinder suchen für alles eine sinnvolle und gültige Antwort. Sie wollen wissen, woher die Dinge kommen und warum sie da sind. Es entstehen Frageketten.

Kinder denken jetzt auch über die Sprache selbst nach und entwickeln ein Sprachbewusstsein.

- **Zwischen dem fünften und dem sechsten Lebensjahr können die meisten Kinder ihre Muttersprache ziemlich perfekt sprechen.**

Die Sprache ist nun bereits strukturiert und differenziert. Die fundamentale Sprachentwicklung ist jetzt abgeschlossen.

„Wie is das: Unkraut? Warum heißt das Unkraut? Warum ist denn das Unkraut so un?“

6.4.3 Theorien des kindlichen Spracherwerbs

Worauf ist es zurückzuführen, dass ein Kind innerhalb eines vergleichsweise kurzen Zeitraums ein so kompliziertes System wie die menschliche Sprache erlernt?

Buchstäblich seit Jahrtausenden stehen Forscher in Ehrfurcht vor der Sprache, dieser herausragenden Fähigkeit von uns Menschen. Schon im siebten Jahrhundert vor Christus, berichtet der griechische Dichter HERODOT, ließ Pharao Psammetichus zwei Säuglinge in einer Hirtenhütte aussetzten, wo sie ohne jede sprachliche Zuwendung aufgepäppelt wurden. Er wollte unter anderem wissen, welche Sprache die Kinder entwickeln würden. Die bedauernswerten Geschöpfe äußerten schließlich nur etwas, das wie „bekos“ klang – das Wort für Brot in der phrygischen Sprache. Daraufhin erklärte der Ägypterkönig kurzerhand das Phrygische zur Ursprache aller Menschen.

Die Grundfrage hinter dem Menschenversuch des Pharaos beschäftigte die Forscher auch noch heutzutage. Ist Sprache angeboren oder angeeignet, bewirken Erbe oder Umwelt die Fortschritte in der Sprachbeherrschung?

6.4.3.1 Lernpsychologische Erklärung

Eine viel beachtete Antwort auf die Frage gab zunächst der Behaviorismus. Ein Hauptvertreter, der amerikanische Psychologe B. F. SKINNER, war davon überzeugt, dass der Spracherwerb ausschließlich lernpsychologisch zu erklären sei. Die Kinder würden die Sprache durch die Verbindung von Wörtern mit handelnden Personen, Objekten und Tätigkeiten lernen. Für richtige Bezeichnungen werden die Kinder verstärkt und so kommt die Wortbildung voran. Von Wörtern zu ganzen Sätzen kommen die Kinder durch Imitation. Die Nachahmung als sehr bedeutsames Moment der menschlichen Entwicklung hatte A. BANDURA nachgewiesen. Demnach braucht das Kind im einfachsten Fall die Sätze, die es in seiner Umwelt hört, nur im Gedächtnis zu speichern, um sie in geeigneten Situationen wieder abzurufen.

Es steht außer Frage, dass Kinder ihren Wortschatz durch Imitation erweitern, und je ausgiebiger sie das tun, desto schneller entwickelt sich ihre Sprache. Wenn allerdings der gesamte Spracherwerb tatsächlich auf diese

Weise erfolgen würde, dann müsste das Kind eine ungeheuer große Zahl an Wörtern in kurzer Zeit lernen, um die Sprache verstehen zu können. Das schafft kein Mensch.

Die Lerntheorien können also die Zunahme des Wortschatzes in begrenzter Weise erklären, nicht aber den Vorgang selbst, der es einem Kind erlaubt, grundlegende Sprachregeln zu abstrahieren und mühelos schon bekannte Wörter zu kombinieren, um eine endlose Kette von neuen Sätzen zu konstruieren.

Im Übrigen finden sich in Sprachäußerungen von Kindern häufig Formulierungen, die sie niemals zuvor in ihrer Umgebung gehört haben dürften. Das gilt auch für typische Fehler, die mit hoher Wahrscheinlichkeit keine Imitationen darstellen.

Die Bedingungen, unter denen das Kind seine Sprache lernt, sind auf jeden Fall komplizierter, als SKINNER zunächst angenommen hatte.

6.4.3.2 Biologische Erklärung

Die Auffassung, dass der Spracherwerb weitgehend biologisch gesteuert wird, wurde nachdrücklich von NOAM CHOMSKY (1975) vertreten. Er erkannte die engen Grenzen, die der behavioristische Erklärungsansatz insbesondere für den Spracherwerb anbot. Kinder lernen die Grammatik einer Sprache, so erklärte CHOMSKY, weil sie dafür bestimmte genetische Voraussetzungen mitbringen. Er stützte seine These mit dem Hinweis, dass außer dem Menschen kein Lebewesen über eine annähernd vergleichbare Sprachfähigkeit verfüge, und meinte, das menschliche Gehirn sei speziell für den Spracherwerb geschaffen. Dies lässt sich am Grammatikgebrauch festmachen. Zahlreiche Untersuchungen weisen darauf hin, dass in unserem Gehirn eine Art „Grammatikmaschine" arbeitet, die Artikel, Endungen und dergleichen den Inhaltswörtern hinzufügt und dadurch einen grammatisch korrekten Satz zimmert. Diese grammatischen Regeln lernen wir nicht von unseren Eltern, sondern sie sind uns angeboren, eine Art Spracherkennungssystem, dem CHOMSKY den englischen Namen Language Aquisition Device (LAD) gegeben hat. Dieses System ermöglicht es dem Kind, die allgemeingültigen grammatikalischen Prinzipien aus der Sprache seiner Umwelt zu abstrahieren und herzuleiten. Im Übrigen weist die Sprachentwicklung bei Kindern in der ganzen Welt auffallende Gemeinsamkeiten auf. Mütter und Väter verwenden überall auf der Erde die gleichen Sprechmelodien, um ihre Babys anzuregen, zu beruhigen oder zu belohnen. Wenn sie in die „Ammensprache" fallen, erhöhen sie ihre Stimmlage und erweitern den Stimmumfang von sechs bis sieben Halbtönen, wie beim Gespräch unter Erwachsenen üblich, auf zwei Oktaven.

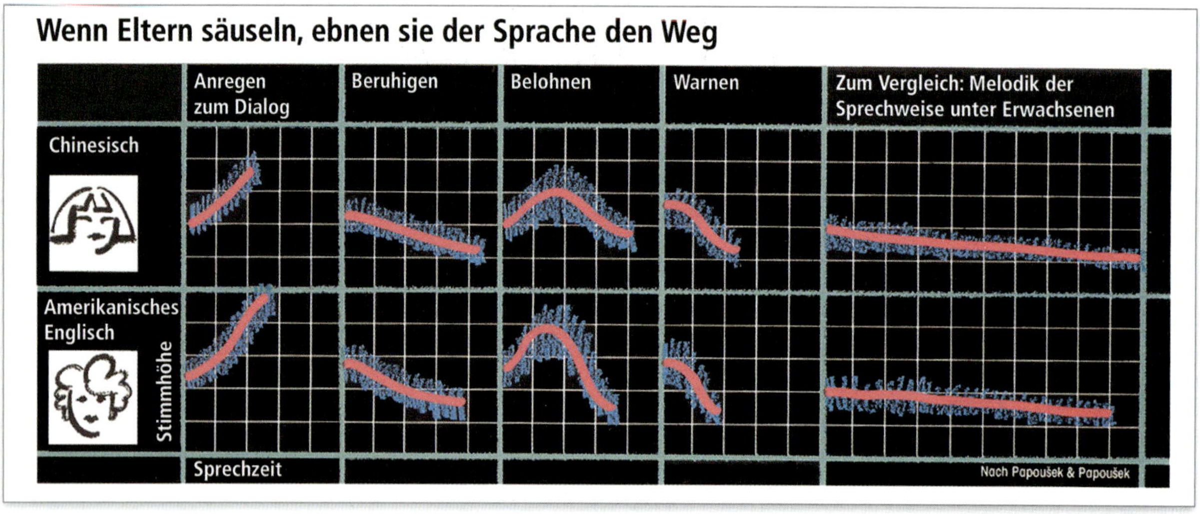

Im „Gespräch" mit ihrem Säugling fallen Eltern automatisch in die Ammensprache. Selbst bei so unterschiedlichen Idiomen wie Chinesisch und Englisch gleicht sich die Melodik ihrer Sätze.

Sobald Kinder auf das Gesäusel ihrer Eltern antworten, beginnt das subtile Wechselspiel vorsprachlicher Kommunikation. Somit scheint klar: Wäre *keine* biologische Grundlage vorhanden, könnte die Sprache wegen ihrer hohen Komplexität gar nicht erworben werden.

Plastizität des Gehirns

Was passiert etwa, wenn aus best. Gründen Teile des Gehirns entfernt werden müssen? Je jünger das Gehirn ist, desto besser kann es die Funktion zerstörter Teile ausgleichen. Mietzel schildert den Fall eines Kindes, dem im Alter von fünf Jahren die gesamte linke Hirnrinde entfernt wurde: „Es dauerte mehrere Jahre, bis diesem Patienten normales Sprechen möglich wurde. Im Alter von 26 waren ihm jedoch eine überdurchschnittliche Intelligenz und sehr gute Sprachfähigkeit zu bescheinigen. Wenn die übrigen Hirnteile gesund sind, kann eine Aphasie, also der Verlust der normalen Sprachfähigkeit, z. B. aufgrund einer Hirnschädigung vor dem Alter von acht Jahren demnach wieder überwunden werden. Tritt diese Sprachstörung nach dem achten Lebensjahr auf, lässt sie sich vielfach nicht mehr voll beseitigen." (Mietzel, 2002, S. 172)

Nach Eintritt der Reifezeit verschwindet die „Plastizität" des Gehirns völlig. Wenn also bei einem Kind vor der Pubertät die Sprachzentren geschädigt werden, kann die rechte Seite des Gehirns die ausgefallenen Funktionen wenigstens noch bis zu einem gewissen Grade ersetzen. Demgegenüber müssen Erwachsene damit rechnen, dass sie sich von einer Schädigung ihrer Sprachzentren nicht wieder erholen.

Sprachverständnis und Sprachausdruck finden in zwei Regionen der Hirnrinde (die äußere Schicht des Großhirns) statt: dem Wernicke- und dem Broca-Zentrum. Beide befinden sich in der dominanten Hirnhälfte, die bei den meisten Menschen die linke Hälfte ist.

- Im **Wernicke-Zentrum** werden die ankommenden Botschaften, gehörte und gelesene, überprüft und mit Informationen verglichen, die im Gedächtnis gespeichert sind. Dort wird auch die Bedeutung entschlüsselt.
- Im **Broca-Zentrum** werden Worte und Sätze aus dem Vokabular und Grammatikregeln, die im Gedächtnis gespeichert sind, zusammengesetzt.

Wie lässt sich dieser Verlust an Plastizität, spätestens während der Pubertät, erklären? Neurologen verweisen in ihrer Antwort darauf, dass sich die beiden Hirnhälften jeweils im Verlauf der Kindheit zunehmend spezialisieren, und dieser Prozess ist mit der Adoleszenz weitgehend abgeschlossen.

Es ist kaum möglich zu prüfen, ob die erste Sprache auch noch nach Beginn der Reifezeit erlernt werden kann, weil man dafür Bedingungen benötigt, die in der Regel nicht vorliegen. Eine Ausnahme sind Kinder, die unter extrem ungünstigen Bedingungen aufwachsen mussten. Ein dramatisches Beispiel liefert das Mädchen Genie (s. Beispiel auf Seite 303).

Kann ein Mensch nach Einsetzen der Reifezeit noch seine Muttersprache erwerben?

„Im November 1970 gelang es in Los Angeles einer fast blinden Mutter, mit ihrer Tochter aus dem Haus eines völlig gestörten Mannes zu entfliehen. Er hatte die beiden mehr als ein Jahrzehnt lang tyrannisiert und auf grausamste Weise misshandelt. Die Geburt der Tochter im Jahre 1957 war ohne Komplikationen und die Entwicklung während der ersten sechs Lebensmonate normal verlaufen. Allerdings wurde das Mädchen während der ersten 20 Lebensmonate unzureichend ernährt und wenig beachtet. Danach begannen die eigentlichen Torturen. Einer Bemerkung des Kinderarztes entnahm der Vater fälschlich, das Kind werde fortan intellektuell weit hinter seiner Altersgruppe zurückbleiben. Der Vater beschloss daraufhin, seine Tochter von allen Mitmenschen zu isolieren. SUSAN CURTISS (1977) schildert das Leben des Kindes, das in der Fachwelt unter dem Namen Genie bekannt ist, wie folgt:

„... Genie war eingesperrt in einem kleinen Schlafraum, auf einem Kinderstühlchen angegurtet ... im unbekleideten Zustand ... blieb Genie nichts anderes übrig ... als zu sitzen, festgebunden, Stunde für Stunde, oft bis in die Nacht, Tag für Tag, Monat für Monat, Jahr für Jahr. Zur Nacht wurde sie, sofern man sie nicht vergaß, aus dem Gurt befreit, allerdings nur, um sie abermals einzupferchen – sie kam in einen Schlafsack, den der Vater so zuband, dass sich die Arme nicht bewegen ließen ... So eingezwängt wurde sie in eine Kinderkrippe gelegt, in der sie von oben und von der Seite von Maschendraht umgeben war."

Während der gesamten Zeit der Misshandlung durfte niemand mit dem Mädchen sprechen. Die Mutter hielt sich bei ihrem Kind täglich nur wenige Minuten auf, um es mit einer breiartigen Kindernahrung zu füttern. Genie hatte auch keine Gelegenheit, Sprache über Rundfunk oder Fernsehen zu hören. Wenn sie irgendwelche Laute von sich gab, kam der geräuschempfindliche Vater zu ihr, um sie mit Schlägen zu bestrafen. Dabei gebärdete er sich wie ein wilder Hund, der seine Zähne zeigte, bellte und heulte. Unmittelbar nach ihrer Befreiung wog das emotional stark gestörte Mädchen etwa 27 kg. Genie konnte nicht gehen oder aufrecht stehen. Sie sprach kein Wort und schien auch nichts zu verstehen. Sofort wurden medizinische Maßnahmen ergriffen. Ihre Körpergröße und ihr Gewicht nahmen daraufhin zu. Sehr bald setzte ihre sexuelle Reife ein.

Ergebnisse des Sprachtrainings

Besonderes Interesse verdienen die Ergebnisse des Sprachtrainings, das im Alter von 13 Jahren und 7 Monaten einsetzte. Innerhalb von acht Monaten erlernte das Mädchen alle englischen Phoneme. Genie erwarb einen Sprachschatz von etwa 200 Wörtern. Ebenso wie Zweijährige äußerte sie sich in einem Telegramm-Stil, d. h., sie benutzte zumeist keine Hilfsverben (wie in „ich habe gegessen"), vielfach ließ sie persönliche Fürwörter aus (z. B. „nicht Frühstück essen"). Wörter wie *dies* und *das* kamen praktisch nicht vor. Man hörte von ihr auch keine Sätze, die – wie bei Fragen – eine Umstellung erforderten. Nach etwa sieben Jahren glich die sprachliche Ausdrucksweise des inzwischen 21 Jahre alten Mädchens etwa der einer Drei- bis Vierjährigen. Genie war aber in der Lage, sich selbstständig in der Nachbarschaft zurechtzufinden und den Bus zu ihrer Schule zu benutzen. Ihren Pflegeeltern brachte sie emotionale Zuwendung entgegen, und gelegentlich berichtete sie ihnen, woran sie sich aus ihrer Kindheit erinnerte. Ihr Vater wurde wegen Kindesmisshandlung vor Gericht gestellt. Er erschoss sich jedoch an dem Tag, als er zum ersten Mal vor seinen Richter treten sollte."
(MIETZEL, 2002, S. 173 f.)

Sensible Phase für den Erwerb der ersten Sprache

Genie war nach den vorliegenden Unterlagen vor Beginn ihrer Misshandlung intellektuell nicht auffällig. Dem Mädchen gab man nach seiner Befreiung im Alter von 13½ Jahren vielleicht das intensivste Sprachtraining, das jemals ein Mensch erhalten hat. Genie konnte die englische Sprache nur bis zu einem gewissen Grade erlernen. Sie sprach im Alter von 19 Jahren trotz der günstigen Bedingungen noch nicht einmal wie eine typische Fünfjährige. Ihr Fall stärkt die Vermutung, dass es eine *sensible Phase* für den Erwerb der ersten Sprache gibt, die nach Meinung einiger Autoren etwa im Alter von fünf Jahren endet. Nach Abschluss dieser Phase sind dem Erwerb einer ersten Sprache offenbar unüberwindbare Grenzen gesetzt.

Vom Hören zum Sprechen

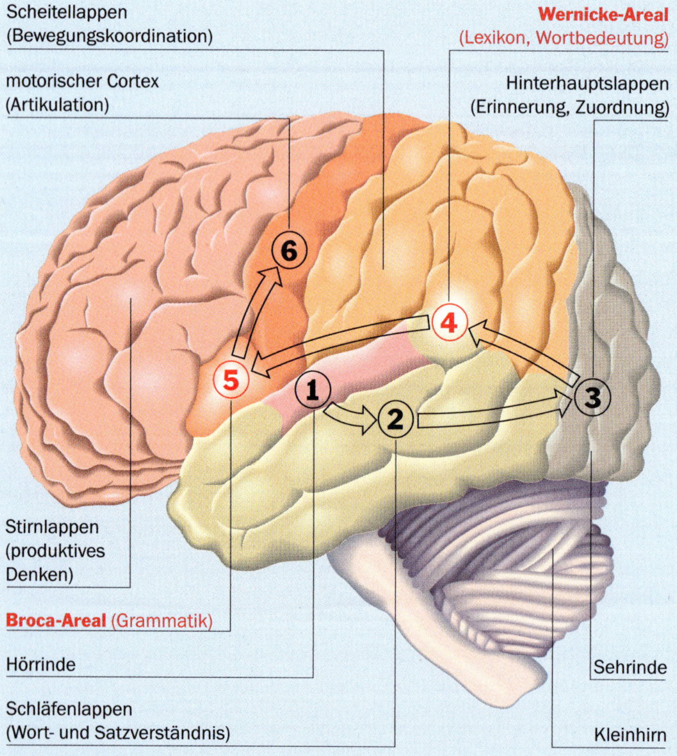

Frage von Alena an Leonie: „Wie fandest du Bibbi Blocksberg im Kino?" In Millisekunden läuft im Gehirn jetzt eine komplexe Kette von Reaktionen ab: Die Frage wird aufgenommen (1) und ihr Sinn entschlüsselt (2). Die gesamte bisherige Lebenserfahrung wird abgerufen, um ein Urteil fällen zu können (3). Dann sucht das Gehirn nach dem geeigneten Wort (4), entscheidet sich für die Form der Antwort (5) und setzt die Lippen in Bewegung (6): „Toll, spannend."

6.4.3.3 Interaktionistische Erklärung

Biologische Voraussetzungen und sozialer Kontext

Das Beispiel von Genie macht auf dramatische Weise deutlich, dass Kinder über einzigartige Voraussetzungen für den Erwerb von Sprache verfügen. Ihre Fähigkeiten entfalten sich jedoch nur, wenn die Umwelt jene besonderen Voraussetzungen bietet, die das Kind in optimaler Weise im Zwiegespräch mit seinen Eltern findet. Von Anfang an ist die Kommunikation untrennbar in die Entwicklung der ersten sozialen Beziehungen integriert. Fehlen diese frühen Beziehungen, so ist der Spracherwerb nachhaltig gefährdet oder wird gar unmöglich.

Nach dem heutigen Stand der Wissenschaft verfügt ein Kind über biologische Voraussetzungen, die menschliche Sprache zu erlernen. Es braucht aber zusätzlich einen sozialen Kontext, also die Gelegenheit, mit anderen in Kontakt zu treten. *Nach dieser Sichtweise bringt das Kind eine angeborene Sprachlernfähigkeit mit auf die Welt.* Es hat zudem einen ausgeprägten Wunsch, mit denjenigen Mitmenschen zu interagieren, die ihm Sprachanregungen bieten, damit es die Funktionen und Regelmäßigkeiten der menschlichen Sprache für sich selbst entdecken und erlernen kann. Das Gehirn – so erkennen die Interaktionisten an – schreitet langsam in seiner Reifungsentwicklung voran und bestimmt folglich entscheidend mit, welche Wünsche zur Sprachäußerung weltweit in einem annäherungsweise gleichen Alter entstehen. Es waren vor allem die Forscher, die die Wechselwirkung betonen, die bedeutsame Beiträge zur Klärung der Frage geliefert haben, wie Eltern, Erzieher und Lehrer förderlich auf die Sprachentwicklung von Kindern einwirken.

Der „Sprachbaum" von Wendlandt (s. S. 305) verdeutlicht die Zusammenhänge grafisch in eindrucksvoller Weise auf einen Blick (modifiziert nach Wendlandt, 1998).

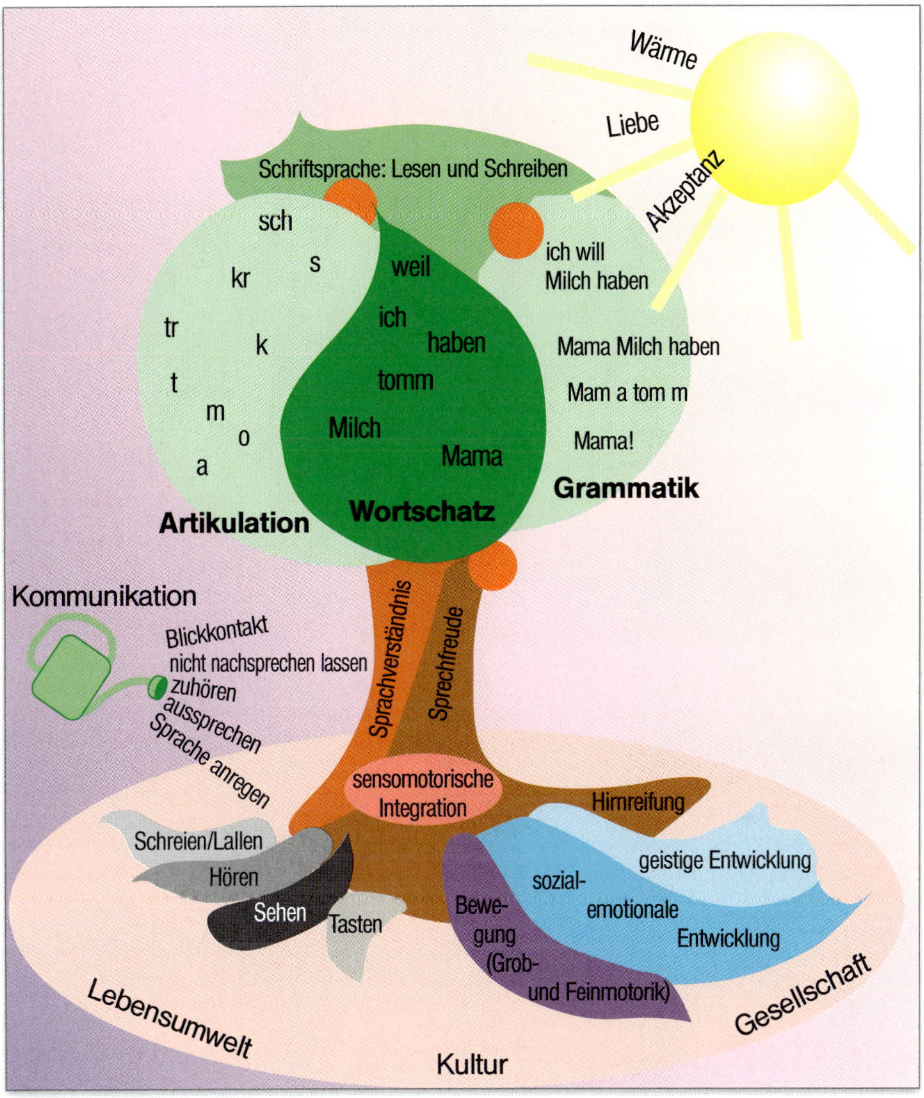

6.5 Motorische Entwicklung

Schon ab dem dritten Monat der Schwangerschaft bewegt sich der Fötus lebhaft! Ebenso wie die Entwicklung der Sinnesorgane beginnt die motorische Entwicklung schon vor der Geburt. Daraus lässt sich auch ablesen, dass die Motorik ein grundlegender und zentraler Entwicklungsbereich des Menschen ist.

Die Geburt verlangt vom Kind eine große physiologische Umstellung und motorische Anpassungsleistung. Bedenken Sie: Es muss nun eigenständig atmen, Herz, Kreislauf und Blutdruck regulieren, Nahrung aufnehmen und verdauen und seine Motorik aus dem Fruchtwasser heraus in der neuen Umgebung organisieren, dazu noch die vielfältige Sinnesaufnahme im Nah- und Fernbereich leisten.

Die erste Prüfung der Lebenstüchtigkeit des Neugeborenen hat demzufolge stark mit der Motorik zu tun und wird APGAR-Index genannt.

APGAR

A wie Aussehen
P wie Puls
G wie Gesichtsbewegungen
A wie Aktivität
R wie Respiration (Atmung)

Der APGAR-Index: Das physiologische Umstellungsverhalten des Neugeborenen wird eine, fünf und zehn Minuten nach der Geburt nach drei Bewertungsstufen (0 bis 2) beurteilt. Beobachtet werden:

1. Hautfärbung
2. Gleichmaß und Art der Atmung
3. Muskeltonus
4. Reflexauslösbarkeit
5. Herzschlag / Pulsfrequenz (unter / über 100 bzw. fehlend)

Ein maximaler Wert von 10 Punkten bedeutet: gesundes Kind mit regelmäßigem Herzschlag, kräftigem Schrei, wohl entwickeltem Hustenreflex und rosa Hautfarbe. Ein APGAR-Wert von 7 bis 10 gilt als normal bzw. optimal, ein APGAR-Index von 4 bis 7 als nicht optimal und ein Wert von 3 und darunter als sehr bedenklich. Die Werte werden in den Geburtspass eingetragen, der das Kind auch durch die 9 Kontrolluntersuchungen bis zur Einschulung begleitet. Zusätzlich zur APGAR-Prüfung wird auch der Säuregrad im Nabelschnurblut gemessen (nach OERTER/MONTADA, 2002).

6.5.1 Reflexe

Das Neugeborene kommt also mit einer Reihe fertiger Verhaltensweisen zur Welt, die teilweise schon in der vorgeburtlichen Entwicklung zu beobachten sind und die sein unmittelbares Überleben in enger Beziehung zur Mutter sicherstellen oder zumindest erleichtern.

Die ersten Bewegungen des Neugeborenen sind Reflexbewegungen. Hier eine kleine Übersicht:

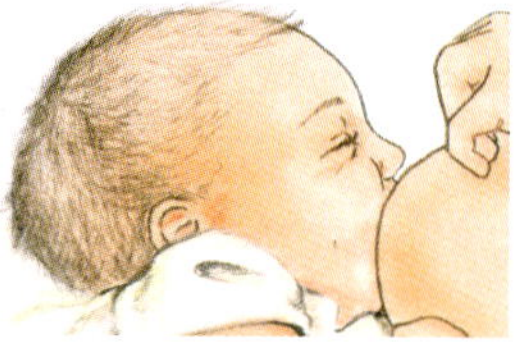

Saugreflex: Bei Berührung der Mundregion beginnt das Kind zu saugen.

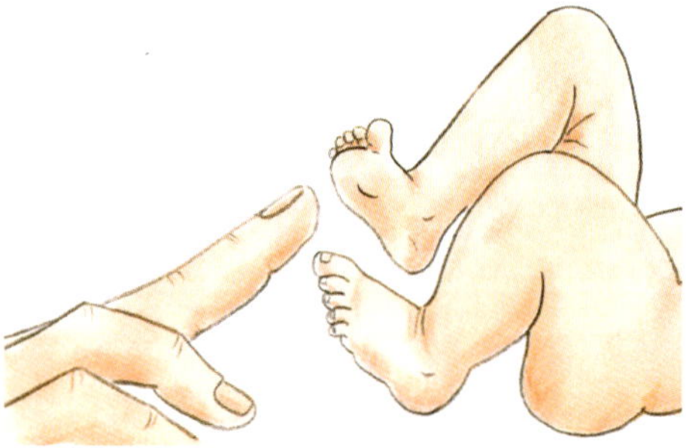

Rückziehreflex: Beim Kitzeln der Fußsohle werden die Beine angezogen.

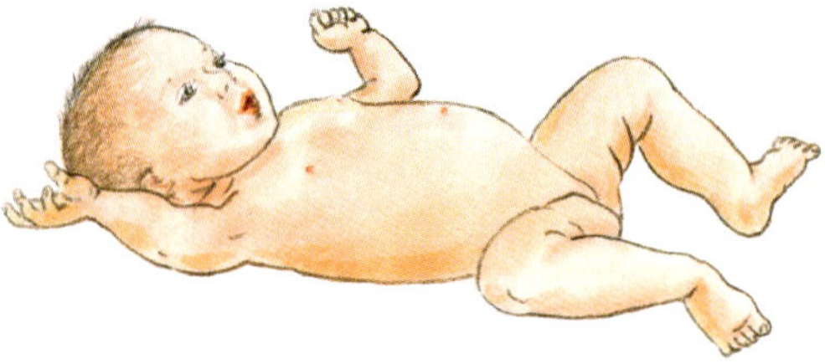

Moro-Reflex: Als Reaktion auf laute Geräusche oder ruckartige Bewegungen strecken sich Arme und Beine nach hinten.

Schreitreflex: Wenn die Fußsohlen den Boden berühren zeigt das senkrecht gehaltene Kind „Gehbewegungen" (verschwindet nach ca. 3 Monaten).

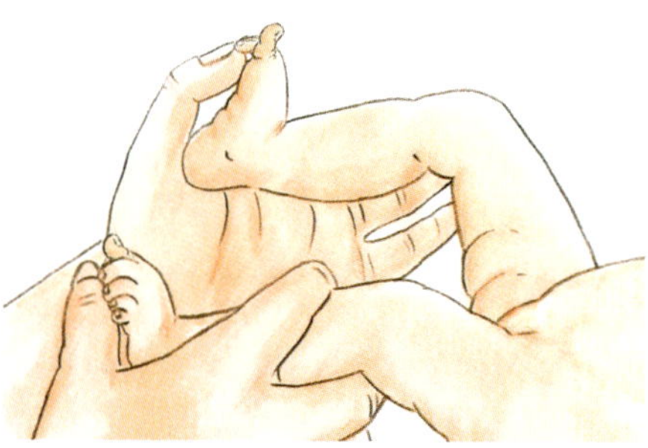

Babinski-Reflex: Bei Berührung der Fußsohle spreizen sich die Zehen (bildet sich zwischen 8. und 12. Monat zurück).

Mehr und mehr jedoch werden angeborene Verhaltensweisen ergänzt oder ersetzt durch erlernte, die dem Kind ermöglichen, eigene Erfahrungen zu sammeln und sich immer besser auf neue Herausforderungen der Umwelt einzustellen. Schon kurz nach der Geburt beginnt das Kind mit der aktiven Erkundung seiner Umwelt und macht dabei sehr schnell neue Erfahrungen. Seine Fähigkeit, Reize wahrzunehmen, wiederzuerkennen, einzuordnen und in ihrer Bedeutung für das eigene Verhalten zu beurteilen, ermöglicht dem Baby eigene Lernerfahrungen.

6.5.2 Die rasante motorische Entwicklung der ersten zwei Jahre

Die motorische Entwicklung des Kindes ist in den ersten zwei Jahren geradezu spektakulär. Am Anfang ist es ein liegendes Wesen. Nach einem Jahr kann es stehen und gehen. Seine intellektuelle und soziale Entwicklung hält damit längst nicht Schritt. Ein Zweijähriges ist geistig noch lange nicht selbstständig, nicht wirklich sozial, aber körperlich besonders weit entwickelt.

Anfangs liegt das Kind auf dem Bauch oder auf dem Rücken. Der Kopf liegt jeweils seitlich. Das Kind hebt ihn zunächst nur so weit, dass es ihn auf die andere Seite legen kann. Etwa mit drei Monaten kann es den Kopf so weit anheben, dass es sich in Bauchlage umschauen kann. Meist stützt es sich dabei auf die Ellbogen oder Hände. In diesem Alter hält es in Rückenlage den Kopf schon in der Körpermitte, hat seine Arme gebeugt und lernt das, was in sein Gesichtsfeld kommt, kennen. Gleichzeitig beginnen die ersten Greifversuche, in die schnell die Füße einbezogen werden.

Die selbstständige Bewegungsentwicklung beginnt bei der Mehrzahl der Kinder zwischen dem fünften und siebten Monat, indem die Kinder sich zur Seite drehen, dann meist vom Bauch auf den Rücken und schließlich zurück auf den Bauch. Bald bildet sich ein breites Spektrum motorischer Möglichkeiten aus: Wälzen, Robben, Wippen, Kriechen auf dem Bauch bis hin zum Krabbeln auf Knien und Händen (Bären- oder Vierfüßlergang mit zehn bis dreizehn Monaten). Etwas später lernt das Kind, sich selbstständig aufzusetzen, sich hochzuziehen und aus dem typischen Kniestand aufzustehen, an der Hand zu gehen, bis es schließlich im zweiten Lebensjahr frei aufstehen und gehen kann.

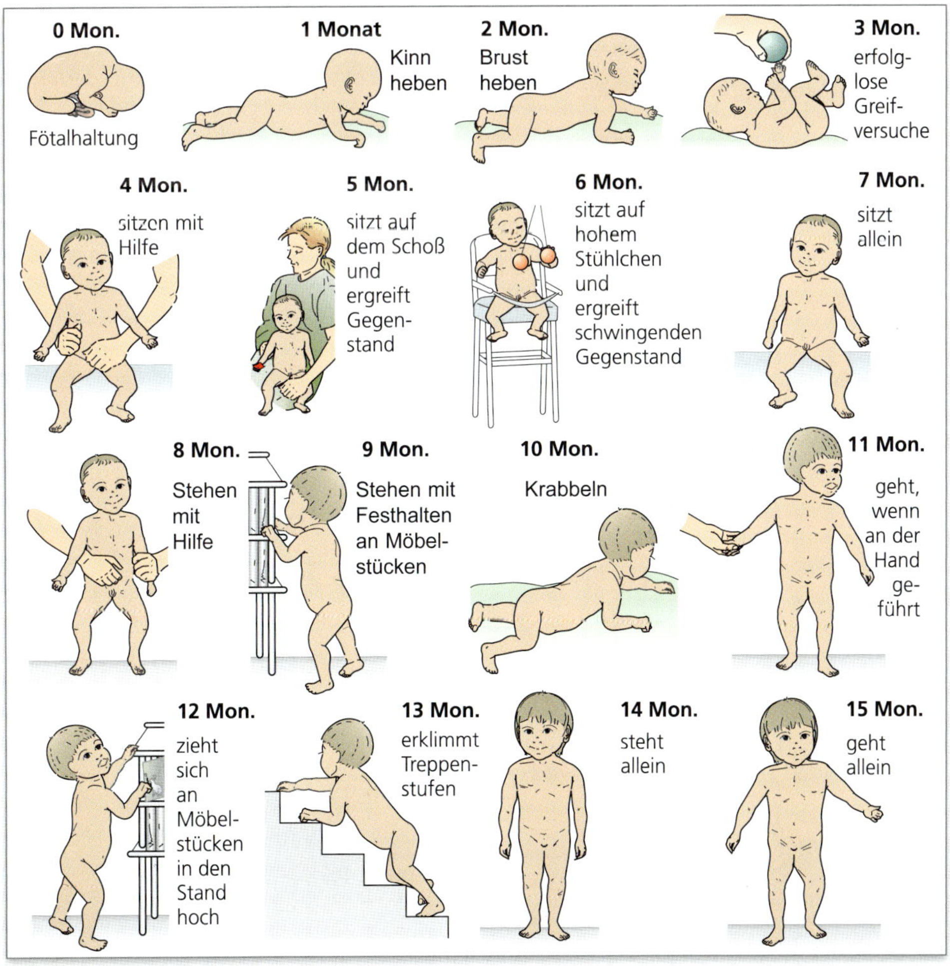

Bewegungsentwicklung in den ersten 15 Monaten

6.5.3 Reifung und Lernen

Die stets zunehmende Körperbeherrschung, die sich zum Beispiel in der Entwicklung vom Sitzen, Krabbeln, Stehen und Laufen zum Klettern vollzieht, ist nicht in erster Linie ein Ergebnis der Erfahrung, sondern der Reifung. Die Nervenbahnen, über die das Gehirn die Muskelbewegungen steuert, und Teile des Gehirns selbst, die daran beteiligt sind, sind bei der Geburt noch nicht vollständig ausgereift. Es ist demnach sinnlos, mit einem Kind Körperübungen zu machen, auf die sein Nervensystem noch nicht eingestellt ist. Es hat keinen Sinn, ein dreimonatiges Baby regelmäßig auf die Beine zu stellen – in der Hoffnung, dass es dann eher stehen kann. Es wird in dem Moment stehen können, in dem sein Nervensystem genügend entwickelt ist, um das dabei auftretende Impulsmuster zu empfangen und weiterzugeben.

Fortschreitende Körperbeherrschung bedeutet erstens eine Steuerung des Abwechselns zwischen links und rechts und zweitens die zunehmende Beherrschung des Körpergleichgewichts.

Der Links-Rechts-Wechsel, der beim Kriechen nötig ist, erfordert eine Koordination der beiden Gehirnhälften.

Beim späteren Laufen ist das Gleichgewicht von ausschlaggebender Bedeutung. Dazu ist erforderlich, dass das Gehirn mittels der Nervenbahnen von den Muskelnerven alle Informationen über die Stellung von zahlreichen Muskeln gleichzeitig auffängt. Es gibt eine Phase in der frühen Entwicklung des Kindes, in der sein Nervensystem durch ein so subtiles Informationssystem noch überfordert ist.

Hat dann Übung überhaupt einen Sinn? Ja: Übung von Körperbewegungen, die das Kind schon etwas beherrscht und für die es reif ist. Ein Kind, das sitzen kann, muss vor allem Gelegenheit zum Sitzen, ein Kind, das klettern kann, muss Gelegenheit zum Klettern bekommen. Denn *Gehirn, Nervenbahnen und Muskeln, die benutzt werden, sind aktiv. Und die Aktivität reizt das Nerven- und das Muskelsystem zur weiteren Entwicklung. In gewissem Sinne sind sie ihr eigener Motor.*

Auf diesem kleinen Gebiet kann die Umwelt ihren Einfluss geltend machen. Und hier ist wahrscheinlich auch der Einfluss von Milieuunterschieden zu suchen. Zwischen Familien und Kindertagesstätten können Unterschiede in Säuglingspflege und Erziehungsgewohnheiten bestehen, die einem Kind mehr oder weniger Gelegenheit geben, das, wozu es in der Lage ist, auch tatsächlich zu üben. Deshalb entwickeln sich Kinder in der einen Familie schneller als in der anderen. Der gleiche Unterschied besteht zwischen Kulturen. So entwickeln sich in Amerika schwarze Babys im Allgemeinen schneller als weiße Babys. Indianerbabys entwickeln sich jedoch im Allgemeinen langsamer als weiße Babys. Man nimmt an, dass dies zu einem großen Teil

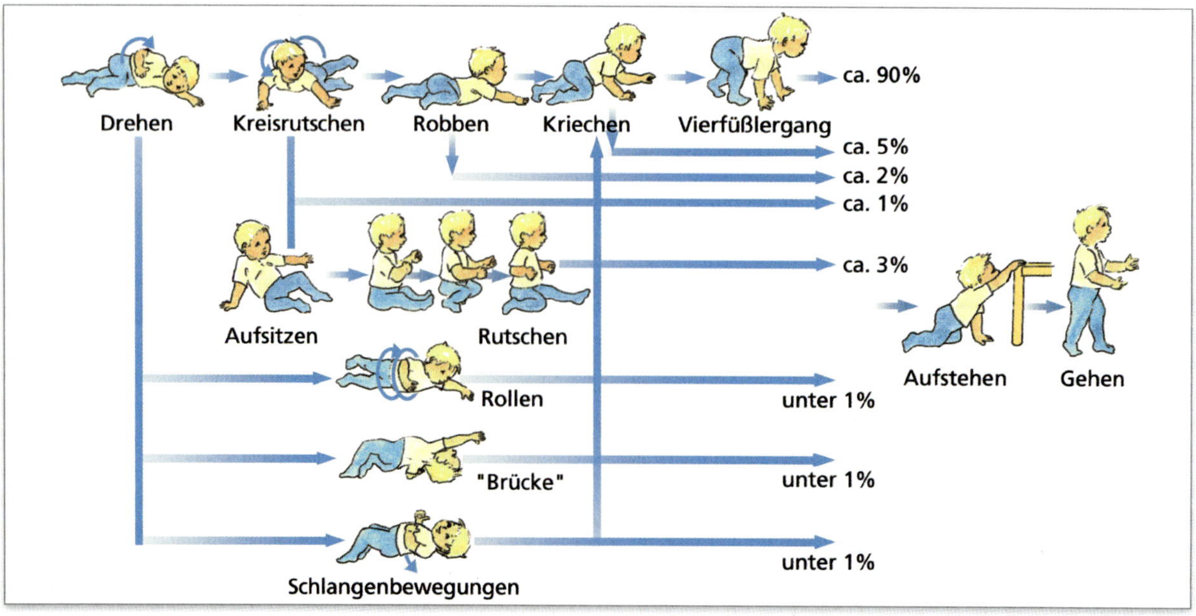

Viele Wege führen zum Gehen. Neue Untersuchungen zeigen, wie unterschiedlich „normale“ Entwicklung verlaufen kann (Abb. modifiziert nach LARGO, 1999).

durch das unterschiedliche Ausmaß der Bewegungsfreiheit zu erklären ist, die man in den unterschiedlichen Kulturen den Babys üblicherweise zugesteht. So liegen die Babys einiger Indianerstämme ziemlich lange gewickelt, so wie es in früheren Jahrhunderten auch in Westeuropa üblich war. Trotzdem lernen Indianerkinder ausgezeichnet laufen, genau wie unsere Vorfahren, vielleicht nur etwas später als Kinder, die nicht gewickelt liegen.

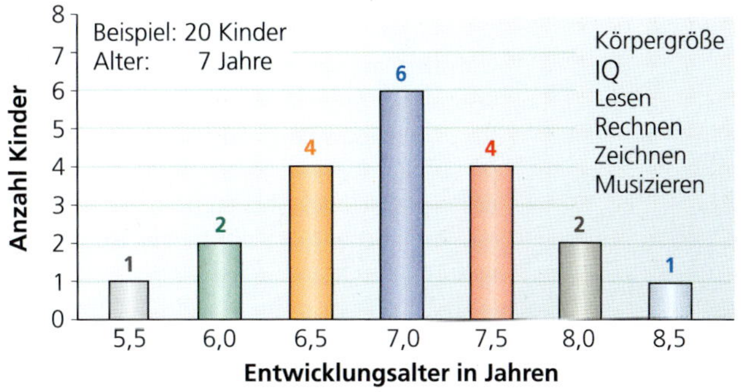

„Das sogenannte Entwicklungsalter kann vom tatsächlichen Alter stark abweichen. Bei 20 untersuchten Kindern im Alter von 7 Jahren entsprach der Entwicklungsstand in den Bereichen Körpergröße, IQ, Lesen, Rechnen, Zeichnen und Musizieren nur bei ca. einem Drittel der Kinder ihrem chronologischen Alter. Die anderen zwei Drittel waren in ihrem Entwicklungsstand bis 1,5 Jahre voraus bzw. hinterher" (Hang-Schnabel/Bensel, 2005, S. 17).

6.5.3.1 Unterschiede im Entwicklungsverlauf

Die meisten Eltern nehmen an, dass die Entwicklung der Verhaltensweisen bei allen Kindern so wie oben gezeigt gleich verläuft. Dies trifft für gewisse Entwicklungsbereiche, etwa die Sprache, auch zu. Die Meilensteine der Sprachentwicklung (verschiedene Laute, erste Wörter und Zweiwortsätze) treten wohl in sehr unterschiedlichem Alter, aber in der gleichen Reihenfolge auf.

Auf dem Gebiet der Motorik kann die Entwicklung je nach Kind aber anders verlaufen, was zu falschen Erwartungen und sogar unnötigen erzieherischen und therapeutischen Maßnahmen führen kann.

G. Hang-Schnabel und J. Bensel bringen in ihrem Buch „Grundlagen der Entwicklungspsychologie" die Variabilität des Entwicklungsverlaufs auf den Punkt:

„Wir wissen heute (angeregt durch den Züricher Entwicklungsforscher R. Largo), dass kein Entwicklungsmerkmal bei Kindern gleichen Alters gleich ausgeprägt ist, dass die ungeheure Entwicklungsvielfalt gleichaltriger Kinder dadurch zustande kommt, dass Eigenschaften und Fähigkeiten von Kind zu Kind unterschiedlich angelegt sind und unterschiedlich schnell ausreifen (interindividuelle Variabilität) und auch von der jeweiligen Umgebung unterschiedlich stark gefördert und somit in unterschiedlichem Maße zur Entfaltung gebracht werden (Realisierung vorhandener Potenzen).

Wir wissen auch, dass selbst bei einem Kind nicht von einem identischen Entwicklungsverlauf in verschiedenen Bereichen ausgegangen werden kann (intraindividuelle Variabilität), sondern Eigenschaften und Fähigkeiten aus verschiedenen Bereichen unterschiedlich angelegt sind und auch unterschiedlich schnell ausreifen (z. B. schnellere Fortschritte beim Sprechen als in der motorischen Entwicklung). Zudem können bestimmte Fähigkeiten, wie z. B. das Laufen, beim einen Kind völlig andere Entwicklungsverläufe nehmen als beim anderen Kind. Die Variabilität des einzelnen Entwicklungsverlaufs ist so groß, dass alle einschränkenden Normvorstellungen nicht der Wirklichkeit entsprechen.

Heutige Entwicklungstabellen berücksichtigen diese inter- und intraindividuellen Unterschiede. Sie sind nicht mehr Auflistungen von isolierten Einzelleistungen, die Kinder in einem bestimmten Alter zu erbringen haben (z. B. frei sitzen mit 10 Monaten), sondern relativ locker umrissene Entwicklungsabfolgen, die persönliche Abweichungen in weiten Grenzen tolerieren. So hält man etwa klare Vorsprünge in der Sprachentwicklung und Verzögerungen in der motorischen Entwicklung für durchaus normal, und beide Werte gehen in die Gesamtbeurteilung des Entwicklungsstandes eines Kindes mit ein.

An ausgewählten Beispielen der Entwicklung vom Säugling zum Kleinkind kann man sehen, wie vielfältig und höchst unterschiedlich Entwicklungsprozesse ablaufen können. Manchmal kann man zur Veranschaulichung an das Bild einer Treppe denken: Ist eine Entwicklungsstufe erreicht, kommt die nächste Stufe und baut auf die vorangegangene auf, ohne dass diese im Verhalten weiterhin beobachtbar bleiben muss. Manche Kinder lassen eine Stufe aus, überspringen sie scheinbar und kommen trotzdem – ein Stück weiter – an derselben Stelle an wie Kinder, die jede Stufe durchlaufen haben. Die motorische Entwicklung läuft nach diesem Muster ab. Entwicklung kann aber auch in verschiedenen Bereichen gleichzeitig beginnen und nach und nach kommen immer wieder neue Fähigkeiten hinzu, ohne dass die vorangegangenen an Bedeutung verlieren oder gar verschwinden. So sind bereits von Geburt an die Nahrungsaufnahme und das frühkindliche Kontaktbedürfnis voll entwickelt. Etwas später folgen die individuelle Bindung an die Bezugspersonen, dann der Verhaltensbereich Erkunden, Spielen, Nachahmen und erst Jahre später ein merklicher Fortschritt bei der sexuellen Reifung." (Hang-Schnabel/Bensel, 2005, S. 17)

6.5.4 Prinzipien der motorischen Entwicklung

Auch wenn es eine Vielfalt in der motorischen Entwicklung gibt, können wir bestimmte Prinzipien formulieren, nach denen die Entwicklung des Bewegungsverhaltens abläuft.

- **Entwicklungsrichtung:** Die Entwicklung der Motorik verläuft von oben nach unten; sie fängt beim Kopf an und endet bei den Füßen (Prinzip der cephalocaudalen Entwicklungsrichtung). Bewegungen im Kopfbereich sind damit eher möglich als im Fußbereich. Je näher die Muskeln am Gehirn liegen, desto eher reifen sie. Die Kontrolle der Muskeln, die dem Zentrum des Körpers näher liegen, gelingt eher als die Kontrolle der entfernteren, feineren Muskeln (Prinzip der zentral-peripheren Entwicklungsrichtung).
- **Wechselseitige Vorherrschaft:** Der Säugling bewegt zunächst beide Arme und beide Beine gemeinsam, erst viel später lassen sie sich einzeln und unabhängig voneinander bewegen.
- **Funktionelle Asymmetrie:** Beim Vorherrschen von bestimmten Muskelpartien dominiert immer eine bestimmte Körperseite. Ein Beispiel hierfür ist die stärkere Beachtung der rechten Körperseite, auf der die Rechtshändigkeit aufbaut.
- **Individuelle Reifung:** Die Geschwindigkeit der motorischen Entwicklung sowie die Ausprägung von Körpergliedern und Organen nach Größe und Stärke sind individuell unterschiedlich.
- **Selbstregulierende Fluktuation:** Der Organismus gestaltet aufgrund von eigenen Informationen über den Stand der Entwicklung selbst das weitere Reifungsgeschehen.

6.5.4.1 Fein- und Grobmotorik

Bei der zunehmenden Körperbeherrschung kann man zwischen grober und feiner Motorik unterscheiden.

Die **Grobmotorik** setzt sich aus größeren Bewegungen von rumpfnahen Muskeln und Muskelgruppen zusammen: Herumfuchteln, Bücken, Treppen steigen, Fahrrad fahren, Purzelbäume schlagen.

Die **Feinmotorik** besteht aus kleinen Bewegungen von Händen und Fingern, wie sie zum Beispiel für das Ergreifen eines Spielzeugs, das Legen von Puzzleteilen, das Festhalten einer Rosine, das Bewegen eines Zeichenstifts über ein Papier, das Stricken und das Zusammensetzen eines Modellflugzeugs erforderlich sind.

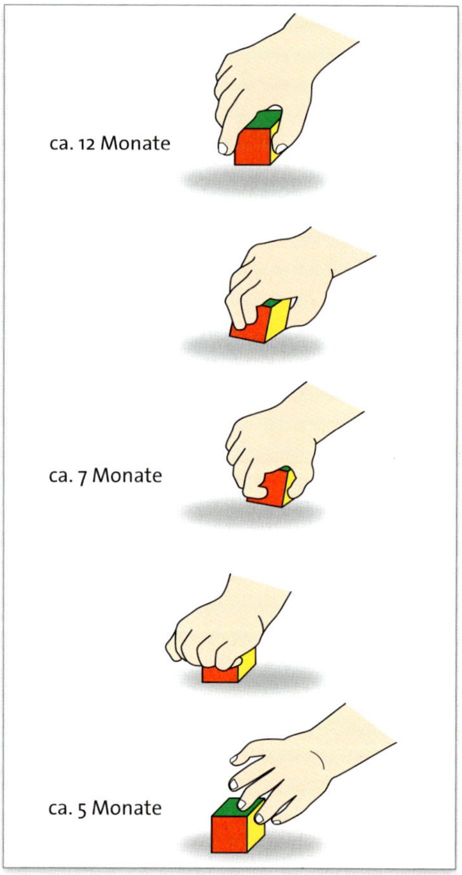

Entwicklung des Greifreflex

Ein Baby kann eher den Arm nach einem Spielzeug ausstrecken als es ergreifen. Ein Kleinkind kann mit einem Löffel essen, hält ihn aber noch so ungeschickt, dass es beim Essen kleckert. Ein Vorschulkind kann seine Hose anziehen, hat aber mitunter noch Probleme mit Knöpfen oder Reißverschlüssen. Es kann auch schon größere Zeichnungen anfertigen, aber noch kaum *kleine* Buchstaben malen. Es ist also nicht nur so, dass es vor seinem fünften Lebensjahr vom Verstand her nicht in der Lage ist, schreiben zu lernen;

es ist auch motorisch noch nicht weit genug entwickelt. Es kann die Muskeln des Handgelenks noch nicht geschmeidig bewegen. Die grobe Motorik ist der mit ihr in Verbindung stehenden feinen Motorik stets einen Schritt voraus, und innerhalb der Feinmotorik kann man wiederum von „fein" bis zu richtiger „Tüftelarbeit" unterscheiden, je nach Ausmaß der dafür erforderlichen Beherrschung der allerkleinsten Muskeln.

Ob und wieweit ein Kind diese allerkleinsten Muskeln zu beherrschen lernt, hängt zum größten Teil von seiner Veranlagung ab, davon, ob sein Nervensystem die Möglichkeit zu dieser Verfeinerung in sich hat. Dass die Anlage hier eine Rolle zu spielen scheint, geht schon aus der Tatsache hervor, dass Mädchen im Allgemeinen eine feinere Motorik als Jungen erreichen, was nicht allein auf kulturell bestimmte Erfahrungsunterschiede zurückzuführen ist.

Die Entwicklung der Grobmotorik ist auch etwas früher abgeschlossen als die der Feinmotorik. Mit sechs, sieben Jahren beherrschen die meisten Kinder die grundlegenden Fertigkeiten. In den darauffolgenden Jahren lernen sie viele neue Bewegungsabläufe. Das verdanken sie aber nicht so sehr der fortschreitenden Reifung, sondern der zunehmenden Körperkraft, der zunehmenden Größe ihrer Gliedmaßen und der Veränderung ihrer Körperproportionen.

6.5.5 Motorik im Rahmen der Gesamtentwicklung

Ein weiter Weg also, den Kinder gehen müssen, um ihren Alltag motorisch bewältigen zu können. Sie müssen ihre Möglichkeiten selbst entdecken und sich selbst entwickeln, brauchen dazu aber Begleiter, Unterstützer und Vorbilder. Es motiviert Kinder besonders, wenn sie von Erwachsenen angeregt werden – durch gute Vorschläge, vor allem aber durch Mitspielen. Im Vor- und Grundschulalter besteht bei Kindern ein starker Drang, sich auszutoben. Kinder brauchen Bewegung. Nicht allein für ihre gesunde körperliche Entwicklung, sondern auch für ihre geistige, emotionale und soziale Entwicklung. Die Bedeutung der Bewegung für die Gesundheit und die körperliche (biologisch-motorische) Entwicklung ist allgemein akzeptiert. Heute wissen wir, dass die Bewegung für die *Sprachentwicklung, die psychisch-emotionale Entwicklung, die Entwicklung der Wahrnehmung und für die kognitive* und nicht zuletzt *soziale Entwicklung* von grundlegender Bedeutung ist. Diese Wechselwirkung ist ein ganzheitlicher Prozess und lässt sich so darstellen:

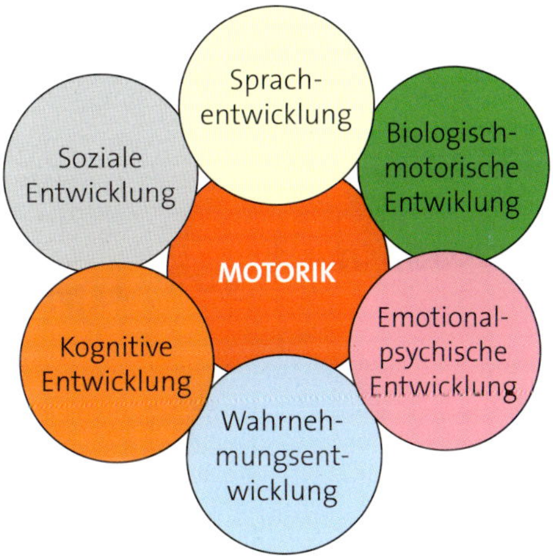

AUFGABE

Finden Sie Beispiele für den Zusammenhang zwischen Bewegungsentwicklung des Kindes und der Entwicklung

- der Sprache,
- des Biologisch-Motorischen,
- des Emotional-Psychischen,
- der Wahrnehmung,
- der Kognition
- und des Sozialen?

Gerade in der frühen Kindheit erfolgt die unmittelbare Erfahrung, das „Begreifen" der Umwelt, vorwiegend durch die Tätigkeit des Kindes, über seine körperlichen und seine sinnlichen Erfahrungen. Über die Verbindung von Sinneseindruck und darauf abgestimmte Bewegungen (Sensomotorik). Diese unmittelbare

Auseinandersetzung mit der Umwelt gilt als wesentlich für die Entwicklung der geistigen Fähigkeiten und des Denkens. Dies hat insbesondere der Schweizer Entwicklungspsychologe Jean Piaget in seinem umfangreichen Werk nachgewiesen.

Schon frühe nonverbale Äußerungen des Kindes erfordern motorische Aktivitäten: Das erste Lächeln des Säuglings, das die Eltern entzückt, alle mimischen Ausdrucksformen sind Bewegung. Das Sprechen erfordert ein ausgeprägtes, fein abgestimmtes Zusammenspiel vielfältiger Bewegungen. Beim Zeichnen und Malen, beim Schreibkritzeln werden Bewegungen auf dem Papier festgehalten.

Das Kleinkind, das lernt, sich selbstständig fortzubewegen, kann dadurch seinen Lebensraum beständig erweitern und erforschen, seine Unabhängigkeit steigern und neue Erfahrungen sammeln, die für seine weitere Entwicklung entscheidend sind.

> Bewegung für Kinder einzuschränken bedeutet, ihre Entwicklung zu gefährden.

Aufgrund des derzeitigen Erkenntnisstands der Entwicklungsbiologie und -psychologie sind Bewegung und Sport unverzichtbare Bestandteile der Erziehung des Kindes. Für das Kind ist die Bewegung zunächst Ausdruck seiner natürlichen Lebensfreude, dient dem Wohlbefinden und der Förderung des Gesundheitszustands. Dass dem Aspekt der **Gesundheit** eine große Bedeutung zukommt, belegen Untersuchungen, wonach ein erheblicher Prozentsatz der eingeschulten Kinder *Haltungs- und Organleistungsschwächen* aufweist. Auch auf eine Zunahme der Störungen der **Körperkoordination**, d.h. des aufeinander abgestimmten Zusammenwirkens verschiedener Muskeln und Muskelgruppen bei Bewegungen, wird verschiedentlich hingewiesen. Da eine gut entwickelte Körperkoordination eine Grundvoraussetzung für viele motorische Aktivitäten und Sportarten darstellt und bewegungsgeschickte Kinder in vielen kritischen Situationen weniger unfallgefährdet sind, lohnt es sich, der Körperkoordination besondere Beachtung zu schenken und Übungen, die diese Fähigkeit steigern, anzuregen. Es gibt aber auch noch einen anderen wichtigen Grund die motorische Entwicklung nach Kräften zu unterstützen: die Selbstwerdung im psychologischen Sinne.

6.5.6 Bedeutung von Körper- und Bewegungserfahrungen für das Selbstwerden

Selbstständig sein heißt in diesem Kontext, selbst stehen zu können. Es ist kein Zufall, dass diese beiden Begriffe miteinander verwandt sind. Renate Zimmer verdeutlicht, dass positive körperliche Erfahrungen grundlegend für die Entwicklung des kindlichen Selbstkonzepts sind. Eltern können Kindern diese Erfahrungen ermöglichen.

„Ich bin schon groß, ich kann alleine klettern …"

„Schaffe ich den Sprung ins kühle Nass – oder schaffe ich ihn nicht?"

„Traue ich mich, die Rutsche hochzuklettern – oder bleibe ich lieber unten?"

Ob sich ein Kind für stark oder für schwach hält, ob es Vertrauen in seine Fähigkeiten hat, bei Schwierigkeiten schnell aufgibt oder sich durch sie geradezu herausgefordert fühlt – all das ist abhängig von dem Bild, das das Kind von sich selbst hat. In diesem Selbstbild spiegeln sich die Erfahrungen wider, die es in der Auseinandersetzung mit seiner sozialen und materialen Umwelt gewonnen hat, ebenso aber auch die Erwartungen, die von der Umwelt an das Kind herangetragen worden sind.

So entwickelt jeder Mensch im Laufe seines Lebens ein System von Annahmen über seine Person, er gibt sich gleichsam eine Antwort auf die Frage: „Wer bin ich?". In den ersten Lebensjahren gründen diese Annahmen vor allem auf Erfahrungen, die ein Kind über seinen Körper macht. Körpererfahrungen können als früheste Stufe der Selbstentwicklung angesehen werden. Sie sind das Wesen des Selbstkonzepts.

Unter **Selbstkonzept** wird die Gesamtheit der Annahmen verstanden, die ein Mensch von seiner Person hat.

Über die Erfahrungen, die das Kind mit seinem Körper gewinnt, entwickelt es ein Bild von den eigenen Fähigkeiten. Es erhält eine Vorstellung von seinem „Selbst" und macht die Erfahrung von Können und Nicht-Können, von Erfolg und Misserfolg, von seiner Leistungsfähigkeit und seinen Grenzen.

Renate Zimmer verdeutlicht die Entwicklung des „Selbst":

„Kinder erleben durch ihre körperlichen Aktivitäten, dass sie selbst imstande sind, etwas zu leisten, ein Werk zu vollbringen, dass sie mit ihren Handlungen etwas bewirken können. Bereits im Kleinkindalter äußert sich das Bemühen um Selbstständigkeit am deutlichsten in körperlich-motorischen Handlungen. Sich allein anzuziehen, ohne fremde Hilfe zu laufen, auf eine Mauer zu klettern und wieder hinunterzuspringen – dies sind körperliche Errungenschaften, die dem Kind (und auch seinen Eltern und Bezugspersonen) schrittweise die zunehmende Unabhängigkeit beweisen. Selbstständigkeit heißt zunächst einmal, ‚selber stehen können', im wörtlichen wie im übertragenen Sinne.

Der Aufbau des ‚Selbst' ist beim Kind also wesentlich geprägt von der Art und Weise, wie es sich über seinen Körper und seine Sinne die Umwelt aneignet und sich mit ihr auseinandersetzt. Die über Körper und Bewegung gemachten Erfahrungen können damit auch als Grundlage der kindlichen **Identitätsentwicklung** angesehen werden.

Entstehung des Selbstkonzepts

Um ein Bild über sich selbst zu erhalten, greift das Kind auf unterschiedliche Informationsquellen zurück. Hierzu zählen:

- Informationen über die Sinnessysteme (das ‚Körperselbst'),
- Erfahrungen der Wirksamkeit des eigenen Verhaltens,
- Folgerungen aus dem Sich-Vergleichen und Sich-Messen mit anderen;
- Zuordnung von Eigenschaften durch andere." (Zimmer, 1997, S. 7)

Auswirkungen des Selbstkonzepts auf die Selbstwahrnehmung

Kinder – aber auch Erwachsene – werden in ihrem gesamten Verhalten sehr von ihrem Selbstkonzept beeinflusst. Ihre Zufriedenheit, ihre *Anstrengungsbereitschaft*, die Art und Weise, mit Problemen umzugehen oder sich mit neuen Situationen auseinanderzusetzen, ist davon abhängig, wie sie sich selbst wahrnehmen, einschätzen und bewerten. So erleben Kinder mit einem eher negativen Selbstkonzept unbekannte Situationen und neue Anforderungen häufiger als bedrohlich, sie fühlen sich ihnen nicht gewachsen und geben leichter auf. Auf Kritik und Misserfolg reagieren sie unangemessen empfindlich und besitzen eine nur geringe Frustrationstoleranz. Kinder mit positivem Selbstkonzept gehen dagegen mit geringerer Ängstlichkeit und größerer Energie an neue Aufgaben heran und sind auch bei Misserfolgen nicht so leicht zu entmutigen. Das Selbstkonzept ist meist sehr stabil, aber nicht veränderungsresistent. Die meisten Menschen tendieren dazu, eine gewisse Grundeinstellung sich selbst gegenüber beizubehalten und spätere Erfahrungen so zu steuern, dass eine Übereinstimmung zwischen dem Selbstkonzept, dem eigenen Verhalten und den Erwartungen anderer besteht, sie versuchen also, „mit sich selbst identisch zu bleiben."

Frustrationstoleranz
Fähigkeit Enttäuschungen zu ertragen

Kindheitserfahrungen sind von besonderer Bedeutung, weil in frühen Lebensjahren die Gefahr besteht, dass Kinder unangemessene Verallgemeinerungen vornehmen. Negative Erfahrungen, die sie z. B. aufgrund ihrer körperlichen Fähigkeiten machen, übertragen sie leicht auch auf andere Gebiete. So befürchten sie schließlich nicht nur bei Bewegungsspielen von den anderen nicht anerkannt zu werden, sondern ziehen sich auch bei anderen Aktivitäten in der Gruppe zurück oder reagieren mit Aggressivität und störendem Verhalten, um so die Anerkennung der anderen zu erhalten.

Eine wesentliche Vorbedingung für die Entwicklung eines positiven Selbstwertgefühls ist das Bereitstellen von Situationen, in denen das Kind selbst aktiv werden kann.

Vor allem aber werden die Ursachen für Erfolg und Misserfolg unterschiedlich erklärt: Kinder mit positivem Selbstkonzept sehen Erfolge als Resultat ihrer eigenen Anstrengung und als Bestätigung ihrer Leistungsfähigkeit. Misserfolg erklären sie eher mit „Zufall" oder „Pech" und betrachten ihn nicht als repräsentativ für ihre Fähigkeiten.

Im Gegensatz dazu relativieren Kinder mit negativem Selbstkonzept, wenn sie tatsächlich einmal erfolgreich sind, die Schwierigkeit einer Aufgabe, machen Glück oder Zufall dafür verantwortlich und schreiben den Erfolg weniger sich selbst zu. Misserfolg interpretieren sie als Beweis für das eigene Unvermögen; sie führen ihn oft auf mangelnde Begabung („kann ich nicht") zurück. Bei niedrigem Selbstkonzept ist die Erfolgserwartung des Kindes in der Regel geringer als bei hohem Selbstkonzept, was wiederum Konsequenzen für die Erwartungshaltung vonseiten der sozialen Umwelt hat: Wer sich selbst nichts zutraut, dem trauen auch andere nicht viel zu.

Eine wesentliche Vorbedingung für die Entwicklung eines positiven Selbstwertgefühls ist das Bereitstellen von Situationen, in denen das Kind selbst aktiv werden kann.

Besonders günstige Voraussetzungen, um die eigene **Selbstwirksamkeit zu erleben**, bieten im Kindergartenalter Bewegungserlebnisse, da sie – abgestimmt auf die Fähigkeiten des Kindes – die direkte Erfahrung vermitteln, selbst für das Handlungsergebnis verantwortlich zu sein. Bewegungsspiele beinhalten immer auch ein Erproben der eigenen Fähigkeiten und Kräfte. Das Kind übt seine Geschicklichkeit, es lernt seine Leistungsgrenzen kennen, aber auch erweitern und macht so die Erfahrung des Selber-Ursache-Seins. Indem es die Wirkung seiner Handlungen unmittelbar erfährt, erlebt es sie als selbst bewirkt, Erfolg und Misserfolg können auf eigene Anstrengungen, auf die eigene Person zurückgeführt werden. Je häufiger ein Kind die Erfahrung macht, dass seine Handlungen etwas bewirken und Konsequenzen nach sich ziehen, um so eher wird es Vertrauen in sich selbst gewinnen und damit auch ein positives Bild von sich selbst entwickeln (nach ZIMMER, 1997).

> Auf all diesen Überlegungen baut die **Psychomotorik** auf, als Hilfe zur Selbsthilfe und zur Entfaltung der kindlichen Persönlichkeit.

6.6 Persönlichkeitsentwicklung im Jugendalter

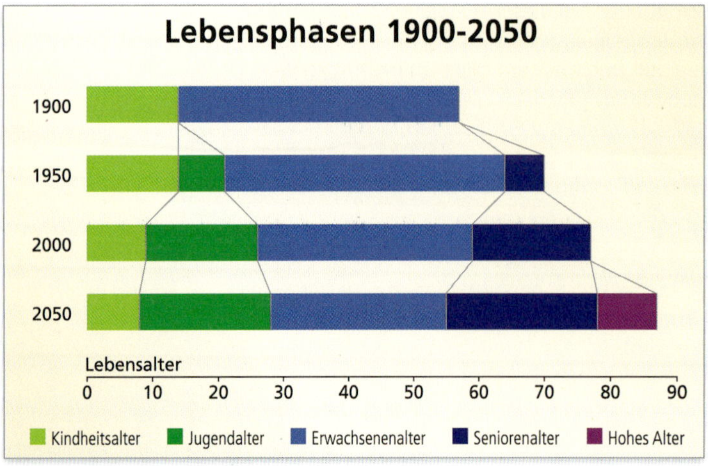

Das Schicksal jedes Volkes und jeder Zeit hängt von den Menschen unter 25 Jahren ab. (J. W. VON GOETHE)

Die vor ca. 200 Jahren getroffene Einschätzung GOETHES teilt der bedeutende Jugendforscher HURRELMANN (2010, 8) nicht unbedingt, aber er sieht Jugendliche als gesellschaftliche Seismografen, „... die in sensibler Weise auf die sich abzeichnenden gesellschaftlichen Entwicklungen eingehen". Das war nicht immer so. Erst um 1900 wurde Jugend allmählich als eigenständige Gruppierung neben Kindern und Erwachsenen aufgefasst.

Allerdings wies ROUSSEAU bereits in seinem 1762 erschienenen Roman *Emile oder über die Erziehung* auf typische Verhaltensweisen Jugendlicher hin, die heute von der modernen Hirnforschung belegt sind. Er beschrieb schon damals die gravierenden emotionalen und geistigen Veränderungen während des Jugendalters und benannte als Symptome: Stimmungslabilität, Zornausbrüche, geistige Erregbarkeit.

Als eigenständige Lebensphase hat sich das Jugendalter bis heute ständig ausgedehnt und nimmt inzwischen einen großen Bereich im Lebenslauf des Menschen ein.

Die Grafik (S. 314) zeigt die Entwicklung und Strukturierung der Lebensphasen zu vier historischen Zeitpunkten. (nach HURRELMANN, 2010, S. 17)

Vermutlich sind Sie nach dem Studium der Tabelle verblüfft darüber, dass es um 1900 *kein* Jugendalter gab.

Bis etwa zu diesem Zeitpunkt wurden Kinder bereits mit 11, 12 oder 13 Jahren praktisch ohne Übergang in die Ernstbezüge des Lebens eingebunden. Sie verrichteten Hilfsarbeiten, erlernten einen Handwerksberuf oder waren als adelige Sprösslinge bereits mit 15 Jahren als Fähnrich (unterster Offiziersgrad) in Diensten des Militärs, um nur drei Beispiele zu nennen.

Um 1950, wenige Jahre nach dem Ende des II. Weltkriegs, differenzierte sich das Jugendalter als noch relativ schmale Lebensphase aus. Jugendliche entwickelten eigene Lebensstile und schafften sich damit erstmalig auch jugendkulturelle Identität, die sie z.B. durch Kleidung, Musik und Sprache auslebten.

Um 2000 zeigt die Entwicklung über die Lebensspanne des Menschen weitere gravierende Veränderungen, die bis in die Gegenwart reichen. Die Lebensphase der Kindheit verkürzt sich, das Jugend- und das Seniorenalter dehnen sich über 16, 17 Jahre aus.

Folgt man der Prognose für die Zeit um 2050, verschiebt sich das Bild insbesondere in der dritten Phase. Das Seniorenalter nimmt einen noch breiteren Raum ein, die Lebenserwartung steigt im Vergleich zu heute weiter an.

6.6.1 Jugend: eine Standortbestimmung

Die meisten Menschen erinnern sich besonders gerne an ihre eigene Jugend und verbinden damit Aufbruch, Dynamik, Unbeschwertheit, Freiheit. Sie vergessen dabei häufig, dass sie sich durch das Jugendalter nicht nur hindurchgekuschelt haben. Selbstzweifel, Versagensängste, Identitätskrisen etc. sind auch den ehemals Jugendlichen nicht fremd.

„Forever young",[1] die Hymne der deutschen Synthpopgruppe ALPHAVILLE, drückt eine gebündelte Sehnsucht der Gesellschaft nach Jungsein aus. Hier ein paar Zeilen aus dem Song:

„Es ist so hart, alt zu werden, ohne einen Grund.
Ich möchte nicht zugrunde gehen, wie ein sterbender Gaul,
Jugend ist wie Diamanten in der Sonne und Diamanten sind für immer.
So viele Abenteuer können heute nicht geschehen,
so viele Lieder, die wir vergaßen zu spielen,
so viele Träume entstehen draußen im Blau,
wir werden sie wahr werden lassen.
Für immer jung, ich möchte für immer jung sein…"[2]

Jugendlichkeit genießt in unserer Gesellschaft als Motor für Innovationen Kultstatus. In der Werbung sind Jugendliche signifikant überrepräsentiert und promoten, was angesagt ist.

Erwachsene wünschen sich eine Teilhabe am Jungsein, wenn sie schwärmen: „Das Kleid (die Frisur, die Creme etc.) macht mich jünger." In Heiratsanzeigen weisen 67-Jährige auf ihr „jugendliches" Aussehen hin. Manche erleben auch ihre sogenannte „zweite Jugend", was immer man darunter versteht. „Echte" Jugendliche erleben diese „Annäherungsversuche" als eher peinlich. Mit der Lebensphase Jugend hat das nichts zu tun.

Diese Lebensphase muss doch etwas ganz Besonderes haben. Hat sie das?

6.6.1.1 Jugend im juristischen Sinne

In Deutschland gelten junge Menschen als Jugendliche, wenn sie 14 Jahre alt sind und das 18. Lebensjahr noch nicht vollendet haben (SGB VIII, § 7). Jugendliche erhalten vom Gesetzgeber bestimmte Rechte und Pflichten.

---

1 www.youtube.com: ALPHAVILLE – forever young – official video

2 GOLD/LLOYD/MERTENS, deutsche Übersetzung Autoren

Transeszenz
bezeichnet die biologische und psychische Umwandlung im Alter zwischen ca. 11 und 14 Jahren.

Pubertätt
(lat. pubertas) Geschlechtsreife, bezeichnet die biologische Entwicklung während der Transeszenz. Die körperliche Entwicklung setzt bei Mädchen etwa 2 Jahre früher ein als bei Jungen. Sie umfasst u. a. bei
- *Jungen: Wachsen der Muskeln und Geschlechtsorgane, Ejakulation, sekundärer Haarwuchs (Achsel, Scham).*
- *Mädchen: Menstruation, Brustbildung, breitere Hüften durch Beckenvergrößerung.*

AUFGABEN

Anregungen für evtl. fächerübergreifende Aufgabenstellungen:

Informieren Sie sich über die Rechte und Pflichten in verschiedenen Medien. Listen Sie Rechte und Pflichten in verschiedenen Altersstufen auf. Erscheinen Ihnen die Alterszuweisungen noch zeitgemäß?

Wie könnte die Teilhabe an politischen Entscheidungen zukünftig aussehen? Stichwörter: Wahlrecht für Jugendliche auf kommunaler Ebene und auf Landesebene. Installierung von Jugendparlamenten?

Methodisches Vorgehen, z. B. durch Podiumsdiskussion, kleine empirische Untersuchung.

6.6.1.2 Jugend im sozialwissenschaftlichen Sinne

In der Sozialwissenschaft umfasst das Jugendalter einen nicht genau zu bestimmenden Abschnitt im menschlichen Lebenslauf vom etwa 11.–27. Lebensjahr. Es ist im Vergleich zu früher ein immer weiter ausgedehnter Lebensabschnitt mit Freiräumen zur individuellen Lebensgestaltung und nicht nur ein „Übergang" zum Erwachsenenalter. Das Jugendalter ist heute gekennzeichnet durch:

1. eine liberale Einstellung von Eltern zur Erziehung, oft verbunden mit der Einschätzung, dass sich ihre Kinder sonst selbst ihre Freiräume schaffen;
2. den früher einsetzenden Übergang vom Kind zum Jugendlichen, bei gleichzeitiger Verlängerung des Jugendalters durch qualifizierte Ausbildung (längere Schul- und Berufsausbildung oder Studium);
3. die wirtschaftliche Macht Jugendlicher, die ein anspruchsvolles Lebenskonzept erst ermöglicht und sich in den sehr differenzierten Jugendkulturen und Jugendstilen ausdrückt.

6.6.1.3 Das Jugendalter beginnt mit der Pubertät

Wir haben bereits darauf hingewiesen, dass das Jugendalter einen nicht genau umrissenen Abschnitt im menschlichen Lebenslauf einnimmt und durch gewaltige Umbrüche gekennzeichnet ist. Leon ist plötzlich im Stimmbruch und gickst zur Freude seiner Umwelt. Das macht ihn unsicher, weil er die Signale auf der Beziehungsebene wahrnimmt. Hannah schaut in den Spiegel und nimmt aus ihrer Sicht so merkwürdige Veränderungen an ihrem Körper wahr, die, wie sie meint, eigentlich gar nicht sein müssten. Ging ja bisher auch so. Beide Kinder tauchen nach der Vorpubertät in den ersten Abschnitt des Jugendalters, der Pubertät heißt, ein. Die eineiigen Zwillinge Jana und Saskia befinden sich gerade auf dem Weg in die Pubertät. Als „Amazonen", ausgestattet mit selbst gebauten Pfeilen und Bogen, durchstreifen sie noch mit unbändiger Freude ihren urwüchsigen Garten.

Das Jugendalter ist das Zeitalter des Heranwachsens von Körper, Geist und Seele. Der Begriff Adoleszenz (lat.: adolescere = heranwachsen) steht synonym für Jugendalter.

Adoleszenz wird heute relativ übereinstimmend (Berk; Oerter/Montada u. a.) in
- frühe Adoleszenz, ca. 11–14 Jahre,
- mittlere Adoleszenz, ca. 14–18 Jahre,
- späte Adoleszenz, ca. 18–21 Jahre,

eingeteilt.

Einige Autoren weichen von diesen Altersangaben auch ab. Die WHO (Weltgesundheitsorganisation) benennt für die Adoleszenz die Zeitspanne von 10–20 Jahren.

Als junge Erwachsene gelten Twens im Alter von ca. 21–27 Jahren. Die meisten jungen Erwachsenen werden heute aus den weiter oben beschriebenen Gründen dem Jugendalter zugerechnet. Der Übergang vom Jugend- ins Erwachsenenalter ist fließend und greift in der Regel in der angegeben Altersspanne, wenn die Persönlichkeitsentwicklung eines Kindes und Jugendlichen einen „geglückten" Verlauf hatte.

6.6.2 Persönlichkeitsentwicklung im Jugendalter

Ein Jugendlicher reift nicht nur körperlich heran und nimmt an Körpergröße und Gewicht zu. Er hat ein differenziertes, sensibles Seelenleben und lebt in einer sozialen Umwelt, die ihn prägt. Während das körperliche Wachstum nachvollziehbar und messbar ist, sind die psychologischen und soziologischen Aspekte der Entwicklung des Jugendlichen auch in der wissenschaftlichen Auseinandersetzung zum Teil strittig.

Psychologen sehen die innerseelischen dynamischen Kräfte als Motor für die Entwicklung an, während Soziologen die Einflüsse der Umwelt präferieren.

Der Jugendforscher HURRELMANN (2010, S. 49) versucht, Forschungsergebnisse aller wissenschaftlichen Disziplinen in seiner „interdisziplinär ausgerichteten Sozialisationstheorie" zusammenzutragen, „die sich in Wissenschaft und Praxis bewährt haben". **Dabei wird unter Sozialisation „der Prozess der Entwicklung der Persönlichkeit in Auseinandersetzung mit den inneren und äußeren Anforderungen" verstanden.** Im Folgenden werden zentrale Bereiche der Persönlichkeitsentwicklung im Jugendalter thematisiert.

6.6.2.1 Entwicklung als Wechselspiel von Anlage und Umwelt

Menschliche Entwicklung ist, wie in jedem Lebensalter, ein Wechselspiel von Anlage und Umwelt. Wir wissen heute aus der Hirnforschung, dass das Gehirn während der Jugendphase nochmals kräftig umgebaut wird. Die Grafik „Das Pubertätshirn ist eine Baustelle" vermittelt einen sehr guten Überblick über die Umbauarbeiten. Jeder, der einmal sein Zimmer eigenständig renoviert, also gestrichen, genagelt und gedübelt hat, weiß, wie stressig eine „Umbauphase" sein kann. Verweilen Sie bei der Grafik bitte einen Augenblick länger beim Text über den Mandelkern und Ihnen wird vermutlich schlagartig klar, warum Jugendliche ihre Emotionen als Wut, Ärger oder kreischende Freude relativ ungesteuert herauslassen. Wir werden weiter unten darüber noch mehr erfahren.

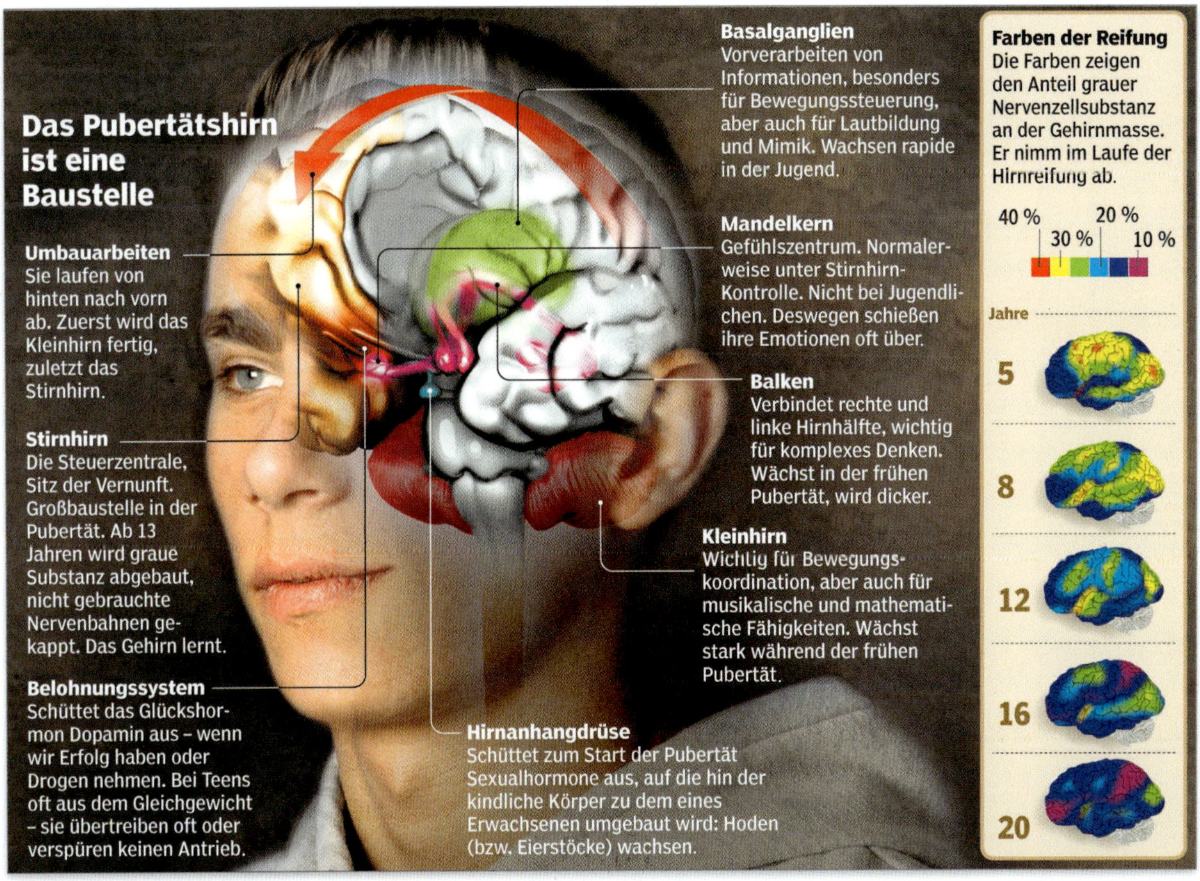

Nach heutigem, relativ übereinstimmendem Wissensstand sind Persönlichkeits- und Verhaltensmerkmale wie z. B. Intelligenz, Kreativität oder Temperament zu gut 50% genetischen Ursprungs. Dies ist der *endogene* Faktor der Persönlichkeitsentwicklung. Was ist mit der anderen Hälfte, die die *exogenen* Faktoren ausmachen? Sie sind für die individuelle Entwicklung eines Jugendlichen nicht so leicht bestimmbar, weil jeder in seiner ganz spezifischen ökologischen, sozialen und Bildungsumwelt lebt und durch sie sozialisiert wird. Spezifiziert man die Umweltfaktoren näher, sind u. a. der Einfluss der Familie, der Peergroup sowie die Qualität der Bildungsangebote zu nennen. Damit sind bereits einige Spuren für die exogenen Faktoren gelegt. Spuren deshalb, weil auch die beispielhaft genannten Einflussgrößen nochmals spezifiziert werden müssen. Für den Bereich „Familie" sind hier zu nennen: Familiengröße, Familienart, z. B. Kleinfamilie, Patchworkfamilie, wirtschaftliche und soziale Lage, Freizeitangebote, Wohnsituation. Diese und viele andere Umwelteinflüsse erlebt jeder, selbst eineiige Zwillinge, anders. **Umwelteinflüsse** prägen die Entwicklung im Kindes- und Jugendalter besonders entscheidend.

Das Bild zeigt uns, wie Anlage und Umwelt zusammenwirken können.

autonom
selbstständig

Der junge Mann hat offensichtlich nicht nur eine gute körperliche Konstitution, sondern in der Freizeit durch gezieltes Training noch etwas nachgeholfen.

Jeder Mensch erhält von seinen Eltern eine einzigartige genetische Ausstattung als „Ausgangslage" oder „Spielraum" für seine Entwicklung, die durch Umwelteinflüsse beeinflusst und geformt werden. Anlagen und Umwelteinflüsse ergänzen sich nicht nur, sondern stehen auch in einem Wechselwirkungsprozess.

6.6.2.2 Jugendalter als produktive und konstruktive Phase

Das Jugendalter wird häufig verkürzt aber durchaus prägnant als Phase des Ausprobierens bezeichnet. Die Jugendlichen versuchen, eigene Wünsche, Bedürfnisse und Hoffnungen, mit den unterschiedlichen Anforderungen der sozialen Umwelt, also mit der Freundin, dem Lehrer, mit der Mutter etc. abzugleichen. Aus den unterschiedlichen Ziel- und Handlungsvorstellungen ergeben sich zwangsläufig Konflikte, die es zu bearbeiten gilt.

In der Entwicklungspsychologie hat sich seit HAVIGHURST für Bewältigung und Umsetzung verschiedener Anforderungen – nicht nur für das Jugendalter – der Begriff **„Entwicklungsaufgaben"** durchgesetzt.

„Unter einer **Entwicklungsaufgabe** werden die psychisch und sozial vorgegebenen Erwartungen und Anforderungen verstanden, die an Personen in einem bestimmten Lebensabschnitt gestellt werden". (HURRELMANN, 2010, S. 27)

Entwicklungsaufgaben sollen vom Jugendlichen seinem Vermögen nach möglichst produktiv bearbeitet werden. Als wesentliche Entwicklungsaufgaben auf dem Weg in das „Erwachsenenalter" werden u. a. angesehen:

- Annahme der geschlechtlichen Rolle
- soziale Beziehungen zur Peergroup, auch zum anderen Geschlecht
- fortschreitendes Ablösen von den Eltern
- Entwicklung eines stabilen Norm- und Wertesystems

Beim „Abarbeiten" der Entwicklungsaufgaben kollidieren die persönlichen Bedürfnisse mit den gesellschaftlich-normativ geforderten, was zu Irritationen und Spannungen führt, aber typischerweise zur Umbruchphase des Jugendalters gehört. **Jugendliche begreifen sich heute als aktiv Handelnde, als Konstrukteure ihrer selbst.**

Jüngere Jugendliche besitzen noch nicht die erforderlichen Kompetenzen, ihre „Welt" autonom zu konstruieren. Die Verhaltens- und Handlungsmöglichkeiten nehmen aber sukzessive bis ins Erwachsenenalter zu. Dieser Prozess ist eigentlich nie abgeschlossen. Er erlebt im Jugendalter nur einen besonders starken Schub. Diesen Schub des „Autonomiestrebens" erleben viele Eltern als mittleren Schock. Eben noch ganz Kind, leitbar und nett und plötzlich ...

AUFGABE

Miniprojekt

Handeln Sie jetzt selbst als Konstrukteure

Bitte schauen Sie sich die im Text ausgewählten Entwicklungsaufgaben genau an.

Versuchen Sie zunächst, in einem Kreisgespräch mögliche Inhalte über die Entwicklungsaufgaben herauszufinden. Ihre Lehrerin hilft Ihnen dabei. Sie können auch (noch) in den verschiedenen Medien recherchieren.

Bilden Sie Gruppen und bearbeiten Sie je eine der benannten Entwicklungsaufgaben und eine Entwicklungsaufgabe, die Sie aus bisheriger Erfahrung konstruieren und die deshalb wichtig ist.

Bearbeitungshinweise:
- Auseinandersetzung mit der Entwicklungsaufgabe, z. B.: Was ist damit gemeint? Was ist daran wichtig?
- Stellungnahme der Gruppe aufzeigen, z. B. Bedeutung der Entwicklungsaufgabe für die Heranwachsenden, die Eltern.
- Lösungsansätze, z. B: Was können Jugendliche und Erwachsene zur Bewältigung beitragen? Unterschiedliche Erwartungshaltungen?

Sachangemessene, aber möglichst originelle Präsentation der Arbeitsergebnisse.

LERNER, ALBERTS und BOBEK (2007) führen als Gründe einer positiven Entwicklung die *Austauschprozesse während der bisherigen Entwicklung* zwischen dem Jugendlichen und seinem sozialen Umfeld, insbesondere Eltern, Peergroup, Schule an. Sie gehen dabei von der Frage aus, in welchen sozialen und intellektuellen Kontexten Jugendliche ihre ersten zwei Lebensjahrzehnte verbringen und welche Förderungen sie dabei erfahren haben.

Die „5 C"
- Competence
- Caring
- Connection
- Confidence
- Character

der positiven Entwicklung fassen ROTH und BROOKS-GUNN zusammen

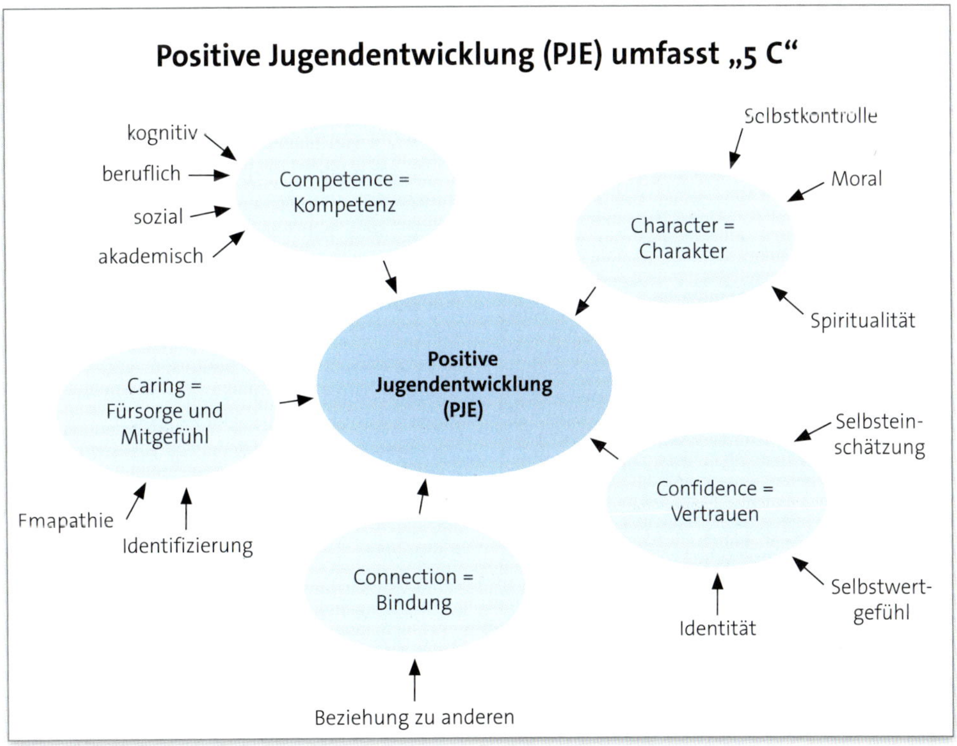

„Die Förderung von Kompetenz, dem ersten C, zielt u.a. auf die Verbesserung der sozialen, schulischen, kognitiven und beruflichen Kompetenzen der Teilnehmer. Soziale Kompetenz umfasst interpersonale Fähigkeiten wie Kommunikationsfähigkeit, Durchsetzungsvermögen, Ablehnung und Widerstand und die Fähigkeit zur Lösung von Konflikten. Kognitive Kompetenz beschreibt kognitive Fähigkeiten, einschließlich logisches und analytisches Denken, Problemlösungsfähigkeit, Entscheidungsfähigkeit, planvolles Handeln und die Fähigkeit, Ziele zu setzen. Schulnoten, Anwesenheit, Prüfungsergebnisse und Schulabschlussquoten fallen unter die schulische (akademische) Kompetenz. Berufliche Kompetenz meint Arbeitseinstellungen und Berufswahlorientierung.

Die Förderung des Vertrauens von jungen Menschen, das zweite C, beinhaltet Ziele in Bezug auf die Erhöhung des Selbstwertgefühls, der Selbsteinschätzung, des Selbstvertrauens, der Identität und des Glaubens an die Zukunft der Jugendlichen. Die Anregung und Unterstützung von sozialen Bindungen, das dritte C, umfasst den Aufbau und die Stärkung von Beziehungen eines Jugendlichen zu anderen Menschen und Institutionen wie der Schule. Das vierte C – Charakter – lässt sich am schwierigsten definieren. Programmatische Ziele wie die Erhöhung der Selbstkontrolle und Selbstbeherrschung, die Verminderung von gesundheitsschädigendem (Problem-)Verhalten, die Achtung von kulturellen und gesellschaftlichen Regeln und Normen sowie Gerechtigkeitssinn (Moral) und Spiritualität beschreiben die Charakterkomponente. Die Entwicklung von Fürsorge und Mitgefühl, das fünfte C, zielt auf die Erhöhung der Empathiefähigkeit von Jugendlichen und ihrer Fähigkeit, sich in andere hineinzuversetzen." (ROTH/BROOKS-GUNN, 2003, S. 205 zit. in Bundesministerium für Familie, Senioren, Frauen und Jugend, 2009, S. 46)

6.6.2.3 Entwicklung der Ich-Identität

Unbedingt cool zu sein, ist für Jugendliche Programm, in dessen Verlauf sie sich fragen, wer sie sind, wie sie sind, was sie eigentlich für sich wollen und was die anderen von ihnen denken und halten. Mit der Pubertät beginnt die Selbstfindungsphase, die eine eigene unverwechselbare Identität zum Ziel hat. Dieser Prozess kann sehr schmerzlich sein und manche Jugendliche glauben, sich dabei in einem Irrgarten zu bewegen, in dem sie ständig ihren Standort ausloten müssen. **Die Suche nach der Identität ist die zentrale Aufgabe des Jugendlichen.**

Unter *Identitätsfindung* wird die Übernahme der biologischen und psychosozialen Rolle verstanden. Das bewusste Erlebnis der Ich-Identität ist aus der Sicht des Psychoanalytikers ERIKSON „ein Gefühl des In-seinem-Körper-zu-Hause-Seins", ein Wissen darüber, welchen Weg man einschlägt und die Sicherheit der Anerkennung von Menschen, auf deren Meinungen und Urteile Wert gelegt wird. Identitätsfindung verläuft, indem sie im Jugendalter bewusst reflektiert wird, von „außen nach innen".

Jugendliche stellen sich in diesem Zusammenhang drei Fragen, die so oder ähnlich lauten:

- „Wie bin ich?" – Subjektive Identität
- „Wie möchte ich sein?" – Optative Identität
- „Für wen hält man mich?" – Zugeschriebene Identität

Auf die „Entdeckung des Ich" im Jugendalter wies bereits SPRANGER (1966, S. 46 f.) hin. Ein Icherlebnis haben auch Kinder. Neu ist dabei „die Wendung des Blickes nach innen (Reflexion)". Der junge Mensch erkennt sich als handelndes, wertendes und empfindsames Subjekt und setzt sich immer wieder aufs Neue mit seiner Welt auseinander.

Besonders pubertierende Mädchen verändern ihr Äußeres beispielsweise nicht nur, weil der Veränderungswille so groß ist, sondern um sich selbst zu gefallen und um auszutesten, wie Freunde, Eltern etc. darauf reagieren. Sie registrieren die Signale der Umwelt sehr genau und markieren für sich das, was ihnen in ihrem sukzessiv entstehenden Selbstbild (Selbstkonzept) wichtig erscheint. Alle nur erdenklichen Fragen, die sich aus dem sozialen Miteinander ergeben, können heftig und kontrovers geführt werden, z. B. über Krieg – Frieden, Liebe – Hass, Freund – Freundin. Jüngere Jugendliche erleben solche Diskussionen noch sehr ichbezogen, sie können ihren eigenen Standpunkt nur schwer aufgeben.

Und manchmal beschäftigen sich Jugendliche gedanklich nur mit sich selbst. Allenfalls die beste Freundin, der beste Freund darf an den Gedankengängen teilhaben. Sie philosophieren, kommen je nach Gemütslage ins Grübeln und stellen sich viele „Warum-Fragen“: „Warum bin ich auf der Welt?“ Warum bemerkt mich der Klemens nicht?“ „Warum ist meine Familie arm?“, „Warum sind meine Eltern geschieden?“

Identitätszustände im Jugendalter nach Marcia

Marcia griff für seine Forschungen die psychoanalytische Identitätskonzeption mit den Primärkriterien „Exploration“ und „innere Verpflichtung“ von Erikson auf. Er ging aber bei seinen eigenen Forschungen empirisch vor und entwickelte Fragen zu unterschiedlichen Themenbereichen, die in Interviews von Jugendlichen beantwortet werden (s. Beispiele im Kasten). Durch die Methode der Selbstauskunft von Jugendlichen hat Marcia vier Formen der Identität herausgefiltert, die er als den jeweiligen **Identitätszustand** ansieht:

- erarbeitete Identität
- Moratorium
- übernommene Identität
- diffuse Identität

Die vier verschiedenen Identitätszustände nach Marcia (1980)

Identitätszustand	Beschreibung	Beispiel
erarbeitete Identität	Nachdem Menschen mit einer erarbeiteten Identität verschiedene Alternativen erkundet haben, verpflichten sie sich klar formulierten, selbst gewählten Wertvorstellungen und Zielen. Sie haben ein Gefühl psychischen Wohlbefindens, das Gefühl einer die Zeit überdauernden Kontinuität des eigenen Selbst und ein Wissen darum, welche Richtung sie einschlagen möchten.	Als man sie fragte, ob sie bereit wäre, ihre Berufswahl zu überdenken, falls sich etwas Besseres finden würde, erwiderte Lauren: „Ja vielleicht, aber ich glaube nicht. Ich habe lange und gut darüber nachgedacht, ob ich Jura studieren will, und ich bin mir ziemlich sicher, dass es das Richtige für mich ist.“
Identitäts-moratorium	*Identitätsmoratorium* bedeutet „Aufschub“. Solche Menschen haben sich noch nicht endgültig festgelegt. Sie sind im Prozess der Exploration begriffen – Informationen werden gesammelt und neue Aktivitäten mit dem Wunsch ausprobiert, Werte und Ziele zu finden, die als Richtlinie für das eigene Leben dienen können.	Als man ihn fragte, ob er jemals Zweifel an seinen religiösen Überzeugungen gehegt habe, meinte Roman: „Ja, ich glaube, da stecke ich gerade mittendrin. Mir ist einfach nicht klar, wie es einen Gott geben kann und dennoch so viel Böses auf der Welt.“
übernommene Identität	Menschen mit einer übernommenen Identität haben sich bestimmten Wertvorstellungen und Zielen verpflichtet, ohne vorher Alternativen exploriert zu haben. Sie akzeptieren eine vorgefertigte Identität, die eine Autoritätsfigur – zumeist Vater oder Mutter, aber manchmal auch ein Lehrer, religiöser Mentor oder Liebespartner – für sie gewählt hat.	Als Helga gefragt wurde, ob sie je ihre politische Überzeugung hinterfragt habe, antwortete sie: „Nein, eigentlich nicht – unsere Familie ist sich in diesen Fragen ziemlich einig.“
diffuse Identität	Menschen mit einer diffusen Identität fehlt es an einer klaren Richtung. Sie haben sich weder bestimmten Wertvorstellungen und Zielen verpflichtet noch streben sie aktiv danach. Viele von ihnen haben nie Alternativen erkundet – oder fanden diesen Prozess zu bedrohlich und überwältigend.	Als Joel gefragt wurde, wie er zu unkonventionellen Geschlechterrollen stehe, antwortete er: „Tja, ich weiß nicht so recht. Eigentlich ist mir das ziemlich egal.“

aus: Berk, 2011, S. 549

Identität
Allgemein wird darunter eine einzigartige Kombination von unverwechselbaren Daten und Merkmalen eines Menschen, wie z. B. Name, Vorname, Geburtsdatum, Geschlecht, Fingerabdruck und Hautfarbe, verstanden, die auch im Personalausweis enthalten sind.
Im engeren Sinne, „sozialwissenschaftlich“: ein Individuum mit einem positiven „Bild von sich“ (Selbstbild), verbunden mit dem Bild, das andere von ihm haben (Fremdbild). Identität ist erreicht, wenn diese Merkmale über die Lebensspanne relativ konstant sind.

Aus den Beispielen der Tabelle ist erkennbar, dass Identität ein Suchprozess in vielen Bereichen ist. Lauren spricht von ihrer beruflichen Identität, Roman von seiner religiösen, Helga von ihrer politischen und Joel teilt seinen Standpunkt über Geschlechterrollen mit. Identität entwickelt sich bei uns Menschen nicht in allen Bereichen gleich progressiv. So kann Lauren sich durchaus bei ihrer politischen Überzeugung noch im Status des Moratoriums befinden, aber bei der Berufswahl schon ein Stückchen weiter sein.

Spannend ist hier die Frage, wie altersabhängig die Identitätsverläufe sind. Grundsätzlich ist festzuhalten, dass Jugendliche nicht alle vier Identitätszustände erreichen. Interessant dazu sind die Parallelen zur moralischen Entwicklung nach KOHLBERG (s. S. 282). Auch in diesem Entwicklungsbereich erreichen nicht alle Menschen die beschriebenen Stufen.

Bei der Entwicklung der Identität und der Moral finden wir viele Gemeinsamkeiten. Sie sind stark abhängig von der Höhe der erreichten kognitiven Entwicklung und den sozialen Milieus einer Gesellschaft, in denen gelebt wird. BERK (2011, S. 549) weist dazu beispielhaft auf profunde Forschungsergebnisse hin und führt aus: „Die jungen Leute, die unmittelbar nach dem Schulabschluss zu arbeiten beginnen, legen sich früher auf eine Selbstdefinition fest. Wenn sich ihnen jedoch bei der Verwirklichung ihres Berufsziels Hindernisse in den Weg stellen, weil sie unzureichend ausgebildet sind, keinen Arbeitsplatz in ihrem Wunschberuf finden können, sind sie gefährdet, nicht über den Status der übernommenen oder diffusen Identität hinauszukommen.“ An diesem Zitat wird deutlich, dass bestimmte Faktoren die Identitätsfindung beeinflussen.

Strukturelle Überlegungen zur Identitätsentwicklung

Die Selbstreflexion ist der eigentliche „Motor“ der Identitätsentwicklung. Bis zum mittleren Teenageralter überwiegt rein statistisch gesehen die diffuse bzw. übernommene Identität. Wir finden aber auch Jugendliche, die z. B. in diesem Alter bereits ihrer sexuellen Identität sicher sind. In anderen Bereichen sind sie hingegen noch sehr unsicher oder schwankend. Dies gilt u. a. für die weltanschaulich ausgerichtete religiöse oder politische Identitätsbildung. Bei Bundestags- oder Landtagswahlen stellt sich die Frage, mit welchen Zielen und Inhalten einer Partei ein Jugendlicher oder junger Erwachsener sich „identifizieren“ kann. Welche Einstellung hat z. B. die Partei ABC zu Tierversuchen der Kosmetikbranche? Welche Normen und Werte vertritt diese Partei?

Teenager
Jugendliche zwischen 13–19 Jahren

Im Twenalter erreichen die meisten jungen Menschen den Status des Moratoriums oder der erarbeiteten Identität.

Welche Faktoren wirken sich auf die Identitätsentwicklung aus?

Eine sichere Bindung des Kindes wird als Voraussetzung für eine gefestigte Persönlichkeit angesehen. Sie ist in der wissenschaftlichen Diskussion heute unstrittig. „Mit der Identitätsfindung eines Heranwachsenden beginnt ein lebenslanger, dynamischer Prozess, in dessen Verlauf eine Veränderung des betreffenden Menschen oder des jeweiligen Kontextes die Möglichkeit eröffnet, die Identität zu verändern“ (BERK, 2011, S. 552).

Einigen Gedankengängen von BERK folgend, begünstigen viele Faktoren die Identitätsfindung durch Austauschprozesse mit anderen Menschen:

- Die Familie als sicherer „Hafen“ der Entwicklung, in dem auch „geschützt“ kommuniziert werden kann.
- Die meinungsbildenden Erfahrungen mit Peers in unterschiedlichen Gruppierungen (Schule, Hochschule, Ausbildungsbetrieb, Freizeit etc.).
- Die kulturelle Identität, das Dorf, die Stadt, der Kiez, eben da, wo man „groß geworden“ ist, schafft Identität besonders dann, wenn Veränderungen an der Persönlichkeit nagen (Heimatgefühl).
- Die gesellschaftlichen Einflüsse, mit denen sich z. B. schwule, lesbische und bisexuelle Jugendliche immer noch aktuell auseinandersetzen müssen, erschweren die sexuelle Identität.

6.6.2.4 Jugendliche brauchen in ihrer Entwicklung Begleiter und Unterstützer

Wie an einigen Stellen angedeutet, finden Jugendliche in ihrem Suchprozess nicht automatisch und nicht von alleine zielführende Entwicklungswege. Nicht jede Schulkarriere, Ausbildung etc. verläuft gradlinig und wunschgemäß. Entwicklungsaufgaben können nicht einfach problemlos abgearbeitet werden. Manche Jugendliche sind auch schlichtweg überfordert und können einen Berg von Aufgaben, der sich aufgetürmt hat, ohne Hilfe nicht überwinden, weil die eigenen oder die Erwartungshaltungen der Umwelt nicht oder nicht zu einem bestimmten Zeitpunkt erfüllbar sind. Durch Stress, Frust und Ängste können bereits erworbene Handlungsspielräume wieder schrumpfen, was sich dann häufig so liest: „Traue mich nicht" oder „Möchte die Ausbildung schmeißen". Wie kommt es zu solchen Reaktionen?

AUFGABE

Sarah ist siebzehn und Schülerin des Sozialwissenschaftlichen Gymnasiums in Emmendingen. Ihre Eltern betreiben drei gut gehende Modeboutiquen im südlichen Deutschland, freuen sich über die blühenden Geschäfte und vergessen dabei manchmal die aufblühenden Interessen ihrer Tochter. Auf dem Schulhof flirtet Sarah seit einiger Zeit mit dem achtzehnjährigen Maurerlehrling Karim. Bald darauf verschmelzen sich Eizelle und Samen: Sarah wird schwanger.

Eine alltägliche Geschichte – aber wahrscheinlich wird sie Sie berühren.

Sarah und Karim haben für sich beschlossen, Mutter und Vater zu werden. Sie machen sich allerdings so ihre Gedanken, die sie hier weitgehend ungeordnet formulieren:

Können wir
- ein Kind pflegen und erziehen?
- unsere Eltern davon überzeugen, dass wir unser Familienprojekt schaffen? Karim ist Muslim.
- zusammen wohnen, gibt es finanzielle Hilfen?
- unsere Schul- bzw. Ausbildung fortsetzen?

Ihr Beratungsangebot:
Schreiben Sie Sarah und Karim einen ausführlichen konstruktiven Brief (E-Mail etc.) und verweisen Sie auf Infomaterial (Bücher für Eltern, Broschüren, Internetangebote etc., die auf die Fragen der beiden eingehen).

Und falls Sie in Emmendingen wohnen, könnten Sie auch einmal Babysitten. Zugegeben: Der Ort ist konstruiert, das Ereignis nicht.

Vielleicht hilft Ihnen zunächst ein Beispiel weiter: Versuchen Sie einmal, im Garten eine 1- bis 2-jährige Pflanze aus der Gartenerde zu ziehen. Es wird Ihnen vermutlich gelingen. Außer ein paar Wurzelresten wird wohl nichts mehr in der Erde sein. Versuchen Sie das einmal mit einem Baum, der seit vielleicht 10 Jahren im Boden ist und schon Schatten spendet... *Besonders Pubertierende und jüngere Jugendliche haben eine noch sehr sensible und ungefestigte Persönlichkeitsstruktur.* Wie Jugendliche mit den selbst gestellten und den von der Umwelt erwarteten Anforderungen zurechtkommen, hängt entscheidend davon ab, wie elastisch, aber tragfähig ihr soziales Netz ist. Elastisch soll hier andeuten, dass Jugendliche auch in schwierigen Ausgangslagen nicht „durchfallen", denn: Keiner darf zurückbleiben. Hier tragen in mehr oder weniger großen Spielräumen alle Verantwortung: Der Jugendliche selbst, die (erweiterte) Familie, die Freunde, die Schule, die Peergroup, die Ausbilder, die zugeneigten Nachbarn, einfach alle, die im Sozialfeld des Jugendlichen anzutreffen sind und eine Rolle einnehmen.

6.6.3 Lebenswelten Jugendlicher

Jugendliche leben in einem sozialen Netzwerk – zunehmend bei Facebook und anderen virtuellen Beziehungsanbietern. Der Anteil der 12- bis 19-Jährigen, die bei Facebook angemeldet sind, lag 2010 bei 37 % und 2011 bereits bei 72 % (Der SPIEGEL 19/2012, S. 128). Das sind für die Werbewirtschaft, von der Facebook sehr gut lebt, Traumzuwachsraten. An diesem Beispiel wird auch die weiter oben angedeutete (indirekte) wirtschaftliche Macht Jugendlicher deutlich. Im realen Leben haben Jugendliche heute „mehr Geld zur Verfügung als die Jugendlichen der vorherigen Generationen und stehen einem auf ihre Bedürfnisse zugeschnittenen Konsumwaren- und Freizeitmarkt gegenüber" (SHELL JUGENDSTUDIE, S. 47).

Natürlich finden wir Jugendliche nicht nur auf Facebook. Wir finden sie beim Training, bei Spiel und Spaß in Sportvereinen, Musikvereinen, in Theatergruppen, Chören, sie sind in Deutschland partiell in rund 580 000 Vereinen verankert und werden durch sie auch sozialisiert.

Lebenswelten Jugendlicher sind Sozialräume, in denen Jugendliche mit relativer Häufigkeit anzutreffen sind: Schule, Hochschule, Ausbildungsstätten. Im Freizeitbereich sind es: Wohnung, Park, Jugendtreff, Disco etc. Besonders in diesen Lebensbereichen konstruieren und produzieren sie je nach Zugehörigkeit zu einer Jugend-Subkultur ihre spezifischen Stile, die durch unterschiedliche Wertvorstellungen über Outfits, Sprache, Musik u. a. zu erkennen sind.

Bestehende Lebenswelten werden heute aber nicht einfach so „hingenommen" wie in früheren Zeiten. Für viele ältere Jugendliche besteht „Landflucht". Sie zieht es zum Studium oder zur Ausbildung in größere Städte, um ihre Vorstellungen einer beginnenden Lebensplanung einzuleiten. Eine wichtige Station im Leben eines Jugendlichen ist heute oft die vorübergehende Erfahrung in einer WG. In geschlechtergemischten aber weitgehend altershomogenen Gruppen bilden WG-Mitglieder eine vor allem wirtschaftliche und soziale Gemeinschaft.

Aber pünktlich zum Wochenende reisen viele Landflüchtlinge per Mitfahrgelegenheit in ihr angestammtes Sozialfeld, in dem sie Eltern (praktisch auch für den Wäschetausch) und liebgewonnene alte Freundinnen und Freunde antreffen. Hier wird auch auf ein kalkulierbares Muster zurückgegriffen. Wenn die Beanspruchungen am neuen Standort hoch sind und das Heimweh plagt, suchen viele Jugendliche und junge Erwachsene die für sie passende Oase.

Die Ergebnisse der letzten zwei Shell-Jugendstudien (2006, 2010, S. 46) zeigen auch, dass Eltern, neben der Peergroup, für die Mehrheit der Jugendlichen die wichtigsten Gesprächspartner und Ratgeber sind. Etwas provokant stellt sich in diesem Kontext die Frage:

Erziehung im Jugendalter – geht das noch?

Grundlegende funktionale Erziehungsbereiche (z. B. Spracherziehung) sind bereits im Kindesalter abgeschlossen oder nehmen eine untergeordnete Rolle ein. Was macht nun die altersspezifische Erziehung im Jugendalter aus, die nicht primär wissens-, sondern auch wertebasiert ist? Um später das eigene Leben zu gestalten, reichen z. B. die Beherrschung der Kulturtechniken (Rechnen, Schreiben, Lesen) allein nicht aus. Heute nehmen neben wissensbasierten Kompetenzen soziale Kompetenzen einen hohen Stellenwert im privaten wie im beruflichen Leben ein.

Soziale Kompetenzen wie z. B. Konfliktfähigkeit und Kommunikationsfähigkeit werden heute gerne als „Schlüsselqualifikationen" bezeichnet, weil sie die kognitiven Kompetenzen eines Menschen erst voll zur Entfaltung bringen. Kommunikative Kompetenzen werden vor allem in den ersten zwei Lebensjahrzehnten im Sozialkontakt aufgebaut. Der Schwerpunkt liegt allerdings im Jugendalter, wenn die Fähigkeit zur Selbstreflexion gegeben ist, Jugendliche über sich und die Welt nachdenken und aus den Erkenntnissen des Nachdenkens ihre Schlüsse ziehen.

ARISTOTELES, bedeutender Philosoph der Antike, hinterließ uns die Botschaft, *dass Gedanken sich im Gespräch formen*. Hier haken verständnisvolle Erwachsene ein, um mit den Jugendlichen auf Augenhöhe zu kommunizieren. Kommunikation heißt nicht „Belehren". Kommunikation soll vielmehr als gestaltungsoffenes „Experimentierfeld" verstanden werden, in dem die Jugendlichen ihre Freuden, Sorgen, alltägliche Interessen, Bedürfnisse mit Erwachsenen und Freunden diskutieren, um zu neuen oder anderen Einsichten zu kommen. Gestörte oder gar verstummende Kommunikation vermittelt ein Beispiel, das Sie aus Ihrem Erlebensbereich vermutlich kennen. Jede Kommunikationskrise ist potenziell auch eine erzieherische Krise. Wenn z. B. Eltern sagen: „Mit dem Kevin kann man nicht mehr reden" oder Kevin sagt: „Mit meinen Eltern reden – kannst du vergessen", ist die Kommunikationskrise perfekt. Wie groß ist hier wohl noch der erzieherische Einfluss, wenn nicht mehr miteinander geredet wird? Dazu sollte es nicht kommen.

Weitere erfolgreiche grundlegende erzieherische Prinzipien für das Jugendalter sind uns aus der humanistischen Psychologie bekannt. Sie werden hier nur nochmals kurz benannt:

Jugendliche suchen in allen Bereichen ihrer Persönlichkeitswerdung:
- Akzeptanz / Wertschätzung
- Empathie / Einfühlungsvermögen
- Kongruenz / Echtheit

Diese Grundsicherheiten brauchen wir in jedem Lebensalter. Heranwachsende sind ungleich stärker darauf angewiesen, damit sie die Herausforderungen annehmen können, die jede Generation an die nachfolgende stellt.

Es ist noch nicht lange her, da wurden die Erkenntnisse aus der humanistischen Psychologie, weil nicht beweisbar, als eher spekulativ angesehen. Heute wissen wir aus den Ergebnissen der Hirnforschung, dass der Mandelkern (vergl. Grafik, S. 317) als Gefühlszentrum für Emotionen mitwirkt, aber noch nicht unter vollständiger Kontrolle des Heranwachsenden steht. In diesem, vor allem emotional noch unsicheren, entwicklungsbedingten Zustand fühlen sich Jugendliche nicht ernst genommen oder gar akzeptiert von Erwachsenen. Sie nehmen, wie Kommunikationspsychologen sagen, vieles auf der eventuell schon konfliktbeladenden Beziehungsebene wahr. Stark aufwallende Gefühle, Zweifel, z.B. an der Wertschätzung des Jugendlichen durch Lehrer, Ausbilder und Eltern, haben hier häufig ihre Wurzeln.

Deshalb: Eine mit Heranwachsenden günstige ressourcenorientierte Kommunikation ist eine Voraussetzung Erfolg versprechender Erziehung.

> Erlebte Akzeptanz und Wertschätzung fördern das Selbstwirksamkeitserleben Heranwachsender.
>
> Kommunikation, die Heranwachsende „mitnimmt", ist eine pädagogische Grundhaltung Erwachsener, die Handlungsmöglichkeiten aufzeigt und Handlungsspielräume ermöglicht.

Im 13. Kinder- und Jugendbericht werden darüber hinaus Vorschläge zusammengefasst, die für Entwicklung diskussionsanregend und für die Erziehung förderlich sind:

- „Unterstützung: Alle Heranwachsenden brauchen die Erfahrung der Unterstützung, Sorge und Liebe durch ihre Familien und viele andere. Sie brauchen Organisationen und Institutionen, die positive, unterstützende Umwelten schaffen.
- Empowerment: Alle Heranwachsenden brauchen die Wertschätzung der Gesellschaft und Gelegenheiten, sinnvolle Rollen einzunehmen und andere Personen zu unterstützen. Dafür müssen sie sich zu Hause, in der Schule und der Nachbarschaft sicher fühlen.
- Grenzen und Erwartungen: Alle Heranwachsenden müssen wissen, was von ihnen in der Familie, der Schule, der Nachbarschaft und von Erwachsenen erwartet wird und ob sich ihre Handlungen in den gesellschaftlichen Grenzen bewegen.
- Konstruktive Nutzung der Zeit: Alle Heranwachsenden brauchen konstruktive und bereichernde Gelegenheiten für ihr persönliches Wachstum durch kreatives Handeln, Programme für jugendliche Engagements." (BFSFJ, 2009, S. 47)

7 Psychoanalyse

7.1 Was ist die Psychoanalyse?

Instanz
für eine Entscheidung zuständige Stelle

Die „Psychoanalyse" gehört zu den sogenannten Hauptströmungen der Psychologie. Sie wurde von SIGMUND FREUD bereits Ende des 19. Jahrhunderts begründet. Die Frage, was die Psychoanalyse ist, lässt sich nicht so einfach beantworten. Sie beinhaltet nicht *eine* bestimmte Theorie, *ein* Modell oder *ein* Konzept zum menschlichen Verhalten und Erleben, sondern viele. Im Folgenden werden die wichtigsten Theorien, Modelle und Konzepte von SIGMUND FREUD benannt und zur Orientierung in eine erste Ordnung gebracht.

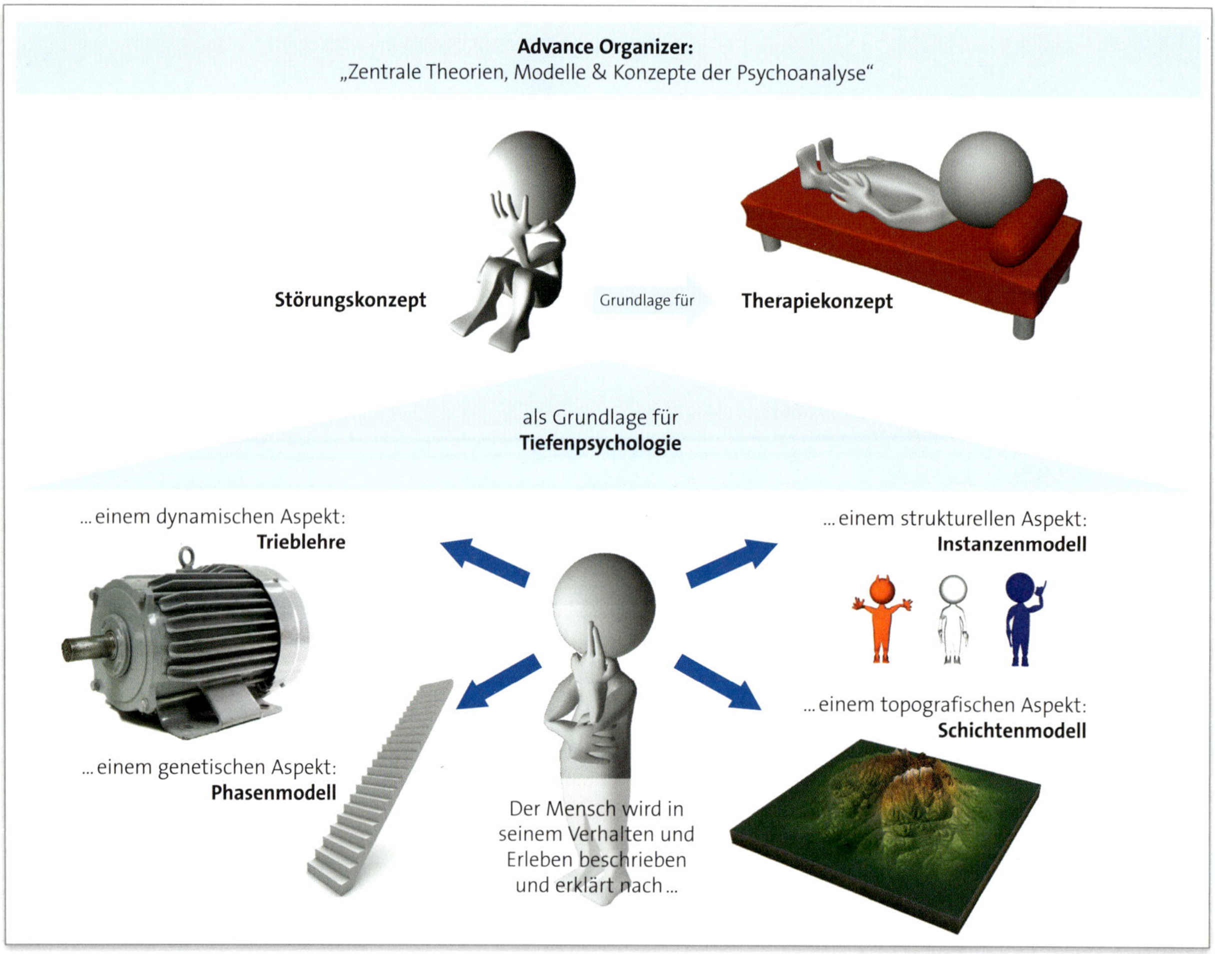

In der Psychoanalyse werden zur Beschreibung und Erklärung des menschlichen Erlebens und Verhaltens unterschiedliche Aspekte herangezogen:

- Der **dynamische Aspekt** umfasst die sogenannte „psychoanalytische Trieblehre". Die Trieblehre beschreibt und erklärt, was menschliches Verhalten und Erleben motiviert bzw. antreibt.
- Der **genetische Aspekt** umfasst die psychoanalytische Entwicklungstheorie. Sie beschreibt und erklärt die Entwicklung von menschlichem Verhalten und Erleben speziell in Abhängigkeit von psychosexuellen Phasen. Deshalb spricht man in diesem Zusammenhang auch von der „psychosexuellen Entwicklung" oder dem „Phasenmodell".
- Unter dem **topografischen Aspekt** wird menschliches Erleben wie bei einer Landkarte das Gelände (Topografie) in unterschiedliche, qualitativ verschiedene Bereiche bzw. Schichten unterteilt. Deshalb wird

hier auch von einem „topischen Modell" bzw. „Schichtenmodell" gesprochen.

- Der **strukturelle Aspekt** beschreibt und erklärt, wie menschliches Verhalten und Erleben über das Zusammenwirken unterschiedlicher psychischer Instanzen gesteuert wird. Diese Instanzen sind wechselseitig voneinander abhängig und ergeben so ein Gefüge bzw. eine Struktur. Deshalb wird hier auch von einem „Struktur- bzw. Instanzenmodell" gesprochen.

FREUD war der Überzeugung, dass sich jegliches menschliche Verhalten und Erleben nach diesen Aspekten beschreiben und erklären lasse. Deshalb sprach er auch davon, eine „allgemeine Psychologie" erschaffen zu haben, die heute auch als „Tiefenpsychologie" bezeichnet wird.

Wenn jegliches menschliche Verhalten und Erleben beschrieben und erklärt werden kann, kann auch speziell dysfunktionales, d.h. einer sinnvollen Funktion abträgliches Verhalten und Erleben, wie Zwangshandlungen, übermäßige Ängste, Depressionen usw., beschrieben und erklärt werden. Dies beinhaltet FREUDS „Störungskonzept", die Beschreibung und Erklärung der Entstehung psychischer Störungen.

Ist die Enstehung, d.h. die Ursache einer psychischen Störung, bekannt, kann diese behandelt werden, indem die Ursache beseitigt wird. FREUDS Therapiekonzept, welches ebenfalls als „Psychoanalyse" bezeichnet wird, beschreibt und erklärt die Behandlung von dysfunktionalem menschlichem Verhalten und Erleben.

Der Begriff **Psychoanalyse** steht zusammengefasst also für:
- eine Reihe allgemeiner psychologischer Erkenntnisse, die eine neue (psychologische) Richtung, die Tiefenpsychologie, begründeten, sowie
- ein gleichnamiges psychologisches Therapiekonzept.

BEISPIEL

Wer war SIGMUND FREUD?

FREUD erblickte am 6.5.1856 in Freiberg (Mähren) als Erstgeborener von insgesamt 8 Kindern seiner jüdischen Eltern, AMALIE NATHANSON und JAKOB FREUD, das Licht der Welt. Schon früh zog die Familie nach Wien, wo FREUD nach seinem Medizinstudium als Nervenarzt arbeitete. 1885 verbrachte FREUD 6 Monate an der Salpêtière, einer Klinik in Paris, und lernte dort JEAN MARTIN CARCOTS kennen. Dieser weckte FREUDS Interesse an der Hysterie, einer Erkrankung, die sich zwar durch körperliche Symptome wie Lähmungen, Blindheit oder Sprachstörungen bemerkbar machte, der jedoch keine körperlichen Ursachen zugeordnet werden konnten. Im Sinne CARCOTS machte sich FREUD deshalb auf die Suche nach psychischen Ursachen dieser Erkrankung und neuen Behandlungsmöglichkeiten. Dabei unterstützte ihn JOSEPH BREUER (1842–1925), ebenfalls ein Wiener Nervenarzt, den FREUD während seiner Studienzeit kennenlernte. 1885 stellten sie in ihrem gemeinsamen Werk „Studien über die Hysterie" erstmals eine Behandlungsmethode vor, mittels derer Symptome der Hysterie erfolgreich behandelt werden konnten, indem die „Psyche" und nicht der „Körper" therapiert wurde. 1886 heiratet FREUD MARTHA BERNAYS und wurde Vater von 6 Kindern. 1900 erschien eines seiner wichtigsten Werke, die „Traumdeutung". Dieses Werk nahm eine zur damaligen Zeit völlig neue Perspektive auf den Menschen ein und stellte den Mensch nicht als rational und bewusst handelndes, sondern als ein durch sein Unbewusstsein gesteuertes Wesen dar. Obwohl der Begriff der „Psychoanalyse" bereits 1896 das erste Mal auftauchte, erlebten FREUDS Erkenntnisse über die Entstehung und Behandlung pyschischer Krankheiten erst Mitte der 20er-Jahre einen internationalen Boom. 1922 erkrankt FREUD an Gaumenkrebs. Aufgrund des zunehmenden Einflusses des Naziregimes in Europa emigriert FREUD 1938 nach London – 4 seiner 5 Schwestern starben jedoch im Konzentrationslager. FREUD starb infolge seiner Krebserkrankung 1939 an einer Überdosis Morphium. Er hinterlies ein umfassendes Werk und war Wegbereiter für viele weitere Strömungen und Therapierichtungen der Psychologie.

7.2 Allgemeine psychologische Erkenntnisse der Psychoanalyse

7.2.1 Der dynamische Aspekt: die Trieblehre

Alles beginnt mit Energie!

AUFGABE

Was fällt Ihnen ein, wenn Sie an den Begriff „Energie" denken?

Sicher haben Sie an Strom, Benzin, Batterien, Sonne oder auch an Energieverbrauch oder -gewinnung gedacht und Sie fragen sich nun, was genau das mit FREUD und der Psychoanalyse zu tun hat? Richtig ist, dass wir den Begriff der Energie eher mit Physik oder Biologie anstatt mit Psychologie in Verbindung bringen. FREUD war jedoch ursprünglich Mediziner und so ist es nicht weiter verwunderlich, dass er sich bei einigen seiner Begrifflichkeiten und Konzepte der Naturwissenschaften bediente. Speziell zeigt sich dies in seiner Trieblehre.

In der Physik wie in der Biologie ist Energie die Fähigkeit eines Körpers, Arbeit zu verrichten (nach DUDEN, 2014).

Nach FREUD stellt menschliches Erleben und Verhalten eine Form von Arbeit dar. Folglich muss der Mensch Energie besitzen. Doch woher stammt diese Energie? FREUD bezeichnet den Trieb als die „energetisierende" bzw. „dynamische" Komponente menschlichen Verhaltens und Erlebens. Kurz gesagt, ohne Triebe gäbe es gar kein Verhalten und Erleben. Aber was genau ist ein Trieb?

endogen
im Körper selbst, im Körperinneren entstehend, von innen kommend

Energetisierung** und **Besetzung
In der Fachliteratur wird häufig der Begriff „Besetzung" synonym zum Begriff der „Energetisierung" verwendet. Ein Trieb „besetzt" somit bestimmte Erlebens- und Verhaltensweisen mit Triebenergie oder „energetisiert" diese.

Bestandteile eines Triebs

Jeder Trieb entsteht aus einer Triebquelle, ist auf ein Triebziel hin gerichtet und besteht grundlegend aus psychischer Energie, die eingesetzt wird, um über ein Triebobjekt das Triebziel zu erreichen (nach ELHARDT, 2011, S. 24).

Ein Trieb befindet sich nach FREUD auf einer Schnittstelle zwischen Leib (= Soma) und Seele (= Psyche). Er spricht deshalb vom Trieb auch als einer Leib-Seele-Einheit oder einem endogenen Trieb. Diese Vorstellung ergibt sich aus seiner Meinung, dass sowohl die Triebquelle als auch die Erreichung eines Triebziels an bestimmte Organe unseres Leibes gebunden sind. Das bedeutet, Triebe entstehen, wenn bestimmte Organe in einen Reizungs- bzw. Erregungszustand versetzt werden. Damit können diese Zustände auch nur an den betreffenden Organen selbst wieder aufgehoben werden.

Sehr vereinfacht ausgedrückt heißt das: Wenn Sie einen längeren Zeitraum nichts gegessen haben, entstehen in Organen Ihres Körpers Reizungs- bzw. Erregungszustände. Diese können nur durch Nahrungsaufnahme bzw. Nährstoffversorgung dieser Organe wieder aufgehoben werden. Jedoch, wie Sie alle wissen, reicht ein einmaliges Stillen des Hungers nicht aus. Eine Triebquelle trägt das Potenzial einer immer wiederkehrenden Reizung in sich und so muss der Reizungs- bzw. Erregungszustand auch immer wieder aufgehoben werden.

Triebquelle und **Triebziel**

Quelle eines Triebs ist ein immer wiederkehrender organisch bedingter Reizungszustand. Triebziel ist die regelmäßige Aufhebung dieses Reizzustands am Organ selbst (nach ELHARDT, 2011, S. 24)

Soviel zum Zusammenhang des Triebs mit unserem Leib. Doch was ist mit der Seele? FREUD ist der Meinung, dass der Trieb auf seinem Weg von der Quelle zum Ziel psychisch wirksam wird, indem er Energie, genauer gesagt „psychische Energie", zur Verfügung stellt. Dabei drängt uns diese Energie in eine bestimmte Richtung:

- Zunächst energetisiert der Trieb unser Erleben. Dazu werden Bilder vom Triebobjekt sowie Bilder eines möglichen Befriedigungsverlaufs mit psychischer Energie besetzt. Kurz gesagt, wir „schwelgen" in Befriedigungsfantasien. Diesen Vorgang nennt FREUD eine **Kathexis**. Die Kathexis bewirkt, dass es zu einem Gefühl der Sehnsucht nach dem Triebobjekt kommt. Es entsteht also ein innerer Drang oder Triebimpuls (= innere Spannung).
- Dieser Triebimpuls bewirkt, dass wir unsere Fantasien auch in die Tat umsetzen wollen. Das heißt, psychische Energie wird nun zu einer Anpassung der Realität an unsere Fantasie verwendet. Dazu energetisiert der Trieb Verhalten und Erleben, welches zu einer realen Befriedigung führt.

Ein **Triebobjekt** ist das Mittel, an welchem oder durch welches das Triebziel erreicht werden soll. Im Gegensatz zur Triebquelle und zum Triebziel ist es nicht festgelegt (nach ELHARDT, 2011, S. 24).

Haben wir die Befriedigung erreicht, d. h. die Aufhebung des Reizzustands an der Reizquelle mittels des Triebobjekts, hat die bereitgestellte Triebenergie ihre Aufgabe erfüllt. Es kommt zu einer Abfuhr der Energie (= innere Entspannung) (nach LIST, 2009, S. 78 f.).

Vereinfacht auf das Beispiel „Hunger" bezogen bedeutet das,

- weil wir ständig an Essen denken (= Kathexis),
- verspüren wir den Drang nach Essen (= Triebimpuls, innere Spannung),
- wir verhalten uns dem Drang entsprechend, d. h. nehmen schnellstmöglich Essen zu uns (= Anpassung der Realität),
- um uns anschließend nicht nur satt (Aufhebung des Reizzustands an der Reizquelle),
- sondern auch entspannt zu fühlen (= innere Entspannung).

Damit ein Trieb psychisch wirksam werden kann, müssen wir jedoch erst einmal einen Zustand der inneren Entspannung erlebt haben. Vereinfacht gesagt, müssen wir erst kennen, wonach wir streben, damit wir danach streben.

Das bedeutet, erst wenn ein Säugling die Befriedigung kennengelernt hat, die ihm das Stillen an der Mutterbrust beschert, entwickelt er einen inneren Drang, alles daranzusetzen, diese Befriedigung erneut zu erfahren, d. h. beispielsweise so lange zu schreien, bis er erneut gestillt wird.

AUFGABE

Nehmen Sie Stellung zu folgender Aussage: Ein Trieb nimmt seinen Ursprung zwar im Leib des Menschen, entfaltet seine Wirkung aber in dessen Seele.

Ein Trieb besteht also als Leib-Seele-Einheit aus

- einer angeborenen organischen Triebquelle, die das Potenzial einer immer wiederkehrenden Reizung bzw. Erregung in sich trägt (= Leib),
- einem seelischen Drang (= Seele), der sich aus dem Erleben eines Zustands der inneren Entspannung, d. h. der Aufhebung eines Reizungs- bzw. Erregungszustands an einer Triebquelle mittels eines Triebobjekts, entwickelt.

Der Mensch als Energiesystem

Was passiert aber, wenn Triebe nicht befriedigt bzw. die Triebbefriedigung verzögert wird? Unbefriedigte Triebe führen zu einer steigenden psychischen Energie, also zu einem ansteigenden Spannungszustand. Diesen ansteigenden Spannungszustand bezeichnet FREUD als Triebspannung. Eine hohe Triebspannung erzeugt Unlust. Warum? Das ist eine gute Frage und die Antwort ist nur mittels weiterer begrifflicher Leihgaben aus den Naturwissenschaften zu geben: dem **System** und der **Homöostase**.

Ein **System** bezeichnet die Gesamtheit von Objekten, die sich in einem ganzheitlichen Zusammenhang befinden und durch die Wechselbeziehung untereinander gegenüber der Umgebung abzugrenzen sind (nach DUDEN, 2014).

Die **Homöostase** bezeichnet eine Eigenschaft des Systems, welches alle Regulationsvorgänge umfasst, die für ein stabiles inneres Gleichgewicht sorgen, wie z. B. die Konstanthaltung des Blutdrucks oder die Körpertemperatur (nach SPEKTRUM, 2014).

Was bedeutet das nun für unsere Frage, warum Triebspannung Unlust erzeugt? FREUD sieht den Menschen als Energiesystem, das in natürlicher Weise nach einem psychischen Gleichgewicht, der Homöostase, strebt.

BEISPIEL

Stellen Sie sich ein System der Wasserzirkulation vor, das aus zwei Eimern, A und B, besteht: Beide Eimer wurden zunächst mit einem Schlauch im Boden verbunden. Eimer B steht dabei leicht erhöht. So kann das Wasser durch den Schlauch konstant von Eimer B in Eimer A strömen. Doch ohne einen weiteren Wasseraustauch zwischen den Eimern würde nun der Wasserpegel in Eimer A ansteigen und das Wasser würde irgendwann überlaufen. Deshalb befindet sich ein Schöpfrad oberhalb des Eimers A. Wenn es gedreht wird, wird in regelmäßigen Abständen Wasser von Eimer A zurück in Eimer B geschöpft. Das Wasser kann also zwischen den Eimern ungehindert zirkulieren und die Wassermenge in beiden Eimern bleibt im Gleichgewicht.

Der Mensch als Energiesystem kann vereinfacht mit diesem System verglichen werden. FREUD geht davon aus, dass es in unserem System zwei qualitativ unterschiedliche Formen von Energie gibt: eine Form von Energie in Eimer A und eine andere Form der Energie in Eimer B. In Eimer A befindet sich die ursprüngliche Triebenergie. Ihr wohnt die Tendenz inne, „überzulaufen“, d. h. Triebspannung und damit Unlust zu erzeugen. Deshalb muss diese Triebenergie umgewandelt werden, d. h., wie in unserem Eimersystem Wasser von Eimer A zurück in Eimer B geschöpft werden muss. Grundsätzlich befindet sich in Eimer B also immer noch Triebenergie, aber in diesem Eimer kann sie nicht mehr überlaufen. Die Tendenz der Erzeugung von Triebspannung bzw. Unlust wurde ihr genommen. Kurz gesagt, sie hat ihre Qualität verändert.

Eros** und **Thanatos
Beide Begriffe entstammen ursprünglich der griechischen Mythologie: Thanatos als Totengott und Eros als Gott der Liebe.

Diese regelmäßige Energieumwandlung, in unserem Beispiel das Betätigen des Schöpfrads, hält unser System also in Betrieb. Nachzuvollziehen ist jetzt, warum Triebspannung Unlust erzeugt: Die steigende Unlust zeigt, wie das Ansteigen des Wasserpegels in Eimer A, dass eine Systemstörung, also ein Überlaufen des Wassers, droht. Unlust ist also eine Art Warnsignal. Tritt dieses Warnsignal nicht auf, läuft unser System einwandfrei. So erscheint es nur folgerichtig, dass unser System Unlust zu vermeiden sucht und damit nach Lust bzw. dem einwandfreien Funktionieren des Systems strebt.

Hohe Triebspannung erzeugt Unlust als Signal einer drohenden Systemstörung

Niedrige Triebspannung erzeugt Lust als Signal für ein einwandfrei funktionierendes System

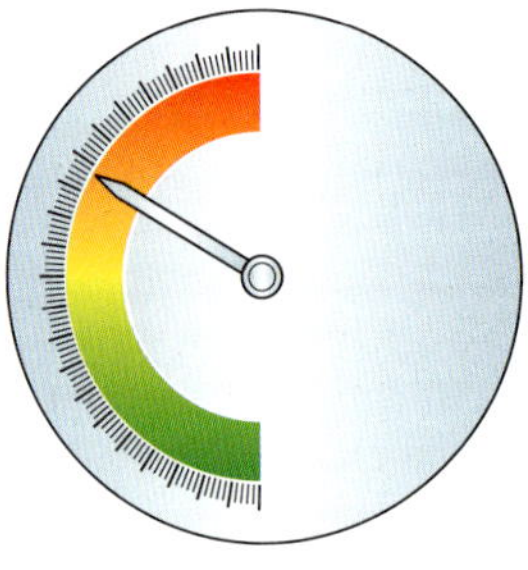

Unsere Triebe

AUFGABE

Nun, was denken Sie wohl, wie viele verschiedene Triebe gibt es, die uns mit Energie versorgen? Hunger, Durst, Schlaf ...?

Tatsächlich geht FREUD ausschließlich von zwei Haupttrieben aus: dem Lebens- und dem Todestrieb.

Dem **Lebenstrieb** – auch unter dem Namen **Eros** bekannt – schreibt FREUD Ziele der Arterhaltung und Selbsterhaltung, des Überlebens, Weiterlebens und der Fortpflanzung zu. Die psychische Energie des Lebenstriebs nennt er Libido (nach KÖHLER, 2007, S. 65 ff.).

Unter den Lebenstrieb würde man also auch Hunger, Durst und Schlaf fassen, da Essen, Trinken und Ruhe unser Überleben sichern.

FREUDS spezielles Interesse am Lebenstrieb galt aber dem Sexualtrieb. Diesen sah er als Hauptpräsentant des Lebenstriebs an (nach KÖHLER, 2007, S. 73). Den Begriff der Sexualität charakterisiert FREUD dabei über ein Streben nach körperlichem Lustgewinn. Dazu gehört seiner Meinung nach aber nicht nur der Geschlechtsverkehr. Im Gegenteil, unter Sexualität versteht FREUD vorrangig alle Handlungen und Gefühlszustände, die üblicherweise mit Begriffen wie zärtlich, liebevoll, freundschaftlich – oder in unserem Sprachgebrauch auch unter dem Begriff der Liebe zusammengefasst – bezeichnet werden können (nach FREUD in LIST, 2009, S. 84).

Der **Todestrieb** – auch unter dem Namen **Thanatos** bekannt – ist auf die Auflösung des menschlichen Lebens gerichtet. Er äußert sich in Aggression, Selbsthass, Selbstzerstörung, Hass, Abstoßung oder Vernichtung von anderen Personen oder Gegenständen. Die psychische Energie des Todestriebs nennt FREUD Destrudo (nach KÖHLER, 2007, S. 65 ff.).

Lebens- und Todestrieb wirken gegeneinander oder kombinieren sich miteinander. Dieses Mit- und Gegeneinanderwirken begründet nach FREUD die ganze Vielfalt unserer Erlebens- und Verhaltensweisen. Als ein Beispiel führt FREUD die Nahrungsaufnahme an: Der Akt des Essens sei gleichzeitig ein Akt der Zerstörung eines Objekts (Ziel des Thanatos), jedoch mit dem Ziel der Einverleibung und damit des Überlebens (Ziel des Eros) (nach FREUD, 2014, S. 952).

AUFGABE

Legen Sie ein Vokabelheft für „Trieblehrisch" an und bestimmen sie darin die wichtigsten Begriffe der Trieblehre:

- Eros
- Thanatos
- Libido
- Triebquelle
- Triebziel
- Triebobjekt
- Objektbesetzung
- Kathexis
- Triebimpuls
- Triebabfuhr
- Triebenergie
- ...

7.2.2 Der genetische Aspekt: das Phasenmodell

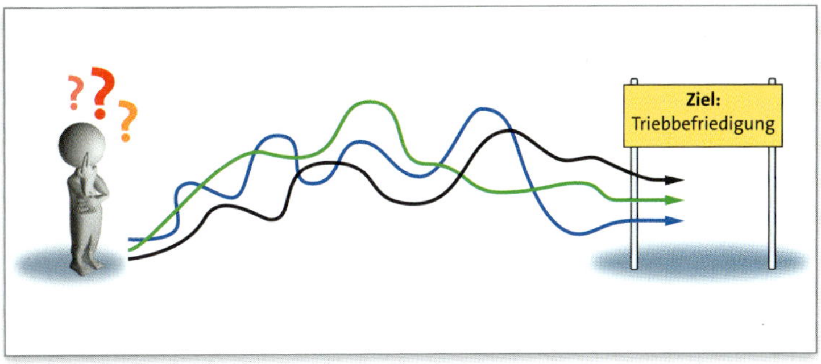

Der Mensch kommt mit Triebenergie ausgestattet auf die Welt. Von Geburt an ist das Ziel unseres Daseins damit klar: die Triebbefriedigung bzw. Abfuhr dieser Triebenergie zur Erhaltung der Homöostase. Doch es gibt da ein nicht ganz unerhebliches Problem: Wir kennen zwar das Ziel, aber leider nicht den Weg.

Den richtigen Weg zur Triebabfuhr finden wir nur über die Entwicklung unserer Triebe. Denn obwohl Triebquellen organischen Ursprungs sind, d.h. uns angeboren sind, entsteht – wie im vorherigen Abschnitt dargestellt – ein Trieb erst, wenn Triebquellen in einen Reizungs- bzw. Erregungszustand versetzt und dieser Reizungs- bzw. Erregungszustand mittels eines Triebobjekts an der Triebquelle wieder aufgehoben werden. Erst dann wissen wir, „wo" und „mit was" wir Triebabfuhr erreichen können, und finden dadurch zum „wie", d.h. zu angemessenen Abfuhrstrategien.

7.2.2.1 Entwicklung des Sexualtriebs

Freud sah den Sexualtrieb als den Hauptrepräsentanten des Lebenstriebs und damit als Hauptlieferanten an psychischer Energie (= Libido) an. Deshalb erschien es ihm nur folgerichtig, vor allem seine Entwicklung zu ergründen. Er fand dabei heraus, dass der Sexualtrieb nicht nur einer organischen Reizquelle entstammt, sondern gleich dreien. Diese drei Reizquellen nannte Freud erogene Zonen und unterteilte den Sexualtrieb entsprechend ihrer Quellen in Partialtriebe.

Partialtriebe der Sexualität
Der Sexualtrieb entstammt drei verschiedenen Reizquellen, **die erogene Zonen** genannt werden: **den Mundschleimhäuten (= oraler Bereich), der Afterregion (= analer Bereich)** und der **Genitalregion (= phallischer und genitaler Bereich).** Entsprechend der erogenen Zone wird der Sexualtrieb deshalb unterteilt in sogenannte Partialtriebe der Sexualität: den oralen, analen und phallischen sowie den genitalen Partialtrieb (nach Köhler, 2007, S. 75 ff.).

Phallischer Bereich
Obwohl der Begriff „phallisch" den Phallus, das männliche Glied betreffend, bedeutet, umfasst diese erogene Zone auch das weibliche Geschlechtsorgan, speziell die Klitoris.

Von Geburt an steht uns zunächst nur eine erogene Zone zur Verfügung. Alle weiteren entwickeln sich entsprechend unserem Alter phasenweise hinzu.

Wir konzentrieren uns im Folgenden auf die frühen, d.h. die ersten drei Partialtriebe: den oralen, den analen und den phallischen Partialtrieb.

bipolar
mit zwei Polen versehen; zweipolig

Die orale Phase – oder die Entwicklung des oralen Partialtriebs

Stellen Sie sich einmal einen Säugling vor. Frisch auf der Welt, drängt sein Lebenstrieb auf Überleben und damit auf Nahrung. Die Nahrungsaufnahme durch das Milchsaugen an der Brust befriedigt diesen Trieb; und noch etwas anderes geschieht: Das Saugen an der Mutterbrust verschafft dem Säugling – unabhängig vom Stillen des Hungers – das erste Mal einen körperlichen Lustgewinn. Deutlich wird dies, wenn sie einen Säugling selig an der Mutterbrust saugen oder lutschen sehen, ohne dass dieser tatsächlich Nahrung aufnimmt. Einmal diesen körperlichen Lustgewinn erlebt, will der Säugling dies natürlich immer wieder erleben! Der erste Partialtrieb der Sexualität ist entstanden. Wir haben unsere erste erogene Zone, die Mundschleimhäute, entdeckt sowie unsere ersten Triebobjekte, die Mutterbrust oder auch die Milchflasche sowie alle anderen Gegenstände, die sich in den Mund stecken lassen.

Die anale Phase – oder die Entwicklung des analen Partialtriebs

Ab dem 2. Lebensjahr entdecken wir über das kontrollierte Entleeren unseres Darms eine weitere Form des körperlichen Lustgewinns. Sie fragen sich jetzt sicher, ob das wirklich sein kann, körperlicher Lustgewinn durch einen Toilettenbesuch? Ja, das kann sehr wohl sein! Jeder, der schon einmal die Verrichtung seiner Notdurft über die Maßen aufschieben musste, um dann endlich mit einer unglaublichen Erleichterung und einem wohligen Schauer seinem Bedürfnis nachgeben zu können, dürfte sich einer solchen Vorstellung nicht entziehen. Bei der zweiten erogenen Zone, d.h. unserer zweiten Triebquelle, handelt es sich also um die Afterschleimhäute. Diese werden über das Triebobjekt, unseren Stuhlgang, stimuliert. Selbstverständlich wollen wir auch diese Erfahrung wiederholen und so entsteht der anale Partialtrieb.

Die phallische Phase oder die Entwicklung des phallischen Partialtriebs

Ab dem 4. Lebensjahr entdecken wir unsere Genitalien. Wir betasten und befühlen sie und bemerken, dass wird dadurch ebenfalls körperliche Lust erfahren. Vielleicht haben Sie schon einmal einen vierjährigen Jungen dabei beobachtet, wir er nachmittags auf der Couch sein Genital unentwegt an einem Kissen reibt, bäuchlings auf einem Ball hüpft, sodass sein Genital ebenfalls Reibung erfährt, oder wie er, nach dem Duschen ins Handtuch gewickelt, seine Finger nicht von seinem Genital lassen kann? Diese Verhaltensweisen sind für sein Alter völlig normal. Der Junge hat nur eine weitere erogene Zone entdeckt, sein Genital, welches durch unterschiedliche Triebobjekte wie Kissen, Ball oder eigene Berührungen stimuliert, einen körperlichen Lustgewinn ergibt. Aber Achtung, dieses Verhalten hat nichts mit dem Aspekt der Fortpflanzung zu tun. In diesem Alter sind unsere Genitalien noch nicht ausgereift und deshalb ist dieses, als „kindliche Onanie" bezeichnete Verhalten, auch auf keinen Fall mit Erwachsenensexualität zu verwechseln!

Triebwünsche formen unseren Charakter

Zu den nun bereits aufgezeigten Wegen der Triebabfuhr, d.h. dem Saugen an Gegenständen, dem Ausscheidungsvorgang und der kindlichen Onanie, entwickeln wir in jeder Phase ebenfalls sogenannte Triebwünsche. Diese Triebwünsche lassen sich aus dem phasenspezifischen Befriedigungsverhalten ableiten. Zum Beispiel finden wir in der oralen Phase Befriedigung durch das Saugen, Schlucken, Lutschen, Kauen usw. Zusammengefasst geht es dabei immer um das „Einverleiben". Das Einverleiben ist also ein Triebwunsch der oralen Phase.

Jedem Triebwunsch liegen wiederum bipolare Eigenschaften zugrunde. Zum Beispiel bilden „Gier" und „Bescheidenheit" die beiden Pole einer grundlegenden Charaktereigenschaft des Triebwunsches „Einverleiben". Je nachdem, wie unsere Umwelt nun auf unsere Triebwünsche reagiert, entwickelt sich diese Charaktereigenschaft zu dem einen oder anderen Pol hin. Wird unserem Triebwunsch des Einverleibens zum Beispiel extensiv stattgegeben, wird unser Charakter später durch die Eigenschaft „gierig" geprägt sein. Wird demselben Triebwunsch jedoch nur sehr reduziert nachgegeben, entwickeln wir uns zur Bescheidenheit hin. Selbstverständlich wäre in einem Charakter ein ausgewogenes Verhältnis zwischen Gier und Bescheidenheit vorzuziehen. Dies kann nur erreicht werden, wenn unsere Umwelt unserem Triebwunsch nicht zu häufig, aber auch nicht zu selten nachgibt.

7.2.2.2 Erwerb von Strategien der Triebabfuhr bzw. Energiewandlung

Beim Erwerb der Fähigkeit der Triebabfuhr bzw. Energiewandlung geht es vor allem um das Erlernen eines „angemessenen Umgangs" mit unserer Libido. Vereinfacht gesagt, müssen wir zur direkten Triebabfuhr eine gesunde (Erwachsenen-)Sexualität entwickeln, das Aufschieben von Triebabfuhr sowie die Sublimation erlernen.

Neben den beiden nach FREUDS Vorstellungen „natürlichen" Wegen der Triebabfuhr, dem direkten über eine gesunde (Erwachsenen-)Sexualität und dem der Sublimierung, werden je nach Umwelteinflüssen auch weitere Wege wie die Regression, die Fixierung und/oder die Abwehr eingeschlagen.

Entwicklung einer gesunden (Erwachsenen-) Sexualität

Natürlich können wir nicht unser Leben lang an der Mutterbrust saugen, nur weil dies eine effektive Strategie ist, unsere Libido zu wandeln. Und zum Glück müssen wir das auch nicht. FREUD geht davon aus, dass unsere Libido am Ende jeder Phase natürlicherweise beginnt, die Triebobjekte der nächsten Phase zu besetzen (nach BRENNER, 1984, S. 35). Haben wir die orale Phase hinter uns gebracht, steigt automatisch unser Interesse an unserem Ausscheidungsvorgang und seinen Produkten. Und haben wir die anale Phase durchlebt, entsteht in uns eine natürliche Neugierde auf unsere Genitalien.

Dabei ersetzt die neue Strategie der **Libidowandlung** aber nicht jeweils die alte, d. h., wir unterlassen nicht das Saugen, nur weil wir nun unsere Ausscheidungsorgane unter Kontrolle haben. Das Saugen entwickelt sich nur weiter. Statt an der Mutterbrust, saugen wir nun an einem „Schnuller" oder an unserem „Daumen". Und irgendwann wird aus dem Saugen der „feuchte Schmatzer" auf die Wange unserer Mama und schlussendlich das Küssen mit Zunge unseres Freundes oder unserer Freundin. Zwar steht die (Erwachsenen-)Sexualität am Ende ganz unter der Vorherrschaft der Genitalien, dennoch beinhaltet sie auch weiterhin Aspekte der anderen Partialtriebe. FREUD spricht in diesem Zusammenhang von einer Organisation aller Partialtriebe zur (Erwachsenen-)Sexualität hin.

Partialtrieb	Triebquelle	Beispiele für Befriedigungsverhalten	Beispiele für Triebwünsche	Beispiele für abzuleitende Charaktereigenschaften
oraler Partialtrieb	Mundschleimhäute	Saugen, Schlucken, Kauen, Lutschen	Einverleibung	Gier vs. Bescheidenheit
analer Partialtrieb	Afterbereich	Ausscheiden, Zurückhalten	Geben und Fest- bzw. Behalten	Geiz vs. Großzügigkeit
phallischer Partialtrieb	Genitalien	Erkunden des Penis und der Klitoris	Zeigen und Betrachten	Starkes vs. Schwaches Selbstwertgefühl

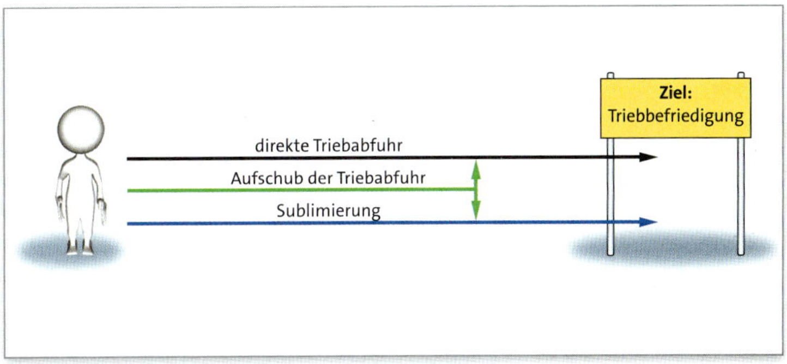

Aufschub von Triebabfuhr

Ebenfalls sehr wichtig für einen angemessenen Umgang mit unserer Libido ist die Fähigkeit, Triebabfuhr aufschieben zu können. Denn als Erwachsene können wir ja nicht an jedem Ort und zu jeder Zeit, sollte unsere Triebspannung es verlangen, unsere Sexualität ausleben.

Nach FREUD erwerben wir die Fähigkeit des Aufschubs der Triebabfuhr über eine Entwicklung vom **Autoerotismus** hin zur Objektliebe. Sehr vereinfacht ausgedrückt, konzentrieren wir unsere Libido zunächst nur auf uns. Wir besetzen nur Teile unseres eigenen Körpers mit Libido, zum Beispiel den Daumen oder Dinge, die wir als kleines Kind noch nicht als etwas von uns Getrenntes betrachten können, z. B. unseren „Schnuller". Jetzt werden Sie sagen, aber was ist mit der Mutterbrust? Diese gehört doch eindeutig zur Mutter. Ja, das ist wohl wahr, aber in diesem Alter kann das Kind das noch nicht begreifen und nimmt deshalb die Mutterbrust als Teil seiner selbst wahr. Sobald das Kind seine motorischen

Autoerotismus
Verhalten und Erleben, das Lustgewinn und Triebbefriedigung ohne Partnerbezug zu gewinnen sucht

Fähigkeiten entwickelt, wird die Mutterbrust durch zahlreiche andere, besser erreichbare Triebobjekte ersetzt.

Doch nach und nach sind wir tatsächlich auch in der Lage, Anteile unserer Libido auf Personen zu übertragen. Dies ist ein sehr wichtiger Schritt, denn nach FREUD spielt sich eine gesunde (Erwachsenen-)Sexualität nicht mehr autoerotisch ab, sondern mit einem Partner. Diesen haben wir dann mit Libido besetzt und ihn damit zu unserem Triebobjekt gemacht (= **Objektliebe**).

Aber was hat nun das Besetzen von Personen mit Libido mit dem Aufschub von Triebabfuhr zu tun? Ganz einfach: Wird eine Person zu unserem Triebobjekt, entscheiden wir nicht mehr allein darüber, ob, wann und wo es zur Triebabfuhr kommt. Unser Triebobjekt entscheidet mit. Und die erste Person, die hier mitzuentscheiden hat, ist nach FREUD unsere Mutter. Als Erstes lernen wir, sie mit Anteilen unsere Libido zu besetzen, und sie ist es auch, die dafür sorgt, dass wir lernen, unsere Triebabfuhr aufzuschieben. Wir lernen, ihr zu vertrauen, dass sie dafür sorgt, dass unsere Triebwünsche, auch wenn nicht immer sofort, erfüllt werden.

Sublimierung

Das Sublimieren stellt neben der direkten Triebabfuhr unsere zweite natürliche Methode der Energiewandlung dar.

> **Sublimierung** bezeichnet den Vorgang der Ablenkung des inneren Drangs bzw. des Triebimpulses auf nicht sexualisierte Bereiche (nach ELHARDT, 2011, S. 64 f.).

Durch diese Ablenkung können wir über das Verfolgen nicht sexualisierter Ziele, d. h. kultureller und gesellschaftlich akzeptierter Ziele, ebenfalls Befriedigung erfahren. Libido kann so z. B. für Bildung und andere kreative Prozesse eingesetzt werden. Sublimierung macht uns also erst zu zivilisierten Menschen.

Diese Strategie können wir nur erlernen, wenn wir eine **erhebliche Triebfrustration** erleben. Eine solche erleben wir, wenn uns die Befriedigung unserer Triebwünsche nachhaltig durch unsere Umwelt untersagt wird. Diese erhebliche Triebfrustration führt dazu, dass wir uns von unseren Triebwünschen und den damit verbundenen direkten Wegen der Triebabfuhr abwenden müssen. Da wir als Energiesystem mit dem Ziel der Erhaltung eines inneren Gleichgewichts aber nicht auf Triebabfuhr verzichten können, müssen wir einen anderen Weg finden: über das Sublimieren.

Der Ödipuskomplex

Nach FREUD können wir das Sublimieren nur über die Ablehnung eines ganz bestimmten Triebwunsches erlernen, dem des sexuellen Begehrens unseres gegengeschlechtlichen Elternteils. Nach seinen Vorstellungen entwickeln wir diesen Triebwunsch in der phallischen Phase.
Da dieser Wunsch im Kontext unserer kulturellen und gesellschaftlichen Bedingungen jedoch nur auf Ablehnung stoßen kann, ist hier das Erleben einer Triebfrustration also unumgänglich. In der Fachliteratur ist diese Theorie von FREUD unter dem Begriff des Ödipuskomplexes bekannt. Ödipus war eine Gestalt aus der griechischen Mythologie dem geweissagt wurde, dass er seinen Vater töten und seine eigene Mutter heiraten würde. Trotz der Versuche seiner Eltern, dieses Schicksal abzuwenden, tritt es dennoch ein. Der Ödipuskomplex war und ist bis heute sehr umstritten.
(Lesen Sie weiter zum Ödipuskomplex u. a. in LIST, 2009, S. 86 ff.).

Ödipus und die Sphinx

Regression und Fixierung

Erleben wir eine Triebfrustration, weil unsere aktuellen Wege der Triebabfuhr zu keiner ausreichenden oder zu gar keiner Befriedigung führen, kann es auch zu einer sogenannten Fixierung oder Regression kommen. Bei beiden Strategien ergibt sich keine Notwendigkeit für den Erwerb der Sublimation, da entweder an bestehenden Abfuhrstrategien festgehalten (= Fixierung) oder auf vergangene Abfuhrstrategien zurückgegriffen (= Regression) wird. Es muss also gar kein neuer Weg der Triebabfuhr erworben werden.

Fixierung und **Regression**
Unter Fixierung wird das Festhalten an einer Entwicklungsphase des Sexualtriebs und unter Regression der Rückzug auf eine frühere Entwicklungsphase des Sexualtriebs verstanden
(nach GERRIG/ZIMBARDO, 2008, S. 516 f.).

Das bedeutet, die in einer bestimmten Phase erlebte Triebfrustration

- kann uns in dieser Phase verharren lassen, damit uns die Chance erhalten bleibt, diese Frustration irgendwann einmal doch noch abzubauen, oder
- lässt uns in eine frühere Phase zurückkehren, in der unserer Triebabfuhr von unserer Umwelt nicht verhindert wurde.

AUFGABE

Ordnen Sie folgende Beispiele begründet der Regression oder der Fixierung zu:

- Carl ist längst in dem Alter, in dem er eine Freundin haben könnte. Anstatt aber auszugehen, sitzt er lieber vor dem Fernseher und gibt sich ganz seiner Fresslust hin, das heißt, er verleibt sich eine Tüte Chips nach der anderen ein.
- Serafin ist bereits ein Grundschulkind, dennoch trägt sie nachts immer noch Windeln. Ihre Mutter erlaubt ihr dies und Serafin genießt es, wenn sie im Halbschlaf ihren Urin nicht halten und nicht aufstehen muss.

Aber nicht nur Triebfrustration kann zu einer Fixierung führen. Auch wenn uns in einer Phase eine zu exzessive Triebabfuhr erlaubt wird, können wir in dieser Phase verhaftet bleiben. Die direkte Triebabfuhr ist dann so effektiv bzw. befriedigend, dass wir keine Notwendigkeit der Weiterentwicklung sehen. So kann es dazu kommen, dass ein Schulkind immer noch an seinem Daumen lutscht.

7.2.3 Der topografische Aspekt: das Schichtenmodell

AUFGABE

Kennen Sie eine solche Situation: Sie wollten etwas Bestimmtes sagen, doch aus Ihrem Mund entschlüpft plötzlich ein ganz anderes Wort?

Zum Beispiel entschlüpft einem ZDF-Reporter das Wort „Übertreibung“ anstatt des ursprünglich gemeinten Begriffs „Übertragung“, als er vom Papstbesuch in Deutschland berichtet. Bundesminister Wolfgang Schäuble sprach in der dritten Berliner Medienrede von „Informationskontrolle“ anstelle von -„kanälen“.

Sie meinen, das sei reiner Zufall? FREUD hatte da eine ganz andere Vorstellung. Er ging davon aus, dass uns unser Erleben – er spricht in diesem Zusammenhang von seelischen Vorgängen oder Regungen – nicht immer bewusst sei (nach ELHARDT, 2011, S. 11). Er ging sogar so weit, zu behaupten, dass dies auf den überwiegenden Teil unseres Erlebens zuträfe. Dennoch könne aber das uns unbewusste Erleben unser bewusstes Verhalten und Erleben beeinflussen, ja sogar steuern, wie bei den oben genannten Beispielen.

Als eine **Fehlleistung** wird ein unbeabsichtigtes Verhalten verstanden, das gemeinhin als „Versprechen“, „Verhören“, „Verlesen“ oder „Versehen“ bezeichnet wird. Fehleistungen entstehen über den Einfluss unseres unbewussten Erlebens auf unser bewusstes Erleben und Verhalten.

Das bedeutet, es war kein Zufall, dass dem Mund des ZDF-Reporters anstelle des Wortes „Übertragung" das Wort „Übertreibung" entschlüpfte. Nach FREUD waren hier unbewusste seelische Vorgänge am Werk, die seine Wortwahl beeinflussten. Einmal ausgesprochen, kann sich der Reporter nun natürlich Gedanken über den Ursprung dieses „Versprechers" machen und sich somit das scheinbar Unbewusste wieder ins Bewusstsein rufen: Z.B., dass er den Presserummel über den Papst-Besuch wohl tatsächlich als übertrieben empfindet. Ist er dazu in der Lage, handelte es sich nach FREUD um keine unbewusste, sondern eine vorbewusste seelische Regung.

Im **Schichtenmodell** teilt FREUD menschliches Erleben in qualitativ unterschiedliche Schichten bzw. Systeme: unbewusst und vorbewusst (nach KÖHLER, 2007, S. 39 ff.).

FREUD nutzt eine Metapher, um sein Modell zu verdeutlichen, die sogenannte Salon-Metapher. Also lassen wir ihn selbst einmal sprechen:

BEISPIEL

„Wir setzen das System des Unbewussten einem großen Vorraum gleich, in dem sich die seelischen Regungen wie Einzelwesen tummeln. An diesen Vorraum schließe sich ein zweiter, engerer, eine Art Salon, in welchem auch das Bewusstsein verweilt. Aber an der Schwelle zwischen beiden Räumlichkeiten walte ein Wächter seines Amtes, der die einzelnen Seelenregungen mustert, zensuriert und sie nicht in den Salon einlässt, wenn sie sein Missfallen erregen. (...) Die Regungen im Vorraum des Unbewussten sind dem Blick des Bewusstseins, das sich ja in einem anderen Raum befindet, entzogen; sie müssen zunächst unbewusst bleiben. Aber auch die Regungen, welche der Wächter über die Schwelle gelassen, sind darum nicht notwendig auch bewusst geworden; sie können es bloß werden, wenn es ihnen gelingt, die Blicke des Bewusstseins auf sich zu ziehen. Wir heißen darum diesen zweiten Raum mit gutem Recht das System des Vorbewussten." (FREUD, 2011, S. 283)

Würden wir die Salon-Metapher grafisch darstellen, dann könnte sie wie folgt aussehen:

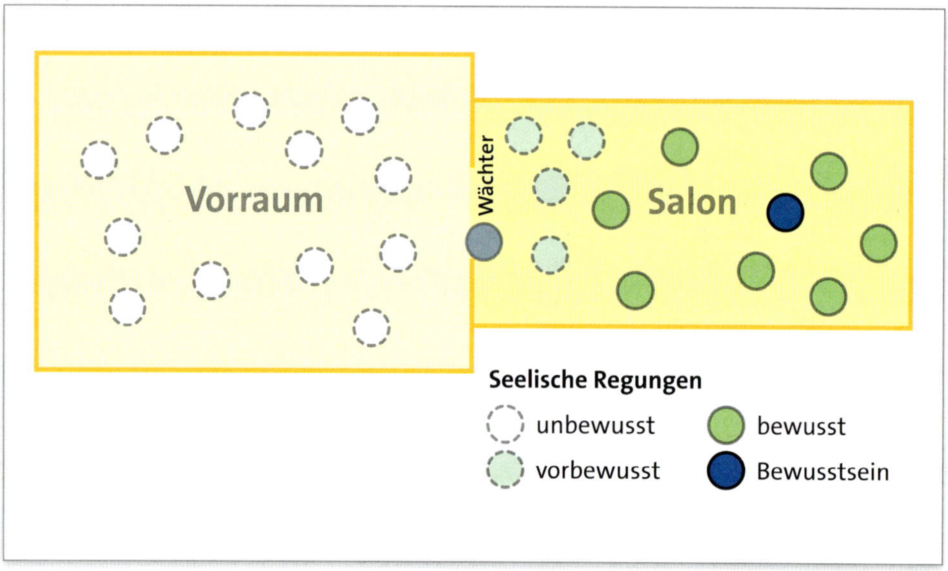

Natürlich ist das Konzept eines Salons mit Vorraum etwas antiquiert. Aber das Ganze geht auch etwas moderner, zum Beispiel eine Diskothek mit VIP-Raum.

BEISPIEL

Stellen Sie sich vor, ein bekannter Star besucht eine Diskothek. Alle Besucher der Diskothek sind aufgeregt und hätten gerne ein Autogramm des Stars. Selbstverständlich befindet dieser sich aber im VIP-Raum der Diskothek und der Zugang wird von seinen Bodyguards streng bewacht. Die Bodyguards sind für den Schutz der Person, die sie begleiten, zuständig und so unterziehen sie alle Diskobesucher, die in den VIP-Raum wollen, einer strengen Kontrolle. Auf keinen Fall dürfen sie Personen zu ihrem Star durchlassen, die sein Missfallen erregen oder ihm schaden könnten. Haben die Diskobesucher die Kontrolle absolviert und den VIP-Raum erreicht, haben sie aber ihr Ziel, das Erhalten eines Autogramms, noch nicht umgesetzt. Erst müssen sie noch die Aufmerksamkeit des Stars auf sich lenken, denn dieser ist bereits mit dem Schreiben vieler weiterer Autogramme beschäftigt.

Erraten Sie, wen oder was in dieser Metapher der Wächter, das Vorbewusste, das Unbewusste, das Bewusstsein sowie die jeweiligen un-, vor- und bewussten seelischen Regungen darstellen sollen?

Der Star ist selbstverständlich das Bewusstsein, welcher sich im VIP-Raum, d. h. im Vorbewussten, aufhält. Die Diskobesucher, die von den Bodyguards, d. h. den Wächtern, nicht durchgelassen werden, sind die unbewussten seelischen Regungen und halten sich deshalb weiterhin in der Diskothek, d. h. im Unbewussten, auf. Diejenigen Diskobesucher, die zwar den Bodyguard passieren konnten, jedoch noch nicht die Aufmerksamkeit des Stars auf sich lenken konnten, sind die vorbewussten und die, die bereits ein Autogramm erhalten haben, sind die bewussten seelischen Regungen.

Unter dem **Bewusstsein** versteht FREUD so etwas wie ein Wahrnehmungsorgan. Werden seelische Regungen von diesem nicht wahrgenommen, sind sie uns auch nicht bewusst. Dieses Wahrnehmungsorgan befindet sich im System des Vorbewussten. Deshalb sind seelische Regungen, die sich im System des Unbewussten befinden, unbewusst, d. h. bewusstseinsunfähig, und seelische Regungen, die sich im System des Vorbewussten befinden, grundsätzlich bewusstseinsfähig, d. h. vorbewusst (nach KÖHLER, 2007, S. 39 ff.).

Jetzt sollten wir uns aber nochmals dem Wächter – oder wie wir ihn in unserer Disko-Metapher genannt haben – dem Bodyguard widmen. Die Aufgabe eines Wächters wie eines Bodyguards ist Schutz. Doch wen oder was beschützt er? In unserer Disko-Metapher ist es klar: den Star natürlich, also das Bewusstsein. Aber vor wem oder was muss das Bewusstsein geschützt werden? Offensichtlich vor einer ganz bestimmten Art von seelischen Regungen, denn FREUD schreibt, der Wächter „mustert, zensuriert und lässt seelische Regungen (...) nicht in den Salon ein (...), wenn sie sein Missfallen erregen" (FREUD, 2011, S. 283).

Aber welche Art von seelischen Regungen ist so gefährlich, dass wir vor ihr Schutz benötigen? Diese Frage können wir mithilfe der Triebtheorie beantworten: Solche, die, wenn sie unserem Bewusstsein zugänglich wären, unser psychisches Gleichgewicht stören. Und welche wären das? Selbstverständlich handelt es sich dabei um Triebimpulse, die nicht in die Realität übertragen werden können, weil sie beispielsweise von unserer Umwelt abgelehnt werden. Es folgt Triebfrustration und damit Unlust. Diese gilt es jedoch zu vermeiden. Was bleibt also zu tun? Der Wächter greift zu unserem Schutz ein. Dazu kann er – wie im vorherigen Abschnitt (S. 334 f.) beschrieben – nun zur Sublimation, der Fixierung oder Regression sowie zu Abwehrmechanismen greifen.

Abwehrmechanismen sind psychische Vorgänge, die uns vor seelischen Regungen bewahren, die unser psychisches Gleichgewicht stören könnten, indem sie ihre Bewusstwerdung zu verhindern suchen (nach LIST, 2009, S. 91 ff.).

Als primären Abwehrmechanismus bezeichnet FREUD die **Verdrängung**. Hier wird zunächst einfach verhindert, dass eine unbewusste seelische Regung in das System des Vorbewussten wechselt bzw. eine vorbewusste seelische Regung wird in das System des Unbewussten zurückgeschoben. Häufig reicht jedoch eine einfache Verdrängung nicht aus, um seelische Regungen von unserem Bewusstsein fernzuhalten, denn Verdrängtes hat die schlechte Angewohnheit, sich aus eigenem Antrieb dem Bewusstsein – wie ein hartnäckiger Fan seinem Star – aufzudrängen. Deshalb werden zur Verdrängung häufig weitere, d. h. sekundäre Abwehrmechanismen genutzt, die neben der seelischen Regung auch das daraus resultierende Verhalten und Erleben verdrängen.

Doch auch sekundäre Abwehrmechanismen garantieren nicht, dass Verdrängtes immer zuverlässig von unserem Bewusstsein ferngehalten wird. Dies zeigt sich z. B. in unseren Eingangsbeispielen zum FREUDschen Versprecher oder in unseren Träumen, denn auch ein Wächter bzw. Bodyguard kann nicht immer aufmerksam sein.

7.2.4 Der strukturelle Aspekt: das Instanzenmodell

BEISPIEL

Darf ich vorstellen, das sind Sie, das ebenfalls und – ach ja – das auch! Selbstverständlich ist dies kein Versuch, Ihnen auf eine freundliche Art und Weise mitzuteilen, dass Sie unter einer multiplen Persönlichkeitsstörung leiden, im Gegenteil, nach der Auffassung der Psychoanalyse ist es völlig normal, dass – um es frei nach GOETHES FAUST zu sagen – in jedes Menschen Brust mehrere Seelen wohnen! FREUD nennt diese verschiedenen Seelen „Instanzen". Gemeinsam bilden diese eine Art psychische Steuerungszentrale für unser Erleben und Verhalten.

Doch diese Steuerungszentrale funktioniert nicht wie beispielsweise eine Steuerungszentrale auf einem Schiff. Es gibt keinen Kapitän, dem alle anderen, die für die Steuerung zuständig sind, wie der Navigator oder der Steuermann, widerstandlos folgen. Unsere **Steuerungszentrale** der Instanzen könnte man eher mit der Regierung eines Staates vergleichen, bei der drei Parteien mit widersprüchlichen Parteiprogrammen gezwungen sind, zum Wohle des Staates zusammenzuarbeiten. Sie können sich vorstellen, dass hier Konflikte vorprogrammiert sind!

Im **Instanzenmodell** beschreibt und erklärt FREUD, wie drei unterschiedliche, jedoch voneinander abhängige psychische Instanzen durch ihr Zusammenwirken über unser konkretes Verhalten und Erleben entscheiden und es dadurch steuern (nach ELHARDT, 2011, S. 32 ff.).

Doch lernen wir unsere Regierungsparteien bzw. Instanzen zunächst einmal kennen.

Das ES

Zu allererst sollten Sie das ES kennenlernen. Jeder Mensch wird mit ihm geboren, seine Regentschaft beginnt folglich mit dem ersten Tag unseres Lebens. Das ist durchaus sehr sinnvoll, denn **das ES beinhaltet unsere Triebe** und ist damit unser Energielieferant. So sind wir von Geburt an in der Lage, zu erleben und uns zu verhalten. Leider gibt es da aber ein Problem: Das ES handelt entsprechend dem Trieb und besetzt ausschließlich solches Verhalten und Erleben mit Energie, welches direkt und ohne Umwege zur Triebbefriedigung führt. Das macht sein Verhalten impulsiv und rücksichtslos, blind gegenüber der Außenwelt bzw. den gegebenen Bedingungen der uns umgebenden Realität.

Das ES verhält sich also nach dem sogenannten **Lustprinzip**. Jeder weiß, wie Verhalten nach dem Lustprinzip aussehen kann, wenn er eine Weile einen Säugling oder ein Kleinkind beobachtet. Stellen Sie sich zum Beispiel vor, eine Mutter ist mit ihrem Kleinkind unterwegs im Auto. Das Kind bekommt Hunger und beginnt zunächst laut zu jammern. Die Mutter möchte jedoch nicht, dass im neuen Wagen gegessen wird. Sie beginnt, dem Kind gut zuzureden. Doch das nützt alles nichts, das Kind verfällt vom Jammern ins Weinen und schlussendlich schreit es völlig außer sich. In dieser Situation wird das Verhalten und Erleben des Kindes ganz vom ES, d. h. vom Lustprinzip, regiert. Das Jammern, Weinen und Schreien soll zu einer unmittelbaren Befriedigung des Hungers führen. Gegenüber den Bedingungen der Realität, die in diesem Fall einer sofortigen Befriedigung des Triebs entgegenstehen (kein Essen im Auto), bleibt das ES dabei blind.

Das ICH

Nun können Sie sich vorstellen, dass wir, allein vom ES regiert, als rücksichtslose, allein auf unsere sofortige Triebbefriedigung ausgerichtete Egomanen in einer Gesellschaft, in der wir zum Überleben auf ein soziales Miteinander angewiesen sind, nicht lange bestehen würden. Um uns also vor unserer eigenen Rücksichtslosigkeit zu schützen, gründen wir etwa ab dem ersten Lebensjahr eine zweite Regierungspartei bzw. eine zweite Instanz: das ICH. Das ICH entwickelt sich aus der Erkenntnis heraus, dass es eine Realität gibt, in der Verhalten und Erleben, ausschließlich vom Lustprinzip gesteuert, nicht ausreichend ist, um unser psychisches Gleichgewicht zu bewahren. Denn steht die Realität einem sofortigen Lustgewinn entgegen (wie im obigen Beispiel: kein Essen im Auto), entsteht ein zunächst unlösbar erscheinender Konflikt und damit weitere und/oder andauernde Unlust. Um dies zu vermeiden, ist eine Auseinandersetzung mit dieser Realität unbedingt notwendig. Diese Aufgabe übernimmt das ICH. Es umfasst alle kognitiven Prozesse, die für eine Auseinandersetzung mit der Realität notwendig sind, wie Wahrnehmung, Denken und Gedächtnis. Im Sinne des Beispiels des hungrigen Kleinkinds im Auto bedeutet das konkret, dass das ICH das Kind nun u. a. in die Lage versetzt, die Bedingungen der Realität wahrzunehmen (es gibt kein Essen im Auto), bereits gemachte Erfahrungen zu erinnern (im Auto gab es noch nie etwas zu essen) sowie abzuwägen, welche Möglichkeiten des Verhaltens und Erlebens zur Triebbefriedigung unter den Bedingungen der Realität bleiben, d. h. welche in realistischer Weise umsetzbar sind und welche nicht (z. B. Schreien führt nicht zum Ziel und wird deshalb eingestellt, die Triebbefriedigung muss zunächst aufgeschoben werden).

Doch wie macht das ICH das? Das ICH ist in der Lage, dem ES seine Energie zu entziehen und diese kurzerhand „umzunutzen". Das ICH setzt dabei die Energie des ES für kognitive Prozesse wie Denkarbeit ein, um eine realitätskonforme Lösung zur Triebbefriedigung zu finden und diese anschließend mit Energie zu besetzen. **Das ICH handelt also nach dem Realitätsprinzip**. Das ICH hebt dabei das Ziel der Erhaltung des psychischen Gleichgewichts durch Triebbefriedigung nicht auf, im Gegenteil, es macht die Verfolgung dieses Ziels effizienter. Es vermeidet weitere Unlust durch die Lösung drohender Konflikte zwischen den Anforderungen des ES und der Realität.

Das Über-ICH

Sie fragen sich jetzt sicher, wozu wir denn nun noch eine dritte Partei in unserer Regierung benötigen.

AUFGABE

Stellen Sie sich vor, unser Verhalten und Erleben würde ausschließlich vom ES und vom ICH gesteuert. Wie würde ein soziales Miteinander aussehen?

Dank des ICHs wären wir zwar nicht mehr blind gegenüber der Realität, jedoch leider weiterhin Egomanen: Nehmen wir an, neben dem hungrigen Kind sitzt sein Geschwisterchen im Auto. Dieses hat nach dem gerade erfolgreich absolvierten Arztbesuch einen Lutscher bekommen und darf diesen jetzt ausnahmsweise im Auto genießen. Das ICH des hungrigen Kindes wägt nun die Möglichkeiten zur Triebbefriedigung unter Berücksichtigung der realen Bedingungen ab. D. h., außer dem Lutscher befindet sich nichts Essbares im Auto. Dieser ist aber für das hungrige Kind gut zu erreichen. Außerdem ist das Geschwisterchen schwächer als das hungrige Kind und so wäre mit wenig Gegenwehr zu rechnen, wenn das hungrige Kind den Lutscher an sich nehmen würde. Des Weiteren ist die Mutter mit dem Fahren des Autos beschäftigt und könnte folglich, trotz möglicher auftretender Klagen des Geschwisterchens, in das Geschehen nicht unmittelbar eingreifen. Der Plan, den Lutscher kurzerhand zu entwenden, wäre gefasst und der Beweis erbracht, dass ein Abstimmen unserer Triebbefriedigung mit den gegebenen realen Bedingungen noch kein sozial akzeptiertes Verhalten garantiert. Selbstverständlich würde eine Mutter ein solches Verhalten ihres Zöglings jedoch nicht gutheißen. Sie würde es ahnden und das Kind zumindest verbal zurechtweisen, auch wenn sie aktuell mit dem Fahren des Autos beschäftigt wäre.

Solche Erfahrungen, d. h. Erfahrungen, die uns gesellschaftliche Werte und Normen sowie Ideale vermitteln, verdichten sich nach und nach in unserem ICH zu einem eigenständigen Bereich. Dieser Bereich umfasst Werte, Normen, unser Gewissen und eine Vorstellung davon, wie wir als Mensch sein möchten (= Ich-Ideal). Dieser Bereich wird schlussendlich vom ICH abgespalten. Er bildet unsere dritte Partei bzw. Instanz, das Über-ICH. **Das Über-ICH kann als eine Art Kontrollinstanz verstanden werden.** Als ursprünglicher Teil des ICHs umfasst das Über-ICH ebenfalls kognitive Prozesse, die es ihm ermöglichen, Handlungen im Hinblick auf seinen moralischen Wert und die Erreichung unseres Ich-Ideals hin zu überprüfen und zu bewerten. In unserem Beispiel mit dem hungrigen Kind würde unser Über-ICH also das „Stehlen" des Lutschers des Geschwisterchens als moralisch verwerflich bewerten und aufs Strengste verurteilen. Es handelt daher nach dem sogenannten **Moralitätsprinzip.**

Doch welche Rolle spielt eine solche Verurteilung? Geht es unserer Regierung nicht ausschließlich um die realitätsadäquate Triebbefriedigung bzw. um die Erhaltung unseres psychischen Gleichgewichts? Selbstverständlich, doch wie Sie sich sicher bereits denken können, trägt eine Verurteilung durch unser Über-ICH nicht im Geringsten zum Erhalt unseres psychischen Gleichgewichts bei. Im Gegenteil, es verschafft uns ein schlechtes Gewissen und damit weitere Unlust, die es ja zu vermeiden gilt!

Das Zusammenwirken der Instanzen

Jeder Mensch erlebt und verhält sich in jeder Sekunde seines Lebens, sogar im Schlaf; und in jeder Sekunde wird dieses Erleben und Verhalten in Zusammenwirkung seiner Instanzen gesteuert.

Unbewusstes, bewusstes und vorbewusstes Zusammenwirken der Instanzen
Alle Instanzen haben nach Freud unbewusste, vorbewusste und bewusste Anteile. Das Zusammenwirken und damit die Steuerung unseres Verhaltens und Erlebens kann deshalb entsprechend dem Schichtenmodell bewusst, vorbewusst und/oder unterbewusst stattfinden.
Dabei geht Freud davon aus, dass das ES den größten unbewussten und das ICH den größten bewussten Anteil besitzt. Somit agiert das ES im Prozess des Zusammenwirkens überwiegend unbewusst und das ICH bewusst.

Doch lassen Sie uns nun das Zusammenwirken – oder um in der Analogie einer staatlichen Regierung zu bleiben: das Regierungsgeschäft – der Instanzen einmal genauer betrachten.

Instanzen im Überblick

Instanz	Ursprung	Inhalt	Prinzip	Aufgaben und Ziele
ES 	angeboren	Triebe (inkl. Triebenergie)	Lustprinzip	Energielieferant, unmittelbare Triebbefriedigung
ICH 	entsteht in Interaktion mit der Umwelt	kognitive Prozesse wie Wahrnehmung, Denken, Gedächtnis	Realitätsprinzip	psychisches Gleichgewicht halten
Über-ICH 	Abspaltung des ICHs, entsteht in Interaktion mit der Umwelt, spez. durch Erziehung und Sozialisation	kognitive Prozesse, Werte, Normen, Gewissen, Moralvorstellungen, ICH-Ideal	Moralitätsprinzip	gesellschaftliche Anpassung durch Werte-, Normen- und Moralkonformität, Erreichung des ICH-Ideals

BEISPIEL

Es ist 6:00 Uhr morgens. Ihr Wecker klingelt, denn Sie haben zur ersten Stunde Englischunterricht und Sie schreiben einen Vokabeltest. Gestern waren Sie jedoch lange auf, denn Sie feierten mit einer Freundin Geburtstag und selbstverständlich mussten Sie das Ereignis auch mit einer Flasche Sekt begießen. Dementsprechend haben Sie nicht den Schlaf bekommen, den Ihr Körper zur Erholung braucht. Offen gesagt, Sie sind noch sehr müde. Wie verhalten Sie sich?

AUFGABE

Bilden Sie die drei Instanzen und arrangieren Sie eine Podiumsdiskussion. Jede Instanz stellt dabei entsprechend ihres Prinzips Forderungen auf und vertritt diese. Kommen Sie zu einer Einigung?

Selbstverständlich würde das ES auf ein sofortiges Ignorieren des Weckers und somit auf ein Weiterschlafen hindrängen. Dann würde das ICH diese Verhaltensmöglichkeit im Hinblick auf die gegebenen realen Bedingungen hin prüfen. Nehmen wir also einmal an, Ihre Eltern sind nicht zu Hause und in den ersten beiden Stunden hätten Sie eine Lehrerin, die häufig vergisst, fehlende Schüler in das Klassenbuch einzutragen. Doch andererseits müssten Sie sowieso aufstehen, um sich per Telefon bei der Schule krankzumelden. Ansonsten würden Sie wegen unentschuldigtem Fehlen im Vokabeltest eine Sechs erhalten. Das ICH könnte also der Forderung des ES, einfach weiterzuschlafen, unter Berücksichtigung der Realität nicht vorbehaltlos zustimmen. Darüber hinaus wäre Ihr Über-ICH von dieser „Ausschlaf-Idee" wohl ebenfalls kaum begeistert. In unserer Gesellschaft gilt die Schulpflicht und es wäre als unmoralisch zu bewerten, wenn Sie die Schule „einfach schwänzen" würden, vor allem wenn dann noch ein Test zu schreiben ist. Es bahnt sich ein Konflikt zwischen den Instanzen an. Das ICH hat nun die Aufgabe, diesen zu vermeiden. Es muss folglich nach weiteren Verhaltensmöglichkeiten suchen, zum Beispiel über einen Aufschub der Triebabfuhr, indem Sie sich zum Beispiel in der Mittagspause ein ruhiges Plätzchen suchen, um ein wenig zu schlafen oder sich direkt, wenn Sie von der Schule nach Hause kommen, nochmals hinlegen.

BEISPIEL

Um das Konfliktpotenzial der Instanzen nochmals zu verdeutlichen: Stellen Sie sich eine Wippe auf einem Kinderspielplatz vor: Auf der einen Seite sitzt das ES, auf der anderen Seite das Über-ICH und dazwischen das ICH. Das ES stößt sich vom Boden ab und setzt die Wippe in Bewegung (= Energielieferant). Dabei will das ES so hoch und schnell wie möglich wippen, ohne Rücksicht auf die Umgebung, aber mit maximalem Spaß (= Lustprinzip). Ob jemand von der Wippe fallen oder in der näheren Umgebung verletzt werden könnte, ist ihm dabei völlig einerlei. Das Über-ICH auf der anderen Seite bremst jedoch die Wippbewegung des ES gezielt aus. Das Über-ICH hält nämlich nichts davon, so hoch und schnell wie möglich zu wippen. Es möchte lieber, den allgemeinen Regeln des Spielplatzes entsprechend, angepasst wippen (= Moralitätsprinzip). Dabei ist dem Über-ICH – nur sein Gegenüber, das ES, im Blick – seine Umwelt ebenfalls einerlei. Das bedeutet, auch wenn es die Umgebung zulassen würde (z. B. genug Platz um die Wippe), bleibt es dabei, das ES auszubremsen. Wären also nur das ES und das Über-ICH am Wippvorgang

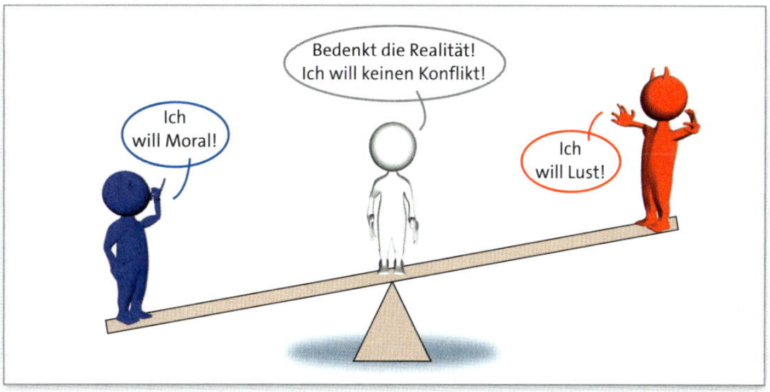

Das ICH in FREUDS Instanzenmodell hat folglich eine nicht ganz leichte Aufgabe zu lösen. Es muss versuchen, die Forderungen des ES und des Über-ICHs, die sich grundsätzlich entgegenstehen, unter Berücksichtigung der Realität in Einklang zu bringen, um Konflikte zu vermeiden und so das innere Gleichgewicht zu bewahren.

beteiligt, käme dieser gar nicht richtige zustande. Doch eine Wippe zu nutzen, macht schlussendlich nur Sinn und erfüllt uns mit Zufriedenheit, wenn die Bewegungen von beiden Parteien ausgeglichen und gleichmäßig die Wippe antreiben (= psychisches Gleichgewicht). Da in der Mitte der Wippe platziert – und somit mit maximaler Übersicht auf beide Wippparteien und die Umgebung ausgestattet – ist nur das ICH in der Lage, die unregelmäßigen Wippbewegungen des ES und des Über-ICHs realitätskonform auszugleichen (= Realitäsprinzip). Dass das jedoch keine leichte Aufgabe ist, hat jeder schon einmal festgestellt, der versucht hat, eine Wippe tatsächlich über ihre Mitte hin zu beeinflussen, während sich die beiden tatsächlichen Wippparteien absolut uneins sind.

AUFGABE

FREUD nutzt zur Erklärung seines Instanzenmodells auch häufig das Bild eines Fuhrmannes, der „Fuhre" (= Wagenladungen) mittels eines Pferdewagens – vor den zwei Pferde gespannt sind – von einem Ort zum anderen transportiert. Machen Sie es wie FREUD, übertragen Sie sein Instanzenmodell auf dieses Bild und bewerten sie im Anschluss dieses auf seinen Erklärungsnutzen hin.

ICH-Stärke und ICH-Schwäche

Selbstverständlich kann es aber vorkommen, dass unser ICH trotz der Einwände des Über-ICHs die Forderungen des ES vorzieht, z. B. essen wir doch die fettigen Pommes, obwohl wir gerade auf Diät sind, oder „schwänzen" doch den Unterricht, weil wir noch so schrecklich müde sind. Umgekehrt kann es aber genauso vorkommen, dass unser ICH die Forderungen des Über-ICHs vorzieht, d. h., dass wir doch noch eine Stunde länger auf den Vokabeltest lernen, obwohl wir schon alle können und schrecklich müde sind, nur um ganz sicherzugehen. Schlussendlich kann unser ICH aber auch den Anforderungen der Realität den Vorzug geben, d. h., wir bleiben zu Hause, weil es draußen bitterkalt ist und Glatteis herrscht, obwohl wir eigentlich dringend Lebensmittel einkaufen müssten, um unseren Hunger zu stillen.

AUFGABE

Erinnern Sie sich an Situationen, in denen Sie ausschließlich den Forderungen Ihres ES, Ihres Über-ICHs oder der Realität nachgegeben haben?

Wenn Sie wieder an unsere Wippe denken, kann dieses Nachgeben aber kein Grund zur Sorge sein. Im Gegenteil: Eine Wippe kann ja nur in Bewegung bleiben, wenn sie eben erst auf die eine und dann auf die andere Seite abkippt. Das Geheimnis dabei ist jedoch die Ausgewogenheit!

ICH-Stärke

Gelingt es dem ICH, die Anforderungen der Instanzen und der Realität in einem stetigen Gleichgewicht zu halten, dann spricht man von einem starken ICH bzw. von ICH-Stärke.

Das bedeutet, dass Ihr ICH in solchen Situationen zwar nachgibt, dennoch aber keiner der Instanzen bzw. Parteien unterlegen ist. Unser ICH gibt dann gezielt im Sinne eines ausgeglichenen Verhältnisses zwischen den Instanzen bzw. Parteien nach. Und zwar gibt es nach, weil es dies will und kann und nicht, weil es muss! Konkret bedeutet dies, wir essen die fettigen Pommes, weil wir sie essen wollen und nicht, weil es uns – in diesem Fall – von einem übermächtigen ES aufgezwungen wurde.

Kann jedoch das ES, das Über-ICH oder die Realität unserem ICH etwas gegen seinen Willen aufzwingen, spricht man von einem schwachen ICH oder einer ICH-Schwäche.

ICH-Schwäche

Gelingt es dem ICH nicht, die Anforderungen der Instanzen und der Realität in einem stetigen Gleichgewicht zu halten, dann spricht man von einem schwachen ICH bzw. von ICH-Schwäche.

Wäre unser ICH also schwach, würden wir während unserer Diät nur noch die fettigen Pommes essen (ES Anforderung) und niemals den fettreduzierten Joghurt (Über-ICH Anforderung), weil unser ES gegenüber dem ICH übermächtig wäre.

Das ICH als Wächter

Nun kann es jedoch passieren, dass die Forderungen, die an das ICH herangetragen werden – zunächst einerlei, ob es sich um ein starkes oder schwaches ICH handelt, – nur sehr schwer in Einklang gebracht werden können. Beispielsweise könnte ein verheirateter Mann als Chef eines Büros das Bedürfnis entwickeln, mit seiner minderjährigen Praktikantin intimen Kontakt aufnehmen zu wollen. Das ES stellt die klare Forderung, dies auch unvermittelt zu tun. Doch natürlich schreitet hier massiv das Über-ICH ein und auch die Anforderungen der Realität sprechen klar gegen den Wunsch des ES. Das ICH sieht sein oberstes Ziel, die Bewahrung des inneren Gleichgewichts, in Gefahr und entwickelt Angst. Diese Angst ist ein Signal dafür, dass ein nur schwer lösbarer Konflikt droht.

Dem ICH bleiben folgende Möglichkeiten:

- Das ICH sucht weiter nach einer realistischen Lösung, was jedoch in solchen Fällen meist ergebnislos bleibt.
- Das ICH sublimiert und bringt damit die Forderungen in Einklang.
- Das ICH betätigt sich als Wächter und nutzt primäre und sekundäre Abwehrmechanismen.

In unserem Beispiel könnte der Mann die Überzeugung gewinnen, dass der Wunsch nach dem intimen Kontakt zu seiner Praktikantin eigentlich von der Praktikantin provoziert wurde und damit nicht sein eigener ist: „Na, wenn die mit so einem Dekolleté herumläuft, kein Wunder. Ich bin ja auch nur ein Mann!“

AUFGABE

Können Sie ergründen, welchen Abwehrmechanismus der verheiratete Mann nutzt?

Wie Sie gemerkt haben dürften, ist das nicht immer so einfach. Man könnte sagen, die Perspektive macht den Abwehrmechanismus. Je nach Perspektive könnte der verheiratete Mann die Rationalisierung oder aber auch die Projektion genutzt haben. Bei der Rationalisierung ersetzt er seinen wahren, inakzeptablen Grund, die sexuelle Begierde einer Minderjährigen gegenüber, durch einen akzeptablen, die Provokation durch die Praktikantin. Bei der Projektion überträgt er seinen inakzeptablen Wunsch, den intimen Kontakt, auf die Praktikantin, die ihm diesen Wunsch über ihr tiefes Dekolleté vermittelt.

Auswahl an sekundären Abwehrmechanismen im Überblick (nach Brenner, 1984, S. 84 ff.)	
Widerstand	Verhalten und Erleben, z. B. etwas vergessen oder als unwichtig und nichtssagend abtun, welches sich gezielt der Bewusstwerdung von Verdrängtem entgegenstellt
Verleugnung	Fakten der Realität werden verdrängt, indem sie durch ein fantastisches Erleben und Verhalten ersetzt werden. Zum Beispiel behauptet ein schwacher und schmächtiger Junge, Weltmeister im Gewichtheben zu sein und trägt einen Gürtel zum Zeichen seiner Weltmeisterschaft.
Projektion	Eigenes, nicht akzeptables Erleben und Verhalten wird verdrängt, indem es einer anderen Person oder auch einem Objekt zugesprochen wird.
Identifikation	Umgekehrter Vorgang der Projektion: Akzeptables Erleben und Verhalten von anderen Personen wird einem selbst zugesprochen, um eigenes inakzeptables Verhalten und Erleben zu verdrängen.
Rationalisierung	Wahre, aber nicht akzeptable Gründe für ein bestimmtes Erleben oder Verhalten werden durch akzeptable Gründe ersetzt und damit verdrängt. Zum Beispiel könnten inakzeptable Schuldgefühle als Grund für ein sozial engagiertes Verhalten durch den akzeptablen Grund der christlichen Nächstenliebe ersetzt werden.
Reaktionsbildung	Aus einem Paar ambivalenter Erlebens- und Verhaltensweisen wird durch Überbetonung der einen Weise die andere unbewusst gemacht. Dadurch tritt zum Beispiel an die Stelle der Lust am Schmutz die Sauberkeit.
Isolation oder Affektverdrängung	Bestimmte Gefühle werden aus dem Erleben isoliert und verdrängt. So können zum Beispiel Triebwünsche oder -fantasien dennoch leichten Zugang zum Bewusstsein haben, da die konfliktauslösenden zugehörigen Gefühle, wie Scham oder Angst, verdrängt wurden und damit unbewusst sind.
Konversion	Umschlagen von Triebwünschen in das Körperliche, z. B. in Migräne, Ohnmachtsanfälle, Magenleiden usw.

Sublimierung als Abwehrmechanismus
In der gängigen Fachliteratur wird die Sublimierung häufig ebenfalls als ein Abwehrmechanismus bezeichnet. Als eine natürliche ICH-Funktion im Sinne der Erreichung einer maximalen Triebbefriedigung unter Berücksichtigung der Bedingungen der Realität und der Gesellschaft, ist diese aber eher als das normale Gegenstück zu einem Abwehrmechanismus zu verstehen.

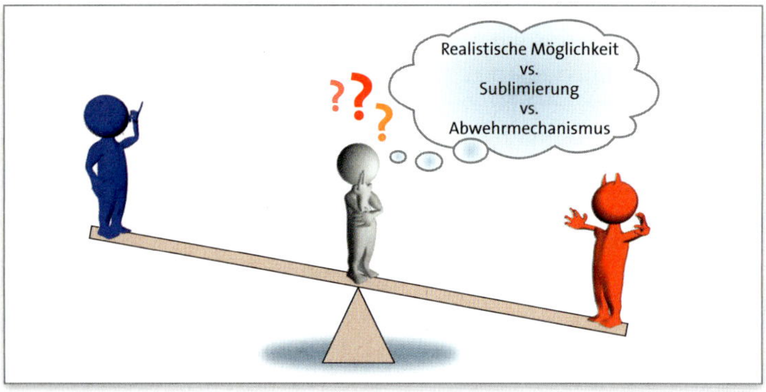

Beide, d.h. das starke wie das schwache ICH, nutzen zur Lösung schwerer Konflikte Abwehrmechanismen. Der Unterschied liegt in der Häufigkeit und der Effizienz dieser Nutzung. Ein schwaches ICH ist sehr viel häufiger gezwungen, auf Abwehrmechanismen zurückzugreifen, denn ist eine Partei dem ICH überlegen:

- sieht sich das ICH einem permanent drohenden, schweren Konflikt ausgesetzt,
- entwickelt das ICH permanent Angst,
- muss das ICH die Anforderungen der unterlegenen Parteien, um den Konflikt zu verhindern, nicht nur situativ, sondern permanent abwehren.

Selbstverständlich gibt ein so viel beschäftigtes ICH auch keinen sehr aufmerksamen Wächter ab. Die genutzten Abwehrmechanismen sind damit weniger effizient, d.h., Verdrängtes kann leichter wieder „entschlüpfen" und sich so dem Bewusstsein erneut aufdrängen. Dies erzeugt im ICH wiederum Angst und das führt wiederum zum Einsatz weiterer Abwehrmechanismen. Das ICH steckt so in einem ewigen Teufelskreis der Abwehr fest.

7.3 Störungskonzept

Um zu verstehen, wie nach Freud psychische Störungen entstehen, müssen Anteile aller zuvor vorgestellten Theorien und Modelle kombiniert werden.

Trieblehre

Ausgangspunkt der Entstehung von psychischen Störungen ist

- die Tatsache, dass wir als Energiesystem immer nach einem inneren Gleichgewicht streben (= Homöostase),
- die Triebenergie jedoch zu Triebspannungen und damit zu Unlust führt, die schließlich das innere Gleichgewicht stört, und
- die daraus entstehende Notwendigkeit der konstanten Abfuhr der Triebenergie, um Unlust zu vermeiden und das innere Gleichgewicht zu erhalten.

Phasenmodell

Um also Unlust zu vermeiden, müssen wir in den ersten sechs Jahren unseres Lebens angemessene Strategien erwerben, um Triebenergie abzuführen. Dabei zeigen uns die erogenen Zonen, die uns ebenfalls angeboren sind, den Weg. Wir entdecken, dass sich über Stimulation dieser erogenen Zonen Triebenergie ganz einfach abführen lässt. Da wir jedoch von Natur aus konstant Triebenergie abführen müssen, entwickeln wir sogenannte entwicklungsphasengebundene Partialtriebe, d.h. den Drang, unsere erogenen Zonen immer wieder zu stimulieren. Zum Beispiel drängt der orale Partialtrieb ein einjähriges Kind dazu, ständig Dinge in den Mund zu nehmen. So stimuliert es über das Saugen, Lutschen und Kauen an z.B. seinem Daumen oder anderen Gegenständen seine Mundschleimhäute als erogene Zone und verschafft sich somit eine Abfuhr von Triebenergie.

Verweigert unsere Umwelt uns jedoch nachhaltig jegliche direkte Triebabfuhr oder lässt sie eine exzessive oder nur ungenügende Befriedigung unserer Partialtriebe zu, können wir

- eine Regression und/oder Fixierung entwickeln und/oder
- das Sublimieren nicht erlernen
- und schlussendlich keine gesunde (Erwachsenen-)Sexualität entwickeln, um Triebenergie direkt abführen zu können.

Instanzenmodell

Eine unangemessene Reaktion unserer Umwelt auf unsere Bedürfnisse führt also dazu, dass das ICH die Anforderungen des ES und des Über-ICHs nur schwer oder gar nicht mit der Realität in Einklang bringen kann. Das ICH kann die entwicklungsbedingten Konflikte, die durch die Anforderungen des ES über die Partialtriebe aufkommen, wie das Erkunden des Penis und der Klitoris, nicht realitätskonform lösen. Es muss verstärkt zu Abwehrmechanismen greifen. Das ICH entwickelt sich folglich zu einem schwachen ICH, welches Triebenergie nur scheinbar abführt. Denn durch die Verdrängung wird die Energie, die an die Befriedigung des jeweiligen Triebs gebunden ist, nur in das Unbewusstsein verschoben. Dadurch bleibt die Triebspannung jedoch bestehen. Deshalb sind wir weiterhin gezwungen, diese Triebspannung irgendwie abzuführen. Dies geschieht nun unbewusst. Wir entwickeln dysfunktionale, z.B. zwanghafte Erlebens- und Verhaltensweisen, die stellvertretend für die ursprüngliche Bedürfnisbefriedigung sorgen sollen. Dieses Ersatzerleben bzw. -verhalten stellt das Symptom einer psychischen Erkrankung dar.

BEISPIEL

Stellen Sie sich vor, dass ein Kind dem Triebwunsch des Spielens mit seinen Ausscheidungsprodukten in seiner analen Phase nicht nachgeben konnte. Seine Mutter verbot dies strengstens. Nun werden Sie wohl anführen, dass dies keine gute Mutter erlauben würde, und damit haben Sie natürlich recht. Jedoch hat diese Mutter dem Kind darüber hinaus jegliches weitere Verhalten untersagt, bei dem sich das Kind beschmutzen könnte. Damit ist das Kind nun auch nicht in der Lage, seinen Triebwunsch anderweitig zu befriedigen bzw. zu sublimieren, zum Beispiel über das Spielen im Schlamm oder über eine kreative Tätigkeit wie das Töpfern. Das Kind wird gezwungen, den Triebwunsch nachhaltig zu verdrängen. Dazu nutzt das Kind einen Abwehrmechanismus, z.B. die Reaktionsbildung. Sein Wunsch nach dem Spielen mit seinen Exkrementen bzw. die daraus abzuleitende Lust am Schmutz wird in ihr Gegenteil verkehrt, die Lust an der Sauberkeit. Diese Lust an der Sauberkeit führt dazu, dass das Kind nun ein zwanghaftes Sauberkeitsverhalten entwickelt, welches stellvertretend für die ursprüngliche Bedürfnisbefriedigung sorgen soll. Die durch die Abwehr in das Unbewusstsein verschobene Triebspannung wird somit unbewusst abgeführt. Da einmal verdrängt und damit unbewusst, ist das Kind jedoch nicht in der Lage, den aus dem Triebwunsch entstandenen Konflikt im Laufe seines Erwachsenwerdens noch im Nachhinein zu lösen. So bleibt ihm weiterhin nur sein Ersatzverhalten. Als Erwachsener ist das ehemalige Kind dann eventuell so auf das Putzen und Reinigen seines Lebensraums fixiert, dass es keiner regelmäßigen anderen Arbeit mehr nachgehen und auch keine sozialen Kontakte mehr pflegen kann. Sein Leben wurde durch das Ersatzverhalten nachhaltig negativ beeinträchtigt.

FREUD geht also davon aus, dass jeder psychischen Störung

- mindestens ein Konflikt unserer phasenspezifischen Entwicklung zugrunde liegt,
- der über Abwehrmechanismen von einem schwachen ICH nur scheinbar gelöst wurde und infolgedessen weiterhin Triebspannung produziert,
- die nun über aktuelles Ersatzerleben- bzw. Verhalten abgeführt wird,
- was, weil uns zwar bewusst, aber sinnlos und störend erscheint, unser Leben negativ beeinträchtigt.

AUFGABE

Fallbeispiel Peter

Peter, ein zurückhaltender, aber gut aussehender junger Mann, leidet sehr unter seiner Einsamkeit und sucht deshalb einen Therapeuten auf. Diesem erzählt er, dass er sehr gerne eine andauernde Beziehung zu einer Frau aufbauen würde. Leider hätte dies aber bisher nicht geklappt. Schuld daran sei sein zwanghafter Reinlichkeitswahn, was seine Genitalien betreffe. Er müsse sich mindestens 20-Mal am Tag waschen und an sexuellen Kontakt mit einer Frau sei nicht zu denken, das erscheine ihm dann doch zu unhygienisch. Einmal hätte er es einer Frau zuliebe versucht, aber danach hätte er mindestens zwei Stunden im Bad verbracht und die Frau sei dann schließlich gegangen und hätte sich nicht mehr gemeldet. Bei der weiteren Anamnese berichten seine Eltern, dass ihr Sohn sich eigentlich ganz normal entwickelt hätte. An eine Begebenheit, als er ca. viereinhalb Jahre war, könnten sie sich jedoch erinnern. Sie hätten bemerkt, dass Peter öfter mit seinen Genitalien spielen wollte und sich auch für die Genitalien seiner jüngeren Schwester interessierte. Natürlich hätten sie sofort eingegriffen und Peter

Anamnese
(griechisch: „Erinnerung") bedeutet wörtlich das In-Worte-Fassen von Vergangenem. In der Medizin handelt es sich um die Erhebung der medizinischen Vorgeschichte (Krankengeschichte) und der aktuellen Befindlichkeit eines Patienten durch einen Arzt.

dieses „Gefummle" streng untersagt und sein Interesse verboten. Des Weiteren hätten sie ihm deutlich zu verstehen gegeben, dass dies unschicklich und abnormal sei! Seit diesem Zeitpunkt hätten die Eltern immer sehr sorgfältig darauf geachtet, dass Peter solche „Schweinereien" unterlässt. Nachts z. B. legten sie großen Wert darauf, dass seine Hände immer schön über der Bettdecke zu liegen kamen.

Erklären Sie Peters zwanghaften Reinlichkeitswahn, seine Genitalien betreffend, mittels des Störungskonzepts nach FREUD.

Tipp: Identifizieren Sie zunächst das Ersatzverhalten, d. h. das Symptom und den verdrängten infantilen Konflikt. Analysieren Sie dann den Konflikt nach seinen Bestandteilen (Forderungen des ES, des Über-ICHs und der Realität, Verhalten des ICHs, z. B. welcher Abwehrmechanismus könnte genutzt worden sein).

7.4 Therapiekonzept

infantil
kindlich, hier: aus der Kindheit

Klient
Klient wird im Kontext eines Therapiesettings der Mensch genannt, der eine Therapie beansprucht.

Das grundlegende Problem einer psychischen Störung nach FREUD ist also, dass ein uns unbewusster (und damit verdrängter infantiler) Konflikt uns bewusstes, störendes und damit dysfunktionales Verhalten und Erleben beschert. Kurz gesagt: Unser unbewusstes Erleben „pfuscht" von uns ungewollt in unserem bewussten Erleben und Verhalten herum. Dabei erscheint uns dieses ungewollte Erleben und Verhalten meist befremdlich, weil völlig sinn- und zwecklos. Das ist selbstverständlich so, weil unser ICH über den Einsatz von Abwehrmechanismen ganze Arbeit geleistet hat. Wir können uns also an nichts erinnern, was uns unser befremdliches Verhalten und Erleben erklären könnte.

So setzt FREUD das Ziel der psychoanalytischen Therapie wie folgt fest:

„Wir wollen das Ich herstellen, es von seinen Einschränkungen befreien, (...), die es infolge seiner frühen Verdrängung eingebüßt hat. (...) Wir haben die vorgefallene Verdrängung aufzusuchen und das Ich zu bewegen, sie nun mit unserer Hilfe zu korrigieren, die Konflikte besser als durch einen Fluchtversuch zu erledigen." (FREUD in KÖHLER, 2007, S. 143)

Um dieses Ziel umzusetzen, verfolgt FREUD in seiner psychoanalytischen Therapie den Dreischritt: **Erinnern, Wiederholen und Durcharbeiten** (nach LIST, 2009, S. 254). Ausgangspunkt der psychoanalytischen Therapie ist dabei immer das bewusste und vorbewusste Erleben und Verhalten des Klienten.

7.4.1 Erinnern und Wiederholen

Durch ein **Erinnern und Wiederholen soll Verdrängtes über das bewusste Erleben und Verhalten des Klienten aufgedeckt werden.** Dabei bezieht sich das Erinnern auf das Aufdecken von Verdrängtem über das Erleben und das Wiederholen des Klienten. Für das Erinnern wie das Wiederholen stehen dem Psychoanalytiker bestimmte Methoden zur Verfügung.

Freies Assoziieren als Methode des Erinnerns
Soll der Klient frei assoziieren, wird er dazu aufgefordert, sich zunächst zu entspannen bzw. sich in einen „schlafähnlichen Zustand" zu versetzen. Um das zu erreichen, werden in der psychoanalytischen Therapie häufig eine

FREUDS Therapiezimmer kann bis heute im SIGMUND-FREUD-Museum in London bestaunt werden. Auf der Couch nahm FREUDS Klient Platz und er selbst am oberen Kopfende der Couch, außerhalb des Gesichtsfeldes seines Klienten, in einem Sessel. So meinte FREUD, seinem Klienten das freie Assoziieren erleichtern zu können.

Couch für den Klienten sowie gedimmte Lichtverhältnisse eingesetzt. Auch hält sich der Therapeut häufig während der Therapie, um seinen Klienten nicht abzulenken, außerhalb des Gesichtsfelds des Klienten auf. **Ist der Klient dann entspannt, wird er dazu aufgefordert, sich ganz seinen Gedanken hinzugeben und möglichst alles uneingeschränkt auszusprechen, unabhängig davon, ob es ihm sinnlos, peinlich, unwichtig, unlogisch, unhöflich usw. erscheint** (nach LIST, 2009, S. 238). Der entspannte Zustand sowie die Aufforderung zum freien Assoziieren soll nach FREUD das ICH als Wächter und damit den Zensor umgehen.

Das freie Assoziieren kann ganz ohne Anweisungen oder Bezugspunkte erfolgen oder gezielt auf bestimmte bewusste Verhaltens- und Erlebensweisen bezogen werden wie:

- Symptome als direkte Auswirkungen des unbewussten Konflikts
- Widerstände als unmittelbarer Hinweis auf Verdrängtes
- Träume als „via regia" in das Unbewusstsein, da der „bewusste Anteil" des ICHs „schläft"
- Fehlleistungen als vom Unbewusstsein verursacht

Die Übertragung und Gegenübertragung als Methoden des Wiederholens

Bei der Übertragung erinnert der Klient das Verdrängte nicht, sondern er agiert es. Das bedeutet, „er reproduziert es nicht als Erinnerung, sondern als Tat, er **wiederholt** es, ohne natürlich zu wissen, dass er es wiederholt" (FREUD nach KÖHLER, 2007, S. 148). Ziel der Übertragung ist das Aufdecken verdrängter infantiler Beziehungsmuster. Menschen neigen dazu, unbewusst frühere Beziehungsmuster auf aktuelle Beziehungen zu übertragen. Das bedeutet, der Klient erlebt und verhält sich dem Therapeuten gegenüber gleich oder ähnlich wie gegenüber seiner ursprünglichen Bezugs- bzw. Erziehungsperson. Damit überträgt der Klient seine vergessene Vergangenheit auf den Therapeuten (= Übertragung). Im Gegenzug kann es dazu kommen, dass der Therapeut sich nun seinerseits dem Klienten gegenüber ähnlich oder gleich verhält und erlebt wie die ursprünglichen Bezugs- bzw. Erziehungspersonen (= Gegenübertragung). So kann der Therapeut auch aus seinem Verhalten und Erleben in Reaktion auf den Klienten wichtige Informationen über dessen infantile Beziehungsmuster erfahren.

7.4.2 Durcharbeiten

Das durch Erinnern und Wiederholen aufgedeckte Material muss nun durchgearbeitet werden. **Dabei wird unter Durcharbeiten der Prozess verstanden, in dem der an das aufgedeckte Material gebundene Konflikt in seinem gesamten Ausmaß identifiziert, gedeutet und damit verstanden und schlussendlich gelöst wird.** Das wichtigste aktive Mittel des Therapeuten in diesem Prozess ist hierbei die Deutung.

Die Deutung als Methode des Durcharbeitens

Mittels der Deutung begibt sich der Therapeut nun selbst in das Unterbewusste des Klienten. Dies ist notwendig, da das aufgedeckte Material in gewisser Weise nur Hinweise auf den verdrängten Konflikt darstellt, aber noch nicht sein gesamtes Ausmaß offenbart. Dieses wird erst über das Aufdecken der sogenannten „latenten" bzw. unbewussten Bedeutung des Materials im Kontext des Konflikts deutlich. Diese Form des Aufdeckens kann nur der Therapeut aufgrund seines umfangreichen Wissens über die Tiefenpsychologie und das Störungskonzept leisten.

via regia
(lateinisch) Königsweg

latent
vorhanden, aber (noch) nicht in Erscheinung tretend; nicht unmittelbar sichtbar oder zu erfassen

BEISPIEL

Stellen Sie sich vor, Sie wollen sich an eine bestimmte Situation Ihrer Kindheit erinnern, die ihnen damals Ärger bereitet hatte. Zum Glück haben Sie ein Foto aus dieser Zeit. Doch leider haben Sie dieses Foto damals in ihrem Ärger in viele Einzelteile zerrissen und diese in Ihrer gesamten Wohnung verteilt. Nun machen Sie sich auf die Suche und finden auch tatsächlich einige Teile wieder. Doch ausgerechnet die wichtigsten Teile aus der Mitte des Fotos fehlen. Obwohl Sie erneut gründlich suchen, bleiben die fehlenden Teile verschwunden. Trotz „löchrigem" Foto versuchen Sie, sich zu erinnern. Obwohl Ihnen die gefundenen Teile eine vage Ahnung vermitteln, bleibt Ihnen die Gesamtsituation auf dem Foto schlussendlich weiterhin verborgen.

Die Deutung ist das Mittel, die weiterhin unbewussten, fehlenden Anteile des Konflikts aufzudecken und diese in einen für den Klienten neuen Verstehenszusammenhang zu bringen: Z.B. werden Erlebens- und Verhaltensweisen zusammengeführt, die der Klient zuvor als isoliert betrachtet hatte. Abwehrprozesse werden für den Klienten transparent gemacht, der Sinn und Zweck seiner Symptome offenbart.

Erst wenn der Klient seinen infantilen Konflikt in all seinen Bestandteilen und Verbindungen verstanden hat, d. h. die Anteile und Verbindungen zwischen ES, Über-ICH, ICH und der Realität, ist er in der Lage, diesen im Nachhinein zu lösen. Und nur so wird das Ziel der psychoanalytischen Therapie, das ICH dazu zu bewegen, die Verdrängung zu korrigieren und den ursprünglichen, infantilen Konflikt besser als durch die Nutzung eines Abwehrmechanismus zu lösen, erreicht.

FALLBEISPIEL

Susanne ist 25 Jahre alt und von Beruf Schauspielerin. Susannes Vater war Kampfflugzeugpilot und starb bei einem Einsatz, als Susanne noch sehr klein war. Der beste Freund ihres Vaters, ebenfalls Kampfflugzeugpilot, heiratete später ihre Mutter und adoptierte sie. Susanne steht nun einen Monat vor ihrer Hochzeit mit Peter. Sie hat Angst, und ihre Angst wächst, je näher der Termin der Hochzeit rückt. Susanne befürchtet, sie könnte sich nach der Hochzeit nicht mehr zu Peter, ihrem Ehemann, hingezogen fühlen. So war es ihr jedenfalls mit ihrem ersten Ehemann ergangen. Sie fand sich in einer tristen Ehe wieder, die mit einer schmerzhaften Scheidung endete. Susannes Angst ist so groß, dass sie nachts kein Auge zumacht und sich tagsüber auf nichts konzentrieren kann. Auf die Frage was das eigentlich ist, wovor sie sich fürchtet, sagt Susanne: „Ich befürchte, dass ich Peter nach der Hochzeit nicht mehr so lieben kann, wie eine Frau ihren Mann lieben sollte."

Erinnern

Traum von Susanne: „Ich sitze mit meinem Stiefvater und meiner Großmutter in einem Auto, mein Stiefvater sitzt am Steuer, Großmutter und ich gemeinsam hinten im Wagen. Es ist eng und unbequem. Ich arbeite in einer PR-Agentur und verspäte mich zu einem wichtigen Termin mit meinem Chef. Wir stehen im Stau und kommen nicht voran. Ich trage etwas Rundes auf dem Kopf, eine Art weißen Hut, der mein Gesicht verdeckt. Ich kann nur schlecht sehen. Mein Stiefvater und meine Großmutter sagen, dass es wichtig ist, dass ich pünktlich käme. Ich hab das Gefühl, Teil einer langweiligen Fernsehserie zu sein, einer Art Soap-Opera, die von unserer Autofahrt handelt und von der Sorge, ich könnte mich verspäten. Ich hab das Gefühl, dass alles sinnlos ist. Ich möchte weinen. Aber es ist mir unangenehm, meine Angehörigen traurig zu machen und der Serie zu schaden, deswegen versuche ich, fröhlich zu sein."

Assoziationen zu den Trauminhalten: Es geht um meine Hochzeit. Im Traum arbeite ich in einer PR-Agentur. Als wäre meine Hochzeit eine einzige PR-Aktion. Auch die Fernsehserie im Traum bezieht sich, glaube ich, auf die Hochzeit. Als wäre das alles ein Spiel, eine große Show. Zuerst dachte ich, der Hut auf meinem Kopf, das wäre ein Brautschleier. Vielleicht war er das auch, denn er war weiß und federleicht, aber er stellte noch etwas anderes dar. Denn oben drauf hing ein dunkles Stück Plastik, wie eine Sonnenbrille, und sie rutschte mir über die Augen. Das erinnerte mich an den weißen Helm eines Kampffliegers. Vorn im Auto sitzt mein Stiefvater und der Beifahrersitz ist leer. Das erinnert mich an Weihnachten, wir ließen immer einen Platz am Tisch leer für meinen verstorbenen Vater. Vielleicht saß mein verstobener Vater mit im Auto. Plötzlich fällt mir noch etwas ein. Wir standen in einem Stau, vor uns hatte sich ein Verkehrsunfall ereignet. Den Unfall konnte ich nicht sehen, aber ich wusste, dass ein Unglück passiert war, denn in der Ferne brannte etwas und schwarze Rauchwolken stiegen hoch in den Himmel. Peter bereitet sich auf eine Art Himmelfahrt vor, irgendeine Zeremonie zu seinen Ehren ist im Gange. Er steht auf einer Bühne und ich blicke ihn an. Er ist so schön, dass ich wieder weinen möchte. Er sieht aus wie ein Messias oder Prophet. Alle sind glücklich, dass ihm solch eine Ehre zuteil wird. Leute kommen, um ihm zu gratulieren. Man feiert, und nur ich weine ohne Unterlass. Ich möchte Peter umarmen und küssen, doch es ist mir verboten, ihn zu berühren, denn er ist jetzt heilig.

Durcharbeiten

Die Deutung deckt einen inneren infantilen Konflikt auf: das sexuelle, jedoch moralisch verwerfliche Begehren des Stiefvaters gegenüber seiner Tochter und umgekehrt. Der Unfall in ihrem Traum erinnert Susanne an ihren Stiefvater und seine Albträume über das Unglück, als ihr leiblicher

Vater ums Leben kam. Sie hatte eine sehr enge Bindung zu ihrem Stiefvater, die mit der Pubertät abrupt endete. Zwischen Susannes Stiefvater und ihr waren in der Pubertät sexuelle Spannungen aufgetreten. So kam es für Susanne zu einer Verwechslung zwischen Vater und Geliebten. Durch die Hochzeit mit ihrem ersten Mann wurde dieser zu einem Familienmitglied, das sie nicht berühren durfte, wie ihren Stiefvater. In jeder Liebe mischen sich vorhergegangene Lieben, und deswegen ist es nur natürlich, dass in jedem Liebhaber auch etwas von einem Vater gesehen wird. Nach diesen Erkenntnissen kann Susanne nun bewusst die Frage für sich klären, ob sie in Peter so viel Väterliches sieht, dass sie ihn nach einer Hochzeit, d. h. einer Aufnahme in die Familie, nicht mehr begehren kann wie es offensichtlich mit ihrem ersten Mann geschehen ist (nach YOVELL, 2004).

Medientipp
Eine mit vielen Beispielen angereicherte Darstellung des Therapieverfahrens finden Sie in YALOM, I. D.: Die rote Couch. München: GOLDMANN, 1998.

7.5 Zusammenfassung

Die „Psychoanalyse" gehört zu den sogenannten Hauptströmungen der Psychologie. Ihr Begründer ist SIGMUND FREUD. Sie umfasst mehrere Theorien, Modelle und Konzepte zu allgemeinen psychologischen Erkenntnissen, die eine neue (psychologische) Richtung, die Tiefenpsychologie, begründeten, sowie ein gleichnamiges Therapiekonzept (s. Advance Organizer, Abb. S. 326).

Trieblehre:

- Menschen erleben und verhalten sich aufgrund von Trieben. Sie besitzen zwei Haupttriebe, den Lebens- und den Todestrieb, die durch ihr Mit- und Gegeneinander die Vielfalt des menschlichen Erlebens und Verhaltens hervorbringen. Wichtigster Trieb ist für FREUD der Sexualtrieb. Er ist der Hauptrepräsentant des Lebenstriebs.
- Jeder Trieb entsteht aus einer Triebquelle und ist auf ein Triebziel hin gerichtet. Eine Triebquelle ist dabei ein immer wiederkehrender, organisch bedingter Reizungszustand, das Triebziel die regelmäßige Aufhebung dieses Reizungszustands am Organ selbst. Jeder Trieb besteht aus psychischer Energie. Diese setzt er ein, um das Triebziel zu erreichen. Dazu werden Verhaltens- und Erlebensweisen sowie Objekte mit Triebenergie besetzt bzw. „energetisiert", die zur Erreichung des Triebziels führen. Wurde das Triebziel erreicht, kommt es zu einer Abfuhr der Triebenergie.
- FREUD sieht den Menschen als natürliches Triebenergiesystem, das nach einem psychischen Gleichgewicht, der Homöostase, strebt. Wichtigster Energielieferant ist dabei der Sexualtrieb. Seine Energie ist die Libido. Der Mensch ist damit maßgeblich ein Libidosystem, das sich nur dann im psychischen Gleichgewicht befindet, wenn die Libido regelmäßig und effektiv abgeführt wird. Ist dies nicht der Fall, entsteht Unlust. Vermeiden wir Unlust, halten wir unser System in Betrieb und erzeugen Lust. Lust ist deshalb ein Zeichen dafür, dass unser System störungsfrei funktioniert.

Phasenmodell:

- Strategien zur Erhaltung des psychischen Gleichgewichts und damit zur regelmäßigen und effektiven Libidoabfuhr muss ein Mensch im Laufe seiner Entwicklung erst erwerben. Dazu ist die Entwicklung von Partialtrieben der Sexualität, die über ihre Organisation schlussendlich zu einer gesunden (Erwachsenen-)Sexualität und damit zu einer regelmäßigen direkten Triebabfuhr führen, von besonderer Bedeutung. Umwelteinflüsse, die Triebabfuhr fördern oder behindern, führen dazu, dass weitere Strategien wie Sublimierung, Fixierung und Regression sowie Abwehr erlernt werden.

Schichtenmodell:

- FREUD teilt menschliches Erleben in qualitativ unterschiedliche Schichten bzw. Systeme: unbewusst und vorbewusst. Dabei ist das Bewusstsein so etwas wie ein Wahrnehmungsorgan, welches sich im System des Vorbewussten befindet. Werden seelische Regungen von diesem nicht wahrgenommen, sind sie uns auch nicht bewusst. Deshalb sind seelische Regungen, die sich nicht im selben System wie das Bewusstsein befinden, unbewusst, d. h. bewusstseinsunfähig, und seelische Regungen, die sich im selben System befinden, grundsätzlich bewusstseinsfähig, d. h. vorbewusst.
- Verhindern psychische Vorgänge, dass eine unbewusste seelische Regung in das Sys-

tem des Vorbewussten wechselt bzw. wird eine vorbewusste seelische Regung in das System des Unbewussten zurückgeschoben, spricht man von Verdrängung. Verdrängung ist eine Form der Abwehr.

Instanzenmodell:

- FREUD nimmt an, dass menschliches Erleben und Verhalten über das Zusammenwirken von drei unterschiedlichen, jedoch voneinander abhängigen psychischen Instanzen gesteuert wird. Alle Instanzen haben dabei bewusste, vorbewusste und unbewusste Anteile. Das Zusammenwirken und damit die Steuerung unseres Verhaltens und Erlebens kann deshalb entsprechend dem Schichtenmodell bewusst, vorbewusst und/ oder unterbewusst stattfinden.
- Das ES als die uns angeborene Instanz beinhaltet unsere Triebe. Das ES strebt nach unmittelbarer Triebabfuhr und ist dabei gegenüber den realen Bedingungen seiner Umwelt blind (= Lustprinzip).
- Durch die Auseinandersetzung mit unserer Umwelt entwickelt sich eine zweite Instanz, das ICH. Das ICH enthält alle kognitiven Prozesse wie Wahrnehmung, Denken und Gedächtnis, die uns eine Auseinandersetzung mit den gegebenen Bedingungen der Realität ermöglichen. Das ICH prüft, ob die Forderung des ES nach Lustgewinn unter den gegebenen realen Bedingungen umsetzbar ist oder nicht, und greift wenn nötig zu alternativen Strategien wie der Abwehr oder der Sublimierung (= Realitätsprinzip).
- Über Erziehung und Sozialisation entwickelt sich eine dritte Instanz, das Über-ICH. Das Über-ICH beinhaltet alle Normen und Werte, die Moral und eine Vorstellung davon, wie wir sein möchten (Ich-Ideal). Es bewertet die Forderungen des ES und die Strategien des ICHs im Hinblick auf ihren moralischen Wert (= Moralitätsprinzip). Bewertet das Über-ICH eine Forderung des ES oder eine Strategie des ICHs als unmoralisch, muss das ICH eine neue, weitere Strategie suchen oder erneut zu Abwehr oder Sublimierung greifen.
- Einem starken ICH gelingt es, die Anforderungen des ES, des Über-ICHs und der Realität in einem stetigen Gleichgewicht zu halten. Gelingt dies dem ICH nicht, wird es als schwach bezeichnet.

Störungskonzept: Eine psychische Störung entsteht nach FREUD,

- wenn Anforderungen, die über die Partialtriebe entstehen, nicht direkt befriedigt oder sublimiert wurden, sondern vom ICH aufgrund einer übermächtigen Realität und/oder eines übermächtigen Über-ICHs abgewehrt werden mussten.
- wenn diese Anforderungen, da verdrängt und damit unbewusst sind, von einem schwachen ICH auch weiterhin nicht mit der Realität und dem Über-ICH in Einklang gebracht werden können.
- wenn die damit nur scheinbar abgeführte Triebenergie – weil ins Unbewusstsein verschoben – sich über bewusste dysfunktionale Erlebens- und Verhaltensweisen, die stellvertretend für die ursprüngliche Bedürfnisbefriedigung sorgen sollen, Abfuhr sucht.

Therapiekonzept: Das Therapiekonzept nach FREUD verfolgt den Dreischritt *Erinnern, Wiederholen* und *Durcharbeiten*.

- Durch die ersten beiden Schritte Erinnern und Wiederholen soll Verdrängtes über das bewusste Erleben und Verhalten des Klienten aufgedeckt werden. Vom Therapeuten genutzte Methoden sind dabei das freie Assoziieren und die Übertragung und Gegenübertragung.
- Im dritten Schritt soll nun das erinnerte und wiederholte Material zu einem Gesamtbild des infantilen Konflikts zusammengeführt werden. Dazu werden über die Deutung die „latenten" bzw. bis dahin weiterhin unbewussten Bedeutungen des bis dahin aufgedeckten Materials ergründet.
- Erst wenn der infantile Konflikt durch die Deutung in all seinen Bestandteilen und Verbindungen aufgedeckt und für den Klienten verständlich gemacht wurde, kann dieser den Konflikt im Nachhinein lösen und damit die psychische Störung geheilt werden.

8 Richtungen der Psychologie: Lerntheoretische Ansätze

8.1 Einführung

Menschen sind lernende Wesen. Dazu ein kleines Gedankenexperiment: Stellen Sie sich vor, Sie wären nicht in der Lage, aus Ihren Erfahrungen zu lernen. Wenn Sie beispielsweise auf eine heiße Herdplatte fassen würden, wäre das ohne Folgen bezogen auf Ihr Wissen. Das würde letztlich dazu führen, dass Sie immer wieder auf eine Herdplatte fassen würden.

Die Fähigkeit zum Lernen stellt eine zentrale Voraussetzung dafür dar, sich den Gegebenheiten der Umwelt und des Lebens anzupassen. Nur so kann es gelingen, sich auf neue Bedingungen einzustellen und Wissen sowie Fertigkeiten zu erwerben, um sich sinnvoll darin bewegen und sie gegebenenfalls im eigenen Interesse verändern zu können.

> Die Fähigkeit zum Lernen ist für den Menschen überlebenswichtig.

Lernen war schon immer Thema der philosophischen und wissenschaftlichen Auseinandersetzung mit dem Menschen. Vor allem seit Entstehen einer eigenständigen Wissenschaft – der Psychologie – im 19. Jahrhundert wurde immer genauer erforscht, was Lernen ist und vor allem, nach welchen Prinzipien und Gesetzmäßigkeiten es geschieht.

In der zweiten Hälfte des 20. Jahrhunderts kam es in der wissenschaftlichen Psychologie zu einer Entwicklung, die darüber hinausgehend das Lernen zum Leitthema der psychologischen Forschung gemacht hat. Das führte unter Anderem zur Entstehung einer eigenständigen Richtung der Psychologie: den Lerntheorien oder lerntheoretischen Ansätzen.

Oft wird Lernen mit dem Wissenserwerb in der Schule gleichgesetzt. Doch anders als die Schulpädagogik, die insbesondere das Lernen von Kindern und Jugendlichen im Unterricht ins Auge nimmt, hat die Psychologie ein breiteres Verständnis von dem, was Lernen bedeutet.

Zur Veranschaulichung dazu einige typische Beispiele:

- Eine Jugendliche schreit jedes Mal panisch auf, wenn sie eine Spinne sieht. Dabei ist ihr klar, dass die in Deutschland lebenden Spinnenarten harmlos sind. Dennoch kann sie sich gegen ihre Ängste nicht wehren. Als Kind machten Begegnungen mit Spinnen ihr nichts aus.

- Eine Klasse fragt immer wieder ihren Lehrer, ob er eine Pause im Unterricht machen kann. Der fragt sich, warum die Schüler gerade bei ihm um eine Unterbrechung bitten, lässt sich aber jedes Mal von neuem breitschlagen. Letztlich fragen die Schüler regelmäßig, ob es eine zusätzliche Pause geben könne.
- Eine dritte Situation: Wenn man das erste Mal auf einem offiziellen Empfang ist, fühlt man sich in aller Regel unsicher. Eine bewährte Strategie, diese Unsicherheit zu überwinden, besteht dann darin, genau zu beobachten, wie sich die anderen verhalten und sich dann an diesen „Modellen" zu orientieren.

Bei allen drei Beispielen geht es um Lernprozesse. **Lernen** wird dabei aus Sicht der Psychologie allgemein als ein Prozess verstanden, bei dem es auf der Grundlage von **Erfahrungen** zu stabilen Veränderungen des Verhaltens und Erlebens kommt – manchmal zum Guten und manchmal leider auch nicht zum Guten. Die Psychologie untersucht solche Lernprozesse, ohne sie zu beurteilen oder zu bewerten. Sie möchte erklären, wie diese Verhaltensänderungen zustande kommen und welchen Gesetzmäßigkeiten diesen Vorgän-

Erfahrung
ein sich im Menschen niederschlagendes Erlebnis oder Ereignis (Reiz), das zu einer Veränderung der inneren Repräsentationen der Wirklichkeit führt.

gen zugrunde liegen. Moralische Urteile bleiben dabei außen vor. So werden Lernprozesse bezogen auf den Erwerb prosozialen Verhaltens in gleicher Weise erforscht wie der zunehmende Drogenkonsum oder die Entstehung gewalttätiger Aggressivität.

Die **Psychologie definiert Lernen** als dauerhafte Veränderung des Verhaltens und Erlebens auf der Grundlage von Erfahrungen.

Erleben
von außen nicht beobachtbare Vorgänge im Menschen wie z. B. Denken, Gefühle

Reiz
Eindruck, der Sinnesorgane wie das Auge oder die inneren Wahrnehmungsorgane erregt

Verhalten
auf Lebewesen bzw. Menschen bezogen jede Form der Lebensäußerung, die von außen beobachtbar ist

AUFGABEN

1. Überlegen Sie, welche Verhaltensveränderungen sich in *Ihrem* Leben auf der Grundlage neuer Erfahrungen ergeben haben.
2. Beschreiben und analysieren Sie diese Lernvorgänge:
   Wie sind sie entstanden? Welche Faktoren haben sie begünstigt?

Die Psychologie nimmt sich des Themas Lernen dabei unter **verschiedenen Perspektiven** an. So stehen beispielsweise in der *pädagogischen Psychologie* Fragestellungen und Zusammenhänge der Beschreibung und Erklärung psychologischer Komponenten von Erziehungs-, Unterrichts- und Sozialisationsprozessen im Vordergrund. In der *Entwicklungspsychologie* geht es eher um die für den Lebenslauf von Menschen relevanten Lernvorgänge, die deren Persönlichkeitsentwicklung prägen und mitbestimmen. Die *allgemeine Psychologie* untersucht allgemeine Prinzipien des Lernens.

*„Der **Behaviorismus** hinterließ ein bedeutsames Erbe in der Praxis. Seine Betonung der Notwendigkeit genauen Experimentierens und sorgfältig definierter Variablen beeinflussen die meisten Bereiche der Psychologie." (Zimbardo, 2008, S. 12)*

Einen besonderen Stellenwert hat das Thema „Lernen" in der Psychologie erhalten, als zu Beginn des letzten Jahrhunderts mit dem **Behaviorismus** eine Richtung entstand, die ab den 50er-Jahren zur vorherrschenden Lehrmeinung wurde. Danach stehen das Lernen und die Erforschung seiner Prinzipien im Mittelpunkt psychologischer Forschung und alles Nachdenken über das menschliche Verhalten wurde in diesen Zusammenhang eingeordnet.

So wird zum Beispiel untersucht, aufgrund welcher Reize aus der Umwelt ein Mädchen Angstverhalten bei der Begegnung mit harmlosen Spinnen erwirbt. Welche Erfahrungen führen dazu und welche Gesetzmäßigkeiten liegen dem zugrunde? Oder welche Prinzipien führen dazu, dass ein Reiz wie die Nachfrage der Schüler das Verhalten des Lehrers beeinflusst und ihn veranlasst, regelmäßig eine zusätzliche Pause zuzulassen.

Damit wird eine Perspektive auf den Menschen vorherrschend, die sich beispielsweise nicht um dessen innere Motive wie unbewusste Konflikte, Triebe oder Funktionen des Ichs wie in der Psychoanalyse kümmerte. Auch die Betrachtung anderer innerer Vorgänge und Zustände wie Gedanken und Emotionen wurden als Ursachen menschlichen Verhaltens im klassischen Behaviorismus außen vor gelassen. Allein das Regelhafte von Reiz-Reaktionsketten als Erklärung von Verhaltensänderungen oder Verhaltensstabilisierung wird untersucht.

Diese Richtung der Psychologie wird daher als Behaviorismus (von behavior = Verhalten) bezeichnet, weil hierbei allein das **Verhalten** und seine Veränderungen betrachtet werden.

Introspektion (Selbstwahrnehmung) und Einfühlung helfen danach wenig, um etwas über die Ursachen menschlichen Verhaltens herauszufinden. Folgerichtig untersucht der Behaviorismus diese Zusammenhänge mit streng **wissenschaftlich-empirischen Methoden**, vor allem mit Experimenten unter stark kontrollierten Bedingungen. Er will vor allem die Gesetzmäßigkeiten des Zustandekommens von Verhalten durch Erfahrungen, d. h. durch Umweltimpulse, empirisch untersuchen. Das war bis dahin innerhalb der wissenschaftlichen Psychologie neu und hat sie in ihrer weiteren Entwicklung stark geprägt.

Der **Behaviorismus** ist eine psychologische Richtung, die das Verhalten bzw. Verhaltensänderungen von Menschen (und Tieren) mit streng wissenschaftlichen Methoden zu untersuchen und zu erklären versucht.

Allerdings zeigte sich im weiteren Verlauf der psychologischen Forschung in den 60er- und 70er-Jahren, dass es schwierig ist, völlig auf das Einbeziehen innerer Motive bei der Beschreibung und Erklärung menschlichen Verhaltens zu verzichten. Ausgehend vom Behaviorismus entstand daher in den 60ern eine Lerntheorie, die neben den Bedingungen der Umwelt auch die inneren Verarbeitungsprozesse des Lernenden in den Blick nahm. Die **sozial-kognitive Lerntheorie** erklärt das menschliche Verhalten bzw. wesentliche Bereiche des Verhaltens und seiner Veränderungen zusätzlich mit Rückgriff auf innere Vorgänge wie Denken, Beurteilen, Ziele setzen, Motivation usw., die der Verarbeitung von Reizen aus der Umwelt dienen. Beginnend mit den 60er- und dann vor allem in den 70er-Jahren hat sich die Psychologie damit wieder innerpsychischen Vorgängen zugewendet und diese im Zeichen einer **kognitiven Wende** zur Erklärung von Verhalten herangezogen.

Unter der **kognitiven Wende** versteht man eine Entwicklung in der Psychologie Ende der 60er-Jahre, die die behavioristische Sichtweise ablöst und für die Erklärung von Verhalten den Fokus auf innere Verarbeitungsprozesse legt.

Beide lerntheoretischen Ansätze haben wichtige Beiträge zur Erforschung des menschlichen Verhaltens geleistet, die auch heute noch Gültigkeit haben. Ihre Erkenntnisse haben zudem in der Psychotherapie zu wichtigen Behandlungskonzepten geführt. Deshalb werden im Weiteren die beiden Konzepte des **Behaviorismus** und der **sozial kognitiven Theorie** nacheinander dargestellt. Die theoretischen Ansätze und Erkenntnisse ihrer prominentesten Vertreter stehen im Vordergrund.

*Aufgrund der **kognitiven Wende** hat die Psychologie (wieder) innere kognitive (d. h. geistige Prozesse wie Wahrnehmen, Denken und Beurteilen) Vorgänge in die Erklärung menschlichen Verhaltens einbezogen.*

8.2 Klassische Konditionierung – Lernen durch Signale

8.2.1 Anfänge des Behaviorismus

Die Hinwendung der Psychologie zum Behaviorismus wurde vor allem durch die Arbeiten des amerikanischen Wissenschaftlers John Watson (1878–1958) angestoßen. „Watson behauptete, dass die Introspektion – Selbstberichte über Empfindungen, bildhafte Eindrücke und Gefühle – *kein* akzeptables Mittel zur Untersuchung von Verhalten sei, da sie zu subjektiv ist. [...] Was soll dann der Gegenstand der Psychologie sein? Die Antwort von Watson lautete *beobachtbares Verhalten*" (Zimbardo, 2008, S. 193). Allein ausschlaggebend für ein Verhalten sind die Umweltkräfte, die dieses verursachen (vgl. Pervin, 2005, S. 432 f.). Bestimmte Umweltkräfte treten in Form von Reizen auf, auch Stimuli genannt. Dabei handelt es sich um Wirkungseffekte, die vom Menschen wahrgenommen werden und zu einer Verhaltensreaktion führen. Wird ein Verhaltensmuster regelmäßig nach dem Auftreten des Reizes gezeigt, liegt ein Lernvorgang vor, der auch als **Konditionierung** beschrieben wird. Forschungsgegenstand der Psychologie wurden damit die Gesetzmäßigkeiten, die diesen Reiz-Reaktions-Zusammenhang bestimmen.

Konditionierung meint einen Vorgang, bei dem eine bestimmte (Verhaltens-)Reaktion aufgrund eines bestimmten Reizes herbeigeführt oder/und stabilisiert wird. Das Verhalten kommt aufgrund bestimmter Bedingungen (Bedingung = lat. conditio) zustande.

Wegweisend für die weitere Erforschung solcher Konditionierungsvorgänge waren die Experimente des russischen Wissenschaftlers Iwan Pawlow (1849–1936).

Iwan Pawlow

Um dessen Entdeckung besser verstehen können, soll hier noch einmal das Beispiel der erlernten Spinnenangst aufgenommen werden.

Viele Menschen haben Angst vor Spinnen. Je größer sie sind, desto mehr versetzen sie die Betroffenen in Panik. Die Angst scheint tief in den Knochen zu stecken und quasi automatisch zuzuschlagen. Die betroffenen Personen können sich ihr Zustandekommen häufig nicht erklären. Verwundernd ist dabei, dass kleinere Kinder anscheinend keine Angst vor Spinnen haben. Damit entfällt die Theorie, diese Ängste seien angeboren bzw. evolutionär bedingt. Insofern bleibt eine mögliche Erklärung, dass es sich um einen Lernprozess bzw. einen Konditionierungsvorgang handelt.

Die Vermutung liegt nahe, dass der Anblick einer erst einmal neutral wirkenden Spinne mit etwas in Verbindung gebracht wird, was angstauslösend wirkt. So könnte ein kleines Kind beispielsweise erlebt haben, wie die

***Pawlow** war ein russischer Wissenschaftlicher, der als Mediziner und Physiologe forschte. Für seine Arbeiten über die Verdauungsdrüsen erhielt er 1904 den Nobelpreis. Bekannt wurde er vor allem für die von ihn erarbeiteten Grundlagen für die Verhaltensforschung, die die Basis für die behavioristischen Lerntheorien darstellen.*

Physiologischer Reflex
unwillkürliche, d. h. willentlich nicht beeinflussbare körperliche Reaktion des Nervensystems auf einen Reiz, vgl. z. B. die Reflexe des Neugeborenen, S. 303

Mutter vor Panik aufschrie, als ihr eine Spinne über den Weg lief. Die Panik der Mutter löst natürlich auch Angst im Kind aus.

Eine solche Verbindung oder Kopplung eines an sich harmlosen Reizes mit einem eine Angstreaktion auslösenden Reiz hat PAWLOW – mehr zufällig – entdeckt. Eigentlich wollte er biologische Prozesse der Verdauung bei Hunden untersuchen. Dabei kam er einem Konditionierungsvorgang auf die Spur, dem er mit viel forscherischer Neugier nachging. Damit hat er eine bahnbrechende Entdeckung gemacht, die dem Behaviorismus viel Schubkraft verliehen hat und auch heute noch zu den gesicherten psychologischen Erkenntnissen gehört.

Die Entdeckung des klassischen Konditionierens
Was aber hat er genau entdeckt und wie kam er zu dieser Entdeckung? Eigentlich forschte er ja mit Hunden. Dazu hatte er eine Vorrichtung entwickelt, die es ermöglichte, den Speichelfluss dieser Tiere zu untersuchen.

PAWLOWS Versuchsaufbau

Um den Speichelfluss anzuregen, wurde den Hunden ein Fleischpulver in den Mund geschoben, damit er als **physiologischer Reflex** ausgelöst wird. Die Forscher erlebten nun, dass der Speichelfluss bereits einsetzte, wenn der Mitarbeiter mit dem Fleischpulver auf den Hund zuging. Anscheinend stellte der Hund eine unwillkürliche Verbindung her zwischen dem an sich neutralen Reiz „Mensch" und der Nahrung. Diese **Kopplung** führte dann zur Auslösung des körperlichen Reflexes Speichelabsonderung schon beim Auftauchen eines Menschen. PAWLOW experimentierte weiter und konnte nachweisen, dass diese Kopplung auch mit Tönen und Lichtsignalen funktionierte. Mit all diesen für Hunde an sich neutralen Reizen ließ sich immer wieder zuverlässig der Speichelfluss provozieren, wenn sie zuvor mit dem Fleisch gekoppelt angeboten wurden. Hier hatte also ein Lern- oder Konditionierungsvorgang stattgefunden. Die klassische Konditionierung war entdeckt.

8.2.2 Prinzipien des klassischen Konditionierens

Wie lässt sich dieser Konditionierungsvorgang genau beschreiben? Und welche Faktoren und Bedingungen sind hierbei wesentlich? Dazu sollen im Folgenden die wesentlichen Prinzipien erläutert werden. Der eigentliche Vorgang des Konditionierens lässt sich gut mithilfe des folgenden Schemas beschreiben:

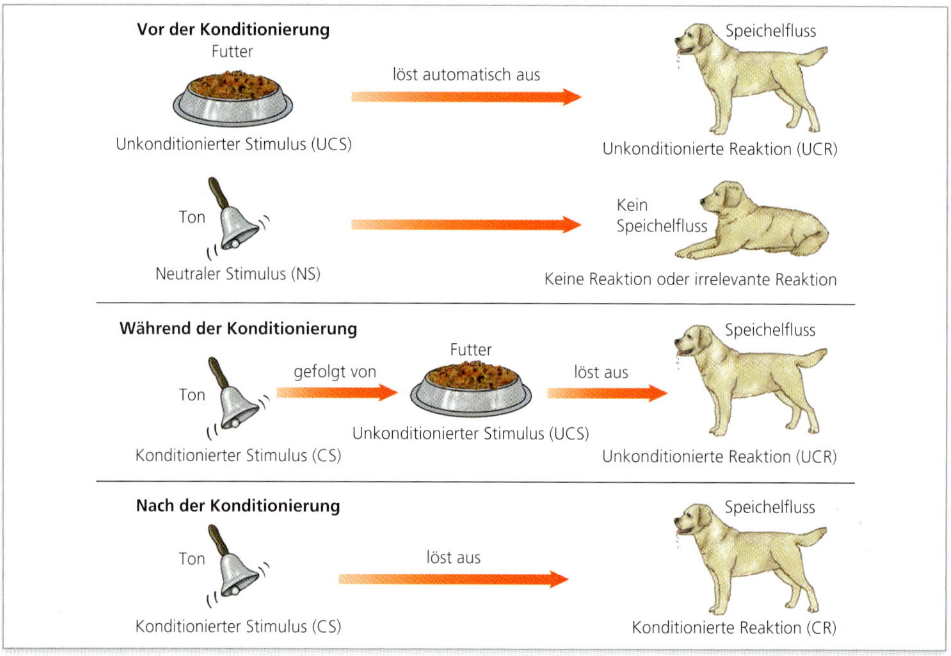

Prinzip des klassischen Konditionierens

Grundlage des klassischen Konditionierens bilden in aller Regel körperliche Reflexe wie Speichelfluss, Pupillenzusammenzieh-Reflex oder der Lidschlagreflex, die in natürlicher Weise durch bestimmte Stimuli oder Reize wie einen Windzug (Lidschlag) oder Nahrungsmittel wie Zitronen (Speichelfluss) ausgelöst werden. Bei Menschen können diese auch quasi reflexhafte emotionale Reaktionen sein. So löst ein Panikverhalten der Mutter reflexhaft Angst bei einem kleinen Kind aus, auch wenn der Auslöser der Panik objektiv harmlos erscheinen mag, wie zum Beispiel eine Maus.

Entscheidend für den Lernvorgang ist es nun, *auf welche Weise* diese reflexhafte Reiz-Reaktions-Kette mit einem bis dahin neutralen Reiz gemeinsam auftritt. PAWLOW und andere Forscher nach ihm haben herausgefunden, dass

1. zum einen die Darbietung des neutralen und des unkonditionierten Reizes zeitlich und räumlich mehrfach zusammenfallen müssen und der neutrale Stimulus dabei einen zuverlässigen Vorhersagewert haben muss. Ansonsten kann der Lernende keine Verbindung zwischen beiden Reizen herstellen;
2. zum anderen der neutrale Reiz möglichst auffällig sein muss und bezogen auf den unkonditionierten Reiz einen Hinweiswert hat (Signalreiz). Ist zum Beispiel ein Schreckgeräusch schon mit einem Glockenton verbunden, bringt ein weiterer neutraler Reiz wie ein Lichtsignal keinen Hinweis mehr – der Konditionierungsvorgang lässt sich nicht darauf ausweiten.

Wenn der Organismus eines Menschen unter diesen Bedingungen mehrfach einen neutralen Reiz (z. B. Glocke) dargeboten bekommt, wird dieser zu einem konditionierten Reiz, der eine konditionierte, d. h. **gelernte** Reaktion (z. B. Speichelfluss) hervorruft.

> Die zeitliche und räumliche Kopplung eines neutralen Reizes mit einem unkonditionierten (unbedingten Auslöser einer unbedingten Reaktion) führt zu einer konditionierten (bedingten) Reaktion.

AUFGABE

Suchen Sie Beispiele für klassische Konditionierungsprozesse aus Ihrem eigenen Leben. Stellen Sie diese mithilfe des oben aufgeführten Schemas des klassischen Konditionierens dar.

8.2.2.1 Löschung, Reizgeneralisierung und Reizdiskriminierung

Was aber geschieht, wenn der konditionierte Reiz danach nicht mehr gemeinsam mit dem unkonditionierten Reiz auftritt?

Dann löst sich der Lernvorgang wieder auf, d. h. die konditionierte Reaktion (z. B. Speichelfluss) tritt immer seltener angesichts des konditionierten Reizes (z. B. Glocke) auf. Man spricht dann von **Löschung**. Allerdings kann der Lernvorgang sehr schnell wieder reaktiviert werden, wenn der konditionierte und der unkonditionierte Reiz wieder gemeinsam dargeboten werden.

Löschung (Extinktion) *tritt auf, wenn der unkonditionierte Reiz nicht mehr gemeinsam mit dem konditionierten Reiz auftritt – der Lernvorgang wird gelöscht.*

Es gibt aber noch weitere Prinzipien, die diesen Lernvorgang kennzeichnen. Wenn ein Kind zum Beispiel von einem großen Hund gebissen wurde und auf diese Weise Angst vor Hunden erworben hat, wird es häufig auch bei etwas kleineren Hunden Angst empfinden. Damit tritt eine **Reizgeneralisierung** ein. Nicht allein der konditionierte Reiz „großer Hund" löst die konditionierte Reaktion „Angst" aus, sondern diese wird ebenfalls bei ähnlichen Reizen ausgelöst, die vorher nicht mit dem unkonditionierten Reiz zugleich aufgetaucht sind.

Reizgeneralisierung *Der Konditionierungsvorgang überträgt sich von den konditionierten Reizen auf ähnliche Reize.*

Es gibt aber auch den gegenteiligen Prozess – die **Reizdiskriminierung**. Während die Reizgeneralisierung dazu führt, dass sich der Bereich der Reize aufgrund von Ähnlichkeiten ausdehnt, geschieht bei der Reizdiskriminierung Folgendes: Wenn ähnliche Reize, zum Beispiel Töne mit ähnlicher Frequenz, auftreten, aber nur eine ganz bestimmte Frequenz mit dem unkonditionierten Reiz gekoppelt wird, wird die konditionierte Reaktion zunächst dennoch auch bei ähnlichen Tönen – allerdings häufig in abgeschwächter Form – erscheinen. Aber mit zunehmender Erfahrung lernt der Betreffende zu unterscheiden. So mag ein Erstklässler Angst vor dem bärtigen Klassenlehrer (Bart = neutraler Reiz) erwor-

Reizdiskriminierung *Der Konditionierungsvorgang tritt immer präziser bei dem konditionierten Reiz und nicht mehr bei ähnlichen Reizen auf.*

ben haben, weil dieser ein lautes und einschüchterndes Auftreten (unkonditionierter Reiz) hat. Wird sich diese Angst zu Anfang auch auf den ebenfalls bärtigen Kollegen mit behutsamer und leiser Ansprache übertragen, so unterscheidet das Kind mit der Zeit zwischen den beiden. Es kommt zur Reizdiskriminierung und die Angst fokussiert sich „nur" noch auf den Klassenlehrer.

„Damit ein Organismus optimal in seiner Umwelt funktioniert, müssen die Prozesse der Generalisierung und der Diskrimination sehr gut ausbalanciert sein" (ZIMBARDO, 2008, S. 200). Wenn beispielsweise ein Signalreiz durch einen Konditionierungsprozess ein Tier vor einem Raubtier warnt – zum Beispiel in Form des Schattens eines Raubvogels –, darf die Reizgeneralisierung nicht dazu führen, dass es bei jedem Schatten flieht. Dies würde zu viel Kraft kosten. Aber trotzdem muss eine gewisse Ähnlichkeit weiterhin als Gefahrsignal verstanden werden, d. h. die Reizdiskrimination darf nicht so weit gehen, dass der nur etwas kleinere Schatten keine bedingte Reaktion mehr auslöst und daher der junge Greifvogel, der einen etwas kleineren Schatten wirft, das Tier dann problemlos erlegen kann.

Löschung, Reizgeneralisierung und Reizdiskriminierung stellen wichtige Prinzipien des klassischen Konditionierens dar.

BEISPIEL

JOHN WATSON und ROSALIE RAYNER haben in einem sehr berühmten Experiment 1920 gezeigt, wie spezifische Ängste konditioniert werden.

Ihre Versuchsperson war ein 11 Monate altes Kind mit Namen Albert. Wie die meisten Kinder hatte „der kleine Albert" Angst vor lauten Geräuschen, aber nicht vor weißen Ratten. WATSON und RAYNER präsentierten dem kleinen Albert eine weiße Ratte und schlugen mit einem Hammer gegen eine Eisenstange direkt hinter seinem Kopf, gerade als er anfangen wollte, die Ratte zu berühren. Nach mehreren Wiederholungen brach Albert schon in Tränen aus, wenn er die Ratte nur sah. Dazu kam, dass Albert fünf Tage später mit Angst auch auf Hasen und Hunde reagierte. Diese Ausweitung auf ähnliche Reize nennt man Generalisierung. Der kleine, elf Monate alte Albert zeigt also ein vorhandenes emotionales Reflexverhalten in einer neuen Situation. Das hat er durch schlechte Erfahrung gelernt. Manchmal ist die Wiederholung der Situation nötig, manchmal ist eine einzige Begegnung ausreichend, weil die Erfahrung sehr intensiv ist. Leider kam WATSON nicht mehr dazu, Alberts Furchtreaktion zu löschen.

AUFGABEN

1. Erklären Sie den Lernprozess beim „kleinen Albert" mit dem Schema des klassischen Konditionierens. Überlegen Sie in Gruppen, wie der „kleine Albert" seine Angst wieder verlernen kann.
2. Nach einer schwierigen Zwillingsgeburt musste der kleinere Zwilling mehrere Wochen im Krankenhaus versorgt werden. Die Krankenschwestern, die weiße Hauben trugen, kümmerten sich liebevoll um den Säugling. Zu Hause verweigerte das Baby das Fläschchen. Die Eltern bemühten sich vergebens, bis die Großmutter auf die Idee kam, sich eine weiße Haube auf den Kopf zu setzen. Dies wirkte Wunder. Was ist hier geschehen? Erklären Sie dieses Beispiel in der Sprache des klassischen Konditionierens.

8.2.2.2 Konditionierung zweiter Ordnung

Die psychologische Forschung hat ergeben, dass es Lernprozesse nach dem Muster des klassischen Konditionierens gibt, die auf einer vorhandenen, bereits erworbenen Reiz-Reaktion-Verbindung aufbauen. Dann spricht man von einem **Konditionierungsprozess zweiter Ordnung**.

Beispielsweise wurde ein neutraler Reiz wie ein bestimmter Lehrer mit einem unkonditionierten Reiz wie einem einschüchternden Auftreten und einer lauten Stimme gekoppelt. Damit wird Angst beispielsweise bei einem Grundschulkind zu einer konditionierten Reaktion – ein klassischer Konditionierungsprozess nach PAWLOW. Nun kann Folgendes geschehen: Das Klassenzimmer als neutraler Reiz wird mit dem konditionierten Reiz Lehrer gekoppelt – das Grundschulkind begegnet dem Lehrer ja in aller Regel im Klassenzimmer. Dann kann der neutrale Reiz Klassenzimmer ebenfalls zu einem konditionierten Reiz zweiter Ordnung werden und ebenfalls die konditionierte Reaktion Angst auslösen.

Konditionierung erster Ordnung:			Konditionierung zweiter Ordnung:		
Unkonditionierter Reiz: lautes Sprechen, Brüllen	→	Unkonditionierte Reaktion: Angst	Konditionierter Reiz: Lehrer mit Bart	→	Konditionierte Reaktion: Angst
Neutraler Reiz: Lehrer mit Bart	→	Keine spezifische Reaktion	Neutraler Reiz: Klassenraum	→	Keine spezifische Reaktion
Mehrfache Kopplung neutraler Reiz und unkonditionierter Reiz: lautes Sprechen plus Lehrer mit Bart	→	Angst	Mehrfache Kopplung neutraler Reiz und konditionierter Reiz: Lehrer mit Bart plus Klassenraum	→	Angst
Konditionierter Reiz: Lehrer mit Bart	→	Konditionierte Reaktion: Angst	Konditionierter Reiz zweiter Ordnung: Klassenraum	→	Konditionierte Reaktion zweiter Ordnung: Angst

8.2.3 Anwendungsbeispiele

Die Theorie des klassischen Konditionierens hilft, vor allem emotionale Prozesse und quasi reflexhafte emotionale Reaktionsweisen als Konditionierungsprozesse besser zu verstehen. So lassen sich einerseits Erwerbsprozesse von Ängsten bis hin zu Phobien mithilfe dieser Lerntheorie erklären. Andererseits gibt es viele alltägliche Konditionierungen, die unser Verhalten bestimmen und durch diese unbewussten bzw. wenig bewussten Lernprozesse zustande kommen.

BEISPIEL

Ein klassischer Fall für einen fest verankerten Konditionierungszusammenhang sind die nach dem Zweiten Weltkrieg beobachteten Angstzustände von Kriegsteilnehmern beim Ertönen harmloser Sirenen. Hier ist Folgendes geschehen: Bei diesen Menschen hat das unmittelbare Erleben von fallenden Bomben massive Ängste ausgelöst. Meist ertönten vor dem Einschlagen der ersten Bomben Sirenen mit einem spezifischen an- und abschwellenden Heulton, etwa bei einem Fliegeralarm vor einem Luftangriff auf eine Stadt oder auf ein Kriegsschiff. Viele der Betroffenen empfanden schon nach wenigen Erlebnissen dieser Art bereits beim vorausgehenden Heulton massive Ängste. Das hat sich als Lernprozess so tief eingegraben, dass bei Betroffenen ebenfalls in Friedenszeiten beim Ertönen einer Sirene etwa bei einem Probealarm massive Ängste auslöst werden. Ohne die beschriebene Kopplung würde der Heulton allein keine signifikante Reaktion auslösen. Erst durch die Kombination von Sirenenheulton und dem Fallen von Bomben wird die Reaktion (die Angst) konditioniert.

Das klassische Konditionieren hat eine große Bedeutung in unserem Alltag. So zeigen sich dessen Auswirkungen beispielsweise in einem kleinen Gedankenspiel. Betrachten Sie folgende Situationen etwas genauer und denken Sie darüber einen kleinen Augenblick nach:

- „Glauben Sie, Sie wären bereit, Bonbons zu essen, welche die Form eines Hundehaufens haben?
- Glauben Sie, Sie wären bereit, eine Zuckerlösung zu trinken, wenn der Zucker aus einem Behältnis stammen würde, von dem Sie wissen, dass es fälschlicherweise mit „Gift" beschriftet ist?
- Glauben Sie, Sie wären bereit, Apfelsaft zu trinken, in den eine sterile Kakerlake eingetaucht wurde?" (Zimbardo, 2008, S. 202)

Trotz besseren Wissens werden sich hierbei Reaktionen ergeben wie „Das ist ja ekelig" oder „Das ist gefährlich". Diese sind klassisch konditioniert und bestimmen das sich daraus ergebende Verhalten.

Phobie
Angststörung, bei der ein Objekt oder eine Situation unrealistische Furchtreaktionen auslöst, die zu einer Beeinträchtigung des Lebensalltags führen, z. B. Spinnenphobie, Hundephobie, Prüfungsphobie, Agoraphobie (Angst vor (bestimmten) Plätzen)

Psychotherapie
Behandlungsmethoden psychischer Störungen auf der Grundlage psychologischer Theorien

Es fällt sehr schwer, diese konditionierten Reaktionen durch bewusstes Denken auszuschalten. Diesen Umstand macht sich zum Beispiel die Werbung zunutze. Sie versucht, durch die Kopplung angenehmer Reize wie Musik, anziehende Frauen, schöne Landschaften oder Situationen mit ihren Produkten eine positive emotionale Reaktion zu erzeugen.

Vor allem aber hat sich die Lerntheorie des klassischen Konditionierens bewährt, um das Zustandekommen von Angststörungen bzw. anderer emotionaler Störungen wie der Depression zu erklären. Darauf bauen dann auch bewährte psychotherapeutische Verfahren wie die **systematische Desensibilisierung** oder die **Konfrontationsmethode** auf. Exemplarisch für eine solche Erklärung einer Phobie ist das oben beschriebene Beispiel der Spinnenangst.

Das **klassische Konditionieren** hilft bei der Erklärung vieler Lernprozesse vor allem im emotionalen Verhaltens- und Erlebensbereich (Angst, Ekel, Freude) sowie bei reflexhaft geprägtem Verhalten.

AUFGABE
Analysieren Sie Werbesendungen bezüglich der Anwendung des klassischen Konditionierens.

8.3 Operante Konditionierung – Lernen aus Konsequenzen

8.3.1 Weiterentwicklung der klassischen Konditionierung – der Ansatz von Skinner

Das **klassische Konditionieren** kann sicherlich gut erklären, auf welche Weise beispielsweise starke Ängste vor Spinnen entstehen. Nach den Prinzipien dieser Lerntheorie müssten die Ängste aber verschwinden, wenn die unbedingten Reize „schreiende Mutter" und die bedingten Reize „Spinne" nicht mehr gemeinsam auftreten. Dann müsste eine **Löschung** eintreten. Dies scheint aber nicht der Regelfall zu sein. Vielmehr kommt es bei vielen, häufig weiblichen Personen weiterhin zu Panikanfällen bei Begegnungen mit Spinnen und zu einem ausgeprägten Vermeidungsverhalten, d. h. Keller und Gartenteile, in denen es viele Spinnen gibt, werden beharrlich gemieden. Welche Lernprozesse wirken hier?

An dieser Stelle kommt eine andere Lerntheorie ins Spiel, die ebenfalls weite Verbreitung in der psychologischen Erforschung des Lernens gefunden hat: das **operante Konditionieren**. Diese Lerntheorie betrachtet in erster Linie die Effekte, die ein **Verhalten auf die Umwelt** hat. Je nachdem, wie dieses auf den Urheber des Verhaltens zurückwirkt, ergeben sich Lernprozesse. Dieser Erklärungsansatz stellt insofern die Folgen eines konkreten Verhaltens in den Mittelpunkt. Daher auch die Bezeichnung „operantes Konditionieren". Operant meint Verhalten, das auf die Umwelt wirkt, d. h. in ihr operiert. Sind die Folgen oder Auswirkungen positiv bzw. werden als solches empfunden, tritt das Verhalten in der Folge häufiger auf. Es liegt dann ein Lernprozess vor bzw. ein Verhalten ist konditioniert.

Umwelt
alle Reize außerhalb eines Menschen, wie z. B. andere Menschen und deren Verhalten, Natur, Klima Agoraphobie (Angst vor (bestimmten) Plätzen)

BEISPIEL
Wenn also ein Kind Angst vor Spinnen hat, wird diese allein schon beim Gedanken ausgelöst, in den Keller gehen zu müssen. Der ist nämlich inzwischen ebenfalls zu einem konditionierten Signalreiz geworden (Konditionierung zweiter Ordnung).

Wenn jetzt das Kind den Keller meidet (operantes Verhalten), wird es die Erfahrung machen, dass es seiner Angst entgeht. Es wird dieses Vermeidungsverhalten zukünftig häufiger zeigen (operante Konditionierung), weil Angstreduktion als angenehm empfunden wird.

Vielleicht kommt noch hinzu, dass die Mutter sich in dieser Situation ihrem verängstigten Kind in besonderer Weise zuwendet und es tröstet, was wiederum vom Kind als angenehm empfunden wird. Hinzu kommt, dass aufgrund des Vermeidungsverhaltens die harmlose Begegnung mit Spinnen ausbleibt und die Kopplung von Spinne und ängstigendem Aufschreien der Mutter nicht gelöscht wird.

Schauen wir uns diesen Lernvorgang etwas genauer an. Vor allem ein Forscher hat wichtige Beiträge zu dieser Lerntheorie geliefert und sie zur *maßgeblichen Richtung der Psychologie bis in die 70er-Jahre* des letzten Jahrhunderts hinein gemacht: BURRHUS F. SKINNER.

Er war Verhaltensforscher an der Harvard University in den USA und gehört mit zu den einflussreichsten und berühmtesten Psychologen. „Bei SKINNER war der Behaviorismus nicht nur ein Ansatz zur Lernpsychologie. Er war eine allumfassende Philosophie, die eine umfassende Beschreibung des menschlichen Verhaltens wie auch Techniken zur Verbesserung der menschlichen Erfahrung versprach." (PERVIN, 2005, S. 452)

SKINNER (1904–1990), berühmter amerikanischer Wissenschaftler, der zu den einflussreichsten Psychologen überhaupt zählt. Er forschte an der Harvard University und gilt als prominentester Vertreter des Behaviorismus.

8.3.1.1 Das experimentelle Vorgehen

SKINNER hat in der Tradition des Behaviorismus streng **empirisch** gearbeitet und seine Erkenntnisse vor allem aus Tierexperimenten gewonnen. Auch wenn es das eigentliche Ziel war, menschliches Verhalten besser zu verstehen, sind die untersuchten Zusammenhänge so allgemein, dass sie von Tieren wie Tauben oder Ratten auf Menschen übertragbar erscheinen. Hierbei hat er sich häufig einer nach ihm benannten Versuchsanordnung bedient, der SKINNER-Box.

empirisch
auf Erfahrungen beruhend; empirische Forschung geht von systematisch und gezielt durchgeführten Datenerhebungen aus.

SKINNER-BOX

Eine **SKINNER-BOX**, die manchmal auch als problem box oder puzzle box bezeichnet wird, ist ein äußerst reizarmer Käfig für ein Versuchstier, der meist glatte Wände hat und vollständig leer ist. In ihm kann das Tier unter standardisierten Bedingungen ein neuartiges Verhalten erlernen. Beispielsweise wird sehr häufig mit einem kleinen Hebel (zum Beispiel für Ratten) oder einer kleine Pickscheibe (zum Beispiel für Tauben) gearbeitet. Diese können mit einem Ausgabeschacht für Futter oder mit einer Vorrichtung, die den Käfigboden unter leichten Strom setzt, verbunden sein. Gleichzeitig können Anzahl und die zeitliche Abfolge der Hebeldrücke oder des Pickens auf die Scheibe registriert werden. Nun wird ein hungriges Tier in die Box gesetzt, dem diese Umgebung völlig unbekannt ist. Dann wird abgewartet, was geschieht. Es wird genau registriert, wann das Tier das erste Mal zufällig den Hebel oder die Scheibe betätigt und wie lange es dauert, bis es dies gezielt tut als Reaktion auf die damit erhaltene Futterpille.

8.3.2 Prinzipien der operanten Konditionierung

AUFGABE

Schauen wir einmal genauer, wie dieser Konditionierungsvorgang vor sich geht, welchen Prinzipien er folgt und welche Aspekte und Faktoren dazu in den Blick genommen werden müssen.

Konkrete Lernübung

Im Folgenden beschreibe ich Ihnen einige Alltagssituationen, bei denen Lernprozesse stattfinden:

1. Nach dem Essen hilft ein Kind, den Tisch abzuräumen und wird dafür von der Erzieherin sehr gelobt.
2. Ein Jugendlicher stiehlt im Kaufhaus eine CD ohne erwischt zu werden.
3. Ein Schüler ruft im Unterricht witzige Bemerkungen in die Klasse. Die Klasse lacht.
4. Ein Kindergartenkind weint so lange, bis es neben der Erzieherin sitzen darf.
5. Eine Schülerin kommt in eine neue Klasse und beginnt dort wie gewohnt, den „Ton anzugeben". Die neuen Mitschüler reagieren darauf aber nicht.
6. Ein Schüler versucht ständig durch kleine Störmanöver den Lehrer zu ärgern. Jener bleibt völlig ruhig und ignoriert die Störungen.

In allen Situationen finden Lernprozesse statt.

a) Geben Sie für jede einzelne Situation an, was sich möglicherweise in Zukunft wie verändert.
b) Finden Sie eine allgemeine Regel hinter den verschiedenen Beispielen?
c) Worin liegen die Unterschiede in den Beispielen?

Beim operanten Konditionieren stehen Verhaltensweisen oder -reaktionen im Vordergrund, die nicht direkt durch spezifische Reize ausgelöst werden. Vielmehr wird der Blick auf ein äußeres beobachtbares Verhalten gerichtet, das mit Ereignissen in der Umwelt in Verbindung gebracht werden kann (vgl. PERVIN, 2005, S. 456). Dabei kann es sich um alle möglichen Verhaltensweisen und Aktionen handeln, die auf eine spezifische Weise auf die Umgebung einwirken und eine Konsequenz oder Folge erzeugen.

Beispielsweise weint ein Kind, weil es hingefallen ist. Die Mutter sieht das, was vermutlich nicht ohne Wirkung bleiben wird. Oder in einer anderen Situation fragen Schüler eine Lehrkraft, ob sie eine kurze Pause machen können. Vielleicht hat dabei ein Schüler nur aus einer Laune heraus gefragt. Der Lehrer wird eine Antwort auf die Frage geben.

Über den weiteren Lernvorgang im Hinblick auf diese Verhaltensweisen entscheidet nun, wie das Umfeld – hier die Mutter bzw. der Lehrer – darauf reagiert. Vielleicht läuft die Mutter zu dem Kind hin und tröstet es. Dann wird das Kind zukünftig vermutlich eher zum Weinen neigen, wenn es hinfällt, weil es das zugewandte Trösten der Mutter als angenehm empfindet. Gewährt die Lehrkraft eine Pause, ist die Wahrscheinlichkeit groß, dass diese Frage immer wieder erfolgt. Denn erfahrungsgemäß sind Schüler immer für eine zusätzliche Pause zu haben.

Die Wirkungen eines (zufälligen) Verhaltens auf die Umwelt entscheiden über dessen weitere Auftretenshäufigkeit.

Black Box
innere Vorgänge in der Psyche, die nicht bekannt und erfassbar sind und daher ausgeblendet werden

Dabei beschränken sich die Behavioristen bei der Erklärung dieser Prozesse nur auf Beobachtbares. Alle inneren Zustände wie Wahrnehmungen, Gefühle und Gedanken fassen sie in einer **„Black Box“** zusammen. Was in dieser geschieht, bleibt uninteressant. Untersucht wird nur, dass auf diese Black Box Umweltreize bzw. Stimuli einwirken, und zwar als **Konsequenz** oder Folge eines konkreten Verhaltens. Wenn dieses Verhalten dann künftig unter gleichen Umständen häufiger ausgeführt wird, kann man daraus schließen, dass die Folge „angenehm“ war. Tritt sie seltener auf, war die Konsequenz vermutlich „unangenehm“. Im ersten Fall spricht man von „Verstärkung“, im zweiten Fall in einem wertneutralen Sinne von „Bestrafung“.

AUFGABE

Diskutieren Sie, ob es sinnvoll ist, innerpsychische Vorgänge bei der Erforschung von Lernprozessen auszublenden.

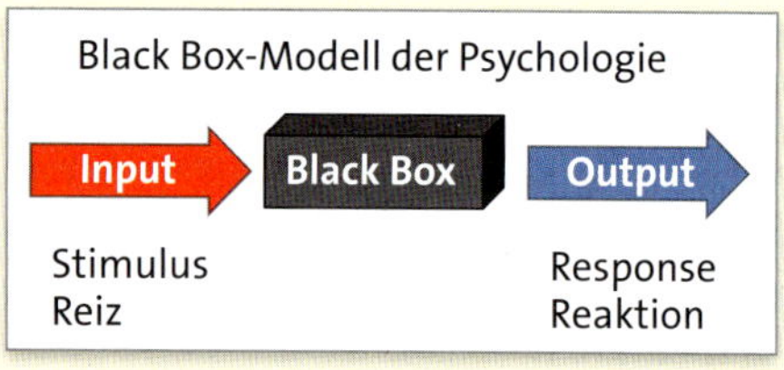

Black Box-Modell der Psychologie

8.3.2.1 Verstärkungslernen

Es gibt also zwei grundsätzlich unterschiedliche Arten von Wirkungseffekten der Umgebung, die das Verhalten verändernd beeinflussen und damit zu einem Lern- oder Konditionierungsprozess führen. Eine Möglichkeit besteht darin, dass es sich um Konsequenzen handelt, die für den jeweiligen Menschen als positiv empfunden werden. Wir sprechen in diesem Fall von **Verstärkung**.

Verstärkung stellt einen Prozess dar, durch den sich die Auftretenswahrscheinlichkeit eines Verhaltens durch eine regelmäßig auf das Verhalten folgende Konsequenz erhöht, die als positiv empfunden wird.

Genau genommen kümmert sich der Behaviorismus gar nicht darum, ob ein Reiz aus der Umgebung als Reaktion auf ein konkretes Verhalten vom Lernenden als „positiv“ empfunden wird. Empfindungen sind ja aus seiner Sicht innere Vorgänge, die in einer Black Box stattfinden und dem wissenschaftlichen Forschen unzugänglich bleiben. Es wird allein empirisch betrachtet, welche Verhaltensweise aufgrund eines zuverlässig folgenden Reizes danach vermehrt auftritt. Allein diese Gesetzmäßigkeit zwischen einem Reiz als Konsequenz und dem zuvor gezeigten Verhalten zählt. Dann liegt ein Verstärkungsprozess im Sinne eines Lernvorgangs vor. Der relevante Reiz bildet dabei den **Verstärker**. Die Gabe oder das Auftreten des Verstärkers wird dabei als Verstärkungsprozess begriffen.

Verstärker sind Reize, die als Konsequenz eines Verhaltens auftreten und dessen Auftretenswahrscheinlichkeit erhöhen.

SKINNER hat diese Zusammenhänge in Tierexperimenten erforscht. Hier ein Bericht über ein typisches Beispiel für ein Experiment:

„Eine Taube soll lernen, ihren Kopf über eine gewisse Höhe zu heben. Beobachten lässt sich das, indem man über den Kopf der Taube hinweg eine Skala an der gegenüberliegenden Käfigwand anvisiert. Zuerst stellen wir die Höhe fest, in der die Taube normalerweise den Kopf hält, dann wählen wir einen Skalenstrich, der nur selten erreicht wird. Indem wir die Skala aufmerksam im Auge behalten, öffnen wir das Futtermagazin sehr rasch, wenn immer der Kopf sich über den besagten Skalenstrich erhebt ... Wir beobachten eine sofortige Veränderung der Häufigkeit, mit der der Kopf sich über den Punkt erhebt."
(KAISER/KAISER, 2001, S. 109)

Gezeigtes Verhalten der Taube	→	Kopf über eine bestimmt Höhe heben
Reiz als Konsequenz der Umgebung auf das Verhalten (durch Versuchsleiter)	→	Futter (Verstärker)
Verstärkungsprozess (Konditionierung)	→	Wiederholtes „Kopft-über-eine-bestimmte-Höhe-heben" der Taube

Nach der behavioristischen Lehrmeinung führt der gleiche Mechanismus wie oben für Tauben beschrieben dazu, dass ein Kind an einer Kasse im Supermarkt quengelt, um eine Süßigkeit zu erhalten, wenn dieses Verhalten einmal erfolgreich war. Dabei handelt es sich um ein typisches Beispiel für einen Verstärkungsprozess.

Schematisch dargestellt bedeutet das:

Gezeigtes Verhalten des Kindes	→	„Quengeln"
Reiz als Konsequenz der Umgebung auf das Verhalten (durch Mutter)	→	Süßigkeit (Verstärker)
Verstärkungsprozess (Konditionierung)	→	Wiederholtes „Quengeln" des Kindes an der Kasse eines Supermarkts

Bezogen auf die Art des Verstärkers unterscheidet man primäre von sekundären Verstärkern. **Primäre Verstärker** hängen mit biologischen Bedürfnissen zusammen wie z. B. Futter oder Nahrung oder auch Zärtlichkeit. **Sekundäre Verstärker** sind meist materielle und soziale Verstärker wie Geld oder soziale Anerkennung (z. B. ausgedrückt durch Lächeln), Lob oder Aufmerksamkeit, die ihre Verstärkungswirkung durch Koppelung mit primären Verstärkern (z. B. durch klassische Konditionierung → zu essen geben + lächeln) erhalten können. Bei Konditionierungsprozessen von Menschen spielen sekundäre bzw. soziale Verstärker häufig eine größere Rolle als primäre Verstärker, da sie in vielen Fällen leichter und unmittelbarer einsetzbar sind. Sie führen ggf. zu primärer Verstärkung oder können gegen eine solche eingetauscht werden (vgl. SCHNOTZ, 2009, S. 41).

AUFGABE

Einige von Ihnen haben vielleicht einen Hund und mit diesem die Hundeschule besucht. Erläutern Sie, wie Hunden ein bestimmtes Verhalten beigebracht wird. Erklären Sie diese Bemühungen mithilfe der dargestellten Prinzipien des operanten Konditionierens.

8.3.2.2 Positive und negative Verstärkung

Grundsätzlich gibt es drei Arten von Reizen als Konsequenz auf ein gezeigtes Verhalten. Entweder ist der Reiz neutral und sein regelmäßiges Auftreten hat keine Auswirkung auf ein vorangehendes Verhalten. Oder aber der Reiz wird als angenehm erlebt bzw. als unangenehm oder aversiv. Vor diesem Hintergrund hat Skinner zwei Formen von Verstärkung unterschieden.

*Reize sind **aversiv**, wenn ein Organismus abwehrend bzw. mit Unlust darauf reagiert, weil er ihn als unangenehm empfindet.*

Von **positiver Verstärkung** wird gesprochen, wenn das Verhalten häufiger auftritt, weil ihm regelmäßig ein angenehmer Reiz folgt. Zum Beispiel ist das der Fall, wenn das Quengeln dazu führt, dass das Kind eine Süßigkeit erhält.

Negative Verstärkung liegt hingegen vor, wenn ein als unangenehm empfundener Reiz nach dem Zeigen eines bestimmten Verhaltens entfernt oder reduziert wird. Wer zum Beispiel eine Tablette nimmt und dadurch zuverlässig einen Kopfschmerz bekämpfen kann, wird dieses Verhalten (Tablette nehmen) wieder zeigen, weil der unangenehme Reiz (Kopfschmerz) reduziert wird.

Positive Verstärkung meint, dass durch eine „Belohnung", d. h. durch einen als angenehm empfundenen Reiz als Konsequenz ein Verhalten häufiger auftritt.

Negative Verstärkung meint dagegen, dass ein Verhalten häufiger auftritt, weil dadurch ein als unangenehm empfundener Reiz reduziert wird.

Häufig wird die negative Verstärkung mit der Bestrafung verwechselt. Der Unterschied besteht darin, dass bei der Bestrafung auf ein Verhalten ein als negativ empfundener Reiz folgt und dazu führt, dass das Verhalten seltener auftritt oder ausbleibt. So stellt ein Schüler das Quatschen im Unterricht zukünftig ein, wenn er eine Strafarbeit dafür bekommen hat. Bei der negativen Verstärkung hingegen führt das Ausbleiben oder die Verringerung eines negativ empfundenen Reizes dazu, dass ein bestimmtes Verhalten vermehrt gezeigt wird.

Arachnophobie
eine psychische Angststörung, bei der massive (phobische) Furcht vor Spinnen auftritt. Sowohl die Wahrnehmung von Spinnen als auch die Befürchtung, auf solche zu treffen, führen zu Einschränkungen im Lebensalltag.

BEISPIEL

Beispiel für eine negative Verstärkung: Ein Schüler der siebten Klasse hat in Mathe häufig schlechte Zensuren und einige Probleme, dem Unterricht zu folgen. Außerdem scheint der Mathelehrer ihn nicht zu mögen. Oft nimmt er ihn dran, ohne dass er sich gemeldet hat. Dann kann er meist keine richtige Antwort geben. Was zu zynischen Bemerkungen des Mathelehrers führt, der dem Schüler ein Nichterreichen der Versetzung und große Probleme im weiteren Leben prognostizieren.

Als der Schüler einmal leichte Bauchschmerzen hat, bleibt er dem Matheunterricht fern. Damit konnte er der sehr unangenehmen Situation im Unterricht entgehen. Daraufhin fehlt er immer wieder im Unterricht.

Gezeigtes Verhalten	→	Fernbleiben vom Unterricht
Reiz als Konsequenz der Umgebung auf das Verhalten	→	Unangenehme Unterrichtssituation bleibt aus
Verstärkungsprozess (Konditionierung)	→	Wiederholtes Fernbleiben vom Unterricht

Es versteht sich von selbst, dass dieser Lernprozess im realen Leben nicht isoliert auftritt, sondern weitere Faktoren, Ereignisse und Bedingungen auf das Verhalten des Schülers einwirken, wie z. B. das Gespräch mit dem Klassenlehrer und ggf. ein Elterngespräch.

Das Prinzip der negativen Verstärkung kann helfen, das Verhalten im Spinnenbeispiel zu Anfang des Kapitels (siehe S. 351) genauer zu erfassen und damit auch zu erklären, warum die Angst vor Spinnen bestehen bleibt, obwohl es kein weiteres Zusammentreffen des konditionierten Reizes (Spinne) und des unkonditionierten Reizes (Panik der Mutter) gibt. Eigentlich müsste dann ja eine Löschung eintreten.

Es gibt zwei Varianten von Lernprozessen, die sich aus dem Bemühen um Verminderung oder Verhinderung eines unangenehmen Reizes (man spricht auch von einem aversiven Stimulus) ergeben können. Einerseits besteht die Möglichkeit, dass es zu einer **Fluchtkonditionierung** kommt. Dabei lernt der Betroffene, dass er mit einem bestimmten Verhalten dem unangenehmen Reiz entkommen kann. „Man lernt, einen Regenschirm zu benutzen, um dem aversiven Stimulus des Nasswerdens zu entkommen." (Zimbardo, 2008, S. 209) Ein solches Fluchtverhalten kann auch darin bestehen, dass jemand mit übermäßiger Angst vor Hunden sofort Reißaus nimmt, wenn er auf der anderen Straßenseite einem kleinen Hund begegnet.

Die andere Variante besteht darin, dass Vermeidungsverhalten gelernt wird und damit eine **Vermeidungskonditionierung** stattfindet. Dabei versucht man, einem unangenehmen Reiz zu entgehen, indem man ihm ausweicht, bevor er eintritt. Nichts anderes liegt vor, wenn das Mädchen aus unserem Beispiel nicht mehr in den Keller geht, um auf diese Weise der Begegnung mit einer Spinne auszuweichen. Jedes Mal, wenn sie aufgefordert wird, etwas aus dem Keller zu holen, wehrt sie sich erfolgreich dagegen. Entsprechend kann sie auf diese Weise dem aversiven Reiz Spinne oder auch der Angst vor Spinnen entgehen, was wiederum als erleichternd empfunden wird. Verstärker ist dann die Wegnahme der ängstigenden Notwendigkeit, in den Keller zu gehen.

Da auf diese Weise aber eine Begegnung mit Spinnen ohne eine Kopplung mit der Panikattacke der Mutter vermieden wird, tritt in diesem Fall vorerst keine schnelle Löschung ein. Hinzu kommt, dass die Vermeidung von Spinnen negativ verstärkt wird.

8.3.2.3 Löschung bei der operanten Konditionierung

Für jeden Verstärkungsprozess gilt, dass er beim Ausbleiben des positiven Effekts wieder gelöscht wird. Hat sich die Tabletteneinnahme beispielsweise mehrfach als folgenlos erwiesen, wird sie zukünftig vermutlich unterbleiben. Genauso müsste das Quengeln des Kindes nachlassen, wenn es keine Verstärkung mehr durch Süßigkeiten erhält. Das tritt allerdings meist erst nach einer Phase vermehrter Verhaltensbemühungen ein. Das Kind würde also erst einmal durch größere Anstrengungen versuchen, durch mehr Quengeln, die als Belohnung empfundene Folge des bisher erfolgreichen Tuns zu erhalten – eine Erfahrung, die viele Eltern sicherlich bestätigen können. Grundsätzlich aber gilt: Der Vorgang der **Löschung** tritt ein, wenn ein Verhalten keine vorhersagbaren Folgen mehr hat.

Löschung: Folgt auf ein Verhalten kein Verstärker, wird es zukünftig immer seltener gezeigt bzw. unterbleibt vollständig.

Der Vorgang der Löschung ist vor allem dann von großer Bedeutung, wenn es um den Abbau unerwünschter Verhaltensweisen geht. Das Quengeln des Kindes an der Kasse ist sicherlich unerwünscht. Das pädagogische Handeln muss sich daher daran ausrichten, den dahinterstehenden Konditionierungsvorgang rückgängig zu machen – also keine Verstärkung mehr durch Nachgeben, sondern Durchhalten und auf die baldige Löschung hoffen.

8.3.2.4 Verstärkungspläne

Will man bewusst erwünschte Verhaltensweisen mithilfe des Verstärkungslernens herbeiführen – etwa im Rahmen der Dressur eines Hundes oder in einem pädagogischen Kontext – dann lassen sich grundsätzlich zwei zeitlich organisierte Vorgehensweisen unterscheiden (vgl. SCHNOTZ, 2009, S. 41 f.).

1. Zum einen gibt es die **kontinuierliche Verstärkung**, bei der nach **jedem** Auftreten des erwünschten Verhaltens eine Verstärkung vorgenommen wird. Beispielsweise gibt es jedes Mal für den Hund ein Leckerli, wenn er auf Anweisung die Pfote hebt.
2. Zum anderen unterscheidet man davon die **intermittierende** (unterbrochene) **Verstärkung**, die darin besteht, nur **manchmal** das erwünschte Verhalten zu verstärken. So erhält der zehnjährige Sohn nicht jedes Mal ein Eis, wenn er von selbst sein Zimmer aufräumt, sondern jedes dritte oder vierte Mal.

Untersuchungen haben gezeigt, dass eine kontinuierliche Verstärkung schneller zum Aufbau einer Verhaltensweise führt, intermittierende hingegen zu einem stabileren Lernprozess. Günstig erscheint es daher, in pädagogischen Zusammenhängen anfangs jedem Auftreten eines erwünschten Verhaltens eine positive Konsequenz folgen zu lassen, um dann anschließend nur noch manchmal zu verstärken.

AUFGABEN

Sammeln Sie Beispiele für Verstärkungsprozesse aus Ihrem eigenen Leben. Erklären Sie diese unter Zuhilfenahme der Fachbegriffe des operanten Konditionierens.

Entwickeln Sie einen Verstärkungsplan für den Lernprozess eines Haustiers, z. B. für einen Hund, dem Sie ein bestimmtes Verhalten beibringen wollen.

Bestrafung
ist ein wichtiges Thema in der Pädagogik. Dort wird sie als Erziehungsmittel kontrovers diskutiert. Hierbei spielen pädagogische Überzeugungen und Wertvorstellungen eine zentrale Rolle (siehe Kap. 10: Bildungs- und Erziehungsprozesse). In der Psychologie wird hingegen unter objektiv wissenschaftlicher Perspektive untersucht, welche psychischen Gesetzmäßigkeiten bezogen auf Verhalten angesichts von Bestrafung gelten.

8.3.2.5 Bestrafung

Der Kern des Verstärkungslernens ist, dass einem Verhalten eine positive Konsequenz folgt. Ein anderer Wirkungseffekt der Umgebung besteht darin, dass ein bestimmtes Verhalten zu etwas Unangenehmem als Reaktion führt. Dann sprechen wir von **Bestrafung**. Das führt in aller Regel dazu, dass das Verhalten seltener auftritt oder gar nicht mehr gezeigt wird. Wenn zum Beispiel zu Hause das Lügen eine Strafe nach sich zieht wie Hausarrest, wird das Verhalten seltener gezeigt, zumindest seltener offen.

Dabei lassen sich zwei Formen der Bestrafung unterscheiden. Eine erste Art der Bestrafung besteht darin, dass auf ein Verhalten eine unangenehme Konsequenz in Form eines unangenehmen Reizes folgt. Dies könnte ein Stubenarrest oder eine strenge Ermahnung sein. Die andere Form beinhaltet, dass ein positiver bzw. angenehmer Reiz entfernt wird. Klassisch ist das Fernsehverbot bei nicht aufgeräumtem Zimmer. Behavioristen sprechen diesbezüglich auch von Bestrafung erster und zweiter Ordnung.

Bestrafung bedeutet im Rahmen des operanten Konditionierens die Vermittlung eines unangenehmen bzw. die Wegnahme eines angenehmen Reizes mit der Konsequenz, dass das vorweg gezeigte Verhalten seltener oder gar nicht mehr gezeigt wird.

Allerdings zeigen die Experimente und Forschungen zum operanten Konditionieren, dass dieser Weg der Verhaltensbeeinflussung weniger Erfolg versprechend ist. „Der Effekt der Bestrafung ist jedoch nur von kurzer Dauer und es hat sich herausgestellt, dass er für das Auslöschen von Verhalten wenig Wert hat. Aus diesem Grund hat Skinner die Anwendung von positiver Verstärkung bei der Verhaltensformung sehr betont." (Pervin, 2005, S. 458)

Bestrafung eignet sich aus Sicht des operanten Konditionierens nicht bzw. wenig zur Unterstützung absichtsvoller Lernprozesse.

AUFGABE
Beschreiben Sie Ihre Erfahrungen mit Strafen. Analysieren Sie mögliche Auswirkungen von Bestrafungen. Diskutieren Sie auf der Grundlage des operanten Konditionierens den Sinn von Strafen in der Erziehung.

8.3.3 Anwendungsbeispiele

Die Lerntheorie des operanten Konditionierens bzw. des Verstärkungslernens hat das psychologische Wissen über Lernvorgänge sowie über das menschliche Verhalten insgesamt weit vorangebracht. Ihre Bedeutung innerhalb und außerhalb der Psychologie lässt sich daher kaum überschätzen. Vor allem den umfangreichen Experimenten und wissenschaftlichen Untersuchungen dieser Forschungsrichtung ist es zu verdanken, dass die gewonnenen psychologischen Erkenntnisse auf einer soliden empirischen Basis stehen. So gilt nach Pervin u.a. bezogen auf diese Lerntheorie: „Die Forschung über Lernprozesse hat einige der unverwüstlichsten und zuverlässigsten Erkenntnisse in der Geschichte der experimentellen Psychologie hervorgebracht." (Pervin, 2005, S. 436)

Forschungen auf der Grundlage der operanten Konditionierung haben zu den zuverlässigsten Erkenntnissen der Psychologie geführt.

Sowohl kleinste Verhaltensveränderungen als auch komplexe Vorgänge der Persönlichkeitsentwicklung scheinen mithilfe einfacher Verstärkungsvorgänge erfassbar zu sein. Umfassende Verhaltensmuster wie zum Beispiel das richtige Verhalten in einem Restaurant werden nach den Vorstellungen der Behavioristen durch eine lange Kette von Verstärkungsvorgängen erworben. Dabei handelt es sich quasi um einen Vorgang von Versuch und Irrtum, bei dem sich das richtige bzw. angemessene Verhalten dadurch herausschält, dass es schrittweise durch positive Konsequenzen verstärkt wird.

Lächelt beispielsweise der Ober oder gibt es ein Lob der Eltern, fungiert dies als positiver Verstärker für die richtige Verhaltensvariante bei einem Vorgang wie dem Aufgeben einer Bestellung. Lässt sich durch ein Verhalten ein unangenehmer Reiz wie der zweifelnde Blick des Vaters vermeiden oder abstellen, liegt ein Vorgang der negativen Verstärkung vor.

Vor diesem Hintergrund interpretiert das operante Konditionieren auch die Persönlichkeitsentwicklung als einen sehr umfassenden und komplexen Verstärkungsprozess. Allerdings standen in der Blüte dieser psychologischen Forschungsrichtung Untersuchungen konkreter Konditionierungsvorgänge deutlich mehr im Fokus als allgemeine Überlegungen zur Persönlichkeitstheorie und -psychologie. Daher blieben übergreifende Arbeiten zur Persönlichkeitsentwicklung im Behaviorismus eher aus.

Auf der Grundlage der Gesetzmäßigkeiten des operanten Konditionierens lassen sich aber Lernprozesse bzw. Verhaltensveränderungen nicht nur beschreiben und erklären, sondern ebenfalls aktiv beeinflussen. Unter anderem hat das operante Konditionieren in der Psychotherapie zu wichtigen Fortschritten geführt. Diese Lerntheorie hat Eingang in die vielfältigen Ansätze der **Verhaltenstherapie** gefunden (siehe S. 379 ff.).

An dieser Stelle werden beispielhaft nur zwei weitere ausgewählte Anwendungszusammenhänge aufgezeigt, um die Bandbreite dieser Richtung der Psychologie anzudeuten:

1. der programmierte Unterricht im Bereich der Schulpädagogik,
2. der Umgang mit Verhaltens- und Disziplinproblemen in allgemein pädagogischen Zusammenhängen.

8.3.3.1 Der programmierte Unterricht

Der programmierte Unterricht ist gekennzeichnet durch das Annähern an ein Lernziel in vielen kleinen Schritten. Die Lernbereitschaft und die Festigung des richtigen Verhaltens wie z. B. das Vorgehen beim Lösen von Matheaufgaben werden durch sofortige Verstärkung erhöht. Hierdurch kann das Lernen individuell besser auf den einzelnen Schüler angepasst werden, das heißt auf seine persönliche Lernzeit, seinen Wissensstand, Fähigkeiten und Voraussetzungen.

„Allerdings ist der programmierte Unterricht entgegen den enthusiastischen Beteuerungen seiner Vertreter nicht auf allen Lerngebieten gleich vorteilhaft." (KAISER/KAISER, 2001, S. 112) Vor allem das problemlösende und vernetzte sowie argumentierende und beurteilende Denken und Handeln wird durch diese Lernform nicht genügend unterstützt. Der programmierte Unterricht ist aus dem Bereich der Schule inzwischen weitgehend verschwunden und wurde auch niemals umfassend umgesetzt.

8.3.3.2 Verhaltens- und Disziplinprobleme

Erkenntnisse des operanten Konditionierens finden häufig in pädagogischen Kontexten Anwendung. Zum Beispiel wenn es darum geht, bei einem Kindergartenkind ein stark unsoziales Verhalten wie das Schreien oder Schlagen in Konfliktsituationen zu verändern. Hier wird in einem ersten Schritt genau beobachtet und analysiert, wie sich das Kind in konkreten Situationen verhält. Dann werden ggf. vorliegende Verstärkungen unerwünschter Verhaltensweisen identifiziert, die es zu löschen gilt. So kann das Kind durch sein Schreien und Schlagen die Aufmerksamkeit der Erzieherin auf sich ziehen, die sich als Reaktion intensiv mit dem Kind befasst. Parallel lassen sich erwünschte Verhaltensweisen verstärken. Löst das Kind beispielsweise einen Interessenkonflikt bezogen auf ein Spielzeug friedlich durch Miteinanderreden, wendet sich die Erzieherin dem Kind zu, lobt es und zeigt damit Zuwendung und Aufmerksamkeit.

Auch in der Schule wird dieses Vorgehen praktiziert. „Wenn Schüler beispielsweise Disziplinprobleme zeigen und im Unterricht kaum mitarbeiten, so kann zunächst das gewünschte Verhalten genauer beschrieben werden, dabei wird dieses in einzelne Komponenten zerlegt. Als Komponenten des gewünschten Verhaltens können identifiziert werden: rechtzeitig in die Klasse kommen, am Unterricht aktiv teilnehmen, Hausaufgaben machen, einander beim Lernen unterstützen und bei den Klassenarbeiten gut abschneiden. Die Schüler erhalten dann für jedes entsprechende Verhalten Tokens [Wertmarken], die sie gegen interessantes Spielzeug, attraktive Tätigkeiten und Ähnliches eintauschen können." (SCHNOTZ, 2009, S. 43)

Es hat sich gezeigt, dass auf dem Verstärkungslernen beruhende Vorgehen v. a. im Grundschulalter die relative Häufigkeit des erwünschten Verhaltens in überschaubarer Zeit erhöhen.

*Die **Persönlichkeitspsychologie**/differenzielle Psychologie ergründet die Individualität des Menschen. Was unterscheidet mich von anderen? Was macht meine Persönlichkeit bzw. meinen Charakter aus?*

*Im **programmierten Unterricht** erarbeitet sich der Schüler das Wissen allein auf der Grundlage von Informationen durch Lehrmaterialien. Lern- und Leistungskontrollen werden ebenfalls eigenständig durch den Schüler vorgenommen. Heute werden im Rahmen des E-Learning Ansätze des programmierten Unterrichts realisiert.*

8.3.4 Kritik am Behaviorismus

Obwohl der Behaviorismus zu wichtigen Erkenntnissen in der Psychologie geführt hat, wurden schon früh kritische Einwände gegen diese psychologische Richtung geäußert. Vor allem ihr Anspruch, *umfassende Erklärungen* für menschliches Verhalten und Erleben zu liefern, wird kontrovers gesehen und mit diesem Absolutheitsanspruch nicht geteilt.

Kognitiv
„geistig", das Denken und Wahrnehmen betreffend

Ein weiterer Kritikpunkt bezieht sich auf das Ausblenden kognitiver bzw. mentaler Prozesse im Behaviorismus. Das hatte wohl den Vorteil, dass die Experimente im Rahmen ihrer Forschung unter gut kontrollierbaren Bedingungen stattfinden konnten. Allerdings zeigte sich, dass zum Verständnis menschlichen Verhaltens der Einbezug kognitiver Prozesse unabdingbar ist. Das Handeln eines Menschen hängt von seinen inneren Wahrnehmungs- und Bewertungsprozessen ab. Den Konditionierungstheoretikern wurde daher immer wieder vorgeworfen, dass die Erforschung von Lernprinzipien anhand von Experimenten mit Ratten und Tauben nicht zu Ergebnissen führt, die sich auf Menschen übertragen lassen.

Eng damit zusammen hängt die Kritik, dass sich die behavioristische Forschung aufgrund dessen eher mit einfachen Lernvorgängen befasst hat. Es ging eher um den Erwerb einer relativ überschaubaren einzelnen Verhaltensweise, die durch Verstärkungsprozesse bekräftigt häufiger auftritt. Menschliches Verhalten ist hingegen vielfach komplexer Natur. Man denke allein an den Vorgang „Restaurantbesuch". Es fällt schwer, diesen in einzelne, konkret beobachtbare und erfassbare Verhaltensweisen zu untergliedern und mithilfe der Konditionierungstheorien zu erklären.

Eine eher auf die Anwendung der Forschungsergebnisse des Behaviorismus bezogene Kritik besteht darin, dass Lernen im Zusammenhang der Konditionierungstheorien eher an Manipulation oder Dressur erinnert. Durch das gezielte Setzen von Verstärkern soll Verhalten verändert werden. Das bedeutet Fremdbestimmung, was sich mit dem pädagogischen Ziel der Mündigkeit schlecht vereinbaren lässt. Daher werden die erzieherischen Konsequenzen des Behaviorismus als problematisch angesehen, wenn sie in einer Weise eingesetzt werden, die an Dressur oder Manipulation erinnert. Bezogen auf die operante und klassische Konditionierung ist zu beachten, dass dem Lernenden der Konditionierungsprozess ausführlich erklärt wird, und er sich bewusst dafür oder dagegen entscheiden kann. Dazu gehört auch, dass der Lernende die Lernziele selbst bestimmt.

8.4 Sozial-kognitive Lerntheorie

8.4.1 Einführung: Die sozial-kognitive Lerntheorie als Weiterentwicklung der Konditionierungstheorien

Kommen wir noch einmal auf unseren Fall der Spinnenangst zurück. Bisher wurde auf der Grundlage des *klassischen Konditionierens* erklärt, wie sie zustande kommen könnte. Die Aufrechterhaltung des damit zusammenhängenden Vermeidungsverhaltens lässt sich auf der Basis des *operanten Konditionierens* erläutern.

Jetzt gibt es aber Fälle, in denen eine Person lernt, – trotz großer Angst und Ekel – eine Spinne einzufangen.

Nehmen wir einmal an, die Tochter ruft angsterfüllt ihre Mutter zu Hilfe, weil sie in ihrem Zimmer eine Spinne gesehen hat. Obwohl auch die Mutter sich vor Spinnen fürchtet, greift sie zu einem Glas und einem Stift, um die Spinne zu fangen und nach draußen zu befördern.

Bei dieser Form der Spinnenentfernung sind einerseits komplexe Bewegungsabläufe bei geschickter Nutzung dieser Instrumente und andererseits eine Überwindung der eigenen Ängste erforderlich. Wie können solche Fähigkeiten und Motivationen aber erworben werden? Hier scheint der Rückgriff auf Konditionierungstheorien schwierig. Das klassische Konditionieren erklärt nicht das Zustandekommen komplexer Handlungen, sondern die Entstehung quasi reflexartig auftretender emotionaler Reaktionen. Das operante Konditionieren würde eine langwierige Kette von Versuch und Irrtum, gesteuert durch positive Folgen bzw. Erfolg, erforderlich machen. Auch dies erscheint als Erklärung wenig hilfreich.

Vor allem bliebe im Dunkeln, was in diesem Fall verstärkend wirken könnte – ganz davon abgesehen, dass die inneren Vorgänge der Angstüberwindung in Konditionierungstheorien gänzlich außen vor bleiben.

8.4.1.1 Ausgangspunkt: Konditionierungstheorien

Als wichtiger Ansatz zur Erklärung von solch komplexen Erwerbsprozessen hat sich die **sozial-kognitive Lerntheorie** erwiesen. Sie nahm ihren Ausgangspunkt vom Behaviorismus, hat aber dessen Einschränkungen gesehen. Das Verstärkungslernen bietet einerseits nur wenig Hilfe, Lernprozesse in sozialen Kontexten zu erfassen. „In der Tat findet viel soziales Lernen in Situationen statt, in denen Lernen im Rahmen traditioneller Konditionierungstheorien nicht vorhergesagt werden würde, da die Lernenden weder eine aktive [Verhaltens-]Reaktion gezeigt noch einen greifbaren Verstärker erhalten haben.“ (ZIMBARDO, 2008, S. 225) Andererseits lässt sie innere kognitive Prozesse wie Wahrnehmungen, Vergleichen, Bewerten außer Acht, obwohl sie für die Erklärung von Verhalten wichtig erscheinen.

Wie aber lernt jemand eine solch komplexe und auch die inneren Empfindungen mitbetreffende Verhaltensweise wie eine Spinne mit Glas und Stift zu fangen und mutig vor die Tür zu bringen? Hier übernehmen Verhaltensvorbilder bzw. -modelle eine wichtige Rolle – sowohl beim Kompetenzerwerb als auch bei der Überwindung der eigenen Angstbarrieren. Wenn ein Mädchen sieht, wie sich die Mutter aufrafft und eine Spinne trotz ihres Ekels auf die beschriebene Weise einfängt, kann dies zur Nachahmung führen. Daher wird die hier beschriebene Lerntheorie auch **Nachahmungslernen, Modelllernen** oder **Beobachtungslernen** genannt.

> Modelle spielen eine wesentliche Rolle beim Erwerb komplexer Verhaltensmuster in sozialen Kontexten.

8.4.1.2 Die soziale und die kognitive Dimension

Fruchtbar wurde hierbei vor allem, dass die sozial-kognitive Lerntheorie die kognitive Dimension bei Lernprozessen wieder in den Blick genommen hat. Während der Behaviorismus innere Vorgänge wie Motive oder Gedankengänge in eine Black Box packte und als Erklärungsansätze für Konditionierungsvorgänge prinzipiell nicht heranzog, hat das Modelllernen versucht, kognitive Prozesse in seine Theorie mit aufzunehmen.

Vor allem der Name ALBERT BANDURA (*1924) ist mit dieser Lerntheorie verbunden. Er ist kanadischer Abstammung und gehört zu den bedeutendsten Psychologen der Gegenwart. Seit den 50er-Jahren lehrte und forschte er an der Stanford University. Seine Arbeiten bilden die Grundlage für diese wichtige Lerntheorie. BANDURA hat über die Lernpsychologie hinaus auch in der Aggressionsforschung und der Persönlichkeitspsychologie wichtige Akzente gesetzt.

ALBERT BANDURA

An dieser Stelle geht es in erster Linie darum, was die sozial-kognitive Lerntheorie dazu beiträgt, menschliche Lernprozesse besser zu verstehen und zu erklären. Betrachtet man das Beispiel des Spinnenfangens noch einmal genauer, sind zwei Aspekte relevant: Zum einen muss es für eine komplexe Handlung wie das Einfangen einer Spinne ein **menschliches Verhaltensvorbild** geben und damit einen sozialen Kontext. Dieses zeigt eine Verhaltensabfolge, die Erfolg verspricht und ebenso einen Menschen, der seine Abscheu überwindet. Zum anderen hilft es bei der Erklärung des Lernvorgangs, wenn man die gedanklichen Prozesse berücksichtigt. So muss das Verhaltensvorbild innerlich gespeichert werden. Eine Nachahmung hängt zudem davon ab, ob der Lernende sich diese zutraut etc.

Soziale Kontexte
Situationen mit anderen Menschen, mit denen die betreffende Person interagiert, d. h. mit deren Handlungen in Wechselwirkung steht

> Die sozial-kognitive Lerntheorie ist durch „zwei Komponenten gekennzeichnet:
> - Sie bezieht sich auf Lernen, das im *sozialen Kontext* stattfindet (in einer Vis-à-vis-Situation).
> - Sie versteht Lernen wesentlich auch als kognitiven Vorgang, als Gedächtnisleistung und als Fähigkeit, beobachtete Abläufe in symbolischer Form gedanklich zu speichern“ (KAISER/KAISER, 2001, S. 128).

Hier wird der Unterschied zum Behaviorismus deutlich.

1. Der Behaviorismus hat erstens die Umwelt *allein* im Hinblick auf verhaltenskonditionierende Reize betrachtet und hierbei nicht zwischen Menschen und Dingen unterschieden. Nur die Qualität als Verstärker war relevant.

2. Zweitens hatte der Behaviorismus alle Vorgänge in der lernenden Person ausgeblendet. Das Gehirn wurde als Black Box begriffen, in die nicht hineingeschaut wurde. Die sozial-kognitive Lerntheorie unterscheidet hingegen eine Reihe gedanklicher Prozesse bezogen auf ein menschliches Verhaltensvorbild.

AUFGABE

Erörtern Sie in Kleingruppen, an welchen Stellen Sie in Ihrem eigenen Leben Verhaltensweisen durch Nachahmung erworben haben. Diskutieren Sie die Bedeutung anderer Menschen hierbei.

8.4.1.3 Forschungsmethode

Die unterschiedlichen Konzepte und Ansätze der sozial-kognitiven Lerntheorie beruhen – wie auch der Behaviorismus – auf empirischer Forschung. Allerdings hat BANDURA mit seinen Mitarbeitern nicht mit Tierexperimenten gearbeitet. Er bezog sich in seinen vielfältigen und häufig realen, d. h. alltäglichen Lebenssituationen sehr angeglichenen experimentellen Arbeiten ausschließlich auf Humanstudien (vgl. SCHERMER, 2006b, S. 83). Unter anderem ist er durch seine praxisnahe Forschung zur Aggression bekannt geworden. (Das bahnbrechende „Rocky-Experiment" von BANDURA stammt aus den 60er-Jahren und wird w. u. ausführlich dargestellt, s. Exkurs S. 373) Seine Überzeugung war, dass nur in Experimenten mit menschlichen Versuchspersonen sich auch kognitive Prozesse betrachten lassen, wie etwa Erwartungen oder interne Zielsetzungen.

8.4.2 Prinzipien der sozial-kognitiven Lerntheorie

Schauen wir uns den Lernvorgang auf der Grundlage der sozial-kognitiven Lerntheorie jetzt einmal genauer an. BANDURA wollte mit seinem Forschungsansatz keine allumfassende Lerntheorie formulieren, sondern nur den für das menschliche Verhalten besonders relevanten Bereich des Lernens durch Nachahmung bzw. Beobachtung exakter erklären.

intrinsisch
von innen kommend

8.4.2.1 Die Phasen des sozial-kognitiven Lernvorgangs

Will man den Vorgang des Beobachtungslernens erfassen, ist es nach BANDURA wichtig, zwei Prozesse zu unterscheiden: zum einen die **Aneignung** des Verhaltens, d. h. den konkreten Erwerbsprozess einer Fähigkeit oder Kompetenz zu einem bestimmten Verhalten, und zum anderen dessen **Ausführung**, d. h. die konkrete Durchführung oder Nachahmung des Verhaltens.

Die Aneignung der Fähigkeit zu einem bestimmten Verhalten wird stark durch Aspekte des Beobachtungslernens bestimmt. Aufgrund von Beobachtung und gedanklicher Verarbeitung kommt es dazu, dass eine Verhaltensweise zumindest grundsätzlich oder in groben Zügen in das Verhaltensrepertoire übergeht. Ob sie dann auch gezeigt – also ausgeführt – wird, ist eine andere Frage.

So reicht es aus, zwei Jugendliche bei der Begrüßung mit angedeutetem Kuss auf beide Wangen zu beobachten, um diese Verhaltensweise prinzipiell zu beherrschen. Aber ob diese Begrüßungspraxis dann übernommen wird, hängt von einigen anderen Bedingungen ab.

Bezogen auf den Spinnenfall wird die Tochter eine mögliche Variante des Spinnenfangs kennenlernen, wenn sie ihre Mutter beobachtet. Ob sie dieses Verhalten aber einmal ausführen wird, versteht sich allerdings nicht von selbst.

In beiden Phasen – der Aneignung und der Ausführung eines beobachteten Verhaltens – spielen spezifische **kognitive Vorgänge** eine zentrale Rolle. Diese haben die Vertreter der sozial-kognitiven Theorie ebenfalls herausgearbeitet und empirisch überprüft.

Beide Phasen lassen sich noch einmal in unterschiedliche Prozesse untergliedern. „BANDURA bemerkt, dass Beobachtungslernen vier Elemente beinhaltet: Aufmerksamkeitszuwendung, Informationen oder Sinneseindrücke behalten, Verhalten produzieren und motiviert sein, das Verhalten zu wiederholen." (WOOLFOLK, 2008, S. 259)

Daraus lassen sich vier voneinander trennbare Prozesse ableiten, die in allgemein üblicher Weise wie folgt benannt und den Phasen der Aneignung und Ausführung zugeordnet werden:

Phasen und Prozesse nach der sozialkognitiven Lerntheorie (Bandura)

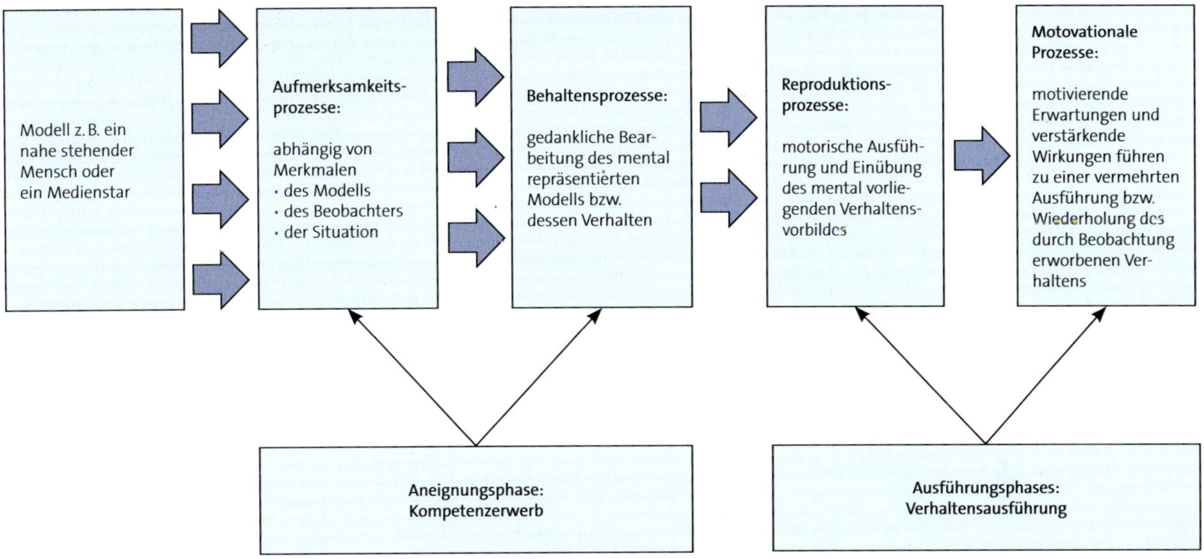

8.4.2.2 Aufmerksamkeitsprozesse

Ausgangspunkt des sozial-kognitiven Lernvorgangs ist die Verhaltensweise eines Menschen, die für den Lernenden Modellcharakter gewinnt. Nun sind wir Menschen ständig von anderen Menschen und deren Verhalten umgeben. Dieses wird aber nur in wenigen Fällen zum Vorbild für das eigene Tun. Ein Großteil der uns umgebenden Handlungsmuster nehmen wir gar nicht wahr oder hat keine Bedeutung für uns.

Beim Beobachtungslernen richtet sich die **Aufmerksamkeit** des Lernenden nun auf eine bestimmte Person, deren Verhalten aus spezifischen Gründen relevant für ihn ist.

„Das Verhalten eines Modells wird dann besonders einflussreich sein, wenn:
- wahrgenommen wird, dass das Verhalten verstärkende Konsequenzen erbringt;
- das Modell als positiv, beliebt und respektiert wahrgenommen wird;
- wahrgenommen wird, dass eine Ähnlichkeit im Hinblick auf Merkmale und Eigenschaften mit dem Modell besteht;
- der Beobachter dafür belohnt wird, seine Aufmerksamkeit auf das Verhalten des Modells zu lenken;
- das Verhalten des Modells gut sichtbar und salient ist – es als klares Bild gegen den Hintergrund konkurrierender Modelle hervorsticht;
- es für den Beobachter im Rahmen seines Möglichen ist, das Verhalten zu imitieren.“ (Zimbardo, 2008, S. 226)

salient
auffällig

So erfüllt die Mutter in unserem Fall „Spinnenangst“ mehrere dieser Merkmale und eignet sich daher als Modell. Sie wird von der Tochter als positiv und erfolgreich angesehen. Zudem wird sie sich mit ihr identifizieren. Und nicht zuletzt ist das modellhafte Verhalten des Einfangens der Spinne deutlich sichtbar. Wenn die Tochter sich dann noch grundsätzlich in der Lage sieht, diese Fangmethode anzuwenden, steht dem Kompetenzerwerb in der Aneignungsphase nichts mehr im Wege.

Dabei zeigen sich vielfältige kognitive Prozesse, die meist unbewusst die Aufmerksamkeit des Lernenden steuern und damit ein konkretes Verhalten zum Modell werden lassen:
- die Aufmerksamkeitssteuerung, die auf geeignete Modelle stoßen lässt,
- die Beurteilung des modellhaften Verhaltens sowie der eigenen Kompetenzen,
- die Einschätzung belohnender oder Erfolg versprechender Aspekte bezogen auf das gezeigte und ggf. nachzuahmende Verhalten.

Vor allem erfolgreiche, attraktive und sozial anerkannte Personen, die über Macht und Ansehen verfügen, fungieren als Verhaltensmodelle für andere Menschen.

AUFGABE

Suchen Sie in Ihrem eigenen Leben nach Vorbildern und Modellen, an denen Sie sich orientiert haben. Vergleichen Sie, ob diese über die im Text aufgezeigten Eigenschaften verfügen.

8.4.2.3 Behaltensprozesse

Um das Verhalten eines Menschen mit Modellcharakter nachahmen zu können, muss dieses Verhalten außerdem in seinen wesentlichen Elementen und Abläufen kognitiv vorhanden sein. Dies erfolgt, indem sich der Beobachtende bei der Beobachtung anderer eine Vorstellung davon macht, wie diese Verhaltensweise ausgeführt wird, d. h., er denkt über das Verhalten des anderen bewusst nach. Anschließend wird diese kognitiv vorhandene Information als Orientierung bzw. Richtlinie für das eigene Handeln herangezogen.

Bandura hat untersucht, wie solche inneren Vorstellungen eines beobachteten Verhaltens zustande kommen und was mit ihnen passiert. Solche kognitiven Repräsentationen des Verhaltens eines Modells werden nicht einfach als Ablauf oder Reaktionsmuster abgebildet. Viel mehr sind damit eine Reihe spezifischer Denkprozesse verbunden. So werden z. B. die Verhaltensweisen gedanklich in bestimmte Situationen eingeordnet oder anhand eigener Maßstäbe und Fertigkeiten verglichen und beurteilt. Dabei werden die gespeicherten Verhaltensmuster durchaus verändert und auf eigene Belange hin angepasst. Auf diese Weise werden allgemeine bzw. grobe Verhaltensmuster erworben, die dann grundsätzlich als mögliche Handlungsweisen zukünftig zur Verfügung stehen.

So kann es in unserem Beispiel sein, dass die Tochter auf der Grundlage der genauen Beobachtung das Vorgehen der Mutter aufnimmt und gedanklich verarbeitet. „Ach, so kann man eine Spinne fangen, ohne in Berührung mit ihr zu kommen.“ Sie spielt das vielleicht in ihrem Kopf durch, hat dabei aber in ihrer Vorstellung zusätzlich Handschuhe an, um sich gegen Berührungen mit der Spinne noch mehr zu schützen. Dennoch greift sie vorerst noch nicht selbst zum Glas, wenn sie eine Spinne in ihrem Zimmer vorfindet. Lieber ruft sie weiterhin ihre Mutter. Aber wenn sie dann später einmal allein wohnt und die Mutter weit weg ist, hat sie eine Vorgehensweise im Kopf, wie sich Spinnen fangen lassen. Auf dieser Grundlage benutzt sie dann unter Umständen selbst das Glas gemäß des mütterlichen Vorbilds, um sich gegen das „achtbeinige kleine Untier“ zu wehren.

Auf diese Weise eignen wir uns als Menschen durch Beobachtungslernen viele Verhaltensmuster an, die uns in vielfältigen Situationen eine Orientierung für das eigene Handeln geben. Man denke nur an Vorgänge wie Einkaufen, eine Rechnung im Restaurant bezahlen, sich auf einem offiziellen Empfang bewegen usw. Die innere Repräsentation des Verhaltensvorbilds hat dabei die Funktion eines Drehbuchs, das vom Lernenden aber noch gedanklich umgeschrieben wird, damit es für die eigene Person passt. So mag ein junger Mann sehen, wie sich sein Vater seiner jüngeren Schwester gegenüber verhält, als sie zu spät nach Hause kommt. Er hat damit ein Verhaltensmodell, an dem er sich später als Vater selbst grob orientieren kann, ändert es aber in Bezug auf seine eigenen Bewertungsmaßstäbe und Einstellungen gedanklich ab – vielleicht wird er weniger streng oder strenger sein.

Zugleich wird durch Beobachtung wahrgenommen, welche Folgen eine Verhaltensweise hat oder wie sehr sie vom Umfeld anerkannt und positiv bewertet wird oder auch nicht. So erlebt der junge Mann, dass seine Schwester beim nächsten Mal pünktlich von ihrem Discobesuch heimkehrt.

„Durch Beobachtungslernen erwerben Kinder und Erwachsene eine große Menge an Informationen über ihre soziale Umwelt. Durch Beobachtung können sie lernen, was angemessen ist und belohnt wird und was bestraft oder ignoriert wird. Weil sie ihr Gedächtnis einsetzen und über externe Ereignisse nachdenken können, sind sie in der Lage, die möglichen Konsequenzen ihrer Handlungen vorauszusehen, ohne diese Konsequenzen wirklich selbst erlebt haben zu müssen. (Zimbardo, 2008, S. 528)

Durch Beobachtung werden vielfältige Orientierungsmuster für das eigene Handeln erworben.

Je häufiger ein Modell beobachtet wird, umso einfacher und besser wird das Verhalten aufgenommen und steht dann im Bedarfsfall zur Verfügung.

Ob die erworbenen Verhaltensmodelle aber auch im Handeln ausgeführt werden, hängt von anderen Bedingungen ab. Hierzu hat Bandura ebenfalls wichtige Erkenntnisse gewonnen.

8.4.2.4 Reproduktionsprozesse

Die spätere Ausführung der beobachteten Verhaltensweisen ist aus zweierlei Perspektive zu betrachten.

Zum einen ist eine Nachahmung häufig davon abhängig, dass ein **kognitiv repräsentiertes Verhalten motorisch erprobt und geübt** wird. So führt das aufmerksame Wahrnehmen des Verhaltensmodells wohl zum Erwerb eines groben inneren Bildes. Aber oftmals sind weitere Lernerfahrungen zur motorischen Umsetzung erforderlich (vgl. Schermer, 2006a, S. 726). Dies ist vor allem bei komplexen und diffizilen Verhaltensweisen unumgänglich. Wer zum Beispiel das erste Mal Basketball spielt, wird durch Spielszenen aus dem Fernsehen wissen, wie das Dribbeln funktioniert und wie ein Wurf auf den Korb aussieht. Allerdings müssen eine Reihe motorischer Teilkomponenten und Bewegungsabläufe eingeübt und trainiert werden, bevor das Basketballspielen einigermaßen vollständig gelingt und der Lernprozess abgeschlossen ist.

Dabei spielt das innere Bild des entsprechenden Bewegungsablaufs weiterhin als Maßstab für die Güte der Verhaltensausführung eine wichtige Rolle. Um dieses zu erreichen, könnte sich der Lernende nochmals ein Lehrvideo anschauen oder der Trainer zeigt ihm noch einmal genau, wie er den Ball dribbeln muss bei gleichzeitigem Laufen und dem Gegner-im-Blick-Behalten. Dabei beurteilt er immer wieder mithilfe seines inneren Bildes des perfekten Bewegungsablaufs, wie weit seine motorischen Reproduktionsprozesse gediehen sind.

Im Beispiel des Basketballspielens handelt es sich um bewusste Lernprozesse, d. h. das Modelllernen beruht auf grundsätzlich bewussten Nachahmungsprozessen. Daneben kann das Nachahmungslernen auch unbewusst verlaufen, also ohne explizit darüber nachzudenken, z. B. wenn ein Zuschauer auf den Zuschauerrängen eines Fußballstadions aufsteht, mitbrüllt und bestimmte Lieder singt, weil die neben ihm stehenden Personen dies tun.

In der Literatur wird seit Langem die Bedeutung der Wahrnehmung für das Lernen betont. „Beim Prozess des Modelllernens versucht das Individuum, bei anderen wahrgenommenes Verhalten bewusst oder unbewusst zu übernehmen. [...] Der ‚sozialen Lerntheorie' zufolge [...] kann ein neues Verhalten durch ‚Sehen' übernommen werden." (Mönks/Knoers,1996, S. 95)

Bezogen auf die Reproduktionsprozesse stellt sich zum anderen die Frage, ob es überhaupt zu einer Ausführung der beobachteten Verhaltensweisen kommt. Dies muss nicht notwendigerweise erfolgen oder kann auch erst längere Zeit nach Erwerb des Verhaltensvorbilds eintreten. Das hängt vor allem von **Prozessen der Motivation** ab, die im nächsten Kapitel erörtert werden. „Damit Beobachtungslernen stattfindet, muss der Beobachtende das Modell aufmerksam beobachten, das beobachtete Verhalten behalten können sowie fähig und motiviert sein, es auszuführen." (Langfeldt, 1996, S. 107)

AUFGABE

Sammeln Sie Beispiele aus Ihrem Erfahrungsbereich für Gedankenprozesse, die sich mit beobachtetem Verhalten befassen und zu einer Nachahmung führen.

8.4.2.5 Motivationale Prozesse

Motivationsprozesse spielen in der sozial-kognitiven Lerntheorie eine wichtige Rolle. Dabei handelt es sich um interne **mentale Prozesse**, die kognitive und emotionale Aspekte umfassen. Damit unterscheidet sich der sozial-kognitive Ansatz grundsätzlich vom Behaviorismus, der diese mentalen Vorgänge als Black Box betrachtet und damit aus den eigenen Forschungsansätzen ausblendet.

mentale Prozesse
gedankliche Vorgänge

> Motivationale bzw. kognitive Prozesse spielen bei Lernvorgängen eine wichtige Rolle und werden von der sozial-kognitiven Lerntheorie in diesem Zusammenhang untersucht.

Motivationale bzw. kognitive Prozesse können einen Lernprozess auf zweierlei Weise beeinflussen:

- Sie entscheiden darüber mit, ob ein beobachtetes Verhalten überhaupt ausgeführt wird.
- Sie sind relevant dafür, ob und wie das ausgeführte Verhalten zukünftig häufiger gezeigt oder sogar in das stabile Verhaltensrepertoire eines Menschen übergeht.

Betrachten wir als Erstes die Frage, auf welche Weise kognitive und motivationale Prozesse relevant werden können, damit es überhaupt zu einer **Ausführung des beobachteten Verhaltens** kommt. Hat eine Person eine Verhaltensweise aufmerksam wahrgenommen, steht sie dem Lernenden grundsätzlich mental zur Verfügung. Allerdings hängt es unter anderem von der Antizipation künftiger Handlungsfolgen sowie von Bewertungs- und Verstärkungsprozessen ab, ob bestimmte Handlungen auch in einer bestimmten Situation ausgeführt oder unterlassen werden.

external
äußerlich, von außen bedingt

Ein wichtiger Aspekt ist, ob sich der Lernende kompetent genug fühlt, diese nachzuahmen. Hierbei spielen **mentale Bewertungsprozesse** eine zentrale Rolle, in denen die betreffende Person die Situation analysiert, ihre eigenen Kompetenzen einschätzt und Prognosen über den Erfolg ihres Vorhabens anstellt. Wer einen Jongleur mit drei Kegeln jonglieren sieht, wird nur dann diesem Vorbild folgen, wenn er sich grundsätzlich in der Lage sieht, das Jonglieren mit Kegeln zu lernen.

Zur Ausführung des Verhaltens können aber auch Verstärkungsprozesse beitragen. BANDURA konnte zeigen, dass Menschen über **stellvertretende Verstärkung** dazu motiviert werden, ein beobachtetes Verhalten auszuführen. Die positiven Konsequenzen müssen also nicht unbedingt selbst erlebt werden. **Es reicht aus, wenn der Lernende am Verhaltensmodell erlebt, wie es – stellvertretend – positive Konsequenzen erfährt.** Sieht ein Schüler, dass der Mitschüler mit seinem Verhalten erfolgreich ist und Anerkennung gewinnt, beeinflusst schon das die Ausführungswahrscheinlichkeit.

Ein weiterer Zusammenhang ergibt sich aufgrund der Möglichkeit zur Selbststeuerung und zur kognitiven Begleitung bei Prozessen des Beobachtungslernens. Es ist denkbar, dass sich Lernende **selbst verstärken**. Dies könnte dann geschehen, wenn das von einem Modell übernommene Verhalten mit eigenen positiven Bewertungen übereinstimmt. Wenn also ein Jugendlicher den Lebensstil eines anderen – oder Teile davon – übernimmt, kann es sein, dass er weder durch sein Umfeld bekräftigt wird noch stellvertretende Verstärkung bei diesem Modell wahrnehmen kann, aber trotzdem sich selbst gut findet und dadurch genügend Bekräftigung für sein Verhalten erfährt. Dies kann sich beispielsweise in einem ganz eigenen Kleidungsstil oder in einer Vorliebe für eine Musikrichtung äußern.

Neben der Frage, ob ein beobachtetes Verhalten überhaupt ausgeführt wird, spielen in der sozial-kognitiven Theorie **Verstärkungsprozesse** aber auch eine wichtige Rolle bei der Frage, ob das beobachtete Verhalten zukünftig häufiger auftritt. Hier wirken sich positive Folgen oder Konsequenzen des Umfelds auf die Nachahmung und Ausführung des beobachteten Verhaltens aus; ebenso natürlich Konsequenzen, die als Bestrafung wahrgenommen werden.

Es handelt sich dabei um eine **externale bzw. äußere Verstärkung**, die gemäß dem operanten Konditionieren als unmittelbar erlebte Konsequenz ein Verhalten verstärkt. Beispielsweise sieht ein Schüler, wie ein Mitschüler sich gegenüber dem Lehrer mit durchaus frechen und selbstbewussten Forderungen durchsetzt. Als er das Modellverhalten nachahmt, erlebt er damit Erfolg und zudem die Anerkennung seiner Mitschüler. Beides wirkt als Verstärker im Sinne des Behaviorismus. Diese Zusammenhänge berücksichtigt auch die sozial-kognitive Theorie.

Die sozial-kognitive Theorie versucht allerdings im Gegensatz zum Behaviorismus vor allem, die hierbei relevanten **kognitiven** Prozesse besser zu verstehen. Wahrgenommene Verstärkungen und Bekräftigungen verbleiben nicht allein in der Black Box, sondern werden ebenfalls bezogen auf die dahinterstehenden kognitiven Vorgänge betrachtet. So wird die Bekräftigung eines Verhaltens durch eine positive Konsequenz wie die Durchsetzung des Willens im Lernenden geistig verarbeitet und wirkt sich daher kognitiv vermittelt aus. Und erst diese Verarbeitung entscheidet, auf welche Weise das Verhalten ausgeführt wird. Welche Rückmeldungen und Reaktionen der Umwelt als Belohnung bewertet werden, hängt zum Beispiel von den eigenen Bewertungsmaßstäben und Zielsetzungen ab.

So wird die strenge Ermahnung durch den Lehrer von dem einen Schüler als Bestrafung empfunden und führt dazu, ein bei anderen beobachtetes Verhalten wie das „Quatschen im Unterricht" nicht mehr zu zeigen. Ein anderer Schüler aber empfindet dies als eine positive Aufmerksamkeit ihm gegenüber, was ihn veranlasst, weiterhin mit dem Banknachbarn zu reden. Dies wird durch seine vielleicht unbewussten Zielsetzungen bedingt, nämlich vor den anderen Mitschülern aufzufallen und deren Aufmerksamkeit zu erringen.

EXKURS

Das „Rocky-Experiment"

Vor allem ein Experiment von BANDURA hat hierzu wichtige Einsichten geliefert und die Bedeutung des Verstärkungslernens im Rahmen der sozial-kognitiven Lerntheorie unterstrichen. Es handelt sich hierbei um das sogenannte „Rocky-Experiment", das seinen Namen von einer erwachsenen Person hat, die eine zentrale Rolle im Experiment hatte.

Ziel war es, vor allem die Prozesse der äußeren sowie der stellvertretenden Verstärkung bezogen auf Aggressionslernen zu untersuchen.

Aggression
auf Schädigung ausgerichtetes Verhalten

Dazu wurde vier- bis fünfjährigen Kindern, jeweils 33 Jungen und 33 Mädchen, ein Film gezeigt, in dem sich „Rocky" in einem Raum mit verschiedenen Gegenständen gegenüber einer großen Plastikpuppe namens „Bobo" aggressiv verhält, etwa, indem die Puppe zu Boden geworfen oder getreten wurde. „Rocky" schlug auch auf sie ein und beschimpfte sie.

In dem Film gab es zum Ende hin unterschiedliche Verläufe:

- In einer Variante tritt am Ende eine zweite Person hinzu, die „Rocky" für sein Verhalten lobt und ihn mit Süßigkeiten belohnt.
- In der zweiten Variante tadelt eine Person „Rocky" bis hin zu Schlägen und Drohungen.
- Im dritten Film bleibt das Geschehen unkommentiert, keine weitere Person tritt auf.

Die Kinder waren in drei Versuchsgruppen unterteilt, die jeweils eine Variante des Films gesehen haben.

Im nächsten Schritt des Experiments wurden die Kinder einzeln in einen Raum mit den gleichen Gegenständen geführt. Dabei zeigten sich unterschiedliche Auswirkungen des zuvor gesehenen Films:

- Hatten die Kinder gesehen, dass Rocky nach seinem aggressiven Verhalten belohnt worden war, ahmten sie seine Handlungsweisen nach und wiesen einen deutlichen Anstieg der Gewaltbereitschaft auf. Besonders Mädchen zeigten unter diesen Bedingungen vermehrt aggressives Verhalten gegenüber der Puppe.

- Die Gruppe, die zuvor die Bestrafung Rockys gesehen hatte, war deutlich weniger aggressiv.
- Die Mädchen und Jungen mit dem neutralen Ende zeigten ein ähnlich aggressives Verhalten wie die erste Gruppe.
- Wenn aber den Kindern für jede gesehene Handlung, an die sie sich erinnern und die sie nachahmen konnten, eine Belohnung in Aussicht gestellt wurde, verstärkte das bei allen die Nachahmungsrate, wobei die Gruppe, die Rockys Bestrafung verfolgen konnte, die anderen beiden Gruppen noch übertraf.

Eine zentrale Erkenntnis aus diesen Ergebnissen war nach BANDURA, dass die Kinder das Verhalten des Modells „Rocky" gleichermaßen erlernt, aber je nach beobachteten Folgen unterschiedlich reproduziert haben. **Das begründet die Bedeutung der Unterscheidung zwischen Erwerb (Aneignung der Kompetenz) und Ausführung (Performanz) des beobachteten Verhaltens.**

Sie können sich dazu eine Filmsequenz anschauen, etwa im Internet unter www.youtube.com „Bobo Doll Experiment BANDURA".

AUFGABEN

Vergleichen Sie dieses berühmte Experiment von BANDURA mit den Versuchen SKINNERS. Arbeiten Sie die Unterschiede heraus und erörtern Sie, welche Auswirkungen diese auf den psychologischen Erkenntnisgewinn haben.

Diskutieren Sie bezogen auf das Rocky-Experiment Folgerungen aus diesem Experiment für die Erziehung von Kindern.

8.4.2.6 Selbstregulation und Selbstwirksamkeit

Die vorangehenden Ausführungen zur sozial-kognitiven Theorie zeigen an vielen Stellen, dass das kognitive Element in dieser Lerntheorie eine besondere Bedeutung hat. So werden gedankliche Prozesse wie Beobachtung, interne Repräsentation und Verarbeitung von Informationen in Form von **Antizipationen** und Bewertungen von Handlungsfolgen usw. ebenfalls mit betrachtet und experimentell erforscht. Hierbei markiert folgende Einsicht einen wichtigen Fortschritt im Vergleich zum Behaviorismus:

Antizipation
gedankliche Vorwegnahme

Interne Repräsentation
Vorhandensein eines inneren Bildes oder Symbols für einen Gegenstand oder Zusammenhang der äußeren Realität

> Menschliches Verhalten und Lernen wird durch kognitive Prozesse bestimmt. Sie sind der psychologischen Forschung zugänglich und können bzw. müssen mit untersucht werden.

BANDURA hat damit den Übergang zur kognitiven Wende in der Psychologie – nach der Vorherrschaft des Behaviorismus – mit gestaltet. Mit dem Moment der kognitiven Wende ist ein weiterer wichtiger Aspekt verbunden, der in dieser Weise nicht von den Konditionierungstheorien untersucht wurde, nämlich die **Selbststeuerung** menschlichen Verhaltens. Dabei ist das Konzept der Selbstregulation von zentraler Bedeutung. Dahinter steht nach PERVIN der Gedanke, dass Menschen ihr Handeln durch Gedankenprozesse leiten und motivieren lassen (vgl. PERVIN, 2005, S. 548).

> **Selbstregulierung:** Menschen verfügen über die Fähigkeit, sich selbst zu motivieren, indem sie sich persönliche Ziele setzen und diese zu erreichen versuchen, indem sie ihr fortlaufendes Verhalten bewerten und bezogen auf die Zielerreichung anpassen.

BANDURA hat hierzu verschiedene Prozesse innerhalb der Persönlichkeit untersucht, die zur Selbstregulation beitragen. Wichtig sind hierbei die Selbstbeobachtung, Selbstbewertung und Selbstreaktion. Der Mensch ist in der Lage, relevante Aspekte laufender Verhaltensveränderungen zu erfassen (Selbstbeobachtung) und sie anhand eigener Wertmaßstäbe zu bewerten (Selbstbewertung). Hat ein durchgeführtes Verhalten den selbst gesetzten Standard erreicht, wird im Selbstregulationsprozess eine Belohnung vergeben. Damit erfolgt eine Reaktion auf den bei sich selbst beobachteten und bewerteten Verhaltensvorgang (Selbstreaktion). „Wurde der **Gütemaßstab** jedoch unterschritten, kommt es zu einer bestrafenden Selbstreaktion, welche die Form von Selbstkritik oder selbst gesetzter Vorenthaltung eines Verstärkers annehmen kann." (SCHERMER, 2006a, S. 727)

Gütemaßstab
Kriterien für die Beurteilung einer Handlung bezogen auf deren Qualität

BEISPIEL

Ein Jugendlicher spielt in einem Fußballverein und ist hierbei sehr ehrgeizig. Er beobachtet seine eigenen fußballerischen Kompetenzen und weiß dabei auch, welche Aspekte relevant sind: Für ihn als Stürmer ist es Technik, Schnelligkeit, Abschluss (den Torschuss suchen) etc. Er beobachtet nun im Training und im Spiel genau, ob seine Fähigkeiten bzw. sein Fußballspiel seinen selbst gesetzten Maßstäben entspricht. Als er bezogen auf seine technischen Kompetenzen bemerkt, dass ihm bei der Ballannahme im Spiel nicht immer das gelingt, was seines Erachtens ein guter Stürmer in seinem Alter können muss, bittet er den Trainer selbstkritisch darum, einige Sondereinheiten hierzu trainieren zu können. Dazu bleibt er einmal in der Woche länger und trifft sich nicht mit Freunden (Selbstreaktion). Der Trainer zeigt ihm immer wieder technische Finessen und Bewegungsabläufe bei der Ballannahme. Als ihm beim nächsten Spiel zwei Tore gelingen, bei denen er in schnellen Spielsituationen den Ball nach einem Pass „mitnehmen" konnte, ist er zufrieden und lässt einmal das Training ausfallen, um sich mit einer Freundin zu treffen. Das Beispiel zeigt, wie Selbstregulationsprozesse den Lernvorgang prägen und damit Elemente der Selbststeuerung relevant werden.

Bezogen auf Selbstregulation hat BANDURA weitere Aspekte erforscht. So spielen **persönliche Ziele** eine wichtige Rolle. Sind sie relevant und liegen Maßstäbe zum Vergleich der eigenen Leistungen bzw. bezogen auf den Grad der Zielerreichung vor, wirkt sich dies stark auf die Motivation aus, durch Beobachtungslernen erworbene Verhaltensweisen auszuführen und fortzuentwickeln. Zielen können sehr unterschiedliche Motive zugrunde liegen. So gibt es übergeordnete Ziele und Teilziele, die den Weg zu den übergeordneten Zielen markieren.

So hat die Tochter aus dem bekannten Fall das Ziel, in einer Stadt ein Studium aufzunehmen. Dieses übergeordnete Ziel erfordert es nun, dass sie sich dort eine Wohnung sucht und selbstständig lebt. Dieses Unterziel beinhaltet auch, dass sie allein mit einer Spinne fertig wird. Ihre Mutter ist weit weg und kann nicht zur Hilfe geholt werden. Da sie früher oft beobachtet hat, wie die Mutter die Spinne eingefangen hat, verfügt sie über ein entsprechendes Verhaltensmuster und damit grundsätzlich auch über die Kompetenz, eine Spinne mit dem Glas einzufangen. Im Sinne des Erreichens ihres übergeordneten Ziels ist sie nun auch motiviert, sich der Spinne entledigen zu können. Sie führt das erlernte Verhalten (Beobachtung der Mutter) aus und wird immer geschickter im Fang von Spinnen.

In diesem Zusammenhang spielt die Wahrnehmung der eigenen **Selbstwirksamkeit** eine zentrale Rolle. Niemand würde ein Verhalten nachzuahmen versuchen, wenn er davon ausgeht, dass er es nicht reproduzieren kann – unabhängig davon, ob motorische Defizite oder motivationale Hemmnisse wie panikhafte Angst vorliegen.

Selbstwirksamkeit
die Erwartung und Fähigkeit, durch eigenes Handeln eine Situation in seinem Sinne verändern zu können

Nach ZIMBARDO meint **Selbstwirksamkeit** die innere Überzeugung, dass man in einer bestimmten Situation angemessene Verhaltensresultate erzielen kann (vgl. ZIMBARDO, 2008, S. 528).

Vor allem in seinen neueren Arbeiten hat sich BANDURA zunehmend mit den Fragen der Selbstregulation und insbesondere mit der Bedeutung der Selbstwirksamkeit und deren Wahrnehmung befasst. Dabei hat sich gezeigt, dass speziell das Lernen von der Wahrnehmung der eigenen Selbstwirksamkeit abhängt. „Die Auswirkungen der Überzeugungen von der Selbstwirksamkeit können so gewaltig sein, dass sie ansonsten große Unterschiede in den Fähigkeiten auslöschen." (PERVIN, 2005, S. 551) Dazu ein Beispiel:

BEISPIEL

In einer Studie sollten sich Männer und Frauen in einem Wettkampf messen, bei dem es auf die Ausdauer der Beinmuskulatur ankam. Allerdings ging es eigentlich um die Bedeutung der Selbstwirksamkeitswahrnehmung bei einem solchen Wettstreit. Dazu wurden die Überzeugungen der Versuchsteilnehmer manipuliert, indem ihnen zum Teil gesagt wurde, dass sie

- gegen jemanden mit Knieverletzung antreten, was eine hohe Selbstwirksamkeit erzeugt, bzw.
- es mit einem leistungsstarken Läufer aus einer Sportmannschaft zu tun haben – was eine niedrige Selbstwirksamkeitseinschätzung mit sich bringt.

Dann wurden die realen Leistungen in dieser Übung gemessen. Die Ergebnisse sind teilweise gut nachvollziehbar, aber in ihren Ausmaßen erstaunlich. Plausibel erscheint, dass die Versuchsteilnehmer mit hoher Selbstwirksamkeit besser abschnitten als die mit niedriger. Erstaunlich ist aber, dass Frauen mit hoher Selbstwirksamkeit bei einer physischen Kraftaufgabe etwas bessere Ergebnisse als Männer mit niedriger Selbstwirksamkeit erreichten – d. h., die Geschlechtsunterschiede hinsichtlich körperlicher Kraft wurden durch diesen psychischen Aspekt ausgelöscht (nach PERVIN, 2005, S. 551).

Handlungstheorie
Forschungsrichtung der Soziologie, die relevante Faktoren und Prozesse menschlichen Handelns untersucht

evaluative Standards
Kriterien für die Beurteilung und Überprüfung des eigenen Handelns

kooperatives Lernen
Lernen in Gruppen, ggf. mit Arbeitsteilung und dem Einbringen unterschiedlicher Perspektiven

In einer Reihe weiterer Studien konnte nachgewiesen werden, dass solche Selbstwirksamkeitswahrnehmungen erheblichen Einfluss auf Lernprozesse bzw. -leistungen haben.

8.4.3 Konkrete Anwendungsfelder

BANDURA gehört zu den einflussreichsten Psychologen des 20. und 21. Jahrhunderts. Seine sozial-kognitive Lerntheorie hat vor allem in der pädagogischen Psychologie und der Persönlichkeitspsychologie sowie auch in der Handlungstheorie und Motivationsforschung zu wichtigen Erkenntnissen geführt.

Seine Forschungen bezogen sich vor allem auf das Gebiet der Aggression, des Modell- und Beobachtungslernens und der Prozesse der Verhaltensänderung sowie der jeweils damit verbundenen kognitiven Dimensionen. Insgesamt ergab sich ein vielverzweigtes Forschungsprogramm, das eine umfassende Theorie vom menschlichen Verhalten zum Ziel hatte. 1980 erhielt ALBERT BANDURA die wissenschaftliche Auszeichnung der Vereinigung der „American Psychological Association" für „vorbildliche Leistungen als Forscher, Lehrender und Theoretiker".

In der Aggressionsforschung hat BANDURA die entscheidende Rolle des sozialen Lernens bzw. des Modelllernens als wesentliche Ursache für aggressives Verhalten herausgearbeitet. Diese Einsicht hat in den 60er Jahren dazu geführt, neben Trieben und Frustration auch Lernprozesse in der Ursachenforschung mit einzubeziehen. Vor allem seine bekannteste Studie, das „Rocky-Experiment", hat hierzu beigetragen. Dies hat bis heute Einflüsse auf die Medienpädagogik und die Gewaltprävention.

Shell-Studie
große Studie über Werte und Verhalten von Jugendlichen in Deutschland, die seit 1953 vom Shell-Konzern durchgeführt und bezahlt wird

Neurowissenschaften
interdisziplinäre (mehrere) wissenschaftliche Perspektiven umfassen z. B. Medizin, Psychologie, Biologie), Erforschung des Aufbaus und der Funktion des Gehirns und des Nervensystems

Spiegelneuronen
Nervenzellen, die beim Beobachten einer Handlung genauso aktiv sind, als würde man selbst verrichten. Sie ermöglichen das Lernen am Modell, das stellvertretende Lernen, wechselseitiges Mitgefühl und das Gefühl der Verbundenheit.

Insgesamt wurden die Ergebnisse der sozial-kognitiven Theorie in viele Bereichen der Pädagogik aufgenommen und sie sind in weite Teile des Nachdenkens und Forschens über Fragen der Erziehung eingeflossen.

Diese Erkenntnisse sind so allgegenwärtig und in ihrer Wirkung subtil, dass sie häufig übersehen werden (vgl. SCHNOTZ, 2009, S. 48). Aber sie haben im Rahmen von Erziehung in Schule, Familie und Medien eine enorme Bedeutung. Beispielhaft sei das an einigen wenigen Zusammenhängen erläutert.

1. Nach den Shell-Studien der letzten Jahre zeigt sich deutlich, dass sich Jugendliche in ihren Haltungen und Verhaltensweisen an Vorbildern orientieren. Dies betrifft nach BANDURA auch evaluative Standards, Gedanken und Gefühle (vgl. KNÖRZER, 2012, S. 574 f.). Dies hat erhebliche Auswirkungen auf medienpädagogische Ansätze, da Medien wie das Fernsehen und vor allem das Internet Jugendlichen sehr unterschiedliche Verhaltens- und Wertvorbilder präsentieren.
2. Es zeigt sich, dass Modelllernen insbesondere beim kooperativen Lernen im Unterricht eine wichtige Rolle spielt, weil Schüler ihre Mitschüler genau beobachten. Sie erkennen erfolgreichere und weniger erfolgreiche Verhaltensweisen und orientieren sich meist unbewusst an den erfolgreicheren Modellen (vgl. SCHNOTZ, 2009, S. 48). Umso wichtiger ist es, dass Lehrerinnen kooperative Lernformen und deren Erfolg unterstützen.
3. BANDURA hat zudem die Bedeutung der Selbstwirksamkeit für Lernprozesse herausgestellt und durch seine Forschungen belegt. Wenn sich Kinder an ihren Eltern als Vorbild orientieren – was zum Beispiel in Erziehungsfragen nach der Shell-Studie 2010 73 % tun (vgl. KNÖRZER, 2012, S. 574) – dann ist es sehr wichtig, dass diese ihren Kindern Erfahrungen vermitteln, selbst etwas bewirken zu können. Sie müssen Unterstützung als Hilfe zur Selbsthilfe verstehen.
4. Die Bedeutung der sozial-kognitiven Theorie in pädagogischen Bereichen wird von den **Neurowissenschaften** bestätigt. BAUER weist auf die Wirkungsweise der **Spiegelneuronen** hin, die Mitte der 90er-Jahre entdeckt wurden. Er unterstreicht vor diesem Hintergrund die Wichtigkeit von Eltern und Lehrern als präsente und mit Identität ausgestattete Personen mit zu beobachtendem Verhalten (vgl. BAUER, 2007, S. 24 ff.).

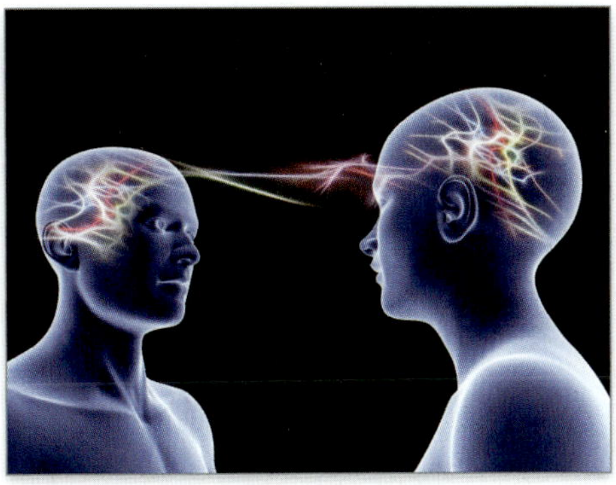

AUFGABE

Diskutieren Sie mit Ihrer Lehrkraft über die Bedeutung der Vorbildwirkung von Lehrern im Unterricht.

8.4.4 Kritik

Auch wenn die sozial-kognitive Lerntheorie in fundierter Weise viele Lernprozesse von Kindern und Jugendlichen erklären kann, werden hier einige Aspekte kritisch diskutiert.

Ein konkreter Vorwurf bezieht sich auf die bekanntesten Untersuchungen BANDURAS im Zusammenhang mit dem Rocky-Experiment. Es stellt sich die Frage, ob die Ergebnisse der Forschungen zur Wirkung des Fernsehverhaltens auf dieser Grundlage nicht zu sehr verallgemeinert wurden bzw. werden. Allerdings bestätigten weitere Studien durchaus die aufgezeigten Effekte. Vor allem hinsichtlich des **prosozialen Verhaltens** scheinen Medien eine große Bedeutung zu haben.

Weitere Kritikpunkte beziehen sich nach ZIMBARDO (2008, S. 530) darauf, dass die sozialkognitive Theorie Emotionen als wesentliche Beweggründe für Verhalten und Lernen nicht genügend beachtet. Sie werden nur als Nebenprodukte von Gedanken und Handlungen gesehen und nicht in ihrer eigenständigen Bedeutung berücksichtigt. Zudem wird angemerkt, dass die Wahrnehmung der unmittelbaren Verhaltensumgebung im Vordergrund stehe und diese Theorie daher wenig Aussagen zur Entwicklung der gesamten Persönlichkeit über ihre individuelle Geschichte hinweg mache.

Der sozial-kognitiven Theorie mit ihrer Betonung der Selbststeuerung und Selbstregulation wurde ebenfalls vorgeworfen, dass sich ihr Menschenbild stark an den Bedingungen und Prinzipien des Menschen in einer leistungsorientierten Industriegesellschaft orientiere. In ihr spielen Zielesetzen und (Leistungs-)Motivation eine wichtige Rolle. Auch die Orientierung an sozial erfolgreichen und attraktiven Vorbildern ist eher typisch für eine moderne Gesellschaft mit ihren Medien und der Bedeutung der Ökonomie.

Ebenfalls kritisch gesehen wird die Einschränkung menschlichen Lernens auf Beobachtungsvorgänge und deren kognitive Be- und Verarbeitung. Sicherlich lassen sich auf diese Weise viele Lernprozesse besser erfassen und daraus hervorgehendes Verhalten erklären. Dabei werden allerdings andere Lernprinzipien wie das Lernen durch Einsicht in ihrer Bedeutung übersehen.

prosoziales Verhalten
Verhalten bezogen auf andere Personen bzw. in Wechselwirkung mit deren Handeln (Sozialverhalten), das positiv beurteilt wird, wie z. B. hilfsbereites Handeln oder gewaltfreie Konfliktlösung

8.5 Lernen durch Einsicht

KONKRETE LERNÜBUNG

Versuchen Sie das Streichholzproblem in aller Ruhe und Geduld zu lösen und beobachten Sie sich selbst dabei, oder besser, Sie lassen sich beobachten und helfen:

Bilden Sie aus sechs Streichhölzern vier gleichseitige Dreiecke, ohne die Hölzer zu verändern und ohne Teile der Hölzer überstehen zu lassen.

Je komplizierter die zu lernenden Dinge sind, umso mehr entfernt sich der Lernprozess vom operanten und klassischen Konditionieren. Das zeigt sich deutlich bei der höchsten Stufe des Lernens: dem **Problemlösen**.

Darunter versteht man die Fähigkeit, mithilfe neuer Kombinationen von bereits Gelerntem eine Lösung für ein Problem zu finden. Der Mensch kommt zur **Einsicht**.

Auf dem Küchenregal steht ein Glas Schokoladencreme, welches das Kind haben möchte. Es muss in der Lage sein, die Problemsituation als Ganzes in sich aufzunehmen und deutlich zu unterscheiden, was für das Problem eine Rolle spielt. Das Bild über dem Regal an der Wand ist nicht hilfreich, aber der Stuhl neben dem Tisch.

Auf den kann es hinaufklettern, wobei wir annehmen, dass es schon gelernt hat, dass man auf einen Stuhl klettern kann. **Das Charakteristische der Einsicht ist, dass einem plötzlich ein Licht aufgeht und man die Kombination durchschaut, welche die Lösung ergibt.** Zu dieser Einsicht kommt man leichter, wenn die zur Lösung benötigten Hilfsmittel wahrnehmbar sind.

Wolfgang Köhler *(1887–1967), bedeutender deutscher Psychologe, der aus Protest gegen die Verfolgung seiner jüdischen Kollegen seine Professur in Berlin abgab und in die USA emigrierte. Dort nahm er eine Professur an. Bekannt wurde er durch seine Forschungen mit Schimpansen zum Problemlösen auf Teneriffa zwischen 1894 und 1920.*

Besonders durch die Arbeit von W. Köhler haben wir Näheres über das einsichtige Lernen erfahren. Anlass dazu war die Beobachtung eines Affen, der lernte, mithilfe eines Stocks eine Banane außerhalb des Käfigs zu erlangen, die er mit den Händen nicht erreichen konnte. Dafür war es notwendig, dass der Stock im Wahrnehmungsbereich des Affen lag. Er suchte ihn nicht. So würde auch ein Stuhl am anderen Ende des Zimmers das Problem für das Kind unlösbar machen. Ältere Kinder können Gegenstände, die sie gerade nicht sehen, berücksichtigen und für die Problemlösung kombinieren. Das ältere Kind denkt dann: „Wenn ich den Stuhl aus dem Nebenzimmer hole, dann klappt es."

Köhler beobachtete auch, wie seine Schimpansen Kisten aufeinanderstapelten, um so eine Banane an der Decke zu erreichen. Affen sind auf einem bestimmten Niveau gute Problemlöser.

Höhere Lernprozesse bauen auf diesem Sich-vorstellen-Können auf. Wir Menschen können in Gedanken durchspielen, ob eine bestimmte Strategie zur gewünschten Lösung führen wird. Eine nach der anderen müssen wir verwerfen, bis wir zur Einsicht kommen: So geht es. In diesem Moment hat man wieder etwas Neues gelernt, was man für immer weiß. In der Zukunft werden wir dann ähnlich gelagerte Probleme schneller lösen können.

Einsicht bekommen heißt, dass wir das Prinzip der Lösung entdecken. Prinzipien kann man auch in anderen Situationen anwenden, auch wenn dort die äußeren Umstände andere sind: denn Prinzipien sind allgemeingültig. Die Anwendung von Prinzipien in anderen Situationen nennt man auch Transfer. Das oben genannte Kind wird in Zukunft immer etwas suchen, um sich draufzustellen, wenn es etwas nicht erreichen kann. Dieses Prinzip hat es gelernt.

Wenn das Kind die Lösung eines Problems nicht selber entdeckt, kann z. B. der Erzieher mit einer Erklärung auch nachhelfen. Er kann helfen durch Verknüpfung von Informationen mit bereits vorhandenem Wissen, er kann Fragen stellen, Anregungen zu bildhaften Vorstellungen geben oder auch Beispiele einsetzen. Einen Perspektivwechsel zu ermöglichen und zu üben, ist meist hilfreich.

Beim Selberentdecken weiß man sicher, dass das Kind verstanden hat, worum es geht. Und es steigert auch seine Freude am Lernen. Es wird spontan andere Probleme suchen, um auch an ihnen seine Lösung auszuprobieren. Da das manchmal offensichtlich nicht klappt, kann daraus auf natürliche Weise ein neues Problem entstehen, das nach einer Lösung verlangt.

KONKRETE LERNÜBUNG

Wie haben Sie das Streichholzproblem gelöst?

Vermutlich zuerst durch **Probieren**, also durch **Versuch und Irrtum**; dabei entstanden Vorstellungen von möglichen Lösungen, die nicht zum Ziel führen, solange man im zweidimensionalen Raum verbleibt. Irgendwann kommt möglicherweise der Gedanke auf, dass es nicht geht, es sei denn, man wechselt die Perspektive und geht in die dritte Dimension und stellt drei Hölzchen auf. Im Sich-vorstellen-Können kommt es zu einer sogenannten **Umstrukturierung**, der **Neuorganisation** einzelner Informationen.

Zur Unterstützung des Lernprozesses: Wenn deutlich wird, dass eine Lösung dieser Streichholzaufgabe nicht auf der

Basis von Versuch und Irrtum klappt, dann geht es darum, die Struktur der Aufgabe zu analysieren. Man muss die Organisation der Operationen, die beim Lösen ausgeführt werden, als ein dynamisches System verstehen.

8.6 Lerntheorien und Psychotherapie

8.6.1 Psychische Störungen als Lernprozesse

Neben wichtigen Erkenntnissen über die allgemeine Erklärung des Zustandekommens von Verhaltensweisen und Lernprozessen haben die aufgeführten Lerntheorien auch in der Psychotherapie zu bedeutenden Fortschritten beigetragen. Vor allem die Konditionierungstheorien enthalten viel Potenzial, um auf ihrer Grundlage **psychische Störungen** zu erklären und vor allem zu therapieren.

Eine bedeutende Rolle spielt hierbei die aus den Grundannahmen des Behaviorismus abgeleitete **Verhaltenstherapie**. Diese gehen davon aus, dass unangemessene Verhaltensweisen auf demselben Weg erworben werden wie angemessene Verhaltensweisen – durch einen Lernprozess, der den grundsätzlichen Prinzipien des Konditionierens und Lernens folgt (vgl. Zimbardo, 2008, S. 605).

Psychische Störungen bzw. fehlangepasstes Verhalten und Erleben sind nach lerntheoretischer Überzeugung häufig durch Erfahrungen bzw. Lernprozesse erworben.

Vor allem eine weitverbreitete Form der Angststörungen, die Phobien, werden häufig mit der klassischen Konditionierung erklärt. Danach werden ein neutrales Objekt wie ein Kaninchen oder werden soziale Situationen wie eine Party zum Auslöser einer Phobie, indem dieses Objekt oder die Situation mit angstauslösenden Erfahrungen gekoppelt wird. Wenn ein Kind erlebt, wie die Mutter beim Anblick einer Maus panikhaft aufschreit und extreme Angst zeigt, kann es eine entsprechende Phobie entwickeln.

Verhalten mit Störungspotenzial wie situativ unangemessene Ängste und Vermeidungstendenzen oder zu große Verhaltenshäufigkeit etwa bei einem Waschzwang wird manchmal durch positive Verhaltenskonsequenzen aufrechterhalten, auch wenn

psychische Störungen
In einer Situation unangemessene Gefühle, Stimmungen und Gedanken beeinträchtigen einen Menschen in seiner Lebensführung so stark, dass er seinen Alltag nur unter Leidensdruck oder gar nicht mehr meistern kann.

Phobie
übersteigerte, krankhafte Angst

Zwangsstörung
(Waschzwang): Form der psychischen Störung, bei der ein Verhalten nicht mehr bewusst kontrolliert werden kann. Beim Waschzwang muss der Betroffene der Kontrolle des Bewusstseins gehorchen.

destruktiv
zerstörend

die negativen Konsequenzen auf den ersten Blick überwiegen mögen. So erscheint ein Selbsttötungsversuch oder destruktives Verhalten eher unangenehme Konsequenzen hervorzurufen. Häufig aber halten subtile positive Verstärkungen das Verhalten aufrecht. Man spricht hier auch von sekundären Verstärkungen bzw. von sekundärem Krankheitsgewinn. So führt ein Selbsttötungsversuch zu Aufmerksamkeit und Fürsorge. Destruktives Verhalten kann ebenfalls Beachtung bringen, was vielleicht lange vermisst wurde. So lassen sich Bettnässen oder unterrichtsstörendes Verhalten oft durch die dem Verhalten folgende soziale Zuwendung bzw. Aufmerksamkeit aufrechterhalten.

Wenn eine unangemessene oder fehlangepasste Verhaltensweise zu Leidensdruck und Verhaltensauffälligkeiten führt, gilt es, dieses Verhalten auf lerntheoretischer Grundlage wieder zu verändern. Eine psychische Störung beruht nach Überzeugung der Vertreter lerntheoretischer Ansätze also nicht auf inneren Konflikten oder problematischen kognitiven Prozessen, sondern auf Lernprozessen.

Verhaltenstherapie stellt eine Therapieform dar, die das durch Lernen zustande kommende problematische Verhalten in den Mittelpunkt stellt und dieses durch therapeutisch begleitete Lernprozesse wieder verändern will.

Verhaltenstherapien bilden keinen einheitlichen Ansatz der Psychotherapie, sondern umfassen sehr viele unterschiedliche Therapieformen. Sie haben aber als Gemeinsamkeit, dass sie das Verhalten in seiner Unangemessenheit oder Fehlangepasstheit als Problem sehen und die erlernten störungsbedingten Verhaltensweisen durch Lernprozesse verändern bzw. durch das Erlernen angemesseneren Verhaltens ersetzen wollen. Begleitet wird dieses Vorgehen durch Gespräche mit dem Therapeuten, in denen es auch um mögliche Erklärungsansätze für das Zustandekommen und die Aufrechterhaltung der psychischen Störungen geht. Es kann entlastend sein, die hinter dem Verhalten steckenden Prinzipien zu verstehen und die eigenen Ängste als etwas Erworbenes zu begreifen – das nicht naturgesetzlich über einen kommt, sondern erlernt und damit auch wieder durch Lernen veränderbar ist.

8.6.2 Gegenkonditionierung

Wie aber können wir uns die Möglichkeiten psychotherapeutischer Veränderungen auf der Grundlage lerntheoretischer Erkenntnisse vorstellen? Vieles hierzu ist auf einem pragmatischen und erfahrungsbezogenen Weg erarbeitet worden. Ausgangspunkt ist die Frage, wie es zu einem bestimmten problematischen Verhalten gekommen ist und wie sich dieses auf der Basis der gleichen Prinzipien wieder abbauen und durch angemessenere Verhaltensweisen ersetzen lässt.

Häufig wissen die Klienten gar nicht, welche Konditionierungsprozesse letztlich zu dem problematischen Verhalten geführt haben. Als Ansatzpunkt dient dann, eine neue Reaktion zu konditionieren, die „die fehlangepasste Reaktion ersetzt oder als ‚Gegenpol' dient" (Zimbardo, 2008, S. 606). Damit wird eine „Gegenkonditionierung" angestrebt.

Gegenkonditionierung meint ein therapeutisches Verfahren, das darauf gerichtet ist, auf der Grundlage lerntheoretischer Prinzipien ein fehlangepasstes durch ein angemesseneres Verhalten zu ersetzen.

Ein klassisches Experiment der Psychologin Mary Cover Jones zeigte schon 1924 in dieser Weise realisierte verhaltenstherapeutische Ansätze, die im weiteren Verlauf der psychologischen Forschung immer weiter ausgefeilt wurden:

BEISPIEL

Als Patienten wählte sie einen dreijährigen Jungen namens Peter aus, der sehr ängstlich war und aus unbekannten Gründen vor allem phobische Ängste vor pelzigen Tieren wie Kaninchen entwickelt hatte. Zudem wies dieser Fall Ähnlichkeiten zum Experiment mit dem kleinen Albert auf (s. S. 358).

Zu Beginn brachte sie Peter mit anderen Kindern zusammen, die keine Furcht vor Kaninchen zeigten. Sie spielten mit ihm, was er auch mitmachte, obwohl zeitweise ein weißes Kaninchen im selben Raum war. Vermutlich aufgrund von Prozessen des Modell- und Beobachtungslernens nahm seine Angst vor dem Tier allmählich ab.

Als es allerdings zu einer Rückkehr der Angstzustände kam, wechselte JONES das Vorgehen und bediente sich einiger Ansätze der Konditionierungstheorien. Hierzu wurde Peter das Kaninchen gemeinsam mit einem angenehmen Reiz, seinem Lieblingsessen, präsentiert. Begleitet ebenfalls durch die Anwesenheit der anderen furchtlosen Kinder. Das wurde mehrfach wiederholt und dabei das Kaninchen behutsam immer näher an Peter herangebracht. Das Resultat war, dass er die Anwesenheit des Tieres nach einiger Zeit ohne große Ängste tolerieren konnte und es sogar berührte. Auf diese Weise konnte die ankonditionierte Pelztierphobie erfolgreich therapiert werden.

8.6.2.1 Die systematische Desensibilisierung

Ein bewährtes psychotherapeutisches Verfahren, das sich auf dieser Grundlage entwickelt hat, stellt die **systematische Desensibilisierung** dar. Wir wollen sie hier exemplarisch kurz darstellen. Im Prinzip geht es darum, den Angst auslösenden Reiz in seiner (unrealistischen) Bedrohlichkeit zu entschärfen und so die unangemessenen Reaktionen zu verlernen. „Die Desensibilisierung ist eines der ältesten und inzwischen am weitesten verbreiteten verhaltenstherapeutischen Konzepte. Grundprinzip ist die Gegenkonditionierung." (KRITZ, 2007, S. 117) Ziel ist es, die konditionierte Verbindung zwischen Angst und dem auslösenden vormals neutralen Reiz wieder zu verlernen. Dies geschieht wie im Beispiel des Experiments u. a. durch eine behutsame Annäherung an den Angst auslösenden Gegenstand bzw. die Furcht einflößende Situation.

Klassisch werden dabei drei Schritte durchlaufen:

1. In einem ersten Schritt stellen der Klient und der Therapeut gemeinsam eine Rangreihe der Angst auslösenden Situationen oder Teilsituationen, Reize sowie der verschiedenen die Angst verstärkenden Bedingungen und Faktoren auf. Man spricht hierbei von einer Angsthierarchie.

BEISPIEL

Angsthierarchie in aufsteigender Reihenfolge bei einer Hundephobie:

1. Fotos mit Hund betrachten
2. Hund in sehr weiter Entfernung angeleint
3. Hund in einem umzäunten Garten
4. Hund an der Leine mit seinem Herrchen (weiter als 20 Meter entfernt)
5. Hund an der Leine mit seinem Herrchen (weniger als 20 Meter entfernt)
6. Hund an der Leine mit seinem Herrchen im selben Raum
7. Hund unangeleint mit seinem Herrchen im selben Raum
8. mit einem kleinen Hund allein in einem Raum
9. mit einem großen Hund allein in einem Raum
10. mit einem Hund spielen und toben, ihn streicheln und füttern

AUFGABE

Tauschen Sie sich in Kleingruppen über Ängste aus, die Sie selbst erleben bzw. erlebt haben. Wählen Sie eine aus, die sich auf bestimmte Gegenstände (wie z. B. Tiere) oder Situationen (wie z. B. Prüfungen) bezieht. Entwickeln Sie gemeinsam darauf bezogen eine Angsthierarchie.

2. In einem zweiten Schritt erlernt der Klient eine Entspannungstechnik, beispielsweise die **progressive Muskelentspannung** nach JACOBSON. Dies soll ihn in die Lage versetzen, Anspannung und Entspannung unterscheiden zu können und seinen Körper und seine Psyche durch diese Technik unterstützt zu entspannen.

progressive Muskelentspannung
Entspannungstechnik nach EDMUND JACOBSON, bei der durch die willentliche bzw. bewusste An- und Entspannung bestimmter Muskelgruppen ein Zustand tiefer Entspannung des ganzen Körpers erreicht werden soll.

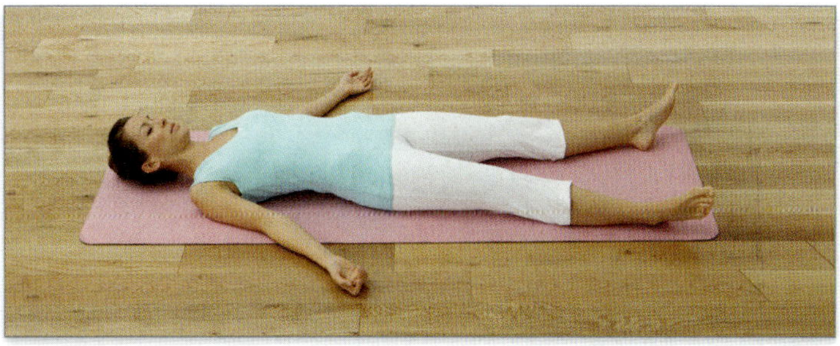

3. Die eigentliche Therapie besteht dann aus einem Prozess der Desensibilisierung, in dem der Klient mit Unterstützung des Therapeuten die Angsthierarchie abarbeitet. Dabei beginnt er mit der am geringsten angstbesetzten Stufe. Die erlernte Entspannungsübung hilft ihm dabei, in einem möglichst entspannten Zustand in die Begegnung mit dem Furcht auslösenden Reiz zu gehen. Langsam und nach mehrfachen Ausführungen gelingt es dem Klienten zunehmend, sich den unangenehmen Situationen auszusetzen. Die Ängste lassen nach bzw. werden beherrschbar. Die Therapieform beruht dabei auf unterschiedlichen Lernprinzipien wie z. B. der Löschung (Extinktion) eines konditionierten Angstzusammenhangs. Unterstützend kann dies mit positiver Verstärkung gewünschter Verhaltensweisen und/oder Verstärkung des Ausbleibens des Problemverhaltens gekoppelt werden. Beispielsweise belohnt sich der Klient nach einem gelungenen Therapieschritt mit einem schönen Essen. Hier greifen dann Prozesse des Verstärkungslernens.

in vivo
im Leben

8.6.3 Therapie des sozialen Lernens

Die Möglichkeiten der Verhaltenstherapie werden noch erweitert durch die Zuhilfenahme des Modelllernens. Schon das Experiment von Jones zeigt, dass sie den kleinen Peter mit anderen Kindern spielen ließ, die keine Ängste vor Kaninchen haben. Die Absicht war, Peter am Modell lernen zu lassen, dass diese Pelztiere harmlos sind und der Spielfreude keinen Abbruch tun.

interagieren
eigenes Verhalten in Wechselwirkung mit dem Verhalten anderer Personen

Bandura hat ebenfalls Untersuchungen dazu durchgeführt und zeigen können, dass die Beobachtung des furchtlosen Umgangs mit einem angstbesetzten Objekt bei Kindern der Therapie von Ängsten dient. Er fand dabei heraus,

- „dass eine Beobachtung **in vivo** einer Beobachtung im Film überlegen ist,
- dass eine langsamere Annäherung des Modells an den Angstreiz positiv ist [...],
- dass ein positiver Kontext (z. B. Beobachtung im Rahmen einer Party) förderlich ist und
- dass Modelllernen mit anleitender Teilnahme (das vom Modell vorgeführte Verhalten wird gleich danach selbst erprobt) am effektivsten ist." (Kritz, 2007, S. 132)

Auch wenn eine Therapie bei Angststörungen möglich scheint, zeigt eine Psychotherapie des sozialen Lernens gute Effekte, wenn es um das Training sozialer Fertigkeiten geht, beispielsweise um besser Kontakt aufnehmen und angemessen sozial **interagieren** zu können (vgl. Zimbardo, 2008, S. 611 f.).

8.7 Zusammenfassung

Wir haben uns in diesem Kapitel mit den Lerntheorien als eine der wesentlichen Richtungen der Psychologie beschäftigt. Sowohl der **Behaviorismus** als auch die **sozial-kognitive Lerntheorie** haben die Psychologie, insbesondere die Lernpsychologie und die Persönlichkeitspsychologie, stark geprägt und gehören heute zu den anerkannten Theorieansätzen. Das Lernen durch Einsicht weist auf die spezifische Bedeutung von geistigen Prozessen beim Lernen hin.

Auch wenn die Lerntheorien inzwischen durch aktuelle Ansätze wie den Kognitivismus, den Konstruktivismus oder die Neuropsychologie weiterentwickelt und in Teilen ersetzt worden sind, stellen wichtige Erkenntnisse ihrer Forschungen weiterhin gesichertes psychologisches Wissen dar.

Zu Anfang werden die Ansätze des **Behaviorismus** in den Blick genommen.

- Die Erkenntnisse des klassischen und vor allem des operanten Konditionierens stellen **wesentliche Einsichten in alltägliche Lernprozesse** dar und können sehr gut Verhaltensveränderungen aufgrund von Erfahrungen erklären. Dazu fallen uns schnell Beispiele ein, da die Konditionierungstheorien anschaulich und gut fassbar sind. Sie erklären Vorgänge in Erziehungssituationen und helfen dabei, das Zustandekommen konkreter Angstbesetzungen und unangenehmer Gefühle zu erklären.
- Hierbei richtet der Behaviorismus den Fokus auf **umwelt- und situationsbedingte Variablen** des Verhaltens. Reize aus der Umwelt bestimmen maßgeblich mit, in welche Richtung die Aktivität eines Menschen geht.

- Bei der **klassischen Konditionierung** wird ein neutraler Reiz (z. B. eine Maus) zu einem Auslöser von bestimmten, häufig emotionalen Reaktionen (z. B. Angst). Aufgrund der mehrfachen und intensiven Kopplung von neutralen (Maus) und unbedingten Reizen (z. B. Panikschreie der Mutter), die zu einer reflexhaften oder quasi emotional reflexartigen unbedingten Reaktion (Angst des Kindes aufgrund der Panik der Mutter) führen, wird der zuvor neutrale Reiz zu einem Signalreiz. Taucht er auf, wird die zuvor unbedingte Reaktion zu einer bedingten Reaktion, d. h. sie ist konditioniert und damit die Kopplung gelernt.
- Das **operante Konditionieren** geht über reflexhafte Zusammenhänge hinaus. Wenn ein bestimmtes Verhalten in einer Situation eine positive und als angenehm empfundene Konsequenz hat, wird es zukünftig häufiger gezeigt. So wird eine Jugendliche häufiger ihren Vater um einen kleinen finanziellen Zuschuss bitten, wenn es ihr problemlos gelungen ist, einen Geldbetrag mithilfe eines Lächelns und einer freundlichen Einleitung in einem entspannten Augenblick zu erhalten.
- Damit werden umweltabhängige Reize bzw. Variablen bei Lernprozessen in den Vordergrund gestellt. Deren genaue Erforschung war neu in der Psychologie, als die Konditionierungstheorien Anfang des letzten Jahrhunderts auf den Plan traten. Heute beinhaltet jede psychologische Theorie Aussagen zur Bedeutung und zum Einfluss der Umwelt auf das Verhalten des Menschen.
- Der Behaviorismus hat dabei vor allem durch seine **systematische empirische Forschung** Erkenntnisse gewonnen. Es waren vor allem Experimente mit Tieren in Versuchslaboren, die die Prinzipien des klassischen und operanten Konditionierens verdeutlichten. Die Forschung der Behavioristen unterlag damit sehr kontrollierten Bedingungen, beruhte auf definierten Thesen und konnte leicht an anderer Stelle wiederholt und überprüft werden. Dies war neu und hat die Psychologie stark geprägt und letztlich mit zu seiner deutlichen empirischen Ausrichtung der Forschung beigetragen.
- Und nicht zuletzt haben die Erkenntnisse und Forschungsergebnisse des Behaviorismus zu neuen Ansätzen in der Pädagogik und Psychotherapie geführt. Vor allem die **Verhaltenstherapie** als effektives Verfahren bei Angst- und Zwangsstörungen, aber auch bei anderen Störungsbildern geht auf diese psychologische Richtung zurück.
- **Kritisch** anzumerken ist, dass der Behaviorismus in seinen Forschungen kognitive Prozesse vollständig ausgeblendet hat. Auch wenn diese mit empirischen Mitteln weniger fassbar sind, beispielsweise beobachtbares Verhalten als Reaktion auf Umweltreize, gehört es doch zum psychologischen Grundbestand, dass innere Vorgänge wie Wahrnehmen, Denken, Urteilen und Bewerten unabdingbar sind, wenn man menschliches Verhalten verstehen will.
- Eng damit zusammen hängt die Kritik, dass sich die behavioristische Forschung aufgrund dessen eher mit einfachen Lernvorgängen befasst hat. Komplexere Entwicklungsverläufe und individuelle Lernbiografien konnten mit diesem Forschungsansatz nicht erfasst werden.
- Ein dritter Kritikpunkt ergibt sich aus ethischer Sicht: **Konditionierungsvorgänge haben eine deutliche Nähe zu Manipulation und Dressur**, wenn sie für erzieherische Bestrebungen genutzt werden. Da kognitive Vorgänge außen vor blieben, hat sich der Behaviorismus auch nicht mit Fragen der Selbstbestimmung und Mündigkeit befassen können, sie als „Philosophie“ und wissenschaftlich nicht greifbar identifiziert.

Die **sozial-kognitive Theorie** hat sich aus dem Behaviorismus entwickelt. Daher hat sie von Anfang an die kritischen Einwände gegen den Behaviorismus aufgenommen.

- Vor allem die Dimension der **kognitiven Vorgänge** wurde mit in den Fokus der Forschungsansätze dieser Lerntheorie gestellt. Ihr bekanntester und bedeutendster Vertreter, ALBERT BANDURA, hat sich bei seinen lernpsychologischen Untersuchungen mit den mentalen Prozessen der Informationsaufnahme und -verarbeitung, mit aktiven Zielsetzungen, Beurteilungen und kognitiv gesteuerten Verhaltensanpassungen beschäftigt. Dies war der Einstieg zu einem Paradigmenwechsel in der Psychologie, der zur kognitiven Wende geführt hat.
- Beibehalten wurde die **empirische Ausrichtung** der psychologischen Erforschung von Lernprozessen. BANDURA hat seine Untersuchungen häufig in Form von Experimenten durchgeführt. Allerdings hat er im Gegensatz zum Behaviorismus mit menschlichen Versuchspersonen gearbeitet, da nur so die kognitiven Aspekte mit einbezogen werden

konnten. Darüber hinaus wurden empirisch angelegte Befragungen durchgeführt.

- Auf BANDURAS Forschungen gehen die Grundsätze des **Modelllernens** zurück. Hierbei spielen Vorgänge der Beobachtung und der inneren Repräsentation von Verhaltensweisen eine wesentliche Rolle, die zum Erwerb einer Verhaltensdisposition führen. Hierbei hat die sozial-kognitive Theorie Aufmerksamkeitsprozesse untersucht und vor allem Merkmale von Verhaltensmodellen, Situationen und Lernenden herausgearbeitet, die dazu führen, dass ein Mensch auf ein Vorbild aufmerksam wird und dessen Handeln, Denken, Einstellungen etc. aufnimmt und gedanklich reflektiert. Die Ausführung einer mental vorhandenen Verhaltensoption hängt dann von weiteren kognitiven Vorgängen ab. So werden mögliche Handlungsfolgen antizipiert und bewertet, eigene Kompetenzen beurteilt und eigene Zielsetzungen mit einbezogen – alles mentale bzw. motivationale Prozesse. Die Ausführung des Verhaltens erfordert zudem noch motorische Operationen.
- Dieser lerntheoretische Ansatz hat in viele, vor allem pädagogische Zusammenhänge Eingang gefunden und der Aggressionsforschung, Medienpädagogik sowie allgemein der Auseinandersetzung mit erzieherischen Fragen wichtige Impulse gegeben. Die Psychotherapie hat ebenfalls von dieser psychologischen Richtung profitiert.
- Vor allem wurde und wird das gegenüber dem Behaviorismus dem Menschen **angemessenere Menschenbild** der sozial-kognitiven Theorie herausgestellt. Die Erforschung von Fragen der Selbstregulation entspricht nach heutigem Stand der Psychologie eher der Vorstellung menschlichen Handelns als selbst gesteuertem Prozess als eine Konditionierungstheorie. Menschen setzen sich augenscheinlich Ziele und richten ihr Verhalten daran aus. Hierbei wird in diesem Theorieansatz auch der Interaktion von Umwelt und Persönlichkeit bzw. Verhalten Rechnung getragen. So wirkt die Umwelt über Modelle auf das Lernen und Verhalten ein. Die dabei eine wesentliche Rolle spielenden Verstärkungsprozesse reflektieren ebenfalls die Umweltvariablen bzw. Umweltreize.
- Insgesamt lässt sich sicherlich sagen, dass die sozial-kognitive Theorie das psychologische Wissen über menschliches Lernen sowie Verhalten erheblich vorangebracht hat. Allerdings verbinden sich auch mit diesem lerntheoretischen Ansatz kritische Rückmeldungen. So wurde der sozial-kognitiven Theorie mit ihrer Betonung der Selbststeuerung und Selbstregulation vorgeworfen, sich zu sehr an einer leistungsorientierten Industriegesellschaft zu orientieren. Ebenfalls kritisch gesehen wird die Einschränkung menschlichen Lernens auf Beobachtungsvorgänge und deren kognitive Be- und Verarbeitung. Dabei kommen emotionale Prozesse in ihrer Eigenbedeutung zu kurz. Auch scheinen Prozesse einer individuellen Persönlichkeitsentwicklung etwas in den Hintergrund zu treten angesichts einer Fokussierung der unmittelbaren Umwelt und der darin eingebetteten Verhaltensmodelle.

Lernen durch Einsicht stellt eine dritte Lerntheorie dar. Nach ihr führt eine gedankliche Auseinandersetzung mit einem Problem auf der Grundlage bereits erworbenen Wissens dazu, dass ein konkretes Verhalten erworben wird. Dabei sind gedankliche Vorstellungen und das geistige Durchspielen von Lösungsansätzen relevant.

Vor allem die Konditionierungstheorien und das Modelllernen (sozial-kognitive Theorie) haben in der Psychotherapie zu wichtigen Ansätzen für Therapierichtungen geführt. Problematische Verhaltensweisen gelten dabei als erlernt. Daher steht als therapeutischer Weg häufig die Möglichkeit offen, sie durch angeleitete Lernprozesse umzuformen. Da hierbei das Verhalten und dessen Veränderung durch Lernprozesse im Vordergrund stehen, hat sich die Bezeichnung **Verhaltenstherapie** für diese psychotherapeutische Richtung ergeben. Eine weitverbreitete Vorgehensweise bei Angststörungen stellt die systematische Desensibilisierung dar.

9 Humanistische Psychologie

9.1 Entwicklung und Hintergründe

9.1.1 Geschichte der humanistischen Psychologie

In den 50er- und 60er-Jahren entstand in den USA die „humanistische Psychologie“ als „dritte Kraft“ neben Psychoanalyse und Behaviorismus. Es handelt sich hierbei um eine zunächst auf die USA beschränkte psychologische Richtung, die erst Ende der 60er-Jahre nach Deutschland und Europa kam.

Während des Naziregimes verließen viele Wissenschaftler, darunter viele Mediziner, Psychiater und Psychologen, Europa, nicht zuletzt Deutschland, und ließen sich in den USA nieder. Die Eindrücke, die die Einwanderer vom Zweiten Weltkrieg mit nach Amerika brachten, sind Anstoß dieser neuen psychologischen Richtung, man könnte sogar sagen, dieser neuen Sichtweise des menschlichen Wesens. Durch den Krieg, nicht zuletzt durch die Wirkung des Einsatzes der Atombombe, wurde den Menschen deutlich, wie unbedeutend der einzelne Mensch doch letztlich ist. Es entwickelte sich ein Gefühl von Einsamkeit, welches durch die Veränderungen in der modernen Gesellschaft, den rasanten technischen Wandel und die immer weiter gehende Individualisierung der Menschen geprägt wurde (Quitmann, 1996).

Dieses Empfinden ließ das Interesse an den Theorien der Existenzphilosophie wieder aufkeimen. Schriften von Sören Kierkegaard, Martin Buber, Karl Jaspers, Jean-Paul Sartre und eine Reihe weiterer Philosophen fanden ein neues, breites Publikum.

Die Vertreter der humanistischen Psychologie beriefen sich auf die Erkenntnisse der Existenzphilosophie und bildeten mit ihr den Grundstock ihrer Theorien. Geburtsstunde der Humanistischen Psychologie war schließlich das Jahr 1961: die Gründung des Verbandes American Association of Humanistic Psychologiy (AAHP) und der dazu gehörigen Verbandszeitschrift.

Bei der Gründung der AAHP wurden in den Statuten die Wesenszüge der humanistischen Psychologie definiert, die hier in der frei übersetzten Form wiedergegeben werden.

> „Die humanistische Psychologie kann definiert werden als die dritte Säule der Psychologie (die beiden anderen bereits existierenden sind die Psychoanalyse und der Behaviorismus) und als solche beschäftigt sie sich primär mit den menschlichen Fähigkeiten und Potenzialen, die weder in der positivistischen noch der behavioristischen oder der klassischen Psychoanalyse eingeordnet werden können, z. B. Kreativität, Liebe, das Selbst, Wachstum, Organismus, Grundbedürfnisse, Selbstaktualisierung, Streben nach höheren Werten, Werden, Spontaneität, Spiel, Humor, Zuneigung, natürliche Wärme, Ich-Transzendenz, Objektivität Autonomie, Verantwortung, psychische Gesundheit und andere verwandte Konzepte“.[1]

1 **Articles of Association:** „Humanistic Psychology may be defined as the third main branch of the general field of Psychology (the two already in existence being the psychoanalytical and the behavioristic) and as such, is primarily concerned with those human capacities and Potenzialities that have no systematic place, either positivistic or behavioristic theory or in classical psychoanalytic theory, e. g., creativity, love, self, growth, organism, basic need-gratification, self-actualization, higher values being, becoming, spontaneity, play, humor, affection, naturalness warmth, ego-transcendence, objectivity, autonomy, responsibility, psychological health, and related concepts. This approach can also be characterized by the writings of Goldstein, Fromm, Horney, Rogers Maslow, Allport, Angyal, Bühler, Maustakas, etc., as well as by certain aspects of the writings of Jung, Adler, and the psycho-analytic ego-psychologists, existential and phenomenological psychologists“. American Association for Humanistic Psychology (1962). Articles of Association *Journal of Humanistic Psychology, 2, 96–98,*

1964 formuliert BUGENTAL unter der Überschrift „Basic Postulates and Orientation of Humanistic Psychology" **fünf grundlegende Prinzipien** („basic principles"):

1. Menschliche Wesen in ihrem Menschsein sind mehr als die Summer ihrer Teile. Der Mensch kann nicht auf seine Bestandteile reduziert werden (im Sinne einer ganzheitlichen Sichtweise des Menschen).
2. Menschliche Wesen existieren in einem einzigartigen menschlichen Kontext und gleichsam in einem quasi kosmischen Bedingungsgefüge (d.h., die Existenz des Menschen ist immer an zwischenmenschliche Beziehungen und die gesamte Umwelt gebunden).
3. Menschliche Wesen sind sich ihrer bewusst und sind sich bewusst darüber, dass sie sich bewusst sind. Das menschliche Ichbewusstsein beinhaltet immer auch ein Bewusstsein des Selbst im Kontext mit anderen Menschen.
4. Menschliche Wesen haben die Möglichkeit zu wählen und zu entscheiden – und damit Verantwortung.
5. Menschliche Wesen sind intentional, sie verfolgen Ziele, sie sind sich bewusst, dass ihre Handlungen Konsequenzen in der Zukunft haben und sie suchen nach Bedeutung, Werten und Kreativität.

(GREENING, 2006, S. 239)

Diese Aussagen und damit das Menschenbild der humanistischen Psychologie beruhen im Wesentlichen auf Ideen der Existenzphilosophie und der Phänomenologie. Daher sollen im Folgenden die wichtigsten Begriffe dieser philosophischen Richtung für die humanistische Psychologie dargestellt werden.

9.1.2 Das Menschenbild der humanistischen Psychologie

Wir haben bereits gehört, dass in der Entwicklung der humanistischen Psychologie als „dritte Kraft" neben Psychoanalyse und Behaviorismus verschiedene philosophische, politische und psychologische Strömungen zum Tragen kommen.

Die Ansätze der humanistischen Psychologie lassen sich mehr oder weniger auf einen oder mehrere der folgenden Ansätze zurückführen:

- europäische Philosophie (Existenzphilosophie. Phänomenologie und Marxismus)
- europäische Psychologie (Psychoanalyse)
- amerikanische Psychologie (Behaviorismus)
- östliche Philosophie (Buddhismus, Taoismus, Zen)
- Schriften des Alten Testaments

Das Menschenbild der humanistischen Psychologie kann daher nicht als ein Theoriegebäude betrachtet werden, das geradlinig eine bestimmte wissenschaftliche, philosophische oder kulturelle Tradition aufnimmt und eine in sich geschlossene Theorie liefert.

Die Vertreter der humanistischen Psychologie sehen diese „dritte Kraft" vielmehr als eine „Bewegung" an, die Strömungen eines „Zeitgeists" aufnimmt, in dem moralische, religiöse, politische, wissenschaftliche oder philosophische Kategorien gleichsam wichtig sind.

EXKURS

Existenzphilosophie und Phänomenologie

Wenn wir uns näher mit der humanistischen Psychologie befassen wollen, müssen wir auch die Wurzeln beleuchten, aus denen die „dritte Kraft" der Psychologie erwachsen ist.

Aufgrund der beschriebenen politischen und gesellschaftlichen Veränderungen wandten sich viele Psychologen der Philosophie zu. Gerade die phänomenologische Methode der Existenzphilosophie schien ein Ansatzpunkt für eine neue psychologisch-wissenschaftliche Denkweise zu sein. Daher sollen im Folgenden diese

Für die Existenzphilosophen steht das menschliche Sein im Zentrum des wissenschaftlichen Interesses, die individuelle Existenz des Menschen. Im Gegensatz zur Tierwelt wird ausschließlich dem Menschen „Existenz" zugeschrieben. Zur Existenz gehört nämlich die Bewusstheit des eigenen Seins. Und mit dieser Bewusstheit untrennbar verbunden ist die Gefühlswelt des Menschen, welche bestimmt ist von Angst, Einsamkeit und Unverständnis vor dem Hintergrund einer für ihn unverständlichen Wirklichkeit.

Diese Sichtweise klingt im ersten Moment sehr negativ und deprimierend, stellt aber tatsächlich den Ausgangspunkt jeglicher Entwicklung und Verwirklichung des Individuums dar.

Die wissenschaftliche Herangehensweise in der Existenzphilosophie ist in erster Linie die Phänomenologie. Im Zentrum dieser von EDMUND HUSSERL (1859–1938) beschriebenen methodischen Vorgehensweise steht die Betrachtung eines wissenschaftlichen Phänomens von seiner Erscheinung her. Zur Erscheinung eines Phänomens gehören dabei sowohl die sinnlich wahrnehmbaren Eigenschaften als auch das gesamte Erleben des materiellen oder auch geistigen Gebildes mit allen dazugehörigen Empfindungen, Gefühlen und Symbolen.

HUSSERL grenzt ganz klar die phänomenologische von der herkömmlichen wissenschaftlichen Herangehensweise ab: Nach HUSSERLS Verständnis ist das Ziel der Phänomenologie nicht die wissenschaftliche Erkenntnis im eigentlichen Sinn. sondern vielmehr ein Prozess des geistigen Schauens und der Intuition („Wesensschau").

Die Wesensschau steht nach HUSSERL im Mittelpunkt der phänomenologischen Methode und bezeichnet ein innerliches, geistiges Aussprechen des Gegenstandes, wie er in der geistigen Schau gegeben ist, nicht, wie er außerhalb des Bewusstseins existiert. Es ist eine „beschreibende Psychologie", die, so HUSSERL, „zu den Sachen selbst" zurückkehren will.

Eine Vorgehensweise in der Wesensschau ist die eidetische Reduktion (gr. eidos „Wesen"): Hierbei stellt man sich ein Phänomen (z. B. einen Gegenstand) in Gedanken vor und verändert dabei gedanklich seine Eigenschaften. Irgendwann stellt man fest, dass bestimmte Eigenschaften des Gegenstands nicht verändert werden dürfen, da ansonsten der Gegenstand sein ureigenes Wesen verlieren würde. Diese unveränderbaren Eigenschaften machen demnach seine Identität aus. Somit kommen wir durch Reduktion auf das wahre Wesen eines Phänomens.

Die grundlegende und für die humanistische Psychologie so wichtige und weitreichende Aussage der Phänomenologie HUSSELS ist die, dass sich der Mensch weder als Teil der „Welt denken, als einfaches Objekt der Biologie, der Psychologie und der Soziologie, noch sich ganz. im Universum der Wissenschaften erschöpfen; alles, was er von der Welt weiß, selbst durch die Wissenschaft, weiß er aus seiner Sicht oder Erfahrung der Welt" (BUHR/ KLAUS, 1975, S. 837).

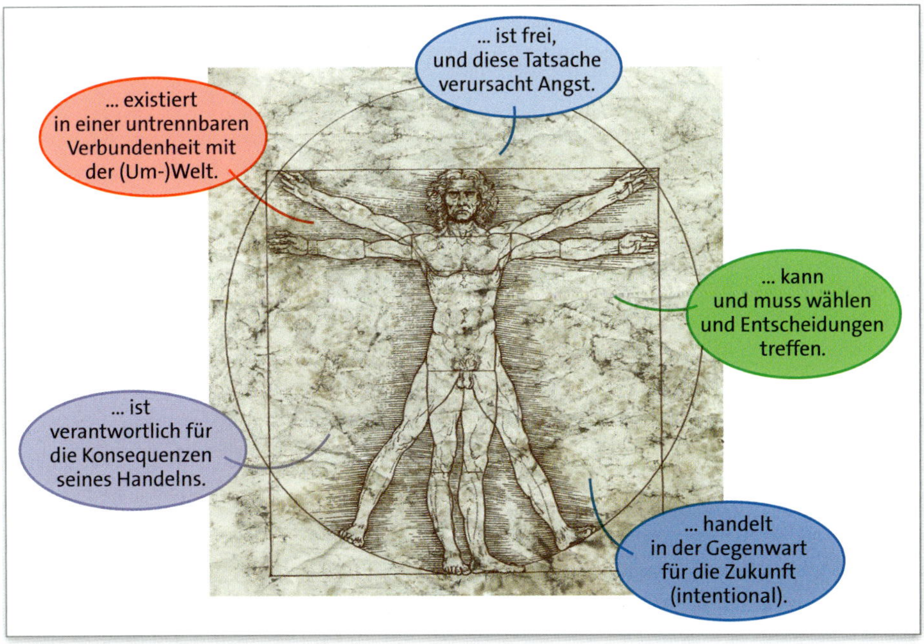

Grundannahmen zum Menschenbild in der humanistischen Psychologie

AUFGABE

Eidetische Reduktion

Stellen Sie sich zur Übung einen Gegenstand vor (z. B. einen Hut). Verändern Sie nun gedanklich seine Beschaffenheit, seine Form, sein Aussehen usw. Sie werden schnell bestimmte Eigenschaften finden, die Sie nicht verändern dürfen, damit der Gegenstand nicht seinen „Namen“ (in dem Fall „Hut“) verliert. Schreiben Sie diese unveränderbaren Eigenschaften auf und Sie erhalten damit die Eigenschaften, welche die Identität des Gegenstands ausmachen.

Gehen Sie einen Schritt weiter und versuchen Sie das Gleiche mit einem sozialen Phänomen, einem bestimmten Menschen. Was macht sein Wesen aus, welche Eigenschaften beschreiben grundlegend seine Identität?

So ergeben sich aus den unterschiedlichen Quellen eine Reihe von Konsequenzen für das Menschenbild in der humanistischen Psychologie:

Angst und Freiheit

KARL JASPERS

Die Existenzphilosophen gehen übereinstimmend davon aus, dass sich der Mensch von Anfang an „Grenzsituationen“ ausgesetzt sieht, die ihn an den „Abgrund“ führen. Die Freiheit bringt es mit sich, diese Situationen erleben und damit auch die Angst empfinden zu müssen. Der Mensch sieht sich ständig konfrontiert mit Krankheit und Scheitern sowie Zerrissenheit, Verzweiflung, Ausgeliefertsein und Leere. Man sieht in dieser doch eher düsteren Beschreibung des menschlichen Daseins, dass die Angst „die Grundbefindlichkeit“ (so KARL JASPERS) des Menschen und gleichzeitig auch die unerlässliche Voraussetzung für die Freiheit darstellt.

Wahl und Entscheidung

„Der Mensch ist zur Freiheit verurteilt!“ (JEAN-PAUL SARTRE)

Die Freiheit oder, wie JEAN-PAUL SARTRE schreibt, sogar der Zwang zu „wählen“ und zu „entscheiden“, ist ein Aspekt, der von den dargestellten Vertretern der Existenzphilosophie durchgängig vertreten wird. „Wählen“ und „Entscheiden“ stellen nicht nur eine „Möglichkeit“ des Menschen dar, die er wahrnehmen darf oder kann, sie sind unabänderliche Aspekte der menschlichen Existenz.

Letztlich können oder müssen wir uns immer entscheiden, auch wenn wir der Meinung sind, es gibt keine Möglichkeit der Entscheidung!

In den Kriegsverbrecherprozessen nach dem Zweiten Weltkrieg gaben viele Angeklagte an, sie konnten sich den Befehlen ihrer Vorgesetzten nicht entziehen. Sie mussten so handeln, wie sie gehandelt haben.

AUFGABE

Diskutieren Sie mit Ihrem Partner über dieses Beispiel vor dem Hintergrund der Aussagen der Existenzphilosophie.

Erinnern Sie sich an einige Situationen, in denen Sie geglaubt haben, Sie könnten sich nicht anders verhalten, als Sie es getan haben? Gab es wirklich keine Wahlmöglichkeit, oder haben Sie sich dafür entschieden, es genauso zu machen, wie man es von Ihnen verlangt hat?

Verantwortlichkeit

Da die Existenzphilosophie – übrigens ähnlich wie der Marxismus oder der Buddhismus – eine höhere, übergeordnete Autorität ablehnt, kann es demnach nur eine einzige Autorität geben: die des Menschen selbst. Während Philosophen wie KIERKEGAARD und HEIDEGGER hierbei den Einzelnen als *Einzelnen* in den Vordergrund der Betrachtung rücken, sehen BUBER, JASPERS und vor allem SARTRE die Verantwortlichkeit des Individuums immer auch aus der Perspektive der Beziehung zu anderen Menschen, d. h.

- in der „Begegnung“ (BUBER),
- in der „Kommunikation“ (JASPERS),
- in der produktiven und politischen Arbeit (SARTRE).

Gegenwärtigkeit

JEAN-PAUL SARTRE

Die Zeit ist im existenzialistischen Denken immer etwas Zukünftiges, zu dem sich Gegenwart und Vergangenheit zuordnen lassen. Aus der Gegenwart heraus die Zukunft gezielt steuern zu wollen – und auch bis zu einem gewissen Grad zu können – ist eine Fähigkeit, die nur der Mensch innehat und derer sich auch nur der Mensch bewusst ist.

SARTRE benutzt hier den Begriff des „Entwurfs“: Wenn ich eine Situation, in der ich mich in der Gegenwart befinde, ändern will, weil sie unzufrieden macht, dann basiert mein „Entwurf", mein Ziel oder meine Intention auf der Antizipation (Vorwegnahme) von Zukunft, da eine Veränderung der Situation ja nur in der Zukunft geschehen kann. D. h., nach SARTRE stellt die „Überschreitung" meiner Gegenwärtigkeit einen Entwurf der Zukunft dar.

BEISPIEL

Wenn ein Eichhörnchen Nüsse für den Winter sammelt, dann weiß es nicht, dass es das tut, damit es nicht verhungert. Es hat kein Bewusstsein über sein Tun. Das Sammeln ist lediglich instinktgesteuert.

Wenn Sie sich aber heute eine warme Jacke kaufen, dann tun Sie dies (vielleicht) nicht nur aus dem Moment heraus, weil sie genau jetzt diese Jacke haben wollen (zur Befriedigung Ihres Kaufbedürfnisses), sondern weil Sie sich überlegt haben, dass Sie für den Winter keine Jacke haben und Sie frieren werden, wenn es kalt wird.

Natürlich könnte man nun fragen: „Woher wissen Sie, dass es im Winter kalt wird?". Hier kommt die Vergangenheit ins Spiel: Unsere Erfahrungen mit der Welt, die wir in der Vergangenheit gemacht haben, verändern unser Erleben und Verhalten sowohl in der Gegenwart und haben gleichsam auch Konsequenzen für unser Tun in und für die Zukunft!

In-der-Welt-Sein

Der Mensch steht stets in Verbindung mit den Dingen und Menschen seiner Umwelt, d. h., die Existenz des Menschen ist ohne die ihn umgebende Welt gar nicht denkbar und umgekehrt.

Stärker als bei anderen Existenzphilosophen, die zunächst das Individuum als „entscheidend" betrachten, stellt MARTIN BUBER den „dialogischen" Charakter des Menschseins in den Vordergrund: Es sind die Beziehungen zwischen Mensch und Welt, die als Kampf zwischen den Polaritäten der sogenannten „Ich-Du-Beziehung" und dem „Ich-Es-Verhältnis" erkennbar werden (BUBER, 1995). Diese beiden Beziehungen bilden einen Grundstock der BUBERschen Menschensicht:

Ich-Du-Beziehung vs. Ich-Es-Verhältnis nach MARTIN BUBER (1923)

Es ist nicht ganz einfach, zu verstehen, was uns BUBER mit den Begriffen Ich-Du-Beziehung bzw. Ich-Es-Verhältnis sagen will. Zunächst einmal kann vorausgeschickt werden, dass beide keinen negativen Charakter haben. Weiterhin meint BUBER mit „Es" nicht unbedingt nur unbelebte dingliche Gegenstände, sondern als „Es" können durchaus auch andere Personen angesehen werden.

- Der Begriff **„Ich-Es"** umfasst nach BUBER die gesamte **„Erfahrung"** des Menschen, d. h. Wahrnehmungen, Vorstellungen, Empfindungen, Gefühle und Denken. Es hat nichts mit „Dingen" zu tun! Ein „Ich-Es-Verhältnis" kann man zum Beispiel zu seinem Bäcker oder Friseur haben.
- Der Begriff **„Ich-Du"** meint den Bereich der **„Beziehung"**. So treten mir in einer Ich-Du-Beziehung andere Menschen (aber auch mein Teddy, meine Wohnzimmerpflanze oder mein Goldfisch) als „Ganzes" gegenüber. An meinem Gegenüber sehe ich nichts Teilhaftes (wie z. B. bei der „Es-Wahrnehmung", dass der Teddy mit Styroporkügelchen gefüllt ist). Ich nehme mein Gegenüber also als Wesen an und begegne ihm „ganzheitlich". Sehe ich nur seine Charaktereigenschaften, so kommt kein echtes „Du" zustande. Zu einer echten Ich-Du-Beziehung gehört immer auch „Liebe". Damit ist jedoch nicht die romantische, besitzergreifende Liebe gemeint, sondern ein umfassendes Annehmen meines Gegenübers. Jemand, der liebt, vermag es, „den Menschen in seiner Einzigartigkeit und Ausschließlichkeit erst wahrzunehmen" (HORSCH, 1998, S. 13).

MARTIN BUBER

Der Umgang mit der Welt in Ich-Es-Verhältnissen verschafft uns Sicherheit, Ruhe und Struktur, da ich auf meine Erfahrungen mit und mein Wissen über die Welt zurückgreifen kann. Die echte Begegnung mit der Welt kann nach BUBER nur in der Ich-Du-Beziehung geschehen, da nur hier etwas Neues erfahren, geschaffen oder erlebt werden kann. Dies bedeutet gleichermaßen aber, dass wir etwas wagen müssen. Die Ich-Du-Beziehung ist also geprägt von Unsicherheit und Risiko.

„Durch Ich-Es setzt man sich ab, erfährt, gebraucht, lebt man. Durch Ich-Du berührt man, geht man Beziehung ein, liebt man." (BUBER, 1995, S. 61)

BEISPIEL

Stellen Sie sich einen Mann vor, dessen Tagesablauf stets der gleiche ist. Er steht morgens auf, wäscht sich, frühstückt, geht zu seiner Arbeit, die ebenfalls immer gleich abläuft, mittags geht er immer mit dem gleichen Kollegen in das gleiche Lokal und isst womöglich auch immer das Gleiche. Abends kommt er nach Hause, geht mit seinem Hund Gassi, isst Abendbrot und geht um halb zehn zu Bett. Sein Leben läuft sicher und strukturiert ab. Er lebt nach Buber im „Ich-Es-Verhältnis".

Nehmen wir an, dieser Mensch käme nun auf die Idee, etwas an seinem Leben verändern zu wollen (Selbstverwirklichung). Er müsste nun also in die „Ich-Du-Beziehung" mit seiner Umwelt gehen. Sich einen neuen Job suchen oder einfach mit jemand anderem zum Essen gehen. Beides ist mit Risiken verbunden. Er könnte keinen Job finden, er könnte auf Ablehnung stoßen, wenn er jemand anderen fragt, usw.

Ist die Ich-Du-Beziehung aber gelebt – er hat seine Kollegin gefragt, ob sie mit ihm essen geht –, wird die Ich-Du-Beziehung zum Ich-Es-Verhältnis. Er hat Erfahrungen gemacht und Wissen angereichert. Das Mittagessen mit der Kollegin ist ein Teil der bestehenden Ordnung und Sicherheit geworden!

Was in diesem Beispiel deutlich wird, ist der Gedanke der „permanenten Evolution" (Buber, 1995): Die Weiterentwicklung von Individuum, Gesellschaft und somit auch der Welt sind ineinander verwoben. Entwicklung gibt es nur, wenn alle sich entwickeln. Zu dieser Entwicklung gehören „Miteinander genauso wie Gegeneinander, Nähe genauso wie Distanz, Ruhe genauso wie Spannung und Sicherheit genauso wie Wagnis" (Quitmann, 1996, S. 89).

9.2 Humanistische Ansätze

Typisch für die humanistische Psychologie ist die Anwendungsorientierung, die sich vor allem in der Therapie, aber auch in der Pädagogik äußert.

Dies zeigt sich bereits an folgendem Schaubild, welches die vielen Verästelungen zeigt, die sich in unterschiedlichen Ausprägungen und Herangehensweisen der einzelnen Ansätze der humanistischen Psychologie ausdrücken.

Es würde natürlich den Rahmen dieses Buches sprengen, alle Richtungen und Ansätze der humanistischen Psychologie aufzuzeigen oder gar näher zu erläutern. Daher haben wir im Folgenden die wesentlichen, für die Gegenwart relevanten Ansätze aufgeführt.

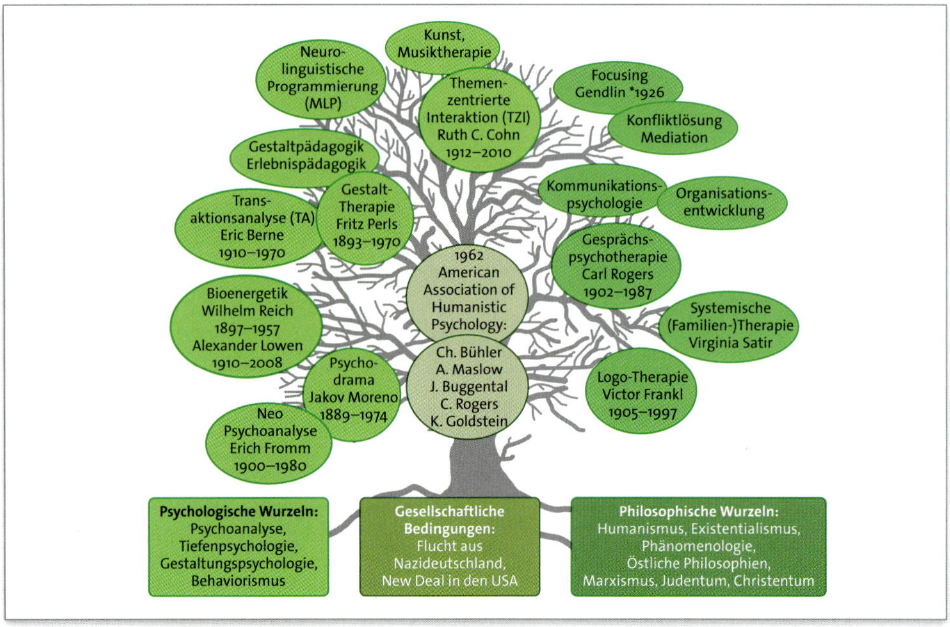

Wurzeln und Ausdifferenzierungen der humanistischen Psychologie und Pädagogik (vgl. Roth, 2003, S. 53)

9.2.1 Ganzheitlichkeit und Selbstverwirklichung (Kurt Goldstein)

Als einer der Väter der humanistischen Psychologie kann der deutsche, 1935 nach Amerika emigrierte Psychiater und Psychoanalytiker Kurt Goldstein (1878–1965) angesehen werden. Als Arzt war ihm die Beschäftigung mit Organen, also den einzelnen Teilen des Menschen, durchaus geläufig. Gleichzeitig aber, und dies ist auch der Kern seiner Lehre, muss der Mensch als Einheit, als Ganzes gesehen werden. Hierzu zählen nicht nur die einzelnen Funktionen des Körpers und auch des Geistes (z. B. Fühlen und Denken), sondern vielmehr müssen sie in gegenseitiger Abhängigkeit zueinander gesehen werden.

Somit wird er zum Begründer der ganzheitlichen Sichtweise des Menschen innerhalb der humanistischen Psychologie und zum Ideengeber für eine ganze Reihe nachfolgender Ansätze (wie z. B. in besonderer Weise für die Gestalttherapie nach Fritz Perls).

Ein weiterer Meilenstein in der humanistisch-psychologischen Denkweise ist die Annahme Goldsteins, dass sich der Organismus immer in einem Spannungszustand zwischen dem „Sein in Ordnung" und dem „Sein in Unordnung" (Goldstein, 1934, S. 350) bewegt.

Ordnung herrscht immer da, wo keinerlei innere Spannung herrscht, weil alles bekannt, sicher und vertraut erscheint. Unordnung hingegen finden wir dort, wo Neues ist, Unbekanntes oder „Interessantes". Die Unordnung verlangt unsere Neugierde, unseren Entdeckergeist.

Wenn wir etwas als „spannend" empfinden, dann benennen wir genau diesen inneren Spannungszustand, von dem Kurt Goldstein spricht. Und genau dieser **Spannungszustand ist das grundlegende Element der Selbstverwirklichung** und entsteht immer dann, wenn der Mensch „in produktiver Auseinandersetzung mit der Welt zusammenstößt" (Goldstein, 1934, S. 350). Im Zuge der Selbstverwirklichung werden wir kreativ und schöpferisch!

DENKAUFGABE

Vergleichen Sie die Aussagen Goldsteins mit denen von Martin Buber. Welche Übereinstimmungen und welche Unterschiede finden Sie?

Während Freud also lediglich die Lust an der Entspannung als Motivation der Entwicklung gelten lässt, sieht Goldstein die Sache genau umgekehrt: „Normal, gesund nennen wir den, der die Tendenz zur Verwirklichung von innen heraus schafft und der die Störungen, die durch den Zusammenstoß mit der Welt entstehen, überwindet, nicht aus Angst, sondern aus Freude an der Überwindung" (Goldstein, 1971, S. 249).

Für Goldstein ist es wesentlich, Geist und Leben in ihren Einzelheiten zu betrachten, sie aber letztlich als Einheit zu begreifen. Goldstein nennt dies die „holistische Sichtweise".

9.2.2 Die Gestalt-Therapie (Friedrich Salomon „Fritz" Perls)

Fritz Perls (1893–1970) studierte Medizin und war Schüler von Kurt Goldstein. Durch Goldstein wurde er auf den Begriff der Selbstverwirklichung aufmerksam. Später absolvierte er eine psychoanalytische Ausbildung. Auch er musste wie viele andere aus Deutschland fliehen und kam über Stationen in den Niederlanden und Südafrika 1946 nach New York, wo er eine Praxis eröffnete. Zusammen mit Ralph Hefferline und Paul Goodman schrieb er das Grundlagenwerk „Gestalt Therapy", welches im Jahr 1951 erschien (Perls/Hefferline/Goodman, 2006a & 2006b).

Fritz Perls (1893–1970)

Zum Begriff der „Gestalt" in der Wahrnehmungspsychologie

Die meisten Menschen können sich unter dem Begriff Gestalttherapie kaum etwas vorstellen. Viele denken an kunsttherapeutische Richtungen, an Gestaltungstherapie. Das meint Perls mit dem Begriff „Gestalt" jedoch nur in zweiter Linie. Zwar arbeitet die Gestalttherapie auch mit künstlerischen Methoden wie Arbeit mit Materialien, Tanz, Gesang, pantomimische Darstellung oder Malen von Situationen oder Beziehungen, aber eigentlich beziehen sich diese Methoden nicht auf die ursprüngliche Bedeutung des Wortes „Gestalt".

Anfang des 20. Jahrhunderts wurde in Deutschland innerhalb der allgemeinen Psychologie an Wahrnehmungsphänomenen geforscht, d. h., wie nimmt der Mensch seine Umwelt wahr und welchen Gesetzen folgt diese Wahrnehmung.

Zum Beispiel konnte belegt werden, dass Sinnesimpulse aus der Umwelt in unserem Gehirn immer zu sinnvollen Ganzheiten (= Gestalten) entstehen, d. h., fehlende Informationen werden durch unseren Geist „sinnvoll" ergänzt.

Die Wahrnehmungspsychologie hat diese Gesetzmäßigkeiten vor allem auf Sinnesimpulse (sehen, hören etc.) bezogen. Heute weiß man, dass diese vom Gehirn produzierten Ergänzungen auch bei inneren Prozessen wie Erinnerungen, sozialen Wahrnehmungen oder der Kommunikation stattfinden. Zum einen beschleunigt dieser Prozess in gewaltigem Maße unsere Entscheidungsfindung und Handlungsfähigkeit, andererseits ist klar, dass das Hinzufügen von nicht Vorhandenem bzw. nur in der Erinnerungen Vorhandenem oder Neukonstruiertem immer wieder zu Fehldeutungen führen muss, da vermeintlich „objektiv Wahrgenommenes" in der Realität gar nicht vorhanden ist.

AUFGABE

Diskutieren Sie vor diesem Hintergrund den Satz: „Der erste Eindruck zählt!".

9.2.2.1 Grundbegriffe der Gestalt-Therapie

Perls unterteilt das Selbst in drei Teilsysteme: das **Ich, das Es und die Persönlichkeit**.

Entsprechend des Grundsatzes der Ganzheitlichkeit kann man das Selbst nicht in diese drei Segmente aufteilen wie einen Kuchen, sondern sie bilden vielmehr gemeinsam die Einheit des Individuums.

Ich, Es und Persönlichkeit in den Worten Perls:

„Als Aspekte des Selbst in einer einfachen spontanen Handlung sind Ich, Es und Persönlichkeit die Hauptstadien schöpferischer Anpassung: Das Es ist der gegebene Hintergrund, der sich in seine Möglichkeiten auflöst; er umfasst organische Erregung, unerledigte frühere Situationen, deren wir gewahr werden, die unbestimmt wahrgenommene Umwelt und die unausgegorenen Gefühle, die den Organismus mit der Umwelt verbinden. Das Ich ist das fortwährende Sichidentifizieren mit und Sichentfremden von Möglichkeiten, das Vermehren und Vermindern des gegenwärtigen Kontakts; es umfasst motorisches Verhalten, Aggression, Orientierung und Realitätszugriff. Die Persönlichkeit ist die geschaffene Figur, zu der das Selbst wird, und die es in den Organismus assimiliert, vereinigt mit den Ergebnissen früheren Wachstums" (Perls et al., 2006b, S. 167).

Es ist gut möglich, dass Sie diesen Textabschnitt mehrmals lesen müssen, um sich ein grobes Bild von dem zu machen, was Perls unter den drei Begriffen „verstehen könnte"! In diesem Zusammenhang muss man weiter wissen, dass auch die Gestalt-Therapeuten untereinander recht unterschiedliche Meinungen zum Selbst haben. Die jeweiligen Autoren vertreten nach einer Übersicht von McLeod (1993) so unterschiedliche Perspektiven wie das Selbst als Kern, Selbst gleich Ich, das Selbst als Funktion des Feldes oder Selbst als die Person als Ganzes und eben das Selbst als Kontakt (Perls/Hefferline/Goodman).

Als vereinfachte Arbeitsdefinition des Selbst in der Gestalt-Therapie wollen wir festhalten:

1. Das Ich steuert (wie bei Freud) den Realitätszugriff. Das bedeutet, unser Ich bestimmt unser bewusstes Verhalten, wie wir in bestimmten Situationen reagieren und nach welchen Ideen und Gedanken wir handeln.
2. Aus dem Es kommen Bedürfnisse, Regungen und Gefühle unseres Organismus, die unser Erleben und Verhalten beeinflussen.
3. Die Persönlichkeit entsteht durch Erlebnisse und Erfahrungen, die unser Organismus in der Vergangenheit gemacht hat. Diese werden gleichsam durch viele kleine Pinselstriche und Kleckse zu einem Gesamtbild, welches wir dann Persönlichkeit nennen.

Weiterhin benennt Perls zwei weitere Begriffe, die für seinen Ansatz wesentlich sind: **„Kontaktgrenze" und „Kontakt"**.

Kontakt

Kontakt ist der zentrale Begriff der Gestalt-Therapie und bezeichnet jeglichen Austauschprozess des Organismus mit der Umwelt. Hierzu nutzen wir all unsere Sinne.

Kontakt im Sinne von Erfahrung vollzieht sich an der Grenze zwischen dem Organismus und seiner Umwelt, z. B. an der Hautoberfläche oder auch durch Bewegung des Körpers in der Umwelt (Motorik).

Wir sprechen davon, dass der Organismus mit der Umwelt in Kontakt tritt, aber der Kontakt selbst ist die erste und unmittelbarste Wirklichkeit. Wenn wir mit etwas in unserem Umfeld in Kontakt treten, bedeutet das nicht nur, dass wir uns zum Beispiel einen Baum ansehen. Vielmehr bekommt im Kontakt das, was wir wahrnehmen, Bedeutung. Der Baum z. B. in räumlicher und farblicher Hinsicht oder auch in ästhetischen Bezügen. Besonders deutlich wird es bei Musik. Wir nehmen nicht einzelne Töne wahr (obwohl wir das könnten, wenn wir wollten), sondern vielmehr Melodien, Stimmungen, Gefühle. Wir nehmen unsere Wahrnehmungen als Ganzes, als Einheit wahr.

„Genauso in motorischer Hinsicht: Wenn man sich dessen bewusst ist, dass man einen Ball wirft, rückt die Distanz ganz nah heran und unser motorischer Impuls schnellt rasch an die Oberfläche, um ihn zu treffen" (PERLS et al. 2006, S. 21).

Wir verwenden das Wort **Kontakt**, d. h. in Berührung mit der Umwelt kommen, als Grundbegriff für einerseits sinnliche Wahrnehmungen, andererseits auch für motorisches Verhalten (PERLS et al. 2006, S. 22).

Kontaktgrenze

Wir haben bereits gehört, dass die verschiedenen Teilsysteme des Organismus (Denken, Gefühle, Körper) stets eine Einheit bilden. Auch haben wir von BUBER gelernt, dass der Organismus immer in Verbindung mit der (Um-) Welt steht und somit auch die Welt zu dieser Einheit, zum „Ganzen" gehört. Jedes Zusammenwirken innerhalb dieses „Ganzen" ist ein sogenannter „Kontaktvorgang", der laut PERLS an der „Oberflächengrenze im Organismus/ Umwelt-Feld" geschieht (PERLS et al, 2006a).

Das Selbst mit seinen verschiedenen Teilsystemen wird von PERLS daher als „Kontaktgrenze" definiert, die sich ständig in Tätigkeit befindet. Diese Tätigkeit besteht darin, neue und unbekannte Situationen zu erfassen und an den Organismus weiterzugeben. Mit den Worten GOLDSTEINS ist hier der Ort, an dem die Spannung zwischen Selbsterhaltung und Wachstum ins Bewusstsein gelangt (PERLS nennt diesen Vorgang „Gewahrsein" oder auf Englisch „awareness") und mit der Tendenz zur Wiederherstellung des Gleichgewichts (Homöostase) verarbeitet wird. Spannungssituationen können Nahrungssuche, Liebe und Liebesakt, Kämpfen, Kommunizieren oder auch Fortbewegung usw. sein.

9.2.2.2 Die vier Phasen des Kontaktprozesses in der Gestalt-Therapie

Kontakt mit der Umwelt kommt nach PERLS nicht einfach so zustande. Vielmehr unterscheidet er vier Phasen des „Kontaktprozesses":

Phase 1: Vorkontakt

Mangel- bzw. Überschusszustände des Organismus erregen die Kontaktgrenze; dies gilt für alle Körperfunktionen wie Stoffwechsel, Bedürfnis nach Ruhe, Bewegung oder Orgasmus. Diese Mangel- bzw. Überschusszustände werden auch als „unerledigte Situationen" bezeichnet.

Phase 2: Kontaktanbahnung / Kontaktnahme

Diese Erregungen ermöglichen dem Organismus, in dem ihn umgebenden Feld solche Objekt-Figuren schärfer und einfacher zu konturieren, die es ermöglichen, die unerledigte Situation zu integrieren und Neues zu assimilieren bzw. Überflüssiges abzustoßen. Als Objektfiguren können dabei Menschen, Gegenstände, Situation, sogar Gedanken dienen.

Das Atmen hat eine große Bedeutung in der Gestalt-Therapie, denn „nirgendwo sonst sehen wir so deutlich, wie sehr das Lebewesen ein „Feld" ist, wie sehr die Umwelt „in" ihm ist" (PERLS et al, 2006a, S. 191).

Bei diesem Vorgang spielen die Gefühle eine wichtige Rolle; sie sind „Mittel des Erkennens". Sie sind nicht etwa Denkhindernisse, sondern einzigartig und unersetzlich als Träger von Informationen; mit ihrer Hilfe können wir z. B. die Angemessenheit unserer Wünsche klären.

Das Erleben und Durchleben von Konflikten ist für PERLS ein notwendiger Bestandteil im Prozess der Weiterentwicklung. Es geht nicht darum, die Konflikte immer der gewünschten Lösung zuzuführen, sondern es geht vielmehr darum, die Existenz des Konflikts als solchen zu bejahen.

In dieser schwierigen Situation hat der Mensch zwei Möglichkeiten, zwischen denen er sich stets neu entscheiden kann und muss:

1. Das Selbst bewegt sich innerhalb der vertrauten Sicherheit des Bekannten, kann das Problem dadurch aber nicht zufriedenstellend lösen und es kommt zu einer Anhäufung unerledigter Situationen, die immer wiederkehren, bzw. es kommt zu dem Erlebnis der Niederlage.
2. Das Selbst stellt sich dem Neuen, Unbekannten. Dabei erlebt es seine eigene Unsicherheit und geht das Risiko ein, zu scheitern. Dies geht einher mit Angst, aber gleichzeitig auch mit der „Erregung, einem gewissen verrückten Optimismus, dass die Realität zu ändern sein werde, und einer gewohnheitsmäßigen Zuversicht, dass der Organismus sich schon von selbst regulieren" werde (PERLS et al. 2006a, S. 248).

Phase 3: Kontaktvollzug

Der Kontaktvollzug ist für das Verständnis der Prozesse in der Gestalt-Therapie ein Kernpunkt, jedoch gleichsam auch der am schwierigsten nachzuvollziehende Aspekt. PERLS beschreibt den Kontaktvollzug als den Höhepunkt im Kontaktprozess, einen Augenblick, in dem die aktuellen Bedürfnisse, Wünsche oder auch Triebe mit dem Selbst, der Person zu einer Einheit verschmelzen.

Jedes Teil des Ganzen wird in diesem Moment jeweils mit allen anderen Teilen dieses Ganzen zusammen erlebt. PERLS versteht darunter den Zustand, in dem es zu einer völligen Übereinstimmung zwischen Organismus und Umwelt kommt. Er nennt dies den „mittleren Modus" (PERLS et al. 2006a, S. 250) und nennt als Beispiele den Moment des Orgasmus oder ein Gefühl des Glücks eines Wanderers nach einem anstrengenden Bergaufstieg beim Blick ins Tal.

PERLS beschreibt zwei verschiedene Möglichkeiten des Verschmelzens im Kontaktvollzug: „**Helle Zustände** dieser Art sind Mitgefühl, Liebe, Freude, Heiterkeit, ästhetisches Genießen, Einsicht usw... **Dunkle Zustände**... sind Verzweiflung, Trauer usw., und wir können nun sehen, wie furchtbar sie sind, denn hier gibt es kein Ich mehr und kein Du, nur ein Gefühl wie vor einem Abgrund" (PERLS et al. 2006a, S. 253).

Phase 4: Nachkontakt

„Die Nachwirkung des Kontakts (ausgenommen Vernichtung) ist Wachstum" (PERLS et al. 2006a, S. 253). Mit Wachstum ist gemeint, dass nach dem Kontakt Energie entsteht, die das Selbst um die Erfahrungen aus dem Kontaktvollzug erweitert. PERLS spricht hier von „Assimilation" der „Elemente" aus dem Kontaktvollzug (PERLS et al. 2006a, S. 254). Vereinfacht gesagt, kommt es nach dem Kontakt zu einer Erweiterung der Wissens-, Erlebens-, Gefühls- und Erfahrungswelt des Individuums.

Während sich im Kontaktvollzug die Kontaktgrenze kurzfristig aufgelöst hatte, bildet sie sich im Nachkontakt unter Einbeziehung der assimilierten Elemente neu.

AUFGABE

Eine junge Frau erzählt: Gestern war so wunderschönes Wetter und ich saß alleine zu Hause und war ganz unruhig. Ich wusste überhaupt nichts mit mir anzufangen. Schließlich setzte ich mich auf mein Fahrrad und fuhr am Rhein entlang. Die Luft war warm und die Sonne schien mir ins Gesicht und irgendwann gab es einen Moment, in dem alle Last von mir abfiel und ich ein tiefes Gefühl der Zufriedenheit erlebte. Wenn ich heute daran denke, kann ich die Wärme und das Glücksgefühl noch immer spüren.

1. Ordnen Sie die 4 Kontaktphasen den Aussagen der jungen Frau zu.
2. Überlegen Sie, wann Sie ein ähnliches Erlebnis hatten, und versuchen Sie, ebenfalls die Phasen zuzuordnen.

9.2.2.3 Entstehung der Neurose durch Kontaktunterbrechung

Über den Begriff der Neurose haben wir schon im Kapitel 7 (Psychoanalyse) viel erfahren. Da die humanistischen Ansätze stark von der Psychoanalyse geprägt sind, finden wir hier – trotz der Kritik an der FREUD'schen Lehre – viele Gemeinsamkeiten.

In der Gestalttherapie wird die Entstehung einer Neurose mit einer Unterbrechung des beschriebenen Kontaktprozesses erklärt: Je nachdem, an welcher Stelle im Kontaktprozess sich die Unterbrechung ereignet, entstehen verschiedenartige neurotische Veränderungen.

Grundsätzlich wird davon ausgegangen, dass im neurotischen Prozess der **Erhalt von Kontrolle** im Vordergrund steht, der sich meist in Form einer „gehemmten Erregung" äußert. Hierbei wird eine Erregung (z. B. Zorn, Trauer, sexuelle Erregung) durch eine gegenläufige „Kontraktion" (z. B. Zähnezusammenbeißen, Fäusteballen oder andere körperliche oder geistige Aktivitäten) gestoppt.

Dies wird vom Organismus als unbefriedigend erlebt. Wenn ähnliche Situationen wieder und wieder auf diese Art unterdrückt werden, kommt es zu Störungen der Kontaktaufnahme bei neuen Situationen, da die alte Situation ja noch unerledigt ist.

„Der Grund für die Kontaktnahme zu der neuen Figur ist gestört durch die Existenz der unangenehmen Unterdrückung, welche manche Ich-Funktionen lahmlegt" (PERLS et al. 2006a, S. 259). Die Energien, die für das Lösen der neuen Situation erforderlich wären, sind durch Aufrechterhaltung der absichtlichen Unterdrückung der nicht zugelassenen Erregungen gebunden. Gleichzeitig wird die

Kontaktunterbrechung	Positiv (konstruktiv)	Negativ (neurotisch)
Konfluenz Organismus und Umwelt gehen während des Kontaktvollzugs ineinander über	Die gesunde Form der Konfluenz ereignet sich in Momenten der „Ekstase oder extremer Konzentration“, z. B., wenn sich ein Mensch völlig mit einer Gruppe identifiziert oder im Liebesakt die Partner im Orgasmus verschmelzen oder beim Lesen eines Buches die Außenwelt aus dem Bewusstsein verschwindet.	Der neurotisch konfluente Mensch hingegen kennt nicht mehr den Wechsel zwischen Verschmelzungssituationen und solchen, in denen es notwendig ist, sich klar gegen die Umwelt abzugrenzen. Pathologisch konfluente Beziehungen zeichnen sich nach PERLS z. B. dadurch aus, dass die Beteiligten **immer** von „Wir“ sprechen.
Introjektion Die Introjektion geschieht während der Kontaktanbahnung bzw. Kontaktnahme, indem wir Theorien, Tatsachen, Verhaltensnormen, moralische, ethische, ästhetische oder politische Werte unkritisch in uns hineinlassen.	Viele Dinge in der Umwelt, z. B. Sprache, Kleidung, Kulturregeln u. Ä., können wir durchaus unreflektiert in uns hineinlassen (introjizieren), weil es uns „nicht so viel ausmacht, ob sie nun so oder so sind“ (z. B. Fakten lernen für Prüfungen).	Neurotisch hingegen ist diejenige Situation, in der die Annahme einer Konvention als ein Zwang und mit dem Selbst unvereinbar erlebt, aber zugleich auch hingenommen wird, z. B. um „dazuzugehören“ oder „geliebt zu werden“. So sammelt sich immer mehr Unerledigtes und gleichzeitig Unvereinbares an. Dieser innere Konflikt lähmt das Individuum und macht die Persönlichkeit für jedes Wachstum unfähig. „Der Neurotiker macht sein Inneres zum Schlachtfeld“.
Projektion Projektion findet während der Kontaktanbahnung bzw. Kontaktnahme statt. Eine Erregung entsteht während man sich der Umwelt zuwendet. So entsteht ein Gefühl der Verknüpfung eines Verlangens oder Triebes mit einem (vorgestellten) Objekt aus der Umwelt. Wenn es in diesem Stadium zur Unterbrechung kommt, ist Projektion die Folge.	Die gesunde Form der Projektion äußert sich darin, dass der Mensch sich sehr stark auf seine Umwelt konzentriert, Beobachtungen anstellt und Vermutungen und Fantasien entwickelt. Gesunde Formen der Projektion kennen wir z. B. von Schachmeistern, die mehrere Züge vorausdenken und versuchen zu antizipieren, was der Gegner denkt und plant. Mehr oder weniger ist Projektion in vielen Lebenslagen unverzichtbar (in Planung, Kommunikation und sozialem Miteinander).	Der neurotische Mensch hingegen kann dieses freischwebende Gefühl der Fantasie letztlich nicht als einen Teil von sich selbst erkennen, sondern schreibt es Dingen oder Menschen aus der Umwelt zu. Auf diese Weise verschieben sich die Grenzen zwischen dem Selbst und der Umwelt. Aspekte der Persönlichkeit, die negativ empfunden werden, werden verleugnet und verworfen und in die Verantwortlichkeit der Umwelt gegeben. Meist handelt es sich hierbei um Introjekte, die unser Selbstbild, unseren Selbstwert gefährden. Diese werden dann einfach auf andere Personen übertragen. „Der Neurotiker macht die Welt zum Schlachtfeld“.
Retroflexion Retroflexion wird ein Verhalten genannt, mit dem der Organismus während des Kontaktvollzugs seine Energien, die eigentlich gegen Dinge oder Personen in der Außenwelt gerichtet sind, gegen sich selbst richtet bzw. sich selbst das erfüllt, was er eigentlich von der Umwelt haben möchte.	Die gesunde Retroflexion wird in Akten des gezielten „Sich-beherrschens“ wirksam, da wir nicht allen Impulsen freien Lauf lassen können (sollten) und einige absichtlich zurückhalten. Als Schüler essen Sie nicht im Unterricht, obwohl Sie Hunger haben, da Sie mit negativen Konsequenzen rechnen müssten. Umgekehrt gehen Sie jeden Morgen zur Schule, obwohl Sie eigentlich keine Lust dazu haben!	Wird das Individuum mit nach außen gerichteten Gefühlen wie Wut oder Trauer nicht fertig, weil es fürchtet, zu verletzen oder verletzt zu werden, muss der Kontakt unterbrochen werden. Energien werden nun gegen die einzigen ungefährlichen Objekte im Felde gekehrt, nämlich die eigene Persönlichkeit und den Körper. So kommt es bei neurotischen Menschen z. B. zu Selbstverletzungen aufgrund der Unterdrückung von ursprünglich nach außen gerichteten Energien.
Egotismus Egotismus äußert sich in einem neuerlichen Überprüfen bzw. Sichabsichern vor Gefahr oder Überraschung während des Kontaktvollzugs. Das Verhalten, welches zum Wachstum führen könnte, wird unterbrochen.	Die gesunde Form des Egotismus ist bei langfristigen Entwicklungsprozessen unabdingbar. Durch Hinterfragen und Absichern können voreilige Entscheidungen vermieden werden und somit auch das Bedürfnis, falsche Entscheidungen ungeschehen zu machen. Der gesunde Egotismus ist daher zögernd, skeptisch, zurückhaltend usw.	Beim neurotischen Egotismus kommt es aufgrund mangelnder Spontaneität und zunehmendem Bedürfnis nach Kontrolle zu ständiger Absicherung und Hinterfragen des eigenen Handelns. Ziel ist es, das „Unbeherrschbare und Überraschende zu vernichten“, alles kontrollierbar und steuerbar zu machen. Die Folge ist, dass der neurotische Mensch sich nicht von der Wahrnehmung seiner selbst lösen kann.

Formen der Kontaktunterbrechung in der Gestalt-Therapie (in Anlehnung an PERLS et al. 2006a, 275 ff. und QUITMANN, 1996)

Unterdrückung zur Gewohnheit und damit zum Bestandteil des Organismus.

Gemäß der Annahmen der Gestalt-Therapie wird beim neurotischen Menschen Wachstum dadurch blockiert, dass er seine ganzen Energien darauf verwenden muss, durch Unterdrückung von Erregungen sein neurotisches Gleichgewicht, aufrechtzuerhalten. Dieser Kraftaufwand verändert den gesamten Charakter: Leben wird zum Überleben: Aggressionen können nicht für das persönliche Wachstum genutzt werden, sondern richten sich letztlich gegen das Individuum selbst und gegen andere.

Der Mensch ist von Grund auf gut und strebt nach Selbstverwirklichung! Das Streben nach persönlicher Fülle ist ein Charakteristikum der menschlichen Existenz!

Formen der Kontaktunterbrechung
Kontaktunterbrechungen können negativen wie positiven Charakter haben. Im Verlauf eines konstruktiven Kontaktprozesses können sie auch Ausdruck von Wachstum des Individuums sein.

9.2.3 Der Klient-zentrierte Ansatz (Carl Ransom Rogers)

Carl Rogers (1902–1987)

> „Der personenzentrierte Ansatz ist in erster Linie eine Seinsweise (a way of being), die ihren Ausdruck in Einstellungen und Verhaltensweisen findet, die ein wachstumsförderndes Klima schaffen. Der Umgang mit dem anderen ist nicht auf Technik oder Methodik fokussiert, sondern von dieser grundlegenden Philosophie getragen. Wenn diese Philosophie gelebt wird, hilft sie der Person, die Entwicklung ihrer eigenen Kapazität zu erweitern. Wenn sie gelebt wird, stimuliert sie auch konstruktiven Wandel in anderen. Sie gibt dem Einzelnen Kraft, und die Erfahrung zeigt, dass die persönliche Kraft, wenn sie gespürt wird, nach persönlicher und sozialer Veränderung strebt." (Carl Rogers, zit. nach Schmid, S. 119)

Bekannt wurde Rogers (1902–1987) vor allem durch die Entwicklung der klientzentrierten Gesprächstherapie und dem etwas weiter gefassten klienten- (oder personen-)zentrierten Ansatz.

Im Mittelpunkt von Rogers theoretischem Interesse stand immer die Therapie, d.h. die Möglichkeit der Veränderung der menschlichen Persönlichkeit im therapeutischen Prozess.

Von fundamentaler Bedeutung für seine gesamte Theorie sind die Auffassungen über den „Organismus", das „Selbst" und die Entwicklung eines gesunden „Selbst". Daher wollen wir die Begriffe im Folgenden kurz erläutern und aufbauend darauf das therapeutische Konzept näher beleuchten.

9.2.3.1 Der Organismus

Eine wesentliche Grundannahme in Rogers Ansatz ist die, dass jeder lebende Organismus mit einer „Aktualisierungstendenz" ausgestattet ist. Damit meint Rogers, dass der Organismus die grundlegende Fähigkeit hat, Erfahrungen, Eindrücke und Reize zu bewerten, – positiv, wenn es die Aktualisierungstendenz unterstützt, bzw. negativ, wenn es ihr zuwiderläuft. Dabei ist die Aktualisierungstendenz gekennzeichnet durch ein Streben nach Zielen wie Gesundheit, Bedürfnisbefriedigung sowie körperliches und seelisches Wachstum usw.

Nach Rogers ist der Mensch von Grund auf „gut". Ein gesundes Individuum wird sich zum einen positiv entwickeln und zum anderen stets konstruktiv und kreativ mit seiner materiellen und sozialen Umwelt auseinandersetzen. Der Mensch strebt stets nach Selbstverwirklichung, wobei Rogers nicht davon ausgeht, dass dieses persönliche Wachstum einen Endpunkt hat, sondern vielmehr einen Prozess darstellt, der sich über das gesamte Leben vollzieht.

Ein grundlegendes Streben im Prozess der Selbstverwirklichung ist für jedes Individuum die Beantwortung von zwei Fragen: Wer bin ich? und „Wie kann ich ich selbst werden?" (Rogers, 1973, S. 128)

Zu werden, „wie man ist", ist jedoch keine leichte Angelegenheit. Denn wir lernen schon relativ früh, wie wir „zu sein haben", damit andere uns mögen, damit wir akzeptiert werden und nicht zuletzt, wie wir uns verhalten müssen, damit wir „geliebt" werden. So bildet sich ein Urwald an Gedanken und unreflektiert übernommenen Werten und Verhaltensweisen, Einstellungen und „Vorurteilen", durch den wir uns hindurcharbeiten müssen, um zu unserem echten Selbst zu gelangen.

Wenn wir es jedoch geschafft haben, ein Vertrauen zu uns als Individuum (zu unserem „Sein") zu gewinnen, und nach und nach in die Lage kommen, eigene Bewertungen zu treffen und eigene Einstellungen und Werte zu entwickeln, frei von den Einflüssen anderer, dann sind wir auf dem Weg zum guten Leben („the good life", ROGERS 2004) als „fully functioning person" (ROGERS, 1965, S. 23). ROGERS nennt dies den „Prozess des Werdens" („process of becoming", ROGERS, 1965).

Doch was ist nun vor dieser Sichtweise unser „Selbst"?

9.2.3.2 Das Selbst

Bevor ROGERS den Begriff des Selbst in seinen Schriften formulierte, beschäftigten sich schon eine ganze Reihe anderer Psychologen und Philosophen mit diesem Begriff. So entwickelte sich das Verständnis vom Selbst grundsätzlich in zwei Richtungen:

- Das Selbst als Objekt (Self-as-object), das die Selbst-Wahrnehmungen und Selbst-Einschätzungen des Menschen bezeichnet.
- Das Selbst als Prozess (Self-as-process), bei dem das Selbst als aktiv Handelnder gesehen wird.

Die psychologischen Prozesse finden nach ROGERS im „phänomenalen Feld" statt. Das phänomenale Feld stellt dabei die vom Individuum wahrgenommene Wirklichkeit dar.

Der Mensch bewegt sich also in „seinem" phänomenalen Feld. In gleicher Umgebung kann sich das, was das einzelne Individuum wahrnimmt oder erlebt, stark von der Wahrnehmung und dem Erleben anderer Individuen unterscheiden. Sowohl bewusste als auch unbewusste Erfahrungen und Einstellungen sind Bestandteil des phänomenalen Felds.

BEISPIEL

Zum Beispiel fallen werdenden Müttern aufgrund ihrer Situation viel häufiger Babys und kleine Kinder in ihrem Umfeld auf, als dies bei nicht schwangeren Frauen in ansonsten gleichem Alter und gleicher Situation der Fall ist.

Die Frauen sind schlicht sensibler für die Wahrnehmung von Situationen, in denen Kinder eine Rolle spielen, weil dies sowohl bewusst als auch unbewusst ein besonderes Thema für sie darstellt. Dies schlägt sich in Gedanken, Bildern und ihrem Verhalten nieder.

Gleichzeitig verändern sich auch die Bewertungen von Erlebnissen oder Kontakten mit Kindern. Vielleicht erscheinen sie stärker emotional oder auch – je nach Befinden oder Erleben der Schwangerschaft – problembehaftet.

Wir gehen wie selbstverständlich davon aus, dass wir Realität von subjektivem Erleben trennen könnten. Aber dies ist nicht – oder zumindest nicht immer – der Fall. Dies führt häufig zu Problemen, z. B. in der Interpretation von Situationen oder auch in der Einschätzung anderer Menschen.

AUFGABE

Überlegen und diskutieren Sie, wann Sie aufgrund Ihrer Wahrnehmung eine falsche Einschätzung getroffen haben, die Sie vielleicht später revidiert haben.

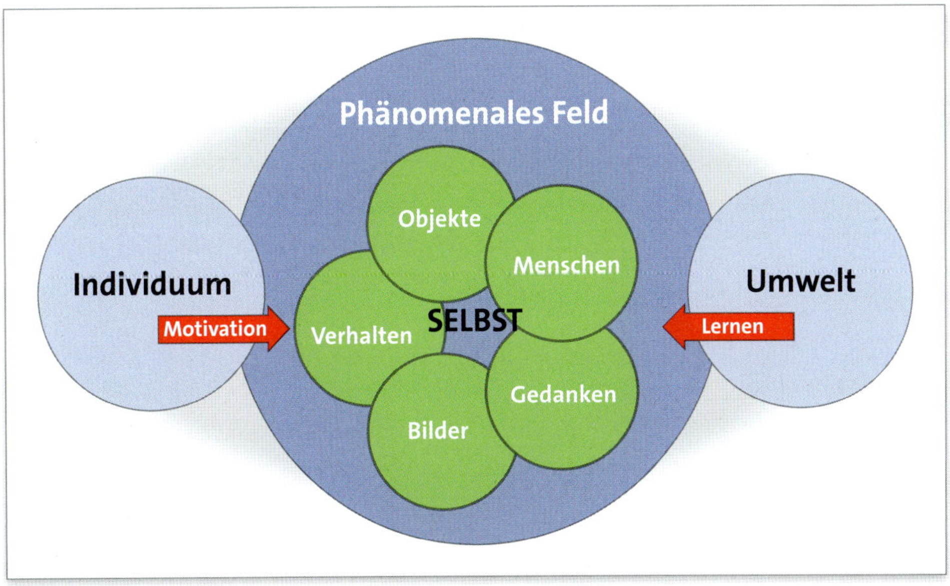

Phänomenales Feld
Das phänomenale Feld ist die „Wirklichkeit", die das Individuum wahrnimmt. Da Wahrnehmung nicht nur von den aus der Umwelt aufgenommenen Reizen, sondern immer auch von den eigenen Erfahrungen und Erlebnissen, Einstellungen, Normen und Werten sowie auch gerade bestehenden Bedürfnissen geprägt ist, ist die vom Individuum wahrgenommene Realität immer subjektiv!

ROGERS geht davon aus, dass der Mensch sich seines subjektiven Bildes der Realität bewusst ist und er dieses im Abgleich mit der Realität bestätigt oder verwirft.

Das „Selbst" prüft also stets die Wahrnehmungen auf Korrektheit und Sinnhaftigkeit. Dies ist aber eine Fähigkeit unseres Selbst, welche sich erst im Laufe der Entwicklung eines Menschen ausformt.

Ein Kind kann seine Wahrnehmungen zunächst noch nicht kritisch überprüfen, dazu muss sein Gehirn bis zu einem gewissen Grad entwickelt sein. Dann müssen Erfahrungen hinzukommen, z. B. die Erkenntnis, dass die eigenen Wahrnehmungen nicht immer korrekt sein müssen. So entwickelt sich im Laufe des Lebens eine immer ausgeprägtere Fähigkeit, subjektive Wahrnehmung und Realität zu überprüfen.

Wichtig in diesem Verständnis vom Selbst ist, dass der Mensch nicht ein Selbst hat, sondern das Selbst ist! Wir, also das, was wir von uns glauben, wer wir sind, sind eine Anhäufung von Erfahrungen, Erlebnissen Gefühlen und Einstellungen. Vieles haben wir in unserer Kindheit durch die Eltern einfach übernommen (Introjektion), welches unreflektiert in unser Selbst übernommen wird, zudem kommen ständig neue Inhalte dazu. So erweitern und festigen wir unser Verständnis von uns selbst.

Der Mensch hat kein Selbst, vielmehr ist er das Selbst!

Nach ROGERS ist daher das Selbst einem ständigen Veränderungsprozess unterworfen, innerhalb seiner Grundstrukturen jedoch konstant und stabil.

Selbstkonzept

Nach ROGERS besteht das Selbst aus einem **organisierten, strukturierten und überdauernden Komplex aus Annahmen und Überzeugungen über uns selbst.** Im Sinne der humanistischen Psychologie steht das Selbst also für das, „was uns als Person ausmacht".
Zwei Faktoren beeinflussen in besonderem Maße unser Selbstkonzept:

1. Erfahrungen in der Kindheit,
2. die Bewertung und Einschätzung durch andere Menschen (insbesondere der Eltern).

Das Selbstkonzept nach ROGERS könnte mit dem FREUD'schen Begriff der „Psyche" oder auch mit der Seele verglichen werden.
(ROGERS verwendet den Begriff „Selbstkonzept" mal synonym, mal unterschiedlich zum Begriff „Selbstbild", dennoch bestehen wichtige Unterschiede, die im Kasten unten erläutert werden sollen.)

9.2.3.3 Real-Selbst und Ideal-Selbst

Ein zentraler Aspekt der Persönlichkeitstheorie ROGERS ist das Selbstkonzept eines Menschen, d. h. die Idee oder Auffassung darüber, wie man selbst ist.

Das Selbst wird nach dieser Definition beeinflusst durch Erfahrungen, die wir in unserem Leben gemacht haben, sowie – noch wesentlicher – durch die Interpretationen, die wir aus diesen Erfahrungen gezogen haben. Besonders wichtig sind frühe Erfahrungen und auch die Bewertung durch andere Menschen. Dies sind in den ersten Jahren vor allem die Eltern, später aber auch Freunde, Lehrer, Kollegen etc.

Nach ROGERS (1959) wollen wir Erfahrungen sammeln, Gefühle erleben und uns so verhalten, wie es unserem Selbstkonzept entspricht und wie wir gerne wären. Dies würde unser Ideal-Selbst widerspiegeln.

Je mehr unser Selbstbild oder das „Real-Selbst" sich unserem **Ideal-Selbst** nähert, umso „kongruenter" (echter) werden wir in unserem Selbst und umso höher steigt unser Selbstwertgefühl.

Ein Mensch fühlt sich dann als „inkongruent", wenn er bestimmte Eigenschaften seines Selbstbilds (im Sinne eines „realen Selbst") nicht für sich akzeptieren kann. Inkongruenz entsteht dann, wenn das Selbstbild vom Idealselbst abweicht. Je stärker die Abweichung dabei ist, desto problematischer wird dies für das Individuum.

Wenn wir von Real-Selbst sprechen, dann muss uns klar sein, dass auch hier der Begriff „Real" nicht mit einer objektiven Realität gleichgesetzt werden darf. Denn auch die Wahrnehmung über mich selbst enthält die gleichen Fehlerquellen wie alle anderen Wahrnehmungen auch.

Aus dem Gesagten lassen sich drei Komponenten des Selbstkonzepts beschreiben:

Selbstbild (Real-Selbst)

Das Selbstbild beschreibt, wie wir uns selbst sehen. Das Selbstbild beinhaltet Körperbild und das Bild unserer Persönlichkeit. In einfachen Worten ausgedrückt, könnte ein Individuum sich beispielsweise für einen guten oder schlechten, einen schönen oder hässlichen Menschen halten. Natürlich sind dies Extreme, die in dieser Form nur selten vorkommen. Die Einschätzungen über uns selbst sind mannigfaltig und spiegeln letztlich eine Gesamteinschätzung über uns selbst wider.

Meist ist es problematisch, uns selbst so zu beschreiben, dass wir unser eigenes Selbstbild vollständig darstellen könnten. Oft ist es eher ein Gefühl, welches wir über uns selbst haben.

In jedem Fall hat das Selbstbild Auswirkungen darauf, wie wir denken und fühlen und uns in der Welt verhalten!

Ideal-Selbst

Das Ideal-Selbst beschreibt, wie wir gerne wären. Es beinhaltet unsere Ziele und Wünsche in unserem Leben. Das Ideal-Selbst verändert sich im Laufe der Entwicklung. Ein junger Mensch hat sicherlich andere Ziele als ein Mensch mittleren oder höheren Alters.

Selbstwert (Selbstwertgefühl)

Das Selbstwertgefühl bezeichnet, welchen Wert wir dem, was wir über uns denken und fühlen, beimessen, immer auch im Abgleich mit dem Ideal-Selbst. Rogers geht – wie Freud auch – davon aus, dass sich das Selbstwertgefühl vor allem in der frühen Kindheit in der Auseinandersetzung mit den Eltern entwickelt. Starke Veränderungen und Abweichungen unseres Selbstbildes vom Ideal-Selbst können unser Selbstwertgefühl immer verändern.

AUFGABE

Versuchen Sie, sich frei zu beschreiben. Ansatzweise stellt dies Ihr Bild von sich selbst dar. Oft ist es dabei hilfreich, das eigene Bild mit dem anderer Menschen über Sie abzugleichen. Manchmal macht man hierbei überraschende Erfahrungen!

Selbstbild, Selbstkonzept und Selbstentwicklung

Die Begriffe Selbstkonzept und Selbstbild tauchen in verschiedenen Disziplinen häufig mit unterschiedlichen Bedeutungen auf. Auch Rogers verwendet beide Begrifflichkeiten unterschiedlich. Oft wird es auch synonym verwendet.
Zum besseren Verständnis des Konzepts wollen wir im Folgenden grundsätzliche Unterschiede aufzeigen:

Selbstkonzept	Selbstbild
• Ansammlung von Begriffen, die das Selbst beschreiben.	• Beinhaltet Gefühle, Erfahrungen, Bedürfnisse
• Beschreibung einzelner Merkmale und Fähigkeiten oder deren Auflistung	• Integration aller Wesensaspekte, auch widersprüchlicher Selbstaussagen
• Kognitives, i. d. R. beschreibbares Wissen über sich selbst	• Beschreibt ein umfassendes ganzheitliches Bild von sich selbst (Gesamtbild), beruhend auf gemachten Erfahrungen
• Antwort auf Fragen wie: Worin bin ich gut? Welche besonders guten oder schlechten Charaktereigenschaften besitze ich?	• i. d. R. nicht komplett verbalisierbar, eher auch gefühlsmäßig
	• Antwort auf die Fragen wie: Was habe ich erlebt? Wie oder was fühle ich in dieser Situation?

Das **Selbstkonzept** ist eine Ansammlung von Begriffen und Vorstellungen, die eine Person beschreiben.

Das **Selbstbild** hingegen beinhaltet zudem viele Erfahrungen, Gefühle, Bedürfnisse, Erfolge wie auch Misserfolge. Daher lässt es sich nicht so gut beschreiben, wie das Wissen über sich selbst im Selbstkonzept. Vieles aus unserem Selbstbild ist vage, nicht greifbar und entsteht eher als Gefühl.

Für eine gesunde **Selbstentwicklung** ist gerade der Austausch zwischen Selbstbild und Selbstkonzept zentral. Denn dieser sorgt dafür, dass das Selbstkonzept immer wieder mit realen Erfahrungen abgeglichen wird, die im Selbstbild gespeichert sind (Künne et al. 2013).

9.2.3.4 Kongruenz und Inkongruenz des Selbst

Nicht immer kann das Ideal-Selbst eines Menschen im Einklang mit dem stehen, was tatsächlich im Leben einer Person geschieht und welche Erfahrungen sie gerade macht. Daher kann ein Unterschied zwischen dem Ideal-Selbst einer Person und tatsächlichen Erfahrungen existieren. Dies bezeichnet Rogers als Inkongruenz.

Wo das Ideal-Selbst einer Person und seine tatsächlichen Erfahrungen über sich selbst im Einklang miteinander oder zumindest sehr ähnlich sind, besteht ein Zustand der Kongruenz. Carl Rogers ist der Ansicht, dass eine Person in einem Zustand der Kongruenz sein muss, wenn sie nach Selbstverwirklichung strebt.

Jeder Mensch will sich in einer Weise verhalten, fühlen und erleben, die im Einklang mit seinem Selbstbild steht und das reflektiert, was er sein und wie er sein möchte: sein Ideal-Selbst.

Alle Menschen erleben ständig ein gewisses Gefühl der Inkongruenz.

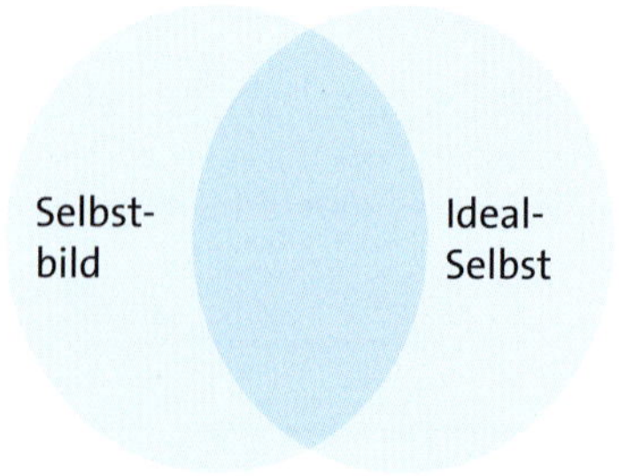

Kongruenz

- Das Selbstbild ist dem Ideal-Selbst sehr ähnlich
- Es gibt große Überschneidungen
- Hier kann Selbst-Aktualisierung stattfinden

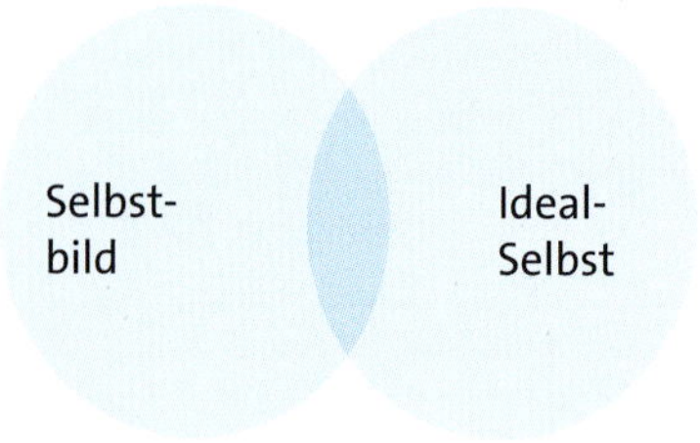

Inkongruenz

- Das Selbstbild unterscheidet sich in starkem Maße vom Ideal-Selbst
- Es gibt nur geringe Überschneidungen
- Selbst-Aktualisierung ist problematisch

„Organismisch“ *bezeichnet* ROGERS *ein Erleben, an dem nicht nur der Intellekt, sondern der ganze Organismus beteiligt ist. Gefühle, sinnliche Wahrnehmung und Körperempfindungen gehören untrennbar zum Erleben und sind eine wichtige Informationsgrundlage. (*ROGERS *1983, S. 38) über das organismische Erleben: „Ich habe gelernt, dass das Gefühl, mit dem mein ganzer Organismus eine Situation wahrnimmt, verlässlicher ist, als mein Intellekt.“*

Konsistenz *bedeutet, dass das innere (seelisch-psychische) und das äußere (sinnlich-körperliche) Erleben einer Situation übereinstimmen.*

Übereinstimmung (congruence) bzw. Nichtübereinstimmung (incongruence) kann es nach ROGERS auf drei verschiedene Weisen geben:

- zwischen dem Selbst, wie es vom Individuum wahrgenommen wird, und dem konkreten organismischen Erleben (Konsistenz),
- zwischen der subjektiven Wirklichkeit des phänomenalen Feldes und der Realität der Welt „draußen“,
- zwischen dem erlebten Selbstbild (real-self) und einem gewünschten Selbst („ideal self“).

Aktualisierungstendenz und Selbstverwirklichung

Aktualisierungstendenz „bezeichnet die dem Organismus innewohnende Tendenz zur Entwicklung all seiner Möglichkeiten. Und zwar so, dass sie der Erhaltung oder Förderung des Organismus dienen“ (ROGERS, 2009, S. 27).

Die Aktualisierungstendenz stellt somit die Grundlage für das Streben nach Selbstverwirklichung dar.

Der Begriff der **Selbstverwirklichung** wurde bereits von KURT GOLDSTEIN in den 30er-Jahren geprägt und meint damit die Entfaltung des eigenen Wesens nach seinen individuellen Möglichkeiten und Talenten (GOLDSTEIN, 1934, S. 235).

Selbstverwirklichung ist in der humanistischen Psychologie das Ziel jeglichen Strebens des Menschen.

Eine Person, deren Selbstbild inkongruent zu ihren wahren Gefühle und Erfahrungen ist, wird sich verteidigen, „weil die Wahrheit wehtut“!

Normalerweise gelangen Differenzen z. B. zwischen Selbstbild und konkreter Erfahrung dadurch ins Bewusstsein, dass der Mensch seine Erfahrungen symbolisiert; es ist aber genauso möglich, dass Erfahrungen nicht symbolisiert werden und dem Bewusstsein vorenthalten bleiben, damit das Selbst-Konzept des Organismus weiterhin mit der Erfahrung übereinstimmt (Konsistenz); denn eine Inkongruenz zwischen Selbstwahrnehmung und Erfahrung stellt eine Bedrohung der Konsistenz dar. Der Organismus wehrt diese Bedrohung ab, indem er die gemachte Erfahrung verleugnet oder verzerrt (Abwehr im tiefenpsychologischen Sinne).

Die Folge ist, dass diese Erfahrungen nicht in die Persönlichkeitsstruktur integriert werden, sondern „außen vor“ bleiben, Angst erzeugen und defensive Prozesse in Bewegung setzen.

ROGERS erklärt die Störungen in der kindlichen Entwicklung genau an diesem Punkt: Unterschied zwischen Selbst und Erfahrung. Allerdings geht er zunächst davon aus, dass es ein zentrales Bedürfnis des Kindes ist, geliebt und anerkannt zu werden, nicht nur von seinen Eltern, sondern von seiner Umwelt schlechthin.

BEISPIEL

Zur Verdeutlichung dieser Prozesse ein Beispiel:

Die Symbolisierung des eigenen Erlebens wird wesentlich dadurch geprägt, wie sie uns – vor allem in der Kindheit – vermittelt worden ist. Hier spielen natürlich die Eltern und andere Bindungspersonen eine besondere Rolle. Die Art, wie diese auf die Erfahrungen des Kindes reagiert haben (später auch des Jugendlichen und Erwachsenen), prägt die Art, wie das Kind diese Erfahrungen symbolisiert. Geschieht dies z. B. empathisch-verstehend und zugleich bedingungsfrei positiv beachtend, kann die entsprechende Erfahrung samt den damit verbundenen Bewertungen vollständig und genau, d. h. „kongruent“, symbolisiert, d. h. im Bewusstsein repräsentiert werden.

Ist dies nicht der Fall, dann erfolgt die Symbolisierung der Erfahrung samt der zugehörigen Bewertung – je nach der Art der Reaktionen der bedeutsamen anderen – inkongruent, d. h. entweder gar nicht, unvollständig oder auch verzerrt.

So kann beispielsweise die Erfahrung „Wut auf Mama", weil dem Selbst nicht entsprechend („Ich darf nicht auf Mama wütend sein"), von der Selbstwahrnehmung ausgeschlossen bleiben, d. h. gar nicht symbolisiert werden (unterdrückt oder verdrängt), oder aber unvollständig symbolisiert als Wut gegen den kleinen Bruder oder als Missstimmung oder schlechte Laune o. Ä. erlebt werden. Verzerrt symbolisiert wäre die Wut dann, wenn sie beispielsweise als Traurigkeit erlebt würde.

9.2.3.5 Selbstwert und positive Wertschätzung als Grundlage eines positiven Selbstkonzepts

Forschungsergebnisse und persönliche Erkenntnisse, die Rogers bei seiner Arbeit gesammelt hat, führten zu einer eigenen Persönlichkeitstheorie, welche letztendlich nicht nur für die Psychologie, sondern auch für die Pädagogik nach wie vor von großer Bedeutung ist.

Nach Rogers hat jedes Kind zwei grundlegende Bedürfnisse: positive Wertschätzung von anderen Menschen (vor allem von den Eltern) sowie Selbstwertgefühl (im Sinne der Entwicklung eines positiven Selbstkonzepts).

Wie wir über uns selbst denken – und damit zusammenhängend unser Selbstwertgefühl – ist von fundamentaler Bedeutung für unsere psychische Gesundheit. Sie bestimmen die Wahrscheinlichkeit, dass wir Ambitionen haben und Ziele in unserem Leben erreichen wollen (Selbstaktualisierung).

Selbstwert muss nach Rogers als Kontinuum angesehen werden. Es reicht von sehr hoch bis sehr niedrig. Für Rogers ist eine Person mit hohem Selbstwert, d. h. mit großem Selbstvertrauen und mit positiven Gefühlen sich selbst gegenüber (Selbstliebe), in der Lage, Aufgaben und Herausforderungen des Lebens zu meistern, Misserfolge und Fehlschläge zu akzeptieren, Trauer und Unglück zu ertragen und insbesondere auch offen für andere Menschen zu sein.

Eine Person mit geringem Selbstwert wird versuchen, Herausforderungen des Lebens zu vermeiden. Auch wird sie mit schmerzhaften Erfahrungen und Trauer nur schwer umgehen können. Im Umgang mit anderen Menschen wird sie zurückhaltend sein und eher dazu neigen, Kontakt abzuwehren.

Rogers ging davon aus, dass es für den Menschen wesentlich sei, von anderen Menschen positiv wertgeschätzt zu werden. Wir wollen geschätzt und respektiert, mit Zuneigung behandelt und geliebt werden. Positive Wertschätzung entsteht durch die Bewertung unserer Person durch andere Menschen im sozialen Umgang.

Rogers unterscheidet dabei die „unbedingte" und die „bedingte" positive Wertschätzung:

Unbedingte positive Wertschätzung (unconditional positive regard) geschieht dort, wo Eltern, Bezugs- und Bindungspersonen (und Therapeuten) die Person für das akzeptiert und liebt, was sie ist – ein menschliches Wesen, welches einen hohen Wert hat, einfach nur deshalb, weil es existiert! Positive Wertschätzung hört auch dann nicht auf, wenn die betreffende Person etwas falsch macht, einen Fehler begeht oder etwas sagt oder tut, womit andere nicht einverstanden sind.

Folge der bedingungslos positiven Wertschätzung ist, dass sich die Person ausprobieren und Fehler machen kann (auch wenn dies manchmal dazu führt, dass die Dinge noch schlimmer werden). Ausprobieren und Fehler machen hat immer etwas mit Entwicklung zu tun und letztlich führt dies in die Richtung der Selbstverwirklichung. Dies gelingt aber nur Menschen, die bedingungslose positive Wertschätzung von anderen erhalten haben – vor allem von den Eltern in der Kindheit.

Bedingte positive Wertschätzung (conditional positive regard) findet statt, wenn Lob und Anerkennung davon abhängen, ob die Person sich in einer Weise verhält, die von den „bedeutsamen anderen" als richtig eingeschätzt wird. Wenn ein Mensch nicht dafür wertgeschätzt und geliebt wird, wer er ist, sondern nur unter der Bedingung, dass er sich in einer von anderen „genehmigten" Weise benimmt, dann „verhält" sich dieser Mensch nur. Wo aber jegliches Verhalten nur von der Genehmigung und vom Urteil anderer Menschen abhängig ist, ist keine Entwicklung möglich!

Symbolisierung
Rogers versteht unter Symbolisierung die Selbstwahrnehmung vor dem Hintergrund von Erfahrungen mit der Umwelt. Das Ergebnis der Symbolisierung ist das Bild davon, wie wir uns selbst sehen.

Selbstwertgefühl
entwickelt sich in der frühen Kindheit und wird vor allem durch die Interaktion mit den Eltern geprägt. Später kommen auch Menschen aus dem näheren Umfeld dazu, die der Heranwachsende für bedeutsam hält („signifikant others"). Dies können Freunde, Lehrer, Trainer oder andere Menschen sein.

Nach Rogers versuchen Menschen, die nur bedingte positive Wertschätzung in ihrer Kindheit erlebt haben, bei Entscheidungen stets die Genehmigung und Rückversicherung anderer Menschen zu suchen. Gleichzeitig konnten sie nie erlernen, Risiken einzugehen und Fehler zu machen, da sie immer in der Angst leben mussten, die Liebe der Eltern zu verlieren.

BEISPIEL

Auf das obige Beispiel bezogen: Wenn das Kind von seinen Eltern unbedingte Wertschätzung erfährt, gibt es keinen Grund für das Kind, die Eigenwahrnehmungen bzw. Eigenerfahrungen abzuwehren.

Erhält es diese Zuwendung und Anerkennung aber nicht, so muss es sich zunehmend an den Werten anderer, z. B. der Eltern, orientieren, weil es ja von der Zuwendung abhängig ist. Das führt dann sehr schnell dazu, dass das Verhalten des Kindes mehr durch die Wertungen anderer als durch die eigene Wertung beeinflusst wird; es entsteht eine Diskrepanz zwischen Verhalten und Erfahrung.

Oft ist es auch so, dass Eltern ihre Liebe, Wärme und Zuneigung sowie ihren Respekt regelrecht davon abhängig machen, ob das Kind Ihren Erwartungen und Werthaltungen entspricht. Das Kind hat dann keine andere Möglichkeit, als seine eigenen Erfahrungen und Gefühle nicht zu beachten, da es ja die Liebe der Eltern nicht verlieren will. Es muss Erfahrungen für gut befinden, die es nicht selbst gemacht hat, und die eigenen Erfahrungen vor dem Bewusstsein leugnen. Das Ergebnis ist, dass sein Selbstkonzept mehr oder weniger viele Elemente aufweist, die „fremd", d. h. nicht Ergebnisse eigener Erfahrungen sind (Quitmann, 1996).

AUFGABE

Vergleichen Sie die genannten Aspekte mit den Formen der Kontaktunterbrechung in der Gestalt-Therapie – welche Ähnlichkeiten finden Sie?

9.2.3.6 Unbedingte positive Wertschätzung und Selbstkonzept: Bedeutung für die Erziehung

Die Grundannahme der humanistischen Psychologie, dass jeder Mensch nach Selbstverwirklichung und Selbstaktualisierung strebt, hat gerade im Kindesalter die größte Bedeutung, da sich das Kind vom ersten Tag an mit seiner Umwelt auseinandersetzt und diese Umwelt in dieser Zeit am stärksten durch die Eltern beeinflusst wird. Die Interaktion mit der Umwelt führt zu Wahrnehmungen über die Welt und über die eigene Person in dieser Welt. So entwickelt jeder Mensch sein Selbstkonzept (in diesem Zusammenhang synonym zu „Selbstbild"). Dieses Selbstkonzept kann je nach dem Erlebten in eine negative oder positive Richtung steuern.

Unter Berücksichtigung und Einfluss von Real- und Ideal-Selbst kann es unter bestimmten weiteren Voraussetzungen zur Entwicklung eines positiven Selbstkonzepts kommen. Rogers nennt hierzu sieben Aspekte, welche vor allem Eltern, Erzieherinnen und Erzieher, Lehrkräfte sowie alle an der Entwicklung von Kindern Beteiligte beachten müssen. Gleiches gilt übrigens auch für Jugendliche und Erwachsene, denn das Selbstkonzept entwickelt sich über das gesamte Leben hinweg.

Die Aspekte sind:

1. Bedingungslose Liebe und Wertschätzung: Das Kind wird so geliebt, wie es ist.
2. Ein partnerschaftlicher Umgang auf „Augenhöhe" der Bezugspersonen mit dem Kind: Bei Entscheidungen sollen die Kinder mit einbezogen werden, auf ihre Bedürfnisse und Sichtweisen soll Rücksicht genommen werden. Hierbei soll aber gleichsam auch der Entscheidungsumfang dem Alter und der Entwicklung des Kindes angemessen sein.
3. Das Interesse am Kind muss „echt" sein: Die Erwachsenen sollten an der positiven Entwicklung des Kindes „wirklich" interessiert sein. Ihr „Erziehungsverhalten" sollte sich nicht stark vom habituellen Verhalten unterscheiden (nicht die „Rolle" des „Erziehers" spielen).
4. Die Möglichkeit für das Kind, eigene Selbstständigkeit und Autonomie zu erfahren, ist wesentlich. Überbehütung, Kontrolle und Bevormundung verhindern die Entwicklung eines positiven Selbstkonzepts. Dem Kind muss es erlaubt sein, Fehler zu machen – und auch die Konsequenzen zu tragen (in dem tiefen Vertrauen, dass es dennoch „geliebt" wird).
5. Dem Kind sollen Entwicklungsimpulse, Ideen, Möglichkeiten geboten werden. Die

Erziehungspersonen müssen dabei lernen, auszuhalten, das Kind Fehler machen zu lassen, jedoch auch – wenn nötig – Unterstützung gewähren.

6. Das Erleben von Sicherheit, Geborgenheit und Zuverlässigkeit sind die Grundpfeiler einer selbstständigen Entwicklung.
7. Der offene Umgang mit eigenen Gefühlen, sowohl beim Kind als auch bei den Bezugspersonen, ist wesentlich für die Entwicklung eines positiven Selbst. Auch von Erwachsenen als negativ bewertete Gefühle, wie Angst, Wut oder Traurigkeit, müssen erlebt und gelebt werden dürfen. Auf keinen Fall sollte das Zeigen von Gefühlen durch die Eltern sanktioniert werden, da hierdurch die Entstehung eines negativen Selbstkonzepts geradezu gefördert wird (Quitmann, 1996).

Hat ein Mensch in seiner Kindheit nur bedingte Wertschätzung erfahren, wird er nicht nur – wie oben beschrieben – keine Risiken eingehen und sich ständig rückversichern wollen, vielmehr wird er sich auch nicht „selbst lieben" können! Alles Verhalten, was in ihm steckt, kommt von anderen. Dieser Mensch konnte niemals ein wirklich eigenes Selbstbild mit allen Stärken und Schwächen, die ihm innewohnen, entwickeln. Er hat nie erfahren, für das geliebt zu werden, was er ist – nämlich ein Individuum, welches aus sich heraus „liebenswert" ist. Die Folge ist, dass auch der Selbstwert nicht von „innen heraus" bezogen werden kann, sondern stets die Bestätigung von außen benötigt. Erhält solch eine Person kein Lob, keine Bestätigung mehr, kommt es im Extremfall zum Auftreten psychischer Erkrankungen und schwerer Selbstwertprobleme.

Die Bedeutung eines positiven Selbstkonzepts soll an dieser Stelle nochmals verdeutlicht werden:

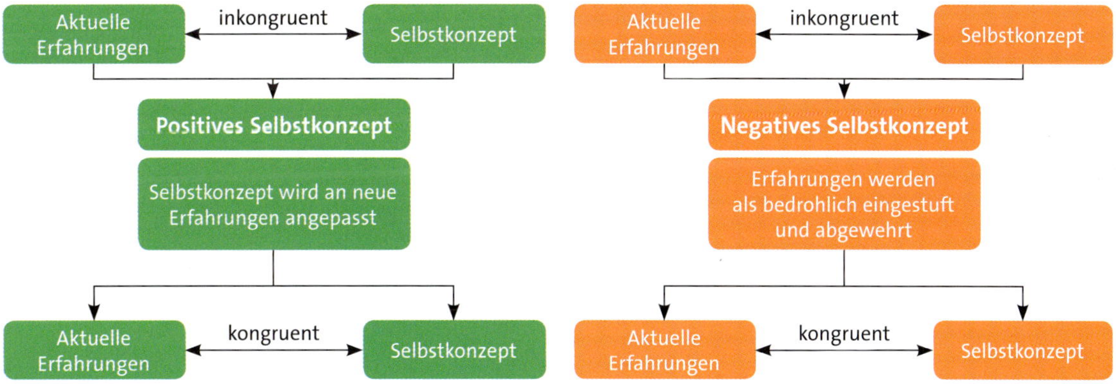

Auswirkungen des Selbstkonzepts auf Konsistenz des Selbst

9.2.3.7 Grundhaltungen in der Gesprächspsychotherapie

Der personenzentrierte Ansatz – Haltung, nicht Methode

Wenn Sie einen personenzentrierten Therapeuten fragen, nach welchen Grundsätzen und Methoden er arbeitet, wird er Ihnen wahrscheinlich in der Art antworten, dass keiner besser wisse, was ihm gut tut und für ihn notwendig ist, als der Betroffene selbst. Von daher könne es nicht um Methoden und Kniffe gehen, sondern vielmehr um „Haltungen". Wir können einander also nicht beibringen, was für uns gut ist. Nicht mit noch so ausgeklügelten Techniken. Aber wir können einander dabei unterstützen, es selbst herauszufinden (Schmid, 2002).

Rogers geht davon aus, dass der Mensch die Fähigkeit und die Tendenz besitzt, sich zu entwickeln, sich selbst zu verwirklichen. Um sich entwickeln zu können, braucht der Mensch Beziehungen, die es ihm ermöglichen, sich so zu zeigen und so zu sein, wie er in Wahrheit ist. Nur dann wird er nach und nach seine vorhandenen Möglichkeiten, Begabungen und Ressourcen zur Verwirklichung seiner Ziele entdecken und nutzen können.

„Die humanistische Psychologie untersucht Verhalten nicht, indem sie es auf Komponenten, Elemente und Subprozesse reduziert, sondern indem sie versucht, Muster in den Lebensgeschichten von Menschen zu sehen, die in sinnhaften Alltagsumwelten handeln“ (ZIMBARDO, 1992, S. 10).

Wenn wir diese Sichtweise zugrunde legen, wird schnell deutlich, dass weniger Methoden und Techniken gefragt sind, sondern vielmehr echte Beziehungen zu offenen und feinfühligen Menschen, die bereit sind, sich auf den anderen wirklich einzulassen, die versuchen, ihn zu verstehen und ihn auf seinem Weg ein Stück zu begleiten.

In der Therapie geht es also darum, nicht als Experte für die Psyche der anderen aufzutreten und schnelle Ratschläge zu erteilen. Der personenzentrierte Therapeut wird versuchen, eine aufrichtige Beziehung mit seinem Gegenüber aufzubauen – von Mensch zu Mensch auf gleicher Augenhöhe. Nur so kann echte Hilfe angeboten und vom anderen auch angenommen werden.

Eine „notwendige und hinreichende Persönlichkeitsentwicklung durch Psychotherapie“, so ROGERS (1957, S. 169), kann „nur in einer Beziehung zustande kommen.“

ROGERS nennt zusammenfassend die grundlegenden Bedingungen für eine positive therapeutische Veränderung der Persönlichkeit:

1. Zwei Personen stehen in Kontakt miteinander.
2. Die erste Person, die wir Klient nennen, befindet sich in einem Zustand innerer Unordnung, Verletzbarkeit oder Angst.
3. Die zweite Person, die wir Therapeut nennen, befindet sich in einem Zustand innerer Übereinstimmung (wenigstens während der Begegnung und bezüglich des Gegenstands der Beziehung mit dem Klienten).
4. Der Therapeut bringt dem Individuum bedingungslose positive Zuwendung entgegen.
5. Der Therapeut bemüht sich um empathisches Verständnis für den inneren Bezugspunkt des Klienten.
6. Der Klient bemerkt – und sei es in noch so geringem Maße – das Vorhandensein der bedingungslosen positiven Zuwendung und des empathischen Verständnisses vonseiten des Therapeuten.

(ROGERS, 1957, S. 372)

Die genannten Begriffe **unbedingte Wertschätzung, Empathie und Kongruenz** sind für ROGERS die „Basisvariablen“ einer jeden therapeutischen Beziehung. Heute gelten diese Grundhaltungen über therapeutische Interventionen hinaus als Grundlagen eines jeden „guten Gesprächs“.

Im Folgenden sollen die **3 Basisvariablen oder therapeutischen Grundhaltungen** genauer beleuchtet werden:

Unbedingte Wertschätzung

Zur unbedingten Wertschätzung wurde schon viel gesagt, hier noch einmal zusammenfassend: Das Gegenüber wird für das geschätzt, was es ist und so, wie es ist – in seinem jeweiligen So-Sein ohne Vorurteil und Wertung. Die Beziehung zum Klienten in der Therapie ist weder neutral noch distanziert, wie wir es aus der Psychoanalyse kennen, sondern gekennzeichnet durch emotionales Engagement – eine Art von Zuneigung, die Kraft hat und die nicht fordert (ROGERS, 1957). Dies bedeutet jedoch nicht, dass der Therapeut auch alles, was der Klient tut, sagt, denkt oder fühlt, ebenfalls für gut befinden muss. Die freie Äußerung von Gefühlen soll dadurch gefördert werden, dass der Therapeut den Klienten in seinem Verhalten und Erleben als eine eigenständige Person achtet und nicht bewertet.

BEISPIEL

Mit den Worten ROGERS gesagt:

„Meine Hypothese lautet hier, dass umso eher eine Weiterentwicklung eintritt, je ausgeprägter der Therapeut eine warmherzige, positive und akzeptierende Haltung den Vorgängen im Klienten gegenüber einnimmt. Dies bedeutet, dass er den Klienten als Persönlichkeit schätzt, und zwar etwa mit jener Gefühlsqualität, die Eltern für ihr Kind empfinden, wenn sie es als Persönlichkeit, ungeachtet seines augenblicklichen Verhaltens, anerkennen. (...) Je bedingungsfreier die positive Wertschätzung, umso erfolgreicher bzw. wirkungsvoller die Beziehung. (...) Er darf also beim Klienten nicht gewisse Empfindungen akzeptieren und andere wiederum ablehnen, sondern soll diesem Menschen mit einer bedingungsfreien positiven Wertschätzung begegnen.“ (ROGERS, 1990, S. 24)

Empathie

Das Ehepaar TAUSCH (1998) definiert Empathie als „einfühlendes, nichtwertendes Verstehen der inneren Welt des anderen“. Sie drücken dieses Verstehen wie folgt aus:

„Eine Person versucht die innere Erlebniswelt des anderen samt seinem Fühlen und persönlichen Bedeutungen, die dieser im jeweiligen Moment erlebt oder die hinter seinen Äußerungen

stehen, zu spüren, wahrzunehmen und sich vorzustellen. Und zwar von der Innenseite des anderen her, so wie dieser seine innere Welt erlebt. Es ist äußerlich gesehen ein sensitives Hinhören auf die Äußerungen des anderen. Darüber hinaus ist es ein intensives aktives Bemühen, sich in den anderen einzufühlen. Was bedeuten für ihn seine Äußerungen? Was fühlt er dabei? Welche persönliche Meinung drückt er damit aus? Was sagen die Äußerungen über sein Selbst? Was ist die tiefere Botschaft seiner Äußerungen? Es ist ein sensibles, einfühlendes. vorurteilsfreies, nichtwertendes und genaues Hören der inneren Welt des anderen. Ein Bemühen, gleichsam unter die Haut des anderen zu schlüpfen, in seinen Schuhen ein paar Schritte in seiner Welt zu gehen. Ein Bemühen, seiner inneren Welt teilhaftig zu werden. Ein Bemühen, die leisen Klopfzeichen des anderen zu hören, etwa seinen kaum wahrnehmbaren Schrei nach Anteilnahme, Zuwendung, Zärtlichkeit und nach Anerkennung seiner kaum ausgesprochenen Bedürfnisse." (Tausch/Tausch, 1998, S. 179)

Auch wenn Rogers selbst keine Handlungsanweisungen für empathisches Vorgehen gegeben hat, ist das „Empathischsein“ seiner Ansicht nach eine subtile und fordernde Art, mit dem anderen umzugehen.

Jobst Finke (2004) hat 5 Stufen des einfühlenden Verstehens beschrieben:

Stufen des einfühlenden Verstehens nach Finke

Im Folgenden sollen die fünf Stufen des einfühlenden Verstehens nach Finke (2004) aufgezeigt werden. Zum besseren Verständnis werden mögliche Therapeutenaussagen für die jeweiligen Stufen genannt.

Aussage einer Klientin (nach Stumm/Keil, 2014, S. 43):

„Als meine Mutter dann wieder ihre vorwurfsvolle Miene aufsetzte, war es, als müsste ich ausrasten. Ich bin einfach weggegangen.“

Einfühlendes Wiederholen (Wiederholen des Gesagten in eigenen Worten):

Der Therapeut versucht die Aussage des Klienten in eigenen Worten wiederzugeben.
Dieses Vorgehen hat zwei Vorteile: Zum einen kann der Klient die Aussage bestätigen oder korrigieren, zum anderen regt das Nachdenken über das Gesagte zur weiteren Selbstexploration an.

Beispiel: *„Diese Vorwurfshaltung hat Sie fortgetrieben.“ „Sie hätten überschäumen können vor Wut.“*

Konkretisierendes Verstehen (Aufgreifen des vorherrschenden Gefühls):
Ähnlich wie in der ersten Stufe wird hier das Gesagte wiederholt, jedoch in erster Linie bezogen auf das Gefühlserleben des Klienten in der konkreten Situation. Dies kann dem Klienten helfen, sich seiner Gefühle bewusster zu werden.

Beispiel: *„Was Sie so aus der Fassung brachte, war der anklagende Blick Ihrer Mutter.“*

Selbstkonzeptbezogenes Verstehen (Aufgreifen des Zusammenhangs zwischen Selbstkonzept und aktuellem Erleben):
Hier bringt der Therapeut das aktuelle Erleben des Klienten mit seinem Selbstkonzept in Verbindung und versucht so, einen Zusammenhang mit den inneren Bewertungen und gefühlsmäßigen Einstellungen des Klienten zu seinem Verhalten oder Handeln herzustellen.
Beispiel: *„Dass Sie so schroff reagierten, war Ihnen hinterher auch etwas peinlich.“*

Organismusbezogenes Verstehen (Ansprechen von Gefühlen und Bedürfnissen am Rande des Gewahrseins):
Der Therapeut versucht auf der Ebene der Empathie grundlegende, meist verdeckte Bedürfnisse des Klienten aufzudecken und diesem so wieder den Zugang zu seinem ursprünglichen Erleben zu öffnen.
Beispiel: *„Da wurde etwas in Ihnen getroffen, das Sie auch ohnmächtig machte“.*

Verdeutlichen des lebensgeschichtlichen Kontexts (Interpretation des Erlebens in einem größeren Sinnzusammenhang):

„Wenn ich wirklich jemanden hören kann, bringt es mich mit ihm in Kontakt. Es bereichert mein Leben. Dadurch, dass ich Leuten wirklich zuhörte, habe ich all das gelernt, was ich über Menschen, über die Person, über Psychotherapie und zwischenmenschliche Beziehungen weiß.“ (Rogers, 1969a, S. 214)

Die vorhergegangenen Stufen waren eng an die konkrete Situation und das entsprechende Erleben angelehnt. In der höchsten Stufe werden nun vom Therapeuten Interpretationen aus Beziehungsmustern und Entscheidungen aus der Vergangenheit des Klienten auf die konkrete Situation bezogen, sodass generelle Verhaltens- und Handlungsmuster bewusst werden können.
Beispiel: *„Sie fühlten sich plötzlich wieder als das ganz kleine Mädchen, das es auch früher der Mutter nie recht machen konnte."*

Je höher die Stufe des einfühlenden Verstehens, umso stärker sollte die Beziehung zwischen Klient und Therapeut sein. Der Klient sollte den Interpretationen des Therapeuten vertrauen und diese auch als stets korrigierbare Hypothese verstehen können."
(FINKE, 2004, S. 36 f; STUMM/KEIL, 2014, S. 43)

AUFGABE

Eine Schülerin mit Prüfungsangst wird seit einiger Zeit therapeutisch begleitet und schildert eine Situation: „Als ich in der Prüfung saß, kam ich mir vor wie ein kleines Mädchen, das vor seinem Vater sitzt und gleich bestraft wird. Das Gefühl hat mir so die Kehle zugeschnürt, dass ich nichts mehr sagen konnte und nur noch in Tränen ausgebrochen bin."

1. Versuchen Sie, die Rolle des Therapeuten zu übernehmen und für jede Stufe nach FINKE einen Antwortsatz zu formulieren.
2. Finden Sie in Ihrem täglichen Umgang mit anderen Menschen Beispiele, in denen Sie sich so verhalten haben, wie Finke es beschreibt. Sie werden sehen, oft verhalten wir uns ganz automatisch personenzentriert – vor allem, wenn uns unser Gegenüber etwas bedeutet und wir in einer „echten Beziehung" stehen.

TAUSCH/TAUSCH (1998, S. 180) erläutern auch, was einfühlendes Verstehen gerade **nicht** ist. Nämlich: keine oberflächlichen, floskelhaften Äußerungen wie „Ich verstehe, was bei dir falsch ist", „Ich verstehe, was dich so handeln lässt", „Ich verstehe schon, was du meinst, aber…", „Ich habe so etwas Ähnliches erlebt wie du, aber ich habe es anders gelöst".

Das Ehepaar TAUSCH sagt damit aus, dass es in einer (therapeutischen) Beziehung keinesfalls darum geht, das Erleben des anderen zu analysieren oder zu diagnostizieren. Es soll keine Bewertung des Gegenübers stattfinden und vor allem hat einfühlendes Verstehen nichts damit zu tun, den anderen zu beeinflussen und in seinem Verhalten und Denken zu manipulieren (TAUSCH/TAUSCH, 1998). Umgekehrt darf Empathie oder einfühlendes Verstehen auch nicht mit „Verständnis" oder gar „Mitgefühl" verwechselt werden; auch nicht mit Passivität oder Schweigen, Zustimmen, ohne wirklich „beim Menschen zu sein".

Auch ROGERS erkannte früh, dass die Forderung nach empathischem Verhalten große Probleme mit sich brachte, weil darunter völlig unterschiedliche Aspekte verstanden wurden. Viele Therapeuten machten aus der Haltung des einfühlenden Verstehens eine Formulierungstechnik. Diese finden sich auch heute noch vielfach in Büchern und auf Internetseiten zur „guten Kommunikation".

Die Meinung ROGERS hierzu war eindeutig:

„Ich kann nur hoffen, dass die (...) Darstellung der Empathie als therapeutische Haltung endlich ausreichend meinen Standpunkt verdeutlicht, wonach ich keineswegs eine hölzerne Technik des Pseudoverstehens befürworte, bei welcher der Berater lediglich „widerspiegelt, was sein Klient soeben gesagt hat". Ich war nicht wenig entsetzt über die Interpretation meines Ansatzes, wie sie sich mitunter in die Ausbildung und Fortbildung von Beratern eingeschlichen hat." (ROGERS, 1962, S. 185)

An gleicher Stelle schreibt er zum Erfolg der therapeutischen Bemühungen bei gelingender, echter Empathie:

„Ich glaube, dass Veränderung mit Wahrscheinlichkeit eintritt, wenn der Therapeut das Erleben erfassen kann, das in der inneren Welt des Klienten von Augenblick zu Augenblick abläuft; wenn er es sieht und fühlt wie der Klient, ohne aber die Eigenständigkeit einer Identität in diesem Prozess des Einfühlens zu verlieren."
(ROGERS, 1962, S. 185)

Das bedeutet, dass jemand in einer Therapie oder einem Gespräch dann Empathie zeigt, wenn er, wie ROGERS es ausdrückt, die innere Welt des anderen so verspüren kann, als wäre es seine eigene. Einfühlendes Verstehen oder Empathie ist somit ein intensives Bemühen um den anderen. Häufig, so ROGERS, kommt es dazu, dass der Helfer tief berührt und beeinflusst wird. Als Therapeut oder Gesprächspartner gilt es, die Gefühle des anderen zwar wie die eigenen zu verspüren, jedoch sich gleichsam nicht in diese Gefühle mit zu verstricken, d. h. auch wütend zu werden, Angst zu bekommen usw.

Einfühlendes Verstehen ist sofort „Methode" oder „Handwerk", wenn der Gesprächspartner er selbst sein kann, d. h. „nicht echt ist".

Kongruenz (Echtheit)

Als wichtigste Grundlage eines fruchtbaren Gesprächs oder einer gelingenden Therapie sah ROGERS die **Kongruenz**, d. h. die Echtheit des Verhaltens. Einfühlendes Verstehen, z. B. ist in therapeutischen Gesprächen nur dann hilfreich und fördert die persönliche Entwicklungen des Klienten, wenn es nicht als „Technik" praktiziert wird, sondern wenn es Ausdruck der „Haltung" des Therapeuten ist.

Doch was versteht man unter Kongruenz? ROGERS versteht darunter, dass es wichtig ist, dass der Therapeut keine Rolle spielt, sondern so sein kann, wie er tatsächlich ist. Der Therapeut „spielt" nicht den Experten, der auf alles eine Antwort weiß, sondern lebt offen seine Gefühle und Einstellungen, äußert das, was ihn gerade in der Beziehung zum Gegenüber bewegt. Er ist ganz er selbst. Nur so kommt eine echte Begegnung von Person zu Person zustande und nur in solch einer echten Begegnung kann ein Gespräch fruchtbar sein.

BEISPIEL

„Nur indem ich mich meiner Realität stelle und diese anbiete, kann die Beziehung eine reale sein und wird das Gegenüber versucht sein, seine eigene Realität aufzusuchen." (ROGERS, 1989a, S. 47)

Zur Bedeutung der Echtheit in Bezug auf die Basisvariablen meint ROGERS: „Echtheit scheint die grundlegendste zu sein; die beiden anderen sind wichtig, aber wahrscheinlich weniger." (ROGERS, 1991a, S. 193)

Einschränkend fügt er hinzu, dass es wohl niemanden gibt, der dies bis zur Vollkommenheit beherrscht. Wenn aber der Therapeut in sich hineinhorcht, erkennt, was ihn bewegt und um die Komplexität seiner Gefühle weiß, ist die Übereinstimmung mit sich selbst umso größer.

Im Gegensatz zur Psychoanalyse sollen sich Klient und Therapeut auf Augenhöhe begegnen. Diese Sichtweise soll auch Grundlage für jegliche therapeutische Vorgehensweise sein. Wenn der Therapeut willens und auch in der Lage dazu ist, Echtheit in der Beziehung zum Klienten zu leben – auch in dem Wissen, dass es nicht zu einhundert Prozent gelingen wird – dann kommt es zu einer echten zwischenmenschlichen Begegnung, die etwas bedeutet und in der beide, Klient und Therapeut, etwas hinzulernen und sich weiterentwickeln. Hier nähert sich ROGERS sehr dem Verständnis der Ich-Du-Beziehung von BUBER.

Klientenzentriert oder Personenzentriert? Therapeut oder Berater?

„The good life is a process, not a state of being. It is a direction not a destination" (ROGERS, 1967, p. 187).

Es hat Sie vielleicht etwas verwirrt, dass im Zuge dieses Unterkapitels über CARL ROGERS immer wieder die Begriffe klientenzentriert und personenzentriert, Therapeut und Berater fielen, ohne dass ein Unterschied zwischen ihnen gemacht wurde. Dies hat etwas mit der jahrzehntelangen Entwicklung von ROGERS' Konzept zu tun. Zunächst nannte er nämlich seinen Ansatz „non-direktive Therapie". Seine Erkenntnisse aus den Therapien, die er durchführte, ließen ihn glauben, dass man den Klienten vor allem nicht in seinem Denken und Fühlen lenken dürfe (im Sinne „Ich bin der Experte und Du der Hilfe suchende Patient!"). Diese Bezeichnung führte aber dann dazu, dass viele Anwender sich nicht mehr trauten, überhaupt gezielte Fragen zu stellen, nur noch Fragefloskeln benutzten oder gar desinteressiert wirkten. In einer zweiten Entwicklungsphase benannte er daraufhin sein Konzept in „klientenzentrierte Therapie" um. Schließlich kam er zu der Überzeugung, dass eine fruchtbare Therapie nur dann zustande kommen kann, wenn sich Therapeut und Klient auf Augenhöhe gegenüberstehen. Deshalb wurde aus dem Begriff „Klient" der Begriff „Person".

Auch die Begriffe Therapie und Beratung beziehen sich bei ROGERS auf sehr ähnliche Bereiche und ebenso ähnliche Gesprächsgrundsätze. Man kann sogar so weit gehen, dass jedes hilfreiche Gespräch die Berücksichtigung der Grundsätze ROGERS verlangt.

Im allgemeinen Verständnis geht es aber in der Therapie gezielt um die Behandlung von psychischen Erkrankungen oder schwerwiegenden Störungen, während die Beratung sich eher um die Bearbeitung aktueller Lebensprobleme dreht. Dies zeigt sich auch an der Dauer der jeweiligen Formen: Eine Therapie kann Monate bis Jahre in Anspruch nehmen, während eine Beratung in der Regel nur einige Sitzungen benötigt (aber je nachdem auch länger andauern kann).

9.2.4 Themenzentrierte Interaktion (TZI) nach RUTH COHN

9.2.4.1 Entstehung und Grundlagen der themenzentrierten Interaktion

RUTH C. COHN (1912–2010)

Während wir uns bei den bisherigen Konzepten der humanistischen Psychologie stets im Bereich der Psychotherapie bewegten, kommen wir mit dem Ansatz der „themenzentrierten Interaktion" nach RUTH COHN (1912–2010) zu einem stärker pädagogisch ausgerichteten Konzept. Wie alle Ansätze der humanistischen Psychologie ist auch dieser wiederum stark anwendungsbezogen.

Genau wie GOLDSTEIN, PERLS und viele andere Vertreter der humanistischen Psychologie kam auch RUTH COHN aus der psychoanalytischen Lehre. Und wie auch die anderen übte sie Kritik an den Ansätzen FREUDS, insbesondere richtete sich ihre Kritik auf die Beziehung zwischen Therapeut und Klient.

Übertragung und Gegenübertragung

Als Übertragung wird in der Psychoanalyse der Vorgang bezeichnet, wenn ein Mensch in einer (therapeutischen) Situation Gefühle von Erlebnissen aus seiner Kindheit auf andere Personen (z. B. den Therapeuten) überträgt.

Wenn eine Person (z. B. ein Therapeut oder Lehrer) daraufhin ihre eigenen erlebten Gefühle wiederum auf das Gegenüber zurücküberträgt, wird dies „Gegenübertragung" genannt. Die meist unbewusste Übertragung von Gefühlen auf den Therapeuten ist in der Therapie durchaus gewünscht, da so das ursprüngliche Erlebnis und das daraus entstehende Gefühl bewusst gemacht und bearbeitet werden kann.

Bei der Gegenübertragung ist dies aber nicht so einfach, da die Ursache der entstehenden Gefühle dem Therapeuten ja auch unbewusst ist. So kann dies die Beziehung zum Patienten erheblich stören. Gleiches gilt natürlich auch für das Schüler-Lehrer-Verhältnis!

(Für Therapeuten ist es deshalb wichtig, eine „Lehranalyse" durchgeführt zu haben, um sich solchen Gegenübertragungsphänomenen bewusst werden zu können.)

COHN bemängelte vor allem die menschliche Ungleichheit zwischen Therapeut und Klient während der psychoanalytischen Sitzung: Der analytische Therapeut tritt als Mensch nicht in Erscheinung. Während der Patient sich öffnen soll, schweigt der Therapeut, sitzt hinter dem Patienten als übermächtige und geheimnisvolle Macht. COHN prangerte diese Übermacht an: Probleme hat nur der Klient, der Therapeut ist über jeden Makel erhaben. Ein, wenn auch nur scheinbares Miteinander gibt es nur in den Punkten, wo der Therapeut eigene Gedanken zu einer Äußerung des Patienten anbringt.

COHN entwickelte früh in ihrem Schaffen ein Menschenbild, welches sie nicht in Einklang mit den Lehren der Psychoanalyse bringen konnte. Aus der Gestaltpsychologie übernahm sie die Erkenntnis, dass der einzelne Mensch eine Ganzheit darstellt, „die mehr ist als die Summe ihrer Teile, und er selbst ist Teil einer Gemeinschaft, die mehr ist als die Summe aller Einzelnen" (COHN, 1979, S. 873). Und gleichsam als Basis ihrer weiteren Arbeit postulierte sie – in Übereinstimmung mit der existenzialistischen Sichtweise BUBERS – „Jedes ICH lebt in DUs, in WIRs und dem Universum" (COHN, 1979, S. 874). Aus dieser Sichtweise wird deutlich, dass COHN nicht nur den Menschen als Ganzheit sieht, sondern auch die Ganzheit des Universums. Also eine tiefe Eingebundenheit des einzelnen Menschen in die Welt.

Aus der humanistischen Psychologie übernimmt sie die Ansätze, dass der Mensch

1. als Ganzheit mit seinem Erleben im Hier und Jetzt im Mittelpunkt steht,
2. nach lebenslangem Lernen strebt (im Sinne der Selbstverwirklichung),
3. Werte und Würde besitzt, die es zu betonen gilt,
4. Ressourcen und kreative Möglichkeiten innehat,
5. nach gleichrangigen, echten und wertschätzenden sozialen Beziehungen strebt.

Obgleich sie die Psychoanalyse kritisierte, nutzt sie zentrale Erkenntnisse daraus auch für ihren eigenen Ansatz. Vor allem das **Phänomen der Gegenübertragung** spielt in ihrem Konzept der TZI eine große Rolle, da sowohl im therapeutischen als auch im pädagogischen Bereich stets Gegenübertragung stattfindet.

RUTH COHN berichtet, dass sie selbst immer wieder mit diesem Phänomen zu kämpfen hatte. In einem von ihr initiierten Workshop zum Thema Gegenübertragung öffnete sie selbst sich den Teilnehmern und offenbarte eine eigene Problematik, die sie mit einer Patientin hatte, da sie mit ihr keine gute Beziehung aufbauen konnte. Ihre Gegenübertragung bestand darin, dass sie die Patientin, sie war eine Chemie-Professorin, als viel schlauer erlebte als sich selbst. Dieses Gefühl hatte sie bereits als Kind gegenüber ihrem eigenen Vater, was sie in ihrer therapeutischen Haltung verunsicherte.

In diesem Workshop, so berichtete sie später, fühlte sie sich „zum ersten Mal nicht nur als Therapeutin oder Lehrerin der Gruppe, sondern als Partner im Leben. Dies verminderte nicht meine Funktion als Leiterin der Gruppe, weder in der Einzel- noch in der Gruppentherapie noch in der sich langsam entwickelnden Methodik der themenzentrierten Interaktion" (COHN, 1994, S. 351).

COHN sah die Gegenübertragung als so wichtig an, dass sie diese zu einem Kernaspekt ihres Ansatzes machte: „Die Intensivierung persönlicher Kommunikation und unmittelbarer Begegnung ist die Fortführung der Auffassung FREUDS von Übertragung und Gegenübertragung als aktive Elemente der Vergangenheit in der Gegenwart." (COHN, 2009, S. 87)

AUFGABEN

Das soeben genannte Zitat ist vielleicht nicht direkt eingängig, aber dennoch für das Verständnis von sozialem Miteinander sehr wichtig.

Diskutieren Sie die Bedeutung dieses Satzes mit einer Partnerin oder einem Partner, indem Sie geeignete Beispiele aus Ihrer eigenen Erfahrung heranziehen.

Befragen Sie ruhig auch Ihre Lehrkraft, ob sie auch Erfahrungen der Gegenübertragung bei Schülerinnen und Schülern erlebt hat!

Vergleichen Sie danach auch Ihre Erkenntnisse mit dem Abschnitt „Die Rolle der Gruppenleitung".

9.2.4.2 Das Vier-Faktoren-Modell der TZI

Nach dem Verständnis der TZI sind es vier verschiedene Faktoren, die die Prozesse und Interaktionen in allen sozialen Situationen bestimmen.

1. Die zu bearbeitende Sache, der Inhalt, die Aufgabe oder der Lernstoff – RUTH COHN nennt dies das **ES**
2. Jede einzelne Person der Gruppe mit ihrer Lebensgeschichte und ihren individuellen Anliegen, Gefühlen, Wünschen, Ängsten und Kompetenzen – das **ICH**
3. Die Beziehungen und Interaktionen zwischen allen Beteiligten – das **WIR**
4. Die Rahmenbedingungen, das Umfeld, (z. B. Zeit, Ort sowie historische, soziale und infrastrukturelle Gegebenheiten) innerhalb derer die Menschen leben und agieren – der **GLOBE**, also der Globus

RUTH COHN berichtet in einem ihrer Bücher:

„Eines Nachts [...] träumte ich von einer gleichseitigen Pyramide. Im Aufwachen wurde mir sofort klar, dass ich die Grundlage meiner Arbeit ›erträumt‹ hatte. Die gleichseitige Traumpyramide bedeutete mir: Vier Punkte bestimmen meine Gruppenarbeit. Sie sind alle vier miteinander verbunden und gleich wichtig. Diese Punkte sind:

- *die Person, die sich selbst, den anderen und dem Thema zuwendet (= Ich);*
- *die Gruppenmitglieder, die durch die Zuwendung zum Thema und ihre Interaktion zur Gruppe werden (= Wir);*
- *das Thema, die von der Gruppe behandelte Aufgabe (= Es);*
- *das Umfeld, das die Gruppe beeinflusst und von ihr beeinflusst wird – also die Umgebung im nächsten und weitesten Sinn (= der Globe)"*

(FAHRAU/COHN, 1984, S. 343)

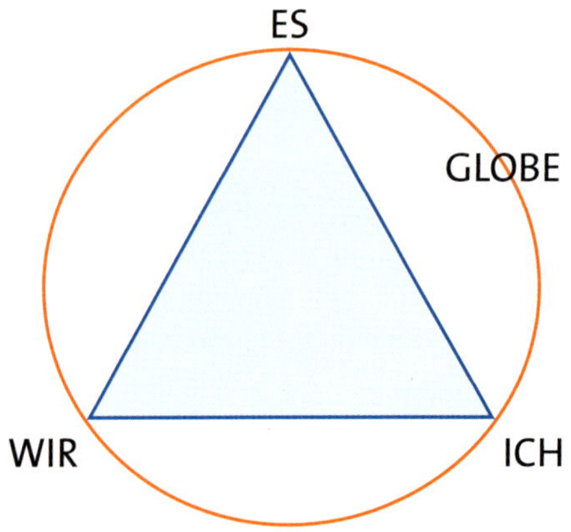

Das Vier-Faktoren-Modell der themenzentrierten Interaktion nach Ruth C. Cohn

Als Symbol für das gleichzeitige Wirksamwerden dieser vier Faktoren hat Ruth Cohn das Dreieck in der Kugel gewählt. Diese vier Faktoren sind überall wirksam, wo Menschen miteinander leben und arbeiten – sei es innerhalb der Familie, in Gruppen, Klassen, Teams, Arbeitskreisen usw.

Jeder der vier Faktoren wird von Ruth Cohn als gleichwertig betrachtet und behandelt. Es ist die Aufgabe der Gruppenleitung, Strukturen und Themen zu setzen, die unter Berücksichtigung der Umwelteinflüsse (des Globe) ein fluides, dynamisches Gleichgewicht zwischen dem Inhalt (Es), um den es jeweils geht, den Bedürfnissen und Anliegen des Einzelnen (Ich) und der Interaktion zwischen den Teilnehmenden (Wir) ermöglichen.

Gelingt diese dynamische Balance, dann wirkt sie, so Cohn, als Motor für lebendige Lern- und Kommunikationsprozesse. Kommunikation wird dabei jedoch nicht als Selbstzweck angesehen, sondern dient stets der gemeinsamen Bearbeitung des Themas (nicht umsonst nennt Ruth Cohn ihre Methode themenzentrierte und nicht Ich- oder Wir-zentrierte Interaktion).

Die Kunst der Leitung und auch der Gruppe (oder der Gesprächspartner im Dialog) ist es nun, das Thema so zu formulieren, dass es den einzelnen Personen ihren Zugang zum Arbeitsanliegen eröffnet und es den Austausch untereinander unterstützt. Ein adäquat formuliertes Thema macht deutlich, wo die einzelne Person bzw. die Gruppe gerade steht.

In gewissem Sinne ist die Formulierung des Themas, das ja immer nur ein Angebot an die Gruppe sein kann, ähnlich dem Vorgang der Deutung in der Psychoanalyse.

Dort wird nämlich das Thema des Patienten, welches aktuell und gegenwärtig ansteht und bearbeitet werden muss, thematisiert. In der themenzentrierten Interaktion kann dies die Arbeit an der Sache, am einzelnen Gruppenmitglied, an den Beziehungen der Teilnehmenden untereinander, an den Umweltbedingungen oder auch an einer vorliegenden Störung sein.

9.2.4.3 Axiome, Postulate und Hilfsregeln der TZI

Cohn ging in ihrem Denken stets davon aus, dass der Mensch untrennbar in seine Umwelt eingebunden ist. So kommt es immer wieder zu Wechselwirkungen zwischen Person und Umwelt mit einer Vielzahl von Einflüssen und Veränderungen. Dies stellt eine systemische Sichtweise dar. Jede Gruppe, ob groß oder klein, stellt ein System dar. Und da jedes Teil des Systems auf das andere einwirken kann, kann und muss auch jedes Mitglied des Systems Verantwortung für sein Tun und Lassen übernehmen.

Das Ziel der TZI ist es, dem Menschen bewusst zu machen, dass nur er selbst entscheiden kann, ob und was er verändern möchte – dies sowohl innerhalb der Person selbst als auch in der Welt! Gleichzeitig gilt es auch, sich bewusst zu werden, dass nicht alles verändert werden kann und als gegeben hingenommen und akzeptiert werden muss. Oder auch, was der Mensch selbst verändern kann und wo er andere Menschen und deren Hilfe benötigt.

Obgleich Ruth Cohn aus dem therapeutischen Umfeld der Psychoanalyse stammt, ging sie lange Zeit von der Sichtweise aus, dass die TZI eher ein pädagogischer Ansatz sei. Es wird aber aus dem Gesagten bereits deutlich, dass die TZI vielfältig Anwendung finden kann.

Die Grundlage der TZI – Die drei Axiome

Ruth Cohn hat drei Axiome festgelegt, die die Grundlage der TZI bilden sollen:

1. **Der Mensch ist autonom und interdependent**
   Ruth Cohn geht davon aus, dass der Mensch immer selbstständig und abhängig zugleich ist. Auf der einen Seite ist er autonom, weil er eigene Entscheidungen treffen kann und sein Tun selbst steuert.

Auf der anderen Seite jedoch ist er interdependent (d.h. „wechselseitig abhängig"), denn lebt in einer (Um-)Welt mit vielfältigen und wechselseitigen Abhängigkeiten. Je größer das Bewusstsein des Menschen über diese Abhängigkeiten, umso größer wird seine Autonomie (SCHUMACHER, 2011).

2. **Allem Lebendigen gebührt Wertschätzung und Respekt**
   „Ehrfurcht gebührt allem Lebendigen in seinem Wachsen und Vergehen" (ZITTERBARTH, 2001, S. 102). Diese Sichtweise fordert den Menschen auf, sich ihrer Werte bewusst zu werden und Entscheidungen hinsichtlich der eigenen Bedürfnisse, aber auch der der anderen zu treffen. Dies erfordert sowohl den Respekt vor dem eigenen Leben als auch dem der anderen.

3. **Der Mensch lebt im Spannungsfeld von Freiheit und Bedingtheit**
   Der Mensch kann und muss sich entscheiden, dies ist eine der Grundaussagen der humanistischen Psychologie. Nach COHN entscheidet einerseits der Mensch frei, andererseits bestehen zu jeder Zeit aber innere und äußere Grenzen für diese Entscheidungen. COHN ist der Überzeugung dass diese Grenzen erweiterbar sind. Voraussetzung dafür ist aber, dass der Mensch sich dieser Entscheidungen bewusst wird. Erst durch die Bewusstwerdung der Grenzen können sie überschritten werden.

Die existenziellen Daseinspostulate

Auf dieser Basis baute nun RUTH COHN zwei Hauptpostulate auf, die als gezielte Verhaltens- bzw. Handlungsanweisungen gelten können:

1. **„Sei deine eigene Chairperson!"** (ursprünglich: „Chairman")
   Mit dieser Aufforderung sollen wir uns unsere innere und äußere Wirklichkeit bewusst machen. Vor dem Hintergrund, d.h. dem Bewusstsein der Wahrnehmung unserer Sinne, Gefühle und Gedanken, sollen wir uns selbst besser verstehen lernen. Wenn wir unsere Beweggründe, unser Erleben selbst besser verstehen können, können wir auch besser mit unserer Umwelt umgehen. Wie wir bereits gelernt haben, gehört es untrennbar zum Menschsein dazu, dass unsere Selbstbestimmung inneren und äußeren Beschränkungen unterliegt. Wenn wir uns „Innen" und „Außen" und deren Wechselwirkungen bewusst machen können, gelingt es uns auch, ein selbstbestimmtes Leben zu führen.

2. **„Störungen und Betroffenheiten haben Vorrang"**
   Ablenkungen, Beeinträchtigungen und Hindernisse bei der Verfolgung eines Ziels (dies kann ein gutes Gespräch sein oder aber auch z.B. Unterricht) müssen als Realität anerkannt werden. Es geht dabei darum, diese Beeinträchtigungen und Probleme wahrzunehmen und Möglichkeiten zu suchen, sie zu lösen bzw. zu überwinden. Störungen, die die Zuwendung zu sich selbst, zu einer anderen Person, Gruppe oder Sache blockieren, können sowohl innerer (körperlich, unbewusst, emotional oder rational) als auch äußerer (physikalisch, sozial, wirtschaftlich, politisch, atmosphärisch) Art sein. Erst wenn diese Hindernisse beachtet und beseitigt worden sind, kann das eigentliche Ziel weiterverfolgt werden. Denn so wie RUTH COHN sagt, haben Störungen deshalb Vorrang, weil sie sich den Vorrang nehmen (RUBNER, 2012).

Diese beiden Postulate sollen im Folgenden genauer erläutert werden:

Das **erste Postulat** steht für zwei Dinge: Zum einen bin ich sowohl verantwortlich für mich selbst als auch meiner individuellen Welt gegenüber. Ich muss mir **meiner** Gedanken, Gefühle und Körperaktionen bewusst werden. Gleichzeitig geht es auch um meine Verantwortlichkeit der **Umwelt** gegenüber. Was wird von mir erwartet?

Im nächsten Schritt muss ich das Vorhandensein meiner inneren und äußeren Bedingungen akzeptieren. Ich akzeptiere, dass die Gefühle vorhanden sind, und muss nun entscheiden, wie ich damit umgehen möchte. Für meine Entscheidung bin ich alleine verantwortlich!

RUTH COHN sagt hierzu: „Übe dich, dich selbst und andere wahrzunehmen, schenke dir und anderen die gleiche menschliche Achtung, respektiere alle Tatsachen so, dass du den Freiheitsraum deiner Entscheidungen vergrößerst. Nimm dich selbst, deine Umgebung und deine Aufgabe ernst. Meine eigene Chairperson zu sein bedeutet, dass ich mich als einzigartiges, psycho-biologisches, autonomes Wesen anerkenne – begrenzt in Körper und Seele, in Raum und Zeit und lebendig im lernenden, schaffenden Prozess, ich bin verantwortlich für meine Anteilnahme und meine Handlungen, nicht aber für die der anderen. Ich kann jedoch anbieten und biete an, so gut ich kann. Ich bin nicht allmächtig; ich bin nicht ohnmächtig; ich bin partiell mächtig. Und ich bin immer nur meine eigene Leitperson und nie die des anderen, außer wenn dieser seine Bewusstheit verliert oder noch nicht erreicht hat." (Cohn, 2013, S. 121)

Das „Chairmanpostulat" kann als oberste Direktive der TZI angesehen werden. Wenn es uns gelingt, diese Forderung an uns selbst zu erfüllen, sind wir auf einem guten Weg, eine, wie Rogers sagt, „fully functional person" zu werden. Daher ist dieser Leitspruch viel mehr als eine Handlungsanweisung. Er geht tief in die Persönlichkeit hinein und bedarf guter Selbstreflexion und Selbsterfahrung. Daher sind wir entgegen der ursprünglichen Sichtweise Cohns schon über eine reine pädagogische Sichtweise hinaus, sondern sehr nahe an einer psychologisch-therapeutischen, nämlich der Persönlichkeitsbildung.

„Ich bin nicht allmächtig, ich bin nicht ohnmächtig, ich bin partiell mächtig, und es ist in meiner Verantwortung, diese partielle Verantwortung zu übernehmen!" (Ruth Cohn)

Das **zweite existenzielle Postulat** besagt: „Beachte Hindernisse auf deinem Weg, deine eigenen und die von anderen. Störungen haben Vorrang." (Cohn, 2013, S. 121)

Unter „Störungen" (im englischen Original „disturbances and passionate involvements") versteht Cohn etwas, was als wichtig und bedeutsam akzeptiert werden muss. Sie vertritt die Auffassung, dass Langeweile, Unkonzentriertheit, Unaufmerksamkeit (z. B. Dazwischenreden, Geräusche machen, mit dem Nachbarn reden usw.) genauso wie störende Geräusche, schlechte Luft oder Laune, Sympathie für bzw. Antipathie gegen ein Gruppenmitglied „als Phänomen der Realität wahrgenommen und akzeptiert werden" (Quitmann, 1996, S. 196) muss.

Cohn drückt dies folgendermaßen aus: „Störungen fragen nicht nach Erlaubnis, sie sind da: als Schmerz, als Freude, als Angst, als Zerstreutheit; die Frage ist nur, wie man sie bewältigt. Antipathien und Verstörtheiten können den Einzelnen versteinern und die Gruppe unterminieren; unausgesprochen und unterdrückt, bestimmen sie die Vorgänge in Schulklassen." (Cohn, 1984, S. 360)

Wenn wir also Störungen nicht thematisieren, nehmen sie immer mehr Platz ein und steuern dann sogar das Gesamtgeschehen. Wir treffen dann nicht mehr unsere Entscheidungen aufgrund sachlicher Überlegungen, sondern auf der Basis der Gefühle, die die Störungen hervorgerufen haben!

BEISPIEL

Hierzu ein kurzes erläuterndes Beispiel:

Ihr Lehrer spricht mit Ihnen über ein politisches Thema und es kommt eine Diskussion in Gange. Einer Ihrer Mitschüler vertritt eine sehr gegensätzliche Meinung wie Sie, dabei wird er laut und unsachlich. Sie spüren, dass in Ihnen Zorn aufsteigt. Nicht so sehr wegen der Meinung, sondern eher wegen der Art, wie der Mitschüler die Meinung vertritt. Am liebsten würden Sie aufstehen und den Raum verlassen. Umgekehrt würden Sie ihm aber auch gerne die Meinung sagen.

Ruth Cohn vertritt nun die Ansicht, dass Sie gemäß dem „Chairmanpostulat" alleine dafür verantwortlich sind, ob Sie nun Ihre Gefühle aushalten oder handeln. Dies jedoch immer vor den Regeln der Achtung, des Respekts und eben auch den Anforderungen der Umwelt entsprechend.

Gleichzeitig trifft hier aber auch das „Störungspostulat" zu: Indem Sie sich all diese Gedanken machen und vielleicht sogar eine innere Abneigung gegen Ihren Mitschüler und die gesamte Diskussion entwickeln, ist es für Sie fast nicht mehr möglich, dem eigentlichen Thema, nämlich dem Unterrichtsgeschehen, zu folgen. Hier gilt es, diese Gefühle anzuerkennen und in der Gruppe zu thematisieren.

Die Hilfsregeln

Zu diesen zwei existenziellen Postulaten beschreibt Ruth Cohn noch zusätzliche Hilfsregeln, die diese Grundregeln unterstützen sollen. Sie stellen jedoch keine eigenständigen Regeln dar, sondern sind vielmehr Ableitungen aus den für die TZI grundlegenden Daseinspostulaten. Die Hilfsregeln sind leicht verständlich und gut umzusetzen.

Häufig wird in diesem Zusammenhang von den „10 Geboten der TZI" gesprochen. Cohn selbst verwehrte sich gegen diese Bezeichnung, da sie darin die Gefahr sah, diese Hilfsregeln und Postulate zu dogmatisieren und einseitig zu praktizieren, z. B. als rein methodisch-didaktisches Rüstzeug mit dem Ziel, z. B. Schüler zu „motivieren".

Während die Daseinspostulate echte Aufforderungen zu einem bestimmten Verhalten darstellen, sollen die Hilfsregeln die Interaktion in einer Gruppe günstig beeinflussen. Sie sind nicht als allgemeingültige Weisungen zu betrachten sondern können variieren und verändert werden. Sie dürfen lediglich nicht „dem Geist der existenziellen Postulate widersprechen" (Cohn, 2013, S. 173).

Vor allem, wenn sich eine Gruppe (ob therapeutisch oder pädagogisch) neu findet, spielen die Hilfsregeln eine besondere Rolle. Kennt sich eine Gruppe schon länger und „funktioniert", geraten die Hilfsregeln eher in den Hintergrund, da sie dann quasi automatisch gelebt werden. Sinnvoll ist es, die Regeln bereits zu Beginn des Gruppengeschehens einzubringen. Dies ist Aufgabe der Gruppenleitung, die es nach Cohn immer geben muss, da nur durch sie Struktur und Stabilität in die Gruppe kommt.

1. **Vertritt dich selbst in deinen Aussagen; sprich per „Ich" und nicht per „Wir" oder per „Man".**
   Mit den verallgemeinernden Wendungen „Wir glauben", „Man sollte", „Jeder weiß doch" oder umgekehrt „Niemand macht das" gibt der Sprechende die Verantwortung für das, was er sagen will, ab. Das Reden per „Ich" dagegen führt dazu, selbstverantwortliche Aussagen zu machen, Projektionen zu vermeiden und weder eigene Kreativität noch Irrtümer zu vertuschen

2. **Wenn du eine Frage stellst, sage, warum du fragst und was deine Frage für dich bedeutet. Sage dich selbst aus und vermeide das Interview.**
   „Echte Fragen verlangen Informationen, die nötig sind, um etwas zu verstehen oder Prozesse weiterzuführen. Informationsfragen werden durch die Gründe für die Informationswünsche persönlicher und klarer." (Cohn, 2013, S. 124)
   Es ist besser, eine persönliche Aussage zu machen als eine Frage an andere zu stellen. Meine Äußerung ist ein persönliches Bekenntnis, das andere Teilnehmer zu eigenen Aussagen anregt. Viele Fragen hingegen sind unecht, sie stellen indirekt Ansprüche an den anderen und vermeiden eine persönliche Gefühlswahrnehmung. Fragen können Vermeidungsspiele sein, um eigene Erfahrungen zu verschweigen oder sogar als Angriffs- oder Verteidigungswaffe fungieren.

3. **Sei authentisch und selektiv in deinen Kommunikationen. Mache dir bewusst, was du denkst und fühlst und wähle, was du sagst und tust.**
   Wenn das, was ich sage, für mich stimmig ist und ich mir bewusst bin, was von dem Stimmigen ich dem Gegenüber anvertrauen möchte, kann dies Vertrauen und Verständnis für meinen Standpunkt bei meinem Gesprächspartner bewirken.

4. **Halte dich mit Interpretationen von anderen so lange wie möglich zurück. Sprich stattdessen deine persönlichen Reaktionen aus.**
   Eine Interpretation des Verhaltens anderer Menschen ist nur dann sinnvoll, wenn darum gebeten wird, wenn sie z. B. als Feedback abgefragt wird. Interpretationen, die nicht gewollt sind, rufen Abwehr hervor und sind selten förderlich für zwischenmenschliche Beziehungen. Zeige ich dagegen meinem Gegenüber im „Feedback" auf, welche Bedeutung das Verhalten des anderen für mich persönlich hat, ist dies eine Äußerung über mich selbst, die der andere auf sich beziehen kann oder nicht. Somit überlasse ich ihm die Entscheidung.

5. **Sei zurückhaltend mit Verallgemeinerungen!**
   Verallgemeinerungen unterbrechen den Gruppenprozess. Sie dienen dem Gesprächsverlauf nur, wenn sie einen Themenbereich zusammenfassend abschließen und zu einem neuen Thema überleiten.

6. **Wenn du etwas über das Benehmen oder die Charakteristik eines anderen Teilnehmers aussagst, sage auch, was es dir bedeutet, dass er so ist, wie er ist, d. h. wie du ihn siehst.**
   Wie bei Hilfsregel zwei kann so die Gefahr verringert werden, dass Fragen und Feedback als Waffen zum Angriff oder zur Verteidigung genutzt werden oder verbale Machtkämpfe ausgetragen werden.

7. **Seitengespräche haben Vorrang. Sie stören und sind meist wichtig. Sie würden nicht geschehen, wenn sie nicht wichtig wären.**
   Hier taucht das existenzielle Postulat nochmals als Hilfsregel auf. Es geht darum, dass jedes Gruppenmitglied das Gespräch unterbrechen soll, wenn es nicht mehr

richtig teilnehmen kann. Auch wenn Seitengespräche zunächst stören, sind sie jedoch meist wichtig für die tieferen Ebenen der Kommunikation. Sie können neue Anregungen bringen, Unklarheiten herausstellen, Missverständnisse verdeutlichen oder auf eine gestörte Interaktion (Beziehung) hinweisen.

8. **Nur einer zur gleichen Zeit bitte.**
   Es sollte immer nur ein Gruppenmitglied das Wort haben, es sollte ausreden können und sichergestellt sein, dass ihm zugehört wird. Es kommt oft vor, dass mehrere Teilnehmer zur gleichen Zeit das dringende Bedürfnis haben, etwas zu sagen. Ziel ist, dass die Teilnehmer lernen, darauf zu achten, dass sie sagen, was ihnen wichtig ist, gleichzeitig aber auch ernst nehmen, was andere sagen möchten. Die Entscheidung darüber, wer spricht, wird dann nicht vom Leiter, sondern von jedem Einzelnen in Eigenverantwortung gefällt.
9. **Wenn mehr als einer gleichzeitig sprechen will, verständigt euch in Stichworten, über was ihr zu sprechen beabsichtigt.**
   So werden alle Anliegen kurz beleuchtet bevor die Gruppenaktion weitergeht.
10. **Beobachte Signale aus deiner Körpersphäre und beachte Signale dieser Art bei den anderen Teilnehmern.**
   Mit dieser Regel setzt RUTH COHN ein Gegengewicht gegen die Vernachlässigung des Körpers in Arbeitsgruppen; sie will mit dieser Regel die Wahrnehmung unseres Körpers und unserer Gefühle aktivieren und als wichtigen Faktor des Gruppengeschehens verstanden wissen.

(COHN, 2013, S. 124 f)

Die Rolle der Gruppenleitung

RUTH COHN ist der klaren Ansicht, dass nur eine „feste Struktur Freiheit ermöglicht" (COHN, 2013, S. 113). Die Leitung stellt Fragen und entscheidet über die inhaltliche Zielsetzung, eine klare und detaillierte Planung, die dennoch offen ist. Starre Planung und Planlosigkeit sind gleichermaßen unbrauchbar.

Gleich, ob in einer Therapiesituation oder in der Schule, fordert COHN ein positives Verhältnis der Gruppenleitung zu ihrer Funktion als „Autorität". Hierbei muss klar unterschieden werden zwischen dem „Autorität-Haben" und dem „Autoritär-Sein".

„Autoritär-Sein" bedeutet nach COHN, den Menschen zu überwältigen und zu bevormunden, ihm Eigenverantwortlichkeit abzusprechen.

„Autorität-Haben" bedeutet dagegen, ein Vorbild bzw. Modell für das Chairmanpostulat zu sein. Ziel der Leitung ist es nämlich, dass auch die Gruppenteilnehmer ihr eigenes „Autorität-Haben" entdecken und damit Verantwortung für sich selbst, die Gruppe und den Gruppenprozess mit übernehmen können.

Gerade am Anfang des TZI-Gruppenprozesses ist der Gruppenleiter sowohl Vorbild und Beispiel der Postulate als auch der „Wächter der Balance zwischen ICH, WIR und ES" (QUITMANN, 1996, S. 201). In einem gelungenen TZI-Umfeld gelingt es, ein Gleichgewicht zwischen den einzelnen Mitgliedern und der Gruppe als Ganzes herzustellen und dabei auch das Thema im Blick zu haben. Die Kunst ist es hierbei, sich selbst als Teil des Ganzen zu sehen und die Beziehungsstrukturen innerhalb der Gruppe nicht zu vergessen oder zu ignorieren.

Die Lehrerin / der Lehrer als Übertragungsobjekt

Der Person der Lehrkraft kommt im Zusammenhang mit Übertragung und Gegenübertragung eine besondere Bedeutung zu. Ob sie möchte oder nicht, sie wird von den Teilnehmern (zunächst) nicht als die Person gesehen „die sie wirklich ist", sondern vor dem Hintergrund unbewusster Übertragungen (Erfahrungen, Gefühle, Erinnerungen) der Schülerinnen und Schüler. Umgekehrt wird auch die Lehrperson ihre (ebenso unbewusste) Vergangenheit auf die Klasse oder einzelne Schülerinnen und Schüler. Für RUTH COHN zählt der Umgang mit Übertragungs- und Gegenübertragungsphänomen zu den wesentlichen Aufgaben einer Lehrkraft. Zum einen muss die Lehrkraft diese Realität „ertragen" können, zum anderen muss sie sich ihrer eigenen Übertragungen bewusst werden. Nur so kann ein wertschätzendes und respektvolles Miteinander entstehen.

Der Lehrkraft muss also z. B. klar werden, dass ein bestimmtes unerwünschtes Verhalten eines Schülers (im Sinne einer „Störung") nicht auf die Lehrperson selbst, sondern auf den Übertragungsinhalt gerichtet ist. Umgekehrt sollten auch eigene Gefühle, die im Umgang mit der Klasse entstehen bewusst gemacht überprüft werden, inwieweit diese auftretenden Gefühle das Miteinander und die „Arbeit in und mit der Gruppe" beeinträchtigen.

9.2.4.4 Anwendungsfelder der TZI

RUTH COHN vertrat lange die Meinung, dass TZI keinen therapeutischen, sondern lediglich einen pädagogischen Charakter habe. Es wurde jedoch schnell klar, dass die Herangehensweise und die Einbeziehung des Menschen innerhalb seiner sozialen und dinglichen Umwelt durchaus therapeutischen Charakter hat und auch im Rahmen therapeutischer Umgebungen genutzt werden kann.

Die Unterscheidung war ihr dennoch wichtig, weil **TZI** ihrer Meinung nach vor allem ein **Konzept des lebendigen Lernens** darstellen sollte; dies nicht nur in Schulklassen, sondern gleichsam auch in Krankenhäusern, Universitäten, Betrieben oder auch sozialen Einrichtungen. Vor diesem Hintergrund sollte das Ziel der TZI nicht die Aufarbeitung unerledigter Aufgaben und Situationen der Vergangenheit sein, vielmehr sollte der Schwerpunkt auf Veränderungen in der Gegenwart liegen.

So ist im Laufe der vergangenen 50 Jahre die themenzentrierte Interaktion als professionelles Handlungskonzept in vielzähligen Bereichen zum grundlegenden Handwerkszeug der Durchführenden geworden.

Wesentliche Einsatzbereiche sind z. B.:
- Einzel- und Gruppentherapie – sowohl im Einzel- wie im Gruppensetting
- Beratung und Coaching
- Einzel- und Gruppensupervision
- Pädagogik (Persönlichkeitsentwicklung, Erziehung, Erwachsenenbildung)
- Sozialarbeit
- Teamentwicklung und -beratung (als Analyse- und Interventionsinstrument)
- Schule, Hochschule, Universität und in der beruflichen Weiterbildung (zur Planung und Analyse von Lehr- und Lernprozessen)
- Seelsorge
- Wirtschaft (in Führungskräftetrainings zur Weiterentwicklung der Führungspersönlichkeit und der Leiterkompetenz)

(RUBNER, 2012)

Da die TZI ein Modell zum Leiten von Gruppen, Gremien, Teams und Organisationen anbietet, kann sie in Gruppen jeder Art zur Planung, Vorbereitung und Leitung von Sitzungen, Besprechungen und Meetings eingesetzt werden. Überdies dient ihre Methode der Prävention und Bearbeitung von Kommunikationsstörungen und kann mithilfe der Axiome und Postulate auch im Dialog angewendet werden.

Was TZI auszeichnet, ist die Kombination eines humanistisch-psychologischen Wertebewusstseins und einem darauf aufbauenden Methodeninventars. Jedoch kann keine Methode, so COHN, persönliche Wärme, Einfühlung, Toleranz und eine humanistische Einstellung zum Menschen ersetzen. Die Methoden in der Form von Hilfsregeln sind daher nur wertvoll in enger Anbindung an die philosophische Grundlage. „Sie sind nicht als Dogmen zu sehen, deren Einhaltung verpflichtend ist. Vielmehr können durch die Hilfsregeln die existenziellen Postulate in ihrer Anwendung gefördert werden. Ihre ‚Verabsolutierung ist Missbrauch und dient dem Geist, den sie bekämpfen möchten." (COHN, 2013, S. 112)

9.2.5 ABRAHAM MASLOW – Das Konzept der Selbstverwirklichung

Wir haben ABRAHAM MASLOW (1908–1970) bereits in Kapitel 4 kennengelernt. Dort wurde seine „Motivationstheorie", basierend auf einer festen Abfolge von Bedürfnisstufen, erläutert.

Die Bedürfnishierarchie wird hier nochmals aufgegriffen. Der Schwerpunkt in diesem Kapitel ist jedoch nicht so sehr die Motivation – auch wenn Motivation auch immer vor dem Hintergrund der Persönlichkeit gesehen werden muss –, sondern MASLOWS grundlegende Sichtweise als humanistischer Psychologe, die Selbstverwirklichung! Wie wir danach streben, uns selbst zu verwirklichen, und damit unsere Persönlichkeit (weiter-) entwickeln, soll Inhalt der folgenden Seiten sein.

9.2.5.1 Hintergrund des Persönlichkeitsansatzes MASLOWS

MASLOW studierte Psychologie und wurde später Assistent des berühmten Psychologen und Behavioristen E. L. THORNDIKE. Zunächst war MASLOW ein begeisterter Anhänger des Behaviorismus und promovierte 1934 auch in diesem Bereich über das sexuelle Verhalten von Affen.

Kurze Zeit später kam er mit den Lehren GOLDSTEINS, ADLERS und anderen humanistischen Psychologen in Kontakt; gleichzeitig befasste er sich auch mit der Psychoanalyse FREUDS, konnte sich jedoch mit der Idee der

„Man wird das menschliche Leben nie verstehen können, ohne seine höchsten Ambitionen in Rechnung zu stellen. Wachstum, Selbstverwirklichung, das Streben nach Gesundheit, nach Identität und Autonomie, das Verlangen nach Vortrefflichkeit müssen jetzt ohne Frage als eine verbreitete und vielleicht universelle menschliche Tendenz akzeptiert werden" (MASLOW, 1981, S. 11).

reinen Triebgesteuertheit und den defizitären und pathologischen Sichtweisen des Ansatzes nicht anfreunden, wenngleich er auch später einige Aspekte der Psychoanalyse in seinen eigenen Ansatz übernahm.

Er wandte sich schließlich vom behavioristischen Denken ab (sehr zum Leidwesen seines Lehrers THORNDIKE) und richtete sein Tun auf eine philosophisch und wissenschaftlich begründete neue Psychologie.

In seinem Hauptwerk „Motivation and Personality" (1954, auf Deutsch im Jahr 1977 erschienen) richtet er sich gegen eine Denkweise in der Psychologie, die sich nur mit negativen und kranken Teilen der Persönlichkeit beschäftigt.

Er bezieht sich dabei stark auf die Lehren GOLDSTEINS und geht in all seinem wissenschaftlichen Denken vom „Guten" im Menschen und der „Tendenz zur Selbstverwirklichung" aus. Sein Ziel war es, nicht wie die Wissenschaft bisher nur die Erkrankungen der Psyche zu erforschen, sondern vielmehr ging es ihm darum, wie der Mensch an sich glücklicher und gesünder werden könnte.

Instinktoide Tendenzen des Menschen

MASLOW schrieb Menschen angeborene Tendenzen zu gesundem Wachstum und persönlicher Weiterentwicklung zu, die er als *instinktoide Tendenzen* bezeichnete (MASLOW, 1977).

Werden z. B. die instinktoiden Tendenzen von Kindern früh und überdauernd gefördert, dann können sich Persönlichkeitsaspekte wie Ehrlichkeit, Vertrauen, Güte, Liebe und Großzügigkeit entwickeln. Dadurch können Kinder zu gesunden Individuen heranwachsen.

Umgekehrt, so MASLOW, können Kinder, wenn sie in einem vernachlässigenden und physisch und psychisch ungesunden Umfeld aufwachsen, leicht ihre positiven instinktoiden Tendenzen verlieren und sich zu aggressiven und kalten Individuen entwickeln, die dann ein destruktives (zerstörerisches) Verhalten sich selbst und anderen gegenüber zeigen (MASLOW, 1977).

MASLOW geht also von einer besonderen Störanfälligkeit der instinktoiden Tendenzen aus, da sie sich leicht durch situationsbezogene Faktoren beeinflussen lassen. Gleichzeitig stellt er fest, dass sowohl die instinktoiden Tendenzen selbst als auch deren Veränderungen subtil ablaufen und sich daher der Mensch der Einflüsse auf sein Erleben und Verhalten gar nicht bewusst ist.

Überspitzt gesagt, treffen wir viele Entscheidungen und verfolgen Ziele aus Motivationen heraus, die uns gar nicht bewusst sind!

MASLOW und die Psychoanalyse

Eben diese instinktoiden Bedürfnisse beeinflussen laut MASLOW oft unser Verhalten, ohne dass uns dies bewusst ist. Auch erkennt er die Existenz von Abwehrmechanismen, wie sie in der Psychoanalyse beschrieben werden, als Motor oder Hemmschuh für Erleben und Verhalten des Menschen an (siehe Kapitel 7: Psychoanalyse).

Die Aktivität der Abwehrmechanismen, die dem Menschen ja letztlich nicht bewusst sind, führt dazu, dass er sich selbst nicht wirklich kennt. Somit geht MASLOW ebenso wie FREUD davon aus, dass auf früheren Erfahrungen basierende unbewusste Motive unser Verhalten beeinflussen.

AUFGABE

Vergleichen Sie diese Auffassung mit der von FREUD und ROGERS. Finden Sie hierzu weitere Zusammenhänge?

MASLOW betrachtet ganz im Sinne der humanistischen Psychologie den Menschen als zukunftsorientiertes Wesen mit dem ultimativen Lebensziel der Selbstverwirklichung. Die Ziele, die der Mensch verfolgt, werden durch seine motivationalen Bedürfnisse bestimmt. Für MASLOW war nun natürlich wichtig zu erforschen, welche Motive uns antreiben, bestimmte Ziele zu verfolgen und uns dazu veranlassen, bestimmte Entscheidungen zu treffen.

Im Rahmen seiner Promotion konnte MASLOW zeigen, dass die unterschiedlichen Bedürfnisse von Tieren (in seinem Fall Affen) in einer hierarchischen Abfolge sortiert werden konnten. Als logische Konsequenz vermutete er nun, dass auch beim Menschen ein ähnliches System existieren müsse.

Ausgehend von seinen Erkenntnissen mit Primaten ging er davon aus, dass die in der Hierarchie niedriger positionierten Bedürfnisse zuerst befriedigt werden müssten, bevor man sich denen an höherer Stelle zuwenden würde. D.h., das Individuum würde für höher angelegte Bedürfnisse gar kein Interesse entwickeln, bevor nicht darunter angeordnete Bedürfnisse befriedigt wären.

D-Motive und W-Motive

MASLOW unterschied zwei Typen menschlicher Motivationen. Der erste Typ bezieht sich auf **Defizitbedürfnisse** (D-Motive). Damit werden Bedürfnisse beschrieben, die den Drang nach der Befriedigung von Grundbedürfnissen wie z.B. Nahrung, Sicherheit und Liebe auslösen. Diese Bedürfnisse entstehen dann, wenn uns „etwas fehlt", mit dem Effekt, dass wir versuchen werden, das Fehlende zu bekommen.

MASLOW argumentiert folgendermaßen: „Wenn wir hungrig seien und daraufhin genug zu essen bekämen, sei unser Bedürfnis befriedigt worden und stelle anschließend keinen Motivator mehr dar. Sobald Hunger keine Bedrohung mehr darstellen würde, seien die Menschen motiviert, ein besseres Haus oder Auto zu erwerben, einen interessanteren Job anzutreten etc." (MALTBY et al., 2011, S. 243).

Der zweite Typ von Bedürfnissen sind die sogenannten **Wachstumsbedürfnisse** (W-Motive), die vielerorts auch als „Seinsbedürfnisse" bezeichnet werden. Die W-Motive sind bei jedem Individuum, je nach Persönlichkeit anders ausgeprägt und damit einzigartig. Sie können, so Maslow, in ihrer Intensität zunehmen, wenn sie befriedigt werden.

Stellen Sie sich vor, sie kochen gerne. Nun bereiten Sie ein umfangreiches Mahl für Ihre Freunde vor. Ihren Freunden sieht man an, dass es ihnen vorzüglich schmeckt und Ihnen bereitet dies große Genugtuung und Freude. Dies motiviert Sie, dies wieder zu tun und vielleicht sogar Ihre Fähigkeiten noch weiterzuentwickeln.

Nach MASLOW beziehen sich W-Motive also auf die Erweiterung des persönlichen Potenzials und beinhalten typischerweise Aspekte der Selbstverwirklichung wie das „Geben selbstloser Liebe, die Steigerung des eigenen Antriebs durch Erhöhung von Neugier oder Wissensdurst, die Weiterentwicklung von Fertigkeiten und das Streben nach neuen Erfahrungen" (MALTBY et al., 2011, S. 243). Die Befriedigung dieser Bedürfnisse führt zu persönlichem Wachstum, wird als bereichernd und gutes Gefühl erlebt. Dies führt zu einer Verstärkung der Motivation.

Der grundlegende Unterschied zwischen Defizit- und Wachstumsbedürfnissen ist, dass Defizitbedürfnisse ein negatives Gefühl oder Erleben hervorrufen, welches nur durch die Befriedigung des betreffenden Bedürfnisses aufgelöst werden kann. Kommt es zu Wachstumsbedürfnissen, so entsteht dabei ein Gefühl von Lust oder ein Drang, diesem Bedürfnis nachzukommen. Die Befriedigung des W-Motivs wird als angenehm erlebt und kann damit eine gesteigerte Motivation zum Erreichen persönlicher Ziele und neue Ambitionen zur Folge haben.

Als Beispiel für die feste Rangfolge von Bedürfnissen führte MASLOW in seinem Hauptwerk von 1954 die Weltwirtschaftskrise am Beispiel von Amerika der 30er-Jahre an, in der Tausende von Menschen ihre Arbeit und damit ihre Lebensgrundlage verloren. Neben dem Erhalt einer Wohnung war die Versorgung der Familie mit ausreichender Nahrung zum vorherrschenden Bedürfnis der Menschen geworden. So taten sie alles, um dieses Bedürfnis zu befriedigen bzw. das damit verbundene Ziel – Geld und Nahrung zu beschaffen – zu erreichen. Die Menschen arbeiteten, wo sie nur konnten, und einige sahen sogar den letzten Ausweg in der Kriminalität – obwohl ihre Grundpersönlichkeit Kriminalität vielleicht verabscheute.

Im Vergleich dazu brachte MASLOW die Situation einer florierenden Wirtschaft, vergleichbar mit unserer Zeit.

AUFGABE

Wie wandeln sich die Bedürfnisse der Menschen, wenn sie wohlhabend sind und sich nicht um ihr Überleben sorgen müssen?

BEISPIEL

MASLOW beschrieb die menschliche Motivation als äußerst komplex und erkannte die Tatsache an, dass ein bestimmtes Verhalten oft durch mehrere Bedürfnisse gleichzeitig motiviert ist. Vor diesem Hintergrund gab er auch zu, dass ein so stark vereinfachtes Modell der Bedürfnisse nicht alle Prozesse erklären kann.

So können hinter einem scheinbar simplen Verhalten wie Essen sowohl Hunger als auch das Bedürfnis nach Gesellschaft oder Trost in der Folge von Liebeskummer stehen! (Wenn wir wirklich nur dann essen würden, wenn wir Hunger verspüren, wäre Übergewicht sicherlich kein so großes Problem in den Industriestaaten.)

9.2.5.2 Die Theorie der menschlichen Bedürfnisse – Die Bedürfnishierarchie

Prinzip der relativen Vorrangigkeit
Der Grundgedanke von Maslows Klassifikation ist die Annahme, dass solange niedere Bedürfnisse nicht befriedigt sind, nicht auf die anderen Bedürfnisse eingegangen werden kann

Die Grundannahme MASLOWS, die er aus seinen Forschungen mit Primaten schloss, war, dass sich Bedürfnisse im Hinblick auf ihre Bedeutsamkeit für die Sicherstellung unseres Überlebens unterscheiden würden. Auf dieser gedanklichen Grundlage entwickelte er die „Hierarchie der Bedürfnisse". Sie stellt ein System von Kategorien dar, mit denen bestimmte Stufen der psychischen Entwicklung eines Menschen festgelegt werden konnten. Dabei ging er davon aus, dass bestimmte Bedürfnisse befriedigt worden sein müssen, bevor andere in den Vordergrund treten und beginnen können, unser Verhalten zu motivieren. Kommen Bedürfnisse aus vorangegangenen Stufen auf, müssen diese wiederum zuerst befriedigt werden, bevor man sich wieder der höheren Stufe widmen kann (Prinzip der relativen Vorrangigkeit).

In Kapitel 4 (Motivation) wurde – wie in fast allen Lehrbüchern üblich – die Bedürfnishierarchie als Pyramide dargestellt. Obgleich MASLOW selbst nie die Pyramide als Bild für seine Rangfolge der Bedürfnisse benutzt hat, bietet sie sich gut an, vermittelt jedoch unter Umständen ein falsches Bild. MASLOW selbst hat immer wieder betont, dass niedere Bedürfnisse nicht weg sind, wenn sie befriedigt wurden, sie nehmen letztlich nur an Bedeutung ab. Zum anderen darf, wie es das Bild der Pyramide nahelegt, nicht fälschlicherweise davon ausgegangen werden, dass höhere Bedürfnisstufen weniger wichtig seien als die unteren. Sie werden nur später erreicht, sind aber dann, wenn sie erreicht sind, unter Umständen genauso wichtig wie Nahrung.

Nicht ohne Grund vergessen Künstler tagelang etwas zu essen, wenn sie in tiefer Konzentration ein Kunstwerk schaffen. Erst wenn das Werk vollendet ist, meldet sich der Hunger zurück. Oder aber, wenn das Bedürfnis so stark wird, dass es sich durchdringend zu Wort meldet!

Die Bedürfnisse der unterschiedlichen Stufen sind bei allen Menschen stets latent oder offen vorhanden. Ob ein Bedürfnis in den Vordergrund drängt, hängt von der jeweiligen Stärke aller vorhandenen Bedürfnisse ab.

In seinem Ansatz findet also genauso der behavioristische Gedanke Platz, dass rein physiologische Triebe unser Verhalten steuern wie auch der humanistische Gedanke, dass Bedürfnisse stets vor dem Hintergrund des persönlichen Wachstums und der Selbstverwirklichung entstehen.

BEISPIEL

Vor diesem Hintergrund erscheint das Bild von Wellen eher angebracht, die größte Welle beschreibt das Hauptbedürfnis des Individuums, welches gerade jetzt im Vordergrund des Erlebens steht. Aber sowohl davor als auch danach gibt es andere Wellen, die entweder gerade kleiner werden oder aber nur darauf warten, dass die große Welle abebbt und die dahinterliegende Welle sich auftürmen kann.

Im Folgenden sollen die Inhalte der einzelnen Stufen nochmals aufgeführt werden. Da es sich in diesem Kapitel jedoch um die Persönlichkeit und deren Entwicklung dreht, wollen wir uns vor allem die sogenannten Wachstumsbedürfnisse (W-Motive) genauer betrachten.

Die Idee der Welle hat auch ROSEMARIE VON SCHWEITZER (1991) in ihre Darstellung der Bedürfnishierarchie nach MASLOW übernommen: (siehe Abbildung)

Wachstumsmotive auf den höheren Bedürfnisebenen

Obwohl die 5. Ebene als Wachstumsebene oder Stufe der Selbstverwirklichung angesehen wird, zeigt uns die Abbildung oben, dass Wachstum nicht erst beginnt, wenn alle anderen Stufen vollständig befriedigt sind.

Sobald unsere physiologischen Bedürfnisse und Sicherheitsbedürfnisse in hinreichendem Maße befriedigt worden sind, werden laut MASLOW bereits Wachstumsmotive zu Motivatoren für unser Verhalten. Zunächst noch latent und im Hintergrund, je weiter wir uns aber (psychologisch) entwickeln, streben wir immer bewusster nach persönlichem Wachstum und Selbstverwirklichung.

Wachstumsmotive können bereits ab der **Ebene Zugehörigkeits- und Liebesbedürfnisse** gefunden werden. MASLOW betrachtet den Menschen mit den Worten von ARISTOTELES (1996) als „zoon politikon", als „soziales Wesen" mit dem tiefen Bedürfnis, von anderen Menschen gebraucht, akzeptiert und geliebt zu werden. Der Mensch braucht das Gefühl, Teil einer Gemeinschaft mit festen Bindungen zu Familie und Freunden zu sein.

MASLOW unterscheidet bereits in dieser Stufe zwei Arten von Liebe, die auf unterschiedlichen Bedürfnissen basieren. Entsprechend seiner Definition von Defizit und Wachstum teilt er auch die Liebe in eine D-Liebe und eine W-Liebe ein.

Nach Schätzungen MASLOWS sind in den Industriestaaten im Durchschnitt bei jeder Person 85 % der physiologischen Bedürfnisse, 70 % der Sicherheitsbedürfnisse, 50 % der sozialen Bedürfnisse, 40 % der Individualbedürfnisse und 10 % der Selbstverwirklichungsbedürfnisse befriedigt. (MALTBY et al., 2011)

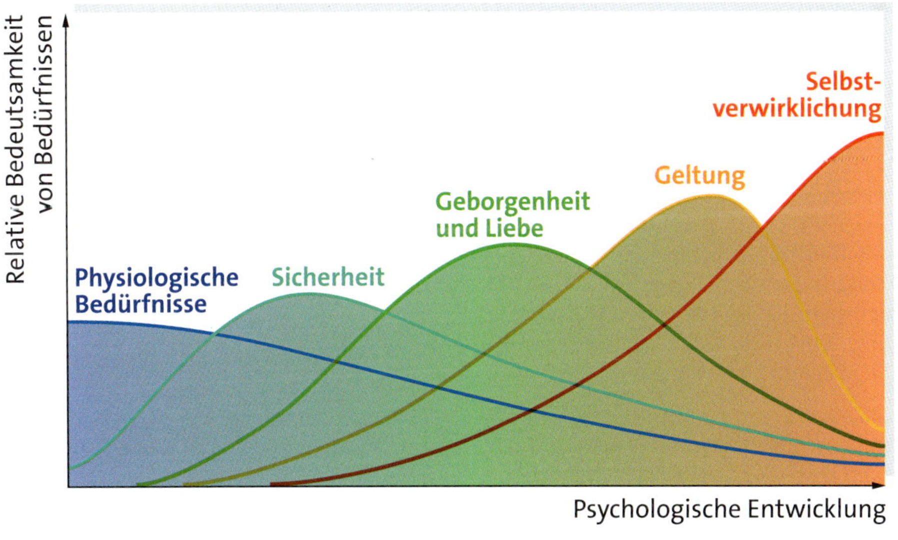

Bedürfnishierarchie nach Maslow als Kurvendiagramm (nach von SCHWEITZER, 1991)

1. Physiologische Bedürfnisse (physiological needs) wie z. B. Nahrung, Atmung, Schlaf, Wärme, Unversehrtheit.
2. Sicherheitsbedürfnisse (safety needs) wie Bedürfnis nach Sicherheit, Stabilität, Ordnung, Schutz, Vorhersagbarkeit des Lebens usw..
3. Zugehörigkeits- und Liebesbedürfnisse (love needs) wie z. B. das Bedürfnis nach Geborgenheit und Zuneigung in der Partnerschaft, Familie oder im Freundeskreis.
4. Wertschätzungs- und Geltungsbedürfnis (esteem needs), also Bedürfnisse nach Status, Wertschätzung, sozialer Anerkennung, Geld, Einfluss und Respekt
5. Bedürfnis nach Selbstverwirklichung, auch Wachstumsbedürfnis oder Selbstaktualisierung (need for self-actualization).

(ROTHERMUND/EDER, 2011, S. 97)

Wie der Name bereits unterstreicht, basiert die D-Liebe auf einem Defizitbedürfnis und stellt die Art von Liebe dar, die wir suchen, um die Leere in uns selbst zu füllen. Diese Art von Liebe wollen wir um unser selbst willen, die geliebte Person dient lediglich dazu, unsere Bedürfnisse zu befriedigen.

„Es ist also eine sehr egoistische Art von Liebe, die von Maslow als Ausdruck des individuellen Strebens nach Zuneigung, Zärtlichkeit, Hochgefühlen und sexueller Erregung betrachtet wird. Sie bringt nicht immer die besten Seiten eines Individuums zum Vorschein, da dieses sich aller möglichen Arten manipulativen Verhaltens bedienen kann, um die Aufmerksamkeit der begehrten Person zu erlangen" (Maltby et al., 2011, S. 248).

Die W-Liebe stellt das genaue Gegenteil zu der eher ichbezogenen, manipulativen D-Liebe dar. Sobald das defizitäre Bedürfnis nach (D-)Liebe befriedigt ist, entwickeln wir die Fähigkeit, andere Menschen auf nicht besitzergreifende und bedingungslose Art und Weise zu lieben, einfach um ihrer selbst willen. Hierzu gehören auch der Respekt für den anderen Menschen, die Akzeptanz seiner Individualität, die gelegentliche Höherbewertung seiner Bedürfnisse gegenüber den eigenen sowie die Wertschätzung seiner Person.

Die W-Liebe ist damit ein Wachstumsbedürfnis, welches seinen Anfang in der D-Liebe nimmt und mit zunehmender Befriedigung der Bedürfnisse nach Zugehörigkeit und Liebe immer mehr in die Ebene der Selbstverwirklichung führt. (Die Kurve der Selbstverwirklichung beginnt bereits in der 3. Stufe!)

Sobald eine Person die Ebene der sozialen Bedürfnisse erreicht hat, ist sie laut Maslow bereits auf dem Weg zur Selbstverwirklichung.

Auch in der **Ebene der Geltungsbedürfnisse** unterscheidet Maslow zwei Arten. Zum einen wollen wir von anderen Menschen positiv bewertet und wertgeschätzt werden. Diese Wertschätzung von außen – die wir alle benötigen – gehört somit zu den Defizitbedürfnissen. Zum anderen wollen wir uns selbst als kompetent und leistungsfähig ansehen können. Wie wollen stolz auf uns selbst sein können, in dem was wir leisten, tun und auch, wer wir sind. Ein sich selbst verwirklichender Mensch benötigt weniger Bestätigung von außen, weil er in der Lage ist, seinen Wert aus sich selbst heraus zu erkennen und zu ziehen.

Die höchste Stufe in Maslows Bedürfnishierarchie ist die **Ebene der Selbstverwirklichung**. Wenn wir über alle Ebenen der Grundbedürfnisse herausgelangt sind und alle defizitären Motive befriedigt sind, entsteht nach Maslow eine Phase der Ruhelosigkeit, der Unzufriedenheit mit sich selbst, obgleich alle Bedürfnisse befriedigt werden können.

BEISPIEL

Wir können diese Situation mit den vielen „Reichen und Schönen" vergleichen, die alles erreicht haben, mehr Geld zur Verfügung haben, als sie jemals auszugeben in der Lage sind. Und dennoch sind viele nicht glücklich. Diesen Menschen fehlt etwas in ihrem Leben, was sie mit Geld nicht kaufen können: das Gefühl, so sein zu können, wie sie wirklich sind und ihrem Leben einen tieferen Sinn zu geben.

AUFGABE

Stöbern Sie in den gängigen Boulevardblättern und Zeitschriften.
Suchen Sie dort nach Stars und bekannten Persönlichkeiten, die, nachdem sie erfolgreich sind, nun etwas völlig anderes machen wollen, die z. B. plötzlich die Schauspielerei an den Nagel hängen und in sozialen Projekten aktiv werden, die ihren Beruf aufgeben und etwas weitaus weniger Spektakuläres machen als bisher.

Wie begründen diese Menschen ihren Schritt?

Um die Stufe der Selbstverwirklichung erreichen zu können, ist es nach Aussage Maslows notwendig, dass sich der betreffende Mensch stets gemäß seinen Möglichkeiten und Potenzialen weiterentwickelt. Maslow betont, dass dieser Prozess von individuellen Begabungen und Interessen abhängt und somit bei allen Menschen anders ausgeprägt ist.

Es darf hier nicht der Gedanke aufkommen, dass nur hochintelligente und besonders begabte Menschen die Ebene der Selbstverwirklichung erreichen können. Wichtig ist dabei, die eigenen, der Person innewohnenden Potenziale auszuschöpfen. Für den einen kann es wichtig sein, ein Fachbuch zu schreiben, der andere verwirklicht sich dadurch, dass er in seinem Garten seltene Pflanzen züchtet, und der dritte findet seine Erfüllung durch eine Tätigkeit im Tierheim.

Indem der Mensch seine Fähigkeiten weiterentwickelt und ausbaut, findet er schließlich einen tieferen Sinn seines Lebens und Frieden mit sich selbst. Entwicklung benötigt Zeit und daher ist nach MASLOW die Stufe der Selbstverwirklichung meist auch nur bei älteren Menschen anzutreffen. Während jüngere Menschen in einem normalen Lebensverlauf fast dazu gezwungen sind, ihre Grundbedürfnisse wie die Suche nach einem Ausbildungsplatz, die Gründung einer Familie usw. zu befriedigen, kann ein älterer Mensch, der diese grundlegenden, zum Leben dazugehörenden Motive bereits erfüllt hat, sich stärker dem persönlichen Wachstum widmen.

Doch nochmals: Wachstumsmotive treten bereits früh auf, es gilt diese zu erkennen und im Rahmen der eigenen Entwicklung zu befriedigen.

Obwohl viele danach streben, ist es nach MASLOW nicht allen vergönnt, diese zu erreichen.

9.2.5.3 Das Bild vom sich selbst verwirklichenden Menschen

Vor diesem Hintergrund stellt sich nun die Frage, was einen sich selbst verwirklichenden Menschen ausmacht. MASLOW stellte fest, dass es nur wenige Menschen gäbe, die den „Status" der Selbstverwirklichung erreicht hätten. Vielmehr sei Selbstverwirklichung ein Prozess, der über das ganze Leben verläuft (MASLOW, 1962).

MASLOW wollte nun wissen, was eine Persönlichkeit ausmacht, die sich in der Stufe der Selbstverwirklichung befindet oder zumindest auf dem Weg dahin ist. Aus diesem Grund untersuchte er in seinem Buch *Toward a Psychology of Being (1962, in Deutschland unter dem Titel „Psychologie des Seins" erschienen)* das Leben von historischen Persönlichkeiten, die ihm als selbstverwirklichte Menschen erschienen (!). Zu diesen zahlten unter anderem Albert Einstein, Eleanor Roosevelt, William James, Thomas Jefferson, Albert Schweitzer, Jane Addams und Baruch Spinoza. Es wird hier schon deutlich, dass die Daten keinen wissenschaftlichen Anforderungen (Reliabilität, Validität, Objektivität) standhielten. Dies gab MASLOW offen zu, dennoch veröffentlichte er seine Studien, da er das Thema als sehr bedeutend ansah.

Welche Eigenschaften weisen nun selbstverwirklichte Menschen nach MASLOW auf?

Die von MASLOW als selbst verwirklichend bezeichneten Menschen wurden durchgehend als kreativ bezeichnet. **Kreativ** meint aber hier nicht, künstlerisch begabt zu sein, sondern vielmehr fiel MASLOW auf, dass diese Menschen Alltägliches auf eine „neue, bisher noch nicht gedachte Weise" bewältigten.

Insgesamt kam MASLOW auf 18 Aspekte, die einen selbst verwirklichenden Menschen ausmachen (siehe Kasten).

Im Wesentlichen **denken** „Selbstverwirklicher" anders als andere Menschen. MASLOW ging davon aus, dass diese häufiger sogenannte „Wachstumskognitionen" (W-Kognitionen) nutzen. MASLOW versteht dies als eine

HELMUT QUITMANN (1996) fasst die 18 Merkmale sich selbst verwirklichender Menschen nach MASLOW wie folgt zusammen:

Sich selbst verwirklichende Menschen ...

1. nehmen die Realität wahr, so wie sie ist (ohne notwendige Abwehrmechanismen)
2. akzeptieren sich selbst sowie andere und die Natur mit all ihren Stärken und Schwächen
3. sind relativ spontan im Verhalten und weniger künstelnd und nutzen wenig Effekthascherei
4. sind „problemorientiert und nicht ich-orientiert".
5. können „ohne Schaden" einsam und ohne Unbehagen für sich selbst sein und über den Dingen stehen
6. sind aktiv Handelnde und unabhängig von der Kultur, Umwelt und dem Willen anderer
7. können grundlegende Lebensgüter und Errungenschaften der Gesellschaft immer wieder wertschätzen
8. kennen Grenzerfahrungen (peak-experience), Situationen der Klarheit
9. haben ein tiefes Gefühl der Identifikation, Sympathie und Zuneigung trotz gelegentlichem Ärger, Zorn und Ungeduld
10. sind zu mehr Vereinigung, größerer Liebe, perfekter Identifikation fähig (der Freundeskreis ist dadurch jedoch oft kleiner)
11. können mit allen Menschen jeden Charakters freundlich sein, ungeachtet der Klasse, Erziehung, des politischen Glaubens, der Rasse oder Hautfarbe
12. sind stark ethisch veranlagt und haben feste moralische Normen
13. lachen nicht über feindselige, Überlegenheit darstellende oder schmutzige Witze
14. zeigen besondere Kreativität oder Originalität oder Erfindungsgabe
15. sind oft nicht gut angepasst, bewegen sich aber grundsätzlich innerhalb der Regeln der jeweiligen Kultur
16. weisen auch viele kleinere menschliche Fehler auf
17. messen Werten, Normen und Begriffen wie Ethik und Moral eine eigene, individuelle Bedeutung zu – hervorgehend aus vorangegangenen Punkten
18. sehen keinen Widerspruch in Dichotomien (z. B. gut und böse), da alle Gegensätze immer gleichzeitig vorhanden sind (ein Mensch kann gleichzeitig gut und böse sein!)

(QUITMANN, 1996, S. 230–237 nach MASLOW, 1981, S. 183–212)

wertungsfreie Form des Denkens, bei der man sich selbst und die Welt akzeptiert, einfach existiert und sich eins mit der Welt fühlt (MALTBY et al., 2011).

Im Vergleich dazu sind die sogenannten Defizitkognitionen (D-Kognitionen) oft wertend, d. h., wir urteilen aufgrund unserer bisher gemachten Erfahrungen und grenzen uns durch sie von der Welt um uns herum ab.

Im Alltag ist es natürlich wesentlich, auch in D-Kognitionen zu denken. Wir müssen werten können, um im Leben zurechtkommen zu können. Was den Selbstverwirklicher unterscheidet, ist das Bewusstsein darüber, dass W-Kognitionen möglich sind. MASLOW weist sogar darauf hin, dass es gefährlich ist, „ständig in einem passiven, nichtwertenden und nicht eingreifenden Zustand zu existieren" (MALTBY et al., 2011, S. 252).

Ferner weisen nach MASLOW (1962) selbstverwirklichende Menschen ein höheres Maß an **Selbstakzeptanz** auf. Sie fällen weniger Werturteile und sind toleranter gegenüber anders denkenden und handelnden Menschen.

MASLOW stellte weiterhin fest, dass Selbstverwirklicher eine **bessere Realitätswahrnehmung** besitzen. Er ging davon aus, dass aufgrund des stabileren Selbst und der dadurch besseren Selbstwahrnehmung weniger unbewusst ablaufende Abwehrmechanismen zum Tragen kommen und diese Menschen damit genauer und mit weniger Verzerrungen ihre Umwelt wahrnehmen können.

Selbst verwirklichte Menschen haben oft **hoch entwickelte ethische und moralische Standards** und weisen eine höhere Bereitschaft auf, Verantwortung für ihr Handeln zu übernehmen. Außerdem haben sie den starken Wunsch, anderen Menschen zu **helfen**, und sorgen sich um das Wohlergehen der Gemeinschaft, in der sie leben.

Selbstverwirklicher sind gut darin, sich auf Probleme zu **konzentrieren** und sie im Hinblick auf mögliche Lösungen zu durchschauen. Oft interessieren sie sich mehr für das Gesamtbild als für kleine Details.

In ihrem Arbeitsleben sind sie eher von einem Wunsch nach dem **Ausschöpfen ihres Potenzials** als der Aussicht auf größeren Wohlstand oder Karriere motiviert. In dieser Weise sind sie unabhängiger und **weniger durch kulturelle Normen beeinflusst**, bilden sich über Probleme viel eher ihre **eigene Meinung** und verhalten sich entsprechend (MALTBY et al., 2011, S. 252).

MASLOW über den gesunden Menschen und die gesunde Gesellschaft

„Lassen Sie mich nun versuchen, in Kürze und zunächst dogmatisch das Wesen dieser neu entstehenden Auffassung vom psychiatrisch gesunden Menschen darzulegen. Das Erste und Wichtigste von allem ist die Überzeugung, dass der Mensch eine essenzielle (d. h. eine wesenhafte, nur ihm eigene) Natur besitzt, eine Art Skelett von psychischer Struktur, die analog seiner physischen Struktur behandelt und diskutiert werden kann, dass er Bedürfnisse, Fähigkeiten und Neigungen hat, die genetisch verankert sind, wobei einige für die ganze menschliche Spezies eigentümlich sind und alle kulturspezifischen Schranken überqueren, andere hingegen nur für das Individuum charakteristisch. Diese Bedürfnisse sind dem Anschein nach eher gut oder neutral als böse. Zweitens wird die Ansicht vertreten, dass eine völlig gesunde und normale und wünschenswerte Entwicklung darin besteht, diese Natur zu verwirklichen, die Anlagen auszubilden und sich zur Reife zu entwickeln auf Wegen, die diese verborgene, bedeckte, nur undeutlich gesehene wesenhafte Natur diktiert, dabei von innen heraus wachsend, anstatt von außen geformt zu werden. Drittens ist jetzt klar zu erkennen, dass Psychopath(olog)ie im allgemeinen aus der Verleugnung oder Versagung oder Verdrehung der eigentlichen Natur des Menschen resultiert. Geht man von dieser Konzeption aus – was ist dann gut zu nennen? Alles, was zu jener wünschenswerten Entwicklung in Richtung auf Verwirklichung der inneren Menschennatur beiträgt. Und was ist schlecht oder unnormal? Alles, was die wesentliche Natur des Menschen unterdrückt oder hemmt oder verleugnet. Was ist pschopath(olog)isch? Alles, was den Gang der Selbstverwirklichung stört oder unterdrückt oder verdreht. Was ist Psychotherapie oder überhaupt eine wie auch immer geartete Therapie? Jedes beliebige Mittel, das hilft, die Person auf den Pfad der Selbstverwirklichung und der Entwicklung entlang den von ihrer inneren Natur vorgeschriebenen Leitlinien zurückzubringen." (MASLOW, 1954, in QUITMANN, 1996, S. 237 f.)

9.2.5.4 Kritik an Maslows Modell und seine Bedeutsamkeit in der Wissenschaft

Wenn wir uns Maslows Modell im Vergleich zu Perls „Gestaltpsychologie" oder Rogers „personenzentrierten Ansatz" anschauen, stellen wir fest, dass die Ideen Maslows leicht nachvollziehbar und schlüssig erscheinen. Doch genau dies ist auch die Kritik:

Die Bedürfnisse eines Menschen sind vielschichtig und nicht durch eine derartig vereinfachte Form einer Hierarchie nicht darzustellen. Die Beziehungen zwischen den Bedürfnissen und dem jeweiligen Verhalten eines Menschen lassen sich ebenfalls in seinem Ansatz nicht abbilden. Und schließlich wird ihm zu Recht vorgeworfen, dass die Stichprobe in seiner Selbstverwirklichungsstudie (Maslow 1962) zu klein, die Datenlage zu unwissenschaftlich und die Interpretationen weit über die Aussagekraft der Daten hinausginge.

Dies gab Maslow auch unumwunden zu, bemerkte aber immer wieder, dass die Folgerungen zu offensichtlich seien, um nicht veröffentlicht zu werden. Und er sollte damit recht behalten: Noch heute ist sein Modell vor allem in den Wirtschaftswissenschaften und auch der Arbeitspsychologie sowie dem Gesundheitswesen weitverbreitet. Die Praxis zeigt, dass – wenn auch mit Abstrichen – das Modell Maslows durchaus seine Gültigkeit besitzt und vor allem in der Praxis leicht anwendbar erscheint.

9.3 Zusammenfassung

- Vor dem Hintergrund der Erkenntnisse aus Existenzialismus und Phänomenologie wurden Prinzipien der humanistischen Psychologie aufgestellt:
  1. Der Mensch ist mehr als die Summe seiner Bestandteile.
  2. Menschliche Existenz vollzieht sich in menschlichen Zusammenhängen. (Ich-Du-Beziehungen).
  3. Menschen leben bewusst.
  4. Der Mensch ist in seinem Wesen „gut".
  5. Der Mensch ist fähig und gleichzeitig gezwungen, zu wählen und zu entscheiden.
  6. Der Mensch lebt auf ein Ziel oder auf Werte hin, ihm wohnt die Tendenz zur Selbstverwirklichung inne.

  Auf dieser Basis wurden die Gedanken der humanistischen Psychologie begründet.

- Kurt Goldstein kann als Ideengeber und Mitbegründer der humanistischen Psychologie angesehen werden. Durch die Forderung nach einer ganzheitlichen Sichtweise des Menschen in der Annahme, dass sich der Organismus immer in einem Spannungszustand zwischen dem „Sein in Ordnung" und dem „Sein in Unordnung" (Goldstein, 1934, S. 350) bewegt, brachte er den Anreiz für viele weitere Modelle und Ansätze der humanistischen Psychologie.

- Fritz Perls war Schüler Goldsteins und begründete die Gestalt-Therapie, dabei wurde der Begriff „Gestalt" in seiner Bedeutung als „sinnhaftes Ganzes" verstanden. Wesentlich für die Gestalt-Therapie ist das Verständnis des Umgangs mit der sozialen Umwelt – dem Kontakt. Dieser vollzieht sich in vier Phasen: Vorkontakt, Kontaktanbahnung, Kontaktvollzug und Nachkontakt. In jeder Phase können spezifische Störungen entstehen, die „Kontaktunterbrechung" genannt werden. Formen der Kontaktunterbrechung sind: Konfluenz, Introjektion, Projektion, Retroflexion und Egotismus.

- Carl Ransom Rogers begründete auf der Basis der Erkenntnisse Goldsteins den „personenzentrierten Ansatz", welcher sowohl in der Therapie als auch in der Beratung Niederschlag findet. Wesentlich für diesen Ansatz ist ein spezifisches Verständnis über die Entwicklung des Selbst. Hierzu geht Rogers insbesondere auf die Bedeutsamkeit von Selbstkonzept und Selbstbild ein: Das Selbstkonzept wird dabei als eine Ansammlung von Begriffen und Vorstellungen, die eine Person beschreiben, verstanden. Das Selbstbild hingegen beinhaltet zudem Erfahrungen, Gefühle, Bedürfnisse, Erfolge wie auch Misserfolge. Vieles aus unserem Selbstbild ist vage, nicht greifbar und entsteht eher als Gefühl. Rogers geht davon aus, dass alle psychischen Probleme eines Individuums aus einer Schwäche des Selbst resultieren. Er nennt dies „Inkongruenz". Durch eine entsprechende Herangehensweise kann der Betroffene selbst –

und nur er selbst – seine Probleme lösen. Diese Herangehensweise ist „personenzentriert" und beinhaltet bestimmte Haltungen (nicht Methoden!) des Therapeuten: unbedingte Wertschätzung, Empathie und Echtheit.

- Einen eher pädagogischen Ansatz verfolgt Ruth Cohn in der themenzentrierten Interaktion. Sie postuliert einen „Vier-Faktoren-Ansatz" mit den Begriffen Es (dem Inhalt), Ich (den individuellen Anliegen), Wir (den Beziehungen zwischen den Beteiligten) und dem Globe (der Umwelt, in der die Situation geschieht). Unter Zugrundelegung der Grundsätze der humanistischen Psychologie beschreibt sie drei Axiome, die das Gerüst der TZI bilden: „Der Mensch ist autonom und interdependent", „Allem Lebendigen gebührt Wertschätzung und Respekt" und „Der Mensch lebt im Spannungsfeld von Freiheit und Bedingtheit". Daraus wiederum leitet sie die zwei „existenziellen Daseinspostulate" ab, die als ganz gezielte Verhaltensanweisungen angesehen werden können: „Sei deine eigene Chairperson!" und „Störungen und Betroffenheiten haben Vorrang".
- Abraham Maslow entwickelte die Theorie der menschlichen Bedürfnisse und damit zugleich einen Ansatz der Persönlichkeitsentwicklung. Er postuliert darin, dass jeder Mensch eine Reihe von Bedürfnissen hat, nämlich physiologische Bedürfnisse (physiological needs), Sicherheitsbedürfnisse (safety needs), Zugehörigkeits- und Liebesbedürfnisse (love needs), Wertschätzungs- und Geltungsbedürfnis (esteem needs) und das Bedürfnis nach Selbstverwirklichung (need for self-actualization). Die ersten vier Bedürfnisse nennt er Defizitbedürfnisse, das letzte, die Selbstverwirklichung, Wachstumsbedürfnis. Jeder Mensch, so Maslow, hat die Tendenz der Selbstverwirklichung und des persönlichen Wachstums in sich angelegt. Jedoch kann sich ein Mensch nur dann selbst verwirklichen, wenn alle Defizitbedürfnisse gestillt sind. Selbstverwirklichung ist also ein Prozess, der sich über das gesamte Leben hinzieht und auch nicht von allen Menschen erreicht wird.

10 Bildungs- und Erziehungsprozesse

10.1 Anthropologische Grundlagen der Erziehung

Wer kennt nicht WALT DISNEYS Zeichentrickinterpretation von KIPLINGS „Dschungelbuch", in der die sagenumwobene Geschichte des Jungen Mogli erzählt wird, der von Wölfen aufgezogen wird und als gleichberechtigter Junge das Leben im Dschungel im Einklang mit der Natur lebt? Er beherrscht ihre Sprache und ist für seine tierischen Gefährten wie ein Bruder, einer von ihnen. Sie wachsen mit ihm auf, spielen miteinander, gehen gemeinsam auf die Jagd nach Beute und verteidigen sich.

Diese Geschichte geht zurück auf die wenigen Fälle von „Wolfskindern", die bekannt sind, also von Kindern, die von Tieren aufgezogen wurden bzw. ohne den Kontakt mit anderen Menschen aufwuchsen, und stellt damit eine Kernfrage der Anthropologie.

10.1.1 Wer oder was ist der Mensch?

Seit Jahrhunderten wird über Kinder berichtet, die von ihren Mitmenschen getrennt wurden. Schon immer haben wir Menschen uns für diese seltsamen und zugleich tragischen Geschichten dieser wilden Kinder interessiert.

Wilde Kinder

Psychologen bestreiten normalerweise die Möglichkeit, dass Kinder bei Tieren aufwachsen und überleben können. Bei diesen Kindern der Wildnis treten typische Symptome auf, die wir mitunter von autistischen Kindern kennen, weshalb Psychologen oftmals diese Erklärung für wahrscheinlicher halten.

Übereinstimmende Merkmale zwischen Autismus und Kindern der Wildnis sind z. B., unbewusst zu urinieren und den Darm zu entleeren, die Unfähigkeit zu sprechen, nur unverständliche Laute von sich zu geben, nur ungekochte Nahrung aufzunehmen oder der Wunsch, nackt herumzulaufen. Solche Kinder halten sich entweder sehr zurück oder reagieren sehr aggressiv selbst auf ihnen nahestehende Menschen. Für sie sind wir die Fremden, die eigenartigen Geschöpfe, welche versuchen, dem Kind etwas beizubringen, was es bisher nicht konnte. Wie Versuchskaninchen werden die meisten aufgefundenen

Kinder behandelt. Natürlich gibt es auch positive Erfolge, wo fürsorglich mit solchen Kindern gearbeitet wurde.

Im Jahr 1920 tötete man in Midnapore/Indien eine aggressive Wölfin, die ihren Bau mit ihrem Leben verteidigte. Im Bau fand man vier Wesen, die sich eng zusammendrängten. Es waren zwei Jungen der Wölfin und zwei Menschenkinder. Alle vier leisteten großen Widerstand, als man versuchte, sie zu trennen, wobei sich die Wolfskinder noch viel wilder gebärdeten als die kleinen Wölfe. Man konnte sie nur trennen, indem man Tücher über sie legte. Die jungen Wölfe wurden verkauft und die beiden Mädchen kamen in das Waisenhaus nach Midnapore. Das jüngere Mädchen war etwa 18 Monate, das andere ungefähr 8 Jahre alt. Man befürchtete von Anfang an, dass es für die beiden kaum eine Chance geben würde, ein menschliches Leben zu führen.

Anthropologie
anthropos (griech.) = Mensch; Wissenschaft vom Menschen

Die Wolfskinder wärmen sich gegenseitig

Nichts sollte unversucht bleiben, um die beiden Kinder in die Gesellschaft der Menschen zurückzuführen. Das ältere Mädchen bekam den Namen Kamala, das jüngere nannten sie

Medientipp
WERNER HERZOG
„Kaspar Hauser Jeder für sich und Gott gegen alle“

Amala. Beide Kinder schienen in fast jeder Hinsicht wild, sie krochen auf allen Vieren, knurrten Menschen an und fürchteten besonders das Tageslicht. Nachts heulten sie jämmerlich den Mond an, der Verlust der Wolfsmutter und die Trennung von den beiden Wolfsjungen war wahrscheinlich zu viel für die zwei Mädchen. Sie hatten Angst und fühlten sich in ihrem „Gefängnis“ sichtlich nicht wohl. Wie fast alle wilden Kinder aßen sie besonders gerne rohes Fleisch, sie durchwühlten Abfälle auf der Suche nach etwas Essbarem, tranken aus Pfützen. Ein Jahr, nachdem sie ins Waisenhaus eingeliefert wurden, erkrankten beide Kinder schwer. Trotz aller Versuche des ortsansässigen Arztes verstarb die Jüngere der beiden an einem Nierenleiden. Obwohl keines der Mädchen bis dahin irgendwelche Gefühle gezeigt hatte, weinte Kamala beim Tod von Amala. Trotz der Tränen blieb ihr Gesicht ausdruckslos.

Der Tod von ihrer Gefährtin Amala löste eine große Veränderung in Kamala aus. Anfangs aß sie noch auf allen Vieren, später nahm sie Nahrung von der Erzieherin an. Sie fürchtete sich nun nicht mehr vor dem Tageslicht, zog Kleider an und lernte mit der Zeit sogar einige Worte auszusprechen. Mit viel Mühe gelang es ihr, nach drei Jahren aufrecht zu gehen. Kamala verstarb mit 17 Jahren an dem gleichen Nierenleiden wie Amala. In der kurzen Zeit ihres Lebens erlernte Kamala etwa 30 bis 50 Wörter und war zuletzt auf der Entwicklungsstufe einer schwer geistig Behinderten (nach BLUMENTHAL, 2002).

Neben diesem Beispiel gibt es zahlreiche weitere Berichte. Zwei davon wollen wir hier kurz nennen. Der Arzt J. ITARD dokumentierte das Leben des „Wolfsjungen“ *Victor von Aveyron*, der etwa elfjährig in einem südfranzösischen Waldstück entdeckt wurde und dessen Lebensgeschichte FRANCOIS TRUFFAUT anschaulich als der „Wilde von Aveyron“ verfilmte und heute unter dem Titel „Der Wolfsjunge“ erhältlich ist.

Sehr bekannt ist auch der Fall von *Kaspar Hauser*, der im Jahre 1828 etwa sechzehnjährig in Nürnberg auftauchte und dessen Geschichte WERNER HERZOG in dem gleichnamigen Film verarbeitete.

J. ITARD kam bereits um 1800 zur Schlussfolgerung: „Der Mensch, ohne Körperkräfte und ohne eingeborene Ideen auf diesen Erdball geworfen und außerstande, aus eigener Kraft den in ihm angelegten Gesetzen seiner Organisation zu gehorchen, die ihn dazu berufen, im System der Schöpfung den ersten Platz einzunehmen, kann nur im Schoße der Gesellschaft den hervorragenden Platz finden, der ihm von der Natur zugedacht ist, und wäre ohne die Zivilisation eines der schwächsten und unverständigsten Tiere.“ (SCHMID, 1980, S. 40)

Der Erziehungswissenschaftler W. LOCH (1979, S. 32) bezeichnet den Menschen als „Homo educandus“, weil er zur sinnvollen Entwicklung seiner Anlagen notwendig auf Erziehung angewiesen ist, wenn er

- im *Säuglingsalter* nicht sterben,
- im *Kindesalter* nicht verwildern,
- in der *Reifezeit* nicht verrohen,
- im *Jugendalter* nicht verwahrlosen,
- im *Erwachsenenalter* nicht verkümmern und
- im *Greisenalter* nicht den Glauben verlieren soll, dass sein Leben Sinn gehabt hat.“

AUFGABEN

Anregungen und Problemstellungen

1. Tragen Sie Informationen über Kaspar Hauser und/oder Victor von Aveyron zusammen und dokumentieren Sie in einer ansprechenden Präsentation deren Leben.
2. Schreiben Sie aus Ihrer Sicht erläuternde Texte zu den Stellungnahmen von J. ITARD und W. LOCH.
3. Auch in der Gegenwartsgesellschaft verwahrlosen Kinder in Familien. Sie zeigen, wenn man sie schließlich findet, ähnliche Symptome wie die Wolfskinder: Sie kriechen zwar nicht auf allen Vieren, sind aber häufig körperlich ausgemergelt, geistig verkümmert und kaum sozialisiert. Welche Möglichkeiten hat die Gesellschaft, hier regulierend einzugreifen?

10.1.2 Naturwissenschaftliche und sozialwissenschaftliche Erkenntnisse zur Erziehbarkeit des Menschen

Die *pädagogische Anthropologie* als wissenschaftliche Disziplin befasst sich mit der Erziehbarkeit und Lernfähigkeit des Menschen. Mit Erkenntnissen aus den Natur-, Geistes- und Sozialwissenschaften als den Humanwissenschaften wird versucht, die *Notwendigkeit von Erziehung* und Lernen zu begründen.

Erziehungsbedürftigkeit, die umfassende *Erziehungsbereitschaft*, die *Erziehungsfähigkeit* eines Menschen lassen sich als Voraussetzung für eine humane Entwicklung begründen.

10.1.2.1 Naturwissenschaftliche Erkenntnisse

Die Naturwissenschaften betonen dabei insbesondere die Unterschiede zwischen Mensch und Tier:

- Der Mensch hat keine festgelegte Beziehung zu seiner Umwelt. Deshalb kann er sich seiner natürlichen Umwelt anpassen, sie verändern und kultivieren. Er ist weltoffen.
  Das Tier ist an seine Umwelt angepasst. Diese Anpassungsfähigkeit ist begrenzt.
- Der Mensch hat eine differenzierte Sprache
  Das Tier hat keine Sprache mit Darstellungsfunktion.
- Der Mensch besitzt die Fähigkeit zum Denken und Lernen durch Einsicht.
  Das Tier ist überwiegend instinktgeleitet.
- Der Mensch ist extrem lernfähig.
  Das Tier ist begrenzt lernfähig.
- Der Mensch ist sich selbst bewusst und entwickelt einen Zeitbegriff.
  Das Tier besitzt kaum Bewusstsein seiner selbst und lebt gegenwärtig.

Der Mensch wird zu früh geboren

Aus biologischer Sicht zählt der Mensch zur Klasse der höheren Säugetiere. Säugetiere lassen sich nach dem Zustand ihrer Geburt in zwei Gruppen einteilen:

- **Nesthocker** sind niedere Säugetiere wie z. B. Mäuse, Katzen etc. Sie kommen mit noch „verschlossenen" Sinnesorganen, fast bewegungsunfähig und mit relativ geringer Hirnentwicklung zur Welt. Erst durch die Brutpflege entwickeln sie sich so weit, dass sie ihren Eltern gleichen und ihnen zunächst „nachstaksen" können.
- **Nestflüchter** sind höhere Säugetiere wie z. B. Affen und Huftiere. Sie kommen nach langer Tragezeit mit funktionstüchtigen Sinnesorganen zur Welt, sind ihren Eltern äußerlich schon recht ähnlich und können sich artspezifisch, wenn auch noch etwas ungelenk, fortbewegen.

Der Zoologe A. Portmann bezeichnet den Menschen als **physiologische Frühgeburt.** Seine Sinnesorgane funktionieren bereits früh, die spezifisch menschlichen Verhaltensweisen (aufrechte Körperhaltung, Sprache, Denken) müssen noch gelernt werden. Der Mensch erreicht erst am Ende seines ersten Lebensjahres, dem **extrauterinen Frühjahr**, den Entwicklungsstand, den er im Vergleich zu einem „echten Säugetier" bei seiner Geburt hat. Demnach müsste die menschliche Schwangerschaft etwa 21 Monate dauern. Und dennoch sind Säuglinge, wie neueste Forschungsergebnisse zeigen, erstaunlich aktiv.

Der Mensch ist in seinen Instinkten reduziert

Für N. Tinbergen ist der Mensch ein **instinktreduziertes Wesen,** weil seine Verhaltensmöglichkeiten nicht an Instinkte gebunden sind. Er verfügt lediglich über Instinktreste. Ein Tier hingegen ist in seiner Selbst- und Arterhaltung durch Instinkte festgelegt: z. B. bei der Nahrungsaufnahme, dem Sexualverhalten, dem Nestbau etc.

Der Mensch ist biologisch unspezialisiert

A. Gehlen bezeichnet den Menschen als **biologisches Mängelwesen.** Im Vergleich zum Tier ist er organisch unspezialisiert und unfertig, besitzt keine natürlichen Waffen, Angriffs-, Schutz- und/oder Fluchtorgane. Ein Adler verfügt z. B. über einen hervorragenden Sehsinn, ein Hund über einen ausgeprägten Geruchssinn. Zwar können sie aufgrund ihrer Spezialisierung oft erstaunliche Leistungen vollbringen, sind jedoch einseitig festgelegt. Der Bau der menschlichen Hand eignet sich beispielsweise nicht für spezielle Aufgaben. Ein Mensch kann gerade deshalb lernen, seine Hände vielseitig zu gebrauchen, sowohl grobmotorisch beim kräftigen Anpacken als auch feinmotorisch im sogenannten Pinzettengriff, und harmonisch zu koordinieren. Seine Sinnesorgane (z. B. Sehsinn, Geruchssinn) sind relativ begrenzt leistungsfähig.

> *Der Prozess, in dem Lernen geschieht, ist die Erziehung!* Unser Gehirn ist für das Lernen optimiert. Es lernt also nicht irgendwie und mehr schlecht als recht, sondern kann nichts besser und tut nichts lieber!

10.1.2.2 Geistes- und sozialwissenschaftliche Erkenntnisse

Der Philosoph I. Kant weist auf die Ratio (Vernunft), die nur dem Menschen zu eigen ist, hin. Der Mensch ist ein geistiges Wesen, das mit Bewusstsein, Verstand, Erinnerungsvermögen, Begriffssprache, Urteils- und Reflexionsvermögen ausgestattet ist. Deshalb ist das Wesen des Menschen durch Vergleiche von Mensch und Tier nicht vollständig erklärt.

Geistes- und Sozialwissenschaftler ergänzen die naturwissenschaftliche Sichtweise wesentlich und betonen u.a.:

- Der Mensch kann abstrakt denken und seine und fremde Gedanken in Sprache fassen sowie ihre Bedeutung erfassen und mitteilen.
- Er kann eigene Gedanken formulieren, Gegenstände benennen sowie Sachverhalte darstellen.
- Er kann Objekten einen Sinn verleihen, (sich) Werte und Ziele setzen sowie zweckbewusst und geplant handeln.
- Er kann die Welt gestalten und umgestalten sowie Gegebenes infrage stellen und ändern.
- Er kann sich seine Zeit einteilen, über sie verfügen und die Gegenwart für sich sinnvoll gestalten.
- Er ist nicht nur auf das „Hier und Jetzt" eingeschränkt, kann unterscheiden zwischen Gegenwart, Vergangenheit und Zukunft sowie sich vergangene und zukünftige Situationen vorstellen.
- Er kann die Zukunft gedanklich vorwegnehmen und sie durch sein geplantes Handeln beeinflussen.
- Er kann sich von sich selbst distanzieren und sich selbst zum Objekt der Betrachtung machen, sich reflektieren.

10.1.2.3 Der Mensch ist ein Gehirnwesen

Der Mensch nimmt innerhalb der Natur eine Sonderstellung ein. Dies zeigt sich an folgenden Merkmalen:

- aufrechte Körperhaltung
- Wortsprache
- Denkvermögen
- Fähigkeit, geplant zu handeln
- Umweltbeherrschung
- extreme Lernfähigkeit

Den Schlüssel zu allem sehen Sie in der folgenden Abbildung.

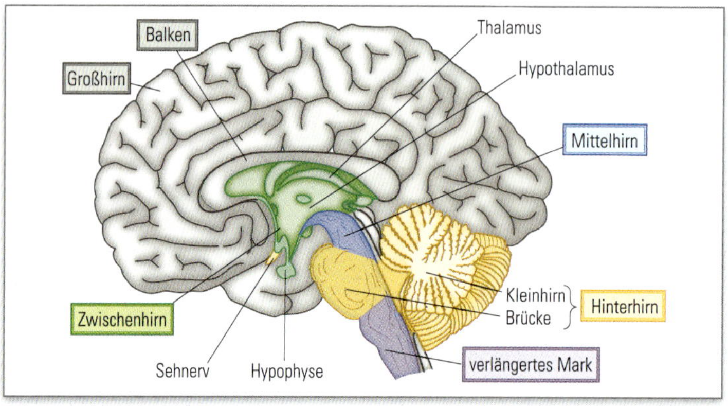

Das Gehirn des Menschen wiegt etwa 1,4 Kilogramm und macht damit etwa 2 Prozent des Körpergewichts aus. Es verbraucht jedoch mehr als 20 Prozent der Energie des gesamten Körpers. Wenn wir z.B. eine „Pizza mit kleinem Salat" essen, meldet das Gehirn davon ein Fünftel des Energiebedarfs an. Nicht unbescheiden, aber bedenken Sie: Ungefähr 120 Milliarden Nervenzellen hungern nach Energiezufuhr.

Menschen sind dank ihres Gehirns unglaublich flexibel, bevölkern den ganzen Erdball und sind sogar erste Schritte auf dem Mond gegangen. Es stimmt schon: Tiger haben schärfere Zähne, Nashörner sind stärker, Geparden schneller, Eisbären vertragen Kälte besser, Wale können besser schwimmen und Adler besser fliegen. Im Gegensatz zu all diesen bedrohten Tieren jedoch, ist der Mensch dank seines leistungsfähigen Gehirns nicht auf eine Sache besonders spezialisiert, sondern kann sich auf die verschiedensten Umgebungen, Aufgaben und Probleme einstellen. *Er kann lernen, und zwar besser als alle anderen Lebewesen auf der Erde.* Und das Organ, mit dem das geschieht, ist das Gehirn.

Ein großer Teil unserer Wirklichkeit ist also das Produkt unserer geistigen Fähigkeiten und wird auch *Kultur* genannt.

Die organische Unspezialisiertheit und Unfertigkeit, das Nicht-festgelegt-Sein, die Instinktarmut und sein wachsendes Gehirn waren die Voraussetzungen des Menschen, sich seit seiner Frühzeit zu entwickeln. Seine vielfältigen Antriebskräfte wurden über Lernvorgänge, Haltungen, Gesinnungen in „kulturelle" Bahnen gelenkt. *Der Mensch lebt überall auf der Erde in einer Kultur, er ist ein kulturelles Wesen.* Diese kulturelle Lebensweise kann sehr unterschiedlich aussehen, wie die Bilder aus verschiedenen Ländern zeigen.

Mit Kultur bezeichnen wir eine vom Menschen selbst geschaffene oder veränderte Umwelt. Dazu gehören die Sprache, die Art der Wohnverhältnisse, Kunst, Religion, Recht, Wissenschaft, Wert- und Normvorstellungen, Lebensstile und soziale Übereinkünfte.

Innerhalb großer und komplexer Gesellschaften haben verschiedene Gruppen ihre eigenen Subkulturen. So spricht man bei uns oft von sogenannten jugendlichen Subkulturen mit typischen Umgangsformen, speziellem Musikgeschmack, besonderen Ritualen, einer oft typischen Sprache, auch Kleidung etc.

Eine Kultur zielt auf soziale Ordnung und schließt

- **Institutionen** (Regierung, das Militär, die Familie usw.)
- **Sitten, Regeln, rituelle Gebräuche** (z. B. Geburtstag, Hochzeitstag, Fastnacht oder Karneval)
- **einen Moralkodex** (was „sich gehört und was nicht", siehe „Entwicklung des moralischen Urteils", S. 280 ff.)
- **Sauberkeitsbegriffe** (Pflege des Körpers, Hygienemaßstäbe)
- **die Sprache als kulturellen Code** und zahlreiche andere Errungenschaften menschlicher Kreativität als Gesamtleistung ein.

Grundlegend ist jedoch die geistige Orientierung in der Welt ein Bezugsrahmen, der mehr oder weniger bewusst gestaltet wird.

In Übereinstimmung mit der Kultur, in die ein Kind hineingeboren wird, lernt es eine besondere, umfassende Sichtweise von der Welt und dem menschlichen Schicksal, der materiellen Wirklichkeit und den menschlichen Beziehungen kennen.

Wie unterschiedlich die Kulturen sein können, machen die Bilder nur allzu deutlich. Weil aber unsere kulturell anerzogene Lebensanschauung so sehr ein Teil unserer selbst wird, entdecken viele Menschen niemals, dass sie einer besonderen Kultur angehören. So ist es leicht zu verstehen, dass andere Völker sonderbare Ansichten, seltsame Gepflogenheiten, abstruse Gebräuche und auch ungewöhnliche Kleider haben. Für uns aber sind es immer unsere eigenen Ansichten, Wahrnehmungen und Werturteile, die den Tatsachen entsprechen und richtig sind.

AUFGABE

1. Arbeiten Sie die unterschiedlichen Positionen über die Sichtweise des Menschen in wenigen Sätzen heraus.
2. Begründen Sie die Erziehungsbedürftigkeit und die Erziehungsfähigkeit des Kindes.

10.1.3 Unzulängliche Erziehung durch Deprivation

Unsere anthropologischen Ausführungen verdeutlichen, dass der Mensch für seine gesunde Entwicklung Mitmenschen und Erziehung benötigt. Die Beispiele der „verwilderten" Kinder zeigen eindrucksvoll, dass sich Kinder ohne menschliche Fürsorge nicht zu gesunden Menschen entwickeln können. Die

„verwilderten" Kinder lebten ja auch nicht in menschlicher Gemeinschaft. Was aber geschieht, wenn Kinder mit anderen Menschen zwar zusammenleben, aber keine oder kaum liebevolle Zuwendung erfahren?

Der amerikanische Psychoanalytiker E. H. ERIKSON hält das Säuglingsalter für den Zeitraum, in dem das Kind die Welt entweder als eine gute und befriedigende Lebenssphäre oder aber als einen Ort des Schmerzes, des Elends, der Enttäuschung und der Unsicherheit kennenlernt. Er nennt diese gegensätzlichen Einstellungen Urvertrauen und Urmisstrauen.

Urvertrauen / Urmisstrauen

Das Urvertrauen oder Urmisstrauen besteht ursprünglich aus Gefühlen gegenüber Menschen, aus ihrer **Bindung** zu Bezugspersonen wie Mutter oder Vater oder anderen. Darüber hinaus aber bildet es die Grundlage für eine optimistische oder pessimistische Einstellung zur Welt. Das Baby hat körperliche Bedürfnisse nach Nahrung, Sauberkeit, Schlaf, Wärme usw. Ebenso wichtig sind aber seine seelischen Bedürfnisse nach Kontakt, Liebkosungen, Gespräch, Spiel und vielen anderen Ausdrucksformen von emotionaler Zuwendung. Die Befriedigung dieser Bedürfnisse ist es, die dem Baby und dem Kleinkind das Gefühl einer guten, zuverlässigen, angenehmen und letztlich beherrschbaren Welt vermitteln.

Urmisstrauen

Schon sehr früh haben R. SPITZ und J. BOWBLY u.a. die Wichtigkeit der frühen Beziehung zwischen Eltern und Kind untersucht. Sie haben dabei beobachtet, dass Säuglinge und Kleinkinder körperlich und seelisch leiden und zu verkümmern beginnen, wenn sie Zuwendung von Bezugspersonen entbehren. In Einrichtungen wie Kinderheimen, Waisenhäusern oder auch Krankenhäusern, in denen diese persönliche Zuwendung und Ansprache fehlte, haben die Forscher festgestellt, dass die Kinder Symptome einer **Deprivation** durch den Entzug von Reizen und vor allem der Mutter zeigten: unheilbarer Kummer bis hin zur Abstumpfung, Verzögerung der Wahrnehmungsentwicklung, motorische Retardierung (Zurückbleiben) und Sprachverzögerung, erhöhte Anfälligkeit gegenüber Ansteckungskrankheiten, stereotype Jaktationen (Hin- und Herschaukeln), gestörte Lernfähigkeit bis hin zur völligen Apathie. Auch die Sterblichkeit war erhöht. Diese leib-seelische Störung, die in Säuglingsheimen und Krankenhäusern beobachtet wurde, wird auch als *Hospitalismus* bezeichnet.

Wenn nicht frühzeitig interveniert wird, zeigt die weitere Entwicklung hospitalisierter Kinder in der Regel große Störungen in der körperlichen und motorischen Entwicklung, in der Entwicklung der Sprache und des Denkens sowie im Gefühlsleben und dem Sozialverhalten.

10.2 Bindung

Die Bedeutung von dauerhaften und verlässlichen Bezugspersonen in den ersten Lebensjahren kann nicht hoch genug eingeschätzt werden. Das gilt selbstverständlich auch für das Familienleben. Das deutsche Wissenschaftlerehepaar KARIN und KLAUS GROSSMANN hat das Bindungsverhalten in Eltern-Kind-Beziehungen untersucht und festgestellt: **Kleinkinder brauchen feste Bindungen zu Erwachsenen, um eine positive Entwicklung zu durchlaufen.**

> **Bindung** wird definiert als anhaltende emotionale Beziehung zu einer Person, bei der das Kind Körperkontakt, Schutz und Geborgenheit sucht, vor allem in Situationen, in denen es sich unsicher, unbehaglich oder überfordert fühlt, wie in fremden Situationen oder vor fremden Leuten.

Die Art und Weise der frühkindlichen Bindung wirkt sich auch nachhaltig auf das Verhalten im Erwachsenenalter aus.

In der Psychologie spricht man in diesem Zusammenhang von der **Bindungstheorie**. Begründer dieser Theorie waren in den 60er-Jahren des letzten Jahrhunderts in erster Linie MARY AINSWORTH und JOHN BOWLBY. Ergebnis ihrer Untersuchungen ist die Aussage, dass das Bindungsbedürfnis bei Menschen biologisch tief verankert ist. Bindung entsteht dadurch, dass die Signale des Säuglings, mit denen er seine Bedürfnisse kundgibt, von der Pflegeperson richtig verstanden, also aufgenommen, und entsprechend beantwortet werden. Dabei handelt es sich nicht nur um Signale, die seine körperlichen Bedürfnisse betreffen, sondern auch um solche, mit denen das Kind seine Wünsche nach Zuwendung,

Spiel, Zärtlichkeit, „Ansprache", nach Schutz, Trost und Sicherheit zum Ausdruck bringt. Die Pflegepersonen reagieren unterschiedlich auf diese Bedürfnisse. Daraus entstehen Unterschiede im Charakter der Bindung.

Die Bindung an Personen ist eine Voraussetzung für die seelische Gesundheit des Menschen. Kinder mit gelungenem Bindungsverhalten haben es im späteren Leben leichter, neue Bindungen einzugehen.

> **Bindungsverhalten**
> Sucht das Kind nach Bindung, kann Folgendes beobachtet werden: zur Mutter krabbeln oder laufen, sich an ihr festklammern, weinen, rufen, lächeln. Das Bindungsverhalten wird aktiviert, wenn das Kind sich unsicher fühlt, z. B. die Mutter sich plötzlich entfernt oder sie den Raum verlässt.

10.2.1 Bindungsentwicklung

1. In den ersten zwei Monaten ist das Kind an keine Person fest gebunden. Es reagiert weitgehend gleichartig auf Personen, die seine Bedürfnisse befriedigen.
2. Ab dem 3. bis 4. Lebensmonat lernt das Kind, Personen zu bevorzugen, die es an der

Stimme, am Geruch oder anderen Signalen erkennt.
3. Die Bindung an bestimmte Personen zeigt sich ab dem 7. bis 8. Lebensmonat, wenn ein Kind bekannte und unbekannte Personen unterscheiden kann. Es erkennt beispielsweise das Gesicht der Mutter wieder, da es immerwährend im Gedächtnis eingelagert ist (Objektpermanenz).

Verhalten von Kindern, deren Beziehung zu ihren Müttern oder Vätern psychisch unsicher ist (Ainsworth 1977)

Das Kind spielt allein und schaut die Mutter nur selten, und wenn, dann ohne jeglichen Ausdruck an.

Die Mutter verlässt den Raum … das Kind setzt sein Spiel fort.

Das Zusammenspiel mit einer freundlichen, aber fremden Person ist oft lebendiger als mit der Mutter oder dem Vater.

Wenn die Mutter nach 3-minütiger Abwesenheit zurückkommt, vermeidet es das Kind, sie anzuschauen oder irgendeinen anderen direkten Kontakt herzustellen.

Kommunikation wird indirekt aufgenommen; Körperkontakt wird vermieden.
Mutter und Kind schauen beide teilnahmslos auf denselben Gegenstand.

Verhalten von Kindern, deren Beziehung zu ihren Müttern oder Vätern psychisch sicher ist (Ainsworth 1977)

Das Kind spielt und schaut die Mutter freundlich an.

Die Mutter verabschiedet sich von dem Kind, bevor sie den Raum für 3 Minuten verlässt.

Das Kind hört auf zu spielen und sucht lebhaft nach der Mutter, oft unglücklich, manchmal weinend.

Eine freundliche, aber fremde Person kann das Kind nicht besänftigen, das versucht, sich von ihr zu entfernen.

Wenn die Mutter zurückkommt, begrüßen sich beide freudig.

Nach einer kurzen Weile spielen Mutter und Kind wieder glücklich miteinander; sie schauen sich freundlich an und unterhalten sich mit lebhaftem Blickkontakt!

(nach Schenk-Danzinger, o. J., S. 126)

Bindungstypen im Kleinkindalter

Aus dem Verhalten von Kindern leitet AINSWORTH drei Bindungstypen im Kleinkindalter ab:

- Typ A: Unsichere, meidende Bindung, Kinder zeigen kaum Gefühle, suchen nicht die Nähe der Bezugsperson, sind eher misstrauisch und abwehrend.
- Typ B: Sichere Bindung und Kontakt, Nähe der Bezugsperson wird gesucht, Kinder fühlen sich geborgen.
- Typ C: Unsichere ambivalente Bindung. Unbekannte Personen lösen Ängste und Wut aus. Der Mutter gegenüber verhalten sie sich ambivalent, weil sie sich von ihr allein gelassen fühlen.

AUFGABE

Wie würden Sie die Abbildungen oben den Bindungstypen zuordnen? Begründen Sie bitte.

10.2.2 Wie können sich Trennungen auswirken?

Kleinkinder im Krankenhaus

Bei Klinikaufenthalten von Kleinkindern (ca. 15 bis 30 Monate) beobachtete BOWLBY die Reaktionen auf die Trennung von der Mutter und beschrieb sie in drei Phasen als

- **Protest:** Das Kind ist durch den Mutterverlust beunruhigt, weint oft laut, die Pflegerin wird abgelehnt, das Kind ist sich aber sicher, dass die Mutter wiederkommt.
- **Verzweiflung:** Das Kind glaubt nicht mehr, dass die Mutter kommt, es will sich damit allerdings nicht abfinden. Es weint, ist verstimmt und will nicht viel von seiner Umwelt wissen.
- **Gleichgültigkeit:** In dieser Phase der „Mutterverleugnung" zeigt das Kind wieder mehr Umweltinteresse. Nahrung und Spielsachen werden angenommen. Beim Besuch der Mutter ist von einer natürlichen Bindung kaum noch etwas zu spüren.

Frühe Bindungserfahrungen wirken sich nicht nur auf das soziale Verhalten von Menschen aus, sondern auch auf Tiere, wie die zwei Untersuchungen von HARLOWS Rhesusaffen und Brauns Strauchratten (Degus) eindrucksvoll belegen.

Wie verhalten sich Rhesusäffchen und Degus bei Mutterentbehrung?

Versuchstiere:
neugeborene Rhesusäffchen, die sofort nach der Geburt von der Mutter getrennt wurden.

Versuchsziele:

1. Was ist für die Affensäuglinge wichtiger, die Nahrung oder die Mutterliebe („Nestwärme")?
2. Wie zeigen sich Angst- und Bindungsreaktionen der kleinen Äffchen?

Versuchsdurchführung:
Die Affenkinder wachsen bei „Mutterattrappen" auf, die sich stark unterscheiden. Die eine ist ein Drahtgestell mit einer Flasche als Nahrungsquelle, die andere ist ein Drahtgestell mit einem weichem Stoffüberzug.

Ergebnisse der Versuche:
Die „Stoffmutter" erhält eindeutig den Vorzug vor der „Nahrungsmutter". Um die Angst- und Bindereaktionen zu überprüfen, ließ HARLOW Monate später einen lärmenden Roboterbär in den Käfig der Jungtiere bringen. Die bei den „Stoffmüttern" aufwachsenden Äffchen suchten sofort bei ihr Schutz und Trost. Die bei der Nahrungsmutter aufwachsenden verkrochen sich erschreckt in eine Ecke oder erstarrten.

Ohne Liebe verkümmert das Gehirn

Die Neurobiologin KATHARINA BRAUN konnte an Strauchratten (Degus) nachweisen, „dass ein Mangel an gefühlvoller Zuwendung auch deutliche Spuren in den fein gesponnenen Nervennetzen des Gehirns hinterlässt". Die Botenstoffe Dopamin und Serotonin verändern sich stark und dadurch kommt das Erregungsniveau im Vorderhirn durcheinander. „Die den Eltern entrissenen Degus laufen, so haben die Neuroforscher beobachtet, in einer fremden Umgebung aufgeregt umher, wie verwahrloste Menschen wirken sie hyperak-

tiv. Und wenn über Lautsprecher die Rufe der Mutter ertönen, ignorieren die Tiere die vertraute Stimme. Ungestört im Schoß der Familie groß gewordene Strauchratten beruhigen sich dagegen, wenn sie die Mutter hören." (GEO, 11/2003, S. 221–223)

Beiden Tierversuchen ist eines gemeinsam: Die Tierkinder wurden nach der Geburt ganz oder teilweise von der Mutter getrennt, sodass Bindung sich nicht natürlich entwickeln konnte. Nicht zuletzt aufgrund solcher und ähnlicher Erkenntnisse bleiben unsere kleinen Artgenossen heute nach der Geburt im Krankenhaus bei der Mutter („Rooming-in"). Die Geburt und die Zeit danach ist für Eltern und Kind ein bewegendes, ein wichtiges Erlebnis. Dies auch, obwohl die Bindung zwischen Eltern und Kind sich aus den unzähligen kleinen und großen Erfahrungen entwickelt, die sie über Monate und Jahre hinweg miteinander machen werden.

Rooming-in
1. *Neugeborene bleiben im Krankenhaus im Zimmer der Mutter.*
2. *Stationäre Aufnahme der Mutter zum akut erkrankten Kind.*

Vaters schützende Hand

10.2.3 Bedeutung der Bindung

Über Blickkontakt, vertraute Zwiegespräche, Streicheln, Halten und Trösten entwickelt das Kind eine Beziehung zu einer erwachsenen Person und über Vertrauen in die Verlässlichkeit und Verfügbarkeit dieser Bezugsperson eine sichere Bindung zu ihr. Mit dieser Sicherheit kann ein Kind sich wagen, neugierig und aktiv auf die Welt zuzugehen.

Eine gute **Beziehungsqualität** fördert die kindliche Entscheidungsfähigkeit, stärkt die Selbstbeherrschung, die geistige Beweglichkeit, die soziale Kompetenz und die Angstfreiheit. Diese Kinder sind meist freundlich und tolerant und emotional stabil (K. GROSSMANN).

Ohne diese Grundsicherheit in einer Beziehung ziehen Kinder sich in sich zurück, wirken selbstständig, sind jedoch innerlich unsicher. Meist versuchen sie alleine mit ihren Gefühlen fertigzuwerden. So entwickeln sie häufig Verhaltensweisen, die von ihrer Umgebung als auffällig wahrgenommen werden. Sie fallen im Kindergarten durch geringe Frustrationstoleranz, Aggressivität, Unselbstständigkeit und geringes Selbstwertgefühl auf. Erfahren sie dann negative Reaktionen von anderen Personen, so wird ein Kreislauf in Gang gesetzt, der sich immer wieder selbst verstärkt. Der Ursprung sehr vieler Probleme ist in unbefriedigenden Beziehungserfahrungen und unsicheren Bindungen zu suchen.

Die meisten Untersuchungen gibt es zur Mutter-Kind-Beziehung, denn die Mutter ist in der Regel die wichtigste Bezugsperson. Aber auch andere erwachsene Personen können eine wesentliche Bezugsperson sein, wenn sie regelmäßig und verlässlich für das Kind da sind, wenn sie die Signale, die es sendet, wahrnehmen, verstehen und beantworten, also eine sichere Beziehung aufbauen.

Wie Kinder sich und andere Menschen erleben, hängt wesentlich davon ab, welche Erfahrungen sie in den ersten Beziehungen gemacht haben.

Sind die ersten Bezugspersonen auf die Bedürfnisse und Möglichkeiten des Kindes eingegangen, haben sie es angeregt und gefördert, ihm Schutz und Begleitung gegeben, dann hat es eine gute Voraussetzung, sich seelisch, geistig und körperlich gesund zu entwickeln.

10.3 Bildung und Erziehung – einige einführende Gedanken

Ein Leben ohne **Bildung** und **Erziehung** ist in einer modernen Gesellschaft nicht denkbar. Wie sollte man sonst als Heranwachsender das komplexe Geflecht der Normen und Werte, der Verhaltenserwartungen und Handlungsregeln verstehen, die das Zusammenleben heutzutage prägen? Woher sollten zum Beispiel Kinder wissen, wie sie sich im Straßenverkehr bewegen sollen oder welches Verhalten auf einem Familienfest angemessen ist?

Aber Erziehung und Bildung bewirken noch viel mehr. Das Leben in unserer technisch-wissenschaftlichen Welt erfordert enorm viel an Wissen, Fähigkeiten und Kompetenzen, um sich in ihr zurechtzufinden. **Kulturtechniken** wie Schreiben, Lesen und Rechnen müssen beherrscht werden – heute gilt auch die Bedienung technischer Medien wie Fernseher und Computer mit ihrer weltweiten Vernetzung durch das Internet zu den Kulturtechniken. Wirtschaftliche und politische Zusammenhänge müssen verstanden werden. Die Liste von Bereichen, die für das individuelle und gesellschaftliche Leben von wesentlicher Bedeutung sind und die sich jungen Menschen erst durch Erziehungs- und Bildungsprozesse erschließen müssen, lässt sich noch erheblich erweitern.

Bildung und Erziehung finden wir aber nicht nur in modernen Gesellschaften, sondern sie gehören zu jeder Form menschlichen Zusammenlebens in Vergangenheit und Gegenwart. Auch in traditionellen Stammesgesellschaften, z. B. im Dschungel des Amazonasgebiets oder in Zentralafrika, besteht die Notwendigkeit, die nachfolgende Generation durch Erziehung und Bildung in die bestehenden gesellschaftlichen Verhältnisse einzuführen. Es gilt, den Kindern zu zeigen, wie man sich im Dschungel Nahrung verschafft, wo Gefahren lauern, welche Regeln und Rituale seit alters her gelten und wie man dem Stammesoberhaupt und den Alten zu begegnen hat.

> Erziehung und Bildung sind als gesellschaftliche Grundtatsachen unerlässlich für den Fortbestand einer Gesellschaft.

Viele Wissenschaften befassen sich mit diesem Thema. Vor allem für die Pädagogik bzw. die Erziehungswissenschaft stellen **Bildung und Erziehung** den zentralen Gegenstand der wissenschaftlichen Forschung und Lehre dar (siehe Kapitel 1: Pädagogik und Psychologie als Wissenschaft). Aber auch die pädagogische Psychologie, die Didaktik, die Soziologie und viele andere Wissenschaften setzen sich aus ihrer jeweiligen Perspektive mit diesem Thema auseinander.

Didaktik
Wissenschaftliche Theorie und Praxis des Lehrens und Lernens

Bildung und Erziehung werden dabei oft in einem Atemzug genannt. So spricht man von „Bildung und Erziehung im Elementarbereich" oder Politiker reden von der „Bedeutung der Erziehung und Bildung in unserer Gesellschaft". In den letzten Jahrzehnten tritt häufig noch der Begriff der Sozialisation hinzu. Bildung, Erziehung und Sozialisation werden mitunter als Grundbegriffe der Pädagogik bzw. Erziehungswissenschaften bezeichnet (vgl. Hörner u. a., 2010; Dörpinghaus/Uphoff, 2011). Mit diesen drei Begriffen wollen wir uns in diesem Kapitel befassen.

Kulturtechniken
durch Erziehung vermittelte grundlegende Fähigkeiten, die der Erhaltung der Kultur dienen.

Sozialisations-, Bildungs- und Erziehungsprozesse finden wir in vielfältiger Form und Ausrichtung im Leben von Heranwachsenden. Jeder von uns hat die erzieherischen Bemühungen seiner Eltern, Lehrer, Fußballtrainer, Großeltern selbst erfahren und ist in unserer modernen Gesellschaft mit dem Bildungssystem konfrontiert worden. Junge Menschen werden durchgehend Sozialisationseinflüssen ausgesetzt. So wirken zum Beispiel Medien und Gleichaltrige nicht unerheblich auf das Verhalten und Erleben ein. Was aber verbirgt sich eigentlich hinter diesen Begriffen?

Es scheint auf der Hand zu liegen, was Erziehung sei und was mit Bildung gemeint ist. Jeder glaubt, über Erziehung und Bildung Bescheid zu wissen. Allerdings ist im Kreise der Erziehungswissenschaftler bei Weitem nicht so eindeutig geklärt, was sich dahinter verbirgt (vgl. Gudjohns, 2012, S. 181 f.). Das geht so weit, Erziehung als Begriff und Konzept einer modernen Pädagogik gänzlich abschaffen zu wollen. So schlug der Philosoph und Soziologe Adorno als Vertreter der kritischen Theorie vor, das Wort Erziehung möglichst zu vermeiden und es durch „zur Mündigkeit bewegen" zu ersetzen (Dörpinghaus/Uphoff, 2011, S. 19). In eine ähnliche, noch deutlichere Richtung weisen die Ansätze der Antipädagogik.

Theodor W. Adorno
1903 bis 1969, deutscher Philosoph und Soziologe, gehörte der kritischen Theorie an, die sich kritisch mit der modernen Gesellschaft befasst.

EXKURS

Die Antipädagogik bezeichnet eine eigene „pädagogische" Richtung, die Erziehung vollständig ablehnt. Sie möchte das Aufwachsen junger Menschen nicht durch erzieherische Fremdbestimmung verbiegen. Einer ihrer prominentesten Vertreter Ekkehard von Braunmühl sagte: „Erziehung in jeder Form ist Kindesmisshandlung." (von Braunmühl, 2006, S. 226)

Hintergrund war der häufig mit Erziehung verbundene Aspekt der Fremdbestimmung und Disziplinierung, der dem modernen Menschenbild des vernünftigen und freien Subjekts zu widersprechen scheint.

Freies Subjekt
Philosophische Bezeichnung für den Menschen als ein Wesen mit freiem Willen.

Diese Position wird kaum noch ernsthaft vertreten und muss in den zeitgeschichtlichen Zusammenhang der 70er-Jahre gestellt werden, in denen es eine kritische Auseinandersetzung mit den autoritären Formen der Erziehung in den Jahrzehnten zuvor – insbesondere im Nationalsozialismus – gab. Diese Erziehungsvorstellungen herrschten teilweise in der Erziehungspraxis von Bildungseinrichtungen und auch in Familien noch vor. Vor allem fehlte es an einer Aufarbeitung der „Pädagogik" des Nationalsozialismus.

Zitat aus dem Song *Another Brick In The Wall* von Pink Floyd, 1979

AUFGABE

Recherchieren Sie den Begriff „Antipädagogik" und arbeiten Sie die wesentlichen Merkmale dieses pädagogischen Ansatzes heraus. Diskutieren Sie anschließend in Kleingruppen, ob sich hinter dem Konzept der Antipädagogik sinnvolle Überlegungen zur Erziehung verbergen.

Was wir unter Erziehung und Bildung verstehen, d. h. wie sie konkret aussehen sollen und welche Funktion sie in einer Gesellschaft einnehmen, wird durchaus kontrovers diskutiert und ist nicht ein für allemal festgelegt. Allerdings sind die Positionen in aller Regel nicht so extrem wie im Fall der Antipädagogik. Aber es existieren durchaus unterschiedliche Vorstellungen und Konzepte. Der Begriff der Sozialisation wird in der Öffentlichkeit weit weniger diskutiert. Er ist inzwischen aber wesentlicher Bestandteil der wissenschaftlichen Debatten in diesem Themenzusammenhang.

In den nun folgenden Ausführungen dieses Kapitels werden alle drei Grundbegriffe erläutert und in ihren Bedeutungen voneinander abgegrenzt. Hierbei soll der Blick zuerst auf die Erziehung gerichtet werden. Dazu gehören auch einige Erläuterungen zum Begriff der Sozialisation in Abgrenzung von und Verbindung zur Erziehung. Darauf folgen Überlegungen zum Bildungsbegriff, die auch dessen Bezüge zu Erziehung und Sozialisation anreißen.

10.4 Erziehung

10.4.1 Was ist Erziehung?

Jeder scheint zu wissen, was Erziehung ist und vor allem, wie man richtig erzieht. Alle Menschen haben sie am eigenen Leibe erfahren. Viele sind zudem als Eltern, professionelle Pädagogen oder im Arbeitsleben etwa als Ausbilder in Betrieben selbst erzieherisch tätig. Daher handelt es sich um ein Thema, zu dem jeder etwas beizutragen hat. Solch ein Alltagswissen ist aber nicht präzise und objektiv genug, um auf dieser Grundlage wissenschaftlich begründete Aussagen über Erziehung machen zu können.

Was aber ist Erziehung genau? Worin unterscheidet sich diese Form des Handelns von anderen wie der Beeinflussung oder der Dressur? Wie definiert man sie wissenschaftlich? Welche Funktion hat sie und wie bewirkt sie das, was sie erreichen soll? Diesen Fragen wollen wir im Folgenden nachgehen. Die Disziplin, die sich wissenschaftlich mit der Theorie und Praxis der Erziehung befasst, ist, die Erziehungswissenschaft oder Pädagogik.

Beginnen wir mit einem Beispiel, um die Merkmale der Erziehung herauszuarbeiten:

BEISPIEL

Eine Mutter putzt mit ihrer dreijährigen Tochter jeden Morgen und jeden Abend deren Zähne. Sie zeigt ihr, wie sie Zahnpasta auftragen, wie sie die Zahnbürste halten muss und wie man in kreisenden Bewegungen die Zähne bürstet. Gleichzeitig motiviert sie das Mädchen durch spielerische und humorvolle Weise immer wieder dazu, der eignen Zahnpflege gewissenhaft nachzugehen. Und nicht zuletzt verfolgt sie das Ziel, dass ihre Tochter dies zunehmend mehr selbstständig durchführen kann.

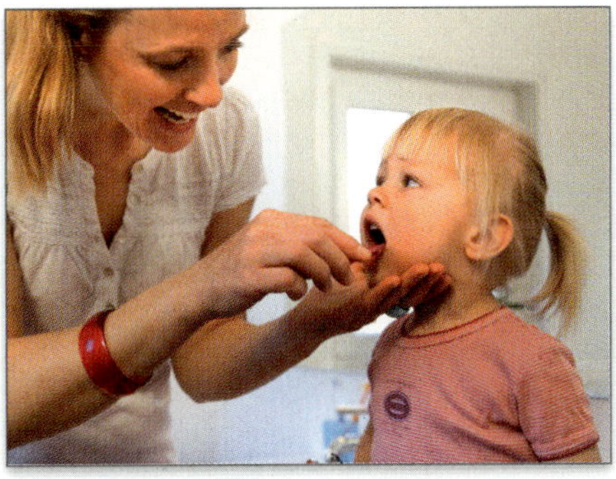

Beim Wort „Erziehung“ gehen uns verschiedenste Bilder und Gedanken durch den Kopf. Einige mögliche Definitionen finden Sie in folgender Aufzählung aufgeführt:

- Erziehung ist die Hilfe zum Selbstwerden in Freiheit (K. Jaspers).
- Erziehung ist Entwicklungshilfe, sie ist Anpassung an die Gesellschaft, sie ist lehrende Einführung in die Kultur und sie ist Erweckung zum sinnvollen Leben (W. Brezinka).
- Erziehung ist Einführung in die Gesellschaft, Einführung in die Kultur und Mithilfe zur Personalisation (E. Weber).
- Erziehung heißt, ein Kind so weit bringen, dass es uns nicht mehr braucht (L. A. Bätsch).
- Erziehung ist die organisierte Verteidigung der Erwachsenen gegen die Jugend (M. Twain).

AUFGABE

Formulieren Sie Ihre eigenen Vorstellungen von Erziehung. Versuchen Sie, eine Definition zu finden, und diskutieren Sie diese mit Ihren Mitschülern.

10.4.1.1 Erziehung als Interaktion

Schon an dem dargestellten knappen Beispiel wird deutlich: Erziehung stellt ein Handeln zwischen Individuen dar, also einen **Interaktionsprozess**. Geht es um Erziehung, sind mindestens zwei Menschen beteiligt, deren Verhalten aufeinander bezogen ist. Zugleich ist Erziehung in aller Regel keine einmalige Aktion, die schnell zu einem erfolgreichen Ende führt, sondern sie besteht aus mehreren aufeinander bezogenen Bemühungen. So reicht es nicht aus, der dreijährigen Tochter einmal zu zeigen, wie sie ihre Zähne putzen soll. Die Mutter muss es wiederholt vormachen und sie beim Selbertun unterstützen, damit es sich als Fertigkeit und auch als Gewohnheit festigt.

Interaktion
Wechselwirkung zwischen dem Verhalten mehrerer Personen; gegenseitige Beeinflussung durch ein Wechselspiel von Aktion und Reaktion

Der erzieherische Interaktionsprozess ist dadurch gekennzeichnet, dass ein Interaktionspartner in aller Regel über einen **Wissens- und Erfahrungsvorsprung** verfügt. Die Mutter weiß, wie wichtig das Zähneputzen ist und wie es richtig durchgeführt wird. Der Wissensvorsprung kann dabei sehr umfassend sein, wie etwa bei Eltern gegenüber ihren jüngeren Kindern, was häufig, wie in diesem Fall, mit dem Alter zusammenhängt. Aber er kann auch auf einen bestimmten Bereich beschränkt bleiben. So hat ein junger Lehrer gegenüber seinem Oberstufenkurs vor allem bezogen auf sein Fach einen erheblichen Wissensvorsprung. In anderen Bereichen ist er mit seinen Erfahrungen vielleicht gar nicht so weit voraus.

Bei der Person mit Wissensvorsprung spricht man vom **Erziehenden** (bzw. der erziehenden Person). Sein Gegenüber ist der **Zu-Erziehende**. Die Aktivität bzw. die Steuerung des Prozesses der Erziehung geht von der erziehenden Person aus. Damit liegt ein hierarchisches Verhältnis vor. Der Erziehende möchte auf der Seite des Zu-Erziehenden eine Veränderung herbeiführen, was nur geschehen kann, wenn er die Macht und die Möglichkeiten dazu hat. Allerdings geht die Wirkung nicht nur in eine Richtung. Auch wenn die eigentliche Aktionsrichtung vom Erziehenden zum Kind oder Jugendlichen geht, liegt hier ein Wechselwirkungszusammenhang vor. So muss sich der Erziehende auf sein Gegenüber einstellen und wird selbst durch den Erziehungsprozess beeinflusst. Ein Vater mag zu Anfang noch sehr bemüht sein, durch Erklärungen und Ermahnungen seine jugendliche Tochter zu einem freundlicheren Verhalten am Frühstückstisch zu bewegen. Aber der beharrliche Widerstand der Tochter wird ebenfalls Wirkung auf den Vater zeigen.

> Erziehung ist ein interaktiver Prozess zwischen einem Erziehenden (z. B. Vater, Lehrerin, Trainer) und einem Zu-Erziehenden (z. B. Tochter, Schüler, jugendlicher Fußballer).

10.4.1.2 Erziehung als absichtsvolles und zielgerichtetes Handeln

Der Interaktionspartner mit **Wissens- und Erfahrungsvorsprung** möchte bei seinem Gegenüber etwas erreichen. Im Vordergrund steht für den Erziehenden, dass der zu Erziehende etwas lernt. Das Kind soll beispielsweise **lernen**, sich in der richtigen Art und Weise regelmäßig die Zähne zu putzen – so wie im Beispiel gezeigt.

> **Lernen** meint im Sinne eines psychologischen Fachbegriffs allgemein eine Verhaltensänderung aufgrund von Erfahrungen.

Insofern verfolgt das darauf gerichtete Handeln ein **konkretes Ziel.** Die Mutter hat eine klare Vorstellung davon, welches Verhalten ihre Tochter erwerben soll: nämlich jeden Abend und jeden Morgen über mindestens zwei Minuten die Zähne mit kreisenden Bewegungen der Zahnbürste putzen. Der Interaktionsprozess, den wir Erziehung nennen, ist also zielgerichtet (intentional) (vgl. Kaiser/Kaiser, 2001, S. 29 f.). Hierbei handelt es sich um ein Kernmerkmal von Erziehung, um sie von anderen Formen der Prägung oder Beeinflussung von Kindern oder Jugendlichen durch erwachsene Personen zu unterscheiden.

Im Beispiel wird deutlich, dass es unterschiedliche Ebenen von Zielen gibt, die mit dem erzieherischen Handeln verfolgt werden. Neben der konkreten Intention, die Tochter in die Lage zu versetzen und zu motivieren, ihre Zähne regelmäßig und sorgfältig zu putzen, kommt noch etwas anderes hinzu. Es geht nicht nur um Zahnpflege, sondern die Bemühungen der Mutter sind eingebettet in die Absicht, das Kind insgesamt zur Selbstständigkeit zu erziehen. Es werden also aufeinander bezogen mehrere **Erziehungsziele auf unterschiedlichen Ebenen** angestrebt. (s. u.)

Als übergeordnetes Ziel aller Erziehung gilt letztlich, den jungen Menschen auf ein eigenständiges und sozial verantwortliches Leben vorzubereiten. Dazu soll er oder sie durch erzieherisches Handeln in der **Persönlichkeitsentwicklung** so unterstützt werden, dass dies erreicht wird.

Hier deutet sich ein weiteres Merkmal von **Erziehung** an: Sie **ist zeitlich begrenzt.** Ihre Funktion hat sich irgendwann erfüllt. Theoretisch ist das nicht an ein bestimmtes Alter gebunden, praktisch aber in aller Regel mit dem Eintritt in das Erwachsenenalter gleichzusetzen. Dann übernimmt der Heranwachsende in aller Regel selbst die Verantwortung für alle Bereiche seines Lebens und nimmt seine Belange selbst in die Hand. Die Aufgabe der Erziehung ist damit an ihr Ende gelangt. In ihr geht es darum, dass der Erziehende seinen anfänglich vorhandenen Wissens- und Erfahrungsvorsprung nutzt, um dem zu Erziehenden zu helfen, dieses Wissen zu erwerben, eigene Urteile und Einschätzungen vorzunehmen und in seinem Handeln selbstständig zu werden. Damit ist Erziehung darauf ausgerichtet, sich als Erziehenden selbst überflüssig zu machen bzw. sich in dieser Funktion aufzuheben.

10.4.1.3 Erziehung als bewusstes Handeln

Das Beispiel des Zähneputzens macht deutlich, dass erzieherisches Handeln **bewusst** geschieht. Das schließt Spontaneität nicht aus und sicherlich kommt es im Rahmen von Erziehung häufig zu Verhaltensweisen, die nicht im Einzelnen ausdrücklich analysiert und durchdacht worden sind. Aber der Erziehende ist sich grundsätzlich seines Tuns bewusst und setzt bestimmte Handlungsweisen bewusst ein, um seine Ziele zu erreichen – zumindest ist es möglich, sich dies bewusst zu machen. So hat sich die Mutter aus dem Beispiel sicherlich überlegt, dass es nun an der Zeit sei, ihrer Tochter zu vermitteln, wie man richtig die Zähne putzt. Dazu hat sie als Vorgehensweise das gemeinsame Tun und das Vor- und Nachmachen ausgewählt. Sie erklärt und zeigt ihrer Tochter, wie sie die Zahnbürste halten muss, lobt ihre Bemühungen usw. Hier zeigt sich, dass die einzelnen erzieherischen Schritte methodisch arrangiert sind und grundsätzlich bewusst erfolgen.

Wie diese methodische Gestaltung aussieht, hängt davon ab, in welchem Alter sich der bzw. die zu Erziehende befindet und welche Rahmen- und Situationsbedingungen vorliegen. Sicherlich macht es einen großen Unterschied, ob es sich um Erziehungsprozesse im Rahmen der Familie oder im Kindergarten handelt, ob es um das Erlernen des Zähneputzens geht oder darum, sich im Unterricht zu melden, Konflikte mit Gleichaltrigen verbal zu lösen und sich motiviert mit den Unterrichtsthemen und -aufgaben zu befassen.

Wir sprechen hierbei auch von Erziehungsmaßnahmen und Erziehungsmitteln, die eingesetzt werden, um die angestrebten Verhaltensänderungen zu erreichen. Und damit ist weit mehr gemeint als nur die Strafe.

Das erzieherische Handeln muss dabei nicht **direkt** auf das Kind einwirken – etwa durch konkrete Anweisungen oder Erklärungen. Auch eine **indirekte** Wirkung, soweit sie mehr oder weniger bewusst herbeigeführt wird, gehört mit zum erzieherischen Handeln. So erreicht die Mutter ebenfalls durch ihr Vorbild, ihren freundlichen und spielerisch-motivierenden Umgang mit der Tochter, dass diese die angezielten Verhaltensweisen regelmäßig zeigt. Ebenso wird von Erziehung gesprochen, wenn wir ein Kind mit der Absicht zu anderen Kindern auf den Spielplatz schicken, damit es soziale Erfahrungen macht und selbstständiger wird. Dann reden wir von **indirekter Erziehung**. Häufig wird dies umgesetzt, indem eine **lernförderliche Umgebung** geschaffen wird. Dies ist beispielsweise der Fall, wenn eine Erzieherin im Kindergarten Möglichkeiten zum Freispiel eröffnet, indem sie Spielzeug, Materialien, Gegenstände etc. zur Verfügung stellt sowie Zeit und einen Raum arrangiert, damit die Kinder lernen, ihre Interessen wahrzunehmen, zu kooperieren, d. h. gemeinsam zu spielen, kleinere Konflikte selbstständig zu lösen.

methodisch
folgerichtiges und planmäßiges Vorgehen zur Lösung von Aufgaben und Problemen.

Erziehung: absichtsvolles Handeln einer erziehenden Person mit dem Ziel, bei einem Kind bzw. Jugendlichen eine Verhaltensänderung hervorzurufen.

Direkte Erziehung:
direkte Einwirkungen auf das Verhalten des zu Erziehenden durch z. B. ausdrückliche und bewusste Aufforderungen, bewusst etwas zeigen, Erklärungen, Ermahnungen, Hinweise

Indirekte Erziehung:
Einwirkungen auf das Verhalten des zu Erziehenden durch die Schaffung oder Gestaltung von Lernumgebungen bzw. durch Veränderung der Rahmenbedingungen z. B. durch die Gestaltung des Außengeländes einer Kita, die Veränderung einer Sitzordnung in einer Klasse, das zur Verfügung stellen von Material, durch erlebnispädagogische Aktionen

Erziehung geschieht nicht im abstrakten Raum. KAISER/KAISER heben hervor, „dass die Ziele des erzieherischen Handelns [...] nicht unmittelbar, sondern indirekt über die Auseinandersetzung mit einem Inhalt, mit einem Gegenstand erreicht werden" (KAISER/KAISER, 2001, S. 31). So bezieht sich die zielgerichtete Interaktion der Mutter auf den inhaltlichen Gegenstand des Zähneputzens.

Der **Inhalt**, der im Mittelpunkt eines erzieherischen Tuns steht, hat eine doppelte Funktion. Zum einen bildet er einen Selbstzweck – es geht um das richtige Zähneputzen, sowohl was Häufigkeit und Dauer angeht als auch die Bewegungen mit der Zahnbürste usw. – und er ist zugleich aber auch Mittel zum Zweck. Das Wissen über das Zähneputzen soll die selbstständige Hygiene und Gesunderhaltung unterstützen. Es ist im konkreten Einzelfall zu prüfen, welche Inhalte im Mittelpunkt des erzieherischen Handelns stehen. Ist es der richtige Weg, ein Kind zur Selbstständigkeit und Mobilität zu erziehen, indem es allein den Schulweg zurücklegt? Bereite ich ein Kind auf das Leben vor, indem ich mit ihm Nachrichtensendungen anschaue und mit ihm darüber spreche? Viele Inhalte der Erziehung sind gesellschaftlich mehr oder weniger festgelegt. Manchmal sind sie in ihrer Bedeutung und Eignung im jeweiligen Zusammenhang kritisch zu beleuchten. So mag die Frage, welche Themen zur Entwicklung einer kritischen Urteilsbildung oder zur Fähigkeit, seinen beruflichen Weg zu gehen, dienen, unterschiedlich beantwortet werden.

Institution
(lat. institutio, „Einrichtung"): Übereinstimmend wird darunter ein Regelsystem verstanden, das soziales Verhalten und Handeln von Individuen und Gruppen so formt und lenkt, dass es für andere Interaktionsteilnehmer erwartbar wird. Dies kann sich auch auf Gebäude, Konzeption und Abläufe in einer Kita oder im Jugendamt beziehen.

Wenn wir die bisher erläuterten Merkmale von Erziehung zusammenfassen, ergibt sich eine griffige Definition:

Erziehung
- stellt einen Interaktionsprozess dar,
- der zielgerichtet ist
- sowie sich bewusst eingesetzter Mittel und Maßnahmen bedient
- bzw. Umgebungsbedingungen lernförderlich arrangiert,
- um sich über die Auseinandersetzung mit geeigneten Inhalten letztlich überflüssig zu machen,
- indem sie dem zu Erziehenden hilft, sein Leben selbstverantwortlich zu führen.

AUFGABE

Wenden Sie die Definition von Erziehung auf das Beispiel auf S. 371 an und ordnen Sie die einzelnen Merkmale entsprechend zu.

Beschreiben Sie Erziehungssituationen aus Ihrem eigenen Leben und wenden Sie die Definition in gleicher Weise an.

10.4.1.4 Erziehung in einem institutionellen Rahmen

Bisher haben wir Erziehung vor allem als einen Interaktionsprozess zwischen mindestens zwei Menschen beschrieben. Das trifft auch den Kern des erzieherischen Handelns. Aber Erziehung wird nicht allein durch das geprägt, was zwischen Menschen geschieht.

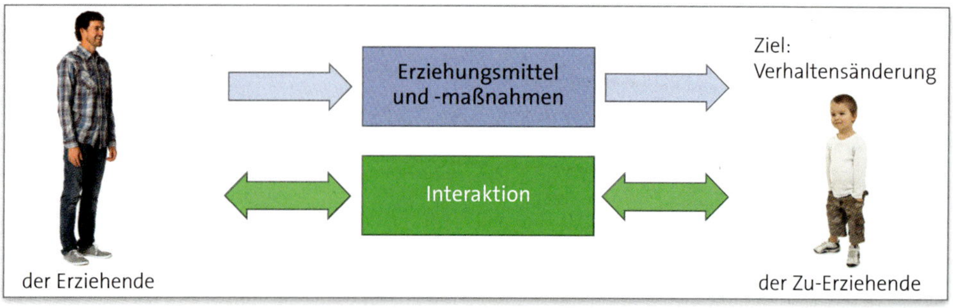

Strukturmodell der Erziehung

Sie wird ebenfalls mitbestimmt durch den jeweiligen sozialen und institutionellen Kontext, in dem sie stattfindet.

BEISPIEL

In einer dritten Klasse sollen die Mädchen und Jungen ein Bild malen, in dem sie wiedergeben, was sie auf einer Exkursion in den Wald erlebt und gesehen haben. Die Lehrerin ermahnt einen Jungen, er solle während des Arbeitsprozesses nicht quatschen und seinen Banknachbarn stören. Auf seinen Einwand, er wisse gar nicht, was er machen solle, erklärt sie ihm geduldig noch einmal die Aufgabenstellung. Dann ermutigt sie ihn, sein Wissen über den Buntspecht in einem Bild darzustellen, gibt ihm dazu Anregungen und bespricht gemeinsam mit ihm, wie dieser Waldvogel gezeichnet werden kann.

Die Beispiele des Zähneputzenlernens und der Kunststunde beschreiben unterschiedliche institutionelle Kontexte.

Gemeinsam ist Folgendes: Die erziehende Person – zum einen die Mutter und zum anderen die Lehrerin – wird in beiden Situationen aktiv und bemüht sich darum, durch geschickt arrangiertes Vorgehen und zielorientiertes Handeln einen Lernvorgang bzw. eine nachhaltige Verhaltensänderung bei dem zu Erziehenden – der Tochter bzw. dem Drittklässler – anzustoßen.

Aber die Rolle, die Rechte und Pflichten und das konkrete Handeln der erziehenden Person unterscheiden sich und werden hierbei maßgeblich von den verschiedenen **institutionellen Rahmenbedingungen** mitbestimmt, in dem der Erziehungsprozess stattfindet. Eltern in der Familie unterliegen anderen Verhaltenserwartungen als Lehrer in der Schule. Beide Bereiche sind zudem unterschiedlich rechtlich geregelt. Für Familien gelten die allgemeinen Gesetze, die Normen und Werte einer Gesellschaft und ansonsten viele Frei- und Spielräume für sehr individuelle Erziehungsvorstellungen und -ziele. Wenig ist in schriftlicher Form geregelt.

In der Schule hingegen – und hier müsste man noch einmal zwischen Grund- und weiterführenden Schulen in den einzelnen Bundesländern unterscheiden – existieren jeweils eine Reihe von gesetzlichen Regelungen, Verordnungen und Erlassen, die das erzieherische Handeln detailliert reglementieren und bestimmen. Auch hier gibt es darüber hinaus allgemeine Normen und Werte, die die Erziehungsarbeit beeinflussen. So verfügen Lehrer über ihre eigenen persönlichen Einstellungen und Wertvorstellungen. Daneben existieren in Schulen natürlich ebenfalls Frei- und Spielräume.

Begriffswirrwar in den Bundesländern

Es gibt viele **institutionelle Orte**, an denen Erziehung stattfindet.

Familie:

- erster und wichtigster Ort der Erziehung für Kinder
- intimes und emotionales Beziehungssystem
- Vermittlung wichtiger grundlegender sozialer, (psycho-)motorischer und kognitiver Kompetenzen
- große Vielfalt an Formen (Alleinerziehende, Patchworkfamilien, Kernfamilie etc.) und damit an erziehenden Personen …

Kindertagesstätten:

- Krippe, Kindergarten, Spielkreise etc.
- erste öffentliche Einrichtung, die von Kindern besucht wird
- Vermittlung sozialer und kognitiver Kompetenzen durch Spiel, Projekt, pädagogische Angebote und Umweltgestaltung
- sozialpädagogische Fachkräfte als professionelle Erzieher
- erste Bildungsinstitution …

Schule:

- Schulpflicht, d.h. Schule ist eine „Zwangseinrichtung"
- im Vordergrund steht ein geplanter Unterricht, in dem vor allem kognitive Kompetenzen vermittelt werden
- Erziehung in Unterricht und Schulleben (z.B. Tafeldienst, Klassenfahrten, Unterrichtssituationen)
- Unterstützung von Bildung und Sozialisation, um in der Gesellschaft handlungsfähig zu sein
- Vorbereitung auf das berufliche Leben …

Patchworkfamilie
manchmal als Stieffamilie bezeichnet, eine neu zusammengesetzte Familie, bei der Elternteile Kinder mit in eine Beziehung bringen.

Kernfamilie
klassische Familienform, in der Vater, Mutter und ein oder zwei Kinder zusammenleben. Ihr Anteil ist im Vergleich deutlich zurückgegangen.

Projekt und pädagogische Angebote
von professionellen Fachkräften geplante und die Interessen und Bedürfnisse der Kinder aufnehmende Lernformen.

professionell
fundiert ausgebildet und den Anforderungen der jeweiligen beruflichen Aufgabe entsprechend.

Jugendamt
Verwaltungsbehörde, die Aufgaben der Kinder- und Jugendhilfe (KJHG bzw. SGB VIII) wahrnimmt oder beaufsichtigt, wenn andere Jugendhilfeträger sie wahrnehmen.

Jugendhilfeeinrichtungen
sozialpädagogische Institution, die Aufgaben der Jugendhilfe (z. B. Hilfen zur Erziehung, Erziehungsberatung, Jugendwohngruppe) übernimmt.

Sozialpädagogik / Kinder- und Jugendhilfe
- vorbeugend, beratend, therapeutisch, „fürsorgerisch" ausgerichtet
- Erziehung außerhalb von Schule, Ausbildung und Beruf
- Institutionen wie Jugendzentren, Beratungsstellen, Jugendamt, Jugendhilfeeinrichtungen wie Jugendwohngruppen
- Unterstützung der Eltern bei der Erziehung ...

Welches Erziehungsverständnis bzw. welche Erziehungsverständnisse jeweils in den genannten Institutionen vorliegen, hängt von vielen Faktoren ab. Von zentraler Bedeutung sind die gesellschaftlichen Bedingungen, die in einer bestimmten Zeit vorherrschen. Wirtschaft, Normen- und Wertesysteme, politisches System, Kultur usw. prägen und beeinflussen die Erziehungsvorstellungen einer Gesellschaft und ihrer Institutionen.

Erziehung im Wandel

Vom „Befehlshaushalt" zum „Verhandlungshaushalt"

„Wie Menschen ihre Kinder erziehen, ist ein Spiegel der Gesellschaft, in der sie leben. Die meisten Eltern wollen ihren Nachwuchs bestmöglich auf ihr zukünftiges Leben in der Gesellschaft vorbereiten. Daher passen sie ihre Erziehungsziele den Werten der Gesellschaft an. Wichtig ist auch, welche Position die Familie innerhalb der Gesellschaft einnimmt. Im Wohlstand wachsen Kinder anders auf als in Familien, die weniger gute Startvoraussetzungen haben. Eine Gesellschaft verändert sich ständig –, deshalb sind auch Erziehungsziele stetig im Wandel. Die gesellschaftlichen Umwälzungen der vergangenen sechzig Jahre sind dafür der beste Beweis. [...]

In der Zeit des Wiederaufbaus nach dem Zweiten Weltkrieg muss Deutschland sich in jeder Hinsicht neu ordnen. Nach Jahren der Diktatur und des Krieges gewöhnt sich das Land langsam an eine Demokratie. Die Menschen sehnen sich nach Vertrautem und nach Beständigkeit. [...]

Die gesellschaftlichen Regeln sind klar definiert, und diese strengen Normen geben Eltern an ihre Kinder weiter. Soziologen sprechen vom streng hierarchischen „Befehlshaushalt" der 1950er-Jahre: Eltern erteilen Befehle, Kinder führen sie aus. [...]

Mit den Studentenunruhen kommt Bewegung in das festgefahrene Regelwerk. Für die 68er ist die bürgerliche Kleinfamilie ein rotes Tuch, der Inbegriff von Spießigkeit und Autorität. Die Generation der Nachkriegskinder möchte sich von dieser traditionellen Lebensform befreien – nicht zuletzt, um mit den eigenen Eltern abzurechnen, die das Naziregime möglich gemacht oder gar unterstützt haben. [...]

Immer mehr Frauen studieren, bilden sich weiter und gehen arbeiten, während Männer sich stärker am Familienleben beteiligen wollen. Ihre Kinder möchten sie im Geist der Zeit zu unabhängigen Denkern erziehen, die sich gegen Autoritäten zur Wehr setzen und sich eine eigene Meinung bilden können. Manche Eltern setzen der Forderung nach Gehorsam und Unterordnung aus den 1950er-Jahren jetzt eine ebenso extreme Position entgegen: Sie erziehen bewusst zum Ungehorsam. [...]

Das bedeutet, dass Kinder nicht mehr ausschließlich innerhalb der Kernfamilie erzogen werden. Elternteile erziehen, ohne mit dem Kind zusammenzuleben, während neue Partner der Eltern zusätzlich Erziehungsverantwortung übernehmen. Die beiden extremen Positionen aus den 1950er- und 1970er-Jahren sind heute einer gemäßigten Form gewichen. Um Kinder optimal auf die Gesellschaft vorzubereiten, brauchen sie die Anpassungsfähigkeit und die Leistungsbereitschaft, die bereits in den 1950er-Jahren fester Bestandteil der Erziehungsziele war. Gleichzeitig müssen Kinder aber starke Persönlichkeiten werden und unabhängig denken können –, sie brauchen also ebenso die Erziehungswerte der 1970er-Jahre.

Für Eltern ist das ein schwieriger Spagat –, zumal sich die Erziehungsmethoden stark gewandelt haben. Die meisten Eltern wollen keine hierarchische Beziehung mehr zu ihrem Kind. Sie wollen es ernst nehmen und gleichwertig am Familienalltag teilnehmen lassen. Aus dem Befehlshaushalt ist ein Verhandlungshaushalt geworden."
(WDR, 2011)

Die Merkmale der Erziehung (s. o.) müssten also ergänzt werden.

Erziehung
- stellt einen Interaktionsprozess dar,
- der zielgerichtet ist
- sowie sich bewusst eingesetzter Mittel und Maßnahmen bedient
- bzw. Umgebungsbedingungen lernförderlich arrangiert,
- um sich über die Auseinandersetzung mit geeigneten Inhalten letztlich überflüssig zu machen,
- indem sie dem zu Erziehenden hilft, sein Leben selbstverantwortlich zu führen
- und der in einen jeweils konkreten historisch-gesellschaftlich Kontext
- sowie institutionellen Rahmen eingeordnet ist.

AUFGABE

Analysieren Sie Ihre Situation in der Schule mithilfe der vorliegenden Definition. Prüfen Sie anhand der dargestellten Merkmale, ob Erziehung stattfindet.

Bitten Sie Ihre Lehrkraft, Ihnen den Erziehungsauftrag der Schule nach dem Schulgesetz Ihres Bundeslands zu erläutern. Fragen Sie Ihre Lehrkraft ebenfalls nach ihren persönlichen Vorstellungen zu diesem Thema.

Erziehung wird von den jeweils vorliegenden historischen und gesellschaftlichen Bedingungen beeinflusst.

Wir haben nun eine Reihe von Merkmalen zusammengestellt, die deutlich machen, wann wir von Erziehung sprechen und wann nicht bzw. in welchem Fall ein Handeln die Bezeichnung „erzieherisch“ verdient. In den Erziehungswissenschaften werden eine ganze Reihe von Fragen und Themen erforscht und intensiv diskutiert, die mit Erziehung zusammenhängen. Vor allem zwei Themen finden seit Langem besondere Beachtung.

Zum einen, wie wir zu den **Zielen** der Erziehungsprozesse kommen. Und zum anderen die sich daraus ergebende Frage, durch welche **Maßnahmen** des erzieherischen Handelns diese Ziele erreicht werden können.

10.4.2 Erziehungsziele

Jede Gesellschaft und auch jede Einzelperson, die sich mit Erziehung befasst, muss sich darüber klar werden, welche Absichten und Ziele sie bezogen auf die ihr anvertrauten Kinder und Jugendlichen verfolgt. Erzieherisches Handeln ist ohne Ziele nicht denkbar und erfährt durch sie Orientierung, Sinn und Richtung. Seine **Intentionalität** stellt ein Kernmerkmal dar. Ohne sie sprechen wir eher von Sozialisation oder gegenseitige Beeinflussung, nicht aber von Erziehung.

Intentionalität
Ausrichtung auf ein Ziel

BEISPIEL

Martina Schmidt, die als Erzieherin in der Kindertagesstätte Sonnenschein arbeitet, möchte, dass ihre Kinder Interessenkonflikte möglichst selbstständig lösen. Als Sven und Tim sich nicht einigen können, wer mit dem Dreirad fahren darf, vermittelt Martina Schmidt zwischen den beiden. Dazu fordert sie sie auf, noch einmal zu sagen, was sie wollen. Dann sollen sie Lösungen überlegen, die beiden Kindern entgegenkommen, also einen Kompromiss darstellen. Dabei achtet sie darauf, dass die beiden sich gegenseitig zuhören, ihre Bedürfnisse aussprechen, möglichst ruhig miteinander reden. Sie nimmt hierbei Sven und Tim mit ihren Bedürfnissen ernst, bemüht sich, möglichst neutral zu bleiben und durch Vermittlung auf einen Interessenausgleich hinzuarbeiten. Wichtig ist ihr vor allem, dass die Kinder sich weitestgehend selbstständig austauschen und einigen.

Martina Schmidt verfolgt mit ihrem Handeln gleich mehrere Ziele. Sie will die Kinder in die Lage versetzen,
- sich gegenseitig zuzuhören,
- in Konfliktsituationen möglichst ruhig zu bleiben
- und eine Lösung verbal zu suchen,
- um auf diese Weise Interessenkonflikte selbstständig zu lösen.

Insgesamt trägt das dazu bei, die Kinder zur Selbstständigkeit zu führen.

Ziele lassen sich allgemein als angestrebte bzw. erstrebenswerte Ergebnisse einer Handlung verstehen. Erziehung beispielsweise kann sich darauf richten, die Persönlichkeitsentwicklung eines Kindes oder Jugendlichen in eine als gut empfundene Richtung zu bringen und dazu Verhaltensänderungen in einer für wünschenswert gehaltenen Weise anzustreben.

Erziehungsziel: eine durch erzieherisches Handeln angestrebte Verhaltensveränderung.

Solche Erziehungsziele stellen Lernziele dar, die als Kenntnisse, Erkenntnisse, Fähigkeiten oder Fertigkeiten usw. am Ende der zu durchlaufenden Lernprozesse beherrscht werden sollen. Hierbei ist Lernen als Verhaltensänderung im weitesten Sinne gemeint. Diese Veränderung ist überprüfbar durch Lernerfolgskontrollen. Dafür muss vorher (in den Lernzielen) das gewünschte Endverhalten definiert werden.

Erziehungsziele geben der Erziehung Orientierung und Richtung.

An dem Beispiel wird deutlich, dass Erziehungsziele auf unterschiedlichen Ebenen angesiedelt sein können. Einige der Ziele sind allgemeiner, z. B. Kinder zur Selbstständigkeit zu führen. Andere dagegen erweisen sich als konkreter wie etwa sich gegenseitig zuzuhören. Worin besteht der Unterschied? Konkrete Erziehungsziele lassen sich in Erziehungssituationen gut unmittelbar realisieren. So kann Martina Schmidt unmittelbar darauf achten, dass sich Tim und Sven ausreden lassen und einander zuhören. Um dieses erwünschte Verhalten zu unterstützen, kann sie immer wieder durch Erklärungen und Hinweise auf die beiden einwirken.

Wertepluralismus
gesellschaftlicher Zustand, in dem verschiedene, teilweise sich widersprechende Wertvorstellungen zugelassen sind. Setzt eine gemeinsame Basis von Grundwerten voraus wie z. B. Toleranz, gegenseitige Achtung, Gewaltfreiheit.

Bezogen auf das Verhaltensziel, eine Konfliktlösung verbal herbeizuführen, erscheint der Realisierungsgrad schon schwieriger. Dazu müssen unterschiedliche Teilziele in verschiedenen Situationen verfolgt werden: z. B. sich ausreden lassen und zuhören, aber auch Interessen bei sich und anderen wahrnehmen, diese aussprechen, Kompromisse finden usw. Ein abstraktes Ziel wie die „Selbstständigkeit" (sein Leben in der Gesellschaft selbstständig meistern) lässt sich im Prinzip nicht mehr unmittelbar ansteuern.

10.4.2.1 Wie man zu Erziehungszielen kommt

Wie aber kommen wir zu Erziehungszielen? In einer Gesellschaft wie der unseren gibt es unterschiedliche Vorstellungen darüber, welche Ziele durch Erziehung verfolgt werden sollen. Dies ist dem Wertepluralismus unserer demokratischen Gesellschaft geschuldet. Der Staat gibt nur einen rechtlichen Rahmen vor und überlässt es den Bürgern, vor allem in der familiären Erziehung eigene Ziele zu finden. In der öffentlichen Erziehung, wie beispielsweise in Schule und Jugendhilfe, sieht das etwas anders aus. Aber auch hier gibt es große Spielräume.

Verschiedene Zielebenen

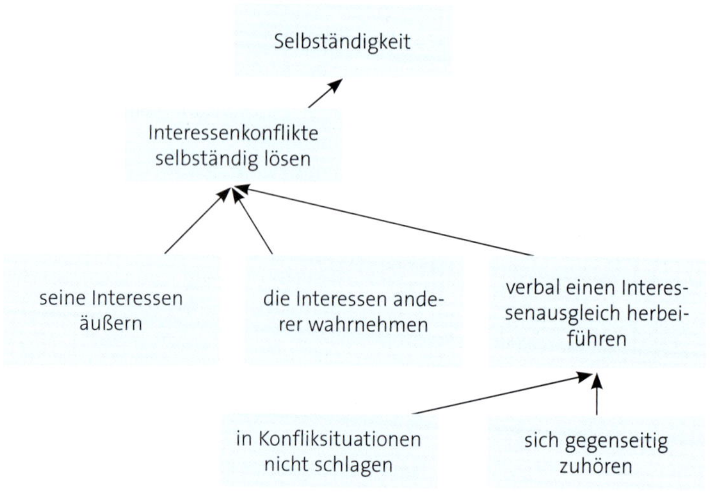

Ich möchte, dass meine Kinder selbstständig sind und über Fragen ihres Lebens selbst entscheiden.

Meine Kinder sollen mutig und willensstark sein. Ihnen soll keiner vorgeben, was sie zu tun haben.

Aber auch Höflichkeit und Freundlichkeit sind wichtig – oder die Achtung vor dem Alter und vor Autoritäten.

Wenn es um die Herleitung von Erziehungszielen geht, muss zuvor geklärt werden, von welchen Erziehungszielen wir genau sprechen, denn das Beispiel von Martina Schmidt hat gezeigt, dass wir es mit Erziehungszielen auf unterschiedlichen Ebenen zu tun haben. Diese sind miteinander verbunden, denn sie bauen aufeinander auf. Wir können also festhalten: Die konkreten Erziehungsziele stellen Teilschritte oder **Teilziele** bezogen auf den Weg zu **allgemeineren Zielen** dar. Daher leiten sich konkrete Ziele aus übergeordneten Erziehungszielen ab.

> Allgemeine Erziehungsziele haben Leitfunktion für das erzieherische Handeln und werden über konkrete Erziehungsziele angesteuert.

Für die Orientierung des erzieherischen Handelns müssen deshalb **allgemeine Erziehungsziele** festgelegt werden, auf deren Grundlage dann **spezifische Erziehungsziele** zu deren Erreichung gefunden bzw. formuliert werden. Das erfordert einige Interpretationsleistungen, denn aus einem allgemeinen Ziel wie „Selbstständigkeit" lässt sich nicht einfach eine Reihe von Teilzielen ableiten. Kaiser und Kaiser halten dazu fest: „Je nach gesellschaftlichem Kontext, eigenen Überzeugungen und Adressatengruppe wird man jeweils andere Bestandteile des allgemeinen Ziels als wichtig ansehen und somit als Teilziele festhalten." (Kaiser/Kaiser, 2001, S. 37)

Es macht allerdings einen Unterschied, ob es um Selbstständigkeit bei einem Sechsjährigen oder Sechszehnjährigen geht. Im ersten Fall könnten konkrete Ziele sein, sich selbst anziehen zu können, zum Bäcker zu gehen, den Schulweg allein zu bewältigen, Konflikte mit Gleichaltrigen zu lösen. Dem Sechszehnjährigen werden andere Ziele gesetzt. Bei ihm geht es eher darum, sein Leben selbstständig zu strukturieren, seine schulische Laufbahn zu gestalten und sich selbst um seine sozialen Kontakte zu kümmern.

In der Praxis werden Erziehungsziele allerdings häufig nicht durchgehend auf diese analytische Weise festgelegt, etwa in der Form, dass erst allgemeine Erziehungsziele formuliert und dann daraus konkrete abgeleitet werden. Vor allen Dingen **in Familien** werden Eltern ihre Erziehungsziele nicht ständig reflektieren, sondern eher intuitiv ihre erzieherischen Absichten verfolgen. Würde man sich mit ihnen unterhalten, könnten sie sicherlich Auskunft über ihre Erziehungsziele geben. Aber sie haben sie im Alltag nicht ständig bewusst im Kopf, wenn sie erzieherisch agieren. Dann finden pädagogische Interventionen eher situativ statt, auch wenn Erziehungsideale im Hintergrund mehr oder weniger unbewusst leitend sein mögen. Fragt beispielsweise ein 12-Jähriger, ob er noch Schokolade haben kann, spielen übergeordnete Ziele wie das Erlernen gesunder Ernährung oder die Impulskontrolle im Hinterkopf der Eltern eine Rolle.

AUFGABE

Erkundigen Sie sich nach den Erziehungszielen in unterschiedlichen Generationen Ihrer Familie. Vergleichen und diskutieren Sie die Ergebnisse und arbeiten Sie Gemeinsamkeiten und Unterschiede heraus. Stellen Sie Vermutungen über die Gründe hierfür an.

In **öffentlichen Bildungs- und Erziehungsinstitutionen** wie der Schule oder einer Jugendhilfeeinrichtung bzw. Jugendwohngruppe sieht die Sachlage etwas anders aus. Hier werden allgemeine Erziehungsziele durch rechtliche Vorgaben bzw. Einrichtungskonzeptionen bestimmt. So steht etwa in einem Schulgesetz, welche Erziehungsziele im Rahmen des Unterrichts verfolgt werden sollen.

Einrichtungskonzeption
Unter einer Konzeption bzw. einem Konzept versteht man ein „Leitprogramm" einer Einrichtung mit klar umrissenen Grundvorstellungen bezogen auf die verschiedenen Bereiche und Bedingungen der Arbeit.

Auszug aus dem Schulgesetz NRW:

§ 2.5

Die Schülerinnen und Schüler sollen insbesondere lernen,

1. selbstständig und eigenverantwortlich zu handeln,
2. für sich und gemeinsam mit anderen zu lernen und Leistungen zu erbringen,
3. die eigene Meinung zu vertreten und die Meinung anderer zu achten,
4. in religiösen und weltanschaulichen Fragen persönliche Entscheidungen zu treffen und Verständnis und ......

Wie die Lehrkraft daraus konkrete Erziehungsziele ableitet, die dem Handeln eine Richtung geben, wird in der Pädagogik unter dem Stichwort **Operationalisierung** diskutiert. Auch wenn der Begriff sehr technisch anmutet, ist der Gedanke dahinter sinnvoll.

Operationalisierung
Ausdifferenzierung allgemeiner Begriffe in beobachtbare Einzelbestandteile, z. B. das Ziel: „Grundschüler erwerben Wissen über Bäume" wird operationalisiert in „Grundschüler benennen verschiedene Laubbäume" oder noch differenzierter „Sie vergleichen Form, Größe, Farbe etc. der Blätter von Laubbäumen."

Wenn Erziehung zielorientiert sein soll, muss auch festgestellt werden können, ob Ziele erreicht werden. Wenn Schüler lernen sollen, „selbstständig und eigenverantwortlich zu handeln" (Schulgesetz NRW) ist es für die Erziehungsarbeit wichtig, das Erreichen dieses Zielzustands zu erfassen. Allerdings lässt sich das bei allgemeinen Zielsetzungen wie der genannten nur sehr schwer direkt **beobachten** und beurteilen.

Helfen kann dann zum einen, aus den allgemeinen Zielen konkrete Teilziele abzuleiten, deren Erreichung schon besser erfasst werden kann. Zum zweiten gilt es angesichts der Teilziele, Verhaltensweisen zu beschreiben, die Rückschlüsse darüber erlauben, ob ein konkretes Ziel erreicht ist.

Bezogen auf das allgemeine Ziel „Selbstständigkeit und Eigenverantwortlichkeit" lassen sich beispielsweise im Rahmen des Unterrichts bzw. der Schule folgende Teillernziele ableiten:
- Der Schüler bereitet sich selbstständig auf den Unterricht vor.
- Er löst Konflikte mit Gleichaltrigen selbstständig.
- Er äußert Kritik am Verhalten der Lehrkraft angemessen.

Bezogen auf diese Konkretisierungen sind nun Verhaltensweisen zu formulieren, die darüber Aufschluss geben, ob ein Teilziel erreicht ist.

Greifen wir dazu das Ziel heraus „der Schüler bereitet sich selbstständig auf den Unterricht vor". Mögliche Verhaltensweisen, die Hinweise darauf geben, ob der Schüler über diese Fähigkeit und Bereitschaft verfügt, könnten sein:
- Der Schüler macht seine Hausaufgaben eigenständig.
- Er stellt seine Schulsachen vollständig zusammen.
- Er macht sich Lernpläne bezogen auf die anstehenden Lernkontrollen.

Diese konkreteren Verhaltensweisen lassen sich als Zielzustände schon besser beobachten und als Beurteilungsbasis für den Erfolg des erzieherischen Handelns erfassen.

Allerdings erscheint das einfacher als es sich anhört. Dazu sind Interpretationen erforderlich, die nicht allgemeingültig sind. Daher erweist sich die Ableitung von operationalisierten Erziehungszielen, die dem erzieherischen Handeln Orientierung und Richtung geben, als komplexer und subjektiv gefärbter Vorgang. Daher wird auch kritisch angemerkt, dass dies ein zu technizistischer Prozess ist. Erziehungsziele werden auf bestimmte abprüfbare Verhaltensweisen eingeschränkt, wobei es doch häufig eher um Dispositionen geht, um Fähigkeiten, selbstständig in unterschiedlichen Situationen zu agieren.

Die Diskussionen darüber sind dennoch wichtig und zentraler Bestandteil pädagogischer Praxis und Theorie.

AUFGABE
Entwickeln Sie in Kleingruppen allgemeine Erziehungsziele, die für das Aufwachsen in unserer Gesellschaft von zentraler Bedeutung sind, und operationalisieren Sie diese anschließend.

10.4.2.2 Erziehungsziele begründen

Wie aber kommen wir zu **allgemeinen Erziehungszielen?** Hierbei handelt es sich um übergeordnete Leitvorstellungen, die dem erzieherischen Handeln eine Richtung geben. Solche Leitvorstellungen müssen **begründet** werden.

Durch eine **Begründung** bezieht man sich auf etwas, das als gültig oder wahr gilt oder das von vielen oder allen als solches beurteilt wird.

Die Pädagogik zieht dazu ethische Begründungen und Argumentationen heran. Dazu müssen wir nach dem Erziehungswissenschaftler GUDJONS zwischen (allgemeinen) Erziehungszielen sowie Normen und Werten unterscheiden (vgl. GUDJONS, 2012, S. 187 f.). Allgemeine Ziele für die Erziehung werden auf der Basis von **Normen** und **Werten** einer Gesellschaft entwickelt.

Allgemeine Erziehungsziele beruhen auf den Wertvorstellungen und Normen einer Gesellschaft.

Schauen wir uns diese drei Begriffe genauer an:

1. Was **Erziehungsziele** sind, haben wir schon erörtert. Sie sind ausdrücklich für das erzieherische Handeln formuliert und geben diesem Orientierung und Richtung.
2. **Normen** hingegen stellen Soll-Vorstellungen dar, die sich in einer Gesellschaft über einen längeren Zeitraum entwickelt haben und die das Verhalten seiner Mitglieder regulieren. Es handelt sich um Verhaltenserwartungen, deren Erfüllung von allen gefordert wird (z. B. Du sollst das Leben deiner Mitmenschen schützen und bewahren. Oder: Du sollst als junger Mensch einer älteren Dame im Bus deinen Sitzplatz anbieten) bzw. die für eine Gruppe von Personen gelten wie etwa für Erzieherinnen in Kindergärten (z. B. Erzieherinnen sollen einfühlsam und kindorientiert mit den Mädchen und Jungen im Kindergarten kommunizieren, oder sie sollen auf das körperliche Wohl der ihnen anvertrauten Kinder achten).

   Wer sich nicht an Normen einer Gesellschaft hält, muss mit **Sanktionen** rechnen, die von einem missbilligenden Blick bis zu Gefängnisstrafen gehen können. Weitere Beispiele für Normen sind die Zehn Gebote oder die Straßenverkehrsordnung.

3. Außer den Normen gibt es noch **Werte**. Dazu sagt GUDJOHNS: „Von Normen kann man nun *Werte* unterscheiden, die ihnen zugrunde liegen (auch Grundwerte genannt), wie z. B. Ehrfurcht vor dem Leben, das „Prinzip Verantwortung“ (HANS JONAS) für das Überleben der Menschheit, aber auch die Wertungen von etwas als gut/schlecht, richtig/falsch“ (GUDJOHNS, 2012, S. 188). Werte stellen etwas aus sich heraus Wertvolles und damit Anstrebenswertes dar. Sie sind damit die Grundlage von Normen, die als Handlungsanweisungen darauf gerichtet sind, Werte zu schützen, zu verwirklichen, umzusetzen, ihre Durchsetzung zu unterstützen etc. Werte bedürfen der philosophisch-ethischen Reflexion, da sie nicht unmittelbar gelten. Ob eine unberührte Natur einen Wert darstellt, müssen Menschen in einem Argumentationsprozess herausarbeiten.
   Oder auf andere Weise zu begründen versuchen, wie zum Beispiel in Bezug auf religiöse Erwägungen – Natur als Gottes Schöpfung.

Erziehungsziele lassen sich auf der Grundlage gesellschaftlicher Normen und Werte begründen. Im Prinzip geht es in der Erziehung darum, junge Menschen durch Erziehung dahin zu führen, die Normen und Werte einer Gesellschaft einzuhalten bzw. deren Erhalt zu unterstützen.

Normen spielen aber noch in einer zweiten Hinsicht eine Rolle. Sie stellen auch Anforderungen an das erzieherische Handeln selbst dar. So ist die gesellschaftliche Handlungsnorm, dass körperliche Gewalt verpönt ist und nicht angewendet werden darf (es sei denn in der Ausnahmesituation der Notwehr) auch in der Erziehung zu beachten.

Werte *sind etwas Anstrebenswertes, was etwas Gutes darstellt und aufgrund dessen durch Handeln gestützt, gesucht oder gestärkt werden muss.*

Ethik *ist eine Teildisziplin der Philosophie, die sich mit der Frage befasst, wie man sich aufgrund moralischer Erwägungen verhalten soll bzw. was das richtige Handeln ist. Dabei spielen Urteile wie moralisch richtig oder falsch eine wichtige Bedeutung.*

Normen *sind Verhaltenserwartungen, die als Sollensvorstellungen gelten und deren Nichtbeachtung Sanktionen nach sich ziehen.*

Sanktionen *sind Reaktionen, die bewertend auf ein Verhalten folgen. Grundsätzlich können sie negativ sein, wie z. B. eine Strafe oder soziale Missbilligung, oder positiv, wie z. B. eine Belohnung oder Zuwendung*

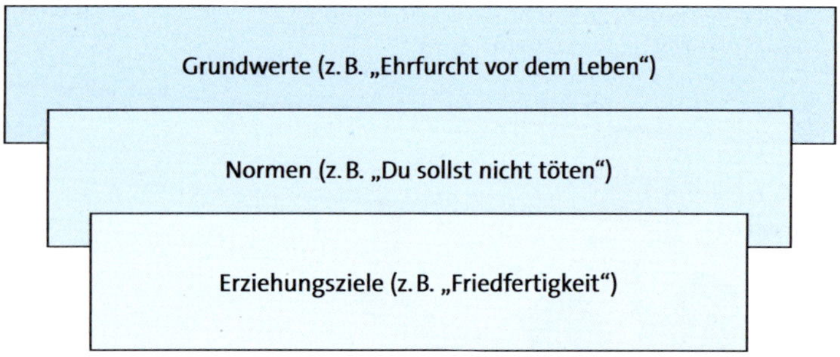

Schema nach GUDJOHNS

Eine solche Begründung von Erziehungszielen auf der Basis von Normen und Werten bleibt natürlich idealtypisch. In unserer modernen pluralistischen Wissensgesellschaft erscheint es schwierig, sich auf einige höchste Erziehungsziele zu verständigen. Kennzeichnend für eine weltoffene und demokratische Gesellschaft wie die der Bundesrepublik Deutschland ist ein **Wertepluralismus**, d. h., die Frage der Gültigkeit und Verbindlichkeit von Werten wird nicht einheitlich „von oben“ geklärt, sondern von verschiedenen gesellschaftlichen Gruppen und Einzelpersonen kontrovers diskutiert. So propagieren Kirchen andere Werte als Parteien. Politiker, Wissenschaftler, Pädagogen, Medien und viele weitere Personen beteiligen sich an der Diskussion. In diesem Zusammenhang ist die Pädagogik auf die Argumentationshilfe der **Ethik** angewiesen.

Idealtypisch
in einem idealen Fall, d. h., wenn keine einschränkenden oder gegenläufigen Bedingungen vorliegen

Wertepluralismus
In einer modernen demokratischen Gesellschaft gibt es mehrere Wertvorstellungen nebeneinander. Der Staat greift dabei nicht ein, sondern formuliert nur Grundwerte wie die Achtung von Menschenwürde, Gleichheit oder Freiheit, auf deren Basis die verschiedenen gesellschaftlichen Gruppen ihre eigenen Wertvorstellungen entwickeln und verfolgen dürfen, wie z. B. die Kirchen oder Religionen, die Parteien etc.

Letztlich muss jeder selbst seine Wertentscheidungen treffen und für sich begründen, welchen Werten er oder sie sich verpflichtet fühlt. Das ist auch gewollt, weil es die Würde und Freiheit des Menschen mit sich bringen, eigene Wertvorstellungen und Erziehungsziele zu entwickeln. Allein die Menschenrechte bzw. die Grundrechte des Grundgesetzes bilden eine unveränderbare Basis, die von allen beachtet und eingehalten werden muss.

Eine Auswahl der Grundrechte des Grundgesetzes:

aus Artikel 1: Die Würde des Menschen ist unantastbar.
aus Artikel 2: Jeder hat das Recht auf die freie Entfaltung seiner Persönlichkeit, soweit er nicht die Rechte anderer verletzt.
aus Artikel 3: Alle Menschen sind vor dem Gesetz gleich.

Daneben aber sind sehr unterschiedliche Wertvorstellungen möglich.

Aus den Werten ergeben sich dann Verhaltensnormen, die wiederum Erziehungsziele begründen. Wer z. B. die *Unversehrtheit der Natur* für einen hohen Wert hält, wird auch entsprechende Normen für richtig halten, wie z. B. *„Du sollst Naturräume schützen“* oder *„Du sollst Müll möglichst vermeiden und ihn ansonsten trennen“*. Daraus lassen sich auch Erziehungsziele ableiten, wie z. B. *Wissen und Fertigkeiten zum schonenden Umgang mit der Natur erwerben.*

Wenn mehrere Personen in einer Institution gemeinsam erziehen oder wenn Vater und Mutter sich einigen müssen, sind Aushandlungsprozesse über gemeinsame Erziehungsziele notwendig. Eine Gesellschaft muss ebenfalls für ihre Erziehungsinstitutionen einheitliche Erziehungsziele begründen, die dann die Erziehungsarbeit leiten. Gleichzeitig müssen außerdem die Erziehungsziele verschiedener Akteure unterschiedlicher Institutionen miteinander abgestimmt werden.

Wie schwierig das ist, zeigt die Unterschiedlichkeit von Erziehung in der Familie und in öffentlichen Bildungseinrichtungen wie z. B. der Kindertagesstätte oder Schule. Erziehungsziele von Eltern unterliegen einer größeren Vielfalt als öffentliche Erziehungsziele einer Bildungseinrichtung, die durch rechtliche Vorgaben wie Schulgesetz oder curriculare Richtlinien festgelegt sind. Dies hängt mit dem Schutz der Familie und deren privatem Charakter sowie der emotionaleren Beziehungen in ihr zusammen. So kann es zu Konflikten kommen, wenn etwa ein Kind in der Familie dazu erzogen wird, seinen eigenen Willen zu erkennen und durchzusetzen, in der Schule aber Rücksichtnahme und Kompromissfähigkeit gefordert sind. Oder in der Familie kann aufgrund kultureller Normen verpönt sein, dass sich Mädchen oder Frauen in Badekleidung zeigen, wenn Jungen oder Männer zugegen sind. Der Schwimmunterricht in der Schule erfordert aber genau das.

Werte und Normen und die darauf beruhenden Erziehungsziele unterliegen zudem einem ständigen historischen Wandel. Allein wenn wir unsere Eltern und Großeltern nach ihren Erziehungsvorstellungen und -zielen fragen, werden wir dies schnell feststellen.

BEISPIEL

„Wilhelminisches Zeitalter
‚Wer sein Kind liebt, der züchtigt es!' Nach diesem Motto erzog die patriarchalische Gesellschaft ihre Kinder: Zucht und Ordnung, Befehl und Gehorsam waren die Schlagworte, der Rohrstock ein gängiges Erziehungsinstrument. Gewünscht waren gottes- und obrigkeitsfürchtige Menschen, gut beschrieben in Heinrich Manns Roman ‚Der Untertan'.

Rechtlich gesehen waren Frauen und Kinder – schon seit Jahrtausenden – Eigentum des Vaters. In der Praxis war Kindererziehung allerdings Frauensache: Sie zogen die Kinder ‚auf', denn wichtig war in erster Linie, dass sie überhaupt heranwuchsen. Erziehung selbst geschah oft mehr oder weniger unbewusst durch Beobachten und Nachahmen. So übernahmen Kinder die Traditionen und Verhaltensweisen ihrer Eltern."
(Heidenfelder, 2014)

Folgende Aspekte erschweren einen Konsens über die obersten Erziehungsziele in einer Gesellschaft:

1. *Wertepluralismus* in einem modernen, demokratischen Staat
2. *Wertewandel* in modernen Gesellschaften
3. *differenzierte Subsysteme* in einer Gesellschaft, die über unterschiedliche Wert- und Normsysteme verfügen.

AUFGABE

Befragen Sie Ihre Eltern und Großeltern nach deren Erziehungszielen während ihrer Elternschaft. Tauschen Sie sich in Kleingruppen über die Ergebnisse Ihrer Befragungen aus.

Arbeiten Sie Veränderungsmuster und -trends heraus. Diskutieren Sie mögliche Ursachen für den Wandel.

10.4.2.3 Gesellschaftliche Instanzen, die Erziehungsziele beeinflussen

Die Bestimmung von Werten, Normen und Zielen für die Erziehung und die Durchsetzung von Erziehungszielen werden durch Personen bzw. Personengruppen beeinflusst, die in einem Staat bzw. einer Gesellschaft großen Einfluss auf die Erziehung und Erziehungsinstitutionen haben. Beispiele hierfür sind politische Parteien, die Kirchen oder aber Wirtschaftsinstanzen:

1. Politische Parteien

Politische Parteien verweisen in ihren Partei- und Wahlprogrammen auf ihre Forderungen, Ziele und Werte. Dabei nehmen sie auch Bezug auf Erziehungs- und Bildungsprozesse und die damit verbundenen Erziehungsziele. So weist die SPD beispielsweise folgende Erziehungsziele aus, die es in der Bundesrepublik zu verwirklichen gilt:

„[...] Wir wollen unsere Kinder und Jugendlichen zu gegenseitigem Respekt, gemeinsamer und persönlicher Verantwortung, Fairness und Ehrlichkeit, Solidarität und Leistungsbereitschaft erziehen. Sie sollen Toleranz lernen und erfahren. Dazu gehört Vermittlung eines darauf bezogenen Wertegerüsts – Pflichtbewusstsein, Disziplin und Verlässlichkeit –, angemessene Möglichkeiten ihrer Durchsetzung eingeschlossen. Gleichgültigkeit und Partikulardenken gefährden den gesellschaftlichen Zusammenhalt. Junge Menschen brauchen Lob und Tadel, gute Vorbilder, Anerkennung und Kritik, Freiheit und individuelle Grenzen. Bildung und Erziehung gehören zusammen [...]."
(SPD, 2003, S. 173)

Parteien haben folglich klare Vorstellungen, welche Ziele mit einer gelingenden Erziehung verbunden sein sollten und nehmen vor allem dann Einfluss auf die Gesellschaft, wenn sie an der Regierung – auf Landes- oder Bundesebene – beteiligt sind und ihre Erziehungsziele in Form von Gesetzen und Verordnungen in die Tat umsetzen. So wurde in Baden-Württemberg beispielsweise ein Bildungs- und Erziehungsplan für alle Kindertageseinrichtungen verfasst, der klar formulierte Erziehungsziele enthält, die in den Kitas umzusetzen sind.

Darüber hinaus erfährt die Öffentlichkeit von den Erziehungszielen einer Partei z. B. durch Veröffentlichungen in den Printmedien und dem Internet, bei Podiumsdiskussionen, Reden auf Parteitagen oder Auftritten im Fernsehen.

Gesellschaftliche Subsysteme
Eine Gesellschaft ist kein einheitliches Gebilde, sondern umfasst viele gesellschaftliche Gruppen wie die Kirchen, Schichten, Altersgruppen.

„**Bildung von Anfang an**
Kinder und junge Menschen sind kreativ und aufgeschlossen, wenn man ihnen eine entsprechende Umgebung bietet. Wir wollen deshalb Familien stärken sowie neue und anregende Bildungsorte für Kinder schaffen. Eine stärkere Verzahnung von frühkindlicher und schulischer Bildung ist nötig. Die Trennung von Bildung und Betreuung halten wir für künstlich und nicht mehr zeitgemäß. Kinder brauchen frühzeitig eine anregende Umgebung, in der sie die Welt spielerisch erforschen und entdecken können. Betreuungs- und Kindertagesstätten sind auch Bildungseinrichtungen. Deshalb wollen wir die Voraussetzungen dafür schaffen, dass die Drei- bis Zehnjährigen individuell entsprechend ihren Fähigkeiten und Begabungen gefördert werden. [...]"
(CDU, 2007, S. 31)

2. Kirchen

Neben politischen Parteien nehmen auch die Kirchen Einfluss auf die Erziehungsziele innerhalb einer Gesellschaft. Als Träger von Kindertageseinrichtungen (jede dritte Kita ist in Deutschland in kirchlicher Trägerschaft!), Jugendhäusern, Heimen, Beratungsstellen und weiteren sozialpädagogischen Einrichtungen haben die Kirchen in all diesen Einrichtungen ein großes Gestaltungsrecht und setzen ihre Werte, Normen und Erziehungsziele dort entsprechend um. Darüber hinaus transportieren sie ihre Werte und Normen in ihrem breiten Angebot innerhalb der Gemeinden (z.B. Ferienfreizeiten für Kinder und Jugendliche, nachmittägliche Treffen für junge Mütter), bei Auftritten in den Medien oder auf Kirchentagen; und auch in Form des schulischen Religionsunterrichts fließen kirchliche Erziehungsziele in die Gesellschaft ein. Die Theologin MARGOT KÄSSMANN äußerte sich 2006 wie folgt zu den Erziehungszielen der evangelischen Kirche:

„[...] Zu welchen Werten aber erziehen wir unsere Kinder? Die Antwort des Christen, der Christin lautet zuallererst: Es geht um Gottvertrauen, Nächstenliebe und Verantwortung. In der Weitergabe des Glaubens werden auch Werte und Lebenshaltung vermittelt. [...]

Mir liegt viel an Tageseinrichtungen für Kinder in kirchlicher Trägerschaft, eben weil sie Werte, Tradition und Glauben vermitteln. Hier lernen Kinder beten und singen, sie lernen die Geschichten und Rituale des christlichen Glaubens kennen und eine Lebenshaltung, die andere Menschen und die Schöpfung achtet. Sie tragen so zu einer ganzheitlichen Erziehung zu Gerechtigkeit und Gewaltfreiheit bei und dienen damit letzten Endes auch einer Kultur des Friedens. [...]"
(KÄSSMANN, 2006)

3. Wirtschaftsinstanzen

Wirtschaftsverbände (wie z.B. Gewerkschaften oder der Bundesverband der deutschen Arbeitgeber) und Unternehmen haben sich in den letzten Jahren verstärkt in die Diskussion um gesellschaftliche Erziehungsziele eingebracht. Vermehrt suchen sie die Öffentlichkeit (z.B. auf Tagungen, Kongressen, in Talkshows), um darauf hinzuweisen, dass – im Interesse einer zukünftig intakten Wirtschaft – die nachkommende Generationen möglichst zu sozial kompetenten, selbstständigen und zuverlässigen Menschen zu erziehen seien. Durch gezieltes Sponsoring seitens der Wirtschaft werden Projekte an Bildungs- und Erziehungsinstitutionen realisiert, die derartige Erziehungsziele in die Praxis überführen sollen (z.B. initiierte die Unternehmensberatung McKinsey das „Haus der kleinen Forscher", eine deutschlandweite Aktion, die Kindergartenkinder mit Naturwissenschaften vertraut machen sollte und den Kindern frühes selbsttätiges und selbstständiges Handeln ermöglicht). Durch die Etablierung von Stiftungen (z.B. die Bosch-Stiftung), die sich wissenschaftlich mit Erziehungsfragen und -zielen auseinandersetzen, nehmen sie außerdem Einfluss im Bereich der erziehungswissenschaftlichen Forschung.

DIETER HUNDT, Präsident der Bundesvereinigung der Deutschen Arbeitgeberverbände, äußerte sich wie folgt zum Thema „Erziehungsziele":
„Im Gegenteil benötigen wir heute vor allem selbstständig denkende und verantwortlich handelnde Menschen in den Betrieben. Der Begriff der persönlichen und sozialen Kompetenz hat sich deshalb zu Recht durchgesetzt, weil dazu weit mehr gehört als einmal gelernte Muster nachzuvollziehen. Notwendig sind vielmehr Urteilskraft und Orientierungsvermögen, Handlungsfähigkeit, Eigentändigkeit und Entscheidungssouveränität. Der Einzelne ist heute mehr denn je in seiner Selbstständigkeit gefordert. [...]" (HUNDT, 2003)

AUFGABE

Recherchieren Sie arbeitsteilig in den Veröffentlichungen von Parteien, Kirchen, Gewerkschaften und Wirtschaftsverbänden. Arbeiten Sie Aussagen zum Thema Erziehung bzw. zu Erziehungszielen heraus und vergleichen Sie diese. Diskutieren Sie Ihre Ergebnisse.

10.4.2.4 Erziehungsziel „Mündigkeit" – das Paradox der Erziehung

Auch wenn sich eine Begründung allgemein anerkannter Erziehungsziele als schwierig herausstellt und in unserer Gesellschaft kontrovers diskutiert wird, scheint es doch eine pädagogische Leitvorstellung zu geben, die weitgehend auf Zustimmung trifft und allgemein anerkannt ist. Seit der Aufklärung gelten im Zuge der demokratischen Entwicklung **Mündigkeit** und **Emanzipation** als wesentliche Erziehungsziele.

Ausgehend von der klassischen Definition von KANT besteht Aufklärung im „Ausgang des Menschen aus seiner selbst verschuldeten Unmündigkeit. Unmündigkeit ist das Unvermögen, sich seines Verstandes ohne Leitung eines anderen zu bedienen." (KANT nach KAISER/KAISER, 2001, S. 46)

Mündigkeit meint daher nach KAISER/KAISER:

- Verfügen über eine eigene Urteilsfähigkeit,
- die Verpflichtung, von seinem Urteilsvermögen öffentlich Gebrauch zu machen,
- Verantwortungs- und Handlungsfähigkeit, die Einsicht und Urteilsfähigkeit voraussetzt sowie Sachkenntnis. (vgl. KAISER/KAISER, 2001, S. 46)

Eine Demokratie wie die unsere lebt davon, dass sich ihre Bürger selbstverantwortlich in die Politik, die Wirtschaft und das kulturelle Leben einbringen. Nur wenn Bürger sich beispielsweise in Parteien oder Projekten engagieren und das politische Leben mitgestalten, wenn sie Parteien wählen, die ihre Ziele und politischen Überzeugungen verfolgen, kann eine Demokratie funktionieren. Das erfordert aber politisches Urteilsvermögen und die Bereitschaft, politische Verantwortung zu übernehmen. Voraussetzung ist dafür der **mündige Bürger**. Auch eine Marktwirtschaft lebt davon, dass selbstverantwortlich denkende und handelnde Menschen ihr wirtschaftliches Urteilsvermögen einsetzen und für einen Betrieb richtige Entscheidungen treffen.

Emanzipation meint vor diesem Hintergrund einen Prozess, der immer auch eine politische Dimension hat und der darauf gerichtet ist, Selbstbestimmung und Mündigkeit durch Überwindung von individuellen und gesellschaftlichen Lebensumständen und Bedingungen zu erreichen, die die Autonomie und Gleichberechtigung behindern oder unterdrücken. Erziehung in einer demokratischen und aufgeklärten Gesellschaft muss darauf gerichtet sein, Kinder und Jugendliche zu mündigen Menschen zu machen.

Vor allem die kritische Theorie bzw. die kritische Erziehungswissenschaft hat die Bedeutung dieses Erziehungsziels bzw. dieser Leitvorstellung herausgearbeitet und propagiert. Inzwischen hat diese Überzeugung große Verbreitung gefunden und wird in der gesamten Pädagogik als Ideal der Erziehung anerkannt. Manchmal werden auch andere Begriffe in ähnlicher Weise genutzt wie Selbstbestimmung oder Selbstständigkeit (vgl. BERDELMANN/RIEGER-LADICH, 2012, S. 136 ff.).

Emanzipation ist der Prozess der Loslösung von Fremdbestimmung.

Aufklärung
Epoche in der europäischen Geschichte, in der die Vernunft als zentrale Instanz für die Gestaltung des individuellen sowie des sozialen Lebens in den Mittelpunkt gerückt wurde und aus der sich die Entwicklung der modernen Demokratie ergeben hat. Von zentraler Aussagekraft ist das von Kant aus der Antike aufgenommene Sprichwort: Sapere aude = Habe Mut, dich deines eigenen Verstandes zu bedienen.

Mündigkeit bzw. Selbstbestimmung ist die zentrale erzieherische Leitvorstellung der Gegenwart.

Eine umfassende Zugrundelegung dieses Leitziels wirft aber auch kritische Fragen und Einwände auf.

1. Zum einen besteht die Schwierigkeit, dass Erziehung immer auch Einflussnahme bedeutet und damit im Verdacht der Fremdbestimmung steht. Mündigkeit und Selbstbestimmung als Ziel erfordern das Zulassen von Selbstbestimmung und Eigenverantwortung im Erziehungsprozess. Wenn der 16-jährige Sohn lernen soll, sein Leben selbst zu bestimmen, muss er auch entscheiden dürfen, wie er seine schulische Laufbahn gestaltet. Ihm aber völlig freizustellen, ob er zur Schule geht oder nicht, würde in unserer Gesellschaft als pädagogische Verantwortungslosigkeit gesehen, d. h., es wäre immer auch pädagogische Aufgabe, ihn zum Schulbesuch zu motivieren. Bezogen auf solche Fragen ergeben sich immer wieder Konflikte.

2. Zudem stellt sich die Frage, ob junge Menschen in die Normen- und Wertvorstellungen sowie in die Regeln und Konventionen einer Gesellschaft eingeführt werden können, wenn allein Mündigkeit und Selbstbestimmung das Ziel der Erziehung sein sollen. Zu den gesellschaftlichen Werten gehören ebenfalls Pünktlichkeit, Pflichtbewusstsein, Ordnung, Fleiß, Disziplin und Anpassung. Häufig findet sich hier das Argument, es handle sich nicht um Leitziele, sondern nur um Sekundärziele oder **Sekundärtugenden**, die in die übergeordneten Zielsetzungen Mündigkeit und Emanzipation integriert werden müssen.

3. Hier setzt eine weitere pädagogisch begründete Kritik an. Sie wird getragen von Pädagogen, die einer einseitigen Favorisierung von **Selbstbestimmung und Wahlfreiheit** andere Werte und darauf aufbauende Erziehungsziele entgegensetzen. Beispielsweise hat der ehemalige Leiter der Schule Schloss Salem, Bernhard Bueb, ein in Wissenschaft und Öffentlichkeit viel und kontrovers diskutiertes Buch mit dem Titel „Lob der Disziplin" geschrieben. Er versteht es als Streitschrift mit dem Appell an die Erwachsenen, mehr Verantwortung für ihre Kinder zu übernehmen und „wieder Mut zur Erziehung" aufzubringen. Darin fordert er dazu auf, die Begriffe Autorität und Disziplin wieder stärker in der pädagogischen Arbeit und Kultur zu verankern. Bueb propagiert Ordnung, Selbstüberwindung und Gehorsam als wichtige Stützen für junge Menschen auf dem Weg zu innerer Freiheit.

__Schloss Salem__ ist ein Internat an Bodensee mit angeschlossenem Gymnasium, das reformpädagogischen Ideen nahesteht und aus dem bekannte Persönlichkeiten des öffentlichen Lebens hervorgegangen sind.

Dagegen haben sich viele Erziehungswissenschaftler gewandt mit Argumenten, die auf die Bedeutung von Eigenverantwortung und Eigentätigkeit in der Persönlichkeitsentwicklung hinweisen sowie auf die Gefahren einer Disziplinierung für die soziale Entwicklung und Selbstständigkeit aufmerksam machen.

Die drei beispielhaft aufgeführten kritischen Anfragen und Debatten zeigen, dass auch der breite Konsens bezogen auf das Erziehungsziel **„Mündigkeit"** und **„Selbstständigkeit"** nicht unhinterfragt bleibt. Der argumentative Prozess des Findens und Begründens von Zielen in der Erziehung ist nach wie vor nicht abgeschlossen.

AUFGABEN

Tauschen Sie sich darüber aus, welche Bedeutung Selbstbestimmung für Sie hat.

Wie lässt sie sich in der Erziehung bzw. durch erzieherisches Handeln fördern?

Fragen Sie in Ihrer Familie unterschiedliche Generationen, wie wichtig Erziehung zur Mündigkeit und Selbstständigkeit ist. Diskutieren Sie Ihre Ergebnisse.

10.4.3 Erziehungshandeln

Erziehungsziele geben dem erzieherischen Handeln eine Richtung. Wir wissen damit, was wir als Erziehende an Kompetenzen, Wissen, Fertigkeiten, Bereitschaften usw. als Folge von Lernvorgängen bei den Kindern und Jugendlichen erreichen wollen. Die Pädagogik hat sich aber auch damit befasst, wie wir dahin kommen. Damit ist die Frage nach den Maßnahmen und Mitteln, Vorgehensweisen und Haltungen der Erziehung aufgeworfen. Was erweist sich im Erziehungshandeln als wirksam und effektiv? Und was ist sinnvoll und pädagogisch erlaubt? Denn nicht alles, was effektiv sein mag, ist auch aus pädagogischer Perspektive zulässig. So sind zum einen natürlich die Werte und Normen der Gesellschaft zu beachten. Es kann sehr wirksam sein, einem Kind das Befolgen von Regeln mit der Androhung körperlicher Strafen zu vermitteln. Das aber widerspricht unserem Grundgesetz und den pädagogischen Wertvorstellungen unserer Gesellschaft. Zum anderen müssen immer auch die übergeordneten allgemeinen Erziehungsziele wie Mündigkeit und Selbstverantwortung im Blick behalten werden. *Erziehungsmaßnahmen dürfen diese pädagogischen Leitvorstellungen nicht unterlaufen.*

AUFGABE

Tauschen Sie sich über Ihre Erziehung aus. Welche Erziehungsmaßnahmen und -mittel haben Sie erlebt? Wie haben diese gewirkt? Setzen Sie sich mit Ihren biografischen Erfahrungen auseinander und diskutieren Sie diese vor dem Hintergrund der Leitvorstellung „Mündigkeit".

Was aber ist dann wirksames Erziehungshandeln? Schauen wir uns das an einem Beispiel an.

BEISPIEL

Sven geht in die zweite Klasse. Er hat Aufräumdienst, d. h., am Anfang der Pause muss er im Klassenraum kurz für Ordnung sorgen, Papierschnipsel wegräumen, die Tafel wischen und Stühle und Tische zurechtrücken. Seine Klassenlehrerin Frau Diekmann macht noch Einträge in das Klassenbuch und sieht, wie Sven recht lustlos sein Amt wahrnimmt. Einfühlsam sagt sie: „Na, Sven, du möchtest bestimmt in die Pause zu deinen Freunden. Gleich kannst du los. Aber jeder ist mal dran, damit nicht einer immer den Aufräumdienst machen muss." Dann kommt Paul in den Klassenraum und sagt zu seinem Freund: „Hi, warte, ich helfe dir und putz schon mal die Tafel!!". Frau Diekmann lächelt Paul an und lobt ihn: „Das finde ich klasse, dass du Sven hilfst!!"

In der Beispielsituation möchte Frau Diekmann, dass Sven lernt, seine Aufgaben sorgfältig zu erfüllen. Zudem soll er einsehen, dass Klassendienste für den Unterrichtsalltag wichtig sind und gewissenhaft ausgeführt werden müssen. Gleichzeitig geht es ihr aber auch darum, sein Verständnis dafür zu wecken, dass man im Leben bestimmte Aufgaben ausführen muss, auch wenn man wenig Lust dazu verspürt. Dahinter mögen allgemeinere Ziele stehen, wie „sich an Regeln halten" oder „Aufgaben im sozialen Miteinander erfüllen".

Wie aber versucht sie das zu erreichen? Sicherlich wäre es möglich gewesen – und das mag auch manchmal nicht unüblich sein –, Sven kurz zu ermahnen, den Tafeldienst gewissenhafter zu vollziehen. Frau Diekmann wählt im Beispiel aber einen anderen Weg. Sie geht einfühlsam auf den Zweitklässler ein und erklärt ihm noch einmal den Sinn des Aufräumdienstes. Sie will damit seine Motivation steigern und Einsicht hervorrufen, damit Sven seine Aufgabe motiviert oder zumindest bereitwillig und ordentlich erfüllt.

Als Paul seinem Klassenkameraden hilft, lobt sie ihn, weil sie dessen Hilfsbereitschaft gutheißt und verstärken möchte. Sie bemüht sich also, durch ihr Handeln nachhaltig Einfluss auf das Verhalten bzw. die Verhaltensdispositionen der beiden Zweitklässler zu nehmen.

Verhaltensdisposition
Verhaltensbereitschaft

Wenn man ihr Handeln genauer betrachtet, lassen sich zwei Ebenen unterscheiden. Zum einen setzt sie bewusst Erklärungen, Trost und Lob ein, um ihre Ziele zu erreichen. Diese Aktionen werden als **Erziehungsmittel** bezeichnet. Es handelt sich dabei um Handlungsweisen, die in einer konkreten Situation etwas bewirken sollen. Ziel ist zumeist eine Verhaltensveränderung, die möglichst zu einem dauerhaften Lernprozess führen soll.

„Ein **Erziehungsmittel** ist im Grunde genommen nichts anderes als eine Erziehungsmaßnahme. Sie soll das Verhalten eines Kindes, eines Schülers, eines Heranwachsenden oder ganz allgemein eines Menschen auf das gesetzte Ziel hin ausrichten und das Verhalten im gewünschten Sinne beeinflussen: Der Erzieher lobt sein Kind für seine Hilfsbereitschaft in der Hoffnung, dass das Lob das Kind dazu ermutigt, sein gutes oder richtiges Verhalten zu bewahren und gegebenenfalls noch zu verbessern."
(DIETRICH, 1998, S. 116)

Zum anderen zeigt sich Frau Diekmann in ihrem Verhalten einfühlsam und wertschätzend. Geht man davon aus, dass dies kein einmaliger „Ausrutscher" ist, sondern eigentlich ihr Auftreten in der Klasse und den Umgang mit den Kindern grundsätzlich kennzeichnet, zeigt sich hier ein bestimmter **Erziehungsstil**. Dieser könnte auch anders aussehen und daraus bestehen, Kinder wie Sven mit ernstem Ton auf ihre Pflichten hinzuweisen und sie ständig zu ermahnen. Vermutlich hätte das aber andere Wirkungen.

Mit **Erziehungsstil** ist ein relativ stabiles Muster im Erziehungsverhalten gemeint, das zu einem typischen Einsatz bestimmter Erziehungsmittel und -maßnahmen führt. Dieser erfolgt teilweise bewusst oder auch unbewusst und fußt auf der erzieherischen Haltung des Erziehenden.

Wie die Definition zeigt, stehen Erziehungsmittel in einer Verbindung mit dem Erziehungsstil, denn wer junge Menschen zu demokratischen und selbstständig handelnden Bürgern erziehen will, erreicht mit einem autoritären Erziehungsstil (vermutlich) das Gegenteil (vgl. GUDJOHNS, 2012, S. 189).

10.4.3.1 Erziehungsmittel und ihre pädagogische Problematik

Eigentlich scheint der Zusammenhang simpel: Um Erziehungsziele zu erreichen, setzt der Erziehende Erziehungsmittel ein. Damit ist eigentlich alles erzieherische Handeln mit dem Einsatz von Erziehungsmitteln gleichzusetzen. Die Begriffe **Erziehungsmittel** und **Erziehungsmaßnahme** suggerieren dabei, dass es nur des richtigen Mittels oder der richtigen Maßnahme bedarf, um die gewünschten Ziele beim Kind bzw. Jugendlichen zu erreichen. Nach dieser **Zweck-Mittel-Rationalität** erhält Erziehung einen instrumentalistischen Anstrich. Die vielen Erziehungsratgeber auf dem Büchermarkt oder TV-Sendungen wie die „Super Nanny" nehmen dieses Verständnis von Erziehung auf und transportieren die Botschaft, Erziehung sei machbar und durch den richtigen Einsatz von Erziehungsmitteln und -maßnahmen könne man auch die „schweren" Fälle lösen.

Super Nanny
(Nanny = Kindermädchen) eine Pseudo-Doku auf dem TV-Sender RTL, in der die Pädagogin Katharina Saalfrank Familien in Erziehungsfragen beriet. Das dort gezeigte pädagogische Vorgehen und das Sendeformat insgesamt wurden sehr kritisch diskutiert.

Katharina Saalfrank –
Die Super Nanny

Dialogische Grundhaltung
Kommunikationsbeziehung, die grundsätzlich auf Augenhöhe gestaltet wird. Das setzt voraus, dass sich das Gegenüber genauso in die Kommunikation einbringen kann wie der Erziehende.

AUFGABE

Setzen Sie sich mit verschiedenen Erziehungsratgebern und Erziehungssendungen auseinander. Analysieren Sie, welches Verständnis von Erziehungshandeln dort zugrunde gelegt wird und diskutieren Sie dieses kritisch. Wie realistisch und angemessen sind die jeweiligen Ratschläge und Hinweise? Welches Bild vom Kind und vom Erziehenden wird deutlich?

So einfach ist Erziehen natürlich nicht. Viele erziehungswissenschaftliche bzw. lernpsychologische Untersuchungen zeigen, dass der Zusammenhang von Mitteleinsatz, Wirkungen und Zielen in der Erziehung wesentlich komplexer ist, als es die Ratgeber vermuten lassen. Die Ursache-Wirkungs-Ketten sind in erzieherischen Situationen oftmals nicht präzise erfassbar. Sie bleiben weniger eindeutig als z. B. bei technischen Anwendungen.

Das hängt mit der Tatsache zusammen, dass erzieherisches Handeln keine Erfolgsgarantie in sich trägt. Das „Objekt" der Erziehung ist in Wahrheit ein „Subjekt", also ein individueller Mensch mit seinen eigenen inneren Antrieben, Strebungen und Willenssetzungen; es kann sich der Beeinflussung entziehen oder ihr sogar Widerstand entgegensetzen (vgl. DIETRICH, 1998, S. 217). Kinder und Jugendliche sind spontan und eigenständig agierende Individuen. Sie verfügen jeweils über ihre eigenen Prägungen und Erfahrungen, subjektiven Gefühle und Motive, weshalb die Reaktionen auf ein bestimmtes Erziehungshandeln sehr unterschiedlich ausfallen können. Erziehungsmittel müssen also in der Begrenztheit ihrer Wirkungen und in der Gefahr von ungewollten Nebenwirkungen gesehen werden.

Kinder u. Jugendliche sind eigenaktive Menschen mit einem eigenen Urteil und Willen sowie eigenen Zielen.

Aber auch aus einem zweiten Grund erscheint der Begriff des Erziehungsmittels problematisch. Wenn **Erziehung** letztlich zur **Mündigkeit** des zu Erziehenden führen soll, muss das erzieherische Handeln möglichst **dialogisch** ausgerichtet sein.

In einem Dialog kann es durchaus Wissensunterschiede, auch Machtungleichgewichte geben wie zwischen Meister und Auszubildenden. Die Interaktion aber trägt grundsätzlich in sich, dass beide sich auf Augenhöhe begegnen und ein Recht haben, ihre Sichtweise und ihre Bedürfnisse einzubringen.

Der Einsatz eines Erziehungsmittels, um eine bestimmte Verhaltensänderung zu bewirken, mutet auf den ersten Blick eher undialogisch an. Frei nach der Maxime: Man muss nur das richtige Mittel finden und einsetzen, um aus einer pädagogischen Machtposition heraus alles zu erreichen. Dahinter steht natürlich ein verkürzter Begriff von Erziehungsmitteln. Dessen Einsatz kann nämlich durch eine

dialogische Grundhaltung begleitet werden, die sich in der Bereitschaft zu Erklärungen, dem Anhören des Kindes, einer grundsätzlich das Individuum achtenden Haltung etc. äußert. Auf diese Weise wird Erziehung bzw. der Einsatz von Erziehungsmitteln trotz der grundsätzlichen Machtposition des erwachsenen Erziehenden dialogisch gestaltet. Sogar eine sanktionierende Erziehungsmaßnahme wie eine Strafe – als Reaktion auf eine bewusste Regelverletzung durch ein Kind – muss nicht als Machtdemonstration wahrgenommen werden.

Vor dem geschilderten Hintergrund findet sich eine Tendenz in der Pädagogik, das Erziehungsmittel als Randnotiz zu sehen und durch andere Begriffe wie den der **erzieherischen Formen** zu ersetzen oder – noch weitreichender – ganz zu ignorieren. Da aber die Anwendung von Erziehungsmitteln wie Lob, Ermahnung und Strafe in weiten Teilen der praktischen Erziehung gang und gäbe sind und auch sinnvoll sind, wollen wir uns mit diesem Thema, im Folgenden genauer auseinandersetzen.

10.4.3.2 Unterschiedliche Kategorien von Erziehungsmitteln und ihre Bedeutung für die Erziehung

Wenn wir einmal von den geschilderten Problemen absehen, die mit dem Begriff „Erziehungsmittel" verbunden sind, bleibt die Tatsache, dass erziehende Personen, also in aller Regel Erwachsene, bewusst und zielgerichtet auf das Verhalten von Kindern und Jugendlichen Einfluss nehmen und einwirken. Bringen wir etwas Ordnung in die unterschiedlichen Aktionen, Handlungen, Aufgabenstellungen, Situationsarrangements mit Aufforderungscharakter, Mienen und Gesten, verbale und nonverbale Äußerungen usw., die in der Erziehung eingesetzt werden.

Eine grundlegende Unterscheidung von Erziehungsmitteln und -maßnahmen besteht darin,

- ob sie eher dazu gedacht sind, eine erwünschte Verhaltensweise oder Haltung **zu unterstützen** und zu verstärken
- oder ob es eher darum geht, einem Impuls **entgegenzuwirken**, ein unerwünschtes Verhalten zu verhindern oder es das nächste Mal zu unterbinden.
- Eine dritte Kategorie besteht noch darin, das Kind durch erzieherische Maßnahmen vor Einflüssen und Einwirkungen zu **behüten**, die es allein noch nicht erfolgreich bewältigen kann.

Diese Unterteilung in **Unterstützen**, **Gegenwirken** und **Behüten** geht auf den Theologen und Pädagogen Friedrich D.E. Schleiermacher (vgl. Schmidt, 1979, S. 230 f. und Dietrich, 1998, S. 118) zurück.

Darauf aufbauend hat der Pädagoge Andreas Flitner in neuerer Zeit in seinem Buch „Konrad, sprach die Frau Mama ... Über Erziehung und Nicht-Erziehung" herausgearbeitet, was sich im Einzelnen hinter diesen Kategorien verbirgt. Er hat sie dazu etwas genauer benannt:

- Behütung des Kindes – Auswahl seiner Lebenswelt
- Unterstützen – Verstehen – Ermutigen
- Gegenwirken – Mitwirken

Behüten – Auswählen der Lebenswelt:
einen geschützten Raum schaffen, der dem Kind einerseits Sicherheit und Geborgenheit vermittelt und andererseits vor überfordernden und irritierenden Erlebnissen schützt. Zugleich sollen Lebens- und Spielräume mit anregendem Charakter eröffnet werden, die zum entdeckenden Lernen und Sicherproben animieren.

Unterstützen – Verstehen – Ermutigen:
Kinder in ihrer Entwicklung verstehen, diese aus ihrer Sicht wahrnehmen und sie als einzigartige und unverwechselbare Personen sehen, Kinder in ihrem eigentätigen Handeln unterstützen, zu eigenen Handlungen ermutigen, ihnen etwas zutrauen und sie damit in ihrer Eigenverantwortung anerkennen und stärken, wertschätzen

Gegenwirken – Mitwirken:
Den Bestrebungen und Impulsen von Kindern entgegenwirken, wenn sie Gefahren bergen oder wenn andere Menschen geplagt oder verletzt werden oder wenn das gemeinschaftliche Leben Schaden nimmt. Dazu gehört auch, auf Grenzen hinzuweisen oder hinter sie zurückzuhelfen. Das kann auch die Einforderung von Wiedergutmachung notwendig machen.

Diese Aufgaben sind im Rahmen von Erziehung zu leisten. Der Einsatz von Erziehungsmitteln richtet sich dann jeweils an den Kategorien aus, ist also z. B. als Unterstützung oder Gegenwirkung zu verstehen. Schickt eine Mutter ihr Kind in den Garten, damit es dort mit anderen Kindern spielt, obwohl es vielleicht lieber Fernsehen schauen möchte, dient diese Erziehungsmaßnahme der Aus-

Friedrich D.E. Schleiermacher *(1768–1834) führender Geisteswissenschaftler Deutschlands in seiner Zeit. Wesentliche Impulse in der Philosophie, Theologie und Pädagogik. Gründervater der geisteswissenschaftlichen Pädagogik.*

wahl seiner Lebenswelt. Will das Kind abends länger Computer spielen, als von den Eltern gewollt, und widersetzt es sich, ist eine ermahnende Erklärung mit Hinweis auf die verabredeten Regeln als Gegenwirkung zu verstehen. Damit ist eine (Zu-) Ordnung der verschiedenen Erziehungsmittel und -maßnahmen möglich.

An dieser Stelle können nicht alle denkbaren Erziehungsmittel und die Bedingungen ihres sinnvollen Einsatzes erörtert werden. Daher wird im Weiteren nur auf zwei Erziehungsmittel exemplarisch näher eingegangen.

AUFGABE

Analysieren Sie Ihre Erziehungserfahrungen (siehe Aufgabe S. 382) und ordnen Sie sie den drei Kategorien zu.

10.4.3.3 Lob bzw. Belohnung und Bestrafung

Nach wie vor in der erzieherischen Praxis weitverbreitet und in der pädagogischen Literatur kontrovers diskutiert, sind das **Lob** bzw. die **Belohnung** und die **Bestrafung**.

Jeder weiß um die angenehme Wirkung eines Lobes. Wer würde nicht gern gelobt werden? Und ebenso wird jeder schon erlebt haben, wie unangenehm Strafen sind. Von daher scheint die Sache relativ klar und einfach. Will ich als Erziehender ein bestimmtes Verhalten eines Kindes verstärken, lobe oder belohne ich es. Soll es hingegen unterbunden werden, greife ich zur Strafe. Was auf den ersten Blick eindeutig scheint, wird schon beim ersten Nachdenken fragwürdig. Lob und Belohnung sind als Erziehungsmaßnahmen ganz und gar nicht in jeder Situation sinnvoll. Und bezogen auf Strafe ist der Fall noch komplizierter. Strafen werden als Mittel der Erziehung teilweise völlig abgelehnt oder nur unter ganz bestimmten Bedingungen akzeptiert. Um sich hier eine Meinung bilden und die Wirkung von Lob und Strafe richtig einschätzen zu können, muss man unter anderem auf die Erkenntnisse der Lerntheorie (vgl. Kap. 8: Lernen) zurückgreifen.

Wir wollen diese Erziehungsmaßnahmen genauer beschreiben:

Lob / Belohnung:
Lob und Belohnung sind vom Erziehenden eingesetzte Konsequenzen, die für den zu Erziehenden angenehm sind oder als solches empfunden werden. Beim Lob handelt es sich um eine positiv wertende Äußerung über ein Verhalten, die deutlich macht, dass es erwünscht und sozial anerkannt ist. Belohnungen sind materielle Dinge oder auch Erlaubnisse zu einem als positiv empfundenen Tun, die ebenfalls als angenehme Konsequenz auf ein erwünschtes Verhalten erfolgen.

Die angenehme Wirkung dient dazu, das Kind oder den Jugendlichen zu veranlassen, das erwünschte Verhalten häufiger bzw. möglichst durchgehend zu zeigen. Es soll nachhaltig gelernt werden. Das Verhalten wird verstärkt. Beispiel: Lob: „Das hast du gut gemacht!" Belohnung: „Weil du so schön im Garten geholfen hast, gehen wir jetzt ein Eis essen."

Bestrafung:
Eine Bestrafung ist eine unangenehme Verhaltenskonsequenz. Es wird z. B. etwas entzogen oder verboten. Die unangenehme Wirkung soll das gezeigte Verhalten als unerwünscht kennzeichnen und dessen Wiederholung unterbinden.
Beispiel: „Weil du dein Zimmer nicht aufgeräumt hast, darfst du jetzt nicht rausgehen zum Spielen".

Weil ein **Lob** in aller Regel angenehm ist, bemühen sich Kinder natürlich, es durch ihr Handeln zu erhalten. Ähnlich wirkt eine **Belohnung**. Allerdings ist deren Einsatz kein Selbstläufer, der immer zu den gewünschten Ergebnissen führt. Jeder Erziehungspraktiker hat schon Enttäuschungen erlebt, weil das Loben ohne nachhaltige Wirkung blieb. Vielleicht lag das an einem der folgenden problematischen Aspekte von Lob und Belohnung:

1. Ein Kind oder Jugendlicher zeigt ein bestimmtes Verhalten allein aus dem Grund, um ein erwartetes Lob oder eine Belohnung zu erhalten. Sobald diese Konsequenz nicht oder nicht mehr eintritt, wird das Verhalten nicht mehr gezeigt.
2. Kinder und Jugendliche haben ein Gespür dafür, ob ein Lob **authentisch** rüberkommt oder häufig und reflexhaft erfolgt. Dann besteht die Gefahr eines inflationären Einsatzes und einer zunehmenden Wirkungslosigkeit des Lobens. Manchmal kann man dies im Kindergarten beobachten, wenn alle Produkte der Kinder vorbehaltlos gelobt werden. Dann kann ein schnell hingekritzeltes Bild gepriesen werden, ohne dass das Kind eine ernst zu nehmende Rückmeldung zu seinem Werk erhält und sich damit beim nächsten Bild zu mehr Anstrengung aufgefordert fühlt.
3. Lob und Belohnung lassen sich auch als Zeichen der Machtausübung verstehen. Dadurch, dass der Erziehende entscheidet, ob eine angenehme Verhaltenskonsequenz erfolgt oder nicht, beweist er seine Machtposition. Zudem kann der häufige Gebrauch von Lob und Belohnung bei einem Kind auch zur Abhängigkeit führen, weil es z. B. seine Selbstwahrnehmung vom Lob des Erziehenden abhängig macht.

Trotz dieser kritischen Aspekte von Lob und Belohnung handelt es sich oftmals um ein hilfreiches Erziehungsmittel. Es sind wichtige Rückmeldungen für das Kind und sein Verhalten, sollten aber differenziert und sparsam eingesetzt werden.

AUFGABEN

Diskutieren Sie anhand von Beispielen, welche Auswirkungen Lob und Belohnung auf das Verhalten eines Kindes sowie auf seine Persönlichkeitsentwicklung haben können.

Entwickeln Sie Gelingensbedingungen für einen pädagogisch sinnvollen Einsatz von Lob und Belohnung.

Strafen bzw. **Bestrafung** wird in der Pädagogik sehr kritisch gesehen. Vor allem im Hinblick auf seine Folgen zeigen sich deutliche Zweifel an deren pädagogischem Sinn. So sah LENZEN schon vor einigen Jahren das eigentliche pädagogische Problem darin, „ob es einen [...] Zusammenhang von Strafe und gewünschter Einstellungsveränderung überhaupt gibt oder ob nicht vielmehr gegenläufige Wirkungen viel wahrscheinlicher sind" (LENZEN, 1995, S. 1457). Dies führt so weit, dass pädagogische Konzepte wie die antiautoritäre Erziehung oder die Summerhill-Pädagogik von A. S. NEILL ganz auf das Erziehungsmittel der Strafe verzichten. Welche gegenläufigen Wirkungen sind hier gemeint?

Zwischenruf

Der Einsatz von Strafe im pädagogischen Alltag ist nicht unproblematisch:

Meist führt Strafe nur zur Unterdrückung des unerwünschten Verhaltens und nicht zur erwünschten Verhaltensweise.

Andere Nebenwirkungen:
- Strafe kann die Beziehung des Erziehers zum Kind belasten.
- Häufiges Strafen kann zu aggressivem Verhalten, auch zum Lügen aus Angst vor Strafe führen.
- Strafe trägt meist nicht zur Einsicht bei und zeigt keine Alternative.
- Der Erzieher bleibt auch beim Strafen Vorbild für das Kind. Strafende sind oft Modelle, die zeigen, mit welchen Mitteln man sich gegen andere durchsetzt und Macht über sie gewinnt.
- Ständiges Strafen kann das Selbstvertrauen des Kindes nachhaltig beeinträchtigen.
- Strafen bergen die Gefahr, sich unangemessen auszuweiten.
- Manchmal führen Strafen oder Strafandrohungen nur dazu, dass das unerwünschte Verhalten allein in der Anwesenheit des Erziehenden unterbleibt, aber zu keiner kontinuierlichen Verhaltensänderung führen.

Dennoch gehört das Bestrafen nach wie vor zur Erziehungspraxis in Deutschland.

AUFGABE

„[...] Laut der Befragung [des Forsa-Instituts aus dem Jahr 2012; Ergänzung durch den Autor] bestrafen 40 Prozent (2006: 46 Prozent) der Eltern ihr Kind mit einem „Klaps auf den Po", zehn Prozent (2006: 11 Prozent) geben eine Ohrfeige und vier Prozent (2006: 6 Prozent) versohlen ihrem Kind nach eigener Aussage den Hintern. Als Hauptgründe gaben die Eltern an, dass ihre Kinder unverschämt gewesen seien, nicht gehorcht oder sich aggressiv verhalten hätten. [...]"
(Süddeutsche.de, 2012)

Diskutieren Sie über diese Ergebnisse.

Summerhill-Pädagogik
pädagogisches Modell, das in einer 1923 gegründeten demokratischen Schule auf der Basis reformpädagogischer Ansätze umgesetzt wird. Es gilt, dass
- *die Schüler sich selbst regieren,*
- *der Unterrichtsbesuch freiwillig ist*
- *und die Form von Werkstätten hat.*

Authentisch
echt sein, sich unverstellt geben und kommunizieren.

Sühne
Ausgleichsleistung für eine Schuld

Aber soll denn das Fehlverhalten eines Kindes oder Jugendlichen ohne jede Konsequenz bleiben? Konsequenzen sind wichtig in der Erziehung, vor allem auch ihr konsequenter Einsatz. „Der renommierte Kinderpsychologe LAURENCE STEINBERG [...] erkennt die Hauptursache für Disziplinprobleme bei Kindern in einer inkonsequenten Erziehung. Wer ständig Regeln verändert, die er aufstellt, oder sie nur gelegentlich durchsetzt, handelt inkonsequent und ist für das schlechte Benehmen seiner Kinder verantwortlich.“ (FUHRER, 2012, S. 568)

Allerdings muss man für eine konsequente Erziehung bei Fehlverhalten nicht gleich zur Strafe greifen. Heutzutage empfehlen Pädagogen andere Formen von Konsequenzen wie **natürliche** oder **logische Folgen**.

Bei natürlichen Konsequenzen geht es darum, dass beispielsweise Eltern bewusst nicht eingreifen, wenn ein Kind etwas tut oder unterlässt, damit es die sich unmittelbar daraus ergebenden Folgen spürt. Packt es etwa seine Schulsachen nicht, bekommt es am nächsten Tag Ärger mit dem Lehrer. Oder wenn ein Kind zu spät vom Spiel draußen nach Hause kommt, ist vom leckeren Abendbrot nichts mehr da und es muss mit Brot vorliebnehmen. Wichtig hierbei ist, dass das Kind die Folgen absehen konnte. Ansonsten wirkt die Reaktion der Eltern willkürlich.

Nach FUHRER werden logische Folgen von der erziehenden Person herbeigeführt, stehen aber in unmittelbarem sachlogischem Zusammenhang mit dem Verhalten (vgl. FUHRER, 2012, S. 571). Wer beispielsweise beim Fußballspiel im Hof eine Fensterscheibe zerschießt, muss diese von seinem Taschengeld ersetzen oder einen Teil dazu beitragen. Damit wird der Grundgedanke der **Wiedergutmachung** in den Vordergrund gestellt. „Wenn Eltern diese Methode anwenden, bringen sie Kindern bei, für ihr eigenes (Fehl-)Verhalten Verantwortung zu übernehmen, indem sie ihnen helfen, dies wiedergutzumachen.“ (FUHRER, 2012, S. 571)

Eine **natürliche Folge** tritt als unangenehme Konsequenz eines unerwünschten bzw. die Regeln überschreitenden Verhaltens ohne Eingriff des Erziehenden auf und soll dieses zukünftig verhindern.

Eine **logische Folge** wird vom Erziehenden herbeigeführt und steht in einem logisch-sachlichen Zusammenhang mit einem unerwünschten Verhalten. Es hat den Charakter einer Wiedergutmachung.

Die pädagogische Arbeit mit natürlichen oder logischen Folgen muss konsequent erfolgen, damit es für das Kind möglich ist, die Verantwortung bezogen auf die Folgen des eigenen Verhaltens zu übernehmen. Es erfährt die Folge als Konsequenz eigenen Handelns und entscheidet damit selbst, was es auf sich nimmt. Der Gedanke der Sühne, der häufig mit Strafe verbunden ist, bleibt dabei außen vor. Die Gefahr, dass die Beziehung zum Erziehenden Schaden leidet, wird geringer, weil es auch für das Kind nachvollziehbar ist, was ihm widerfährt. Gleichzeitig ist aber auch klar, dass eigenes (Fehl-)Verhalten nicht unsanktioniert bleibt.

Strafen sind sehr problematische Erziehungsmittel, die möglichst durch andere Konsequenzen ersetzt werden sollten.

AUFGABE

Tauschen Sie sich darüber aus, welche Erfahrungen Sie mit der Androhung und Durchführung von Strafen gemacht haben. Diskutieren Sie mögliche Probleme von Bestrafung. Erörtern Sie anhand konkreter Beispiele, welche Vorteile bzw. welche Nachteile die Arbeit mit natürlichen und logischen Folgen in der Erziehung haben.

10.4.3.4 Erziehungsstile

Jeder kennt verschiedene „Typen“ von Lehrern oder Erziehern. Da gibt es den „Strengen“, der sofort hart durchgreift, wenn einmal etwas Unruhe in der Klasse entsteht. Oder den „Lockeren“, den es nicht zu berühren scheint, wenn Schülerinnen und Schüler über Tische und Bänke gehen. Immer wieder versucht er geduldig zu erklären, dass das doch alle störe, ohne aber etwas zu bewirken.

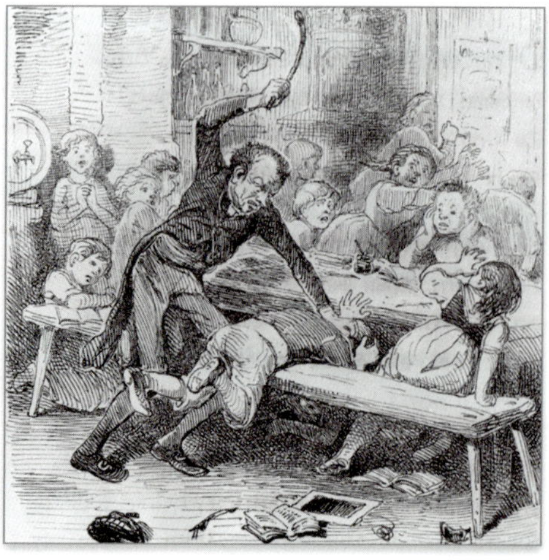

Der Einsatz von Erziehungsmitteln – von einem aufmunternden Blick bis hin zu ausgefeilten Erziehungskonzepten – geschieht nicht willkürlich, sondern wird vor allem auch von der erzieherischen Grundhaltung der Erziehenden mitbestimmt. Welche erzieherischen Haltungen erfolgreich sind bzw. den Erziehungsprozess unterstützen, untersucht die **Erziehungsstilforschung**.

10.4.3.5 Das typologische Erziehungsstilkonzept von Kurt Lewin

Der Urvater der Erziehungsstilforschung ist der Psychologe Kurt Lewin. Er hat mit seinen Mitarbeitern in den USA 1939 ein umfangreiches sozialpsychologisches **Feldexperiment** durchgeführt, um die Auswirkungen verschiedener **Erziehungsstile** zu erforschen. Dazu wurden zehn- bis elfjährige Jungen über mehrere Monate für jeweils mehrere Stunden in einen Jugendclub eingeladen. Die jeweils eingeteilten Gruppen von fünf Jungen waren vergleichbar, weil sie, bezogen auf ihr Sozialverhalten, ihre Intelligenz, den sozioökonomischen Hintergrund, Körpergröße usw., vorher repräsentativ ausgewählt wurden. In den Gruppenstunden standen dann vor allem Bastel- oder Werkaktivitäten wie das Erstellen kleiner Möbelstücke oder Flugzeugmodelle auf dem Programm. Geleitet wurden die Gruppen von speziell instruierten Mitarbeitern.

Feldexperiment
Ein Feldexperiment findet in einer natürlichen Umgebung statt und unterscheidet sich insofern vom Laborexperiment in einem speziellen Untersuchungsraum bzw. Labor. Die Versuchspersonen wissen in aller Regel nicht, dass sie an einem Experiment teilnehmen. Ziel ist, dass ihr Verhalten möglichst natürlich bleibt. Die Vorteile des Feldexperiments bestehen in der Realitätsnähe der experimentellen Situation. Von Nachteil ist dagegen, dass die Experimentbedingungen durch den Versuchsleiter schwerer kontrolliert werden können, da der Ablauf bzw. die Situation nicht klar festgelegt werden kann. Zudem bestehen ethische Bedenken, wenn Menschen ohne ihre Einwilligung und ohne ihr Wissen als Versuchspersonen an einem Experiment beteiligt sind.

Lewin wollte erforschen, wie sich ein bestimmtes Handlungsmuster bzw. eine bestimmte Grundhaltung in der Erziehung auf das Verhalten und Erleben von Kindern auswirken (Sozialverhalten, Verhalten gegenüber Gruppenleiter, Arbeitsergebnisse, Motivation, Atmosphäre usw.). Er verwendete damals den Begriff des Führungsstils.

Um dies zu überprüfen, mussten die Gruppenleiter jeweils einen vorgegebenen Erziehungs- bzw. Führungsstil praktizieren. Nach sechs Wochen wechselten die Gruppenleitungen und damit der Führungsstil sowie die Art der Aktivitäten. Dies sollte gewährleisten, dass möglichst nur der Erziehungsstil ausschlaggebend für die Verhaltensreaktionen der Jungengruppen ist und nicht andere Faktoren wie die Attraktivität der Beschäftigung oder die Persönlichkeit des Gruppenleiters.

Kurt Lewin

Kurt Lewin (1890–1944), vielseitig forschender Psychologe. Begründete mit anderen die Berliner Schule der Gestaltpsychologie. In seiner Feldtheorie begründete er den Begriff Gruppendynamik.

Hierbei unterschied Lewin drei **Typen** von Erziehungs- bzw. Führungsstilen:
- den demokratischen,
- den autoritären und
- den „Laissez-faire-Stil".

Die Gruppenleitungen haben dazu ein Drehbuch erhalten, das den Erziehungsstil präzise vorgab. Grob sahen diese so aus:

Demokratischer Erziehungsstil
Die Gruppenleitung geht demokratisch vor, d. h., sie lässt die Kinder mitentscheiden und beteiligt sie an der Planung des Vorgehens. Sie unterstützt und ermutigt die Jungen und steht als Gesprächspartner – auch bei persönlichen Problemen – jederzeit zur Verfügung.
Autoritärer Erziehungsstil
Die Gruppenleitung steuert die Aktivitäten der Kinder durchgehend mit Befehlen und Kommandos. Die Kinder werden nicht vorweg über ihr zukünftiges Tun informiert. Sie lobt und tadelt auf das einzelne Kind bezogen, schreit aber nicht laut bzw. droht nicht. Grundsätzlich bleibt sie freundlich, aber distanziert.
Laissez-faire-Erziehungsstil
Die Gruppenleitung verhält sich in weiten Teilen passiv. Sie stellt nur den Raum und die Materialien zur Verfügung und überlässt alles Weitere den Kindern. Dabei bleibt sie neutral bzw. freundlich und hilft nur auf ausdrückliche Nachfrage.

AUFGABE
Stellen Sie die drei Erziehungsstile nach Lewin im Rollenspiel dar. Beachten Sie dabei vor allem die Rolle der erziehenden Person. Notieren Sie die Wirkungen des Erziehungsverhaltens auf die Rollenspielteilnehmer, die die Kinder spielen.

In dem Feldexperiment ergaben sich folgende Auswirkungen:

1. Die Jungen in der demokratisch geführten Gruppe waren insgesamt kreativer und konstruktiver. Die Arbeitsatmosphäre erwies sich als entspannter und die Kinder waren selbstständiger als in den anderen Gruppen.
2. In der autoritär geleiteten Gruppe wurden Aggressionen unter den Jungen beobachtet. Sie wurden auch nur auf Anweisung der Gruppenleitung aktiv und zeigten insgesamt ein unselbstständigeres Verhalten.
3. In den „Laissez-faire-Gruppen" gab es oft planlose und kaum zielstrebige Aktionen. Die Jungen waren mit der Situation oft unzufrieden und zeigten sich gereizt. Die Arbeitsleistung war in dieser Gruppe am unproduktivsten, während bei den demokratisch geführten Gruppen die qualitativ besten Ergebnisse herauskamen.

Es zeigten sich auch, so belegen es weitere Untersuchungen, langfristige Tendenzen in der Persönlichkeitsentwicklung, die auf die Erziehungsstile zurückzuführen sind. So scheint eine demokratische Erziehung eher Selbstvertrauen, Selbstständigkeit, Wertschätzung gegenüber anderen und ein flexibles sowie differenziertes Denken zu fördern. Hingegen führt ein autoritärer Erziehungsstil zu eher starren Formen von Wahrnehmung und Denken, zu Ängsten und Unsicherheit sowie zu Unselbstständigkeit und Streben nach Anerkennung und Macht.

Freispiel
Phase im Tagesablauf einer Kindertagesstätte, in der die Kinder selbst entscheiden, mit wem sie was wo spielen.

> Ein demokratischer Erziehungsstil hat positive Auswirkungen auf das Verhalten und die Persönlichkeitsentwicklung der zu Erziehenden.

Die Forschungen von Lewin über Erziehungsstile haben der Diskussion in der Pädagogik deutliche Anregungen gegeben und sie nachhaltig beeinflusst. So fanden sie Eingang in das Nachdenken über die sozialpädagogische Arbeit oder das Erziehungsverhalten in der Schule. Sie unterstützen nach wie vor die Reflexion des eigenen Erziehungsverhaltens und dessen Auswirkungen auf die betroffenen Kinder oder Jugendlichen. Die Ergebnisse sind auch in die pädagogischen Ausbildungen eingeflossen und haben zu vielfältigen weiteren Untersuchungen geführt.

Dimensionen
grundlegende qualitative Merkmale von Erziehung.

Allerdings kam es auch zu einer kritischen Sichtweise des Typenkonzepts von Lewin bzw. von anderen Modellen, die eine Reihe von **Erziehungsstiltypen** identifizieren.

Zum einen wird kritisiert, dass es schwierig sei, Typen von Erziehungsstilen in ihren Merkmalen und deren Ausprägungen genau zu beschreiben. Dadurch werden unter anderem die weitergehenden wissenschaftlichen Untersuchungen erschwert. Bezogen auf die konkret individuelle Ausgestaltung des jeweiligen Stils gibt es zu viele Spielräume und Interpretationsmöglichkeiten.

Außerdem erscheinen die Bezeichnungen bei Lewin nicht wertneutral. In den modernen westlichen Gesellschaften haben die Bezeichnungen autoritär und laissez faire einen eher negativen Beigeschmack, während demokratisch positiv bewertet wird.

Noch schwerwiegender erscheint die Kritik, dass die Unterteilung in nur drei Erziehungsstiltypen zu undifferenziert sei. Viele Erzieher/-innen oder Lehrer/-innen aus der Praxis lassen sich gar nicht präzise zuordnen. Zudem variiert es häufig bei ein und derselben Person situativ, welches Erziehungsverhalten sie zeigt. So wird eine Erzieherin bezogen auf Kindergartenkinder im Straßenverkehr autoritär auftreten, während sie in der Kita demokratisch erzieht und in bestimmten Phasen beispielsweise des Freispiels auch einmal laissez faire.

10.4.3.6 Das dimensionsorientierte Erziehungsstilkonzept nach Tausch/Tausch

Auf der Grundlage dieser Kritik hat das Ehepaar Anne-Marie und Reinhard Tausch, beide mit Psychologieprofessuren an der Universität Hamburg, die Erziehungsstilforschung vor allem seit den 70er-Jahren weiterentwickelt.

Sie haben nicht mehr **Haupttypen** von Erziehungsstilen herangezogen, bei denen wiederkehrende Muster von Erziehungsweisen nach Ähnlichkeit und Unähnlichkeit zugeordnet werden. Vielmehr haben sie sich gefragt, nach welchen Merkmalen und deren Ausprägungen sich Erziehungsverhalten unterscheiden lässt. Davon ausgehend haben sie **Dimensionen** des Erziehungsverhaltens identifiziert. Je nach Ausprägung lässt sich nun das konkret vorliegende Muster des Erziehungshandelns in diesen Dimensionen darstellen. Sie haben dazu das Verhalten von erziehenden Personen in institutionellen Erziehungssituationen beobachtet und untersucht. Vor allem das pädagogische Handeln in Schulklassen wurde analysiert, wobei hauptsächlich das verbale Verhalten der erziehenden Personen wie Lehrer etc. in den Blick genommen wurde.

Grundlegend sind danach, bezogen auf das Reden mit Kindern, die Dimensionen der **Lenkung** und der **emotionalen Wärme**, die jeweils unterschiedliche Grade annehmen und entsprechend auf einer Skala eingeordnet werden können.

Lenkung meint dabei Haltungen, Reaktionsweisen und Aktivitäten, die in ihrer maximalen Form durch Befehle, Aufforderungen und Verbote das Verhalten der Kinder und Jugendlichen fremdbestimmen und diese dirigiert bzw. kontrolliert, während sie in ihrer minimalen Ausprägung alles laufen lässt.

Die Dimension der emotionalen Wärme hat eine positive Ausprägung im Sinne von Wertschätzung, hoher emotionaler Wärme und Zuneigung. Dann gibt es eine neutrale Position und eine negative Ausprägung mit emotionaler Kälte, Geringschätzung und Abneigung.

Ein konkret vorliegendes Muster eines Erziehungsverhaltens kann dann entsprechend zugeordnet und mit anderen bezogen auf die Entwicklung von Selbstständigkeit verglichen werden.

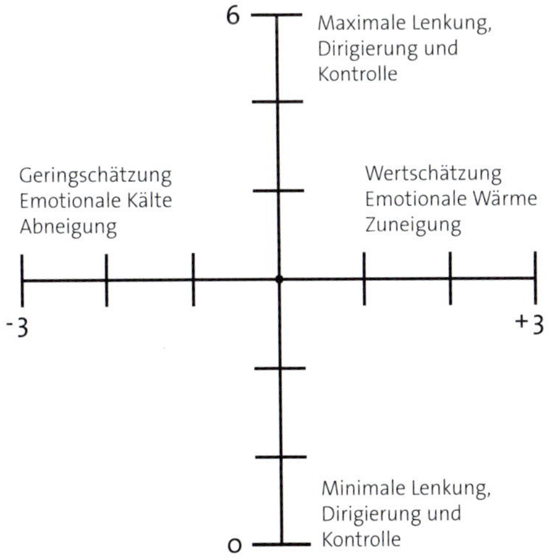

Dimensionen des Erziehungsverhaltens nach TAUSCH/TAUSCH

BEISPIEL AUS DER PRAXIS

In einer sechsten Schulklasse sollen die Schüler einen Text abschreiben. Tim hat dazu keine Lust und fragt die Lehrerin: „Warum müssen wir das abschreiben? Das ist langweilig. Was machen wir denn danach?" Seine Lehrerin antwortet darauf im scharfen Ton: „Schreib das jetzt ab, Tim. Und stell nicht immer so blöde Fragen. Los, setz dich mal gerade hin. Nimm dein Heft und schreib die Sätze von der Tafel ab. Und was wir dann machen, sage ich dir schon." Als Tim sich widerwillig an die Arbeit macht, legt die Lehrerin noch nach: „Tim, nimm jetzt alles vom Tisch, was nichts mit dem Unterricht zu tun hat. Ständig störst du. Kein Wunder, dass deine Leistungen so miserabel sind."

AUFGABEN

Ordnen Sie dieses Erziehungsverhalten der Lehrerin den beiden Dimensionen nach TAUSCH/TAUSCH zu und beurteilen Sie, welche Folgen und Wirkungen sich daraus für Tim, aber auch die anderen Mitschüler ergeben können.

Stellen Sie im Rollenspiel Erziehungsverhalten dar mit:
- hoher Wertschätzung und wenig Lenkung,
- hoher Wertschätzung und viel Lenkung,
- wenig Wertschätzung und wenig Lenkung.

Beschreiben Sie die Auswirkungen auf die zu Erziehenden im Rollenspiel. Diskutieren Sie Ihre Beobachtungen.

In seinen Forschungen hat das Ehepaar TAUSCH weitere Dimensionen identifiziert, die das Erziehungsverhalten bzw. den Erziehungsstil eines Menschen kennzeichnen. Sie helfen, ein Erziehungsmuster noch besser zu erfassen und zu beurteilen. Insgesamt ergeben sich vier Dimensionen:
- Achtung, Wärme, Rücksichtnahme *gegenüber* Missachtung, Kälte, Härte
- einfühlsames, nicht wertendes Verstehen (Erzieher erfasst die Gefühle des Kindes und geht in seinem Verhalten darauf ein) *gegenüber* nicht verstehender Umgang (Erzieherin nimmt Kind nur aus eigener Perspektive wahr)
- Echtheit und Aufrichtigkeit (Erzieher gibt sich, wie er ist) *gegenüber* Unaufrichtigkeit bzw. Unechtheit (Erzieher handelt anders, als er denkt und fühlt)

- Nicht dirigierende, persönlichkeitsfördernde Aktivitäten (Handlungsalternativen bieten, eigene Entscheidungen zulassen, fördern) *gegenüber* Dirigismus (kein förderndes Verhalten, sondern dirigierendes Vorgehen des Erziehers)

10.4.3.7 Moderne Erziehungsstilkonzepte: der autoritative Erziehungsstil

> Vor mehr als 10 Jahren titelte GEO:
>
> **„Erziehungsforschung**
> **Die hohe Kunst des Helfens**
>
> Eltern wie Martina Kiefer müssen jeden Tag unzählige Entscheidungen treffen; bedeutende und banale. Etwa was zu tun ist, wenn Tochter Isabelle beim Anziehen trödelt und Mutters Nerven strapaziert. Gibt es in der Erziehung generell einen goldenen Weg? Ja, sagen Forscher. Bestärkt durch neue Studien, können sie sogar ziemlich genau angeben, wie erfolgreiche Erziehung aussieht. Und wie Eltern sie erlernen können".
> (Wenzel, 2002, S. 127)

Auch wenn diese Aussagen sehr optimistisch, nahezu euphorisch klingen, auf der Grundlage von Studien über Erziehung – vor allem in den USA – hat sich in den letzten Jahren ein Erziehungsstil herauskristallisiert, der sich bezogen auf die Förderung einer günstigen Entwicklung von Kindern und Jugendlichen besonders bewährt hat: der **autoritative Erziehungsstil**. Dabei wurde vor allem das erzieherische Verhalten von Eltern und deren Umgang mit ihren Kindern in den Blick genommen.

Dieser Erziehungsstil ist durch emotionale Wärme, angemessene Beaufsichtigung und Lenkung sowie Interesse an den Aktivitäten des Kindes gekennzeichnet. Hieraus erwachsen für das Kind günstige Bedingungen für ein positives Selbstwertgefühl, die Ausbildung prosozialer Verhaltensweisen und die Entwicklung angemessener Problemlösestrategien

Der pädagogische Psychologe Urs Fuhrer schreibt aus der Sicht des Kindes, dass diese
- vor allem Halt und Geborgenheit in der Familie,
- klare Regeln und eindeutige Grenzen,
- gleichzeitig aber auch Freiräume und Freiheiten
- und das Gefühl, geliebt zu werden und wichtig zu sein, brauchen (vgl. Fuhrer, 2007).

Darauf stellt sich der autoritative Erziehungsstil am besten ein. Dieser darf nicht mit autoritärem Erziehungsverhalten verwechselt werden. Es handelt sich vielmehr um einen Ansatz, der bezogen auf mehrere Dimensionen „vollen Einsatz" von Eltern erwartet. Sie „unterscheiden sich von anderen nicht dadurch, dass sie liebevoller *oder* strenger *oder* motivierender sind. Sie erziehen anders, weil sie all dies gleichzeitig sind: zugeneigter *und* strikter *und* fördernder. Sie wirken als Maximalisten, sie machen weniger Kompromisse und verstehen es, die drei entscheidenden Dimensionen der Erziehung miteinander zu vereinen: Sie schenken viel Liebe; sie setzen klare Regeln und bestehen konsequent auf deren Einhaltung; und sie fördern die Persönlichkeit, die Kreativität ihres Kindes." (Wenzel, 2002, S. 143)

Es scheint sich in vielen Untersuchungen zu bestätigen, dass gerade diese Kombination Kindern hilft, erfolgreich und ohne große Probleme und Verhaltensauffälligkeiten heranzuwachsen. Dazu gilt es, das Erziehungsverhalten als Eltern im Hinblick auf alle drei Dimensionen zu überprüfen und ständig zu optimieren.

> **AUFGABE**
> Sie haben nun einiges über Erziehung gelesen und sich mit verschiedenen Aspekten dieses Themas befasst. Erarbeiten Sie nun Ihre eigenen Vorstellungen einer guten Erziehung. Gehen Sie dabei vor allem auf den Erziehungsstil ein. Diskutieren Sie Ihre Überlegungen mit Ihren Mitschülerinnen und -schülern.

10.4.3.8 Erziehung – Handeln ohne Erfolgsgarantie

Aber auch die bestarrangierte erzieherische Bemühung gibt keine **Garantie** für den Erfolg. Nimmt man die Merkmale der Erziehung genauer in den Blick, fällt auf, was Erziehungswissenschaftlern, praktischen Pädagogen und auch Eltern häufig – manchmal schmerzlich – bewusst wird: Erziehung ist ein zielgerichtetes interaktives Handeln, das vom Erziehenden ausgeht und auf Lernprozesse beim zu Erziehenden gerichtet ist, aber nicht zwangsläufig das bewirkt, was es anzielt: Es muss ohne Erfolgsgarantie auskommen.

Erziehungsprozesse stellen ein Bemühen, ein Angebot, eine Anregung und Unterstützung dar – ob sie aber zu den gewünschten Ergebnissen führen, hängt von weiteren Faktoren ab. Als Erstes ist hier die **eigenständige Persönlichkeit** des zu Erziehenden zu nennen. Klassisch spricht man davon, dass es sich um ein spontan agierendes Subjekt handelt. Gemeint ist damit, dass es in seinem Denken und Handeln in einem prinzipiellen Sinn frei ist. Sicherlich kann Zwang ausgeübt werden – dann würde man allerdings nicht von Erziehung sprechen – oder es kann durch Anregungen und günstige Bedingungen eine hohe Lernmotivation geschaffen werden.

Aber die Verhaltensänderung selbst lässt sich nicht mechanistisch herbeiführen. Ein Umstand, den Lehrer häufig erfahren, wenn sie trotz „Zuckerbrot und Peitsche“ und geschickter erzieherischer Arbeit keine Ruhe in eine Klasse bekommen, weil sie von einzelnen Schülern torpediert wird. Oder wenn Eltern trotz aller Bemühungen erfahren müssen, dass ihr jugendlicher Sohn eigene Vorstellungen über seine schulische Laufbahn verfolgt. Schon ein kleines Kind und jeder Heranwachsende ist und bleibt ein Akteur seiner eigenen Entwicklung.

Kinder und Jugendliche sind Mitakteure ihrer Entwicklung. Erziehung kann immer nur ein Entwicklungsangebot sein.

Auch im Regen lassen sich in der Natur die Sinne schulen.

AUFGABE

Diskutieren Sie möglichst anhand konkreter Beispiele, welche Auswirkungen diese Aussagen auf die Erziehung haben.

Diesen Gedanken nehmen wir noch einmal auf, wenn es um Bildungsprozesse geht.

Einen zweiten wichtigen Einflussfaktor bezogen auf die Lern- und Entwicklungsprozesse bildet die Umwelt. Erziehung stellt nur einen Teil dieser Umwelteinflüsse dar. Daneben gibt es noch viele weitere Wirkfaktoren, die ein Kind oder einen Jugendlichen beim Heranwachsen auf dem Weg in ein Leben in der Gesellschaft begleiten. Hier hat sich der Begriff der **Sozialisation** eingebürgert, um das Gesamte der umweltbedingten Einflussfaktoren auf die Heranwachsenden und deren Auseinandersetzung damit zu beschreiben.

10.4.4 Erziehung und Sozialisation

Der Begriff der **Sozialisation** ist relativ neu. Erst seit etwa 1980 hat er sich in den Sozialwissenschaften verbreitet und auch in der Erziehungswissenschaft zunehmend Berücksichtigung gefunden (vgl. HURRELMANN, 2006 a, S. 729).

Wir verstehen unter **Sozialisation** einen lebenslangen Prozess, in dem ein Mensch in eine Gesellschaft hineinwächst und in ihr handlungsfähig wird.

Eine genauere und inzwischen weitverbreitete Definition findet sich bei dem bekannten Sozialisations- und Jugendforscher KLAUS HURRELMANN.

Er hat **Sozialisation** definiert als „Prozess, in dessen Verlauf sich der mit einer biologischen Ausstattung versehene menschliche Organismus zu einer sozial handlungsfähigen Persönlichkeit bildet, die sich über den Lebenslauf hinweg in Auseinandersetzung mit den Lebensbedingungen weiterentwickelt. Sozialisation ist die lebenslange Aneignung von und Auseinandersetzung mit den natürlichen Anlagen, insbesondere den körperlichen und psychischen Grundlagen, die für den Menschen die ‚innere‘ Realität bilden, und der sozialen und physikalischen Umwelt, die für den Menschen die ‚äußere‘ Realität bilden.“
(HURRELMANN, 2006b, S. 15 f.)

In dieser Definition wird Sozialisation als ein Prozess verstanden, der niemals abgeschlossen ist. Als „lebenslange Aneignung und Auseinandersetzung“ mit der inneren und äußeren

Realität schließt dieser Begriff die Vorstellung aus, Sozialisation sei gleichzusetzen mit der Aneignung eines gesellschaftlich erwünschten Repertoires von vorgegebenen Verhaltensweisen und Orientierungen, Normen und Werten.

Mit Sozialisation ist vielmehr der Prozess gemeint, bei dem ein Mensch eine sozusagen „zweite" soziokulturelle Geburt erlebt und zur gesellschaftlich handlungsfähigen Persönlichkeit wird. Dazu gehört natürlich auch die Anpassung des Individuums an die gesellschaftlichen Rollen- und Verhaltensanforderungen (die *affirmative Funktion*). Aber eben auch die Entwicklung des Menschen zur autonomen, gefestigten Persönlichkeit (die *emanzipative Funktion*), die die gesellschaftlichen Umwelten mitgestaltet (vgl. Hurrelmann, 2006a, S. 729).

BEISPIEL

Ein junger Mensch besucht beispielsweise die Schule und eignet sich das entsprechende Wissen für sein späteres berufliches und gesellschaftliches Leben an. Gleichzeitig lernt er unsere Werteordnung kennen sowie Sitten, Normen und Verhaltensregeln. *Aber er übernimmt sie nicht nur, sondern setzt sich aktiv mit ihnen auseinander.* Vielleicht fragt er nach, protestiert und rebelliert. Im besten Fall bringt das seinen Lehrer dazu, nachzudenken und mit ihm darüber in eine Diskussion einzutreten – bis dahin, dass sein Lehrer geltende Regeln an der Schule überdenkt und deren Veränderung anstößt.

In diesem Beispiel wird deutlich, was Hurrelmann meint, wenn er Sozialisation als Prozess der **produktiven Realitätsverarbeitung** versteht, nämlich als **aktive** Auseinandersetzung, mit der inneren und äußeren Realität auf dem Weg, in der Gesellschaft handlungsfähig zu werden.

AUFGABE

Betrachten Sie Ihre eigene Lebensgeschichte. Analysieren Sie aus der Perspektive der dargestellten Definition von Sozialisation, an welchen Stellen die affirmative und an welchen die emanzipative Funktion vorgeherrscht hat. Diskutieren Sie in Kleingruppen Ihre biografischen Überlegungen und stellen Sie sie in Beziehung zur Erziehung.

10.4.4.1 Erziehung als Teil der Sozialisation

Der Begriff der Sozialisation hilft, die Möglichkeiten der Erziehung realistischer zu sehen, und lenkt dazu den Blick auf weitere Faktoren und Bedingungen der Umwelt, die auf die Entwicklung junger Menschen mitunter erheblichen Einfluss nehmen.

Der **Sozialisationsbegriff** ist weit umfassender als der der Erziehung. Während Erziehung Maßnahmen und Handlungen *einzelner Personen* bezeichnet, die *bewusst und zielorientiert (intentional)* auf die Persönlichkeitsentwicklung vor allem junger Menschen Einfluss nehmen, meint Sozialisation eine *allgemeine* Beeinflussung. Somit ist Erziehung ein Teil der Sozialisation (vgl. Gudjohns, 2012, S. 150).

Erziehung ist Teil der Sozialisation.

Vor diesem Hintergrund meint Sozialisation alle Interaktionen, die dazu führen, dass ein Mensch in eine Gesellschaft hineinwächst und in ihr handeln kann. Dazu gehören sowohl erzieherische Situationen, aber eben auch die Einflüsse

- der Medien,
- der Gleichaltrigen,
- des Wirtschaftslebens usw.,

die eben nicht unter der Überschrift „Erziehung" laufen. Man spricht in diesen Fällen von Sozialisationsinstanzen.

Sozialisationsinstanzen sind Personen, gesellschaftliche Gruppen und Institutionen, aber auch technische Einrichtungen sowie kulturelle Faktoren, die auf das Hineinwachsen junger Menschen Einfluss nehmen und zur produktiven Realitätsverarbeitung herausfordern.

Manchmal fällt die Abgrenzung von Erziehung und Sozialisation nicht leicht. So ist es denkbar, dass ein Kind durchaus prosoziales Verhalten erwirbt und beispielsweise den Sinn des Teilens erfasst, wenn es eine Sendung aus der TV-Serie „Sesamstraße" anschaut. Da dies dem Hineinwachsen in die Gesellschaft dient, kann man von sozialisatorischen Effekten sprechen. Wenn eine Mutter ihr Kind bewusst die Sendung anschauen lässt, weil sie glaubt, es könne etwas Gutes lernen, ist dies im Sinne einer indirekten Erziehung zu verstehen. Wollte sie nur ungestört ihrer Arbeit nachgehen, liegt keine Erziehungsabsicht vor und es handelt sich allein um Sozialisation.

10.4.4.2 Sozialisationsinstanzen

Im Laufe eines Lebens wirken viele Sozialisationsinstanzen auf einen Menschen ein. Deren

Bedeutung verschiebt sich in den einzelnen Entwicklungsphasen. Beispielsweise spielt in den ersten Lebensjahren vor allem die Familie eine wesentliche Rolle, während Bildungsinstitutionen wie die Krippe oder der Kindergarten erst ab dem zweiten oder dritten Lebensjahr hinzutreten.

Familie

Die Familie ist die erste soziale Umgebung, in der kleine Kinder grundlegende Normen und Werte lernen, aber auch grundlegende Fähigkeiten wie Sprechen, Laufen und Grundlagen des Sozialverhaltens erwerben. Dabei ist die Erziehung der Eltern nur ein Faktor unter anderen. Kinder schauen sich auch eine Menge ab (siehe Modelllernen S. 294). Sie übernehmen aber nicht nur etwas, sondern setzen sich ebenfalls mit den Einwirkungen der Familie auseinander und verändern damit ihre soziale Umgebung.

Da in dieser ersten Phase des Lebens in der Familie wesentliche Grundlagen für alle weiteren sozialen Lernprozesse erworben werden, spricht man hier auch von einer **primären Sozialisation**.

Die daran anknüpfenden Sozialisationsprozesse in Kindheit und Jugend, die ebenfalls wichtige Weichen stellen, werden dann als **sekundäre Sozialisation** bezeichnet.

Daran anschließend erfolgt eine **tertiäre Sozialisation**, die Lernprozesse im Sinne eines lebenslangen Prozesses umfasst, die sich beispielsweise auf die Bewältigung von Entwicklungsherausforderungen wie Familiengründung, Einstieg in den Beruf und das Ausfüllen der Staatsbürgerrolle bezieht.

Peergroup

Von großer Bedeutung im Leben Heranwachsender sind die Gleichaltrigen, auf die sie einerseits in Bildungseinrichtungen wie etwa in einer Schulklasse treffen oder – häufig damit zusammenhängend – durch Bildung von Freundschaftsbeziehungen oder Cliquen wichtig werden. Dabei handelt es sich um Kontakte und Beziehungen auf Augenhöhe. Hier müssen Interessen, Konflikte, Freundschaften, gemeinsame Unternehmungen auf gleichberechtigter Ebene geregelt werden, was wesentliche soziale Lernprozesse für das spätere Leben umfasst.

Wichtig ist hierbei vor allem auch die Anerkennung durch die Gleichaltrigen. Darin liegt ein Faktor, der durchaus im Widerspruch zur Erziehung etwa durch Eltern stehen kann. Man denke nur an den Kleidungsstil. Hier stellen die Ansichten und Bewertungen der Peers wichtige Sozialisationseinflüsse dar. Dieser Einfluss verstärkt sich mit zunehmendem Alter bis zum Erwachsenensein.

Schule / Bildungseinrichtungen

In unserer Gesellschaft besteht Schulpflicht. Deswegen durchlaufen alle Kinder und Jugendlichen das Schul- und Bildungssystem und verbringen sehr viel Zeit dort. Oftmals mehr als mit der Familie. Nach einer UNICEF-STUDIE von 2012 ist der durchschnittliche Zeitaufwand, den Schüler für schulische Arbeiten aufbringen, mit dem einer Vollzeitstelle vergleichbar (vgl. UNICEF UND KINDERHILFSWERK 09/2012).

In der Schule werden nicht nur für das Leben in der Wissensgesellschaft unerlässliche Bildungsqualifikationen vermittelt, die auch über die spätere gesellschaftliche Position in der Gesellschaft maßgeblich mitentscheiden. Schule ist über viele Jahre auch die direkt an die Familie (primäre Sozialisation) anschließende sekundäre Sozialisationsinstanz, die Schüler in die Normen, Werte und zukünftigen Rollenerwartungen der Gesellschaft einführt.

Medien

Unstrittig ist heute, dass Medien in einem Prozess, in dem junge Menschen in eine Gesellschaft hineinwachsen und zu eigenverantwortlichen Persönlichkeiten werden, von zentraler Bedeutung sind. Medien transportieren wichtige Informationen über die Welt, unterschiedliche Welt- und Menschenbilder, sie präsentieren vielfältige Normen und Wertvorstellungen und geben einen Einblick in kulturell und gesellschaftlich relevante Themen. Vor allem bezogen auf Kleidung bzw. Modetrends, denkbare Lebensstile und Weltsichten, Sprache und Formen des sozialen Umgangs nutzen Heranwachsende von klein auf die Angebote des Fernsehens und vor allem des Internets zur Orientierung. Auch

Peergroup
Gruppe der Gleichaltrigen, in der Kinder und Jugendliche Orientierung und Geborgenheit suchen und sich erproben.

Moderne Medien
zeitbezogene moderne Medientechniken, die der Information, Kommunikation und Unterhaltung dienen. Gegenwärtig stehen neben TV und Radio vor allem digitale Techniken im Vordergrund wie DVD, Blue-Ray, Internet, E-Mail, Facebook, Twitter etc. Der technische und mediale Fortschritt ist rasant, sodass sich neue moderne Medien schnell entwickeln und verändern.

ihre **Kommunikation** wird durch Kommunikationsmedien wie Smartphone und Tablet sowie soziale Netzwerke und Instant Messaging (Chatten) stark beeinflusst.

Das führt dazu, dass Medien neben Familie, Peers und Schule für Kinder und Jugendliche in der Sozialisation zunehmend an Bedeutung gewinnen. Allerdings – und das gilt insbesondere für **moderne Medien** – werden deren Angebote von sehr unterschiedlichen Faktoren und Interessen bestimmt. Ziel ist dabei ganz und gar nicht immer, den jungen Konsumenten zu einer gesellschaftlich handlungsfähigen Persönlichkeit zu verhelfen. Es sind teilweise wirtschaftliche Interessen, die hinter medialen Angeboten stehen.

Dabei setzen sich Kinder und Jugendliche durchaus aktiv mit den Medien und deren Angeboten auseinander. Keinesfalls bewirken Medien einfach etwas, was von den vielleicht „Medienmachern" gewollt ist. Kinder und Jugendliche sind aktive Subjekte, die sich im Bereich der Medien eigene Wege suchen und selbst sozialisieren. Die Bedeutung hierbei sowie der Einfluss von modernen Medien wie Facebook, Twitter, Whatsapp usw. wird gerade erst erkannt und damit begonnen, diese in ihrer Sozialisationswirkung zu untersuchen.

AUFGABE
Verteilen Sie die dargestellten Sozialisationsinstanzen auf Kleingruppen. Analysieren Sie deren Bedeutung in Ihrem Leben. Diskutieren Sie Ihre Ergebnisse im Plenum.

10.5 Bildung

Vor allem von älteren Erwachsenen hören wir manchmal voller Hochachtung die Aussage „Herr B… ist aber ein gebildeter Mann", etwa wenn dieser die Literaturnobelpreisträger der letzten zehn Jahre kennt und zudem mindestens drei Werke von ihnen gelesen hat.

Auf der anderen Seite reden auch Politiker gern von Bildung und betonen häufig, wie wichtig sie für unsere Gesellschaft und ihre wirtschaftliche und kulturelle Entwicklung sei. Gerade in einer rohstoffarmen Industrienation wie Deutschland sei Bildung ein wichtiges Gut und ein zentraler Standortfaktor. Vor allem seit PISA ist die Bildungsdiskussion auch in der Öffentlichkeit voll entbrannt.

BEISPIEL
Mit PISA sind die ***PISA-Studien*** als internationale Schulleistungsuntersuchungen der OECD gemeint, die im Jahr 2000 beginnend alle drei Jahre durchgeführt werden. PISA steht für „***P***rogramme for ***I***nternational ***S***tudent ***A***ssessment" (Programm zur internationalen Schülerbewertung), an der die meisten Mitgliedstaaten der OECD und eine zunehmende Anzahl von Partnerstaaten teilnehmen. Ziel ist, alltags- und berufsrelevante Kenntnisse und Fähigkeiten 15-Jähriger zu messen.

PISA konzentriert sich dabei nicht auf einzelne Schulfächer, sondern untersucht die drei Bereiche Lesekompetenz, mathematische Kompetenz und naturwissenschaftliche Grundbildung.

Deutschland lag im Jahre 2000 im hinteren Mittelfeld, was zu einer breiten öffentlichen und fachlichen Diskussion geführt hat. Es gab Debatten über die Schulstruktur, über Bildungsstandards, Unterrichtsmethoden usw. Auffallend waren die großen Unterschiede unter den Bundesländern. So konnten Sachsen, Bayern und Baden-Württemberg durchaus mit den PISA-Spitzenländern aus Skandinavien mithalten, während andere Bundesländer bis zu zwei Schuljahre im Stoff zurücklagen. Besonders gravierend war die überdurchschnittlich hohe Abhängigkeit der Schülerleistungen vom sozialen Status. Seither gab es vielfältige und umfangreiche Reformbemühungen. Teilweise wurden dabei die skandinavischen Länder als pädagogisches Mekka betrachtet. Im letzten Durchgang (2012) hat sich Deutschland deutlich gesteigert und gehört zu den erfolgreicheren Bildungsnationen, während beispielsweise Schweden, aber auch andere skandinavische Schulsysteme abrutschten.

Bundesministerium für Bildung und Forschung

„Aufstieg durch Bildung

Bildung gibt Perspektiven. Sie ermöglicht es jeder und jedem Einzelnen, die eigenen Talente zu entfalten, in ein erfolgreiches Berufsleben einzutreten und sich in der Gesellschaft zu engagieren. Gute Bildung – vom Kindergarten über Schule, Ausbildung und Studium bis hin zur Weiterbildung – ist der Schlüssel für Teilhabe und sozialen Aufstieg. Zugleich bildet sie die Grundvoraussetzung für Wachstum, Wohlstand und Fortschritt in unserem Land sowie den Erfolg Deutschlands im internationalen Wettbewerb.

Es ist maßgeblich der Qualität des deutschen Bildungswesens zu verdanken, dass Deutschland die Wirtschaftskrise der vergangenen Jahre so erfolgreich und ohne Einbruch am Arbeitsmarkt gemeistert hat. Darüber hinaus können die Herausforderungen des demografischen Wandels und die eines drohenden Fachkräftemangels nur bewältigt werden, wenn auch in Zukunft auf gute Bildung für alle gesetzt wird."
(BMBF, o. J.)

Allein in den knappen Anfangsbemerkungen dieses Kapitels werden zwei verschiedene Bildungsverständnisse angedeutet – es gibt sicherlich noch viel mehr. Zum einen wird Bildung mit dem **Wissen** eines Menschen – vor allem im kulturellen und geisteswissenschaftlichen Bereich – in Verbindung gebracht. Auf der anderen Seite gibt es die Auffassung, Bildung sei mit Schulbildung oder Ausbildung gleichzusetzen. Dann stehen **Bildungsabschlüsse** und das **Bildungssystem** im Vordergrund. Beides hat sicherlich mit Bildung zu tun, trifft aber nicht den Kern.

Was aber verbirgt sich nun genau hinter diesem Begriff? Und in welcher Beziehung steht er etwa zur Erziehung? Mit Bildung meinen wir etwas sehr Komplexes, was in seiner Bedeutung auf eine längere Tradition verweist und in Deutschland vor allem durch HUMBOLDT in der Zeit der Aufklärung und Klassik (1770 bis 1830) seine Prägung erhielt. Er hat sich von hier aus im deutschsprachigen Raum weitverbreitet und wurde nur in den 60er- und 70er-Jahren des 20. Jahrhunderts kurzzeitig kritisch hinterfragt (vgl. GUDJOHNS, 2012, S. 198). Davon abgesehen scheint er aber als Leitbegriff der Pädagogik bzw. Erziehungswissenschaft nach wie vor nicht ersetzbar. Dabei existiert der Begriff Bildung fast nur im deutschen Sprachraum. Im Angelsächsischen spricht man einheitlich von „education" und unterscheidet hier nicht zwischen Erziehung und Bildung (vgl. RAITHEL/DOLLINGER/HÖRMANN, 2007, S. 36).

WILHELM VON HUMBOLDT
(1767–1835)
preußischer Gelehrter, Staatsmann und Mitgründer der Berliner Universität, Vertreter des Neuhumanismus, verstand Bildung als ganzheitlichen Prozess der umfassenden Entwicklung aller Kräfte des Menschen.

10.5.1 Was ist Bildung?

Es fällt schwer, genau zu erfassen, was wir mit Bildung meinen. Auch in der wissenschaftlichen Diskussion gibt es hierzu keine Definition. Das liegt nicht zuletzt daran, dass dieser pädagogische Grundbegriff eng mit Vorstellungen über das **Menschenbild** verbunden ist. Damit steht er im Zusammenhang mit Auffassungen darüber,

- was Menschsein heißt,
- wie sich Menschen entwickeln sollen,
- wie man mit Menschen umgehen darf,
- was erlaubt, gut und richtig und was hingegen falsch, schlecht und verboten ist.

Hierbei handelt es sich um sehr grundsätzliche Überzeugungen und Werturteile. Die dahinter stehenden Überlegungen und Begründungen führen in den Bereich der **Philosophie** und der Ethik und damit in ein Feld grundsätzlicher Reflexionen über das Gute und Richtige.

Philosophie
Wissenschaft, in der letzte Fragen des Seins bzw. des Menschseins erörtert werden, bemüht sich darum, die Welt und die menschliche Existenz zu deuten und zu verstehen.

Erziehungswissenschaftlich lässt sich zwar empirisch belegen, dass der autoritäre Erziehungsstil mit einer gewissen Wahrscheinlichkeit zu einer aggressiven und unselbstständigen Persönlichkeit führt und dass Gewalt und inkonsequentes Erziehungsverhalten eine erhöhte Aggressionsneigung nach sich ziehen. Aber Aussagen darüber, was sein **soll**, ob also Aggression immer **schlecht** ist oder nicht, wie

Erziehung darauf bezogen aussehen **soll**, in welche Richtung die Persönlichkeitsentwicklung gehen **soll** und mit welchen Mitteln und Maßnahmen darauf Einfluss genommen werden darf, kann die wissenschaftliche Pädagogik nur unter Hinzuziehung ethischer und philosophischer Argumente erörtern.

Versuchen wir einmal, uns diesem komplexen Begriff etwas anzunähern und einige der wesentlichen Merkmale von Bildung zu erfassen. In seinem Zentrum steht in unserem Kulturkreis seit jeher das Ziel und das Konzept der Selbstbestimmung.

Selbstbestimmung ist ein philosophisch-geisteswissenschaftlicher Begriff, der vor allem innere und äußere Unabhängigkeit und Entscheidungsfreiheit umfasst. Andere Begriffe mit ähnlicher Bedeutung sind Selbstständigkeit und Autonomie.

Bildung hat das Ziel, Menschen in die Lage zu einem selbstbestimmten Leben in unserer Gesellschaft zu versetzen. Selbstbestimmung meint dabei, dass ein Mensch in Freiheit und aufgrund eigener Überlegungen handelt und dies in sozialer Verantwortung tut. Das reicht von konkreten Entscheidungen über die Frage des eigenen Kleidungsstils oder politischen Meinungen bis hin zu beruflichen Entscheidungen und kultureller Teilhabe am gesellschaftlichen Leben.

Bildung ist ein Prozess, der auf die Entfaltung der Persönlichkeit eines konkreten Menschen zielt und sie bzw. ihn in die Lage versetzt, selbstbestimmt und eigenverantwortlich ihr bzw. sein Handeln in der Gesellschaft zu gestalten.

Bildung besteht aber nicht nur aus einem individuellen Prozess, der in einem selbstbestimmten Leben mündet. Sie hat ebenfalls die **Funktion, in die Gesellschaft einzuführen** und es dem Heranwachsenden zu ermöglichen, sich in ihr zurechtzufinden und zu integrieren. Junge Menschen müssen ihre Rolle und Position in vielen Bereichen finden und gestalten, etwa als mündiger Bürger in einer Demokratie, als Berufstätiger, als emanzipierter Konsument, als am Kulturleben Beteiligter. Dazu gehört der Erwerb von umfangreichem **Wissen** und vielfältigen Fertigkeiten im Rahmen ihrer Bildungsprozesse. In modernen, demokratischen Staaten sind diese Rollen und Positionen nicht von vornherein festgelegt.

AUFGABE

Sammeln Sie in Kleingruppen, welches Wissen aus Ihrer Sicht für das Leben in unserer Gesellschaft notwendig ist. Stellen Sie Ihre Überlegungen in einer Mindmap dar und präsentieren Sie es.

Gleichzeitig wirkt sich dieser Prozess ebenfalls auf die Gesellschaft und ihre Entwicklung aus, indem Bildung zur kritischen Auseinandersetzung mit gesellschaftlichen Themen und Problemen führt. „Damit hat Bildung nicht nur die Funktion, in die Gesellschaft einzuführen und ihre Regeln einzuüben, sondern auch die Funktion, eine kritische, reflexive Distanz herzustellen", wie der bekannte Erziehungswissenschaftler GUDJONS herausstellt (GUDJONS, 2012, S. 200). Dazu gehört beispielsweise die kritische Auseinandersetzung mit gesellschaftlichen Problemlagen wie dem Umgang mit Energie, mit der Umwelt und der Natur oder Fragen der politischen Teilhabe. Bildung ermöglicht hier die eigene Meinungsbildung und Entwicklung von Vorstellungen über die Mitgestaltung der Gesellschaft.

Demokratie, Bildung und Selbstbestimmung verweisen aufeinander.

10.5.2 Wie Bildung geschieht

Bildung ist ein Prozess, der innerpsychisch verläuft, d. h., er vollzieht sich in einer Person als dessen individueller Bildungsprozess. Die moderne Erziehungswissenschaft sieht dabei drei Bezugspunkte, mit denen sich das Individuum in seinen Bildungsbemühungen auseinandersetzen muss (vgl. PONGRATZ/BÜNGER, 2008, S. 116):

1. Bildung bedeutet **Auseinandersetzung mit der Welt** und soll zu Sachkompetenz, Kritik und Urteilsvermögen führen.
2. Bildung zielt auf die **Auseinandersetzung mit sich selbst** und auf die individuelle Selbstkonstitution.
3. Bildung meint außerdem die **Auseinandersetzung mit den anderen**, den sozialen Verhältnissen und den gesellschaftlichen Zuständen. Es geht darum, Selbstbestimmung und Einführung in die Gesellschaft in einen Ausgleich zu bringen.

10.5.2.1 Bildung als Auseinandersetzung mit der Welt

Was ist damit im Einzelnen gemeint? Zuerst zum **Weltbezug**: Auch wenn Bildung nicht einfach mit **Bildungswissen** oder dem Verfügen über Weltwissen gleichgesetzt werden kann, geschieht sie in der Auseinandersetzung mit der Wirklichkeit. Dazu muss diese wahrgenommen, erfasst und begriffen werden. Man benötigt Wissen über sie, über ihre Zusammenhänge, über Möglichkeiten kompetenten Handelns in ihr. Allerdings geht es nicht um ein einfaches bzw. reproduzierbares Wissen, sondern um die Analyse der Wirklichkeit, das Erkennen von Ursache-Wirkungs-Ketten, das Verstehen von Prozessen und Strukturen in wirtschaftlichen oder politischen Bereichen und darum, sich darin kompetent verhalten zu können. Das erfordert eine kritische Sicht und eigenes Urteilsvermögen. Dazu gehört unter anderem auch die Fähigkeit, wichtige von weniger wichtigen Themen unterscheiden zu können.

BEISPIEL

Dies soll an einem Beispiel erläutert werden: Zur Bildung gehört das Wissen über und eine kritische Sicht auf die eigene Gesellschaft. Nur so ist selbstbestimmtes Handeln in ihr möglich.

Obwohl die Bundesrepublik Deutschland zu den reichsten Nationen der Welt gehört, gibt es in ihr Armut, d. h., es leben Erwachsene und überproportional viele Kinder in einer Lebenssituation, die ihnen die volle Teilhabe am gesellschaftlichen Leben vorenthält, weil die finanziellen Mittel fehlen. Das führt für Heranwachsende zu einer erschwerten Sozialisation, die identitätsprägend ist, und kann ein Selbstverständnis erzeugen, Außenseiter zu sein.

Bildung bedeutet bezogen auf dieses Beispiel nicht, dass man jedes einzelne Detail über dieses Thema wissen muss. Sie erfordert aber ein Wissen über die Bedeutung dieses gesellschaftlichen Themas, über seine wesentlichen Aspekte wie Ursachen, Lebenssituationen usw. und ein eigenes kritisches und begründetes Urteil dazu – und die Offenheit, sein Wissen und seine Urteile durch neue Erfahrungen verändern zu lassen. Nur dann ist die Grundlage geschaffen, sich **selbstbestimmt** etwa in politischer Hinsicht dazu verhalten zu können oder sein eigenes Konsumverhalten darauf abzustimmen.

AUFGABE

Diskutieren Sie das Thema „Armut in Deutschland". Stellen Sie zuvor Ihr Wissen über dieses Thema sowie Ihre Einstellungen dazu zusammen.

10.5.2.2 Bildung als Auseinandersetzung mit sich selbst

Die Auseinandersetzung mit der Welt steht aber nicht isoliert für sich, sondern im Prozess der Bildung entwickelt sich gleichzeitig die **Persönlichkeit** eines Menschen. Er eignet sich Wissen an, beurteilt Zusammenhänge, geht kompetent handelnd mit ihnen um und formt auf diese Weise sein Selbst, sein Wissen, seine Einstellungen und seine Handlungsmuster. Auf diese Weise **konstituieren sich Identität und Persönlichkeit** des einzelnen Menschen im Bildungsprozess. Hierbei steht das Eigenaktive im Vordergrund.

Im Kontext von Selbstbestimmung und Bildung ist sich jedes Individuum selbst aufgegeben, d. h., seine Persönlichkeitsentwicklung ist eine Aufgabe, die es selbstverantwortlich und eigenständig erfüllen muss. **Was jemand aus sich macht, liegt also mit in seiner Verantwortung.** Darin zeigt sich deutlich das Menschenbild der Moderne und der Aufklärung.

Selbstkonstitution
Anordnung bzw. Zusammensetzung des Selbst.

10.5.2.3 Bildung als Auseinandersetzung mit Mitmenschen und Gesellschaft

Bildungsprozesse als Auseinandersetzung mit der Welt und die damit zusammenhängende individuelle Selbstwerdung geschehen nicht im luftleeren Raum quasi isoliert, sondern sind eingebettet in konkret vorliegende **soziale und gesellschaftliche Verhältnisse**.

Mit ***Sozial-Konstruktivismus*** *wird ein Verständnis von Bildung bezeichnet, das auf sozialer Interaktion beruht. Wissen und Sinn werden sozial konstruiert, d. h., sie werden von zwei oder mehr Personen aktiv durch Verständigungs- und Aushandlungsprozesse erarbeitet.*

Inzwischen gibt es eine breite Übereinstimmung darüber, dass eine allein subjektive Sicht auf den innerpsychischen Konstruktionsprozess nicht ausreicht, um Bildung zu verstehen. Sie und die Lernprozesse in diesem Zusammenhang sind ebenfalls als sozialer Prozess zu begreifen, an dem immer zwei oder mehr Beteiligte aktiv mitwirken. Das Wissen über die Welt und über sich sowie andere Menschen wird „sozial konstruiert" (vgl. Küls, 2010, S. 14 f.).

Weltsicht und Weltwissen heranwachsender Menschen beruhen dabei vor allem auf Interaktionen mit Gleichaltrigen (Peers) und mit Erwachsenen.

Die Peers sind wichtig, weil sich Kinder beispielsweise im Kindergarten gemeinsam mit ihren Spielgefährten mit für sie bedeutsamen Themen auseinandersetzen, ihre Deutungen und Interpretationen austauschen und sich gegenseitig beeinflussen können. Dabei geht es nicht um die „Richtigkeit" der jeweiligen Weltsicht, sondern darum, eine für das gemeinsame Tun tragfähige Deutung zu erlangen. So wird sich im Sandkasten darüber verständigt, wie Ritterburgen aussehen und wer darin wohnt. Das ist dann die Basis für das gemeinsame Handeln.

Eine zweite wichtige soziale Gruppe stellen die erwachsenen Bezugspersonen dar, beispielsweise die Erzieherin in der Kindertagesstätte oder Mutter und Vater. Diese trichtern heutzutage den Kindern nicht mehr ein, wie die Welt „in Wahrheit ist" und wie man sich in ihr bewegen muss. Vielmehr ist das Ziel eine Verständigung darüber, welche Themen und Inhalte für die Auseinandersetzung mit der Wirklichkeit bedeutsam sind. Die Erwachsenen übernehmen dabei die wichtige Aufgabe, den Kindern einen Zugang zur Welt zu ermöglichen. Sie repräsentieren die gesellschaftliche, kulturelle und natürliche Wirklichkeit, können Auskünfte darüber geben, wie die Realität aus Sicht der „Großen" gesehen wird. Sie sind quasi ein wichtiges Fenster, durch das die äußere Welt beispielsweise in den Kindergarten, in die Schule hineinblickt. Sie berichten z. B. über das Museum in der fernen Großstadt, über andere Nationen und deren Sitten und Gebräuche. „Die Kinder nehmen diese Informationen, Einschätzungen, Beurteilungen und Vorstellungen der erwachsenen Bezugspersonen auf und integrieren sie in ihren individuellen Bildungsprozess." (Küls, 2010, S. 15)

Somit sind die Auseinandersetzungsprozesse bezogen auf Bildung immer auch in konkrete soziale Bezüge eingebettet. Der Heranwachsende hat es mit konkreten Menschen wie den Eltern, Geschwistern, Lehrern, Freunden etc. zu tun. Er muss kommunizieren, Konflikte lösen, Interessen durchsetzen und Kompromisse schließen.

> Bildung ist grundsätzlich in sozialen Zusammenhängen verankert, auch wenn der Bildungsprozesse selbst in einem Individuum abläuft.

Gleichzeitig und damit zusammenhängend steht die Entwicklung zu einem selbstbestimmten und eigenständigen Leben und Handeln im Rahmen von Bildung in einer gewissen Spannung zum Hineinwachsen in die Gesellschaft. Geht es hierbei doch unter anderem darum, Konventionen, Rollen, Normen und Werte zu übernehmen, sich etwa berufliche Positionen zu erarbeiten und sich dabei auch anzupassen und einzufügen. Dies erfordert in gewissen Maßen Fremdbestimmung. So kann meist nicht in völliger Selbstbestimmung ein Beruf gewählt werden, sondern es spielen auch gesellschaftliche Bedingungen eine Rolle.

So sind beispielsweise der Arbeitsmarkt und die Voraussetzung bestimmter Bildungsabschlüsse für berufliche Perspektiven Rahmenbedingungen, denen es sich anzupassen gilt.

Auch die Bildung einer eigenen Meinung etwa zum Thema Armut hängt von gesellschaftlichen Faktoren wie der Darstellung des Problems in einer immer unübersichtlicheren medialen Welt ab.

AUFGABEN

Arbeiten Sie heraus, welches Wissen und Können für ein selbstbestimmtes Leben in unserer Gesellschaft unabdingbar ist.

Diskutieren Sie, welche gesellschaftlichen und individuellen Faktoren und Bedingungen einer selbstbestimmten Konstitution der eigenen Identität im Wege stehen können.

Nicht jeder Lernprozess ist in diesen Zusammenhängen prompt mit Bildung gleichzusetzen. Das trifft nur zu, wenn er im Zusammenhang mit der Entwicklung von **Einsicht, Mündigkeit und autonomer Handlungsfähigkeit** steht. Lernen wir etwa einen Wissensinhalt auswendig, ohne dass er eine Bedeutung für das Leben gewinnt, hat das weniger mit Bildung zu tun. Wobei nicht jeder Wissenserwerb, der nicht unmittelbar einleuchtet, gleich sinnlos ist. Auch wer lernt, sich den Anweisungen einer Autorität kritiklos unterzuordnen, um Ärger aus dem Wege zu gehen, durchläuft keinen Bildungsprozess. Dann wird eher eine Haltung bzw. eine Gewohnheit der Ärgervermeidung erworben, die mitunter praktisch sein kann. Sie dient aber nicht der selbstbestimmten Gestaltung des beruflichen Lebens und damit der eigenen Bildung.

10.5.2.4 Bildungsprozesse als Selbstbildung

Auch wenn Bildung in der Auseinandersetzung mit etwas geschieht und auf andere Menschen und Institutionen wie die Schule angewiesen ist, zielt sie auf die Entwicklung bzw. Entfaltung der individuellen Persönlichkeit. Sie ist im Gegensatz zur Erziehung, die ein interaktives Geschehen zwischen mindestens zwei Menschen bezeichnet, ein **innerer Vorgang**. Hierbei handelt es sich um ein zentrales Merkmal von Bildung.

Daher versteht man in der Pädagogik Bildung im Sinne von **Selbstbildung**. Was heißt das? Bildung kann nicht von außen „gemacht" oder veranlasst werden. Welche Lernprozesse in einem Menschen stattfinden, ist abhängig von den jeweils individuellen Voraussetzungen des Einzelnen, von seinen Interessen, Bedürfnissen, Vorerfahrungen, seinem Wissen, seinen Gefühlen usw. Diese entscheiden darüber, wie die Wahrnehmungen und Erfahrungen aus der Umwelt aufgenommen und intern repräsentiert und zu eigenem Wissen und Können umgeformt werden. Darauf hat ein Außenstehender keinen direkten Einfluss. Jeder Mensch macht sich von der Welt und sich selbst sein eigenes Bild in der Auseinandersetzung mit der Welt, mit anderen Menschen und mit sich selbst. **Bildung ist ein Prozess, der allein in einem Menschen stattfindet.** In der aktuellen Diskussion geht man daher von einem Verständnis von Bildung aus, das dieses als einen inneren, aktiven Konstruktionsprozess begreift. Dahinter steht die Position des Konstruktivismus.

*Der **Konstruktivismus** ist eine Theorie, nach der Wissen nicht von anderen übernommen wird, sondern in einem eigenaktiven Auseinandersetzungsprozess mit der Welt und anderen Menschen jeweils individuell konstruiert wird.*

Bildung ist immer Selbstbildung.

Untersuchungen belegen, dass schon Kinder als eigenaktive Wesen mit allen Sinnen, dem Herz und dem Verstand ihre Umwelt erschließen und ihr „Weltwissen" konstruieren. Sie entdecken, forschen, sammeln, suchen, fragen und wollen selbst handeln, allein oder im Kontakt mit Gleichaltrigen.

BEISPIEL

Wenn ein Kind im Außengelände eines Kindergartens mit Sand spielt – etwa mit einer Schaufel eine Sandburg baut, eine Höhle zu graben versucht, und dies erst nach mehreren Versuchen schafft – dann lernt es in der Auseinandersetzung mit einem Ausschnitt der Welt etwas über Materialien und deren physikalische Eigenschaften, über Statik und Design.

Wenn ein weiteres Kind hinzukommt und vielleicht Konflikte entstehen oder das gemeinsame Spiel viel mehr Freude macht als das alleinige Bauen, dann entwickelt sich die Persönlichkeit des Kindes in der Auseinandersetzung

- mit der Welt (Sand, Schaufel, Sandkiste im Außengelände),
- sich selbst (Interesse, Freude an gelungenen Bauwerken, Geduld, Wissen und Erfahrungen)
- und mit anderen Menschen (Gleichaltrige).

Wenn das Kind auf diesem Wege in kleinen Schritten selbstständiger und sozial kooperativer wird, bildet sich das Kind. Genauso wirkt sich das Lesen eines Buches, eine Reise nach Paris und auch der Schulunterricht auf die Bildungsprozesse Heranwachsender und Erwachsener aus.

AUFGABE

Diskutieren Sie, welche Folgerungen sich aus dem Verständnis von Bildung als eigenaktiver Selbstbildungsprozess ergeben.

10.5.2.5 Lebenslanges Lernen

Bildung wird dabei als ein **lebenslanger Prozess** verstanden, der der menschlichen Entwicklung und der Entfaltung der Persönlichkeit dient. Er beginnt mit der Geburt und läuft das gesamte Leben hindurch – auch Erwachsene verändern ständig ihr Wissen und ihr Bild von der Wirklichkeit. Das wirkt sich im Denken, Verstehen und Handeln aus und führt im besten Fall zu einem durchgehend selbstbestimmten, eigenverantwortlichen und gemeinschaftsfähigen Leben in der Gesellschaft. „Bildung [...] ist eine lebenslange Aufgabe, insofern sich der Mensch immer wieder neu mit Veränderungen der Welt konfrontieren und befassen muss". (Sandfuchs, 2012, S. 21)

10.5.3 Abgrenzung Erziehung und Bildung

Erziehung und Bildung werden häufig in einem Atemzug genannt. In beiden Bereichen geht es um Lernprozesse, die Wissens- und Verhaltensstrukturen verändern und so zur Persönlichkeitsentwicklung beitragen. Worin besteht aber genau der Unterschied? Um diesen Zusammenhang besser zu erfassen, ist es sinnvoll, diese zentralen Leitbegriffe der Pädagogik einander gegenüberzustellen. Sie legen den Fokus durchaus auf unterschiedliche Schwerpunkte.

Bildung stellt einen inneren Prozess dar. Er ist in aller Regel auf soziale Bezüge angewiesen und daher nicht als isolierter Vorgang zu verstehen. Aber Bildung findet innerpsychisch statt. **Erziehung wird hingegen als ein interaktiver Prozess** definiert, bei dem in aller Regel ein erwachsener Erziehender ein Kind oder einen Jugendlichen aktiv unterstützt, ein für richtig empfundenes Wissen oder Verhalten zu erwerben (Erziehungsziel).

Damit umfasst **Erziehung** zielgerichtetes **soziales Handeln** vor allem Erwachsener, das in aller Regel das Kind oder den Jugendlichen bei der eigenständigen Auseinandersetzung mit der Welt, mit anderen Menschen und sich selbst unterstützt, also bei seinen **individuellen Bildungsprozessen**. Damit ist der Zusammenhang von Erziehung und Bildung getroffen. „Denn was wäre Erziehung anderes als die Ermöglichung von Bildung, die Aufforderung zur Bildung", wie Liegle sagt (Liegle, 2009, S. 6).

Die interaktiven Vermittlungs- und Verständigungsprozesse der Erziehung stellen die soziale Dimension von Bildung dar. Was allerdings das jeweilige Individuum mit den Informationen, Rückmeldungen, Handlungen, Einwürfen der erziehenden Personen macht und welche Veränderungen im Wissen, in der Weltdeutung und im darauf aufbauenden Verhalten hierdurch hervorgerufen werden, ist – wie schon im vorangehenden Kapitel „Erziehung – Handeln ohne Erfolgsgarantie" dargelegt – nicht von außen „machbar", sondern ein **subjektiver Prozess im Lernenden** selbst. Hier wird die prinzipielle Begrenzung jedes erzieherischen Handelns deutlich. Daher wird das Individuum als **Akteur** seiner eigenen Bildungsprozesse verstanden.

Allerdings treffen Erziehung und Bildung in dieser Weise vor allem in der Kindheit und Jugend aufeinander. Nur hier sprechen wir von Erziehung als der Ermöglichung von Bildungsprozessen bei der heranwachsenden Generation.

Bildung im Sinne des **lebenslangen Lernens** ist ein Prozess, der zunehmend mehr in die Verantwortung jedes Einzelnen gestellt ist. Der Erwachsene muss sich selbst um seine Bildung kümmern, sich günstige Rahmenbedingungen schaffen und schauen, in welche Richtung seine Lern- und Bildungsprozesse gehen sollen. So können berufliche Erfordernisse zur Fort- und Weiterbildung führen oder politische Neuorientierungen erfolgen, z.B. bezogen auf die Energiepolitik angesichts einer AKW-Katastrophe oder die Neuausrichtung der eigenen Identität nach dem Eintritt in den beruflichen Ruhestand.

Noch in einer weiteren Hinsicht sind Bildung und Erziehung aufeinander bezogen. Der Begriff der Erziehung lässt sich relativ wertfrei als die Einwirkungsbemühungen eines Erziehenden auf ein Kind oder einen Jugendlichen verstehen. **Bildung meint aber immer einen Entwicklungsprozess hin zu einem selbstbestimmten und verantwortungsvollen Handeln in der Gesellschaft.** Das ist ein Wert, etwas was für gut befunden wird und erreicht werden soll. Damit sind Wertentscheidungen getroffen und es liegt nach GUDJOHNS „– anders als im Erziehungsbegriff – im Begriff der Bildung ein genereller Maßstab [vor], der es z.B. ermöglicht, Erziehungsziele zu beurteilen, Erziehung kritisierbar zu machen und zu bewerten" (GUDJOHNS, 2012, S. 198). Beispielsweise sind jene Erziehungsmethoden und -stile zu kritisieren, die die Entwicklung von Selbstbestimmung behindern oder sogar das Gegenteil bewirken. Daher verbietet sich Erziehung, die Fremdbestimmung ohne den Gedanken der Hilfe zur selbstverantwortlichen und eigentätigen Lebensgestaltung beinhaltet. Die Ziele von Bildung stellen damit eine Bewertungsgrundlage für Erziehung bzw. erzieherisches Handeln dar.

Die folgende Gegenüberstellung verdeutlicht noch einmal die wesentlichen Merkmale und Unterschiede von Erziehung und Bildung.

AUFGABE

Welche Erziehungsmittel usw. widersprechen dem hier aufgezeigten Bildungsbegriff?

10.5.4 Bildungsinstitutionen

Bildung findet überall statt. Insofern verwundert es, dass von Bildung häufig nur in Verbindung mit **Bildungsinstitutionen** wie der Schule gesprochen wird. Dahinter steht das Bestreben der Gesellschaft, bestimmte Bildungsprozesse für alle Kinder und Jugendlichen vorzusehen, weil sie für das Leben in der Gesellschaft unbedingt erforderlich sind. Daher bemüht sie sich darum, über institutionalisierte Erziehung, beispielsweise durch Lehrpläne und systematischen Unterricht, wichtige Wissensinhalte und Fertigkeiten zu vermitteln. Pädagogische Praktiker können ein Lied davon singen, dass es oft ein anstrengendes Bemühen ist und die angestrebten Bildungsprozesse nicht immer in der gewünschten Weise ablaufen.

Besonders in Industriegesellschaften treffen wir heute Bildungssysteme mit sehr differenzierten Bildungsinstitutionen (Kindertagesstätte, Schule, Berufsschule, Hochschule etc.).

10.5.4.1 Bildungsauftrag der Kindertagesstätten

In den meisten europäischen Nachbarländern kommen Kinder unter sechs Jahren bereits verpflichtend in entsprechende Bildungsinstitutionen. In Deutschland kam vor allem durch die PISA-Studien frischer Wind in die vorschulische Bildungsdiskussion, die nicht nur Fachleute und Politiker, sondern eine breite Öffentlichkeit führte. Konsens besteht weitgehend darüber, dass es im Vorschulbereich noch wesentliche Bildungsressourcen gibt.

In den Bundesländern ist die frühkindliche Betreuung, Bildung und Erziehung als Auftrag des SGB VIII (1991) inzwischen erkannt worden. Zur Qualitätsentwicklung und -sicherung

Erziehung	Bildung
Interaktiver Prozess (soziales Handeln)	Innerer Prozess (Selbstbildung)
Nach Kindheit und Jugend abgeschlossen	Lebenslanger Prozess
Kann als wertfreier Beeinflussungsprozess verstanden werden	Immer an Werte wie Mündigkeit, Selbstbestimmung und Verantwortung ausgerichtet
Geschieht in gesellschaftlichen Institutionen wie Familie und Schule	Geschieht in einem Individuum und bedarf nicht durchgehend einer Institution

in den Tageseinrichtungen wird der Bildungs- und Erziehungsauftrag der jeweiligen Bundesländer in Bildungsplänen dokumentiert.

Peter, 5,4 Jahre

Frühkindliche Bildung ist heute das erste und – nach Aussagen vieler Forscher – wichtigste Glied einer langen Bildungskette. Diese Kette reicht von der frühkindlichen oder Elementarbildung bis zur Seniorenbildung. Es ist erst ein paar Jahrzehnte her, da hießen unsere Kindergärten noch „Bewahranstalten" und der Name war Programm. Ohne das persönliche Engagement damaliger Kindergärtnerinnen zu schmälern, wurden die Kinder versorgt, beschäftigt und diszipliniert. Seit den 70er-Jahren hat sich eine rasche, seit einigen Jahren eine rasante Entwicklung gezeigt.

Kompetenz
Damit sind die Fähigkeiten und Fertigkeiten gemeint, in einem bestimmten Gebiet Probleme zu lösen sowie die Bereitschaft, dies auch zu tun.

10.5.4.2 Bildung und Schule (Bildungssystem)

„Die Geschichte des Bildungsbegriffs ist eng mit der Entwicklung des Schulwesens verbunden" (Sandfuchs, 2012, S. 18). Die allgemeine Schulpflicht als neuzeitliche Errungenschaft beruht auf dem aufklärerischen Ideal, nach dem Bildung jeden Menschen in die Lage versetzen soll, eigenständig zu denken und zu handeln und damit eigenverantwortlich zu leben. Schule als die zentrale Bildungsinstitution soll dies leisten. Inzwischen hat sich das Bildungssystem erweitert und auch Kindertagesstätten, berufliche (Aus-)Bildung, Fort- und Weiterbildung, Erwachsenenbildung und auch die Hochschulbildung etc. werden hinzugerechnet und stehen allen offen bzw. sollen von allen besucht werden. Dahinter steht nach wie vor ein Bildungsbegriff, in dem „der letzte Sinn des pädagogischen Handelns und dessen emanzipatorische Relevanz für das Individuum erfasst werden kann" (Wiater, 2012, S. 19). Hier zeichnet sich aber ein Änderungsprozess ab, auf den Schulpädagogen kritisch hinweisen. „Grund dafür sind die internationalen Schulvergleichsstudien TIMISS, PISA und andere, die beanspruchen, Bildung zu messen und zu vergleichen und von Bildungsstandards reden" (Wiater, 2012, S. 19). Die Frage, ob Bildung als individueller Persönlichkeitsbildungsprozess, der unter anderem auch kritische Urteilsfähigkeit und Selbstbestimmung umfasst, in Kompetenzen gefasst werden kann, deren Erreichung Bildung bedeutet, wird aktuell kontrovers diskutiert.

10.6 Zusammenfassung

In diesem Kapitel haben wir uns mit Bildungs- und Erziehungsprozessen befasst. Ein Leben ohne **Bildung und Erziehung** ist in einer modernen Gesellschaft gar nicht denkbar. Zu komplex und umfassend sind die Themen, Zusammenhänge, Normen, Wissensstrukturen etc., in die junge Menschen hineinwachsen müssen. Gerade in unserer technisch-wissenschaftlichen Welt muss enorm viel an Wissen, Fähigkeiten und Kompetenzen erworben werden, von den **Kulturtechniken** bis hin zur Bedienung technischer Medien wie Fernseher, Computer und Internet. Ebenso wirtschaftliche und politische Zusammenhänge müssen verstanden werden. Daraus ergibt sich die Notwendigkeit, sich aus gesellschaftlicher und individueller Sicht mit dem Thema Bildung und Erziehung zu befassen. Vor allem für die Pädagogik bzw. die Erziehungswissenschaft stellen Bildung und Erziehung den zentralen Gegenstand der wissenschaftlichen Forschung und Lehre dar.

Zu Anfang werden **grundlegende Gedanken zur Erziehung** erläutert. So gilt es, Erziehung überhaupt erst einmal genau zu definieren. Dabei haben sich eine Reihe von Merkmalen ergeben:

- Erziehung stellt einen Interaktionsprozess dar,
  - der zielgerichtet ist
  - sowie sich bewusst eingesetzter Mittel und Maßnahmen bedient bzw. Umgebungsbedingungen lernförderlich arrangiert,
  - um sich über die Auseinandersetzung mit geeigneten Inhalten letztlich überflüssig zu machen,

- indem sie dem zu Erziehenden hilft, sein Leben selbstverantwortlich zu führen.
- Erziehung ist dabei in einen jeweils konkreten historisch-gesellschaftlichen Kontext
- sowie institutionellen Rahmen eingeordnet.

Da Erziehung einen bewussten und zielgerichteten Interaktionsprozess meint, spielt die Diskussion über die richtigen **Erziehungsziele** eine wesentliche Rolle in der Pädagogik:

- Ein Erziehungsziel ist eine durch erzieherisches Handeln angestrebte Verhaltensveränderung, die sich in Form von neuen Kenntnissen, Fähigkeiten oder Fertigkeiten etc. äußern kann. Es stellt damit einen Endpunkt beabsichtigter Lernprozesse dar.
- Erziehungsziele bilden dabei Hierarchien von allgemeinen und übergeordneten Zielen bis hin zu detaillierten Verhaltensänderungen.
- Die allgemeinen Erziehungsziele werden in aller Regel auf der Grundlage gesellschaftlicher Normen und Werte begründet.
- Daraus werden dann konkrete Erziehungsziele abgeleitet, die Teilschritte oder Teilziele bezogen auf den Weg zu allgemeineren Zielen darstellen (Operationalisierung).
- Die Diskussion über Werte, Normen und Ziele für die Erziehung werden in einer demokratischen Gesellschaft durch Personen bzw. Personengruppen beeinflusst, die in einem Staat Einfluss auf die Erziehung und Erziehungsinstitutionen haben. Beispiele hierfür sind politische Parteien, die Kirchen oder Wirtschaftsinstanzen.
- Hierbei gilt grundsätzlich ein Wertepluralismus, der eine Vielfalt unterschiedlicher allgemeiner Erziehungsziele zulässt. Allein Mündigkeit und Selbstbestimmung haben sich als zentrale erzieherische Leitvorstellungen der Gegenwart etabliert.

Erziehungsziele geben dem erzieherischen Handeln eine Richtung. Die Pädagogik hat sich ebenfalls seit jeher damit befasst, wie wir dahin kommen. Damit wird die Frage nach den **Maßnahmen und Mitteln, Vorgehensweisen und Haltungen der Erziehung** aufgeworfen.

- Ein Erziehungsmittel ist eine Erziehungsmaßnahme, die das Verhalten eines Kindes oder eines Heranwachsenden auf das gesetzte Ziel hin ausrichten und das Verhalten im gewünschten Sinne beeinflussen soll.
- Vor allem Belohnungen und Bestrafungen werden als Erziehungsmittel in der Pädagogik kritisch diskutiert, in der Praxis aber breit eingesetzt. Lob (positiv wertende Äußerung über ein Verhalten) und Belohnung (materielle Dinge oder auch Erlaubnisse) sind vom Erziehenden eingesetzte Konsequenzen, die vom Kind bzw. Heranwachsenden angenehm empfunden werden. Die angenehme Wirkung dient dazu, das Kind zu veranlassen, das erwünschte Verhalten häufiger bzw. möglichst durchgehend zu zeigen.
- Eine Bestrafung ist eine unangenehme Verhaltenskonsequenz. Es wird z. B. etwas entzogen oder verboten. Die unangenehme Wirkung soll das gezeigte Verhalten als unerwünscht kennzeichnen und dessen Wiederholung unterbinden. Strafen wird in der Pädagogik sehr kritisch gesehen. Vor allem im Hinblick auf seine Folgen zeigen sich deutliche Zweifel an deren pädagogischem Sinn, da es einen Zusammenhang von Strafe und gewünschter Einstellungsveränderung nicht gibt bzw. vielmehr gegenläufige Wirkungen viel wahrscheinlicher sind. In der Erziehung ist es sinnvoller, mit logischen Folgen zu arbeiten, die sich als unmittelbare Konsequenz aus dem Verhalten eines Kindes ergeben und von ihm zu verantworten sind.

In der Pädagogik wurde und wird ebenfalls erforscht, welches Erziehungsverhalten welche Auswirkungen auf Kinder und deren Entwicklung hat. Bestimmte Muster des Erziehungshandelns werden als **Erziehungsstil** bezeichnet.
Kurt Lewin gilt als Urvater der modernen Erziehungsstilforschung. Er wollte herausfinden, wie sich ein bestimmtes Handlungsmuster und Grundhaltung in der Erziehung auf das Verhalten und Erleben sowie die Motivation von Kindern auswirken. Hierbei unterschied er drei **Typen** von Erziehungs- bzw. Führungsstilen,

- den demokratischen,
- den autoritären und
- den Laissez-faire-Stil.

- In seinen Feldexperimenten ergaben sich folgende Auswirkungen:
  - Demokratisch geführte Gruppen führten zu insgesamt kreativerem und konstruktiverem Verhalten in entspannter und selbstständiger Arbeitsatmosphäre.
  - In der autoritär geleiteten Gruppe gab es mehr Aggressionen und insgesamt ein unselbstständigeres Verhalten.

- In den Laissez-faire-Gruppen gab es oft planlose und kaum zielstrebige Aktionen. Die Arbeitsleistung war in dieser Gruppe am unproduktivsten.

Das dimensionsorientierte Erziehungsstilkonzept nach Tausch/Tausch weicht von festen Erziehungsstiltypen ab und zeigt Dimensionen des Erziehungsverhaltens auf. So ist jedes Erziehungshandeln durch die Ausprägung an Lenkung und emotionaler Wertschätzung gekennzeichnet. Muster eines Erziehungsverhaltens lassen sich hier flexibler in ein Koordinatensystem eintragen. Tausch/Tausch haben als weitere Dimensionen die Ausprägung an Verstehen und Echtheit herausgestellt.

In der aktuellen Erziehungsstilforschung haben sich Konzepte bewährt, die sich als **autoritativ** verstehen.

Der Begriff der **Sozialisation** ist relativ neu und hat sich in Deutschland erst seit den 80er-Jahren in den Sozialwissenschaften und in der Erziehungswissenschaft verbreitet.

- Wir verstehen unter Sozialisation einen lebenslangen Prozess, in dem ein Mensch in eine Gesellschaft hineinwächst und in ihr handlungsfähig wird. Dabei handelt es sich um einen aktiven Prozess der Auseinandersetzung, der zum einen zur Übernahme von Normen und Verhaltensweisen führt und gleichzeitig auch zu Veränderungen im Umfeld.
- Sozialisation ist insofern ein umfassenderer Prozess und Erziehung ist Teil der Sozialisation.
- Wichtig hierfür sind Sozialisationsinstanzen, die als Personen oder Institutionen von zentraler Bedeutung für den Verlauf des Sozialisationsprozesses sind, wie Familie, Peergroup, Bildungseinrichtungen und Medien.

Vor allem in den letzten Jahren hat das Thema **Bildung** in den öffentlichen Diskussionen eine große Bedeutung erlangt. Er wird dabei häufig im Zusammenhang mit Schulbildung oder Hochschulbildung erörtert. Dabei ist Bildung ein viel umfassenderer Prozess, der innerpsychisch verläuft, d. h., er vollzieht sich in einer Person als dessen individueller Bildungsprozess. Davon zu unterscheiden ist Erziehung als interaktives Geschehen.

Dieser innerpsychische Prozess wird bestimmt durch

- die Auseinandersetzung mit der Welt (Sachkompetenz, Kritik und Urteilsvermögen),
- die Auseinandersetzung mit sich selbst (individuelle Selbstkonstitution)
- und die Auseinandersetzung mit den anderen, den sozialen Verhältnissen und den gesellschaftlichen Zuständen (Selbstbestimmung und Einführung in die Gesellschaft).

Dieser Auseinandersetzungsprozess wird schon von Kindern als eigenaktive Wesen betrieben.

Bildung ist grundsätzlich in sozialen Zusammenhängen verankert, auch wenn der Bildungsprozess selbst innerpsychisch abläuft. Er ist auf andere Menschen, häufig aber nicht auf Institutionen wie die Schule, angewiesen, wobei zu Anfang vor allem Eltern bzw. nahe Verwandte, Lehrer und andere für den Heranwachsenden bedeutende Erwachsene im Vordergrund stehen.

Bildung zielt auf die Entwicklung oder Entfaltung der individuellen Persönlichkeit.

Bildung findet überall statt und stellt einen lebenslangen Prozess dar. Häufig wird sie aber in Verbindung mit Bildungsinstitutionen wie der Schule betrachtet. Dahinter steht das Bestreben der Gesellschaft, bestimmte Bildungsprozesse für alle Kinder und Jugendlichen vorzusehen, weil sie für das Leben in der Gesellschaft unbedingt erforderlich sind.

11 Kommunikation und Gesprächsführung

Was ist Kommunikation?
„Hallo! Wer bist denn du?“

Auch wenn sich zwei so unterschiedliche Wesen wie das kleine Mädchen und der Delfin an einem Strand in Australien zufällig begegnen, kommt es sofort zur Kommunikation: Die Fähigkeit, Botschaften mit ihrer Umwelt auszutauschen, wohnt allen Organismen inne. Selten ist sie allerdings so hoch entwickelt wie bei den Meeressäugern.

Kein Lebewesen kann es jedoch mit den kommunikativen Fähigkeiten des Menschen aufnehmen, erst Sprache verbindet uns, macht Bewusstsein möglich, begleitet unser Denken und macht uns zu einsichtsfähigen und reflektierenden Wesen.

Vor allem aber macht Sprache uns eine soziale Verbindung zu anderen Menschen möglich. Kommunikation ist also in erster Linie Verständigung, Austausch von Informationen zwischen Menschen.

Soziale Kommunikation
Unter sozialer Kommunikation verstehen wir die Aufnahme, die Vermittlung und den Austausch von Informationen zwischen zwei oder mehreren Personen. Dies kann man auch im weiteren Sinn als Interaktion bezeichnen.

Damit ist Kommunikation Grundlage jeden menschlichen Zusammenlebens.

11.1 Verstehen ohne Worte

Im Zusammenhang mit der pädagogischen Grundhaltung sind wir der Erkenntnis bereits begegnet, dass persönliche Äußerungen nicht nur sprachlich vermittelt werden. Persönliche Mitteilungen umfassen also weit mehr kommunikative Elemente als nur das Sprechen. Da sind zunächst die sogenannten **nonverbalen Äußerungen** zu nennen, womit in erster Linie Körpersprache wie *Mimik, Gestik, Blickkontakt und Haltung*, aber auch *Bewegungsabläufe* gemeint sind.

Besonders Kinder orientieren sich an Gesten, Mimik und Ton, lange bevor sie sprechen lernen, Worte verstehen und sich durch Worte mitteilen. So ist es bereits im Säuglingsalter möglich, lange bevor das erste verständliche Wort fällt, sich miteinander zu verständigen.

11.1.1 Körpersprache

Körpersprache ist untergliedert in verschiedene Teilbereiche nonverbaler Kommunikation:

- Haltung
- Mimik
- Gestik
- Blickkontakt
- räumliches Verhalten

Zu jeder sprachlichen Mitteilung gehören nichtsprachliche Signale. Dies ist so selbstverständlich, dass kaum jemand bewusst darauf achtet, obwohl eine Beziehung zu einer anderen Person ganz wesentlich davon mitbestimmt wird. Tonfall, Gesten, Gesichtsausdruck, Bewegungen und Körperhaltung sind besonders geeignet, Gefühle und Einstellungen mitzuteilen.

In der Regel sind die nonverbalen Botschaften wichtiger als die gesprochenen Worte. Jede Bewegung, die wir machen, ist und bleibt einmalig. Sie sagt aus, was wir mit unserer Sprache häufig nur umschreiben oder gar verschweigen. Der Körper lügt nicht, er ist der Spiegel unserer Seele.

Kinder sind in ihrer Bewegung, in ihrer Körpersprache noch am wenigsten verfälscht. Sie sagen, was sie denken, verbal wie nonverbal.

11.1.2 Haltung

Die Körperhaltung des Jungen im nebenstehenden Bild bringt das Bedürfnis zum Ausdruck, dazugehören zu wollen. Er würde sich gerne anschließen, wird aber von der Gruppe übersehen.

Bei der Haltung eines Menschen kommt dem Muskeltonus, also dem Grad der körperlichen Gespanntheit, eine zentrale Rolle zu.

Rund um die Körperhaltung gibt es interessanterweise sehr viele sprachliche Metaphern und Volksweisheiten wie beispielsweise:

- „mit beiden Beinen auf der Erde stehen" bedeutet Realitätssinn haben;
- „einen festen Standpunkt haben" dokumentiert klare und eigentlich unverrückbare Ansichten;
- „vor jemandem kriechen" heißt eine widerspruchslose, unterwürfige Haltung einnehmen.

Das Erste, worauf man sein Augenmerk richten sollte, ist die Gewichtsverlagerung. Steht ein Mensch aufrecht oder ist sein Gewicht vor bzw. hinter das Becken verlagert? Hier kann man die Körperhaltung mit den Aussagen aus dem Volksmund gleichsetzen: Je gerader jemand steht, desto aufrechter ist seine innere Haltung. So ein Mensch ist weder unsicher (Neigung nach vorne) noch überheblich (Neigung nach hinten). Ein weiterer – sprachlich übertragbarer – Aspekt ist die Offenheit bzw. Geschlossenheit einer Haltung. Damit ist der Hals- und Brustraum gemeint. Weiterhin ist bedeutungsvoll, ob ein Mensch frei steht oder ob er irgendwo eine Stütze sucht. Es gibt Menschen, die sich immer irgendwo anlehnen müssen.

Die Körperhaltung ist also ein Ausdruck von Gefühlen und persönlichen Befindlichkeiten. Sie liefert Interpretationshilfen dafür, wie sicher, souverän, überlegen sich jemand fühlt. So spiegelt sich Fröhlichkeit in einer aufrechten, offenen Haltung oder Resignation in einer leicht gebeugten, in sich gekehrten, also optisch eher geschlossenen Haltung wider. Auch die Konzentration auf einen anderen, schlichte Neugier, Irritation oder auch nur Nachdenklichkeit lassen sich leicht ablesen.

Ein sehr einprägsames Kennzeichen ist die plötzliche Veränderung der äußeren Haltung – sie spiegelt immer eine plötzliche Veränderung der inneren Verfassung wider.

Auch die Körperbewegungen spielen bei der Gesamtinterpretation eine Rolle. Ein vorgeneigter Oberkörper in einem Gespräch signalisiert Aufmerksamkeit oder den Hinweis, dass jemand etwas sagen möchte; er kann aber auch Skepsis ausdrücken. Mit einem demonstrativen Zurücklehnen wird meist Desinteresse oder Missfallen am Thema angedeutet.

Die Sitzhaltung und wie viel Raum in Anspruch genommen wird, liefert weitere Anhaltspunkte für die Wahrnehmung. Es gibt Menschen, die sich in Sitzgelegenheiten werfen, um dort im wahrsten Sinne des Wortes (ihren) Platz einzunehmen. Jugendliche wollen z.B. oft deutlich machen, dass sie „gutem Benehmen" keine Beachtung schenken (wollen) und hiermit ihre Unabhängigkeit und Selbstständigkeit für alle sichtbar dokumentieren.

Dabei ist häufig zu erkennen, dass das Ignorieren des mit Erziehung erworbenen Verhaltens einige Überwindung kostet. Andere tun genau das Gegenteil: Sie beschränken sich auf die Sitzkante, lehnen sich nicht gemütlich zurück und setzen ihren Körper damit einer physischen Belastung aus, die eine psychische Anspannung zwangsläufig noch verstärkt und dem Beobachter Unsicherheit, mangelndes Selbstbewusstsein oder Nervosität signalisiert.

Je mehr jemand dafür sorgt, dass er bequem sitzen kann, desto souveräner gibt er sich. Meistens kommt dieses Selbstbewusstsein bei Zuhörern und Beobachtern an. Eine angespannte Sitzhaltung kann jedoch in Kombination mit krampfhaften Fußbewegungen auch bedeuten, dass jemand weg möchte, weil ihn die Unterhaltung eigentlich nicht interessiert.

11.1.3 Mimik

Der Gesichtsausdruck spiegelt die persönliche Verfassung wider. Er zeigt Emotionen und Befindlichkeiten recht eindeutig.

Nehmen wir als Beispiel doch einmal das Lachen. Bekanntlich ist das Lachen die kürzeste Verbindung zwischen zwei Menschen. Um sich dadurch zu verständigen, bedarf es dann eigentlich keiner Worte mehr. Es „spricht für sich".

Pure Freude spiegelt sich im strahlenden Gesicht dieses Mädchens aus Somalia wider

Mimik umfasst Gesichtszüge, Augenkontakt und Blickrichtung sowie Kopfbewegungen. Einzelne Ausdrucksformen sind als psychosomatische Auswirkungen des Nervensystems jedoch nicht zu beherrschen, diese Reaktionen erfolgen unwillkürlich. Dazu gehören das Blasswerden und besonders die Erweiterung der Pupillen bei starken emotionalen Erregungen.

Die Mimik eines Menschen ist ein sehr ausdrucksstarkes Element der Körpersprache. Meist wird ihr aber ein zu hoher Stellenwert in der tatsächlichen Aussagekraft beigemessen. Die Mimik unterliegt in einem außerordentlichen Umfang der persönlichen Kontrolle, da insbesondere das Gesicht während der Kommunikation genau beobachtet wird. Weil das so ist, versucht man, diesen Gefühlsausdruck so stark wie möglich unter Kontrolle zu halten: „Gute Miene zum bösen Spiel" machen.

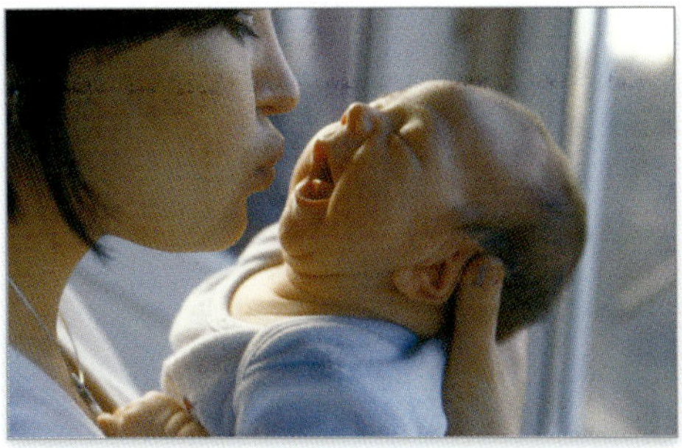

Mimik ist ein Medium der Kommunikation, das schon im Säuglingsalter deutlich verstanden wird. Babys können frühzeitig vertraute Gesichter erkennen und auf sichtbare Stimmungen reagieren.

Dies offenbart sich deutlich in der Entwicklungsphase, während der das Kind schreit, wenn sich ein fremdes Gesicht zum Baby beugt, egal wie freundlich dieses Gesicht ist (siehe Kapitel Bindungsverhalten, S. 360 ff.).

11.1.4 Gestik

Die Art, das gesprochene Wort mit den Bewegungen der Hände zu unterstützen, ist ein typisches Merkmal der Gestik. Das Gebärdenspiel als Ganzes wird auch als Gestik bezeichnet. Der Junge am Strand (S. 478) spricht Bände mit seinen Händen. Die Finger sind gestreckt, die Handfläche zeigt nach oben, es ist die klassische Geste der Bettler.

Die Gestik ist, obwohl mit der Mimik vergleichbar, eigentlich ein vergleichsweise aussageschwächeres Element der Körpersprache. Es gibt bekanntermaßen Menschen, die aufgrund ihres Temperaments viel und intensiv „mit den Händen reden“. Andere sind in dieser Hinsicht eher sparsam, wieder andere setzen Gestik sehr gezielt zum Unterstreichen ihrer Aussagen ein. Natürlich gibt es auch in diesem Bereich Hinweise, die relativ klar interpretierbar sind, wie das Fingerklopfen auf der Tischplatte für Ungeduld, Langeweile und/oder zunehmenden Ärger. Keineswegs bedeutet jedoch das Arme-übereinander-Verschränken grundsätzlich „Mauern“ (oder Zurückhaltung).

Gestik kann ähnlich monoton wirken wie ein schlechter Redner. Es gibt Menschen, die während eines zweistündigen Gesprächs immer wieder die gleichen Gesten machen, was ebenso nervt wie die ständige Wiederholung eines Lieblingsbegriffs oder einer Redewendung oder wenn der Satz jedes Mal mit einem „Ääh“ beginnt.

Gestik wird vor allem zur Untermalung des verbalen Inhalts benutzt. Je stärker die Gefühle angesprochen werden, desto akzentuierter wird auch die Gestik.

AUFGABE

Betrachten Sie das folgende Bild des sechsjährigen Jungens und versuchen Sie, die Sprache der Hände und die Mimik zu entschlüsseln, bevor Sie weiterlesen:

Dieser sechsjährige Junge hat gerade entdeckt, dass mit seiner schwierigen Rechenaufgabe irgendetwas nicht stimmt. Die Hand mit dem Stift geht zum Kopf, was sein Bemühen, das Problem zu lösen, ausdrückt. Die Stirn ist gerunzelt, der Mund leicht geöffnet. Es ist offensichtlich, dass er die richtige Antwort noch nicht gefunden hat.

Mit Händen und Armen kann man: ablehnen, abwarten, abwehren, angreifen, auf etwas zeigen, Aufregung ausdrücken, beeindrucken, Begeisterung äußern, bremsen, demonstrieren, einladen, Freude zeigen, konkretisieren, Nachdenklichkeit signalisieren, Nervosität verraten, Schlussstriche ziehen, Sympathie bekunden, übereinstimmen, ungeduldig sein, untermauern, werben, Zufriedenheit bekunden, zurückhalten und so weiter.

Eindrucksvoll ist auch die Gestik der Weigerung bei dem kleinen Kind, das nicht mehr weiteressen möchte. Dieses anderthalb Jahre alte Mädchen weicht vor dem angebotenen Löffel zurück, es scheint, als ob es keinen Appetit hätte.

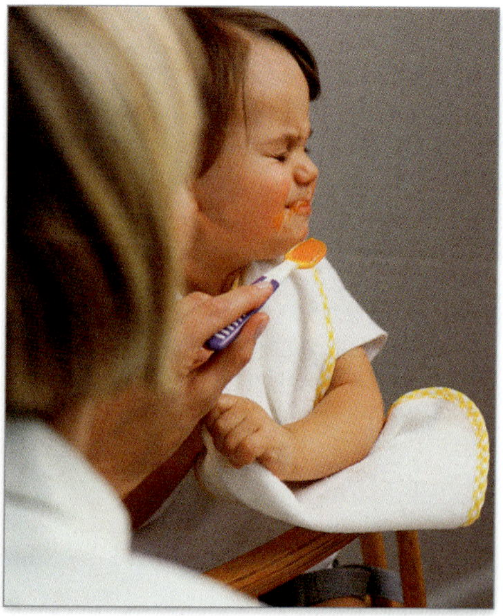

Viele Gesten, die der Kommunikation dienen, sind überall auf der Welt gleich. Wenn Menschen glücklich sind, lächeln sie. Wenn sie traurig oder ärgerlich sind, runzeln sie die Stirn oder blicken finster. Aber es gibt auch Gesten, die von Kultur zu Kultur unterschiedlich verstanden werden. Dazu gehören beispielsweise verschiedene Gesten der Hand. Wichtig bleibt die Erkenntnis, dass man die Gesten immer nur im Zusammenhang mit der ganzen Situation richtig verstehen kann und dass sie auch unbeabsichtigt Gefühlszustände zum Ausdruck bringen. Beispiele dafür:

- Fingerspiele oder das Spielen an Gegenständen als Ausdruck von Nervosität,
- das Umklammern von Dingen als Ausdruck verhaltener Wut,
- das Streicheln von fühlbar angenehmen Gegenständen als Zeichen von Einsamkeit,
- das Ballen der Faust als Ausdruck von Aggression,
- das Pressen der Augen über der Nasenwurzel als Signal von Müdigkeit und Erschöpfung,
- das Kratzen am Kopf für Ratlosigkeit oder
- das Hochwerfen der Arme für Begeisterung.

11.1.5 Blickkontakt

Der Blickkontakt ist unser wichtigstes Gefühls- und Stimmungsbarometer für andere, das selbstverständlich auch Informationen wie Überraschung oder Erschrecken, Staunen, Ängste oder Verlegenheit anzeigt. Mit den Augen nimmt man in der Regel zuerst wahr, wenn notwendig alarmieren sie unmittelbar unseren Verstand.

Auch eine gewisse Anspannung im Sinne von Unsicherheit oder dem Bewusstsein einer heiklen Situation schlägt sich in wesentlich häufigeren Blickkontakten mit kurzer Blickdauer nieder. Zu kaum einem anderen Element der Körpersprache gibt es so viele feststehende Redewendungen wie: „Das war Liebe auf den ersten Blick!“ oder: „Wenn Blicke töten könnten.“

Die Interaktion zwischen zwei Menschen beginnt in der Regel mit einem längeren Augenkontakt, der prüft, ob der andere überhaupt zu einem Kontakt bereit ist. Die erste Phase ist dadurch gekennzeichnet, dass man sich und dem anderen die Option offenhält, den Kontakt weiterzuführen beziehungsweise eine Unterhaltung zu beginnen. Diese Möglichkeit wird überprüft, indem derjenige, der die Unterredung wünscht, beispielsweise fragt, ob er stört. Während dieser ersten Momentaufnahmen lässt sich der Kontakt dann noch weitgehend problemlos und ohne Verärgerung abbrechen, während dies zu einem späteren Zeitpunkt nur noch mit glaubhaften Erklärungen möglich sein wird.

Die meisten Menschen sehen deswegen, wenn sie ein Gespräch beginnen, zunächst einmal weg, um die Chance zur Kontaktverweigerung zu unterstreichen. Augenkontakt im Sinne von Kontrollblicken stellt einen wesentlichen Aspekt der erfolgreichen Gesprächsführung dar.

Blickkontakt fällt auch auf, wenn er nicht vorhanden ist, dann signalisiert er in der Regel Desinteresse am anderen. Findet er statt, so zeigt er Nähe und verdeutlicht durch seine Dauer den Grad an Interesse oder Intimität. Eine Verlängerung des Blickkontakts kann Intimität steigern, während Blicke senken oder Vorbeischauen am anderen die Vertrautheit wieder schwinden lässt.

Wie sich empirisch feststellen lässt, spielt außerdem die räumliche Distanz eine wichtige Rolle. Je geringer die Entfernung zwischen einander fremden Personen ist, umso peinlicher ist der Blickkontakt. In einer Wartesituation, zum Beispiel beim Fahrstuhlfahren, lässt sich diese Erfahrung immer wieder machen: Man schaut am anderen vorbei, geht mit dem Blick zu Boden oder stiert die Decke an.

Im Medium der menschlichen Kommunikation gibt es natürlich auch kulturelle Prägungen, die sich in einem Signal besonderer Art zeigen lassen. Im Signal eines Kusses. Ein sehr anschauliches Beispiel beschreibt PAUL WATZLAWICK in seinem Grandlagenwerk: Menschliche Kommunikation.

BEISPIEL

„Unter den während des Krieges in England stationierten amerikanischen Soldaten war die Ansicht weitverbreitet, die englischen Mädchen seien sexuell überaus leicht zugänglich. Merkwürdigerweise behaupteten die Mädchen ihrerseits, die amerikanischen Soldaten seien übertrieben stürmisch. Eine Untersuchung, an der u.a. Margaret Mead teilnahm, führte zu einer interessanten Lösung dieses Widerspruchs. Es stellte sich heraus, dass das Paarungsverhalten vom Kennenlernen der Partner bis zum Geschlechtsverkehr – in England wie in Amerika – ungefähr dreißig verschiedene Verhaltensformen durchläuft, dass aber die Reihenfolge dieser Verhaltensformen in den beiden Kulturbereichen verschieden ist. Während z.B. das Küssen in Amerika relativ früh kommt, etwa auf Stufe 5, tritt es im typischen Paarungsverhalten der Engländer relativ spät auf, etwa auf Stufe 25. Praktisch bedeutet dies, dass eine Engländerin, die von ihrem Soldaten geküsst wurde, sich nicht nur um einen Großteil des für sie intuitiv «richtigen» Paarungsverhaltens (Stufe 5–24) betrogen fühlte, sondern zu entscheiden hatte, ob sie die Beziehung an diesem Punkt abbrechen oder sich dem Partner sexuell hingeben sollte. Entschied sie sich für die letztere Alternative, so fand sich der Amerikaner einem Verhalten gegenüber, das für ihn durchaus nicht in dieses Frühstadium der Beziehung passte und nur als schamlos zu bezeichnen war. Die Lösung eines solchen Beziehungskonflikts durch die beiden Partner selbst ist natürlich deswegen praktisch unmöglich, weil derartige kulturbedingte Verhaltensformen und -abläufe meist völlig außerbewusst sind. Ins Bewusstsein dringt nur das undeutliche Gefühl: Der andere benimmt sich falsch."

(WATZLAWICK, 1969, S. 20)

An diesem Beispiel wird deutlich, dass sowohl der kulturelle Hintergrund als auch die Schichtzugehörigkeit im Kommunikationsprozess Beachtung finden müssen, um Missverständnisse zu vermeiden.

KONKRETE LERNÜBUNG – DOUBLE

1. Ziel

Wahrnehmung nonverbaler Signale eines Partners, Einfühlung in eine durch Körperhaltung ausgedrückte Stimmungslage. Nachempfinden von ausgedrückten Gefühlen durch Imitation und Identifikation.

2. Durchführung

Jeweils zwei Partner einer Gruppe setzen sich gegenüber, alle Paare verteilen sich frei im Raum. Der eine Partner beginnt. Er soll sich einige Augenblicke auf sich selbst konzentrieren und sich seine augenblickliche Gefühlslage bewusst machen. Dann setzt er sich so auf seinen Stuhl, dass die Haltung seines Körpers, seiner Arme, Füße, Beine, Hände, des Kopfes usw. möglichst genau ausdrückt, wie er sich fühlt. Um dies zu erreichen, ist es nötig, dass sich der Teilnehmer viel Zeit lässt, wiederholt seinen Körper überprüft, ob wirklich das ausgedrückt wird, was er fühlt, ggf. seine Haltung korrigiert und zwar so lange, bis er eine angemessene Übereinstimmung zwischen Gefühlslage und Körperhaltung feststellt.

Der zweite Partner nimmt sich nun Zeit und Ruhe dafür, sein Gegenüber bewusst wahrzunehmen und auf sich wirken zu lassen. Er soll sich keine „Gedanken" darüber machen, was der andere wohl ausdrücken will.

Nach einiger Zeit beginnt er seinen eigenen Körper in eine Kopie seines Gegenübers zu formen, und zwar so exakt wie möglich, bis er genauso dasitzt wie sein Gegenüber. Nun versucht er, sich in seine eigene Körperposition einzufühlen, wahrzunehmen, was diese Körperhaltung aussagt. Auch dafür soll er sich Zeit nehmen und nicht zu oberflächlich sein.

Wenn er genügend Klarheit in dieser Nachempfindung hat, beginnt er, seinem Partner mitzuteilen, was er in sich wahrnimmt und wie er sein Gegenüber verstanden hat. Der andere Partner hört zunächst nur zu und nimmt dann Stellung. Dabei kann er besonders auf einzelne Körperteile (z.B. verkrampfte Hände, angezogene Schultern usw.) bei sich hinweisen.

Anschließend werden die Rollen gewechselt.

Zeit: 10–15 Minuten. Gruppengröße beliebig. Variante: Der Moderator gibt einige Gefühlslagen an, die vom einen Partner dargestellt werden und vom anderen imitiert werden sollen (z. B. Gelassenheit, Schüchternheit, Wut, Ärger, Teilnahmslosigkeit ...).

3. Auswertungshilfen
- Welche Signale senden die Partner normalerweise aus?
- Wie „anschaulich" war der körperliche Ausdruck?
- Gelang das Einfühlen über die Identifikation / Imitation der Körperhaltung oder wirkten eigene andere Gefühle stark ein?
- Welche Signale konnten leicht verstanden werden, welche blieben unklar?

4. Materialien
keine

11.2 Räumliches Verhalten

Der Oberbegriff „räumliches Verhalten" beinhaltet neben der Bewegung innerhalb einer räumlichen Anordnung das persönliche Orientierungsverhalten und das sogenannte Territorialverhalten. Bewegungen in einem Raum sind in erster Linie Interaktionssignale. Man geht auf jemanden zu, weil man sich mit ihm unterhalten oder sich neben jemanden setzen will. Man steht auf oder geht weg und beendet so eine Interaktion.

Man schafft also mit dem persönlichen räumlichen Verhalten Rahmenbedingungen für verschiedene Formen der Kommunikation. Hierbei die richtigen Akzente zu setzen, gehört unbedingt zum Repertoire der sozialen Fertigkeiten. Nehmen wir die Situation, dass sich jemand einen Sitzplatz an einem Tisch aussucht. In einem Restaurant wird sich zum Beispiel derjenige, der abgesehen von der Bedienung von niemandem angesprochen zu werden wünscht, so hinsetzen, dass er keinen unmittelbaren Blickkontakt hat.

Sucht er dagegen Gesellschaft, wird er – ob bewusst oder unbewusst – dafür sorgen, dass er den größten Teil des Raumes einschließlich der Eingangstür im Gesichtsfeld hat.

Weil sich verbale Kommunikation oft im Sitzen abspielt, wird der Begriff Orientierungsverhalten am Beispiel einer Sitzordnung am rechteckigen Tisch sehr deutlich. Ist an einem Tisch keine konkrete Sitzordnung vorgegeben und für einen Neuankömmling nur noch ein Platz frei, dann wählen die meisten Menschen, die Ziel und Zweck der bevorstehenden Kommunikation kennen, übereinstimmend die gleichen Sitzpositionen: Für eine lockere, durchaus intensive, aber angenehme Konversation setzen sich die Gesprächspartner jeweils an der kurzen und langen Seite übereck. Dabei wird in etwa die Hälfte des Tisches für sich selbst in Anspruch genommen (Intimzone).

Die Persönlichkeitsstruktur beeinflusst das Verhalten in diesem Punkt ebenfalls. Introvertierte Menschen halten größere Zonen aufrecht und grenzen sich mehr ab als extrovertierte.

Das gesamte zwischenmenschliche Leben spielt sich in vier Kreisen rund um das Individuum ab:
- Intimzone
- persönliche Zone
- gesellschaftliche Zone
- öffentliche Zone

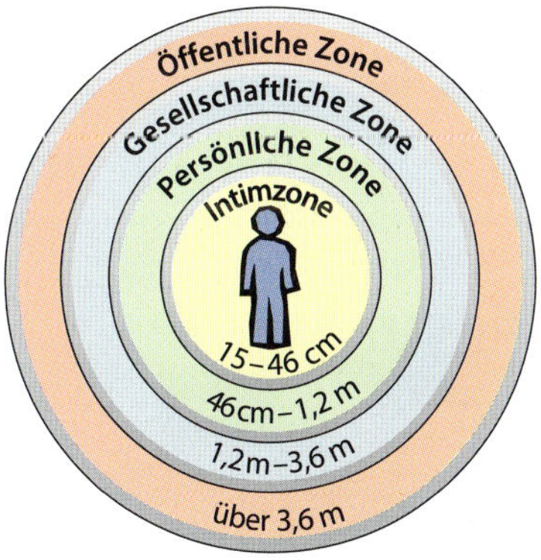

Je nachdem, wie gut man jemanden kennt und wie nahe er einem steht, umso näher lässt man ihn äußerlich an sich heran. Unterläuft jemand in einer bestimmten Gesprächssituation die ihm zugeordnete Zone, führt das zu Irritationen und wirkt sich damit auf die gesamte Kommunikationssituation negativ aus.

Das Territorial- oder Revierverhalten ist ein weiterer wichtiger Aspekt des räumlichen Verhaltens. In der Regel brauchen Menschen für die Regulierung ihres seelischen Gleichgewichts Rückzugsmöglichkeiten. Dies ist zuallererst die eigene Wohnung. In der Wohnung gibt es normalerweise Räume, die Besuchern zugänglich gemacht werden, und andere, die man nur selbst betreten darf. Welche Räume also zum

„persönlichen Territorium" gehören, sagt zum einen vieles über den Gastgeber aus, lässt aber auch für einen selbst Interpretationsspielräume, welche Räume ich als Besucher oder ständiger Gast betreten darf, ja, welche mir vertraut sind. Außerdem weiß sicherlich jeder aus unmittelbarer eigener Erfahrung, dass dieses persönliche Territorium eine optimale Spielwiese der Selbstdarstellung ist.

Das, was unter der Überschrift „Räumliches Verhalten" als Territorialverhalten beschrieben ist, ist insofern weitgehend identisch mit diesen Zonen rund um das Individuum.

11.2.1 Intimzone

Die Intimzone ist die sensibelste Zone, sie reicht normalerweise etwa eine halbe Armeslänge um uns. Die Bedingung, unter der wir jemanden freiwillig in unsere Intimzone eintreten lassen, ist Vertrauen. Jemand, der die unsichtbare Grenze überschreitet, löst Unlustgefühle bei uns aus.

Diese Zone schließt selbstverständlich den eigenen Körper als Tabuzone ein. Diese große Nähe hat die Besonderheit, dass man einen Menschen mit allen zur Verfügung stehenden Sinnen wahrnehmen kann. Sie können ihn berühren, im wahrsten Sinne des Wortes spüren, beispielsweise seine Körperwärme, und sogar – mit positiven oder negativen Auswirkungen – riechen.

11.2.2 Persönliche Zone

Die persönliche Zone hat einen Radius zwischen einem halben und anderthalb Metern. In diese Zone werden in der Regel Menschen gelassen, die man sehr gut kennt, z. B. Freunde, Verwandte. Die normale Lautstärke ist geboten, und Sie können jemanden auch noch berühren, beispielsweise, um Übereinstimmung oder Zugewandtheit zu dokumentieren. Das Gegenüber wird in einem größeren Spektrum wahrgenommen, als das in der Intimzone möglich ist. Je weniger jemand vertraut ist, desto mehr kann dieses Spektrum zur Meinungsbildung beitragen.

In seine persönliche Zone lässt man freiwillig all jene Personen hinein, mit denen man nicht so intim ist, dass sie die Intimzone betreten dürfen, die aber auch nicht so fremd sind, dass sie in der nächstweiteren (sozialen) Zone verbleiben müssen.

11.2.3 Soziale oder gesellschaftliche Zone

Die soziale Zone (zwischen anderthalb und vier Metern Radius) dokumentiert eine unpersönliche Beziehung zueinander. Sie ist für soziale Kontakte oberflächlicherer Art reserviert, z. B. Kollegen, Vorgesetzte. Obwohl man jemanden in der Regel optisch noch ganz gut wahrnehmen kann, muss man doch in der Lautstärke schon ein Phon zulegen, um sich noch verständigen zu können. Damit verbieten sich auch zwangsläufig ganz bestimmte Inhalte. In der sozialen Zone kann man durch diese Entfernung Macht und Differenzen zwischen Personen gut zum Ausdruck bringen, indem man jemanden zwingt, eine Aussage entsprechend laut zu machen oder eine Antwort zu wiederholen, damit sie alle verstehen können.

Diese Entfernung ist häufig damit verbunden, dass noch zusätzlich Gegenstände wie Tische oder Stühle zwischen den kommunizierenden Personen stehen und die Sachlichkeit im Umgang miteinander zusätzlich untermauern.

11.2.4 Öffentliche Zone

Hinter der sozialen Zone beginnt die öffentliche Zone. Ab einer Entfernung über acht Metern ist die verbale Kommunikation ohne technische Unterstützung deutlich eingeschränkt. Deshalb kann man in dieser Zone ohne großes Risiko körpersprachlich lügen.

KONKRETE LERNÜBUNG – DISTANZ UND NÄHE IM RAUM

1. Ziel
Erfahrung von räumlich-physischer Distanz und Nähe im Gespräch. Erproben, welche Bedeutung eine Sitzordnung für die Kommunikationsstruktur und für die Beziehungen hat.

2. Durchführung

2.1 Jeweils zwei Partner einer Gruppe setzen sich in einem Abstand von zwei bis drei Metern gegenüber und führen eine Unterhaltung über ein vorher festgelegtes Thema (z. B. Urlaubspläne, Ferienerlebnisse, Schwierigkeiten bei Hausaufgaben, Veränderungswünsche für die Schule usw.). Allmählich rücken die Gesprächspartner immer enger zusammen, bis sie einander dicht gegenübersitzen. Nach etwa fünf Minuten wird das Gespräch beendet und die ganze Gruppe tauscht Erfahrungen, Eindrücke und Gefühle während des Gesprächs, bei Veränderung der räumlichen Distanz aus.

Variante:
Anfangs sollen die Partner aneinander vorbeisehen, wenn sie sich ca. einen Meter gegenübersitzen, den Blickkontakt aufnehmen.

Zeit: ca. 10–15 Minuten. Gruppengröße beliebig.

2.2 Die Gruppe probt verschiedene Sitzordnungen, die jeweils einige Augenblicke schweigend eingenommen werden. Die Teilnehmer sollen die Sitzordnung auf sich wirken lassen, sich ihre Gefühle dabei bewusst machen und nachempfinden, welche Beziehung zu den anderen Gruppenmitgliedern dabei jeweils ausgedrückt wird.

a) Die Stühle werden in zwei langen geraden Reihen einander gegenübergestellt, Abstand ca. zwei Meter.
b) Die Stühle werden in einem geschlossenen Kreis aufgestellt.
c) Die Stühle werden in Reihen zu sechs bis acht hintereinander aufgestellt, alle sehen nach vorne.
d) Ein Hufeisen wird geformt.
e) Die Stühle werden wahllos im Raum aufgestellt, einmal sehr eng beieinander, zum anderen sehr verstreut.
f) Es werden zwei lange Reihen gebildet, die voneinander wegschauen.
g) Die Stühle werden in zwei langen Reihen aufgestellt, sodass alle an eine Wand schauen.

Zeit: 20–30 Minuten

Anschließend werden in der Gruppe die Empfindungen bei den verschiedenen Sitzordnungen besprochen:

- Welche Beziehung zueinander wird dabei ausgedrückt?
- Empfinden alle die Sitzordnung gleich? (In Anlehnung an Gudjona, 1995)

Unsere eigenen Kommunikationserfahrungen sind es, die die Art und Weise bestimmen, wie wir Menschen begegnen. Davon hängt auch ab, ob wir in der Lage sind, die Bedürfnisse anderer richtig wahrzunehmen und sie zu erfüllen.

AUFGABE / REFLEXION

Welche Einstellung habe ich zum Thema Körperkontakt?
Welche Erfahrung habe ich mit Getröstetwerden?
Verhalte ich mich ähnlich, wie ich es erlebt habe, oder verhalte ich mich anders?
Schenke ich anderen Menschen Anerkennung mit Worten oder auch ohne Worte?
Was verbinde ich mit Berührungen?
Wie gehe ich mit Bedürfnissen nach Berührung um?
Gibt es etwas, was ich gerne ändern will, im Bereich der nicht verbalen Kommunikation?

11.3 Soziale Kommunikation: ein Regelkreis

Nur durch den Austausch von Informationen und die wechselseitige Beeinflussung erfährt der einzelne Mensch, was von ihm erwartet wird, und teilt seinerseits Bedürfnisse und Erwartungen anderen Menschen mit. Nur so können Beziehungen aufgebaut und gepflegt werden. Wir wären also ohne Kommunikation und Interaktion gar nicht lebensfähig. Es gäbe auch ohne Kommunikation keine Kultur und kein gesellschaftliches Zusammenleben.

Unter dem Aspekt der überragenden Bedeutung als Wesensmerkmal des Menschen wollen wir jetzt den Grundvorgang der zwischenmenschlichen Kommunikation genauer betrachten.

Da gibt es zunächst einen **Sender**, der eine *Information* mitteilen möchte.

Zum Beispiel fragt Jan (Sender) seinen Freund Stefan (Empfänger), ob er mit ihm spielen will (Information), weil er heute Mittag sonst allein wäre (Absicht).

Er verschlüsselt *(codiert)* seine *Absicht* in erkennbare Zeichen und schickt sie einem *Empfänger*.

Jan benutzt zur Übermittlung dieser Information die Sprache (Codierung in bestimmte Zeichen: Worte, Sätze, Mimik, Gestik, Tonfall).

Der **Empfänger** muss dann die übermittelte *Nachricht* entschlüsseln *(decodieren)*.

So sieht der Empfänger beispielsweise die Gestik und Mimik des Senders und hört die gesprochenen Worte. Dazu benutzt er einen oder mehrere *Kanäle* (Sinnesorgane).

Wenn die gesendete Information entschlüsselt bzw. decodiert wurde, vorausgesetzt Sender und Empfänger verwenden die gleichen Zeichen, wird die Botschaft verstanden. Jetzt wird der Empfänger seinerseits zum Sender und verschickt eine bestimmte Reaktion, auch *Feedback* genannt. So entsteht ein sogenannter *Regelkreis* (siehe Schaubild).

Leider verläuft Kommunikation nicht immer störungsfrei und erfolgreich ab.

> Sie erinnern sich: Menschen kommunizieren miteinander, weil sie eine Absicht verfolgen, ein bestimmtes Ziel erreichen möchten.

Wir sprechen deshalb von einer **erfolgreichen Kommunikation**, wenn die an einer Kommunikation beteiligten Personen ihr Ziel erreichen und die gewünschte Wirkung eintritt.

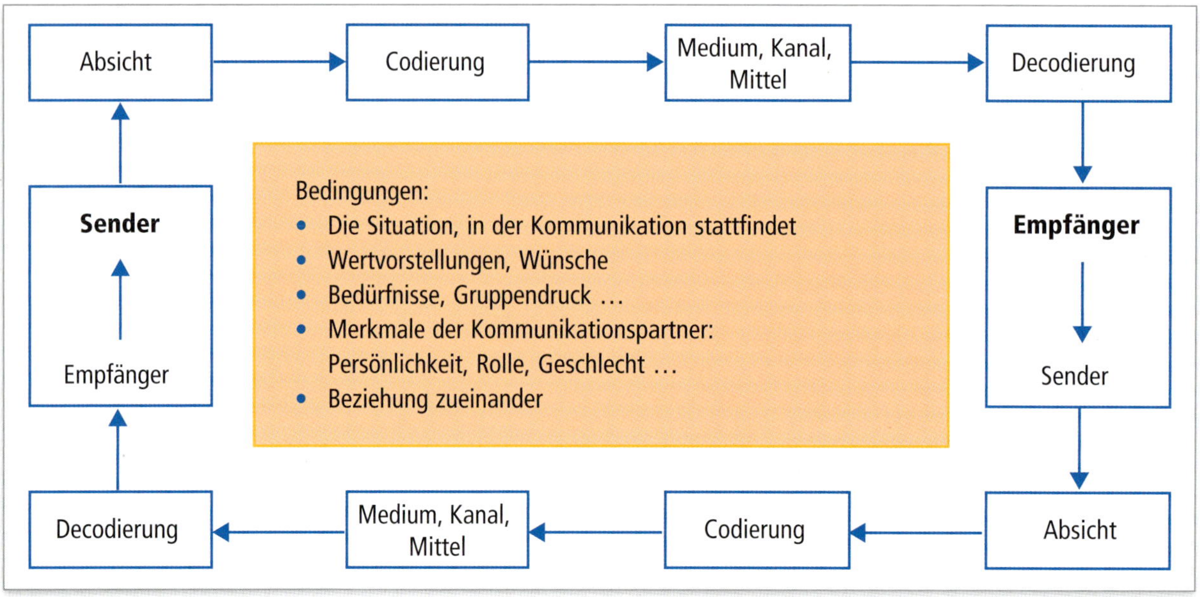

Zu einer sozialen Kommunikation gehören also immer zwei Personen, die wechselweise aufeinander einwirken.

AUFGABE

Betrachten Sie das vorausgehende Schaubild genau. Finden Sie Beispiele aus Ihrem Kommunikationsalltag, die Sie mit dem Schaubild analysieren.

Zwischenmenschliche Verhaltensweisen sind in diesem kommunikationspsychologischen Verständnis nicht mehr in erster Linie Eigenheiten von Menschen, sondern das Ergebnis eines Wechselspiels der an einer Kommunikation beteiligten Personen:

- Ein Kindergartenkind wendet sich hilfesuchend und weinend an eine Erzieherin. Diese versteht das Kind, tröstet es und hilft ihm bei seinem Problem.

Wenn die beteiligten Personen ihre Ziele nicht erreichen und die beabsichtigte Wirkung ausbleibt, sprechen wir von einer **gestörten Kommunikation**:

- Zwei Partner beginnen miteinander ein Gespräch, weil sie eine Spannung beheben wollen. Das Gespräch endet aber in einem heftigen Streit, ohne dass sie eine Lösung gefunden hätten.

Gestörte Kommunikation führt oft zu weitreichenden Problemen. Zum Beispiel zu Schwierigkeiten im Umgang mit anderen, zu Konflikten, Streit, Auseinanderbrechen von Beziehungen. Natürlich auch zu Erziehungsschwierigkeiten, Ärger, Zorn, Isolation, Einsamkeit, Aggression, bis hin zu psychischen Störungen und gar Suizid.

AUFGABEN

Reflektieren Sie bitte Ihre Erfahrungen und vergleichen Sie sie mit denen Ihrer Tischnachbarin.

1. In Gesprächen mit Lehrerinnen oder Lehrern habe ich mich nicht verstanden gefühlt, weil ...
2. In Gesprächen mit Lehrerinnen oder Lehrern habe ich mich verstanden gefühlt, weil ...
3. Wenn ich an ein bevorstehendes Gespräch mit Lehrerinnen oder Lehrern denke, dann ...
4. Beschreiben Sie bitte Situationen, in denen es Ihnen leicht- bzw. schwerfällt, mit anderen zu reden:
   a) leicht ...
   b) schwer ...
   c) Mögliche Gründe ...

11.4 Grundlegende Erkenntnisse über Kommunikation: Paul Watzlawick

Paul Watzlawick

Paul Watzlawick (1921–2007), ein in die USA emigrierter Professor für Psychologie aus Österreich, und seine Mitarbeiter haben unser Verständnis der zwischenmenschlichen Kommunikation ganz wesentlich bereichert.

Die wichtigsten Erkenntnisse formulierten Watzlawick und seine Mitarbeiter in sogenannten **Axiomen der Kommunikation**.

11.4.1 1. Axiom

Bei der nonverbalen Kommunikation haben wir gesehen, dass wir auch ohne Worte Mitteilungen machen. Diese Tatsache führt uns ins Herz des ersten Axioms. Dieses lautet:

Man kann nicht nicht kommunizieren.

Ich muss also gar nicht unbedingt etwas sagen, um zu kommunizieren. Jedes Verhalten hat Mitteilungscharakter!

Jedes Schweigen ist „beredt" und stellt eine Nachricht dar. Auch wenn ich mich in Gegenwart anderer Menschen abwende oder zum Beispiel den Blickkontakt vermeide, teile ich dem anderen etwas mit.

***Axiome** sind grundlegende Lehrsätze, die ohne Beweis einleuchten.*

„Verhalten hat vor allem eine Eigenschaft, die so grundlegend ist, dass sie oft übersehen wird: Verhalten hat kein Gegenteil, oder um dieselbe Tatsache noch simpler auszudrücken: Man kann sich *nicht* nicht verhalten. Wenn man also akzeptiert, dass alles Verhalten in einer zwischenpersönlichen Situation Mitteilungscharakter hat, d. h. Kommunikation ist, so folgt daraus, dass man, wie immer man es auch versuchen mag, nicht *nicht* kommunizieren kann. Handeln oder Nichthandeln, Worte oder Schweigen haben alle Mitteilungscharakter: Sie beeinflussen andere, und diese anderen können ihrerseits nicht *nicht* auf diese Kommunikationen reagieren und kommunizieren damit selbst. Es muss betont werden, dass Nichtbeachtung oder Schweigen seitens des anderen dem eben Gesagten nicht widerspricht. Der Mann im überfüllten Wartesaal, der vor sich auf den Boden starrt oder mit geschlossenen Augen dasitzt, teilt den anderen mit, dass er weder sprechen noch angesprochen werden will, und gewöhnlich reagieren seine Nachbarn richtig darauf, indem sie ihn in Ruhe lassen. Dies ist nicht weniger ein Kommunikationsaustausch als ein angeregtes Gespräch" (WATZLAWICK, 1982, S. 51)

Wenn der Grundsatz des nicht Nichtkommunizieren-Könnens in sozialen Situationen beherzigt wird, so ist eine erfolgreiche Verständigung zu erwarten.

Wenn gegen diesen Grundsatz verstoßen wird, kann es zu Störungen kommen. Beispielsweise:

- dem Ignorieren der körpersprachlichen Mitteilung
- einer einseitigen Beendigung eines Gesprächs wie: „Ich will davon nichts hören" oder „mir reicht es jetzt", oder einfach aus dem Raum gehen
- etwas zu verharmlosen: „Das war nicht so wichtig"
- Flucht aus dem Gespräch durch Vorgeben von Müdigkeit, Kopfschmerzen, Unwohlsein ...

Eine klassische Störung ist die sogenannte **Doppelbindung**. Sie liegt vor, wenn ein Sender in einer Kommunikation einem Empfänger gegenüber gleichzeitig zwei Aussagen macht, die sich widersprechen oder nicht übereinstimmen:

- Ein Kindergartenkind zeigt sein frisch fertiggestelltes Bild der Erzieherin, die gerade damit beschäftigt ist, einen Stuhlkreis vorzubereiten. Die Erzieherin schaut nur flüchtig auf die Zeichnung, nimmt sie also kaum wirklich wahr, aber lobt es überschwänglich: „Oh, ist das aber schön ..."

Die Doppelbindung wird besonders dann zur Störung, wenn ein Abhängigkeitsverhältnis besteht und man sich nicht so einfach aus der Situation davonmachen kann:

- Die sechzehnjährige Tochter möchte am Abend mit Freunden weggehen und fragt die Mutter, ob sie gehen darf. Jene hat sehr viel im Haushalt zu erledigen und erwartet eigentlich die Hilfe der Tochter. Ihre Antwort aber lautet: „Du weißt ja, dass es dir freisteht zu gehen, kümmere dich nicht, wenn ich sehr traurig bin, und es gibt ja auch noch so viel zu tun ..."

AUFGABE

Die Tochter befindet sich nun in einer regelrechten Zwickmühle. Spüren Sie hinein in dieses Beispiel und beschreiben Sie Ihre Empfindungen.

11.4.2 2. Axiom

„Wenn man untersucht, was jede Mitteilung enthält, so erweist sich ihr Inhalt vor allem als Information. Dabei ist es gleichgültig, ob diese Information wahr oder falsch, gültig oder ungültig oder unentscheidbar ist. Gleichzeitig aber enthält jede Mitteilung einen weiteren Aspekt, der viel weniger augenfällig, doch ebenso wichtig ist – nämlich einen Hinweis darauf, wie ihr Sender sie vom Empfänger verstanden haben möchte. Sie definiert also, wie der Sender die Beziehung zwischen sich und dem Empfänger sieht, und ist in diesem Sinn seine persönliche Stellungnahme zum anderen. Wir finden somit in jeder Kommunikation einen **Inhalts- und einen Beziehungsaspekt**." (WATZLAWICK, 1982, S. 54)

Zum besseren Verständnis der Bedeutung von Inhalts- und Beziehungsaspekt in der zwischenmenschlichen Kommunikation schlägt PAUL WATZLAWICK folgendes Rätsel vor:

BEISPIEL

„Ein Mann wird von zwei Wachen in einem Raum gefangen gehalten, der zwei Ausgänge hat. Beide Türen sind geschlossen, aber nur eine ist zugesperrt. Der Gefangene weiß ferner, dass einer seiner Wächter stets die Wahrheit sagt, der andere dagegen immer lügt. Welcher der beiden aber der Lügner ist weiß, er nicht. Seine Aufgabe, von deren Lösung seine Freilassung abhängt, besteht darin, durch eine einzige Frage an einen der beiden Wächter herauszufinden, welche der beiden Türen nicht versperrt ist." (WATZLAWICK, 1982, S. 53)

Lösung am Ende des Kapitels, S. 515

Es kommt in einem Gespräch nicht nur darauf an, was man sagt, sondern auch wie man es sagt. **Das Was der Mitteilung ist der Inhaltsaspekt, das Wie ist der Beziehungsaspekt:** Der Lehrer zum Beispiel, der zum Schüler sagt: „Hast du das Referat gemacht?", drückt je nach der Art und Weise des Fragens aus, ob darin Bewunderung oder Misstrauen steckt.

Jede Kommunikation hat einen Inhalts- und einen Beziehungsaspekt.

Der Inhalt ist das *Was* einer Mitteilung, der Beziehungsaspekt sagt darüber etwas aus, *wie* der Sender diese Mitteilung vom Empfänger verstanden haben will.

Der Beziehungsaspekt bringt die emotionale Beziehung der Gesprächspartner zum Ausdruck. Somit enthält jede Botschaft eine Auskunft über die Art der Beziehung der Kommunikationsteilnehmer zueinander.

Ist die Beziehung nicht gestört, gelingt in der Regel auch die Kommunikation in den Inhalten. Ist die Beziehung hingegen gestört, kann auch die inhaltliche Auseinandersetzung nicht gelingen.

- In einer Dienstbesprechung wertet die Erzieherin Claudia die Argumente ihrer Kollegin Petra ab, weil sie sie nicht leiden kann.
- Auch in umgekehrter Richtung kann es problematisch werden, wenn ein guter Bekannter eine andere Meinung vertritt, möglicherweise findet man ihn dann unsympathischer als zuvor.
- Ungleiche Gefühle in einer Beziehung führen meist zu Problemen: Sven liebt Cora, sie aber findet ihn lediglich sympathisch.
- Eine unklare Beziehung verursacht Spannungen, z.B. wenn einer innerhalb einer Partnerschaft nicht weiß „woran er ist".

AUFGABE

Suchen Sie passende Beispiele zu diesem Axiom aus Ihren eigenen Erfahrungen und diskutieren Sie sie mit Ihren Mitschülern.

11.4.3 3. Axiom

Wir haben Kommunikation als einen Regelkreis kennengelernt. Das Verhalten des Senders löst eine Reaktion des Empfängers aus, der sendet seinerseits und macht damit den Sender zum Empfänger und so weiter. Daraus leitet sich das nächste Axiom ab:

In einem Kommunikationsablauf ist das Verhalten des einzelnen Teilnehmers sowohl Reaktion auf das Verhalten des anderen, gleichzeitig aber auch Reiz und Verstärkung für das Verhalten des anderen (Interpretation).

Wir neigen innerhalb einer Kommunikation dazu, den Ablauf aus unserer Perspektive zu gliedern und genau zu bestimmen, wo Aktion und Reaktion liegen. Dabei legt jeder Kommunikationsteilnehmer die Ursache-Wirkungs-Folge auf seine Art und Weise fest. Wenn ich also mein Verhalten als Reaktion auf das Verhalten meines Gesprächspartners zurückführe, nehme ich eine Interpretation vor:

- „Angefangen hast du, und wie man in den Wald hineinruft, so schallt es heraus."

Gerne wird auch bei kindlichen Auseinandersetzungen danach gefragt, wer denn den Streit angefangen hat. Genaugenommen verstößt bereits diese Frage gegen das 3. Axiom. Zum Streit gehören immer mindestens zwei. Und wenn es zutrifft, dass Kommunikation immer kreisförmig verläuft und nicht linear, dann ist jedes Verhalten sowohl Ursache als auch Wirkung.

- „Die Schüler einer Klasse benehmen sich bei einem bestimmten Lehrer flegelhaft, sie sind albern, frech und widerspenstig. In einem Gespräch mit dem Verbindungslehrer begründen sie ihr Verhalten damit, dass dieser Lehrer so „doof" sei, dauernd herummeckere usw. Der Lehrer hält dagegen, dass er wegen des kindischen Verhaltens der Schüler so autoritär auftreten müsse. „Ihr wollt ja offenbar wie Kleinkinder behandelt werden."

Wer von beiden hat angefangen? Hier stellt sich also die alte unlösbare Frage: Was war zuerst, die Henne oder das Ei?

Als Beobachter einer solchen Kommunikation ist uns klar, dass diese Frage nicht zu klären ist. Als Beteiligte gehen wir aber davon aus, dass wir doch nur reagieren. Die Kommunikationspartner haben die gemeinsame Kommunikation auf ihre subjektive Weise *interpretiert* und erhalten so völlig *unterschiedliche „Wahrheiten" über die Wirklichkeit*.

Frau und Mann interpunktieren ihre Interaktion verschieden.

- Eine Störung dieses Axioms erkennen wir, wenn das eigene Verhalten als Entschuldigung oder Rechtfertigung für das Verhalten des anderen gesehen wird.
- Eine erfolglose Kommunikation ist sehr wahrscheinlich, wenn Ursache und Wirkung von den jeweiligen Gesprächspartnern unterschiedlich festgelegt werden. Sie nörgelt, weil er sich zurückzieht, er zieht sich zurück, weil sie nörgelt.
- Sogenannte *sich selbst erfüllende Prophezeiungen* verstoßen gegen dieses Axiom: „Du wirst es im Leben zu nichts bringen ..."

Eine sich **selbst erfüllende Prophezeiung** ist ein psychischer Mechanismus, durch den eine bestimmte Erwartungshaltung an den Kommunikationspartner indirekt zum Ausdruck gebracht wird, die die Wahrscheinlichkeit, dass sich dann der Kommunikationspartner auch so verhält wie erwartet, erhöht.

Ein anschauliches Beispiel für die Wirkung von sich selbst erfüllenden Prophezeiungen stammt aus dem Buch von Paul Watzlawick: „Anleitungen zum Unglücklichsein".

BEISPIEL

Die Geschichte mit dem Hammer

Ein Mann will ein Bild aufhängen. Den Nagel hat er, nicht aber den Hammer. Der Nachbar hat einen. Also beschließt unser Mann, hinüberzugehen und ihn auszuborgen. Doch da kommt ihm ein Zweifel: Was, wenn der Nachbar mir den Hammer nicht leihen will? Gestern schon grüßte er mich nur so flüchtig. Vielleicht war er in Eile. Aber vielleicht war die Eile nur vorgeschützt und er hat etwas gegen mich. Und was? Ich habe ihm nichts angetan; der bildet sich da etwas ein. Wenn jemand von mir ein Werkzeug borgen wollte, ich gäbe es ihm sofort. Und warum er nicht? Wie kann man einem Mitmenschen einen so einfachen Gefallen abschlagen? Leute wie dieser Kerl vergiften einem das Leben. Und dann bildet er sich noch ein, ich sei auf ihn angewiesen. Bloß weil er einen Hammer hat. Jetzt reicht's mir wirklich. – Und so stürmt er hinüber, läutet, der Nachbar öffnet, doch bevor er „Guten Tag" sagen kann, schreit ihn unser Mann an: „Behalten Sie Ihren Hammer, Sie Rüpel!" (WATZLAWICK, 1983, S. 37 f.)

AUFGABE

Analysieren Sie das Beispiel vor dem Hintergrund der Erkenntnisse über das 3. Axiom und suchen Sie Beispiele ähnlicher Art aus Ihrem Erfahrungsschatz.

Eine Metakommunikation, also die Art und Weise, wie die Kommunikation geführt wurde, ist wichtig. Sie sollte darauf aus sein, das gemeinsame Spiel zu erkennen und eine Neuverabredung zu treffen: „So und so treiben wir es miteinander, jeder reagiert auf den anderen und beeinflusst ihn dadurch. Wie können wir uns ändern, damit die Zusammenarbeit befriedigender wird?"

11.4.4 4. Axiom

Es gibt in der menschlichen Kommunikation immer verschiedene Weisen, wie man sich mitteilen kann. Durch Worte, dies nennt Watzlawick digital, und durch Ausdrucksverhalten, dies nennt er analog.

Menschliche Kommunikation bedient sich digitaler und analoger Modalitäten.

Möchte beispielsweise ein Kind seiner Erzieherin seine Zuneigung bekunden, so kann es digital geschehen in Form eines Satzes wie:

„Ich mag dich." Oder es kann analog geschehen in Form eines Geschenks, eines selbst gemalten Bilds oder durch eine Umarmung.

Mit der Sprache, also digital, können wir uns über Sachverhalte sehr genau austauschen. Hierin sind wir dann sehr genau und differenziert, vorausgesetzt, man beherrscht die Sprache. Aber die digitale Kommunikation kommt an ihre Grenzen, wenn es um die Definition von Beziehungen geht. Deshalb bedienen wir uns im Bereich der Beziehungen zu anderen Menschen oft der analogen Kommunikation. Dies dürfte bereits bei der Darstellung der *nonverbalen Kommunikation* sehr deutlich geworden sein. Hier haben wir gesehen, dass die analoge Kommunikation eine weitaus allgemeingültigere und vielseitigere Aussagekraft besitzt, als die in der Geschichte der Menschheit viel jüngere und abstraktere digitale Kommunikation. Wir sind in der Lage, uns über Zeichen- und Körpersprache mit Menschen zu verständigen, von deren Sprache wir kein Wort verstehen. Gestik und Mimik sagen wesentlich mehr darüber aus, wie jemand zu uns steht und über uns denkt, als noch so viele Worte.

„Ein Blick sagt mehr als tausend Worte."
„Der Körper lügt nicht."

Erfolgreich ist unsere Kommunikation dann, wenn sowohl digitale und analoge Elemente eindeutig sind und miteinander übereinstimmen. Dies erinnert uns auch wieder an die pädagogische Grundhaltung der Echtheit.

Störungen, die sich aus diesem Axiom ableiten lassen:

- Analoge Kommunikation kann mehrdeutig sein. Je nach Kontext kann ein Küsschen auf die Wange Zuneigung zum Ausdruck bringen oder bedeuten: „Lass uns jetzt in Ruhe". Es kommt auch immer wieder zu Fehlern in der Interpretation der analogen Botschaft (siehe die Geschichte mit dem Hammer).
- Auch digitale Botschaften können mehrdeutig sein, je nach Betonung kann ein Satz Unterschiedliches bedeuten. „Ist die Perlenkette echt?", kann Neid oder Bewunderung zum Ausdruck bringen, je nach Betonung, Gesichtsausdruck usw.
- Wenn digitale und analoge Kommunikation nicht übereinstimmen, kommt es in der Regel zu Störungen. Wenn zum Beispiel A zu B sagt: „Ich freue mich, bei dir zu sein" und dabei unruhig auf die Uhr schaut.
- Auch die oben bei Axiom 1 beschriebene Doppelbindung gehört hierzu.

Gleichzeitig wird deutlich, dass die Axiome alle sehr eng zusammengehören. Auch der Bezug von Axiom 4 zu Axiom 2 wird hier deutlich.

Paul Watzlawick sagt dazu:
„Wenn wir uns nun erinnern, dass jede Kommunikation einen Inhalts- und einen Beziehungsaspekt hat, so wird deutlich, dass die digitalen und die analogen Kommunikationsweisen nicht nur nebeneinander bestehen, sondern sich in jeder Mitteilung gegenseitig ergänzen. Wir dürfen ferner vermuten, dass der Inhaltsaspekt digital übermittelt wird, der Beziehungsaspekt dagegen vorwiegend analoger Natur ist." (Watzlawick, 1982)

AUFGABE

Versuchen Sie, in einem kleinen Rollenspiel widersprüchliche Botschaften zu schicken, indem Sie digital das „eine" sagen, analog aber das „andere" tun. Wo sind Ihnen solche Widersprüche schon im Alltag begegnet? Besprechen Sie Beispiele in Ihrer Klasse.

11.4.5 5. Axiom

Eine Beziehung zwischen zwei Menschen kann auf Gleichheit oder auf Unterschiedlichkeit beruhen. Wenn wir versuchen, uns einander gleich zu sein, sprechen wir von einer **symmetrischen Beziehung**.

Ist die Grundlage einer Beziehung die Unterschiedlichkeit der Kommunikationspartner, so sprechen wir von einer **komplementären Beziehung**.

Zwischenmenschliche Kommunikationsabläufe sind entweder symmetrisch oder komplementär.

Bei einer **symmetrischen Beziehung** gehen beide Partner von einem ebenbürtigen Verhältnis zueinander aus, das kann sich z. B. darin zeigen, dass beide etwa gleich viel reden.

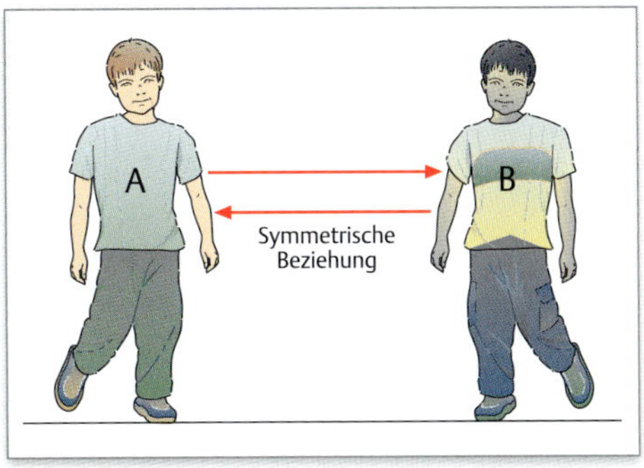

Im Falle der **komplementären Kommunikation** stehen die Partner in einer unterschiedlichen, sich ergänzenden Position, das kann sich z. B. darin zeigen, dass der eine viel redet, der andere viel schweigt. Oder in natürlichen Beziehungsformen zwischen Kind und Erzieherin, zwischen Lehrer und Schüler oder Arzt und Patient. Das sieht dann so aus:

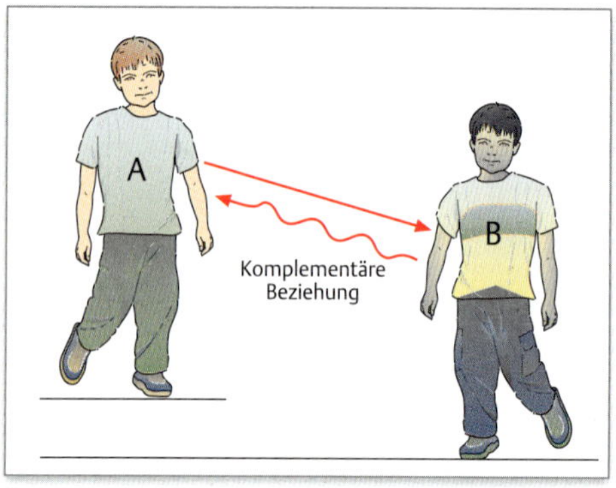

Symmetrische wie komplementäre Verhaltensweisen können ein Gleichgewicht zwischen den Kommunikationspartnern ausdrücken.

So kann das Verhältnis zwischen einer Erzieherin und einer Mutter auf der Inhaltsebene **komplementär** und auf der Beziehungsebene **symmetrisch** sein:

- Eine Mutter fragt die Lehrerin um Rat. Wenn die Beratung erfolgreich sein soll, verhält sich die Lehrerin bezüglich der Beziehungsebene symmetrisch, sie akzeptiert die Mutter; auf der Inhaltsebene ist ihr Verhältnis komplementär, die Lehrerin ist die Wissende, die Mutter die Ratsuchende.

Eine gesunde Kommunikation ist dann zu erwarten, wenn beide Kommunikationsabläufe vorhanden sind.

Deshalb muss die Lehrerin wissen, wie sie auf ihre verschiedenen Gesprächspartner reagiert: Wie auf eine viel erzählende Mutter, wie auf ein zurückgezogenes Kind, wie auf einen autoritär auftretenden Chef?

Störungen ergeben sich dann, wenn eine Kommunikation entweder nur symmetrisch oder nur komplementär verläuft.

Störungen sind beispielsweise zu erwarten, wenn:

- jeder „etwas gleicher“ sein will als der andere. Dadurch entsteht bei den „Ungleichen“ die Bemühung, die vorherige Symmetrie wieder herzustellen: Dies können wir häufig bei Kindern beobachten, die befreundet sind. „Was sie hat, will ich auch haben“, das kann sich dann immer weiter aufschaukeln. Dies nennt man eine symmetrische Eskalation.
- starre Komplementarität vorliegt. Bei einer starren Komplementarität besteht die Gefahr, dass ein anfänglich normales und gesundes Abhängigkeitsverhältnis auf Dauer aufrechterhalten bleibt. Das Kind wird dann unselbstständig und bleibt unmündig und kann keine Selbstbestimmung entwickeln.

BEISPIEL

Fallbeschreibung „Anita und Walter“

Anita und Walter sind seit etwa einem halben Jahr enger miteinander befreundet. Seit einigen Wochen kriselt es in ihrer Beziehung. Am Sonntagnachmittag, als Walter Anita aufsucht, kommt es zwischen den beiden zu folgendem Dialog:

Walter: Warum warst du eigentlich gestern Abend auf der Party so aggressiv zu mir?
Anita: Ich war gar nicht aggressiv!
Walter: So? (lacht etwas).
Anita: Ich habe jetzt keine Lust, mit dir zu streiten!
Walter: Aha, du machst es dir aber leicht!
Anita: Lass mich doch in Ruhe! (Geht aus dem Zimmer. Nach ca. 15 Minuten kommt sie wieder zurück.)
Walter (nach einer Pause): Na, hast du dich wieder gefangen?
Anita: Vielleicht wollte ich gestern Abend etwas ... etwas, das mir fehlte – Zärtlichkeit. Ja, vielleicht war es Hunger nach Zärtlichkeit.
Walter: Du willst doch nichts damit zu tun haben. Du sagst doch immer, das sei sentimental.
Anita: Wann warst du je zärtlich zu mir?
Walter: Wenn ich dich zum Beispiel küssen will, dann sagst du: „Sei nicht sentimental!“
Anita: Aber wann hast du mich jemals küssen wollen?
Walter: Früher schon, aber jetzt ...
Anita: Ach, lass mich in Frieden und verschwinde! (Rennt weinend aus dem Zimmer).
Walter: (bleibt noch kurze Zeit sitzen und sagt dann vor sich hin): Damit ist ja wohl der Nachmittag wieder gelaufen (steht dann auf und geht).

AUFGABE

Verdeutlichen Sie mithilfe der Axiome der Kommunikation, warum es bei Anita und Walter zu Kommunikationsstörungen gekommen ist.

11.5 Besondere Formen der Kommunikationsstörung: Paradoxie und Doppelbindung

Ins Deutsche wörtlich übersetzt bedeutet Paradoxie Widersinnigkeit, Widersprüchlichkeit. Eine deutlich komplexere Erklärung liefert WATZLAWICK selbst, indem er eine Paradoxie als einen *Widerspruch* definiert, der sich durch die *„folgerichtige Deduktion aus widerspruchfreien Prämissen"* ergibt.

Formen der Paradoxie: WATZLAWICK differenziert das Phänomen der Paradoxie in drei Bereiche:

1. logisch-mathematische Paradoxien
2. paradoxe Definitionen (semantische Antinomien)
3. pragmatische Paradoxien (paradoxe Aufforderungen)

Bei diesen unterschiedlichen Varianten ist für uns hier vor allem die pragmatische Paradoxie in der menschlichen Kommunikation von Bedeutung.

Bei „pragmatischen Paradoxien" in zwischenmenschlichen Beziehungen handelt es sich um Botschaften, die widersprüchlich sind und den Kommunikationspartner in eine Situation bringen, die für ihn nicht lösbar ist. Innerhalb einer Beziehung wird eine Handlungsaufforderung gegeben, „die befolgt werden muss, aber nicht befolgt werden darf, um befolgt zu werden" (WATZLAWICK, 1969, S. 176).

Scheinbares Paradoxon: RENÉ MAGRITTE „Das hier ist keine Pfeife" – es ist das Bild einer Pfeife

> Vielleicht kennen Sie die Metapher: „Wasch mir den Pelz, aber mach mich nicht nass!"

11.5.1 Pragmatische Paradoxien

Die paradoxe Eigenschaft definiert sich in diesem Zusammenhang aus der Tatsache, dass eine Mitteilung zwei miteinander unvereinbare Botschaften enthält. Als Ursache der Unvereinbarkeit erkennt man den Umstand, dass der Inhalt der Botschaft auf sich selbst angewandt wird. Das einfachste Beispiel für diese Betrachtungsweise ist die schriftliche Aufforderung, etwas nicht zu lesen.

Diese Aufforderung läuft zwangsläufig auf einen Zustand der Verwirrung hinaus, da der Verstoß gegen die Aufforderung gleichzeitig mit deren Zurkenntnisnahme stattfindet, was ein „angemessenes" Verhalten unmöglich macht.

Das markanteste Beispiel für eine Botschaft mit zwei widersprechenden Aufforderungen ist die Forderung: „Sei spontan!". Spontan würde die Person nur reagieren, wenn sie es nicht auf Aufforderung tut und nach einer Aufforderung kann man das Geforderte nicht mehr spontan erledigen.

Hier stoßen wir auf das Problem, dass der Sinngehalt der Aufforderung in dem Moment absurd wird, in dem ich ihr tatsächlich folge, denn Spontaneität definiert sich vor allem aus dem Fehlen einer bewussten und absichtlichen Zielgerichtetheit, was mit einem Vorgang der Art „Ich soll spontan sein, also verhalte ich mich auch so" nicht mehr zu verwirklichen ist.

Ein besonderes Beispiel aus der Gruppe der paradoxen Handlungsaufforderungen, welches WATZLAWICK gerne verwendet, stellt die Geschichte vom Dorfbarbier dar, die im besonderen Maße zur Erläuterung des Konzepts geeignet ist:

Der Barbier eines Dorfes rasiert alle Männer, die sich nicht selbst rasieren, was zur erschöpfenden Aufteilung der Dorfbewohner in Selbstrasierer und Nichtselbstrasierer führt.

In dieser Aussage führt nun der Versuch, den Barbier selbst einer Gruppe (Selbstrasierer oder Nichtselbstrasierer) zuzuordnen, geradewegs in eine Paradoxie mit der Aussage, dass der Barbier vom logischen Standpunkt aus betrachtet nicht existieren kann (vgl. WATZLAWICK, 1969, S. 178).

11.5.2 Doppelbindung (Doublebind)

Die Wirkungen von Paradoxien in der menschlichen Interaktion und Kommunikation werden in der Doppelbindungstheorie beschrieben. Begriffe wie Doublebind, Zwickmühle oder Doppelbotschaften werden ebenfalls dafür verwendet. Es geht hierbei darum, dass eine Person einer anderen Person zwei unterschiedliche Botschaften, meist paradoxer Art, gleichzeitig übermittelt – und dass dies der empfangenden Person nicht guttut.

In der Regel wird die eine Botschaft verbal und die andere Botschaft nonverbal übermittelt. Jemand sagt etwas Nettes zu Ihnen und gleichzeitig scheint die Körperhaltung oder die Mimik etwas anderes ausdrücken zu wollen.

Eine Mutter nimmt ihr Kind in den Arm und sagt zu ihm, dass sie es sehr lieb habe, die Art der Umarmung lässt jedoch Ablehnung spüren.

Der Theorie zufolge läuft dieser Vorgang eher unbewusst ab, d. h., die sendende Person hat ein inneres Kuddelmuddel und äußert sich, bevor ihr selbst wirklich klar ist, was sie eigentlich ausdrücken möchte – zwei Nachrichten werden gesendet. Der Empfänger erkennt die doppelte Botschaft nicht problemlos und kann somit keine klärenden Fragen stellen.

Die Doppelbindungstheorie beschreibt die lähmende, weil doppelte Bindung eines Menschen an paradoxe Botschaften oder Signale und deren Auswirkungen. Die Signale können den Inhalt der gesprochenen Worte betreffen oder Tonfall, Gesten und Handlungen sein. So können die Mitteilungen in einer Kommunikation ausdrücklich formuliert, „explizit", oder indirekt hineingelegt, „implizit", enthalten, aber nicht direkt ausgesprochen sein. Gerade die impliziten Inhalte werden durch die nonverbalen Botschaften übertragen. Stimmen die Botschaften miteinander überein, wird von einer „kongruenten" Mitteilung gesprochen. Beherbergen sie Unvereinbarkeiten bzw. Widersprüche, sprechen wir von einer Doppelbindung.

Vor allem der Empfänger dieser Botschaften kann schnell in eine Art Zwickmühle geraten, da er nicht genau weiß, welche Botschaft er nun ernst nehmen soll.

Beispiel: Man fragt nach dem Befinden. Der Angesprochene sagt, es ginge ihm ausgesprochen gut, doch die Mimik lässt eher den Schluss zu: „Lass mich in Ruhe, mir geht es gar nicht gut!" Der Empfänger weiß nun nicht, ob er der verbalen oder der nonverbalen Botschaft Glauben schenken soll.

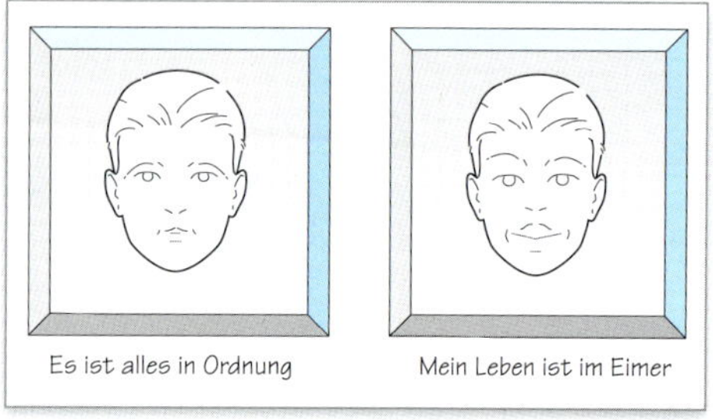

Obwohl auf die Frage „Ist irgendwas los mit Ihnen?" geantwortet wird: „Es ist alles in Ordnung", widersprechen Tonfall und Mimik dieser Aussage.

Das Problem besteht nun darin, dass die empfangende Person nicht entscheiden kann, welche der widersprüchlichen Aussagen sie als die gültige annehmen soll. Nimmt sie den gesprochenen Satz für bare Münze und vernachlässigt die leidende Mimik, könnte es die andere Person übelnehmen – im anderen Fall jedoch auch. Der Empfänger muss also zwischen zwei gleichwertigen, unbefriedigenden Alternativen entscheiden – er befindet sich in einer „Zwickmühle".

Paradoxe Kommunikationsmuster können vor allem in abhängigen Beziehungen zum Problem werden. Hier besteht eine Gefahr vor allem in der Beziehung zwischen Kindern und Eltern. Kinder sind von ihren Eltern existenziell abhängig. Werden sie nun diesen doppelsinnigen Botschaften ständig ausgesetzt, reagieren sie – verständlicherweise – mit Unsicherheit auf die eigene Beziehung zu den Eltern, und misstrauen ihrer Wahrnehmung. Sie sind sich der elterlichen Liebe nicht sicher, sie „dürfen" aber diese Unsicherheit nicht aussprechen. Auf diese Weise kann „Doublebind" krank machen, vor allem, wenn man ständig diesem paradoxen Kommunikationsmuster ausgesetzt wird. Der Empfänger dieser doppelsinnigen Botschaften ist doppelseitig gebunden. Er ist verwirrt und sieht sich nicht in der Lage, aus seiner Zwickmühle auszubrechen.

Doppelbindung ist aber nicht nur eine paradoxe Form der Nachrichtenübermittlung. Auch Wünsche und Aufforderungen können widersprüchlich formuliert werden. So zum Beispiel die Aufforderung:

„Du könntest mich mal wieder mit Blumen, Schmuck, Restaurantbesuch etc. überraschen."

Der Widerspruch hier besteht in der Aufforderung selbst. Wenn man die Blumen, den Schmuck oder den Restaurantbesuch erwartet, dann ist es schließlich keine Überraschung mehr.

In der Psychotherapie, der Pädagogik oder in der Sozialpsychologie spielt der Begriff Doppelbindung auch heute noch eine große Rolle, wenn es um den Erwerb emotionaler Reaktionen in der Eltern-Kind-Beziehung geht.

Doppelbindung in der Erziehung

Kinder sind solchen paradoxen Kommunikationen häufiger ausgesetzt.

Zum Beispiel dann, wenn Eltern ihre Kinder schlagen und gleichzeitig sagen, dass dies nur zu ihrem Besten geschieht und dass sie es lieben.

Stierlin, ein bekannter Psychiater und Familientherapeut, beschreibt solche Bindungsprozesse als Sonderfall allgemeinerer Bindungsformen. Die Doppelbindung ist vor allem eine Bindung auf kognitiver Ebene und besteht in einer Eltern-Kind-Beziehung vor allem darin, dass die Eltern dem Kind die eigenen Definitionen seiner Empfindungen und Bedürfnisse aufzwingen. Die Doublebind-typische Verunsicherung folgt dann vor allem aus der „Zurückhaltung von Bedeutung". Die bindende Person verhält sich so uneindeutig oder schweigt gar, sodass die anderen verunsichert werden, – denn gleichgültig welche Bedeutung sie nun hineinlesen, es kann und wird meist als falsch abgelehnt werden.

Hier sehen wir schon, dass solche Widersprüche einen großen Einfluss auf die emotionale Befindlichkeit haben können, denn sie treffen den Kern von Beziehungen und das Selbstverständnis der Beteiligten. Dies schafft gerade bei Kindern erhebliche Verwirrung und kann verstörend wirken, insbesondere dann, wenn folgende Bedingungen auf diese paradoxen Botschaften zutreffen:

1. Sie herrschen in einem Abhängigkeitsverhältnis zwischen Kind und Eltern vor,
2. das abhängige Kind kann sich nicht durch Flucht aus der Situation befreien und
3. auch die widersprüchliche Kommunikation kann nicht durch Meta-Kommunikation gelöst werden.

Wenn diese Bedingungen vorherrschen, begünstigen dies sogar nach Auffassung einiger Anthropologen um Gregory Bateson die Entstehung schizophrener Erkrankungen.

11.6 Grundregeln für die Verschlüsselung und Entschlüsselung einer Nachricht – das Modell von F. Schulz von Thun

Friedemann Schulz von Thun

Friedemann Schulz von Thun, Professor für Psychologie aus Hamburg, hat die Erkenntnisse von Paul Watzlawick erweitert.

Bei der Analyse zahlreicher Gespräche entdeckten er und seine Mitarbeiter, dass ein und dieselbe Nachricht stets mindestens vier Botschaften gleichzeitig enthält.

Eine Nachricht lautet zum Beispiel: „Sie haben aber komische pädagogische Ansichten."

- Was steckt alles drin in dieser Nachricht?
- Was hat der Sender bewusst oder unbewusst alles hineingesteckt?
- Was kann der Empfänger ihr entnehmen?

Da ist zunächst einmal ein **Sachinhalt** (Worüber ich informiere). Die Nachricht enthält eine Sachinformation, sie enthält Informationen über die mitzuteilenden Geschehnisse und Dinge: „Es geht hier um pädagogische Ansichten".

Des Weiteren sagt die Person über die Sache hinaus auch etwas über sich selbst: **Selbstoffenbarung oder Selbstkundgabe** (Was ich von mir selbst mitteile). Darin steckt eine gewollte Selbstdarstellung und auch eine unfreiwillige Selbstenthüllung: „Ich habe da ganz andere Ansichten".

Aus der Nachricht geht auch hervor, wie der Sender zum Empfänger steht, was er von ihm hält. Oft zeigt sich dies in nonverbalen Begleitsignalen. Eine Nachricht senden heißt immer, zu dem Angesprochenen eine bestimmte Art von Beziehung auszudrücken: Das ist die **Beziehungsseite** einer Nachricht (Was ich von dir halte und wie wir zueinander stehen).

„Genau genommen sind auf der Beziehungsseite der Nachricht zwei Arten von Botschaften versammelt. Zum einen solche, aus denen hervorgeht, was der Sender vom Empfänger hält, wie er ihn sieht … Zum anderen enthält die Beziehungsseite aber auch eine Botschaft darüber, wie der Sender die Beziehung zwischen sich und dem Empfänger sieht (so stehen wir zueinander)." (Schulz von Thun, 1995)

In unserem Beispiel lautet die Beziehungsbotschaft etwa: „Ich bin Ihnen gegenüber skeptisch eingestellt".

Zu guter Letzt stellt Schulz von Thun fest, dass kaum etwas „nur einfach so" gesagt wird; fast alle Nachrichten haben auch die Funktion, auf den Empfänger Einfluss zu nehmen: Die **Appellseite** (wozu ich dich veranlassen möchte): „Bitte erklären Sie mir Ihre Ansichten doch genauer!"

Wir können also zusammenfassend festhalten: Ein und dieselbe Nachricht enthält viele Botschaften. Ob der Sender will oder nicht, er sendet immer gleichzeitig auf allen vier Seiten. Diese Vielfalt an Botschaften lässt sich mithilfe des Kommunikationsquadrats nach Schulz von Thun ordnen:

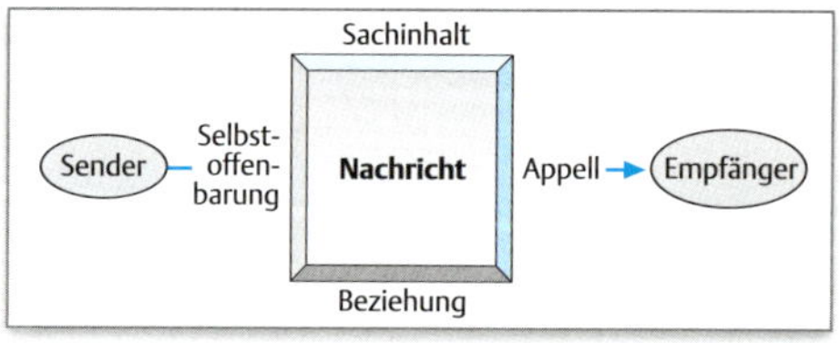

Die vier Seiten einer Nachricht – ein psychologisches Modell der zwischenmenschlichen Kommunikation nach F. Schulz von Thun

Versuchen Sie, die folgenden Nachrichten mit dem Vier-Seiten-Modell zu analysieren.

- Ein Lehrer geht den Flur entlang, um in seiner Klasse Unterricht zu halten. Da kommt ihm die sechzehnjährige Angela entgegen und sagt aufgebracht: „Herr Entmann, der Tilmann hat sein Pädagogik-Buch einfach in die Ecke gepfeffert."
- Die Erzieherin kommt in den Gruppenraum und sagt zur Vorpraktikantin: „Da liegen immer noch die Puzzleteile auf dem Boden herum."
- Die Erzieherin sagt zu einem Kind: „Da hast du dir ja eine tolle Räuberhöhle gebaut."
- Eine Lehrerin schaut sich den Aushang an der Pinnwand ihrer Kollegin an und sagt zu ihr: „Du könntest dir mal wieder was Neues einfallen lassen."

Auch auf „nicht verbale Nachrichten“ lässt sich das Modell von SCHULZ VON THUN anwenden.

Normalerweise ist es uns im Alltag leichter möglich, die Nachrichten richtig zu entschlüsseln, weil wir zusätzlich zum gesprochenen Wort wichtige Begleitinformationen erhalten. Diese Begleitinformationen haben wir bereits teilweise im Kapitel Körpersprache kennengelernt. An dieser Stelle erweitern wir nur noch ein wenig den Blickwinkel auf die sogenannten **paraverbalen Signale**. Dazu zählen die Art der Formulierung und natürlich der Tonfall.

Insgesamt spricht man in der Kommunikationspsychologie von der Qualifizierung der Botschaft auf viererlei Weise:

- *Qualifizierung durch den Kontext*: Wenn eine Erzieherin angesichts eines eingestürzten Holzklötzchenturms zum Kind sagt: „Du bist aber ein großartiger Baumeister!“, dann qualifiziert der Kontext das Gesagte in ironischer Weise.
- *Qualifizierung durch die Art der Formulierung*: Die Art und Weise, wie jemand einen Sachverhalt formuliert, qualifiziert das Gesagte: Die Lehrerin, die nach einem Krankheitstag wegen einer Magenverstimmung wieder in der Schule erscheint und gefragt wird, wie es ihr geht, sagt: „Ich bin todkrank!“ Die übertreibende Formulierung qualifiziert den Inhalt der Aussage als Widerspruch.
- *Die Qualifizierung durch die Körperbewegung*: Die Bedeutung der Körpersprache haben wir zu Beginn dieses Lernfelds ausführlich beschrieben. Hier noch ein Beispiel von SCHULZ VON THUN aus dem Bereich der Mimik und Gestik, das widersprüchliche also **inkongruente Botschaften** beinhaltet.

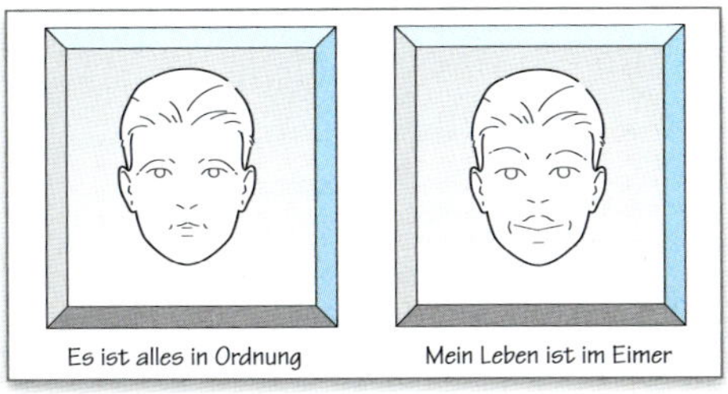

Aufgabe: Interpretieren Sie die beiden Bilder!

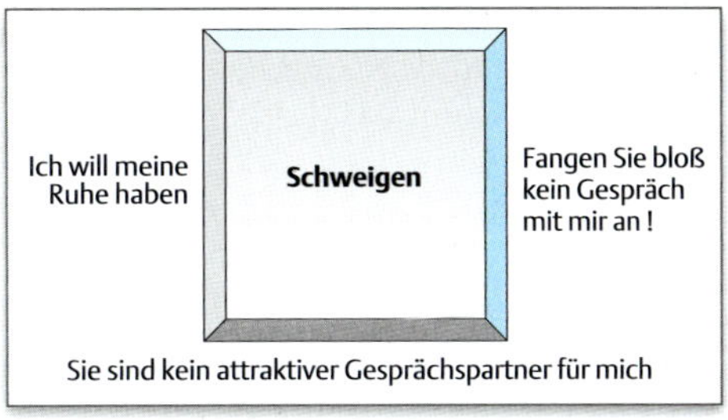

Sie erinnern sich sicher noch an das 1. Axiom: Man kann nicht nicht kommunizieren. Jedes Verhalten hat Mitteilungscharakter. Dies lässt sich auch mit dem Vier-Seiten-Modell grafisch ausdrücken:

- *Die Qualifizierung durch den Tonfall*: „Das hast du ja wieder ganz prima hingekriegt“, sagt die Mutter zum Kind, das soeben versehentlich eine Blumenvase vom Fensterbrett heruntergestoßen hat. Die eigentlich echte Botschaft (die Verärgerung) ist hier auch dem Tonfall zu entnehmen.

Die Entschlüsselung von Nachrichten (Decodierung)

Betrachten wir das Kommunikationsquadrat aus der Sicht des Empfängers. Je nachdem, auf welche Seite er besonders hört, ist seine Empfangstätigkeit unterschiedlich:

Den *Sachinhalt* versucht er zu verstehen. Sobald er die Nachricht auf die *Selbstoffenbarungsseite* hin „abklopft“, ist er personaldiagnostisch tätig: „Was ist das für eine(r)?“ bzw. „Was ist im Augenblick los mit ihm / ihr?“

Durch die *Beziehungsseite* ist der Empfänger persönlich besonders betroffen: „Wie steht der Sender zu mir, was hält er von mir, wen glaubt er vor sich zu haben, wie fühle ich mich behandelt?“

Der Empfänger ist mit seinen zwei Ohren eigentlich biologisch schlecht ausgerüstet: Psychologisch betrachtet, braucht er „vier Ohren“ – ein Ohr für jede Seite.

Die Auswertung der *Appellseite* schließlich geschieht unter der Fragestellung „Wo will er mich hinhaben?“ bzw. im Hinblick auf die Informationsnutzung. „Was sollte ich am besten tun, nachdem ich dies nun weiß?“

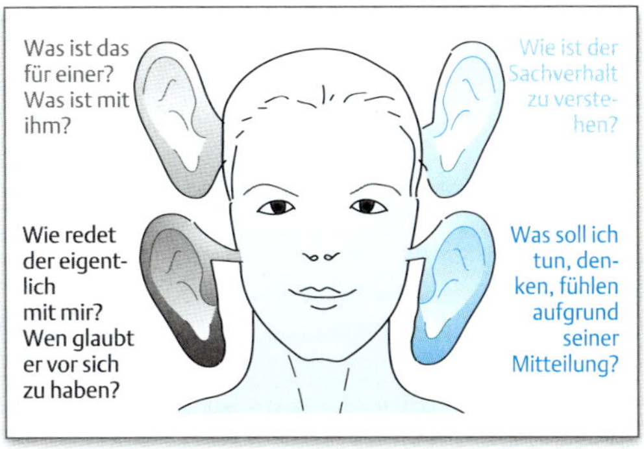

Je nachdem, welches seiner vier Ohren der Empfänger gerade vorrangig auf Empfang geschaltet hat, nimmt das Gespräch einen sehr unterschiedlichen Verlauf. Oft ist dem Empfänger gar nicht bewusst, dass er einige seiner Ohren abgeschaltet hat und dadurch die Weichen für das zwischenmenschliche Geschehen stellt. Was also die zwischenmenschliche Kommunikation so schwierig macht, ist:

„Der Empfänger hat grundsätzlich die freie Auswahl, auf welcher Seite er reagieren will."

Diese freie Auswahl des Empfängers führt zu manchen Störungen – etwa dann, wenn der Empfänger auf eine Seite Bezug nimmt, auf die der Sender das Gewicht nicht legen wollte, oder wenn der Empfänger überwiegend nur mit einem Ohr hört und damit taub ist (oder sich taub stellt) für alle Botschaften, die sonst noch ankommen. Die ausgewogene „Vierohrigkeit" sollte zur kommunikationspsychologischen Grundausrüstung des Empfängers gehören. Von Situation zu Situation ist dann zu entscheiden, auf welche Seite(n) zu reagieren ist.

Ein Alltagsbeispiel für verschiedene Empfangsgewohnheiten aus SCHULZ VON THUNS Buch:

„Der Vater kommt gereizt nach Hause, sieht Spielzeug herumliegen und schnauzt sein Kind an: „Was ist das hier für ein Saustall, und der Dreck hier – was bist du für ein Schmierfink!"

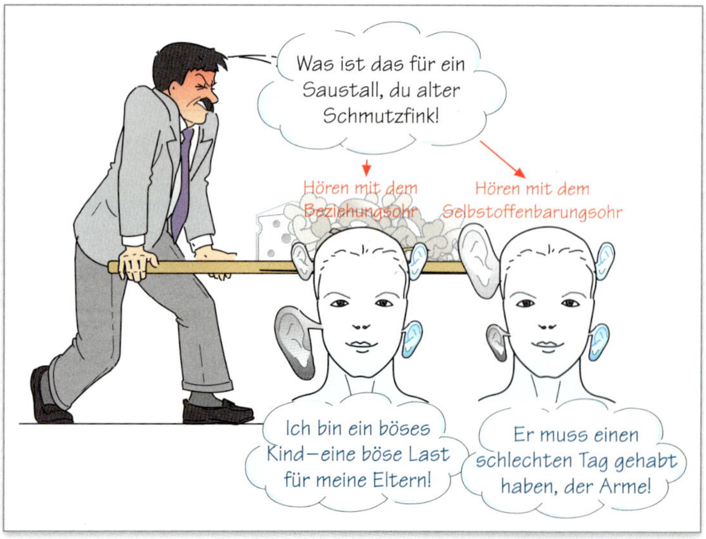

Kinder im Kindergartenalter werden diese Nachricht eher auf dem Beziehungsohr hören müssen, sich wahrscheinlich schlecht und schuldig fühlen und traurig schlussfolgern: „So einer bin ich also!" (SCHULZ VON THUN, 1995)

Ein Schulkind hat unter Umständen die Fähigkeit, mit dem Selbstoffenbarungsohr zu hören: „Er muss einen schlechten Tag bei der Arbeit gehabt haben, sodass er seine Wut an mir auslässt." Dieses Kind nimmt die Nachricht nicht auf sich, sondern bucht sie auf der Seite des Papas ab: „So einer bist du also."

Bei der Kompliziertheit der zwischenmenschlichen Kommunikation dürfte es nicht verwundern, wenn es zu Missverständnissen kommt. Missverständnisse sind daher das Natürlichste von der Welt, sie ergeben sich fast zwangsläufig schon aus der Quadratur der Nachricht.

Sender und Empfänger sollten daher beim Aufdecken und Besprechen von Missverständnissen nicht davon ausgehen, dass sich eine peinliche Panne ereignet hat, für die man den Nachweis der eigenen Schuldlosigkeit erbringen sollte. Wer „recht hat", ist weder eine entscheidbare noch eine wichtige Frage. Es stimmt eben beides: „Der eine hat dieses gesagt, der andere jenes gehört." (SCHULZ VON THUN, 1989, S. 61)

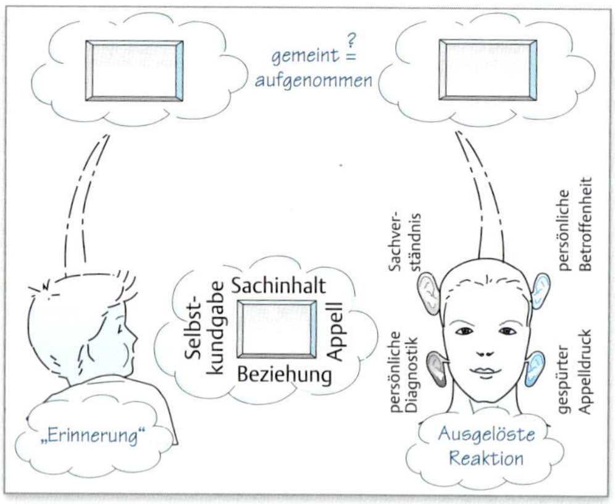

Deshalb ist dann auch ein angemessenes *Feedback* (also eine Rückmeldung) die beste Möglichkeit, Verstehen zu verbessern, allerdings auch auf vier Seiten:

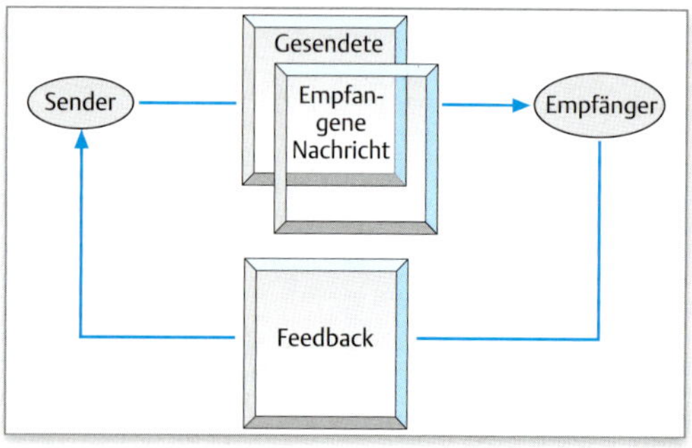

Der Empfänger (= Feedback-Sender) weist auf Sachverhalte hin, gibt etwas von sich selbst kund, nämlich wie er auf die Nachricht reagiert, was er hineinlegt und was sie bei ihm auslöst (*Selbstoffenbarung*). Er drückt aus, wie er zum Sender steht (*Beziehung*) und formuliert auch einen deutlichen *Appell*, etwas zu ändern oder beizubehalten.

AUFGABE

Konkrete Lernübung

Nach den Ausführungen von SCHULZ VON THUN gibt es vier Sendemöglichkeiten und vier Empfangsohren. Teilen Sie sich in zwei Gruppen auf:

a) die Sender-Gruppe,
b) die Empfänger-Gruppe.

zu a) Die Sender-Gruppe baut aus DIN-A3-Tonpapier vier verschiedene Sendertröten zu den Informationen des Textes und beschriftet/gestaltet diese Tröten entsprechend, sodass die Charakteristik eines jeweiligen Senders deutlich wird (arbeitsteilige Gruppenarbeit für die vier Sender).

zu b) Die Empfängergruppe baut aus DIN-A3-Karton vier große Ohren entsprechend den vorhergehenden Informationen und gestaltet diese Ohren so aus, dass die spezifische Empfangscharakteristik deutlich wird (arbeitsteilige Gruppenarbeit für die vier Empfangsohren).

- Der Satz: „Hallo, wie geht es dir?" wird der Charakteristik einer jeweiligen Sendertröte entsprechend (unter Benutzung der Tröte) ausgesprochen.
- Die Sender-Gruppe erklärt die Bedeutung und Charakteristik der vier Sender.

Der Satz: „Hallo, wie geht es dir?" wird an einen Empfänger mit vier Ohren (die gebastelten Ohren werden symbolisch an den Kopf einer Person gehalten) gerichtet. Jedes Ohr erläutert sein spezifisches Verständnis des Satzes.

- Diskutieren Sie das Spektrum von Sende- und Empfangsmöglichkeiten.
- Wählen Sie typische Sätze aus dem erzieherischen Alltag aus und wenden Sie die Übung darauf an.
- Stellen Sie Forderungen für eine gelungene Kommunikation auf.
- Welche Ratschläge würden Sie aufgrund Ihrer bisherigen Diskussion einer Erzieherin/einem Erzieher geben?

11.7 Begegnung mit dem Empfangsresultat

Durch die Erkenntnisse der Kommunikationspsychologie und mit dem Vier-Seiten-Modell von SCHULZ VON THUN haben wir gesehen, dass die empfangene Nachricht auch ein „Machwerk" des Empfängers ist. Erst recht gilt dies für seine innere Reaktion auf die empfangene Nachricht.

Als Sender wissen wir nicht sicher, wie das, was wir von uns geben, ankommt, also was wir beim Empfänger bewirken. Wie der Empfänger, je nach eigener Verfassung, die Nachricht verarbeitet.

SCHULZ VON THUN spricht in diesem Zusammenhang von einer **„psycho-chemischen Reaktion"**.

Das, was die Nachricht „anrichtet", richtet der Empfänger also teilweise selbst an. Die innere Reaktion auf eine Nachricht erweist sich hier als ein Produkt der Wechselwirkung zwischen der gesendeten Nachricht und dem psychischen Boden, auf den diese Nachricht beim Empfänger fällt. Wie in der Chemie, wo es Stoffe gibt, die für sich genommen harmlos sind, aber wenn sie zusammentreffen, zu einer hochexplosiven Verbindung werden. So können wir uns das für die Vorgänge in der Kommunikation vorstellen: Was die Nachricht „anrichtet", ist eine Art psycho-chemischer Reaktion, die entsteht, wenn zwei „Stoffe" zusammenkommen.

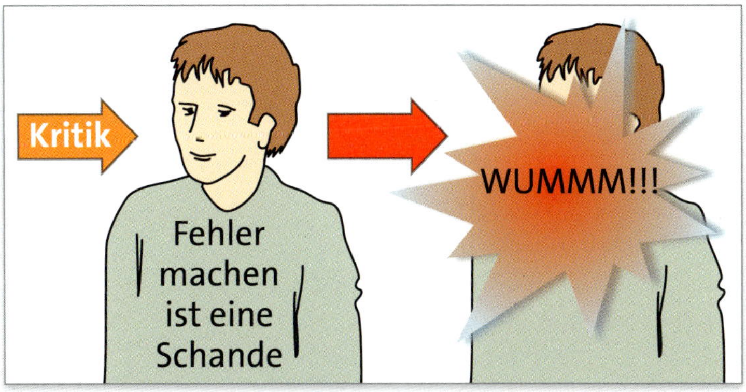

Beispiel für eine „psycho-chemische Reaktion" in der Innenwelt des Empfängers (vgl. SCHULZ VON THUN, 1981, S. 70)

Wenn ein Empfänger kritisiert wird, der sehr stark von der Überzeugung durchdrungen ist, dass es schlimm und selbstwertschädigend ist, Fehler zu machen, dann wird Verwundung und eventuell Aggression als psycho-chemische Reaktion auftreten, er wird „explodieren".

Trifft dieselbe Kritik auf einen Empfänger, der es sich zugesteht, Fehler zu machen und darin keine Selbstwert-Einbuße erlebt, kann die Reaktion harmloser und auch freundlicher ausfallen.

Dies hat viel mit inneren Überzeugungen zu tun, die wir im Laufe unseres Lebens aufbauen, meist durch die Reaktionen enger Bezugspersonen auf unser Verhalten.

Wenn derartige Sätze wie „Fehler machen ist eine Schande" „in uns" sind, bestimmen sie in starkem Maße auch unsere gefühlsmäßigen Reaktionen auf das, was uns widerfährt.

Verborgene Schlüsselreize

Manchmal reagiert ein Empfänger überraschend und unverständlich – für den Sender und zuweilen auch für sich selbst. Was ist passiert? Es hat eine „psycho-chemische" Reaktion stattgefunden mit einem Bestandteil der Nachricht, die der Sender in seiner eigenen Botschaft gar nicht vermutet hätte oder auf die er das Hauptgewicht gar nicht legen wollte.

Ein Beispiel gibt Schulz von Thun aus seiner eigenen Jugend:

„Ich erinnere mich an einen kleinen Vorfall in meiner Familie, als ich noch halbwüchsig war. Mein Onkel bot mir eine Zigarette an. Ich war Nichtraucher aus Überzeugung. Bevor ich auf dieses Angebot reagieren konnte, griff meine Mutter ein mit den Worten (an meinen Onkel gewandt): ‚Nein, bitte nicht! Wir sind so froh, dass er nicht raucht!' Ich fühlte mich wütend und irgendwie gedemütigt, ohne mir selber meine Reaktion erklären zu können. Ich war doch selbst der Meinung meiner Mutter, wollte nicht rauchen und das Angebot ablehnen. Da mir mein Gefühl nicht ‚logisch' vorkam, habe ich mich gehütet, es auszusprechen. Aus heutiger Sicht ist mir natürlich klar, dass eine kleine Begleitbotschaft auf der Beziehungsseite zum „Schlüsselreiz" für meine Reaktion geworden war, nämlich die Beziehungsbotschaft: ‚Ohne meine Hilfe wirst du dich gegen die verführerische Welt nicht wehren können!' Mit ihrer gut gemeinten Intervention nahm sie mir ein Stück Autonomie." (Schulz von Thun, 1981, S.71)

Untersuchungen zu jugendlichen Gewalthandlungen legen nahe, dass scheinbar „unmotivierte" Aggressionen von Jugendlichen gegenüber „friedlichen Bürgern" oft durch kleine Signale ausgelöst werden. So ist dem Buch von J. Krausslach u.a. „Aggressive Jugendliche" zu entnehmen, dass Kopf- oder Handbewegungen oder ein kurzer „abfälliger" Blick von den Jugendlichen als Beleidigung empfangen werden (S.110): „Gestik und Mimik des Bürgers sind Signale, die die Jugendlichen im wahrsten Sinne ‚explodieren' lassen. Sie sind der Funke, der den Aggressionskreis schließt." – Manchmal reicht bereits die Kleidung des „feinen Pinkels", um Minderwertigkeitsgefühle wachzurufen, die in aggressive Handlungen münden.

Aggressivität wird hierbei nicht als individuelle Eigenschaft den Menschen zugeschrieben, sondern als ein Ergebnis einer zwischenmenschlichen Interaktion.

Drei Empfangsvorgänge auseinanderhalten

Aus diesem Beispiel lassen sich kommunikationspsychologisch drei verschiedene Vorgänge unterscheiden, aus denen sich die innere Reaktion des Empfängers einer Nachricht aufbaut:

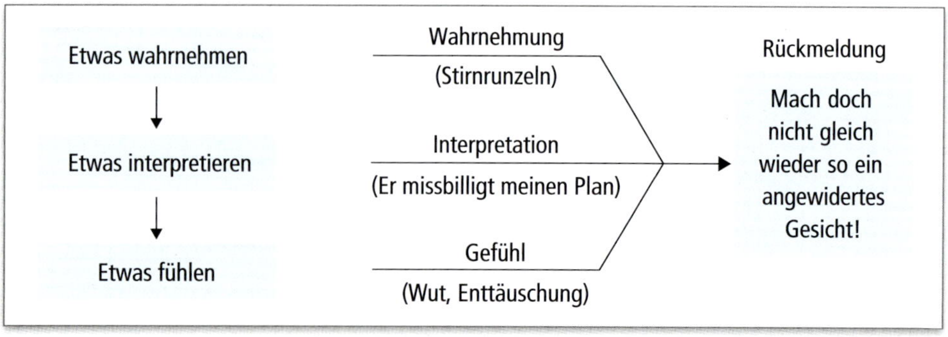

Ihre Rückmeldung ist ein Verschmelzungsprodukt aus Wahrnehmung, Interpretation und eigenem Gefühl (in Anlehnung an: Schulz von Thun, 1981)

Wahrnehmen heißt: etwas sehen (z. B. einen Blick) oder hören (z. B. die Frage: Warum schaust du mich so an?

Interpretieren heißt: das Wahrgenommene mit einer Bedeutung versehen – z. B. den Blick als ‚abfällig' deuten oder die Frage nach dem Anschauen als Kritik.

Diese Interpretation kann richtig oder falsch sein.

Wohlgemerkt, man kann Interpretationen nicht vermeiden. Dies ist auch nicht wünschenswert, denn erst die eigene Interpretation eröffnet die Chance, das „Eigentliche" zu verstehen. Vielmehr geht es um das Bewusstsein, dass es sich um eine Interpretation handelt – und daher richtig oder falsch sein kann!

Fühlen heißt, auf das Wahrgenommene und Interpretierte mit einem eigenen Gefühl zu antworten, wobei die eigene seelische Verfassung mit darüber entscheidet, was für ein Gefühl ausgelöst wird (z. B. Wut angesichts des „abfälligen Blickes"). Dieses Gefühl ist nicht richtig oder falsch, sondern eine Tatsache.

In der Regel sind wir wenig geübt, diese drei Vorgänge in uns zu unterscheiden und auseinanderzuhalten: Sie verschmelzen zu einem Kuddelmuddel-Produkt.
Beispiel: Eine Frau berichtet ihrem Mann über eigene Pläne. Als er die Stirn ein wenig runzelt, versetzt sie erzürnt: „Nun mach doch nicht gleich wieder so ein angewidertes Gesicht!"

Es ist wichtig, diese inneren Vorgänge zu sortieren, damit der Empfänger sich darüber im Klaren ist, dass *seine* Reaktion immer *seine* Reaktion ist – mit starken eigenen Anteilen. Somit kann er diese eigenen Anteile gegebenenfalls überprüfen. Dazu noch einmal SCHULZ VON THUN, 1981, S. 74:

ich sehe, wie du die Stirn runzelst

↓

ich vermute, es passt dir nicht, was ich vorhabe und

↓

ich bin enttäuscht und ärgerlich, weil ich Unterstützung erhofft hatte

> „[...] ‚Du runzelst die Stirn – passt dir das nicht, was ich vorhabe?'
> Jetzt kann er bestätigen (‚Ja, mir kommen diese und jene Bedenken ...') oder korrigieren (‚Doch, doch – mir fiel nur gerade ein, dass wir dazu das Auto brauchen und ich noch keinen Inspektionstermin habe.') – oder auch bei sich nachschauen (‚Das Stirnrunzeln war mir gar nicht bewusst – ja, vielleicht bin ich etwas enttäuscht, dass du mir nicht vorher ...').
> Ich halte es für eine ausgezeichnete Übung, den ‚inneren Dreierschritt' öfter einmal zu vollziehen."

Man kann zu der Einschätzung gelangen, dass die innere Klarheit die wesentliche Voraussetzung für die zwischenmenschliche Kommunikation ist. Dazu ist es ein wichtiger Schritt, herauszufinden, was ich anderen mitteilen will. In der persönlichen zwischenmenschlichen Kommunikation geht es dabei oft um Informationen über die eigene Person, nur haben wir häufig Mühe damit, klarzukriegen *welche Informationen wir über uns selbst überhaupt haben.*

11.8 Feedback, eine goldene Regel der Verständigung

Wenn ich in einer sozialen Interaktion und Kommunikation zurückmelde, was ich von der Nachricht verstanden habe, so ist das eine Art Rückmeldung des Empfangsergebnisses. Wenn diese Rückmeldung nicht nur über das Empfangsergebnis Auskunft gibt, sondern auch noch eine Information darüber enthält, welche Wirkung der Sender auf den Empfänger hat, nennen wir diesen Vorgang **Feedback** bekommen. Und das ist ein Vorgang, den Sie in Ihrem Alltag als Sender ständig erleben. Andere Menschen teilen Ihnen mit, dass sie

- Ihre Äußerungen nicht verstanden haben: „Wie meinst du das?"
- nicht einverstanden sind mit dem, was Sie tun: „Hör bloß auf damit!"
- Ihr Verhalten positiv bewerten: „Das hast du gut gemacht!"

Aus diesen Informationen können Sie ersehen, inwieweit die Auswirkung Ihres Verhaltens

Ihren Absichten entspricht. Feedback kann also für Sie ein Kontrollinstrument im sozialen Bereich sein. Sie prüfen, ob etwas auch „so ankommt", wie Sie es beabsichtigt haben. LUTZ SCHWÄBISCH und MARTIN SIEMS beschreiben in ihrem Buch „Anleitung zum sozialen Lernen" den Feedback-Vorgang in seiner grundlegenden Bedeutung sehr anschaulich:

„Wenn Sie also im Umgang mit einem Freund erleben, dass Ihre Vorträge ihn langweilen, so können Sie sich entscheiden, ob Sie dieses Verhalten aufgeben oder ändern wollen. Sie können ferner nachfragen und gemeinsam herausfinden, woran es liegt, dass Sie mit Ihrem Gesprächsbeitrag eine solche unliebsame Wirkung erzielen. Haben Sie sich zu oft wiederholt? Interessiert Ihren Freund das Thema nicht? Beschäftigt er sich gerade mit einem anderen brennenden Problem?

Feedback gibt Ihnen die Möglichkeit, in einer Beziehung ‚Störungen' herauszufinden, die durch Ihr Verhalten ausgelöst werden. Sie bekommen dadurch Informationen, die für die Entwicklung der Beziehung und für die Entwicklung Ihrer Persönlichkeit wichtig und hilfreich sein können.

Stellen Sie sich vor, Sie erleben es häufiger, dass Menschen sich von Ihnen abwenden und desinteressiert scheinen, wenn Sie zu reden beginnen. Stellen Sie sich weiter vor, dass der Grund dafür Ihre ständigen Wiederholungen sind. Nur ein *offenes Feedback* kann Ihnen solche Informationen geben. Wenn Ihnen keiner die Wirkung Ihres Verhaltens auf sich mitteilt, beziehen Sie die Reaktionen der anderen vielleicht auf Ihr Aussehen, Ihre mangelnden Kenntnisse, oder Sie interpretieren diese Reaktionen nur als ‚die anderen mögen mich nicht'. Sie haben ohne offenes, *konkretes Feedback* keine Möglichkeit, Ihre sozialen Erfahrungen realitätsgerecht zu verarbeiten.

Feedback hilft uns, uns selbst und die Umwelt realistisch wahrzunehmen. Ob das Feedback hilfreich ist oder schadet, hängt aber von der sprachlichen Form ab, von der Art und Weise, wie wir es ausdrücken."

Im Umgang mit anderen Menschen erfolgt das Feedback meist in einer indirekten Form. Sozialpartner sagen nicht: ‚Das, was du tust, macht mich ärgerlich', sondern sie werden ärgerlich und verhalten sich so, wie ärgerliche Menschen sich verhalten (*indirekter Ausdruck von Gefühlen durch das Verhalten*). Uns bleibt es nun überlassen, ihre indirekte Mitteilung zu übersetzen und herauszufinden, dass sie ärgerlich sind, warum sie ärgerlich sind und ob und wie wir diesen Ärger vermeiden können. Die Missverständnisse in einem solchen Prozess der Kommunikation sind vielfältig:

- Wir interpretieren das Gefühl des anderen falsch. Sie sind vielleicht nicht ärgerlich, sondern traurig oder verletzt.
- Wir beziehen die Reaktionen der anderen auf unser Verhalten, obwohl das in keinem Zusammenhang mit ihren Gefühlen steht. Ein anderer Mensch ist vielleicht gar nicht ärgerlich unseretwegen, sondern wegen eines Erlebnisses mit seinem Chef bei der Arbeit.
- Wir beziehen die Reaktionen der anderen auf bestimmte unserer Verhaltensweisen, die diese Reaktionen gar nicht ausgelöst haben. Ein anderer Mensch ist nicht deswegen ärgerlich, weil wir Behauptungen aufstellen, die er für unvernünftig hält (unsere Interpretation), sondern vielleicht, weil wir so viel reden und ihn nicht zu Wort kommen lassen." (SCHWÄBISCH, SIEMS, 1988, S. 65)

Im nächsten Abschnitt werden wir sehen, wie die Formulierung der Botschaft als „Ich-Botschaft" den Prozess des Feedbacks günstig gestalten hilft.

AUFGABE

Konkrete Lernübung

„Heißer Stuhl" in der Klasse

Wir sitzen im Kreis und ein Stuhl steht in der Mitte.

Eine Mitschülerin setzt sich auf den Stuhl in der Mitte und bittet um Feedback von 2 oder 3 Mitschülerinnen.

Die Feedbackgeber beginnen ihre Rückmeldung an die Schülerin auf dem heißen Stuhl mit:

- „Was mir an dir gefällt ...",
- „Was mich an dir stört ...",

oder ähnlichen Formulierungen.

Andere Schülerinnen können per Handzeichen, wenn der Feedback-Empfänger einverstanden ist, noch etwas hinzufügen.

Die Schülerin setzt sich in den Kreis zurück, und die nächste Schülerin setzt sich auf den heißen Stuhl.

Alle Schülerinnen sind aufgefordert. Es gibt bis zum Ende der Übung keine Erklärungen, keine Diskussionen, keine Nebengespräche.

Nachdem alle auf dem heißen Stuhl Feedback bekommen haben, gibt es eine allgemeine Aussprache.

Wichtig
- Wir sind uns zugewandt,
- wir beleidigen nicht,
- wir überlegen, bevor wir sprechen,
- wir halten die Feedback-Regeln ein.

11.8.1 Feedback-Regeln

Feedback besteht aus 2 Komponenten

a) Feedback geben
b) Feedback erhalten

Es gibt 3 Zielsetzungen:

- Ich will den anderen darauf aufmerksam machen, wie ich sein Verhalten erlebe und was es für mich bedeutet (positiv / negativ).
- Ich will den anderen über meine Bedürfnisse und Gefühle informieren, damit er weiß, worauf er besser Rücksicht nehmen könnte. So muss er sich nicht auf Vermutungen stützen.
- Ich will den anderen darüber aufklären, welche Veränderungen in seinem Verhalten mir gegenüber die Zusammenarbeit mit ihm erleichtern würden.

Gutes Feedback bezieht sich immer auf hilfreiche Verhaltensweisen, aber auch auf störende. **Die positiven Wirkungen von Feedback liegen darin, eigene störende Verhaltensweisen zu korrigieren und die Zusammenarbeit effektiver zu gestalten.**

Es ist keine einfache Angelegenheit, Feedback zu geben oder anzunehmen. Es kann manchmal weh tun, peinlich sein, Abwehr auslösen oder neue Schwierigkeiten heraufbeschwören, da niemand leichten Herzens akzeptiert, in seinem Selbstbild korrigiert zu werden.

Feedbackgeber und Feedbacknehmer sollten daher bestimmte Regeln einhalten:

Regeln für den Feedbackgeber

Wichtig! Ihr Feedback muss erwünscht sein.
- Seien Sie konstruktiv, beschreibend, konkret, subjektiv, positiv.
- Werten Sie nicht, sprechen Sie nicht Unabänderliches an.
- Fordern Sie keine Änderungen.
- Seien Sie angemessen, berücksichtigen Sie die Bedürfnisse beteiligter Personen – zwingen Sie niemandem etwas auf.
- Seien Sie klar in Ihren Formulierungen. Geben Sie zeitnah Feedback (keine Rabattmarken kleben!).

Regeln für den Feedbacknehmer

Wichtig! Sie sind in einer passiven Rolle.
- Lassen Sie den anderen ausreden – rechtfertigen Sie sich nicht, verteidigen Sie sich nicht.
- Vergewissern Sie sich, ob Sie alles verstanden haben.
- Seien Sie dankbar für das Feedback, auch wenn es nicht in der richtigen Form gegeben wurde.
- Es hilft Ihnen selbst, sich und Ihre Wirkung auf andere kennenzulernen und dadurch sicherer und kompetenter im Auftreten zu werden.
- Akzeptieren Sie nicht unkritisch und prüfen Sie nach: Haben Sie Ähnliches schon einmal gesagt bekommen, fragen Sie bei anderen Gruppenmitgliedern nach deren Eindrücken, können Sie das Feedback modifizieren, korrigieren, bestätigen?
- Bleiben Sie aber auch sich selbst gegenüber kritisch: Neigen Sie zu Widersprüchen? Neigen sie zu Gegenangriffen? Neigen Sie dazu, misszuverstehen oder falsch zu deuten?

Denken Sie über das gegebene Feedback nach und geben Sie zu einem späteren Zeitpunkt Rückmeldung an Ihren Feedbackgeber.

11.8.2 Verschiedene Botschaften und förderliches Sprachverhalten

Bei Paul Watzlawick und Schulz von Thun haben wir gelernt, dass die Art und Weise, wie man Botschaften verschlüsselt, sehr viel zum erfolgreichen oder erfolglosen Verlauf einer Kommunikation beiträgt. Auch wenn das Ergebnis einer Mitteilung stark vom Empfänger mitbestimmt wird, *kommt es darauf an, wie klar und eindeutig Botschaften formuliert werden.*

In vielen Alltagsgesprächen kommen Bedürfnisse, Wünsche und Gefühle häufig nur verschleiert, verborgen oder geleugnet zum Ausdruck:
- Ein Kind beispielsweise boxt andere Kinder, weil es Kontakt haben möchte.
- Eine Mutter sagt zu ihrer siebzehnjährigen Tochter: „Was ich dazu meine, weißt du ja, aber du kannst ja tun, was du willst!“

- Eltern sagen zu ihrem Kind: „Du brauchst nicht zu lernen, aber die nächsten Ferien kannst du vergessen, wenn deine Noten in der Schule nicht besser werden."

Solche Äußerungen werden als *versteckte Botschaften* bezeichnet. Das Problem für eine gelingende Kommunikation besteht nun aber darin, dass die wahren Empfindungen, Wünsche und Bedürfnisse unklar bleiben. Auch in der indirekten Ausdrucksweise finden wir meist versteckte Botschaften.

- So sagt zum Beispiel die Erzieherin zu einem Kind: „Findest du es gut, dass du dich heute so aufgeführt hast?" Durch eine solche Äußerung werden die eigenen Empfindungen nicht bewusst, das Kind kann sie nur sehr schwer erkennen und wird in eine Verteidigungsposition gebracht. Offen gesprochen müsste die Erzieherin sagen: „Mir hat nicht gefallen, dass ..., weil ..."

Eine Erzieherin, die sagt: „Das tut man nicht!", versteckt darin eine Botschaft. Derjenige, der dies so sagt, versteckt sich hinter einer vielleicht sinnvollen Verhaltensregel, ohne sich dazu zu bekennen, dass er es ist, den etwas stört.

Ein direkter freimütiger Ausdruck von Wünschen, Bedürfnissen und vor allem von Gefühlen würde eine befriedigende Beziehung ermöglichen.

Besonders deutlich wird die Bedeutung *direkter* und *indirekter Botschaften* bei pädagogischen Problemen.

Ähnlich jungen Hunden können Kinder ungestüm und destruktiv, laut und anspruchsvoll sein, und wie auch Eltern bestätigen können, können Kinder Extraarbeit verursachen, einen aufhalten, wenn man in Eile ist, reden, wenn man möchte, dass sie ruhig sind, einen mit Nutella beschmieren, wenn man eine gute Hose anhat, und so weiter.

Eine sinnvolle Methode, mit diesem kindlichen Verhalten fertigzuwerden und dabei die Selbstachtung aller Beteiligten zu bewahren und die gegenseitigen Bedürfnisse zu respektieren, ist der direkte sprachliche Ausdruck von Gefühlen und Bedürfnissen, ohne den anderen zu verletzen. THOMAS GORDON, einer der weltweit erfolgreichsten Autoren pädagogischer Literatur, den wir schon einige Male erwähnt haben, unterscheidet deshalb zwischen sogenannten *„Du-Botschaften" und „Ich-Botschaften"*.

THOMAS GORDON

AUFGABEN

Dazu eine **konkrete Situation** aus der „Familienkonferenz" von TH. GORDON:

1. „Sie sind nach einem langen Arbeitstag sehr müde. Sie haben es nötig, sich eine Weile hinzusetzen und auszuruhen. Diese Zeit würden Sie gerne dazu benutzen, die Abendzeitung zu lesen. Aber Ihr fünfjähriger Sohn bestürmt Sie unaufhörlich, mit ihm zu spielen. Er hört nicht auf, Sie am Arm zu ziehen, klettert auf Ihren Schoß und zerknittert die Zeitung. Mit ihm spielen, ist das Letzte, was Sie tun möchten."
2. „Ihr vierjähriges Kind hat ein paar Töpfe und Pfannen aus dem Regal genommen und beginnt, damit auf dem Fußboden zu spielen. Das stört Sie beim Zubereiten der Mahlzeit für Ihre Gäste. Sie sind bereits spät dran."
3. „Ihr zwölfjähriges Kind kam aus der Schule nach Hause, machte sich selbst ein Brot und hinterließ in der Küche ein Schlachtfeld, nachdem Sie eine Stunde lang geputzt hatten, damit sie sauber sein würde, wenn Sie mit dem Abendbrot anfangen."(GORDON, 1989, S. 68)

Schreiben Sie für alle drei Situationen auf, was Sie zu Ihrem Kind sagen würden.

Wenn Sie dies getan haben, vergleichen Sie Ihre „Lösungen" mit den nun folgenden:

1. Anordnen, Befehlen, Kommandieren
   „Geh und such dir etwas zum Spielen."
   „Hör auf, die Zeitung zu zerknittern."
   „Räum die Töpfe und Pfannen wieder fort."
2. Warnen, Ermahnen, Drohen
   „Wenn du nicht aufhörst, schreie ich."

„Mutter wird böse, wenn du nicht aus dem Weg gehst.“
„Wenn du nicht machst, dass du rauskommst und die Küche wieder in ihren alten Zustand versetzt, wird es dir leid tun.“

3. Zureden, Predigen, Moralisieren
„Stör niemals jemanden beim Lesen.“
„Spiel bitte anderswo.“
„Du musst nicht herumspielen, wenn Mutter es eilig hat.“
„Räum immer auf, wenn du fertig bist.“

4. Raten, Vorschläge machen oder Lösungen geben
„Warum gehst du nicht nach draußen und spielst?“
„Lass mich mal etwas anderes vorschlagen, was du tun könntest.“
„Kannst du die Sachen denn nicht wegräumen, nachdem du sie gebraucht hast?“

Diese Arten von verbalen Erwiderungen teilen dem Kind die Lösung mit, die Sie für es haben – genau das, was es Ihrer Meinung nach tun sollte.

Was ist daran so problematisch, werden Sie vielleicht fragen?

Wenn Sie dem Kind eine Lösung für Ihr Problem vorgeben, dann kann das nach der umfangreichen pädagogischen Erfahrung vieler Fachleute folgende Auswirkungen haben, die Th. Gordon formuliert:

1. Kinder wehren sich dagegen, gesagt zu bekommen, was sie tun sollen. Ihre Lösung mag ihnen auch nicht zusagen. Jedenfalls wehren Kinder sich dagegen, ihr Verhalten ändern zu müssen, wenn ihnen genau gesagt wird, wie sie sich ändern „müssten“, „sollten“ oder dass sie „besser daran täten, sich zu ändern“.

2. Das Senden der Lösung übermittelt auch noch eine andere Botschaft: „Ich traue dir nicht zu, dich für eine Lösung zu entscheiden“ oder „Ich halte dich nicht für feinfühlig genug, einen Weg zu finden, um mir bei meinem Problem zu helfen.“

3. Das Senden der Lösung sagt dem Kind, dass Ihre Bedürfnisse wichtiger als seine sind, dass es genau das tun muss, was es, ungeachtet seiner Bedürfnisse, Ihrer Meinung nach tun sollte. („Du tust etwas für mich Unannehmbares, darum ist die einzige Lösung das, was ich sage.“) (Gordon, 1989, S. 68 f.)

Dies sind alles sogenannte **„Du-Botschaften“**, Äußerungen, in denen über den anderen eine Mitteilung gemacht wird und die sich in schlimmeren Fällen bis zu „herabsetzenden Botschaften“ ausbilden können. Wie zum Beispiel die von Thomas Gordon gesammelten:

1. Urteilen, Kritisieren, Beschuldigen
„Du musstest es besser wissen.“
„Du bist sehr gedankenlos.“
„Du bist sehr ungezogen.“
„Du wirst noch einmal der Nagel zu meinem Sarg sein.“

2. Beschimpfen, Verhöhnen, Beschämen
„Du bist ein verzogenes Gör.“
„Schon gut, Herr Naseweis.“
„Schäm dich.“

3. Interpretieren, Diagnostizieren, Psychoanalysieren
„Du willst nur Aufmerksamkeit erregen.“
„Du willst mich nur auf die Palme bringen.“
„Du siehst nur zu gern, wie weit du es treiben kannst, bevor ich wütend werde.“
„Du willst immer da spielen, wo ich arbeite.“

4. Belehren, Anleiten
„Es gehört sich nicht, jemanden zu unterbrechen.“
„Artige Kinder tun das nicht.“
„Was würdest du sagen, wenn ich das dir antäte?“
„Warum bist du zur Abwechslung nicht einmal artig?“

Das sind alles Herabsetzungen – sie ziehen den Charakter des Kindes in Zweifel, lehnen es als Mensch ab, zerstören seine Selbstachtung, betonen seine Unzulänglichkeiten, fällen ein Urteil über seine Persönlichkeit. Sie geben dem Kind die Schuld.

Welche Wirkungen rufen diese Botschaften wahrscheinlich hervor?

1. „Kinder fühlen sich oft schuldbewusst und voll Reue, wenn sie verurteilt oder beschuldigt werden.
2. Kinder haben das Gefühl, dass der Elternteil nicht fair ist – sie empfinden Ungerechtigkeit: „Ich habe nichts Böses getan“ oder „Ich wollte nicht unartig sein.“
3. Kinder fühlen sich oft ungeliebt, zurückgestoßen: „Sie mag mich nicht, weil ich etwas Böses getan habe.“
4. Kinder reagieren oft sehr widerspenstig auf derartige Botschaften – sie stellen sich auf die Hinterbeine. Das die Eltern störende Verhalten aufzugeben, würde ein Einge-

ständnis der Stichhaltigkeit des elterlichen Vorwurfs oder Urteils sein. Die typische Reaktion eines Kindes würde sein: „Ich störe dich nicht“ oder „Die Töpfe sind niemandem im Weg“.

5. Kinder zahlen oft mit gleicher Münze heim: „Du bist auch nicht immer so ordentlich“ oder „Du bist ständig müde“, „Du bist ein schrecklicher Miesepeter, wenn Besuch kommt“ oder „Warum kann das Haus nicht so sein, dass wir darin leben können?“.
6. Herabsetzungen geben dem Kind das Gefühl der Unzulänglichkeit. Sie reduzieren seine Selbstachtung.“ (GORDON, 1989, S. 69)

Zusammenfassend können wir also festhalten: Zu den Du-Botschaften gehören Mitteilungen, die urteilen, verurteilen, werten, nörgeln, beschimpfen, verhöhnen, beschämen, herabsetzen, demütigen, Lösungen senden, polemisieren, beschuldigen, warnen, ermahnen, drohen, predigen, moralisieren usw.. Sie alle verbergen die eigenen Bedürfnisse, das eigene innere Erleben, fällen ein Urteil über den anderen und bringen ihn in Bedrängnis.

11.9 Von der „Du-Botschaft“ zur „Ich-Botschaft“

Eine Möglichkeit, den Unterschied zwischen unwirksamen und wirksamen Botschaften zu verdeutlichen, ist es, „Du-Botschaften“ in „Ich-Botschaften“ zu verwandeln. Der Erfinder dieser Botschaften, THOMAS GORDON, gibt dafür in seiner „Familienkonferenz“ ein anschauliches Beispiel:

Stellen Sie sich ein Elternteil vor, das müde ist und keine Lust hat, mit seinem vierjährigen Kind zu spielen. Eine unmissverständliche Botschaft für das Müdigkeitsgefühl des Elternteils müsste also eine „Ich-Botschaft“ sein:

- „Ich bin müde“, oder
- „Ich fühle mich jetzt gerade nicht in der Lage zu spielen“ oder
- „Ich möchte mich jetzt erst etwas ausruhen.“

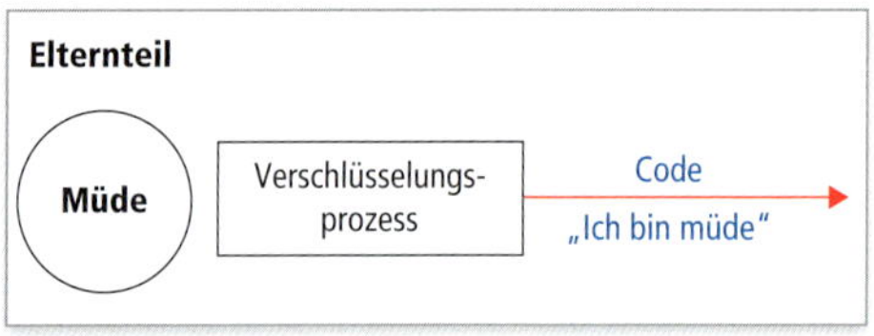

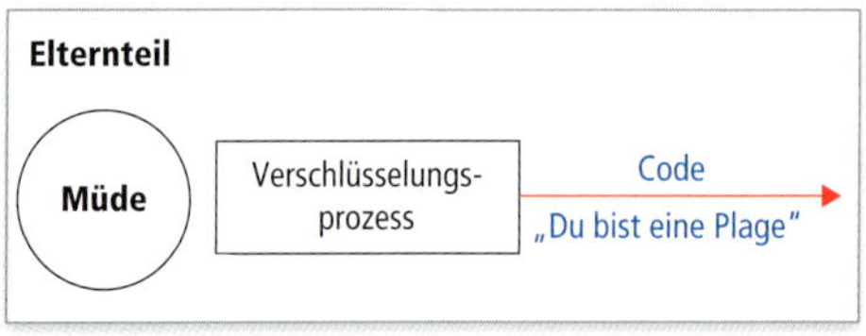

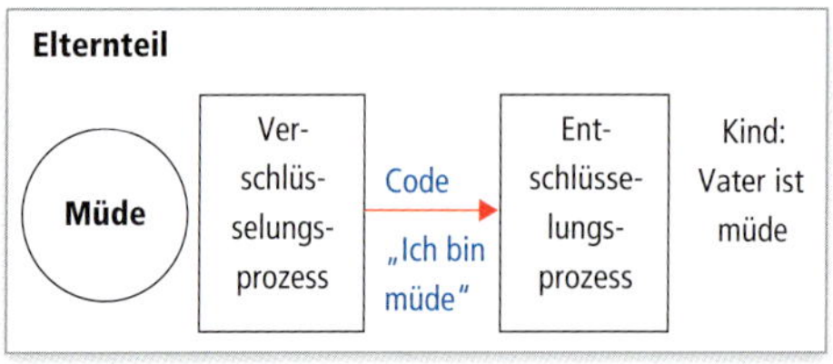

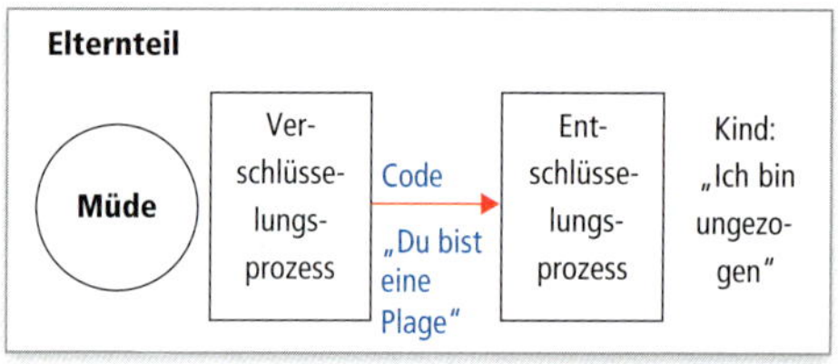

Auf diese Weise lassen sich jetzt auch die vorherigen Beispiele übersetzen:

Du-Botschaft (wird zu →)	Ich-Botschaft
„Du bist ungezogen.“	„Ich kann nicht ausruhen, wenn mir jemand auf den Schoß krabbelt.“
„Du bist eine Plage.“	„Ich bin zu müde, um zu spielen.“
„Räum die Töpfe und Pfannen wieder fort.“	„Ich kann nicht kochen, wenn ich über Töpfe und Pfannen auf dem Fußboden steigen muss.“
„Musst du eigentlich immer dazwischenreden?“	„Ich bin sauer, wenn ich unterbrochen werde.“

Dies wäre dann im Sinne unseres Vier-Seiten-Kommunikationsmodells von SCHULZ VON THUN auch eine Selbstkundgabe, wohingegen die „Du-Botschaft“ auf der Appellseite oder auf der Beziehungsseite der Nachricht sendet.

Diese Botschaft wird vom Kind eher als eine Bewertung seiner selbst entschlüsselt. Wohingegen die erste Botschaft als Feststellung einer geäußerten Tatsache in Bezug auf einen Elternteil verstanden werden kann.

Warum „Ich-Botschaften" wirksamer sind

„Ich-Botschaften" sind wirksamer, um ein Kind zu beeinflussen, ein Verhalten zu modifizieren, das für den Elternteil unannehmbar ist und dessen Modifizierung für das Kind und die Eltern-Kind-Beziehung gesünder ist. Die „Ich-Botschaft" ist viel weniger geeignet, Widerstand und Rebellion zu provozieren. Es ist weitaus weniger bedrohlich, einem Kind aufrichtig die Wirkung seines Verhaltens auf Sie zu übermitteln, als anzudeuten, dass irgendetwas an ihm böse ist, weil es sich diesem Verhalten hingibt. Denken Sie an den signifikanten Unterschied in der kindlichen Reaktion auf diese zwei Botschaften, die ein Elternteil sendete, nachdem ihn ein Kind vor das Schienbein tritt:

„Au! Das hat mir wirklich wehgetan – ich mag nicht, wenn man mich tritt."

„Du bist ein sehr unartiger Junge. Untersteh dich, jemanden so zu treten."

Die erste Botschaft sagt dem Kind nur, was Sie durch seinen Tritt fühlten, eine Tatsache, die es kaum bestreiten kann. Die zweite sagt ihm, dass es „unartig" war, und warnt es davor, das wieder zu tun. Gegen beides kann es Einwände erheben und sich wahrscheinlich heftig sträuben.

„Ich-Botschaften" sind auch viel wirksamer, weil sie die Verantwortung für die Modifizierung seines Verhaltens in die Hände des Kindes legen. „Au! Das hat mir wirklich wehgetan" und „Ich mag nicht, wenn man mich tritt", sagen dem Kind, wie Sie fühlen, überlassen es jedoch ihm, etwas zu tun.

Folglich helfen „Ich-Botschaften" dem Kind, voranzukommen, helfen ihm, Verantwortung für sein eigenes Verhalten zu übernehmen. Eine „Ich-Botschaft" sagt dem Kind, dass Sie ihm die Verantwortung überlassen, ihm zutrauen, auf konstruktive Weise mit der Situation fertigzuwerden, ihm zutrauen, dass es Ihre Bedürfnisse respektiert, ihm eine Chance geben, damit zu beginnen, sich konstruktiv zu verhalten.

Weil „Ich-Botschaften" aufrichtig sind, neigen sie dazu, das Kind zu beeinflussen, ähnlich aufrichtige Botschaften zu senden, wann immer es eine Empfindung hat. „Ich-Botschaften" des einen Menschen in einer Beziehung fördern „Ich-Botschaften" des anderen. Das ist der Grund, warum in sich verschlechternden Beziehungen Konflikte häufig in gegenseitige Beschimpfungen und wechselseitige Beschuldigungen ausarten. (vgl. GORDON, 1989)

KONKRETE LERNÜBUNG – UNWIRKSAME BOTSCHAFTEN ERKENNEN UND IN „ICH-BOTSCHAFTEN" ÜBERSETZEN.

Anleitung

Lesen Sie jede der unten aufgeführten Situationen und die vom Elternteil gesendete Botschaft. Auf einem Blatt Papier schreiben Sie die Gründe dafür auf, warum die Botschaft des Elternteils als Sendung nicht wirksam war, indem Sie die folgende Liste von „Sendefehlern" verwenden:

- Untertreiben
- Beschuldigen, verurteilen
- Indirekte Botschaft, Sarkasmus
- Lösungen, Befehle senden
- Sekundären Empfindungen Luft machen
- Beschimpfungen
- Antippen und weglaufen

1. Die Kinder streiten sich darüber, welches Fernsehprogramm sie sehen. Darauf sagt die Mutter:
   „Hört mit dem Streiten auf und stellt augenblicklich den Apparat ab."
2. Die Tochter kommt um 1:30 Uhr nachts nach Hause, nachdem sie zugestimmt hat, um 24:00 Uhr zurück zu sein. Der Elternteil ist sehr besorgt gewesen, dass ihr etwas geschehen sein könnte, er ist erleichtert, als sie schließlich kommt.
   „Man kann dir also nicht vertrauen, das sehe ich. Ich bin so böse auf dich. Du wirst einen Monat lang Hausarrest haben."
3. Ein Zwölfjähriger ließ die Tür zum Schwimmbecken offen stehen und brachte damit einen Zweijährigen in Gefahr.
   „Was wolltest du? Deinen kleinen Bruder ertrinken lassen? Ich bin wütend auf dich."
4. Der Lehrer schickt den Eltern einen Brief, in dem er erklärt, der Elfjährige führe zu viele laute und „schmutzige" Reden in der Klasse.
   „Komm mal her und erkläre mir, warum du deine Eltern mit deinem ungewaschenen Mundwerk in Verlegenheit bringen willst?"
5. Die Mutter ist böse und sehr frustriert, weil das Kind trödelt und sie zu einer Verabredung zu spät kommen lässt.
   „Mutter wäre es lieb, wenn du ihr gegenüber rücksichtsvoller wärst."

6. Die Mutter kommt nach Hause und findet das Wohnzimmer in großer Unordnung vor, nachdem sie die Kinder gebeten hatte, es in Anbetracht des zu erwartenden Besuchs sauber zu halten. „Ich hoffe, ihr beiden hattet auf meine Kosten viel Spaß heute Nachmittag."
7. Der Vater fühlt sich vom Anblick und Geruch der schmutzigen Füße seiner Tochter abgestoßen. „Wäschst du dir denn niemals wie andere Leute die Füße? Marsch, unter die Dusche."
8. Das Kind stört sie, weil es durch Purzelbaumschlagen die Aufmerksamkeit ihres Besuchs auf sich lenkt. Mutter sagt: „Du kleiner Angeber".

Vergleichen Sie Ihre Antworten mit diesen:
1. Lösungen senden.
2. Beschuldigen, verurteilen, sekundären Empfindungen Luft machen, Lösungen senden.
3. Beschuldigen, verurteilen, sekundären Empfindungen Luft machen.
4. Beschuldigen, verurteilen.
5. Beschuldigen, verurteilen, untertreiben.
6. Indirekte Botschaft.
7. Indirekte Botschaft, Lösung senden, beschuldigen, verurteilen.
8. Beschimpfen.

Jetzt schreiben Sie bitte unter Vermeidung der „Sendefehler" für jede der oben aufgeführten Situationen passende „Ich-Botschaften".

11.10 Gelingende Gespräche beginnen beim Zuhören

Bei der genauen Untersuchung von Gesprächen der verschiedensten Art kann man mindestens vier Formen des Zuhörens unterscheiden:
- das „Ich-verstehe"-Zuhören,
- das aufnehmende Zuhören,
- das umschreibende Zuhören und
- das aktive Zuhören.

11.10.1 Das „Ich-verstehe"-Zuhören

Hierbei handelt es sich im Grunde genommen gar nicht um Zuhören, sondern um den Auftakt zum eigenen Sprechen. Weil es jedoch als unhöflich gilt, dem anderen direkt ins Wort zu fallen, hat es sich eingebürgert, ihn mit einer „netten Floskel" zum Schweigen zu bringen, wie das „Ich verstehe" oder auch das „Ja, da haben Sie recht, aber ..." oder das beliebte „Ja, da bin ich ganz deiner Meinung, weißt du, ich ..." und ähnlichen Formulierungen.

Auch wenn Kinder mit einem Anliegen den gerade beschäftigten Erwachsenen stören, kann man solche abweisenden, vertröstenden Worte hören: „Ja ist ja toll, aber ich ..."

11.10.2 Das aufnehmende Zuhören

Im Duden heißt es: „Seine Aufmerksamkeit auf Worte oder Töne richten". Diese Aufmerksamkeit gilt es, hör- und sichtbar zu zeigen, damit der Gesprächspartner wahrnimmt, dass ihm aufnehmend zugehört wird. Dazu gehört zunächst einmal das aufmerksame Schweigen, denn auch ohne zu sprechen, sind wir in der Lage,
- einen Kommentar zum Gehörten abzugeben, z. B. durch hörbar lautes Ausatmen oder leichtes Kopfwiegen oder gar Kopfschütteln,
- unsere Ungeduld zum Ausdruck zu bringen, z. B. durch rasches Luftholen und Nachvornbeugen,
- unser Desinteresse kundzutun, indem wir uns mit etwas anderem beschäftigen oder interessiert woanders hinschauen.

Dieses Schweigen ist beim aufnehmenden Zuhören nicht gemeint, sondern das „echte Schweigen", bei dem wir unsere ganze Aufmerksamkeit auf den Gesprächspartner richten. Wie stark diese Aufmerksamkeit tatsächlich ist, wird an unserem Blickkontakt sichtbar. Dem Sprechenden in die Augen zu schauen, ohne ihn jedoch anzustarren, gekoppelt mit einem leichten Kopfnicken, drückt unmissverständlich aus, dass wir aufnehmend zuhören und gedanklich mitgehen.

Schauen wir uns doch einmal ein Beispiel an, wie das schweigende Zuhören einem das Gefühl der Annahme geben kann:

„Kind: Ich bin heute zum Direktor ins Büro geschickt worden.

Elternteil: Oh?
Kind: Ja, Herr Meier sagte, ich rede in der Stunde zu viel.
Elternteil: Aha.
Kind: Ich kann das alte Fossil nicht ausstehen. Er sitzt an seinem Pult und redet über seine Sorgen oder über seine Enkel und erwartet, dass uns das interessiert. Du würdest nicht glauben, wie langweilig das ist.
Elternteil: Hm-hm.
Kind: Man kann einfach nicht in der Stunde sitzen und nichts tun! Man wird verrückt. Janne und ich sitzen da und machen Unsinn, während er spricht. Ach, er ist einfach der schlimmste Lehrer, den man sich denken kann. Er macht mich rasend.
Elternteil: (Schweigen).
Kind: Bei einem guten Lehrer lerne ich gut, aber wenn ich jemanden wie Herrn Meier kriege, habe ich keine Lust zum Lernen. Warum lassen sie so einen Kerl Lehrer sein?
Elternteil: (Achselzucken).
Kind: Vermutlich gewöhne ich mich besser daran, denn ich werde nicht immer gute Lehrer kriegen. Es gibt mehr schlechte als gute, und wenn ich zulasse, dass die schlechten mich unterkriegen, werde ich nicht die Zensuren bekommen, die ich brauche, um auf einem Gymnasium zu bleiben. Wahrscheinlich schneide ich mir ins eigene Fleisch.“ (Gordon, 1989, S. 34)

Diese kurze Episode aus Gordons Familienkonferenz demonstriert deutlich den Wert des Schweigens. Das passive Zuhören des Elternteils ermöglichte es dem Kind, über den ursprünglichen Tatsachenbericht, zum Direktor geschickt worden zu sein, hinauszugehen. Es erlaubte ihm, zuzugeben, warum es bestraft wurde, den zornigen und hasserfüllten Gefühlen gegenüber seinem Lehrer Luft zu machen und schließlich zu seiner eigenen, unabhängigen Schlussfolgerung zu kommen. In der kurzen Zeitspanne, in der das Kind angenommen wurde, wuchs es. Es durfte seinen Gefühlen Ausdruck geben und entwickelte eine eigene Lösung, so zaghaft sie auch gewesen sein mag.

Das Gegenteil ist leider allzu oft im pädagogischen Alltag anzutreffen. Versuchen Sie selbst einmal zu beobachten, wie oft Menschen Zuhörfloskeln einsetzen, aber kaum Blickkontakt halten. Häufig treffen Sie derartiges Pseudo-Zuhören an, wenn Eltern oder Erzieher einem Kind zuhören (sollen). Da wird mit einer Kollegin weitergesprochen oder mit jemandem telefoniert oder einer anderen Tätigkeit nachgegangen. Trotzdem wird durch „Mhm“, „Nein, wie interessant“, „So so“, das Kind am Sprechen gehalten.

Ob wir also tatsächlich folgen und aufnehmen, drückt unser Körper sichtbar aus. Nicht nur unsere Gestik, auch unsere Mimik verrät, wie aufmerksam wir bei der Sache sind. Sei es die Stirn, die wir runzeln, weil uns eine Äußerung gegen den Strich geht, seien es unsere Lippen, die wir zusammenpressen, weil wir genug haben, die hochgezogenen Augenbrauen, wenn wir erstaunt sind, oder die gerümpfte Nase, wenn uns etwas missfällt. Ob wir uns langweilen oder schon innerlich widersprechen und an einer Erwiderung basteln, immer drücken wir unserem Gesprächspartner gegenüber – meist unbewusst – aus, ob wir aufnehmend zuhören.

11.10.3 Das umschreibende Zuhören

Im Gegensatz zum wörtlichen Wiederholen wird beim Umschreiben das soeben Gehörte mit eigenen Worten wiedergegeben.

Umschreibendes Zuhören ist die einfachste und sicherste Möglichkeit, Missverständnisse bereits von Anfang an zu vermeiden. Manch einer mag einwenden, dass eine derartige Erwiderung ja nichts Neues ins Gespräch bringt und darum weitgehend überflüssig sei. Wer jedoch einmal als Betroffener erlebt hat, wie wohltuend umschreibendes Zuhören sein kann, lässt diesen Einwand nicht mehr gelten. Wenn Sie das Gehörte mit eigenen Worten wiederholen, fördern Sie das Gespräch aktiv. Durch Ihr Umschreiben geben Sie zu verstehen, dass Sie nicht nur zugehört, sondern auch das Wesentliche der Aussage erfasst haben und bereit sind, weiterhin über das begonnene Thema zu sprechen.

Folgende Einstiegsformulierungen eignen sich für das umschreibende Zuhören:
- „Erzähl mir die ganze Geschichte.“
- „Möchtest du darüber sprechen?“
- „Interessant.“
- „Was du nicht sagst.“
- „Dir ist wichtig, dass ...“
- „Verstehe ich dich richtig, dass ...“
- „Du meinst, wenn ...“

- „Ich habe jetzt verstanden, dass du ..."
- „Was du sagst, fasse ich so auf ..."
- „Das scheint etwas zu sein, das dir sehr wichtig ist."

Diese umschreibenden Formulierungen sind Äußerungen, die sich ganz und gar auf das beziehen, was Ihr Gesprächspartner bislang gesagt hat. Und Sie zeigen damit deutlich, was Sie gehört haben, betonen dabei noch eine der Seiten im Sinne unseres „vierseitigen" Hörens.

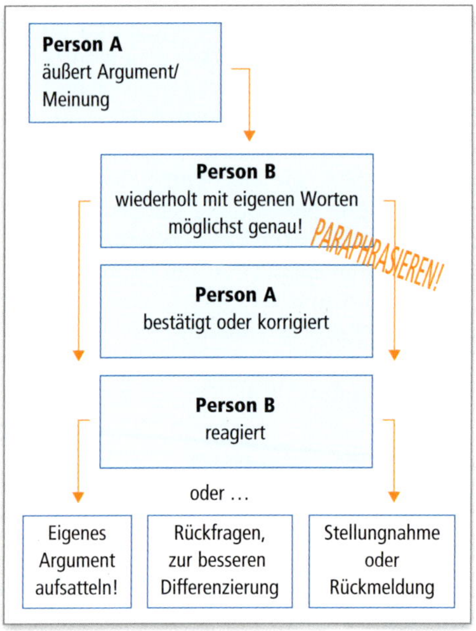

Das umschreibende Zuhören ist somit auch im Sinne von SCHULZ VON THUN eine Möglichkeit, zu verdeutlichen, dass man den Inhalt verstanden hat.

Die größte Schwierigkeit beim umschreibenden Zuhören liegt aber wohl darin, für einen Moment die eigene Meinung, Ansicht, Bewertung oder Fragen und Ratschläge zurückzuhalten und sich wirklich auf den Gesprächspartner einzulassen.

Dazu versuchen Sie bitte doch einmal nachfolgende Übung:

AUFGABE

Konkrete Lernübung

Die Übung bezieht sich wesentlich darauf, an der Realität zu lernen, wie man sich einerseits präzise ausdrückt, andererseits aber auch genau zuhört.

Zweck dieser Übung:

- Die Teilnehmer sollen einüben, anderen genau zuzuhören, um an dem Gehörten ihre eigene Zusammenfassung kontrollieren zu können.
- Die Teilnehmer sollen einüben, sich selbst genau auszudrücken.
- Das Verständnis für die Komplexität und die Schwierigkeiten, die mit jeder Kommunikation schlechthin verbunden sind, soll erweitert werden.

Material und Aufbau:

- Tafel und Kreide
- bequeme Sitzmöglichkeiten in einem ausreichend großen Raum, der es ermöglicht, durch Verschiebung der Stühle Dreiergruppen zu bilden.

Praktisches Vorgehen:
Der Lehrer beginnt eine Diskussion über die Probleme des Verstehens anderer und des Verstandenwerdens durch andere. Es empfiehlt sich, hierzu ein lebensnahes, dringliches Alltagsthema zu wählen. Zwei Mitglieder der Gesamtgruppe werden zunächst zur Demonstration aufgrund ihrer freiwilligen Meldung ausgewählt. Sie sollen sich in eine offene Diskussion über das Thema begeben. Die Bedingung der Übung ist jedoch, dass jeder eine den anderen jeweils befriedigende Zusammenfassung des Gehörten gibt, bevor er antwortet. Nach einer kurzen Analyse dieser Demonstration wird die restliche Gruppe in Untergruppen von je drei Mitgliedern aufgeteilt. In jeder Gruppe dient ein Mitglied als Beobachter, während die beiden anderen die Übung durchführen. Diese Rollen werden so lange gewechselt, bis jedes Mitglied in der Beobachterrolle war. Nach Beendigung der Übung beginnt eine allgemeine Diskussion und Auswertung der Beobachtungen.

11.10.4 Das aktive Zuhören

Die hohe Kunst des Zuhörens bildet das *aktive Zuhören*. Hierbei wird nicht nur auf das geachtet, was der andere sagt, sondern wie der andere spricht und sich verhält. Gefühle, Hoffnungen und Wünsche werden meist nicht direkt formuliert, doch schwingen sie in fast jeder Äußerung mit. Beim aktiven Zuhören fragen Sie sich im Stillen:

- „Was empfindet mein Gesprächspartner?"
- „Was ist ihm an dem, was er gerade äußert, so wichtig?"
- „Was beschäftigt ihn daran so sehr?"
- „Welches Interesse will er damit verfolgen?"
- „Wie ist ihm zumute?"

Um Antwort auf diese Fragen zu erhalten, werden Sie sich bemühen, sich in den anderen hineinzudenken, ja hineinzufühlen.

Wenn jemand interessiert, aufmerksam und aktiv zuhört, werden wir ermuntert, uns zu äußern, uns zu entfalten, Probleme lösen zu lernen und schöpferische Ideen zu entwickeln. Wenn Zuhören in unserem Alltag zu kurz kommt, liegt das oft daran, dass

- wir glauben, schon zu wissen, was der andere sagen will,
- wir uns die Zeit dafür nicht nehmen,
- wir einseitig wahrnehmen, das heißt nur das hören, was zu unserer eigenen Meinung passt,
- wir nur mangelndes Interesse aufbringen.

Anders als beim umschreibenden Zuhören geben Sie beim aktiven Zuhören nicht die ganze Aussage wieder, sondern versuchen knapp, das in Worte zu fassen, was gefühlsmäßig mitschwingt. *Durch Ihr aktives Zuhören signalisieren Sie, wie Sie die Empfindungen Ihres Gesprächspartners mitbekommen haben.* Mit derartigen Formulierungen zeigen Sie, dass Sie sich ganz und gar auf den anderen Menschen einzustellen bemüht sind. Sie machen deutlich, dass Sie versuchen, ihn, seinen Standpunkt und seine Situation zu verstehen.

Aktiv zuhören ist ein ausgezeichneter Weg, Vertrauen zu gewinnen, als Basis für eine tragfähige Beziehung. Mit jemandem über Gefühle und Gedanken sprechen zu können, der nicht gleich wertet oder Ratschläge erteilt, sondern einfach da ist und versucht zu verstehen, wirkt erleichternd und stärkt die seelische Stabilität.

Dass aktiv zuhören auch heißt, sich in die Gedankenwelt von Kindern einzudenken, in ihre ganz besondere eigene Logik und Sicht der Dinge, zeigt Hedi Friedrich sehr schön in ihrem Buch „Beziehungen zu Kindern gestalten".

Kinder ziehen andere Schlüsse, auch aufgrund dessen, dass ihnen viele Zusammenhänge der Erwachsenen noch nicht bekannt oder vertraut sind.

Sven: „Ich kaufe mir ein Auto!"
Erz.: „Du willst ein Auto haben?" (hört zu und spiegelt).
Sven: „Ja, dann kann ich auch nach Berlin fahren!"
Erz.: „Wenn du ein Auto hast, kannst du nach Berlin fahren?" (hört zu und spiegelt)
Sven: „Ja, ich schenke meiner Oma das Auto, die kann nicht laufen."
Erz.: „Ihr willst du dein Auto schenken?"
Sven: „Ich kann sie ja fahren."
Erz.: „Du fährst dann ..."
Sven: „Mach ich, manchmal sie ... dann kann ich sie sehen."
Erz.: „Du willst deine Oma wieder mal sehen?"
Sven: „Ja, mein Vater sagt, wenn er ein Auto hätte, könnten wir sie besuchen ..."

Hier findet ein Gespräch statt, bei dem allmählich die Sehnsucht nach der Großmutter deutlich wird, die der Junge vermisst. Hätte die Erzieherin von Anfang an, statt den Gedanken und Gefühlen des Kindes zu folgen, z. B. mit einer Richtigstellung reagiert, so wäre sie nie an diese Ebene herangekommen:

Sven: „Ich kaufe mir ein Auto!"
Erz.: „Kinder können keine Autos kaufen, nur Erwachsene."
Sven: „Warum?"
Erz.: „Es ist halt so, erst ab 18 Jahren."

Hier hat Sven zwar eine korrekte Information, aber zu seinem Wunsch, die Großmutter zu sehen, hat er sich nicht geäußert. Vermutlich ist er auch enttäuscht, dass seine Idee nicht in die Tat umgesetzt werden kann. Dies ist keine Gegenrede, Kindern klare Informationen zu geben, die sie benötigen, um in die Welt der Erwachsenen hineinzuwachsen und sich zurechtzufinden, sondern nur ein Hinweis auf die Reihenfolge. Durch das aktive Zuhören kann Sven seinen Wunsch äußern, der hinter der Aussage steht, sich ein Auto zu kaufen. Sein Bedürfnis, sein eigentliches Anliegen wird allmählich deutlich. Jetzt kann der Zeitpunkt günstig sein, ihn zu unterstützen, Wege zu suchen, wie er der Erfüllung seines Wunsches näherkommt, z. B.

„Erz.: „Du willst so gerne deine Oma sehen, und dafür brauchst du ein Auto. Lass uns mal überlegen, wie das gelingen kann, denn Kinder können noch kein Auto kaufen und fahren."
Sven: „Warum?"
Erz.: „Das ist erst ab 18 erlaubt ... aber welche Möglichkeiten gibt es denn?"
Sven: „Weiß nicht, U-Bahn vielleicht?"
Erz.: „Wo wohnt sie denn?"
Sven: „In Berlin, da gibt es Busse ..."

Beide überlegen zusammen, wie die Großmutter erreichbar ist.

Sven: „Ich frage mal zu Hause."
Erz.: „Gute Idee, dann reden wir weiter ..."
(Friedrich, 2003)

Vorschnelle Informationen, Ratschläge und Hinweise von Erwachsenen gehen häufig an den eigentlichen Bedürfnissen von Kindern vorbei. Diese können durch aktives Zuhören erst langsam gemeinsam herausgefunden werden – und dann ist noch Zeit für Lösungswege. Noch so gut gemeinte Hinweise brechen ein Gespräch, eine Beziehung eher ab. Aktives Zuhören bringt einen wahren Dialog erst in Gang, und die hinter den Aussagen verborgenen Mitteilungen, Wünsche und Gefühle können sich erst dann entwickeln.

11.11 Ungünstige Botschaften: Die „typischen Zwölf"

Die häufigsten Kategorien von *Gesprächsblockierern*, auf die TH. GORDON bei seinen Untersuchungen gestoßen ist:

1. **Befehlen, anordnen, kommandieren:** Dem Kind sagen, dass es etwas tun soll, ihm eine Anordnung oder einen Befehl geben:
   - „Es ist mir gleich, was andere Eltern tun, du musst die Hausarbeit erledigen."
   - „Sprich nicht so mit deiner Mutter!"
   - „Nun geh zurück und spiel mit Tina und Julia!".
   - „Hör damit auf, dich zu beklagen!"
2. **Warnen, ermahnen, drohen:** Dem Kind sagen, welche Folgen eintreten werden, wenn es etwas tut:
   - „Wenn du das machst, wird es dir leid tun!"
   - „Noch eine Bemerkung wie diese, und du verlässt das Zimmer!"
   - „Das wirst du bleiben lassen, wenn du weißt, was gut für dich ist!"
3. **Zureden, moralisieren, predigen:** Dem Kind sagen, was es tun müsste oder sollte:
   - „Du solltest dich nicht so aufführen."
   - „Du musst Erwachsenen gegenüber immer respektvoll sein."
4. **Beraten, Lösungen geben oder Vorschläge machen:** Dem Kind sagen, wie es ein Problem löst, ihm raten oder Vorschläge machen, ihm Antworten oder Lösungen liefern:
   - „Warum bittest du nicht Tina und Julia zusammen, hier zu spielen?"
   - „Warte noch ein paar Jahre, bevor du im Hinblick auf die Universität eine Entscheidung triffst."
   - „Ich schlage vor, du besprichst das mit deinen Lehrern."
   - „Geh und freunde dich mit ein paar anderen Mädchen an."
5. **Vorhaltungen machen, belehren, logische Argumente anführen:** Das Kind mit Fakten, Gegenargumenten, Logik, Information oder Ihrer eigenen Meinung zu beeinflussen versuchen:
   - „Das Studium kann zum schönsten Erlebnis werden, das du jemals haben wirst."
   - „Wir wollen uns mal mit den Fakten über Berufsaussichten befassen."
   - „Kinder müssen lernen, wie sie sich miteinander vertragen."
   - „Wenn Kinder lernen, zu Hause Verantwortung zu übernehmen, werden aus ihnen verantwortungsbewusste Erwachsene."
   - „Betrachte es einmal so – deine Mutter braucht Hilfe im Haus."
   - „Als ich in deinem Alter war, musste ich doppelt so viel tun wie du."
6. **Urteilen, kritisieren, widersprechen, beschudigen:** Zu einer negativen Beurteilung oder Bewertung des Kindes kommen:
   - „Du denkst nicht logisch."
   - „Das ist ein unreifer Standpunkt."
   - „Da bist du ganz im Unrecht."
   - „Ich bin vollkommen anderer Meinung als du."
7. **Lobend zustimmen:** Eine positive Beurteilung oder Bewertung des Kindes äußern, zustimmen:
   - „Nun, ich finde dich hübsch."
   - „Du hast die Fähigkeit, etwas zu leisten."
   - „Ich finde, du hast recht."
   - „Ich bin deiner Meinung."
8. **Beschimpfen, lächerlich machen, beschämen:** Dem Kind das Gefühl geben, dumm zu sein, das Kind in eine Kategorie einordnen, es beschämen:
   - „Du bist ein verzogenes Gör."
   - „Hör mal zu, Herr Neunmalklug."
   - „Du benimmst dich wie ein Baby."
9. **Interpretieren, analysieren, diagnostizieren:** Dem Kind sagen, welche Motive es hat, oder analysieren, warum es etwas tut oder sagt; es wissen lassen, dass Sie es

durchschauen oder zu einer Diagnose gekommen sind:

- „Du bist nur eifersüchtig auf Tina."
- „Du sagst das, um mir einen Schreck einzujagen."
- „In Wirklichkeit glaubst du das alles selber nicht."
- „Du hast dieses Gefühl, weil du in der Schule nichts leistest."

10. **Beruhigen, bemitleiden, trösten, unterstützen:** Das Kind dahin zu bringen versuchen, sich besser zu fühlen, ihm seine Empfindungen ausreden, seine Empfindungen zu zerstreuen versuchen, die Heftigkeit seiner Empfindungen leugnen:
    - „Morgen denkst du anders darüber."
    - „Alle Kinder machen das gelegentlich durch."
    - „Mach dir keine Sorgen, das wird schon wieder."
    - „Bei deiner Begabung könntest du ein ausgezeichneter Schüler sein."
    - „Das habe ich früher auch gedacht."
    - „Ich weiß, die Schule kann manchmal ziemlich langweilig sein."
    - „Mit anderen Kindern verträgst du dich doch sonst sehr gut."

11. **Forschen, fragen, verhören:** Gründe, Motive, Ursachen zu finden versuchen, nach weiteren Informationen suchen, die Ihnen helfen, das Problem zu lösen:
    - „Wann hattest du dieses Gefühl zum ersten Mal?"
    - „Warum glaubst du, die Schule zu hassen?"
    - „Erzählen dir die Kinder jemals, warum sie nicht mit dir spielen wollen?"
    - „Mit wie vielen Kindern hast du über die Arbeit, die sie zu tun haben, gesprochen?"
    - „Wer hat dir diesen Gedanken in den Kopf gesetzt?"
    - „Was willst du tun, wenn du nicht auf die Uni gehst?"

12. **Zurückziehen, ablenken, aufheitern, zerstreuen:** Das Kind von dem Problem abzubringen versuchen; sich selbst von dem Problem zurückziehen; das Kind ablenken; die Sache scherzhaft behandeln, das Problem beiseiteschieben:
    - „Denk einfach nicht mehr daran."
    - „Lass uns bei Tisch nicht darüber sprechen."
    - „Komm – lass uns über angenehmere Dinge reden."
    - „Wie steht's eigentlich mit deinem Korbballspiel?"
    - „Warum versuchst du nicht, die Schule niederzubrennen?"
    - „Das habe ich früher auch alles durchgemacht."

AUFGABEN

1. Unterziehen Sie die „typischen Zwölf" einer kommunikationspsychologischen Analyse, indem Sie die verborgenen Botschaften herausarbeiten.
2. Wie wirken sich die verborgenen Botschaften auf die Erzieher-Kind-Beziehung aus?

Fassen wir die Vorteile des „aktiven Zuhörens" zusammen:

> Aktives Zuhören hilft den Kindern, sich vor negativen Empfindungen weniger zu fürchten.

Wenn ein Erzieher durch aktives Zuhören zeigt, dass er die Empfindungen des Kindes annimmt, die angenehmen wie die unangenehmen, wird auch dem Kind geholfen, sie anzunehmen. Aus der Reaktion des Erziehers lernt es: Meine Gefühle sind in Ordnung.

> Aktives Zuhören fördert eine herzliche Beziehung zwischen Erzieher und Kind.

Das Erlebnis, von einem anderen Menschen gehört und verstanden zu werden, ist so befriedigend, dass es den Sender stets veranlasst, dem Zuhörer gegenüber herzlich zu empfinden, ohne dass dies etwa ein bewusstes Ziel sein muss. Insbesondere Kinder reagieren mit liebevollen Gedanken und Gefühlen. Ähnliche Gefühle werden im Zuhörer hervorgerufen. Er beginnt, für den Sender herzlicher und inniger zu empfinden. Wenn jemand einem anderen einfühlsam und genau zuhört, kommt er dazu, diesen Menschen zu verstehen, seine Art der Weltbetrachtung anzuerkennen. Indem man sich in den anderen Menschen „hineinversetzt", ruft man stets Gefühle der Verbundenheit und der Zuneigung hervor. Es bedeutet, ihm für eine kurze Spanne Zeit auf dieser Lebensreise ein „Gefährte zu werden". Eltern und Erzieher, die einfühlsames, aktives Zuhören lernen, entdecken eine neue Art von Verständnis und Achtung, ein tieferes Gefühl der Zuneigung; umgekehrt reagiert das Kind auf die Eltern und die Erzieher mit ähnlichen Empfindungen.

> Aktives Zuhören ermöglicht das Problemlösen durch das Kind.

Wir wissen, dass Menschen ein Problem besser durchdenken und einer Lösung näherbringen, wenn sie es „durchsprechen" können, anstatt nur darüber nachzudenken. Weil aktives Zuhören das Sprechen so wirksam erleichtert, hilft es einem Menschen bei der Suche nach Lösungen seiner Probleme.

> Aktives Zuhören beeinflusst das Kind, den Gedanken und Ideen der Erzieher mit größerer Bereitwilligkeit zuzuhören.

Es ist eine allgemeine Erfahrung: Wenn jemand gewillt ist, sich meinen Standpunkt anzuhören, ist es leichter, seinem zuzuhören.

Kinder sind eher geneigt, die Botschaften ihrer Eltern zu empfangen, wenn diese sie zuerst bis zu Ende anhören. Wenn Eltern sich beklagen, dass ihre Kinder nicht auf sie hören, kann man wetten, dass die Eltern ihren Kindern nicht sehr gut zuhören.

> Aktives Zuhören „überlässt dem Kind den Ball".

Wenn Erzieher durch aktives Zuhören auf die Probleme ihrer Kinder reagieren, werden sie beobachten, wie oft die Kinder selbst zu denken beginnen. Ein Kind wird anfangen, sein Problem selbst zu analysieren, und schließlich zu irgendwelchen konstruktiven Lösungen kommen. Aktives Zuhören regt das Kind dazu an, selbst nachzudenken, zu einer eigenen Diagnose des Problems zu kommen, seine eigenen Lösungen zu finden. Aktives Zuhören drückt Vertrauen aus, während ratende, logische, belehrende Botschaften Misstrauen ausdrücken, indem sie dem Kind die Verantwortung für die Lösung des Problems abnehmen. Aktives Zuhören ist daher eine der wirksamsten Methoden, einem Kind zu helfen, selbstbestimmender, selbstverantwortlicher und unabhängiger zu werden.

11.12 Zusammenfassung wichtiger Gesichtspunkte für eine gelingende Kommunikation

- **Klärung der eigenen Befindlichkeit**
  Unserer eigenen Gedanken, Gefühlen und Bedürfnissen sollten wir uns bewusst sein und sie akzeptieren können. Insbesondere einer möglichen Angst vor unangenehmen Spannungen und/oder Konflikten.
- **Signalisieren der Kommunikationsbereitschaft**
  Bei konflikthaften Gesprächen sollten die Kommunikationspartner sich über Ort und Zeit eines gemeinsamen Gesprächs ohne Zeitdruck verständigen.
- **Herstellung einer positiven Atmosphäre**
  Zwang und Angst verhindern gelingende Gespräche. Ängste vor Gesichtsverlust, vor Blamagen, vor Ausgrenzung, vor Ablehnung usw. verhindern einen guten Gesprächsverlauf. Gerade bei schwierigen Gesprächen sollte auf eine gute Atmosphäre geachtet werden.
- **Über die Kommunikation kommunizieren, also Metakommunikation**
  Außerordentlich wichtig ist die Klärung der Beziehung und die Art und Weise, wie man miteinander spricht. Die meisten Missverständnisse entstehen durch ungeklärte Beziehungen.
  - Mögliche Klärungshilfen:
  - Wie erlebe ich mein Gegenüber?
  - Wie stehen wir zueinander?
  - Wie geht es mir in der Beziehung?
  - Wie fühle ich mich?
  - Fühle ich mich verstanden?
  - Konnte ich mein Anliegen verständlich machen?
- **Den Gesprächspartner verstehen und akzeptieren**
  Unterstellungen oder festgefahrene Meinungen behindern einen Gesprächserfolg. Wir sollten den Gesprächspartner in seinem Sosein annehmen, seine Gefühle, seine Befürchtungen und Gedanken akzeptieren. Oft hilft einfaches Nachfragen. Wichtig ist in diesem Zusammenhang auch die Überprüfung der eigenen Ziele.
- **Wahrnehmung, Interpretation und eigene Gefühle auseinanderhalten**
  Von der „Vierohrigkeit" ausgehend, ist die ankommende Nachricht immer ein Produkt

des Empfängers. Mit dem Dreischritt klären sich die möglichen Missverständnisse.

- **Aufnehmendes, umschreibendes und aktives Zuhören**
  Die ganze Aufmerksamkeit auf den Gesprächspartner richten. Das Gehörte mit eigenen Worten wiedergeben, um zu signalisieren, was man verstanden hat. Beim aktiven Zuhören, der hohen Kunst der Gesprächsführung, verbalisiert man die Wünsche, Gefühle und Hoffnungen des Gegenübers.

- **Erwartungen und Bedürfnisse durch Ich-Botschaften offen mitteilen**
  Gedanken, Gefühle, Bedürfnisse, Erwartungen und auch Befürchtungen offen und unmissverständlich mitteilen. Gerade die belastenden Gedanken und Gefühle offen mitzuteilen, hat entlastende Wirkung.

- **Ungünstige Botschaften wie die typischen „zwölf" vermeiden.**

Lösung des Rätsels von P. Watzlawick:

Der Gefangene Mann deutet auf eine Tür und fragt eine der Wachen (wobei es gleichgültig ist, auf welche Tür er zeigt und welche Wache er fragt): „Wenn ich Ihren Kameraden fragen würde, ob diese Tür offen ist, was würde er sagen?" Lautet die Antwort „Nein", so ist diese Tür offen, wenn sie „Ja" lautet, so ist sie zugesperrt.

(In Anlehnung an Watzlawick, 1982, S. 53)

12 Der Mensch in der Gruppe

ANREGUNGEN

Überlegen Sie zunächst einmal, was Ihnen zum Begriff „Gruppe" einfällt.

- Welchen Gruppen gehören Sie an?
- Wie würden Sie diese Gruppen beschreiben?
- Wie wurden Sie Mitglied einer bestimmten Gruppe?
- Was machen die einzelnen Gruppen?
- Welche Rolle spielen Sie in der jeweiligen Gruppe?
- Welche der einzelnen Gruppen ist für Sie die wichtigste und warum?

Die Keimzelle des Lebens, die Familie, ist eine Gruppe. Jugendliche gesellen sich zur Gruppe der Gleichaltrigen, der sogenannten Peergroup. Erwachsene arbeiten mit Kollegen zusammen und verbringen mit Freunden und Bekannten ihre Freizeit. *„Gruppen sind so etwas wie das Lebenselement des Menschen."* (MARMET, 1988, S. 19)

Gruppe
Eine Gruppe besteht aus zwei oder mehreren Menschen, die deshalb zu einer Einheit zusammengefasst werden, weil sie durch direkte Kommunikation und Interaktion miteinander in Wechselbeziehung stehen. Die Mitglieder einer Gruppe beeinflussen sich also gegenseitig in ihren Bedürfnissen und Zielen.

Einige Voraussetzungen müssen erfüllt sein, um mehrere Menschen als Gruppe bezeichnen zu können:

- **Interaktion:** Die Mitglieder einer Gruppe kennen sich persönlich. Sie interagieren und entwickeln gefühlsmäßige Beziehungen zueinander. Jedes Verhalten und Handeln eines Gruppenmitglieds beeinflusst direkt oder indirekt das Verhalten und Handeln der anderen. Dabei ist es einerlei, ob jemand schweigt, spricht oder handelt; immer vollzieht sich Verhalten.
- **Zeitliche Stabilität:** Eine Gruppe zeichnet sich dadurch aus, dass ihre Mitglieder über eine gewisse Zeit hinweg miteinander interagieren.
- **Normen und Ziele:** Die Mitglieder einer Gruppe haben Gemeinsamkeiten hinsichtlich Zielen, Normen und Werten; dadurch wird das Zusammenwirken innerhalb der Gruppe reguliert.
- **Wir-Gefühl:** Die Mitglieder nehmen sich als Gruppe wahr. Ein Wir-Gefühl bildet sich heraus; das Gruppengefühl und die Gefühle der Einzelnen stehen ebenfalls in einer Wechselbeziehung.
- **Organisation und Struktur:** Eine Gruppe organisiert und strukturiert sich, indem die Mitglieder aufgrund ihrer wahrgenommenen Eigenarten und Fähigkeiten verschiedene Positionen mit verschiedenem Ansehen und verschiedene Rollen einnehmen.

Die Gruppe „trägt" auch

12.1 Arten von Gruppen

12.1.1 Primärgruppen

Primärgruppen sind die Gruppen, die zuerst im Leben des Menschen auftauchen, wie die Familie oder die Spielgruppe (Haus, Spielplatz).

Merkmale:

- häufiger Kontakt
- Kontakt auf verschiedene Arten (verbal, taktil, optisch)
- vorwiegend direkter Kontakt (von Angesicht zu Angesicht)
- häufig emotionaler Kontakt, z. T. auch gegenseitige Abhängigkeiten
- kleine, überschaubare Zahl der Gruppenmitglieder (meist 2 bis 6 Mitglieder)

12.1.2 Sekundärgruppen

Sekundärgruppen sind die Gruppen, die zeitlich erst später im Leben des Menschen auftauchen, wie die Kindergartengruppe oder die Schülergruppe.

Merkmale:
- geringerer Kontakt
- häufig indirekter Kontakt
- vorwiegend verbaler Kontakt
- Verfolgen gemeinsamer Ziele nur in Teilbereichen
- größere Anzahl von Mitgliedern

12.1.3 Formelle und informelle Gruppen

Die Einteilung in formelle und informelle Gruppen bezeichnet meistens eine Unterscheidung im Grad der Formalität, mit der Ziele, Normen, Rollen usw. festgelegt sind.

Formelle Gruppen
Formell bedeutet hier ausdrücklich festgelegt und formuliert, entweder schriftlich oder mündlich, und zwar in einer Satzung, Verordnung oder Vereinbarung.

Beispiele dafür sind:
- das Leitungsteam eines Kindergartens,
- ein Jugendverein,
- eine Schulklasse.

Informelle Gruppen
Informelle Gruppen sind solche, deren Ziele, Normen, Rollen usw. nicht ausdrücklich formuliert sind. Sie haben keine Satzung, sie entstehen spontan, sie sind an keine von außen auferlegte Ordnung oder Struktur gebunden.

Beispiele dafür sind:
- eine Spielgruppe von Kindern,
- eine Freundesgruppe,
- eine Clique in einer Schulklasse.

Die Unterscheidung ist allerdings nicht exakt festzulegen. Eine Gruppe kann mehr oder weniger formell oder informell sein.

In einer Schulklasse – die eine formelle Gruppe darstellt, da Normen, Rollen, Ziele ausdrücklich festgelegt sind – können mehrere informelle Gruppen entstehen. Diese wiederum können einen großen Einfluss auf die formelle Gruppe, die Klasse insgesamt haben.

Neben der formellen Rangordnung von Lehrer – Schüler – Klassensprecher kann eine informelle Rangordnung entstehen: heimlicher Führer, Clique, Mitläufer.

12.1.4 Mitgliedsgruppen

Mitgliedsgruppen sind Gruppierungen oder Vereine, in denen man aktives oder passives Mitglied ist.

12.1.5 Bezugsgruppen

Bezugsgruppen sind Gruppen, nach denen man sich richtet, mit deren Auffassungen, Verhaltensweisen, Einstellungen man sich identifiziert und die von Christiane F. so verstanden wurden: „Wir fanden die Jungs dämlich, die in der Klasse mit Papierkugeln rumschnippten oder mit Apfelresten warfen. Das waren dieselben, die in der Pause auf dem Hof Milch tranken und mit einem Fußball rumbolzten. Stark waren die Jungs, die in der Pause gleich in der Raucherecke verschwanden. Und Bier trinken mussten sie. Ich weiß noch, wie beeindruckt ich war, als Kessi mir erzählte, der Milan habe unheimlich einen in der Krone gehabt." (Christiane F./Hermann/Riek, 2004, S. 33)

12.1.6 Eigen- und Fremdgruppe

Eigengruppe
Die Eigengruppe ist diejenige, mit der man sich identifiziert, der man sich zugehörig fühlt und der man deshalb starke Sympathiegefühle entgegenbringt.

Die Eigengruppe wird oft positiv im Sinne eines Vorurteils bewertet: Sie wird als gut, gerecht und „cool" beurteilt, ohne dass objektive Gründe für diese positivere Bewertung der eigenen Gruppe im Vergleich zu anderen Gruppen vorhanden sind.

Fremdgruppe
Die Fremdgruppe wird nicht nur objektiv als die Gruppe der anderen gesehen, sondern auch in bewertendem Sinne.

Ihre Mitglieder sind anders, fremd, und teilweise ist ihr Verhalten unverständlich. Man grenzt sich von ihr ab und bringt ihr eher Gefühle der Ablehnung entgegen. Gerne wird sie mit negativen Vorurteilen belegt. Eher als gelinde einzustufen sind hier die Rivalitäten, die mit Parallelklassen in Schulen ausgetragen werden und sich oft auf Aussagen wie „die Blöden aus der Parallel" reduzieren.

Im Extremfall entstehen aber *Diskriminierungen* und *Feindseligkeiten*, vor allem dann, wenn es um verschiedene nationale und rassische Gruppen geht oder um Mehrheiten und Minderheiten.

Die Tatsache, dass man geneigt ist, die Gruppe, zu der man gehört, zu überschätzen und die Gruppe, zu der man nicht gehört, zu unterschätzen, führt leider oft zu Problemen. Dies konnte Muzafer Sherif eindrucksvoll in seinem sogenannten Ferienlager-Experiment unter Beweis stellen.

BEISPIEL

Klassische Studie über Gruppenkonflikte in einem Ferienlager von Jungen

In diesem Experiment aus dem Jahr 1954 lud der Sozialpsychologe MUZAFER SHERIF Jungen im Alter von 11 Jahren zu einem Ferienlager ein.

SHERIF hatte den Versuch in drei Phasen angelegt: In der ersten sollten sich unabhängig voneinander zwei Gruppen bilden. In der zweiten würde er diese Gruppen zusammenbringen und für Spannungen sorgen, die er in der dritten Phase zu lösen gedachte.

Damit er die Entstehung der Gruppen unter Kontrolle hatte, wählte er je 11 Jungen aus, die einander zuvor noch nie gesehen hatten. In einem aufwendigen Auswahlverfahren bestimmte er in 22 verschiedenen Schulen in Oklahoma jeweils einen Schüler, den er einer der beiden Gruppen zuordnete. Die Jungen mussten aus möglichst ähnlichen, intakten, mittelständischen, protestantischen Familien kommen. Problemfälle sowie Kinder, die zu Heimweh neigten, wurden ausgeschlossen. Ihnen war auch nicht bekannt, dass ihr Verhalten systematisch beobachtet wurde.

Jede Gruppe wurde während der ersten Woche zu kooperativen Aktivitäten angehalten: Es wurde gewandert, nach versteckten Schätzen gesucht, man bereitete Mahlzeiten vor und baute Zelte auf. Schon im Verlauf der ersten Tage wählten sich die Gruppen ihre Führer und entwickelten jeweils ein Zusammengehörigkeitsgefühl innerhalb der eigenen Gruppe und eine Feindseligkeit gegenüber der anderen. Es hatten sich stabile innere Hierarchien und typische Verhaltensmuster herausgebildet: Eine Gruppe nannte sich „Die Klapperschlangen". Die andere Gruppe gab sich den Namen „Die Adler". Nach Ablauf einer Woche sorgte SHERIF dafür, dass die beiden Gruppen zusammentrafen, um eine Reihe von Spielen im Wettstreit auszutragen, wie etwa Basketball oder Tauziehen.

Hierarchie
Rangordnung

Bei den sportlichen Ereignissen waren attraktive Preise zu gewinnen. Dabei nahm die anfänglich noch gezeigte Fairness gegenüber dem Spielgegner sehr schnell ab. Am Abend des zweiten Tages

verbrannte die Gruppe, die sich „Adler" nannte, die auf dem Spielfeld zurückgelassene Fahne der anderen, der „Klapperschlangen". Der Gegenschlag ließ nicht lange auf sich warten. Nach den Beobachtungen von SHERIF traten bei den Jungen nach Beginn der Wettkämpfe gehäuft Vorurteile auf, d. h., sie zeigten negative Einstellungen gegenüber den Mitgliedern der rivalisierenden Gruppe und waren relativ schnell heillos zerstritten.

Nach einer Reihe von weiteren Zusammenstößen wollte keine der Gruppen noch etwas mit der anderen zu tun haben.

AUFGABE

Wie würden Sie jetzt versuchen, die zerstrittenen Gruppen wieder zu versöhnen?

Einen möglichen Weg zeigt Phase drei:
In Phase drei ließ SHERIF die Gruppen zuerst in neutralen Situationen aufeinandertreffen. Eine gemeinsame Filmvorführung trug nichts zur Versöhnung bei und das gemeinsame Essen endete mit einer Nahrungsmittelschlacht.

Bloßer Kontakt reichte nicht aus, um den Streit zu schlichten. In einem früheren Experiment war es ihm gelungen, zwei verfeindete Gruppen zusammenzubringen, indem er sie gegen einen äußeren Feind mobilisierte. Doch diese Methode schien ihm wenig sinnvoll, weil sich ein alter Konflikt auf diese Weise nur lösen ließ, indem ein neuer entstand. SHERIF wollte die Spannungen auf andere Art abbauen: indem er die beiden Gruppen vor Aufgaben stellte, die eine alleine nicht

bewältigen konnte. Als Erstes ließ SHERIF im Geheimen ein Rohr zur Trinkwasserversorgung blockieren. Als die Knaben den Wassermangel bemerkten, erklärten ihnen die Lagerleiter, dass die Leitung auf der ganzen Länge abgesucht werden müsse. Dafür seien etwa 25 Leute nötig. Während der gemeinsamen Suche kam es zu keinen Feindseligkeiten, man lieh sich gegenseitig Werkzeuge und arbeitete zusammen. Aber schon beim Abendessen kam es wieder zu einer Essensschlacht.

Als Nächstes stand ein gemeinsamer Filmabend auf dem Programm. Die Miete des Films „Schatzinsel“ – 15 Dollar – musste von beiden Gruppen aufgebracht werden. Nach kurzer Diskussion einigten sie sich, je 3 Dollar 50 beizutragen, den Rest sollte die Lagerleitung bezahlen. Ein gemeinsamer Zeltausflug bildete den Abschluss von SHERIFS Eingriffen. Als Erstes streikte der Lieferwagen, der das Essen hätte holen sollen. Er ließ sich nur anschieben, wenn beide Gruppen bereit waren, zusammenzuarbeiten. Beim Aufstellen der Zelte entdeckten beide Gruppen, dass sie auf Material der anderen angewiesen waren. Das Essen schließlich bestand aus vier Kilo Fleisch am Stück. So waren die Gruppen gezwungen, irgendwie zu teilen.

Diese Maßnahmen führten tatsächlich zur Versöhnung der Gruppen. Sie feierten den Abschlussabend gemeinsam, entschieden sich, die Rückfahrt im selben Bus anzutreten, und als die Adler bei einem Verpflegungsstopp kein Geld mehr hatten, luden die Klapperschlangen sie ein.

12.2 Gruppenstrukturen

Gruppen als soziale Gebilde beginnen schon nach kurzer Zeit, ihre Beziehungen zu strukturieren. Aus dem Nebeneinander wird ein gegliedertes Zueinander: Es entsteht eine Struktur.

So werden Jugendliche, die gemeinsam an einer Schule in einer Klasse arbeiten, bestimmte Erfahrungen machen. Es etablieren sich gruppenspezifische *Normvorstellungen*, die Jugendlichen werden innerhalb der Gruppe mit bestimmten *Rollen* und den damit verbundenen Erwartungen konfrontiert. Jeder erhält bei den anderen einen gewissen *Status*, also Ansehen, und es entwickelt sich ein *Zusammenhalt (Kohäsion)*. Genau diese vier Merkmale bestimmen die interne Struktur von Gruppen und haben großen Einfluss auf Funktionalität und Produktivität einer Gruppe.

Normen

Wenn Menschen längere Zeit miteinander kommunizieren, gleichen sie sich in vielen Ansichten und Verhaltensweisen einander an. Dieses wachsende Wir-Bewusstsein beruht weitgehend auf gemeinsamen Normen, erleichtert die Kommunikation und gibt Sicherheit: „Wir sind der Meinung ...; wir sehen das so ...“

Die Mitglieder von Gruppen halten bestimmte Spielregeln ein, wobei diese Spielregeln nicht unbedingt bewusst sein müssen. Sogenannte Selbstverständlichkeiten spielen sich ein und zählen zu den wirksamsten Gruppennormen. In einer Schulklasse beispielsweise können folgende Regeln bestehen:

- In der Klasse darf man einen Mitschüler nicht verpetzen.
- Im Unterricht mitzumachen, ist ganz in Ordnung, wer aber dauernd streckt, ist ein „Streber“.
- Wer häufig mit dem Lehrer redet, ist ein „Schleimer“ und will sich Vorteile verschaffen. (Vgl. MARMET, 1988, S. 22)

Wie auch immer entwickeln Gruppen Vorstellungen über richtiges und angemessenes Verhalten ihrer Mitglieder. Diese Vorstellungen werden als Normen bezeichnet. Wenn ein Mitglied der Gruppe gegen Normen verstößt, muss er mit Reaktionen der Gruppe rechnen.

Diese nennt man *negative Sanktionen*. Es gibt zahlreiche Sanktionsmöglichkeiten der Gruppe, die fein abgestuft sein können. Vom Grinsen oder Auslachen über abfällige Bemerkungen, direkte Missbilligung, harsche Kritik bis zum Ausschluss aus der Gruppe ...

Für das Wohlverhalten in der Gruppe gibt es allerdings auch *positive Sanktionen* wie Anerkennung und Respekt, Auszeichnungen, Belohnungen ...

Normen können sich natürlich auch verändern. Dies passiert beispielsweise dann, wenn sie von der Mehrheit in der Gruppe kaum noch beachtet werden oder sich die Bedürfnisse der Gruppenmitglieder verändern.

ANREGUNGEN UND AUFGABEN

1. Diskutieren Sie in der Klasse über die Frage: Gibt es in unserer Gesellschaft genügend, zu viele oder zu wenig Normen?
2. Welche ausgesprochenen und unausgesprochenen Regeln gibt es in Ihrer Klasse?
3. Was geschieht, wenn jemand gegen diese Spielregeln verstößt?
4. Wodurch könnten sich die Regeln verändern?

12.3 Phasen der Gruppenentwicklung

Menschen, die mit Gruppen zu tun haben, wie z.B. Lehrerinnen und Lehrer, können immer wieder feststellen, dass Schulklassen am Ende eines gemeinsamen Schuljahres grundlegend anders sind als zu Schuljahresbeginn. Trotz vieler Unterschiede in Zusammensetzung und Charakter der Gruppen kann man immer wieder ein bestimmtes Muster der Gruppenentwicklung beobachten:

1. Fremdheits- oder Orientierungsphase
2. Machtkampf- oder Rollenklärungsphase
3. Vertrautheits- oder Wir-Phase
4. Differenzierungsphase
5. Ablösungs- oder Trennungsphase

Das Modell, auf das man sich in der Pädagogik am häufigsten bezieht, stammt von Bernstein und Lowy. Sie fanden schon in den 70er-Jahren fünf Phasen der Gruppenentwicklung, unabhängig von der Art der Gruppe (nach Bernstein/Lowy, 1978). Wir werden es am Beispiel einer Schulklasse erläutern.

12.3.1 Die Fremdheits- oder Orientierungsphase (forming)

Sie ist die erste Phase in einem Gruppenprozess. Zu Beginn eines neuen Schuljahrs in einer neuen Schulklasse geht es um „das Ankommen" in der Gruppe. In dieser Phase sind die Gruppenmitglieder eher unsicher und zurückhaltend. Man tastet sich meist vorsichtig ab. Motivationen und Erwartungen sind noch nicht oder nur zum Teil geäußert. Unsicherheit und vorsichtiges Taktieren bestimmt die Situation.

Die Mitglieder versuchen sich zu orientieren. Die einzelnen Mitglieder gehen in dieser Phase noch keine festen Bindungen ein, da sie oft nicht wissen, welches Verhalten in dieser Gruppe angemessen ist.

Wer ist wer? Teilweise angstbesetzte Fragen spielen eine Rolle. Werde ich von den anderen geachtet? Wer wird mich vielleicht ablehnen?

Die Tendenz ist: aufeinander zu, voneinander weg; eine Art Schaukeleffekt zwischen Distanz und Nähe. Der Wunsch nach Nähe, Kontakt und Angenommensein ist da, die konkrete Umsetzung jedoch bereitet Schwierigkeiten.

In einer Kindergartengruppe beispielsweise lassen sich solche Prozesse besonders gut beobachten, weil Kinder hierbei zum ersten Mal in ihrem Leben in eine neue Gruppe hineinkommen.

Das ist für die Kinder einerseits spannend, andererseits sind sie aber auch unsicher und ängstlich: Sie müssen sich von der Sicherheit im Elternhaus wegbewegen. Ohne Mama und Papa erscheint ihnen die Gruppe im Kindergarten unüberschaubar, sie kennen den Tagesablauf noch nicht und müssen sich an die anderen Kinder herantasten. Auch die Erzieherinnen in der Gruppe sind noch ganz fremde Menschen für sie, von denen die Kinder allerdings viel erwarten. All dies ruft das Gefühl von „Ausgeliefertsein" hervor. Das Bedürfnis der Kinder nach Anerkennung und Sicherheit ist entsprechend hoch.

Auch in einer sich neu bildenden Schulklasse stehen wir vor Fragen wie:

- Inwieweit gleiche ich den anderen? (Identitätsfrage)
- Wer bin ich in der Gruppe?
- Bin ich sympathisch?
- Wer spielt hier welche Rolle?
- Welche Rolle spiele ich bzw. kann ich hier spielen? (Rollenverteilung)
- Wer hat sich hier schon zu wem gesetzt?
- Wie wird der Lehrer sein?
- Wie wird mich der Lehrer behandeln?
- Wie kann ich mich gut in Szene setzen?
- Wie offen kann ich in der Gruppe sein?
- Was werden die anderen hinter meinem Rücken sagen und denken? (Vertrauensfrage)
- Welche Erwartungen hat die Gruppe an mich?
- Was kann ich mir hier leisten und was nicht? (Normenfrage)

Hier ist es Aufgabe der Lehrer, die Mitglieder behutsam zu empfangen und dabei die Gruppendynamik einfühlsam und auch regelgeleitet zu begleiten.

12.3.2 Machtkampf- oder Rollenklärungsphase (storming)

In dieser Phase wird die Gruppenstruktur, also die soziale Organisation der Gruppe (Normen, Rollen, Status), in ihren Anfängen erkennbar: Beziehungen entwickeln sich jetzt deutlich, im positiven wie im negativen Sinne. Sympathie und Antipathie, Spannungen und Unbehagen sind kennzeichnend. Manchmal wird hart „zur Sache" gegangen. Meinungen, Rollen, Ziele und Positionen der Gruppenmitglieder werden infrage gestellt. Die Viel- und Lautredner gewinnen an Oberwasser, Normen werden aufgestellt, diskutiert und wieder verworfen.

Selbstständigkeit wird erprobt. Es gibt Sieger und Besiegte, auch Sündenböcke können jetzt entstehen.

Für die Schülerinnen und Schüler, die ihre erste Unsicherheit nun überwunden haben, beginnt eine neue Phase. Jetzt geht es verstärkt darum, einen Platz in der Gruppe zu finden. Die einzelnen Schüler und Schülerinnen suchen „ihren Platz" in der Schulklasse, und wenn sie ihn gefunden zu haben glauben, wird er auch verteidigt. Auf der anderen Seite werden Rollen auch gegenseitig zugeschrieben, manche werden regelrecht in eine Rolle gedrängt. Wie schwer es ist, eine einmal gefundene oder zugeschriebene Rolle wieder loszuwerden, wird besonders an negativen Rollen wie „der/die Doofe", „der Kasper" oder „der/die Störer/ in" sichtbar.

Manche „Plätze" oder Positionen möchten von mehreren Gruppenmitgliedern eingenommen werden. Dann kann es zu Spannungen oder Machtkämpfen kommen.

Einen Platz in der Gruppe haben ebenso diejenigen, welche im Unterricht kaum etwas zu sagen wagen. Er oder sie wird dann von den anderen als schüchtern und still wahrgenommen: eine schwierige Position in der Klasse. Entsprechend kann jetzt auch deutlich werden, wer von der Gruppe nicht anerkannt und zum Außenseiter gemacht wird.

Es können sich Untergruppen bilden, die sich gegeneinander abgrenzen. In einer überschaubaren Clique von drei oder vier Mitgliedern ist es leichter, das Bedürfnis nach Anerkennung und Sicherheit zu befriedigen.

Status
Ansehen, das der Träger einer Person genießt.

Auch die Lehrkraft, also der Gruppenleiter, ist in den Prozess einbezogen und das macht diese Phase auch besonders anstrengend.

In dieser Phase werden die Rollen der späteren Gruppe verteilt. Vielen Teilnehmern ist es wichtig, Einfluss auf das Gruppengeschehen zu nehmen und Macht auszuüben. Dies wird mit allen Mitteln versucht. Zum Teil geschieht es, dass sich die Gruppenmitglieder gegen die Leitung auflehnen. Die Lehrkraft erlebt eine Zeit, in der sie intensiv ausgetestet wird.

Einigen Gruppen gelingt es nur schwer, diese Phase jemals zu überwinden, andere Gruppen fallen zum Teil auch immer dann in diese „Machtkampfphase" zurück, wenn es darum geht, neue Entscheidungen zu treffen.

In dieser Zeit hat der Lehrer als Gruppenleiter die Aufgabe, negative Rollen einzelner Personen zu erkennen und wenn möglich darauf einzuwirken. Hier muss der Lehrer als Gruppenleiter beispielsweise ein in die Außenseiterrolle verstoßenes Gruppenmitglied wieder in die Gruppen einbinden oder sehr dominante Personen ein wenig bremsen. Doch am wichtigsten in dieser Phase ist es, anzuerkennen, dass kleinere Konflikte und ein Kräftemessen dazugehören und nicht unterbunden werden sollten, solange es nicht zum Schaden für einzelne Personen ist.

12.3.3 Vertrautheitsphase (norming)

Durch Verständnis und Wissen wandelt sich die Gruppe allmählich vom vorherrschenden Konkurrenzgedanken hin zu einer immer intensiveren Zusammenarbeit. Die Rollen innerhalb der Gruppe sind vergeben, jeder hat seinen Platz bzw. seine Aufgabe. Man hat die anderen in der Gruppe weitestgehend akzeptiert. Dies geht auch einher mit der Akzeptanz der zuvor abgeklärten Rollen. Es ist durchaus möglich, wenn nicht sogar wahrscheinlich, dass Außenseiter ihre Rolle in der Gruppe akzeptieren und damit die Gruppenatmosphäre mittragen. Es entwickelt sich ein starkes *Wir-Gefühl*. Eben aus diesem Grund ist die Gruppe zu diesem Zeitpunkt nicht in der Lage, die Aufnahme neuer Mitglieder zu verkraften. Oft fällt die Gruppe dann in eine Mischung aus den ersten beiden Phasen zurück. Eventuelle neue Mitglieder müssen sich gleichzeitig orientieren und für eine Akzeptanz ihrer Person in der Gruppe sorgen.

In dieser Phase ist die Gruppe am produktivsten, sie wird deshalb auch in einigen Modellen als Arbeitsphase beschrieben. Die Auseinandersetzungen aus der Machtkampfphase treten nun eher in den Hintergrund. Die Gruppenmitglieder beginnen, sich in der Gruppe wohlerzufühlen. Es ist die Phase der positiven Beziehungen, die sich am Anfang zu einer regelrechten Euphorie entwickeln kann.

Auch in der Schulklasse sind nun in der Regel die Rollen und Positionen zur Zufriedenheit ausgehandelt. Gruppeninterne Konflikte lassen deutlich nach. Die Schüler können sich und die Situationen besser einschätzen, wodurch die Interaktionen regelhafter und ruhiger werden. Eine Identifikation mit der Eigengruppe ist jetzt in der Regel geglückt.

Aufgabe der Pädagogen ist hier, der Gruppe Freiräume zu schaffen, in denen sie sich als zusammengehörig empfinden. Auch sollen sie die Gruppe beobachten und eventuelle Konflikte, die die Gruppe nicht selbst lösen kann, aufarbeiten.

12.3.4 Differenzierung (performing)

Mit dieser Phase wird die Gruppe „erwachsen". Jeder in der Gruppe freut sich über die unterschiedlichen Fähigkeiten und Eigenarten der einzelnen Gruppenmitglieder und kann darin eine Bereicherung für die Bewältigung einer zielorientierten Aufgabe sehen. Die Bereitschaft, Konflikte wahrzunehmen und zu bearbeiten, ist besonders groß. Der Einzelne

kann seine Individualität entfalten und gut in der Gruppe leben; die Gruppe erhält dadurch ihre Identität.

Zunehmend öffnet sich die Gruppe nun nach außen. Die Atmosphäre in der Gruppe wird als ideal und harmonisch wahrgenommen.

In dieser Phase kann und muss sich die Lehrkraft auch zurückhalten können, da die Gruppe nun fähig ist, Konflikte und kleinere Probleme selbst zu bewältigen. Doch überflüssig wird die Lehrkraft als Begleiter für die Gruppendynamik auch in dieser Phase nicht. Es wird viel geplant und Initiative entwickelt. Die Gruppe wird selbstsicher.

12.3.5 Trennungsphase (deforming)

Irgendwann kommt der Zeitpunkt, wo sich eine Gruppe auflöst. Dies muss nicht bedeuten, dass sich die Gruppenmitglieder nie wiedersehen.

Grundschulkinder kommen in die aufsteigende Schule, Realschulabsolventen möglicherweise auf weiterführende Schulen, Abiturienten gehen ins Studium oder in die Arbeitswelt.

Regelmäßig berichten Eltern, dass ihr Grundschulkind z. B. die Realschule besuchen möchte, weil die Freundinnen auch dort hingehen. Plötzlich ist die ehemals heiß begehrte Empfehlung für das Gymnasium nicht mehr interessant.

Gewachsene Gruppen bilden ein Gerüst, ein Stützkorsett für den Einzelnen, um Aufgaben gemeinsam und damit weniger angstbesetzt anzugehen. Hier zeigt sich in unserem Beispiel das angesammelte „Wir-Gefühl“: Gemeinsam schaffen wir die „Real“.

Eventuell werden im Freundeskreis schon Pläne geschmiedet, wer in der neuen Schule neben wem sitzt. Diese Phase ist im weiteren

Sinne dadurch gekennzeichnet, dass sich Verhaltensweisen anderer Phasen wiederholen. Abschiedsschmerz und Vorfreude auf Neues sind miteinander gepaart. Eine Gruppe löst sich auf, wenn das Zusammensein als nicht mehr so spannend erlebt wird oder aber das Gruppenziel erreicht wurde. Dies kann sein, wenn eine Schulklasse die Schule beendet oder eine Ferienfreizeit zu Ende gegangen ist.

In dieser Phase kann es passieren, dass sich die Gruppe noch fester aneinanderklammert oder aber auch, dass die Gruppenmitglieder wieder in die Fremdheitsphase zurückfallen. Hier ist es für die Lehrkraft wichtig zu erkennen, was die Gruppe in diesem Moment braucht. Sie muss ihr die Möglichkeit eines Abschieds oder den Übergang in eine andere Gruppe erleichtern und sie darin begleiten. Hier kann beispielsweise eine Schule mit Betrieben oder Universitäten zusammenarbeiten, um den Übergang zu gestalten.

12.4 Soziale Rolle

BEISPIEL

Alena, 17-jährige Schülerin des Sozialwissenschaftlichen Gymnasiums Villingen-Schwenningen, ist bisher mit ihren reisefreudigen Eltern jedes Jahr mehrmals in den Ferien ins Ausland gefahren. Als in diesem Jahr wieder eine Reiseplanung ansteht, rechnen die Eltern fest damit, die drei Wochen mit ihrer Tochter zu verbringen. Sie aber verkündet den erstaunten Eltern, nicht mehr mitfahren zu wollen, weil ihre Clique andere Pläne hat. Vater und Mutter haben einige Mühe, die neue Situation zu akzeptieren. Auch die jüngere Schwester ist darüber nicht sehr erbaut. Nun muss sie allein mit den Eltern ..., oh je! Sie hatte sich insgeheim schon ausgemalt, mit Alena abends auch einmal auszubüchsen, so ganz ohne Eltern.

An diesem Beispiel können Sie sehr schön erkennen, dass einzelne oder mehrere Personen ganz bestimmte *Erwartungen und Wünsche* an das Verhalten einer anderen Person haben. Das ist der Inhalt einer Rolle.

Rollen sind – ähnlich wie Normen – Erwartungen der Gruppe an das Verhalten des Einzelnen. Während Normen für alle Gruppenmitglieder gültig sind, richten sich Rollenvorschriften nur an die Inhaber einer bestimmten *sozialen Position*.

Position
Platz, den eine Person innerhalb einer Gruppe bzw. der Gesellschaft einnimmt.

Der Begriff Position wird (vgl. Marmet, 1988, S. 26) auch in der Alltagssprache verwendet, besonders in Bezug auf berufliche Stellungen und die daraus resultierenden Rangunterschiede. Viele Positionen sind begrifflich klar gekennzeichnet und offensichtlich aufeinander bezogen, wie z. B.:

- Erzieherin – Kind
- Käufer – Verkäufer
- Arzt – Patient.

Personen oder Gruppen haben normative Erwartungen an das Verhalten, aber auch an das Auftreten eines Positionsinhabers: Der Chef wird zuerst gegrüßt, Lehrer sollen Schülerinnen Vorbild sein, der Arzt ordiniert nicht in Shorts.

Erwartungen von Gruppen oder Personen an Positionsträger bezeichnet man als Rolle.

Rollenvielfalt
Da wir nun aber verschiedenen Gruppen angehören und unterschiedliche Rollen einnehmen, kommt es auch regelmäßig zu kleineren und größeren Problemen.

Kathrin, Schülerin des sozialwissenschaftlichen Gymnasiums in Radolfzell, nimmt u. a. folgende Rollen ein (siehe Abbildung „Kathrins Rollenset" auf der folgenden Seite).

12.4.1 Rollenkonflikte

Die Vielfalt der sozialen Rollen kann kaum konfliktfrei verlaufen, deshalb sprechen wir von einem Rollenkonflikt, wenn die Normen und Erwartungen an das Verhalten eines Menschen so gegensätzlich sind, dass sie für den Rolleninhaber nicht zu vereinbaren sind.

Inter-Rollenkonflikt: Am Beispiel von Alena haben wir es mit zwei nicht miteinander in Einklang zu bringenden unterschiedlichen Rollen zu tun: mit der Rolle der Tochter und mit der Rolle des Cliquenmitglieds. Hierbei sprechen wir von einem *Inter-Rollenkonflikt*.

Ein **Intra-Rollenkonflikt** liegt vor, wenn die Erwartungen an ein und dieselbe Rolle nicht in Einklang zu bringen sind, beispielsweise die Rolle der Klassensprecherin. Aus Sicht der Mitschülerinnen soll sie für einen schulfreien Nachmittag sorgen, der Lehrer erwartet hingegen Unterstützung in der Vorbereitung eines Projekts an diesem Nachmittag.

Person-Rolle-Konflikt: Es gibt auch noch die Möglichkeit, dass die persönliche Einstellung und die Bedürfnisse eines Rollenträgers nicht mit den Rollenerwartungen übereinstimmen.

BEISPIEL
Der Träger einer Kinderkrippe erwartet, dass die Leiterin bei der Aufnahme der Kinder nur das Alter und das Anmeldedatum berücksichtigt; die Leiterin selbst meint, auch die jeweilige soziale Lage der Familie berücksichtigen zu müssen. Hier sprechen wir von einem *Person-Rolle-Konflikt*.

Häufig sind Inter- oder Intra-Rollenkonflikt mit einem Person-Rolle-Konflikt verbunden.

Ein solcher liegt wohl in dem Beispiel von Alena vor, weil es ihr Wunsch ist, mit der Clique etwas zu unternehmen, die Erwartung der Eltern aber im gemeinsamen Urlaub liegt.

AUFGABEN UND PROBLEMSTELLUNGEN

1. Durch die vielen Rollen, die Kathrin einnehmen (muss), tritt sie manchmal in einige Fettnäpfchen. Wie sieht es bei Ihnen aus?
   Erstellen Sie Ihr eigenes Rollenset und reflektieren schriftlich darüber, welche Bereicherung, aber auch welchen Zündstoff ein differenziertes Rollenset darstellt.
2. Vergleichen Sie Ihr Rollenset mit einem fiktiven Rollenset eines vierjährigen Kindes. Was fällt Ihnen auf und warum?
3. Zurück in die Schulklasse:
   Versuchen Sie, die verschiedenen Rollen der Mitschülerinnen durch die jeweiligen Verhaltensmerkmale zu unterscheiden.

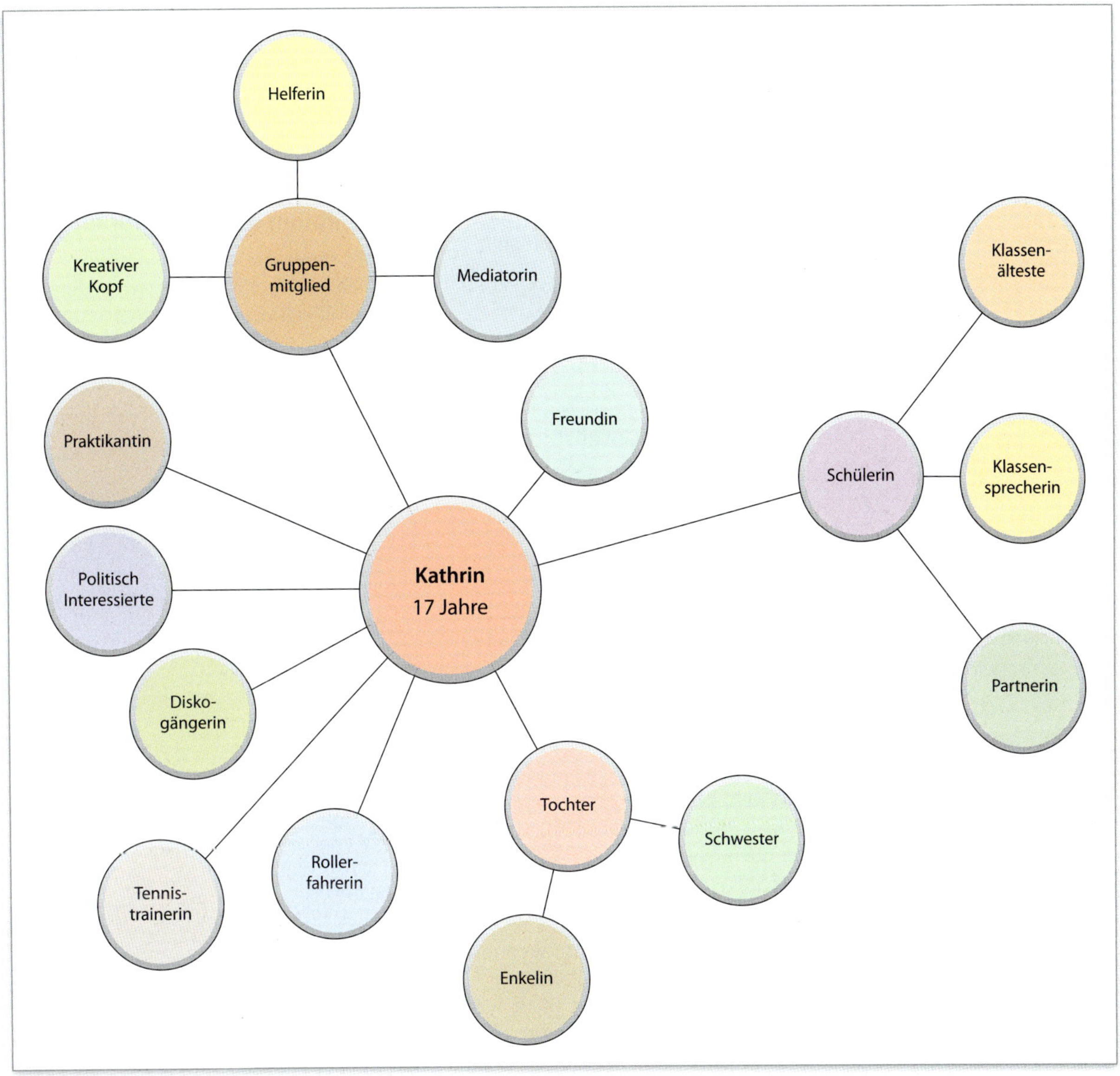

Kathrins Rollenset

Bewältigungsmöglichkeiten

Rollendistanz: Der Mensch kann die an ihn gerichteten Erwartungen kritisch überprüfen. Er kann sich fragen, was genau erwartet wird, ob die Erwartungen berechtigt sind, was geschieht, wenn man die Erwartungen nicht erfüllt, was für einen persönlich am wichtigsten ist usw. Aufgrund dieser Überlegungen kann der Mensch eine Entscheidung treffen, welche der Erwartungen er erfüllen will und welche nicht. Auf diese Weise entsteht im Laufe der Entwicklung eine persönliche Identität.

Tricks: Auf diese Weise erfüllen wir die unterschiedlichen Erwartungen in der jeweiligen Situation, müssen aber die Widersprüche irgendwie verheimlichen, weshalb dies keine gute Lösung darstellt.

> **BEISPIEL**
> Die Klassensprecherin vertritt in der Klassenkonferenz die Belange der Lehrer, in der Verfügungsstunde die Belange der Klasse.

Kompromisse schließen: Die Menschen können Abstriche bei den unterschiedlichen Rollenerwartungen machen.

Rollenaufgabe: Eine belastende Rolle kann aufgegeben werden.

Rollenabweichung: Man kann sich bestimmten Rollenerwartungen verweigern und auf diese Weise zu Veränderungen beitragen. Denken Sie an die Frauenbewegung und die Rolle der Frau in unserer Gesellschaft in den letzten dreißig Jahren.

Äußerliche Erfüllung mit innerem Protest: Ein Rollenkonflikt kann zu einem Gewissenskonflikt werden, wenn ich etwas tun soll, was mir innerlich widerstrebt, z. B. einen Befehl ausführen, obwohl ich innerlich dagegen bin.

Aushalten von Spannungen und Konflikten: Letztlich können wir Rollendruck und Konflikte auch aushalten und müssen lernen, mindestens zeitweise mit Spannungen und Konflikten zu leben. Psychohygienische Maßnahmen, hier nur angedeutet, können uns helfen, damit besser umzugehen: lustvoll erlebte Freizeitgestaltung, Freundinnen, die zuhören können, Supervision ...

12.4.2 Rollen in Kleingruppen

In jeder Gruppe gibt es verschiedene Rollen im eigentlichen Sinne. Sie finden sich in der Familie, der Schulklasse, in der Kindergartengruppe, in der Clique usw. Wichtig dabei ist, dass

BEISPIEL

Exkurs: Gruppen im Vorschulalter

Die Spielregeln des sozialen Miteinanders zu internalisieren oder gar einzuhalten, scheint für Vorschulkinder häufig schwieriger zu sein, als Perlen aufzureihen oder die „8" im Zahlenland zu identifizieren. Kinder in diesem Alter können – entwicklungsbedingt – nicht wirklich sozial und kooperativ sein. Sie sammeln noch Erfahrungen mit Gruppen, besser mit einzelnen Mitgliedern, und lernen dabei, warum sich z. B. Jens in vergleichbaren Situationen ganz anders als Michael verhält. Dadurch kann eine kleine Erfahrungswelt, die gerade erst aufgebaut wurde, wieder ins Wanken geraten, denn die weiter oben beschriebenen Bewältigungsstrategien greifen im Vorschulalter noch nicht oder nur unzureichend.

Kindergartenanfänger in Einrichtungen mit offenem Konzept sollten deshalb die Stammgruppe erst verlassen, wenn sie emotional und sozial dazu in der Lage sind.

Stammgruppe
Für eine begrenzte Zeit festgelegte Gruppenzusammensetzung mit konstanten Erzieherinnen, wobei die Stammgruppe nur einen kleinen Teil des Tages verbindlich miteinander verbringt.

Gruppenübergreifend
Alle Aktivitäten, die über die Stammgruppe hinausgehen.

Homogene Gruppe
Gruppenmitglieder haben Gemeinsamkeiten, z. B. das Alter, auch als altersgleiche Gruppe bezeichnet.

Heterogene Gruppe
Gruppenmitglieder unterscheiden sich, z. B. im Alter, auch als altersgemischte Gruppe bezeichnet.

Untergruppen
oder Binnengliederung meint die „Grüppchenbildung" in Kleingruppen. Sie finden in Kleingruppen, aber auch Paarbeziehungen abgelehnte Kinder oder Außenseiter. Bedeutung der Untergruppenbildung für die Kinder:
- Aufbau eigener emotionaler Stabilität
- Positionsausrichtung (Rangordnung)
- Rollenfindung
- personale Bindung an andere Kinder

Probleme aus Sicht der Erzieherin damit:
- Abkapselung einer Untergruppe, z. B. mit Migrationshintergrund, die bevorzugt in ihrer Landessprache kommuniziert
- Starrolle (Anführer, Chef ...)
- Außenseiter
- abgelehntes Kind

- sie geschlechterspezifisch wahrgenommen werden (zugeschriebene Rolle),
- sie als altersadäquat erlebt werden (... wie kann man als Fünfjähriger...),
- die Rollen erst allmählich im Gruppenentwicklungsprozess entstehen,
- die Rollen sich verändern können,
  - von der Eigenart der Gruppe abhängen,
  - auch von der Eigenart der Persönlichkeit geprägt sind.

Sozialer Status

Bei den oben erwähnten zahlreichen Rollen wird Ihnen aufgefallen sein, dass nicht alle gleich angesehen oder bewertet werden. Den unterschiedlichen Rollen werden unterschiedliche Rangpositionen zuerkannt. Sie werden also bewertet nach höher oder niedriger. Abhängig vom Einfluss, den ein Gruppenmitglied ausüben kann, besitzt es einen hohen oder niedrigen Status.

Bei soziometrischen Tests hat sich gezeigt, dass **prosoziales** und initiatives **Verhalten** das wichtigste Kriterium für die Beliebtheit der Kinder in der Gruppe ist. Asoziales Verhalten ist der wichtigste Maßstab für die Ablehnung. Kinder, die zum positiven sozialen Kontakt mit anderen Kindern beitragen, sind beliebt und werden am meisten geschätzt. Besondere Fähigkeiten und Fertigkeiten, die meist im Leistungsbereich zum Ausdruck kommen, sind auch bedeutsam, kommen aber erst an zweiter Stelle. Spiel- und Sprachfähigkeit zählen zum Beispiel hierzu. Eine eher untergeordnete Rolle spielen Kleidung und Aussehen für den Status des Kindes in der Kindergartengruppe. In der Grundschule konkretisieren sich die Vorstellungen darüber allerdings schon merklich und Statussymbole gewinnen an Bedeutung.

AUFGABEN

1. Überlegen Sie, welchen Rang Sie in folgenden Gruppen einnehmen:
   - in der eigenen Familie
   - in Ihrer Klasse
   - im Verein
   - im Freundeskreis
2. Welche Kriterien sind maßgebend für Ihre Entscheidung?
3. Wer oder was bestimmt den Status in den verschiedenen Gruppen?

12.4.3 Gruppenkohäsion

Die **Gruppenkohäsion beschreibt den Zusammenhalt oder das Wir-Gefühl einer Gruppe.** Sie beschreibt die Kräfte, welche die Gruppe zusammenhalten. Sie ist ein Maß für den Zusammenhalt der Gruppe.

Die Kohäsion ist hoch, wenn die Gruppe für die Mitglieder attraktiv ist und somit die Zugehörigkeit Stolz erweckt.

Die Kohäsion ist auch hoch, wenn die Gruppe von außen unter Druck gerät oder eine gemeinsame Aufgabe als wichtig empfunden wird.

Erfassung und Analyse der Gruppenstrukturen durch ein Soziogramm

Für den pädagogischen Umgang mit Gruppen ist es hilfreich, die Gruppenstrukturen hinsichtlich der Rollenverteilung und des Status zu betrachten, um das Gruppenklima positiv zu beeinflussen. Um festzustellen, wie Sympathie und Antipathie in einer Gruppe verteilt sind, kann man das sogenannte soziometrische Verfahren wählen: Hierbei wird mit einem soziometrischen Test gezielt erfragt, welchen Status einzelne Kinder in der Gruppe einnehmen. Die gängigsten Fragestellungen sind:

prosoziales Verhalten *helfendes, kooperatives Verhalten*

- „Wen würdest du aus deiner Gruppe am liebsten zu deiner Geburtstagsparty einladen?" oder
- „Neben wem möchtest du sitzen?"
- „Wen würdest du lieber nicht einladen?" oder
- „Neben wem möchtest du nicht sitzen?"

Ausgewählte Kinder	Anne		Bernd		Kati		Max		Jenne		Sabi		Summe	
	+	−	+	−	+	−	+	−	+	−	+	−	+	−
Anne					+					−			1	1
Bernd							+				+		2	0
Kati	+							−					1	1
Max	+		+		+				+		+		5	0
Jenne		−		−		−						−	0	4
Sabi			+				+		+				3	0

Soziomatrix

Diese Untersuchung wird meist schriftlich durchgeführt. In Kindergartengruppen können auch gezielte Beobachtungen in Spielsituationen durchgeführt werden. Dabei wird die Wahl der Spielpartner in Beobachtungssituationen festgehalten und aus diesen Ergebnissen die Gruppenstruktur bestimmt.

Verarbeitung einer Soziomatrix: Nehmen wir als Beispiel eine Untergruppe von sechs Schülern in einer Schulklasse. Als erstes werden die positiven und negativen Nennungen in eine Soziomatrix als Plus- und Minuszeichen eingetragen:

+ ist gleich Zuneigung (gewünscht)
– ist gleich Abneigung (abgelehnt)

In der rechten äußeren Spalte werden die Summen der Positiv- und der Negativnennungen berechnet, um einen Überblick zu gewinnen.

Die Ergebnisse können anschließend grafisch in Form eines Soziogramms dargestellt werden. Ein Soziogramm verdeutlicht durch Pfeile von einer Person zu einer anderen, wer mit wem zusammen sein möchte und mit wem nicht. Zu der abgebildeten Soziomatrix ergibt sich das Soziogramm.

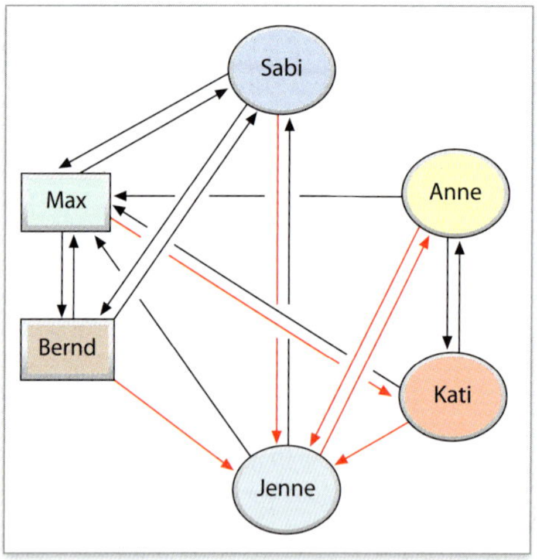

Mit den Vierecken kann man die Jungen kennzeichnen, mit den Kreisen die Mädchen. Die durchgezogenen schwarzen Linien bedeuten die Positivwahlen, die Negativwahlen, also die Ablehnungen, werden durch gestrichelte oder durch rote Pfeile gekennzeichnet.

Das fertiggestellte Soziogramm kann dann analysiert werden. Im vorliegenden Fallbeispiel kann man erkennen, dass die Gruppe von sechs Kindern nochmals in eine kleinere Gruppe unterteilt werden kann. Eine kleine Gruppe von drei Kindern ist offensichtlich eng miteinander verbunden (Max, Bernd und Sabi). Dies zeigt sich in der gegenseitigen Wahl. Diese Untergruppe bildet ein sogenanntes Dreieck. Anne und Kati wählen sich gegenseitig und bilden somit ein festes Paar. Dies zeigt sich auch in der übereinstimmenden Ablehnung von Jenne. Jenne wird von keinem anderen Kind als attraktiver Partner gewählt und erhält zahlreiche Ablehnungen. Hier kann man pädagogischen Handlungsbedarf erkennen. Offensichtlich versucht die abgelehnte Person (Jenne), mit den gut gewählten Personen Max und Sabie in Kontakt zu kommen. Max ist zugleich der sogenannte Star der Gruppe. Er ist für alle Kinder sehr attraktiv, obwohl auch ein Kind (Kati) von ihm abgelehnt wird.

Das Soziogramm bietet noch weitere Möglichkeiten, die an dieser Stelle nicht vertieft werden. Dies kann anhand der einschlägigen Literatur für diejenigen, die dies vertiefen wollen, geschehen.

ANREGUNGEN UND AUFGABEN

1. Vergleichen Sie die ersten vier Wochen aus diesem Exkurs mit den folgenden Gruppenentwicklungsphasen.
   Wie könnten hilfreiche Vorgehensweisen der Erzieherinnen in Bezug auf die jeweilige Phase der Gruppenentwicklung aussehen?
2. Sprechen Sie die Erzieherinnen in Ihrer Einrichtung auf Vorschläge zur Herstellung guter Beziehungen an.

12.5 Gruppenprozesse – die Beeinflussung des Einzelnen durch die Gruppe

Um die Beeinflussung des Individuums durch die Gruppe zu erleben, bietet sich das **NASA-Weltraumspiel**, ein Planspiel aus den 70er-Jahren an, das hohe Popularität erlangte: Die Autoren und die Herkunft des Spiels sind nicht bekannt. Das NASA-Weltraumspiel gilt mittlerweile als Klassiker unter den Rollen- und Planspielen und wird vor allem eingesetzt, um Rollenverhalten, Gruppenverhalten, gruppendynamische und zwischenmenschliche Kommunikation aufzuzeigen und mit den Teilnehmern anschließend zu reflektieren und zu diskutieren.

AUFGABE

In diesem Experiment müssen Sie in der Gruppe gemeinsam eine anspruchsvolle Aufgabe lösen. Bilden Sie Gruppen von vier bis fünf Personen. Jede Gruppe erhält die folgenden Materialien und muss zu einer möglichst optimalen Lösung kommen. Halten Sie sich bitte an die unten angegebenen Schritte.

Die Situation
Sie sind Mitglieder eines Raumfahrtteams, das auf der beleuchteten Oberfläche des Mondes mit dem Mutterschiff zusammentreffen sollte. Wegen technischer Schwierigkeiten musste Ihr Raumschiff aber an einer Stelle landen, die etwa 300 Kilometer von dem vereinbarten Treffpunkt entfernt liegt. Während der Landung ist viel von der Ausrüstung an Bord zerstört worden. Ihr Überleben hängt davon ab, ob Sie das Mutterschiff zu Fuß erreichen. Um diese Strecke bewältigen zu können, dürfen Sie nur das Allerwichtigste mitnehmen. Auf der unten abgedruckten Liste sind 15 Gegenstände aufgeführt, die unzerstört geblieben sind.

Die Aufgabe
Ihre Aufgabe besteht nun darin, diese Gegenstände in eine Rangordnung zu bringen, die ihre Wichtigkeit für den 300 Kilometer langen Marsch ausdrückt. Jedes Gruppenmitglied trifft zunächst **allein** die Entscheidung. Übertragen Sie die Tabelle in Ihr Arbeitsheft. Setzen Sie nun in der Spalte „Einzel" die Ziffer 1 neben den nach Ihrer Auffassung wichtigsten Gegenstand, die Ziffer 2 neben den zweitwichtigsten usw. bis zur Nummer 15 neben den unwichtigsten Gegenstand. Dazu haben Sie 10 Minuten Zeit. Im Anschluss trifft sich die Gruppe, um eine gemeinsame Rangfolge festzulegen. Dabei gelten folgende Regeln:

- Die Entscheidung muss einstimmig erfolgen. Alle müssen der Lösung zustimmen.
- Argumentieren Sie streng logisch. Stimmen Sie einer Reihenfolge nur zu, wenn Sie von der Richtigkeit überzeugt sind. Eine mathematische Lösung, also die Mittelwerte aus den Rangfolgen der Gruppenmitglieder zu bilden, ist nicht erlaubt.
- Tragen Sie die Gruppenlösung in die Spalte „Gruppe" ein.

Nun vergleicht jedes Gruppenmitglied das eigene Ergebnis mit dem Gruppenergebnis. Rechnen Sie für jeden Gegenstand die Differenz zwischen Ihrer Rangfolge →

Gegenstand	Einzel	Gruppe	Differenz
Erste-Hilfe-Koffer mit Injektionsnadel			
Fallschirmseide			
20 Liter Wasser			
5 Meter Nylonseil			
Kocher			
Lebensmittelkonzentrat			
Magnetkompass			
FM Empfänger – Sender, mit Sonnenenergie			
Selbstaufblasbares Schlauchboot			
Signalleuchtkugeln			
Sternkarte			
Streichhölzer			
Trockenmilch			
2 Pistolen			
2 Sauerstofftanks			
Summe der Abweichungen			

und der Gruppe (größere Zahl minus kleinere Zahl). Zählen Sie alle Differenzen zusammen. Welches Gruppenmitglied hat die geringste Abweichung vom Gruppenergebnis und welches die größte?

Zum Abschluss teilt der Lehrer ein Auswertungsblatt aus, auf dem die Reihenfolge abgedruckt ist, die Experten vorschlagen. Tragen Sie nun Ihr persönliches und das Gruppenergebnis in die angegebenen Spalten ein. Rechnen Sie die Abweichungen zum Expertenergebnis aus. Welches Gruppenmitglied liegt der Lösung der Experten am nächsten? Füllen Sie schließlich den Fragebogen zur Arbeit in der Gruppe aus.

- Bei der Gruppenbildung sollte vermieden werden, dass sich die Schüler/-innen in bereits vertrauten Cliquen zusammenfinden. Vielleicht ein Losentscheid.
- Für den ersten Teil der Aufgabe, die individuelle Lösung, gilt eine Zeitbegrenzung von etwa 10 Minuten.
- Für den zweiten Teil der Aufgabe, die Gruppenlösung, geben Sie keine Zeitbegrenzung vor.
- Bei der Auswertung ist es wichtig, den Zeitverbrauch zu berücksichtigen.
- Teilen Sie die Expertenlösung der NASA erst aus, wenn die Gruppe ihre Reihenfolge abschließend festgelegt hat.
- Hat die Gruppe ihr Ergebnis mit der Expertenlösung verglichen und die Abweichungen ausgerechnet, teilen Sie den Bewertungsbogen aus.
- Am Ende des NASA-Spiels steht die Diskussion in der Klasse. Ziel ist es herauszufinden, wie eine Gruppe zusammenarbeiten muss, damit sie erfolgreich ist. Folgende Leitfragen können dabei helfen:
  - Welche Gruppe lag am nächsten an der Experten-Lösung und welche Gruppe war am weitesten davon entfernt?
  - Was könnten die Gründe dafür gewesen sein (Diskussionsverlauf, Zusammenarbeit, Überzeugungsarbeit Einzelner)?
  - Welche Einzellösung war die beste und welchen Einfluss hatte sie auf die Gruppenlösung? Konnte der Teilnehmer mit der besten Lösung in der Gruppe überzeugen? Was spielte sich in der Gruppe ab?
  - Wie verlief die Diskussion in der schnellsten und in der langsamsten Gruppe?
  - Hatte die benötigte Zeit Einfluss auf die Güte der Ergebnisse?

Auflösung zum NASA-Spiel

Erste-Hilfe-Koffer mit Injektionsnadel	bei Unfällen	7
Fallschirmseide	Sonnenschutz	8
20 Liter Wasser	lebensnotwendig	2
5 Meter Nylonseil	zum Klettern	6
Kocher	überflüssig	13
Lebensmittelkonzentrat	Nahrung sichern	4
Magnetkompass	keine Pole vorhanden	14
FM Empfänger – Sender, mit Sonnenenergie	Notrufsender	5
Selbstaufblasbares Schlauchboot	Klüfte überwinden	9
Signalleuchtkugeln		10
Sternkarte	zum Navigieren	3
Streichhölzer	nicht zu gebrauchen	15
Trockenmilch	würde Wasser verbrauchen	12
2 Pistolen	welche Feinde?	11
2 Sauerstofftanks	Atmung gesichert	1

Die Sozialpsychologie benutzt für den Einfluss der Gruppe auf den Einzelnen den Begriff der Konformität.

Konformität ist die Veränderung im Verhalten eines Menschen, bewirkt durch den realen oder vorgestellten Einfluss anderer Menschen.

Viele Eltern pflegen einen kritischen Blick auf den Umgang ihrer Kinder. Warum? Weil sie um den großen Einfluss der Peergroup auf ihre Mitglieder wissen. Nicht selten bereitet es ihnen unter Umständen Kopfzerbrechen, wenn von den neu gewonnenen Freunden ihres Sohnes bekannt ist, dass sie ab und zu die Schule schwänzen. Das bereitet ihnen Sorgen, auch wenn ihr Sprössling bisher zu den zuverlässigen und guten Schülern zählte. Selbst wenn sich der Junge gegen diese Unterstellung wehrt, trauen ihm die Eltern womöglich nicht, weil erfahrene Erwachsene den überzeugenden Einfluss der Mehrheit fürchten. Diese Befürchtung hat ihre Berechtigung. Der Einfluss von Mehrheiten, der Druck, Übereinstimmung mit der Mehrheitsmeinung zu zeigen, ist gerade bei Jugendlichen enorm groß. Sie sind meist keine Nonkonformisten.

Ein **Nonkonformist** ist ein entschlossener Individualist, für den gesellschaftliche Normen keine größere Bedeutung haben, weil er sich bevorzugt an seinen eigenen Ideen orientiert.

Im normalen Alltagsleben ist eine Balance zwischen Individualität und Konformismus gegenüber bestimmten sozialen Normen notwendig. Extremer Nonkonformismus würde Chaos auslösen, zu starke Konformität wiederum ist ein Kennzeichen totalitärer Regime und nicht wünschenswert. Manchmal wollen wir unsere eigenen Ideen verwirklichen, bei anderen Gelegenheiten passen wir uns an.

Wie schwierig es ist, ein solches Gleichgewicht herzustellen, haben Sozialpsychologen mit sehr interessanten und heute klassisch zu nennenden Experimenten herauszufinden versucht.

12.5.1 Konformität und Gruppendruck

Eines der frühesten Experimente wurde von Floyd Allport im Jahre 1924 durchgeführt. Allport bat die Versuchspersonen in seinem Experiment, verschiedene Düfte daraufhin zu beurteilen, wie angenehm sie ihnen seien. Seine Versuchspersonen führten die Aufgabe sowohl allein wie auch in Kleingruppen durch. Dabei stellte er fest: Wenn die Versuchspersonen die Duftproben alleine bewerteten, sah ihre Beurteilung anders aus, als wenn sie die Duftproben in Gruppen bewerteten. Dann nämlich tendierten sie zum mittleren Beurteilungswert der Gruppe. Allport schloss daraus, dass seine Versuchspersonen, die übrigens keine Möglichkeit hatten, direkt miteinander zu kommunizieren, sich darum bemühten, sich in die Gruppe „einzufügen", indem sie ihre Urteile denen der anderen Gruppenmitglieder anglichen.

Der Klassiker der Konformitätsexperimente stammt von Sherif aus dem Jahre 1936. Sherifs Experiment handelte von einem Phänomen, das Wahrnehmungsforscher den **autokinetischen Effekt** nennen.

Autokinetisch: spontane, ruckartige Augenbewegungen.

Wenn ein einzelner Lichtpunkt in einem vollständig dunklen Raum aufleuchtet, scheint er unberechenbar im Raum umherzufliegen, auch wenn er fest auf einen Punkt projiziert wird.

Diesen Effekt haben einst Astronomen entdeckt, als sie einzelne Sterne am schwarzen Nachthimmel beobachteten.

In Sherifs Experiment wurde jede Versuchsperson allein in einen dunklen Raum gesetzt und gebeten, ihre Aufmerksamkeit auf das Licht zu lenken, das kurz aufleuchten werde. Dann sollten sie die Richtung und Distanz der Bewegung des Lichts angeben. Die Distanzschätzung variierte sehr stark von einer Versuchsperson zur anderen. SHERIF bildete dann kleine Gruppen von Versuchspersonen mit verschiedenen Durchschnittsschätzungen und bat sie, die Aufgabe noch einmal auszuführen und ihre Antworten laut zu geben. Obwohl ihre anfänglichen Urteile sich sehr stark voneinander unterschieden hatten, tendierten die Urteile der Gruppenmitglieder nach einigen Versuchsdurchgängen dazu, einander immer ähnlicher zu werden, indem sie sich einem Mittelwert der anfänglichen Urteile annäherten. Als die Versuchspersonen danach noch einmal individuell getestet wurden, gaben sie weiterhin die Gruppenschätzung ab, statt zu ihren ursprünglichen Einschätzungen zurückzukehren. Die Versuchsleiter hatten nicht verlangt, dass die Versuchspersonen in der Gruppe zu einem gemeinsamen Urteil kommen sollten, und es gab keinerlei Sanktionen dafür, von der Gruppenmeinung abzuweichen.

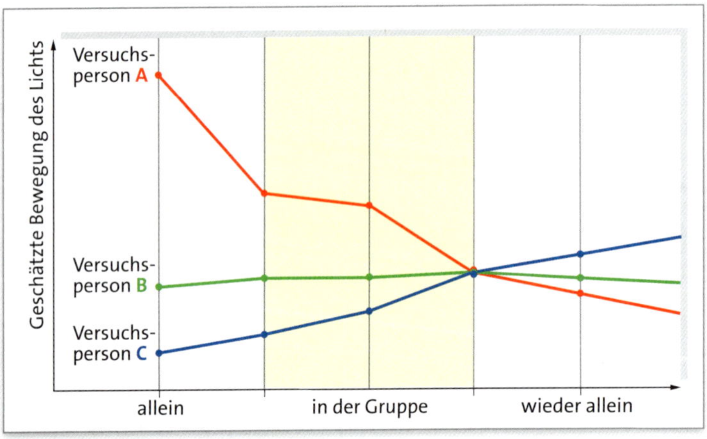

Veränderung der Einschätzung (nach SCHWARTZ, 1988, S. 172)

Außerdem versuchte nicht ein einziges Gruppenmitglied offen, die anderen von seiner Meinung zu überzeugen oder ihre Urteile zu verändern. Und dennoch gab es eine starke Tendenz der Versuchspersonen, eine ähnliche Reaktion zu zeigen. Diese Studie verweist zwar auf eine starke Tendenz, sich Gruppenmeinungen anzuschließen, aber es fehlt eigentlich ein objektiver Maßstab. Die Menschen konnten sich nur an der sozialen Realität ausrichten. *Sie verhielten sich also deshalb konform, weil die Gruppe den einzigen Anhaltspunkt dafür lieferte, was erwartet wurde.*

Die Sozialpsychologen nennen das den **informativen Einfluss**, der deshalb eine **Verhaltensanpassung** bewirkt, weil die Mitmenschen eine Informationsquelle sein können, wenn das Individuum unsicher in der Einschätzung einer Situation ist.

Wir sprechen von **informativem Einfluss,** wenn wir einen Informationswert in der Meinung anderer über die Realität annehmen.

Menschen unterliegen dem informativen sozialen Einfluss, wenn:
- die Situation mehrdeutig ist,
- es sich um Krisensituationen handelt,
- und wenn die anderen Experten sind.

Aber würden sich Menschen auch konform verhalten, wenn die physikalische Realität eindeutig definierbar ist?

Angenommen, Sie werden als freiwillige Versuchsperson zu Herrn SOLOMON ASCH, einem der renommiertesten Psychologieprofessoren seiner Zeit (1907–1996) zu folgendem Experiment eingeladen: „Wie gut können Sie die Länge verschiedener Linien einschätzen?"

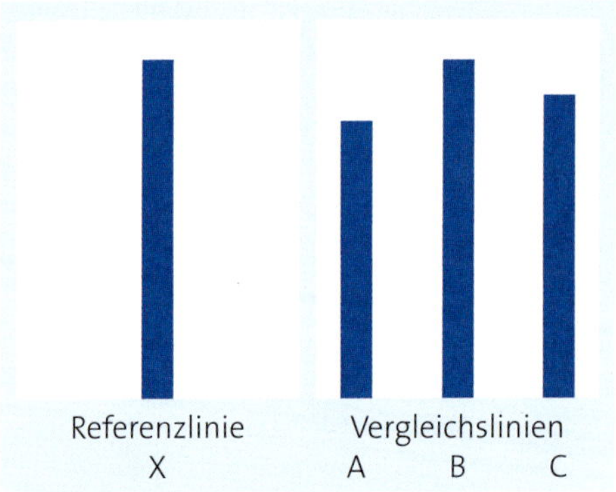

BEISPIEL

Der Versuchsleiter zeigt Ihnen eine gerade Referenzlinie X. Diese ist die Standardlinie. Dann zeigt er Ihnen drei Vergleichslinien (A, B und C) und bittet Sie, diejenige auszuwählen, die der Standardlinie am nächsten kommt. Versuchspersonen sollen angeben, welche der drei Vergleichslinien (A, B, C) gleich lang ist wie die Standardlinie.

Bei der rechts sitzenden Versuchsperson beginnend, wird jede einzelne gebeten, ihr Urteil laut abzugeben. Die Aufgabe ist äußerst einfach. Es ist offensichtlich, dass die ähnlichste Vergleichslinie die Linie B ist. Und diese Antwort gibt auch jede einzelne Versuchsperson. So geht es mehrere Versuchsdurchgänge lang weiter, bis plötzlich etwas sehr Merkwürdiges geschieht. Die erste Versuchsperson, also diejenige, die ganz rechts sitzt, scheint einen offensichtlichen Irrtum zu begehen. Statt die richtige Antwort zu geben, wählt diese Versuchsperson eine Linie aus, die eindeutig kürzer ist als die Standardlinie. Nun ja, denken Sie sich, möglicherweise hat sie sich einfach nur geirrt. Doch dann gibt auch die neben ihr sitzende Versuchsperson dieselbe falsche Antwort wie die zuerst befragte Versuchsperson. Sie beginnen zu denken, dass diese Leute wohl einen Knick in der Optik haben. Nachdem die dritte, vierte und fünfte Person genau dieselbe falsche Antwort gegeben hat, sind Sie an der Reihe. Verlassen Sie sich auf Ihr Augenmaß oder richten Sie sich nach der Gruppe und geben die falsche Antwort? Ihre Handflächen beginnen zu schwitzen und Sie bekommen Herzklopfen, während Sie nachdenken. Schließlich geben Sie auf und sagen dasselbe wie die anderen aus der Gruppe.

Insgesamt führten die Teilnehmer an der Untersuchung von ASCH 18 Linien-Aufgaben wie die dargestellte durch. Die Teilnehmer lösten die Aufgaben entweder allein oder in Gruppen zu je acht Personen. Was die Teilnehmer in den 8-Personen-Gruppen nicht wussten war, dass sie die einzigen „echten" Versuchspersonen waren, die anderen waren Eingeweihte des Versuchsleiters. Der „echte" Teilnehmer saß in der Regel so, dass er als einer der Letzten gefragt wurde.

In 12 von 18 der Fälle gaben die Eingeweihten offensichtlich falsche Lösungen an, waren aber in der einmütigen Mehrzahl. Unter diesen Bedingungen stieg die Fehlerzahl bei den „echten" Teilnehmern auf 76%. Im Durchschnitt verhielten sich die Menschen in etwa einem Drittel der Versuche konform.

Wurde das Urteil alleine abgegeben, lagen nur 5% der Teilnehmer falsch.

In diesem Experiment führte ASCH einen Konflikt herbei zwischen dem Wissen seiner Versuchspersonen um die physikalische Realität und der „sozialen Realität", wie sie durch die Gruppe repräsentiert wird.

Wie in früheren Experimenten verhielten sich Versuchspersonen konform, obwohl keinerlei Zwang auf sie ausgeübt wurde und keine Belohnungen für konformes Verhalten zu erwarten waren.

Da die Teilnehmer der Kontrollgruppe in der Einschätzung der Längen kaum einen Fehler machten, wenn sie allein arbeiteten, konnte ASCH davon ausgehen, dass der Effekt nicht auf die Aufgabenschwierigkeit zurückzuführen sei – die richtigen Antworten waren recht leicht zu geben. Für das im Experiment nachweisbare konforme Verhalten gibt es somit nur zwei Erklärungen:

Entweder überzeugte der **Gruppendruck** die Versuchspersonen tatsächlich davon, dass ihre Wahrnehmungen falsch waren oder die Versuchspersonen dachten, dass die Reaktionen der anderen Gruppenmitglieder falsch sind, widersprachen jedoch nicht, um nicht abzuweichen. Dies würde bedeuten, **dass es den Menschen wichtig ist, gemocht und akzeptiert zu werden.**

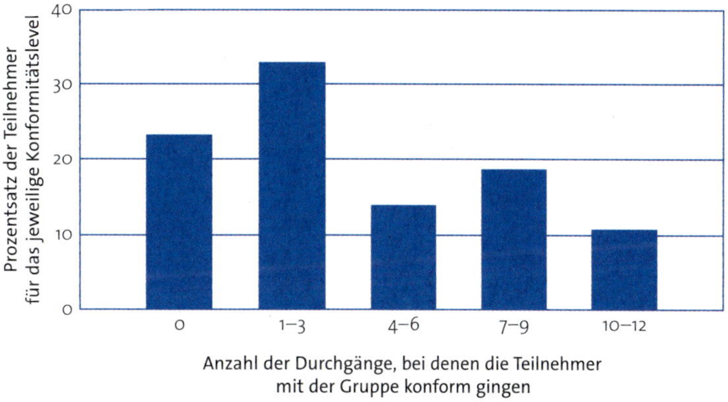

(nach ARONSON et al, 2004, S. 283)

Hier haben wir es mit **konformem Verhalten** zu tun, das deswegen zustande kommt, weil man nicht durch Abweichung von der Gruppennorm unangenehm auffallen oder ausgelacht werden möchte. Das ist der **normative Einfluss** einer Gruppe.

Normativer Einfluss
Sozialer Einfluss, der auf dem Bedürfnis nach Akzeptanz und Bestätigung durch andere beruht.

A

B

C

Das ungläubige Gesicht der Versuchsperson spiegelt die Verwirrung wider (B) und weicht dann einer eher resignierten Miene. (C) Sie geht mit der konform – „wider besseres Wissen".

Wir haben nun zwei wichtige Formen des sozialen Einflusses kennengelernt und kommen zusammenfassend zu der Erkenntnis, dass es am ehesten in neuartigen, mehrdeutigen oder unklaren Situationen zu einem sozialen Vergleich kommt. *Wenn sich Menschen unsicher sind, neigen sie sehr stark dazu, auf die Überzeugungen und Verhaltensweisen ähnlicher anderer zu achten und sich davon leiten zu lassen.*

Somit ist die Überprüfung der sozialen Wirklichkeit ein sozialer Vergleich, der auf Übereinstimmung mit den Überzeugungen anderer beruht.

Sozialer Vergleich
Eine Handlung, bei der man die eigenen Einstellungen, Fähigkeiten und Emotionen mit denen anderer vergleicht, um die Angemessenheit des eigenen Verhaltens und Erlebens zu bewerten.

Dies wird von der Gruppe als notwendig erachtet, damit sie ihre angestrebten Ziele erreicht. Die Koordinierung der Ziele und Aktivitäten unter den Gruppenmitgliedern ist für die Gruppe erforderlich, um als Gruppe effektiv und effizient zu sein.

Obwohl Konformität in westlichen individualistischen Gesellschaften gewöhnlich kritisch gesehen wird, kann sie dazu beitragen, Gruppenziele schnell und einfach zu erreichen.

Denken Sie einen Moment lang darüber nach, wie chaotisch unsere Gesellschaft wäre, wenn es überhaupt keine Konformität gäbe.

Viele Sozialpsychologen argumentieren, dass Meinungsunterschiede innerhalb von Gruppen zu einem Uniformitätsdruck führen, der eine Kommunikation zwischen den Gruppenmitgliedern in Gang setzt.

Uniformität wird dadurch erreicht,

- dass die Gruppenmitglieder die anderen davon überzeugen, sich in Richtung auf ihre Position hin zu bewegen,
- dass sie die Position der anderen annehmen oder
- dass sie die Gruppe neu definieren, indem sie diejenigen Mitglieder aus der Gruppe ausschließen, die nicht mit ihnen übereinstimmen.

Hierbei wird erkennbar, dass Menschen anderen aus normativen oder informationellen Gründen zustimmen.

Das Hauptziel besteht dabei immer darin, befriedigende Beziehungen zu anderen aufzubauen und aufrechtzuerhalten.

Die Gruppe muss nicht größer als 4 oder 5 Personen sein, um normativen sozialen Einfluss hervorzurufen. Wichtig ist vor allem die Bedeutung der Gruppe. *Ein normativer Druck ist viel stärker, wenn er von Menschen kommt, deren Freundschaft, Liebe und Respekt uns wichtig sind.*

Somit werden Gruppen, von denen wir uns sehr angezogen fühlen und mit denen wir uns identifizieren, mehr normativen Einfluss auf uns ausüben als Gruppen, zu denen wir kaum eine Bindung haben.

AUFGABE

Selbstversuch zum normativen sozialen Einfluss in Sachen Mode

Man kann die Theorie zum sozialen Einfluss leicht im Alltag beobachten, indem man die Kleidung und Accessoires, die man selber trägt oder die Freunde tragen, sowie den Look anderer Gruppen auf dem Schulhof betrachtet. Man kann auch beobachten, was geschieht, wenn man jene normativen Regeln der Mode bricht und sich zum Beispiel in einer Art und Weise kleidet, die von der Gruppe abweicht.
Wenn Sie mit einer Gruppe von Freunden und Bekannten zusammen sind, beachten Sie sorgfältig, wie jeder gekleidet ist. Stellen Sie sich vor, aus einer anderen Kultur zu kommen und mit den Normen der Gruppe nicht vertraut zu sein. Das verändert Ihren Blickwinkel. Welche Art Hosen, Schuhe, Schmuck oder andere Dinge werden zum Beispiel von dieser Gruppe getragen? Gibt es Ähnlichkeiten in den Frisuren? Können Sie die Moderegeln erkennen?

Danach verbringen Sie einige Zeit auf dem Schulhof mit „Leute beobachten“, achten Sie darauf, wie andere Gruppen gekleidet sind. Können Sie verschiedene Untergruppen auf Ihrem Schulhof ausmachen, die sich durch den Stil ihrer Kleidung

definieren? Wenn ja, dann sehen Sie die Wirkung normativer Konformität auf Ihrem Schulhof: Gruppen von Freunden kleiden sich entsprechend den Regeln ihrer Untergruppen und nicht entsprechend den Regeln der Schule als Ganzes.

Nun, wenn Sie mutig sind, brechen Sie die Regeln Ihrer normativen Gruppe. Sie können dieses auf dezente Art oder auch sehr auffallend tun. Als Mann könnten Sie beispielsweise einen Rock tragen. Das würde sicherlich Aufmerksamkeit erregen; Sie unterwerfen sich auf eine sehr spezielle Weise nicht dem normativen Einfluss!

Wenn Sie eine Frau sind, müssen Sie schon kreativer sein, um normative Regeln zu brechen. So könnten sie einen großen, gelben Müllsack mit entsprechenden Öffnungen über Ihrer Kleidung tragen. Jedenfalls laufen Sie wie gewöhnlich in der Schule herum und tun so, als seien Sie sich nicht bewusst, etwas Seltsames zu tragen. Interessant daran ist, wie die Leute auf Sie reagieren. Was werden Ihre Freunde sagen? Werden Fremde Sie anstarren, gar auslachen? Wie reagieren die Lehrer?

Ihr Freundeskreis wird wohl die Merkmale aufweisen, die die Theorie zum sozialen Einfluss betrachtet: Die Gruppe ist Ihnen wichtig, hat mehr als drei Mitglieder und ist einstimmig. Wenn Sie aufhören, mit diesem normativen sozialen Einfluss konform zu gehen, werden die anderen Gruppenmitglieder irgendeine Art von Gruppendruck auf Sie ausüben und versuchen, Sie zurück zur Konformität und damit in Ihre gewohnte Rolle zu holen. Der enorme soziale Druck macht es sehr schwer, aus uns zugewiesenen Rollenbildern auszubrechen. Wenn es allerdings gleichzeitig mehrere Menschen tun, kann eine neue Gruppe daraus entstehen, deren Mitglieder sich gegenseitig ermuntern, neue Wege zu gehen.

(Vgl. Aronson/Wilson/Akert, 2004, S. 293)

12.5.2 Konformität und soziale Rollen

Schon zu Beginn des Kapitels sind wir mit dem Begriff der sozialen Rolle vertraut gemacht worden. Wir haben erfahren, wie die Erwartungen einer Gruppe die Rolle des Einzelnen definieren. Ebenso haben wir gesehen, wie soziale Normen vorgeben, wie sich jedes einzelne Gruppenmitglied verhalten soll. *Soziale Normen sind also unverzichtbar für das menschliche Zusammenleben.* Die soziale Rolle ist ebenfalls wesentlich dafür verantwortlich, dass wir wissen, was wir voneinander zu erwarten haben. Wenn Mitglieder einer Gruppe einem klar definierten Rollenverhalten entsprechen, neigen sie dazu, mit ihrem Leben zufrieden zu sein.

Allerdings kann es dabei auch zu erheblichen Schwierigkeiten kommen. Wir erinnern uns: Unterschiedliche soziale Situationen stellen unterschiedliche Rollen bereit. Wenn Sie zu Hause sind, nehmen Sie die Rolle „Kind“ oder „Geschwister“ ein. Wenn Sie in der Schule sind, nehmen Sie die Rolle „des Schülers“ ein. Zu wieder anderen Zeiten sind Sie „beste Freundin oder bester Freund“. So erkennen wir, wie unterschiedliche Rollen unterschiedliche Arten von Verhalten angemessener oder unangemessener machen. Mit Normen und Regeln in verschiedenen Situationen verhält es sich ähnlich.

Einige Regeln werden *explizit* auf Schilder (Parken verboten, Hunde müssen draußen bleiben ...) geschrieben oder Kindern explizit gelehrt (Nimm Rücksicht auf ältere Menschen! Keine Süßigkeiten vor dem Essen ...). Andere Regeln sind *implizit,* sie werden durch die Begegnung mit anderen Menschen in bestimmten Umgebungen gelernt. Wie laut man seine Stereoanlage aufdrehen darf, wie nahe man bei einer anderen Person stehen darf und wie man angemessen auf ein Kompliment oder ein Geschenk reagiert. Diese Handlungen hängen alle von der jeweiligen Situation ab. Japaner beispielsweise öffnen ein Geschenk nicht in Anwesenheit des Schenkenden, weil sie fürchten, nicht genügend Wertschätzung zu zeigen. Fremde, denen diese ungeschriebene Regel nicht bewusst ist, werden dieses Verhalten unter Umständen merkwürdig oder sonderbar finden. PHILIPP ZIMBARDO, ein bekannter amerikanischer Sozialpsychologe, hatte die Idee die Einflüsse von Rollen und Regeln auf das Verhalten von normalen, gesunden Menschen zu überprüfen. Mit erstaunlichem Ergebnis! Sehen sie selbst:

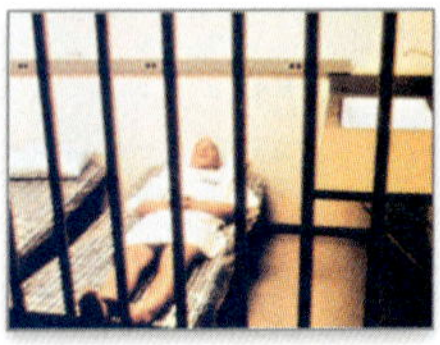

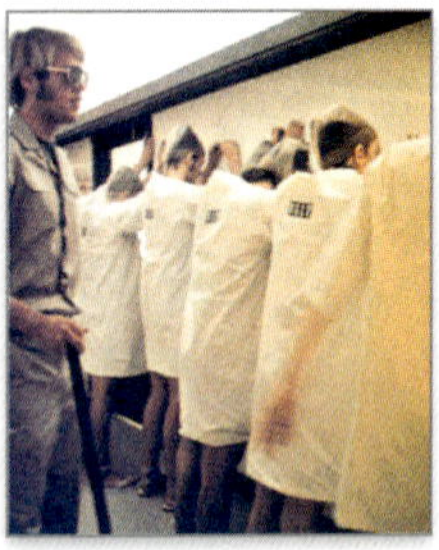

Das Stanford-Gefängnisexperiment schuf eine neue „soziale Realität", in der die Normen des guten Verhaltens durch die Dynamik der Situation überwältigt wurden. Warum haben die studentischen Wärter und Gefangenen ihre Rollen derart stark angenommen?

Pathologisch
krankmachend, krankhaft

BEISPIEL

Aus der Forschung

SOZIALE ROLLEN IN EINEM SIMULIERTEN GEFÄNGNIS

„An einem Sonntag im Sommer in Kalifornien durchbrach eine Sirene die Ruhe des Vormittags des Studierenden Tommy Whitlow. Ein Polizeiwagen kam mit quietschenden Reifen vor seinem Haus zu stehen. Innerhalb von Minuten wurde Tommy eines Verbrechens beschuldigt, über seine Rechte aufgeklärt, durchsucht und in Handschellen gelegt. Nachdem seine Personalien festgehalten und seine Fingerabdrücke genommen worden waren, wurden Tommy die Augen verbunden und er wurde ins Stanford County Gefängnis überführt. Dort musste er sich entkleiden, wurde mit Desinfektionsmittel besprüht und erhielt eine Uniform, die wie Arbeitskleidung aussah und auf der Vorder- und Rückseite eine Identifikationsnummer trug. Tommy wurde Gefangener 647. Acht weitere Studierende wurden ebenfalls verhaftet und erhielten Nummern. Tommy und seine Zellengenossen waren Freiwillige, die auf eine Zeitungsanzeige geantwortet und zugestimmt hatten, an einem zweiwöchigen Experiment zum Gefängnisleben teilzunehmen. Durch Münzwurf wurde einigen Freiwilligen die Rolle von Gefangenen zugewiesen, die anderen wurden Wärter. Alle waren aus einem großen Pool von studentischen Freiwilligen ausgewählt worden, die auf der Basis umfangreicher psychologischer Tests und Interviews als gesetzestreu, emotional stabil, körperlich gesund und „normal-durchschnittlich" galten.

Die Gefangenen lebten rund um die Uhr im Gefängnis, die Wärter arbeiteten normale 8-Stunden-Schichten. Was geschah, nachdem diese Studierenden ihre zufällig zugewiesenen Rollen angenommen hatten? In den Wärter-Rollen verhielten sich Studierende, die zuvor Pazifisten und „nette Jungs" gewesen waren, aggressiv – manchmal sogar sadistisch. Die Wärter bestanden darauf, dass die Gefangenen allen Regeln ohne Nachfragen oder Zögern gehorchten. Wer dies nicht tat, verlor Privilegien. Zuerst zählten Dinge wie die Möglichkeit zu lesen, zu schreiben oder mit anderen Gefangenen zu sprechen zu den Privilegien. Später wurde der geringste Protest mit dem Verlust der „Privilegien" Essen, Schlafen und Waschen bestraft. Wer die Regeln nicht befolgte, musste auch niedere, geistlose Arbeiten verrichten, wie beispielsweise Toiletten mit bloßen Händen reinigen, Liegestütze ausführen, während ein Wärter seinen Fuß auf den Rücken des Gefangenen stellte, und Stunden in Einzelhaft verbringen. Die Wärter entwickelten immer neue Strategien, um den Gefangenen das Gefühl zu geben, sie seien wertlos. Als Gefangene verhielten sich psychisch stabile Studierende bald **pathologisch** und ergaben sich passiv in ihr Schicksal. Weniger als 36 Stunden nach dem Massenarrest begann der Gefangene 8412, einer der Anführer einer abgebrochenen Gefangenenrebellion an diesem Morgen, unkontrolliert zu weinen. Er hatte Wutausbrüche, desorganisiertes Denken und eine schwere Depression. An den folgenden Tagen entwickelten drei weitere Gefangene ähnliche stressbedingte Symptome. Ein fünfter Gefangener entwickelte einen psychosomatischen Hautausschlag am ganzen Körper, als der Ausschuss seinen Antrag auf Haftentlassung ablehnte."

(Text und nebenstehende Bilder aus: GERRIG/ZIMBARDO, 2008, S. 671–672)

Wegen der auftretenden schwerwiegenden Auswirkungen auf die Psyche und das Verhalten der Teilnehmer wurden die zuvor erwähnten fünf Gefangenen mit extremen Stressreaktionen frühzeitig aus ihrem ungewöhnlichen Gefängnis entlassen. Die Psychologen waren gezwungen, ihre zweiwöchige Studie nach nur sechs Tagen zu beenden!

Obwohl ein Teilnehmer namens Tommy Whitlow sagte, er würde dies nicht noch einmal mitmachen wollen, schätzte er die persönliche Erfahrung, weil er so viel über sich selbst und über die menschliche Natur gelernt hatte. Glücklicherweise ging es ihm und den anderen Studierenden grundsätzlich körperlich gut und sie erholten sich recht schnell von der sehr angespannten Situation. Nachfolgeuntersuchungen über viele Jahre zeigten keine langfristigen negativen Effekte. Die Teilnehmer hatten alle zu einer wichtigen Lektion beigetragen: Die Macht der simulierten Gefängnissituation hatte im Denken der Wärter und ihrer Gefangenen eine neue *soziale Realität* geschaffen – ein reales Gefängnis.

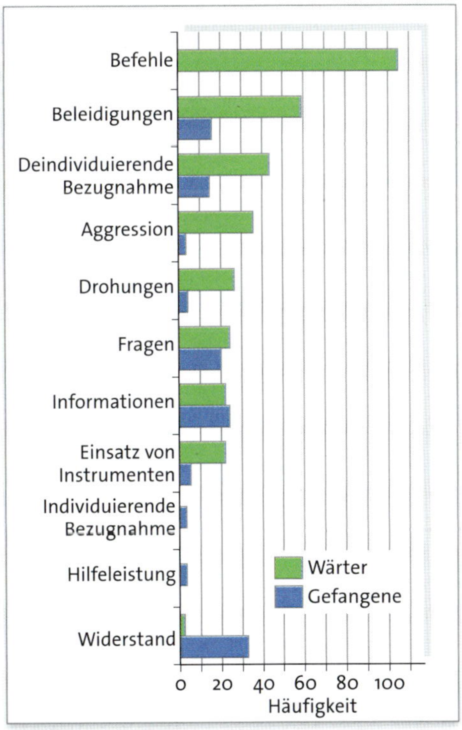

Verhalten von Wärtern und Gefangenen. Im Verlauf des Stanford-Gefängnisexperiments wirkten sich die zufällig zugewiesenen Rollen von Wärtern und Gefangenen drastisch auf das Verhalten der Teilnehmer aus. Die Beobachtungen der sechstägigen Interaktion zeigten, dass im Verlauf von 25 Beobachtungsperioden die Gefangenen zunehmend mehr passiven Widerstand leisteten, während die Wärter immer dominanter, kontrollierender und feindseliger wurden.

Gegen Ende des Stanford-Gefängnisexperiments unterschied sich das Verhalten der Wärter von jenem der Gefangenen in fast jeder beobachtbaren Weise.

Zimbardo weist darauf hin, dass die Grafik nicht vollständig die extremsten Verhaltensformen der Wachen enthüllt. Bei vielen Anlässen wurden die Gefangenen beispielsweise von den Wärtern nackt ausgezogen, es wurden ihnen Kapuzen übergestülpt und Ketten angelegt. Manche Wärter verweigerten ihnen Essen und Bettzeug.

Dies erinnert an Verhaltensweisen, die Wachen im Gefängnis von Abu Ghraib an den Tag legten. Gleichzeitig kann es vielleicht Licht auf den Skandal in Abu Ghraib werfen und zeigen, wie die Macht der Situation Menschen dazu bringen kann, sich grausam zu verhalten. Bilder, die im Irakkrieg (2003) die Weltöffentlichkeit schockierten:

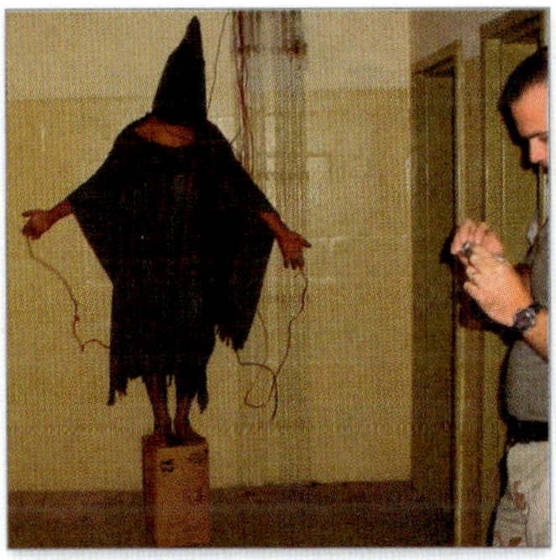

Erinnern Sie sich an das Experiment von Zimbardo: Es war nur der Zufall, der die Rollen zwischen Wärtern und Gefangenen entschied. Diese Rollen hatten Status- und Machtunterschiede geschaffen, die in der Gefängnissituation aufgezeigt wurden. Niemand hatte die Teilnehmer instruiert, wie sie ihre Rollen zu spielen hatten. Ohne jemals ein echtes Gefängnis von innen gesehen zu haben, lernten alle Teilnehmer etwas über die Interaktion zwischen den Mächtigen und den Machtlosen.

Wärter und Gefangene trugen zu ihren Rollen passende Uniformen, Gefangene bekamen Nummern zugeteilt, mit denen sie anzusprechen waren, und Wärter erhielten verspiegelte Sonnenbrillen, die den direkten Augenkontakt unmöglich machten. Zimbardo gab den Teilnehmern nur wenige Instruktionen, und es wurden nur wenige Beschränkungen in Bezug auf ihr Verhalten gemacht. Der informative Einfluss bestand aus dem Verhalten der anderen und dem, was die Einzelnen vielleicht aus vergleichbaren Situationen oder aus den Medien über das „richtige" Verhalten eines Wärters oder Gefangenen zu wissen glaubten. Der normative Einfluss bestand in der tatsächlichen oder nur erwarteten Sanktionierung bei Abweichung von diesem Verhalten. *Überraschend schnell entwickelten sich so Verhaltensweisen, wie Grausamkeiten, unmenschliche Behandlungen und massive Nichtachtung elementarer Menschenrechte.*

ZIMBARDO begründete diese Verhaltensweisen neben informativem und normativem Einfluss mit starken sozialen Kräften, die hier am Werk sein mussten.

Diese Kräfte sind:

- Anonymität und Deindividuation
- Macht der Regeln und Vorschriften
- Rollen und Verantwortung für Übertretungen
- Kognitive Dissonanz
- Bedürfnis nach sozialer Billigung

Anonymität und Deindividuation
Deindividuation reduziert die Teilnehmer am Experiment auf ihre zugewiesenen Rollen und lässt den Menschen hinter seiner Rolle zurücktreten. Deindividuation wird durch unterschiedliche Vorgehensweisen erreicht. So zum Beispiel dem Tragen gleicher Uniformen, spiegelnder Sonnenbrillen, Nummern statt Namen... Die Anonymität wird dadurch gefördert und die persönliche Verantwortung reduziert. Anonymität und die damit verbundene Deindividuation in einer Gruppe verstärken beim Einzelnen die Bereitschaft zu gruppenkonformem Verhalten. Er „wird" zu seiner Rolle. Die Situation selbst mag hier vielleicht viel mehr zu diesen Ereignissen geführt haben als die persönlichen Qualitäten der Teilnehmer.

Deindividuation
Verlust der Individualität

Macht der Regeln und Vorschriften
Regeln sind ein einfaches Mittel, um menschliches Verhalten zu steuern. Sie legen fest, was akzeptabel ist und belohnt wird und was inakzeptabel ist und daher bestraft wird. Die Wärter konnten die meisten der Misshandlungen der Häftlinge mit dem Hinweis auf „die Vorschriften" rechtfertigen.

Rollen und Verantwortung für Übertretungen
Menschen können leicht in eine Rolle schlüpfen und diese schnell verinnerlichen. Dadurch ist zu erklären, warum die Häftlinge nicht auf die Idee kamen, das Gefängnis unter Verzicht auf die Bezahlung zu verlassen, obwohl es bei einer entsprechenden Willensäußerung möglich gewesen wäre. Sie hatten die Rolle sehr schnell verinnerlicht.

Auf der anderen Seite können wir uns auch ebenso leicht davon freimachen und, wenn es notwendig ist, unsere persönliche Verantwortung für den durch unser rollengesteuertes Verhalten entstandenen Schaden „wegerklären". Die Wärter schieben die Verantwortung für ihre Übertretungen nicht sich, sondern ihrer Rolle zu.

Kognitive Dissonanz
bildet wahrscheinlich einen wichtigen Grund für die Verinnerlichung des Rollenverhaltens und für die Ausbildung kognitiver und affektiver Reaktionen, die für das zunehmend brutale und missbräuchliche Verhalten der Wärter verantwortlich war. Wer einer bestimmten Gruppe zugehören möchte, übernimmt mit dem angepassten Verhalten auch die Überzeugung, dass diese Normen die richtigen seien.

Bedürfnis nach sozialer Billigung
Die Wärter waren auch einem **Konformitätsdruck** ausgesetzt. Durch den Gruppendruck der Wärter war es wichtig, mitzumachen und den Überschreitungen der Gefangenen zumindest nicht untätig zuzusehen.

AUFGABEN ZUM NACHDENKEN

Was für ein Mensch werden Sie, wenn Sie in unterschiedliche Rollen hinein- und wieder hinausschlüpfen? Wo endet Ihr Gefühl des eigenen Selbst und wo beginnt Ihre soziale Identität?

Wie ist ihr Verhältnis zu Autoritäten?

12.5.3 Autorität und Gehorsam

In jeder Gesellschaft gibt es Hierarchien, in denen einige Menschen Autorität über andere besitzen. Lehrer verfügen gegenüber ihren Schülern über Autorität, Schuldirektoren gegenüber ihren Lehrern. Angestellte folgen den Anweisungen von Abteilungsleitern, Soldaten denen ihrer Offiziere und Kinder denen der Eltern – zumindest meistens. Es ist nur schwer vorstellbar, wie eine Gesellschaft anders funktionieren soll. In manchen Situationen können allerdings der Gehorsam gegenüber Autoritäten und die Ansprüche des eigenen Gewissens in einen Konflikt geraten.

Dieser Konflikt führt uns zu den vielleicht berühmtesten Studien der Psychologie-Geschichte. Sie wurden von STANLEY MILGRAM

(1933–1984), dessen Doktorvater SOLOMON ASCH war, durchgeführt. MILGRAM interessierte sich für die Fragen nach den Schattenseiten des Menschen: Wie konnte es zu so ungeheuren Schrecken des Zweiten Weltkriegs kommen, wo Tausende von Nazis Hitlers Befehlen folgend Millionen von Juden in die Gaskammern schickten.

Wie ist zu begreifen, dass Massaker an Hunderten von unschuldigen Zivilisten, Frauen und Kindern und alten Menschen passieren konnten? Beispielsweise von amerikanischen Soldaten im vietnamesischen Dorf My Lai im Vietnam-Krieg, die den Befehlen ihrer Vorgesetzten folgten.

Brachten Charakterfehler sie dazu, blind Befehle auszuführen? Hatten diese Menschen keine moralischen Werte?

Um diesen Fragen auf den Grund zu gehen, erdachte MILGRAM eine Experimentenreihe, die ihresgleichen sucht (auf YouTube finden Sie eine Kurzdarstellung seiner Experimente, www.youtube.com/watch?v=98ik5320299).

Im Jahre 1961 warb der damals 28-jährige Psychologe STANLEY MILGRAM von der Yale University 40 freiwillige Männer und Frauen mit unterschiedlicher Schulbildung zwischen 20 und 50 Jahren für ein vermeintliches Lernexperiment an. Sie erhielten für die Teilnahme 4,50 Dollar, umgerechnet damals rund 20 D-Mark. Kein geringer Betrag.

Bei der Ankunft im Labor traf jeder Proband dieselben zwei Personen an: einen jungen Versuchsleiter im grauen Kittel und dessen Komplizen, der die Rolle eines weiteren Probanden spielte. Der Versuchsleiter gab vor, das Los entscheiden zu lassen, wer von beiden welche Aufgabe erfüllen sollte, wobei der echte Proband stets die Rolle des „Lehrers" zugelost bekam, der seinem „Schüler" (dem eingeweihten Komplizen) Reihen von Wortpaaren beibringen sollte. Für jeden Fehler sei der Schüler mit einem elektrischen Stromstoß zu bestrafen, ordnete der Leiter an. Der Lehrer sollte mit jedem neuen Fehler die Schockstärke in 15-Volt-Schritten steigern. Auf dem Schockgenerator waren die Schritte zu acht Stufen zusammengefasst: von „leicht" über „mäßig" und „stark" bis „Gefahr" und schließlich „XXX". Wenn der Proband zögerte oder beim Versuchsleiter nachfragte, ob er wirklich weitermachen solle, ignorierte dieser die Bedenken und forderte dazu auf, mit dem Experiment fortzufahren.

Natürlich erhielt der eingeweihte Proband in Wirklichkeit keine Elektroschocks, sondern spielte seine Reaktionen.

Erreichte die Spannung beispielsweise 150 Volt, verlangte der „Schauspieler", von seinem Stuhl losgebunden zu werden, da er die Schmerzen nicht mehr aushalte. Dagegen forderte der dabeisitzende Versuchsleiter, dass das Experiment zum Nutzen der Wissenschaft fortgeführt werden müsse. Wenn der „Lehrer" Zweifel äußerte oder gar gehen wollte, forderte der Experimentator in vier standardisierten Sätzen zum Weitermachen auf.

- Satz 1: „Bitte, fahren Sie fort!" Oder: „Bitte machen Sie weiter!"
- Satz 2: „Das Experiment erfordert, dass Sie weitermachen!"
- Satz 3: „Sie müssen unbedingt weitermachen!"
- Satz 4: „Sie haben keine Wahl, Sie müssen weitermachen!"

Es gab noch weitere Standardsätze in antizipierten Verlaufssituationen: Wenn die Versuchsperson fragte, ob der „Schüler" einen permanenten physischen Schaden davontragen könne, sagte der Versuchsleiter: „Auch wenn die Schocks schmerzvoll sein mögen, das Gewebe wird keinen dauerhaften Schaden davontragen, also machen Sie bitte weiter!" Auf die Aussage des „Lehrers", der „Schüler" wolle nicht weitermachen, wurde standardmäßig geantwortet: „Ob es dem Schüler gefällt oder nicht, Sie müssen weitermachen, bis er alle Wörterpaare korrekt gelernt hat. Also bitte machen Sie weiter!" Wenn nach der Verantwortung gefragt wurde, sagte der Versuchsleiter, er übernehme die Verantwortung für alles, was passiert. Die Versuchsperson reagierte auf die Stromschläge mit auf Band aufgenommenen Schmerzensäußerungen.

Der Lehrer erhielt zunächst selbst einen Stoß von 45 Volt, damit er sich die Wirkung einer solchen elektrischen Ladung vorstellen konnte.

In der folgenden Skizze (s. S. 540) sehen Sie, wie „Lehrer" und „Schüler" in verschiedenen Räumen saßen: der „Schüler" auf einem Stuhl fixiert und eine Elektrode an seinem rechten Handgelenk befestigt.

STANLEY MILGRAM (1933–1984) untersuchte, welche Rolle soziale Faktoren spielen, wenn Menschen Gehorsam gegenüber Autoritäten zeigen.

Das Anschnallen des Schülers im Originalexperiment

Der Elektro-Schockgenerator

Die Erläuterung des Apparats

Eine Versuchsperson ist um den Schüler besorgt.

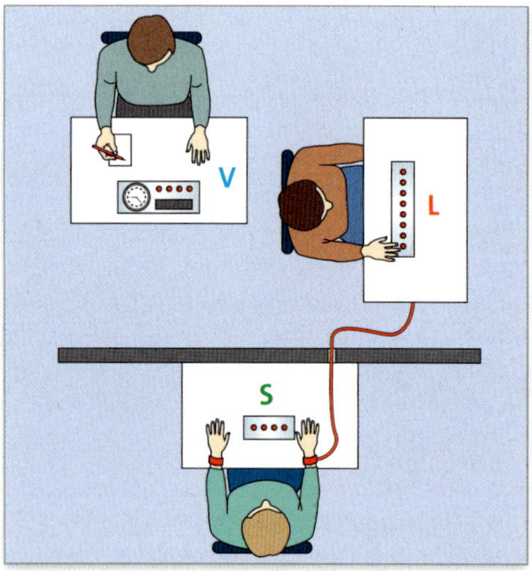

Skizze Milgram-Experiment

Milgrams Ergebnisse erregten vor allem unter Psychologen großes Aufsehen: Unter den beschriebenen Bedingungen verabreichten alle Probanden – wenn auch häufig unter starkem Stress – elektrische Schocks bis zu 285 Volt. Rund zwei von drei Probanden (65 %) gingen sogar bis zur maximal möglichen Stärke von 450 Volt.

BEISPIEL

Ausschnitt aus einem Protokoll:

„Wie Sie sich vielleicht vorstellen können, verursachte die Situation bei den Teilnehmern beträchtlichen Stress. Die meisten beschwerten sich und protestierten und bestanden wiederholt darauf, nicht weitermachen zu können. Weibliche Teilnehmer weinten oft, während sie widersprachen. Es ist leicht, den Protesten der Teilnehmer zu entnehmen, dass die Situation bei ihnen einen beträchtlichen Konflikt auslöste: 180 Volt verabreicht. „Er hält das nicht aus! Ich werde diesen Mann dort nicht umbringen! Hören Sie ihn schreien? Er schreit. Er hält es nicht aus. Was ist, wenn ihm etwas passiert? ... Ich meine, wer übernimmt die Verantwortung, wenn dem Herrn was passiert?" [Der Versuchsleiter übernimmt die Verantwortung.] „Alles klar." 195 Volt verabreicht. „Hören Sie nicht, wie er schreit? Hören Sie. Gott, ich weiß wirklich nicht."

[Der Versuchsleiter sagt: „Das Experiment erfordert, dass Sie fortfahren."] – „Ich weiß, dass das so ist, Sir, aber ich meine – na ja –, der weiß doch gar nicht, was ihm da noch bevorsteht. Jetzt ist er bei 195 Volt ... Selbst wenn nur noch Stille im Raum des Schülers herrschte, wurde dem Lehrer befohlen, ihm weitere und stärkere Elektroschocks zu verabreichen, bis hoch zu dem Knopf, der mit „Gefahr: Bedrohlicher Schock (450 Volt)" markiert war."
(Vgl. Milgram, 2009)

Um herauszufinden, welche Faktoren den Gehorsam gegenüber Autoritäten beeinflussen, konstruierte Milgram weitere Abwandlungen des Ursprungsexperiments. Zum einen variierte er die Distanz zwischen Lehrer und Schüler: Saßen sie 50 Zentimeter voneinander entfernt in einem Zimmer, gingen „nur" noch 40 % der Probanden bis zum Äußersten – nach einem zufälligen Körperkontakt waren es gar „lediglich" rund 30 %. Demnach handeln Menschen grausamer, je weniger direkten Kontakt sie zu ihrem Opfer haben.

In einer weiteren Serie untersuchte Milgram die Bedeutung der Nähe zur „Autorität", dem Versuchsleiter. Kam dieser den Probanden körperlich nahe, griffen sogar 90 % zur höchsten Schockstufe. Verließ er den Raum oder gab die Anweisungen per Telefon durch, waren es „nur" noch rund 20 %.

Dasselbe galt für den Fall, dass der Versuchsleiter erklärtermaßen kein Wissenschaftler war, worunter offenbar seine Autorität litt. Der Anteil sank weiter auf 12,5 %, wenn die Instruktion zu Beginn über ein Tonband eingespielt wurde.

Durften die Probanden das Schockniveau selbst bestimmen, ging keiner über 165 Volt – dasselbe passierte, wenn ein zweiter Experimentator den Anweisungen des ersten widersprach. Auch das Verhalten weiterer Mitspieler beeinflusste den Fortgang beträchtlich. Verweigerten diese den Gehorsam, stiegen 90 % der Probanden vor der maximalen Schockstufe aus. Folgten sie dagegen den Anweisungen, blieben 92,5 % aller Probanden ebenfalls bis zum Ende dabei!

In insgesamt 18 Varianten des Originalexperiments demonstrierte Milgram eindrucksvoll, dass das Wort einer legitimen Autorität für die meisten Menschen schwerer wiegt als der gesunde Menschenverstand, Mitgefühl oder moralische Bedenken. Er zeigte außerdem, dass sich der Anteil der folgsamen Versuchspersonen verringerte oder steigerte, je nachdem, wie sich die Situation veränderte. Viele Probanden, die in der einen Bedingung wie Sadisten erschienen, konnten schon durch kleine Variationen im Versuchsaufbau zum Aufhören bewegt werden. Milgram untersuchte auch, ob unterschiedliche Persönlichkeitsmerkmale oder die Geschlechtszugehörigkeit Einfluss haben und entsprechende Vorhersagen konformen Verhaltens möglich seien. Es zeigte sich dabei, dass Männer und Frauen gleichermaßen gehorchten – auch wenn die Frauen nervöser reagierten; andererseits bestätigte sich, dass diejenigen, die sich für ihre Handlungen verantwortlich fühlen, weniger gehorsam verhielten als diejenigen, welche die Verantwortung dem Versuchsleiter zuschoben. Auch gab es eine gewisse Tendenz, dass die besser ausgebildeten Versuchspersonen weniger gehorsam waren und umgekehrt ehemalige Militärdienstleistende gehorsamer reagierten. Insgesamt jedoch waren die Beziehungen zwischen Persönlichkeitsmerkmalen der Versuchspersonen und Gehorsam sehr gering.

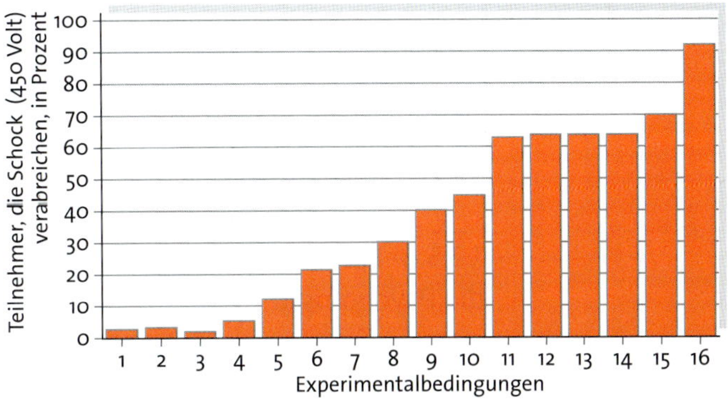

1. Schüler verlangt, einen Elekroschock zu erhalten.
2. Autorität als Opfer – ein normaler Mann befiehlt.
3. Zwei Autoritäten – widersprüchliche Anweisungen.
4. Teilnehmer darf Stärke des Schocks wählen.
5. Zwei andere Teilnehmer rebellieren.
6. Ein normaler Mann gibt Anweisungen.
7. Autorität ist nicht in der Nähe.
8. Autorität ist nicht in Reichweite.
9. Autorität ist nah.
10. Forschungsinstitut gilt als Kontext.
11. Es wird Rückmeldung über Lautsprecher gegeben.
12. Opfer ist nicht in der Nähe.
13. Unter den Teilnehmern sind Frauen.
14. Zwei Autoritäten – eine davon als Opfer.
15. Der Teilnehmer steht nur dabei.
16. Ein anderer Teilnehmer verabreicht die Schocks.

Gehorsam im Milgram-Experiment. Das Diagramm zeigt das Ausmaß an Gehorsam über viele Variationen hinweg.

Warum gehorchen Menschen der Autorität?

Milgrams Forschungen legen nahe, dass man die in einer Situation wirksamen psychologischen Kräfte genau betrachten muss, um zu verstehen, warum Menschen der Autorität gehorchen. Wir haben zu Beginn dieses Kapitels besprochen, wie situative Faktoren Verhalten einschränken; Milgrams Arbeiten zeigen einen besonders anschaulichen Fall dieses allgemeinen Prinzips. Der Effekt des Gehorsams ist weniger eine Frage der Persönlichkeitsvariablen sondern, überwiegend durch situative Variablen bedingt.

Die unterschiedliche Ausprägung der Gehorsamsbereitschaft in Abhängigkeit von den Experimentalbedingungen, wie sie in der obigen Grafik dargestellt ist, lässt interessante Interpretationen zu.

AUFGABE

Diskutieren Sie die Ergebnisse in der Klasse!

Wie sah die Stresssituation für die Versuchsteilnehmer aus?

„Die meisten Versuchspersonen gehorchten dem Versuchsleiter zwar, aber es gab auch offensichtliche Anzeichen dafür, dass ihnen dabei nicht wohl war, besonders als sie die stärksten Stromstöße austeilten. Aus Aufzeichnungen wurde deutlich, dass die Versuchspersonen bei diesen hohen Voltzahlen anfingen zu zittern, zu stottern, sich auf die Lippen zu beißen, zu stöhnen und sich die Fingernägel in die Haut zu graben. Viele lachten nervös auf und einige entwickelten sogar unkontrollierbare „Tics". Ein Beobachter beschrieb den emotionalen Druck, unter dem einer von Milgrams „Lehrern" stand, wie folgt: „Ich beobachtete einen reifen und anfänglich selbstsicher auftretenden Geschäftsmann, der das Labor lächelnd und voller Selbstvertrauen betrat. Innerhalb von 20 Minuten war aus ihm ein zuckendes, stotterndes Wrack geworden, das sich rasch einem Nervenzusammenbruch näherte. Er zupfte dauernd an seinem Ohrläppchen herum und rang die Hände. An einem Punkt schlug er sich mit der Faust gegen die Stirn und murmelte: „Oh Gott, lass uns aufhören". Und doch reagierte er weiterhin auf jedes Wort des Versuchsleiters und gehorchte bis zum Schluss.

Milgram brachte seine Versuchspersonen in eine Situation, in der sie zwischen zwei einander widersprechenden Anforderungen entscheiden mussten: der Aufforderung durch den Schüler, das Experiment zu beenden, und der Aufforderung des Versuchsleiters, das Experiment fortzusetzen.

Beiden Aufforderungen konnten die Versuchspersonen nicht gleichzeitig gehorchen, also mussten sie sich entscheiden zwischen dem moralischen Anspruch, einen anderen Menschen nicht zu verletzen und der Tendenz, jenen Menschen zu

gehorchen, die sie als Autorität anerkannten. Es schien keine Rolle zu spielen, dass die Autoritätsfigur in dieser Situation keinerlei Möglichkeit hatte, wirklichen Druck hinter ihre Aufforderungen zu setzen, noch spielte es eine Rolle, dass die Versuchspersonen über das, was sie da taten, offenbar entsetzt waren – sie machten dennoch weiter."
(SCHWARTZ, 1988, S. 187–188)

12.5.4 Folgen und Folgerungen für die Psychologie

Die Tatsache, dass ein psychologisches Experiment Versuchspersonen einer derartigen Nervenbelastung aussetzen konnte, wurde stark kritisiert und würde heutzutage dazu führen, ein vergleichbares Experiment zurückzuweisen. Andere hielten MILGRAMS Experiment für einen Vertrauensbruch, weil er seine Versuchspersonen über den wahren Zweck des Experiments getäuscht hatte. An vielen Universitäten stellte man als Reaktion auf diesen Versuch ethische Richtlinien über die Zulassung von psychologischen Experimenten auf.

MILGRAM begegnete der Kritik mit dem Hinweis auf umfängliche Aufklärung aller Beteiligten am Ende der Versuchsreihen. Er kommentierte die Ergebnisse seines Experiments so:

„Die rechtlichen und philosophischen Aspekte von Gehorsam sind von enormer Bedeutung, sie sagen aber sehr wenig über das Verhalten der meisten Menschen in konkreten Situationen aus. Ich habe ein einfaches Experiment an der Yale-Universität durchgeführt, um herauszufinden, wie viel Schmerz ein gewöhnlicher Mitbürger einem anderen zufügen würde, einfach weil ihn ein Wissenschaftler dazu aufforderte. Starre Autorität stand gegen die stärksten moralischen Grundsätze der Teilnehmer, andere Menschen nicht zu verletzen. Und obwohl den Testpersonen die Schmerzensschreie der Opfer in den Ohren klingelten, gewann in der Mehrzahl der Fälle die Autorität. Die extreme Bereitschaft von erwachsenen Menschen, einer Autorität fast beliebig weit zu folgen, ist das Hauptergebnis der Studie und eine Tatsache, die dringendster Erklärung bedarf." (MILGRAM, 1974, o. S.)

Nachdem den Versuchsteilnehmern die Wahrheit über das Experiment gesagt worden war, trafen sie die Schüler-Opfer wieder und sahen, dass sie unverletzt waren. MILGRAM berichtete auch, dass 84 % der Teilnehmer im Nachhinein froh waren, am Experiment teilgenommen zu haben, 15 % antworteten neutral und nur einer von 100 bedauerte seine Teilnahme. Manche Versuchspersonen behaupteten, etwas über sich selbst gelernt zu haben und meinten, sie seien in Zukunft weniger sicher, dass man Autoritätspersonen immer gehorchen sollte.

MILGRAM hatte den Eindruck, die Kritiker störe nicht so sehr die Täuschung der Freiwilligen oder die möglicherweise problematischen Auswirkungen des Verhaltens der Versuchspersonen auf ihr Selbstwertgefühl, sondern die Bedeutung des Experiments für unsere Betrachtungsweise der menschlichen Natur: Mehr als die Hälfte der Versuchspersonen war ja offenbar gewillt, einem anderen Menschen durch Elektroschocks ernste Verletzungen zuzufügen. Und dieses Verhalten ist auch nicht auf Amerikaner beschränkt.

MILGRAMS Experiment ist in Australien, Südafrika und in verschiedenen europäischen Ländern mit ähnlichen oder noch dramatischeren Ergebnissen wiederholt worden. In einer deutschen Studie gehorchten sogar 85 % der Versuchspersonen dem Versuchsleiter.

Die neueste Variante des Versuchs veröffentlichten französische Forscher 2010. Sie übertrugen das MILGRAM-Experiment in eine Fernseh-Reality-Show des französischen Fernsehens mit ähnlichen Ergebnissen wie bei dem ursprünglichen Experiment.

Fassen wir nun zusammen was wir aus diesem für die Sozialpsychologie so wichtigen Versuch über diesen erschreckend destruktiven Gehorsam lernen können:

Eine wichtige Rolle spielt die Autorität des Versuchsleiters. Vermittelt durch Kleidung, Auftreten und professionelle Ausstattung eines Labors auf einem Universitätsgelände. Um Menschen dazu zu bringen, Handlungen auszuführen, die ihren inneren Überzeugungen wiedersprechen, spielen noch vier weitere Faktoren eine Rolle. Zum einen die Distanz zum Opfer, die Verschiebung der Verantwortung auf die Autoritätsperson, der graduelle Anstieg der Anforderungen und ein schnelles Voranschreiten der Situation.

Faktoren, die Gehorsam gegenüber Autoritäten begünstigen:
- Distanz zum Opfer
- Verschiebung der Verantwortung auf die Autoritätsperson
- gradueller Anstieg der Anforderungen
- Voranschreiten der Situation

Distanz zum Opfer

Mit zunehmender Nähe des Opfers sinkt die Bereitschaft, den Anweisungen des Versuchsleiters Folge zu leisten, weil die Versuchspersonen dem Leiden des Opfers unmittelbar ausgesetzt sind. Mit zunehmender Distanz steigt sie. Die Beziehung zwischen Lehrer und Schüler ist also wichtig. Es scheint leichter zu sein, jemandem Schmerzen zuzufügen, wenn man das Opfer nicht sehen kann.

Verantwortungsverschiebung auf die Autoritätsperson

Die Verantwortung für mögliche Folgen des Tuns wird zu großen Teilen der anweisenden Autoritätsperson zugeschrieben. Eine häufig vorgebrachte Erklärung für verübte Grausamkeiten „Ich habe nur einen Befehl ausgeführt", bringt das zum Ausdruck: Wir gehen davon aus, dass die Autoritätsperson für potenzielle und vor allem für negative Konsequenzen ihrer Anweisungen verantwortlich zu machen ist – nicht wir selbst.

Gradueller Anstieg der Anforderungen

Hätte Milgram (1963, 1974) seine Versuchspersonen aufgefordert, dem „Schüler" gleich beim ersten Fehler einen Schock von 450 Volt zu verabreichen, hätten sich mit großer Wahrscheinlichkeit viele Teilnehmer geweigert. Die Hemmung, einen harmlosen Schock von 15 Volt zu verabreichen, ist dagegen viel schwächer. Durch die geringen Steigerungsraten von nur 15 Volt war es zudem schwer, ein Ende zu finden. Dieses „Prinzip der kleinen Schritte" kann entsprechend auch „ganz normale Menschen" zu Folterknechten machen („Foot in the door"-Prinzip).

Voranschreiten der Situation

Ein Kennzeichen vieler Situationen, in denen destruktiver Gehorsam auftritt, ist das schnelle Voranschreiten. Häufig ist wenig Zeit und Kapazität für eine gründliche Reflexion der Anweisung oder der möglichen Konsequenzen, die ein Befolgen bzw. ein Nichtbefolgen haben könnten. So auch bei Milgram. Innerhalb weniger Minuten nach Betreten des Labors sahen sich die Teilnehmer mit der Situation konfrontiert, einer anderen Person elektrische Schocks zu verabreichen.

Gehorsam gegenüber Autoritäten ist ein Grund für viele Gräueltaten in der Menschheitsgeschichte. Aber auch in alltäglicheren Situationen kann unkritischer Gehorsam negative Folgen haben:

BEISPIEL

Eine Forschergruppe führte die folgende Feldstudie durch, um die Macht des Gehorsams in der natürlichen Umgebung eines Krankenhauses zu testen: Eine Krankenschwester (die Teilnehmerin) erhielt einen Anruf von einem Arzt des Hauses, den sie nicht kannte. Er wies sie an, einem Patienten ein Medikament zu verabreichen, damit bei seiner Ankunft die Wirkung schon einträte. Er würde das Anforderungsformular bei seiner Ankunft unterschreiben. Der Arzt verordnete eine Dosis von 20 Milligramm eines Medikaments namens Astroten. Das Etikett auf dem Behältnis nannte 5 Milligramm als übliche Dosis und 10 Milligramm als Höchstdosis.

Würde eine Krankenschwester auf der Grundlage eines Telefongesprächs mit einem Fremden eine Überdosis verabreichen, wenn dies eindeutig der üblichen medizinischen Praxis widersprach? Als man dieses Dilemma zwölf Krankenschwestern beschrieb, gaben zehn an, sie würden nicht gehorchen. Was die Schwestern aber tatsächlich taten, ist eine andere, mittlerweile vertraute Geschichte. Als eine andere Gruppe Schwestern tatsächlich in diese Situation gebracht wurde, gehorchten fast alle. 20 von 22 hatten mit der Verabreichung der Medikation (in Wirklichkeit eine harmlose Substanz) begonnen, bevor ein Forschungsarzt sie unterbrach. (Höfling et al., 1966, zitiert in Gerrig/Zimbardo, 2008, S. 699)

In so einem Fall wäre es wünschenswert, dass nicht einfach der Autorität Folge geleistet, sondern die Anweisung infrage gestellt wird. Wie aber lässt sich unkritischer Gehorsam verringern? Wie Mündigkeit steigern?

Eigenverantwortung betonen

Erinnert man Befehlsempfänger daran, dass sie Verantwortung für das, was sie tun, übernehmen müssen, kann dies die Tendenz zum Gehorsam deutlich reduzieren.

Expertise und Motive der Autorität hinterfragen

Bei fragwürdigen Anweisungen kann es helfen, das Urteil und auch die Motive der Autoritätsperson zu hinterfragen. Ist die Person „tatsächlich" ein Experte oder wirkt sie nur so?

Passend dazu: Steven Spielbergs Kinofilm „Catch me if you can"

Ist der Befehl angemessen oder nicht? Dient unser Gehorsam möglicherweise nur egoistischen Zielen dieser Person? Dieses Hinterfragen ist von großer Bedeutung, weil sich äußere Anzeichen von Autorität leicht fälschen lassen „Kleider machen Leute..."

Angemessenheit von Gehorsam hinterfragen
In manchen Situationen ist Gehorsam angemessen und sehr sinnvoll, so beispielsweise, wenn wir als medizinische Laien ohne lange Diskussion an einem Unfallort den Anweisungen des Notarztes folgen. In anderen Situationen dagegen ist Gehorsam nicht angemessen (z. B. einer anderen Person starke Schmerzen zuzufügen). Es hat sich gezeigt, dass Menschen weniger dazu neigen, Befehle blind zu befolgen, wenn sie eine oder mehrere andere Personen beobachten können, welche die Anweisungen nicht befolgen, und dadurch angeregt sind, selbst nachzudenken.

Ein wichtiger Hinweis auf die Interpretation dieses berühmten Experiments der Sozialpsychologie kommt von einem ebenfalls sehr bedeutsamen analytischen Sozialpsychologen und bekannten Buchautor: ERICH FROMM. Er sieht als Grund für die Bereitschaft, dem Versuchsleiter zu gehorchen, das besonders hohe Ansehen, das die Wissenschaft als Institution in Amerika besäße. Das entscheidende Ergebnis sei aber nicht die Zahl der Teilnehmer, die die Schüler mit den höchsten Spannungen bestraften, sondern der bei fast allen Teilnehmern beobachtbare ausgeprägte **Gewissenskonflikt**. Die Zahl der Teilnehmer ohne Gewissenskonflikt sei bei MILGRAM jedoch nicht genannt. Fromm sieht die Berichte über die innere Aufgewühltheit und das Leiden der Probanden beim Handeln gegen das eigene Gewissen als Beleg für die Stärke des **moralischen Bewusstseins**.

Zum Ende des Kapitels über den Menschen in der Gruppe schließt sich der Bogen über die Bedeutung der Gruppe für uns. Die Gehorsamsbereitschaft liegt in Effekten des Normeneinflusses und des Informationseinflusses, die wir zuvor besprochen haben: Menschen wollen gemocht werden (**normativer Einfluss**) und sie wollen sich korrekt verhalten (**Informationseinfluss**). Sie neigen dazu, das zu tun, was andere tun, oder das, wozu sie aufgefordert werden, um **sozial akzeptiert** und **geschätzt** zu werden. Darüber hinaus verlassen sich Menschen in mehrdeutigen, neuen Situationen – wie der Situation im Experiment – auf andere, um Hinweise zu erhalten, wie man sich angemessen und richtig verhält. (**Bedeutung der Normen**)

Wenn es für die Teilnehmer einen einfachen, direkten Weg aus der Situation gegeben hätte – beispielsweise einen „Beenden" – Knopf –, hätten sie mit größerer Wahrscheinlichkeit nicht gehorcht.

Zu guter Letzt ist Gehorsam gegenüber Autoritäten in dieser experimentellen Situation Teil einer tief verwurzelten Gewohnheit, die von Kindern in vielen unterschiedlichen Umgebungen gelernt wird – einer Autorität zu gehorchen, ohne Fragen zu stellen. Dies ist für gewöhnlich nützlich für die Gesellschaft, sofern die Autoritäten legitimiert sind.

Wir müssen dafür Sorge tragen, dass alles dafür getan wird, blinden Gehorsam zu vermeiden und die Menschen in die Lage zu versetzen, eigenverantwortlich zu entscheiden, ob Anforderungen und Befehle moralisch gerechtfertigt oder ungerechtfertigt sind.

AUFGABEN

Das Milgram-Experiment und Sie

Welche persönliche Bedeutung hat diese Forschung zum Gehorsam für Sie? Welche Entscheidungen werden Sie treffen, wenn Sie im Lauf Ihres Lebens immer wieder vor moralischen Dilemmata stehen?

Nehmen Sie sich einen Moment Zeit, um über die Arten von Gehorsam gegenüber Autoritäten nachzudenken, die Ihnen in alltäglichen Situationen begegnen könnten. Angenommen, Sie wären Verkäufer. Würden Sie Kunden betrügen, wenn Ihr Vorgesetzter Sie dazu ermutigt? Angenommen, Sie wären Mitglied des Bundestags. Würden Sie abstimmen, wie die Partei es will, statt Ihrem Gewissen zu entsprechen?

12.6 Zusammenfassung

- Der Mensch ist ein soziales Wesen und lebt überall auf der Welt in Gruppen. Eine Gruppe besteht aus zwei oder mehreren Menschen, die deshalb zu einer Einheit zusammengefasst werden, weil sie durch direkte Kommunikation und Interaktion miteinander in Wechselbeziehung stehen. Merkmale der Gruppe sind: Interaktion, zeitliche Stabilität, Normen und Ziele, ein Wir-Gefühl, Organisation und Struktur.

- Im Allgemeinen unterscheidet man verschiedene Arten von Gruppen: Primär- und Sekundärgruppen, formelle und informelle Gruppen, Mitgliedsgruppen, Bezugsgruppen, Eigen- und Fremdgruppen.
- Gruppen unterliegen einem Entwicklungsprozess, der sich in der Regel in Phasen beschreiben lässt.
  1. Fremdheits- oder Orientierungsphase
  2. Machtkampf- oder Rollenklärungsphase
  3. Vertrautheits- oder Wir-Phase
  4. Differenzierungsphase
  5. Ablösungs- oder Trennungsphase
- Gruppen geben sich eine Struktur durch gruppenspezifische Normvorstellungen und Rollen, die einen Zusammenhalt ermöglichen.
- Die klassische Studie über Gruppenkonflikte in einem Ferienlager von Jungen ist unter dem Namen **Sherifs Ferienlager-Experiment** bekannt geworden.
- Eine Rolle umfasst Einstellungen, Wertvorstellungen und Verhaltensweisen, die jedem Inhaber eines sozialen Status von der Gesellschaft zugeschrieben werden. Entscheidend ist dabei die Identifizierung sozialer Rollen mit einem ganz bestimmten Interaktionsverhalten, das bestimmte Erwartungen an den Rolleninhaber berücksichtigt, die mit einem sozialen Status verknüpft sind.
- Die in der Rollenvielfalt entstehenden Rollenkonflikte lassen sich in drei Kategorien einteilen: Inter-Rollenkonflikt, Intra- Rollenkonflikt und Person-Rolle-Konflikt.
- Bewältigungsmöglichkeiten für verschiedene Rollenkonflikte finden sich in: Herstellung einer Rollendistanz; in Tricks; durch Kompromisseschließen; durch eine Rollenaufgabe; durch Rollenabweichung; durch eine äußerliche Erfüllung mit innerem Protest oder durch das Aushalten von Spannungen und Konflikten.
- Die Rollenvielfalt und der soziale Status sowie der Gruppenzusammenhalt lassen sich mit der Soziametrie erfassen.
- Welchen Einfluss die Gruppe auf den Einzelnen ausübt, war Gegenstand des NASA-Experiments. Es wird vor allem eingesetzt, um **Rollenverhalten**, **Gruppenverhalten**, gruppendynamische und zwischenmenschliche Kommunikation aufzuzeigen und mit den Teilnehmern zu reflektieren und zu diskutieren.
- Die Sozialpsychologie benutzt für den Einfluss der Gruppe auf den Einzelnen den Begriff der Konformität. Konformität bezeichnet das Übereinstimmen der Einstellungen oder des Verhaltens eines Individuums mit anderen Menschen. Wir sprechen von informativen Einfluss, wenn wir einen Informationswert in der Meinung anderer über die Realität annehmen. Vor normativem Einfluss sprechen wir, wenn die Anpassung an die Gruppenmeinung auf dem Bedürfnis nach Akzeptanz und Bestätigung durch andere beruht. In beiden Fällen handelt es sich um einen sozialen Vergleich: eine Handlung, bei der man die eigenen Einstellungen, Fähigkeiten und Emotionen mit denen anderer vergleicht, um die Angemessenheit des eigenen Verhaltens und Erlebens zu bewerten.
- Einflüsse von Rollen und Regeln auf das Verhalten von normalen, gesunden Menschen untersuchte der Sozialpsychologe ZIMBARDO in dem sogenannten **Stanford-Prison-Experiment**. In dieser simulierten Gefängnis-Situation identifizierten sich Wärter und Gefangene mit ihrer Rolle, und entwickelten überraschend schnell extreme Verhaltensweisen, wie Grausamkeiten, unmenschliche Behandlungen und massive Nichtachtung elementarer Menschenrechte.
  ZIMBARDO begründete diese Verhaltensweisen neben informativem und normativem Einfluss mit straken sozialen Kräften, die hier am Werk sein mussten.
  Diese Kräfte sind:
  - Anonymität und Deindividuation
  - Macht der Regeln und Vorschriften
  - Rollen und Verantwortung für Übertretungen
  - kognitive Dissonanz
  - Bedürfnis nach sozialer Billigung
- Autorität und Gehorsam. Die berühmtesten Studien der Psychologie-Geschichte wurden von **MILGRAM** durchgeführt. Im Mittepunkt stand die Frage nach der Gehorsamkeitsbereitschaft von Menschen. Faktoren, die Gehorsam gegenüber Autoritäten begünstigen, waren die Distanz zum Opfer, die Verschiebung der Verantwortung auf die Autoritätsperson, der graduelle Anstieg der Anforderungen und das Voranschreiten der Situation. Erkenntnisse, wie sich unkritischer gehorsam verringern lässt, waren: Eigenverantwortung zu betonen, die Expertise und die Motive der Autorität und die Angemessenheit von gehorsam zu hinterfragen.

13 Einstellungen

13.1 Was sind Einstellungen?

AUFGABE

Was haben Klebestreifen, eine Holzgiraffe, Zahnhygiene, ein Rugby-Ball als Sofakissen, Hantel-Training, Postkarten und Weihnachten gemeinsam?

Tauschen Sie sich darüber mit Ihrem Tischnachbarn aus.

Richtig, zu all diesen Objekten haben Sie eine Einstellung. Wir werden uns in den folgenden Abschnitten damit beschäftigen, was eine Einstellung ist und durch welche Merkmale sich eine Einstellung auszeichnet.

13.1.1 Merkmale von Einstellungen

Bereits anhand unseres Eingangsbeispiels lässt sich feststellen, dass sich jede Einstellung auf etwas, also auf ein Einstellungsobjekt richtet. In unserem Eingangsfall auf die Einstellungsobjekte Klebestreifen, Holzgiraffe, Zahnhygiene, Rugby-Ball in Sofakissenform, Hantel-Training, Postkarten und Weihnachten.

Einstellungsobjekt
Jede Einstellung richtet sich auf ein Einstellungsobjekt, welches der Gegenstand einer Einstellung ist.

Im Anschluss an diese Erkenntnis könnten wir uns die Frage stellen, zu welchen Objekten wir denn generell eine Einstellung haben können?

Eine Grundvoraussetzung für eine Einstellung ist ein Reiz (Stimulus) in Form eines Objekts, der von uns wahrgenommen wird. Dabei ist es ganz egal, um welche Art von Reiz es sich handelt.

AUFGABE

Gibt es irgendetwas innerhalb und jenseits Ihres Klassen- oder Arbeitszimmers, zu dem Sie keine Einstellung haben? Lassen Sie den Blick und Ihren Geist schweifen und denken Sie in Einzelarbeit darüber nach.

Im Grunde genommen haben wir zu all dem eine Einstellung, was von uns bewusst als Reizquelle wahrgenommen und registriert wird. Eine Ausnahme bilden Dinge, die wir niemals bewusst durch unsere Sinne wahrgenommen und in unserem Gedächtnis gespeichert haben. Wenn Sie z. B. nicht wissen, was ein Fisch ist, noch nie einen Fisch gesehen und/oder gerochen, angefasst, gegessen etc. haben, können Sie auch keine Einstellung zum Einstellungsobjekt Fisch haben. Sobald Sie jedoch – bewusst – mit einem Fisch konfrontiert werden, haben Sie eine Einstellung zu diesem Objekt. Dabei spielt es keine Rolle, ob Sie die betreffenden Objekte gedanklich durchdringen und ggf. verstehen. Selbst wenn wir die Anleitung zum Aufbau eines Schranks nicht verstehen und noch nie zuvor eine solche Anleitung in den Händen hatten, haben wir gegenüber diesem Reiz bzw. Objekt in Form der Bauanleitung eine Einstellung, sobald wir mit einer solchen Anleitung konfrontiert werden.

Potenzielle Einstellungsobjekte
Jeder Reiz (Stimulus), der sich auf einer Positivitätsdimension (+/-) bewerten lässt, kann zum Einstellungsobjekt werden (nach Jonas/Stroebe/Hewstone, 2007, S. 189).

Einstellungsobjekte können greifbar sein, wie z. B. ein Kugelschreiber, den wir in die Hand nehmen und mit dem schreiben können. Einstellungsobjekte müssen jedoch nicht zwingend greifbar sein. Wir können beispielsweise Einstellungen zu einzelnen Personen, Gegenständen aller Art, zu abstrakten Begriffen wie Kapitalismus, zu politisch-gesellschaftlichen Fragen wie der Todesstrafe, zu unserem eigenen Selbst oder zu Menschengruppen wie z. B. Skandinaviern haben. Auch zu empirisch nicht beweisbaren Inhalten wie z. B. Seele oder Gott haben wir eine Einstellung. Demnach haben wir beinahe zu allem eine Einstellung. Überprüfen wir, ob das stimmt:

Haben Sie eine Einstellung zu einer Quietscheente mit Irokesenschnitt, zu einem Muffin in Form des Krümelmonsters aus der Sesamstraße oder zu einem grünen Alien, das einen Kaffee trinkt? Sie werden zum Schluss kommen, dass sie selbst zu diesen relativ außergewöhnlichen Dingen eine Einstellung haben. Diese kann sich jedoch deutlich von den Einstellungen ihrer Mitschüler/-innen unterscheiden. Damit haben wir ein weiteres Merkmal von Einstellungen entdeckt: Einstellungen sind immer subjektiv.

Subjektivität von Einstellungen
Einstellungen sind an die persönliche Wahrnehmung und Verarbeitung von auftretenden Reizen – in Form der Einstellungsobjekte – gebunden und damit subjektiv.

AUFGABE

Notieren Sie drei möglichst „verrückte" bzw. „außergewöhnliche" Dinge und überprüfen Sie, ob Sie eine Einstellung dazu haben. Tauschen Sie sich anschließend über die Einstellungsobjekte mit Ihrem Nachbarn aus.

Nach unseren bisherigen Ausführungen können wir Einstellungen grundsätzlich als wertende Urteile über Einstellungsobjekte definieren. Diese Definition beinhaltet beispielsweise die Gegensatzpaare *mögen* oder *nicht mögen*, *zustimmen* oder *ablehnen*, *wertvoll* oder *wertlos*.

Eine **Einstellung** ist ein wertendes Urteil über ein Einstellungsobjekt, durch das der Grad der Zuneigung oder Abneigung gegenüber diesem Objekt ausgedrückt wird (nach Jonas/Stroebe/Hewstone, 2007, S. 189).

Grundsätzlich bewerten wir unablässig uns selbst sowie die belebten und unbelebten Objekte unserer Umwelt und speichern diese Urteile in Form von Einstellungen. Einstellungen sind somit gemäß der Grunddefinition von Psychologie zu den innerpsychischen Prozessen zu zählen, die wir als „Erleben" bezeichnen. Woran erkennen wir nun die Einstellungen unserer Mitmenschen?

Innerpsychische Prozesse
Vorgänge wie z. B. Denken, Fühlen, Träumen, Erinnern etc., die wir nicht direkt messen, sondern nur aus unserem Verhalten ableiten können.

BEISPIEL

Betrachten wir das Beispiel der Zahnhygiene. Woran erkennen wir die Einstellung eines Menschen – z. B. Ihres Tischnachbarn – zur Zahnhygiene?

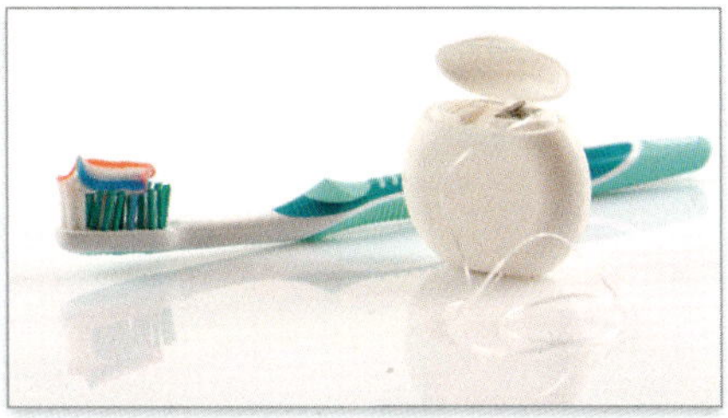

Wir schlussfolgern vom Verhalten eines Menschen (Verhalten sind diejenigen Lebensvorgänge eines Menschen, die wir exakt beobachten und registrieren können auf seine Einstellung (Erleben).

In unserem Beispiel würde dies bedeuten, wir prüfen / beobachten / registrieren beispielsweise – unter Berücksichtigung der Einflussvariable Lebensalter –, ob unser Tischnachbar Mundgeruch oder Zahnverfärbungen aufweist, ob er sich auf einer Exkursion mehrmals täglich die Zähne gründlich putzt, eine Mundspülung verwendet, Zahnseide einsetzt oder beim Biss in einen Apfel Zahnfleischbluten bekommt. Ferner registrieren wir, wie sich derjenige gegenüber Zahnhygiene und ggf. Zahnarztbesuchen äußert. Insgesamt ziehen wir also vom Verhalten einer Person gegenüber einem auftretenden Reiz Rückschlüsse auf deren Einstellung gegenüber dem betreffenden Einstellungsobjekt.

AUFGABE

Tauschen Sie sich in Partnerarbeit darüber aus, anhand welcher Aspekte des Verhaltens Sie bei einem Mitschüler/einer Mitschülerin Rückschlüsse über dessen/deren Einstellung zu Schule ziehen können.

Tauschen Sie sich anschließend in Partnerarbeit darüber aus, anhand welcher Aspekte des Verhaltens sie bei einem Lehrer/einer Lehrerin Rückschlüsse über dessen/deren Einstellung zur Schule ziehen können.

Feststellung von Einstellungen

Einstellungen können nicht direkt beobachtet, sondern nur indirekt anhand des Verhaltens erschlossen werden (z. B. durch Aussagen, Handlungen etc.), indem wir schlussfolgern und vermutete Zusammenhänge herstellen.

Ferner ist nicht jede Einstellung gleich. Wenn Sie verschiedene Einstellungsobjekte miteinander vergleichen, werden Sie feststellen, dass es große Unterschiede im Hinblick auf die Einstellung gegenüber diesen Objekten gibt, und zwar im Hinblick auf die Stärke und im Hinblick auf die Richtung (Valenz) der Einstellung.

Stärke und Richtung von Einstellungen					
Objekt	**stark (+)**	**schwach (+)**	**neutral**	**schwach (-)**	**stark (-)**

AUFGABEN

Fertigen Sie eine Tabelle nach vorigem Muster an.

Werden Sie sich in Einzelarbeit über die Stärke und gleichzeitig über die Richtung (-/+) Ihrer Einstellungen zu den Objekten Zahnhygiene, Holzgiraffe, Klebestreifen, Weihnachten, Postkarten, Hantel-Training und Rugby-Ball bewusst.

Notieren Sie die Ergebnisse in der Tabelle.

Finden Sie anschließend jeweils zwei weitere Beispiele (Einstellungsobjekte) Ihrer Wahl für jede Kategorie.

Eventuell sind Sie zum Ergebnis gelangt, dass Sie eine stark positive Einstellung zu Weihnachten haben. Dadurch sind Sie sich der Stärke ihrer Einstellung bewusst geworden. Gleichzeitig haben Sie die Richtung (Valenz) Ihrer Einstellung festgelegt, indem Sie diese dem positiven Bereich zugeordnet haben. Gleiches gilt, wenn Sie z. B. eine schwach negative Einstellung zu Hantel-Training notiert haben. Wiederum sind Sie sich der Stärke Ihrer Einstellung bewusst geworden und haben sie von der (Aus-)Richtung her im negativen Bereich verortet.

Stärke und Richtung von Einstellungen

Einstellungen unterscheiden sich im Hinblick auf die Stärke und im Hinblick auf die Richtung (Valenz), d. h. beispielsweise nach den Richtungen positiv, negativ oder neutral (nach Jonas/Stroebe/Hewstone, 2007, S. 190).

Doch wodurch wissen wir, wie stark eine Einstellung ist? Unterwerfen Sie sich dazu einem Selbsttest. Im Folgenden sind zwei Bilder abgedruckt. Betrachten Sie beide Bilder und werden Sie sich darüber klar, für welches der beiden Bilder Sie weniger Zeit gebraucht haben, um ein wertendes Urteil darüber im Sinne einer Einstellung zu fällen.

Wir haben bereits erfahren, dass Einstellungen subjektiv sind. Trotzdem erzeugen Spinnen in der Regel starke Einstellungen, da sie sehr polarisieren und bei vielen Menschen Angst erzeugen. Darum ist es wahrscheinlich, dass wir in den meisten Fällen schneller ein wertendes Urteil (im Sinne einer Einstellung) über Spinnen fällen konnten, als über ein Bio-Prüfsiegel bzw. Zertifikat für Lebensmittel.

Was haben wir also gerade getan? Wir haben die Stärke unserer Einstellung bezüglich Spinnen und einem Bio-Prüfsiegel anhand der Zugänglichkeit unserer Einstellungen gemessen.

Zugänglichkeit von Einstellungen
Schnelligkeit, mit der man ein wertendes Urteil bezüglich eines Einstellungsobjekts oder des betreffenden Themas treffen (und berichten) kann (nach ARONSON/WILSON/AKERT, 2004, S. 234).

Wir gehen also davon aus, dass die Zugänglichkeit einer Einstellung etwas über die Stärke der betreffenden Einstellung aussagt. Dieses Kriterium ist vor allem dann von Bedeutung, wenn wir Einstellungen als solches betrachten bzw. das Wesen von Einstellungen beschreiben möchten. Häufiger wird angeführt, Einstellungen seien relativ konstant. Diese Aussage ist allerdings zu pauschal. Denn ob eine Einstellung relativ konstant ist, hängt von deren Stärke ab. Dabei gehen wir davon aus, dass es einen Zusammenhang gibt zwischen der Stärke einer Einstellung und der Änderung einer Einstellung. D. h., wenn wir eine starke Abneigung gegenüber Spinnen haben, ist diese Einstellung relativ konstant und schwer zu verändern. Dies gilt jedoch beispielsweise nicht für eine neutrale bzw. schwach negative Einstellung gegenüber einem Lied, das Sie im Radio hören. Wenn dieses Lied z. B. zweimal pro Stunde wiederholt wird, kann sich Ihre Einstellung gegenüber diesem Lied schnell zum stark Negativen hin ändern, da Ihnen das Lied aufgrund der ständigen Wiederholung auf die Nerven geht. Umgekehrt könnten Sie sich auch daran gewöhnen und das Lied irgendwann sogar mögen. In diesem Fall wäre Ihre Einstellung nicht relativ konstant (nach ARONSON/WILSON/AKERT, 2004, S. 234 f.).

13.1.2 Einstellungskomponenten

Eine Einstellung ist nach unseren bisherigen Erkenntnissen ein wertendes Gesamturteil über ein Einstellungsobjekt. Doch woraus setzt sich dieses Bewertungsbündel zusammen, wenn wir an die bisherigen Beispiele wie Weihnachten, Hantel-Training oder Klebestreifen denken?

AUFGABEN

Stellen Sie sich einen dicken, „fetttriefenden" Burger vor.

Woraus besteht Ihr wertendes Urteil über diesen Burger? Welche Bestandteile tragen zu Ihrer Urteilsfindung bei?

Diskutieren Sie diese Frage in einer Dreiergruppe und tragen Sie anschließend Ihre Ergebnisse der Gesamtgruppe vor.

Wahrscheinlich werden Sie zum Ergebnis gelangt sein, dass Ihre Gefühle, die Eigenschaften, die Sie mit einem Objekt verbinden, sowie Ihre bisherigen Erfahrungen mit dem Einstellungsobjekt dazu beitragen, ein wertendes Urteil über ein Einstellungsobjekt zu fällen. Diese drei Bestandteile von Einstellungen nennen wir Einstellungskomponenten.

Einstellungskomponenten
Gemäß dem Dreikomponentenmodell nach ROSENBERG und HOVLAND (1960) setzen sich Einstellungen aus einer **affektiven Komponente**, einer **kognitiven Komponente** und einer **Verhaltenskomponente** (konative Komponente) zusammen.

Bezogen auf unser Burger-Beispiel können wir die drei Komponenten wie folgt darstellen und definieren (nach JONAS/STROEBE/HEWSTONE, 2007, S. 190 ff.):

Die drei Komponenten einer Einstellung am Beispiel eines „Burgers“		
Affektiv	**Kognitiv**	**Verhalten**
Gefühle oder Emotionen, die mit einem Einstellungsgegenstand verbunden werden, wenn wir mit diesem konfrontiert werden (affektive Reaktionen): z. B. Freude, Gier und Lust	Überzeugungen und Eigenschaften, die wir einem Objekt zuschreiben: z.B. schmeckt gut, hat viele Kalorien, macht Spaß, ist fettig, ist ungesund, macht nicht satt, macht dick etc.	• Frühere Verhaltensweisen gegenüber einem Einstellungsgegenstand: z. B. Ich gehe Donnerstags immer mit meiner Freundin einen Burger essen • Verhaltensreaktion (sichtbar)auf ein Objekt: Mir läuft das Wasser im Mund zusammen, wenn ich einen Burger sehe

AUFGABE

Erläutern Sie in Einzelarbeit die drei Komponenten einer Einstellung nach ROSENBERG und HOVLAND anhand Ihrer Einstellung zum Fahrradfahren.

Die affektive Komponente, die kognitive Komponente und die Verhaltenskomponente stehen miteinander in Verbindung und greifen ineinander, wenn es zu einer Urteilsfindung kommt. Dadurch gibt es Wechselwirkungen bzw. wechselseitige Beeinflussungen der drei Komponenten. Dies wird anhand des folgenden Beispiels „Emotion vs. Rationalität“ deutlich.

AUFGABE

Emotion vs. Rationalität

Ein Mann (Markus, 34 Jahre) überlegt, sich ein Auto zu kaufen. In die nähere Auswahl haben es die Modelle Audi TT und Toyota Auris Hybrid geschafft. Er äußert sich wie folgt:

„Ein Toyota Auris Hybrid ist ein sparsames und umweltschonendes Auto. Laut Testberichten soll der Auris sehr empfehlenswert und gut verarbeitet sein. Eigentlich bin ich bisher eher schnittige Autos gefahren und die Form des Auris gefällt mir auch nicht so richtig. Ich liebe eben die Geschwindigkeit. Aber das mit der Umwelt, der Verarbeitung und dem Verbrauch ist schon ein Argument. Zudem lief der Auris bei der Testfahrt echt ruhig.“

Bestandteile	Einstellung Audi TT	Einstellung Toyota Auris Hybrid
affektive Komponente		
kognitive Komponente		
Verhaltenskomponente		

Übertragen Sie die Tabelle auf ein Blatt Papier.

Analysieren Sie die Einstellungen von Markus zu den Modellen Audi TT und Toyota Auris Hybrid im Hinblick auf die affektive, kognitive und Verhaltenskomponente und tragen Sie Ihre Ergebnisse in die Tabelle ein.

Diskutieren Sie anschließend in Partnerarbeit, wie sich die drei Komponenten wechselseitig beeinflussen können.

13.1.3 Organisation von Einstellungen

In unserem Beispiel liebt Markus die Geschwindigkeit und mag „schnittige“ Autos (affektive Komponente). Er weiß jedoch, dass schnelle Autos meistens nicht gut für die Umwelt sind und einen hohen Verbrauch haben. Aber er ist auch der Ansicht, dass ein Sportwagen schnittig aussieht und schnell fährt (kognitive Komponente). Bisher ist Markus „eher schnittige“ Autos gefahren (konative bzw. Verhaltenskomponente).

Der Auris Hybrid gefällt Markus von der Form her nicht besonders (affektive Komponente). Laut den Testberichten, die Markus gelesen hat, ist der Auris „sehr empfehlenswert“ und „gut verarbeitet“. Zudem hat dieses Auto einen geringen Verbrauch, was gut für die Umwelt ist (kognitive Komponente). Markus hat bei einer Testfahrt die Erfahrung gemacht, dass der Auris „echt ruhig lief“ (konative bzw. Verhaltenskomponente).

AUFGABE

Welches Auto wird Markus wohl kaufen? Sind alle drei Komponenten für die Kaufentscheidung von derselben Bedeutung?

Wie fällt, auf diese Analyse aufbauend, die Gesamtbeurteilung in Form der Einstellung aus?

Diskutieren Sie diese Fragen mit Ihrem Tischnachbarn.

13.1.3.1 Komponentendominanz

Wie wirken die drei Einstellungskomponenten zusammen? Haben alle drei dieselbe Bedeutung? Dominiert, bezogen auf unser Autobeispiel, die affektive, die kognitive oder die Verhaltenskomponente die Kaufentscheidung von Markus? Auf diese Fragen gibt es keine eindeutige Antwort. Jedoch können wir Einstellungen in affektiv basierte, kognitiv basierte und verhaltensbasierte Einstellungen unterteilen.

Einstellungen können in deren Zusammensetzung unterschiedlich dominiert werden

↑ ↑ ↑

affektiv basiert	kognitiv basiert	verhaltensbasiert
Bsp. 1 Bsp. 2 Bsp. 3	Bsp. 1 Bsp. 2 Bsp. 3	Bsp. 1 Bsp. 2 Bsp. 3

Unter **affektiv basierten Einstellungen** verstehen wir Einstellungen, bei denen mehr die Gefühle und Werte ausschlaggebend sind als Überzeugungen, Eigenschaften oder Erfahrungen.

Beispiele hierfür sind Schlangen, Spinnen, Religion, Sexualität und erstaunlicherweise auch Politik. Besonders für Letzteres weisen Untersuchungen darauf hin, dass wir häufig unsere Wahlentscheidungen nach dem „Bauchgefühl" treffen.

Kognitiv basierte Einstellungen stellen die Eigenschaften, die wir einem Objekt zuschreiben, in den Vordergrund. Hier geht es darum, ein Objekt nach seinen Vor- und Nachteilen zu bewerten.

Wenn wir zum Beispiel ein Bügeleisen, einen Werkzeugkoffer oder einen Fernseher kaufen, lassen wir uns mehr von Indikatoren wie dem Preis, der Leistung und/oder der Marke bzw. der Qualität der Produkte leiten als von dem Gefühl, obwohl natürlich auch das Design einen Einfluss darauf hat, ob wir ein Produkt mögen oder nicht (affektive Komponente).

Verhaltensbasierte Einstellungen beruhen darauf, dass wir uns selbst beim Umgang mit einem Einstellungsobjekt beobachten.

Diese Form von Einstellungen trifft eher auf schwache bzw. auf nicht eindeutige Einstellungen zu, bei denen die kognitive und affektive Komponente gering bis gar nicht belegt ist. Beispielsweise werden Sie von einem Freund gefragt, wie Sie zum Wandern stehen. Sie haben keine eindeutige bzw. nur eine schwach positive Einstellung dazu. Bevor Sie antworten, blicken Sie vor Ihrem geistigen Auge zurück und stellen fest, dass Sie bis zum Alter von siebzehn Jahren häufig mit Ihren Eltern gewandert sind. In den letzten zwei Jahren allerdings nicht mehr. Durch diese Betrachtung des eigenen Verhaltens in der Vergangenheit kommen Sie zum Schluss, dass Wandern eigentlich etwas Positives sei (nach ARONSON/WILSON/AKERT, 2004, S. 232 ff.).

AUFGABE

Wählen Sie drei Einstellungsobjekte so aus, dass bei einem die Einstellung affektiv basiert, bei einem die Einstellung kognitiv basiert und bei einem die Einstellung verhaltensbasiert ist.

Übertragen Sie die Grafik auf ein Blatt Papier und halten Sie die Ergebnisse der Analyse der drei Einstellungsobjekte in Ihrer Grafik fest.

13.1.3.2 Struktur von Einstellungen

Wie lassen sich die Ausprägung der einzelnen Komponenten und die Gesamteinstellung darstellen? Diese Frage betrifft die Struktur von Einstellungen.

Bei der **Struktur von Einstellungen** geht es darum, wie positive und negative Bewertungen innerhalb einer Komponente und zwischen der affektiven, kognitiven und Verhaltenskomponente organisiert sind (JONAS/STROEBE/HEWSTONE, 2007, S. 195).

Dazu gibt es zwei Sichtweisen. Die eindimensionale Sichtweise geht davon aus, dass z. B. im Hinblick auf die affektive Komponente die positiven Gefühle auf der einen Seite die negativen Gefühle verdrängen, sodass eine eindeutige Positionierung vorgenommen werden kann. Beispielweise:

Spinnen ...

verabscheue ich sehr __

verabscheue ich eher __

mag ich eher __

mag ich sehr __

Indikator
Merkmale, die etwas anzeigen, z. B.: Ein Indikator für die positiven Eigenschaften eines Produkts ist die Qualität der Verarbeitung.

Dimension
Räumliche Ausdehnung: z. B. dreidimensional Höhe, Breite, Tiefe

Hier können wir uns lediglich auf einer Dimension entscheiden, ob wir Spinnen mögen oder verabscheuen.

Die zweidimensionale Sichtweise hingegen trägt die positiven und negativen Elemente der Einstellung auf zwei Dimensionen ab. Bezogen auf unser Fallbeispiel kommt Markus bei der Analyse schneller Autos (kognitive Komponente) zur Erkenntnis, dass diese schnell fahren und schnittig aussehen (+), jedoch einen hohen Verbrauch haben und nicht gut für die Umwelt sind (-). Diese Auflistung beinhaltet aus der Sicht von Markus sowohl positive als auch negative Elemente und ließe sich nicht ohne Weiteres in Form eines eindimensionalen Schemas darstellen.

Auch bei der Verhaltenskomponente könnte es bei manchen Einstellungsobjekten keine eindeutige eindimensionale Zuteilung geben. Beispielsweise wenn wir die Einstellung von Schülerinnen und Schülern zur Schule betrachten und auf frühere Verhaltensweisen gegenüber dem Einstellungsobjekt zurückblicken.

AUFGABE

Meine Einstellung zu Ameisen

- Übertragen Sie das eindimensionale und zweidimensionale Organisationsschema auf ein Blatt Papier.
- Tragen Sie Ihre Einstellung zu Ameisen in Form von Markierungen einmal für die einzelnen Komponenten und abschließend in Form der Gesamteinstellung in die eindimensionale Skala und einmal in das zweidimensionale Bewertungsschema ein.
- Diskutieren Sie anschließend die Unterschiede sowie die Vor- und Nachteile beider Organisationsschemata zur Darstellung der Struktur von Einstellungen.

eindimensional	zweidimensional
Affektive Komponente 	Affektive Komponente 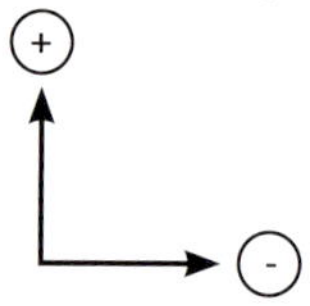
Kognitive Komponente 	Kognitive Komponente 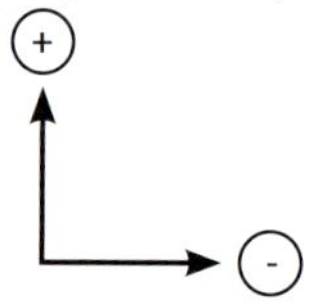
Verhaltenskomponente 	Verhaltenskomponente 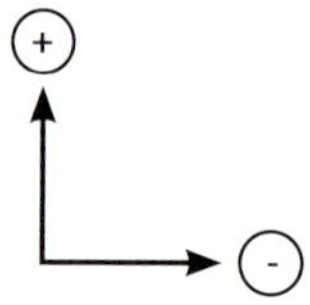
Gesamteinstellung 	Gesamteinstellung 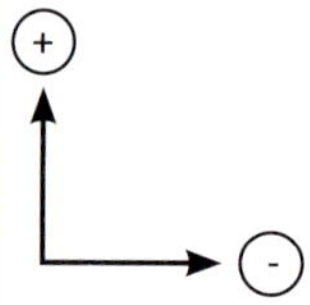

Ein wesentlicher Unterschied zwischen der eindimensionalen und der zweidimensionalen Sichtweise liegt darin, dass wir zwar mittels beider Organisationsschemata neutrale Einstellungen darstellen können (bei der eindimensionalen Skala genau in der Mitte; bei der zweidimensionalen Skala beim Nullpunkt an der Schnittstelle zwischen X- und Y-Achse), die Darstellung ambivalenter Einstellungen jedoch nur mittels der zweidimensionalen Sichtweise möglich ist (nach JONAS/STROEBE/HEWSTONE, 2007, S. 195 f.).

Neutrale Einstellung gegenüber einem Einstellungsobjekt

Affektive Komponente

Affektive Komponente

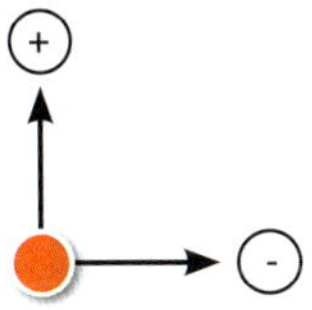

Ambivalente Einstellung gegenüber einem Einstellungsobjekt

Affektive Komponente

Darstellung von Ambivalenz nicht möglich

Affektive Komponente

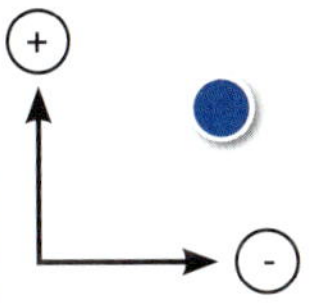

AUFGABE

Übertragen Sie die Tabelle auf ein Blatt Papier.

Notieren Sie jeweils zwei Einstellungsobjekte, zu denen Sie eine neutrale Einstellung haben, und zwei Einstellungsobjekte, zu denen Sie eine ambivalente Einstellung haben.

Neutrale Einstellung	Ambivalente Einstellung
Wenige positive und wenige negative Einstellungsmerkmale.	Viele positive und viele negative Einstellungsmerkmale.

BEISPIEL

Menschen, die einem Gegenstand sehr ambivalent gegenüber eingestellt sind, lassen sich stärker von Einflüssen ihrer Umwelt beeinflussen, die ihre positiven oder negativen Einstellungsmerkmale salient (aktuell bewusst) machen. D. h., sie werden ihr Verhalten danach ausrichten, welche Einstellungsmerkmale (d. h. positive oder negative) gerade betont werden. Stehen wir z. B. Burgern sehr ambivalent gegenüber, da wir ernährungsbewusst sind und wissen, dass Burger fettig sind, wir gleichzeitig aber den Geschmack von Burgern lieben, werden wir uns bei unserem Verhalten danach ausrichten, welche Aspekte unserer Einstellung gerade durch unser Umfeld salient (aktuell bewusst) gemacht werden. Sind wir mit Freunden unterwegs, die alle gerne ab und an Fast Food essen, und es darum geht, wo zu Mittag gegessen werden soll, werden die positiven Geschmacksaspekte unserer Einstellung gegenüber Burgern bewusst gemacht und wir gehen gerne in ein Fast-Food-Restaurant mit. Sind wir mit Bekannten unterwegs, die nach dem Mittagessen ins Fitnessstudio gehen wollen und die alle durchtrainiert sind und auf ihre Ernährung achten, werden die ernährungsbewussten Aspekte unsere Einstellung gegenüber Burgen salient (aktuell bewusst) gemacht und wir werden evtl. zustimmen, Reis mit Geflügel zu Mittag zu essen (nach JONAS/STROEBE/HEWSTONE, 2007, S. 195 f.).

13.1.4 Funktionen von Einstellungen

AUFGABE

Welche Einstellung haben Sie zu Après-Ski?

Formulieren Sie am Beispiel Après-Ski ca. vier Vermutungen, welche Funktionen Einstellungen für uns haben.

Meine Einstellung zu Après-Ski hilft mir dabei ...

Welche Funktionen Einstellungen für uns haben, damit haben sich SMITH, BRUNER und WHITE (1956) und KATZ (1960) beschäftigt. Wie die vorangehende Grafik zeigt, sind beide Theorien in einigen Punkten deckungsgleich, obwohl unterschiedliche Begrifflichkeiten verwendet werden.

Im Folgenden gehen wir anhand des Beispiels „Après-Ski" näher auf die funktionale Einstellungstheorie nach KATZ ein.

Wissensfunktion

Jede Einstellung hat für uns den Nutzen, unser gesamtes Wissen bezüglich eines Einstellungsobjekts zu bündeln. Dies betrifft insbesondere die kognitive Komponente von Einstellungen. Wir werden uns unseres Wissens bewusst und wägen positive und negative Einstellungselemente gegeneinander ab: beispielsweise, dass Après-Ski sehr teuer ist, die dort gespielte Musik uns nicht gefällt, bei solchen Veranstaltungen eine Menge Alkohol getrunken wird, andererseits man dort leicht Leute kennenlernt, dort meist eine gute Stimmung vorherrscht etc.

Instrumentelle Funktion/Nützlichkeitsfunktion

Jede Einstellung hat die Funktion, Belohnungen zu maximieren und Bestrafungen zu minimieren. Was als Bestrafung und Belohnung empfunden wird, ist dabei von der subjektiven Wahrnehmung jedes Einzelnen abhängig. Beispielsweise kann uns eine negative Einstellung gegenüber Après-Ski davor schützen, dass wir schlechte Musik anhören und eine Menge Geld ausgeben müssen (Minimierung von Bestrafung). Eine positive Einstellung ge-

	Theorie 1: SMITH, BRUNER und WHITE (1956)		Theorie 2: Funktionale Einstellungstheorie KATZ (1960)
	Bewertungsfunktion		
1	a) Zusammenfassung von positiven und negativen Eigenschaften eines Einstellungsobjekts	→	**Wissensfunktion** Organisation der Informationen zu einem Einstellungsgegenstand
2	b) Zuwendung zu Dingen die zum persönlichen Wohl sind (subjektive Sichtweise), Abwendung/Meiden von Dingen, die zum Nachteil sind	→	**Instrumentelle Funktion / Nützlichkeitsfunktion** Belohnungen maximieren und Bestrafungen, die man durch die Einstellungsgegenstände bekommt, minimieren
3	**Soziale Anpassungsfunktion** Identifikation mit Menschen, die wir mögen; Distanzierung von Mensch, die wir nicht mögen, führt ggf. zur Imitation / Ablehnung von deren Handlungen		
4	**Externalisierung** Das Selbst wird gegen einen inneren Konflikt verteidigt	→	**Ich-Abwehr-Funktion** Schutz des Selbstwertgefühls
5			**Expressive Funktion** Ausdruck zentraler Werte und des Selbstkonzepts (persönliche Identität) einer Person; Selbstverwirklichung und Selbstbestätigung der eigenen Person

(Grafik erstellt nach JONAS/STROEBE/HEWSTONE, 2007, S. 199 f. sowie GÜTTLER, 2003, S. 105) genüber Après-Ski kann dazu führen, dass wir mitfeiern, einen lustigen Abend erleben und ggf. neue Leute kennenlernen (Maximierung von Belohnung). An diesem Beispiel wird deutlich, dass für manche Menschen Après-Ski-Musik, Partys feiern oder der Konsum von alkoholischen Getränken eine Bestrafung, für andere jedoch eine Belohnung sein kann.

Ich-Abwehr-Funktion

Einstellungen können auch dem Schutz des eigenen Selbstwertgefühls dienen, indem das Selbst gegen einen inneren Konflikt verteidigt wird. Nehmen wir einmal an, wir entwickeln eine negative Einstellung gegenüber Après-Ski, da wir uns nicht eingestehen wollen, dass wir nicht Ski oder Snowboard fahren können, ggf. wir uns Après-Ski nicht leisten können oder auf Partys normalerweise verlegen in der Ecke stehen, da wir eher kontaktscheu sind. Durch eine negative Einstellung zu Après-Ski müssen wir uns diesen für uns eher unangenehmen Tatsachen nicht stellen, da wir nicht mit Après-Ski in Berührung kommen und somit unser Selbstwertgefühl schützen. Somit werden durch die Anwendung von Abwehrmechanismen aus dem Bereich der Tiefenpsychologie Ängste abgewehrt, innerpsychische Konflikte vermieden sowie Minderwertigkeitsgefühle kompensiert.

Expressive Funktion

Einstellungen können aber auch der Selbstverwirklichung und der Herausbildung der eigenen Identität dienen, indem wir zentrale Werte und damit unser Selbstkonzept ausdrücken und uns dadurch selbst bestätigen. Beispielsweise könnte jemand Feiern, Tanzen, Singen und Flirten als integralen Bestandteil der eigenen Persönlichkeit betrachten und dies in Form einer positiven Einstellung zu Après-Ski expressiv kundtun. Auch in Form einer negativen Einstellung zu Après-Ski könnte jemand zum Ausdruck bringen, dass er/sie exzessiven Alkoholkonsum verabscheut sowie gegen die Zerstörung der Natur durch immer mehr neue Skipisten und Hotelbauten ist. Auch diese Einstellung trägt zur Selbstbestätigung der eigenen Person und zur Herausbildung der eigenen Identität bei.

Soziale Anpassungsfunktion

Zusätzlich zu diesen vier Funktionen von Katz postulieren Smith, Bruner und White noch eine fünfte Funktion von Einstellungen. Ihren Ausführungen zufolge können Einstellungen auch die Funktion der sozialen Anpassung haben. Damit ist gemeint, dass wir uns in unseren Einstellungen gegenüber Einstellungsobjekten Menschen anpassen, die wir mögen und mit denen wir uns identifizieren. Wenn z. B. vier von fünf guten Freunden Après-Ski gut finden und im Winter gerne an einer solchen Party teilnehmen wollen, ist die Wahrscheinlichkeit erhöht, dass wir unsere Einstellung gegenüber Après-Ski der Einstellung unserer Freunde anpassen, da wir unsere Freunde mögen und schätzen. Umgekehrt kann es auch sein, dass wir gerne Après-Ski mögen, also eine positive Einstellung dazu haben, jedoch die Mehrheit unserer guten Freunde nicht. Auch in diesem Fall ist die Wahrscheinlichkeit erhöht, dass wir unsere Einstellung anpassen. Ferner kann der Fall eintreten, dass ein Mitschüler, den wir überhaupt nicht mögen, Après-Ski toll findet. Auch in diesem Fall ist die Wahrscheinlichkeit erhöht, dass wir eine negative Einstellung zu Après-Ski entwickeln werden, da wir uns von diesem Mitschüler abgrenzen wollen (nach Jonas/Stroebe/Hewstone, 2007, S. 199 f. sowie Güttler, 2003, S. 105).

AUFGABEN

Ordnen Sie den folgenden fünf Fallbeispielen jeweils eine der fünf Funktionen einer Einstellung zu:

Fall A: Sie sind ein eher unsportlicher Typ und haben Angst davor, sich unter durchtrainierte Menschen zu begeben und evtl. verspottet zu werden. Da Sie dies nicht wahrhaben wollen, entwickeln Sie die Einstellung, dass Fitnessstudios „blöde Zappelbuden" sind.

Fall B: Sie empfinden den Verzehr von Fleisch verwerflich, da Sie der Auffassung sind, dass man Lebewesen nicht töten, geschweige denn essen darf.

Fall C: Die Kleidung einer bekannten Modekette ist meist günstig und sieht chic aus, ist aber manchmal minderwertig verarbeitet, meist aus synthetischen Stoffen hergestellt, nicht besonders lange tragbar und wird häufig in Entwicklungsländern produziert.

Fall D: Eine negative Einstellung gegenüber ungeschütztem Geschlechtsverkehr bewahrt Sie davor, sich darauf einzulassen und evtl. an Aids zu erkranken. Eine positive Einstellung zu Sport erhöht die Wahrscheinlichkeit, dass Sie Sport treiben und dadurch gesund bleiben.

Fall E: Weil Sie sich mit XY identifizieren und ihn/sie sehr mögen, setzen Sie sich auch für arme Menschen ein.

Besonders die Bewertungsfunktion von Einstellungen ist im Alltag für uns von Bedeutung.

AUFGABE

Betrachten Sie die folgende Grafik und versuchen Sie anschließend, die Grafik anhand eines Beispiels Ihrem Tischnachbarn zu erklären.

Bewertungsfunktion (bei KATZ instrumentelle Funktion und Wissensfunktion)

↓

Klassifikation von Einstellungsgegenständen

↓

spart Energie bei der Begegnung mit den Einstellungsgegenständen

↓

führt zu einer Beschleunigung einstellungsrelevanter Handlungen

Begleitfaktor

Starke Einstellungen sind leichter zugänglich und wirken sich stärker lenkend auf die Urteilsfindung aus

Stellen Sie sich einmal vor, Sie möchten einkaufen gehen und stellen fest, dass Sie zu keinem der Produkte im Supermarkt eine Einstellung haben. Dies würde in logischer Folge die Konsequenz nach sich ziehen, dass Sie sehr viel Zeit bräuchten, um zwischen der Vielzahl an Lebensmitteln abzuwägen und letztlich Kaufentscheidungen zu treffen. Deshalb brauchen wir Einstellungen. Sie erleichtern uns diese zeit- und kraftaufwendigen Entscheidungsprozesse, sodass wir ohne intensives Nachdenken handeln können. Das bedeutet, Sie wählen aufgrund Ihrer Einstellungen die Produkte aus, die für Sie subjektiv betrachtet nützlich sind (d. h., die Ihnen z. B. schmecken) und halten sich von denjenigen fern, von denen Sie eine Bestrafung erwarten, weil sie Ihnen nicht schmecken oder weil sie Ihnen zu teuer sind. Gleichzeitig müssen Sie nicht abwägen oder recherchieren, was es mit den einzelnen Produkten auf sich hat. Sie wissen, dass das gebogene gelbe Ding vor Ihnen eine Banane ist, die Frucht von einer Schale umgeben ist, dass man auf dieser Schale ausrutschen kann, dass die Frucht weich ist, süßlich schmeckt, sehr viel Stärke enthält, dass Bananen nicht lange haltbar sind, aus fernen Ländern kommen, in Plantagen angebaut werden etc. Dieses ganze Wissen haben Sie bereits organisiert, strukturiert und in Form Ihrer Einstellung zu Bananen bewertet und gebündelt. Deshalb können wir aufgrund der Bewertungsfunktion von Einstellungen (bei KATZ instrumentelle und Wissensfunktion) binnen weniger Sekunden im Supermarkt entweder Bananen in unseren Einkaufswagen packen oder lieber zu anderen Früchten greifen, die wir ebenfalls anhand der Bewertungsfunktion von Einstellungen klassifiziert und bewertet haben. Dies spart uns Zeit und Energie.

Dies gilt besonders für leicht zugängliche, starke Einstellungen. Beispielsweise ermöglicht uns eine starke Zuneigung bzw. Ablehnung gegenüber einer bestimmen Eiscreme – im Gegensatz zu einer schwachen, neutralen oder ambivalenten Einstellung – schnell eine Handlung, z. B. in Form einer Kaufentscheidung bezüglich dieses Objektes auszuführen (nach JONAS/STROEBE/HEWSTONE, 2007, S. 200 f. sowie GÜTTLER, 2003).

13.2 Konsequenzen von Einstellungen – Einstellungen und Verhalten

13.2.1 Konsistenz und Inkonsistenz von Einstellung und Verhalten

Wir haben bereits erfahren, dass die Zugänglichkeit als Maß der Stärke von Einstellungen einen Einfluss auf die Umsetzung von Einstellungen ausübt. Doch welche Zusammenhänge gibt es generell zwischen unseren Einstellungen und unserem Verhalten? Unter welchen Umständen lässt sich Verhalten aufgrund von Einstellungen vorhersagen? Mit diesen Fragen werden wir uns in den folgenden Abschnitten beschäftigen.

AUFGABE

Stellen Sie sich einmal vor, Sie besuchen das Oktoberfest in München. Können wir aufgrund der Kenntnis Ihrer Einstellungen zu Zuckerwatte, Pizza, Bier und Rosenschießen an einer Schießbude vorhersagen, ob Sie diese Dinge spontan in Anspruch nehmen, also Ihre Einstellung in die Tat umsetzen werden? Diskutieren Sie diese Frage in einer Dreiergruppe.

Ob Sie Ihre Einstellungen in die Tat umsetzen oder nicht, bezeichnet man als Konsistenz bzw. Inkonsistenz von Einstellung und Verhalten.

Konsistenz von Einstellung und Verhalten
Darunter verstehen wir, dass die Einstellung bezüglich eines Einstellungsobjekts und das Verhalten gegenüber dem Einstellungsobjekt übereinstimmen.

Inkonsistenz von Einstellung und Verhalten
Die Einstellung bezüglich eines Einstellungsobjekts und das Verhalten gegenüber dem Einstellungsobjekt stimmen nicht überein.

Bezogen auf unser Beispiel bedeutet dies: Wenn Sie beispielsweise eine positive Einstellung zu Zuckerwatte, Rosenschießen, Bier und Pizza haben und folgerichtig auf dem Oktoberfest diese Produkte konsumieren oder sich positiv gegenüber diesen Produkten äußern, dann handeln Sie konsistent, d.h. im Einklang mit ihrer Einstellung. Tun Sie dies nicht und äußern sich z.B. abfällig gegenüber diesen Produkten, verhalten Sie sich inkonsistent, d.h. Ihre Einstellung stimmt nicht mit ihrem Verhalten überein.

13.2.2 Prädikatoren für die Konsistenz und Inkonsistenz von Einstellung und Verhalten

Prädikatoren
Faktoren, aufgrund deren Kenntnis sich mit einer gewissen Wahrscheinlichkeit das Auftreten bzw. Vorkommen einer Sache vorhersagen lässt.

Doch zurück zur Eingangsfrage. Können wir aufgrund der Kenntnis Ihrer Einstellungen zu Zuckerwatte, Pizza, Bier und Rosenschießen an einer Schießbude vorhersagen, ob Sie diese Dinge spontan in Anspruch nehmen? Die Antwort darauf lautet: höchstwahrscheinlich nicht. Und damit sind wir beim ersten Prädikator für den Zusammenhang von Einstellung und Verhalten, der Spontaneität.

Spontaneität
Spontanes Verhalten lässt sich aufgrund der Kenntnis von Einstellungen kaum vorhersagen, da es stark von situativen Bedingungen beeinflusst wird.

Dies ist u.a. deshalb so, da wir bei spontanem Handeln häufig keine Zeit haben, nachzudenken, sondern sofort handeln müssen und dabei teilweise vom Zeitdruck oder anderen situativen Bedingungen übermannt werden. Beispielsweise spricht Sie im Supermarkt jemand an, während Sie Ihren Einkauf aufs Band legen, ob er/sie vor dürfte. Sie sagen spontan ja, stellen dann aber fest, dass derjenige nicht nur zwei Produkte, sondern eine ganze Tasche voll Waren aufs Band legt; das ist allerdings gegen Ihre Einstellung, nur dann jemanden vorzulassen, wenn er/sie sehr wenige Produkte in den Händen hält. Hier haben Sie aufgrund von situativem Druck abrupt eine Entscheidung getroffen, die nicht im Einklang mit Ihrer Einstellung ist.

Allerdings gibt es eine Einschränkung. Wäre Ihnen sofort Ihre Einstellung bezüglich des Vorlassens an der Kasse in den Sinn gekommen, d.h. wäre diese Einstellung Ihnen in höchstem

Maße zugänglich und damit für Sie sehr bedeutsam gewesen, hätten Sie ggf. die Dame/den Herrn darauf hingewiesen, sich bitte hinten anzustellen (unter der Voraussetzung, dass Sie die Situation grundlegend erfasst hätten).

Zugänglichkeit von Einstellungen
Spontanes Verhalten lässt sich nur dann bis zu einem gewissen Grad vorhersagen, wenn die zugrunde liegenden Einstellungen in höchstem Maße zugänglich sind, d. h., wenn sie sofort ins Bewusstsein dringen. Dies lässt darauf schließen, dass es sich um stark ausgeprägte Einstellungen handelt.

Wenn wir z. B. eine sehr negative Einstellung zu Bier und Pizza haben, da bereits der Geruch dieser Lebensmittel bei uns starke Abwehr erzeugt, können wir mit hoher Wahrscheinlichkeit ausschließen, dass wir diese Produkte spontan auf dem Oktoberfest erwerben, geschweige denn essen werden. Ferner gilt dies auch dann, wenn wir Zuckerwatte und Rosenschießen abgöttisch lieben. Auch hier können wir eine gewisse Deckungsgleichheit zwischen unserer Einstellung und unserem spontanen Verhalten feststellen und evtl. im Vorfeld eine vorsichtige Prognose wagen, dass wir diese Produkte spontan konsumieren werden. Trotzdem kann das spontane Verhalten stark durch situative Faktoren wie die Ausprägung des Appetits, den Preis oder den starken Geruch der Produkte beeinflusst werden und unsere Prognose letztlich nicht zutreffen.

Ganz anders stellt sich der Fall dar, wenn wir im Vorfeld des Oktoberfestes geplant und uns darauf gefreut hätten, Zuckerwatte und Currywurst mit Pommes zu essen, Rosen zu schießen und das ein oder andere kühle Bier zu trinken.

Planung des Verhaltens
Im Gegensatz zu spontanem Verhalten lässt sich geplantes Verhalten bezüglich eines Einstellungsobjekts mit höherer Wahrscheinlichkeit aufgrund der Kenntnis der betreffenden Einstellungen vorhersagen.

Gemäß der Theorie des geplanten Verhaltens nach Ajzen und Fishbein hängt die Umsetzung einer Einstellung von folgenden drei Faktoren ab:

- Genauigkeit (Spezifität) der Einstellung gegenüber dem Verhalten
- Personelles Umfeld
- Subjektive Bewertung des Schwierigkeitsgrades der Ausführung

Genauigkeit (Spezifität) der Einstellung gegenüber dem Verhalten

Je spezifischer bzw. je konkreter die Einstellung gegenüber dem geplanten Verhalten, d. h. z. B. nicht zum Verzehr von frittiertem Essen, sondern konkret zum Verzehr von Pommes frites, desto wahrscheinlicher wird diese Einstellung einen Einfluss auf das zu zeigende Verhalten ausüben. Die Wahrscheinlichkeit wird noch erhöht, wenn ein konkreter Ausführungszeitrahmen damit in Verbindung steht, z. B. bei einer Meinungsumfrage: „Wenn kommenden Sonntag Wahl wäre, würden Sie CDU, SPD, die Grünen etc. wählen?"

Personelles Umfeld

Die tatsächliche oder vorgestellte Einschätzung anderer Personen, die jemandem sehr wichtig sind, prägen das Verhalten, obwohl man ggf. eine andere Einstellung hat (subjektive Norm).

Subjektive Bewertung des Schwierigkeitsgrades der Ausführung

Je schwieriger das betreffende Verhalten vom subjektiven Standpunkt aus umzusetzen ist, desto geringer ist die Wahrscheinlichkeit für dessen Ausführung (Verhaltenskontrolle = subjektive Wahrnehmung des Einzelnen: Habe ich genügend Mittel und bin ich überhaupt in der Lage, das betreffende Verhalten auszuführen?).

↓

Aus dem Zusammenwirken dieser drei Faktoren bildet sich die jeweilige Verhaltensabsicht (Verhaltensintention) heraus

↓

Verhalten

(nach Jonas/Stroebe/Hewstone, 2007, S. 218 f. sowie Aronson/Wilson/Akert, 2004, S. 254 ff.)

Theorie des geplanten Verhaltens von Ajzen und Fishbein
Die Kenntnis über die jeweilige Ausprägung der drei Faktoren *Spezifität der Einstellung gegenüber dem Verhalten, subjektive Norm* und *Verhaltenskontrolle* ermöglicht die Vorhersage geplanten Verhaltens.

BEISPIEL

Sie sind mit Ihrem Freund / Ihrer Freundin zu der Hochzeit eines guten Freundes eingeladen. Gehen Sie casual – d. h. eher locker gekleidet im Freizeitlook, beispielsweise in Jeans – oder ziehen Sie als Mann einen Anzug mit Hemd und Krawatte bzw. als Frau ein schickes Kleid oder Hosenanzug an?

Nehmen wir einmal an, Sie haben keine pauschale Einstellung gegenüber dem Tragen von schicker Kleidung, sondern eine ganz *spezifische Einstellung* gegenüber dem Tragen eines Abendkleids oder Anzugs, etwa: „Ich hasse / liebe das Tragen eines Abendkleids oder Anzugs!"

Wir entscheiden uns für die negative Variante. Sie hassen das Tragen eines Anzugs mit Hemd und Krawatte. Gleichzeitig geht Ihre Partnerin mit Jeans zur Hochzeit. Von Ihrem Freund wissen Sie, dass er keinen großen Wert auf Festgarderobe legt (*subjektive Norm*). Zudem haben Sie keinen Anzug im Schrank. Sie müssten also erst einen Anzug kaufen. Dabei kostet ein Anzug viel Geld und Sie sind gerade knapp bei Kasse (*Verhaltenskontrolle*). Gemäß der Theorie des geplanten Verhaltens könnten wir aufgrund des Zusammenspiels dieser drei Faktoren mit hoher Wahrscheinlichkeit voraussagen, dass Sie nicht im Anzug zur Hochzeit gehen werden.

AUFGABEN

1. Kehren Sie in Einzelarbeit die Antwort auf das Fallbeispiel (grüner Kasten) so um, dass die Kombination der drei Faktoren mit hoher Wahrscheinlichkeit darauf hindeutet, dass Sie im Anzug / schicken Kleid zur Hochzeit gehen werden.
2. Konstruieren Sie in einer Kleingruppe die Ausprägung der drei Faktoren so, dass sich möglicherweise keine klare Aussage über die Wahl der Kleidung an der Hochzeit treffen lässt. Diskutieren Sie anschließend mögliche Schwachstellen der Theorie des geplanten Verhaltens und halten Sie Ihre Ergebnisse fest.

Anknüpfend an diese drei Faktoren können weitere Prädikatoren für die Konsistenz / Inkonsistenz von Einstellung und Verhalten benannt werden.

BEISPIEL

Stellen wir uns einmal vor, Sie haben die Einstellung, dass es gut ist, anderen in Notlagen zu helfen. Nach einem Kneipenbesuch gehen Sie spät nach Mitternacht nach Hause. Auf dem Nachhauseweg sehen Sie, wie ein Jugendlicher von zwei anderen Jugendlichen unweit einer Tankstelle attackiert wird. In dieser Situation kann es einen Unterschied machen, ob Sie Kampfsportexperte und/oder groß gewachsen sind oder sich noch nie „geprügelt" haben und eher klein bzw. wenig muskulös sind. Ferner kann es einen Einfluss auf Ihr Verhalten haben, ob Sie alleine oder in Begleitung eines Freundes / einer Freundin die Situation bzw. die Schlägerei bemerken und bewerten. Auch das Verhalten, das Sie üblicherweise in solchen oder ähnlich gelagerten Situationen zeigen, indem Sie z. B. generell versuchen, Konflikten aus dem Weg zu gehen, wirkt sich darauf aus, ob Ihr Verhalten mit Ihrer Einstellung konsistent ist. Ferner, ob Sie beispielweise eher wagemutig zupackend oder eher ängstlich zurückhaltend und abwartend sind.

Anhand der wahrscheinlich bei den meisten Menschen grundsätzlich positiven Einstellung zu „Helfen in einer Konfliktsituation" wird deutlich, dass es einen Unterschied macht, in welchem Bereich das Verhalten angesiedelt ist und welche Konsequenzen ein Verhalten nach sich ziehen kann. Es ist z. B. ein Unterschied, ob wir einem Mitschüler, der Schwierigkeiten mit Mathematik hat, vor einer Klassenarbeit helfen oder ob wir einem Mitschüler beistehen, der gerade von anderen Schülern verprügelt wird. Geben wir Lernunterstützung in Form von Nachhilfe, haben wir höchstwahrscheinlich keine negative Konsequenz zu befürchten. Vielmehr können wir auf eine positive Konsequenz, z. B. in Form von Dankbarkeit hoffen. Hingegen bei einer Schlägerei laufen wir Gefahr, selbst verletzt zu werden und somit eine negative Konsequenz zu erfahren, insbesondere wenn wir mit solchen Situationen keine Erfahrung haben und/oder körperlich unterlegen sind.

Positive und negative Konsequenzen
Der Bereich, in dem das Verhalten gezeigt werden soll, hat einen Einfluss auf die Konsistenz / Inkonsistenz von Einstellung und Verhalten. Hierbei spielt es eine Rolle, ob wir im jeweiligen Verhaltensbereich mit positiven oder negativen Konsequenzen rechnen müssen, wenn wir unserer Einstellung entsprechend handeln.

Darüber hinaus werden wir durch andere Personen beeinflusst. Beispielsweise fühlen wir uns sicherer oder auch verstärkt zum Handeln herausgefordert, wenn wir in Begleitung einer oder mehrerer Personen sind. Dies steigert, bezogen auf unser Beispiel, die Wahrscheinlichkeit, dass wir mit weniger negativen Konsequenzen rechnen müssen, wenn wir uns dazu entscheiden, zu helfen und in die Schlägerei einzugreifen. Gleichzeitig kann es uns auch unter Druck setzen einzugreifen, da wir negative Konsequenzen unserer Begleiter befürchten. Beispielweise könnte Ihr Freund / Ihre Freundin enttäuscht von Ihnen sein, wenn Sie sich dazu entscheiden, einfach weiterzugehen und einem in Not geratenen Menschen nicht zu helfen. Oder wir könnten uns Anerkennung und Bewunderung unserer Begleiter erhoffen, wenn wir uns dazu entscheiden, zu helfen.

Ausführung des Verhaltens alleine vs. in Gegenwart anderer Menschen
Die Ausführung eines Verhaltens im Einklang mit der betreffenden Einstellung kann davon abhängen, ob das Verhalten alleine oder in Gegenwart anderer Menschen gezeigt werden soll.

Zudem spielt die Verhaltenskomponente in Form von Gewohnheiten eine Rolle. Obwohl wir beispielsweise eine positive Einstellung zu Zahnhygiene haben können und nach dem Besuch des Zahnarztes motiviert sind, diese Einstellung künftig auch besser umzusetzen, sind wir manchmal nach wenigen Tagen doch wieder nachlässig und vernachlässigen den Gebrauch von Zahnseide. Gleiches gilt für eine positive Einstellung zu Sport. Nachdem wir über Weihnachten und Neujahr geschlemmt haben, wollen wir wieder fit werden und regelmäßig Sport treiben. Allzu oft schleichen sich jedoch auch hier nach kurzer Zeit Gewohnheiten in Form von Trägheit und Gemütlichkeit ein, die zu einer Inkonsistenz von Einstellung und Verhalten führen. Bezogen auf unser Beispiel Eingreifen in eine Schlägerei z. B. die gewohnte, d. h. bisher häufig praktizierte Verhaltensweise, sich aus Schwierigkeiten anderer herauszuhalten bzw. diese zu ignorieren. Beispielsweise auch, wenn wir es uns im Alltag aufgrund der zunehmenden Armut angewöhnt haben, Bettler am Straßenrand überwiegend zu ignorieren und dadurch entgegen unserer Einstellung zur Mitmenschlichkeit zu handeln.

(Verhaltens-)Gewohnheiten
Der Einfluss bisheriger Verhaltensgewohnheiten kann zu einer Inkonsistenz von Einstellung und Verhalten führen.

Menschen verfügen über unterschiedliche Persönlichkeitseigenschaften. Ein Mensch mit hohem Selbstvertrauen und einem positiven Selbstwertgefühl kann sich in einer Situation ggf. anders verhalten als ein eher ängstlicher Mensch mit geringem Selbstvertrauen und geringem Selbstwertgefühl. Beispielsweise ist die Wahrscheinlichkeit erhöht, dass ein eher ängstlicher Mensch bei einer Konfliktsituation, wie z. B. Helfen bei einem Überfall, weniger körperlich in Erscheinung treten wird, wenn von vornherein kein Selbstvertrauen vorhanden ist, die Situation meistern zu können.

Persönlichkeitseigenschaften
Persönlichkeitseigenschaften des Individuums können der Umsetzung einer Einstellung im Wege stehen (z. B. Helfen bei einem Unfall oder Überfall).

13.3 Theorien zur Entstehung und Veränderung von Einstellungen

13.3.1 Entstehung und Veränderung von Einstellungen durch Lernen

13.3.1.1 Entstehung von Einstellungen

BEISPIEL

Peter und Cindy

Peter – 14 Jahre – wohnt in einer Kleinstadt im östlichen Teil Baden-Württembergs. Peter muss jeden Tag sehr früh aufstehen und 30 Minuten mit dem Bus zur Schule fahren. Der Bus ist meistens total überfüllt, sodass Peter jeden Morgen um einen Sitzplatz kämpfen muss. An der Schule angelangt, erwartet Peter ein graues Schulgebäude aus den 60er-Jahren. Das Schulgebäude sieht von außen aus wie ein in die Jahre gekommenes Schlachtschiff, dessen Kommandozentrale das gut sichtbare, beleuchtete Lehrerzimmer darstellt, das vor Peter, kurz nach dem Verlassen der Bushaltestelle, Ehrfurcht gebietend jeden Morgen gespenstisch aus dem Morgennebel auftaucht. Im Gebäude angelangt, riecht es nach Linoleumböden und trockener Luft mit einem Hauch von Moderduft.

Peter kommt morgens nur schwer in die Gänge. Im Unterricht muss er gegen seine Müdigkeit ankämpfen und kann den Unterrichtsinhalten nicht gut folgen. Außer in Musik und Deutsch sieht sein Zeugnis eher trostlos aus. Darum gibt es häufig Gespräche mit seinen Lehrern und mit seinen Eltern.

Cindy – 14 Jahre – wohnt in einer größeren Stadt in Hessen. Sie kann jeden Morgen in zehn Minuten bequem zur Schule gehen. Die Schule von Cindy ist ein lichtdurchfluteter Neubau mit großen Fenstern und gemütlichen Sitzecken für die Schüler. Vor der Schule befindet sich ein neu gestalteter Außenbereich mit Basketball-Spielfeld, Tischtennisplatten und einem kleinen Kräutergarten, der einen frisch-würzigen Geruch verströmt, wenn Cindy morgens die Treppen zum Schuleingang hinaufgeht. In der Schule gibt es zusätzlich zum alltäglichen Regelunterricht eine Mensa, einen Schülerarbeitsraum, freiwillige Ganztagsangebote wie z. B. eine Philosophie- oder Kletter-AG.

Cindy ist morgens bereits gut drauf und hat keine Probleme, dem Unterricht zu folgen. Außer in Kunst ist ihr Zeugnis überdurchschnittlich gut. Letztes Jahr hat Cindy sogar einen Preis für gute Leistungen bekommen. Cindy stammt aus einem Arbeiterhaushalt. Beide Eltern arbeiten hart. Sie sind sehr stolz darauf, dass ihre Tochter das Gymnasium besuchen darf und dort gute Leistungen erzielt.

AUFGABE

1. Erarbeiten Sie in Einzelarbeit, wie die Einstellung zur Schule bei Peter und Cindy ausgeprägt sein könnte. Gehen Sie dabei auch auf die drei Komponenten von Einstellungen ein.
2. Notieren Sie – mit Bezug zum obigen Fallbeispiel – in Partnerarbeit, wie die Einstellung von Peter und Cindy zu Schule durch die Lerntheorien klassische Konditionierung, operante Konditionierung und sozial-kognitive Lerntheorie (siehe Kap. 8: Lerntheoretische Ansätze) entstanden sein könnte.

Entstehung von Einstellungen
Einstellungen werden durch Interaktionsprozesse mit der Umwelt und durch Identifikationsprozesse (z. B. in Form von Gruppenzugehörigkeiten) erworben und gelernt. Im Wesentlichen geschieht dies durch das klassische Konditionieren, das operante Konditionieren und das Modelllernen gemäß der sozial-kognitiven Lerntheorie nach BANDURA (nach GÜTTLER, 2003, S. 106).

AUFGABE
Entwerfen und notieren Sie in Vierergruppen drei verschiedene Alltagsbeispiele (für jede Lernart ein Beispiel), wie Einstellungen durch die einzelnen Lernarten entstehen können. Die Einstellungsgegenstände / -objekte dürfen frei gewählt werden (z. B. Einstellungsobjekte: Alkohol trinken, Fahrrad fahren mit Helm, zu Hause selbst kochen etc.) Erläutern Sie dabei die Prozesse unter Verwendung der Fachbegriffe der drei Lerntheorien (siehe am Beispiel des Rauchens).

BEISPIEL

Einstellung zum Rauchen		
Klassische Konditionierung	*Operante Konditionierung*	*Sozial-kognitive Lerntheorie*
Beim ersten und den darauffolgenden Kontakten mit der Zigarette, wird der neutrale Reiz (NS) mit dem unbedingten Reiz in Form des wohligen Zugehörigkeitsgefühls (UCS) zu einer Gruppe an Gleichgesinnten gekoppelt. Und dies mehrmals in zeitlicher/räumlicher Nähe (Kontiguität). Dadurch übernimmt der ursprünglich neutrale Reiz die Eigenschaften des unbedingten Reizes und wird zu einem bedingten Reiz. Dadurch löst bereits der Anblick einer Zigarette als konditionierte Reaktion positive Emotionen im Sinne des Zugehörigkeitsgefühls aus.	Auf das Rauchen einer Zigarette erfolgt eine positive Konsequenz (positive Verstärkung), z. B. in Form eines angenehmen Befindlichkeitszustands durch die Aufnahme von Nikotin in die Blutbahn. Dies erhöht die Wahrscheinlichkeit, dass das gezeigte Verhalten in Form des Zigarettenrauchens beibehalten und ggf. noch häufiger praktiziert wird.	Ein für Schüler X attraktiver Mitschüler, der beispielsweise von Mädchen „angeschmachtet" wird, gut aussieht, neue Klamotten trägt und auf Partys im Mittelpunkt steht, raucht regelmäßig in der Pause. Schüler X beobachtet diesen Mitschüler beim Rauchen und stellt einen Zusammenhang her zwischen der Beliebtheit seines Mitschülers und dem Rauchen. Er kommt zum Schluss, dass sein Mitschüler für das Rauchen durch Anerkennung belohnt wird. Durch die Imitation des beobachteten Verhaltens, indem Schüler X selbst raucht, erwartet sich Schüler X ähnliche positive Konsequenzen, z. B. in Form von Anerkennung durch Mädchen oder andere Mitschüler.
„Wenn ich rauche, dann … bin ich unter Gleichgesinnten, ist es kommunikativ etc."	„Wenn ich rauche, dann fühle ich mich entspannt."	„Wenn ich rauche, dann bekomme ich Anerkennung, dann wirke ich cool und interessant."
Positive Einstellung zum Rauchen	Positive Einstellung zum Rauchen	Positive Einstellung zum Rauchen

Am Beispiel „Rauchen" wird ersichtlich, dass vor allem die affektive Komponente sowie die kognitive Komponente von Einstellungen durch Formen des klassischen Konditionierens und der Verstärkung (positive Verstärkung / Bestrafung) herausgebildet werden: Beispielsweise durch die Kopplung von Gegenständen oder Aktivitäten mit Gefühlen oder die Zuschreibung von Eigenschaften gegenüber einem Objekt aufgrund von positiver Verstärkung oder Bestrafung (z. B. Hunde sind gefährlich, Hunde sind bissig etc., da man als Kind von einem Hund gebissen wurde).

13.3.1.2 Veränderung von Einstellungen

Mittels der dargestellten drei Lerntheorien können wir nicht nur die Entstehung von Einstellungen erklären, sondern auch aufzeigen, wie Einstellungen verändert werden können.

Ziehen wir nochmals das Beispiel „Rauchen" heran.

- Ist Ihnen etwas aufgefallen, wenn Sie die Einstellung zum Rauchen gesellschaftlich betrachten?
- Wie viele Ihrer Freunde rauchen selbst?
- An welchen Orten ist das Rauchen erlaubt?

Bereits wenn wir diese drei Fragen aufgrund unserer subjektiven Wahrnehmungen und unseres Faktenwissens erörtern, werden wir feststellen, dass sich ein Wandel vollzogen hat. In älteren Filmen oder Fernsehserien aus den 60er-, 70er- oder 80er-Jahren können wir dabei zuschauen, wie ein Kommissar genüsslich eine Zigarette raucht und nebenher im Büro ein Bier trinkt. Heute nahezu undenkbar. Wenn Zigarettenkonsum heutzutage dargestellt wird, dann häufig nur in Zusammenhang mit widrigen Lebensumständen und/oder persönlichen Problemen, um zu zeigen, dass die betreffende Person ein „Outlaw" oder ein alleinlebender „Querdenker" ist. Nicht jedoch, dass ein zufriedener Familienvater raucht. Dieser Wandel kam nicht von selbst. Vielmehr wurde gezielt auf unsere Einstellungen Einfluss genommen. Versuchen wir, mögliche Erklärungen für diesen Wandel zu finden.

Am Beispiel des Rauchens wird ersichtlich, wie mittels gezielter Einflussmaßnahmen, die mit den Mechanismen des klassischen und operanten Konditionierens arbeiten, Einstellungen und/oder das Verhalten beeinflusst und ggf. auch verändert werden können. Gleichzeitig wird deutlich, dass die Wirkungsmechanismen der drei Lerntheorien ineinandergreifen. Gezielte Beeinflussungsmaßnahmen wie z. B. Verbote, Kampagnen oder Preiserhöhungen führen zur Minderung des Verhaltensaufkommens und ggf. zu einem Imagewandel, wodurch wiederum die Anzahl potenzieller Modelle verringert wird. Dasselbe Prinzip funktioniert auch in umgekehrter Richtung:

Veränderung der Einstellung zum Rauchen

Finanzielle Bestrafung durch Rauchen – fünf Euro für eine Packung Zigaretten

Klassische Konditionierung	*Operante Konditionierung*	*Sozial-kognitive Lerntheorie*
• Kampagnen koppeln das Rauchen mit negativen Reizen wie Tod, Krankheit, Mundgeruch, Impotenz oder Fehlgeburten. • Rauchen wird gezielt mit einem „Loser Image" belegt, dem das gesunde und bewusste Körper-, Fitness- und Ernährungsimage als Ideal gegenübergestellt wird. • Werbekampagnen, die Rauchen mit positiven Reizen koppeln möchten, sind im Fernsehen verboten. • Jede Zigarettenschachtel listet die möglichen schädlichen Folgen des Rauchens auf.	Wer raucht, ... • wird durch hohe Preise bestraft. • muss abseits in Raucherzonen (z. B. auf Bahnhöfen) oder vor der Türe im Freien rauchen. • wird dadurch bestraft, dass er an vielen Orten seiner Sucht nicht nachgehen kann, da dort nicht geraucht werden darf. • sieht sich zunehmend abschätzigen Blicken und Kommentaren seiner Mitmenschen ausgesetzt. • gehört eher nicht mehr dazu, sondern steht immer häufiger am Rand bzw. wird ausgegrenzt. Ein Raucher wird also nicht mehr als „normal", sondern eher als „anormal" und damit als Angehöriger einer Minderheit betrachtet, der gegen die Verhaltenserwartung (Norm) der Mehrheit verstößt.	• Modelle des öffentlichen Lebens dürfen im Fernsehen nicht rauchen (außer in seltenen Einzelfällen). • Modelle des öffentlichen Lebens rauchen in der Öffentlichkeit überwiegend nicht. • Insgesamt sinkt die Raucherquote und damit auch die Anzahl der als Modell geeigneten Personen im persönlichen Umfeld, die rauchen.

BEISPIEL

In den 80er- und 90er-Jahren wurden in Deutschland Menschen häufig belächelt, die ein Fitnessstudio besuchten. Fitnessstudios hatten das eher negative Image von Bodybuilding-„Muckibuden", in denen Muskelfanatiker in bunt gefärbten weiten Sporthosen ihrer Leidenschaft nachgingen und sich Muskelberge antrainierten. Heute gibt es beinahe in jeder kleineren Stadt ein Fitnessstudio, in größeren Städten sogar eine Vielzahl an Fitnessstudios. Vom luxuriösen Studio mit Wellness-Oase bis zu Discountstudios ohne Zusatzleistungen zum Niedrigpreis. Fitnessstudios und Fitnesstraining haben sich zu einem Massenphänomen entwickelt und damit den Wandel vom „anormalen" hin zum „normalen", gesellschaftlich akzeptierten Verhalten vollzogen. Doch wie kam dieser massenhafte Einstellungswandel zustande?

AUFGABE

Geben Sie mögliche Erklärungen für die massenhafte Veränderung der Einstellung zu Fitnessstudios und Fitnesstraining entlang der drei Lerntheorien klassische Konditionierung, operante Konditionierung und sozial- kognitive Lerntheorie.

13.3.2 Der Systemcharakter von Einstellungen und die Veränderung von Einstellungen

Wenn wir uns mit der Beeinflussung und gegebenenfalls auch der Veränderung von Einstellungen beschäftigen, müssen wir uns darüber klar werden, dass wir es häufig nicht mit isolierten Einstellungen zu tun haben, vielmehr sind diese systemisch organisiert.

Bereits bei der Struktur von Einstellungen haben wir erfahren, dass Einstellungen sowohl eindimensional als auch zweidimensional organisiert sein können. Eindimensionale Einstellungen tendieren in eine Richtung. Dabei neigen wir dazu, die Teilkomponenten in deren Ausrichtung einander anzugleichen, sodass die affektive Komponente, die kognitive Komponente und die Verhaltenskomponente übereinstimmen, also konsistent sind. Die drei Komponenten interagieren somit miteinander.

BEISPIEL

Vegetarier haben sich beispielsweise dazu durchgerungen, kein Fleisch mehr zu essen (Verhaltenskomponente), da zu viel Fleisch ungesund ist, Tiere dafür sterben müssen und zudem das Fleisch häufig unter Zugabe von Medikamenten und unter unzumutbaren Haltungsbedingungen in Form der Massenhaltung erzeugt wird (kognitive Komponente). Dadurch ändert sich häufig auch die Gefühlskomponente, d. h. die Empfindung, wenn Vegetarier rohes Fleisch im Supermarkt sehen (affektive Komponente).

Bei der zweidimensionalen Darstellungsform besteht die Möglichkeit der Ambivalenz. Ambivalente Einstellungen, bzw. deren drei Komponenten, sind inkonsistent, d. h., es gibt keine eindeutige Übereinstimmung der drei Komponenten und demzufolge keine klare Ausrichtung der Gesamteinstellung. Einstellungen, bei denen die drei Komponenten in ihrer Ausrichtung übereinstimmen, also konsistent sind, sind stabiler als Einstellungen, bei denen die drei Komponenten inkonsistent sind. Neben diesen systemischen Bezügen der drei Einstellungskomponenten zueinander sprechen wir von Einstellungssystemen. Darunter verstehen wir, dass Einstellungen mit anderen Einstellungen verknüpft sind.

Einstellungssystem
Einstellungen sind miteinander verknüpft und bilden gemeinsame Netzwerke und damit **Einstellungssysteme** (nach GÜTTLER, 2003, S. 103 f.). Dabei untergliedern sich die Einstellungen innerhalb eines solchen Systems in zentrale (d. h. für das Individuum bedeutsame) und in periphere (eher am Rand stehende/für das Individuum eher weniger bedeutsame) Einstellungen.

Die Einstellung zum Sport steht beispielsweise nicht isoliert da, sondern bildet ein Einstellungssystem mit thematisch angrenzenden Einstellungen wie z. B. den Einstellungen zu Fußball, zu Rugby, zu Fitnesstraining, zum Schwitzen, zu Leistung, zu Körperbewusstsein, zu Schmerzen, zu Fairness, zu Durchhaltevermögen etc.

Wir können uns ein Einstellungssystem vorstellen wie eine Art von Mobile. Dabei symbolisieren die einzelnen Bestandteile des Mobiles die verschiedenen Einstellungen zu einem thematischen Feld, wobei die weiter oben gelagerten zentralen bzw. persönlich bedeutsamen Einstellungen einen maßgeblichen Einfluss auf das Gesamtsystem ausüben. Gleichzeitig bedeutet dies auch, dass ggf. die Änderung einer Einstellung eine Änderung weiterer Einstellungen nach sich ziehen müsste. Deshalb treten vor allem dann Schwierigkeiten auf, wenn mehrere zentrale Einstellungen und damit das gesamte Einstellungssystem verändert werden müssten, um nachhaltige Veränderungen einzelner Einstellungen zu bewirken. (Einstellungssysteme nach GÜTTLER, 2003)

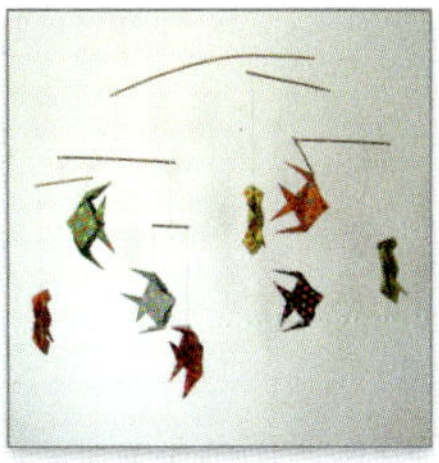

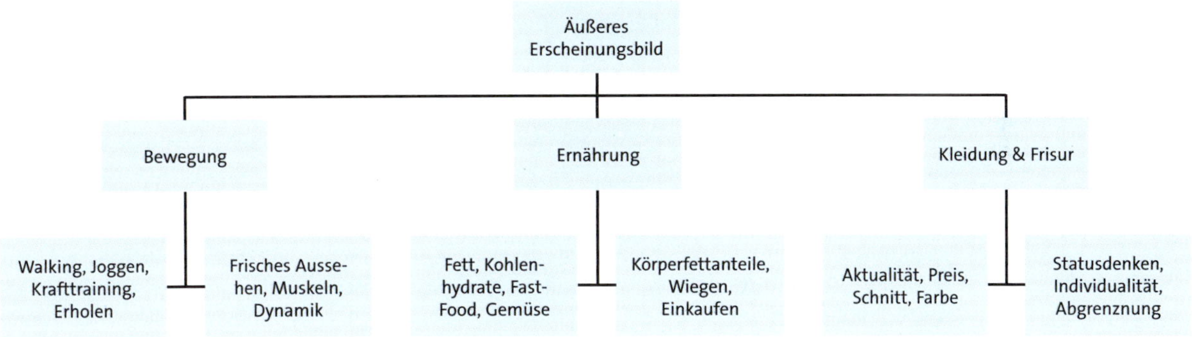

Möchten wir beispielsweise einem Menschen helfen und dessen Einstellung zur Ernährung ändern, müssten wir ggf. generell die Einstellung zu sich selbst und die Wertschätzung der eigenen Person ändern. Eine Person, der ihr Körperumfang nicht wichtig ist, könnte ggf. auch wenig Wert auf Bewegung, eine gesunde Ernährung, gute Kleidung oder eine passende Frisur legen. Diese vernetzten negativen bzw. neutralen Einstellungen rund um das thematische Feld „Äußeres Erscheinungsbild" bzw. dieses Einstellungssystem kann ferner systemisch verbunden sein mit Einstellungen zum Einkauf von Lebensmitteln, der Körperpflege in Form des Gebrauchs von Cremes, Waschlotionen, Deodorants etc., der Einstellung zur Gewichtskontrolle durch Wiegen oder weiterführend der Einstellung zu Schönheitsoperationen.

AUFGABEN

Auf dem abgedruckten Plakat ist der Musiker Thomas D, auch bekannt als Mitglied der Gruppe „Die Fantastischen Vier", zu sehen:

- Diskutieren Sie in Partnerarbeit, was das Plakat mit einem Einstellungssystem zu tun hat.
- Entwerfen Sie in Partnerarbeit ein mögliches Einstellungssystem eines Vegetariers.
- Diskutieren Sie in einer Kleingruppe, welche Möglichkeiten es gibt, die negative Einstellung eines Schülers bezüglich der gründlichen Vorbereitung auf Klassenarbeiten zu verändern. Erörtern Sie dabei auch die Schwierigkeiten, auf die Sie stoßen könnten, wenn Sie diese Einstellung verändern möchten.

Die Fantastischen Vier
Eine der ersten bekannten und erfolgreichen deutschen Hip-Hop-Bands, die ihre Texte in deutscher Sprache verfasst. Heimatort der Band: Stuttgart

13.3.3 Veränderung von Einstellungen und die funktionale Theorie nach Katz

Wir wissen bereits, dass Einstellungen gemäß der Theorie nach Katz vier Funktionen haben (siehe S. 565). Gemäß Smith und Bruner können wir die soziale Anpassungsfunktion als fünfte Funktion ergänzen.

konsistent
übereinstimmend

Zu Einstellungsänderungen kann es kommen, wenn eine oder mehrere der genannten Funktionen einer Einstellung nicht mehr erfüllt werden. Nehmen wir einmal an, eine negative, ablehnende Einstellung gegenüber gesundem Essen führt dazu, dass wir krank werden oder uns von unserer Umwelt abschätzige Kommentare gefallen lassen müssen, wenn wir unsere Einstellung in die Tat umsetzen, uns also konsistent verhalten. In diesem Fall trifft die instrumentelle Funktion / Nützlichkeitsfunktion nicht mehr zu, da unsere Einstellung dazu führt, dass wir bestraft und nicht belohnt werden. In einem anderen Fall könnten wir durch persönliche Erfahrungen feststellen, dass das Wissen, das wir bezüglich eines Einstellungsobjekts organisiert und damit gebündelt und bewertet haben, nicht mehr zutrifft. Beispielsweise, dass Käse gemäß dem Kobold Pumuckl nur „faulige Milch" ist und Reaktionen wie „Pfui" oder „Bäh" auslöst. Im Urlaub verkosten wir ein Stück Bergkäse und stellen fest, dass dies, gemäß unserer subjektiven Wahrnehmung, einen angenehm würzigen Geruch und einen feinen Geschmack hat. Auch hier kommt es möglicherweise gemäß der Wissensfunktion zur Neuorganisation unseres Wissens und damit ggf. zu einer Einstellungsänderung.

Einstellungsänderung durch Nichterfüllung von Funktionen
Zu Einstellungsänderungen kann es kommen, wenn eine oder mehrere der Funktionen einer Einstellung nicht mehr zutreffen bzw. sich bei der Konfrontation mit dem betreffenden Einstellungsobjekt nicht bewähren.

13.3.4 Kognitive Dissonanz-Theorie nach Festinger

13.3.4.1 Grundannahmen der kognitiven Dissonanz-Theorie

Leon Festingers Theorie der kognitiven Dissonanz geht von der Grundannahme aus, dass der Mensch nach Harmonie strebt und demzufolge konsistente kognitive Beziehungen bevorzugt. Deshalb ist der Mensch bemüht, nicht harmonische kognitive Beziehungen zu reduzieren. Eine solche disharmonische Beziehung kognitiver Elemente nennt Festinger Dissonanz.

Dissonanz
Disharmonische bzw. inkonsistente Beziehung kognitiver Elemente.

Dissonanz entsteht, wenn mehrere kognitive Elemente inkonsistent sind, d. h., wenn diese nicht in Einklang miteinander stehen bzw. widersprüchlich sind. Um diesen Kerngedanken zu verstehen, müssen wir uns darüber klar werden, was Festinger unter Kognitionen versteht. Festinger zählt zu den Kognitionen / kognitiven Elementen u. a. Gedanken, Vorstellungen, Aussagen und Wissen. Mit Wissen meint Festinger das Wissen bezüglich abrufbarer Erfahrungen, persönlicher Vorlieben, Gefühlen, Einstellungen, Werthaltungen und des eigenen Verhaltens. Beispielsweise kann es Dissonanzen geben zwischen Werthaltungen in Form von Verhaltenserwartungen (Normen) und unserem Wissen, zwischen getätigten Aussagen und unserem Verhalten oder zwischen Gefühlen bezüglich einer Person und dem Wissen über eine Person. Für unser Thema Einstellungen ist besonders die Inkonsistenz der Kognitionen / kognitiven Elemente Einstellung und Verhalten von Bedeutung.

BEISPIEL

Nehmen wir an, wir tun etwas, was unserem Selbstbild eines gerechten, fairen und mitmenschlichen Erdenbürgers nicht entspricht: z. B. etwas Unmoralisches, Dummes, Törichtes. Wir kaufen beispielsweise Kleidung bei einem Discounter, obwohl wir einen Bericht gesehen haben, dass die Kleidungsstücke dieses Kleidungsdiscounters unter schlimmen Umständen in Entwicklungsländern hergestellt werden. Hier liegt eine Dissonanz zwischen den drei Kognitionen Einstellung zu uns selbst (gerecht, fair, mitmenschlich), unserem Wissen und unserem Verhalten vor, da wir bei unserem Einkauf die Produktionsbedingungen vernachlässigen und stattdessen auf den Preis oder das Design der Kleidungsstücke achten.

Dissonante kognitive Beziehungen
FESTINGER versteht unter dissonanten Beziehungen kognitiver Elemente mindestens zwei Kognitionen, die sich widersprechen, d. h., dass sich beispielsweise das Verhalten gegenteilig zur Einstellung darstellt.

Konsonante kognitive Beziehungen
Eine konsonante Beziehung kognitiver Elemente besteht dann, wenn mindestens zwei Kognitionen widerspruchslos zusammenpassen, d. h., wenn beispielsweise das Verhalten deckungsgleich mit der Einstellung ist.

FESTINGER formuliert eine Reihe von Kriterien zur Ausprägung von Dissonanz:

- Die Beziehungen zwischen den kognitiven Elementen müssen relevant sein, d. h., sie müssen etwas miteinander zu tun haben. Beispielsweise wäre in unserem Beispiel die Beziehung der Kognitionen Einstellung zu Schokoladeneis und das Einkaufen bei einem Kleidungsdiscounter, der in Entwicklungsländern produzieren lässt, nicht relevant, da beide Kognitionen nichts miteinander zu tun haben.
- Je inkonsistenter, d. h., je unvereinbarer die betreffenden Kognitionen sind und damit je größer die Widersprüchlichkeit in Form der Dissonanz ist, desto größer ist der als negativ erlebte Spannungszustand und damit die Motivation, diesen zu reduzieren.
- Je mehr Widerspruch erzeugende (Dissonanz erzeugende) kognitive Elemente beteiligt sind, desto größer ist der Spannungszustand.
- Je wichtiger die beteiligten kognitiven Elemente für das Individuum sind, desto höher ist das Ausmaß an Dissonanz (subjektive Wichtigkeit).

Kognitive Dissonanz
Dissonante Beziehungen kognitiver Elemente erzeugen einen unangenehmen, negativen Erregungszustand, d. h. eine kognitive Dissonanz.

Kognitive Dissonanz motiviert den Menschen dazu, mittels kognitiver Prozesse diesen negativen Erregungszustand zu beseitigen bzw. zu reduzieren. Somit lastet im Falle einer kognitiven Dissonanz auf uns ein Druck, die Dissonanz abzubauen und mehr Konsonanz im Sinne widerspruchsloser Übereinstimmung zwischen den beteiligten kognitiven Elementen zu erzeugen.

Gemäß FESTINGER gibt es mehrere Möglichkeiten, durch kognitive Prozesse die kognitive Dissonanz zu verringern, die anhand unseres Eingangsbeispiels – Einkaufen bei einem Discounter, der in Entwicklungsländern produzieren lässt – erläutert werden:

BEISPIEL

Möglichkeiten, durch kognitive Prozesse kognitive Dissonanz zu verringern:

1. *Das Verhalten ändern:* Wir kaufen nicht mehr bei dem Discounter ein.
2. *Kognitive Elemente so umgestalten, dass aus dissonanten Beziehungen kognitiver Elemente konsonante Beziehungen werden*, z. B. durch Leugnen oder Neubewertung: Wir könnten beispielsweise behaupten, dass das mit den Produktionsbedingungen in den Entwicklungsländern gar nicht stimmt, sondern dass es sich um eine gezielte Medienkampagne der Konkurrenz handelt. Oder wir könnten durch selektive Informationsaufnahme dissonante Informationen ausblenden und gezielt nach Informationen suchen, welche dafür sprechen, dass es sich bei dem betreffenden Kleidungsdiscounter um ein verantwortungsbewusstes und „sauberes" Unternehmen handelt.
3. *Konsonante kognitive Elemente hinzufügen und dadurch das Verhältnis von dissonanten und konsonanten Beziehungen kognitiver Elemente so ändern, dass dadurch ein Überhang an konsonanten Beziehungen entsteht:* Wir könnten beispielsweise sagen: „Die Kleidung dort ist so schön. Meine Freunde kaufen auch dort ein. Nirgendwo gibt es ein besseres Preis-Leistungs-Verhältnis. Andere, teurere Marken lassen auch in Entwicklungsländern produzieren, da ist es eigentlich egal, wo man einkauft." Dadurch entstehen mehrere neue konsonante Beziehungen zwischen den beteiligten Kognitionen in Form von Aussagen, Gedanken oder Vorstellungen auf der einen und der Kognition Verhalten in Form des Einkaufens bei dem besagten Kleidungsdiscounter auf der anderen Seite. Diese neuen Beziehungen kognitiver Elemente passen widerspruchslos zusammen, ihre Beziehung ist damit konsonant.
4. *Kombination aus dem Hinzufügen konsonanter Elemente und der Umgestaltung kognitiver Elemente im Sinne von Konsonanz:* „Das mit den Produktionsbedingungen ist halb so wild. Meine besten Freunde kaufen auch dort ein."
5. *Die persönliche Bedeutung der kognitiven Elemente herabsetzen:* Je wichtiger die kognitiven Elemente sind, desto höher ist im Falle einer kognitiven Dissonanz der negative Erregungszustand und demzufolge der Druck und die Motivation, diesen zu verringern. Reduzieren wir die Bedeutung, nimmt dadurch auch das Ausmaß des negativen Erregungszustands und demzufolge auch der Reduktionsdruck ab. Beispielsweise könnten wir für uns beschließen, dass gerechter Güteraustausch und faires Einkaufen für unser Leben keine große Bedeutung hat.

(Nach GÜTTLER, 2003, S. 228 ff.)

Rauchen

↓

Bei einem Raucher besteht eine dissonante Beziehung zwischen den Kognitionen Verhalten (Rauchen) und Wissen (Rauchen ist ungesund).

↓

Beim Raucher entsteht eine kognitive Dissonanz. Er möchte den negativen Erregungszustand reduzieren.

↓

Ihm stehen nach Festinger fünf Möglichkeiten der Reduktion von kognitiver Dissonanz zur Verfügung:

- Aufrechterhaltung der Einstellung
  - 1) Das Verhalten ändern:
- Veränderung vornehmlich der kognitiven Komponente der Einstellung (Organisation des Wissens), um das Verhalten beibehalten zu können und den Spannungszustand zu reduzieren:
  - 2) Kognitive Elemente so umgestalten, dass aus dissonanten Beziehungen kognitiver Elemente konsonante Beziehungen werden, z. B. durch Leugnen oder Neubewertung:
  - 3) Konsonante kognitive Elemente hinzufügen und dadurch das Verhältnis von dissonanten und konsonanten Beziehungen kognitiver Elemente so ändern, dass ein Überhang an konsonanten Beziehungen entsteht:
  - 5) Die persönliche Bedeutung der kognitiven Elemente herabsetzen:
  - 4) Kombination beider Möglichkeiten:

AUFGABEN

Übertragen Sie die Grafik in Ihre Unterlagen.

1. Erklären Sie sich anschließend wechselseitig in Partnerarbeit die kognitive Dissonanz-Theorie nach Leon Festinger.
2. Beschreiben Sie anschließend die fünf Möglichkeiten zur Reduktion von kognitiver Dissonanz am Beispiel „Rauchen" und notieren Sie Ihre Ergebnisse in der Grafik.

13.3.4.2 Änderung von Einstellungen gemäß der kognitiven Dissonanz-Theorie

Wenn wir gemäß Leon Festingers Theorie der kognitiven Dissonanz die fünf Möglichkeiten zur Reduktion der kognitiven Dissonanz anwenden, verändern wir – wenn wir es mit einer Dissonanz zwischen Einstellung und Verhalten zu tun haben – bei vier der fünf Möglichkeiten die Einstellung dahingehend (siehe Grafik), dass wir die kognitive Komponente der Einstellung im Sinne der Organisation und Bewertung des Wissens um- bzw. neu strukturieren. Dies ermöglicht es uns, unser Verhalten aufrechterhalten zu können und den negativen Erregungszustand in Form der kognitiven Dissonanz zu verringern.

Gleichzeitig können wir aber auch versuchen, Einstellungen gezielt zu beeinflussen, um Dissonanz zu erzeugen und darauf aufbauend möglicherweise Änderungen des Verhaltens und/oder der Einstellung an sich zu bewirken.

- Wir könnten gezielt neue Informationen und Fakten darbieten berücksichtigen, die nicht geleugnet oder selektiv wahrgenommen werden können. Dies führt möglicherweise zu einer Neubewertung und Neuorganisation des Wissens (kognitive Komponente der Einstellung) und damit auch der Gesamteinstellung, wodurch eine kognitive Dissonanz zwischen Einstellung und Verhalten entstehen kann.

- Wir könnten an die persönliche Moral des Betroffenen appellieren und dadurch das Verhalten gezielt ins Bewusstsein rufen. Dadurch erreichen wir ggf., dass den kognitiven Elementen Einstellung und Verhalten bezüglich des betreffenden Einstellungsobjekts eine höhere persönliche Bedeutung beigemessen wird, wodurch das Ausmaß an kognitiver Dissonanz gesteigert werden könnte.
- Wir könnten einer Person ermöglichen, sich empathisch in die Konsequenzen ihres Verhaltens einzufühlen und damit eine kognitive Dissonanz zwischen den Kognitionen Gefühl (affektive Komponente einer Einstellung) und Verhalten erzeugen.
- Wir könnten die jeweilige Person dazu veranlassen, öffentlich Aussagen zu treffen, die gegen das Verhalten und die eigentliche Einstellung gerichtet sind, wodurch es zu einer dissonanten Beziehung der kognitiven Elemente Aussage vs. Einstellung und Verhalten kommt. Dies kann dazu führen, dass der Betroffene bemüht ist, die kognitive Dissonanz zu verringern und ggf. seine Einstellung und/oder sein Verhalten den öffentlich getroffenen Aussagen anzupassen (counter attitudinal advocacy). (Definition von Aronson/Wilson/Akert, 2004, S. 237)

Kreativität statt Destruktivität

Besser Tiere basteln,
statt Tiere töten!

Eine Initiative des Tierschutzvereins Bad Waldesruh ©2014

BEISPIEL

Wie können wir die Einstellung eines Jägers zur Jagd mittels der Theorie der kognitiven Dissonanz nach Leon Festinger beeinflussen?

Uns stehen mehrere Mittel zur Verfügung, um möglicherweise dissonante Beziehungen zwischen den kognitiven Elementen Wissen, Gefühl (kognitive und affektive Komponente von Einstellungen) und dem Verhalten zu erzeugen, wodurch ggf. das Verhalten und/oder die Einstellung selbst verändert wird.

- Wir stellen auf der Wissensebene Informationen, Filme und Broschüren über die Grausamkeit der Jagd zur Verfügung, deren Inhalte nicht geleugnet werden können.
- Wir betonen auf der moralischen Seite den Wert des Lebens, wodurch die persönliche Bedeutung der Einstellung zur Jagd erhöht wird und dadurch der Druck erhöht wird, die kognitive Dissonanz zu verringern.
- Wir bringen den Jäger dazu, sich empathisch in die Situation eines jungen Hasen oder eines jungen Fuchses oder Rehkitzes einzufühlen, dessen Mutter erschossen wird. Dabei erzeugen wir eine dissonante Beziehung zwischen der Gefühlskomponente einer Einstellung und dem Verhalten.
- Unser Jäger verliebt sich in eine Tierschützerin und muss die dadurch entstandene kognitive Dissonanz in seinem Kopf verringern und seine Einstellung und/oder sein Verhalten ändern, da ansonsten die Beziehung zerbricht.
- Unser Jäger wird dazu verleitet, einen Vortrag bei einem Tierschutzverein zu halten und öffentlich Aussagen zu treffen, die dissonant zu seiner Einstellung und seinem Verhalten als Jäger sind (counter attitudinal advocacy).

counter attitudinal advocacy
Prozess, durch den ein Mensch dazu verleitet wird, in der Öffentlichkeit eine Meinung zu vertreten, die seinen eigenen Überzeugungen entgegenläuft.

Damit eine wirkliche Einstellungsänderung erfolgen kann, ist es wichtig, dass möglichst wenig bis keine Möglichkeiten der externen Rechtfertigung zur Verfügung stehen. Dies bedeutet, dass kein Druck oder Zwang aufgebaut wird, da wir ansonsten dazu neigen, die Schuld bzw. Verantwortung für unser Verhalten von uns zu weisen und externe (außenstehende) Gründe für unser Verhalten anzuführen: z. B. „Ich konnte nicht anders, ich wurde dazu gezwungen" etc. (nach Aronson/Wilson/Akert, 2004, S. 236 ff.).

13.3.5 Modell der Elaborationswahrscheinlichkeit – Elaboration Likelihood Model, ELM

peripher
am Rande liegend; nebensächlich

likelihood
engl. für Wahrscheinlichkeit

Wolfgang Schäuble
Langjähriges CDU-Mitglied. Minister bereits in der bundesdeutschen Regierung des Altbundeskanzlers Helmut Kohl zu Zeiten der Wiedervereinigung zwischen der BRD und DDR. Finanzminister im Kabinett Angela Merkels nach der Bundestagswahl 2013.

13.3.5.1 Grundaussagen des ELM

Das Modell der Elaborationswahrscheinlichkeit von Petty und Cacioppo (1986) beschäftigt sich mit persuasiver Kommunikation, also damit, was persuasive (überzeugende) Kommunikation im Hinblick auf die Veränderung von Einstellungen ausmacht und welche Bedingungen dafür von Bedeutung sind.

Unter **Persuasion** verstehen wir eine Einstellungsänderung, die durch Kommunikation zustande kommt.

Unter **Elaboration** verstehen wir eine tiefe und gründliche Verarbeitung eingehender Informationen.

Das Modell der Elaborationswahrscheinlichkeit zeigt auf, unter welchen Bedingungen es durch Kommunikation zu einer tiefen Verarbeitung von eingehenden Informationen und damit zu Persuasion im Sinne einer nachhaltigen Einstellungsänderung kommen kann.

Dabei gibt es zwei Wege bzw. Routen, um die eingehenden Kommunikationsbotschaften (z. B. eines Politikers) zu verarbeiten:

Zentraler Weg der Kommunikation

Peripherer Weg der Kommunikation

Zentrale(r) Route / Weg:

Hier findet eine tiefe Verarbeitung (Elaboration) der eingehenden Informationen statt. Das bedeutet, dass der Empfänger der Botschaft Zeit investiert, eigenes Wissen einbringt, das eigene Wissen mit den eingehenden Botschaften abgleicht, neue Inhalte in vorhandene kognitive Schemata (siehe PIAGET S. 261 f.) integriert und die Inhalte sorgfältig auf deren Richtigkeit hin überprüft.

Merke: Der Empfänger ist stark involviert und hat Vorwissen: Der zentrale Weg wird gewählt, wenn aufseiten des Empfängers eine hohe Motivation sowie die Fähigkeit vorhanden ist, sich mit den Argumenten auseinanderzusetzen.

Die eingehende Botschaft wird anhand der **Stärke der Argumente** bemessen. Bei starken Argumenten kommt es zu einer befürwortenden Elaboration und dadurch zu einer Beeinflussung im Sinne des Senders. Bei schwachen Argumenten kommt es zu einer ablehnenden Elaboration, die eher das Gegenteil von dem bewirkt, was der Sender bewirken möchte.

Periphere(r) Route / Weg:

Hier findet kein tiefes Nachdenken bzw. eine tiefe Elaboration statt. Bei der Entscheidung, ob den Argumenten Glauben geschenkt werden soll, stützt sich der Empfänger auf periphere Hinweisreize, die nichts mit dem Inhalt der Botschaft zu tun haben. Dazu zählen u. a. der vermutete Sachverstand bzw. Expertenstatus eines Redners, die Glaubwürdigkeit, das äußere Erscheinungsbild etc. Solche peripheren Hinweisreize lösen einfache affektive Reaktionen wie z. B. attraktiv/wenig attraktiv aus. Insgesamt wird eine eingehende Botschaft auf diesem Weg nur oberflächlich analysiert.

Merke: Der Empfänger ist wenig involviert und hat geringes Wissen: Der periphere Weg wird gewählt, wenn die Motivation und/oder die Fähigkeit, sich mit den Argumenten auseinanderzusetzen, gering ausgeprägt ist.

Es werden **einfache Faustregeln** angewandt, um die Botschaft zu prüfen wie …

- Ein Experte hat immer recht.
- Wenn alle das sagen, wird es schon stimmen.
- Wenn viele Zuhörer dagegen sind, ist die Botschaft schlecht.
- Die Verwendung von schwierigen Begriffen weist darauf hin, dass sich der Redner auskennt etc.

Motivation = Das Thema berührt bzw. betrifft den Empfänger (er ist involviert); er widmet dem Thema Zeit und Anstrengung.

Fähigkeit = Intelligenz, Wissen, Verständlichkeit der Inhalte

Effekt

Einstellungsänderungen durch die zentrale Route sind relativ stabil, sind widerstandsfähiger gegen Gegenargumente und wirken sich mit höherer Wahrscheinlichkeit auf das Verhalten aus.

Effekt

Einstellungsänderungen durch die periphere Route sind stark von situativen Merkmalen und wenig vom Inhalt der Botschaft geprägt. Sie sind meist zeitlich begrenzt, haben wenig Vorhersagekraft im Hinblick auf das Verhalten, und sind anfällig für Gegenargumente.

(Grafik erstellt nach GÜTTLER, 2003, S. 259ff.)

AUFGABEN

1. Lesen Sie die Inhalte des Elaboration Likelihood Model of Persuasion (ELM) auf der folgenden Seite durch. Erklären Sie sich anschließend wechselseitig in Partnerarbeit das Modell.
2. Tauschen Sie sich in einem nächsten Schritt mit Ihrem Tischnachbarn darüber aus, was die vorhergehende Darstellung, in der auf beiden Bildern Wolfgang Schäuble zu sehen ist, mit dem Modell der Elaborationswahrscheinlichkeit von PETTY und CACIOPPO zu tun hat.

ELM *= Elaboration likelihood model of persuasion; dt. Modell der Elaborationswahrscheinlichkeit*

13.3.5.2 Einstellungsänderung mittels dem ELM

Wenn wir Einstellungen gemäß dem Modell der Elaborationswahrscheinlichkeit nachhaltig beeinflussen bzw. verändern möchten, müssen wir dafür sorgen, dass bei den Empfängern der Kommunikationsbotschaft der zentrale Weg der Kommunikation gewählt wird.

Nun gibt es verschiedene Faktoren, die einen Einfluss auf die Motivation und die Fähigkeit des Empfängers, die Inhalte zu verstehen, ausüben. Sie sind maßgeblich dafür, ob der periphere Weg oder der zentrale Weg der Kommunikation gewählt wird. Damit die Wahrscheinlichkeit erhöht wird, dass der zentrale Weg der Kommunikation gewählt wird,

- sollte das Thema eine hohe Relevanz für den Empfänger haben, ihn gefangen nehmen und Interesse bei ihm wecken.
- sollten starke und stichhaltige Argumente verwendet werden.
- sollte die Argumentation logisch, strukturiert und gut nachvollziehbar aufgebaut sein, damit der Zuhörer gut folgen kann.
- sollte auf die Verständlichkeit der Sprache geachtet werden. Das bedeutet, dass komplizierte Inhalte anschaulich dargestellt werden (ggf. mithilfe einer Visualisierung), Fachbegriffe erklärt werden und eine klare, gut verständliche Ausdrucksweise verwendet wird, die auf komplizierte Ausdrücke oder Fremdwörter verzichtet.
- sollte darauf geachtet werden, dass der Zuhörer seine volle Aufmerksamkeit der Botschaft widmen kann. Das bedeutet, dass Ablenkungen und Dinge, die die Konzentration stören können, wie z.B. Lärm, Hitze, Hunger, Durst, Müdigkeit oder visuelle Ablenkungen wie aufreizende Kleidung vermieden werden sollten.
- ist es von Vorteil, wenn eine gewisse Verantwortlichkeit erzeugt wird. Diese sinkt, wenn der Zuhörer das Gefühl hat, sich auf andere Gruppenmitglieder verlassen zu können. Sie steigt, wenn der Zuhörer persönlich bzw. einzeln angesprochen wird oder z.B. im Anschluss an die Veranstaltung anderen Personen über die dargebotenen Inhalte berichten muss.
- ist es zuträglich, wenn zentrale Argumente in geringem Ausmaß wiederholt werden.
- ist es empfehlenswert, wenn neue und verschiedene Aspekte aus mehreren voneinander unabhängigen Quellen dargeboten werden.
- ist es nützlich, wenn der Empfänger an Vorwissen anknüpfen kann. Vorwissen hat allerdings auch den Effekt, dass der Empfänger kritischer mit den dargebotenen Inhalten umgeht und eher den Argumenten gewillt ist zu glauben, die dem eigenen Vorwissen entsprechen. Ansonsten sammelt der wissende Zuhörer eher Gegenargumente, um die eigene Position zu untermauern.
- ist es förderlich, wenn der Empfänger über eine gewisse Intelligenz verfügt. Hohe Intelligenz kann allerdings auch dazu führen, dass der Empfänger vermehrt dazu tendiert, die eigene Position zu verteidigen.

Im Gegenzug wird die Wahrscheinlichkeit erhöht, dass der periphere Weg der Kommunikation gewählt wird ...

- wenn der Zuhörer abgelenkt ist.
- wenn einzelne Inhalte zu oft wiederholt werden, sodass Langeweile entsteht.
- wenn die Komplexität bzw. der Schwierigkeitsgrad der dargebotenen Inhalte zu hoch ist.

Bezüglich der Wechselwirkung zwischen peripheren Hinweisreizen und einer tiefen Elaboration der Inhalte gehen wir davon aus, dass Eigenschaften des Kommunikators wie Expertentum, Liebenswürdigkeit, Glaubwürdigkeit und nonverbales Verhalten bei einer hohen Relevanz des Themas und einem hohen Grad an Involviertheit des Empfängers keine große Bedeutung haben. Bei niedriger Relevanz jedoch, hat beispielsweise das nonverbale Verhalten des Senders (Blickkontakt, Lächeln, Blick in die Kamera, ruhig auf dem Stuhl sitzen) einen großen Einfluss sowohl im Hinblick auf die Zustimmung zu schwachen als auch zu starken

Argumenten. Gleiches gilt im Hinblick auf den Expertenstatus. Bei hoher persönlicher Relevanz hat das Expertentum wenig Einfluss auf die Zustimmung zu Argumenten, sondern ausschließlich die Qualität der vorgebrachten Argumente (nach GÜTTLER, 2003, S. 276).

Ferner kann auch die Stimmung des Empfängers Einfluss auf den Weg der Verarbeitung haben. So gibt es Befunde, wonach eher schlecht gelaunte Personen dazu neigen, den zentralen Weg der Kommunikation zu wählen, während für gut gelaunte Personen die Qualität der Argumente kaum eine Rolle spielt. Das bedeutet aber nicht, dass Zuhörer durch einen Redner in eine schlechte Stimmung versetzt werden müssen, damit es zu einer vertieften Verarbeitung der Botschaften kommen kann (nach GÜTTLER, 2003, S. 259 ff.).

Prüfungskommission
Ein Gremium, meist bestehend aus einem Prüfer, einem Prüfungsvorsitzenden und einem Protokollanten, das gemeinsam die Prüfung abnimmt.

AUFGABEN

1. Welche Bedeutung hat das ELM für einen Politiker, der bei verschiedenen Anlässen und vor unterschiedlichem Publikum auftreten muss? Diskutieren Sie diese Frage in einer Kleingruppe.
2. Wie können Sie bei einer mündlichen Prüfung – Sie sind schlecht vorbereitet – die Prüfungskommission dahingehend beeinflussen, dass sie den peripheren Weg der Informationsverarbeitung wählt? Erarbeiten Sie in einer Kleingruppe dazu ein Schaubild, das auch die zentralen Aussagen des ELM enthält.
3. Fertigen Sie in Einzelarbeit eine Mindmap dazu an, wie Sie bei einem Referat auf dem zentralen Weg der Kommunikation überzeugen können.

13.4 Vorurteile als Einstellungen

13.4.1 Die drei Komponenten von Vorurteilen

Wir haben uns in den vorangegangenen Abschnitten mit Einstellungen beschäftigt, die aus einer affektiven, einer kognitiven und einer Verhaltenskomponente bestehen. Vorurteile sind nichts anderes als eine Form von voreingenommenen Einstellungen.

Vorurteil
„Eine feindselige oder negative Einstellung gegenüber Menschen einer bestimmten Gruppe, die nur auf ihrer bloßen Mitgliedschaft in dieser Gruppe basiert" (ARONSON et al, 2004, S. 485).

Dabei bestehen Vorurteile aus drei Komponenten:

- *affektive Komponente* – „Vorurteil im eigentlichen Sinn: positive oder negative emotionale Reaktion auf Menschen einer Gruppe" (ARONSON et al, 2004, S. 485). Beispielsweise mögen / nicht mögen, sympathisch / unsympathisch oder zugeneigt / abgeneigt.
- *kognitive Komponente* – Stereotypen: „Ein Stereotyp ist eine Generalisierung über eine Gruppe von Menschen, bei der man praktisch allen Mitgliedern der Gruppe identische Eigenschaften zuschreibt, ohne Beachtung gegebener Variationen unter den Mitgliedern" (ARONSON et al, 2004, S. 486).
- *Verhaltenskomponente* – Diskriminierung: „Diskriminierung wird definiert als ungerechtfertigte negative oder schädliche Handlung gegen ein Mitglied einer Gruppe, einfach nur wegen seiner oder ihrer Zugehörigkeit zu dieser Gruppe" (ARONSON et al, 2004, S. 489).

Verdeutlichen wir uns das Zusammenspiel der drei Komponenten von Vorurteilen anhand des Beispiels „Vorurteile gegenüber Lehrern". Wenn wir Vorurteile gegenüber Lehrern haben, dann sind wir feindselig oder negativ gegenüber Lehrern im Allgemeinen eingestellt, weil sie zu der Gruppe „Lehrer" gehören. Wir haben also eine voreingenommene Einstellung gegenüber dieser Gruppe.

Aufseiten der Verhaltenskomponente eines Vorurteils ist jeder Mensch in Deutschland dazu verpflichtet, einen beträchtlichen Anteil seiner Kindheit und Jugend in verschiedenen Schulformen zuzubringen und die Schule entweder mit dem Abitur oder durch den erfolgreichen Abschluss einer Ausbildung zu beenden. Uns wird keine Wahl gelassen, wir müssen vom Gesetz aus in die Schule, ob wir wollen oder nicht. Dies erzeugt ab und an einen gewissen Widerwillen, der mittels klassischer Konditionierung ggf. an schulische Elemente, wie z. B. Lehrer, gekoppelt wird. Durch die viele Zeit, die wir in der Schule verbringen, entstehen zahlreiche direkte Erfahrungen im Umgang mit Lehrern. Diese können überwiegend positiver oder auch negativer Natur sein. Nahezu jeder Mensch, der in Deutschland lebt, kann somit – im Gegensatz zu anderen Berufsgruppen – auf zahlreiche frühere Verhaltensweisen gegenüber dem Einstellungsobjekt Lehrer zurückblicken. Dabei könnten negative Einzelerfahrungen besonders prägend oder verletzend gewesen sein. Ferner hat mit hoher Wahrscheinlichkeit jeder von uns vorbildliche oder auch abschreckende Lehrer erlebt.

Die kognitive Komponente stellen bei einem Vorurteil Stereotype dar. Dabei generalisieren wir unsere Einzelerfahrungen sowie weitere Zuschreibungen auf eine ganze Gruppe. Das heißt, wir differenzieren nicht, sondern verallgemeinern unser subjektives Wissen, Informationen und Zuschreibungen aus den Medien und aus unserem Umfeld sowie unsere persönlichen Erfahrungen auf die gesamte Gruppe der Lehrer, ohne Unterschiede zwischen einzelnen Lehrern zu machen. Stereotype können diesbezüglich negativer oder auch positiver Natur sein, wie z. B. „der feurige Spanier" oder der „lebenslustige Italiener".

Nehmen wir einmal an, unsere Eltern sind bereits nicht gerne zur Schule gegangen und/ oder haben dort schlechte Noten erhalten. Wir selbst haben eine ambivalente Einstellung, wenn wir unser Wissen zu Schule organisieren, da wir „hin müssen" und dabei manche Fächer besuchen und Inhalte lernen müssen, die uns nicht interessieren und wir stattdessen lieber etwas anderes tun möchten. Zudem haben wir einzelne abschreckende Beispiele an Lehrern erlebt. Unsere besten Freunde haben ähnliche Erfahrungen gemacht. Betrachten wir ferner die Massenmedien, so überwiegt die negative Berichterstattung über Lehrer. Weibliche Lehrer werden in Fernsehserien und Animationsfilmen für Kinder gerne als biedere, alleinstehende „Drachen" im Trachtenkostüm, mit zusammengebundenen Haaren und dicker Brille dargestellt. Männliche Lehrer als gefühlskalte „Pauker", welche die Schüler im Kasernenhofton anbrüllen, sich keine Zeit für sie nehmen und unfair sind. Auch Äußerungen, wie z. B. des Altbundeskanzlers GERHARD SCHRÖDER in einer Schülerzeitung, „Ihr wißt doch ganz genau, was das für faule Säcke sind" (PERGER, 1995), tragen zu diesem Bild bei. Dadurch entstehen möglicherweise negative stereotype Zuschreibungen, die jeder von uns kennt:

Lehrer ...

- sind faul und rechthaberisch („ein Lehrer hat morgens recht und mittags frei").
- haben nichts drauf.
- sind rückständig und „voll von gestern!"
- stehen halt vorne und erzählen irgendwas („So schön hätt ich es auch gern einmal!"; „Das kann ja jeder!", „Die sollten mal in die freie Wirtschaft gehen und sehen, wie hart man dort für sein Geld arbeiten muss!").
- bereiten die ersten Jahre vor und ziehen dann ein Leben lang immer dieselben Unterlagen aus der Tasche.
- reisen ständig um die Welt, da sie immer Ferien haben.
- sind langweilig und zudem schlecht gekleidet.
- sind schrullige Typen, die man in keinem anderen Job unterbringen könnte.
- sind Sadisten, die gerne arme Schüler quälen.
- sind überbezahlt und verdienen mindestens ca. 5.000 Euro netto im Monat.
- sind „kleine Würstchen", die man nicht ernst nehmen kann.

Derlei negative Stereotype gehen einher mit Vorurteilen im eigentlichen Sinn, das heißt einer generell eher negativen affektiven Reaktion gegenüber den Angehörigen der Gruppe Lehrer, indem wir beispielsweise Lehrer nicht mögen. Dies betrifft die affektive Komponente eines Vorurteils in Form einer emotionalen Reaktion gegenüber den Angehörigen einer Gruppe.

Je nach Ausprägung kann es auf der Verhaltenskomponente zu negativen oder schädlichen Handlungen gegenüber Mitgliedern der Gruppe Lehrer kommen, nur weil eine Person ein Mitglied dieser Gruppe ist. Dies nennen wir Diskriminierung: Beispielsweise könnten wir schlecht über Lehrer in der Öffentlichkeit oder in den Medien sprechen. Wir könnten einen Kunden schlechter behandeln, wenn wir erfahren, dass es sich dabei um einen Lehrer handelt. Wir nötigen Lehrer, im Gegensatz zu Vertretern anderer Berufe, bei öffentlichen Anlässen dazu, sich aufgrund der Ferien, des Beamtenstatus und des vermeintlich zu hohen Gehalts für ihren Beruf rechtfertigen zu müssen. Oder wir verhalten uns als Schüler oder Eltern prinzipiell eher konfrontativ bis ablehnend gegenüber Angehörigen dieser

Vorurteile
bestehen aus einer...

affektiven Komponente:
negative emotionale Reaktionen
(Vorurteile im eigentlichen Sinn)

- Angst
- Abscheu
- Ablehnung

kognitiven Komponente:
Stereotypen

Zigeuner:
- gehen nicht in die Schule und lungern nur rum
- stehlen
- sind verwahrlost
- sind aggressiv

Verhaltenskomponente:
Diskriminierung

Erfahrungen:
- Ein „Zigeuner" bedrohte mich „einmal" auf dem Cannstatter Vasen mit einem Messer.
- Ich höre allerlei „Gerüchte" über einen Stadtteil, in dem hauptsächlich Zigeuner leben.

Verhalten in Form von Diskriminierung:
- Ich gehe Menschen, die meiner Meinung nach „Zigeuner" sind, aus dem Weg.
- Ich spreche schlecht über Zigeuner.

Komponenten von Vorurteilen (am Beispiel „Zigeuner")

Gruppe und nehmen von Angehörigen dieser Gruppe keine Ratschläge entgegen.

Neben weitverbreiteten Vorurteilen gegenüber der Gruppe der Lehrer gibt es wesentlich intensivere und gefährlichere Vorurteile gegenüber sozialen Gruppen. Gegenwärtig gibt es in mehreren Ländern Europas beträchtliche Vorurteile gegen Sinti und Roma, die mit verschiedenen Formen der Diskriminierung einhergehen. Diese Gruppe wird auch häufig abschätzig „Zigeuner" genannt. Anhand der folgenden Grafik wird beispielhaft der Zusammenhang der drei Komponenten eines Vorurteils bezogen auf die Gruppe „Zigeuner" aufgezeigt:

AUFGABEN

1. Wählen Sie in Einzelarbeit eine Menschengruppe Ihrer Wahl aus und erörtern Sie Ihre Vorurteile gegenüber dieser Gruppe.
2. Fertigen Sie dazu ein Schaubild nach obigem Muster an.

13.4.2 Entstehung von Vorurteilen

Das traurige bei diesem Thema ist, dass jeder von uns angereichert ist mit Vorurteilen. Und das, obwohl sich die meisten von uns für weltoffene Menschen halten und nicht wahrhaben wollen, dass sie stark vorurteilbelastet sind. Doch wie entstehen Vorurteile eigentlich?

Bereits als Kinder nehmen wir Unterschiede zwischen Menschen wahr und suchen nach Erklärungen für diese Unterschiede. Beispielsweise wenn kleine Mädchen entdecken, dass kleine Jungs anders gebaut sind. Wir bilden dazu naive kindliche Theorien, z. B., dass bei Mädchen der Penis abgeschnitten wurde. In Interaktion mit unserem Umfeld erweitern und modifizieren wir diese Theorien. Dabei wird das Kind u. a. von den Eltern, Freunden, den Medien beeinflusst. Durch Lernen anhand von Formen der klassischen Konditionierung, der operanten Konditionierung und des Lernens am Modell werden dadurch Einstellungen und somit auch Vorurteile herausgebildet. Auch Bilderbücher, Cartoons und Kinderfilme können bereits zur Herausbildung von Vorurteilen im Sinne von voreingenommenen Einstellungen beitragen und die affektive, die kognitive und die Verhaltenskomponente gegenüber einem Einstellungsobjekt prägen. Vor allem auch Geschlechtsstereotype, wie z. B. Männer tragen Hosen und Frauen Röcke, werden auf diesem Wege transportiert.

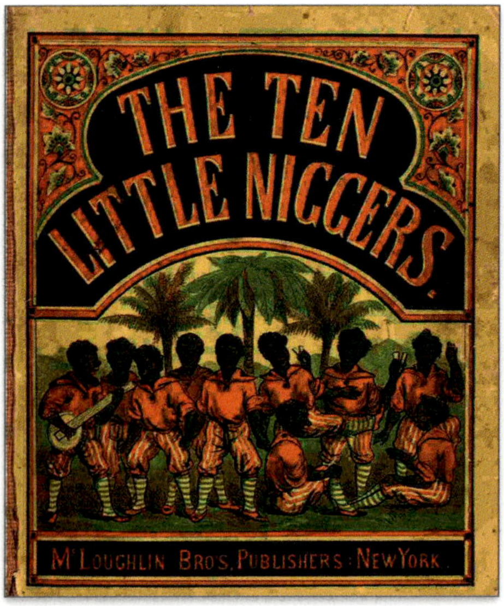

AUFGABEN

1. Betrachten Sie das Cover des Bilderbuchklassikers „Zehn kleine Negerlein". Welche vorurteilbelasteten bzw. stereotypen Inhalte werden bereits durch das Cover dieses Bilderbuchs transportiert? Tauschen Sie sich darüber mit Ihrem Nachbarn aus.
2. Betrachten Sie zu Hause eine Folge einer Kinderserie Ihrer Wahl. Halten Sie Inhalte fest, die Ihrer Meinung nach zur Herausbildung von Vorurteilen beitragen.

Vorurteile machen sich vor allem an folgenden Merkmalen fest:

1. Ethnische Identität
2. Geschlecht
3. Sexuelle Orientierung
4. Religion
5. Beruf
6. Hobbys
7. Körperliche Erscheinung: muskulös, übergewichtig etc.
8. Haarfarbe
9. Krankheiten / Behinderungen
10. Bildungsabschluss

Vorurteile sparen Zeit, indem Sie eine schnelle Organisation von Informationen zu einer bestimmten Gruppe liefern und damit unser Verhalten und unsere Entscheidungen beeinflussen. Gleichzeitig sind sie aber auch sehr gefährlich, da sie uns dazu verleiten, andere Menschen unmenschlich und/oder ungerecht zu behandeln. Ferner mindern Vorurteile das Selbstwertgefühl derjenigen, die zur Zielscheibe von Vorurteilen werden.

AUFGABE

„Jungs sind eben besser in Mathematik": Denken Sie kurz über die Folgen eines solchen Satzes nach, wenn er in den Köpfen einer Gesellschaft steckt.

Im Folgenden werden Faktoren und Mechanismen aufgezeigt, die zur Herausbildung von Vorurteilen beitragen:

Soziale Kategorisierung

Der Weg zur Entstehung von Vorurteilen beginnt mit der Herausbildung bzw. der Einteilung von Menschen in soziale Gruppen – d. h. die Kategorisierung von Menschen aufgrund gewisser Ähnlichkeiten und Charakteristiken (z. B. Asiaten / Europäer, Schwarze / Weiße; Männer / Frauen). Die Gefahr darin liegt, dass dadurch „Eigengruppen" entstehen, mit denen man sich identifiziert. Gleichzeitig grenzen sich diese gegen die „Fremdgruppe", die „anderen", ab. Wir bevorzugen die Eigengruppe, weil durch die Identifikation mit dieser Gruppe unser Selbstwertgefühl gestärkt wird. Dies funktioniert allerdings nur, wenn wir unsere Eigengruppe den anderen gegenüber als überlegen ansehen. Gleichzeitig neigen Eigengruppen-Mitglieder dazu, die Fremdgruppe als homogener (ähnlicher) wahrzunehmen: „Asiaten sehen doch alle gleich aus", sprach der Europäer (Fremdgruppen-Homogenität).

BEISPIEL

Beispielsweise unterteilen wir die Schüler eines Jahrgangs in die Schüler unserer Klasse, die wir als Eigengruppe bezeichnen und in die Schüler der Parallelklasse, die wir als Fremdgruppe wahrnehmen und mit denen wir uns nicht identifizieren. Gleichzeitig differenzieren wir bei den Angehörigen der Fremdgruppe nicht zwischen den einzelnen Mitgliedern, sondern nehmen diese häufig als gleich oder zumindest ähnlich (homogen) wahr. Dies führt zur Abgrenzung und ggf. Selbstdefinition der Eigengruppe gegenüber der Fremdgruppe in Form der Parallelklasse: „Wir sind sowieso viel besser als die von der Paraklasse!"; „Die von der Paraklasse sind doch blöd!"

Emotionale Prägung von Vorurteilen

Tief sitzende Vorurteile sind schwer zu ändern. Dafür sind vor allem die affektiven (emotionalen) Anteile eines Vorurteils verantwortlich, die gegen triftige Argumente immun sind.

BEISPIEL

Lehrer: „Aber wieso wollt ihr denn nicht mit der Parallelklasse auf Studienfahrt gehen? Cindy aus der Parallelklasse hat schon verschiedene Angebote eingeholt. Zudem wird es dadurch für jeden von euch billiger. Cindy hat zudem Verwandte in London, die ein Hostel betreiben, in dem wir übernachten könnten."

Schüler: „Kann schon sein, aber wir mögen die trotzdem nicht. Die aus der Parallelklasse sind alle so arrogant!"

Selektive Wahrnehmung

Meinungen oder Verhaltensweisen, die mit unseren Einstellungen übereinstimmen, werden stärker beachtet (selektive Wahrnehmung). Wir nehmen also besonders das wahr, was unsere Erwartungen bestätigt, und vernachlässigen andere Einflüsse oder Handlungen. Wenn sich ein Gruppenmitglied so verhält, wie wir es erwarten, wird unser Stereotyp dadurch bestärkt und sogar noch verstärkt.

BEISPIEL

20 Schüler aus der Parallelklasse werfen anständig den Müll in die Tonne, der Lehrer sieht jedoch nur den einen, der seiner Erwartung entspricht und den Müll auf den Boden wirft. Wir sind uns allerdings schnell darüber einig: „Klar, das war ja einer aus der Parallelklasse. Die räumen ihr Zeug nie weg!"

Aktivierung von Stereotypen

Stereotype spiegeln kulturelle Annahmen wider. Es handelt sich um in einer Gesellschaft leicht erkennbare Beschreibungen von Menschengruppen wie z. B. „die hohle Blondine" oder der „biedere Jurist mit Seidenschal". Selbst wenn wir der Ansicht sind, von solchen Stereotypen frei zu sein, können wir sie dennoch benennen. Damit sind sie uns bekannt und in unseren Köpfen verankert. Dies bringt den Umstand mit sich, dass es häufig nur einer negativen Handlung eines Mitglieds einer mit Stereotypen belegten Gruppe bedarf, um die negativen Stereotype zu aktivieren. Die Vermutung liegt nahe, dass in den meisten von uns Stereotype schlummern, die wie ein Schläfer getarnt nur darauf lauern, durch einen Schlüsselreiz aktiviert zu werden.

BEISPIEL

„Das war ja klar, dass eine Frau, die wahrscheinlich nichts drauf hat, die Professorenstelle am Psychologie-Lehrstuhl an der Uni bekommt", sprach der enttäuschte promovierte Sozialpsychologe.

Automatische Verarbeitung

Automatische Verarbeitung geschieht von selbst, wenn ein Reiz (z. B. in Form einer stereotypen Handlung) auftaucht. Dadurch werden im Gedächtnis gespeicherte Stereotype aktiviert, ohne dass wir es bewusst wahrnehmen.

BEISPIEL

Eine Frau kommt beim Einparken mit ihrem Auto nicht in die Parklücke. Beim Mann im Auto dahinter, der die Situation betrachtet, wird automatisch die stereotype Zuschreibung aktiviert: „Frauen können nicht Auto fahren".

Kontrollierte Verarbeitung

Anstatt der automatischen Verarbeitung, können wir uns durch Reflexion dazu zwingen, bewusst wahrzunehmen und uns dafür entscheiden, stereotype Informationen oder Gedanken, die wir an uns bemerken, zu vernachlässigen. Dies ist allerdings ein Beweis dafür, dass wir Vorurteile in unseren Köpfen abgespeichert haben und wir versuchen, diese zu unterdrücken.

BEISPIEL

„Eigentlich mag ich die aus der Parallelklasse nicht, weil die so arrogant sind. Aber ich geh trotzdem mit ihnen auf Klassenfahrt und lass mich mal überraschen."

Illusorische Korrelationen

(Zusammenhänge): Aufgrund von subjektiven Einzelerfahrungen stellen wir Zusammenhänge her, die in Wirklichkeit gar nicht existieren.

BEISPIEL

Fußballspieler A spricht in einem Fernsehinterview grauenhaftes Englisch. Fußballspieler B spricht in einem Fernsehinterview, das Sie betrachten, grauenhaftes Englisch: Ergo – Fußballspieler können kein Englisch.

Theorie des realistischen Gruppenkonflikts

Begrenzte Ressourcen wie z. B. Nahrung, Arbeit, Wohnraum etc. führen zu Konflikten zwischen Gruppen (Eigen- vs. Fremdgruppe) und führen häufig zu Vorurteilen und Diskriminierung (nach Aronson/Wilson/Akert, 2004, S. 490 ff.).

BEISPIEL

Nehmen wir einmal an, einem Land, wie z. B. Griechenland, geht es wirtschaftlich nicht gut. Viele Menschen haben kein Geld und keine Arbeit. Dabei sehen sich die Griechen als Eigengruppe an und die Menschen, die anders sind, als Fremdgruppe. Beispielsweise kann es aufgrund der Knappheit an Ressourcen, wie z. B. Arbeit oder bezahlbarem Wohnraum, dazu kommen, dass Menschen aus einem anderen EU-Land, z. B. rumänische Arbeiter, die in Griechenland in der Landwirtschaft mitarbeiten, als Fremdgruppe wahrgenommen werden und offen angefeindet werden. Dadurch entstehen Formen der offenen Diskriminierung, wie z. B. rechtsradikale Parolen wie „Griechenland den Griechen! Ausländer raus!" oder „Die Ausländer nehmen uns die Arbeit weg!" Dabei wird nicht differenziert zwischen den einzelnen Menschen der als homogen wahrgenommenen Fremdgruppe der „Ausländer". Vielmehr laufen alle Menschen, die nicht der eigenen Nationalität angehören oder zumindest anders aussehen, Gefahr, Opfer von Diskriminierung durch rechtsradikal Gesinnte zu werden.

AUFGABEN

1. Recherchieren Sie ein aktuelles Beispiel für die Diskriminierung einer Menschengruppe.
2. Erarbeiten Sie dazu in Gruppenarbeit ein Plakat, das die stereotypen Zuschreibungen gegenüber dieser Gruppe sowie die Auswirkungen in Form der Diskriminierung strukturiert darstellt.

13.5 Bedeutung des Themas Einstellungen am Beispiel Werbung

Werbung ist ein Beispiel dafür, wie wir gezielt die Einstellung gegenüber einem Einstellungsobjekt ändern bzw. beeinflussen und eine Konsistenz zwischen Einstellung und Verhalten erzeugen wollen. Oder anders formuliert: Wir wollen die Köpfe so manipulieren, dass sie anschließend ihre Beine dazu veranlassen, in ein Geschäft zu gehen und das betreffende Produkt zu erwerben oder ihren Händen den Befehl erteilen, es online zu bestellen.

Doch wirkt Werbung eigentlich? Die meisten von uns würden selbstsicher behaupten: „Bei mir nicht, bei anderen vielleicht schon".

Beeinflussung der affektiven Komponente

Tatsächlich wirkt sich Werbung sehr wohl auf uns aus. Im Wettbewerbskrieg um Marktanteile ähnlicher Produkte versucht die Werbeindustrie häufig, die affektive Komponente von Einstellungen anzusprechen. Mittels klassischer Konditionierung werden zum Beispiel gewisse Schokopralinen mit den Emotionen Dankbarkeit, Herzlichkeit und mitmenschlicher Wärme gekoppelt und dadurch eine positive emotionale Befindlichkeit (emotionale Reaktion) gegenüber dem Produkt erzeugt. Besonders intensiv an emotional belegten Festtagen wie Weihnachten. Hier geht es in keiner Weise um den Geschmack des Produkts, sondern nur darum, die affektive Komponente von Einstellungen zu beeinflussen und positive Empfindungen an das Produkt zu koppeln, die nichts mit dem Produkt zu tun haben. Gleiches gilt für Gefühle von Freiheit, Erfolg, Abenteuer, Freundschaft und wohliger, guter alter Tradition. Diese fünf Eigenschaften werden zur Bewerbung fünf verschiedener Biermarken verwendet. Na, eine oder mehrere davon erkannt? Von wegen, „bei mir wirkt Werbung nicht."

Beeinflussung der kognitiven Komponente

Die vorige „Masche" der Werbeindustrie funktioniert jedoch nur für Einstellungsobjekte, bei denen sich affektiv basierte bzw. dominierte Einstellungen erzeugen lassen und die wir mit Werten und Emotionen koppeln können. Hingegen würden wir verwundert reagieren, wenn die Werbeindustrie versuchen würde, einfache Gebrauchsgegenstände wie WC-Reiniger oder Zahnpasta emotional zu bewerben. Beispielsweise, wenn zwei Eheleute auf ihre glückliche Ehe zurückblicken und dies freudestrahlend auf den WC-Stein mit Harmonieduft

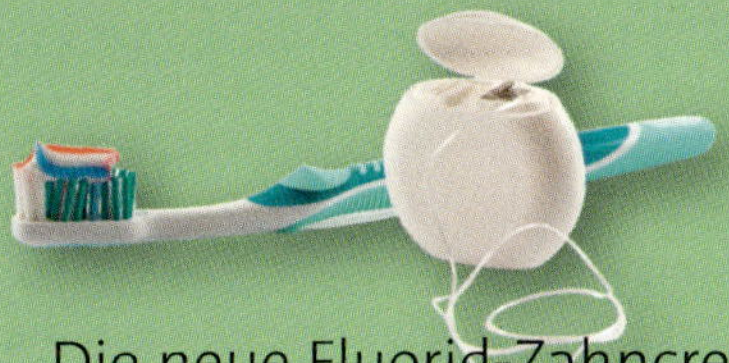

Bevor der Spaß fängt richtig an, verwende Dr. Schmirgelzahn!

Die neue Fluorid-Zahncreme für Verliebte und solche die es noch werden wollen.

Quacksalber Pharma GmbH 34527 Bad Kräuterzell

zurückführen. Oder wenn ein Liebespaar vor Verlangen kochend, kurz vor dem Geschlechtsakt liebestrunken ins Bad stürzt, um sich noch schnell zuvor mit der neuen Fluorid-Zahnpasta von Dr. Schmirgelzahn die Zähne zu putzen.

Wir würden uns denken „So ein Blödsinn!" Hier handelt es sich eher um Produkte, bei denen die Einstellung kognitiv basiert ist. D. h., wir bewerten diese Gegenstände im Hinblick auf deren Nutzen und deren Gebrauchswert. Stattdessen betont die Werbeindustrie bei solchen Produkten Eigenschaften und Fakten: z. B., dass die neue Fluorid Zahnpasta von Dr. Schmirgelzahn viermal effektiver Karies verhindert als eine herkömmliche Zahnpasta.

Schwierig wird es allerdings, wenn wir es gemäß dem Modell der Elaborationswahrscheinlichkeit mit Produkten zu tun haben, bei denen die Einstellung zwar kognitiv basiert ist, die Motivation des Betrachters jedoch sehr gering ausgeprägt ist, da das betreffende Produkt keine große Relevanz für ihn hat. Für derlei Produkte verwendet die Werbeindustrie den peripheren Weg der Informationsverarbeitung und versucht dadurch, Einstellungsänderungen hervorzurufen. Dazu werben bekannte und beliebte Schauspieler, Sportler oder Musiker für ein Produkt, sodass die Aufmerksamkeit des Zuschauers auf periphere Hinweisreize wie z. B. die Attraktivität des jeweiligen Prominenten gelenkt wird. Allerdings hält eine solche Einstellungsänderung nicht lange an.

Herstellung von Relevanz

Um eine längere Einstellungsänderung zu bewirken, versucht die Werbeindustrie bei kognitiv basierten Einstellungsobjekten (Produkten) persönliche Relevanz zu erzeugen, damit der zentrale Weg der Informationsverarbeitung gewählt wird. Dies geschieht dadurch, wenn wir bei Menschen die Angst erzeugen, sie hätten Probleme mit großer persönlicher Relevanz. Wir erzeugen also Probleme, die dem Betreffenden zuvor nicht bewusst und somit auch für ihn nicht existent waren. Beispielsweise wird bei einem Diätmittel die Angst bei ihnen geschürt, ihr Partner könnte sie verlassen, wenn sie zunehmen. Oder ein Werbespot für ein Deodorant erzeugt bei ihnen Zweifel, ob sie wirklich den ganzen Tag gegen Achselschweiß geschützt sind und nicht ihre Kollegen am Arbeitsplatz z. B. im Fahrstuhl oder bei einem Kundengespräch durch ihren Körpergeruch belästigen. Ferner wird viel arbeitenden Menschen suggeriert, nicht sorglos mit sich umzugehen, sondern das Entspannungstonikum von Dr. Ambrosius Zapfenschäler einzunehmen, damit erste Anzeichen von Burn-out nicht zur chronischen Krankheit werden. Angst wird vor allem bei Gesundheits- und Pflegeprodukten als Mechanismus zur Steigerung der Relevanz eingesetzt, um die Aufmerksamkeit des Betrachters zu erhöhen. Durch diesen Schachzug erzeugen wir beim Zuschauer emotionale Betroffenheit und erhöhen dadurch die Aufmerksamkeit, was zu einer vertieften Auseinandersetzung mit den Werbebotschaften führen kann (nach ARONSON/WILSON/AKERT, 2004, S. 256 ff.).

AUFGABEN

1. Sammeln Sie konkrete Werbebeispiele, bei denen mittels Angst persönliche Probleme beim Zuschauer erzeugt werden sollen, um die Relevanz der Produkte für ihn zu erhöhen.
2. Konzipieren Sie (in Partnerarbeit) eine Kampagne für ein Produkt Ihrer Wahl, von dem Sie davon ausgehen, dass es eine geringe Relevanz für den Zuschauer hat.
3. Berücksichtigen Sie dabei die dargestellten Kriterien zur Beeinflussung durch Werbung, insbesondere im Hinblick auf das Modell der Elaborationswahrscheinlichkeit und auf die Grundsätze der Gewichtung von Einstellungen in Form von affektiv basierten, kognitiv basierten und verhaltensbasierten Einstellungen.

13.6 Zusammenfassung

- Einstellungen sind vornehmlich wertende Urteile über Einstellungsobjekte, wobei jedes Objekt zum Einstellungsgegenstand werden kann, das sich auf einer Positivitätsdimension (+/-) bewerten lässt.
- Einstellungen unterscheiden sich im Hinblick auf die Stärke, Zugänglichkeit und die Richtung. Sie sind ferner subjektiv und nicht direkt beobachtbar.
- Einstellungen bestehen aus einer affektiven, einer kognitiven und einer Verhaltenskomponente.
- Die Zusammensetzung bzw. Gewichtung von Einstellungen kann unterschiedlich sein. Wir unterscheiden affektiv basierte, kognitiv basierte und verhaltensbasierte Einstellungen.
- Die Struktur einer Einstellung sagt etwas darüber aus, wie die drei Komponenten einer Einstellung untereinander und miteinander organisiert sind. Wir unterscheiden zwischen eindimensionalen Einstellungen mit einer positiven, neutralen oder negativen Ausrichtung und zweidimensionalen Einstellungen, welche die Möglichkeit der Einstellungsambivalenz beinhalten.
- Gemäß der Theorie von Katz dienen Einstellungen dazu, unser Wissen über ein Einstellungsobjekt zu organisieren und zu bündeln, uns vermehrt Dingen zuzuwenden, die für uns von Nutzen sind bzw. positive Konsequenzen für uns haben, unser Selbstwertgefühl zu schützen und um zentrale Werte und unser individuelles Selbstkonzept auszudrücken. Eine Einstellung wird dann ggf. verändert, wenn sie eine oder mehrere dieser Funktionen nicht mehr erfüllt.
- Wir sprechen von einer Konsistenz zwischen Einstellung und Verhalten, wenn unsere Einstellung mit unserem Verhalten übereinstimmt. Gemäß der Theorie des geplanten Verhaltens von Ajzen und Fishbein kann geplantes Verhalten dann aufgrund unserer Einstellung vorhergesagt werden, wenn wir eine spezifische Einstellung zur Ausübung eines bestimmten Verhaltens haben, wir die Erwartungen von für uns wichtigen Bezugspersonen kennen (subjektive Norm) und wir wissen, wie leicht bzw. wie schwer das beabsichtigte Verhalten für die betreffende Person auszuführen ist (Verhaltenskontrolle).
- Einstellungen werden grundsätzlich über Lernprozesse erworben. Sie werden vornehmlich mittels der Mechanismen der klassischen Konditionierung, des operanten Konditionierens und des Modelllernens angeeignet und können auch mittels dieser Mechanismen verändert werden.
- Die drei Komponenten von Einstellungen sind untereinander systemisch organsiert und stehen in Verbindung zueinander. Sie haben die Tendenz, sich von ihrer Ausrichtung her einander anzugleichen.
- Einstellungen assoziativ verwandter Themenfelder sind miteinander verknüpft. Wir nennen dies ein Einstellungssystem. Beispielsweise hängt eine Einstellung zu Sauberkeit ggf. mit Einstellungen zu Pünktlichkeit und Ordnung, mit Einstellungen zur Haushaltsführung, mit Einstellungen zum Autowaschen, mit Einstellungen zu Staubsaugern, Bürsten, Reinigungsmitteln etc. zusammen. Diese Zusammenhänge erschweren uns die Änderung einer einzelnen Einstellung, da wir häufig ein ganzes Gefüge ändern müssten, um eine wirksame Veränderung einer einzelnen Einstellung herbeizuführen.
- Die Theorie der kognitiven Dissonanz nach Festinger besagt, dass durch dissonante Beziehungen kognitiver Elemente ein Spannungszustand erzeugt wird, der uns unangenehm ist. Um diesen zu reduzieren, können wir beispielsweise unser Verhalten in Einklang mit unserer Einstellung bringen und damit unser Verhalten ändern. Oder wir können das kognitive Element Verhalten aufrechterhalten, indem wir Konsonanz zwischen Einstellung und Verhalten erzeugen und einfach gewisse Dinge leugnen oder neu bewerten und dadurch Dissonanz verringern. Wir können auch weitere konsonante Elemente hinzufügen, die unser Verhalten stützen und ein Übergewicht von Konsonanz gegenüber Dissonanz erzeugen. Oder wir setzen die Bedeutung der kognitiven Elemente herab, wodurch der negative Erregungszustand verringert wird.

- Das Modell der Elaborationswahrscheinlichkeit geht davon aus, dass es zwei Wege gibt, Kommunikationsbotschaften, die unsere Einstellung verändern sollen, zu verarbeiten. Der zentrale Weg setzt auf die tiefe Auseinandersetzung mit der Botschaft (Elaboration) und führt zu einer lang anhaltenden Einstellungsänderung. Dazu muss der Zuhörer von der Botschaft persönlich betroffen und dementsprechend involviert sein. Ist der Zuhörer dies nicht, wählt er den peripheren Weg der Informationsverarbeitung, bei dem sich der Zuhörer von peripheren Hinweisreizen wie dem Expertentum des Redners, dem äußeren Erscheinungsbild etc. beeinflussen lässt. Eine solche Einstellungsänderung hält jedoch nicht lange an.
- Vorurteile sind überwiegend negative Einstellungen gegenüber Angehörigen einer Gruppe. Sie bestehen aus drei Komponenten: Vorurteile im eigentlich Sinn als emotionale Reaktionen auf Angehörige einer Gruppe (affektive Komponente), Stereotypen (kognitive Komponente) und der Verhaltenskomponente in Form von Diskriminierung.
- Die Entwicklung von Vorurteilen beginnt bereits im Kindesalter beim Umgang mit Andersartigkeit in der Interaktion mit dem sozialen Umfeld. Ein wichtiges Kriterium für die Herausbildung von Vorurteilen ist die Einteilung von Menschen in Eigengruppe und Fremdgruppe, wobei die Angehörigen der Fremdgruppe als homogen wahrgenommen werden.
- Die Werbeindustrie versucht auf unsere Einstellungen Einfluss zu nehmen und damit auch unser Kaufverhalten zu manipulieren. Sie unterscheidet Produkte in Einstellungsobjekte, bei denen die affektive Komponente durch Werbung betont wird, und in rationale Gebrauchsgegenstände, bei denen die kognitive Komponente von Einstellungen durch die Hervorhebung der Eigenschaften des Produkts betont wird. Um die Aufmerksamkeit für Produkte mit geringer persönlicher Relevanz zu steigern, wird die Relevanz dieser Produkte durch die Beimischung persönlicher Problemlagen in Verbindung mit Angstzuständen, z. B. bei einer Versicherung, erhöht und damit eine vertiefte Verarbeitung der Produktinformationen erreicht.

14 Medien, Medienwirkung, Medienpädagogik

14.1 Welche Bedeutung haben Medien?

14.1.1 Was sind Medien?

Was haben ein Brief, ein Smartphone, Twittern, Skypen und eine Schultafel gemeinsam?

Richtig! Bei den genannten Dingen handelt es sich um Medien. Diese Medien dienen alle der Weitergabe von Informationen sowie der Kommunikation.

Dabei verstehen wir **Kommunikation als einen Austausch von Informationen zwischen mindestens einem Sender und mindestens einem Empfänger.** Diese Informationen werden vom Sender codiert, das heißt in Zeichen umgewandelt: Dazu zählen Schriftzeichen, die gesprochene Sprache, die Körpersprache sowie weitere symbolische Darstellungsformen. Zum Beispiel übermittelt ein Sender die Botschaft: „Psychologie finde ich interessant!" Im Anschluss an diese Botschaft des Senders entschlüsselt (decodiert) der Empfänger die gesendeten Zeichen, um diese verstehen zu können und wiederum seinerseits als Sender darauf antworten zu können (siehe Kapitel 11: Kommunikation).

audiovisuelle Medien
Medien, die Hören (audio) und Sehen (visuell) miteinander verbinden, z. B. ein Filmbeitrag im Fernsehen

Dabei macht es einen Unterschied, ob wir als Sender den Satz „Psychologie finde ich interessant" zu einem Mitschüler in einer Pause sagen und vielleicht durch unseren Gesichtsausdruck unterstreichen, oder „Psychologie finde ich interessant" auf Facebook posten. In letztem Fall nutzen wir Facebook zur indirekten Äußerung dieser Botschaft, das heißt, wir teilen sie nicht einem Empfänger mit, der in Fleisch und Blut vor uns steht.

Medien spielen also immer dann eine Rolle, wenn wir unsere Botschaften nicht von Angesicht zu Angesicht einem Empfänger übermitteln, sondern dies indirekt tun.

Medien sind Hilfsmittel zur indirekten (d. h. nicht von Angesicht zu Angesicht) Vermittlung von Kommunikationsbotschaften.

Somit handelt es sich bei einer Schultafel, bei Büchern, bei Smartphones, bei Bildern im Museum, bei Internetblogs etc. um Medien, das heißt, um Hilfsmittel der Kommunikation, die in indirekter Weise Kommunikationsbotschaften transportieren und ggf. aufbereiten und darbieten.

Um die Vielzahl an Medien besser begreiflich machen zu können, empfiehlt es sich, zwischen **Medien zur individuellen Kommunikation und Medien zur Massenkommunikation** zu unterscheiden.

Unter **medialer Individualkommunikation** verstehen wir Formen der Kommunikation, bei denen ein interpersonaler, das heißt zwischenmenschlicher Austausch von Botschaften mithilfe von Medien zwischen zwei oder mehreren Personen stattfindet.

Als Hilfsmittel bzw. Medien zur medialen Individualkommunikation dienen beispielsweise das Telefon oder E-Mails. Diese Medien ermöglichen einen Austausch im Sinne eines Wechselspiels zwischen Sender und Empfänger (S. 416).

Wikis kommt vom hawaiianischen Wort für schnell („Wiki"); Wikis sind eine Art Plattform im Internet, auf denen kooperativ an Projekten gearbeitet werden kann. Jeder kann dort Inhalte hinterlassen, die von anderen verbessert oder erweitert werden können. Dabei speichert das System, wer welche Änderung gemacht hat. Das bekannteste Projekt, das auf diesem Prinzip und der dazugehörigen Technik beruht, ist „Wikipedia".

BEISPIEL

Mediale Individualkommunikation auf dem Pausenhof

SMS Schüler 1: „Alles klar bei dir?"

SMS Schülerin 2: „Ne, schreib nachher Mathe und hab keinen Plan!"

SMS Schüler 1: „Ach je! Du Arme! Drück dir ganz fest die Daumen! LG"

Als **mediale Massenkommunikation** bezeichnen wir Formen der Kommunikation, die Inhalte mittels Medien an die Öffentlichkeit transportieren und sich somit an keine begrenzte Empfängerschaft richten. Zudem sind Formen der medialen Massenkommunikation einseitige Botschaften des Senders, sodass kein Austausch mit dem Empfänger stattfindet bzw. angedacht ist. Zur medialen Massenkommunikation zählen u. a. Bücher, das Fernsehen und Zeitungen.

BEISPIEL

Mediale Massenkommunikation

Hier eine Überschrift aus einer Zeitung: „Unseren Gedanken auf der Spur: Forscher entlocken Hirnscans, was wir lesen." (Frankfurter Allgemeine Zeitung, 28. August 2013)

Medien lassen sich folglich folgendermaßen unterteilen:

Medien				
Individualkommunikation			**Massenkommunikation**	
digital (Mensch mit Mensch)	digital (Mensch mit Computer)	analog	„klassische" Massenmedien	„neue" digitale Massenmedien
Videokonferenz	Computerspiel im Single-Player-Modus, z. B. Schach	Telefonat, Brief	audiovisuelle Medien, z. B. Fernsehen, Kino	Websites, Wikis (z. B. Wikipedia), Web-TV
E-Mail			Hörmedien (Rundfunk, Schallplatte / CD)	Internetradio
Telefonat (Handy/ Smartphone)			Bildmedien (Foto, Gemälde, Graffiti, Grafik)	Animationen
SMS			Printmedien, z. B. Zeitung, Buch, Flyer	Online-Zeitungen

(Nach Six/Gleich/Gimmler, 2007)

Diese Einteilung ermöglicht uns, die Fülle an Medien zur Individual- und Massenkommunikation zu ordnen. Neben den bereits erwähnten Medien etablierte sich in den vergangenen Jahren eine Vielzahl an neuen digitalen Medien.

AUFGABE

Ordnen Sie die folgenden Medien den entsprechenden Kategorien der obigen Tabelle zu:

- Smartphone-Anwendungen (Applikationen / „Apps")
- Blogs
- Podcasts
- Skype
- soziale Netzwerke wie Facebook
- eine Facebook-Seite, die für alle zugänglich ist, z. B. einer Firma oder eines Politikers
- Twitter
- Internet-Diskussionsforen
- E-Books
- YouTube
- Online-Partnerbörsen
- Multiplayer-Online-Spiele

14.1.2 Welche Funktionen sollen Medien erfüllen?

Reden wir über die sogenannten Funktionen von Medien, so betrifft dies vor allem die Massenmedien, also solche, die sich explizit an die Öffentlichkeit wenden. Insbesondere „klassische" Massenmedien wie Rundfunk, Fernsehen und Tageszeitungen spielen neben der zunehmenden Anzahl an Onlinediensten eine wichtige Rolle.

Massenmedien
Medien, die sich explizit an die Öffentlichkeit und nicht an ein privates Netzwerk richten

Massenmedien haben im Wesentlichen vier Aufgaben:

1. Sie wirken an der freien, individuellen und öffentlichen Meinungsbildung mit. Dies gilt insbesondere für die politische Meinungsbildung, aber auch für alle anderen gesellschaftlich relevanten Bildungsinhalte. Dazu gehört, zentrale und aktuelle Informationen verständlich aufzubereiten, darzustellen und eventuell auch kritisch zu kommentieren, sodass sich der Empfänger der Informationen eine eigene Meinung bilden kann.
2. Die Massenmedien üben darüber hinaus gegenüber der Politik bzw. diversen Macht ausübenden Einflussträgern und bedeutenden Personen und Instanzen des öffentlichen Lebens eine Kontrollfunktion aus. Das bedeutet, dass auch Informationen, die von den Betroffenen gern geheim gehalten würden, der Öffentlichkeit zugänglich gemacht werden. Sie erfüllen somit die Funktion von Wächtern der Demokratie, die Missstände aufgreifen, öffentlich machen und kritisieren.
3. Die Massenmedien sollen einen persönlichen Nutzen für den Konsumenten haben. Hierzu zählen z. B. Testberichte, Reiseberichte, Ratgeber.
4. Darüber hinaus dienen die Massenmedien auch der Unterhaltung.

Privatsender
Privatsender sind weitgehend frei bei der Auswahl ihrer Sendeinhalte und finanzieren sich ausschließlich über Werbeeinnahmen.

Öffentlich-rechtliche Rundfunkanstalten
Öffentlich-rechtliche Sender finanzieren sich über Rundfunkgebühren sowie über Werbeeinnahmen. Öffentlich-rechtliche Sender haben die gesetzlich verankerte Aufgabe, die Grundversorgung der Bevölkerung mit Informationen zu sichern und damit zur freien und umfassenden Meinungsbildung beizutragen.

Damit die Massenmedien die oben genannten Funktionen erfüllen können, werden sie von rechtlicher Seite durch das Grundgesetz geschützt. Dort heißt es in Artikel 5 GG:

„(1) Jeder hat das Recht, seine Meinung in Wort, Schrift und Bild frei zu äußern und zu verbreiten und sich aus allgemein zugänglichen Quellen ungehindert zu unterrichten. Die Pressefreiheit und die Freiheit der Berichterstattung durch Rundfunk und Film werden gewährleistet. Eine Zensur findet nicht statt.

(2) Diese Rechte finden ihre Schranken in den Vorschriften der allgemeinen Gesetze, den gesetzlichen Bestimmungen zum Schutze der Jugend und in dem Recht der persönlichen Ehre."

Durch diese gesetzlichen Maßnahmen sollen die Massenmedien vor staatlichen Eingriffen, staatlicher Unterdrückung und staatlicher Überwachung geschützt werden, z. B. davor, dass ein Sende- oder Druckverbot für gewisse Beiträge erteilt wird. Damit soll gewährleistet werden, dass sich die Bürgerinnen und Bürger der Bundesrepublik Deutschland – im Gegensatz zu Diktaturen, in denen nur bestimmte Informationen und Inhalte weitergegeben und veröffentlicht werden dürfen und Zuwiderhandlungen von Journalisten durch die Machthaber bestraft werden – ein freies und unabhängiges Meinungsbild verschaffen können.

Aus diesen rechtlichen Bestimmungen heraus resultiert in Deutschland das System aus öffentlich-rechtlichen Rundfunkanstalten und Privatsendern. Während private Sender bei der Wahl ihrer Inhalte relativ frei sind, da sie sich ausschließlich über Werbeeinnahmen finanzieren, haben die öffentlich-rechtlichen Sender die Grundversorgung der Bevölkerung mit Informationen zu sichern; dafür erhalten sie Rundfunkgebühren. Infolgedessen sind die öffentlich-rechtlichen Rundfunkanstalten nicht von Werbeeinnahmen und der Zuschauerquote abhängig und haben somit bei ihrer Aufgabe, zur umfassenden Meinungsbildung der Bevölkerung beizutragen, Gestaltungsfreiraum im Hinblick auf die Qualität und Auswahl der Sendungen.

14.1.2.1 Können die Massenmedien ihre Aufgaben tatsächlich erfüllen?

Im Umgang mit Inhalten aus den Massenmedien müssen wir uns die Frage stellen, wie objektiv die Informationen sind, die wir erhalten, und ob diese wirklich eine freie Meinungsbildung ermoglichen. Es liegt somit an uns, die konsumierten Medieninhalte auf deren Güte, das heißt Qualität hin zu überprüfen und unser Konsumentenverhalten darauf abzustimmen. Besonders die Unabhängigkeit und Objektivität der Medien wird kontrovers diskutiert.

AUFGABE

Welche Meinung haben Sie zu den folgenden Standpunkten? Treffen die folgenden Aussagen Ihrer Meinung nach zu oder handelt es sich dabei um überzogene Behauptungen?

- *Macht Medienmacht Politik?* Speziell die Kontrollfunktion der Politik ist Gefahren ausgesetzt, da Image- und Stimmungsbilder von Politikern in Form von permanenten Wählerumfragen zunehmend an Bedeutung gewinnen und das Image von Politikern in Zusammenarbeit mit den Medien bewusst konstruiert wird. Das bedeutet, dass Umfragewerte und mediale Präsentationsplattformen wie Talkshows oder Facebook eine bedeutende Rolle in der heutigen Ausgestaltung von Politik spielen, sodass Politiker zunehmend nach medialer Präsenz und medialem Einfluss streben. Anstatt einer Kontrollfunktion durch die Medien kommt es dadurch zu gewissen Bündnissen zwischen Medien und Trägern politischer Mandate. Ein Beispiel ließe sich in Italien entdecken, wo der erfolgreiche Medienunternehmer Silvio Berlusconi Regierungschef wurde.

BEISPIEL

Politik als mediale Inszenierung?

Der damalige Verteidigungsminister Karl-Theodor zu Guttenberg besucht die Bundeswehrsoldaten in Afghanistan. Dieser Besuch wird medial inszeniert. Dazu gehört, dass ihn seine Frau begleitet und jeder Schritt der Guttenbergs von Fernsehkameras aufgenommen wird. Den Höhepunkt stellt eine Art Live-Talkshow vor Ort mit dem Fernsehmoderator Johannes B. Kerner dar.

- *Abbild der Wirklichkeit oder verzerrte Sensationsjagd?* Es ist an uns, zu hinterfragen, ob die Massenmedien ein Abbild der Wirklichkeit liefern oder ob sie aufgrund ihres Interesses an hohen Einschaltquoten und nach dem Motto „good news are bad news" übermäßig häufig Skandale, negative Ereignisse oder Konflikte in den Vordergrund stellen und damit eine Scheinwirklichkeit konstruieren.

BEISPIEL

Sex, Sex, Sex – Generation Porno?

Folgen wir einschlägigen Medienberichten, so könnten wir den Eindruck gewinnen, Jugendliche hätten „heutzutage" immer früher, immer häufiger und mit immer mehr verschiedenen Partnern Sex. Tatsächlich handelt es sich bei diesen medialen Berichten um beobachtbare Tendenzen, die nur auf gewisse Randgruppen zutreffen und nicht für die Gesamtheit der Jugendlichen in Deutschland repräsentativ sind. Gesamt betrachtet liegt der Anteil derjenigen, die bereits im Alter unter 14 Jahren Geschlechtsverkehr hatten, gemäß der Jugendsexualitätsstudie (Jugendsexualität 2006 – Repräsentative Wiederholungsbefragung von 14- bis 17-Jährigen und ihren Eltern) der Bundeszentrale für gesundheitliche Aufklärung

(BZgA) sowohl bei Jungen als auch bei Mädchen deutlich unter 10%. Ferner hatte ein Drittel der 17-jährigen Jungen und Mädchen mit deutscher Staatsangehörigkeit noch keinen Geschlechtsverkehr. Bei Mädchen mit Migrationshintergrund liegt der Anteil sogar bei 47%. Insgesamt stieg der Anteil derjenigen Jugendlichen, die bereits unter 17 Jahren Geschlechtsverkehr hatten, seit den 1980er-Jahren zwar stetig an, ist jedoch laut der Jugendsexualitätsstudie seit der Jahrtausendwende nahezu konstant bzw. sogar etwas rückläufig. Darüber hinaus geben mehr als 60% der befragten Mädchen an, dass sie beim „ersten Mal" in einer festen Beziehung gewesen seien. Weitere knapp 30% äußern, mit ihrem ersten Geschlechtsverkehrspartner zumindest gut bekannt gewesen zu sein. Ähnliche Prozentwerte zeigen sich gemäß der Studie der BZgA auch bei den Jungen. Ferner liegt die Anzahl der Geschlechtsverkehrspartner bei 76% der Mädchen bei einem bis maximal zwei Partnern. Bei Jungen beträgt der Anteil von ein bis maximal zwei Geschlechtsverkehrspartnern 60%, bei Jungen mit Migrationshintergrund 48%.

Blog
Abkürzung von Web Log; Internetplattform eines Users, der in seinem Blog zu verschiedenen Dingen öffentlich Stellung nimmt, z.B. ein Mode-Blog oder eine Art Internettagebuch eines Auslandsjournalisten. Meistens enthalten Blogs eine Kommentarfunktion, sodass die Leser die Einträge kommentieren können.

- *Stirbt der seriöse Journalismus?* Der seriöse Journalismus steckt in der Krise. Tageszeitungen müssen sinkende Absatzzahlen zu verzeichnen. Vor allem junge Menschen lesen weniger Tageszeitungen. Zudem fällt es Tageszeitungen immer schwerer, sich zu finanzieren. Neben dem Verkauf der Zeitungen sind diese hauptsächlich von Werbeeinnahmen in Form von Anzeigen abhängig. Diese werden jedoch inzwischen erheblich häufiger im Internet geschaltet, sodass den Tageszeitungen die wichtigste Einnahmequelle abhanden kommt und sie ihr journalistisches Angebot einschränken bzw. sogar einstellen müssen. Dies gilt insbesondere für kleinere regionale Tageszeitungen.
- *Können Internetblogs den seriösen Journalismus ersetzen?*
- *Brauchen wir überhaupt die klassischen Printmedien oder hat nicht der moderne, stets aktuell internetinformierte „Onlinebürger" zu allem eine Meinung?*

BEISPIEL

Blogs

„(...) Blogger, also die Autoren von Weblogs, haben ganz unterschiedliche Motive, aus denen sie ihre täglichen Erlebnisse, Kuriositäten oder „Nachrichten" ins Netz stellen. Meist steht aber der persönliche Mitteilungsdrang im Vordergrund. Aber auch klassische Journalisten, meist als Freiberufler unterwegs, haben Blogs als Möglichkeit erkannt, mit eigenen Beiträgen auf ihre Arbeit aufmerksam zu machen oder Beiträge, die nicht den Weg in die Redaktionen geschafft haben, dort zu veröffentlichen.

Da die Blogs überwiegend frei im Internet verfügbar sind, verzichten die Blogger auch auf jegliche Bezahlung. (...). Da keinerlei redaktionelle Filterung oder inhaltliche Prüfung von einer übergeordneten Instanz stattfindet, sind die Informationen insbesondere aus Blogs mit einer gewissen Vorsicht zu betrachten. Vor allem ist hier eine Quellenforschung sehr schwierig, da oft nur auf ein anderes Blog verwiesen wird. Das hat dazu geführt, dass gelegentlich Themen „explodieren", also innerhalb von kürzester Zeit von einem zum anderen Blog übernommen werden, obwohl die Originalquelle gelegentlich recht dürftig ist. Gerade hier wird eine genaue Überprüfung der Quelle sehr wichtig (...). Während des Irak-Krieges haben einige Journalisten vor Ort ihre Erlebnisse unabhängig von den normalen Reportagen in Form eines Internet-Tagebuches geführt und damit erheblich zu einer ungefilterten, nicht durch die US-Armee zensierten Berichterstattung beigetragen (...)".

(ROSENGART, 2007, S. 21 f.)

BEISPIEL

„Was sagt man dazu? – Am besten einfach mal gar nichts: Im echten Leben würde es uns ganz schön nerven, wenn jeder zu allem seinen Senf dazugibt, im Internet aber ist das normal – eine Polemik gegen das Mitredenwollen.

Es ist, als würden im Kino fortwährend Kommentare der Zuschauer eingeblendet: „Laaaaaaaaaaangweilig!" Es ist, als würden die Besucher im Museum auf jedes Gemälde gelbe Zettelchen mit ihrer eigenen Meinung pappen: „Das soll ein Gesicht sein? Meine Nichte (8) kann das besser!" Es ist, als würden im Theater immer wieder Zuschauer aufstehen und das Geschehen auf der Bühne kritisieren: „Hey, was soll das schwule Rumgehopse?" Im Journalismus gehören solche Zwischenrufe, Überblendungen und Einwürfe von der Seite inzwischen nicht nur zum Alltag. Sie gelten als weiterer Schritt in eine schöne neue und „soziale" Medienwelt. Mit der digitalen Revolution hat sich auch das Verhältnis von Publizismus und Publikum grundlegend verändert. Es debattieren nicht mehr nur die Meinungsritter verschiedener Zeitungen miteinander, es mischt auch das Publikum mit. Nicht mehr nur in Leserbriefen, sondern in Echtzeit. Über Twitter, Facebook oder die Kommentarspalten im Internet. Wer aber alle, also auch den Mob, zum Mitmachen einlädt, wird gemobbt. Wer den Pöbel ermuntert, wird angepöbelt. Heute geht es sofort in den Nahkampf. Kaum ist ein Artikel online, zieht er schon die ersten Kommentare auf sich. Der erste Leser bezweifelt die Relevanz des Textes („Und wo ist da die Nachricht?"), der zweite seine Richtigkeit („Man kann das auch ganz anders sehen") – und spätestens der dritte Leser geht ad hominem, also direkt auf den Autor los: „Bei welcher Schülerzeitung wurde dieser armselige Schreiberling denn aufgegabelt?" Was eigentlich Thema war, wird schnell vergessen. Und was eine Debatte sein könnte, verwandelt sich zusehends in ein Schlachtfeld aus Gedankentrümmern und Meinungsmorast, in dem nur noch die widerlichsten Stilblüten blühen. Zumal ein wütender Leser viel eher als ein zufriedener Leser geneigt ist, sich spontan im Internet zu äußern. Er hält dies für demokratische Teilhabe, sein gutes Recht, will aber doch lieber im Schutz der Anonymität teilnehmen. Denn so lässt sich in den Foren ein Ton anschlagen, wie man ihn höchstens vom Schulhof kennt. Dabei kann der ursprüngliche Autor noch von Glück reden, wenn sich die ihm nachsetzende Meute irgendwann gegenseitig an die Gurgel geht. Hier moderierend und damit mäßigend eingreifen zu wollen, entspricht dem Versuch, einen Schwarm attackierender Piranhas mit guten Worten zur Umkehr zu bewegen. Der Schwarm aber kennt naturgemäß keine Intelligenz. Nur Affekte. Deshalb wird jeder Artikel über Rassismus zuverlässig von rassistischen Kommentaren unterspült, zieht jeder Text über Sexismus einen Rattenschwanz an sexistischen Beleidigungen hinter sich her. Es ist ein Elend. Und jeder Blogger, jeder Journalist kennt dieses Elend. Trotzdem tun alle Beteiligten so, als könnte man „mit dem Publikum auf Augenhöhe" in einen für beide Seiten fruchtbaren Dialog treten. Trotzdem geben sich alle Beteiligten den Anschein, das Netz wäre ein platonisches Plenum, in dem alle Akteure ein gemeinsames Ziel verfolgen. Als müssten eben nur schnell „die schlimmsten Einträge" gelöscht werden, so wie man nebenbei Unkraut rupft. Wenn das keine Zensur ist, so ist es doch mindestens eine verfälschende Beschönigung. Durch das Herausfiltern der Trolle und Irren ist der Diskurs aber nicht mehr zu retten, weil er eben nicht mehr repräsentativ ist – weil das Gesamtbild durch die Löschung der schlimmen Beiträge so verzerrt wird, dass es am Ende nur so scheint, als würden die gemäßigten Stimmen überwiegen.

Wenn uns aber systematisch – und sei es aus noch so guten Gründen – eine Minderheit als Mehrheit vorgegaukelt wird, läuft etwas schief. Dann kann von einem demokratischen Diskurs keine Rede sein. Es ist eben nicht die radikale Minderheit, die sich im Netz in eine Meute verwandelt. Es ist die Mehrheit." (Frank, 2013, S. 25)

- *Bye, bye, Bildungsauftrag – läuft künftig nur noch Quatsch?* Die privaten Rundfunkanbieter müssen sich ausschließlich über Werbung finanzieren. Dabei sind die Preise für Werbespots von der Zuschauerquote abhängig. Das bedeutet, dass private Sender Sendeformate anbieten müssen, die für das Publikum möglichst attraktiv sind. Deshalb setzen private Sender vor allem auf Medienformate wie Quiz-Sendungen, Reality-TV, Serien und Castingshows aller Art.

14.1.2.2 Welchen Einfluss hat das Massenmedium Fernsehen auf unser Leben?

Neben den Printmedien kommt vor allem dem Fernsehen eine wichtige Funktion bei der Meinungsbildung bzw. Bildung der Bevölkerung zu. Darüber hinaus trägt das Fernsehen wesentlich zur individuellen Sozialisation, also dem Hineinwachsen in die Gesellschaft, bei. Es ist folglich ein Medium, das eine Rolle bei der gesellschaftlichen Integration von Heranwachsenden spielt. Das Fernsehen vermittelt Leitbilder, Werte und Normen, Rollenbilder (z. B. Geschlechterrollen) und Wissen. Dies geschieht nicht nur über Wissenssendungen, sondern auch weitgehend unbewusst über Daily Soaps wie „Verbotene Liebe", Dokusoaps, Familienserien, Filmbeiträge wie „Tatort" etc.

Fahrenheit 451
Der Zukunftsroman Fahrenheit 451 knüpft mit seinem Titel an eine Messgröße an. Fahrenheit 451 ist die Temperatur, bei der Papier zu brennen anfängt.

Das Fernsehen als eine Medienform trägt somit wesentlich zur Persönlichkeitsentwicklung von Kindern und Jugendlichen und der Auseinandersetzung mit der Umwelt bei. Diesbezüglich steht Kindern und Jugendlichen ein unerschöpfliches Angebot an Sendeinhalten, Sendeformaten und vor allem Internetangeboten zur Verfügung, sodass es für Eltern kaum möglich ist, Einblicke zu erhalten, womit sich ihr Nachwuchs beschäftigt bzw. was jenseits und innerhalb des Elternhauses und Kinderzimmers medial konsumiert wird.

Die Entwicklung des Massenmediums Fernsehen ist nicht beim dualen System aus Privatsendern und öffentlich-rechtlichen Sendern stehen geblieben. Vielmehr entwickelt sich das Fernsehen – zusätzlich zu den gesetzlichen Rundfunkgebühren – zu einem Bezahlfernsehen mit zahlreichen Spartenkanälen, wo derjenige, der es sich leisten kann, nur für das bezahlt, was er sehen möchte, und derjenige, der es sich nicht leisten kann, von diesen Informations- und Unterhaltungsangeboten ausgeschlossen wird.

AUFGABE

Überlegen Sie, welchen Einfluss es auf eine Gesellschaft hat, wenn nicht nur Fußballübertragungen und Unterhaltungsformate wie Spielfilme, sondern zum Teil auch Wissens- und Bildungsinhalte ins private Bezahlfernsehen verlagert werden?

Darüber hinaus wird Fernsehen zunehmend interaktiv. Fernseher und Computer verschmelzen zu internetfähigen, multifunktionalen Geräten und das Wohnzimmer wird zu einem 3-D-fähigen Surround-Sound-Heimkino-Center, ausgestattet mit einem riesigen Flachbildschirm, der häufig im Zentrum der familiären Aufmerksamkeit steht.

BEISPIEL

In dem bekannten Zukunftsroman „Fahrenheit 451" aus dem Jahr 1953 von Ray Bradbury lebt der Mensch in einer Gesellschaft, in der Bücher verboten sind. Selbstständiges Denken wird als gefährlich und als staatszersetzend angesehen und soll unterbunden werden. Sogenannte staatliche Feuerwehrmänner schwärmen mit ihren Löschfahrzeugen aus, um geheime Bücherdepots ausfindig zu machen, verhaften deren Besitzer und verbrennen anschließend die Bücher. Der Mensch verbringt in dieser Zukunftsgesellschaft seine Zeit neben der Arbeit überwiegend vor riesigen interaktiven Bildschirmen, die im gesamten Haus angebracht sind. Alle sollen stets glücklich sein. Dazu wird den Menschen eine Vielzahl an Pillen verabreicht. Querdenker und Missmutige werden medikamentös neu eingestellt oder neuronal behandelt, um als „neuer" Mensch wieder glücklich an diesem gesellschaftlichen Leben teilhaben zu können.

AUFGABE
Science Fiction oder Gegenwart? Diskutieren Sie darüber, inwieweit RAY BRADBURYS mediale Schreckensvision aus dem Jahr 1953 bereits in unserem gegenwärtigen Leben angekommen ist.

Als kritische Konsumenten müssen wir uns ferner die Frage stellen, ob alle Sendeformate des Massenmediums Fernsehen unbedenklich sind, welche Werte und Normen dort vertreten werden und ob zugunsten der Einschaltquote nicht manchmal die Würde des Menschen auf der Strecke bleibt.

Analysieren wir dazu folgende Sendeformate:
- Schritt 1: Wählen wir zuerst mindestens drei Privatsender und drei öffentlich-rechtliche Fernsehsender aus.
- Schritt 2: Fertigen wir eine Tabelle an (Muster siehe nächste Seite) und analysieren anhand einer Fernsehzeitschrift im Zeitraum von einer Woche, wie viel Sendeanteil / Sendezeit pro Sender den einzelnen Sendeformaten in der Sendezeit von 14 bis 24 Uhr zugestanden wird.
- Schritt 3: Addieren wir die Sendezeiten der einzelnen Sendeformate pro Sender und rechnen diese in Prozent um.

Wenn wir gemäß der Anleitung eine Fernsehzeitschrift analysiert haben, erhalten wir stichprobenmäßig einen Einblick in die deutsche Fernsehkultur zu einem bestimmten Zeitpunkt (hier die Zeit vom 17.–23. August 2013).

AUFGABE
Betrachten Sie die abgedruckte bzw. Ihre eigene Tabelle.
- Welche Gemeinsamkeiten und Unterschiede können Sie im Vergleich der öffentlich-rechtlichen Sender und der Privatsender erkennen?
- Beurteilen Sie die Gewichtung zwischen Sendeformaten, die der reinen Unterhaltung dienen, und Sendeformaten, die laut Grundgesetz Art. 5 der öffentlichen Meinungsbildung dienen sollen.
- Treffen Sie Aussagen dazu, ob die öffentlich-rechtlichen Sender ihrem gesetzlichen Auftrag, die Grundversorgung der Bevölkerung mit Informationen zu sichern, angemessen nachkommen.
- Welche Ergebnisse – bezogen auf die Sendeformate – empfinden Sie vom pädagogischen Standpunkt aus (Werte, Normen, Leitbilder) als positiv, welche halten Sie eher für bedenkenswert?

Sicherlich werden Sie festgestellt haben, dass Castingshows als eigene Kategorie der Reality-TV-Formate, z. B. „Deutschland sucht den Superstar", „Germany's Next Topmodel", „The Voice of Germany" oder „Das Supertalent", in dem begrenzten Messzeitraum einer Woche unterrepräsentiert waren und zu anderen Zeitpunkten einen weitaus größeren Sendeanteil bei den Privatsendern einnehmen. Gleiches gilt für Sportsendungen. Ferner wird Ihnen nicht entgangen sein, dass Reality-TV-Formate einen großen Sendeanteil bei den Privatsendern beanspruchen.

Sendeformat
Bezeichnung für spezifische Sendegattungen, z. B. das Sendeformat Quiz, Castingshow oder Spielfilm

Was sagen die folgenden Reality-TV-Formate über uns, den Menschen, den Konsumenten, den Zuschauer aus?
- Warum macht es uns Freude, „schwer vermittelbaren" Landwirten bei ihrem unbeholfenen Balzverhalten zuzuschauen?
- Warum schauen wir Streifenpolizisten dabei zu, wie sie in Alltagskonflikte geraten?
- Warum betrachten wir möglichst unterschiedlich zusammengesetzte Wohngemeinschaften hautnah bei ihrem Alltags- und Liebesleben in der Großstadt oder in einem Container?
- Warum schauen wir dabei zu, wie die Mütter zweier Familien für einen begrenzten Zeitraum getauscht werden und zumindest eine davon im fremden Haushalt scheitert bzw. vom Drehbuchautor erdachte abstruse Dinge erlebt?
- Warum schauen wir bedauernswerten hilflosen Menschen dabei zu, wie sie in vermüllten Haushalten dahinvegetieren und ein Dasein als „Messie" fristen?
- Warum wollen wir reichen Menschen dabei zusehen, wie sie ihren Alltag gestalten und dabei permanent ihren Reichtum zur Schau stellen und Berge von Geld ausgeben?
- Warum sehen wir uns Mallorca- und Ibiza-Urlauber an, die gemäß Drehbuch möglichst viele Liebesabenteuer und Beziehungskonflikte im Urlaub erleben?
- Warum schauen wir Auswanderern dabei zu, wie sie teilweise mit naiven Vorstellungen in andere Länder auswandern und dort auf Probleme stoßen?
- Warum schauen wir dabei zu, wie Schuldnerberater hoffnungslos verschuldeten Menschen dabei helfen, wieder Fuß zu fassen?
- Warum begleiten wir Sozialpädagogen hautnah dabei, wenn sie mit „schwierigen" Familien oder Klienten arbeiten, sodass Privatangelegenheiten wie extreme Verhaltensauffälligkeiten der Kinder oder die

	Anteil der Sendezeit pro Woche im Zeitraum 14–24 Uhr (Gesamt 70 Stunden = 4.200 Min.); Messzeitpunkt 17.–23. August 2013						
	öffentlich-rechtliche Sender			Privatsender			
	ARD	3sat	SWR	RTL	Vox	Pro 7	
Reality-TV-Formate				1.715 Min. 40,8 %	1.770 Min. 41,1 %		Unterhaltung
Castingshows				60 Min. 1,42 %		175 Min. 4,2 %	
Spiel-, Quiz-, Koch-, Comedy- und Unterhaltungsshows	20 Min. 0,5 %		1.405 Min. 33,4 %	535 Min. 12,7 %	995 Min. 23,6 %		
Serien (Soaps, Sitcoms, Krimiserien etc.)	1.345 Min. 32,0 %	20 Min. 0,5 %	160 Min. 3,8 %	730 Min. 17,3 %	790 Min. 18,8 %	2.310 Min. 55 %	
Spielfilme	845 Min. 20,1 %	690 Min. 16,5 %	195 Min. 4,6 %	215 Min. 5,1 %	450 Min. 10,7 %	795 Min. 18,9 %	
Sport	445 Min. 10,5 %		255 Min. 6,0 %				
Promi- und Lifestyle-Magazine, (Promi-)Talkshows	350 Min. 8,3 %	10 Min. 0,2 %	90 Min. 2,1 %	425 Min. 10,1 %	115 Min. 2,7 %	300 Min. 7,1 %	Öffentliche Meinungsbildung
Dokumentationen (Tiere, Pflanzen, Geschichte, Reisen, Länderberichte)	140 Min. 3,3 %	1.905 Min. 45,3 %	1.080 Min. 25,7 %	105 Min. 2,5 %			
Politische Sendungen und Magazine (Nachrichten, Politmagazine, Polit-Talkshows)	818 Min. 19,5 %	285 Min. 6,8 %	545 Min. 13 %	255 Min. 6,0 %	5 Min. 0,06 %	70 Min. 1,7 %	
Wissenssendungen und Ratgeber	157 Min. 3,7 %	420 Min. 10 %	170 Min. 4 %	70 Min. 1,6 %	75 Min. 1,8 %	490 Min. 11,7 %	
Kulturmagazine, Theater, Musik	30 Min. 0,7 %	695 Min. 16,5 %	300 Min. 7,1 %				
Sonstige	50 Min. 1,2 %	175 Min. 4,2 %		90 Min. 2,1 %			
Gesamt	100 % (70 Std.; 4.200 Min.)	100 % (70 Std.; 4.200 Min.)	100 % (70 Std.; 4.200 Min.)	100 % (70 Std.; 4.200 Min.)	100 % (70 Std.; 4.200 Min.)	100 % (70 Std.; 4.200 Min.)	

Anteil an Unterhaltungsinhalten	63,1 %	17 %	47,8 %	77,3 %	94,2 %	78,1 %
Anteil an Sendeinhalten, die zur öffentlichen Meinungsbildung beitragen	35,7 %	78,8 %	51,9 %	20,2 %	1,9 %	20,5 %

Erziehungs- und Lebensbewältigungsprobleme der Eltern öffentlich zur Schau gestellt werden?

- Warum wollen wir mehr oder minder prominenten Personen beim Shopping zuschauen?
- Warum schalten wir nicht ab, wenn Privatpersonen gemeinsam in verschiedenen Haushalten miteinander kochen?
- Warum ist generell das „vermeintliche" Alltags- und Arbeitsleben von Autohändlern, Maklern, Haufrauen, Tätowierern, Tiertrainern, Schrottplatzbesitzern etc. für uns interessant?

BEISPIEL

Folgende 38 Reality-TV-Formate finden sich auf der Homepage des Privatsenders RTL2 unter der Rubrik „Dokusoaps“: Ausgewandert – ausgesorgt, Bauexperte im Einsatz, das Aschenputtel-Experiment, das Einrichtungskommando, das Messie-Team, der Promi-Trödeltrupp, Deutschlands Partymacher, die Autoeintreiber, die Bauretter, die Geissens, die Hohlbeins, die Mädchen-Gang, die Schnäppchenhäuser, die Super-Checker, die Welt ist rund, die Wollersheims, die Wollnys, die Wollnys 2.0, Extrem schön, Family Stories, Frauentausch, Freunde und Helfer!, Go West!, Himmlische Hilfe, Holiday Spy, Jungfrau sucht, Liebe im Paradies, Miami heiß, Praxis Extrem, Praxis Extrem – Teenager, Promi-Frauentausch, Saturday Night, Schickeria Deluxe, Teenager in Not, Teenie-Mütter, Traumfrau gesucht, Villa Germania, Wunschkinder, Zuhause im Glück. (http://www.rtl2.de/17.html)

RTL 2

11.20 Family Stories 12.15 Köln 50667 13.15 Berlin – Tag & Nacht 14.15 X-Diaries 15.05 Der Trödeltrupp 16.05 Privatdetektive im Einsatz 17.00 X-Diaries 18.00 Köln 50667 19.00 Berlin – Tag & Nacht 20.00 News 20.15 Die Geissens · Do-

AUFGABEN

Stellen Sie aufgrund Ihres bisherigen psychologischen und pädagogischen Fachwissens Vermutungen bzw. Hypothesen auf, warum so viele Menschen Lust darauf haben, sich die zahlreichen Reality-TV-Sendeformate der Privatsender anzuschauen.

Diskutieren Sie, welche aktuellen Sendeformate Ihres Erachtens die Freiheit der Berichterstattung für Rundfunkanstalten überschreiten und das Recht auf persönliche Ehre (Grundgesetz Art. 5, Abs. 2) verletzen.

Was wäre, wenn das Recht auf die persönliche Ehre einmal völlig außer Kraft gesetzt würde? Konstruieren Sie mögliche künftige Reality-TV-Formate, Fernsehshows oder Castingshows.

BEISPIEL

Castingshows als erzieherische Sozialisationsinstanz?

Castingshows gehören zum TV-Format „performatives Reality-TV“. Damit ist gemeint, dass diese Sendungen einen Einfluss auf das Leben „echter“ Menschen haben. Dabei sind die ausgewählten Charaktere bewusst so gecastet, dass sie die Zuschauer polarisieren. Auch die Dramaturgie der Ereignisse in Zusammenhang mit dem Schnitt der Bilder und der Kameraführung wird bewusst herbeigeführt. Zum Konzept solcher Sendungen gehört es, durch gezielte Grenzüberschreitungen für Aufmerksamkeit und damit Einschaltquoten zu sorgen.

Vor allem bei Mädchen und jungen Frauen sind diese Sendungen beliebt. 59 % der 12- bis 13-jährigen Mädchen schauen relativ häufig Castingshows, bei den 16- bis 17-Jährigen sinkt der Anteil auf 33 %. Bei den 21- bis 24-jährigen Mädchen liegt der Anteil der regelmäßigen Zuschauerinnen noch bei 24 %. Laut MARGARETH LÜNEBORG und CLAUDIA TÖPPER, den Forscherinnen, die diese Ergebnisse durch Interviews mit Teenagern und jungen Erwachsenen zutage förderten, erfüllen Castingshows neben der reinen Unterhaltung gewisse Funktionen für Kinder, Jugendliche und junge Erwachsene. Ihren Forschungen zufolge kommt es im Anschluss an diese Sendungen zu Diskussionen in der Peergroup (Gleichaltrigengruppe), z. B. in der Schule, am Ausbildungsplatz, der Arbeitsstelle oder dem Uni-Campus. Durch die gemeinsame Einigung und Aushandlung der Zuneigung und Abneigung bezüglich der Kandidaten wird die Gruppenzugehörigkeit gestärkt. Ferner trägt das von den Sendeformaten bewusst erzeugte Mitfühlen zur moralischen Auseinandersetzung und zur Identitätsentwicklung bei. Jugendliche können durch die Auseinandersetzung mit den Handlungen der Kandidaten das Gefühl der moralischen Überlegenheit erleben. Wichtig ist diesbezüglich die Identifikation mit Jurymitgliedern und Favoriten und gleichzeitig die Abgrenzung von manchen Kandidaten. Dadurch wird im eigenen sozialen Umfeld eine gemeinsame Basis moralischen Handelns ausgelotet, z. B. darüber, was peinlich ist, was mutig ist und was „gar nicht

performatives Reality-TV

Unter performativem Reality-TV verstehen wir Sendungen, die einen tatsächlichen Einfluss auf das Leben der Kandidaten haben, also nicht nur „gespielt“ sind. Dabei sind die Kandidaten bzw. Teilnehmer dieser Shows gecastet, das heißt bewusst nach bestimmten Kriterien ausgewählt, damit verschiedene, für den Zuschauer attraktive und abstoßende Rollen wie „Liebling“ und „Bösewicht“ vorhanden sind und wodurch die Sendung möglichst interessant sein soll. Beispiele hierfür sind Sendungen wie das „Dschungel-Camp“, bei der mehr oder minder prominente Personen ausgewählt werden, in einem Camp im Dschungel zu leben und dabei teils eklige Aufgaben zu lösen. Nur einer kann am Ende „Dschungelkönig“ werden.

Auch Sendungen, bei denen am Ende ein Supertalent, ein neues Topmodel oder ein neuer Musikstar gekürt wird, gehören zu der Kategorie performatives Reality-TV.

geht". Somit werden gemeinsame Normen und Werte diskutiert.

Bei der Untersuchung zeigten sich bei den Jugendlichen moralische Grenzen, z. B. bei Gewaltanwendung, beispielsweise in Form von Misshandlung von Kindern durch Schläge in der Sendung „Super Nanny", sowie bei der medialen Ausschlachtung von Trauer und Tod. Ferner konnte aber auch gezeigt werden, dass beleidigende und diskriminierende Äußerungen von Jurymitgliedern, z. B. bei der Sendung DSDS (Deutschland sucht den Superstar) den Jugendlichen Freude bereiteten, wenn die Jugendlichen die Jurymitglieder als Autorität akzeptierten und sich deren Meinung anschlossen.

Gleichzeitig waren sich die Jugendlichen jedoch bewusst, dass derlei öffentliche Demütigungen amoralisch sind. LÜNEBORG und TÖPPER begründen dies damit, dass solche Verstöße und Entgleisungen die jugendliche Sehnsucht nach Grenzverstößen bedienen und eine Provokation für die Werte und Normen der Erwachsenenwelt darstellen. In diesem Rahmen, das heißt dem gemeinsamen „Ablästern" über Kandidaten und durch das offenkundige Vergnügen und den Austausch über verbale Entgleisungen in Castingshows, können Jugendliche die Regeln der Erwachsenenwelt gefahrlos in geschütztem Rahmen brechen. Die befragten Jugendlichen rechtfertigen diese Lust am Betrachten solcher medialen Demütigungen damit, dass diese Provokationen gezielt in die Sendung eingebaut würden und somit inszeniert seien. LÜNEBORG und TÖPPER folgern daraus, dass diese Fähigkeit der Jugendlichen, das Sendeformat, das heißt die gesteuerte Dramaturgie und die Inszenierung, zu erkennen und zu durchschauen, die Jugendlichen davon abhalte, die dargestellten negativen Verhaltensweisen zu übernehmen. (Nach LÜNEBORG/TÖPPER, 2011)

14.1.2.3 Was ist dran am inszenierten Leben der anderen?

Sendungen, die vorgeben, wirkliche Menschen in ihrem Leben mit der Kamera zu begleiten, gehören zum TV-Format „scripted Reality". Sie laden uns dazu ein, uns aufzuregen, uns abzugrenzen oder uns überlegen zu fühlen. „Scripted Reality" bedeutet, dass erfundene Alltagsgeschichten anhand eines Drehbuchs produziert werden und es sich bei den Akteuren meist um Laiendarsteller handelt. Doch gerade jüngeren Kindern und Teenagern ist dies oft nicht bewusst, sodass solche Sendungen für Alltagsdokumentationen gehalten werden.

scripted Reality
Erfundene Alltagsgeschichten werden anhand eines Drehbuchs produziert. Bei den Akteuren handelt es sich meist um Laiendarsteller. Durch ihren Dokumentationsstil wirken solche Sendungen, als würden „normale" Menschen bei ihrem Alltags-, Arbeits- oder Liebesleben mit der Kamera begleitet.

Betrachten wir die weiter vorn abgedruckte Tabelle (S. 590), so ist das Programm der Privatsender gespickt mit solchen Formaten, die fast rund um die Uhr gesendet werden und bei Kindern und Jugendlichen Marktanteile bis 25 % erreichen. Das heißt, zu bestimmten Sendezeiten konsumiert jeder vierte jugendliche Fernsehzuschauer diese bewusst zugespitzten Fantasiegeschichten. Mit ihrem gezielt gewählten Dokumentationsstil täuschen sie „Echtheit" vor und sind zudem sehr kostengünstig zu produzieren. Diese Formate sind u. a. deshalb so beliebt, da einfache Lösungen für zahlreiche Konflikte gezeigt werden, die Kinder und Jugendliche emotional ansprechen. Auch die Schuldfrage ist meist schnell gelöst. Zudem werden dort vermehrt Lebensverhältnisse jenseits von Reichtum und Glamour gezeigt, von denen eine Vielzahl an Schülerinnen und Schülern betroffen ist. Einige davon sind eventuell selbst in einer Außenseiterposition, leben in sozial schwächeren Verhältnissen oder haben ernsthafte Konflikte mit den Eltern. Jedoch so schlimm, wie bei den Fällen, die im Fernsehen bzw. in Scripted-Reality-Formaten gezeigt werden, ist es „Gott sei Dank" noch nicht. Das verschafft den Betrachtern ein gutes Gefühl. Zudem werden Dinge bewusst sehr vereinfacht und überzogen dargestellt, sodass wir als Betrachter uns über die gezeigten Akteure lustig machen und uns ihnen gegenüber erhaben fühlen. Wir blicken auf sie herab, was uns wiederum ein gutes Gefühl der Überlegenheit gibt.

Die Gefahr dieser Formate besteht darin, dass unrealistische Ansätze der Konfliktlösung nach einem einfachen Gut-böse-Schema gezeigt werden bzw. generell besonders bei sehr jungen Zuschauern falsche Erwartungen geweckt werden, z. B. im Hinblick darauf, wie ein Urlaub sein sollte (im Anschluss an die Betrachtung von „X-Diaries"). Besonders Gymnasiasten gewinnen durch das Betrachten dieser Sendungen den Eindruck, dass es sehr viele „dumme Menschen" gebe, und fühlen sich dadurch, gemäß medienpädagogischen Analysen, gegenüber bestimmten Menschen und Milieus überlegen. Auch hierin besteht die Gefahr, dass stereotype Menschenbilder geschaffen werden, die den zwischenmenschlichen Umgang gefährden, indem sie zu vermehrter Abgrenzung führen können. (Nach TV Profiler, August 2012)

14.1.3 Wie nutzen Jugendliche Medien?

AUFGABE

Testen Sie Ihr Wissen!

Bitte jeweils auf einem separaten Blatt eine zutreffende Nummer notieren bzw. die Frage beantworten.

Medienbesitz und Mediennutzung			
Welche Mediennutzungsformen werden von 17- bis 19-Jährigen am häufigsten zur Freizeitgestaltung verwendet?	a)	Musik hören (MP3/CD)	○
	b)	Computer/Konsolenspiele spielen	○
	c)	Fernsehen	○
	d)	ins Internet gehen	○
Internet & Computer			
Wie viel Prozent der Kinder und Jugendlichen im Alter von 12–19 Jahren verfügt über einen eigenen Internetzugang?	a)	mehr als 60 %	○
	b)	mehr als 80 %	○
	c)	mehr als 90 %	○
Wie viel Prozent der Kinder und Jugendlichen im Alter von 12–19 Jahren besitzt ein Smartphone?	a)	mehr als 40 %	○
	b)	mehr als 60 %	○
	c)	mehr als 80 %	○
Wie viel Prozent der Kinder und Jugendlichen im Alter von 12–19 Jahren besitzt einen eigenen Computer oder Laptop?	a)	mehr als 55 %	○
	b)	mehr als 75 %	○
	c)	mehr als 85 %	○
Wie viel Zeit verbringen 14- bis 29-Jährige durchschnittlich pro Tag im Internet?	a)	ca. 90 Minuten	○
	b)	ca. 120 Minuten	○
	c)	ca. 150 Minuten	○
Wie viel Prozent der Jungen spielen täglich / mehrmals wöchentlich Computer- oder Konsolenspiele?	a)	mehr als 80 %	○
	b)	mehr als 60 %	○
	c)	mehr als 40 %	○
Welche Altersgruppe „zockt" am meisten?	a)	12- bis 13-Jährige	○
	b)	14- bis 15-Jährige	○
	c)	16- bis 17-Jährige	○
	a)	18- bis 19-Jährige	○
Welche Internettätigkeiten werden von 18- bis 19-Jährigen am häufigsten zur Unterhaltung durchgeführt?	a)	Videoportale nutzen	○
	b)	Musik im Internet hören	○
	c)	in Profilen von Online-Communities stöbern	○
	d)	einfach drauflossurfen	○
Welches ist die beliebteste Website bei Jungen und Mädchen im Alter von 17–19 Jahren? Notieren Sie Ihre Einschätzung.			

Wie viel Prozent der Jugendlichen nutzt täglich / mehrmals wöchentlich Online-Communities wie Facebook?	a)	ca. 60 %	○
	b)	ca. 80 %	○
	c)	ca. 100 %	○
Wozu werden Online-Communities wie Facebook am meisten genutzt?	a)	Nachrichten an andere verschicken	○
	b)	nach neuen Kontakten suchen	○
	c)	Chatten	○
	d)	bei anderen auf die Pinnwand schreiben	○
Wie viele Freunde hat der durchschnittliche Jugendliche (12–19 Jahre) in einer Online-Community wie Facebook?	a)	70	○
	b)	170	○
	c)	270	○
	d)	370	○
Wie viel Prozent der Jugendlichen stellt eigene Fotos und Filme ins Netz?	a)	mehr als 40 %	○
	b)	mehr als 60 %	○
	c)	mehr als 80 %	○
Wie viel Prozent der Jugendlichen hat bei Online-Communities wie Facebook die Privacy-Option aktiviert?	a)	ca. 50 %	○
	b)	ca. 70 %	○
	c)	ca. 90 %	○
Fernsehen			
Wie viel Prozent der 12- bis 19-Jährigen besitzt einen eigenen Fernseher?	a)	mehr als 35 %	○
	b)	mehr als 55 %	○
	c)	mehr als 75 %	○
Wie viel Zeit verbringen 14- bis 29-Jährige durchschnittlich pro Tag vor dem Fernseher?	a)	ca. 90 Minuten	○
	b)	ca. 140 Minuten	○
	c)	ca. 240 Minuten	○
Welches sind die drei beliebtesten Sender der 12- bis 19-Jährigen? Viva, ZDF, Das Erste, DMAX, 3sat, Phoenix, Sat 1, Pro 7, NICK, RTL oder RTL 2? (Notieren Sie drei Sender und vergeben Sie Rangnummern von 1 bis 3).			
Was schauen sich 17- bis 19-jährige Mädchen am liebsten im Fernsehen an?	a)	Soaps für Ältere (z. B. Verbotene Liebe)	○
	b)	Castingshows	○
	c)	Sitcoms für Ältere	○
Was schauen sich 17- bis 19-jährige Jungen am liebsten im Fernsehen an?	a)	Kriminalfime / -serien	○
	b)	Cartoons	○
	c)	Sitcoms für Ältere (z. B. Big Bang Theory)	○
Wie viel Prozent der 12- bis 19-Jährigen der einzelnen Schularten schauen ab und zu scripted (das heißt mit Drehbuch) Reality-TV-Formate wie „Berlin – Tag & Nacht“? Schätzen Sie.	a)	Hauptschule	___ %
	b)	Realschule	___ %
	c)	Gymnasium	___ %
Was ist das häufigste Motiv für 14- bis 29-Jährige fernzusehen?	a)	macht Spaß	○
	b)	sich informieren	○
	c)	entspannen	○

Medienbewertung		
Welches Medium halten 14- bis 19-Jährige für das informativste?	a) Fernsehen	○
	b) Hörfunk	○
	c) Internet	○
	d) Tageszeitung	○
Welches Medium halten 14- bis 19-Jährige für das glaubwürdigste?	a) Fernsehen	○
	b) Hörfunk	○
	c) Internet	○
	d) Tageszeitung	○
Wie wichtig sind Jugendlichen im Alter von 10–18 Jahren die folgenden Dinge? (Erstellen Sie eine Rangfolge mit den Plätzen 1, 2, 3 und 4 indem Sie die entsprechenden Zahlen hinter den Nennungen notieren.)	a) Sport	
	b) Freunde	
	c) gute Schulnoten	
	d) Internetzugang	
Bücher lesen		
Wie viel Prozent der Jugendlichen / jungen Erwachsenen liest täglich bzw. mehrmals die Woche Bücher?	a) mehr als 20 %	○
	b) mehr als 40 %	○
	c) mehr als 60 %	○

AUFGABE

Versuchen Sie, anhand der aktuellen JIM-Studie (Jugend, Information, Multimedia) – Basisstudie zum Medienumgang 12- bis 19-Jähriger in Deutschland (Hrsg. Medienpädagogischer Forschungsverbund Südwest) möglichst viele Antworten zu den vorangehenden Fragen zu finden. Die jeweils aktuelle Ausgabe der Studie als PDF-Dokument erhalten Sie unter http://www.mpfs.de. Weitere Antworten finden Sie unter www.jugendfernsehen.de in dem dort verfügbaren Bericht „Grunddaten Jugend und Medien" des Internationalen Instituts für das Jugend- und Bildungsfernsehen (IZI) http://www.izi.de.

Antworten anhand besagter Studien aus dem Jahr 2012 finden Sie nachfolgend.

Antworten zur Mediennutzung anhand der zuvor angegebenen Internetquellen (siehe Fragebogen vorangehende Seiten)

Korrekte Antwort(en)	Erläuterung
1d	Mit 87 % ist das Internet die am häufigsten genutzte Medienform bei 17- bis 19-Jährigen in der Freizeit, dicht gefolgt vom Fernsehen mit 85 %.
2b	88 % der Jungen und 85 % der Mädchen im Alter von 12–19 Jahren verfügen über einen eigenen Internetzugang.
3a	98 % der Mädchen und 95 % der Jungen (Alter 12–19 Jahre) besitzen ein Handy. Ein Smartphone besitzen 43 % der Mädchen und 51 % der Jungen.
4b	79 % der Mädchen und 85 % der Jungen (Alter 12–19 Jahre) besitzen einen eigenen Computer oder Laptop.
5c	Ca. 150 Minuten verbringen Jugendliche / junge Erwachsene (14–29 Jahre) durchschnittlich am Tag im Internet.
6b	63 % der Jungen (Alter 12–19 Jahre) spielen täglich / mehrmals wöchentlich Computer-, Konsolen- oder Onlinespiele. Bei Mädchen liegt der Anteil bei 20 %. Jungen und Mädchen gesamt ergeben einen Anteil von 42 % an häufigen jugendlichen Computerspielern.

Korrekte Antwort(en)	Erläuterung
7a	Die Altersklasse der 12- bis 13-Jährigen „zockt“ am meisten. 56 % (12- bis 13-jährige Jungen und Mädchen gemeinsam) dieser Altersgruppe spielen täglich bis mehrmals wöchentlich. Mit zunehmendem Alter sinkt der Prozentsatz kontinuierlich und liegt bei 18- bis 19-Jährigen noch bei ca. 30 %. Insgesamt liegt der Anteil der Jungen, die angeben „nie“ Computer- bzw. Konsolen- oder Onlinespiele zu spielen, bei 6 %.
8b	Die Internettätigkeit, die 18- bis 19-Jährige am häufigsten zur Unterhaltung durchführen, ist mit 71 % das Hören von Musik im Internet. An zweiter Stelle liegt mit 68 % die Nutzung von Videoportalen. 66 % geben an, täglich bzw. mehrmals die Woche in Profilen von Online-Communities herumzustöbern. „Einfach drauflossurfen“ gehört für 43 % zum Alltag.
9	Die beliebteste Website bei Jungen und Mädchen (Alter 17–19 Jahre) ist Facebook. Diese wurde von 86 % der Mädchen und 78 % der Jungen am meisten besucht. An zweiter Stelle liegt bei Jungen und Mädchen YouTube.
10b	84 % der 18- bis 19-Jährigen nutzt Facebook täglich / mehrmals wöchentlich. Bei den 16- bis 17-Jährigen liegt der Anteil sogar bei 90 %, bei den 12- bis 13-Jährigen bereits bei 62 %. Dabei zeigen sich kaum Unterschiede zwischen Realschülern, Hauptschülern oder Gymnasiasten.
11a	75 % der befragten Jugendlichen geben an, täglich / mehrmals wöchentlich auf Online-Communities, z. B. Facebook, Nachrichten an andere zu verschicken. An zweiter Stelle liegt die Chatfunktion von Online-Communities. Diese wird von 74 % täglich / mehrmals wöchentlich genutzt.
12c	Die durchschnittliche Anzahl der Online-Community-Freunde beträgt im Jahr 2012 272. Bei den 16- bis 17-Jährigen sogar 329, bei den 18- bis 19-Jährigen 313.
13b	65 % der Jugendlichen hinterlegen eigene Fotos und Filme im Internet. 42 % tun dies auch mit Fotos und Filmen von Freunden und der Familie.
14c	87 % der Jugendlichen geben an, die Privacy-Option bei Online-Communities aktiviert zu haben (91 % der Mädchen, 83 % der Jungen).
15b	64 % der Jungen und 55 % der Mädchen (Alter 12–19 Jahre) besitzen ein eigenes Fernsehgerät.
16b	Ca. 137 Minuten verbringen 14- bis 29-Jährige durchschnittlich täglich vor dem Fernseher. (30- bis 49-Jährige: 219 Minuten; 50- bis 64-Jährige: 277 Minuten; ab 65 Jahre: 305 Minuten).
17	Die beliebtesten Sender der 12- bis 19-Jährigen sind Pro 7 (1) und RTL (2). Mit größerem Abstand folgt auf Platz 3 RTL 2. ARD und ZDF finden kaum Beachtung.
18a	Mädchen (Alter 17–19 Jahre) schauen am liebsten Soaps für Ältere. An zweiter Stelle liegen gleichauf die Sendeformate Castingshows und Sitcoms für Ältere. An dritter Stelle liegen Reality-Shows und Dokusoaps.
19c	Jungen (Alter 17–19 Jahre) schauen sich am liebsten Sitcoms für Ältere an. An zweiter Stelle liegen Kriminalfilme / Kriminalserien. Auf Platz drei liegen Cartoons. An vierter Stelle Sport- und Autosendungen.
20	Mehr als 50 % der Hauptschüler (12–19 Jahre) schauen ab und an Scripted-Reality-TV-Sendungen. Bei Realschülern liegt der Anteil bei mehr als 40 %. Bei Gymnasiasten sind dies mehr als 20 % (Zahlen bezogen auf die Sendungen „Familien im Brennpunkt“, „Verdachtsfälle“ und „Berlin – Tag & Nacht“)
21a	„Macht Spaß“ ist der häufigste Grund für 24- bis 29-Jährige fernzusehen, dicht gefolgt von Fernsehen als Hilfsmittel zur Entspannung.
22c	48 % der 14- bis 29-Jährigen finden, dass das Internet das informativste Medium sei.
23d	Die Tageszeitung wird insgesamt als glaubwürdigstes Medium eingestuft. An zweiter Stelle folgt das Fernsehen, an dritter Stelle das Radio und auf dem letzten Platz das Internet.
24b	Freunde sind für die 10- bis 18-Jährigen mit Abstand das Wichtigste. 79 % geben an, dass ihnen Freunde sehr wichtig seien. 72 % äußern dies bezüglich der Familie. Für 51 % sind Schulnoten sehr wichtig und für immerhin 50 % der Internetzugang.
25b	Circa 42 % Prozent der befragten Jugendlichen geben an, täglich bzw. mehrmals wöchentlich Bücher zu lesen. Nur 16 % geben an, „selten bis nie“ Bücher zu lesen.

14.2 Was bewirken Medien bei uns?

Mit dieser Frage beschäftigt sich die sogenannte „Medienwirkungsforschung". Sie hat eine Reihe von Ansätzen und Theorien hervorgebracht, von denen einige maßgebende in den folgenden Abschnitten behandelt werden.

14.2.1 Theorien und Ansätze der Medienwirkungsforschung

14.2.1.1 Das Stimulus-Response-Modell oder ob Massenmedien eine unmittelbare Wirkung erzielen

Das in den 20er- und 30er-Jahren des 20. Jahrhunderts entwickelte Stimulus-Response-Modell (S-R-Modell) geht davon aus, dass Massenmedien (z. B. die Kriegspropaganda oder die Werbung) unmittelbar, das heißt ohne den Einfluss und die Berücksichtigung anderer Faktoren (monokausal), auf den Empfänger bzw. Rezipienten wirken. Dies geschieht über die Medienbotschaft (der Stimulus S = Reiz), die eine Reaktion (R = Response) in Form der Medienwirkung hervorruft. Dabei liegt es an den Medien, ihre Botschaften sorgfältig auszuwählen, gezielt einzusetzen und massenhaft zu verbreiten, damit die gewünschte Wirkung erzielt werden kann. Bei der gewünschten Wirkung handelt es sich um das Aufnehmen, Verarbeiten und Abspeichern der Botschaft in Verbindung mit einer darauf aufbauenden Reaktion des Rezipienten.

Bei diesem Theorieansatz, der von starken massenhaften und unmittelbaren Medieneffekten ausgeht, wird den Medien eine starke manipulative Wirkung zugeschrieben. Er stellt somit eine Art Allmachtstheorie der Medien dar. Ferner wird der Mensch als leicht formbares Wesen gesehen, das von seiner Grundausstattung her personenübergreifend ähnlich ausgestattet ist und im Wesentlichen vererbten und biologisch verankerten Trieben folgt. Somit wird der Individualität bzw. dem handelnden „Ich" gemäß der damals aufkommenden Vorstellung einer anonymen, wenig vernetzten Massengesellschaft keine Bedeutung beigemessen.

Schon bald wurde jedoch im Zuge psychologischer und soziologischer Forschungen erkannt, dass ein solches Konzept, das annimmt, dass die Medienwirkung allein davon abhängt, wie ausgefeilt die Medienbotschaft gestaltet ist, zu kurz greift. Daraufhin wurde das S-R-Modell zu einem S-O-R-Modell erweitert. Hier steht am Anfang wiederum die Medienbotschaft (S), jedoch wird der Empfänger als vermittelnder Organismus (O) betrachtet und ihm, das heißt seiner Individualität, ein entscheidender Einfluss beigemessen. Somit wird die Individualität des Rezipienten berücksichtigt. Dabei geht das S-O-R-Modell davon aus, dass (S) keinen unmittelbaren Einfluss im Sinne einer Reaktion (R) beim Rezipienten hervorruft, sondern unter (R) lediglich die Beeinflussung von Einstellungen im Sinne von Verstärkung oder Änderung verstanden werden können. Somit beschäftigt sich dieser Ansatz der Medienwirkungsforschung mit der Beeinflussung von Einstellungen (S. 576 f.).

AUFGABE

Stellen Sie sich vor, überall in Deutschland würden vonseiten des Gesundheitsministeriums aus sorgfältig ausgewählte Prominente mit wohl durchdachten Slogans im Fernsehen und auf Plakatwänden für den Verzehr von mehr frischem Obst und Gemüse werben.

Zum Beispiel:
Bring mehr Farbe
in dein Leben!

Wie stellt sich das S-R-Modell, wie das S-O-R-Modell die Reaktionen der deutschen Bevölkerung vor?

monokausal
Darunter verstehen wir Erklärungen, die nur auf einen Wirkungszusammenhang zwischen zwei Merkmalen bauen und weitere Erklärungsansätze bzw. Einflussgrößen ausschließen

Rezipient
Empfänger von Medienbotschaften.

14.2.1.2 Der Nutzenansatz – warum möchte ich Medien konsumieren?

Ähnlich wie beim S-O-R-Modell steht auch bei „Uses and Gratifications" (Nutzenansatz) der aktive Rezipient im Vordergrund. Demgemäß lautet die Leitfrage: „Was macht der Rezipient mit den jeweiligen Medien? Warum nutzt er sie?" *Gemäß diesem Ansatz* **hängt die Art und Weise der Nutzung eines Mediums von den Bedürfnissen, Problemen und Erwartungen des Rezipienten ab.** Die Medien dienen somit dem Menschen als ein Mittel der Bedürfnisbefriedigung und Problemlösung. (Massen-)Medien können also nur eine Wirkung entfalten, wenn der Einzelne sich ihnen zuwendet. Warum welche Medien zur Bedürfnisbefriedigung und Problemlösung herangezogen werden, ergibt sich gemäß diesem Ansatz aus gesellschaftlichen, entwicklungspsychologischen und biologisch-körperlichen Bedingungen. Was ist damit gemeint?

Knapp ein Viertel der 13- bis 19-jährigen Mädchen schaut am liebsten die Fernseh-Castingshow „Germany's Next Topmodel". Welchen Nutzen hat diese Sendung gemäß dem Nutzenansatz, – eine Sendung, in der es um Models, Laufstege und die Glamourwelt des Modebusiness geht und bei der am Ende eine der Kandidatinnen die gefeierte Siegern bzw. das neue „Nachwuchs-Supermodel" ist. Welche Bedürfnisse der zuschauenden Mädchen werden dadurch befriedigt? Stellen wir ein paar Überlegungen an:

- **Gesellschaftliche Bedingungen:** Mode und vor allem das Aussehen, Schlankheit, Fitness, Jugend und Schönheit nehmen in unserer Gesellschaft einen hohen Stellenwert ein. Die Zuschauerinnen, die sich in einem ähnlichen Alter wie die Teilnehmerinnen der Show befinden, möchten so sein wie diese, dieselbe Anerkennung erfahren und verspüren auch den gesellschaftlichen Druck, schön und erfolgreich sein zu müssen. Deshalb fiebern sie mit den Kandidatinnen mit und messen bzw. vergleichen sich teilweise mit ihnen. Dies kann dazu führen, dass sich das Körpergefühl der Zuschauerinnen verschlechtert. So empfindet sich beinahe jedes zweite deutsche Mädchen als zu dick.
- **Biologisch körperliche Bedingungen:** Von dieser Warte aus betrachtet, befinden sich vor allem die jüngeren Zuschauerinnen in einem körperlichen Wachstumsprozess, der mit der Ausprägung der Geschlechtsorgane und der Veränderung der gesellschaftlichen Rolle vom Kind zur jungen Frau einhergeht. Auch hier bieten derlei Sendungen rund um das Thema Schönheit und Weiblichkeit Orientierung.
- **Entwicklungspsychologische Bedingungen:** Die Zuschauerinnen befinden sich im Prozess des Erwachsenwerdens, das heißt der Auseinandersetzung mit gesellschaftlichen Werten und Normen. Sie entwickeln ihre Identität, streben nach sozialer Anerkennung in der Gleichaltrigengruppe, definieren ihre Geschlechterrolle, erproben ihre Wirkung auf das andere Geschlecht und gehen erste feste und intime Liebesbeziehungen ein. Auch in dieser Phase der Selbstfindung besteht ein Bedürfnis nach Orientierung. Besonders der Wunsch nach sozialer Anerkennung in der Gleichaltrigengruppe spielt demgemäß auch beim Betrachten dieser Sendung eine Rolle. 75 % der jugendlichen Zuschauerinnen von „Germany's Next Topmodel" diskutieren spätestens am nächsten Tag darüber, wer hübsch ist, wer „rausfliegen" sollte und wer „hässlich" ist. Speziell die Zuschreibung von Hässlichkeit steigert das eigene Selbstwertgefühl. Zudem ist es bei jüngeren Mädchen üblich, auf dem Schulhof oder bei Kindergeburtstagen die Sendung nachzuspielen und in die Rolle einer Kandidatin zu schlüpfen.

Der Nutzenansatz sieht somit die Beziehung zwischen Mediennutzer und Medien als ein Wechselspiel aus Bedürfnis und Bedürfnisbefriedigung, wobei beide aufeinander Einfluss nehmen, sodass Vorstellungen, z. B. extrem schlank sein zu wollen (Bedürfnis), am Beispiel der Sendung „Germany's Next Topmodel" auch erst durch den Einfluss der Medien zu gesellschaftlichen Normen werden können, die in der Folge das Bedürfnis schlank sein zu wollen, flächendeckend entstehen lassen.

Der Nutzenansatz beschäftigt sich diesbezüglich u. a. mit folgenden Fragestellungen:
- Welche Bedürfnisse, Probleme etc. haben bestimmte Gruppen von Menschen?
- Wie tragen Medien zur Befriedigung dieser Bedürfnisse bei?

- Mit welcher Intensität werden die ausgesuchten Medien zur Bedürfnisbefriedigung genutzt?
- Warum werden mediale und warum nicht direkte Wege der Bedürfnisbefriedigung angewandt?

Ferner unterteilt der Nutzenansatz in vier verschiedene Arten von Bedürfnissen:

1. **Kognitive Bedürfnisse:** Diese Bedürfnisse entstehen einerseits aus einer Unsicherheit heraus, etwa hinsichtlich dem Treffen von Entscheidungen und dem Umgang mit neuen Dingen, die andererseits mit einer gewissen Neugier gepaart ist, sodass kognitive Bedürfnisse durch Wissen und Handlungsanweisungen befriedigt werden.
2. **Affektive Bedürfnisse:** Affektive Bedürfnisse entstehen aus Problemen mit der Stimmungskontrolle und werden durch Entspannung, Aufregung, Entlastung, Ablenkung, Unterhaltung oder Verdrängung befriedigt.
3. **Sozial-interaktive Bedürfnisse:** Diese Bedürfnisse entstehen aus dem Wunsch nach Anerkennung, Sozialkontakten und sozialem Austausch. Wie im Beispiel von „Germany's Next Topmodel" oder anderen Castingshows liefern hier Medien Gesprächsstoff für den sozialen Austausch und stärken die Zugehörigkeit, indem man sich über ähnliche Ansichten verständigt. Gleichzeitig bieten sie Möglichkeiten der Identifikation mit verschiedenen Medienakteuren.
4. **Integrativ-habituelle** (gewohnheitsbedingte) Bedürfnisse: Diese Bedürfnisse entstehen aus dem Wunsch nach Sicherheit, Stabilität und Geborgenheit. Medien befriedigen diesen Wunsch durch Angebote zur Herausbildung gewohnheitsbedingter (habitueller) Nutzungsmuster. Beispielsweise läuft jeden Tag um 20:00 Uhr die Tagesschau in der ARD und jeden Sonntag um 20:15 Uhr der „Tatort". Gleichzeitig folgt die Inhaltsstruktur ritualisierten, das heißt immer ähnlich wiederkehrenden Handlungsmustern, etwa beim „Tatort": Erst der Mord, darauf folgt die Ermittlung, dann die Auflösung. Dies gibt dem Zuschauer das Gefühl der Berechenbarkeit und Sicherheit. Er weiß bereits im Vorfeld, worauf er sich einlässt.

Habitualisierung
Prozess der gewohnheitsmäßigen Ausprägung, sodass eine Verhaltensweise irgendwann zur Gewohnheit wird.

AUFGABEN

Welches „Gesicht" zeige ich in meinem Online-Tagebuch?

Facebook ist mit Abstand die beliebteste Website und gleichzeitig die beliebteste Online-Community bei Jugendlichen und jungen Erwachsenen. Dieses Internetangebot wird überwiegend täglich bis mehrmals täglich genutzt. Auch auf dem Smartphone ist Facebook bei Jugendlichen die dominierende App.

Auf Facebook erstellt jeder Nutzer ein Profil, das bewusst ausgewählte (Profil-) Bilder und persönliche Informationen enthält, die der Einzelne den anderen Zugangsberechtigten bzw. befreundeten Nutzern gegenüber preisgibt bzw. gezielt preisgeben möchte. Darüber hinaus wird gepostet, werden Nachrichten verschickt, wird gechattet, werden Profile durchstöbert, werden Gruppen gegründet, wird bei anderen auf die Pinnwand geschrieben, werden Einträge kommentiert und bewertet und werden neue Freundschaften geknüpft, sodass der durchschnittliche Jugendliche zwischen 280 und 330 Facebook-Freunde aufweisen kann.

Doch warum ist Facebook, wenn wir die Statistik betrachten, gerade für viele Jugendliche und junge Erwachsene so interessant und nicht mehr aus dem Alltag wegzudenken?

Welche Bedürfnisse befriedigen die aufgezeigten Facebook-Aktivitäten gemäß dem Nutzenansatz?

Diskutieren Sie diese Fragen vor dem Hintergrund eigener Erfahrungen und halten Sie Ihre Erkenntnisse schriftlich fest.

14.2.1.3 Die Two-Step-Flow-Theory

Die Theorie des 2-Stufen-Flusses der Medienwirkung (Two-Step-Flow) betont im Gegensatz zu den bisherigen Theorien stärker die soziale Verankerung bzw. den sozialen Hintergrund des Rezipienten. **Menschen vergleichen ihre Ansichten und Verhaltensweisen mit anderen, bewerten sie daraufhin und stimmen sie mit anderen ab** (siehe weiter vorne Diskussion über Castingkandidaten in Fernsehshows, S. 591). Dabei spielen gewisse menschliche Einflussfaktoren wie der soziale Vergleich mit anderen, der Gruppendruck zur Anpassung (Konformitätsdruck) sowie ein starkes Bedürfnis nach Anerkennung eine gewichtige Rolle. Somit richtet der Mensch als soziales Wesen sein Verhalten an zwischenmenschlichen (sozialen) Normen und an seinen sozialen Bezugsgruppen aus.

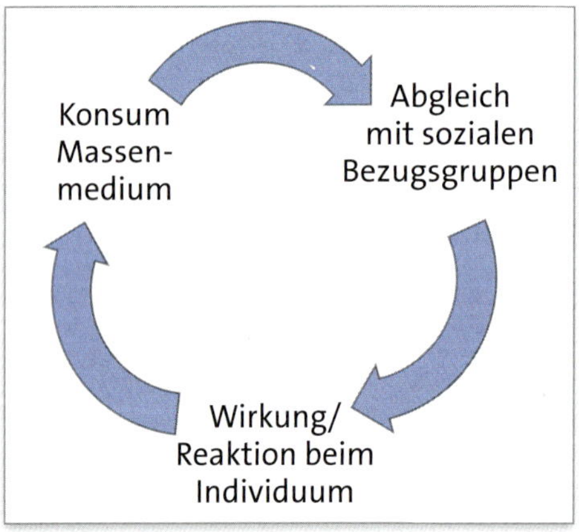

Die Begründer dieses Ansatzes, Lazarsfeld, Berelson und Gaudet, gelangten zu ihren Erkenntnissen anhand einer Studie in Ohio (USA). Hierbei wurden 600 Wählerinnen und Wähler hinsichtlich der Veränderung ihrer Wahlabsichten über einen Zeitraum von sieben Monaten hinweg anlässlich der Präsidentschaftswahlen im Jahr 1940 untersucht. Wichtige Erkenntnisse aus dieser Studie waren:

Grundannahmen: Wahlpropaganda verändert nicht die Einstellungen, sondern weckt bereits im Wähler zuvor angelegte Meinungstendenzen. Diese werden durch die Propaganda bestätigt bzw. verstärkt. Diese bereits vorher angelegten Meinungstendenzen werden häufig mit dem sozialen Umfeld geteilt bzw. zwischenmenschlich abgeglichen.

Schritt 1: Dabei spielen sogenannte Meinungsführer eine zentrale Rolle, die sich mehr mit dem Thema bzw. den Wahlinhalten auseinandersetzen bzw. bei denen überhaupt die Wahlbotschaften ankommen. Medienbotschaften werden selektiv, das heißt nur von bestimmten Personen aufgenommen und von sogenannten Meinungsführern, z. B. aufgrund persönlicher Betroffenheit oder besonderem Interesse, verstärkt aufgegriffen und verbreitet.

Schritt 2: Diese Meinungsführer kommunizieren über die aufgenommenen Botschaften mit weniger interessierten bzw. weniger bezüglich des jeweiligen Themas aktiven Mitgliedern ihres sozialen Umfelds und versuchen, diese zu überzeugen. Dabei speist sich die Meinungsführerschaft aus Faktoren wie *Werten,* für die die jeweilige Person steht, aus der *Stellung einer Person,* aus der *themenspezifischen Kompetenz* und aus der *Zusammensetzung des Netzwerks.*

Kritik wurde an diesem Ansatz vor allem im Hinblick auf die wenig präzisen Darstellungen der Kommunikation zwischen den Meinungsführern und den weniger Beteiligten geübt, also wie es zum Prozess der gemeinsamen Meinungsbildung kommt. Vor allem wird gegenwärtig stärker der Typus des Wechselwählers berücksichtigt, der über weniger starke Vorprägungen verfügt, weniger von seinem sozialen Umfeld beeinflusst wird und stärker zu kurzfristigen Entscheidungen aufgrund von Medieneinfluss neigt. Beispiele hierfür sind mediale Angebote wie Fernsehduelle zwischen amtierendem Kanzler und Herausforderer, z. B. bei Bundestagswahlen, die insbesondere die Wechselwähler bzw. die „Unentschlossenen" ansprechen sollen.

14.2.1.4 Agenda-Setting-Theorie

Die Agenda-Setting-Theorie (Thematisierungsansatz) geht davon aus, **dass die Massenmedien durch die Thematisierung, Gewichtung und Auswahl ihrer Inhalte eine „Medienrealität" konstruieren und damit unsere Wirklichkeitskonstruktion wesentlich beeinflussen.** Das heißt, dem Zuschauer wird ein Thema als „so dringlich" präsentiert, dass es rückwirkend das Leben des Zuschauers bestimmt, indem er darauf reagiert und seiner persönliche Lebensführung ändert, beispielsweise im Hinblick auf das Wahl- und Dauerthema „Altersarmut" durch den Abschluss einer privaten Altersvorsorge.

Dies geschieht dadurch, dass die Medien aus der objektiven Realität, das heißt der Gesellschaft / der Welt, und aus der sozialen Realität, das heißt aus Themen, z. B. wie Altersarmut

Agenda
Das, was zu tun ist; das, worum es geht. „Die Agenda für heute lautet ..."

objektive Realität
das, was tatsächlich gegeben und vorhanden ist, z. B. viele Stechfliegen im Sommer

soziale Realität
wie die Bevölkerung das tatsächlich Gegebene in Form der objektiven Realität wahrnimmt, wie sie darüber denkt, z. B., ob die vielen Stechfliegen im Sommer als schlimme Plage wahrgenommen oder gar nicht beachtet werden

von der Bevölkerung wahrgenommen wird, Daten und Informationen ermitteln, diese aufbereiten, auswählen und dem Zuschauer präsentieren.

Gemäß der Agenda-Setting-Theorie haben Medien einen erheblichen Einfluss darauf, worüber wir nachdenken. Sie präsentieren uns Inhalte, mit denen wir uns auseinandersetzen und über die wir uns darauf aufbauend eine Meinung bilden. Daraus könnte der Leitspruch abgeleitet werden: „Bedeutende Medienthemen erlangen auch Bedeutung in den Köpfen des Publikums, das heißt in ihrer sozialen Realität." Oder umgekehrt, über so manches würden wir nicht nachdenken, wenn es uns in den Medien nicht präsentiert würde.

AUFGABEN

Stellen Sie sich in diesem Kapitel die folgenden drei Fragen:

1. Was bereitet Ihnen gegenwärtig und mit Blick auf die Zukunft die meisten Sorgen?
2. Womit sollte sich Ihrer Meinung nach die Regierung stärker beschäftigen?
3. Worüber sprechen Sie häufig mit anderen Menschen?

- Fragen Sie sich anschließend, wie diese „Themen" (diese Agenda) Ihnen bewusst wurden und welche Rolle möglicherweise die Medien dabei spielten?
- Ermitteln Sie, welche Themen / gesellschaftlichen Problemlagen über einen längeren Zeitpunkt hinweg (das heißt im aktuellen Jahr) in den Medien präsent sind.

Im Rahmen der Agenda-Setting-Theorie können mehrere Ebenen analysiert werden:
- der Einfluss der Medienthemen auf die Bevölkerung
- der Einfluss der Medienthemen auf die Politik
- der Einfluss der Bevölkerungsthemen auf die Politik
- der Einfluss der Bevölkerungsthemen auf die Medien

Darüber hinaus muss berücksichtigt werden, dass sich nicht jedes medial dargebotene Thema in den Köpfen der Bevölkerung widerspiegelt. Vielmehr hängt die Art und Weise des Einflusses von einigen Begleitumständen ab:
- Faktor **Sensibilisierung:** Besonders solche Themen, die sich mit ungeklärten Fragen beschäftigen (Orientierungsbedürfnis) oder auf Neugier stoßen, verankern sich häufiger.
- Faktor **Aktualität:** Der Einfluss hängt davon ab, wie neu die Informationen sind.
- Faktor **Kontext:** Direkte Erfahrungen in der sozialen Umwelt wirken sich stärker aus als medial vermittelte.
- Faktor **Medienpräferenz:** Je stärker ein Medium genutzt wird bzw. im Vordergrund steht, desto höher ist dessen Wirkung. Je mehr Medien mit eventuell gegensätzlichen Positionen genutzt werden, desto schwächer fallen die Effekte aus.

AUFGABE

Die Gedanken sind frei?

Spekulieren Sie darüber, welche Auswirkungen es gemäß dem Thematisierungsansatz (Agenda-Setting-Theorie) haben könnte, wenn ein Medienunternehmer das Medienmonopol hätte, das heißt das inhaltliche und finanzielle Besitz- und Verfügungsrecht über alle digitalen und klassischen Massenmedien in Deutschland.

14.2.1.5 Die Wissenskluft-Hypothese

Die **Wissenskluft-Hypothese** (Increasing Knowledge-Gap) **geht davon aus, dass der zunehmende Informationsfluss in einer Gesellschaft dazu führt, dass besser gebildete und finanziell bessergestellte Bevölkerungsanteile besser und rascher dazu in der Lage sind, sich Informationen anzueignen als finanziell schwächere und bildungsfernere Bevölkerungsanteile, was zu einer „Wissenskluft"** führe. Dieser Hypothese liegt die Annahme zugrunde, dass aufgrund der Sozialstruktur einer Gesellschaft Wissen ungleich verteilt ist. Darüber hinaus besagt sie, dass diese Ungleichheit durch die Zunahme an verfügbarem Wissen nicht ausgeglichen, sondern noch verstärkt wird. Die Informationsflut des Internets führt somit eher zu einer „Informationsüberlastung": Dies geht einher mit einer bruchstückhaften und oberflächlichen Aneignung von Wissen. Warum bessergestellte Schichten angeblich besser mit der Vielzahl an Informationen klarkommen, wird damit begründet, dass diese über mehr Vorwissen verfügen, motivierter sind, sich neue Informationen anzueignen und über eine höhere und vielfältigere Kompetenz zur Mediennutzung verfügen.

Speziell bezüglich der Internetnutzung wurde als Erweiterung der Wissenskluft von einer „digitalen Kluft" (digital Divide) gesprochen, die sich darin äußert, dass das Internet von verschiedenen Bevölkerungsschichten unterschiedlich genutzt werde und auch der Zugang zum Internet sozial ungleich sei. Zumindest die Befürchtung des ungleichen Zugangs spielt in Deutschland keine so große Rolle mehr, da im Rahmen der JIM-Studie 2012 98 % der Jugendlichen im Alter von 12–19 Jahren angaben, zu Hause über einen Internetzugang zu verfügen. Hingegen ist die digitale Kluft in Dritte-Welt-Ländern ein bestimmendes Thema, da dort große Teile der Bevölkerung über keinen Internetzugang verfügen und somit von dieser Wissensquelle ausgeschlossen sind.

14.2.1.6 Wirklichkeitskonstruktion durch Medien

Die **Kultivierungshypothese geht davon aus, dass Massenmedien, insbesondere das Fernsehen in Form diverser Sendeformate, abweichende Gesellschaftsbilder vermitteln, die systematisch von der Alltagswirklichkeit abweichen und somit das Bild des Zuschauers verzerren.** Somit wird die soziale Realität des Zuschauers durch das Fernsehen kultiviert, das heißt umgestaltet. Speziell bei Menschen, die viel fernsehen, konnte gezeigt werden, dass deren Wahrnehmung der Realität deutlich von der Wahrnehmung der „Wenigseher" abwich. Dies zeigte sich insbesondere im Hinblick auf Gewaltakte und die Angst davor, selbst Opfer eines Gewaltverbrechens zu werden. Demgemäß nahmen Menschen, die viel Zeit vor dem Fernsehgerät verbrachten, ihre Welt als gewalterfüllter wahr, hatten mehr Angst, selbst Opfer eines Verbrechens zu werden und zeigten eine höhere Bereitschaft, in bedrohlichen Situationen selbst Gewalt anzuwenden (nach Bonfadelli, 2006).

AUFGABE

Beschreiben Sie das Bild, das ein „Vielseher" gemäß der Kultivierungshypothese vom Islam hat. Berücksichtigen Sie dabei die Berichterstattung der letzten Jahre.

BEISPIEL

Smartphone-Terror auf dem Pausenhof?

Folgen wir diversen TV-Boulevardmagazinen, könnten wir den Eindruck gewinnen, Jugendliche würden permanent auf dem Schulhof Gewaltvideos, Pornofilme und selbst gefilmte Prügeleien auf dem Smartphone betrachten und untereinander versenden. Tatsächlich zeigt die JIM-Studie folgendes Bild:

Die nebenstehende Grafik zeigt, dass zwar 68 % der befragten 12- bis 19-Jährigen wissen, dass so etwas stattfindet, persönlich erhalten haben ein solches Video jedoch, laut eigenen Angaben, nur 4 % der Jugendlichen. Jeder Fünfte gibt jedoch an, dass jemand aus dem Bekanntenkreis ein solches Video erhalten habe. Bedenkenswert genug, jedoch bei Weitem nicht deckungsgleich mit der Berichterstattung der Boulevardmagazine und den Pseudo-Dokumentationen mancher TV-Sender.

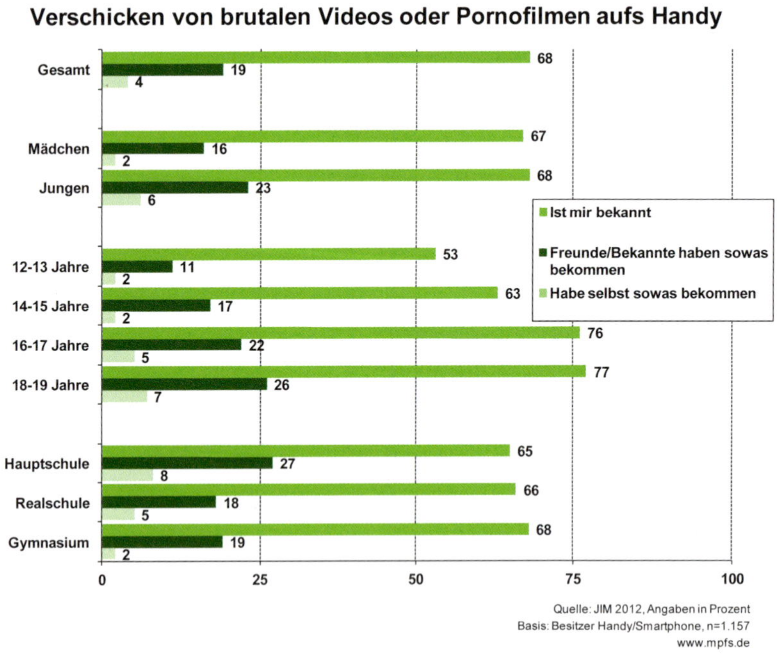

14.2.2 Lassen uns Gewalt und Pornografie in den Medien kalt?

In den folgenden Abschnitten beschäftigen wir uns mit den Auswirkungen des Konsums von Gewalt- und pornografischen Darstellungen. Dazu widmen wir uns den spezifischen Wirkungstheorien, die für diese Medienformate relevant sind.

14.2.2.1 Die Stimulationstheorie

Die grundlegende Annahme der Stimulationstheorie (Erregungstheorie) lautet, **dass Erregungszustände die Handlungsbereitschaft erhöhen und damit die Wahrscheinlichkeit vergrößern, selbst einmal eine solche Handlung durchzuführen.** Dies gilt für Medieninhalte wie Sport, Gewalt, Humor, Erotik und

Pornografie. Diese Inhalte haben das Potenzial, uns körperlich zu aktivieren und damit Angst, Aggression oder sexuelle Erregung hervorzurufen. Entscheidend, ob es durch das Betrachten solcher Inhalte tatsächlich zur Nachahmung kommt, ist, ob diese als Auslösereiz fungieren oder auch als Tropfen, der das Fass zum Überlaufen bringt. Damit ist gemeint, dass bereits länger vorhandene unterschwellige Wünsche und Handlungstendenzen durch das Betrachten im Sinne eines Auslösers aktiviert werden.

14.2.2.2 Die Katharsistheorie

Die Katharsistheorie beruht auf dem Triebkonzept von Sigmund Freud. Sie baut auf den Abbau von Aggressionszuständen durch Formen des „Herauslassens", bei denen niemand zu Schaden kommt, z. B. Sport, wodurch es zu einer inneren Reinigung (Katharsis) kommt. Mit Bezug zu den Medien bedeutet dies, dass **angestaute aggressive Triebe durch den Konsum von Gewalt im Fernsehen oder in Form von Gewalt beinhaltenden Computerspielen,** z. B. „3-D-Ego-Shooter", **abgebaut werden können.** Durch den Konsum komme es sozusagen zu einer reinigenden „kathartischen Wirkung". Gemäß dieser Theorie bekommt der Rezipient medialer Gewalt die Möglichkeit, Gewaltausübung an erfundenen Charakteren zu beobachten und in der eigenen Fantasie intensiv mitzuerleben. Es kommt dadurch zu einem stellvertretenden Abreagieren. Manche Vertreter dieser Theorie gehen sogar so weit, zu vermuten, dass durch solche Formen des medialen Abreagierens die Gewaltbereitschaft im Alltag gesenkt werden könne.

Die Katharsistheorie, die bis auf Aristoteles zurückgeht, konnte bisher nicht hinreichend belegt werden und rangiert eher auf dem Status einer spekulativen Annahme. Vielmehr mehren sich gegensätzliche Stimmen, die davon ausgehen, dass derlei Vorgehensweisen eher den gegenteiligen Effekt bewirken und die Aggressionsbereitschaft erhöhen, statt zu senken.

14.2.2.3 Die Inhibitionsthese

Auch **die Inhibitionsthese baut auf die Reduktion von Aggression durch den Konsum medialer Gewalt.** Sie funktioniert gemäß den Gesetzmäßigkeiten der operanten Konditionierung (S. 288). Durch das Betrachten negativer Konsequenzen von Gewaltanwendung, z. B. ein Täter kommt ins Gefängnis und erlebt psychische Qualen, wird verstoßen oder begeht Selbstmord, wird die Neigung des Rezipienten zur Gewaltanwendung gehemmt.

14.2.2.4 Habitualisierungsthese

Die **Habitualisierungsthese geht davon aus, dass durch den wiederholten Konsum von gewaltbetonten oder pornografischen Medieninhalten, die Erregung bzw. die Reaktion auf diese Medienbilder nachlässt.** Es tritt ein Gewöhnungseffekt in Kraft. Das anfänglich erregende Gefühl weicht der Langeweile. Dies führt dazu, dass die Rezipienten nach immer höheren Dosierungen verlangen, um das ursprüngliche Erregungsniveau wiederherzustellen. Dies bedeutet im Hinblick auf Pornografie, dass sich das Interesse an ausgefallenen Darstellungen und Praktiken erhöht. Gleiches gilt für Medien, in den Gewalt gezeigt wird.

14.2.2.5 Desensibilisierungsthese

Die **Desensibilisierungsthese geht davon aus, dass es durch wiederholten Konsum gewalthaltiger Medieninhalte zu einer Abstumpfung gegenüber realer Gewalt kommt.** Damit ist gemeint, dass die persönliche Wahrnehmung verändert wird und Formen der realen Gewalt als nicht besonders gewalttätig oder verwerflich eingestuft werden. Dadurch wird auch die Hemmschwelle zur eigenständigen Gewaltanwendung gesenkt. Dabei folgt die Gewöhnung an die Mediengewalt den Gesetzmäßigkeiten der klassischen Konditionierung (S. 283), indem die Betrachtung angst- oder abscheuerregender Szenen unbewusst mit angenehmen Dingen, z. B. der Nahrungsaufnahme in Form von Chips, Sofa, Zusammensein mit Freunden, gekoppelt wird. Somit ersetzt die positive Empfindung nach mehreren Kopplungen (Angst- und Schreckensszenen und positive Dinge wie Sofa und Chips) die negative Empfindung. Dadurch wird das Betrachten solcher Inhalte letztendlich als etwas Angenehmes wahrgenommen. Der Rezipient hat also durch klassische Konditionierung gelernt, dass das Betrachten von Gewalt- und Horrorfilmen etwas Angenehmes bzw. positiv Stimulierendes ist.

AUFGABE

Welche Bedeutung haben die Ergebnisse der vorangehenden Studie im Hinblick auf die Habitualisierungs- und Desensibilisierungsthese? Erläutern Sie.

Ego-Shooter
Computerspielformat, bei dem sich der Spieler in der Ich-Perspektive durch eine dreidimensionale Spielwelt kämpft und dabei auf dem Weg zu seinem Ziel mittels verschiedener Waffen seine Gegner tötet. Diese Spiele können allein (Single-Player-Modus) oder online zusammen mit anderen Mitspielern oder Gegnern gespielt werden (Multi-Player-Modus).

BEISPIEL

Ballern, was das Zeug hält?

Laut den Erkenntnissen der JIM-Studie 2012 beträgt die durchschnittliche Spieldauer von 12- bis 19-jährigen Jungen 78 Minuten an Wochentagen und 112 Minuten an Wochenenden. Dabei geben 63 % der 12- bis 19-Jährigen an, täglich oder mehrmals wöchentlich zu spielen. Weitere 20 % äußern, zumindest einmal die Woche zu spielen. 83 % der Jungen geben an, schon Spiele gespielt zu haben, für die sie eigentlich zu jung gewesen seien, das heißt, für die sie die gesetzlich geregelte Altersfreigabe zum Jugendschutz nicht erreicht haben (z. B. ab 16, ab 18). Ferner geben 78 % der befragten 12- bis 19-jährigen Jungen an, „besonders gewalthaltige Computer-, Konsolen- und Onlinespiele“ zu nutzen.

Auf Platz 1 der Beliebtheit liegt bei den Jungen das Fußballspiel „FIFA“, auf Platz 2 der Ego-Shooter „Call of Duty“.

14.2.2.6 Theorie der Exemplifikation

Diese Theorie beschäftigt sich **mit der Veränderung der Wahrnehmung menschlicher Sexualität.** Durch Pornografie erhält der Mensch die Möglichkeit, anderen Menschen bei sexuellen Handlungen zuzuschauen, was normalerweise aufgrund der Intimität und der Privatsphäre nicht möglich wäre. Dabei werden häufig gezeigte sexuelle Handlungen, z. B. Analverkehr, Gruppensex oder sadomasochistische Praktiken, vom Rezipienten mit der Zeit als „normal“ wahrgenommen. Dadurch wird die tatsächliche Verbreitung solcher Praktiken überschätzt. Auch finden Sexualkontakte in solchen Filmen hauptsächlich zwischen flüchtig Bekannten statt (S. 585 f., Ergebnisse der Sexualitätsstudie der BZgA bei Jugendlichen). In der Folge sind Vielnutzer von Pornografie häufig der Ansicht, dass promiskuitives Verhalten natürlich und normal sei.

promiskuitives Verhalten
Geschlechtsverkehr mit häufig wechselnden Partnern

14.2.2.7 Kultivierungsthese

Die Kultivierungsthese geht im pornografischen Kontext davon aus, dass der vermehrte Konsum nicht nur dazu führt, die Verbreitung bestimmter sexueller Praktiken zu überschätzen, sondern auch, dass die Konsumenten das Weltbild solcher Medienformate übernehmen, etwa das Frauenbild bzw. generell die Vorstellung von Sexualität. Dies gilt auch für Werte, Normen und Verhaltensweisen, die im Zuge gewaltverherrlichender Medien eine Rolle spielen, z. B. die frauenfeindliche Haltung in Gangsta-Rap-Videos.

Vielnutzer von Pornografie zeigten diesbezüglich zudem eine ablehnende Haltung gegenüber längeren Partnerschaften sowie dem Wunsch nach Kindern und einer Familie, da dies dem pornografischen Lebensverständnis von permanenter sexueller Erfüllung mit wechselnden Partnern widerspricht.

14.2.2.8 Die Theorie des sozialen Vergleichs

Diese Theorie **besagt, dass Menschen sich häufig mit anderen Menschen vergleichen, um sich selbst einzuschätzen.** Bezogen auf den häufigen Konsum von Pornografie vergleicht somit der Rezipient sein eigenes Sexualverhalten mit dem Verhalten der Akteure, die körperlichen Attribute der Akteure mit den eigenen sowie die Häufigkeit und Dauer der sexuellen Kontakte. Dies führt dazu, dass sich der Rezipient überwiegend schlecht fühlt und an sich und seinen Liebhaberqualitäten zweifelt. Auch wird die Qualität der Sexualkontakte schlechter eingestuft. Den Partnern wird darüber hinaus in der Folge häufiger „Verklemmtheit“ bzw. mangelnde Aufgeschlossenheit gegenüber neuen sexuellen Praktiken vorgeworfen.

14.2.2.9 Die sozial-kognitive Lerntheorie

Ob und unter welchen Umständen wir bereits Gesehenes in die Tat umsetzen, erklärt die **sozial-kognitive Lerntheorie** nach ALBERT BANDURA. Diese **besagt, dass aggressives bzw. sexuelles Verhalten, wie jedes andere Verhalten auch, erlernt wird.** Dieser Lernprozess muss nicht direkt stattfinden, sondern derlei Verhaltensweisen können auch stellvertretend, das heißt medial vermittelt, durch Beobachtung erlernt werden. Ob das gesehene Verhalten nachgeahmt wird, hängt u. a. von der Attraktivität des beobachteten Modells (z. B. gewaltausübende Film- oder Computerspielfigur oder Pornodarsteller) und der Belohnung ab, die das Modell für sein Verhalten erhält. Gleichzeitig spielt auch die Persönlichkeit des Rezipienten eine große Rolle, z. B. die Übereinstimmung der beobachteten Handlungen mit persönlichen Überzeugungen sowie die persönliche Einschätzung, die gezeigten Handlungen kognitiv und physisch nachahmen zu können. Bezogen auf das Beispiel der Pornografie bedeutet dies, dass der männliche Pornodarsteller (Attraktivität = maskulin, muskulös, potent) positive Konsequenzen für sein Verhalten erfährt, die der Beobachter registriert. Diese positiven Konsequenzen äußern sich in Form von sexueller Lust und offenkundiger Ekstase. Filmisch umgesetzt wird dies durch lautes Stöhnen und durch den in Nahaufnahme gefilmten, künstlich inszenierten, extravaginalen (außerhalb der Vagina stattfindenden) Samenerguss. Würden auf das Verhalten des Darstellers negative Konsequenzen folgen, z. B. Spott oder Gelächter, würde dies die Nachahmungswahrscheinlichkeit des beobachteten Verhaltens senken.

Gleichzeitig werden während des Betrachtens beim Rezipienten positive Erregungsgefühle mit den entsprechenden Praktiken verknüpft. Dadurch wird die Erwartung erzeugt, dass bei der eigenständigen Ausführung häufig betrachteter Praktiken vergleichbare positive Gefühle entstehen. Dies erhöht ebenfalls die Wahrscheinlichkeit der Nachahmung des gesehenen Verhaltens. Das gleiche Schema gilt auch für die Nachahmung attraktiver gewaltverherrlichender Modelle, z. B. den Actiondarsteller Bruce Willis. Dieser ist dem Zuschauer überwiegend sympathisch und wird in seinen Filmen zumeist für Gewaltanwendungen wie Töten oder Zuschlagen belohnt, z. B. durch den Kuss einer schönen Frau oder durch gesellschaftliche Anerkennung in Form des Heldenstatus (nach Six/Gleich/Gimmler, 2007, S. 454 f.; Bundesministerium für Familie, Senioren, Frauen und Jugend 2009).

Modell
In der sozial-kognitiven-Theorie von Albert Bandura ist Modell gleichzusetzen mit einer attraktiven Person. Darunter versteht man eine Person, die man beobachtet, da sie über Dinge, Kenntnisse, Fähigkeiten oder Eigenschaften verfügt, die man selbst gern hätte, da man sie als gewinnbringend betrachtet.

BEISPIEL

Porno im Web 2.0

Gemäß der Studie von Grimm, Rhein und Müller, „Porno im Web 2.0", war es für Jugendliche noch nie so einfach wie heute, an harte Pornografie zu gelangen. Der Zugriff erfolgt über Suchmaschinen oder gratis Porno-Videoportale. Gemäß der Befragung von 13- bis 19-jährigen Jugendlichen gehört der Konsum von Pornos zum normalen Internetalltag, vor allem bei Jungen. Die Hauptmotive, die männliche Jugendliche für den Konsum von Pornografie äußern, sind Wissensgewinn (über Sexualität und den weiblichen Körper), sexuelle Erregung sowie Anerkennung in der Gleichaltrigengruppe. Letzterer Punkt, die Anerkennung, bedeutet mitreden zu können. Extreme Formen von Pornografie (z. B. Sodomie = Sex mit Tieren) werden zwar einhellig von den Jungen als eklig und abstoßend betrachtet, sind jedoch in der Gleichaltrigengruppe ein Gesprächsthema und werden somit auch konsumiert. Die Jungen begründen ihren Pornokonsum damit, dass es die „Triebe" seien, weshalb sie nicht anders könnten und weshalb der Pornokonsum ganz normal zur Triebbefriedigung sei. Den Mädchen hingegen werden solche „Triebe" abgesprochen, weshalb sexuell aktive Mädchen in den Augen der Jungen häufig als „Schlampen" bezeichnet werden.

Bei Mädchen hingegen stößt harte Pornografie überwiegend auf weniger Interesse. Sie geben an, im Internet zwar ständig damit konfrontiert zu sein, empfinden viele Darstellungen jedoch eher als „nuttig" und nicht erregend, wohingegen erotische Nacktaufnahmen, die von den Jungen als langweilig eingestuft werden, positiv bewertet werden (nach Grimm/Rhein/Müller, 2010).

AUFGABE

Wenden Sie die zuvor dargestellten Theorien und Thesen zur Erklärung der Ergebnisse dieser Studie an.

14.2.3 Welche Gefahren bestehen bei übermäßiger Mediennutzung?

14.2.3.1 Was bedeutet übermäßige Mediennutzung?

Die exzessive und pathologische (krankhafte) Mediennutzung wird inzwischen als ein ernst zu nehmendes Phänomen betrachtet. Dieses Phänomen wird häufig mit einer beeinträchtigten kognitiven, sozialen, emotionalen und physischen Entwicklung sowie mit einer problematischen Persönlichkeitsentwicklung bei Kindern und Jugendlichen in Verbindung gebracht. Aber auch für Erwachsene werden durch übermäßige Mediennutzung Folgen wie Probleme im Privatleben, Arbeitsplatzverlust oder psychische Störungen wie Depressivität postuliert.

Um uns einen vertieften Einblick in die Thematik zu verschaffen, betrachten wir vorerst verschiedene Grade übermäßiger Mediennutzung.

Exzessive Mediennutzung liegt vor, wenn ein normierter, das heißt gesetzter Grenzwert überschritten wird, z. B. der willkürliche Wert zwei Stunden Internetkonsum pro Tag.

Dabei existieren keine einheitlichen Grenzwerte zur Einstufung. Bezüglich des Fernsehkonsums wird in Deutschland ein Richtwert von drei Stunden angegeben, ab dem ein erwachsener Mensch zum „Vielseher" wird. Für 3- bis 13-Jährige gilt ein Richtwert von zweieinhalb Stunden. Rufen wir uns dazu die Ergebnisse zum Medienkonsum von Jugendlichen in Erinnerung (S. 595 f.). Demnach verbringen 14- bis 29-Jährige durchschnittlich ca. 137 Minuten täglich vor dem Fernseher. 30- bis 49-Jährige 219 Minuten, 50- bis 64-Jährige 277 Minuten und Menschen ab 65 Jahre 305 Minuten. Folglich wären zahlreiche Bürgerinnen und Bürger der BRD (ab 30 Jahren) Vielseher und damit exzessive Mediennutzer.

Demgemäß kann exzessive Mediennutzung nicht generell als problematisch angesehen werden, zumal sie durch spezifische Lebensumstände bedingt sein kann, z. B.

- das Single-Dasein,
- moderne Lebensverhältnisse wie „living apart together", bei dem Partner zwar in einer Beziehung leben, jedoch getrennte Wohnungen (manchmal in verschiedenen Städten) haben oder
- allein lebende Senioren.

Deshalb ist es sinnvoll, eine weitere Unterscheidung zu treffen.

Unter **krankhaft süchtigem Mediengebrauch** verstehen wir Verhaltenssyndrome wie die exzessive Nutzung des Internets, wobei klare Anzeichen einer Sucht vorhanden sind, z. B. Entzugserscheinungen, negative Konsequenzen im sozialen Bereich und Verlust der Kontrolle.

Folgen wir diesen Klassifizierungen und unterschiedlichen Messungen, die teilweise auf verschiedenen Grenzwerten beruhen, so betragen die Untersuchungswerte für Vielseher in Deutschland ca. 35 %, die Quote der Fernsehsüchtigen liegt jedoch bei weit unter 10 %. Für eine suchtgefährdende Nutzung des Internets werden Werte zwischen 5–7 % angenommen, für tatsächlich Internetsüchtige Werte, die unter 5 % liegen.

14.2.3.2 Welche Auswirkungen und Charaktereigenschaften gehen einher mit übermäßiger Mediennutzung?

Im Hinblick auf die Datenlage bezüglich der Auswirkungen von übermäßiger Mediennutzung ist Vorsicht geboten. Hier handelt es sich häufig um Kausalzusammenhänge (Kapitel: 1, S. 51). Diese sagen lediglich aus, dass ein Zusammenhang besteht, jedoch nicht, welche Seite der Verursacher ist.

Ein möglicher Kausalzusammenhang zwischen übermäßigem Medienkonsum und Einsamkeit könnte beispielsweise so interpretiert werden, dass exzessiver Medienkonsum zu Einsamkeit führt. Umgekehrt könnte jedoch die Einsamkeit (siehe Beispiel einsame Senioren) zu exzessivem Medienkonsum führen. Zudem können sogenannte Drittvariablen mit ins Spiel kommen, die den eigentlichen Effekt verursachen, jedoch bei der Untersuchung nicht berücksichtigt werden. Beispielsweise könnte die Untersuchung in einem ländlichen Raum (Drittvariable) durchgeführt worden sein, wo Einsamkeit unter Jugendlichen häufiger vorkommt, was jedoch bei der Studie nicht beachtet wurde. Gleiches gilt für gesellschaftliche Einflussfaktoren und die Lebensumstände der Befragten. Ferner wird auch ein kreisförmiger Prozess angenommen, wobei Persönlichkeitsmerkmale des Nutzers zu einer übermäßigen Nutzung führen und durch die übermäßige Nutzung diese Persönlichkeitsausprägungen wiederum verstärkt werden. In der nebenstehenden Tabelle werden einige dieser Zusammenhänge aufgezeigt.

Bisher erforschte Korrelationen (Zusammenhänge)	
Vielseher (Medium Fernsehen)	**Internetsüchtige**
A) Vorlieben der Nutzer	
• Privatsender • wenig bewusste Auswahl der Inhalte • häufig auch exzessive Nutzung von Videofilmen und Computerspielen	• Chatten • Multiplayer-Online-(Rollen-)Spiele • häufig auch exzessive Nutzung von Videofilmen und Computerspielen
B) Lebensumstände der Nutzer	
• geringe Schulbildung und geringe berufliche Qualifikation • geringes Einkommen • häufig ältere Menschen • problematische Lebensumstände wie das Gefühl von Überforderung, belastende soziale Konflikte (z. B. im Elternhaus), keine geeigneten Bewältigungsstrategien • wenig soziale Kontakte, Gefühl der Einsamkeit, Gefühl der mangelnden Unterstützung in der sozialen Umgebung	• vorrangig bei Jugendlichen • problematische Lebensumstände wie das Gefühl von Überforderung, belastende soziale Konflikte (z. B. im Elternhaus), keine geeigneten Bewältigungsstrategien • wenig soziale Kontakte, Gefühl der Einsamkeit, Gefühl der mangelnden Unterstützung in der sozialen Umgebung
C) Persönlichkeit der Nutzer	
• Introversion (Nachinnengekehrtheit / Beschäftigung mit dem eigenen Seelenleben) • Neurotizismus (stabile, überdauernde Persönlichkeitseigenschaft, die sich durch Ängstlichkeit, Reizbarkeit, launisches Verhalten, Empfindlichkeit, Hang zur Depression und generell emotionale Labilität auszeichnet) • problematische Lebenseinstellungen wie das Gefühl, bei der Lebensgestaltung fremdbestimmt zu sein (externale Kontrollüberzeugung) • Depressivität und Ängstlichkeit	
D) Funktionen der übermäßigen Mediennutzung (Bedürfnisse)	
• Vermeidung und Verdrängung unangenehmer Gedanken („Mood-Management") • Ablenkung von Stress und Problemen • Flucht vor subjektiv negativen Situationen • Bekämpfung der Langeweile • Kompensation von auftretenden Defiziten (z. B. Verringerung von Einsamkeit, Suche nach Anerkennung, Gemeinschaft, Geborgenheit oder Orientierung in der Lebensgestaltung)	
E) Erkenntnisse der Wirkungsforschung	
• geringere Leistungsfähigkeit in Ausbildung, Studium und Schule • negative berufliche Konsequenzen • Extremisierung psychosozialer Probleme, z. B. geringes Selbstwertgefühl, Verstärkung von Angststörungen, Vereinsamung	

Die meisten Ansätze zur Erklärung exzessiver Fernsehnutzung gehen auf den Nutzenansatz zurück (siehe Theorien und Ansätze der Medienwirkungsforschung, S. 597 ff.), bei dem gefragt wird, welche Bedürfnisse durch den Konsum befriedigt werden. Neben den Persönlichkeitsmerkmalen, die einem solchen Nutzungsverhalten förderlich sind bzw. den Zuschauer dafür „anfällig" machen, ist diesbezüglich noch einmal der „Teufelskreis" der Nutzung zu thematisieren. Nehmen wir einmal an, die 14-jährige Stephanie fühlt sich einsam und hat wenig Sozialkontakte. Um dieses Bedürfnis nach Sozialkontakt zu kompensieren, schaut sie exzessiv fern, z. B. Daily Soaps, bei denen sie mit den Charakteren sehr vertraut ist und die sich inhaltlich stark mit den Themen Beziehungen und Gefühle beschäftigen. Aufgrund dieser exzessiven Mediennutzung vernachlässigt sie ihre wenigen Sozialkontakte noch mehr, was zu noch mehr Einsamkeit und damit zu einer noch intensiveren Mediennutzung führen kann. Dieser Teufelskreis – „Spiraleffekt" genannt – wird auch bei der Entstehung einer „Internetsucht" angenommen. Die Grundaussage in dieser „Henne-Ei-Debatte" lautet, dass bereits vor dem Eintreten eines anormalen bis krankhaften Nutzungsverhaltens psychische Störungen vorlagen, die durch die exzessive Nutzung noch verstärkt wurden. Kurzfristig führt ein solches Verhalten zur Bedürfnisbefriedigung, längerfristig jedoch zu ernsthaften negativen Befindlichkeiten. Speziell Eigenschaften wie permanentes Nachdenken in Verbindung mit einem negativen Selbstbild können das Streben nach einer Flucht aus der Realität und nach einer Selbstaufwertung beflügeln, z. B. in Form der Verkörperung eines attraktiven Charakters in einem Online-Rollenspiel und dem exzessiven Eintauchen in eine virtuelle Nebenwelt (nach SIX/GLEICH/GIMMLER, 2007).

14.2.3.3 Übermäßige Mediennutzung und Fettleibigkeit

Mit provokanten Titeln und Schlagzeilen werden wir in Talkshows, Vorträgen, Elternratgebern oder Magazinen vor den Gefahren exzessiver Mediennutzung gewarnt. War es früher das Fernsehen, so verlagert sich diese Debatte zunehmend in Richtung der Internetnutzung in Verbindung mit den technischen Neuerungen der letzten Jahre, z. B. die mobile Internutzung per Smartphone.

Reißerische Titel von Veröffentlichungen, z. B. das Buch „Dick, dumm, abhängig, gewalttätig?" des Psychologen THOMAS MÖSSLE beflügeln die Debatte. Dieser kommt u. a. nach der Sichtung zahlreicher internationaler Studien zum Schluss, „dass es zahlreiche Belege für einen Zusammenhang zwischen einer intensiven Mediennutzung bzw. -ausstattung und einem erhöhten Risiko für Übergewicht und Fettleibigkeit" gebe. Anhand eigener Untersuchungen kommt MÖSSLE, ähnlich des zuvor dargestellten „Spiraleffekts", zum Schluss, dass wahrscheinlich eine Wechselwirkung vorliegt, sodass übergewichtige Kinder länger am Computer spielen und länger fernsehen, was wiederum das Risiko einer ausgeprägten Fettleibigkeit erhöht, da dadurch andere Aktivitäten vernachlässigt werden (nach MÖSSLE, 2012).

Somit ist, ähnlich wie bei der Internetsucht, ein bereits kritischer Zustand vorhanden, der durch exzessive Mediennutzung noch verschlechtert wird. Es lässt sich jedoch nicht vereinfacht sagen, dass Fernsehen der Auslöser von Fettleibigkeit ist.

AUFGABEN

Würden Sie, aufbauend auf den vorangehenden Erkenntnissen, übergewichtigen Kindern Fernseh- und Computerverbot erteilen und sie bei einer sportlichen Aktivität anmelden, damit sie mehr Kalorien verbrauchen und normalgewichtig werden?

Wie würden Sie, aufbauend auf dem Nutzenansatz, bei übergewichtigen Kindern, die zu viel fernsehen oder am Computer spielen, ansetzen, um deren Situation zu ändern?

14.2.3.4 Facebook und soziale Kompetenz

Laut Auskünften der KIM-Studie 2012 (Kinder, Medien, Computer und Internet) nutzen 36 % der 6- bis 13-jährigen Kinder das Internet in Deutschland täglich / fast jeden Tag und weitere 49 % ein- bis mehrmals in der Woche. Dabei verbringen 73 % der Kinder „an einem normalen Tag" nach eigenen Angaben durchschnittlich 30–60 Minuten im Netz. Die restlichen 26 % mehr als 60 Minuten. Ferner sind 44 % der 6- bis 13-Jährigen Mitglied in einer Online-Community wie Facebook. Auch bei den Kindern ist, wie bei den Jugendlichen, Facebook die Lieblingswebsite im Netz.

BEISPIEL

„Das öffentliche „Liebesgezwitscher" von Paaren im Netz

Am 4. Juni dieses Jahres schreibt Meizi auf ihrer Facebook-Seite: „Vor lauter Aufregung möchte ich jetzt kreischen!!!!!!!!!!!! Gerade habe ich ganz liebevoll zu Baozi gesagt: Wie wär's wenn wir im Juni eine kleine Reise machen, drei Tage, zwei Nächte? Und dieser Mann hat doch tatsächlich sofort und ohne Zögern zugestimmt!!! Außerdem wurden nach einer kleinen Diskussion sogar heimlich, still und leise vier Tage und drei Nächte daraus XD Ich muss wirklich heulen!!! So glücklich. Ich drehe mich im Kreis."

57 Personen kommentieren das. 529 Personen gefällt das. Für die 26-jährige Taiwanerin, die nur mit Spitznamen Meizi und eigentlich Hsu Li Ting heißt, ist es nicht ungewöhnlich, mit ihren Glücks- und Liebesbekundungen regelmäßig Tausende von Facebook-Fans zu erreichen. 112 525 Personen gefiel ihre Facebook-Seite am vergangenen Freitag. (...) Ein bis fünf Posts hinterlässt Meizi täglich im Strom der

Kurzmitteilungen. Und Baozi, der im analogen Leben ihr Verlobter ist und Andreas Baumeister heißt, ist ihr Garant für hohe „Gefällt mir"-Zahlen. Garniert mit schönen Fotos des Paars knacken die Klickzahlen dann schon mal die 20.000-Marke (...). Doch Meizi ist mit ihrem taiwanischen Liebesgezwitscher nicht allein. Schaut man sich auf Facebook um, findet man Dutzende von Seiten (...). Mit mehr als 100.000 Fans ist Meizi [jedoch] Spitzenreiterin unter den taiwanischen Liebesbloggerinnen. Die überwiegend weibliche Fangemeinde der Facebook-Seite „Der deutsche Baozi und die taiwanische Meizi" hinterlässt meist bewundernde Kommentare, etwa: „Ich bin bewegt! (Heul, heul) Ich spüre die Aufmerksamkeit und den Einsatz von Baozi für Meizi. So sweet! Ihr werdet bestimmt sehr glücklich sein! Wünsche Euch alles Gute." (Kalkhof, 2013)

Bezüglich Facebook kommt der Hirnforscher Manfred Spitzer in seinem Buch „Digitale Demenz" zum Schluss, dass sich bei Kindern durch die intensive Facebook-Nutzung die Anzahl der realen Freunde verringere, da ihnen die Zeit für reale Treffen fehle. Aufgrund mangelnder Übung und Anreize durch den Umgang mit realen Freunden würden die zuständigen Gehirnareale, die für die soziale Kompetenz zuständig seien, schrumpfen, wodurch auch die soziale Kompetenz selbst nachlasse. Dies führe zu mehr Stress und einem zunehmenden Verlust der Selbstkontrolle (nach Spitzer, 2012).

Spitzer beruft sich bei diesen Aussagen auf Erkenntnisse einer amerikanischen Studie mit 3.461 Mädchen im Alter von 8 bis 12 Jahren. Bei dieser Studie wurde der Einfluss von Facebook auf die Entwicklung von Werten und Emotionen untersucht. Dabei gaben nur 10 % der befragten Mädchen an, dass ihre Online-Freunde ihnen positive Gefühle vermitteln. Auch die Vielnutzerinnen gaben an, dass ihnen hauptsächlich der Kontakt mit realen Freunden positive Gefühle beschere. Einschränkend ist dabei zu erwähnen, dass diese Mädchen im Durchschnitt fast sieben Stunden online waren und nur zwei Stunden pro Tag mit tatsächlichen sozialen Kontakten verbrachten. Sie hatten also weniger Möglichkeiten, den direkten zwischenmenschlichen Umgang zu pflegen. Spitzer resümiert dazu: „Wer seine sozialen Kompetenzen bereits auf herkömmlichem Wege erworben hat, wird daher durch soziale Netzwerke keinen Schaden nehmen und sie nutzen wie Telefon, Fax oder E-Mail – mit etwas glatterer Benutzeroberfläche. Wer hingegen noch kaum Gelegenheit hatte, Sozialverhalten zu entwickeln und als Kind bzw. Jugendlicher den Gutteil seiner Sozialkontakte im Internet abwickelt, also sozial im Netz lebt, der hat gute Chancen, dass sein Verhalten sehr zu wünschen übrig lassen wird. (...) [Neueste Studien legen] nahe, dass sich die für das Sozialverhalten zuständigen Gehirnareale nicht normal entwickeln werden. Die Folgen sind bislang nur schwer absehbar, sollten uns jedoch zu denken geben." (Spitzer, 2012, S. 127)

AUFGABEN

Versetzen Sie sich in die Rolle eines Elternteils, der ein 10-jähriges Kind zu Hause hat. Welche Schlussfolgerungen würden Sie für Ihr pädagogisches Handeln aus den Erkenntnissen von Manfred Spitzer ableiten?

Haben die angeführten Erkenntnisse Aussagekraft für deutsche Kinder, die weit weniger als sieben Stunden pro Tag online sind? Analysieren Sie.

Versuchen Sie, Gegenargumente zu Manfred Spitzers Argumentation bezüglich der Facebook-Nutzung durch Kinder zu finden. Gehen Sie dabei auch auf den Spiraleffekt ein.

14.3 Medienpädagogik

14.3.1 Welche Ziele verfolgt die Medienpädagogik?

Die Medienpädagogik beschäftigt sich maßgeblich mit der Herstellung von Medienkompetenz, also damit, Mediennutzer dazu zu befähigen, mit verschiedenen Medien angemessen umgehen zu können. Doch was ist unter „angemessen" zu verstehen? Medien kompetent bzw. angemessen gebrauchen zu können bedeutet:

Medienkompetenz
- Die verschiedenen Medien kennen und über diese Bescheid wissen (Medienkunde): z. B.: Was verstehen wir unter Podcasts, Weblogs? Wie funktionieren diese? Wozu können diese Medien genutzt werden?
- Medien bedienen und zu eigenen Zwecken zielgeleitet nutzen können (Mediennutzung), z. B.: Wie können Suchmaschinen oder generell das Internet zur Recherche zuverlässiger Quellen für ein Referat oder eine Präsentation genutzt werden?
- Medien mit Bezug zur eigenen Persönlichkeit reflektieren, bewerten und beurteilen können (Medienkritik), z. B.: Was sind Vorteile und Gefahren der mobilen Internetnutzung? Wann ist es angebracht, diese Technik zu nutzen, wann nicht?
- Medien für eigene Vorhaben produktiv und kreativ nutzen können (Mediengestaltung), z. B. einen Film drehen, eine Homepage gestalten, eine Präsentation erstellen

Zusammengefasst geht es also um die sinnvolle, effektive und reflektierte Nutzung technischer Medien. Dabei handelt es sich um eine Fähigkeit, die lebenslang erweitert und ausgebaut werden muss und ohne deren Kenntnis der Informationsfluss nicht gewährleistet ist bzw. das Individuum Nachteile erleidet. Bildungskurse für Senioren beispielsweise, bei denen sie lernen, wie man mit dem Computer oder Smartphone Nachrichten verschicken kann, tragen zu deren Medienkompetenz bei.

Vielleicht mag es für diejenigen, die mit digitalen Medien aufgewachsen sind, amüsant sein, dass manche Menschen immer noch über keine grundlegenden Kenntnisse zur digitalen Kommunikation verfügen. Blicken wir jedoch zurück und vergegenwärtigen wir uns, dass der Siegeszug des Handys erst vor einigen wenigen Jahren begann, dann stellen wir fest, welche rasante Entwicklung seither abgelaufen ist: vom sperrigen Riesenhandy hin zum flachen internetfähigen Smartphone. Gegenwärtig gibt es bereits Smartphones in Uhrenform, die am Handgelenk getragen werden und neben Telefonieren, Musikhören etc. in naher Zukunft auch einen mobilen Internetzugang ermöglichen sollen. An diesem Beispiel wird uns die enorme Entwicklungsdynamik im Sektor Medien bewusst. Blicken wir weiter in die Zukunft und stellen uns einmal die Welt von morgen vor:

AUFGABEN

Blicken Sie 30 Jahre in die Zukunft:

Was denken Sie, wie sich die Medien- und Kommunikationstechnik weiterentwickeln wird? Entwickeln Sie ein Zukunftsszenario über das Leben im Jahr 2050.

Wie glauben Sie, würde Ihr Leben verlaufen, wenn Sie irgendwann „aussteigen" und nicht versuchen, mit der „neuen" Medien- und Kommunikationstechnik Schritt zu halten?

Mit Blick auf die **Medienpädagogik** gibt es verschiedene Ansätze bzw. **Schwerpunkte medienpädagogischen Handelns**.

1. **Bewahren:** Die eher bewahrenden medienpädagogischen Verfahrensweisen **haben das Ziel, Kinder und Jugendliche vor „schädlichen" Einflüssen zu bewahren.** Hierzu zählen u. a. Aktivitäten des Jugendmedienschutzes, der Altersfreigaben für Compu-

terspiele, Spielfilme etc. festlegt bzw. vorschlägt und sein Augenmerk dabei explizit auf pornografische Darstellungen und Gewalthandlungen richtet.

2. **Verarbeiten:** Ein weiterer Ansatz beschäftigt sich mit der Verarbeitung problematischer Medieninhalte. **Dabei geht es darum, problematische Medienerfahrungen von Kindern aufzugreifen und (z. B. bei Albträumen) Hilfestellungen zur Verarbeitung zu geben** (z. B. in Form von Rollenspielen). Medieninhalte können auf Kinder verstörend wirken, während sie Erwachsene zu keinerlei Regung veranlassen.
3. **Hinterfragen:** Ein dritter Ansatz hat die Aufklärung über Medien im Sinn. Hier geht es darum, **mögliche Manipulationsabsichten von Medien zu beleuchten und zu durchschauen, um sich besser vor negativen Folgen schützen zu können,** z. B. die Produktionsbedingungen, die Konstruktion, die verwendete Sprache von Medienformaten, z. B. Dokusoaps, zu kennen und zu analysieren, um mündig mit diesen Inhalten umgehen zu können. Somit steht hier als Ziel der kritische Medienkonsument im Vordergrund.
4. **Mediengewohnheiten reflektieren:** Ein vierter medienpädagogischer Ansatz setzt auf selbstreflektierende Mediennutzung. Hier soll sich der **Mediennutzer des eigenen Mediennutzungsverhaltens bewusst werden und daraus Schlüsse für seine Alltagsgestaltung ziehen.** Das Ziel dieses Ansatzes ist, zu lernen, den Medienalltag bewusst zu gestalten und sich über die Auswirkungen der Mediennutzung bei sich selbst bewusst zu werden. Dazu gehört, Gewohnheiten im Hinblick auf die Mediennutzung zu erkennen, z. B.: „Wenn ich von der Schule komme, lege ich mich als Erstes auf mein Sofa und schalte den Fernseher ein." Im Anschluss an die Bewusstmachungsphase kann dann analysiert werden, welche meiner Bedürfnisse durch solche Gewohnheiten befriedigt werden, aber auch, wie sich diese Gewohnheiten auf mich und meine Lebensgestaltung auswirken. Hierbei geht es nicht um das Anprangern von als negativ angesehenen Verhaltensweisen, sondern um Selbsterkenntnis.
5. **Selbst produzieren:** Der fünfte medienpädagogische Ansatz regt zum Handeln an. Der **Nutzer soll aus der Konsumentenrolle herausgeholt und in die Produzentenrolle versetzt werden.** Im Gegensatz zu den bisherigen Zugängen geht es bei diesem Ansatz nicht darum, die Medien als etwas tendenziell Bedrohliches zu betrachten, sondern zu lernen, deren immenses kreatives Schöpfungspotenzial für eigene Zwecke / Projekte einsetzen zu können. (Nach Süss/Lampert/Wijnen, 2010)

AUFGABEN

Welche der folgenden Fertigkeiten beherrschen Sie? Zum Beispiel:

- Mit einem Bildbearbeitungsprogramm umgehen und damit Bilder bearbeiten oder eine Bild-Collage erstellen?
- Mit einem Programm und Ihren digitalen Fotos ein eigenes Fotobuch gestalten?
- Mit einem Programm selbst gedrehte Filme schneiden?
- Eine Webseite erstellen?

14.3.2 Medienerziehung

Medienerziehung beinhaltet zwei Aspekte. Zum einen Erziehung zu einer angemessenen Mediennutzung durch medienpädagogische Förderung der Medienkompetenz, zum anderen die Erziehung durch Medien, z. B. in Form von Bild- und Tonträgern.

Dabei ist es wichtig, auf die Auswahl geeigneter Medien zu achten. An der Medienerziehung sind mehrere Akteure beteiligt. Zudem findet Medienerziehung in verschiedenen Kontexten statt, vornehmlich in der Familie, im Kindergarten, in der Schule und der Jugendarbeit.

14.3.2.1 Medienerziehung in der Familie

Kinderbücher, Kinderlieder aus dem CD-Player, Kindersendungen, Kinder-Websites – sie alle üben einen Einfluss auf die Erziehung von Kindern aus. Demgemäß sehen es Eltern als ihre Aufgabe an, die Mediennutzung bezüglich des Inhalts und der Nutzungszeit zu regulieren und geeignete Medien für ihre Kinder auszuwählen bzw. die Kinder bei der Auswahl beratend zu begleiten. Dies fängt bereits bei den Bilderbüchern an und endet beim Kauf eines PC- oder Konsolenspiels. Um dabei Orientierung in Form von Richtlinien zu erhalten, wenden sich Eltern häufig an Erziehungs- oder Fachberatungsstellen; z. B. hat der Medienpädagogische Forschungsverbund Südwest ein Infoset mit relevanten Texten für Eltern, u. a. zu den Themen Computernutzung, Fernsehen, Internet, veröffentlicht. Hier lesen wir beispielsweise beim Thema Internet bezüglich der Nutzungsdauer:

BEISPIEL

„Wie lange sollte ein Kind vor dem Computer sitzen oder im Internet sein dürfen?

Das hängt sehr vom Alter Ihres Kindes ab und welche Verantwortung Sie ihm oder ihr zutrauen. Bei Vorschulkindern ist durchschnittlich eine halbe Stunde pro Tag denkbar. Bei Grundschulkindern kann man etwa eine halbe Stunde dazu geben. Bei der Gesamtzeit der Mediennutzung – dazu zählt insbesondere auch das Fernsehen – sollten Sie aber auch beachten, dass Ihr Kind nicht andere Freizeitaktivitäten wie mit Freunden spielen, Sport machen oder die Hausaufgaben erledigen, vernachlässigt. Und wenden Sie diese Zeiten nicht stur, sondern sehr flexibel an, und beachten Sie dabei auch, ob die Inhalte kindgerecht sind. Wenn es regnet oder Ihr Kind krank ist, kann es mal mehr Zeit vor dem Bildschirm verbringen und wenn draußen die Freunde warten, sollte der Medienkonsum auch mal eingeschränkt werden. Je älter Ihr Kind ist, desto eher sollten Sie solche Zeiten gemeinsam verhandeln und vereinbaren.“ (mpfs, 2013)

14.3.2.2 Medienerziehung im Kindergarten

Medienerfahrungen spielen auch im Kindergarten eine große Rolle. Mediencharaktere regen zum Rollenspiel an, auf dem Sweatshirt ist Batman oder Spiderman abgebildet oder im Kinder-Menü von McDonald's war eine Spielfigur aus dem Film „Schlümpfe in 3-D“, die nun ihren Weg in den Sandkasten des Kindergartens findet. Täglich werden Erzieherinnen und Erzieher im Kindergarten mit Medienerlebnissen konfrontiert, die manchmal bei den Fachkräften einen schalen Nachgeschmack hinterlassen, da es sich eindeutig um Nacherzählungen aus Filmen für Erwachsene handelt. Häufig sehen es die pädagogischen Fachkräfte im Kindergarten jedoch als ihre Aufgabe an, die Kinder vor Medien zu bewahren und den Kindergarten davon frei zu halten, um den Kindern mehr „direkte“, also ursprüngliche Erfahrungen, z. B. draußen in der Natur, zu ermöglichen. Dabei werden Medien häufig als etwas eher Negatives betrachtet, vor dem man die Kinder schützen muss. Doch jedes Kind beobachtet, wie der Vater oder die Mutter mit dem Handy oder Smartphone telefoniert, den Laptop aufklappt oder ins Internet geht.

AUFGABEN

Medien als der Wolf im Schafspelz?

Was denken Sie? Sollte gemäß einer eher bewahrenden Medienpädagogik der Kindergarten möglichst medienfrei gehalten werden?

Diskutieren Sie diese Frage in einer Kleingruppe und finden Sie Argumente für und gegen einen medienfreien Kindergarten. Treffen Sie abschließend eine gemeinsame Entscheidung.

In der Folge werden solche Szenen nachgespielt und damit nachempfunden, obwohl das durchschnittliche Spielzeugtelefon in der pädagogischen Kindergartenwelt häufig, im Gegensatz zu einem Smartphone, rot ist, über eine Schnur, einen großen Hörer und eine Wählscheibe verfügt und zudem auf Rädern montiert ist. Nicht zuletzt wegen der permanenten Medienpräsenz in der Alltagswelt von Kindern ist es eine Aufgabe der Medienerziehung, Kindern bei der Verarbeitung ihrer vielfältigen Medienerfahrungen zu helfen, z. B. durch Malen, Basteln oder Rollenspiele, und dazu geeignete Utensilien zur Verfügung zu stellen. Dabei ist es wichtig, auch die Eltern der Kinder im Sinne einer Erziehungspartnerschaft mit ins Boot zu holen und in vertrauensvoller Atmosphäre das häusliche Mediennutzungsverhalten der Kinder zu reflektieren.

Gleichzeitig sollen Kinder aber auch die Chance bekommen, Medien kindgerecht als Ausdrucks- und Kommunikationsmittel zu nutzen, z. B. kurze Aufnahmen von sich und anderen mit einem Tonbandgerät oder einem digitalen Diktiergerät machen oder damit Vogelgezwitscher im Garten aufnehmen. Auch eine Digitalkamera kann bereits von Kindergartenkindern produktiv, z. B. zur Dokumentation einer gebauten Sandburg oder für Naturaufnahmen im Rahmen eines Projekts, genutzt werden.

14.3.2.3 Medienerziehung in der Schule

Der Medienerziehung in der Schule kommt eine besondere Bedeutung zu. Schüler nutzen spätestens gegen Ende der Grundschule überwiegend ein Handy oder Smartphone, tauchen in die Welt des Internets ein und nutzen Online-Communities wie Facebook. Medien sind jedoch auch im schulischen Sektor häufig mit Negativzuschreibungen wie Mobbing, Plagiaten in Form abgeschriebener Referate aus dem Netz, zweifelhaften Informationen aus Wikipedia oder Störungen des Unterrichts in Form der unerlaubten Smartphone- oder Handynutzung verknüpft.

Dabei könnte der Umgang mit und die Reflexion über Medieninhalte nahezu in jedem Fach praktiziert werden, wodurch die Medienkompetenz übergreifend gefördert werden kann. Man denke an Medienpolitik und Wahlkampf im Fach Politik, Sendungen wie das „Dschungelcamp", bei der Kandidaten oft ekelhafte Dinge über sich ergehen lassen, im Fach Ethik oder die produktive Mediengestaltung bzw. Mediendesign im Fach Kunst. Auch Projekte wie die internetgestützte zielgeleitete und vom Lehrer begleitete strategische Recherche, Aufarbeitung und Präsentation einer Unterrichtseinheit, lässt sich nahezu in jedem Fach verwirklichen. Andererseits erfordert ein Unterricht, der auf die tägliche Arbeit mit digitalen Medien baut, eine gute Ausstattung mit Medien in Form des Vorhandenseins, der Pflege sowie unbürokratischer Zugangsmöglichkeiten für die Schülerinnen und Schüler. Ferner müssen sinnvolle Konzepte zur Verfügung stehen, wie zeitgemäße Medien produktiv, kreativ und vor allem effizient in den einzelnen Fächern eingesetzt werden können. Hier besteht weiterer Entwicklungsbedarf.

14.3.2.4 Medienerziehung in der Jugendarbeit

Medienarbeit in der Kinder- und Jugendarbeit bietet viele Möglichkeiten. Im Wesentlichen lassen sich zwei Handlungsstränge ausmachen: Projekte, die auf die Auseinandersetzung mit einem Medium, z. B. Pornografie im Internet, abzielen und den Teilnehmern Informationen, Aufklärung und die Chance zur Selbstreflexion anbieten, und Projekte, bei denen Themen mittels spezifischer Medien bearbeitet werden, z. B. eine Website zum Thema Umweltschutz gestalten und betreuen. Das Ziel einer solchen „aktiven Medienarbeit" besteht darin, konkrete Inhalte des realen Lebens mittels Hilfe von Medien zu erarbeiten und dadurch analytisch-kritisches Denken zu fördern und die produktiven Fähigkeiten im Umgang mit Medien zu vermehren. Dabei sollte sich die Medienerziehung in der Kinder- und Jugendarbeit an verschiedene gesellschaftliche Milieus richten bzw. diese gezielt ansprechen und an deren Mediennutzungsverhalten anknüpfen (nach Süss/Lampert/Wijnen, 2010).

14.4 Zusammenfassung

Wir haben uns in diesem Kapitel mit den Themen Medien, Medienwirkung und Medienpädagogik beschäftigt.

1. Medien als solches haben alle gemeinsam, dass sie der indirekten Kommunikation, also der Kommunikation, die nicht von Angesicht zu Angesicht verläuft, dienen. Sie sind ein Hilfsmittel zur Kommunikation, das Informationen transportiert und häufig auch zur Aufbereitung und Darstellung der Informationen eingesetzt wird.
2. Medien können unterschieden werden in Medien zur individuellen Kommunikation, das heißt der Austausch zwischen zwei oder mehreren Personen, und in Medien zur Massenkommunikation, die dazu dienen, Inhalte einem breiten Publikum zugänglich zu machen.
3. Speziell die Massenmedien haben die Aufgabe, zur öffentlichen Meinungsbildung, zur Kontrolle, zur spezifischen Kenntniserweiterung (z. B. in Form von Ratgebern) sowie zur Unterhaltung der Bevölkerung beizutragen. Dazu steht ihnen bei der Berichterstattung gemäß Grundgesetz Art. 5 eine Zensurfreiheit und Gestaltungsfreiheit zu, die nur durch andere Gesetze, z. B. die Rechte des Individuums, eingeschränkt werden.
4. Bei den Massenmedien gibt es Unterschiede. Zu den „klassischen Massenmedien" zählen Fernsehen, Radio und Presse, zu den „digitalen Massenmedien" zahlreiche Angebote des Internets, z. B. öffentlich zugängliche Podcasts.

5. Massenmedien untergliedern sich ferner in private Anbieter sowie in öffentlich-rechtliche Anbieter. Während private Sender aufgrund der Finanzierung durch Werbung relativ frei bei ihrer Sendegestaltung sind, müssen die öffentlich-rechtlichen Sender per Gesetz die Grundversorgung der Bevölkerung mit Informationen sichern und zu einer freien Meinungsbildung beitragen. Dazu erhalten sie Rundfunkgebühren.
6. Im Hinblick auf die Zusammenstellung der Sendeinhalte konnten wir deutliche Unterschiede zwischen Privatsendern und öffentlich-rechtlichen Sendern feststellen. Insbesondere bei privaten Sendern findet sich eine Vielzahl an sogenannten Reality-TV-Formaten, die entweder die Realität dokumentarisch und überspitzt mit Laiendarstellern inszenieren (Scripted-Reality-TV) oder in Form von Castingshows „reale" Personen für Spiel- und Wettbewerbsshows auswählen (performatives Reality-TV).
7. Ferner haben wir uns dazu Gedanken gemacht, inwieweit die Massenmedien die tatsächliche Realität oder nicht vielmehr einen selektierten bzw. gefilterten Wirklichkeitsausschnitt zeigen, inwiefern die Massenmedien mit der Politik verschmelzen, anstatt die Politik zu kontrollieren, inwieweit der seriöse Printjournalismus vom Aussterben bedroht ist und inwieweit Internetblogs eine Alternative zum Printjournalismus, z. B. in Form von Tageszeitungen, darstellen.
8. Darüber hinaus haben wir die Realität der Mediennutzung von Kindern und Jugendlichen betrachtet. Dabei haben wir u. a. festgestellt, dass inzwischen nahezu jeder Haushalt über einen Internetzugang verfügt, fast jedes Kind bzw. jeder Jugendliche über ein Handy (40 % sogar über ein Smartphone) verfügt, der Großteil der Jugendlichen täglich online ist und die Online-Community Facebook das für Jugendliche mit Abstand attraktivste und am häufigsten genutzte Internetangebot darstellt, das kaum mehr aus dem Alltag von Kindern und Jugendlichen wegzudenken ist.

Im Anschluss an die Thematisierung von Medien und deren Nutzung richteten wir den Blick auf die Erkenntnisse der Medienwirkungsforschung und in einem ersten Zugang auf generelle Theorien und Thesen:

1. Die Stimulus-Response-Theorie betont den direkten Einfluss von Medien auf den Rezipienten.
2. Der Nutzenansatz fragt danach, welche Funktionen die Nutzung einzelner Medien für den Rezipienten erfüllen und welche Bedürfnisse dadurch befriedigt werden.
3. Die Theorie des Zwei-Stufen-Flusses geht davon aus, dass Medien nicht direkt auf den Rezipienten wirken, vielmehr nur auf eine Gruppe an spezifisch Interessierten, die sogenannten Meinungsführer. Diese kommunizieren ihre Erkenntnisse an weniger Interessierte ihres sozialen Umfelds weiter und versuchen diese zu überzeugen.
4. Der Thematisierungsansatz (Agenda-Setting-Theorie) geht davon aus, dass Massenmedien, durch ihre selektive Auswahl von Inhalten aus der Realität, zu einem erheblichen Anteil darüber bestimmen, worüber wir nachdenken.
5. Die Wissensklufthypothese postuliert, dass mit der ständigen Zunahme an Informationen vor allem die besser gebildeten, gut situierten Milieus dazu in der Lage sind, diese Informationsflut zu bewältigen, weshalb eine Wissenskluft zwischen besser gestellten und schlechter gestellten sozialen Milieus entstehe.
6. Die Kultivierungsthese geht davon aus, dass durch eine verzerrte, z. B. überzogene, Darstellung von Realitätsinhalten in den Massenmedien, Dinge Schritt für Schritt tatsächlich als „normal" angesehen werden, die eigentlich gar nicht „normal" sind.

Im Anschluss an diese generellen Erkenntnisse der Medienwirkungsforschung haben wir uns explizit mit dem Thema Auswirkungen von Gewalt und Pornografie in den Massenmedien beschäftigt. Dazu gibt es folgende Ansätze:

1. Die Stimulationsthese geht davon aus, dass wir durch Gewalt und Pornografie erregt werden können, was die Wahrscheinlichkeit, die gesehenen Dinge selbst umzusetzen, erhöht.
2. Die Katharsisthese geht davon, dass durch das stellvertretende Herauslassen aggressiver Tendenzen in Form von Computerspielen oder dem Betrachten von Gewaltfilmen eine innere Reinigung in Form des Abreagierens vollzogen werden kann.

3. Die Inhibitionsthese nimmt an, dass uns die negativen Konsequenzen eines medial beobachteten gewalttätigen Verhaltens, z. B. Gefängnis, selbst davon abhalten, eine solche Tat zu begehen.
4. Die Habitualisierungsthese geht von einem Gewöhnungseffekt aus, sodass wir nach immer extremeren Gewalt- oder pornografischen Darstellungen gieren.
5. Die Desensibilisierungsthese nimmt an, dass wir durch mediale Gewalt gegenüber realer Gewalt abstumpfen und dadurch selbst leichter gewalttätig werden.
6. Die Theorie der Exemplifikation besagt, dass wir durch den vermehrten Konsum von Pornografie häufig Dinge zu sehen bekommen, die wir dadurch irgendwann als „normal" ansehen, z. B. Analverkehr.
7. Die Kultivierungsthese geht davon aus, dass wir im Zuge des häufigen medialen Konsums von Pornografie und Gewalt nicht nur das Gesehene schrittweise als normal betrachten, sondern auch die unterschwelligen Werte und Normen solcher Formate übernehmen, z. B. das damit verbundene Frauenbild.
8. Die sozial-kognitive Lerntheorie beschäftigt sich damit, unter welchen Umständen wir beobachtete Verhaltensweisen zu imitieren versuchen. Dabei spielt eine wesentliche Rolle, dass die beobachtete Person über etwas verfügt, das wir auch gern hätten, und zudem für ihre Handlungen in irgendeiner Form belohnt wird.

Nach diesen spezifischen Erkenntnissen der Medienwirkungsforschung haben wir uns mit den Gefahren übermäßiger Mediennutzung beschäftigt.

1. Übermäßige Mediennutzung kann unterschieden werden in exzessive Mediennutzung und in krankhaft süchtige Mediennutzung, die mit verschiedenen Entzugserscheinungen einhergeht und ernsthafte Folgen für den Nutzer haben kann.
2. Diesbezüglich können einige Kausalzusammenhänge (Wirkungszusammenhänge) zwischen übermäßiger bis krankhafter Mediennutzung und psychischen sowie physischen Beeinträchtigungen des Rezipienten festgestellt werden.
3. Wie wir erfahren haben, ist es häufig nicht klar ersichtlich, was bei solchen Zusammenhängen als Ursache und was als Wirkung angesehen werden kann, weshalb bei der Interpretation Vorsicht geboten ist.
4. Kritisch haben wir uns exemplarisch mit dem Zusammenhang zwischen übermäßigem Medienkonsum und Übergewicht sowie mit dem Zusammenhang zwischen einer geringen Ausprägung von sozialer Kompetenz in Zusammenhang mit wenigen „realen Freunden" und der intensiven Nutzung von Facebook beschäftigt.

Aufbauend auf diesen Erkenntnissen widmeten wir uns dem pädagogischen Anwendungsfeld, der Medienpädagogik.

1. Medienpädagogik verfolgt das Ziel, Medienkompetenz herzustellen. Dazu gehört es, verschiedene Medien genauer zu kennen sowie kritisch analysieren, effektiv einsetzen und produktiv sowie kreativ nutzen zu können.
2. Die Medienpädagogik verfolgt dabei verschiedene Ansätze. Diese Ansätze untergliedern sich in Bewahren vor schädlichen Medienerfahrungen, Hilfestellung beim Verarbeiten von schädlichen Medienerfahrungen, Hinterfragen der Medienabsichten, Reflektieren des eigenen Medienkonsums und Befähigung zum produktiv-kreativen Einsatz von Medien.
3. Die Medienerziehung gliedert sich zum einen in die Herstellung von Medienkompetenz, zum anderen in die Erziehung durch Medien.
4. Dabei werden die aufgezeigten medienpädagogischen Ansätze in unterschiedlicher Gewichtung in Form von Konzepten der Medienerziehung in den Kontexten Familie, Kindergarten, Schule sowie Kinder- und Jugendarbeit angewandt.

15 Resilienz

15.1 Was ist Resilienz?

AUFGABE

Betrachten Sie das nebenstehende Bild und stellen Sie Vermutungen an, was ein Grashalm im Wind mit dem Leben eines Menschen zu tun haben könnte.

Falls Sie zu keiner befriedigenden Lösung gelangt sein sollten, hilft Ihnen eventuell folgendes Beispiel weiter:

BEISPIEL

Die beiden Geschwister Laura (6 Jahre) und Peter (8 Jahre) wachsen, nachdem ihre Eltern bei einem tragischen Autounfall ums Leben gekommen sind, getrennt voneinander bei Pflegefamilien auf. Beiden fällt es schwer, den Tod ihrer Eltern zu verkraften und die neuen Pflegeeltern zu akzeptieren.

Lauras Pflegefamilie besteht aus den Pflegeeltern Utta und Heinz und deren zwei leiblichen Kindern Jessica und Kevin. Heinz ist als Außendienstmitarbeiter viel unterwegs und Utta arbeitet halbtags in einer Kantine. Zu den wesentlich älteren Kindern Jessica und Kevin findet Laura nur schwer Kontakt. Sie fühlt sich häufig einsam und allein gelassen und zieht sich immer mehr in sich zurück. Ihre Klassenlehrerin in der Grundschule – Frau Hansmann – macht sich Sorgen um Laura, da sie beobachtet, wie Laura von ihren Mitschülern ausgegrenzt wird und in ihrer Grundempfindlichkeit traurig und ängstlich wirkt. Dennoch schafft es Frau Hansmann, das Vertrauen von Laura zu gewinnen und ihre Begeisterung für Bücher und das Lesen zu wecken. Laura gewinnt in der zweiten Klasse den Lesewettbewerb und findet in Paula, einem Mädchen, das am Anfang der dritten Klasse in die Nachbarschaft von Laura zieht, eine treue Freundin. Laura kann endlich wieder lachen, auch wenn sie noch manchmal nachts weinend aufwacht, wenn sie wieder von ihren verstorbenen Eltern geträumt hat.

Peters Pflegefamilie besteht aus Reinhold und Petra, deren Sohn mit zwei Jahren aufgrund eines Herzfehlers verstorben ist. Petra hat dies immer noch nicht verkraftet und greift häufig zu Alkohol und Zigaretten. Reinhold arbeitet als Bankkaufmann in einer örtlichen Filiale und hat Angst, seinen Job zu verlieren, da Gerüchte im Umlauf sind, dass die Bank künftig in der Region Personal abbauen möchte. Obwohl sich beide sehr bemühen, finden sie keinen richtigen Zugang zu Peter. Peter kann die beiden einfach nicht als seine Pflegeeltern annehmen. Er beschimpft Reinhold und möchte seinen Vater zurück, der regelmäßig aktiv in einem Verein Fußball gespielt und mit ihm draußen vor dem Haus gekickt hat. Er sehnt sich sehr nach seinen leiblichen Eltern und träumt nachts häufig schlecht. Reinhold und Petra wissen nicht mehr weiter. Petra weiß sich manchmal nicht anders zu helfen, als Peter in sein Zimmer zu sperren oder ihn anzuschreien, wenn er wieder mal „austickt". In der Schule läuft es ähnlich. Peter macht Faxen und gibt den Klassenclown. Unter anderem deshalb gerät Peter immer wieder an „falsche" Freunde, die er durch Imponiergehabe, Streiche und die Ausübung körperlicher Gewalt – indem er andere Mitschüler schikaniert – zu beeindrucken versucht. Der Klassenlehrer Herr Brendle sucht mehrmals das Gespräch mit Peters Pflegeltern, kann jedoch weder auf Ebene der Pflegeeltern noch bei Peter selbst die Lage zum Guten wenden. Peter ist ein sehr agiles Kind und kann sich für alle Formen von Bewegung begeistern. Deshalb macht ihm der Sportunterricht als einziges Fach Spaß. Auch ist er der beste Schwimmer seiner Klasse. Sein Sportlehrer ist gleichzeitig Kinder- und Jugendtrainer des lokalen Sportvereins. Obwohl er das Talent von Peter durchaus erkennt und Peter eine Chance in seiner Schwimmmannschaft gegeben hat, möchte er diesen „Störenfried“ nach einigen Vorfällen, z.B. als Peter in der Umkleidekabine Geld aus mehreren Geldbörsen seiner Vereinskameraden geklaut hat, nicht mehr in seiner Mannschaft haben.

AUFGABE

Wie werden Laura und Peter ihr weiteres Leben meistern?

Untermauern Sie Ihre Gedanken, indem Sie Gemeinsamkeiten und Unterschiede der beiden Fälle herausarbeiten.

Wenn wir uns die Lage eines Grashalms im Wind sowie der beiden Kinder Laura und Peter vergegenwärtigen, so haben wir uns die Frage zu stellen, wie schwierige Lebensumstände und Belastungen unser Leben beeinflussen können. Besser gefragt: „Warum schaffen es einige Menschen, mit derlei Belastungen zurechtzukommen und warum zerbrechen einige Menschen daran?“ Diese Frage ist eng mit dem Modell der **Resilienz** verknüpft. Resilienz kann grob vereinfacht als „Widerstandsfähigkeit“ übersetzt werden, und zwar Widerstandsfähigfähigkeit gegenüber Einflussfaktoren von innen (aus uns selbst heraus) und Einflüsse von außen, die unsere Entwicklung gefährden können.

Resilienz ist als eine Kompetenz zu verstehen, entwicklungsgefährdende Belastungen, Lebensumstände und Krisen im Laufe eines Menschenlebens positiv meistern zu können und nicht psychisch daran zu zerbrechen.

Bereits aus dieser ersten Annäherung an das Thema Resilienz wird ersichtlich, dass es gewisser Voraussetzungen bedarf, die es manchen Menschen ermöglicht, flexibel und relativ unbeschadet Belastungen und Lebenskrisen zu meistern; sind diese Voraussetzungen nicht vorhanden, können andere Menschen an denselben Entwicklungsgefährdungen scheitern. Das wirft die Frage auf: „Was unterscheidet resiliente Menschen von nicht resilienten Menschen?“

15.2 Was zeichnet resiliente Menschen aus?

AUFGABE

Sie sind ein Wissenschaftler und interessieren sich dafür, was resiliente Menschen im Gegensatz zu nicht resilienten Menschen auszeichnet. Wie kann man untersuchen, ob ein Mensch sich trotz schwieriger Lebensumstände oder Lebenskrisen positiv entwickelt hat?

Stellen Sie dazu erste Überlegungen an, wie eine solche wissenschaftliche Untersuchung aussehen könnte.

15.2.1 Die Kauai-Studie

Wahrscheinlich sind Sie selbst auf den Gedanken gekommen, dass es nicht reicht, Menschen nur zu einem Zeitpunkt zu untersuchen, sondern dass ein Wissenschaftler mehrere Messzeitpunkte braucht, wenn er untersuchen möchte, ob sich jemand trotz widriger Lebensumstände positiv über die Lebensspanne hinweg entwickelt hat. Eine solche Studie nennt man eine Längsschnittstudie.

Diesen Ansatz gingen die beiden Amerikanerinnen Emmy Werner und Ruth S. Smith, als sie den gesamten Geburtsjahrgang 1955 der hawaiianischen Insel Kauai über 40 Jahre hinweg begleiteten. Dazu wurden knapp 700 Kinder in deren Verhalten durch Psychologen, Sozialarbeiter, Pädiater etc. beobachtet, interviewt und verschiedene Daten zu ihrer Gesundheits- und Lebenssituation erhoben. Diese erste und bekannteste Studie zur Resilienz beschäftigte sich systematisch mit Kin-

Pädiater
Facharzt in Pädiatrie (Kinderarzt)

dern, die trotz schwieriger Umstände zu kompetenten Erwachsenen heranwuchsen.

pränatal
während der Schwangerschaft

Die Studie setzte bereits vor der Geburt (pränatal) an und erfasste Daten der Kinder im Alter von 1, 2, 10, 18, 32 und 40 Jahren. Das Erkenntnisinteresse dieser Studie lag darin, die Langzeitfolgen von Risikobedingungen während der Schwangerschaft und nach der Geburt sowie Auswirkungen ungünstiger Lebensbedingungen in der frühen Kindheit auf die physische, kognitive und psychische Entwicklung der Kinder festzustellen.

Bei ungefähr einem Drittel der überlebenden Kinder des Geburtsjahrgangs 1955 konnte ein hohes Entwicklungsrisiko festgestellt werden. D.h., dass 201 Kinder dieses Jahrgangs von Geburt an vorbelastet waren. Bereits vor ihrem zweiten Lebensjahr waren diese Kinder mehreren (multiplen) Risikobedingungen wie chronische Armut, Schwierigkeiten innerhalb der Familie, geringes Bildungsniveau der Eltern, psychische Krankheit der Eltern etc. ausgesetzt.

psychosozial
soziale, das heißt zwischenmenschliche Faktoren, die die Psyche beeinflussen, z.B. die Qualität einer Beziehung

129 (ca. zwei Drittel) dieser Kinder mit hohem Entwicklungsrisiko wiesen bereits im Alter von zehn Jahren massive Lern- und Verhaltensstörungen auf. Einige davon wurden z.B. straffällig oder bereits vor dem 18. Lebensjahr schwanger.

Für unsere Eingangsfrage jedoch sind die 72 verbleibenden (knapp ein Drittel) dieser „Risikokinder“ von Interesse, die trotz widriger Umstände zu optimistischen und lebenszufriedenen Menschen heranwuchsen.

Warum ist das so? Es zeigte sich, dass diese resilienten Erwachsenen, die bereits mit einigen Widrigkeiten in ihrem Leben zu kämpfen hatten, im Alter von 40 Jahren, verglichen mit den „normalen“ Menschen ihres Geburtsjahrgangs, eine geringere Sterberate, weniger chronische Gesundheitsprobleme und eine geringere Scheidungsrate aufwiesen. Trotz erheblicher Belastungen, wie der Verwüstung der Insel durch einen Orkan, schauten diese „Widerstandsfähigen“ positiv in die Zukunft, führten stabile Ehen und gingen einer geregelten Beschäftigung nach.

Es scheint so, als hätten diese Menschen für sich ein Rezept entdeckt oder unbewusst erfolgreich erprobt, wie man am besten mit widrigen Lebensumständen umgeht und was einem bei der Bewältigung dieser Vorkommnisse hilft. Und tatsächlich: Die Forschergruppe um Werner und Smith konnte einige schützende Merkmale und Faktoren identifizieren, die die Zutaten für ein solches Resilienzrezept bzw. Resilienzkonzept zu sein scheinen. So wiesen die resilienten Insulaner einen höheren familiären Zusammenhalt, tragfähige Beziehungen zu einer emotionalen Bezugsperson, höhere Fähigkeiten im Umgang mit anderen Menschen sowie häufiger die Einstellung auf, selbst die Dinge regeln und beeinflussen zu können und weniger von außen gesteuert zu werden (Gefühl der Selbstwirksamkeit).
(Nach Wustmann, 2011, S. 89 ff.)

15.2.2 Die Mannheimer Risikokinderstudie

Die Mannheimer Risikokinderstudie beschreitet einen ähnlichen Weg wie die Kauai-Studie. Allerdings liegt bei dieser Untersuchung weniger das Erkenntnisinteresse darauf, zu ergründen, warum einige Menschen mit widrigen Umständen besser zurechtkommen, als vielmehr Antworten auf die Frage zu finden, welche Chancen und Risiken für Kinder bestehen, die durch organische und psychosoziale Beeinträchtigungen (z.B. durch die familiäre Situation) gefährdet sind. Die Studie ist, ebenso wie die Kauai-Studie, als Längsschnittstudie angelegt, bei der eine Gruppe von Kindern bis ins Jugendalter hinein bei ihren Entwicklungsprozessen begleitet wird. Dabei handelt es sich um eine gezielt ausgewählte Gruppe, bestehend aus 184 Mädchen und 178 Jungen, die in den Jahren 1986–1988 in zwei Frauenkliniken in der Region Mannheim versorgt wurden.

Für die Studie wurden diejenigen Säuglinge ausgewählt, die über folgende gemeinsame Merkmale verfügten:
- erstgeborenes Kind,
- Aufwachsen bei leiblichen Eltern,
- deutschsprachige Familie,
- keine schweren angeborenen Erkrankungen, Sinnesbehinderungen oder Fehlbildungen keine Mehrlingsgeburt.

Bisher fanden fünf Erhebungswellen im Alter von drei Monaten, zwei Jahren, viereinhalb Jahren, acht Jahren und elf Jahren statt.

Als mögliche risikoerhöhende Bedingungen wurden von den Wissenschaftlern sowohl organische als auch psychosoziale Belastungen erfasst. Als organische Risiken wurden z.B. niedriges Geburtsgewicht, Krampfanfälle oder Sauerstoffmangel deklariert. Als psychosoziale

Eines der berühmtesten Lieder des weltweit wohl bekanntesten Rock'n'Roll-Sängers **Elvis Presley** handelt vom Leben und Aufwachsen im Ghetto. Es trägt den Namen **„In the Ghetto"**

1	*Refrain: In the ghetto*	*Refrain: Im Ghetto*	1
2	As the snow flies	Als die Schneeflocken vorbeitreiben	2
3	On a cold and gray Chicago morning	Wird an einem kaltem, grauen Morgen in Chicago	3
4	A poor little baby child is born	Ein armes kleines Baby geboren	4
5	*Refrain: In the ghetto*	*Refrain: Im Ghetto*	5
6	And his mama cries	Und seine Mutter weint bitterlich	6
7	'cause if there's one thing that she don't need	Denn wenn es etwas gibt, dass sie nicht braucht,	7
8	It's another hungry mouth to feed	Ist es noch ein hungriger Mund, den sie satt kriegen muss.	8
9	*Refrain: In the ghetto*	*Refrain: Im Ghetto*	9
10	People, don't you understand	Leute, versteht ihr denn nicht?	10
11	A child needs a helping hand	Ein Kind braucht eine helfende Hand,	11
12	Or he'll grow to be an angry young man some day	Oder es wird eines Tages zu einem zornigen jungen Mann heranwachsen.	12
13	Take a look at you and me,	Schau dich und mich an!	13
14	Are we too blind to see?	Sind wir zu blind um zu sehen?	14
15	Do we simply turn our heads and look the other way?	Oder drehen wir unsere Köpfe einfach weg und schauen weg?	15
16	Well, the world turns	Nun ja, die Welt dreht sich weiter.	16
17	And a hungry little boy with a runny nose	Und ein hungriger kleiner Junge mit einer laufenden Nase	17
18	Plays in the street as the cold wind blows in the ghetto	Spielt in den Straßen, während der kalte Wind im Ghetto bläst.	18
19	*Refrain: In the ghetto*	*Refrain: Im Ghetto*	19
20	And his hunger burns.	Und sein Hunger brennt.	20
21	So he starts to roam the streets at night	Also fängt er an, nachts in den Straßen herumzuziehen.	21
22	And he learns how to steal and he learns how to fight	Und er lernt wie man stiehlt und er lernt wie man kämpft. Im Ghetto.	22
23	*Refrain: In the ghetto*	*Refrain: Im Ghetto*	23
24	Then one night in desperation the young man breaks away	Dann in einer Nacht voller Verzweiflung reißt ein junger Mann von zu Hause aus.	24
25	He buys a gun, steals a car,	Er kauft eine Knarre, stiehlt ein Auto,	25
26	He tries to run, but he don't get far	Er versucht zu fliehen, aber er kommt nicht weit.	26
27	And his mama cries	Und seine Mama weint.	27
28	As a crowd gathers 'round an angry young man	Während sich eine Menschenmenge um einen zornigen jungen Mann versammelt,	28
29	Face down on the street with a gun in his hand	der mit dem Gesicht nach unten in der Gosse liegt, mit der Knarre in der Hand.	29
30	*Refrain: In the ghetto*	*Refrain: Im Ghetto*	30
31	And as her young man dies,	Und als ihr junger Mann stirbt	31
32	On a cold and gray Chicago morning,	An einem kalten, grauen Morgen in Chicago,	32
33	Another little baby child is born	Kommt ein anderes kleines Baby zur Welt.	33
34	*Refrain: In the ghetto*	*Refrain: Im Ghetto*	34
35	And his mama cries	Und seine Mutter weint bitterlich.	35
36	Refrain: In the ghetto	Refrain: Im Ghetto	36

Elvis Presley
(08.01.1935–16.08.1977)
Der „King"
Sänger, Musiker und Schauspieler, der als einer der wichtigsten Rock 'n' Roll- und Pop-Vertreter des 20. Jahrhunderts gilt

Risiken hingegen stuften die Wissenschaftler z. B. ungünstige familiäre Lebensverhältnisse wie niedriges elterliches Bildungsniveau, unerwünschte Schwangerschaft, disharmonische Partnerschaft oder beengte Wohnverhältnisse ein. Die Höhe der Risikobelastung wurde anhand von Entwicklungstests, Elterninterviews, Kinderinterviews, Verhaltensbeobachtungen und videogestützten Beobachtungen und Auswertung der Mutter-Kind-Interaktion ermittelt.

Anhand der Studie konnte festgestellt werden, dass die Auswirkung von organischen und psychosozialen Risiken bis ins Grundschulalter hinein nachweisbar ist. Ferner weisen, laut Erkenntnissen der Studie, Kinder mit derlei Risiken dreimal mehr Entwicklungsbeeinträchtigungen auf als Kinder, die keinen organischen oder psychosozialen Risiken ausgesetzt sind. Nach Angaben der Wissenschaftler trifft es diejenigen Kinder am meisten, die sowohl organischen als auch psychosozialen Beeinträchtigungen ausgesetzt sind.

Bei den psychosozialen Beeinträchtigungen wirken sich, laut den Ergebnissen der Studie, besonders eine unerwünschte Schwangerschaft, eine psychische Erkrankung der Eltern und ein niedriges Bildungsniveau der Eltern aus. Aber auch die Art der Interaktion zwischen Mutter und Kind ist von Bedeutung. Demnach kann die Qualität der Interaktion zwischen Mutter und Kind die Ausprägung der sozial-emotionalen Entwicklung des Kindes beeinflussen. Vor allem der Mangel an Empathie, positiven Emotionsausdrücken wie Lächeln und Freude in Verbindung mit der angemessenen sprachlichen Begleitung solcher Äußerungen sind dabei von Bedeutung. Darüber hinaus war nach Angaben der Forscher das Ausmaß der Risikobelastung sowie die beobachtete Entwicklungsphase entscheidend für die Ausprägung des Entwicklungsergebnisses (nach Wustmann, 2011, S. 87 ff.).

Empathie
Einfühlungsvermögen; Fähigkeit, sich in andere einfühlen zu können

Ressourcen
an die Person gebundene sowie zwischenmenschliche Bewältigungsmittel und Bewältigungshilfen

Selbstwirksamkeitsempfindung
Gefühl, selbst etwas bewirken zu können

Normen
niedergeschriebene oder zwischenmenschlich ausgehandelte Erwartungen an das Verhalten eines Menschen, z. B.: Gesetze oder die Norm, dass man Freunde nicht belügt

AUFGABE

Stellen Sie einen Bezug zwischen der Mannheimer Risikokinderstudie und dem Lied „In the Ghetto" her. Hatte Elvis Presley recht?

15.2.3 Die Bielefelder Invulnerabilitätsstudie

In der Bielefelder Invulnerabilitätsstudie von Lösel und Bender wird das Ziel verfolgt, die seelische Widerstandskraft unter dem Einfluss gravierender Entwicklungsrisiken zu untersuchen und gleichzeitig festzustellen, welche Faktoren außerhalb der Familie zur Ausbildung von Resilienz beitragen können.

Dazu wurden 146 Jugendliche im Alter von 14 bis 17 Jahren untersucht, die alle in deutschen Heimen aufwuchsen und vielfältigen Entwicklungsrisiken ausgesetzt waren. Mittels eines Instruments zur Einschätzung der Risikobelastung wurden sowohl objektive Faktoren wie Armut, schlechte Wohnverhältnisse zu Hause oder Scheidung der Eltern vor der Aufnahme ins Heim erhoben, also solche Merkmale, die wertneutral festgestellt werden können. Aber auch subjektive Risiken und damit solche, die an das individuelle Erleben und Verhalten der Untersuchungsteilnehmer geknüpft sind, wurden erhoben. Dazu zählen erlebte Elternkonflikte, Alkoholprobleme etc. Mittels Fallbesprechungen, Selbsteinschätzungen der Jugendlichen und Erzieherberichten wurde auf Grundlage dieser Risikobeurteilung eine Gruppe von 66 Jugendlichen ermittelt, die als resilient betrachtet wurden.

Als Vergleichsgruppe dienten 80 Jugendliche, die denselben Risiken ausgesetzt waren und ebenfalls in Heimen aufwuchsen, jedoch deutliche Verhaltensauffälligkeiten aufwiesen. Die Gruppen bestanden jeweils zu drei Fünfteln aus Jungen und zwei Fünfteln aus Mädchen. Obwohl die Studie nicht in Kauai, sondern in Deutschland durchgeführt wurde, kam sie zu ähnlichen Ergebnissen.

So zeigten sich deutliche Unterschiede zwischen beiden Gruppen. Vor allem unterschieden sich die beiden Gruppen hinsichtlich der personalen und sozialen Bewältigungsmittel und Bewältigungshilfen (Ressourcen), die den Jugendlichen zur Verfügung standen. Dazu zählen die persönlichen Temperamenteigenschaften, Fähigkeiten zur Problembewältigung, das Gefühl, selbst etwas bewirken zu können (Selbstwirksamkeit), das Ausmaß an sozialer Unterstützung, feste Bezugspersonen außerhalb der Familie, tragfähige Beziehungen (z. B. zu Freunden) und das Erziehungsklima in den Heimen.
Konkret wurde in der Bielefelder Invulnerabilitätsstudie Folgendes festgestellt:

- Die stabil resilienten Jugendlichen waren in ihren Temperamenteigenschaften flexibler und weniger impulsiv.
- Sie verfügten über eine realistischere Zukunftsperspektive.
- Sie zeigten eigenaktive Bewältigungsmuster (Bewältigungsmuster, bei denen sich

der jeweilige Jugendliche als aktiv Handelnder einbringt).

- Sie erlebten sich als weniger hilflos.
- Sie waren motivierter, Leistung zu erbringen, und erzielten auch tatsächlich in der Schule bessere Leistungen.
- Ferner hatten sie häufiger Kontakte zu einer festen Bezugsperson außerhalb ihrer Familien und waren zufriedener mit der erhaltenen sozialen Unterstützung.

Diese resilienten Jugendlichen verfügten generell über ein höheres Selbstwertgefühl und über die Empfindung der Selbstwirksamkeit, also dem Gefühl, selbst etwas bewirken zu können. Darüber hinaus spielte ein von Strukturiertheit, Normorientierung (Grenzsetzung) und gleichzeitig von Einfühlungsvermögen geprägter Heimalltag eine wesentliche Rolle (nach Wustmann, 2011, S. 92 ff.).

AUFGABE

Betrachten Sie das Bild und stellen Sie sich die Frage, was Resilienz – nach Ihren bisherigen Erkenntnissen – mit dem Erfolg einer Fußballmannschaft zu tun hat?

15.3 Zwischenbilanz

Resilienz ist nicht leicht in Worte zu fassen. Es handelt sich vielmehr um ein komplexes, von Wissenschaftlern geschaffenes Konstrukt bzw. Erklärungsmodell, mit dessen Hilfe wir uns zu erklären versuchen, warum manche Menschen gegenüber widrigen Bedingungen widerstandsfähig sind, andere jedoch nicht. Resilienz ist also nichts tatsächlich Gegebenes, wie z. B. unser Herz, das wir klar lokalisieren und beschreiben können, sondern ein Konstrukt, ein gedankliches Modell, das zahlreiche Einflüsse von innen und außen zu bündeln und miteinander in Beziehung zu setzen versucht. Das heißt, dass Resilienz nicht, wie z. B. die Sprachfähigkeit, eindeutig gemessen, in ihrer Entwicklung beobachtet, in Stufen eingeteilt oder gar in einem Hirnareal lokalisiert werden kann.

Darüber hinaus ist Resilienz, ähnlich wie der Erfolg einer Fußballmannschaft, nicht von Anfang an in die Wiege gelegt, was der eine hat, der andere jedoch nicht. Dies haben wir anhand der Studien zur Resilienz erfahren. Vielmehr **hat Resilienz viel mit dem Erwerb von „Bewältigungskompetenzen"** zu tun. Das heißt, wir nehmen selbst eine wichtige und vor allem aktive Rolle beim Erlernen von Widerstandsfähigkeit ein, wenngleich wir auch von genetischen bzw. vererbten Faktoren (siehe Abschnitt: 5.4.1) beeinflusst werden. Gleichzeitig ist Resilienz nicht als etwas zu verstehen, das man sich „antrainiert" und für immer behält. Vielmehr ist es so, dass sich die persönliche Anfälligkeit – genauso wie die Kompetenz im Umgang mit widrigen Umständen – im Laufe unseres Lebens verändert. Vor allem Umbruchsituationen, z. B. ein Umzug oder der Übergang in die weiterführende Schule, spielen in unserem Leben dabei eine wichtige Rolle. Auch im Fußball ist es erstaunlich, wie dieselbe Mannschaft in einer Saison souverän auftritt und in der nächsten gegen den Abstieg kämpft. Oder welcher Einfluss der Abgang eines Spielers oder die Neuverpflichtung eines Trainers haben kann. Ferner bedeutet Resilienz nicht, dass ein Fußballspieler auch ein guter Tennisspieler sein muss und somit bedeutet Resilienz auch nicht im übertragenen Sinn, dass, wer in einem Bereich widerstandsfähig ist in jedem anderen Bereich automatisch widerstandsfähig sein muss, also quasi von einem generellen Schutzwall umgeben ist.

Diese Erkenntnisse gilt es im Hinterkopf zu behalten, wenn wir uns in den folgenden Abschnitten mit Risikofaktoren, Schutzfaktoren und deren Zusammenwirken beschäftigen.

15.4 Welche Faktoren gefährden die Entwicklung?

Im Hinblick auf die Entwicklung unterscheidet man zwischen sogenannten Risikofaktoren und sogenannten Schutzfaktoren. Doch zunächst zu den Risikofaktoren. Diese sind uns aus dem Bereich der Medizin bestens bekannt.

AUFGABE
Erinnern Sie sich an Ihren letzten Arztbesuch? Wie geht ein Arzt normalerweise vor, um festzustellen, was Ihnen fehlt?

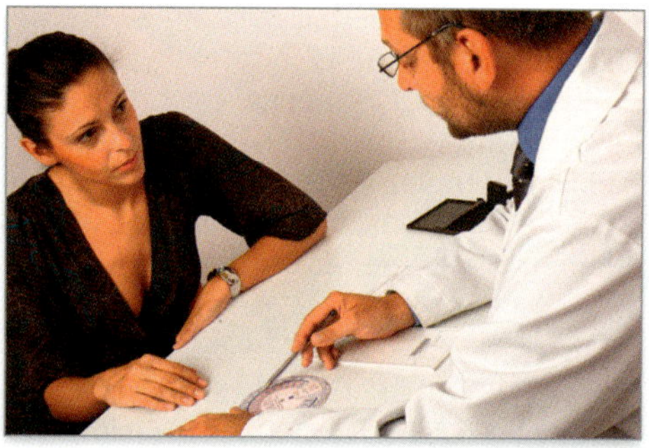

Pathogenese
klassische Auffassung von Gesundheit in der Medizin, die die Frage stellt, was den Menschen krank macht (griechisch pathos = Leiden, genesis = Entstehung)

Die klassische Sichtweise der Medizin, die Pathogenese, fragt danach, was Menschen krank macht. So könnte die Frage bei einem Arztbesuch lauten: Rauchen Sie? Wie oft essen Sie Fleisch? Wie viele Stunden verbringen Sie täglich im Sitzen? Und schon erhält der Arzt anhand Ihrer Antworten eine Auskunft zu den gesundheitsgefährdenden Risikofaktoren: Zigarettenkonsum/Rauchen, Aufnahme tierischer Fette und Bewegungsmangel und gelangt dadurch zu möglichen Erklärungen für Ihren erhöhten Blutfettgehalt (Cholesterin) oder zu hohen Blutdruck. In diesem Kontext handelt es sich um drei von mehreren Risikofaktoren für eine mögliche Herzerkrankung. Der Arzt wird Ihnen daraufhin raten, diese Risikofaktoren zu kontrollieren und zu reduzieren.

Prävention
Prävention kann eingeteilt werden in Primär-, Sekundär- und Tertiärprävention

Vulnerabilität
Verwundbarkeit; Verletzlichkeit (lateinisch „vulnus" = Wunde)

Dieses Vorgehen ist eng mit dem Modell der Prävention verknüpft. **Prävention** kann heißen,

- Risikofaktoren im Vorfeld auszuschalten, z. B. durch breitflächige Aufklärung über geschützten Geschlechtsverkehr vor AIDS,
- gezielt gefährdete Bevölkerungsgruppen anzusprechen, z. B. Grippeimpfungen für kleine Kinder und alte Menschen, oder
- das Leid bereits Erkrankter bei Auftreten der ersten Symptome zu lindern, z. B. Physiotherapie oder Rückentraining bei Rückenschmerzen.

Diese drei Stufen der Prävention nennt man Primär-, Sekundär- und Tertiärprävention. Prävention gehört damit zum klassischen Rüstzeug der Medizin.

Ähnlich wie in der Medizin verhält es sich mit Risikofaktoren, welche die Entwicklung des Kindes von Geburt an beeinträchtigen können.

Unter **Risikofaktoren** verstehen wir Einflüsse in Bezug auf Entwicklung, welche die gesunde Entwicklung des Kindes beeinträchtigen können.

Dabei liegt die Betonung auf „können", da Menschen unterschiedlich mit diesen Einflüssen umgehen und dazu über unterschiedliche Bewältigungsmittel und Bewältigungsstrategien verfügen. Das heißt, bei Vorliegen dieser Einflüsse erhöht sich die statistische Wahrscheinlichkeit mit Blick auf einen ungünstigen Entwicklungsverlauf, es herrscht jedoch kein Automatismus vor, dass bei Vorliegen von Risikofaktoren die gesunde Entwicklung des Kindes in jedem Einzelfall tatsächlich beeinträchtigt sein muss. Entscheidend, ob solche Risikofaktoren zum Tragen kommen, ist die Vulnerabilität des Kindes. Darunter verstehen wir laut Definition des 13. Kinder- und Jugendhilfeberichts des Bundesministeriums für Familien, Senioren, Frauen und Jugend:

Vulnerabilität
„Verletzbarkeit einer Person gegenüber genetisch-biologischen und umweltbezogenen Faktoren, die das Risiko für eine fehlangepasste Entwicklung erhöhen" (Bundesministerium für Familie, Senioren, Frauen und Jugend, 2009, S. 65)

AUFGABE

Nehmen Sie sich einen Moment Zeit und überlegen Sie, wie verwundbar Sie sind. Welche Risikofaktoren können Ihrer Meinung nach Ihre Entwicklung gefährden oder haben bereits Spuren bei Ihnen hinterlassen?

15.4.1 Vulnerabilitätsfaktoren

Sprechen wir von schädlichen Einflüssen, so ist Risikofaktor nicht gleich Risikofaktor.

Faktoren, die sich auf Defizite, Defekte und Schwächen des Kindes beziehen, werden als **Vulnerabilitätsfaktoren** bezeichnet.

Diese wiederum werden in Merkmale unterschieden, die wir von Geburt an mitbringen (**primäre Vulnerabilitätsfaktoren** wie unsere genetische Ausstattung in Form von Chromosomenanomalien, Schwierigkeiten bei der Geburt, schwierige Temperamentsveranlagungen oder chronische Erkrankungen wie Neurodermitis), und solche, die wir in der Interaktion mit der Umwelt erworben haben (**sekundäre Vulnerabilitätsfaktoren**). Dazu zählt z.B. unser Verhalten, das wir in der frühen Kindheit im Umgang mit für uns stressauslösenden Situationen durch die Art und Weise der Interaktion mit unseren Bezugspersonen erlernt haben (Bindungsverhalten), z.B. war eine Bezugsperson da, wenn wir sie brauchten, und schenkte sie uns Zuneigung? Reagierte sie prompt und sensitiv auf unsere Bedürfnisse, z.B. durch das Spenden von Trost in angstauslösenden Situationen? Fühlten wir uns geborgen und sicher oder nicht? Weitere sekundäre Vulnerabilitätsfaktoren sind u.a. eine geringe Fähigkeit zur Selbstregulation von Anspannungs- und Entspannungszuständen.

15.4.2 Stressoren

Neben diesen Vulnerabilitätsfaktoren gibt es die Stressoren.

Stressoren sind Faktoren, die sich auf die soziale Umwelt des Kindes beziehen und dadurch seine Entwicklung beeinflussen.

Bitte lesen Sie folgenden Zeitungsbericht:

BEISPIEL

„Berliner Senatsstudie: Brennpunkte – es werden mehr

Berlin – Jedes dritte Kind lebt in Berlin an der Armutsgrenze, weil es aus einem Haushalt stammt, der nicht ohne staatliche Hilfen auskommt. Außerdem verschärft sich zunehmend die soziale Lage in Berliner Problemquartieren. Die Zahl der sozialen Brennpunkte der Stadt nimmt zu. Das geht aus dem Bericht „Monitoring Soziale Stadtentwicklung" hervor, den die Berliner Senatorin für Stadtentwicklung, Ingeborg Junge-Reyer, am Mittwoch vorgestellt hat. [...]

Zu den sozialen Brennpunkten heißt es in dem von der Humboldt-Universität erarbeiteten Bericht: „In keinem Gebiet mit einem niedrigen oder sehr niedrigen sozialen Status hat sich eine positive Entwicklungsdynamik gezeigt." Eine positive Dynamik ist nur in Quartieren zu erkennen, in denen es ohnehin wenig soziale Probleme gebe. In Berlin finde eine Polarisierung der Quartiere statt. Bewertet wird die soziale Lage anhand der Zahl der Arbeitslosen und der Empfänger von Sozialleistungen, anhand des Anteils ausländischer Kinder sowie der Zahl von Kindern aus Haushalten, die staatliche Hilfen zur Existenzsicherung bezogen. [...]

Hartmut Häussermann von der Humboldt-Universität verglich die Entwicklung in Berlin mit der in Großstädten wie London oder Paris. Dort seien Menschen mit wenig Einkommen von gut verdienenden Berufstätigen an die Peripherie verdrängt worden. In Berlin nehmen die sozialen Probleme in Hochhaussiedlungen wie der Gropiusstadt oder dem Falkenhagener Feld zu. Dort habe die Arbeitslosigkeit unter Ausländern ebenso zugenommen wie der Anteil von ausländischen Jugendlichen und Kindern. Diese Entwicklung sei deshalb besonders problematisch, weil die Zahl der Kinder mit Migrationshintergrund in der Stadt überproportional zunehme. Diese lebten aber oft in Gebieten mit besonders vielen sozialen Problemen. Das erschwere zudem den Einstieg in Ausbildung und Beruf."

(Ohne Autor, Berliner Brennpunkte – es werden mehr, www.tagesspiegel.de, Artikel vom 22.11.2007)

AUFGABE

Erarbeiten Sie anhand des vorliegenden Zeitungsberichts die darin enthaltenen Stressoren, welche die Entwicklung eines Kindes beeinflussen können.

AUFGABE

Wie wäre mein Leben verlaufen, wenn …

Neben den bereits in dieser Studie vorkommenden Stressoren stellen Sie sich einmal den „Worst Case", sozusagen den schlimmsten Fall vor. Sie wachsen in einem „Brennpunktviertel" auf, das sich durch die bereits aufgezeigten Merkmale auszeichnet. Ihre Familie ist zerrüttet, da Ihr Vater trinkt und Ihre Mutter betrügt. Ihre Mutter leidet dadurch sehr und bekämpft ihre Sorgen durch einen übersteigerten Tablettenkonsum. Sie ist nicht zuletzt deshalb psychisch labil und leidet unter Depressionen. Ihr Vater ist seit Längerem arbeitslos und hat sein Selbstwertgefühl verloren. Die Zeichen stehen bei Ihren Eltern auf Trennung. Darüber hinaus läuft den ganzen Tag über der Fernseher. Ihre Eltern beachten Sie kaum und gehen nicht auf Sie ein. Gemeinsame Aktivitäten wie Ausflüge oder Spielabende sind für Sie ein Fremdwort.

Ihr Vater verfügt über einen unterdurchschnittlichen Hauptschulabschluss, ihre Mutter hat ihre Schullaufbahn bereits früh – mit 16 – abgebrochen, da sie schwanger wurde und Sie zur Welt brachte. Ihre Familie ist sozial isoliert. Ihr älterer Bruder ist bereits ausgezogen, da er es zu Hause nicht mehr ausgehalten hat. Aufgrund der zerrütteten Familienverhältnisse denkt das Jugendamt darüber nach, Sie in einem Heim unterzubringen. In Ihrer Wohngegend ist Kriminalität und Gewaltanwendung nichts Besonderes. Ihr älterer Bruder wurde bereits öfters beim Klauen erwischt und ist mehrfach polizeilich vermerkt. Auch Ihnen ist Gewalt nicht fremd. Ihr Vater hat Sie bereits öfters – zuweilen grundlos – nach einem Kneipenbesuch verprügelt.

Schreiben Sie Ihre Lebensgeschichte neu. Wie wäre Ihr bisheriges Leben möglicherweise unter dem Einfluss dieser Stressoren verlaufen?

Anhand dieser Beispiele wird ersichtlich, dass Stressoren wie ein niedriges Bildungsniveau der Eltern, ungünstige Erziehungspraktiken, ein niedriger sozioökonomischer Status, Scheidungen, Arbeitslosigkeit, Kriminalität, zerrüttete Familienverhältnisse oder Mobbing in der Schule unsere Entwicklung beträchtlich beeinflussen können.

Jedoch unterscheiden sich diese Stressoren im Hinblick auf ihre Wirkung:

- Faktoren, die sich nur zu einem bestimmten Zeitpunkt bzw. in einem bestimmten Zeitraum auswirken (**diskrete Faktoren**), z. B. Scheidung
- Faktoren, die sich durchgängig auswirken (**kontinuierliche Faktoren**), z. B. Armut, Alkoholismus der Eltern
- Faktoren, die sich unmittelbar auf das Kind auswirken (**proximale Faktoren**), z. B. Erziehungspraktiken wie körperliche Bestrafung durch Schläge
- Faktoren, die sich indirekt auf das Kind auswirken (**distale Faktoren**), z. B. Depression der Eltern

15.4.3 Traumatische Erlebnisse

Familienbild aufgenommen im Jahr 1930. Hermann – Bildmitte, zweiter von rechts

BEISPIEL

Im Juni 1941 begann nach dem Willen Adolf Hitlers der Krieg gegen Russland. Der Russlandfeldzug brachte neben Tod, Zerstörung und Verfolgung viel Elend und Leid auch über die russische Bevölkerung. In zahlreichen belegten Fällen gingen dabei SS-Angehörige (SS = Schutzstaffel – Eliteeinheit Hitlers, die für ihre Rücksichtslosigkeit und ihren rassistischen Fanatismus berüchtigt war), aber auch „normale" deutsche Soldaten äußerst brutal und grausam mit der Zivilbevölkerung um. Mein Bruder Hermann wurde damals nur kurze Zeit nach seinem Abitur zum Militärdienst eingezogen und musste als junger Soldat, im Alter von Anfang 20, an diesem Feldzug teilnehmen. Mein Bruder – eigentlich vor dem Krieg ein fröhlicher Mensch, der gern Klavier spielte und herzlich lachen konnte – berichtete zu Hause bei einem Fronturlaub sichtlich bedrückt u. a. Folgendes:

„Als meine Einheit in ein kleines Dorf mit armseligen Bauern vordrang, ging ein Mann meiner Kompanie mit entsicherter Pistole in eine der armseligen Hütten und forderte: „Brot, Butter, Eier ...!“ Die alte Frau suchte ihr Letztes zusammen und band alles in einem weißen Tuch zum Mitnehmen schön zusammen. Der Soldat nahm es in Empfang und schoss die Frau nieder.“ (Gebhard, 1999)

AUFGABE

Werfen Sie einen Blick in Ihren Familienstammbaum bzw. Ihre Familiengeschichte. Recherchieren Sie: Gibt es Verwandte oder Bekannte aus dem Umfeld der Familie, die an Kriegserlebnissen, z. B. Verfolgung, Tod, Vergewaltigung, Vertreibung, Hunger, „zerbrochen“ sind und nicht mehr in ein „normales“ Leben zurückfinden konnten? Und gibt es gleichzeitig andere, die Schlimmes erleben mussten und anschließend ein zufriedenes Leben führten? – Charakterisieren Sie Ihre Vorfahren und deren Lebensumstände.

Traumatische Ereignisse sind Grenzerfahrungen, bei denen dem Menschen die Endlichkeit seiner irdischen Existenz bewusst wird. Sie zeichnen sich dadurch aus, dass die Betroffenen weitgehend machtlos einer Situation begegnen, der sie nichts bzw. wenig entgegenzusetzen haben. Die Lebensgefährdung geht diesbezüglich einher mit einem Gefühl des Kontrollverlusts.

Solche „Schicksalsschläge“ bzw. unvorhersehbaren und einschneidenden Ereignisse erschüttern unseren Glauben an die Steuerbarkeit der Welt, versetzen uns in das Gefühl des Ausgeliefertseins und der Hilflosigkeit und können schwerwiegende psychische Folgen nach sich ziehen. Zu derlei traumatischen Ereignissen gehören Naturkatastrophen, Krieg und Terror, schwere Verkehrsunfälle, Gewaltverbrechen, Vergewaltigung, Missbrauch, der plötzliche Tod einer nahestehenden Person oder eine lebensbedrohliche Diagnose, z. B. Krebs in fortgeschrittenem Stadium.

15.4.4 Variation der Einflussstärke

Neben der Unterschiedlichkeit der Faktoren ist es nicht unerheblich, in welchem Alter, wie lange und bei welchem Geschlecht diese Faktoren auftreten. Ferner ist deren Einfluss von der Bewertung des betroffenen Individuums abhängig. Darüber hinaus treten Risikofaktoren meistens nicht isoliert auf. Man spricht in diesem Zusammenhang von **multiplen Risikobelastungen**. Das heißt, dass Kinder, die z. B. in einem Brennpunktviertel aufwachsen, mit höherer Wahrscheinlichkeit auch unter Armut, einer psychischen Erkrankung der Eltern oder unter Arbeitslosigkeit der Eltern zu leiden haben.

Hinzu kommt: Je früher ein Kind schädlichen Entwicklungsbedingungen ausgesetzt ist, desto wahrscheinlicher ist es, dass auch weitere risikoerhöhende Entwicklungsbedingungen zu einem späteren Zeitpunkt auftreten. Darüber hinaus sind vor allem immer wiederkehrende schädliche Entwicklungseinflüsse prägend. Ferner zeigen Untersuchungen, dass in den ersten zehn Lebensjahren Jungen anfälliger für Risikofaktoren sind als Mädchen. In der Adoleszenz verlagert sich diese Tendenz hin zu den Mädchen, wohingegen im Erwachsenenalter wieder das männliche Geschlecht anfälliger zu sein scheint.

Adoleszenz
(lateinisch adolescere = heranwachsen) Phase des Heranwachsens von der späten Kindheit bis zum Erwachsenenalter; laut Weltgesundheitsorganisation (WHO) zwischen 10 und 20 Lebensjahren

Ganz im Sinne unser bisherigen Betrachtungen ist jedoch ein Risikofaktor kein „Muss“, sondern etwas, das sich auswirken kann. Das bedeutet, dass das Individuum und dessen subjektive Bewertung eine gewichtige Rolle spielen. Die Art und Ausprägung des Belastungsempfindens ist somit von der jeweiligen Person anhängig. Beispielsweise kann der Tod eines geliebten schwer kranken Menschen als Erleichterung empfunden werden, da man froh ist, dass dieser Mensch nun nicht mehr leiden muss. Oder der Tod wird als einschneidender Verlust empfunden, mit dem es schwerfällt, klarzukommen (nach Wustmann, 2011, S. 36 ff.).

15.5 Wie werde ich im Fluss des Lebens zu einem guten Schwimmer?

Salutogenese
Ansatz in den Gesundheitswissenschaften, der danach fragt, was Menschen gesund hält

Betrachtungsweisen von Gesundheit: Pathogenese und Salutogenese

Bisher haben wir das Modell der Resilienz aus der pathogenetischen Sichtweise betrachtet, das heißt unter der Fragestellung: „Was gefährdet die Entwicklung?" AARON ANTONOVSKY, ein Professor der Soziologie, der hauptsächlich in den USA forschte, leitete diesbezüglich einen maßgeblichen Perspektivenwechsel ein und wurde somit zu einem Pionier der Gesundheitsförderung, indem er die Fragestellung umkehrte und die Frage stellte: „Was erhält Menschen gesund?"

AUFGABE

Denken Sie an dieser Stelle darüber nach, was es für einen Unterschied für die Arbeit einer Krankenkasse bedeutet, ob deren Leitfrage lautet: „Was macht Menschen krank?" oder „Was hält Menschen gesund?"

Analysieren Sie diesbezüglich aktuelle Flyer und Programme verschiedener Krankenkassen im Hinblick auf deren Grundausrichtung.

Diesen Ansatz der Betrachtung von Gesundheit nannte ANTONOVSKY im Gegensatz zur Pathogenese „Salutogenese" (griech.: Salus/Heil; Genesis / Entstehung).

ANTONOVSKY beschreibt den Unterschied bei der Sichtweisen wie folgt: Der Mensch schwimmt immer in einem mehr oder weniger gefährlichen Fluss. Die Anhänger der Pathogenese versuchen mit hohem Aufwand, Menschen aus einem reißenden Fluss zu retten, ohne sich darüber Gedanken zu machen, wie diese dort hineingeraten sind und warum sie nicht besser schwimmen können. Die Frage der Salutogenese lautet hingegen: Wie werde ich im Fluss des Lebens zu einem guten Schwimmer?

ANTONOVSKY stieß auf dieses Forschungsfeld, das diesen tiefgreifenden Perspektivwechsel ermöglichte, durch die Arbeit mit Frauen, die während der Zeit des Dritten Reichs und der nationalsozialistischen Terrordiktatur in deutschen Konzentrationslagern interniert waren. Ihn interessierte, warum 29 % dieser Frauen, obwohl sie in dieser Zeit zahlreichen menschenunwürdigen Stressoren ausgesetzt waren und grausame sowie traumatische Ereignisse miterleben und teilweise am eigenen Leib erfahren mussten, nach der Befreiung der Konzentrationslager wieder in ein geregeltes Leben zurückfanden und einen guten mentalen Zustand aufwiesen.

Dabei lauteten seine zentralen Fragestellungen:
- Warum bleiben Menschen trotz vieler gesundheitsgefährdender Einflüsse gesund?
- Wie schaffen sie es, sich von Krankheiten wieder zu erholen?
- Was ist das Besondere an Menschen, die trotz extremster Belastungen nicht krank werden?

ANTONOVSKY förderte folgende Grundannahmen zutage, die in seinen Ansatz der Salutogenese einflossen:
- Der Mensch befindet sich in einem Gesundheits-Krankheits-Kontinuum, das heißt, er driftet zwischen den beiden Polen Gesundheit und Krankheit und trägt zu jeder Zeit kranke und gesunde Anteile in sich.
- Der Gesundheits- bzw. Krankheitszustand wird durch die Grundhaltung des Menschen gegenüber der Welt und seinem Leben bestimmt.
- Bei vergleichbaren Bedingungen hängt es von der Grundeinstellung ab, wie gut Menschen in der Lage sind, Ressourcen zum Erhalt ihres Wohlbefindens zu nutzen.

Zu dieser Grundeinstellung zählt ANTONOVSKY das sogenannte „Kohärenzgefühl". Im Wesentlichen zeichnet sich dies durch folgende Bestandteile aus:

Beim **Kohärenzgefühl** handelt es sich um ein Gefühl des Vertrauens, dass
- die Anforderungen des Lebens nicht willkürlich, sondern vorhersagbar sind,
- ich die Anforderungen bewältigen kann und dazu notwendige Ressourcen zur Verfügung stehen und dass
- es sich lohnt, Engagement zur Bewältigung der Anforderungen zu investieren.

Damit im Zusammenhang steht das Konzept der Stressoren, das wir im vorangehenden Abschnitt behandelt haben. ANTONOVSKY bezeichnet Stressoren als Reize, die beim Menschen Spannung erzeugen. Kann der Spannungszustand nicht bewältigt werden, entsteht Stress. Es hängt somit vom Einzelnen ab, ob etwas als Stress empfunden wird oder nicht. Demgegenüber stehen die sogenannten „**Widerstandsressourcen**". Widerstandsressourcen können laut ANTONOVSKY zur Bewältigung eines Stresszustands aktiviert werden. Zu den Widerstandressourcen zählen körperliche Merkmale, positive Bewältigungsstrategien sowie soziale Kontakte. Diese Widerstandsressourcen prägen gemäß der Ansicht ANTONOVSKYS die Grundeinstellung zum Leben und damit das Kohärenzgefühl.

ANTONOVSKYS Sichtweise von Gesundheit ist nicht nur ein Meilenstein der Gesundheitswissenschaften und der Gesundheitsforschung, sondern auch prägend für die heutige Resilienzforschung. Im Rahmen der Resilienzforschung wird unter salutogenetischer Perspektive gefragt, welcher Eigenschaften und Fähigkeiten es bedarf, um unter widrigen Stressorenbedingungen eine gesunde Entwicklung durchlaufen und ein gelingendes Leben führen zu können. In diesem Zusammenhang werden wir uns in den folgenden Abschnitten mit den sogenannten „Schutzfaktoren" beschäftigen.

15.6 Welche Faktoren tragen zu einer positiven Entwicklung bei?

15.6.1 Was sind Schutzfaktoren?

BEISPIEL

RAY CHARLES

„Aufgewachsen im amerikanischen Bundesstaat Georgia, ohne Vater, in Armut, verlässt ihn mit sechs sein Augenlicht. Im Jahr davor ertrinkt der kleine Bruder, Ray schafft es nicht, ihn aus dem Wassertrog zu ziehen. Dennoch besteht die Mutter, eine Wäscherin, weiterhin darauf, dass der erblindende Junge im Haushalt hilft: Kleider säubern, Holz hacken. Sie schickt ihn zur Blindenschule, und Mr. Pitman, ein geduldiger Nachbar, bringt ihm Klavierspielen bei. Dann stirbt die Mutter. Ray taumelt – und die Aussichten für einen blinden, schwarzen Vollwaisen im rassistisch geprägten Süden der Vereinigten Staaten sind dürftig. Bis Ma Beck, eine resolute Frau aus dem Viertel, ihm die mütterlichen Leitsätze in Erinnerung ruft: „Man bettelt nicht, man stiehlt nicht. Du wirst untergehen, wenn du dir nicht selbst vertraust."

Ray singt im Kirchenchor, lernt Saxofon, Trompete, Klarinette – und Noten zu schreiben, in Braille, der Blindenschrift. Mit 15 macht er sich nach Florida auf, zwei Dollar in der Tasche; legt seine Seele in seine Lieder und begründet einen Musikstil, den seine Zeitgenossen schließlich Soul taufen. Als er mit 73 Jahren stirbt, ist RAY CHARLES einer der erfolgreichsten schwarzen Entertainer seiner Generation. Ein Jahr nur stockte seine Karriere, in einer Klinik versuchte er, sich von seiner Heroinsucht zu befreien – auch diese kritische Situation bewältigte er erfolgreich. Laut dem Züricher Psychologen JÖRG FRICK, der die Biografien widerständiger Menschen studiert hat, seien typische Schutzfaktoren die frühen zuverlässigen Erfahrungen von Liebe, Zuneigung und Zutrauen gewesen. Wie ein Ersatzvater habe Mr. Pitman dem Jungen zudem Zugang zur Musik und damit zu einer immateriellen neuen Welt eröffnet. Ray habe früh Selbstvertrauen erwerben können, „weil er trotz seiner Blindheit als kleines Kind lernte, auf die eigenen Kräfte zu bauen". Zudem habe ihm Intelligenz geholfen und seine ausgeprägte Ausdauer, die Voraussetzung einer erfolgreichen Musikerkarriere sei." (THIMM in: Der Spiegel, 15/2009, S. 64 ff.)

„Warum sind manche Menschen erfolgreich, andere jedoch nicht – obwohl sie unter ähnlichen Voraussetzungen ins Leben starten? Die Psychologin INSA FOOKEN erklärt im Interview mit SPIEGEL ONLINE, wie Kinder widerstandsfähig genug werden, um das Leben zu bewältigen.

SPIEGEL ONLINE: Frau FOOKEN, ein Mensch wie GERHARD SCHRÖDER wird Bundeskanzler – sein Bruder aber, ein arbeitsloser Heizungsmonteur, kam nicht weit. Wie lässt sich so etwas erklären?

FOOKEN: GERHARD SCHRÖDER hat sich von mindestens einer wichtigen Bezugsperson, seiner Mutter, geliebt und akzeptiert gefühlt, er hat ein ausgeglichenes Temperament, ist als Kind offen und aufgeschlossen gewesen, auf andere zugegangen. Er hat es geschafft, sich – durch Leistung und Sport – Anerkennung und wichtige Beziehungen zu schaffen. Obwohl sein Leben voll schwieriger Umstände war, ist es ihm gelungen – weil er immer bereit war, nach machbaren Lösungen und Bewältigungsmöglichkeiten zu suchen, die ihm sein Fortkommen ermöglicht haben.

SPIEGEL ONLINE: Mit eben solchen Strategien beschäftigt sich Ihr Forschungsgebiet, das einen sehr sperrigen Namen trägt: Resilienz. Was verbirgt sich genau dahinter?

FOOKEN: Ursprünglich stammt der Begriff aus der Werkstofflehre und bezeichnet die Eigenschaft elastischen Materials, auch unter starker Spannung nicht zu reißen oder zu zerbrechen. Psychologen verstehen darunter die Verhaltensmuster und Eigenschaften eines Menschen, die es ihm ermöglichen, trotz ungünstiger Umstände das Leben zu bewältigen. Je früher ein Kind die Erfahrung macht, mit schwierigen Situationen fertig zu werden. [...]" (THIMM für SpiegelOnline, Artikel vom 08.04.2009)

AUFGABE

Was sind mögliche Schutzfaktoren, die zur Widerstandsfähigkeit beitragen? Versuchen Sie, anhand der Kurzbiografie von RAY CHARLES und dem Interview mit der Psychologin INSA FOOKEN einen gemeinsamen Nenner zu finden.

15.6.2 Wie wirken Schutzfaktoren?

Unter **Schutzfaktoren** verstehen wir sowohl psychosoziale Merkmale des Individuums als auch die Beschaffenheit der sozialen Umwelt, durch deren Vorhandensein die Wahrscheinlichkeit einer gesunden Entwicklung erhöht und die Wahrscheinlichkeit psychischer Störungen gesenkt werden kann.

Als Schutzfaktor werden also nur solche Merkmale oder Eigenschaften bezeichnet, die tatsächlich den vorliegenden Risikofaktor in dessen Wirkung abschwächen oder beseitigen. Ein Schutzfaktor bedarf also seines Gegenparts, dem Risikofaktor, um schützend wirken zu können. Wirkt sich ein solcher Faktor zudem ohne das Vorliegen eines Risikofaktors positiv aus, spricht man von einer generellen entwicklungsförderlichen Bedingung. Schutzfaktoren erhöhen somit die Wahrscheinlichkeit, dass das Kind mit widrigen Bedingungen besser zurechtkommt. Sie können widrige Bedingungen abschwächen, kompensieren oder komplett aufheben.

Innerhalb der Schutzfaktoren können drei Bereiche unterschieden werden, die miteinander in Wechselwirkung stehen:
- kindbezogene Faktoren
- Schutzfaktoren in der Familie
- Schutzfaktoren im sozialen Umfeld.

15.6.2.1 Kindbezogene Faktoren

Kindbezogene Faktoren können – genau wie bei den Risikofaktoren – danach unterschieden werden, ob sie dem Kind in die Wiege gelegt wurden oder ob das Kind sie in der Auseinandersetzung mit seiner Umwelt erworben hat.

Dinge, die das Kind mitbringt, sind z. B. positive Temperamenteigenschaften wie Flexibilität, Aktivität oder Offenheit. Blicken wir zurück auf unsere Eingangsbeispiele, so beschreibt die Psychologin INSA FOOKEN den ehemaligen Bundeskanzler GERHARD SCHRÖDER, dessen Leben voller Stressoren gewesen sei, als jemanden, der sich bereits als Kind durch ein ausgeglichenes Temperament auszeichnete. Ferner sei SCHRÖDER als Kind offen und aufgeschlossen gewesen und sei auf andere zugegangen. Solche Eigenschaften sind es, die bei den Bezugspersonen Unterstützung, Aufmerksamkeit und Zuwendung hervorrufen. Darüber hinaus können der Status des Erstgeborenen oder auch intellektuelle Eigenschaften als Schutzfaktoren wirksam werden.

Mindestens genauso wichtig sind jedoch diejenigen Schutzfaktoren, die sich das Kind durch die Interaktion mit der Umwelt aneignet. Hierbei sind vor allem Selbstwirksamkeitsüberzeugungen, ein positives Selbstkonzept, Selbstwertgefühl, soziale Kompetenz, Lernbegeisterung, ein aktives und flexibles Bewältigungsverhalten sowie eine optimistische, zuversichtliche Lebenseinstellung zu nennen. Auch der religiöse Glaube, Kreativität, Talente, Interessen und Hobbys sind zu diesen Schutzfaktoren zu zählen.

AUFGABE

Blicken Sie an dieser Stelle auf Ihr eigenes Leben. Welche Faktoren geben Ihnen Kraft, Widerstände und Unwägbarkeiten erfolgreich zu meistern?

Betrachten wir das Leben von Ray Charles (siehe S. 627), einem dunkelhäutigen, blinden Jungen, der in einer Zeit in den Südstaaten der USA aufwuchs, in der rassistisches Denken dort verbreitet war und teilweise auch offen ausgelebt wurde, so wird uns die Bedeutung dieser Faktoren besonders deutlich. Ray Charles habe trotz seiner Blindheit gelernt, auf die eigenen Kräfte zu vertrauen, und habe Selbstvertrauen erwerben können. Dabei haben ihm seine Ausdauer und seine Intelligenz geholfen. Zudem habe er es geschafft, sich von einer Heroinsucht zu befreien. Darüber hinaus singt Ray bereits als Kind im Kirchenchor, lernt Noten zu lesen und zu schreiben und erlernt zuerst (vor dem Klavierspiel) die Instrumente Saxofon und Klarinette.

Nun sind die meisten von uns keine Ausnahmetalente wie Ray Charles, dennoch lernen wir daraus, dass jedem von uns derlei Schutzfaktoren, die mit uns selbst und unserem Blick auf das Leben zu tun haben, bei der Bewältigung von Hindernissen und widrigen Umständen helfen können.

Eine der wichtigsten Voraussetzungen für eine gelingende Entwicklung ist jedoch die unterstützende und schutzgebende Bindungsbeziehung zu einer Bezugsperson. Sowohl Ray Charles als auch Gerhard Schröder haben laut der Analyse ihrer Lebensgeschichten von Kindesbeinen an Liebe, Zuneigung und Akzeptanz vonseiten der Mutter erfahren, was einer der zentralsten Schutzfaktoren zu sein scheint. Mit solchen Schutzfaktoren aus dem direkten Umfeld der Familie beschäftigen wir uns im nächsten Abschnitt.

15.6.2.2 Schutzfaktoren in der Familie

Sensitivität
Fähigkeit, feinfühlig die Äußerungen des Kindes wahrzunehmen

AUFGABE

Entwerfen Sie ein Bild der „idealen Familie“. Erläutern Sie anhand dieser Darstellung positive Gegebenheiten, die Ihrer Meinung nach als Schutzfaktor wirken können. Begründen Sie Ihre Aussagen.

Wahrscheinlich sind Sie annäherungsweise durch gründliches Nachdenken zu ähnlichen Resultaten gelangt, wie sie die Resilienzforschung für das Familienleben herausgefunden hat.

In der Resilienzforschung wird, wie wir es bereits anhand der Beispiele von Ray Charles und Gerhard Schröder aufgezeigt haben, **besonders die Bedeutung einer stabilen Bezugsperson betont, die den Aufbau von Selbstvertrauen und das Streben nach Autonomie fördert.** Als förderlich hat sich in diesem Zusammenhang ein Erziehungsverhalten erwiesen, das Struktur, Unterstützung und emotionale Geborgenheit bietet und sich darüber hinaus durch Feinfühligkeit und Responsivität auszeichnet. Mit Responsivität ist die Fähigkeit gemeint, angemessen und prompt auf die Signale des Kindes reagieren zu können. Auch enge Beziehungen zwischen den Geschwistern können als Schutzfaktoren wirksam werden. Weitere unterstützende Netzwerke wie Verwandte, Freunde und Nachbarn erweitern zusätzlich das Feld der positiven sozialen Kontakte. Ferner können die Stabilität der Familienstrukturen, der innerfamiliäre Zusammenhalt sowie eine konstruktive Kommunikationskultur als

Responsivität
(engl. to respond = antworten) Fähigkeit, angemessen und prompt auf die Signale des Kindes reagieren bzw. eingehen zu können

Schutzfaktoren dienen. Auch die Qualität der Paarbeziehung der Eltern und deren Umgang miteinander wurden vonseiten der Resilienzforschung als mögliche Schutzfaktoren ermittelt. Neben diesen zwischenmenschlichen Komponenten können auch der sozioökonomische Status der Eltern sowie das Bildungsniveau der Eltern als Schutzfaktoren wirksam werden.

15.6.2.3 Schutzfaktoren im sozialen Umfeld

Ein Schutzfaktor, der einen beträchtlichen Anteil der Lebenszeit eines Menschen beansprucht, bezieht sich auf das Leben und Arbeiten in Bildungsinstitutionen wie dem Kindergarten, der Schule oder der Hochschule.

AUFGABE

Analysieren Sie an dieser Stelle – sofern vorhanden – das Leitbild Ihrer Schule im Hinblick auf Regeln des Zusammenlebens, die als Schutzfaktor dienen könnten. Auch ein Interview mit der Schulleitung zu den Zielen und Grundsätzen der Schule und der Ausgestaltung des Schullebens sind in diesem Zusammenhang möglich.

Ähnlich wie bei der Familie haben sich auch im Hinblick auf die Bildungsinstitutionen Faktoren als wirksam erwiesen, die zu einem „normalen" Kindergartenalltag bzw. Schulleben gehören sollten. Dazu zählen klare und transparente Regeln und Strukturen, auf deren Einhaltung wechselseitig geachtet wird. Besonders bedeutsam für die förderliche Wirkung eines institutionalisierten Lernorts ist jedoch, dass kein Kind bzw. kein Jugendlicher Angst zu haben braucht. Dies wird durch ein wertschätzendes Klima erreicht, das sich durch Wärme, Respekt und Akzeptanz gegenüber den Kindern/Heranwachsenden auszeichnet. Neben diesen zwischenmenschlichen Grundlagen ist nach den Erkenntnissen der Resilienzforschung eine hohe, jedoch stets angemessene Leistungsanforderung förderlich. Diese steht in Zusammenhang mit der positiven Verstärkung der Anstrengungsbereitschaft, z. B. durch Lob und Anerkennung.

Neben Freundschaften und Kontakten zu Gleichaltrigen sollten auch die Eltern im Sinne der Erziehungspartnerschaft mit ins Boot geholt werden, damit das Leben und Lernen in einer Bildungsinstitution zum Schutzfaktor werden kann. Darüber hinaus sollten in diesen Einrichtungen Lebensbewältigungskompetenzen erfahren, geübt und erlernt werden.

Auch das weitere soziale Umfeld kann als Schutzfaktor zu einer gelingenden Entwicklung beitragen. Hierzu zählen fürsorgliche Erwachsene, die als Rollenmodelle dienen, z. B. Lehrer, Freunde, Nachbarn, der Trainer im Sportverein, aber auch Ressourcen auf kommunaler Ebene wie Angebote zur Familienbildung, Beratungsstellen etc. Nicht zu vernachlässigen ist auch der Umstand, dass gesellschaftliche Bedingungen, z. B. Arbeitsmöglichkeiten oder das Vorhandensein positiver Rollenmodelle, sowie die Normen und Werte einer Gesellschaft als Schutzfaktoren wirksam werden können.

15.6.3 Wechselwirkung der Faktoren

Betrachten wir rückblickend die einzelnen Schutzfaktoren, so können wir keine gesicherte Entscheidung darüber treffen, welcher Schutzfaktor in welchem Ausmaß welches Resultat erzielt bzw. welchen Risikofaktor in dessen Wirkung mindert oder ausschaltet. Dies wäre eine monokausale Erklärung, also ein Ansatz, der von einer einfachen Ursache-Wirkungs-Beziehung ausgeht, z. B. das Vorhandensein einer positiven Freundschaftsbeziehung führt dazu, dass die Einflüsse durch eine verwahrloste Wohngegend gemindert werden können. Sicherlich hat eine solche Freundschaft einen positiven Einfluss, trotzdem wirken meistens Schutz – genauso wie Risikofaktoren – im Verbund. Man spricht dann von **multiplen schützenden Bedingungen.** Beispielsweise trägt die positive Bindungsbeziehung zu einer Bezugsperson zum Aufbau eines positiven Selbstbildes bei, was wiederum dazu führt, dass sich ein Kind als selbstwirksamer erlebt. Gleichzeitig sind Personen, die über ein positives Selbstbild verfügen, besser dazu in der Lage, soziale Beziehungen aufzubauen und bei widrigen Bedingungen soziale Unterstützung abzurufen. Dies kann dazu führen, dass manche Menschen ein miteinander zusammenhängendes Netzwerk an Schutzfaktoren aufbauen und somit über eine Vielzahl an Schutzfaktoren verfügen. Solche Menschen sind möglicherweise in der Lage, trotz vielfältiger widriger Umstände eine positive Entwicklung zu durchlaufen. Gleichzeitig kann diese wechselseitige Vernetzung der Schutzfaktoren aber auch dazu führen, dass manche Menschen wenige bis gar keine persönlichen Ressourcen und Schutzfaktoren aufweisen (nach Wustmann, 2011, S. 96 ff.).

AUFGABE

Überlegen Sie an dieser Stelle, was Schutzfaktoren mit einem Spinnennetz zu tun haben.

15.7 Wie wirken Schutzfaktoren und Risikofaktoren zusammen?

Wie muss man sich nun das Zusammenwirken von Risiko- und Schutzfaktoren vorstellen?

Ist es einfach so: 20 Schutzfaktoren – 15 Risikofaktoren = ein Überhang von 5 Schutzfaktoren, das heißt, die Schutzfaktoren sind in der Mehrzahl und damit ist die Entwicklung gesichert?

15.7.1 Kompensationsorientierung

Ganz so einfach scheint es nicht zu sein. Jedoch beschreitet ein wissenschaftliches Erklärungsmodell genau diesen Weg, indem es aussagt, dass sich Risiko- und Schutzfaktoren direkt – im Sinne einer Subtraktionsrechnung – aufeinander auswirken. Das heißt, dass genügend Schutzfaktoren die Wirkung der Risikofaktoren neutralisieren können. Erklärungsmodelle dieser Grundausrichtung gehen von einer Kompensation schädlicher Einflüsse durch positive Einflüsse aus. Allerdings wird vonseiten mancher Resilienzforscher auch die These vertreten, dass sich Schutzfaktoren nicht direkt kompensatorisch auf die Entwicklung auswirken müssen, sondern sozusagen über einen Umweg eher indirekt, z. B. kann ein alkoholabhängiger Elternteil einen Risikofaktor für die Entwicklung eines Kindes bzw. Heranwachsenden darstellen. Besucht der z. B. alkoholabhängige Vater eine Selbsthilfegruppe, kann diese Therapiemaßnahme als Schutzfaktor wirksam werden. Jedoch wirkt sich dieser Schutzfaktor nicht direkt auf die Entwicklung des Kindes bzw. Heranwachsenden aus. Aber der Besuch der Selbsthilfegruppe kann dazu führen, dass der Vater dadurch sein Leben reflektiert, Änderungen einleitet etc. Dies kann sich im Erziehungsverhalten des Vaters positiv niederschlagen, was wiederum einen direkten Einfluss auf die Entwicklung seiner Kinder haben kann.

15.7.1.1 Wechselseitige Abhängigkeit

Bei diesem Erklärungsansatz gehen wir davon aus, dass Risikofaktor und Schutzfaktor nur dann im Sinne der wechselseitigen Einflussnahme interagieren, wenn tatsächlich eine Risikobedingung vorliegt; das heißt, dass z. B. Unterstützungsprogramme für sozial benachteiligte Kinder nur dann als Schutzfaktor wirken, wenn tatsächlich eine soziale Benachteiligung im Sinne einer Entwicklungsgefährdung vorliegt. Das heißt im Umkehrschluss, dass solche Unterstützungsprogramme bei nicht benachteiligten Kindern keine Wirkung erzielen.

15.7.1.2 Additionsorientierung

Dieser wissenschaftliche Zugang geht davon aus, dass sich sowohl Schutzfaktoren als auch Risikofaktoren in deren Wirkung addieren und dadurch größere Effekte erzielen. Das bedeutet, dass nicht ein Risikofaktor isoliert wirkt, sondern im Verbund mit anderen. Gleiches gilt für die Schutzfaktoren.

15.7.2 Kompetenzorientierung

Ein weiterer Ansatz sieht risikoerhöhende Bedingungen – bis zu einem bestimmten Ausmaß – als Herausforderung für die Entwicklung. Durch die erfolgreiche Bewältigung dieser Bedingungen gewinnt das Kind aufgrund von Lernprozessen an Kompetenzen, das Leben erfolgreich meistern zu können. Voraussetzung hierfür ist allerdings, dass das Kind auf genügend Schutzfaktoren zurückgreifen kann, die ihm bei der Bewältigung von kritischen Ereignissen bzw. Gegebenheiten, z. B. der Trennung der Eltern, zur Verfügung stehen bzw. die ihm den Erwerb dieser Kompetenzen erleichtern (in Anlehnung an Wustmann, 2011, S. 56 ff.).

15.7.3 Die zwei Herangehensweisen an das Thema Resilienz

Was bedeuten diese Erkenntnisse für uns?

Betrachten wir das Zusammenspiel von Risiko- und Schutzfaktoren, so zeichnen sich vor allem zwei Sichtweisen ab.

Die **Sichtweise der Kompensation** geht davon aus, dass Schutz- und Risikofaktoren in direktem Bezug zueinander stehen und durch das Ergebnis der Interaktion beider Faktorenarten die Entwicklung des Kindes entweder direkt oder indirekt beeinflusst werden kann. Bestenfalls kann es zu einer Neutralisation der Risikofaktoren durch geeignete Schutzfaktoren kommen. Dabei ist zu berücksichtigen, dass ggf. Schutzfaktoren nur bei gegebenen Gefährdungsbedingungen wirksam werden können und sowohl Risiko- als auch Schutzfaktoren sich in deren Wirkung addieren können.

Der **Kompetenzansatz** hingegen sieht Risikobedingungen bis zu einem gewissen Grad als Herausforderung an. Das heißt, dass durch eine erfolgreiche Bewältigung von Risikobedingungen die Kompetenz zur erfolgreichen Bewältigung von lebenstypischen negativen Einflüssen erhöht werden kann, wenn ausreichend Schutzfaktoren zur Verfügung stehen, die das Kind bzw. den Heranwachsenden bei der Bewältigung unterstützen und ihm den Erwerb der benötigten Kompetenzen erleichtern.

Betrachten wir beide Herangehensweisen, so wird ersichtlich, dass es einen wesentlichen Einfluss auf die konkrete Resilienzförderung von Kindern und Jugendlichen hat, welcher Ansatz der jeweiligen Fördermaßnahme zugrunde liegt.

AUFGABEN

Planen Sie an dieser Stelle eine Maßnahme zur Resilienzförderung für Grundschulkinder der ersten Klasse, deren Schule sich in einem eher wohlhabenden Viertel der Stadt Stuttgart befindet und deren Eltern hauptsächlich aus akademischen Kreisen (Ärzte, Anwälte, Lehrer etc.) stammen.

Welche Fragen stellen sich Ihnen aus der Perspektive des Kompetenzansatzes, welche aus der Perspektive des Kompensationsansatzes? Begründen Sie.

15.8 Wie kann Resilienz bei Kindern und Jugendlichen gefördert werden?

Aufbauend auf den vorangehenden Überlegungen gibt es im Wesentlichen **zwei Grundausrichtungen, wie versucht werden kann, Resilienz bei Kindern und Jugendlichen zu fördern.**

Maßnahmen, die sich im pathogenetischen Sinne eher auf die Risikofaktoren konzentrieren, versuchen das Ausmaß der Risikofaktoren bzw. deren Auftretenswahrscheinlichkeit im Vorfeld zu reduzieren. Dabei handelt es sich um eher klassische Präventionsmaßnahmen, z. B. Vorsorgeuntersuchungen für Schwangere, spezielle Angebote für sozial benachteiligte Kinder oder beispielsweise für Kinder, die den Tod eines Elternteils erlebt haben.

Gehen wir jedoch von dem salutogenetischen Grundansatz des Resilienzmodells aus, so geht es primär darum, Bewältigungsressourcen im Sinne von Schutzfaktoren aufzubauen. Bezogen auf die Entwicklung des Kindes bzw. Heranwachsenden bedeutet dies, sowohl die Lebensbewältigungskompetenzen des Kindes zu vermehren als auch die Erziehungskompetenz der Bezugspersonen zu verbessern. Damit sind vor allem folgende drei Ebenen angesprochen:

- Förderung von Problem- und Konfliktlösestrategien bei Kindern und Jugendlichen
- Angebote der Eltern- und Familienbildung zur Steigerung der Erziehungskompetenz
- Fort- und Weiterbildungsangebote für pädagogische Fachkräfte zur Steigerung der Betreuungs- und Bildungsqualität (pädagogische Qualität) in Bildungseinrichtungen wie der Schule oder dem Kindergarten

BEISPIEL

„stark.stärker.Wir

KONZEPT UND HINTERGRUND

Das Präventionskonzept »stark.stärker.WIR.« für Schulen in Baden-Württemberg wurde als Konsequenz aus dem Amoklauf von Winnenden und Wendlingen entwickelt.

ZIELE DES KONZEPTS

- Schule ist ein Raum, in dem die Würde und die Gesundheit jedes Einzelnen geachtet werden.
- Schülerinnen und Schüler sowie Lehrkräfte fühlen sich sicher; ihre Fähigkeiten im Umgang mit Konflikten sind gestärkt.
- Präventionsarbeit an Schulen erfolgt nicht punktuell, sondern nachhaltig, zielgerichtet und systematisch.

KENNZEICHEN DES KONZEPTS

Schulische Präventionsarbeit ...
- zielt in erster Linie auf die Entwicklung personaler und sozialer Kompetenzen sowie auf eine positive Grundhaltung zum Leben (Förderung von Resilienz).
- umfasst die Bereiche Gewaltprävention, Suchtprävention und Gesundheitsförderung.
- muss gleichzeitig auf drei sozialen Ebenen verankert sein: schulische Ebene, Klassenebene, individuelle Ebene.
- bezieht alle am Schulleben beteiligten Personengruppen ein: Schüler/-innen, Lehrkräfte und Eltern.
- ist mit der Präventionsarbeit anderer Institutionen vernetzt.
- ist ein Teil der Schulentwicklung.

UNTERSTÜTZUNG DURCH PRÄVENTIONSBEAUFTRAGTE

Präventionsbeauftragte begleiten Schulen bei der Umsetzung des Präventionskonzepts, indem sie Fortbildungen für Lehrkräfte im Bereich der Prävention durchführen, bei der Gestaltung und Durchführung von pädagogischen Tagen und Elternabenden mitwirken, bei der Erstellung eines Sozialcurriculums beraten, bei der Zusammenführung von Präventionsinitiativen innerhalb der Schule unterstützen, eine Schule bei der Vernetzungsarbeit begleiten. Dazu kooperieren sie mit außerschulischen Partnern der Prävention vor Ort (z. B. Polizei, kommunale Prävention, kommunale und kirchliche Jugendarbeit, Vereine)."

(Quelle: Ministerium für Kultus Jugend und Sport Baden-Württemberg, 2011)

AUFGABEN

Analysieren Sie, welche Elemente der Resilienzförderung das Programm „stark. stärker.Wir" eingangs des Kapitels beinhaltet.

Recherchieren Sie im Internet nach aktuellen Programmen zur Resilienzförderung. Fertigen Sie dazu passend eine Tabelle an, mit deren Hilfe Sie die einzelnen Programme im Hinblick auf

- Ziele des Programms,
- Inhalte des Programms,
- angesprochene Zielgruppen,
- Grundausrichtung (Kompetenz- / Risikoorientierung) und
- mögliche Kritikpunkte Ihrerseits

analysieren.

Besonders im Hinblick auf die individuellen Kompetenzen des Kindes bzw. des Heranwachsenden können nach FRÖHLICH-GILDHOFF zusammenfassend sechs Resilienzfaktoren unterschieden werden, die zur Bewältigung von aktuellen Krisen und Anforderungen benötigt werden und damit für die Förderung von Resilienz maßgeblich sind.

„Bestandteile von Resilienz als Bewältigungskompetenz

Selbst- und Fremdwahrnehmung – angemessene Selbsteinschätzung und Informationsverarbeitung: Resiliente Kinder kennen die verschiedenen Gefühle und können sie adäquat (angemessen) ausdrücken (mimisch und sprachlich); sie können Stimmungen bei sich und anderen erkennen und einordnen; sie können ihre Gefühle und Gedanken reflektieren und in Bezug zu anderen setzen.

Selbststeuerung – Regulation von Gefühlen und Erregung: Resiliente Kinder können ihre Gefühlszustände selbstständig regulieren bzw. kontrollieren; sie wissen, was ihnen hilft, um sich selber zu beruhigen und wo sie ggf. Hilfe holen können; sie kennen Handlungsalternativen und Strategien zur Selbstberuhigung. Resiliente Kinder haben gelernt, innere Anforderungen zu bewältigen und ihnen zu begegnen.

Selbstwirksamkeit – Überzeugung, Anforderungen bewältigen zu können: Resiliente Kinder kennen ihre eigenen Stärken und Fähigkeiten und sind stolz darauf; sie können ihre Erfolge auf ihr Handeln beziehen und wissen, welche Strategien und Wege sie zu ihrem Ziel gebracht haben; sie können diese Strategien auf andere Situationen übertragen und wissen, welche Auswirkungen ihr Handeln hat und vor allem, dass ihr Handeln auch etwas bewirkt.

Soziale Kompetenzen – Unterstützung holen, Selbstbehauptung, Konfliktlösung: Resiliente Kinder können auf andere Menschen zugehen und Kontakt aufnehmen; sie können sich in andere einfühlen und soziale Situationen einschätzen; sie können sich aber auch selbst behaupten und Konflikte adäquat lösen.

Umgang mit Stress – Fähigkeit zur Realisierung vorhandener Kompetenzen in der Situation: Resiliente Kinder können für sie stressige Situationen einschätzen, das heißt, sie erkennen, ob sie für sie bewältigbar sind, und kennen ihre Grenzen; sie kennen Bewältigungsstrategien und können diese anwenden; sie wissen, wie sie sich Unterstützung holen können und wann sie diese brauchen; sie können die Situation reflektieren und bewerten.

Problemlösen – Strategien zum Umgang mit und zum Lösen von Problemen: Resiliente Kinder haben gelernt, sich realistische Ziele zu setzen; sie trauen sich, Probleme direkt anzugehen und kennen dafür Problemlösestrategien; sie sind in der Lage, verschiedene Lösungsmöglichkeiten zu entwickeln."

(FRÖHLICH-GILDHOFF/RÖNNAU-BÖSE, 2009, S. 40 ff.)

15.9 Zusammenfassung

- Bei der Resilienz handelt es sich um ein von Wissenschaftlern geschaffenes Konstrukt bzw. Erklärungsmodell, mit dessen Hilfe wir uns zu erklären versuchen, warum manche Menschen gegenüber widrigen Bedingungen widerstandsfähig sind, andere jedoch nicht.
- Resilienz ist weitgehend nicht von Anfang an in die Wiege gelegt. Vielmehr hat Resilienz mit dem Erwerb von „Bewältigungskompetenzen" zu tun.
- Resilienz bezieht sich auf die Widerstandsfähigkeit gegenüber sogenannten Risikofaktoren, also Einflüsse, die die gesunde Entwicklung des Kindes beeinflussen können. Sie können unterteilt werden in Vulnerabilitätsfaktoren, Stressoren und traumatische Erlebnisse.
- Das Konzept der Resilienz ist eng mit dem Ansatz der Salutogenese aus der gesundheitswissenschaftlichen Forschung von Aaron Antonovsky verknüpft. Bei der Salutogenese wird nicht danach gefragt, was den Menschen krank macht, sondern was ihn gesund erhält.
- Fußend auf dem Modell der Salutogenese floss in das Resilienzkonzept der Begriff der Schutzfaktoren ein. Darunter verstehen wir Einflüsse, durch deren Vorhandensein die Wahrscheinlichkeit einer gesunden Entwicklung erhöht und die Wahrscheinlichkeit psychischer Störungen gesenkt werden kann. Bei den Schutzfaktoren kann es sich um kindbezogene Faktoren, familiäre Faktoren und um Schutzfaktoren aus dem sozialen Umfeld handeln.
- Zu der Wirkungsweise von Risiko- und Schutzfaktoren gibt es zwei Ansätze. Der Kompensationsansatz geht davon aus, dass Schutz- und Risikofaktoren in direktem Bezug zueinander stehen, also wechselseitig aufeinander einwirken. Der Kompetenzansatz hingegen sieht Risikobedingungen bis zu einem gewissen Grad als Herausforderung an. Durch eine erfolgreiche Bewältigung von Risikobedingungen kann somit die Kompetenz zur erfolgreichen Bewältigung von lebenstypischen negativen Einflüssen erhöht werden.
- Zu Resilienz als Bewältigungskompetenz zählen u. a. Fähigkeiten und Fertigkeiten in den Bereichen Selbst- und Fremdwahrnehmung, soziale Interaktion, Selbststeuerung und Problemlösen.

16 Psychologie des älteren Menschen (Gerontopsychologie)

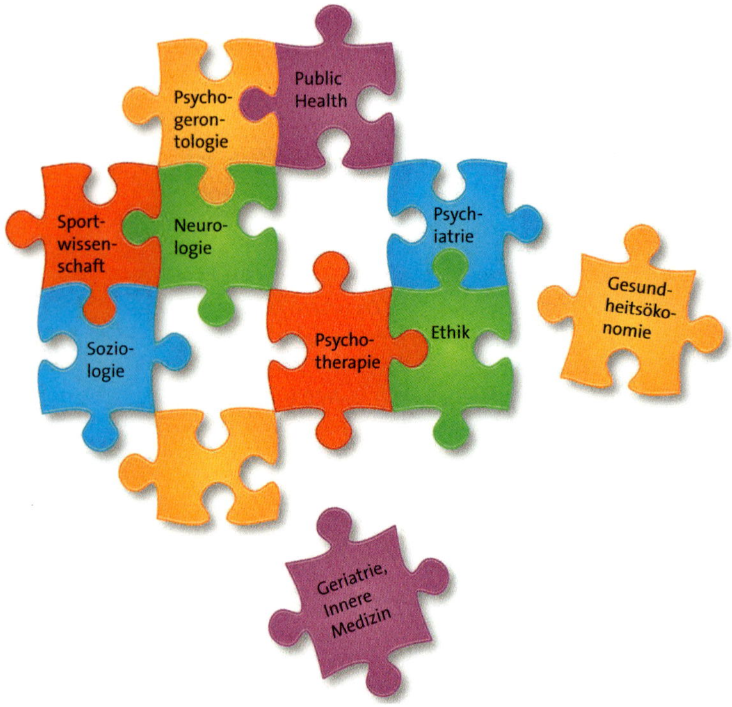

Die Frage nach dem Alter und Altern eines Menschen betrifft eine Vielzahl von Wissenschaftsrichtungen. Da ist natürlich die Biologie, die Fragen nach körperlichen und organischen Alternsprozessen stellt, aber auch die Psychologie, die sich mit dem Erleben und Verhalten alter und alternder Menschen beschäftigt. Fragen nach dem Zeitpunkt, wann ein Mensch nun alt ist, stellt unter anderem die Soziologie.

Aber natürlich geht es nicht nur um direkte Alternsprozesse, sondern nicht zuletzt auch darum, wie sich ein „älterer Käufer" verhält, welche Vorlieben er hat und wofür er sein Geld ausgibt. Diese Fragen interessieren die Betriebswirtschaft, das Marketing und letztlich auch die Volkswirtschaftslehre. Kaum ein Lebensbereich wird nicht von Prozessen des Alterns berührt.

Wir sehen also, dass die Gerontologie von einer Vielzahl von Einzelwissenschaften gebildet wird. Die einzelnen Disziplinen arbeiten miteinander und profitieren voneinander. Deshalb spricht man bei der Gerontologie auch von einer *„interdisziplinären Wissenschaft"*.

Übergeordnet können wir also sagen, dass sich erstens die Gerontologie mit den
- körperlichen,
- psychischen und
- sozialen Vorgängen sowie den
- materiellen und ökologischen Bedingungen

im Alternsprozess des Menschen beschäftigt.

Zweitens verläuft der Alternsprozess multidimensional, multidirektional und multikausal. Das bedeutet:
- Altern ist ein Prozess, der sich in unterschiedlichen Bereichen des Menschen, z. B. körperlich, psychisch, sozial, abspielt (**Multidimensionalität**).
- Altern kann sich in den jeweiligen Bereichen sehr unterschiedlich auswirken, z. B. kann die Mobilität abnehmen, die Kreativität oder die Weisheit jedoch gleichzeitig größer werden (**Multidirektionalität**).
- Die Ursachen des Alternsprozesses sind immer vielfältig und treten in der Regel gemeinsam auf (**Multikausalität**).

16.1 Einleitung

Die Gerontopsychologie steht in engem Zusammenhang mit einer ganzen Reihe von weiteren wissenschaftlichen Bereichen. Die Gerontologie bezieht all diese Bereiche mit ein und bildet somit eine Art Dachdisziplin. Bevor wir uns mit der Psyche des älteren Menschen beschäftigen, insbesondere mit Themen der Persönlichkeit und geistigen Leistungsfähigkeit, wollen wir das Forschungsfeld der Gerontologie beleuchten.

16.1.1 Mit was beschäftigt sich die Gerontologie?

Der Begriff „Gerontologie" kommt aus dem Griechischen von géron, „der Greis", und lógos, „die Lehre", und ist demnach die Wissenschaft vom **„alten und alternden Menschen"**. Dabei wird sowohl die Frage nach „Alter", also dem **Zeitpunkt**, wann ein Mensch alt ist, als auch die Frage nach dem „Altern", dem **Prozess**, der mit dem Älterwerden einhergeht, gestellt. Man spricht deshalb auch von den **Alters- und Alternswissenschaften**.

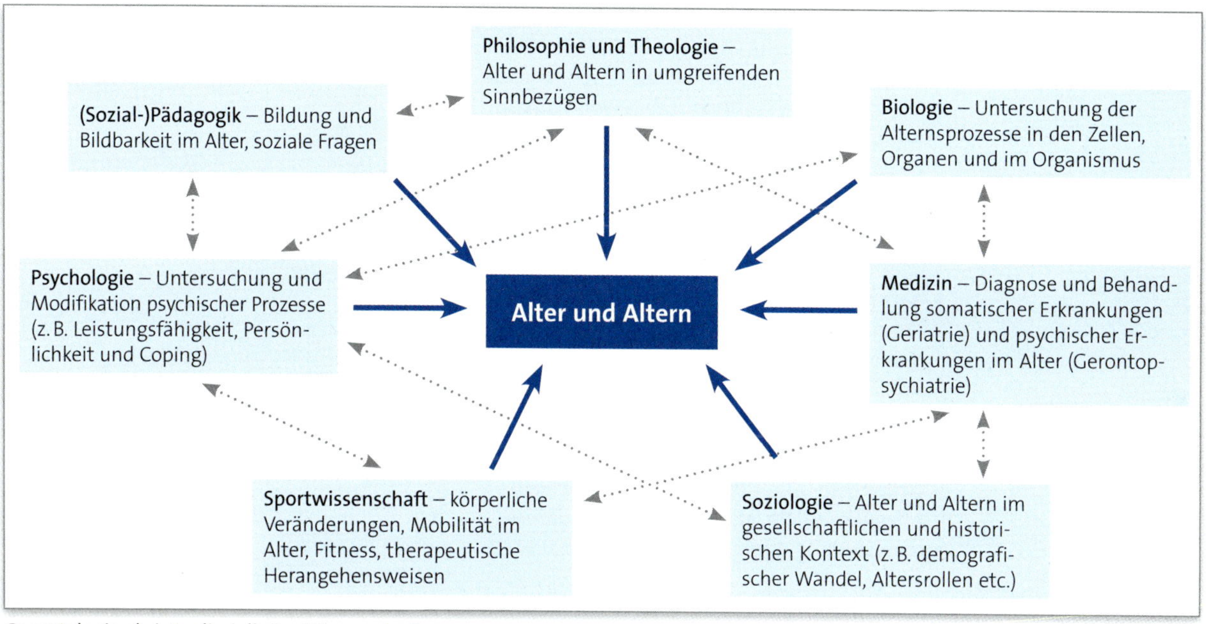

Gerontologie als interdisziplinäre Wissenschaft

16.1.2 Was verstehen wir selbst unter Alter und Altern?

Im Kapitel zur Entwicklung des Kindes (Kap. 6) ist bereits deutlich geworden, dass Altern bereits mit dem ersten Tag im Leben eines Säuglings beginnt und schließlich mit dem Tod endet. Altern ist also ein lebenslanger Prozess. Biologisch gesehen könnte man aber auch sagen, dass der körperliche Reifungsprozess des Menschen mit etwa 25-30 Jahren seinen Höhepunkt erreicht hat und danach das „Altern“ beginnt. Tatsächlich ist es so, dass der Organismus Mitte zwanzig seinen Leistungshöhepunkt erreicht und danach beginnt, langsam abzubauen. So nimmt die Muskelmasse leicht ab und auch die Denkgeschwindigkeit nimmt ab dem 30. Lebensjahr ab.

Allerdings verfügt der Mensch über immense Reservekapazitäten. Deshalb wird ein 60-jähriger sportlicher Mensch zwar keine Olympiamedaille mehr gewinnen, aber – so er dies schon immer getan hat – auch weiterhin mit Snowboard oder Mountainbike mit den Jüngeren mithalten können.

Mit dieser Vorstellung kommen wir zu einem wichtigen Punkt:

> Alter ist oftmals nichts, was aus einem biologischen Prozess heraus entsteht, sondern vielmehr das, was die Gesellschaft darüber denkt.

Dies ist auch der Grund, warum Alterungsprozesse sowohl in Bezug auf die Gesellschaft als auch hinsichtlich der Auswirkungen auf den Einzelnen betrachtet werden müssen.

Alter (als Lebensphase)
„Wenn der Begriff Alter verwendet wird, stehen
- die älteren Menschen und
- das Resultat des Altwerdens im Vordergrund,
- das Alter als Lebensperiode und
- die Alten als Bestandteil der Gesellschaft.“

Altern (als Prozess)
„Wenn dagegen von Altern gesprochen wird, liegt der Schwerpunkt auf der Untersuchung
- von Prozessen und Mechanismen,
- die zum Altern führen und
- die dem Altwerden zugrunde liegen.“

(Baltes/Baltes, 1994, S. 9)

16.1.3 Wann ist man alt?

Heute besteht Einigkeit darüber, dass Altern nicht lediglich ein Abbau von Funktionen, Fähigkeiten und Fertigkeiten ist, sondern ein zunehmendes Lebensalter auch einen Zuwachs an Erfahrungen, Wissen und Kompetenzen bedeuten kann.

Wir werden über das in vielen Bereichen noch heute in den Köpfen verankerte Defizitmodell des Alterns (WECHSLER, 1944) hören. Dieses geht von einem stetigen Abbau von Funktionen aus, was jedoch nicht als korrekt angesehen werden kann.

BEISPIEL

Der Mensch neigt zu Verallgemeinerungen: Wenn wir über die Medien vermittelt bekommen, dass im höheren Alter Krankheit und Pflegebedürftigkeit die Regel darstellen, dann neigen wir dazu, dies unreflektiert in unsere Denkschemata zu übernehmen.

Tatsache ist aber, dass nur eine kleine Gruppe der alten Bevölkerung tatsächlich pflegebedürftig ist. 2/3 der über 80-Jährigen ist weitestgehend selbstständig und kompetent!

Alternsprozesse verlaufen höchst individuell. Sowohl innerhalb der Person (intraindividuell) als auch zwischen unterschiedlichen Personen gleichen Alters (interindividuell). So kommt es in einigen Funktionen zu Abnahmen, während es in anderen zu einer Zunahme an Fähigkeiten kommt.

Nach THOMAE (1983) betrachtet die differenzielle Gerontologie Altern als einen Prozess,
- der in der individuellen Biografie verankert ist,
- der dynamisch verläuft und in dem lebenslange Entwicklungschancen bestehen,
- der intra- und interindividuell unterschiedlich verläuft und
- der mehrfach determiniert ist, also von unterschiedlichen Bedingungen abhängig ist.

	WHO (2001, World-Health-Organization) (Weltgesundheitsorganisation)	**LEHR (2006)**
51–60-Jährige	alternde Menschen	
61–75-Jährige	ältere Menschen	junge, aktive Alte
76–90-Jährige	alte Menschen	Hochbetagte
91–99-Jährige	sehr alte Menschen	Höchstbetagte
100-Jährige und älter	Langlebige	Hundertjährige

Alterseinteilungen nach WHO (2001) und LEHR (2006)

Einteilung von Altersgruppen

AUFGABEN

1. Wie sehen Sie sich in 40–50 Jahren? Sind Sie dann alt?
2. Wie würden Sie Ihre Großeltern charakterisieren? Sind diese alt?
3. Nach welchen Kriterien würden Sie Altersgruppen bilden?

Wir sehen, dass es nicht ganz einfach ist, eine allgemeingültige Einteilung von Menschen vorzunehmen.

Als allgemein anerkannte Grenze zwischen alt und noch nicht alt gilt für gewöhnlich das 65. Lebensjahr. Diese Grenze ergab sich aus dem bisherigen Renteneintrittsalter und ist somit eher sozialpolitisch veranlasst. Theoretisch müsste sich mit Erhöhung des Rentenalters auch diese Grenzsetzung verändern.

Je nach Herangehensweise gibt es nun unterschiedliche Einteilungen für einzelne Altersgruppen, insgesamt ähneln sich die Altersstufen, lediglich die Bezeichnungen für die Gruppen sind andere.

In der englischsprachigen Literatur findet man häufig eine weitere Einteilung, die weniger mit dem kalendarischen Alter als mit dem biologischen bzw. funktionellen Alter zu tun hat. Hier geht es in erster Linie um körperliche und geistig-seelische Funktionen.

Man unterscheidet:
- Go-Go's – unabhängig Lebende
- Slow-Go's – Hilfsbedürftige
- No-Go's – Pflegebedürftige

BALTES (1997) wiederum unterscheidet das „3. und 4. Lebensalter", wobei er hier keine genauen Altersgrenzen festlegt, im Allgemeinen aber davon ausgegangen wird, dass das 3. Lebensalter vor und das 4. Lebensalter nach dem 80. Lebensjahr verläuft.

Nach dem Erreichen des Renteneintritts beginnt das 3. Lebensalter, die „Belle Époque". Hier ist der ältere Mensch weitestgehend gesund und verfügt über ausreichende finanzielle Ressourcen, sodass er das Leben „genießen" kann. Dies kann durch Reisen, Luxusgüter oder aber auch durch die Übernahme von Aufgaben in der Familie geschehen, z. B. Unterstützung der Kinder, Beaufsichtigung der Enkel, oder durch weiteren Wissenserwerb, z. B. Aufnahme eines Seniorenstudiums.

Abhängig von der individuellen gesundheitlichen Situation tritt irgendwann das 4. Lebensalter ein. Baltes beschreibt dieses als ein Leben mit „Trauerflor“. Dieser letzte Lebensabschnitt ist durch zunehmende Abhängigkeit und Pflegebedürftigkeit gekennzeichnet. Der Schwerpunkt des Daseins liegt in der Bewältigung von körperlichen und gesundheitlichen Störungen.

Aber auch Baltes bestätigt dabei die große interindividuelle Variabilität, das heißt die Unterschiede zwischen einzelnen Personen gleichen Alters, aufgrund der bisherigen Lebensführung, der genetischen Ausstattung und anderer persönlicher und Umweltfaktoren.

16.1.4 Bild des alten Menschen in der Gesellschaft

Im Sechsten Altenbericht der Bundesregierung vom Mai 2011 wird auf die Bedeutung von Altersbildern hinsichtlich der Konsequenzen für die alternde Gesellschaft hingewiesen.

Nach wie vor besteht in vielen Bereichen unserer Gesellschaft – und teilweise sogar noch in Lehrbüchern – die Tendenz, älteren Menschen ihre Fähigkeiten und Kompetenzen abzusprechen. Diese Vorurteile, dass ältere Menschen weniger leistungs- und lernfähig oder gesundheitlich eingeschränkt seien und für die Gesellschaft damit einen geringeren Wert hätten, werden mit dem Begriff *Ageism* (Butler, 1969) bezeichnet. Dies führte noch in der jüngsten Vergangenheit auch in unserer Gesellschaft dazu, dass z. B. älteren Arbeitnehmern keine Aufstiegschancen mehr zugestanden wurden.

Altersbilder sind nicht nur individuelle, subjektive Einstellungen oder Bewertungen zum Alternsprozess, sondern auch allgemein anerkannte Maßstäbe innerhalb von Gruppen (Organisationen, Lebensbereiche etc.). Die Verwendung der Mehrzahl deutet bereits darauf hin, dass es in einer Gesellschaft nicht nur ein Altersbild, sondern eine Vielfalt von Altersbildern gibt. Dies spiegelt auch die Heterogenität des Alters wider.

Zudem sind sie kontextspezifisch, das heißt: Altersbilder können in unterschiedlichen Situationen, Umgebungen und sozialen Umwelten unterschiedlich in den Vordergrund treten. So kann ein Mensch in seinem beruflichen Umfeld völlig anders gesehen werden als im privaten.

Erst seit einigen Jahren kommt es in Teilen der Bevölkerung zu einer positiven Veränderung der Sicht des Alters. Dies hängt auch mit dem demografischen Wandel zusammen.

Wie alt werden Sie?
Im Rahmen einer aktuellen Langlebigkeitsstudie in den USA wurde ein theoretisch gut fundierter Test zur statistischen Berechnung des individuellen Alters herausgegeben. Diesen finden Sie unter: http://www.livingto100.com/.

Von welchen Faktoren das erreichbare Alter beeinflusst wird und wie Sie noch älter werden können, erfahren Sie auf den kommenden Seiten!

BEISPIEL

Kontextspezifität von Altersbildern

Herr Schmiedle arbeitet als Angestellter bei einem großen Elektrogerätekonzern. Dort wurde eine neue Software eingeführt, mit der Herr Schmiedle nicht gut zurechtkommt. Sein Abteilungsleiter legt ihm nahe, sich zu überlegen, ob er nicht in Frührente gehen möchte.

Herr Schmiedle ist in seiner Gemeinde ehrenamtlicher Leiter des Heimatmuseums und allseits anerkannt und geschätzt. Sein Wissen und seine Erfahrung machen ihn zu einem gefragten Fremdenführer und Vortragsredner.

Überlegen Sie, welche Bedeutung die unterschiedlichen Rollen für Herrn Schmiedle haben können.

16.1.5 Der demografische Wandel und seine Folgen

Unsere Gesellschaft altert. Dies hat zwei wesentliche Gründe: Zum einen nimmt die Lebenserwartung des Einzelnen zu, zum anderen stagniert die Geburtenrate seit nunmehr über 40 Jahren.

In Deutschland werden seit über 130 Jahren ein kontinuierlicher Rückgang der Sterblichkeit und ein Anstieg der Lebenserwartung beobachtet (Stat. Bundesamt, 2009). Die Sterblichkeit ist seit Ende des 19. Jahrhunderts zunächst vor allem bei Säuglingen und Kindern stark zurückgegangen. Dies ist vor allem der verbesserten Hygiene, z. B. bei der Geburt oder bei Operationen, sowie den Fortschritten in der medizinischen Versorgung zu verdanken. Hinzu kommen Verbesserungen der Ernährungs- und Wohnsituation, bei den Arbeitsbedingungen und nicht zuletzt ein steigender materieller Wohlstand. Seit 1950 zeigt sich auch ein erheblicher Rückgang der Sterblichkeit älterer Menschen.

Diese Veränderungen haben Folgen:

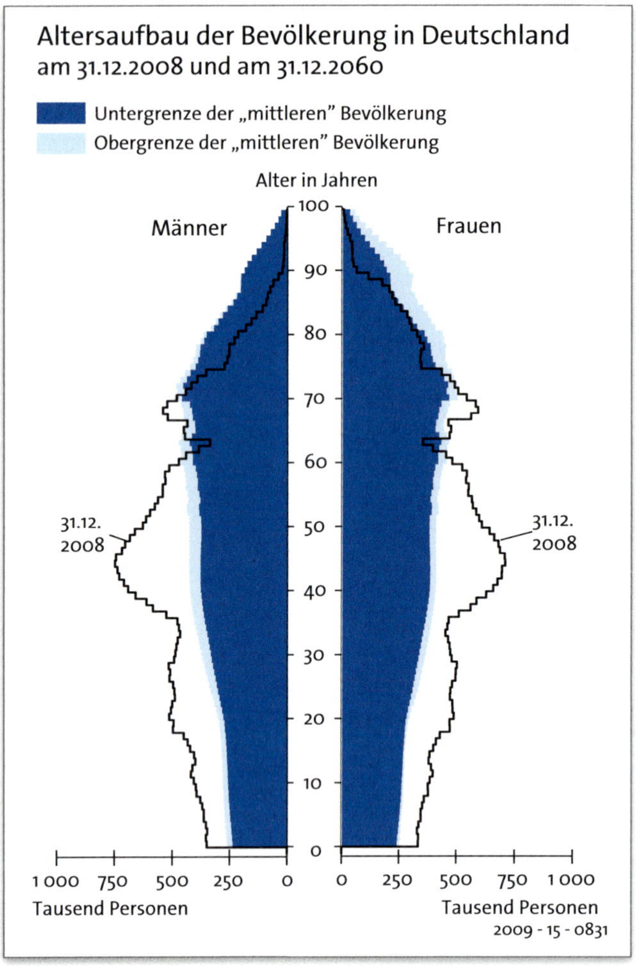

Bevölkerung der BRD 2008 im Vergleich zu 2060 (Stat. Bundesamt, 2009)

Wie aus der Abbildung ersichtlich ist, wird insbesondere die Altersgruppe der über 50-Jährigen in den kommenden Jahren stark zunehmen, während die Zahl der Jüngeren weiterhin abnimmt. Heute stehen die Menschen zwischen 40 und 45 Jahren genau in der Mitte der Altersverteilung der Gesellschaft. Bis Mitte 2040 wird das mittlere Alter um 9 Jahre steigen, sodass zwischen 2045 und 2060 etwa die Hälfte der Einwohner älter als 52 Jahre sein wird.

Während der Bevölkerungsaufbau vor 100 Jahren noch dem einer Pyramide glich, kam es durch die verringerte Säuglingssterblichkeit und den sogenannten Babyboom nach dem Zweiten Weltkrieg zur Form einer Glocke. In den 1970er-Jahren kam es durch die Entwicklung der medikamentösen Empfängnisverhütung zum „Pillenknick", welcher die Geburtenrate seit dieser Zeit auf einem Niveau von etwa 1,4 Kindern pro Frau stagnieren lässt. Zum Vergleich: 2,1 Kinder pro Frau sind langfristig notwendig, um eine Gesellschaft zahlenmäßig zu erhalten! Hierdurch ergibt sich heute das Bild eines Laubbaums, der sich bei gleichbleibender Geburtenrate und Sterblichkeit hin zum von Demografen so bezeichneten „Urnenmodell" entwickelt.

Neben absoluten Zahlen der Entwicklung der Bevölkerung ist für eine Gesellschaft vor allem auch die Beziehung zwischen den verschiedenen Altersgruppen ein wichtiges Charakteristikum des Alterungsprozesses. Denn von diesem Verhältnis hängt zum Beispiel ab, ob

Altenquotient
Bevölkerung im Rentenalter zur Bevölkerung im Erwerbsalter, je nachdem wird bei 60, 65 oder 67 Jahren die Rentengrenze angesetzt, Beginn der Erwerbsphase bei 20 Jahren. Lesart der Grafik: Auf 100 „potenziell" Erwerbstätige kommen.

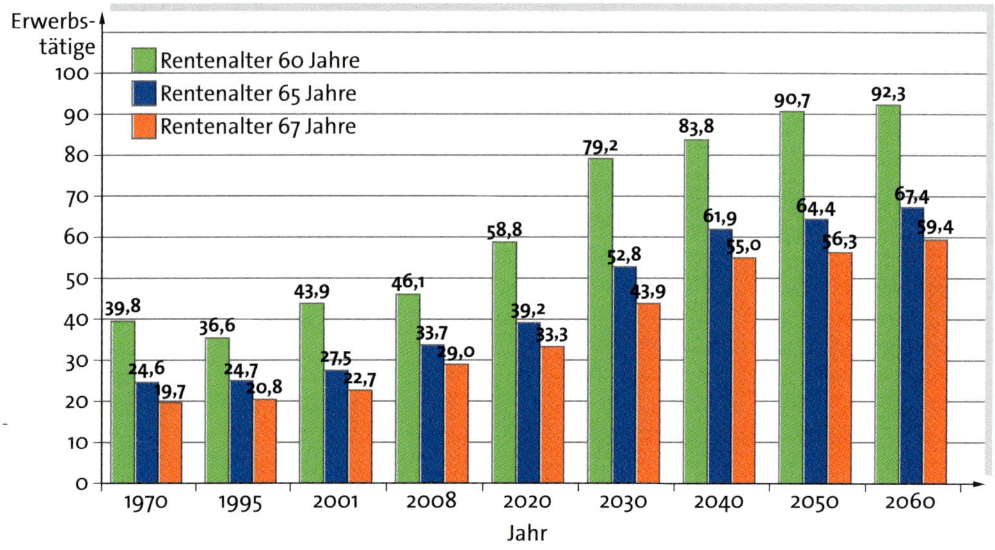

Altenquotient (unter Verwendung von Zahlen des Statistischen Bundesamts)

auch in Zukunft die Leistungen der Sozialversicherungen wie Arbeitslosen-, Kranken- oder Rentenversicherung noch finanziert werden können.

In diesem Zusammenhang interessiert vor allem das Verhältnis zwischen denen, die im Erwerbsleben stehen, also arbeiten, und denen, die nicht erwerbstätig sind und Leistungen aus der Sozialversicherung erhalten, das heißt vor allem den Rentnern, aber auch Arbeitsuchenden und Sozialhilfeempfängern.

Obwohl vom Gesetzgeber das Rentenalter bereits heute auf 67 Jahre erhöht wurde, scheiden nach wie vor, trotz finanzieller Einbußen, die meisten älteren Menschen bereits wesentlich früher aus dem Arbeitsleben aus. Deshalb ist es sinnvoll, weiterhin den Altenquotienten für die Altersstufen 60, 65 und 67 zu berechnen.

Wie aus der Abbildung zu erkennen, bedeutet eine Heraufsetzung des Renteneintrittsalters auf 67 Jahre weniger Menschen im Renten- und mehr im Erwerbsalter, das dann von 20 bis unter 67 Jahre reicht. Die Heraufsetzung führt damit zu einem niedrigeren Altenquotienten. Noch etwas günstiger würde sich dieser Quotient entwickeln, wenn sich die Geburtenrate erhöhen und pro Jahr mindestens 200.000 bis 300.000 Einwanderer ins Land kommen würden. Aber selbst dann stünde ein enormer Anstieg des Altenquotienten bevor, denn diese würden ja schließlich auch älter!

AUFGABEN

4. Was bedeutet es für den Sozialstaat BRD, wenn in 2060 auf 100 Erwerbstätige 92,3 Rentner kämen?
5. Suchen Sie im Internet auf der Seite des Statistischen Bundesamtes (destatis.de) nach den aktuellen Bevölkerungszahlen und den Bevölkerungsvorausberechnungen für die kommenden 50 Jahre. Sie werden erstaunt sein!

Auch in der Wirtschaft wurde erkannt, dass ältere Menschen eine nicht zu unterschätzende Käufergruppe darstellen. Vor diesem Hintergrund spricht man heute im Marketing auch vom „Silver-Market“ oder der „Silver-Economy“. In der Soziologie wurden in den vergangenen Jahren weitere (Un-)Wörter für die ältere Generation geprägt: Best Ager, Silver Generation oder WOOPIES (Well Off Old People).

Der Mensch neigt dazu, in seiner Umwelt vorherrschende (Alters-)Bilder in sein Selbstwerterleben zu integrieren. Sind Altersbilder einer Gesellschaft vorwiegend negativ gefärbt, hat dies entsprechende Folgen auf das Selbstbild und den Selbstwert älterer Menschen.

16.2 Persönlichkeitsentwicklung im Alter

16.2.1 Was ist Persönlichkeit?

Eine der wesentlichen Fragen der Gerontopsychologie, also der Psychologie des Alters und des Alterns, ist die, ob auch die Persönlichkeit eines Menschen Alternsveränderungen unterworfen ist.

Persönlichkeit ist in der Psychologie ein Überbegriff für alle Eigenschaften einer Person, die den Menschen zu dem machen, was er ist, das heißt wie er sich selbst wahrnimmt oder auch von anderen wahrgenommen wird.

Es wird schnell deutlich, dass es sich um eine Vielzahl von Merkmalen handeln muss, die den Menschen in seiner Gesamtheit ausmachen. Um diese Vielzahl etwas übersichtlicher zu gestalten, wurden in Studien übergeordnete Eigenschaften ausgewertet.

Louis Leon Thurstone führte mit Kollegen auf der Basis von Listen mit über 18.000 Eigenschaftsbegriffen Untersuchungen durch. Sie gingen davon aus, dass sich bestimmte Persönlichkeitszüge in der Verwendung von Sprache niederschlagen. So wurden bereits 1930 durch statistische Verfahren fünf Faktoren gefunden: die sogenannten *Big Five* (deutsch: Fünf-Faktoren-Modell (FFM)).
Es handelt sich hierbei um die Eigenschaften

- Neurotizismus
- Extraversion
- Offenheit
- Verträglichkeit
- Gewissenhaftigkeit

(Amelang/Bartussek, 2001).

Persönlichkeit ist das, was übrig bleibt, wenn man Intellekt, Gedächtnis und psychomotorische Anpassung abzieht.

Persönlichkeitsbereich	Hohe Ausprägung	Niedrige Ausprägung
Neurotizismus	• häufigeres und anhaltenderes Erleben von Angst, Nervosität, Anspannung, Trauer, Unsicherheit und Verlegenheit • Tendenz zur Sorge um die Gesundheit • Neigung zu unrealistischen Ideen • Neigung zu unangemessenen Reaktionen auf Stress	• eher ruhig, stabil, entspannt • höhere Lebenszufriedenheit • selteneres Erleben von negativen Gefühlen • selbstsicherer Umgang mit Belastungssituationen
Extraversion	• gesellig, aktiv, gesprächig, personenorientiert, herzlich • eher optimistisch und heiter • leicht zu begeistern	• emotionale Reaktionen werden eher gedämpft wahrgenommen • Neigung zu konventionellem Verhalten und konservativen Einstellungen • Tendenz zur Beibehaltung von Bekanntem und Bewährtem
Offenheit für Erfahrungen	• Fähigkeit, eigene Emotionen wahrnehmen und interpretieren zu können • Neigung zur Experimentierfreude und unkonventionellem Verhalten • eher wissbegierig, intellektuell, fantasievoll • eher bereit, bestehende Normen kritisch zu hinterfragen	• emotionale Reaktionen werden eher gedämpft wahrgenommen • Neigung zu konventionellem Verhalten und konservativen Einstellungen • Tendenz zur Beibehaltung von Bekanntem und Bewährtem
Verträglichkeit	• Neigung zu altruistischem Verhalten • begegnen anderen mit Verständnis, Wohlwollen und Mitgefühl • Neigung, anderen zu vertrauen, zu kooperativem Verhalten und Nachgiebigkeit	• Neigung zu egozentrischem Verhalten • Tendenz, eigene Ziele ohne Rücksicht auf andere zu verfolgen • eher von Misstrauen und Skepsis getragen
Rigidität / Gewissenhaftigkeit	• hohe Verlässlichkeit, Verantwortlichkeit und Berechenbarkeit • Neigung zur Sorgfalt, zur genauen Planung • organisiert und effektiv in Unternehmungen • zuverlässig und überlegt bei Handlungen	• Neigung, Handlungen unsorgfältig, unachtsam und ungenau auszuführen • Tendenz zur Verantwortungslosigkeit und Unzuverlässigkeit

The-Big-Five-Persönlichkeitsfaktoren (nach AMELANG/BARTUSSEK, 2001)

Menschen mit **niedrigen** Neurotizismus- und **hohen** Extraversionswerten haben größere Chancen, im Alter eine höhere Lebenszufriedenheit zu erreichen.

16.2.2 Bedeutung der Biografie für die Persönlichkeitsentwicklung im Alter

In den 80er- und 90er-Jahren des 20. Jahrhunderts wurden bedeutsame Längsschnittstudien im Bereich der Alternsforschung durchgeführt. Die bekanntesten sind die Bonner gerontologische Längsschnittstudie (LEHR/THOMAE, 1987) sowie die Berliner Längsschnittstudie (MAYER/BALTES, 1996). In diesen Studien wurden über viele Jahre Menschen in ihrem Alternsprozess beobachtet und immer wieder zu bestimmten Themen befragt. Beide konnten die hohe Bedeutsamkeit der biografischen Erlebnisse und Erfahrungen für das Erleben und Verarbeiten der aktuellen Lebenssituation des alten Menschen nachweisen.

In beiden Studien fiel auf, dass Menschen eine „objektiv" gegebene Situation, z. B. Verlust des Partners oder Pflegebedürftigkeit, „subjektiv" sehr unterschiedlich wahrnahmen. Dieses Phänomen wird von HANS THOMAE (1983) mit dem Begriff der „kognitiven Repräsentanz" umschrieben.

Die Soziologie unterscheidet hierbei soziale Kontakte auf unterschiedlichen Ebenen.

Es wird schnell ersichtlich, dass die Abbildung eines gesamten sozialen Netzwerks in seiner Bedeutung für das Individuum kaum möglich ist. Die Zahl der „Alteri", zu denen „Ego" Beziehungen unterhält, ist auch im Alter in der Regel noch sehr groß und meist mehr als hundert Personen umfassend (TÖPFER/STOSBERG/OSWALD, 1998).

Die Zusammensetzung und Größe des sozialen Netzwerks hängt vor allem von zwei Faktoren ab:

1. Netzwerkorientierung: Ausmaß der Bemühungen einer Person um die Aufrechterhaltung sozialer Kontakte
2. Lebensstil: Art der Lebensführung des älteren Menschen, wie sie individuell über den gesamten Lebenszyklus hinweg entwickelt und beibehalten wurde.

Grundsätzlich lassen sich soziale Netzwerke in einen engeren Kernbereich (Mikroebene), der aus starken Bindungen besteht, und einen Bereich, der aus regelmäßigen aber bedeutungsärmeren Kontakten bzw. schwachen Bindungen besteht (Mesoebene), aufschlüsseln. Umgeben werden diese beiden Bereiche von der Peripherie (Makroebene), bestehend aus sehr lockeren, oft nur funktionellen Beziehungen. Der Soziologe RAINER DIAZ-BONE (1997) sieht in dieser Peripherie zum einen eine Art persönliche Öffentlichkeit, die von allen Personen gebildet wird, denen das Ego in irgendeiner Form bekannt ist. Die Peripherie bietet dem Individuum die Möglichkeit, von diesen Personen eine Reihe von sozialen Hilfeleistungen zu bekommen. Auf diese kann das Individuum aber nur auf der Grundlage spezifischer Solidarität zurückgreifen, etwa weil Alteri dem Ego, also der soziale Kontakt dem Individuum, aufgrund vorhergegangener Ereignisse verpflichtet ist oder weil beide einer bestimmten spezifischen Gruppe angehören, deren Statuten diese Solidarität fordern („Soziales Kapital", DIAZ-BONE, 1997).

Grundmotiv zur Bildung sozialer Beziehungen sind die basalen Bedürfnisse des Menschen als soziales Wesen. Bereits ABRAHAM MASLOW (1943) (s. Kap. 4, S. 177) hat die sozialen Kontakte als Grundbedürfnisse des Menschen angesehen. Gleichzeitig benötigt der Mensch den anderen Menschen zur Entwicklung des Selbst und seiner Fähigkeiten. So werden in der Gestaltung sozialer Beziehungen die sozialen Kompetenzen über den gesamten Lebenslauf hinweg erweitert.

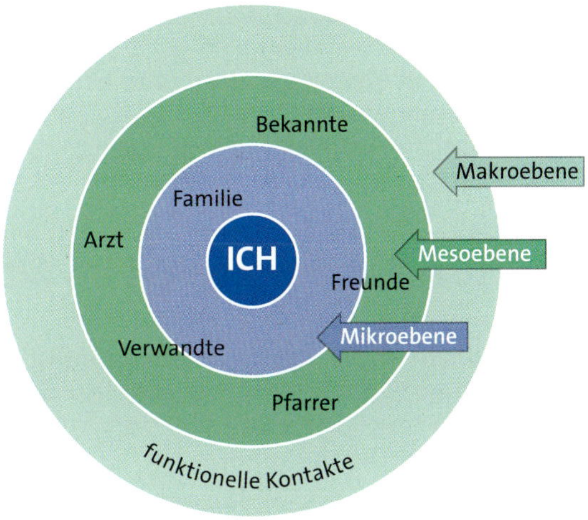

Hierarchisches Ebenenmodell sozialer Kontakte

Obgleich sich das soziale Netzwerk über das gesamte Leben eines Menschen ausbildet und sich je nach Lebenssituation auch verändert, kommt es regelmäßig im höheren Lebensalter zur Abnahme der Anzahl von sozialen Beziehungen. Diese Abnahme muss jedoch differenziert gesehen werden.

Vergleicht man die Beziehungsgestaltung über den Lebenslauf hinweg, so zeigt sich, dass die Gesamtanzahl von Beziehungen in der zweiten Lebensdekade am höchsten ist (s. Abb. unten). Mit sich verändernden Lebenssituationen, z. B. Familiengründung, später Berentung, nimmt die Gesamtzahl im weiteren Lebensverlauf wieder ab. Betrachtet man jedoch ausschließlich die engen sozialen Beziehungen, das heißt individuell bedeutsame Kontakte, so ergibt sich ein anderes Bild: Die Beziehungen bleiben weitgehend stabil. Erst im hohen Lebensalter kommt es durch Krankheit, Immobilität oder Tod der (häufig gleichaltrigen) Sozialkontakte zu einer Abnahme der Gesamtzahl.

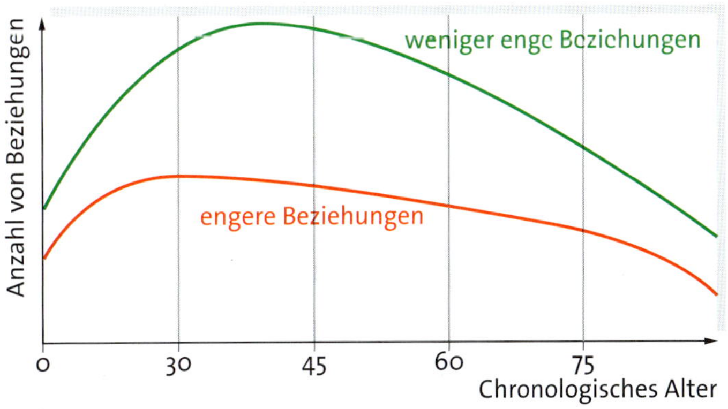

Veränderung der sozialen Kontakte im Lebenslauf

Es hat sich erwiesen, dass der ältere Mensch seine sozialen Ressourcen auch anders einsetzt: Es kommt zu einer ganz bewussten Auswahl wichtiger Sozialkontakte, die dann besonders gepflegt werden. Weniger enge Beziehungen werden dann eher bewusst vernachlässigt oder aufgegeben. (Vgl. hierzu auch das SOK-Modell nach BALTES/BALTES, S. 661 in diesem Kapitel.)

16.4 Lebensqualität im Alter

Lebensqualität ist immer subjektiv!
Versetzen Sie sich in folgende Situation: Ihr geliebtes Haustier, das Sie durch Ihre gesamte Kindheit begleitet hat, ist gestorben. Sagen wir, es handelte sich um ein Meerschweinchen. Objektiv gesehen ist dieser Verlust zu verschmerzen, da wir alle wissen, dass Meerschweinchen nicht alt werden, und von der finanziellen Seite her, war der Verlust auch nicht so groß ...

Dennoch verspüren („erleben") Sie tiefe Traurigkeit über den Verlust und leiden darunter. Die Stärke Ihres (persönlichen) Leides ist nicht von außen messbar, nur Sie selbst können Ihrem Schmerz einen Wert verleihen.

Ähnlich wie der Begriff der Kompetenz ist Lebensqualität ein Konstrukt aus vielschichtigen beobachtbaren Indikatoren und subjektiven Bewertungen.

Indikatoren der Lebensqualität können als objektiver Maßstab gelten, der für eine allgemeine Einschätzung herangezogen werden kann. Subjektive Bewertungen dieser Indikatoren allerdings können so unterschiedlich sein, dass eine einheitliche Aussage kaum oder nicht getroffen werden kann.

BEISPIEL

Nimmt man das Beispiel des Gesundheitsstatus eines Patienten, so umfasst dieser z. B. funktionelle und kognitive Leistungsfähigkeit, Morbidität, Medikamenteneinnahme, Schmerzstatus und vieles mehr. Aus den Einzelergebnissen kann ein Score gebildet werden, den man als „objektive Lebensqualität" bezeichnen könnte. Jedoch geht man hierbei von einer Fremdeinschätzung aus, die unter Umständen mit dem tatsächlichen Befinden des Patienten nichts gemeinsam hat.

Definition und Einschätzung von Lebensqualität

Lebensqualität
Der Erlanger Gerontologe ROLAND RUPPRECHT gibt für die Einschätzung der Lebensqualität folgende Kriterien an: Lebensqualität ist „das Ergebnis eines individuellen, multidimensionalen Bewertungsprozesses der Interaktion zwischen Person und Umwelt. Als Bewertungsmaßstäbe können sowohl soziale Normen als auch individuelle Wertvorstellungen und affektive Faktoren herangezogen werden. Die Bewertung bezieht sich auf die aktuelle Lebenssituation, auf die Einschätzung der Vergangenheit und auf Zukunftserwartungen." (RUPPRECHT, 1993, S. 189)

Auch hier zeigt sich, dass die kognitive Repräsentanz der Lebensumstände stärker mit der Lebensqualität zusammenhängt als die objektiven Voraussetzungen der Lebensumstände selbst (LEHR, 1982). Damit ist gemeint, dass es für die betreffende Person viel bedeutsamer ist, wie sie ihre Lebenssituation selbst einschätzt, als wie die Situation durch andere objektiv eingeschätzt werden würde.

Entsprechend definiert die von der Weltgesundheitsorganisation (WHO) gegründete Quality of Life Group Lebensqualität relativ offen als „die individuelle Wahrnehmung der eigenen Lebenssituation im Kontext der jeweiligen Kultur und des jeweiligen Wertesystems und in Bezug auf die eigenen Ziele, Erwartungen, Beurteilungsmaßstäbe und Interessen". (ANGERMEYER et al., 2000, S. 10)

Im Auftrag der WHO wurde ein Fragebogen zur Lebensqualität erarbeitet. Dieser umfasst 100 Items (WHOQOL-100). Dies macht die Schwierigkeit der Bestimmung der Lebensqualität deutlich. Problematisch ist auch der Versuch der Vergleichbarkeit verschiedener Untersuchungen zur Lebensqualität. Aufgrund der verschiedenen Auffassungen, Konstrukte und Definitionen von Lebensqualität in nahezu jeder Untersuchung ist eine Gegenüberstellung nur schwer möglich.

Aufgrund der zu erwartenden guten Verbreitung der Klassifikation der WHO (ANGERMEYER et al., 2000) sollen in der folgenden Tabelle, trotz der bekannten Einschränkungen, die anhand des WHOQOL-100 erhobenen und untersuchten Bereiche der Lebensqualität aufgeführt werden.

Domänen der Lebensqualität	Beispiele erhobener Bereiche
Physischer Bereich	Schmerzen, Sexualität, Schlaf
Psychischer Bereich	positive Gefühle, Gedächtnis, Konzentration, Selbsteinschätzung
Unabhängigkeit	Alltagsaktivitäten, Mobilität
soziale Beziehungen	soziale Unterstützung und Netzwerke
Umwelt	häusliche Umgebung, finanzielle Ressourcen, Zugang zu Gesundheitsversorgung
Spiritualität	

Domänen der Lebensqualität nach WHOQOL-100 (Angermeyer et al., 2000)

Ein Instrument, das für die Messung der Lebensqualität von hochaltrigen Menschen konzipiert wurde, ist die Positive-Valuation-of-Life-Scale (Lawton et al., 1999). Die einzelnen Items in der deutschen Übersetzung sind in der Tabelle unten dargestellt.

Positive Valuation of Life Scale (PoL)	
1.	Fühlen Sie sich im Moment eher optimistisch?
2.	Gibt es viele Dinge, auf die Sie sich jeden Tag freuen?
3.	Empfinden Sie Ihr jetziges Leben als nützlich?
4.	Ist Ihr Leben stark von religiösen und moralischen Grundsätzen bestimmt?
5.	Haben Sie im Moment einen starken Lebenswillen?
6.	Hat das Leben für Sie einen Sinn?
7.	Fühlen Sie sich in der Lage, Ihre Lebensziele zu erreichen?
8.	Sind Sie aufgrund Ihrer persönlichen Lebenseinstellung (Glaubensgrundsätze) prinzipiell eher hoffnungsvoll (optimistisch) eingestellt?
9.	Haben Sie vor, aus Ihrem Leben das Beste zu machen?
10.	Haben Sie viele Ideen, um aus einer schwierigen Lage wieder herauszufinden?
11.	Können Sie sich viele Möglichkeiten vorstellen, um die Dinge zu erreichen, die Ihnen wichtig sind?
12.	Finden Sie immer einen Weg, um ein Problem zu lösen, auch wenn andere schon aufgegeben haben?
13.	Erreichen Sie im Allgemeinen die Ziele, die Sie sich selbst setzen?

Positive Valuation of Life Scale (Lawton et al., 1999; dt. Übersetzung nach Rott et al., 2001)

AUFGABE

Bevor Sie weiterlesen: Leiten Sie aus den Fragen des PoL ab, welche Bereiche für die Lebensqualität eines älteren Menschen als wichtig erachtet werden.

Aus den einzelnen Items dieses Fragebogens lassen sich sehr schön die Bereiche der Lebensqualität, die für einen älteren Menschen als wesentlich bezeichnet werden können, herauslesen. Zusammenfassend lassen sich also folgende Aspekte der Lebensqualität im Alter aufführen:

1. Lebensqualität ist das Ergebnis eines individuellen Bewertungsprozesses, sie ist nicht objektiv, sondern entsteht erst in der kognitiven Verarbeitung durch das Individuum. Lebensqualität ist dann die individuelle kognitive Repräsentanz der objektiven Gegebenheiten (Lehr, 1982).
2. Der zur individuellen Einschätzung führende Bewertungsprozess ist multidimensional. Verschiedene Einzelbewertungen werden je nach Lebensbereich und aktueller Situation sowie nach individuellen Gewichtungsfaktoren zu einer Gesamtlebensqualität zusammengefasst (Schroeder et al., 1998).
3. Die Bewertungsgrundlagen bauen auf individuell unterschiedlichen Wertmaßstäben auf. Wertmaßstäbe werden zum einen individuell aus der Biografie des Individuums und zum anderen aus gesellschaftlich-sozialen Normen gebildet (Atchley, 1983).
4. Lebensqualität hat einen zeitlichen Aspekt, die Bewertung erfolgt nicht nur unter Berücksichtigung der aktuellen Lebenssituation, sondern auch hinsichtlich der vergangenen und der zu erwartenden (Angermeyer et al., 2000).
5. Lebensqualität hat kognitive und affektive Komponenten. Somit bestimmen auch aktuelle und zum Teil unbewusste Emotionen den kognitiven Bewertungsprozess (Thomae, 1970).

BEISPIEL

Alt und krank – ein Trugschluss!

Wenn wir an das Alter denken, gehen wir meist von falschen Vorstellungen aus. Wir kennen Bilder aus Funk und Fernsehen, Horrorstorys aus Pflegeheimen, die uns vermitteln, dass alt gleich krank bedeutet!

In der Tat nimmt die Zahl an Erkrankungen und auch die Pflegebedürftigkeit im Alter zu. Jedoch müssen wir uns immer wieder vergegenwärtigen, dass der Großteil der älteren Bevölkerung ein gesundes und selbstständiges Leben in den eigenen vier Wänden führt – und dies oft bis ins höchste Lebensalter.

Gesundheit ist die Normalität und nicht, wie wir oft denken, Krankheit und Pflegebedürftigkeit!

16.5 Wohn- und Betreuungsformen im Alter

Wenn wir über Wohnformen im Alter sprechen, vergessen wir häufig, dass die meisten alten und auch hochaltrigen Menschen durchaus noch fit und selbstständig sind. In Deutschland leben heute etwa 17 Millionen Menschen im Alter von über 65 Jahren. Insgesamt sind in Deutschland ca. 2,5 Millionen Menschen pflegebedürftig, etwa 83 % davon (also 2.075.000) sind über 65 Jahre alt. Das sind 12 % der Menschen über 65 in Deutschland (Destatis, 2012).

Wenn wir uns die Gruppe der sogenannten „Hochaltrigen" anschauen, so stellen wir fest, dass 2/3 der über 80-Jährigen noch in den eigenen vier Wänden lebt und davon etwa die Hälfte allenfalls etwas Unterstützung in der Haushaltsführung und bei Besorgungen benötigt. Lediglich 1/3 ist tatsächlich pflegebedürftig. Doch auch die meisten Pflegebedürftigen werden zu Hause durch Angehörige oder ambulante Dienste versorgt.

2,5 Millionen Pflegebedürftige insgesamt		
zu Hause versorgt 1,76 Millionen (70 %)		in Heimen vollstationär versorgt 743 000 (30 %)
durch Angehörige: 1,18 Millionen Pflegebedürftige	durch ambulante Pflegedienste: 576 000 Pflegebedürftige	in 12 400 Pflegeheimen (einschl. teilstationäre Pflegeheime.) mit 661 000 Beschäftigten
	durch 12 300 ambulante Pflegedienste mit 291 000 Beschäftigten	

Pflegebedürftige 2011 (Stat. Bundesamt, 2013, S. 5)

Dennoch wird aufgrund des demografischen Wandels der Bedarf an alternativen Wohnformen zum Teil mit und zum Teil auch ohne pflegerische Betreuung immer größer. Im Folgenden sollen deshalb einige Wohnformen aufgezeigt werden.

16.5.1 Altenwohnheime und betreutes Wohnen

Altenwohnheime bestehen in der Regel aus einer Zusammenfassung in sich geschlossener Wohnungen, die in Anlage, Ausstattung und Einrichtung den besonderen Bedürfnissen des alten Menschen Rechnung tragen und ihn in die Lage versetzen, möglichst lange ein selbstständiges Leben zu führen. Im Bedarfsfall werden Verpflegung, Versorgung und Betreuung gewährt, die vom Träger organisatorisch gesichert werden müssen. Heute werden oftmals Altenwohnheime mit Einrichtungen des betreuten Wohnens gleichgesetzt.

Altenheime und Seniorenstifte sind darauf ausgerichtet, alten Menschen, die keinen eigenen Haushalt führen, Unterkunft und Verpflegung zu gewähren. Von ihrem Profil her sind sie quasi Vorläufer des betreuten Wohnens und müssen von ihren Kosten und Leistungen her seit Einführung der Pflegeversicherung auch unter diese Gruppe gezählt werden. Vor diesem Hintergrund findet man den Begriff „Altenheim" in der Praxis kaum noch.

Das betreute Wohnen oder „Service-Wohnen" gehört im weitesten Sinne auch zu den ambulanten Angeboten. Es ist stärker auf das Wohnen als auf die Pflege ausgerichtet. Pflegeleistungen können bei Bedarf „eingekauft" werden. Die Angebote unter dem Titel „betreutes Wohnen" unterscheiden sich sehr. Große Unterschiede bestehen in der Organisationsform und in Art und Umfang der Hilfen. So gibt es betreutes Wohnen z. B. als Altenwohnungen in Wohngebiete eingestreut, in Altenwohnanlagen und Seniorenresidenzen oder in Mehrgenerationen-Anlagen. Oftmals ist ein ambulanter Pflegedienst dem Haus angegliedert oder speziell für das betreute Wohnhaus zuständig. Die Wohnungen sind in der Regel altengerecht und barrierefrei gestaltet, sodass eine höchstmögliche selbstständige Lebensführung für den Bewohner gewährleistet ist.

Das betreute Wohnen ist ein noch relativ junges Konzept, ursprünglich entstanden aus der Behindertenhilfe, das dem alten Menschen ein Höchstmaß an Selbstverantwortung und Selbstständigkeit bei gleichzeitiger Sicherung des Pflegebedarfs und der hauswirtschaftlichen Unterstützung gewährleisten soll. Unter dem Slogan „So viel Selbstständigkeit wie möglich und so viel Sicherheit wie nötig" soll durch das Konzept des betreuten Wohnens die Lücke zwischen Pflege zu Hause und der Betreuung im Pflegeheim geschlossen werden. Hierbei ist zu beachten, dass Wohnungsmiete und Serviceleistungen getrennt zu vereinbaren sind. Dies gewährt zum einen eine gewisse Flexibilität, was die Inanspruchnahme von Serviceleistungen betrifft. Zum anderen birgt es jedoch auch die Gefahr, dass bei Veränderung des Gesundheitszustands weitere und höhere Kosten auf den Bewohner zukommen können. Beim Service-Wohnen wird nämlich unterschieden zwischen Grundleistungen mit pauschaler Berechnung und Zusatzleistungen, die in der Regel einzeln abgerechnet werden. Zu den Grundleistungen gehört z. B., dass ein Hausmeister ansprechbar ist, dass ein Sozialarbeiter ansprechbar ist und dass ein Notrufsystem installiert ist. Hiermit werden also ein Sicherheitsrahmen und grundlegende Dienstleistungen abgegolten. Was genau zu den Grundleistungen gehört, wird von Einrichtung zu Einrichtung unterschiedlich abgegrenzt. Zu den Zusatzleistungen gehören Einkaufsdienst, Wäschedienst, Mahlzeitendienst etc.

Betreutes Wohnen wird nicht von der Pflegeversicherung unterstützt, wohl aber die Sachleistungen, das heißt die ambulante Pflege sowie alle anderen ambulanten Leistungen der Pflegeversicherung, wenn eine Einstufung als Pflegebedürftiger erfolgt ist.

16.5.2 Haus- und Wohngemeinschaften

Haus- und Wohngemeinschaften zählen zu den neuen Versuchen, Alternativen zu herkömmlichen Pflegeheimen oder auch Einrichtungen des betreuten Wohnens zu realisieren. Daher existieren vielzählige Modelle und Projekte zu Haus- und Wohngemeinschaften. In der Regel werden diese in größeren Wohnhäusern eingerichtet, wobei mehrere Einzelzimmer und ein größerer Gemeinschaftsbereich mit Wohnzimmer, Essbereich und Küche entstehen. Die Einzelzimmer können dann von den pflegebedürftigen oder demenzkranken Bewohnern bzw. ihren Angehörigen wie in einer normalen Wohngemeinschaft angemietet werden.

Organisatorisch soll mindestens eine Mitarbeiterin tagsüber ständig in der Wohngruppe für etwa sechs bis acht Bewohner anwesend sein. Sie ist ähnlich wie ein Angehöriger zu Hause für den Haushalt (v. a. Kochen) und schwerpunktmäßig die psychosoziale Betreuung der Bewohner zuständig.

Hinzu kommen für alle wichtigen grundpflegerischen Tätigkeiten Einsätze eines ambulanten Pflegedienstes, die von den Bewohnern oder Angehörigen in Absprache mit den Betreuungsmitarbeitern bedarfsorientiert bestellt werden. Die Betreuungspersonen werden dabei über eine Pauschale finanziert, die die Bewohner zusätzlich zur Miete entrichten. Mit dieser Pauschale sollen auch die Kosten für Verpflegung und andere hauswirtschaftliche Aufwendungen abgedeckt werden. Die Kosten für den Pflegedienst werden individuell mit jedem Bewohner abgerechnet und durch Sachleistungen der Pflegeversicherung bezuschusst.

Der große Vorteil einer ambulanten Wohngemeinschaft liegt in der Nähe zur häuslichen Situation und der Überschaubarkeit des Wohn-

und Lebensraums. Die Wohngemeinschaften sind außerdem räumlich meist unmittelbar in ein normales Wohnumfeld eingebettet. Die Angehörigen bleiben in hohem Maß an Entscheidungen beteiligt, die den Kranken bzw. Bewohner betreffen, etwa bei der Wahl des Pflegedienstes oder dem Umfang der pflegerischen Versorgung. Überdies entscheiden die Bewohner bzw. ihre Angehörigen oder rechtlichen Vertreter (z. B. im Rahmen einer gesetzlichen Betreuung) gemeinsam über den Einzug eines neuen Bewohners. Das heißt, wie in einer richtigen Wohngemeinschaft haben in erster Linie die Mieter das Sagen und nicht der Pflegedienst oder die Betreuungskraft. Unterschiedliche Vorstellungen und Einschätzungen zwischen dem Betreuerteam und dem Pflegebedürftigen oder auch den Angehörigen selbst müssen besprochen werden. Entscheidungen werden gemeinschaftlich getroffen.

Ein hinzukommender spezieller Vorteil dieser Wohnform ist, dass die Auflagen des Heimgesetzes und ähnlicher Vorschriften, die in der stationären Pflege befolgt werden müssen, hier nicht gelten. Eine Reihe dieser Richtlinien sind in der stationären Pflege und Betreuung Demenzkranker sehr hinderlich bzw. kontraproduktiv und verursachen zum Teil erhebliche Zusatzkosten.

Nachteile des Konzepts der ambulanten Wohngruppen und Hausgemeinschaften sind vor allem organisatorisch-pflegerischer und auch zwischenmenschlicher Art: Da die Bewohner bzw. ihre Angehörigen selbst über Neueinzüge entscheiden, kommen problematische, stark verhaltensveränderte oder sozial unverträgliche Bewerber von vornherein nicht in Betracht. Gleichzeitig können auch Bewohner, die beispielsweise im Zuge einer demenziellen Entwicklung bestimmte Verhaltensbesonderheiten zeigen, z. B. dissoziale Verhaltenstendenzen, Bewegungsdrang, Tag-Nacht-Umkehr, oder die bei fortgeschrittener Demenz gar mit Rufen, Klopfen oder häufigem Weinen usw. reagieren, ausgeschlossen oder als nicht tragbar empfunden werden.

Die Einschätzung verschiedener Experten, dass solche Verhaltensbesonderheiten in Wohngemeinschaften aufgrund des besonderen Betreuungsmilieus generell nicht auftreten, widerspricht dem heutigen Erfahrungsstand über Demenzerkrankungen. Hier stößt die Betreuungsmöglichkeit in der Wohngemeinschaft unter Umständen an ihre Grenzen.

16.5.3 Pflegeheime, beschützende Einrichtungen, Hospize

Pflegeheime als Einrichtungen der Altenpflege dienen der umfassenden Pflege, Betreuung und Versorgung chronisch kranker und pflegebedürftiger alter Menschen. Sie sind nach Bau, Ausstattung und Personalbesetzung darauf ausgerichtet, körperliche und kognitive Defizite der alten Menschen mit ärztlicher Hilfe, insbesondere durch rehabilitativ-aktivierende Pflege, zu vermindern sowie eine Besserung des Allgemeinzustands herbeizuführen.

Für die typischen Bewohner von Pflegeheimen mit schwerstem Pflegebedarf bietet das Service-Wohnen in der Regel keine gleichwertige Alternative. Zudem leiden heute ca. 70 % der Pflegeheimbewohner an schweren kognitiven Beeinträchtigungen und wären mit einer eigenständigen Haushaltsführung, auch mit Hilfen, überfordert.

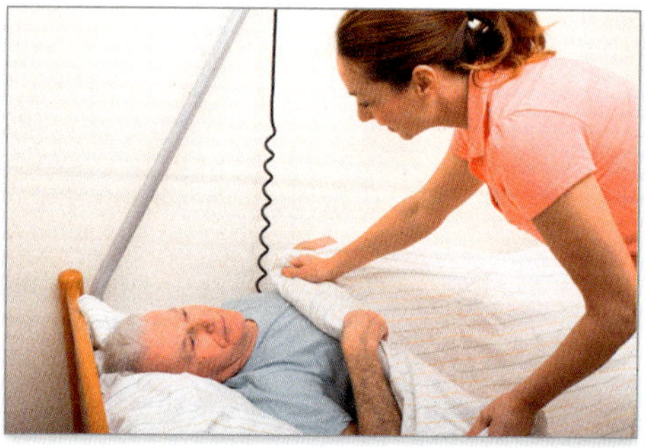

Speziell für Bewohner mit einer Demenz oder psychischen Erkrankung existieren beschützende Einrichtungen, oftmals in Form von einzelnen Stationen gewöhnlicher Pflegeheime, die durch einen angehobenen Personalschlüssel, psychiatrisch ausgebildetem Personal und besonderer architektonischer und baulicher Einrichtung auf die Bedürfnisse und Erfordernisse dieser Klientel eingehen können. In der Regel muss für die Aufnahme in eine beschützende – früher geschlossene – Abteilung ein betreuungsgerichtlicher Beschluss vorliegen, da hier eine Einschränkung der Persönlichkeitsrechte des Betroffenen vorliegt.

Für Menschen mit schwerer Erkrankung in der finalen Phase gibt es vielerorts Hospize, die Sterbenden ein menschenwürdiges Leben bis zuletzt zu ermöglichen versuchen. Hierzu zählen sowohl medizinische als auch soziale und psychische Faktoren. Vor allem Schmerzfreiheit und soziale und spirituelle Begleitung der Hospizbewohner in ihrer letzten Lebensphase stehen hier im Vordergrund.

Das Hospiz nimmt vom Gesetz her eine Zwitterstellung ein, da es über eine Mischfinanzierung getragen wird. Ein wesentlicher Beitrag ist durch den § 39a SGB V geregelt, indem Krankenkassen gegenüber ihren Versicherten zu einem Zuschuss verpflichtet sind, wenn die Voraussetzungen zur Behandlung in einem stationären Hospiz erfüllt sind. Weitere Finanzierungsgrundlagen sind darüber hinaus die Leistungen der Pflegekassen sowie Eigenbeteiligungen der Hospizträger und des Patienten.

16.5.4 Demenzzentren

Ein neues Versorgungsmodell stellen die derzeit noch als Modellversuch geplanten Demenzzentren dar. In ihnen sind alle Versorgungsbereiche von der ersten Beratung über die gesamte Demenzdiagnostik bis hin zu Pflegeeinrichtungen für Demenzerkrankte zusammengefasst. Aufgrund der örtlichen Nähe der gesamten medizinischen, psychologisch-sozialen und pflegerischen Institutionen wird eine qualitativ hochwertige Behandlung und Betreuung des Betroffenen möglich. Eines der Modellhäuser wurde in Nürnberg eröffnet. Hier zeigten sich jedoch schnell die Hürden des Übergangs von Leistungen von Sozialgesetzbuch V (Krankenversicherung) und Sozialgesetzbuch XI (Pflegeversicherung) im Bereich der Patienten- bzw. Bewohnerversorgung.

Die Einrichtungen, die sich vor allem nach dem Normalisierungsprinzip richten und entsprechend nach dem Wohngruppenkonzept arbeiten, stoßen je nach Größe auch an finanzielle Grenzen. Es hat sich in Untersuchungen gezeigt, dass die Ausrichtung einer kompletten Pflegeeinrichtung nach dem Wohngruppenkonzept eine weit über die herkömmlichen Stellenschlüssel hinausgehende Anzahl von (Fach-)Kräften erfordert (Ackermann/Wachter, 2009). Dies ist in der Regel kaum finanzierbar.

AUFGABEN

1. Überlegen Sie, warum es für einen älteren Menschen wichtig ist, sich mit dem Thema Umzug ins Heim aktiv auseinanderzusetzen.
2. Welche Bedingungen müssten Ihrer Meinung nach gegeben sein, damit sich eine pflegebedürftige Person in einer der genannten Einrichtungen „zu Hause" fühlen könnte?
3. Wie sieht es mit Ihnen selbst aus – könnten Sie sich vorstellen, in einem Pflegeheim zu leben?

16.6 Biologische Alternstheorien

Alle Ansätze des Alternsvorgangs haben eines gemeinsam: Sie beziehen sich auf Veränderungen des Körpers, der Psyche und der sozialen Situation infolge eines Alternsvorgangs.

Demnach ist es sinnvoll, neben der Darstellung psychologischer Theorien auch einen kurzen Überblick über die biologischen Alternstheorien zu geben.

Da biologische und physiologische Prozesse sowohl für psychologische Veränderungen, z. B. das Nachlassen der Merkfähigkeit durch organische Veränderungen, als auch für soziale und sozialpsychologische Verhaltensweisen, wie Verringerung sozialer Beziehungen oder Rollenverluste durch Immobilität oder chronische Erkrankungen, bedeutsam sind, sollen an dieser Stelle einige biologische Alternstheorien in ihren Grundzügen dargestellt werden.

Man unterscheidet heute biologische Alternstheorien, die sich

- auf den molekularen bzw. genetischen Bereich,
- auf den zellulären Bereich oder
- auf bestimmte Organe oder Funktionsbereiche,
- auf den gesamten Organismus,

des Körpers beziehen.

Wir wollen zunächst mit den kleinsten Bauteilen unseres Körpers beginnen: den Genen!

16.6.1 Genetische Alternstheorien

Lange Zeit gingen Wissenschaftler davon aus, dass es eine Art „Altersgen“ geben müsste, welches irgendwann im Laufe des Lebens aktiv wird und uns dann altern lässt. Um es gleich vorauszuschicken: Bisher konnten keine molekularen Prozesse im Sinne bestimmter „Altersgene“, die die Lebensspanne und Alterungsvorgänge beim Menschen beeinflussen, gefunden werden.

Desoxyribonukleinsäure
Die Desoxyribonukleinsäure (DNS, engl. DNA) ist die Trägerin der Erbinformation aller Lebewesen. Sie trägt die Gene, die für die Herstellung der Ribonukleinsäuren (RNA, im Deutschen auch RNS) benötigt werden. Die RNA wiederum enthält unter anderem die Informationen für den Bau der Proteine, welche für die biologische Entwicklung eines Organismus und den Stoffwechsel in der Zelle notwendig sind.

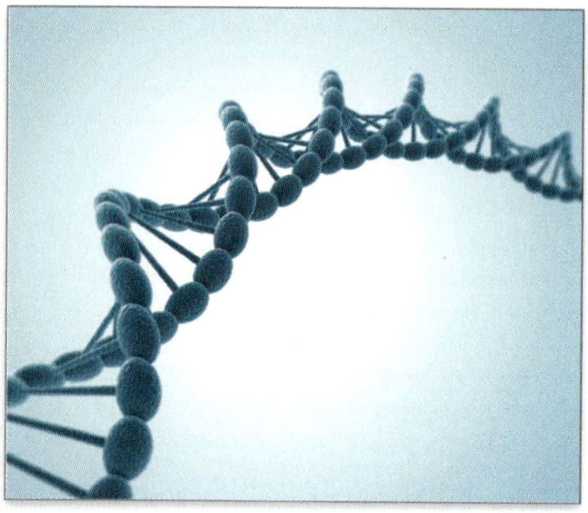

DNS-Strang

Sehr viel wahrscheinlicher ist, dass der Alternsprozess innerhalb der Zellen verschiedener. Organe beeinflusst wird. Dies ist zum einen von Genen abhängig, die den Stoffwechsel kontrollieren, zum anderen aber auch von der genetischen Ausstattung und Fähigkeit des einzelnen Organismus, Genschäden zu vermeiden oder zu reparieren.

In Tierversuchen konnte nachgewiesen werden, dass es im Alter zu einer veränderten „Genexpression“ kommt. Die Genexpression bezeichnet dabei die Produktion von RNS und Proteinen aus den genetischen Informationen (der DNS). Diese kann vermehrt oder auch verringert stattfinden.

So kann sich im Alter die Produktion von Hormonen, Wachstumsfaktoren oder anderen Proteinen verändern. Auch kann hierdurch die sogenannte „Apoptose“ (der beabsichtigte und gezielte Zelltod) beeinflusst werden. Findet dieser nicht geregelt statt, kann der Schutz vor der Entstehung von Tumoren verloren gehen. Gleichzeitig führt der Prozess zu einer Verringerung der natürlichen Zellregeneration und damit langfristig zu Fehlfunktionen in der Zelle.

Organfunktionen
Leistung von Herz, Lunge, Nieren nimmt ab.

Haut
Erschlaffung der Haut. Die Altershaut zeigt Verdünnung, Faltenbildung, Abnahme des Wasserdrucks und Austrocknung. Verlangsamte Wundheilung.

Thermoregulation
Fähigkeit, die Körpertemperatur veränderten Außentemperaturen anzupassen, lässt nach.

Ausscheidung
Fähigkeit zur Kontinenz nimmt ab.

Stoffwechsel
Energiereserven und Stoffwechselaktivität sind vermindert.

Immunsystem
Abwehrkraft gegen Infektionen sinkt.

Hörvermögen
Abnahme des Hörvermögens, besonders der hohen Töne (Altersschwerhörigkeit).

Geistige Veränderungen
Arbeitsgedächtnis lässt nach, die Merkfähigkeit verändert sich. Geschwindigkeit der Informationsaufnahme nimmt ab und die Verarbeitung ist verlangsamt.

Sehvermögen
Akkomodationsfähigkeit der Linse nimmt ab (Altersweitsichtigkeit), Linsentrübung.

Nerven
Reizleitung verlangsamt, Sensibilität, z. B. in den Fingerspitzen, nimmt ab.

Schmecken
Geschmacksempfindung ändert sich, das Durstgefühl lässt nach.

Gelenke
Belastung führt zu Arthrose.

Knochen
Verminderung der Knochendichte, erhöhte Frakturanfälligkeit (Osteoporose).

Muskeln
Muskelmasse nimmt ab und wird durch Fettanteile ersetzt. Die körperlichen Kräfte lassen nach. Zittrigkeit nimmt zu, Mobilität nimmt ab.

Fortpflanzung
Frau: nach den Wechseljahren: keine Bildung von befruchtungsfähigen Eizellen.
Mann: Fruchtbarkeit sinkt, bleibt aber bis ins hohe Lebensalter erhalten.

Organische Veränderungen im Alter

BEISPIEL

Genexpression

Die menschliche DNS enthält Informationen über den Aufbau von Proteinen für die einzelnen Zellen, sie ist eine Art „Aufbauanleitung". Die einzelnen Zellen des Organismus besitzen Informationsträger, die diesen Bedarf an bestimmten Proteinen steuern und entsprechend nach diesem Bedarf aus den DNA-Informationen aufbauen. Von der Genexpression spricht man demnach, wenn die Zelle bestimmte Abschnitte von Genen kontrolliert nach dem jeweiligen Bedarf ausliest. Die Genexpression ist von der jeweiligen Situation und verschiedenen Umwelteinflüssen abhängig. Sie verändert sich mit dem Alter, den Ernährungsgewohnheiten oder auch durch Krankheiten etc.

Es hat sich in Studien gezeigt, dass z. B. die Lebenserwartung stark genetisch bedingt ist. So konnte in Zwillingsstudien herausgefunden werden, dass die Unterschiede in der Lebensdauer zwischen zweieiigen Zwillingen etwa doppelt so groß sind wie zwischen eineiigen (REICHELT/SCHACHTSCHABEL, 2004). Auch haben Nachkommen hochbetagter Menschen eine signifikant höhere Lebenserwartung als Nachkommen von Menschen mit normaler Lebensspanne.

16.6.2 Organische Veränderungen

Am Alternsprozess des Organismus sind im Wesentlichen vier Organe beteiligt. Sie sind dafür verantwortlich, dass Dysfunktionen des Organismus entstehen, die zum Tod führen. Dies sind im Einzelnen

- das zentrale Nervensystem,
- das Immunsystem,
- das endokrine System und
- das kardiovaskuläre System.

Sie werden auch als „Schrittmacher für das Altern auf der Organebene" bezeichnet (VÖMEL, 1991, S. 50).

Das Versagen der **Herz-Kreislauf-Funktionen** galt lange als Hauptursache des Alterns. Man ging davon aus, dass durch arteriosklerotisch verengte Gefäße im ganzen Herz-Kreislauf-System auf lange Sicht die Versorgung lebenswichtiger Organe nicht mehr sichergestellt werden könne und dies zu Alternsprozessen führe. In einer Untersuchung von FRANKE (1987) konnte eine Verlängerung der mittleren Lebenserwartung um 10,9 Jahre nach Heilung von kardiovaskulären Erkrankungen festgestellt werden.

Im **Bereich des zentralen Nervensystems** kommt es nach EISDORFER und LAWTON (1973) durch fortschreitende Veränderungen in der Gehirnstruktur zum Alterungsprozess. Diese Veränderungen vollziehen sich einerseits durch den Verlust von Gehirnzellen und andererseits durch die Ablagerung von Rückständen an den Hirnzellen, sogenannten „Plaques". Dies kann zu charakteristischen Altersabbauerscheinungen im Bereich der geistigen Leistungsfähigkeit führen.

Das **endokrine System** ist eine Bezeichnung für alle Organe und Gewebe, die Hormone produzieren. Dort zeigen sich im Alter vor allem Dysfunktionen der Hypophyse, wo vor allem Wachstumshormone gebildet werden, und der Schilddrüse. Diese ist unter anderem für die Regulation der Herz-Kreislauf-Tätigkeit zuständig.

Bei den Genannten lässt sich eine verminderte Produktion der jeweiligen Hormone im Bluthormonspiegel nachweisen. Hier sind die Auswirkungen dieser Veränderungen auf den eigentlichen Alternsprozess aber noch ungeklärt.

Im Vordergrund der Organalterung steht das **Immunsystem**. Man geht davon aus, „dass zunehmende Fehlfunktionen vor allem des Thymus sowie des gesamten lymphatischen Systems zu einer kontinuierlichen Abnahme der immunologisch kompetenten Zellen und zu einer Zunahme der autoimmunologischen Prozesse führen und im Absterben des Organismus enden" (VÖLMER, 1991, S. 51).

16.6.3 Veränderungen des Organismus

Betrachtet man die Vorgänge im Organismus als Ganzes, so stellt man fest, dass das Zusammenspiel der einzelnen Organe immer auf die Anpassung des Menschen an neue Situationen ausgelegt ist. Dies findet durch Selbstregulationsmechanismen innerhalb des Organismus statt. Innere und äußere Reize wie Hunger, Durst, Temperaturschwankungen, Lageveränderungen usw. erfordern immer wieder neue Anpassungsleistungen.

Blutdruck- und Temperaturregulation und das endokrine (hormonelle) Kontrollsystem im Alter verlieren an Wirksamkeit und ein Nachlassen der funktionellen Reserven lässt sich in fast allen physiologischen Systemen nachweisen. Die Anpassungs- und Regulationsfähigkeit des Körpers wird im Alter immer geringer, bis der „Abbau der Regel- und Kontrollmechanismen so weit fortgeschritten ist, dass der Mangel zum Tode führt" (KEUCHEL, 1983, S. 34).

Neben organischen Anpassungsleistungen muss der Organismus während seines gesamten Lebens auch psychische Anpassungsleistungen erbringen. Ein Sammelbegriff für diese Anpassung ist „Stress". Ist ein Mensch über lange Zeit negativem Stress ausgesetzt, so entwickelt er ein „Stress-Syndrom". Durch die zunehmende Schädigung des Organismus und daraus resultierendes Versagen von Regulations-, Adaptions- und Kompensationsvorgängen kommt es zu körperlichen und psychischen Beeinträchtigungen unterschiedlichster Art (VÖLMER, 1991, S. 51). Häufig beim chronischen Stress-Syndrom treten z. B. Schmerzen in Kopf und anderen Körperteilen auf sowie Magen- und Darmentzündungen, Hautirritationen usw. Auf psychischer Ebene kann es zu depressiven Verstimmungen bis hin zum Burn-out kommen.

Stress
Stress ist zunächst einmal weder etwas Positives noch Negatives. Er entsteht immer dann, wenn äußere Reize eine Anpassungsleistung unseres Organismus verlangen. Diese Leistung kann sowohl von inneren Organen oder Muskeln als auch durch den Verstand vollbracht werden – je nach Anforderung!

BEISPIEL

Ein heute gut bekanntes Phänomen, das mit derartigen Prozessen eng zusammenhängt, ist das sogenannte „Burn-out". Dieses kann zwar in jedem Lebensalter auftreten, ist aber mit zunehmendem Alter, schwindenden Leistungsreserven und „Coping-Mechanismen" häufiger anzutreffen und führt in vielen Fällen zu einer vorzeitigen Berentung. So sind nach einer Statistik der Deutschen Rentenversicherung aus dem Jahr 2012 im Jahr 2011 allein in Deutschland fast 75.000 Menschen aufgrund psychischer Belastungen in Frührente gegangen. Anders ausgedrückt: 41 % aller Anträge auf Erwerbsminderung konnten auf Depressionen und Angstzustände zurückgeführt werden (Deutsches Ärzteblatt, 2013).

Es ist nachgewiesen, dass die Reizleitungsgeschwindigkeit der Nervenbahnen bereits ab dem 30. Lebensjahr abnimmt. So ist es nicht verwunderlich, dass bereits Informationen für die „Wege durch die Nervenbahnen" im Alter länger benötigen.

Dies erklärt auch, warum ältere Menschen langsamer lernen.

16.6.4 Veränderungen der kognitiven Leistungsfähigkeit

Das Maß der intellektuellen Leistungsfähigkeit ist vor allem durch die Bereiche Aufmerksamkeit, Lernen, Gedächtnis, Denken (und Problemlösen) und Intelligenz gekennzeichnet. Jedoch verändern sich genau diese Bereiche im Alternsprozess! Im Folgenden wollen wir uns die einzelnen Bereiche und deren Bedeutung für das Älterwerden genauer betrachten (siehe Kapitel 3).

Aufmerksamkeit

Befunde von Untersuchungen (BALTES/BALTES, 1989) zeigen, dass der Umfang der Aufmerksamkeitsleistungen im Alter Einschränkungen unterliegt. Ältere Menschen sind weniger gut in der Lage, gleichzeitig visuell und auditiv dargebotene Informationen aufzunehmen. Dieser Umstand erschwert es älteren Menschen, Eindrücke mehrerer Kanäle gleichzeitig zu verarbeiten, was z. B. auch die Kommunikation erschwert.

Weiterhin lässt die Fähigkeit des selektiven Erkennens nach, was für die Unterscheidung von wichtigen und unwichtigen Informationen relevant ist. So ist es z. B. für ältere Menschen schwieriger, in einem Gespräch oder im Fernsehen die entscheidenden Informationen richtig aufzufassen. Dieses Phänomen wird als Hypothese der **„Signal-Rausch-Differenz"** bezeichnet (VELDEN, 1982). Sie besagt, dass Informationen (Signale) besser aufgefasst werden können, wenn sie sich vor einem Reizhintergrund („Rauschen") klar abheben.

Für den alten Menschen bedeutet dies, dass es z. B. beim gemeinsamen Abendessen in einer Gruppe schwer sein kann, dem Gespräch mit dem Gegenüber zu folgen, da sich alle gleichzeitig unterhalten und die Stimme des Gesprächspartners nicht aus dem übrigen „Gesprächsrauschen" herausgefiltert werden kann.

Im Alter ist demnach die Gefahr eines „Überhörens" oder „Übersehens" von Informationen gegeben. Um dies zu vermeiden, ist schon von Grund auf eine höhere Aufmerksamkeitsleistung und damit mehr Anstrengung erforderlich.

Unabhängig davon spielt auch der **Bekanntheitsgrad von Informationen** eine große Rolle. Vertraute Situationen und Aufgabenstellungen können von älteren Menschen nahezu ebenso gut gelöst werden wie von jüngeren. Bei neuen Aufgaben, für die eine hohe Aufmerksamkeitsleistung erforderlich ist, schneiden ältere Menschen wesentlich schlechter ab.

Gedächtnis

Alternspsychologische Untersuchungen zum Gedächtnis liefern vielfältige Informationen. Dennoch ist es aufgrund der hohen interindividuellen Unterschiede der kognitiven Leistungsfähigkeit im Alter nur bedingt möglich, auf generelle Aussagen über typische Alternsveränderungen in diesem Bereich zu schließen.

Im Bereich der sehr kurzfristigen Speicherung von Informationen in den **sensorischen Registern** (veraltet: Ultrakurzzeitgedächtnis) konnte im höheren Alter ein **schnellerer Zerfall der Informationen** und auch eine verlängerte Zeitspanne zur Wiederaufnahmebereitschaft gemessen werden. Da Informationen kürzer gespeichert werden können, hat der Organismus auch weniger Zeit, diese weiterzuverarbeiten. Daher gehen einige Informationen schon an dieser Stelle verloren.

Auch im Bereich des **Kurzzeitgedächtnisses** lassen sich altersbedingte Veränderungen nachweisen. In Untersuchungen zur Gedächtnisspanne hat sich bei der Gegenüberstellung verschiedener Altersstufen (15-94 Jahre) eine **reduzierte Merkfähigkeit im hohen Alter** ergeben (FLEISCHMANN, 1982).

BEISPIEL

Der Begriff **„Gedächtnisspanne"** bezeichnet die Anzahl an Merkeinheiten, die gleichzeitig aufgenommen und kurzfristig behalten werden können. MILLER (1956) hat herausgefunden, dass beim erwachsenen Menschen von einer durchschnittlichen Anzahl von sieben Merkeinheiten wie Zahlen, Buchstaben oder auch Wörtern, die gleichzeitig im Kurzzeitgedächtnis verfügbar gehalten werden können, ausgegangen werden kann (MILLER, 1956: „The magical number seven plus minus two").

AUFGABE

Probieren Sie es aus

Versuchen Sie, sich immer länger werdende Telefonnummern einmal durchzulesen und aus dem Gedächtnis auf ein Blatt Papier zu schreiben. Nach MILLER sollten Sie etwa sieben Ziffern schaffen!

Man geht weiter davon aus, dass die Reizweiterleitung in den Nervenbahnen mit zunehmendem Alter an Geschwindigkeit abnimmt. Durch diese **allgemeine Abnahme der kognitiven Verarbeitungsgeschwindigkeit** können bei einer erhöhten Geschwindigkeit der Darbietung Informationen nicht mehr adäquat im Gehirn verarbeitet und abgespeichert werden.

*Als **interindividuelle Unterschiede** bezeichnet man Aspekte, die zwischen unterschiedlichen Individuen verglichen werden können, z. B. Größe, Gewicht. **Intraindividuelle Unterschiede** sind unterscheidbare Aspekte innerhalb eines einzelnen Individuums, z. B. können Sie gut in Mathematik, dafür aber weniger sprachlich begabt sein.*

Weiterhin wird bei älteren Menschen heute von einem **Abrufdefizit von Gedächtnisinhalten** ausgegangen. Demnach ist es wahrscheinlich, dass bestimmte Informationen im Gedächtnis zwar abgespeichert sind, aber ein Abruf dieser Informationen nicht möglich ist (*„Es liegt mir auf der Zunge ...", „Gerade wusste ich es noch ..."*).

Nach diesem Modell ist weniger das Neuerlernen von Gedächtnisinhalten ein Problem des Alterns als vielmehr der spätere Abruf derselben. Untersuchungen haben in diesem Zusammenhang ergeben, dass Wiedererkennungsleistungen, z. B. bei einem Multiple-Choice-Test, weniger einem Altersabbau unterliegen als die freie Wiedergabe erlernter Informationen.

Psychomotorik umfasst jene Aktivitäten, die eine motorische Koordination in Abhängigkeit von bestimmten Gegebenheiten unserer Umwelt erfordern (FLEISCHMANN, 1983). Die Verlangsamung der psychomotorischen Lernfähigkeit lässt sich durch die oben erläuterten Veränderungen des sensorischen Gedächtnisses erklären. Die ikonischen (visuellen) und echoischen (akustischen) Register können sich nur noch begrenzt auf die sich schnell verändernden Umweltsituationen anpassen und machen damit eine korrekte motorische Anpassung unmöglich.

Um diesen Vorgang zu verdeutlichen, lässt sich der Vergleich mit dem Computer heranziehen.

BEISPIEL

Vergleich Gedächtnis – Computer

So wie der sensorische Speicher des Gedächtnisses, arbeitet gleichsam der Arbeitsspeicher eines Computers.

Informationen fließen von der Peripherie des Computers in den Arbeitsspeicher ein und werden von dort zur Verarbeitung an den Prozessor weitergereicht. Zwei Probleme können nun entstehen. Zum einen kann in zu kurzer Zeit eine zu große Menge an Informationen in den Arbeitsspeicher einfließen, was dazu führt, dass er diese Flut nicht fassen kann und somit erhebliche Mengen an Information verloren gehen. Zum anderen könnte die Übertragung vom Speicher zum Prozessor zu langsam vonstattengehen, sodass die Recheneinheit stets auf neue Daten warten muss.

Beides führt zu einem sogenannten „Stroboskopeffekt" an Informationen. Damit ist das Phänomen gemeint, welches Sie aus der Disco kennen: Beim Stroboskoplicht sehen Sie immer nur kurz (beim Lichtblitz) die Umgebung. Dann wird es dunkel und die Informationen, die in diesem Zeitraum auf Sie einfließen, können von den Augen nicht wahrgenommen werden.

So entsteht der Effekt einzelner Bilder. Je kürzer der Lichteffekt, desto geringer der Informationsfluss. Wird er zu kurz, kann Ihr Gehirn die aufgenommenen Bilder nicht mehr in einen Zusammenhang bringen und Sie werden zunehmend unsicherer und schließlich handlungsunfähig.

So kann im Alternsprozess von einem verlangsamten motorischen Reaktionstempo und von einem geringeren Umfang von gleichzeitig oder schnell hintereinander zu verarbeitenden Informationen ausgegangen werden.

Als wesentliche Grundlage reduzierter Lernfähigkeit und reduzierter intellektueller Leistungsfähigkeit wird in verschiedenen Untersuchungen die verminderte Fähigkeit zum Erwerb von neuen Inhalten gesehen. Dies hängt vor allem mit der verlangsamten Lerngeschwindigkeit zusammen.

Sehr viele Ergebnisse zu Veränderungen der kognitiven Leistungsfähigkeit basieren auf der Annahme, dass die Untersuchungsinstrumente, mit denen die Testungen durchgeführt werden, für alle Altersgruppen die gleiche Validität (Gültigkeit) besitzen. Jedoch beziehen sich z. B. viele Intelligenztests auf die Erfassung von schulischen oder ausbildungsabhängigen Leistungen. Vergleicht man also heute die Leistungen von jungen Erwachsenen mit denen von alten Menschen, wird das Ergebnis weniger die Unterschiede in der Intelligenz, sondern vielmehr die unterschiedlichen Schulausbildungen der jungen und der alten Kohorte beschreiben. In ähnlicher Form sind die Ergebnisse entstanden, durch die das Defizitmodell des Alterns zustande gekommen ist.

16.7 Psychosoziale Alternstheorien

16.7.1 Das Defizitmodell der geistigen Entwicklung

Der Intelligenztest nach David Wechsler
Das hier beschriebene Verfahren wird auch heute noch weiterentwickelt und ist das am häufigsten eingesetzte Testverfahren zu Messung der Intelligenz (Wechsler Intelligenztest für Erwachsene – WAIS).

Im **Defizitmodell** wird Altern als ein **Prozess des Verlusts und als Abbau kognitiver und emotionaler Funktionen** beschrieben. Diese Sichtweise hat ihren Ursprung in Untersuchungen von Robert Yerkes, der 1921 mit dem von ihm entwickelten „Army-Alpha-Test" feststellte, dass bereits ab 30 Jahren ein altersbedingter Abbau von Intelligenzleistungen stattfindet. Mithilfe dieses Testverfahrens sollten neue Rekruten mitunter auf ihre geistige Leistungsfähigkeit getestet werden, um so ihre Tauglichkeit zu testen und sie in entsprechenden Bereichen einzusetzen.

David Wechsler, der auch eine Weile mit diesen Untersuchungen betraut war, kritisierte dieses Testverfahren wegen seiner Kultur- und Altersabhängigkeit. So erarbeitete er unter Verwendung der Daten des Alpha-Army-Tests ein neues Verfahren.

Durch die gezielte Differenzierung vom Lebensalter abhängiger Variablen, z. B. Denkgeschwindigkeit, Konzentration, wollte Wechsler eine „altersfaire" Auswertung sicherstellen. Die Ergebnisse aus diesem Testverfahren wurden jedoch ebenfalls so interpretiert, dass es nach dem dritten Lebensjahrzehnt zu einem deutlichen Abfall der Intelligenzleistungen kommt.

Diese Folgerungen führten WECHSLER zum Postulat eines Altersdefizits (WECHSLER, 1944). Die Folge war, dass Altern grundsätzlich mit Defiziten, nicht nur im kognitiven, sondern auch im körperlichen und auch sozialen Bereich gleichgesetzt wurde.

Durch den Defizitgedanken wurden noch Jahre danach sowohl Ansätze der Medizin und Pflege als auch der Umgang mit älteren Menschen in Beruf, Alltag und Medien geprägt. So führt die Annahme von Altersdefiziten noch heute zur Festlegung einer Rentengrenze und zur Stigmatisierung von Menschen als „alt, gebrechlich und leistungsschwach".

Ab den 1960er-Jahren wurde aufgrund von Untersuchungen Kritik an diesem Ansatz laut. Man stellte fest, dass ältere Menschen im Grunde die gleichen geistigen (und z. T. auch motorischen) Leistungen erbringen konnten wie jüngere Menschen, sofern man die Zeitkomponente außer Acht ließ. Man hatte erkannt, dass lediglich die „fluiden" Intelligenzbereiche – wie geistige Wendigkeit, Kombinationsfähigkeit oder Flexibilität – einem alterskorrelierten Abbau unterlagen, nicht aber die „kristallinen" Funktionen, z. B. Erfahrungswissen oder Wortschatz. Diese Fähigkeiten konnten sogar eine Zunahme erfahren (CATTELL, 1963).

Ein weiterer Kritikpunkt war, dass man in Untersuchungen zur Stützung des Defizitmodells oft alte, kränkliche Menschen jungen, gesunden gegenübergestellt hatte (FISCHER, 1991). Da es offensichtlich ist, dass die geistige Leistungsfähigkeit wesentlich vom Gesundheitszustand eines Menschen abhängt, ist es wahrscheinlich, dass ältere Menschen aufgrund ihrer Erkrankungen, die im Alter häufiger auftreten, schlechter abschneiden.

BEISPIEL

LEHR fasst die Kritik am Defizitmodell folgendermaßen zusammen: „Die Anzahl der Lebensjahre, die das Individuum hinter sich gebracht hat, wird keineswegs zu dem alleinigen oder auch nur überwiegenden bestimmenden Faktor im Hinblick auf die geistige Leistungsfähigkeit; der Schulbildung, dem Beruf und der dadurch gegebenen Trainingsmöglichkeiten wie auch der Gesundheit kommt insgesamt eine Bedeutung zu." (LEHR, 1996, S. 110)

Heute gilt das Defizitmodell des Alterns als überholt, da der komplexe Prozess des Alterns die Annahme eines generellen alternsbedingten Abbaus von Fähigkeiten und Fertigkeiten nicht zulässt. Trotzdem ist in vielen Bevölkerungsteilen der Defizitgedanke des Alterns (auch im Hinblick auf Pflegebedürftigkeit und Krankheit) noch vorherrschend.

16.7.2 Psychologische und soziologische Theorien des erfolgreichen Alterns

HAVIGHURST (1963) bezeichnete „erfolgreiches Altern" als einen inneren Zustand der Zufriedenheit und des Glücks. Alle Ansätze, die diesen Hintergrund als Basis ihrer Theorie annehmen, setzen voraus, dass der Alternsvorgang eine „Instabilisierung der inneren oder äußeren Situation auslöst" (LEHR, 2000, S. 55).

Alterskohorte
Als Alterskohorte bezeichnet man in der Soziologie und Demografie gleiche Jahrgänge oder Gruppen von Jahrgängen, zur Abgrenzung von Bevölkerungsgruppen, z. B. Vergleich der Kohorte der heute 18-Jährigen mit der Kohorte der heute 60-Jährigen.

Am Anfangspunkt aller Überlegungen steht der gesunde, erwachsene Mensch, dessen Lebenssituation sich durch normale Alternsvorgänge verändert, sowohl in physischer als auch in psychischer und sozialer Hinsicht. Viele dieser Veränderungen werden als Krise erlebt: z. B. Übergang in den Ruhestand, Verlust von nahestehenden Freunden oder Verwandten, „Empty-Nest"-Situationen (Wegzug der Kinder aus dem elterlichen Haushalt) oder auch häufiger werdende oder chronische Erkrankungen. Diese Krisen können zu einem inneren Ungleichgewicht führen.

Unter der äußeren Situation werden die Umweltbedingungen verstanden, die dem Menschen ebenfalls das Leben erschweren können und die durch körperliche Beschwerden noch verstärkt werden können (z. B. keine Möglichkeit zu haben, in der Umgebung einkaufen zu gehen und deshalb auf Hilfe von anderen angewiesen zu sein).

In Rahmen des „erfolgreichen Alterns" – „erfolgreich", gemessen am Grad der Lebenszufriedenheit – wurden nun Ansätze wie die **„Aktivitätstheorie"** nach HAVIGHURST (1963) und TARTLER (1961), die **„Disengagementtheorie"** nach CUMMING und HENRY (1961) geschaffen. Weiterentwicklungen, die aus der Kritik dieser Ansätze hervorgingen, waren z. B. das **Modell der „selektiven Optimierung und Kompensation"** nach BALTES und BALTES (1989) und das **kognitive Modell des Alterns** nach HANS THOMAE (1980).

Die Aktivitätstheorie nach Havighurst und Tartler

Die Aktivitätstheorie geht von der Annahme aus, dass nur derjenige Mensch „erfolgreich altern" könne (was „zufriedenes, glückliches Altern" bedeutet), der aktiv bleibe, der auch im Alter seine von Gesellschaft und Umfeld zugeschriebenen Rollen weiter vertrete und damit das Gefühl, gebraucht zu werden und eine Funktion in der Gesellschaft zu haben, bewahren könne. Dies sei zu erreichen, wenn von älteren Menschen die Aktivitäten des mittleren Erwachsenenalters so lange wie möglich beibehalten werden und sie sich nach der Berentung einen adäquaten Ersatz für die Aktivitäten suchen, die sie während der Berufstätigkeit hatten.

Ein weiterer genannter Aspekt ist die Notwendigkeit, dass auch Ersatz für Freunde und nahestehende Menschen gesucht werden müsse, die ein einzelner Mensch durch Krankheit und Tod verliert. Havighurst (1963) nannte dies „Compensatory Engagement" (kompensatorische Aktivität).

Diese Aufgaben zeigen, dass es mitunter schwierig sein kann, die sozialen und psychischen Bedürfnisse von Menschen aufrechtzuerhalten. Tartler (1961) nimmt dazu an, dass der alternde Mensch einen doppelten Rollen- und Funktionsverlust erleidet.

Der alte Mensch muss die – meist durch gesellschaftliche Normen verursachten – Widerstände der Berentung oder Pensionierung hinnehmen. Gleichzeitig kann es durch Auflösung von Familienbeziehungen, z. B. durch „Empty-Nest"-Situationen oder Verlust von nahen Angehörigen, zu einem Gefühl des „Nichtgebrauchtwerdens" und des „Imwegseins" kommen.

Aktivität wird als Ausweg aus diesem Dilemma gesehen. Der Rollenverlust kann mit einer Verschlechterung der Selbstbewertung einhergehen. Hinzu kommt, dass durch den Verlust an Möglichkeiten der einzelne Mensch zur Inaktivität gezwungen wird.

Untersuchungen (z. B. Longino et al., 1982) konnten bestätigen, dass Aktivität in verschiedenen sozialen Rollen vor allem positive Auswirkungen auf das Selbstbild und die Lebenszufriedenheit von älteren Menschen hat. Dabei stellten sie weiter fest, dass informelle soziale Aktivitäten, z. B. Kontakte zu Freunden oder anderen nahestehenden Menschen, in erster Linie mit höherer Lebenszufriedenheit verknüpft sind und dass formelle soziale Aktivitäten wie Teilnahme an Gruppentreffen und Ausflügen eher mit einer Verbesserung des Selbstbilds einhergehen.

Obwohl sich die Aktivitätstheorie für die Weiterentwicklung von Theorien der Alternsforschung als äußerst nützlich erwiesen hat, übt unter anderem Atchley (1994) an diesem Ansatz Kritik, indem er darauf hinweist, dass Kontakte, die für einen Menschen befriedigend sind, nicht immer vorhanden bzw. auch gar nicht gewollt sind. Inwieweit kann man einem Menschen vorschreiben, für den Verlust eines geliebten Menschen einen Ersatz zu suchen? Geht das überhaupt? Er weist darauf hin, dass somit die Aktivitätstheorie ungeeignet ist, allen individuellen Formen des Alterns eine ausreichende Beschreibung zu geben.

Die Disengagementtheorie nach Cummings und Henry

Wie die Vertreterinnen und Vertreter der Aktivitätstheorie haben auch die der Disengagementtheorie in ihren Untersuchungen festgestellt, dass ältere Menschen oft weniger soziale Kontakte pflegen und weniger sozial aktiv sind als jüngere. Im Gegensatz zur Aktivitätstheorie, die von einem von der Gesellschaft negativ beeinflussten Rückzug älterer Menschen gegen ihren eigenen Willen ausgeht, argumentiert die Disengagementtheorie genau in die andere Richtung, nämlich dass sich der ältere Mensch „geradezu gewisse Formen der „sozialen Isolierung", der Reduzierung seiner persönlichen Kontakte" (Lehr, 2007, S. 58) wünsche und gerade dadurch Lebenszufriedenheit erlange. Die Vertreterinnen und Vertreter der Disengagementtheorie lehnten das Leitbild des Aktivbleibens im höheren Alter, des Festhaltens an früheren Rollen ab.

Cumming und Henry (1961) gehen von folgenden **Grundannahmen** aus: Disengagement wird als natürlicher Prozess angesehen, der mit dem Einsetzen der Abnahme der Kompetenz und dem Bewusstwerden des nahenden Todes des einzelnen Menschen beginnt. Der Verlauf dieses Prozesses endet erst mit seinem Tod. Als harmonisch kann der Verlauf angesehen werden, wenn das von der Gesellschaft geforderte Disengagement mit dem vom einzelnen Menschen als richtig empfundenen Zeitpunkt zusammenfällt, weil er z. B. das Nachlassen seiner Fähigkeiten erkennt. Spannungen entstehen dann, wenn die Gesellschaft den Rückzug des alternden Menschen fordert, dieser aber noch nicht bereit ist, dies anzunehmen und weiterhin aktiv bleiben möchte. Da die Gesellschaft für gewöhnlich ihre Bestrebungen durchsetzt, kann dies beim einzelnen Menschen zu einer Verminderung seiner Lebenszufriedenheit führen.

Modell des „erfolgreichen Alterns als selektive Optimierung und Kompensation" nach Baltes und Baltes

Das Ehepaar Baltes kritisiert in seinem **Modell des „erfolgreichen Alterns als selektive Optimierung und Kompensation"** (1989) die oben genannten Ansätze des erfolgreichen Alterns folgendermaßen: Das Konstrukt der Lebenszufriedenheit sei als Faktor für erfolgreiches Altern trügerisch und unzureichend (Baltes/Baltes, 1989). Eine bessere Methode sei die Anwendung von Tests zur Messung kognitiver Fähigkeiten.

Eine Art „Testing-the-Limits"-Verfahren, das heißt ein Verfahren mit immer schwieriger werdenden Aufgaben bis hin zur Leistungsgrenze, war hier die Methode der Wahl. Zur Prophylaxe von „pathologischen Altersbedingungen" wird vom Ehepaar Baltes die Aktivierung von eigenen Kräften in den Bereichen Arbeit, Familie und Freizeit empfohlen.

Verallgemeinert bedeutet dies, dass durch die Spezialisierung auf bestimmte Lebenswelten und Handlungsräume und die Auswahl von Umgebungen und Aktivitäten eine „Optimierung des eigenen Funktionierens" in diesen selektierten Bereichen erreicht wird.

Sind die Grenzen der Optimierung erreicht, müssen Kompensationsstrategien genutzt werden. So kann eine Harmonisierung von Umweltanforderungen, persönlichen Motiven, Fertigkeiten und biologischer Leistungsfähigkeit erreicht werden. (Baltes/Baltes, 1989)

BEISPIEL

Beispiel für eine Strategie der selektiven Optimierung und Kompensation

Oft wird über die Geschichte des Pianisten Rubinstein berichtet, welcher noch mit weit über 80 Jahren seine Zuhörer mit Interpretationen meist romantischer Stücke begeistern konnte.

Von Journalisten befragt, wie er dies schaffe, antwortete Rubinstein ganz lapidar:

Ich wende einen einfachen Trick an! Da ich nicht mehr alle früheren Stücke perfekt zu spielen in der Lage bin, wähle ich aus meinem Repertoire einige bestimmte Stücke aus (Selektion), übe diese dann besonders gut (Optimierung) und weil ich weiß, dass meine Finger nicht mehr so schnell sind wie früher, spiele ich vor besonders schnellen Passagen besonders langsam, sodass die schnellen Passagen durch den Kontrast noch schneller erscheinen (Kompensation). (Baltes, 1997)

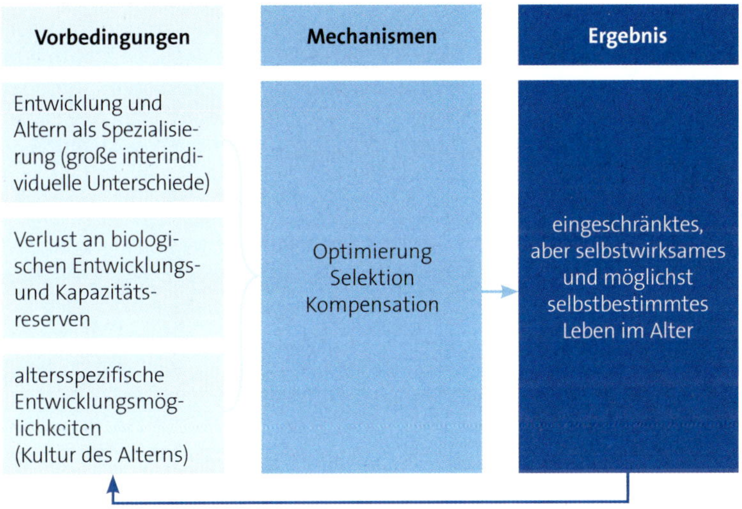

Modell des erfolgreichen Alterns (in Baltes/Baltes, 1992, S. 2)

Dieser Ansatz führte zu heftiger Kritik, hauptsächlich von Lehr (2007), da er von einem defizitären Bild des Alters getragen sei. Sie stellt infrage, ob eine Selektion in seinen Aktivitäten ein sinnvoller Umgang mit dem Alter sein kann, da dabei der Verlust der noch vorhandenen Kompetenzen in den ausselektierten Bereichen bewusst in Kauf genommen wird.

Weiter, so führt sie aus, müsse die Frage gestellt werden, ob ausschließlich objektive Testwerte ein „erfolgreiches Altern" bestimmen sollten oder ob die Variablen „Zufriedenheit" und „subjektives Wohlbefinden" nicht gerade eine ausschlaggebende Bedeutung für das Verhalten und Erleben älterer Menschen im Alltag hätten: „Die ausschließliche Argumentation mit objektiv beobachtbaren Antworten (...) lässt eines der wichtigsten Regulative menschlichen Verhaltens außer Acht, nämlich die subjektive Widerspiegelung von Welt und Selbst." (Lehr, 2007, S. 65)

Aus dieser Kritik von Ursula Lehr lässt sich nun ein weiterer Ansatz des erfolgreichen Alterns ableiten: die kognitive Theorie des Alterns von Hans Thomae.

Die kognitive Theorie des Alterns nach Thomae

Im Gegensatz zum Defizitmodell des Alterns steht die von Thomae entwickelte **„kognitive Theorie der Anpassung an das Altern"** (Thomae, 1970). In diesem Ansatz wird eine eher subjektive Sichtweise der Alternsprozesse in den Mittelpunkt der Untersuchung gestellt und weniger die objektiven, messbaren Leistungen im Alter.

Thomae stellt in erster Linie das subjektive Erleben und die subjektive Interpretation von objektiven Gegebenheiten in den Vordergrund. Mit objektiven Gegebenheiten meint er z. B. die Veränderungen, die ein alternder Mensch an sich wahrnimmt, wie das Nachlassen der körperlichen oder geistigen Leistungsfähigkeit oder auch den Verlust von Freunden oder Partner.

So ist z. B. das Erleben persönlicher Kontrolle ein wichtiger Indikator für das Verhalten (Kontrollüberzeugung, siehe hierzu auch Kapitel 4: Motivation und Emotion). Bei einem Pflegeheimbewohner beispielsweise kann durch die Förderung der eigenen Überzeugung, zumindest in bestimmten Bereichen des Lebens die Kontrolle zu haben, das Gefühl der Hilfsbedürftigkeit oder gar der Hilflosigkeit reduziert werden.

BEISPIEL

Frau Müller ist seit einem Schlaganfall an den Rollstuhl gefesselt und lebt deshalb im Pflegeheim. Sie braucht Hilfe beim Aufstehen, Anziehen, Waschen und sogar beim Toilettengang. Objektiv gesehen ist sie dadurch in hohem Maß abhängig und pflegebedürftig. Frau Müller ist aber kognitiv sehr agil und im Rollstuhl auf der Station mobil. Auf die Frage im Rahmen einer psychologischen Untersuchung, ob sie sich sehr hilflos in ihrer Situation fühle, antwortete sie: „Natürlich kann ich viele Dinge nicht mehr tun und brauche Hilfe, aber trotzdem kann ich noch viele Sachen selber machen. Ich helfe sogar anderen Bewohnern beim Essen, ich lese ihnen vor und kann mich gut mit dem Pflegepersonal unterhalten. Da geht es mir doch noch viel besser als vielen anderen hier, meinen Sie nicht?" (Ackermann, 2005)

Das Beispiel zeigt, wie wichtig die eigene Sicht und das Erleben der Situation für die Zufriedenheit des Menschen sind. Durch das Gefühl der Kontrolle über das eigene Leben – nicht in allen Bereichen, aber doch in einigen – kann Lebensqualität erhalten und eine Verschlechterung der psychischen Verfassung des einzelnen Menschen vermieden werden.

Diese Sichtweise, dass das Verhalten eines einzelnen Menschen insbesondere auch durch die Art und Weise bestimmt wird, wie er sich und seine Umwelt wahrnimmt, macht deutlich, dass der Alternsvorgang individuell sehr verschieden ist. Jeder Mensch hat einen eigenen Alternsverlauf und man kann somit nicht von „dem Altern" sprechen.

Thomae (1970) benennt in seiner Theorie drei Grundbereiche, die im Verlauf des Alternsprozesses vom einzelnen Menschen bearbeitet werden müssen:

- Zunächst spielt die Auseinandersetzung mit der **persönlichen Erscheinung**, den alternsbedingten Veränderungen des Körpers und seiner Attraktivität eine Rolle.
- In einem zweiten Grundbereich steht die Bearbeitung von Veränderungen der sozialen **Integration oder auch Isolation** im Vordergrund. Die Kinder sind erwachsen und gehen aus dem Haus, Partnerin bzw. Partner oder gleichaltrige Freunde und Bekannte sterben, Immobilität und chronische Erkrankungen erschweren Kontakte außerhalb des Hauses.
- Als dritten Grundbereich nennt Thomae die Beschäftigung und Auseinandersetzung mit dem Thema der **eigenen Endlichkeit**, dem eigenen Tod.

Auf diesen Grundbereichen beruhend basiert die **kognitive Theorie des Alterns** auf folgenden **drei Aspekten**:

1. Die **Verhaltensveränderungen** eines Individuums resultieren in erster Linie aus den subjektiv erlebten Veränderungen der Umgebung. Wie eine Veränderung vom Individuum bewertet wird, kann dabei wesentlich von einer objektiven Einschätzung abweichen!
   So kann aus der objektiven Sichtweise einer Veränderung, z. B. „Die Kinder sind erwachsen und gehen nun ihre eigenen Wege", ein subjektives Erleben wie „Ich bin jetzt unnütz geworden und nur noch im Wege" resultieren. Die entsprechende Verhaltensänderung könnte dann der soziale Rückzug mit drohender Isolation sein (Thomae, 1970, S. 9 f.).

2. Die Art, in der die **Veränderungen** erlebt werden, ist von dominanten und zum Teil unbewussten Bedürfnissen und Erwartungen des alternden Menschen abhängig. Auch Erwartungen der sozialen Umwelt, der Gesellschaft oder der Gruppe, in der der einzelne Mensch lebt, können auf das Erleben einwirken.
   So kann das Erleben eines älteren Mannes, nach seiner Pensionierung unnütz geworden zu sein, unbewusst daher resultieren, dass er sich stets über seinen beruflichen Status definiert hat. Hat er diesen verloren, erlebt er dies als schweren Angriff auf sein Selbstkonzept.
3. Ziel aller Bemühungen des Individuums ist, einen **Gleichgewichtszustand** zwischen der **kognitiven Struktur** (also dem, was und wie es denkt), seinen **subjektiven Bedürfnissen** auf der einen Seite und den von ihm **wahrgenommenen Umweltbedingungen** auf der anderen Seite herzustellen. Dieses erlebte Gleichgewicht ist eine entscheidende Voraussetzung für erfolgreiches und zufriedenes Altern.

Es ist also notwendig, die Balance zwischen der realen Lebenssituation und den subjektiven Wunschvorstellungen zu erreichen. Da in den meisten Fällen die reale Situation („Die Kinder verlassen das Haus." – „Empty Nest") nicht verändert werden kann, muss im Fall eines Konflikts versucht werden, die Einstellung des älteren Menschen und seine Vorstellungen zu verändern („Es ist sinnvoll, Kinder zu einem selbstständigen Leben zu erziehen."). Nähert sich die subjektive Sichtweise der realen Situation des älteren Menschen an und kann dieser auch die gegebene Situation akzeptieren, so verändert sich auch das Erleben zum Positiven.

Die kognitive Theorie des Alterns öffnete den Weg für Sichtweisen, die den älteren Menschen als individuell und einzigartig betrachten. So kann sie sehr gut zum Verständnis von Lebens- und „Erlebenslagen" älterer Menschen beitragen.

Die ökologische Theorie des kompetenten Alterns nach Lawton und Nahemow

In Abgrenzung zur Sichtweise, dass eher subjektiv-emotionale Aspekte zu einem erfolgreichen Altern beitragen, postulieren die Autoren dieses Ansatzes eine enge Beziehung zwischen der **Person und ihrer Umwelt**.

In den frühen 1970er-Jahren entwickelten M. Powell Lawton und seine Mitarbeiterin Lucille Nahemow eine Alternstheorie, die die Bedeutung der Umwelt in Bezug auf die eigenen vorhandenen Kompetenzen in den Vordergrund stellte, um ein erfolgreiches Altern zu erklären: die **ökologische Theorie des Alterns** („Ecological Theory of Aging", Lawton/Nahemow, 1973).

Bevor wir uns mit der eigentlichen Theorie befassen, soll zunächst der Begriff der Kompetenz, wie er hier verstanden werden soll, erläutert werden.

Eine allgemein akzeptierte und weitreichende Definition der Kompetenz im Alter ist Olbrich (1987, S. 320) gelungen:

> „Die Thematik der Kompetenz im Alter zu behandeln heißt, all die Möglichkeiten des alternden Menschen zu diskutieren, die es ihm ermöglichen, jene Transaktionen mit seiner Umgebung auszuüben, die es ihm erlauben, sich zu erhalten, sich wohlzufühlen und sich zu entwickeln."

Dazu gehört auch, seine sozialen Rollen meistern zu können und mit Schwierigkeiten des Lebens fertig zu werden sowie die innere Überzeugung, dies alles auch zu schaffen. Olbrich nennt diese Fähigkeiten „Coping".

Kompetenz ist gleichzeitig stark von den jeweiligen Umweltbedingungen beeinflusst. Nach Lawton ist ein Mensch immer nur so kompetent, wie es seine Umwelt zulässt.

Dies bedeutet gerade für den älteren Menschen, dass ein Umfeld, das z. B. körperliche Probleme zu kompensieren vermag, einen nicht unerheblichen Zuwachs an Kompetenz bedeuten kann. Das Gleiche gilt für Hilfsmittel, welche die individuelle Selbstständigkeit verbessern, wenn nicht sogar wiederherstellen können, z. B. Gehhilfen, Wohnraumanpassungen für Menschen mit eingeschränkter Mobilität.

Die theoretischen Ansätze zur Beschreibung der Kompetenz gehen grundsätzlich von zwei Paradigmen aus:
- Kontextualität und
- Transaktionalität.

Mit **Kontextualität** ist gemeint, dass Veränderungen der Kompetenz über die Lebensspanne hinweg immer aus einer Interaktion der verschiedenen Kompetenzbereiche des Individuums resultieren.

Unter **Transaktionalität** versteht man die unbedingte Verbundenheit von Person und Umwelt.

Kompetenz ist damit keine statische Größe, sondern unterliegt kontinuierlichen Veränderungen, die in einzelnen Bereichen auch relativ unabhängig voneinander ablaufen können. So können z. B. nach einer schweren Erkrankung gesundheitlich-funktionelle Kompetenzen in starkem Maß eingeschränkt, andere Bereiche jedoch voll intakt sein.

BEISPIEL

Wenn Sie körperlich fit sind, spielt es für Sie keine Rolle, ob Sie im Erdgeschoss oder im dritten Stock wohnen. Haben Sie aber ein gebrochenes Bein, nimmt die „Wohnumwelt" plötzlich wesentlich an Bedeutung zu. Sie werden sich jedes Mal genau überlegen, ob Sie die Treppen hinuntergehen müssen oder nicht.

Nun besteht aber die Umwelt nicht nur aus der Wohnung, sondern auch der näheren Umgebung, den Menschen, mit denen eine Person in Kontakt steht, der Infrastruktur (gibt es Rollstuhlrampen, absenkbare Buseinstiege etc.). LAWTON (1999) hat hierzu den sogenannten **Person-Umwelt-Passungs-Ansatz** beschrieben: Die materielle sowie auch die soziale Umwelt einer Person erfordert eine ganze Reihe unterschiedlicher Kompetenzen. In einigen Bereichen kann eine Person kompetent sein, in anderen weniger oder gar nicht.

Sekundärer Krankheitsgewinn

Psychischer Nutzen, der aus einer Erkrankung oder Störung hervorgeht.

Z. B.: Wenn ein Kind Fieber hat, kümmert sich die Mutter verstärkt um das Kind. Widmet ihm Zeit, kocht ihm das Lieblingsgericht etc.

Im Extrem kann diese Erfahrung dazu führen, dass sich Menschen „in die Krankheit flüchten", um Zuwendung zu erhalten.

BEISPIEL

Stellen Sie sich vor, Sie müssten zu Ihrem Zuhause einen steilen Weg bewältigen. Sie sind fit und sportlich und der Weg stellt für Sie überhaupt kein Problem da. Sie sind kompetent! An einem kalten Novembertag regnet es und als Sie nach Hause laufen wollen, stellen Sie fest, dass der Weg komplett vereist ist. Es ist spiegelglatt und Sie schaffen es nicht einmal, auf allen Vieren den Weg zu erklimmen. Plötzlich sind Sie inkompetent! Und das nur, weil sich Ihre Umwelt ein wenig verändert hat.

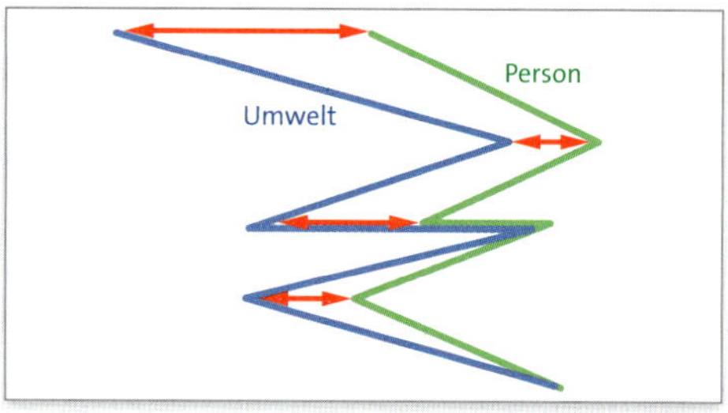

Person-Umwelt-Passung-Ansatz (LAWTON, 1999)

Aus der Abbildung zeigt sich, dass die Kompetenzen der Person und die Umweltanforderung in einigen Bereichen nicht passen. Je größer dabei der Pfeil, desto geringer die Passung.

BEISPIEL

Herr Schuster lebt seit Jahrzehnten in seiner angestammten Wohnung, ist jedoch nach einem Herzinfarkt in seiner körperlichen Leistungsfähigkeit stark eingeschränkt. Daher ist er nicht mehr in der Lage, größere Strecken zu Fuß zu gehen. Darüber hinaus ist er aufgrund seines Leidens muskulär geschwächt. Dies führte schon einige Male dazu, dass er in seiner Wohnung über eine Türleiste gestolpert und gestürzt ist. Aufgrund dessen zieht sich Herr Schuster zurück, besucht kaum noch Freunde und lädt auch nicht zu sich ein. Er bleibt am liebsten den ganzen Tag im Bett liegen.

Zur Anpassung der Person an die Umwelt oder umgekehrt bedarf es jedoch auch psychischer Kompetenzen, wie sinnvolle Strategien der Problembewältigung („Coping", OLBRICH, 1987) und entsprechende motivationale Grundlagen. Ältere Menschen nehmen objektiv vergleichbare Umweltgegebenheiten sehr unterschiedlich wahr, schreiben ihnen unterschiedliche Bedeutungen zu und bewerten sie in sehr unterschiedlicher Weise (WAHL, 1998, siehe auch „kognitive Theorie"). Auch wenn aus objektiver Sicht für das Individuum taugliche Anpassungsprozesse ausführbar wären, werden diese möglicherweise aufgrund motivationaler Faktoren oder auch psychischer Hintergründe (z. B. sekundärer Krankheitsgewinn bei bestehender Hilfebedürftigkeit) nicht genutzt.

Als Weiterführung des Umweltanforderung-Kompetenz-Ansatzes geht die **ökologische Theorie des Alterns** davon aus, dass jeder Mensch einen individuellen Prozess der Adaption (Anpassung) durch einen Abgleich von Kompetenz und Umwelt vollzieht, der in einem dynamischen, zeit- und situationsabhängigen Adaptionsbereich („Adaptive Range") endet.

Aus der nebenstehenden Abbildung werden mehrere Aspekte deutlich:

1. Je höher der Umweltdruck, desto höher muss die Kompetenz des Individuums sein, um diesen zu meistern.
2. Je geringer die Kompetenz, desto kleiner der Anpassungsbereich an die Umwelt.
3. Je größer die Kompetenz, desto größer ist der Bereich der Komfortzone, das heißt, ein Mensch mit hoher Kompetenz benötigt auch bei erhöhtem Umweltdruck keine übermäßigen Anpassungsleistungen. Auch bei hohen Anforderungen kommt er selten in einen Überforderungsbereich.
4. Ist der Umweltdruck höher als die Kompetenz des Individuums, kommt es zu schlecht angepasstem Verhalten oder bei längerfristiger Überlastung zu z. B. negativen psychischen Effekten.
5. Ist ein Mensch stets unterfordert, das heißt, er ist kompetenter als es die Umwelt zulässt, kommt es zu ähnlichen Phänomenen wir bei einer Überlastung.

AUFGABEN

Über- bzw. Unterforderung

- Stellen Sie sich vor, Sie haben studiert und beginnen nun in einer Firma zu arbeiten. Aber anstatt Ihren Fähigkeiten und Kompetenzen entsprechend eingesetzt zu werden, dürfen Sie nur Akten sortieren und für Ihren Chef Kaffee kochen. Stellen Sie sich vor, diese Situation bleibt über eine lange Zeit so bestehen. Wie fühlen Sie sich dabei?
- Stellen Sie sich vor, Sie sitzen im Unterricht und so sehr Sie sich auch bemühen, Sie verstehen nicht, was der Lehrer von Ihnen will. Ihre Mitschüler hingegen haben keinerlei Probleme, im Unterricht mitzuhalten. Natürlich schreiben Sie auch nur schlechte Noten. Und das geht schon seit Monaten so – Wie fühlen Sie sich?

Auf der Basis der ökologischen Theorie des Alterns ergeben sich folgende Konsequenzen für den Alltag eines alten Menschen:

- Der jeweilige Umweltdruck ist direkt abhängig von der Zeit, die das Individuum in einer spezifischen Umwelt verbringt. Ältere Menschen benötigen hierbei einen längeren Zeitraum, sich neuen Umweltgegebenheiten anzupassen als jüngere.

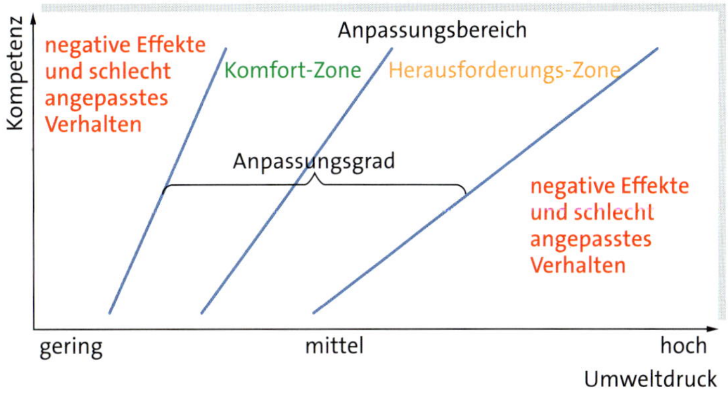

Ökologische Theorie des Alterns (mod. nach WAHL, 2000)

- Eine Person mit beeinträchtigten körperlichen Fähigkeiten wird versuchen, veränderbare Umgebungsfaktoren wie Wohnumwelt und soziale Umwelt so zu modifizieren, dass eine bestmögliche Anpassung im Hinblick auf eine weitgehende Selbstständigkeit erreicht wird.
- Umgekehrt wird sie im Laufe der Zeit handlungsspezifische und psychische Bewältigungsstrategien finden, um in der Umwelt trotz verringerter Kompetenzen zurechtkommen zu können.
- Vollzieht sich der Anpassungsversuch für längere Zeit auf einer Ebene, die das Individuum einem hohen Umweltdruck aussetzt, kommt es nach diesem Modell zu Fehlanpassungen im Sinne einer Überlastung. Im umgekehrten Fall, wenn der Umweltanspruch zu gering ist, kommt es zu einer Unterforderung.
- In beiden Fällen entsteht negativer Stress, der im schlimmsten Fall zu Störungen führen kann (z. B. erlernte Hilflosigkeit, SELIGMAN, 1992).

Die ökologische Theorie des Alterns bleibt weiterhin insofern bedeutsam, dass sie in die Betrachtung des Alterns immer auch die Umwelt des Individuums einbezieht. Daher ist das Modell für viele Praxisanwendungen geeignet. Der Anwendungsbereich geht dabei von städtebaulichen Maßnahmen über politische Entscheidungen bis hin zur pflegerischen Versorgung.

Kompetenz
Kompetenz ist immer personen- und situationsabhängig!

16.8 Demenz – die häufigste Form psychiatrischer Alterserkrankungen

„Jeder bekommt irgendwann seine Demenz, man muss nur alt genug werden!“ (W.D. Oswald)

*Die **Epidemiologie** befasst sich mit der Verbreitung, den Ursachen und den Folgen von gesundheitsbezogenen Zuständen und Ereignissen in einer Bevölkerung.*

Gerontopsychiatrische Erkrankungen stehen im Pflegeheim bereits seit vielen Jahren an erster Stelle. Hier müssen vor allem die demenziellen Erkrankungen genannt werden. Je nach Einrichtung kommt es zu einer Prävalenz der Demenz von nahezu 80 % der Bewohner (Oswald/Ackermann, 2009). Hierbei darf jedoch nicht übersehen werden, dass auch andere psychische Störungen bei älteren Menschen nicht selten sind. Gleich an zweiter Stelle der Häufigkeit sind Depressionen beim alten Menschen zu nennen. Wächtler (2003) fand in eigenen Studien bei über 60 % der Pflegeheimbewohner eine depressive Symptomatik.

Bei alten Menschen lassen sich zudem auch neurotische Erkrankungsformen, hier vor allem die generalisierte Angststörung, oder wahnhafte Störungen (oft im Rahmen der Demenzerkrankung) finden.

In diesem Abschnitt werden wir uns mit dem häufigsten gerontopsychiatrischen Syndrom beschäftigen – der Demenz. In der klinischen Gerontopsychologie und in der -psychiatrie bildet die Demenz einen Schwerpunkt, da genau dieses Krankheitsbild eine große Rolle, wenn nicht sogar die größte, für unsere alternde Gesellschaft und das Gesundheitssystem spielt.

Im darauffolgenden Kapitel, werden wir weitere häufige psychiatrische Erkrankungen des Alters näher beleuchten.

16.8.1 Demenzielle Erkrankungen

In der Neurowissenschaft geht man heute davon aus, dass jeder von uns irgendwann an einer Demenz erkranken wird. Die meisten von uns erleben diesen Zeitpunkt nur nicht. Das heißt, wenn jedes Gehirn einem Abbau unterworfen ist, der früher oder später zur Demenz führt, dann ist die spannende Frage doch die, warum einige Menschen bereits mit 70 Jahren dement werden, andere erst mit 120 oder 130 Jahren!

BEISPIEL

Ein kurzer Blick in die Geschichte

1906 schrieb Alois Alzheimer in seinem Artikel „über eine eigenartige Erkrankung der Hirnrinde“, eine frühe Form der Demenz, aufgetreten bei einer 51-jährigen Patientin. Alzheimer nannte die Patientin in seinen Aufzeichnungen Auguste D. Ihr Krankheitsbild zeichnete sich durch eine fortschreitende Gedächtnisschwäche mit Störungen der räumlichen Orientierung und paranoiden Denkinhalten (z. B. Verfolgungswahn) sowie einer progredienten (fortschreitenden) Verschlechterung der Informationsaufnahme aus. Während der viereinhalbjährigen Beobachtungszeit stellte Alzheimer im Verlauf Sprachstörungen, Schreib- und Lesestörungen sowie Störungen von Handlungsabläufen, z. B. selbstständiges Anziehen, fest. Auguste D. starb in einem Zustand schwersten geistigen Abbaus. Vor ihrem Tod war sie laut den Aufzeichnungen Alzheimers „völlig stumpf, mit angezogenen Beinen zu Bett gelegen, hatte unter sich gehen lassen“. Bei der Autopsie des Gehirns fand er „ein gleichmäßig atrophisches Gehirn“ (Alzheimer, 1907, S. 147) und aufgeknäulte Bündel von Fibrillen. Weiterhin stellte er fest, dass „zahlreiche Ganglienzellen, besonders in den oberen Zellschichten“ ganz verschwunden seien (Alzheimer, 1907, S. 148).

Was heißt das nun für Nichtmediziner? Auguste D. entwickelte zunächst immer stärker werdende Gedächtnisstörungen, sie fragte immer wieder das Gleiche und wusste später nicht einmal mehr ihren eigenen Nachnamen. Sie verlief sich in der eigenen Wohnung und fühlte sich von Nachbarn und Bekannten bedroht und verfolgt. Weiterhin kam es zu Wortfindungsstörungen bis zum Verlust der Sprachfähigkeit kurz vor ihrem Tod. Auch schreiben, lesen und rechnen konnte sie immer weniger.

Was Alzheimer nach ihrem Tod bei der mikroskopischen Untersuchung ihres Gehirns fand, waren Eiweißablagerungen außerhalb der Hirnzellen und spaghettiartige, zusammengeknäulte Reste von Proteinen innerhalb der Hirnzellen (die sogenannten amyloiden Plaques und die Neurofibrillenbündel). Gleichzeitig stellte er fest, dass im Vergleich zu einem gesunden Gehirn die Furchen zwischen den Hirnwindungen viel größer geworden waren, es mussten also eine Vielzahl von Hirnzellen und Synapsen zugrunde gegangen sein.

> Aber was ist „Demenz“ überhaupt? Hier eine bekannte und allgemeingültige Definition: **„Die Demenz ist ein erworbener Zustand, der zu einer globalen Desorganisation der intellektuellen Funktionen mit unterschiedlichen Schweregraden führt“** (ALLARD/SIGNORET/SIALLEICKEN, 1988, S. 11).

Unter dem Begriff Demenz ist eine Anzahl von Symptomen subsumiert, die durch unterschiedliche Krankheiten verursacht sein können.

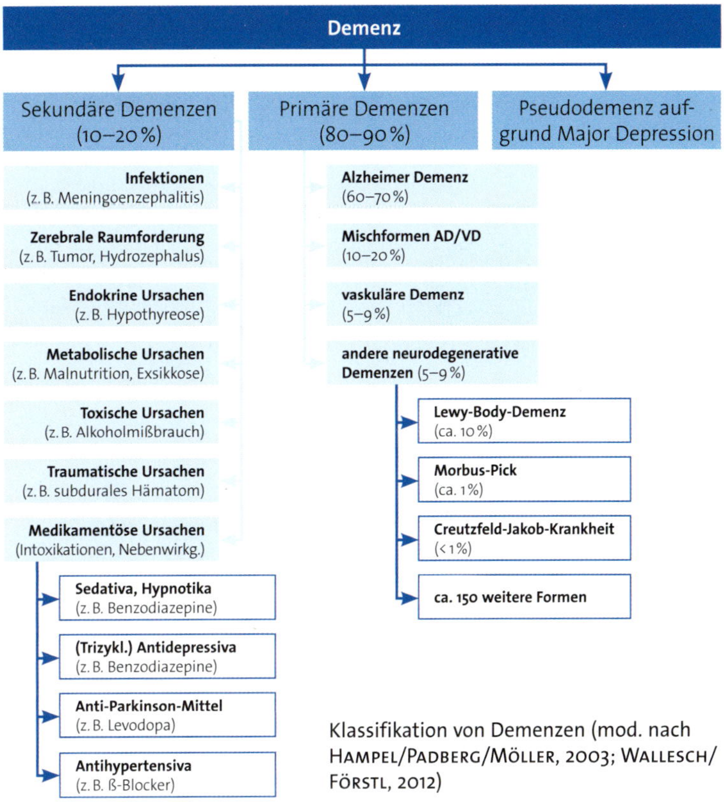

Klassifikation von Demenzen (mod. nach HAMPEL/PADBERG/MÖLLER, 2003; WALLESCH/FÖRSTL, 2012)

16.8.2 Epidemiologie

Nach HAMPEL et al. (2003) finden sich in der Literatur über 70 Erkrankungen, die in ihrem Verlauf zu einer Demenz oder demenziellen Symptomatik führen können. Etwa 90 % aller organisch bedingten Demenzen zählen entweder zu den Demenzen primär degenerativer oder vaskulärer Genese bzw. zu deren Mischformen. In der Abbildung zu den Demenzformen sehen wir einige Prozentzahlen, die jedoch in der Literatur höchst unterschiedlich ausfallen. Der bekannte Demenzforscher HANS FÖRSTL geht sogar davon aus, dass es kaum reine Formen der Demenz gibt, sondern es sich fast immer um Mischformen handelt. Letztlich können wir aber davon ausgehen, dass nach wie vor die Demenz vom Alzheimer-Typ (DAT) am häufigsten auftritt.

Bei etwa 10 % aller auftretenden Demenzen handelt es sich um eine sekundäre Demenz, bei der die Beeinträchtigungen einer primären Demenz gleichen, in der Regel jedoch reversibel (lat. umkehrbar) sind, wenn die Grunderkrankung behandelt wird. Als Ursachen für sekundäre Demenzen werden vor allem infektiöse Erkrankungen, zerebrale Raumforderungen, Hydrozephalus (Flüssigkeitsansammlung im Gehirn, „Wasserkopf“) sowie metabolische, toxische und traumatische Ursachen verantwortlich gemacht.

Nicht zu vernachlässigen ist bei einer Demenzabklärung auch die sogenannte Pseudodemenz bei Depression, die kognitive Symptome ähnlich denen einer Demenz mit sich bringen kann (siehe oben).

16.8.3 Kognitive Symptomatik

Das klinische Bild der Demenz lässt sich im Wesentlichen durch kognitive und affektive Störungen und neurologische Ausfälle kennzeichnen. Als Leitsymptom der Demenz gilt der Abbau intellektueller und kognitiver Leistungen. Mit dem Verlust der intellektuellen Fähigkeiten geht in der Regel ein Verlust des Anpassungsvermögens an Umgebungsbedingungen und der sozialen Integrationsfähigkeit einher. Es kommt zu einer Störung der Kritik- und Urteilsfähigkeit sowie zu Aufmerksamkeitsstörungen und einer Abnahme des Abstraktionsvermögens. Dies spiegelt sich in einem rigiden (lat.: starren, unbeweglichen) Gesamteindruck des Betroffenen hinsichtlich seines Denkens und Verhaltens wider.

Der Schweregrad einer Demenz lässt sich dementsprechend auf der Ebene der Fähigkeit zur Durchführung von Alltagsaktivitäten und des Sozialverhaltens gut einschätzen. Dieser oftmals vergleichbare Erkrankungsverlauf führte zur Entwicklung verschiedener Demenzskalen, die die einzelnen Stadien der Demenz zu beschreiben versuchen (REISBERG et al., 1982). REISBERG stellte den Verlauf primärer Demenzen anhand einer siebenstufigen Skala dar, der **Global Deterioration Scale** (GDS). Sie stellt eine Annäherung an den möglichen Verlauf der Erkrankung dar. Der Einzelfallverlauf kann jedoch erheblich von der Stufeneinteilung abweichen. Im Weiteren wird die deutschsprachige Fassung der Global Deterioration Scale nach IHL und FRÖLICH (1999) beschrieben:

Keine kognitiven Leistungseinbußen

- keine subjektiven Hinweise auf ein Gedächtnisdefizit
- Im klinischen Interview wird kein Gedächtnisdefizit evident

Zweifelhafte kognitive Leistungseinbußen

- Subjektive Klagen über Defizite, am häufigsten in nachfolgenden Bereichen: a) vergisst, wo vertraute Gegenstände abgelegt wurden; b) vergisst früher gut bekannte Namen
- Keine objektiven Zeichen eines Gedächtnisdefizits im klinischen Interview
- Keine objektivierbaren Defizite im Beruf oder im sozialen Umfeld
- Angemessenes Verhalten unter Berücksichtigung der Symptomatik

Geringe kognitive Leistungseinbußen

- Erste eindeutige Defizite manifestieren sich in mehr als einem der nachfolgenden Bereiche:
  a) Patient(-in) kann sich an einem fremden Ort nicht zurechtfinden
  b) Mitarbeiter bemerken die reduzierte Arbeitsleistung
  c) Freunde und Bekannte bemerken Wortfindungsstörungen und Schwierigkeiten, die Namen von Bekannten zu erinnern
  d) Patient(-in) behält nur einen geringen Teil einer gelesenen Textpassage. e) Patient(-in) kann sich Namen bei der Vorstellung neuer Personen schlechter merken
  f) Patient(-in) verlegt oder verliert Wertgegenstände
  g) Während der klinischen Testung wird ein Konzentrationsdefizit evident
- Objektive Gedächtnisdefizite lassen sich nur in einem ausführlichen klinischen bzw. in psychometrischen Tests finden.
- Verringerte Leistungsfähigkeit im Beruf oder im sozialen Umfeld
- Patient(-in) beginnt, Defizite zu verleugnen.
- Geringe bis mittelgradige Angst begleitet die Symptome.

Mäßige kognitive Einbußen

- Im sorgfältig durchgeführten klinischen Interview manifestieren sich eindeutige Defizite in folgenden Bereichen:
  a) Kenntnis aktueller oder kurz zurückliegender Ereignisse
  b) Erinnern des eigenen Lebenslaufs
  c) Konzentration bei Aufgaben mit seriellen Subtraktionen
  d) Fähigkeit, sich an unbekannten Orten zurechtzufinden oder mit Geld umzugehen usw.

  Meist keine Defizite in nachfolgenden Bereichen:
  a) Orientierung zu Zeit und Person
  b) Wiedererkennen vertrauter Personen und Gesichter
  c) Fähigkeit, sich an bekannten Orten zurechtzufinden
  d) Unfähigkeit, komplexe Aufgaben durchzuführen
- Das Verleugnen von Defiziten ist die dominierende Abwehrstrategie.
- Der Affekt verflacht, und der/die Patient(-in) beginnt, Situationen mit höheren Anforderungen zu vermeiden.

Mittelschwere kognitive Leistungseinbußen

- Der/Die Patient(-in) kann ohne fremde Hilfe nicht mehr zurechtkommen.
- Sie/Er kann sich während des Interviews kaum an relevante Aspekte ihres/seines Lebens erinnern, z. B. an die Adresse, die langjährige Telefonnummer, die Namen naher Familienangehöriger (wie die der Enkel), den Namen der Schule, die sie/er zuletzt besucht hat.
- Häufig ist Desorientierung in Bezug auf die Zeit (Datum, Wochentag, Jahreszeit etc.) oder zum Ort.
- Eine gebildete Person kann Schwierigkeiten haben, beginnend bei 40 in Viererschritten oder beginnend bei 20 in Zweierschritten rückwärts zu zählen.
- Patienten dieses Stadiums erinnern allerdings noch einige Fakten, die sie selbst oder andere betreffen. Sie erinnern ihren Namen ebenso gut wie den des Ehepartners oder der Kinder.
- Sie brauchen keine Hilfe beim Toilettengang oder Essen, können aber Schwierigkeiten bei der Auswahl situationsgerechter Kleidung haben, z. B. Hausschuhe für den Waldspaziergang.

Schwere kognitive Leistungseinbußen

- Kann gelegentlich den Namen des Ehegatten vergessen, von dem ihr/sein Überleben abhängt
- Keine Kenntnis kurz zurückliegender Ereignisse und eigener Erfahrungen
- Lückenhafte Erinnerung an die eigene Vergangenheit
- Jahreszeiten und zeitliche Veränderungen werden z. B. nicht mehr wahrgenommen
- Kann Schwierigkeiten haben von zehn bis eins rückwärtszuzählen, gelegentlich sogar beim Vorwärtszählen von eins bis zehn
- Benötigt Hilfe bei alltäglichen Verrichtungen, kann z. B. inkontinent werden oder

Hilfe benötigen, um sich an bekannten Orten zurechtzufinden; gelingt gelegentlich aber auch ohne Hilfe
- Der Tag-Nacht-Rhythmus ist häufig gestört.
- Beinahe immer wird der eigene Name erinnert. Häufig können noch bekannte von unbekannten Personen unterschieden werden.
- Persönlichkeitsveränderungen und Gefühlsstörungen treten in den Vordergrund.
- Sehr variabel ausgeprägte Störungen sind:
  a) Verfolgungsgedanken, z.B. wird der Betreuungsperson Betrug und Diebstahl unterstellt oder mit imaginären Personen oder dem eigenen Spiegelbild gesprochen
  b) Zwangssymptome, z.B. wird ständig ein und derselbe Gegenstand gereinigt
  c) Angstsymptome, Unruhe und aus der Vergangenheit nicht bekanntes aggressives Verhalten können auftreten
  d) Fehlender Willensantrieb, z.B. kann erwünschtes Verhalten nicht mehr in die Tat umgesetzt werden, weil der Gedankengang dazu nicht mehr lange genug im Kopf behalten werden kann

Sehr schwere kognitive Leistungseinbußen
- Häufig totaler Sprachverlust; gelegentlich sind noch sprachliche Automatismen erhalten.
- Harninkontinenz; ist auf Hilfe beim Toilettengang angewiesen
- Verlust grundlegender psychomotorischer Fähigkeiten, kann z.B. nicht mehr laufen
- Das Gehirn scheint den Körper nicht mehr steuern zu können.

BEISPIEL

Wie bereits von Alois Alzheimer beschrieben, sind die klassischen kognitiven Kernsymptome der Alzheimerkrankheit vor allem mnestische (= die Erinnerungsfähigkeit betreffend) Störungen, Störungen des Denkvermögens, der Sprache (hier vor allem der Wortfindung), der Praxis (z.B. handwerkliche Grundfähigkeiten) und der visuo-konstruktiven Fähigkeiten (bspw. Zeichnen und Erkennen von geometrischen Formen). Vor allem zu Beginn der Erkrankung sind Symptome wie Vergesslichkeit, Störungen des Kurzzeitgedächtnisses, räumlich-geografische Orientierungsstörungen, Aufmerksamkeitsstörungen sowie Stimmungsschwankungen vorherrschend.

Es zeigt sich hier die Bedeutung der demenziellen Erkrankung für die gerontologische Wissenschaft. Mit steigendem Schweregrad der Erkrankung verändern sich zusehends Art und Ausmaß der pflegerischen Versorgung des Erkrankten. Während die Patienten in der Regel noch lange mobil und aktiv sind, bedürfen sie gleichermaßen viel Aufmerksamkeit und Hilfen in den Aktivitäten des täglichen Lebens, die schon relativ früh eingeschränkt sind. In späteren Stadien ändern sich die Aufgaben in Richtung vermehrter Aufwendungen im Bereich der Grundpflege, da der Patient zusehends bettlägerig und inkontinent wird. Diesen Veränderungen muss auch im Bereich der Forschung mit diesem Personenkreis Rechnung getragen werden. Hier ist eine individuelle Einschätzung und entsprechende Auswahl von Untersuchungsmethoden notwendig, um sinnvolle Forschungsarbeit betreiben zu können.

16.8.4 Psychische Symptomatik bei demenziellen Erkrankungen

Psychische Störungen im Sinne von Störungen des Verhaltens und der Wahrnehmung sind bei Patienten mit demenzieller Erkrankung mittleren bis mittelschweren Grades häufig anzutreffen. Diese beeinträchtigen den Umgang mit dem Patienten sowie sein gesamtes soziales Umfeld.

In vielen Fällen werden Demenzkranke nicht wegen kognitiver Störungen zur stationären Behandlung eingewiesen, sondern wegen ausgeprägter und im häuslichen Umfeld nicht zu bewältigender Verhaltensauffälligkeiten. Vor allem Angehörige und Bezugspersonen leiden unter den Verhaltensauffälligkeiten des Erkrankten. Diese sogenannten „Behavioural Psychological Symptoms of Dementia (BPSD)“ sind die hauptsächliche Ursache für eine vorzeitige Heimunterbringung.

Man unterscheidet gemäß den Richtlinien der IPA (International Psychogeriatric Association, 2002) bei den BPSD-Verhaltensauffälligkeiten zwischen:
- aggressivem Verhalten,
- Agitation, Ruhelosigkeit, Umherwandern,
- dauerhaftem Weinen, Schreien,
- psychosozial inadäquaten Verhaltensweisen einschließlich sexueller Enthemmung,
- psychischer Symptome wie Wahn, Angst, Depression und Halluzinationen.

Psychische Störungen können in jeder Phase einer Demenz auftreten. Bei der Alzheimerkrankheit sind sie jedoch vor allem in der mittleren bis späten Krankheitsphase zu finden (ZAUDIG/BERBEREICH, 2001).

16.8.5 Genetische Ursachen der Alzheimerkrankheit

Obwohl die eigentliche Zusammensetzung bzw. das Auftreten pathogenetischer Faktoren, die zur Erkrankung führen, unbekannt sind, konnte man einige Genmutationen identifizieren, denen man eine Rolle bei der Manifestation der Alzheimererkrankung und insbesondere deren früher Form („early onset") zuschreibt. Weiterhin konnte man ein Protein ausfindig machen, das für den Untergang von Nervenzellfortsätzen und letztendlich ganzer Nerven im Gehirn verantwortlich scheint. Außerdem gibt es eine ganze Reihe möglicher Risikofaktoren, die die Entstehung der Alzheimerkrankheit beeinflussen können.

Seit Mitte der 1980er-Jahre ist bekannt, dass eine Punktmutation auf dem Chromosom 21, das auch für das Downsyndrom (auch „Trisomie 21") verantwortlich ist, mit einer autosomal-dominant vererbten, früh auftretenden („early-onset") Form der Alzheimerkrankheit verbunden ist. 1993 wurden weitere Erbfaktoren, die ebenfalls die präsenile Form der Alzheimerkrankheit verursachen können, von amerikanischen, belgischen und englischen Arbeitsgruppen auf den Chromosomen 14, 1 und 19 gefunden. Man bezeichnet das Krankheitsgen auf Chromosom 14 als „Präsenilin 1". Der Erbdefekt jedoch führt zum frühest bekannten Ausbruch der Krankheit zwischen 30–50 Jahren (BEYREUTHER, 1994, S. 10).

BEISPIEL

Was sieht man bei der Alzheimer-Erkrankung?

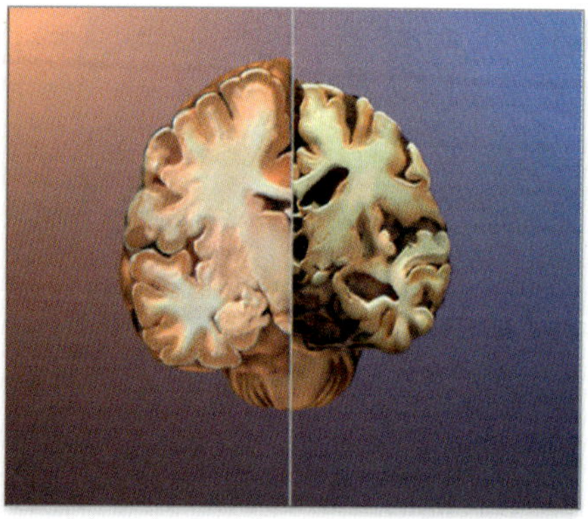

Gesundes Gehirn im Vergleich zu einem durch Alzheimer verändertem Gehirn

Neuropathologisch ist die ausgeprägte Atrophie des Gehirns beim Alzheimer-Erkrankten typisierend. Teilweise ist die Gehirnmasse beim Alzheimer-Patienten bis zu 500 g leichter als bei gesunden Kontrollpersonen gleichen Alters (ZAUDIG/BERBERICH, 2001) (siehe nebenstehende Abb.).

Mikroskopisch – diese Erkenntnis hatte bereits ALZHEIMER selbst – lässt sich ein Nervenzellverlust mit der Ansammlung von neurofibrillären Bündeln und senilen Plaques feststellen. Die folgende Abb. zeigt die typischen Veränderungen der Synapsen und Dendriten kortikaler Pyramidenzellen im Verlauf der Alzheimer-Erkrankung.

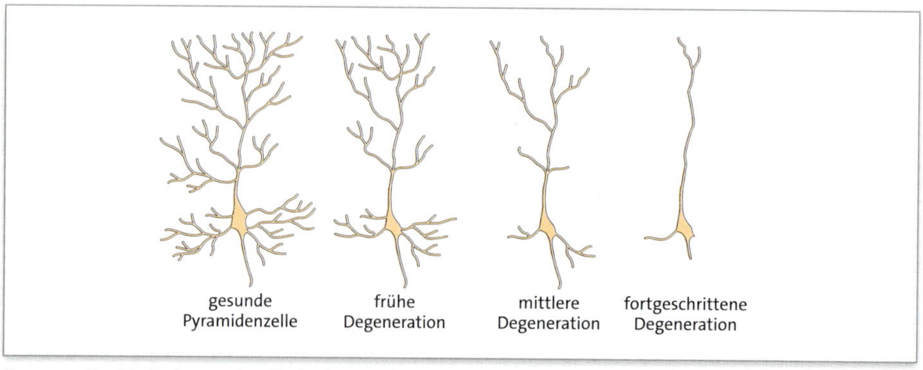

Degenerative Veränderung kortikaler Pyramidenzellen

16.8.6 Prävalenz demenzieller Erkrankungen

Die Demenz ist eine Krankheit des alten Menschen. Obwohl auch in jüngeren Jahren sporadisch Fälle auftreten („early-onset"), kommt es erst ab 60–65 Jahren zu einer Häufung der Erkrankung. In vielzähligen Studien konnte ein exponentieller Anstieg der Erkrankungsrate bei steigendem Alter festgestellt werden. Jorm et al. (1987) kamen zu dem Ergebnis, dass sich die Prävalenzrate ab dem 60. Lebensjahr alle 5,1 Jahre verdoppelte.

Anhand der unten gezeigten Grafik lässt sich zeigen, dass sich die Daten verschiedener internationaler und deutscher Studien weitgehend decken.

Diese nahezu exponentielle Funktion hat sowohl eine hohe gesellschaftliche wie auch versorgungspolitische Bedeutung, da die demografische Entwicklung in Europa und den meisten anderen Industrieländern bereits jetzt einen starken Anstieg der Bevölkerungsgruppe der über 80-Jährigen anzeigt. Die Veränderung der Bevölkerungspyramide hin zu einer Urnenform mit starker Zunahme der hochbetagten Bevölkerung bedarf vor dem Hintergrund dieser Erkenntnisse neben gesellschaftlicher insbesondere auch medizinischer und pflegerischer Konsequenzen.

__Inzidenz__ bezeichnet die Anzahl neu auftretender Fälle einer Krankheit in einer gegebenen Population oder Gruppe während einer bestimmten Zeit (meist 1 Jahr).

__Prävalenz__ bezeichnet dagegen die gesamte Anzahl Fälle (z. B. an Demenzpatienten) in einer definierten Population zu einem Zeitpunkt (Punktprävalenz) oder während einer definierten Zeitdauer, z. B. einem Jahr.

__Beispiel:__ In Deutschland leben derzeit etwa 1,2–1,5 Millionen Menschen mit Demenz (Prävalenz), jährlich erkranken ca. 300.000 Menschen neu an dieser Erkrankung (Inzidenz).

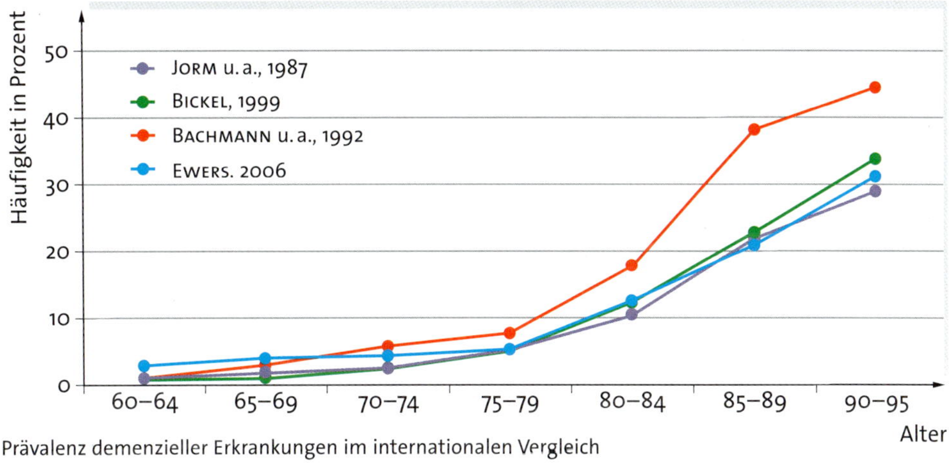

Prävalenz demenzieller Erkrankungen im internationalen Vergleich

16.9 Weitere gerontopsychiatrische Syndrome und Erkrankungen

16.9.1 Depression

Nach Murphy (1982) sind die Hauptrisikofaktoren, die zu einer Depression beim alten Menschen führen, akute oder chronische körperliche Erkrankungen oder Behinderungen. Weitere wichtige Gründe sind schwere Lebensereignisse wie Tod des Partners, Umzug in ein Pflegeheim oder andere familiäre oder soziale Schwierigkeiten.

Häufig kommt es aufgrund von Depressionen zu Einschränkungen in den Aktivitäten des täglichen Lebens, der Selbstversorgungsfähigkeit und der Selbsthilfefähigkeit. Diese Folgen führen nach Bach et al. (1995) häufig zu einer Heimeinweisung. Besonders Schlaganfallpatienten erleiden im Verlauf ihrer Erkrankung häufig eine Depression und dies nicht zuletzt auch aufgrund psychischer Belastungen und sozialer Probleme durch die Erkrankung. Eine reaktive Depression ist nach einem akuten Ereignis durchaus verständlich und die Symptomatik lässt nach gewisser Zeit, häufig auch nach Entlassung aus dem Krankenhaus, wieder nach. Man spricht hier von einer „Minor Depression", einer meist reaktiven, normalerweise reversiblen depressiven Verstimmung aufgrund von Anpassungsstörungen oder als Symptom einer Belastungsreaktion. Hat die Depression jedoch einen schweren chronischen Verlauf, spricht man von einer „Mayor Depression" (MD).

Die Prävalenz der MD wird in der Gesamtbevölkerung mit 2–5 % angenommen (Bach et al., 1995). In Krankenhäusern und Pflegeheimen ist die Häufigkeit jedoch ungleich höher. Untersuchungen zeigten eine Prävalenz von depressiven Symptomen bei geriatrischen Krankenhauspatienten von 35–45 % (Bach et al., 1995). Neuere Untersuchungen gehen von weit höheren Prozentzahlen aus – vor allem bei Pflegeheimbewohnern (Wachter, 2003). Nach Morley und Kraenzle (1994) ist die Depression eine der Hauptursachen der Mangelernährung von Pflegeheimbewohnern.

16.9.2 Wahn

Auch und gerade bei alten Menschen können aufgrund der funktionellen, physiologischen und auch pathologischen Veränderungen des Organismus, insbesondere bei Demenz, wahnhafte Störungen entstehen.

Neben bei schon in jüngeren Jahren an einer Schizophrenie oder einer wahnhaften Depression erkrankten Menschen, können im Alter vor allem bei hirnorganischen Leiden und bei massiven Störungen der Sinnesorgane, vor allem bei Schwerhörigkeit und Gehörlosigkeit, z. B. bei Beethoven, und seltener auch bei schweren Sehstörungen wahnhafte Störungen auftreten.

Darüber hinaus kann der Wahn als Reaktion auf subjektiv schwere seelische Belastungen und/oder Kränkungen des Selbstwertgefühls durch den Alternsprozess gesehen werden.

Wahn fördernde Faktoren sind hierbei das Nachlassen der körperlichen und/oder geistigen Kräfte sowie der Sinnesleistungen, Gefühle der Unsicherheit und Angst sowie Nachlassen der Realitätskontrolle. Hier werden die auftretende Verunsicherung und Angst als Wahn thematisiert. Gleiches gilt auch für den Zustand sozialer Isolation und Vereinsamung, womit das subjektive Gefühl der Schutzlosigkeit einhergehen kann.

Ob ein Wahn auftritt, wird bestimmt durch das Ausmaß der bestehenden Angst, die Grundpersönlichkeit und bestimmte Lebenserfahrungen des Betroffenen. Sie bestimmen den Grad des Misstrauens und damit auch die Art des Wahns, z. B. ob jemand eher an einem Verfolgungs-, Bestehlungs- oder Beeinträchtigungswahn leidet.

Psychodynamisch gesehen kann der Wahn auch als Abwehrfunktion bzw. Schutz vor depressiver Reaktion angesehen werden. Der Wahn ermöglicht nämlich, nicht zugelassene Strebungen nach außen zu projizieren, z. B. Sexualität im Alter, oder eigenes Versagen, eigene Fehlleistungen nach außen zu projizieren, die Schuld wird auf andere abgewälzt.

BEISPIEL

Ein älterer Mann mit beginnender Demenz lebt im Pflegeheim. Er ist der festen Überzeugung, dass jede Nacht ein Bautrupp in sein Zimmer kommt und dieses umbaut, damit er am nächsten Morgen die Toilette nicht mehr findet.

Im Gespräch erfährt man, dass der Mann früher ein erfolgreicher Architekt war, der eine Vielzahl von Häusern gebaut hat. Psychodynamisch gesehen darf es nicht sein, dass dieser Mensch, der sein Leben lang Häuser gebaut und Baupläne gemacht hat, aufgrund seiner kognitiven Defizite in einem Haus die Toilette nicht mehr findet.

Der Wahn schützt damit also sein „Selbst", indem er die eigenen Defizite nach außen projiziert (Ackermann, 2005).

Anhand dieses Beispiels zeigt sich eindrücklich, dass für demente Menschen ein Wahn durchaus etwas Sinnvolles, „das Selbst Schützendes" sein kann. Es bedarf also genauer Abwägung, ob ein Wahn bei Demenz für den Betroffenen oder sein Umfeld störend ist und deshalb behandelt werden muss, oder ob man dem Menschen „seinen Wahn" nicht einfach lassen sollte.

Dies gilt z. B. auch für sogenannte „Delusional misidentification syndromes" (DMS – zu deutsch: Missidentifikationssyndrome), also Fehlinterpretationen der Realität, die zu den wahnhaften Störungen gehören und im Rahmen einer Demenz häufiger auftreten. Ein typisches DMS-Phänomen stellt hier z. B. das Mirror-Sign- oder das TV-Sign-Syndrom dar. Bei Erstem wird das eigene Spiegelbild nicht mehr als solches, sondern als eine andere Person wahrgenommen. Dies kann bei Demenzpatienten durch den Verlust der kognitiven Fähigkeiten zustandekommen. Bei Zweitem werden Geschehnisse aus dem Fernsehen als Realität angesehen.

16.9.3 Angststörungen

Angst ist, wie wir wissen, zunächst einmal etwas völlig Gesundes. Sie beschützt uns vor Gefahren und macht uns körperlich leistungsfähiger. Dies war bereits in Urzeiten überlebenswichtig, als wir uns die Frage stellen mussten: „Soll ich mit dem Säbelzahntiger kämpfen oder schnell davonlaufen?“

Pathologisch wird Angst erst dann, wenn die Reaktion des Körpers der Situation nicht mehr angemessen ist und die Betroffenen ihre Angst nicht mehr kontrollieren können. Es kommt dann zu Beeinträchtigungen in der Lebensbewältigung und es entsteht Leidensdruck.

Angst entsteht auf biochemischer Ebene in den Strukturen des aufsteigenden noradrenergen Systems, vor allem im Locus caeruleus, dem zentralen Ort des Alarmsystems, sowie in der Hippocampusformation, die für die Integration neuer Informationen in bereits vorhandene Erfahrungen zuständig ist. Nicht zuletzt spielt der Mandelkern eine wichtige Rolle. Dort werden sensorische Reize bewertet und hier erfolgt die darauf bezogene Entwicklung von Angstaffekten und -reaktionen.

(Siehe hierzu auch Kap. 4 Emotion, S. 201ff.)

Wichtiger in diesem Zusammenhang sind jedoch Faktoren, die sich negativ auf die Entwicklung einer pathologischen Angst auswirken können, dies sind z. B. insbesondere auch psychosoziale Faktoren wie Probleme im Bereich zwischenmenschlicher Beziehungen (Partner, Zimmernachbar, Pflegekräfte etc.).

Allgemeine Angst auslösende Bedrohungen im Alter sind jedoch auch Berentung oder die Notwendigkeit der Neuorientierung im letzten Lebensabschnitt. Dies kann durch den Verlust des Partners oder anderer bedeutsamer Personen sein, aber auch – wie bei den Anpassungsstörungen – ein notwendiger Umzug aufgrund bestimmter Lebensereignisse.

Die häufigsten Angsterkrankungen im Alter sind spezifische Phobien sowie die generalisierte Angststörung.

In der Mehrzahl der Fälle bestehen die Angststörungen schon seit dem mittleren oder frühen Erwachsenenalter. In diesem Lebensabschnitt unbehandelte Angststörungen setzen sich häufig bis ins hohe Lebensalter fort. Bei der generalisierten Angststörung wurde ein zweiter Gipfel für die Ersterkrankung bei über 60-Jährigen festgestellt. Zu den Angststörungen, die in jedem Lebensalter auftreten können, kommt als altersspezifische Angst die „Sturzangst“ hinzu. Letztere tritt vor allem nach einem bereits eingetretenen Sturz auf. Hier herrscht die Angst, erneut zu stürzen, und die Betroffenen schränken ihr Leben drastisch ein. Diese Symptomatik wird heute auch „Post-Fall-Syndrome“ genannt (Freiberger/Schöne, 2010).

Angststörungen im Alter werden leicht übersehen und verkannt. Denn mit zunehmendem Alter „verschwimmen“ die klassischen Krankheitsbilder, rücken diffuse körperliche Symptome in den Vordergrund. Arzt und Pflege sehen in der Angst älterer Menschen vermehrt rein körperliche Missempfindungen und führen sie häufig auf das Lebensalter zurück.

Darüber hinaus gilt es für alte Menschen häufig als normal, dass sie weniger soziale Kontakte haben. So erklärt sich, warum Ängste bei älteren Personen zu selten diagnostiziert und angemessen behandelt werden. Dies gilt auch für sogenannte Sekundärängste, die andere Erkrankungen begleiten. Deren Ausmaß hängt davon ab, wie bedrohlich die Betroffenen die Grundkrankheit einschätzen (Hirsch, 1999).

Viele ältere Patienten profitieren bereits von einer einfühlsamen Aufklärung über ihr Angstleiden und von einer Anleitung zur Selbsthilfe. Dabei ist es wichtig, Angst als normales und sinnvolles Gefühl zu beschreiben, das Denken, Fühlen, Verhalten und körperliche Reaktionen beeinflusst. Zu den Möglichkeiten der Selbsthilfe gehören: regelmäßige körperliche Aktivitäten, Entspannungsmaßnahmen, Hausaufgaben (z. B. sich allmählich steigernde Konfrontation mit Angst auslösenden Situationen), Tagebuchführung, therapeutische Selbstgespräche und Teilnahme an einer Selbsthilfegruppe. Lässt sich die Angst dadurch nicht behandeln, müssen auch medikamentöse und psychotherapeutische (insbesondere verhaltenstherapeutische) Interventionen angedacht werden.

16.9.4 Anpassungsstörungen

Ein häufiges Syndrom im Alter ist die Anpassungsstörung. Diese kann eintreten, wenn ein außergewöhnlich belastendes Lebensereignis, das eine akute Belastungsreaktion hervorruft, oder eine besondere Veränderung im Leben zu einer anhaltenden, unangenehmen Situation geführt hat (Dilling et al., 2011). Dies trifft z. B. für den Verlust des Partners zu oder den ungewollten Einzug ins Pflegeheim oder auch bei einer eintretenden Behinderung oder Pflegebedürftigkeit.

Die Störungen entstehen hier als direkte Folge des Belastungsereignisses oder des Traumas.

ICD-10
Die Internationale statistische Klassifikation der Krankheiten und verwandter Gesundheitsprobleme (ICD, englisch International Statistical Classification of Diseases and Related Health Problems) ist das wichtigste, weltweit anerkannte Diagnoseklassifikationssystem der Medizin. Es wird von der Weltgesundheitsorganisation (WHO) herausgegeben und beinhaltet die Diagnosekriterien nahezu aller bekannten Erkrankungen. Derzeit liegt die 10. Fassung des Manuals vor (daher ICD-10).

Ein Kriterium ist, dass die Störung ohne das vorhergegangene Ereignis nicht eingetreten wäre.

Die Symptomatik der Anpassungsstörung stellt sich nach ICD-10 wie folgt dar:
- depressive Stimmung, Angst, Besorgnis
- Gefühl, unmöglich zurechtzukommen, vorauszuplanen oder in der gegenwärtigen Situation weitermachen zu können
- Einschränkungen bei der Bewältigung täglicher Routinen
- Störungen des Sozialverhaltens und anderes

Die Störung beginnt im Allgemeinen innerhalb eines Monats nach dem belastenden Ereignis oder den Veränderungen im Leben des Betroffenen. Anpassungsstörungen halten per Definition (mit Ausnahme der „längeren depressiven Reaktion") nicht länger als sechs Monate an. Länger andauernde Symptome bekämen dann eine anderslautende Diagnose.

16.9.5 Umgang und Kommunikation mit Menschen mit gerontopsychiatrischen Erkrankungen

Im Folgenden sollen einige Hinweise zum Umgang mit gerontopsychiatrisch veränderten Menschen gegeben werden. Natürlich besteht hierbei kein Anspruch auf Vollständigkeit, sondern es soll der eigene Erfahrungsschatz erweitert (oder bestätigt) werden.

Wesentlich für den Umgang mit psychisch erkrankten (älteren) Menschen ist zunächst die sinnvolle Vereinfachung der Lebenswelt. Dazu gehören die Vereinfachung der Informationen für den Betroffenen sowie ein transparentes, reizarmes, überschaubares Umfeld mit konstantem Personal oder Beziehungspersonen (Bezugspflege). Gleichsam wesentlich sind ein festes und für den Patienten verlässliches Pflege- und Therapiekonzept sowie feste Tagesabläufe.

Dies bedeutet, dass eine Vereinheitlichung der verfügbaren Informationen zwischen allen relevanten Bezugspersonen zwingend stattfinden sollte (das heißt: regelmäßige Teambesprechungen aller Beteiligten).

Wichtig für psychisch veränderte (insbesondere demente) Menschen sind klare, einfache und übersichtliche Informationen. Der Kommunikationsstil muss eindeutig sein. Ironische Bemerkungen, komplizierte Erklärungen und vage Aussagen werden vermieden, z. B.: „Um 9.00 Uhr komme ich und spiele mit Ihnen." Statt „Vielleicht spielen wir nachher zusammen."

In der nebenstehenden Tabelle sind einige Tipps zur Kommunikation mit psychisch erkrankten Menschen dargestellt, die Ihnen auch in Ihrem privaten Umfeld nützen können.

Kommunikationsgrundsatz	Bemerkungen
1. Auf den Punkt kommen	• kurze und klare Informationen • nur ein Thema zur gleichen Zeit • einfache und direkte Aussagen • komplizierte Ausdrucksweisen vermeiden • lange Einführungen ins Thema vermeiden • schnell auf den Punkt kommen
2. Drücke deine Gefühle direkt aus	• Benutze das Wort „ich" statt „man". • Deklariere deine Emotion klar und ruhig. • Vermeide Generalisierungen („man") oder Hinweise auf Dritte. • Drücke deine Gefühle mimisch und verbal aus (Intonation). • Nimm nicht an, dein Gegenüber wisse, wie du dich fühlst.
3. Arbeite mit positiver Verstärkung!	• Äußere Zufriedenheit klar mit einem positiven Verhalten. • Akzeptiere Fortschritte in kleinen Schritten und bestätige sie. • Benutze für solche Aussagen das Wort „ich". • Benutze Augenkontakt dabei.
4. Verstehe, was dein Gegenüber fühlt oder denkt!	• Hör sorgfältig zu. • Bedränge dein Gegenüber nicht. • Frag nach, wenn du etwas nicht verstehst. • Wiederhole, was dein Gegenüber gesagt hat, und frag nach, ob es wirklich das war, was dein Gegenüber gemeint hat.

Kommunikationsgrundsatz	Bemerkungen
5. Sei klar und bestimmt in deinen Aussagen.	• Rede klar und bestimmt. • Vermeide lange Sätze und „Einführungsreden“ in ein Thema. • Fokussiere deine Aussagen auf ein bestimmtes Verhalten und nicht auf Persönlichkeitsmerkmale. • Mache direkte Vorschläge, äußere klare Ansprüche, die genau bestimmen, was du willst. • Konzentriere dich auf **eine** Sache.
6. Löse Konflikte schnell.	• Beachte: Man kann nicht immer einer Meinung sein. • Beachte: Psychisch erkrankte Menschen haben oft Mühe, Problemsituationen zu antizipieren oder die negative Wirkung bestimmter Verhaltensweisen zu erkennen. • Beachte: Psychisch erkrankte Menschen haben oft Mühe, Problemlösungen zu finden oder ihren Standpunkt auszudrücken. • Gerade schizophrene Menschen reagieren besonders verletzlich auf ungelöste Konfliktsituationen. • Vermeide Beschimpfungen oder Beschämungen. • Rede mit ruhiger Stimme. • Benutze kurze, klare Aussagen, um den Hauptpunkt zu klären. • Kläre den Standpunkt deines Gegenübers. • Fokussiere deine Aussagen auf ein bestimmtes Verhalten (nicht die Person, sondern ihr Verhalten ist das Problem).

Stichworte einer verbesserten Kommunikation (mod. nach ENGEL, 2006)

16.10 Zusammenfassung

Die Gerontologie als multi- und interdisziplinäre Wissenschaft befasst sich mit allen Fragen des Alternsvorgangs und des Alters. Ein Schwerpunkt dabei ist die **Interventionsgerontologie**. Sie stellt Fragen, welche praktischen Möglichkeiten die theoretischen Erkenntnisse über den Altersverlauf bieten. So befasst sie sich zum einen mit gesellschaftlichen Fragestellungen, z. B. der Zunahme der alten Bevölkerung, aber auch mit psychologischen, wie der Frage, wie ein Mensch gesund und zufrieden altern kann.

1. Wir haben gesehen, dass sich aufgrund von verschiedenen Einflüssen wie Verringerung der Säuglingssterblichkeit, bessere Hygienemaßnahmen und medizinisch-therapeutische Möglichkeiten sowie auch einer besseren allgemeinen Gesundheit die mittlere Lebenserwartung eines Menschen erhöht hat. Gleichzeitig entscheiden sich Familien oder besser gesagt Frauen heute häufiger bewusst gegen Kinder, sodass im Durchschnitt weniger Kinder geboren werden, als dies vor 50 Jahren der Fall war. Dies wurde unter anderem durch die Erfindung der Antibabypille zu Anfang der 1970er-Jahre möglich.
2. Dass Altern mit Verlusten und Beschwernissen einhergeht, darf nicht verleugnet werden, jedoch bietet das Alter auch viele Möglichkeiten zur Selbstverwirklichung.
3. Wichtig ist für uns, dass wir uns nicht dem allgemein noch immer vorherrschenden falschen Bild des „alten und kranken, gebrechlichen und senilen“ Menschen hingeben. Dies würde bedeuten, vor dem eigenen Alter zu resignieren. Gleichzeitig führt solch ein Altersbild zur Stigmatisierung und Diskriminierung alter Menschen.
4. Tatsächlich, so haben wir gesehen, sind die meisten alten Menschen zeitlebens weitestgehend gesund und selbstständig. Sie können sowohl alte als auch neu gefundene Lebensziele verfolgen und verwirklichen. Nicht zuletzt zeigt sich dies auch darin, dass die Wirtschaft den alten Menschen als einen wesentlichen Wirtschaftsfaktor erkannt hat – den „Silver Market“!

5. Um ein individuell möglichst erfolgreiches Alter führen zu können, gilt es, unser Selbstkonzept stets veränderbar zu halten, an Bedürfnissen und Zielen festzuhalten, aber uns auch an Unvermeidliches anpassen zu können.

6. Einen wesentlichen Faktor für die Gesundheit und Zufriedenheit im Alter stellen soziale Kontakte dar. Wir haben gesehen, dass soziale Netzwerke nicht nur für den alten, sondern für jeden Menschen unabdingbar sind. Der Dichter Ludwig Börne bemerkte bereits: „Vieles kann der Mensch entbehren, nur den Menschen nicht". Hat er niemanden, so wird er schneller inaktiv, unselbstständig und schließlich krank. Ein nicht oder nur gering vorhandenes soziales Netzwerk ist statistisch mit erhöhter Krankheitswahrscheinlichkeit und einem früheren Tod verbunden. Ziel muss es also sein, alten Menschen die Möglichkeit zur Aufrechterhaltung sozialer Kontakte zu gewährleisten.

Im zweiten Teil des Kapitels wurden bedeutsame Theorien des Alters und Alterns beleuchtet. Altern findet dabei auf allen Ebenen des Organismus statt: Von der genetischen über die Zell- und Organebene bis hin zum psychologischen Bereich.

1. Die Genetik spielt im Alternsprozess eine große Rolle. So weiß man heute, dass Menschen, deren Eltern und Großeltern bereits ein hohes Alter erreicht hatten, ebenfalls gute Chancen haben, selbst alt zu werden. Woher dies kommt, auf welchen Chromosomen das „Alter" festgelegt ist, ist derzeit noch unbekannt.

2. Die Umwelt spielt bei der Zell- und Organalterung eine große Rolle. Mit Umwelt ist dabei die gesamte materielle und soziale Umwelt eines Menschen gemeint. Auch, wie der Mensch mit seinem Körper umgeht. Ist er z. B. zu viel Strahlung ausgesetzt (häufiges Sonnenbaden oder Sonnenbank), altert die Haut schneller und wird so anfälliger gegen Erkrankungen wie z. B. Hautkrebs. Das heißt, wie der Einzelne mit seinem Körper umgeht, entscheidet auch darüber, wie alt er werden wird.

3. Im Bereich der kognitiven Leistungsfähigkeit kommt es im Alternsprozess zu maßgeblichen Veränderungen. Wir haben bereits im Kapitel Denken und Gedächtnis gelernt, dass mit ca. 30 Jahren unser Gehirn anfängt, langsam abzubauen. Dies ist zwar messbar, aber erst mit 50–60 Jahren merken wir auch selbst, dass wir uns weniger gut neue Informationen, z. B. Namen, merken können, dass wir uns nicht mehr so lange konzentrieren können und insgesamt mehr Fehler machen. Das meiste können wir aber mit unserer „Lebenserfahrung" ausgleichen. So merken wir zwar, dass alles etwas langsamer geht, können aber trotz physiologischer Gehirnalterung bis zum letzten Tag kognitiv selbstständig bleiben – wenn wir nicht vorher krank werden und eine Demenz entwickeln!

Altern auf psychischer Ebene stellt ebenfalls eine wichtige Forschungsrichtung der Wissenschaft des Alterns dar. Wie oben bereits beschrieben, spielt der Zugang zu sozialen Ressourcen eine große Rolle. Wie geht der Mensch mit Verlusten in diesen Bereichen um? Welche Strategien hat er zur Verfügung, um mit Schicksalsschlägen, die im Alter häufiger werden, umzugehen? Mit dieser Frage beschäftigen sich die psychologischen Alterstheorien.

1. Ausgehend vom Defizitmodell des Alters, in dem davon ausgegangen wird, dass Altern mit Abnahme aller körperlichen wie psychischen Fähigkeiten einhergeht, wurden eine Reihe gegenläufiger Theorien beschrieben, die versucht haben, das negative Bild des Alterns wenigstens zum Teil zu revidieren. Sie stellen die Frage danach, wie ein „erfolgreiches Altern" zu erreichen ist.

2. So geht die Aktivitätstheorie nach Tartler und Havighurst davon aus, dass Altern dann erfolgreich und zufriedenstellend verläuft, wenn der Mensch bis ins hohe Alter sozial aktiv bleiben kann. Sie postulieren also, dass ein Mensch nur dann glücklich ist, wenn er sein ganzes Leben sozial aktiv bleibt. Verluste, wie Aufgabe des Berufs, Tod des Partners oder von Freunden etc., müssten durch ähnliche Aktivitäten, z. B. Vereinstätigkeit oder Aufbau neuer Beziehungen, kompensiert werden. Havighurst nennt dies „Compensatory Engagement" (1963, S. 10). Hieraus ergibt sich auch die offensichtliche Kritik an diesem Konzept, nämlich: Ist eine kompensatorische Aktivität immer möglich oder vom Betroffenen überhaupt gewollt? Kann man sich nach dem Verlust des Partners einfach so einen Ersatz suchen?

3. Eine entgegengesetzte Sichtweise brachten CUMMING und HENRY (1961) ein, die davon ausgingen, dass ein Mensch dann zufrieden altert, wenn er sich eingehend mit seinem eigenen Altern befasst und sich schließlich zunehmend aus sozialen Aufgaben zurückzieht. Dieser Prozess dürfe jedoch nicht von außen, sondern müsse vielmehr aus dem alten Menschen selbst kommen.

4. Einen anderen Ansatz verfolgt das Ehepaar BALTES (1989) in seinem „Modell des erfolgreichen Alterns als selektive Optimierung und Kompensation". Übereinstimmend mit den Messungen, die DAVID WECHSLER damals zur Beschreibung seines Defizitmodells bewegt haben, sind auch BALTES und BALTES zur Erkenntnis gekommen, dass die Fähigkeiten alter Menschen zunehmend nachlassen. Ihrer Meinung nach kann ein Mensch dann erfolgreich altern, wenn er in der Lage ist, für ihn wichtige Dinge von unwichtigen zu unterscheiden (Selektion), die wichtigen Dinge nach Kräften aufrechtzuerhalten (Optimierung) und zudem hierfür notwendige Fähigkeiten, die nicht mehr vorhanden sind, durch Hilfen zu kompensieren.

5. Schließlich hebt HANS THOMAE (1970) in seiner „kognitiven Theorie der Anpassung an das Altern" die subjektive Bedeutung und Einschätzung der Veränderungen als maßgeblich für die Zufriedenheit des Menschen vor. Kernaussagen seiner Theorie können dahingehend zusammengefasst werden: Ein Mensch kann trotz Veränderungen in seiner Lebenswelt zufrieden altern, wenn er:
   a) in der Lage ist, sich diesen Veränderungen „anzupassen",
   b) diese Veränderungen subjektiv als sinnvoll und kontrollierbar erleben kann und
   c) zwischen Veränderung der Umweltbedingungen und seinen eigenen Fähigkeiten und seinem subjektiven Erleben dieser Veränderungen sowie den eigenen Bedürfnissen einen Gleichgewichtszustand herstellen kann.

Im dritten Teil des Kapitels haben wir uns mit dem Thema „psychiatrische Erkrankungen im Alter" befasst. Hier spielt vor allem das Thema „Demenz" eine übergeordnete Rolle.

1. Die Demenz gehört zu den häufigsten Erkrankungen des alten Menschen. Derzeit leiden in Deutschland etwa 1,2–1,5 Millionen Menschen an dieser Krankheit, fast jeder Dritte über 85-Jährige ist erkrankt.

2. Hauptsymptome der Demenz sind Gedächtnisstörungen und allgemeine Störungen des Denkablaufs, hinzu kommen psychiatrische Auffälligkeiten, z.B. Angst-, Wahn- und affektive Störungen.

3. Da die Krankheit nicht heilbar und derzeit therapeutisch nur bedingt in ihrem Verlauf etwas zu verlangsamen ist, kommen auf die Gesellschaft bereits heute und aufgrund des demografischen Wandels in den kommenden Jahren noch verstärkt Aufgaben hinzu.

4. Um einem dementen, psychiatrisch erkrankten Menschen adäquat begegnen und mit ihm kommunizieren zu können, bedarf es einiger Grundregeln, auf die wir am Schluss des Kapitels eingegangen sind. Der wesentliche Aspekt, den wir allgemein im Umgang mit psychisch veränderten Menschen beachten müssen, ist, dass diese Menschen die Umwelt anders erleben als wir es tun. Aufgrund der Erkrankung ist die Aufnahmekapazität oft sehr begrenzt, sodass wir unsere Sprache danach ausrichten müssen. Verarbeitung und Umsetzung von Anweisungen beispielsweise sind durch die Veränderung des Denkens nicht oder nur fehlerhaft möglich. Seltsames, ängstliches oder auch beleidigendes Verhalten, so muss uns klar sein, sind nicht persönlich gemeint, sondern Ausdruck der Erkrankung. Wenn wir als Gegenüber dies anerkennen können, sind wir auch in der Lage, ruhiger und entspannter zu reagieren und dem Erkrankten in seiner Krankheit empathisch und wertschätzend gegenüberzutreten.

Sachwortverzeichnis

A

B

C

D

E

K

L

Q

R

S

T

Literaturverzeichnis

Kapitel 1

ARONSON, Elliot/WILSON, Timothy D./AKERT, Robin M. M.: Sozialpsychologie. München: Person Studium, 2004

BORTZ, Jürgen/DÖRING, Nicola: Forschungsmethoden und Evaluation für Human- und Sozialwissenschaftler. 4. Auflage, Springer Verlag, 2006

DICK-PFAFF, Cornelia: Alzheimer-Schutz – lebenslang geistig aktiv bleiben, 2012, http://www.wissenschaft-aktuell.de/artikel/Alzheimer_Schutz__ndash__lebenslang_geistig_aktiv_bleiben1771015588232.html (gefunden am 20.11.2014)

DIMBATH, Oliver: Einführung in die Soziologie. München: Verlag Wilhelm Fink, 2011

EBERMANN, Erwin: Grundlagen statistischer Auswertungen, 2010, http://www.univie.ac.at/ksa/elearning/cp/quantitative/quantitative-106.html (gefunden am 17.02.2014)

EINZMANN, Simone: Psychologie in der Imagekrise. Psychologie heute 2/2012, Weinheim: Beltz Verlag, 2012, S. 8–9

GUDJONS, Herbert: Pädagogisches Grundwissen. Bad Heilbrunn: Julius Klinkhardt Verlag, 2008

KLEIN, Michael/RIETSCHEL, Ernst-Theodor: Schnittstellen zwischen Geistes- und Naturwissenschaften, 2007, http://www.bpb.de/apuz/30124/schnittstellen-zwischen-geistes-und-naturwissenschaften?p=al (gefunden am: 20.11.2014)

KRON, Friedrich W.: Grundwissen Pädagogik. München: Ernst Reinhardt, 2009

MADERTHANER, Rainer: Psychologie. Wien: Facultas, 2008

MYERS, David G.: Psychologie. Heidelberg: Springer Verlag, 2008

RAITHEL, Jürgen/DOLLINGER, Bernd/HÖRMANN, Georg: Einführung Pädagogik. Wiesbaden: VS Verlag für Sozialwissenschaften, 2007

SCHÖNPFLUG, Wolfgang: Geschichte und Systematik der Psychologie. Weinheim: Beltz Verlag, 2008

SCHÜTZ, Astrid u. a. (Hrsg.): Psychologie. Stuttgart: Kohlhammer, 2005

WIRTZ, Markus/NACHTIGALL, Christof: Deskriptive Statistik – Statistische Methoden für Psychologen (Teil 1). Weinheim: Juventa, 2006

Kapitel 2

BENSEL, Joachim/HAUG-SCHNABEL, Gabriele: Kinder beobachten und ihre Entwicklung dokumentieren. In: Kindergarten heute spezial, 2005, S.24

GOLDSTEIN, E. Bruce: Wahrnehmungspsychologie. Eine Einführung. Heidelberg: Spektrum Akademischer Verlag, 1997

HERKNER, Werner: Psychologie. Berlin: Springer, 1992

VOPEL, Klaus W.: Interaktionsspiele. Salzhausen: Iskopress, 1996

ZIMBARDO, Philip G./GERRIG, Richard J.: Psychologie. Berlin: Springer, 1999

Kapitel 3

ASCHOFF, Jürgen: Gesetzmäßigkeiten der biologischen Tagesperiodik. In: Deutsche medizinsiche Wochenschrift, 01/1963, 88 (40), S. 1930–1937

ATKINSON, Richard C./SHIFFRIN, Richard M.: Human memory: A proposed system and its control processes. In: SPENCE, K. W./SPENCE, J. T. (Eds.): Advances in the Psychology of Learning and Motivation Research and Theory, Vol. II. New York: Academic Press, 1968, S. 89–195

BADDELEY, Alan D.: Is working memory still working? In: European Psychologist, Vol. 7 Nr. 2, 2002, S. 85–97

BADDELEY, Alan D.: So denkt der Mensch. München: Knaur, 1986

BADDELEY, Alan D.: Working memory. Looking back and looking forward. In: Nature Reviews Neuroscience, Vo.l 4, 2003, S. 829–839

BAHRICK, Harry P.: Maintenance of knowledge: questions about memory we forget to ask. In: Journal of Experimental Psychology: General, Nr. 108, 1979, S.296–308

BARTLETT, Charles: Experiment von 1932. In: BADDELEY, Alan D.: So denkt der Mensch. Unser Gedächtnis und wie es funktioniert. München: Droemer Knaur, 1986

BMBF – Bundesministerium für Bildung und Forschung (Hrsg.): Begabte Kinder finden und fördern. Bonn: BMBF publik, 2001

Brand, Matthias/Markowitsch, Hans J.: Lernen und Gedächtnis. In: Praxis der Naturwissenschaften, Nr. 7/53, 2004, S. 1–8

Bredenkamp, Jürgen/Wippich, Werner: Lern- und Gedächtnispsychologie (Bd. II). Stuttgart: Kohlhammer, 1977

Bretzing, Burke H./Kulhavy, Raymond W.: Notetaking and depth of processing. In: Contemporary Educational Psychology, Nr. 4, 1979, S.145–153

Calabrese, Pasquale/Markowitsch, Hans J.: Gedächtnis und Gehirn – Neurobiologische Korrelate von Gedächtnisstörungen. Fortschritte der Neurologie. In: Psychiatrie, 71 (4), 2003, S. 211–219

Cattell, Raymond B.: Intelligence: Its structure, growth, and action. Amsterdam: Elsevier, 1987

Cattell, Raymond B.: Theory of Fluid and Crystallized Intelligence: A critical experiment.
In: Journal of Educational Psychology, Nr. 54, 1963, S. 1–22

Cowan, Nelson: Working Memory Capacity. New York: Psychology Press, 2005

Craik, Fergus I. M./Lockhart, Robert S.: Levels of processing: A framework for memory research. In: Journal of learning and Verbal Behaviour, Nr. 12, 1972, S. 671–684

Crowder, Robert G.: Principles of learning and memory. Hillsdale, NJ: Erlbaum, 1976

Daseking, Monika/Petermann, Ulrike/Petermann, Franz: Intelligenzdiagnostik mit dem HA-WIK-IV. In: Kindheit und Entwicklung, 16 (4), 2007, Göttingen: Hogrefe Verlag, S. 250–259

Descartes, René: Philosophische Schriften in einem Band. Hamburg: Felix Meiner Verlag, 1996

Dunlowsky, John u. a.: Improving Students' Learning With Effective Learning Techniques: Promising Directions From Cognitive and Educational Psychology. In: Psychological Science in the Public Interest, 14, 2013, S. 4–58

Fiedler, Josef/Thorn, Ernest: Mnemotechnik. Dresden: Horster'scher Verlag, 1928

Fleischmann, Ulrich M: Gedächtnis und Alter: multivariate Analysen zum Gedächtnis alter Menschen. Bern: Verlag Hans Huber, 1989

Förstl, Hans: Frontalhirn: Funktionen und Erkrankungen. Berlin: Springer, 2005

Frank, Helmar: Kybernetische Grundlagen der Pädagogik. Baden-Baden: Agis-Verlag, 1969

Funke, Joachim/Vaterrodt-Plünnecke, Bianca: Was ist Intelligenz? München: Beck, 1998

Gardner, Howard: Abschied vom IQ – die Rahmen-Theorie der vielfachen Intelligenzen. Stuttgart: Klett-Cotta, 2005

Gardner, Howard: Changing minds: the art and science of changing our own and other peoples minds. Boston, Massachusetts: Harvard Business School Publishing, 2004

Gardner, Howard: Der ungeschulte Kopf – Wie Kinder denken. Stuttgart: Klett-Cotta, 1996

Gardner, Howard: Intelligence Reframed: Multiple Intelligences for the 21st Century. New York: Basic Books, 2000

Gardner, Howard: Multiple Intelligences: New Horizons in Theory and Practice. New York: Perseus Books, 2006

Gerrig, Richard J./Zimbardo, Philip G.: Psychologie. München: Pearson Studium, 2008

Gogtay, Nitin et al.: Dynamic mapping of human cortical development during childhood through early adulthood.
In: Proceedings of the National Academy of Sciences, Nr. 101 (21) 2004, S. 8174–8179

Goschke, Thomas: Volition und kognitive Kontrolle. In: Müsseler, Jochen/Prinz, Wolfgang (Hrsg.), Allgemeine Psychologie. Heidelberg: Spektrum Akademischer Verlag, 2002, S. 271–335

Groffmann, Karl J.: Die Entwicklung der Intelligenzmessung. In: Heiss, Robert (Hrsg.): Handbuch der Psychologie.
Band 6: Psychologische Diagnostik. Göttingen: Hogrefe, 1964, S. 148–199

Grotehusmann, Sabine: Wissenschaftliche Texte besser verstehen. 2013
URL: http://www.studis-online.de/Studieren/Lernen/text-verstehen.php (gefunden am: 15.02.2014)

Heinecke, Andreas M.: Mensch-Computer-Interaktion: Basiswissen für Entwickler und Gestalter. Heidelberg: Springer, 2012

Hildebrandt, Gunther/Moser, Maximilian/Lehofer, Michael: Chronobiologie und Chronomedizin. Stuttgart: Hippokrates, 1998

Jaszus, Rainer u.a.: Sozialpädagogische Lernfelder für Erzieherinnen. 2. Auflage, Stuttgart: Holland+Josenhans, 2014

Landauer, Thomas K./Bjork, Robert A.: Optimum rehearsal patterns and name learning.
In: Gruneberg, M. M./Morris, P. E./Sykes, R. N. (Eds.): Practical aspects of memory. New York: Academic Press, 1978, S. 625–632

Looss, Maike: „Man lernt, was Schmerz ist" – Kritische Anmerkungen zu Frederic Vesters Lerntypentheorie.
In: Päd-Forum, 2, 1997, S. 17–21

McClelland, Jay L./Rumelhart, David E.: Distributed memory and the representation of general and specific information. In: Journal of Experimental Psychology: General, Nr. 114, 1985, S. 159–197

Melchers, Peter/Preuss, Ulrich: K-ABC. Kaufman Assessment Battery for Children. In: Kaufmann, Alan S./Kaufmann, Nadeen L.: Interpretationshandbuch. Deutschsprachige Fassung (3. Auflage), Amsterdam: Swets, 1993

Menzel-Bergmann, Anke: O-P-A. Organisation und Planung eines Ausflugs. Testverfahren zur Erfassung des kognitiven Aspektes von Exekutivfunktionen. Göttingen: Hogrefe, 2011

Metzger, Wolfgang: Gesetze des Sehens. Eschborn: Klotz, 1936/2008

Meyer, Axel: Dufte Schule – Leichter lernen mit Duftessenzen. München: Kösel-Verlag, 2010

Minkel, J. R./MacGaugh, James: Unmaking Memories: Interview with James McGaugh. http://www.scientificamerican.com/article/unmaking-memories-intervi/ vom 22.12.2003 (gefunden am 04.05.2015)

Myers, David G.: Psychologie. Heidelberg: Springer Verlag, 2008

Oswald, Wolf-D.: Gedächtnis. In: Oswald, Wolf-D./Gatterer, Gerald/Fleischmann, Ulrich M. (Hrsg.): Gerontopsychologie – Grundlagen und klinische Aspekte zur Psychologie des Alterns. Wien: Springer, 2008

Petermann, Franz (Hrsg.): WAIS-IV – Wechsler Adult Intelligence Scale. Göttingen: Hogrefe-Testzentrale, 2012

Petermann, Franz/Petermann, Ulrike (Hrsg.): WISC-IV. Frankfurt am Main: Pearson Assessment, 2011

Prinz, Wolfgang/Roth, Gerhard/Maasen, Sabine: Kognitive Leistungen und Gehirnfunktionen. In: Roth, Gerhard/Prinz, Wolfgang (Hrsg.): Kopfarbeit – Gehirnfunktionen und kognitive Leistungen. Heidelberg: Spektrum Akademischer Verlag, 1996

Rost, Detlef H.: Intelligenz: Fakten und Mythen. Weinheim: Beltz, 2009

Roth, Gerhard: Fühlen, Denken, Handeln. Wie das Gehirn unser Verhalten steuert. Frankfurt/Main: Suhrkamp, 2001

Rötter, Günther (2010). Hornhaut auf den Ohren? Musikhören stört Schülerinnen und Schüler nicht bei den Schularbeiten – sofern es ihre Lieblingsmusik ist! TU-Dortmund, Unizet 03-04/10, 416, 1

Runquist, Willard N.: Some effects of remembering on forgetting. In: Memory & Cognition, 11 (6), 1983, S. 641–650

Scoville, William B./Milner, Brenda: Loss of recent memory after bilateral hippocampal lesions. Journal of Neurology, Neurosurgery & Psychiatry, Nr. 20 (11), 1957, S. 11–21

Shiffrin, Richard M./Schneider, Walter: Controlled and automatic human information processing: II. Perceptual learning, automatic attending, and a general theory. Psychological Review, Nr. 84, 1977, S. 127–190

Spearman, Charles: Die Generalfaktortheorie der Intelligenz, 1904. (Zuerst veröffentlich in: American Journal of Psychology, Nr. 15, 1904, S. 201–293)

Spearman, Charles: The abilities of man. London: MacMillan, 1927

Thurstone, Louis L.: Primary mental abilities. Chicago: University of Chicago Press, 1938

Thurstone, Louis L./Thurstone, Thelma G.: Factorial studies of intelligence. Chicago: University of Chicago Press, 1941

Trepel, Martin: Neuroanatomie. Struktur und Funktion. München: Urban & Fischer, 2006

Tücke, Manfred: Grundlagen der Psychologie für (zukünftige) Lehrer. Münster: LIT Verlag, 2003

Vester, Frederic: Denken, Lernen, Vergessen. München: dtv: 1998

Wechsler, David: Die Messung der Intelligenz Erwachsener. Bern: Huber, 1956

Wechsler, David: Die Messung der Intelligenz Erwachsener. Texthandbuch zum Hamburg-Wechsler-Intelligenztest für Erwachsene (HAWIE). Bern: Huber-Verlag, 1964

Wechsler, David: Wechsler adult intelligence scale – Fourth edition. San Antonio, TX: Pearson Assessment, 2008

Wertheimer, Max: Produktives Denken. Frankfurt/Main: Kramer, 1964

Wisniewski, Benedikt: Der Unsinn von den Sinnen. In: Wisniewski, Benedikt/Vogel, Andreas (Hrsg.): Schule auf Abwegen – Mythen, Irrtümer und Aberglaube in der Pädagogik. Baltmannsweiler: Schneider Verlag, 2013

Woehr, David J./Cavell, Timothy A.: Self-report measures of ability, effort and nonacademic activity as predictors of introductory psychology test scores. In: Teaching of Psychology, Nr. 20(3), 1993, S. 156–160

Zaromb, Franklin M./Roediger, Henry L. III.: The testing effect in free recall is associated with enhanced organizational processes. In: Memory & Cognition, 3 (8), 2010, S. 995–1008

Kapitel 4

ACKERMANN, Andreas: Empirische Untersuchungen im Pflegeheim. Möglichkeiten und Grenzen psychometrischer Untersuchungen mit geriatrischen Patienten. Berlin: Lit-Verlag, 2005

BANDURA, Albert: Social Learning Theory. New York: General Learning Press, 1977

BELLEBAUM, Alfred/BARHEIER, Klaus (Hrsg.): Glücksvorstellungen. Ein Rückgriff in die Geschichte der Soziologie. Opladen: Westdeutscher Verlag, 1997

BERMOND, Bob u. a.: Spinal cord lesions, peripheral feedback, and intensities of emotional feelings. In: Cognition and Emotion, 5 (3), 1991, S. 201–220

COLQUITT, Jason A./LEPINE, Jeffrey A./NOE, Raymond A.: Toward an integrative theory of training motivation: A meta-analytic path analysis of 20 years of research. In: Journal of Applied Psychology, Vol. 85(5), Oct 2000, S. 678–707

CSIKSZENTMIHALYI, Mihaly: Flow – Das Geheimnis des Glücks. Stuttgart: Klett-Cotta, 2010

DAMASIO, Antonio: The Feeling of What Happens: Body and Emotion in the Making of Consciousness. New York: Harcourt Brace, 1999

DAMASIO, Antonio: The person within. In: Nature 423 (6937), 2003, S. 227

DIENER, Ed/OISHI, Shigehiro/LUCAS, Richard E.: Personality, culture and subjective well-being: Emotional and cognitive evaluations of life. In: Annual Review of Psychology, Nr. 54, 2003, S. 403–425

DIENER, Ed/SELIGMAN, Martin E. P.: Beyond money: Toward an economy of wellbeing. In: Psychological Science in the Public Interest, Nr. 5, 2004, S. 1–31

DUTTON, Donald G./ARON, Arthur P.: Some evidence for heightened sexual attraction under conditions of high anxiety In: Journal of Personality and Social Psychology, Vol. 30, Nr. 4, 1974, S. 510–517

ERNST, Heiko: Unser kompliziertes Glück. In: Psychologie heute, Nr. 5, 2007, S. 20–24

FREUD, Sigmund: Triebe und Triebschicksale. Psychologie des Unbewußten (Band III). Frankfurt am Main: Fischer, 1915 und 2000

FUNKE, Joachim: Allgemeine und theoretische Psychologie. Online Handbuch. 2013
URL: http://www. psychologie.uni-heidelberg.de/ae/allg/lehre/ (gefunden am 23.09.2014)

GOSSEL, Britta: Macht – Bindung – Leistung. Vortragsmanuskript zur DGPuK-Tagung, 3.11.2010, Leipzig

HECKHAUSEN, Heinz/GOLLWITZER, Peter M.: Thought contents and cognitive functioning in motivational versus volitional states of mind. In: Motivation and Emotion, Vol. 11, Nr. 2, 1987, S. 101–120

IZARD, Carroll E.: Basic Emotions, Natural Kinds, Emotion Schemas, and a New Paradigm. In: Perspectives on psychological Science, Vol. 2, Nr. 3, 2007, S. 260–280

IZARD, Carroll E.: Emotion theory and research: Highlights, unanswered questions, and emerging issues. In: Annual Review of Psychology, Nr. 60, 2009, S.1–25

JAMES, William: The Varieties of Religious Experience: A Study in Human Nature. 1902 – Reprint aus dem Jahr 2009: CreateSpace Independent Publishing Platform

KAHNEMAN, Daniel u. a.: Would You Be Happier If You Were Richer? A Focusing Illusion. In: Science, Vol. 312, Nr. 5782, 2006, S. 1908–1910

KAHNEMAN, Daniel: Schnelles Denken, langsames Denken. München: Siedler-Verlag, 2012

LEDOUX, Joseph E.: Cognitive emotional interactions in the brain. In: Cognition & Emotion, Vol.3 (4), 1989, S. 267–289

MASLOW, Abraham H.: A Theory of Human Motivation. In: Psychological Review, 50, 1943, S. 370–396

MERKER, Björn: Consciousness Without a Cerebral Cortex: A Challenge for Neuroscience and Medicine. In: Behavioral and Brain Sciences, Vol. 30, Nr. 1, 2007, S. 63–81

MEYER, Wulf-U./SCHÜTZWOHL, Achim/REISENZEIN, Rainer: Einführung in die Emotionspsychologie (Band I). Bern: Verlag Hans Huber, 1993

MURRAY, Henry A.: Thematic Apperception Test. Cambridge: Harvard University Press, 1943

MYERS, David G.: Psychologie. Heidelberg: Springer Verlag, 2008

OISHI, Shigehiro u. a.: Cross-cultural variations in predictors of life satisfaction: Perspectives from needs and values. In: Personality and Social Psychology Bulletin, Vol. 25 (8), 1999, S. 980–990

ROTHERMUND, Klaus/EDER, Andreas: Motivation und Emotion. Wiesbaden: VS-Verlag, 2011

ROTTER, Julian B.: Generalized expectancies for internal versus external control of reinforcement. Psychological Monographs, Vol. 80, Nr. 1, 1966, S. 300–303

RUCKRIEGEL, Karlheinz: Glücksforschung. In: WiSt – Wirtschaftswissenschaftliches Studium Nr. 10, 2007, München: C.H.BECK in Gemeinschaft mit dem Verlag Franz Vahlen

SCHEFFER, David: Entwicklungsbedingungen impliziter Motive: Bindung, Leistung und Macht. Dissertation Universität Osnabrück, 2001

SCHMALT, Heinz-D./LANGENS, Thomas A.: Motivation. Stuttgart: Kohlhammer, 2009

SMITH, Eimear/DELARGY, Mark: Locked-in syndrome. In: BMJ, Vol. 330 (7488), 2005, S. 406–409

SOUSSIGNAN, Robert: Duchenne smile, emotional experience, and autonomic reactivity: a test of the facial feedback hypothesis. In: Emotion, Vol.2, Nr. 1, Mar 2002, S. 52–74

SPITZER, Manfred: Kann, darf, soll oder muss man Glück wissenschaftlich untersuchen? In: SPITZER, Manfred/BERTRAM, Wulf (Hrsg.): Braintertainment – Expeditionen in die Welt von Geist und Gehirn. Stuttgart: Schattauer, 2007

TINBERGEN, Nikolaas: The Study of Instinct. Oxford: Clarendon Press, 1951

VEENHOVEN, Ruth: Conditions of Happiness. Dordrecht: Kluwer Academic, 1984

WEINER, Bernhard: An Attributional Theory of Motivation and Emotion. New York: Springer, 1986

WEINER, Bernhard: Motivationspsychologie. Weinheim: Beltz Verlag, 2009

Kapitel 5

AIDSBERATUNG OBERPFALZ, ohne Autor, URL: http://www.aids-beratung-oberpfalz.brk.de/?page_id=44 (gefunden am 10.08.2014)

BERGER, Manfred: Der Waldorfkindergarten – Handbuch für Erzieherinnen, Frankfurt/Main: Brandes & Apsel Verlag, 1988

BIEKER, Rudolf: Trägerstrukturen in der Sozialen Arbeit – ein Überblick. In: FLOERECKE, Peter/BIEKER, Rudolf (Hrsg.): Träger, Arbeitsfelder und Zielgruppen der Sozialen Arbeit. Stuttgart: Kohlhammer, 2011

BOMMES, Michael/SCHERR, Albert: Soziologie der sozialen Arbeit: eine Einführung in Formen und Funktionen organisierter Hilfe. Weinheim: Beltz Juventa, 2012

FRÄNKL-LUNDBORG, Otto: Was ist Anthroposophie? 3. Auflage, Dornach: Philosophisch-Anthroposophischer Verlag, 1972

FRISKE, Hans-W.: Soziale Gruppenarbeit. In: BECKER-TEXTOR, Ingeborg/TEXTOR, Martin R.: SGB VIII – Online-Handbuch. URL: http://www.sgbviii.de/S50.html (gefunden am 10.08.2014)

GALUSKE, Michael: Methoden der Sozialen Arbeit. Eine Einführung. 9. Auflage, Weinheim/München: Juventa Verlag, 2011

HEBENSTREIT, Sigurd: Maria Montessori. Eine Einführung in ihr Leben und Werk. Freiburg: Herder Verlag, 1999

HOPF, Arnulf: Handreichungen für die Entwicklung eines pädagogischen Konzeptes. In: Kindergarten heute 28 (1998) 9, S. 6–11

JUNG, Hans-P.: SGB VIII Kinder- und Jugendhilfe. Kommentar zum SGB VIII mit Schriftsatz und Vertragsmustern. Freiburg: Haufe Verlag, 2008

MINISTERIUM für Kultus, Jugend und Sport Baden-Württemberg: Orientierungsplan für Bildung und Erziehung für die baden-württembergischen Kindergärten. Pilotphase. Weinheim/Basel: Beltz Verlag, 2006

OTTO, U.: Altenarbeit. In: OTTO, Hans-U./THIERSCH, H. (Hrsg.): Handbuch Sozialarbeit/Sozialpädagogik. 2. Auflage, Darmstadt/Neuwied: Luchterhand, 2001, S. 11–20

RITZMANN, Jan/WACHTLER, Katrin: Die Hilfen zur Erziehung. Anforderungen, Trends und Perspektiven. Marburg: Tectum Verlag, 2008

SASSMANNSHAUSEN, Wolfgang: Waldorfkindergarten – Grundlagen und Grundanliegen des Waldorfkindergartens. In: Textor, Martin R.: Kindergartenpädagogik – Online-Handbuch. Ohne Datum, URL: http://www.kindergartenpaedagogik.de/163.html (gefunden am 12.01.2015)

SCHWEPPE, Cornelia: Soziale Altenarbeit. In: THOLE, Werner (Hrsg.): Grundriss Soziale Arbeit. Ein einführendes Handbuch. 3. Auflage, Wiesbaden: VS Verlag für Sozialwissenschaften, 2010, S. 505–522

STECKELBERG, Claudia: Zwischen Ausschluss und Anerkennung. Lebenswelten wohnungsloser Mädchen und junger Frauen. Wiesbaden: VS Verlag für Sozialwissenschaften, 2010

THOLE, Werner: Die Soziale Arbeit – Praxis, Theorie, Forschung und Ausbildung. Versuch einer Standortbestimmung. In: THOLE, Werner (Hrsg.): Grundriss Soziale Arbeit. Ein einführendes Handbuch. 3. Auflage, Wiesbaden: VS Verlag für Sozialwissenschaften, 2010, S. 19–72

Kapitel 6

ALBERTI, Bettina: Die Seele fühlt von Anfang an. Wie pränatale Erfahrungen unsere Beziehungsfähigkeit prägen. München: Kösel, 2005

BAAKE, Dieter: Zielgruppe Kind – Kindliche Lebenswelt und Werbeinszenierung. Opladen: Leske und Budrich, 1999

BERK, Laura E.: Entwicklungspsychologie. 5. Auflage, München: Pearson, 2011

BERK, Laura E.: Entwicklungspsychologie. München: Pearson Studium, 2005

BFSJS Bundesministerium für Familie, Senioren, Frauen und Jugend, (Hrsg.): 13. Kinder- und Jugendbericht. 2. Auflage, Drucksache 16/12860, Berlin, 2009

BLOOM, Paul: The moral life of babies. In: New York Times Magazine. 05.05.2010
URL: http://www.nytimes.com/2010/05/09/magazine/09babies-t.html?pagewanted=all&_r=0 (gefunden am 14.01.2015)

BORST, Arno: Lebensformen im Mittelalter. Hamburg: Nikol, 2013

BÜCHIN-WILHELM, Irmgard/JASZUS, Rainer: Fachbegriffe für Erzieherinnen und Erzieher. 8. Auflage, Stuttgart: Holland+Josenhans, 2013

DAMON, William: Psyche und Verhalten. In: Spektrum der Wissenschaft, 4/2003

DAPD: Kleinkinder sind wählerische und moralische Helfer. 25.08.2011
URL: http://www.t-online.de/eltern/kleinkind/id_43454650/kleinkinder-waehlerische-und-moralische-helfer.html (gefunden am 14.01.2015)

DER SPIEGEL (Hrsg.): Wissen. Die Pubertät: Nr. 2, Hamburg, 2010

HAUG-SCHNABEL, Gabriele/BENSEL, Joachim: Grundlagen der Entwicklungspsychologie. Freiburg: Herder, 2005

HURRELMANN, Klaus: Lebensphase Jugend. 10. Auflage, Weinheim und München: Juventa, 2010

INHELDER, Bärbel/PIAGET, Jean: Von der Logik des Kindes zur Logik des heranwachsenden. Essay über die Ausformung der formalen operativen Strukturen. Düsseldorf: Walter, 1982

KEGAN, Robert: Die Entwicklungsstufen des Selbst. München: Kindt Verlag, 1991

KERNY, Thomas/KELLY, John: Das Seelenleben des Ungeborenen. Berlin: Rogner&Bernhard, 1989

KOHNSTAMM, Rita: Praktische Kinderpsychologie. Die ersten sieben Jahre. Bern: Hans Huber, 1990

LARGO, Remo H.: Kinderjahre. München: Piper, 1999

LARGO, Remo H./CZERNIN, Monika: Jugendjahre. Kinder durch die Pubertät begleiten. München: Piper, 2011

LIND, Georg: Moral ist lehrbar. München: Oldenbourg, 2003

MIETZEL, Gerd: Wege in die Entwicklungspsychologie, Kindheit und Jugend. Weinheim: Beltz PVU, 2002

MUSSEN, Paul H. et al: Lehrbuch der Kinderpsychologie. Band 1. Stuttgart: Klett Cotta, 1998

OERTER, Rolf/MONTADA, Leo: Entwicklungspsychologie. 5. Auflage, Weinheim: Beltz, 2008

OERTER, Rolf/MONTADA, Leo: Entwicklungspsychologie. Weinheim: Beltz PVU, 2002

PH FREIBURG: Psychologie Onlinekurs. URL: http://art.ph-freiburg.de/Piaget/PGN/Prinzipien/Prinz_abb7.png

PIAGET, Jean, 1946 In: OERTER, Rolf/MONTADA, Leo: Entwicklungspsychologie. Weinheim: Beltz PVU, 2002

PIAGET, Jean: Das Erwachen der Intelligenz beim Kinde. Stuttgart: Klett Cotta, 1989

PIAGET, Jean: Das Weltbild des Kindes. Einl. V. Hans Aebli. Aus dem Franz. von Luc Bernad. Stuttgart: Klett Cotta, 1978

PIAGET, Jean: Nachahmung, Spiel und Traum. Stuttgart: Klett Cotta, 1969

PIAGET, Jean: Theorien und Methoden der modernen Erziehung. Wien: Molden, 1972

ROTH/BROOKS-GUNN, 2003, S. 205 In: Bundesministerium für Familie, Senioren, Frauen und Jugend (Hrsg.): 13. Kinder- und Jugendbericht, Drucksache 16/12860, 2. Auflage, Berlin, 2009

SAVAGE, Jon: Teenage. Die Erfindung der Jugend (1875–1945). Frankfurt/Main: Fischer, 2010

SHELL Deutschland Holding (Hrsg.): Jugend 2010. Frankfurt/Main: Fischer, 2010

SPRANGER, Eduard: Psychologie des Jugendalters. 28. Auflage, Heidelberg: Quelle&Meyer, 1966

STERN, E: Entwicklung im Kopf. In: *Schüler. Aufwachsen*. Die Entwicklung von Kindern und Jugendlichen. Seelze: Erhard Friedrich Verlag, 2004

TÜCKE, Manfred: Veränderung der kognitiven Schemata durch Assimilation und Akkomodation. In: TÜCKE, Manfred: Entwicklungspsychologie des Kindes- und Jugendalters für (zukünftige) Lehrer. Münster: Lit Verlag, 1999

Von DWORSCHAK, Manfred/ROSENBACH, Marcel/SCHMUNDT, Hilmar: Planet der Freundschaft. In: Der Spiegel, Nr. 19, Hamburg, 2012

WENDLANDT, Wolfgang: Sprachstörungen im Kindesalter. Materialien zur Früherkennung und Beratung. 3 Auflage, Stuttgart: Thieme, 1998

ZIMMER, Renate: Ich bin schon groß, ich kann alleine klettern. In: kindergarten heute, 1/1997, Weinheim: Beltz, 1997

Kapitel 7

BRENNER, Charles: Grundzüge der Psychoanalyse. Frankfurt/Main: Fischer, 1984

DUDEN, ohne Autor: Wörterbuch. Berlin: Dudenverlag, 2014

ELHARDT, Siegfried: Tiefenpsychologie. Stuttgart: Kohlhammer, 2011

FREUD, Sigmund: Abriss der Psychoanalyse. In: FREUD, Sigmund: Gesammelte Werke. Köln: Anaconda, 2014

FREUD, Sigmund: Vorlesungen zur Einführung in die Psychoanalyse. Hamburg: Nikol Verlag, 2011

GERRIG, Richard J./ZIMBARDO, Philip G.: Psychologie. München: Pearson Studium, 2008

KÖHLER, Thomas: FREUDS Psychoanalyse. Eine Einführung. Stuttgart: Kohlhammer, 2007

LIST, Eveline: Psychoanalyse. Wien: facultas wuv UTB, 2009

SPEKTRUM, ohne Autor: Kompaktlexikon der Biologie. Heidelberg: Spektrum Akademischer Verlag, 2014. URL: www.sprektrum.de. 2014

YOVELL, Yoram: Der Feind in meinem Zimmer: Geschichten aus der Psychotherapie. München: btb Verlag 2004

Kapitel 8

BANDURA, Albert (übers. v. Hainer Kober): Sozial-kognitive Lerntheorie. Stuttgart: Klett-Cotta, 1979

BAUER, Joachim: Lob der Schule. Sieben Perspektiven für Schüler, Lehrer und Eltern. Hamburg: Hoffmann und Campe Verlag, 2007

BÜCHIN-WILHELM, Irmgard/JASZUS, Rainer: Fachbegriffe für Erzieherinnen und Erzieher. 8. Auflage, Stuttgart: Holland+Josenhans, 2013

GUDJONS, Herbert: Pädagogisches Grundwissen. 11. Auflage, Bad Heilbrunn, Verlag Julius Klinkhardt, 2012

JASZUS, Rainer u. a.: Sozialpädagogische Lernfelder für Erzieherinnen. 2. Auflage, Stuttgart: Holland und Josenhans, 2013

KAISER, Arnim/KAISER, Ruth: Studienbuch Pädagogik. Grund- und Prüfungswissen. 10. Auflage, Berlin: Cornelsen Scriptor, 2001

KNÖRZER, Martina: Vorbild. In: SANDFUCHS, Uwe u. a. (Hrsg.): Handbuch Erziehung. Bad Heilbrunn: Verlag Julius Klinkhardt, 2012, S. 572–577

KÖLLER, Olaf/MÖLLER, Jens: Selbstwirksamkeit. In: ROST, Detlef H. (Hrsg.): Handwörterbuch Pädagogische Psychologie. 3. Auflage, Weinheim/Basel/Berlin: Beltz PVU Verlag, 2006, S. 693–699

KRITZ, Jürgen: Grundkonzepte der Psychotherapie. 6. Auflage, München: Psychologie Verlags Union, 2007

LANGFELDT, Hans-P.: Psychologie: Grundlagen und Perspektiven. Neuwied: Luchterhand Verlag, 1996

MIETZEL, Gerd: Pädagogische Psychologie des Lehren und Lernens. 8. überarbeitete und erweiterte Auflage, Göttingen: Hogrefe Verlag, 2007

MÖNKS, Franz J./KNOERS, Alphons M. P.: Lehrbuch der Entwicklungspsychologie. München/Basel: Reinhardt Verlag, 1996

PERVIN, Lawrence A./CERVONE, Daniel/JOHN, Oliver P.: Persönlichkeitstheorien. 5. Auflage, Stuttgart: UTB, 2005

ROST, Detlef H. (Hrsg.): Handwörterbuch Pädagogische Psychologie. 3. Auflage, Weinheim/Basel/Berlin: Beltz PVU Verlag, 2006

SANDFUCHS, Uwe u. a. (Hrsg.): Handbuch Erziehung. Bad Heilbrunn: Verlag Julius Klinkhardt, 2012

SCHERMER, Franz J.: Lernen und Gedächtnis. 4. Auflage, Stuttgart: Kohlhammer, 2006 (2006b)

SCHERMER, Franz J.: Soziales Lernen. In: ROST, Detlef H. (Hrsg.): Handwörterbuch Pädagogische Psychologie. 3. Auflage, Weinheim/Basel/Berlin: Beltz PVU Verlag, 2006, S. 724–729 (2006a)

SCHNEIDER, Wolfgang/LINDENBERGER, Ulman (Hrsg.): Entwicklungspsychologie. 7. Auflage, Weinheim und Basel: Beltz Verlag, 2012

SCHNOTZ, Wolfgang: Pädagogische Psychologie kompakt. 2. Auflage, Weinheim und Basel: Beltz Verlag, 2009

WOOLFOLK, Anita (übers. v. Ute Schönpflug): Pädagogische Psychologie. 10. Auflage, München: Pearson Studium, 2008

ZIMBARDO, Philip G./GERRIG, Richard: Psychologie. 18. Auflage, München: Pearson Studium, 2008

Kapitel 9

ARISTOTELES: Politeia. Berlin: Oldenbourg Akademieverlag, 1996

BUBER, Martin: Ich und Du. Stuttgart: Reclam, 1995

BUHR, Manfred/KLAUS, Georg: Philosophisches Wörterbuch Band 2. Leipzig: VEB Bibliographisches Institut, 1975

COHN, Ruth C.: Themenzentrierte Interaktion. Ein Ansatz zum Sich-selbst und Gruppenleiten. In: HEIGL-EVERS, Annelise (Hrsg.): Die Psychologie des 20. Jahrhunderts, Bd. VIII. Zürich: Kindler, 1979, S. 873–883

COHN, Ruth C.: Von der Psychoanalyse zur Themenzentrierten Interaktion Stuttgart: Klett, 2013 (Erstauflage: 1975)

COHN, Ruth C.: Von der Psychoanalyse zur Themenzentrierten Interaktion. Stuttgart: Klett-Cotta, 1994

EWERT, Friedrich: Themenzentrierte Interaktion (TZI) und pädagogische Professionalität von Lehrerinnen und Lehrern. Wiesbaden: VS-Verlag, 2008

FARAU, Alfred/COHN, Ruth C.: Gelebte Geschichte der Psychotherapie. Zwei Perspektiven. Stuttgart: Klett-Cotta, 1984

FINKE, Jobst: Empathie und Interaktion. Stuttgart: Thieme, 2004

GOLDSTEIN, Kurt: Der Aufbau des Organismus: Einführung in die Biologie unter besonderer Berücksichtigung der Erfahrungen an kranken Menschen. Den Haag: Martinus Nijhoff Pubilshers, 1934

GOLDSTEIN, Kurt: Selected Papers – Ausgewählte Schriften. Den Haag: Martinus Nijhoff Pubishers, 1971

GREENING, Tom: Five basic postulates of humanistic psychology. Journal of Humanistic Psychology, 2006, Nr. 46 (3), S. 239–239

HORSCH, Ursula: Liebe ist Verantwortung eines Ich für ein Du. Fragen an mein Du im pädagogischen Kontext. In: HörPäd – HörgeschädigtenPädagogik, Nr. 1, 1998, Hamburg: Berufsverband Deutscher Hörgeschädigtenpädagogen, S. 3–22

KÜNNE, Thomas et al: Selbstkonzept und Selbstbild – zwei Partner für eine gesunde Selbstentwicklung. In: TEXTOR, Martin R. (Hrsg.): Kindergartenpädagogik – Online-Handbuch – URL: www.kindergartenpaedagogik.de/2208.html, 2013 (gefunden am: 20.10.2014)

MALTBY, John/DAY, Liz/MACASKILL, Ann: Differentielle Psychologie, Persönlichkeit und Intelligenz. München: Pearson Studium, 2011

MASLOW, Abraham H.: Motivation und Persönlichkeit. Hamburg: rororo, 1981

MASLOW, Abraham H.: Motivation und Persönlichkeit. Olten: Walter-Verlag, 1977

MASLOW, Abraham H.: Psychologie des Seins. Frankfurt: Fischer-Verlag, 1985 (Original: MASLOW, A.H.: Toward a Psychology of Being. Princeton NJ: D. Van Nostrand, 1962)

PERLS, Frederick S./HEFFERLINE, Ralph F./GOODMAN, Paul: Gestalt-Therapie (Band 1) – Lebensfreude und Persönlichkeitsentfaltung. Stuttgart: Klett-Cotta, 2006 (2006a)

PERLS, Frederick S./HEFFERLINE, Ralph F./GOODMAN, Paul: Gestalt-Therapie (Band 2) – Wiederbelebung des Selbst. Stuttgart: Klett-Cotta, 2006 (2006b)

ROGERS, Carl R.: A Theory of Therapy, Personality and Interpersonal Relationships as Developed in the Client-centered Framework. In: KOCH, Sigmund (Hrsg.): Psychology: A Study of a Science. Vol. 3: Formulations of the Person and the Social Context. New York: McGraw Hill, 1959

ROGERS, Carl R.: Client-centered Therapy: Its Current Practice, Implications and Theory. London: Constable-Press, 1951

ROGERS, Carl R.: Die zwischenmenschliche Beziehung: Das tragende Element in der Therapie. 1962 In: ROGERS, Carl R. (Hrsg.):Therapeut und Klient. München: Kindler, 1981, S. 180–196

ROGERS, Carl R.: Die zwischenmenschliche Beziehung: Das tragende Element in der Therapie. In: ROGERS, Carl R. (Hrsg.): Therapeut und Klient. Frankfurt: Fischer, 1993, S. 211–231

ROGERS, Carl R.: Eine Theorie der Psychotherapie, der Persönlichkeit und der zwischenmenschlichen Beziehungen. München: Reinhardt Verlag, 2009

ROGERS, Carl R.: Entwicklung der Persönlichkeit, Stuttgart: Klett-Cotta, 1983

ROGERS, Carl R.: Freedom to learn. A view of what education might become, Columbus/OH: Charles E. Merrill Publishing Co, 1969 deutsche Übersetzung: ROGERS, Carl R.:Lernen in Freiheit. Zur Bildungsreform in Schule und Universität. München: Kösel, 1974

ROGERS, Carl R.: On Becoming a Person – A Psychotherapists View of Psychotherapy. Boston: Mariner Books, 1995 (first published 1961)

ROGERS, Carl R.: On becoming a person. London: Constable, 1967

ROGERS, Carl R.: The necessary and sufficient conditions of therapeutic personality change. In: Journal of Consulting Psychology, Nr. 21, 1957, S. 95–103

ROGERS, Carl R.: Therapeut und Klient. Grundlagen der Gesprächstherapie. Frankfurt: Fischer, 1990

ROTH, Wolfgang: Humanistische Konzepte der Beratung. In: STEINEBACH, Christoph (Hrsg.). Handbuch Psychologische Beratung. Stuttgart: Klett-Cotta, 2006, S. 195–217

RUBNER, Angelika: Ruth COHN zum 100. Geburtstag – ihr Leben und ihr Werk. In: Psychotherapeutenjournal, 1/2012, S. 4–9

SCHMID, Peter F.: Die Person im Zentrum der Therapie. Zu den Identitätskriterien Personenzentrierter Therapie und zur bleibenden Herausforderung von Carl Rogers an die Psychotherapie. In: Person, 1/2002, S. 16–33

SCHMID, Peter F.: Personale Begegnung. Der personzentrierte Ansatz in Psychotherapie, Beratung, Gruppenarbeit und Seelsorge. Würzburg: Echter-Verlag, 1989

SCHULZ VON THUN, Friedemann/COHN, Ruth C.: An was ich denke, wenn ich „humanistische Psychologie“ sage? In: Deutsche Gesellschaft für Humanistische Psychologie (Hrsg.): Festschrift für Ruth C. COHN. Zeitschrift für Humanistische Psychologie, Nr. 3, 1980, S. 22–25

SCHUMACHER, Eva-Maria: Schwierige Situationen in der Lehre – Methoden der Kommunikation und Didaktik für die Lehrpraxis. Opladen: Budrich, 2011

STUMM, Gerhard/KEIL, Wolfgang W.: Praxis der personzentrierten Psychotherapie. Wien: Springer, 2014

TAUSCH, Reinhard/TAUSCH, Anne-Marie: Erziehungspsychologie. Göttingen: Hogrefe, 1998

VON SCHWEITZER, Rosemarie: Einführung in die Wirtschaftslehre des privaten Haushalts. Stuttgart: Verlag Eugen Ulmer, 1991

VOTSMEIER, Achim: Gestalt-Therapie und die „organismische Theorie“ – Der Einfluss Kurt Goldsteins. In: Gestalttherapie, Nr. 1/1995, S. 2–16

ZIMBARDO, Philip G.: Psychologie. Berlin: Springer, 1992

Kapitel 10

BERDELMANN, Kathrin/RIEGER-LADICH, Markus: Selbstständigkeit als Ziel der Erziehung. In: SANDFUCHS, Uwe u.a. (Hrsg.): Handbuch Erziehung. Bad Heilbrunn: Verlag Julius Klinkhardt, 2012, S. 136–139

BLUMENTHAL, P. J.: Schicksale an der Grenze zwischen Mensch und Tier. In: P.M. Magazin, 11/2002, Hamburg: G+J Wisssen, 2002

BÜCHIN-WILHELM, Irmgard/JASZUS, Rainer: Fachbegriffe für Erzieherinnen und Erzieher. 8. Auflage, Stuttgart: Holland+Josenhans, 2013

BUNDESMINISTERIUM für Bildung und Forschung (BMBF): Auf dem Weg zur Bildungsrepublik. Ohne Jahr
URL: http://www.bmbf.de/de/23052.php (gefunden am 16.01.2015)

CDU: Grundsätze für Deutschland. Entwurf des neuen Grundsatzprogramms. 3./4.12.2007
URL: http://www.pbc.de/fileadmin/pbc-de/editors/pdf/programme/2007-07_Grundsaetze-fuer-Deutschland-Antrag_CDU.pdf (gefunden am 16.01.2015)

DIETRICH, Theo: Zeit- und Grundfragen der Pädagogik: eine Einführung in pädagogisches Denken. 8. Auflage, Bad Heilbrunn: Verlag Julius Klinkhardt, 1998

FUHRER, Urs: Der autoritative Erziehungsstil. In: FUHRER, Urs: Erziehungskompetenz: was Eltern und Familien stark macht. Bern: Hans Huber, 2007, S. 132–152

FUHRER, Urs: Konsequenz. In: SANDFUCHS, Uwe u. a. (Hrsg.): Handbuch Erziehung. Bad Heilbrunn: Verlag Julius Klinkhardt, 2012, S. 568–572

GEO (ohne Autor): Ohne Liebe verkümmert das Gehirn. In: Geo, 11/2003, Hamburg: G+U Wissen, 2003, S. 221–223

GUDJONS, Herbert: Pädagogisches Grundwissen. 11. Auflage, Bad Heilbrunn: Verlag Julius Klinkhardt, 2012

HEIDENFELDER, Claudia: Geschichte der Erziehung. 20.10.2014
URL: http://www.planet-wissen.de/alltag_gesundheit/lernen/erziehung/index.jsp (gefunden am 16.01.2015)

HÖRNER, Wolfgang/DRINCK, Barbara/JOBST, Solvejg: Bildung, Erziehung, Sozialisation: Grundbegriffe der Erziehungswissenschaft. 2. Auflage, Kornwestehim: Verlag Barbara Budrich, 2010

HUNDT, Dieter: Persönliche und soziale Kompetenzen – was erwartet die deutsche Wirtschaft von Schulabgängern. 2003. URL: http://www.iaw-koeln.de/uploads/83/Arbeitgeber.pdf (gefunden am 14.10.2007)

HURRELMANN, Wolfgang (2006a): Sozialisation. In: ROST, Detlef H. (Hrsg.): Handwörterbuch Pädagogische Psychologie. 3. Auflage, Weinheim, Basel, Berlin: Beltz PVU Verlag, 2006, S. 729–740

HURRELMANN, Wolfgang (2006b): Einführung in die Sozialisationstheorie. 9. Auflage, Weinheim und Basel: Beltz Verlag, 2006

JASZUS, Rainer u.a.: Sozialpädagogische Lernfelder für Erzieherinnen. 2. Auflage, Stuttgart: Holland+Josenhans, 2014

KAISER, Arnim/KAISER, Ruth: Studienbuch Pädagogik. Grund- und Prüfungswissen. 10. Auflage, Berlin: Cornelsen Scriptor, 2001

KÄSSMANN, Margot: In frühkindlicher Erziehung werden entscheidende Weichen gestellt. 20.04.2006 URL: http://www.ekd.de/presse/pm81_2006_erziehungsbuendnis.html (gefunden am 16.01.2015)

KÜLS, Holger: Projekte ko-konstruktivistisch planen und durchführen. Troisdorf: Bildungsverlag EINS, 2010

LENZEN, Dieter: Pädagogische Grundbegriffe, Band 2, Reinbek: Rowohlt, 1995

LIEGLE, Ludwig: Wir brauchen eine Didaktik der indirekten Erziehung. In: Betrifft Kinder, Kiliansroda: Verlag das Netz, Ausgabe 09/2009, S. 6–13

LOCH, Werner: Lebenslauf und Erziehung. Essen: Neue deutsche Schule Verlagsgesellschaft, 1979

PONGRATZ, Ludwig/BÜNGER, Carsten: Bildung. In: FAULSTICH-WIELAND, Hannelore/FAULSTICH, Peter (Hrsg.): Grundkurs. Erziehungswissenschaft. Reinbek: rororo-Verlag, 2008, S. 110–129

RAITHEL, Jürgen/DOLLINGER, Bernd/HÖRMANN, Georg: Einführung Pädagogik. Begriffe – Strömungen – Klassiker – Fachrichtungen. 2. Auflage, Wiesebaden: VS Verlag für Sozialwissenschaften, 2007

SANDFUCHS, Uwe u.a. (Hrsg.): Handbuch Erziehung. Bad Heilbrunn: Verlag Julius Klinkhardt, 2012

SCHENK-DANZINGER, Lotte: Entwicklungspsychologie. 22. Auflage, Wien: Öbv&hpt, o.J.

SCHMID, Rudolf: Wolfskinder. Menschen im Naturzustand? In: Psychologie heute, 1/1980, Weinheim: Beltz Verlag, 1980, S. 35–42

SCHMIDT, Günther R.: Friedrich Schleiermacher. In: SCHEUERL, Hans (Hrsg.): Klassiker der Pädagogik I. München: C.H.Beck-Verlag, 1979, S. 217–233

SPD: Parteitag der SPD in Bochum, 17–19.11.2003
URL: http://www.spd.de/scalableImageBlob/1830/data/beschlussbuch_bundesparteitag_bochum_2003-data.pdf (gefunden am 16.01.2015)

SÜDDEUTSCHE.DE: Viele Eltern schlagen immer noch zu. 22.05.12.
URL: http://www.sueddeutsche.de/leben/studie-zu-gewalt-an-kindern-viele-eltern-schlagen-immer-noch-zu-1.1306909 (gefunden am 16.01.2015)

UNICEF und Kinderhilfswerk: ohne Autor: Schule ist ein Vollzeitjob für Kinder. 09/2012
URL: http://www.unicef.de/presse/2012/schule-ist-vollzeitjob-fuer-kinder/14834 (gefunden am: 01.06.2014)

VON BRAUNMÜHL, Ekkehard: Antipädagogik. unveränd. Neuaufl., Leipzig: tologo Verlag, 2006

WDR: Erziehung im Wandel. 07.06.2011. URL: http://www1.wdr.de/fernsehen/wissen/quarks/sendungen/erziehungimwandel104.html (gefunden am 16.01.2015)

WENZEL, Sabine: Die hohe Kunst des Helfens. Erziehungsforschung. In: Geo, Nr. 04/2002, Hamburg: G+J Wissen GmbH, 2002, S.127–154

WIATER, Werner: Bildung und Erziehung. In: SANDFUCHS, Uwe/MELZER, Wolfgang/DÜHLMEIER, Bernd/RAUSCH, Adly (Hrsg.): Handbuch Erziehung, Bad Heilbrunn: Verlag Julius Klinkhardt, 2012, S. 18–21

Kapitel 11

BATESON, Gregory u. a. (1956): Auf dem Weg zu einer Schizophrenie-Theorie. In: Schizophrenie und Familie. Frankfurt/Main: Suhrkamp, 1988

FRIEDRICH, Heidi: Beziehungen zu Kindern gestalten. Weinheim: Beltz, 2003

GORDON, Thomas: Familienkonferenz. Die Lösung von Konflikten zwischen Eltern und Kind. 18. Auflage, München: Heyne Verlag, 1989

GUDJONS, Herbert: Spielbuch Interaktionserziehung. Bad Heilbrunn: Verlag Julius Klinkhardt, 1995

SANDER, R./SPANIER, R.: Sprachentwicklung und Sprachförderung – Grundlagen für die pädagogische Praxis. In: Kindergarten heute spezial, Freiburg: Verlag Herder, 2008

SCHULZ VON THUN, Friedemann: Miteinander reden 1. Störungen und Klärungen. Allgemeine Psychologie der Kommunikation. Reinbek: Rowohlt Taschenbuch Verlag (1981), 1995

SCHULZ VON THUN, Friedemann: Miteinander reden 2. Stile, Werte und Persönlichkeitsentwicklung. Reinbek: Rowolt Taschenbuch Verlag 1989

SCHWÄBISCH, Lutz/SIEMS, Martin: Anleitung zum sozialen Lernen für Paare, Gruppen und Erzieher. Reinbek: Rowohlt Verlag, 1988

STIERLIN, Helm (1974): Eltern und Kinder. Das Drama von Trennung und Versöhnung im Jugendalter. Frankfurt/Main: Suhrkamp Verlag, 1978

WATZLAWICK, Paul u. a.: Menschliche Kommunikation. Formen, Störungen, Paradoxien. Bern: Verlag Hans Huber, 1982

WATZLAWICK, Paul: Anleitung zum Unglücklichsein. München: Piper Verlag, 1983

WATZLAWICK, Paul: Menschliche Kommunikation. Bern: Verlag Hans Huber, 1969

Kapitel 12

ARONSON, Elliot/WILSON, Timothy D./AKERT, Robin M.: Sozialpsychologie. München: Pearson Verlag, 2004

BERNSTEIN, Saul/LOWY, Louis: Untersuchungen zur sozialen Gruppenarbeit in Theorie und Praxis. Freiburg: Lambertus Verlag, 1978

BÖHM, Regine: Viele sind noch lange keine Gruppe (2). In: Kindergarten heute, 10/2000, Freiburg: Verlag Herder, 2000

FELSCHERINOW, Christiane/HERMANN, Kai/RIECK, Horst: Wir Kinder vom Bahnhof Zoo. Hamburg: Stern-Verlag, 2004

GERRIG, Richard J./ZIMBARDO, Philip G.: Psychologie. München: Pearson Studium, 2008

HÖHN, Elfriede/SEIDEL, Gerhard: Das Soziogramm (Die Erfassung von Gruppenstrukturen). Göttingen: Verlag für Psychologie Hogrefe, 1976

MARMET, Otto: Ich und du und so weiter. Kleine Einführung in die Sozialpsychologie. 2. Auflage, München/Weinheim: Psychologische Verlags Union, 1988

MILGRAM, Stanley: Das Milgram-Experiment. Reinbek: rororo Sachbuch, 2009

MILGRAM, Stanley: The Perils of Obedience. Harper's Magazine, 1974, o.S. (Übersetzung unbekannt)

SCHWARTZ, Steven: Wie Pawlow auf den Hund kam. Weinheim und Basel: Beltz, 1988

Kapitel 13

ARONSON, Elliot/WILSON, Timothy D./AKERT, Robin M.: Sozialpsychologie. München: Pearson Verlag, 2004

GÜTTLER, Peter O.: Sozialpsychologie. München: Oldenbourg Verlag, 2003

JONAS, Klaus/STROEBE, Wolfgang/HEWSTONE, Miles: Sozialpsychologie. Heidelberg: Springer Verlag, 2007

PERGER, Werner A: Faule Säcke. In: Die Zeit, Nr.26/1995, URL: www.zeit.de/1995/26/Faule_Saecke_ (gefunden am: 17.02.2015)

Kapitel 14

BONFADELLI, Heinz: Medienwirkungsforschung I – Grundlagen. Konstanz: UVK Verlagsgesellschaft, 2006

BUNDESMINISTERIUM FÜR FAMILIE, SENIOREN, FRAUEN UND JUGEND (Hrsg.): Medien und Gewalt – Befunde der Forschung 2004–2009. Berlin: ohne Verlag, 2010

FRANK, Arno: Was sagt man dazu? In: Fluter – Magazin der Bundezentrale für politische Bildung. Frühjahr 2013, Nr. 46

Frankfurter Allgemeine Zeitung/Natur und Wissenschaft vom 28.08.2013

GRIMM, Petra/RHEIN, Stefanie/MÜLLER, Michael: Porno im Web 2.0. Die Bedeutung sexualisierter Web-Inhalte in der Lebenswelt von Jugendlichen. Schriftenreihe der NLM (Band 25), Berlin: Vistas Verlag, 2010

http://www.rtl2.de/17.html (gefunden am: 01.09.2013)

INTERNATIONALES INSTITUT FÜR DAS JUGEND- UND BILDUNGSFERNSEHEN (IZI), ohne Autor: Grunddaten Jugend und Medien Jahr. URL: www.jugendfernsehen.de (gefunden am: 01.09.2013)

Kalkof, Maximilian: Uns wurde ganz süß zumute. In: Frankfurter Allgemeine Zeitung vom 08.09.2013

Landesanstalt für Medien Nordrhein-Westfalen (Lfm), ohne Autor: Eine Unterrichtseinheit zu Scripted Reality. In: tv.profiler, 02 August 2012

Lüneborg, Margareth/Töpper, Claudia: Gezielte Grenzverletzungen – Castingshows und Werteempfinden. In: Aus Politik und Zeitgeschichte, Nr. 3/2011, S. 35–41

Medienpädagogischer Forschungsverbund Südwest (mpfs): Infoset Medienkompetenz: 10 Fragen – 10 Antworten. Stuttgart: mpfs, 2013

Medienpädagogischer Forschungsverbund Südwest (mpfs): Jim-Studie 2012. Jugend, Information, (Multi-) Media. Basisuntersuchung zum Medienumgang 12- bis 19-Jähriger in Deutschland. Stuttgart: mpfs, 2012

Mössle, Thomas: Dick, dumm, abhängig, gewalttätig? Problematische Mediennutzungsmuster und ihre Auswirkungen im Kindesalter. Baden-Baden: Nomos Verlag, 2012

Rosengart, Frank: Blogs und Wikis. In: Goethe-Institut Italien (Hrsg.): pervoi: didaktisch-kulturelle Zeitschrift für DeutschlehrerInnen in Italien. September-Dezember 2005, S. 21 f.

Six, Ulrike/Gleich, Uli/Gimmler, Roland: Kommunikationspsychologie und Medienpsychologie. Weinheim und Basel: Beltz Verlag, 2007

Spitzer, Manfred: Digitale Demenz. Wie wir uns und unsere Kinder um den Verstand bringen. München: Droemer Verlag, 2012

Süss, Daniel/Lampert, Claudia/Wijnen, Christine W.: Medienpädagogik. Ein Studienbuch zur Einführung. Wiesbaden: Verlag für Sozialwissenschaften, 2010

Kapitel 15

Bengel, Jürgen/Lyssenko, Julia: Resilienz und psychologische Schutzfaktoren im Erwachsenenalter – Stand der Forschung zu psychologischen Schutzfaktoren von Gesundheit im Erwachsenenalter. In: Bundeszentrale für gesundheitliche Aufklärung (BZgA), Band 43, Köln: ohne Verlag, 2012

Bundesministerium für Familie, Senioren, Frauen und Jugend: 13. Kinder- und Jugendhilfebericht. Berlin: ohne Verlag, 2009

Fröhlich-Gildhoff, Klaus/Rönnau-Böse, Maike: Resilienz. München: Ernst Reinhardt Verlag, 2009

Gebhard, Hans: Aus meinen Kindheits- und Jugendjahren während der Hitlerzeit 1933 – 1945. Privatdruck, 1999

Ministerium für Kultus, Jugend und Sport Baden-Württemberg: Auszug aus dem Flyer: stark.stärker.Wir. – Prävention für Schulen in Baden-Württemberg. Stuttgart: ohne Verlag, 2011

Mpfs (Medienpädagogischer Forschungsverbund Südwest): Internet. Infoset Medienkompetenz 10 Fragen – 10 Antworten. 2013. URL: http://www.mpfs.de/fileadmin/Infoset_neu/Infoset_Internet.pdf (gefunden am 19.02.2015)

Ohne Autor: Berliner Brennpunkte – es werden mehr, Artikel vom 22.11.2007. URL: http://www.tagesspiegel.de/zeitung/berliner-brennpunkte-es-werden-mehr/1101908.html (gefunden am: 19.02.2015)

Thimm, Katja: Die Kraft der Widerständigen. In: Der Spiegel, Nr. 15/2009, Hamburg, 2009, S. 64 ff.

Thimm, Katja: Erziehung – was Kinder psychisch robust macht. Artikel vom 08.04.2009 URL: http://www.spiegel.de/wissenschaft/mensch/erziehung-was-kinder-psychisch-robust-macht-a-618174.html (gefunden am: 05.01.2015)

Wustmann, Corina: Resilienz. Widerstandsfähigkeit von Kindern in Tageseinrichtungen fördern. Berlin: Cornelsen, 2011

Kapitel 16

Ackermann, Andreas: Empirische Untersuchungen in der stationären Altenhilfe. Relevanz und methodische Besonderheiten der gerontologischen Interventionsforschung mit geriatrischen Patienten. Münster: LIT-Verlag, 2005

Allard, Michael/Signoret, Jean-L./Stalleicken, Dirk: Alzheimer Demenz. Heidelberg: Springer-Verlag, 1988

Alzheimer, Alois: Über eine eigenartige Erkrankung der Hirnrinde. Vortrag in der Versammlung Südwestdeutscher Irrenärzte in Tübingen am 3. November 1906. In: Allgemeine Zeitschrift für Psychiatrie und psychisch-gerichtliche Medizin, Band 64, 1907, S. 146–148

Amelang, Manfred/Bartussek, Dieter: Differentielle Psychologie und Persönlichkeitsforschung. Stuttgart: Kohlhammer, 2001

Angermeyer, Matthias C./Kilian, Reinhold/Matschinger, Herbert: WHOQOL-100 und WHOQOL-BREF. Handbuch für die deutsche Version der WHO Instrumente zur Erfassung von Lebensqualität. Göttingen: Hogrefe, 2000

ANTONOVSKY, Aaron/FRANKE, Alexa: Salutogenese. Zur Entmystifizierung der Gesundheit. Tübingen: dgvt-Verlag, 1997

ATCHLEY, Robert C.: Aging: Continuity and change. Belmont, Cal.: Wadsworth, 1983

ATCHLEY, Robert C.: Social forces and aging. An introduction to gerontology. 7. Auflage, Belmont, Cal.: Wadsworth, 1994

BACH, M. u. a.: Depressionsdiagnostik im Alter. Die „Geriatric Depression Scale". In: Zeitschrift für Gerontologie und Geriatrie, Band 28, 1995, S. 42–46

BALTES, Paul B.: On the incomplete architecture of human ontogeny: Selection, optimization, and compensation as foundation of developmental theory. In: American Psychologist, Nr. 52, 1997, S. 366–380

BALTES, Paul B./BALTES, Margret M.: Gerontologie: Begriff, Herausforderung und Brennpunkte. In: BALTES, Paul B./MITTELSTRASS, Jürgen (Hrsg.): Zukunft des Alterns und gesellschaftliche Entwicklung. Berlin: de Gruyter, 1992, S. 1–34

BALTES, Paul B./BALTES, Margret M.: Gerontologie: Begriffe, Herausforderungen und Brennpunkte. In: BALTES, Paul B./MITTELSTRASS, Jürgen/STAUDINGER, Ursula M. (Hrsg.): Alter und Altern: Ein interdisziplinärer Studientext zur Gerontologie, Berlin: de Gruyter, 1994, S. 356–385

BALTES, Paul B./BALTES, Margret M.: Optimierung durch Selektion und Kompensation. Ein psychologisches Modell erfolgreichen Alterns. In: Zeitschrift für Pädagogik, Nr. 35, 1989, S. 85–105

BEYREUTHER, K.: Die Zukunft der Demenztherapie. Der Stand der Grundlagenforschung. In: Arbeitskreis Gesundheit im Alter. Bonn: VI. Bonner Symposium, 1994, S. 5–13

BUNDESMINISTERIUM FÜR FAMILIE, SENIOREN, FRAUEN UND JUGEND: Sechster Bericht zur Lage der älteren Generation in der Bundesrepublik Deutschland – Altersbilder in der Gesellschaft. Berlin: BMFSFJ, 2010

BUTLER, Robert N.: Age-ism: Another form of bigotry. In: The Gerontologist, Nr. 9, 1969, S. 243–246

CATTELL, Raymond B.: Theory of fluid and crystallized intelligence: A critical experiment. In: Journal of Educational Psychology, Nr. 54 (1), 1963, S. 1–22

CUMMING, Elaine/HENRY, William E.: Growing old. The process of disengagement. New York: Basic Books, 1961

Deutsches Ärzteblatt: Psychische Erkrankungen Hauptursache für Frühverrentung. In: Deutsches Ärzteblatt, 2013, S. 1–2

DIAZ-BONE, Rainer: Ego-zentrierte Netzwerkanalyse und familiale Beziehungssysteme. Konstanz: Deutscher Universitätsverlag, 1997

EISDORFER, Carl/LAWTON, M. Powell: The psychology of adult development and aging. Washington: American Psychological Association, 1973

ENGEL, Sabine: Alzheimer und Demenzen: Unterstützung für Angehörige. Stuttgart: Trias, 2006

FINKEL, S. I.: The signs of the behavioural and psychological symptoms of dementia. In: Clinician, 16 (1), 1998, S: 33–42

FISCHER, Ingrid: Psychologische Alternstheorien. In: OSWALD, Wolf D. u. a. (Hrsg.): Gerontologie. Stuttgart: Kohlhammer, 1991, S. 47–53

FISSENI, Hermann-J.: Selbstinterpretation und Verhaltensregulation. Eine Studie zum Konzept des subjektiven Lebensraumes. Göttingen: Hogrefe, 1986

FLEISCHMANN, Ulrich M.: Das Nürnberger Alten-Förderprogramm NAFÖ. Nürnberg: Universität Erlangen-Nürnberg, 1983

FLEISCHMANN, Ulrich M.: Zur Gültigkeit des „Zahlennachsprechens" im hohen Lebensalter. In: Zeitschrift für Gerontologie, Nr. 15, 1983, S.15–21

FRANKE, Hans: Hoch- und Höchstbetagte. Ursachen und Probleme des hohen Alters (Verständliche Wissenschaft Band 118). Heidelberg: Springer, 1987

FREIBERGER, Ellen/SCHÖNE, Daniel: Sturzprophylaxe im Alter. Köln: Deutscher Ärzte Verlag, 2010

GRÜNENDAHL, Martin/MINNEMANN, Elisabeth/STOSBERG, Manfred: Soziale Kontakte und soziales Netzwerk – Familiäre und außerfamiliäre soziale Kontakte der Geburtsjahrgänge 1930/32 im Ost-West-Vergleich. In: Zeitschrift für Gerontopsychologie und -psychiatrie, Nr. 10, 1997, S. 237–244

HAMPEL, Harald/PADBERG, Frank/MÖLLER, Hans-J. (Hrsg.): Alzheimer Demenz. Klinische Verläufe, diagnostische Möglichkeiten, moderne Therapiestrategien. Stuttgart: Wissenschaftliche Verlagsgesellschaft, 2003

HAVIGHURST, Robert J.: Successful aging. In: TIBBITTS, Clark/DONAHUE, Wilma (Hrsg.): Processes of aging. New York: Williams, 1963, S. 299–320

HAVIGHURST, Robert J./NEUGARTEN, Bernice L./TOBIN, S. S.: Disengagement and patterns of aging. In: The Gerontologist, Nr. 4, 1964, S. 24–35

HRADIL, Stefan: Soziale Ungleichheit. Wiesbaden: VS-Verlag, 2001

IHL, Ralf/FRÖLICH, Lutz: GDS, BCRS, FAST – Die Reisberg-Skalen. Göttingen: Testzentrale, 1991

JORM, Anthony F./KORTEN, A. E./HENDERSON, A. S.: The prevalence of dementia: A quantitative integration of the literature. In: Acta Psychiatr Scand, 76, 1987, S. 565–479

KEUCHEL, Irene: Theorien zum Alternsprozess. In: OSWALD, Wolf-D./FLEISCHMANN, Ulrich M. (Hrsg.): Gerontopsychologie. Stuttgart: Kohlhammer, 1983, S. 23–48

KRUSE, A./SCHMITT, E.: Entwicklung der Persönlichkeit im Lebenslauf. In: JÜTTEMANN, Gerd/THOMAE, Hans (Hrsg.): Persönlichkeit und Entwicklung. Weinheim: Beltz Verlag, 2002, S. 122–156

LAWTON, M. Powell: Environmental design features and the well-being of older persons. In: DUFFY, Michael (Hrsg.): Handbook of counseling and psychotherapy with older adults. New York: Wiley, 1999, S. 350–363

LAWTON, M. Powell/NAHEMOW, Lucille: Ecology and the aging process. In: EISDORFER, Carl/LAWTON, M. Powell (Hrsg.): The psychology of adult development and aging. Washington, DC: American Psychological Association, 1973, S. 619–674

LEHR, Ursula M.: Depression und Lebensqualität im Alter – Korrelate negativer und positiver Gestimmtheit. In: Zeitschrift für Gerontologie, Nr. 15, 1982, S. 241–249

LEHR, Ursula M.: Psychologie des Alterns. 11. Auflage. Wiebelsheim: Quelle und Meyer, 2007

LEHR, Ursula M.: Psychologie des Alterns. 9. Auflage, Heidelberg: Quelle & Meyer, 2000

LEHR, Ursula M.: Psychologie des Alterns. Wiesbaden: Quelle & Meyer, 1996

LEHR, Ursula M./THOMAE, Hans: Formen seelischen Alterns. Ergebnisse der Bonner gerontologischen Längsschnittstudie (BOLSA). Stuttgart: Ferdinand Enke, 1987

LONGINO, Charles F./KARL, Cary S.: Explicating activity theory: a formal replication. In: Journal of Gerontology, Nr. 37, 1982, S. 713–722

MARTIN, P. u. a. (Hrsg.): Aspekte der Entwicklung im mittleren und höheren Lebensalter. Ergebnisse der interdisziplinären Längsschnittstudie des Erwachsenenalters (ILSE). Darmstadt: Steinkopff-Verlag, 2000

MASLOW, Abraham H.: A Theory of Human Motivation. In: Psychological Review, Nr. 50, 1943, S. 370–396

MAYER, Karl U./BALTES, Paul B. (Hrsg.): Die Berliner Altersstudie. Berlin: Akademieverlag, 1996

MORLEY, J. E./KRAENZLE, D.: Causes of weight loss in a community nursing home. J Am Geriatr Soc, 42, 1994, S. 583–585

MURPHY, E.: Social origins of depression in old age. In: The British Journal of Psychiatry, Nr. 141, 1982, S. 135–142

OLBRICH, Erhard: Kompetenz im Erwachsenenalter. In: Zeitschrift für Gerontologie, Nr. 20, 1987, S. 319–330

OSWALD, Wolf-D./ACKERMANN, Andreas (Hrsg.): Kognitive Aktivierung mit SimA-P/Selbstständig im Alter. Wien: Springer, 2009

REICHELT, Julia/SCHACHTSCHABEL, Dietrich O.: Energetic stress induces premature aging of human fibroblasts (WI-38) in vitro. In: Arch Gerontol Geriat, Nr. 32, 2001, S. 219–231

REISBERG, Barry u. a.: The Global Deterioration Scale (GDS): an instrument for the assessment of Primary Degenerative Dementia (PDD). In: American Journal of Psychiatry, Nr. 139, 1982, S. 1135–1139

ROTT, Christoph u. a.: Die Heidelberger Hundertjährigen-Studie: Theoretische und methodische Grundlagen zur sozialwissenschaftlichen Hochaltrigkeitsforschung. In: Zeitschrift für Gerontologie und Geriatrie, Nr. 34, 2001, S. 356–364

RUPPRECHT, Roland: Lebensqualität – Theoretische Konzepte und Ansätze zur Operationalisierung. Inaugural-Dissertation, Friedrich-Alexander-Universität, Erlangen-Nürnberg, 1993

SCHROEDER, Jan M. u. a.: A Comparison of Life Satisfaction, Functional Ability, Physical Characteristics, and Activity Level Among Older Adults in Various Living Settings. In: Journal of Aging and Physical Activity, Nr. 6, 1998, S. 340–349

SELIGMAN, Martin E.: Erlernte Hilflosigkeit. 4. Auflage, Weinheim: Beltz Verlag/PsychologieVerlagsUnion, 1992

STATISTISCHES BUNDESAMT: Bevölkerung Deutschlands bis 2060. 12. koordinierte Bevölkerungsvorausberechnung. Wiesbaden: Statistisches Bundesamt, 2009

STATISTISCHES BUNDESAMT: Pflegestatistik 2011. Wiesbaden: Statistisches Bundesamt, 2013

STAUDINGER, Ursula M./DÖRNER, J.: Weisheit, Einsicht und Persönlichkeit. In: BRANDTSTÄDTER, Jochen/LINDENBERGER, Ulman (Hrsg.): Entwicklungspsychologie der Lebensspanne. Stuttgart: Kohlhammer, 2007, S. 656–680

TARTLER, Rudolf: Das Alter in der modernen Gesellschaft. Stuttgart: Ferdinand Enke, 1961

THOMAE, Hans: Alternsstile und Altersschicksale – Ein Beitrag zur Differentiellen Gerontologie. Bern: Verlag Hans Huber, 1983

THOMAE, Hans: Theory of aging and cognitive theory of personality. In: Human Development, 13, 1970, S. 1–16

TÖPFER, A.-K./STOSBERG, Manfred/OSWALD, Wolf-D.: Bedingungen der Erhaltung und Förderung von Selbstständigkeit im höheren Lebensalter (SimA) – Teil VIII: Soziale Integration, soziale Netzwerke und soziale Unterstützung. In: Zeitschrift für Gerontopsychologie und -psychiatrie, Nr. 11, 1998, S. 139–158

VELDEN, Manfred: Die Signalentdeckungstheorie in der Psychologie. Stuttgart: Kohlhammer, 1982

VÖMEL, Th.: Biologische Alternstheorien. In: OSWALD, Wolf.-D. u. a. (Hrsg.): Gerontologie. Stuttgart: Kohlhammer, 1991, S. 47–53

WÄCHTLER, Claus (Hrsg.): Demenzen. Frühzeitig erkennen, aktiv behandeln, Betroffene und Angehörige effektiv unterstützen. Stuttgart: Thieme, 2003

WAHL, Hans-W.: Alltagskompetenz: Ein Konstrukt auf der Suche nach einer Identität. In: Zeitschrift für Gerontologie und Geriatrie, Nr. 31, 1998, S. 243–249

WAHL, Hans-W.: Ergebnisse der ökogerontologischen Forschung. In: WAHL, Hans-W./TESCH-RÖMER, Clemens (Hrsg.): Angewandte Gerontologie in Schlüsselbegriffen. Stuttgart: Kohlhammer, 2000, S. 203–208

WALLESCH, Claus-W./FÖRSTL, Hans: Demenzen. Stuttgart: Thieme, 2012

WECHSLER, David: Die Messung der Intelligenz Erwachsener. Stuttgart: Verlag Hans Huber, 1964

WECHSLER, David: The measurement and appraisal of adult intelligence. Baltimore: Williams & Williams, 1944/1958

ZAUDIG, Michael/BERBERICH, Götz: Demenzen im Alter: Aktuelle Diagnostik und Therapie für die Praxis. Bremen: Uni-Med Science, 2001